谨以此书献给我国改革开放和社会主

代化建设的总设计师邓小平同志

邓小平建党学说

张 中 著

云南民族出版社

作者简介

张中，男，河北新河人，1930年生，1943年随父亲张同茂（新河县抗日游击八中队长）入李家庄（董振堂同志故居）新河抗日游击高小学习。1946年参加革命工作，共产党员。曾先后在冀南建设学院师范班、中国人民大学法律系、中国人民大学马列主义研究班党史研究生毕业。后做党的宣传理论工作，从事党史和党建教学多年，现为中共中央党校教授，中央党校党的建设学科学术带头人、党建学科评审组长、校教研职务评审委员、全国党校马克思主义研究基金学科评审专家等职。

主要专著：《毛泽东建党思想讲座》、《毛泽东建党思想研究》、《增强党性提高党政领导干部素质》、《论党的干部建设》、《党的领导与决策》、《毛泽东建党学说》；合著：《共产党员修养讲座》、《四项基本原则通俗讲座》、《马克思主义建党学说在中国》、《党的学说论集》、《马克思主义与建设有中国特色的社会主义》、《加强马克思主义理论和党的基本路线教育》、《马克思主义建党理论学习纲要》、《党的领导概论》、《马克思主义党的建设理论读本》等15部；主编：《党的建设知识手册》、《党的领导基本知识》、《中国共产党建设全书》第三篇、《党的思想建设》卷、《毛泽东思想研究全书》第三篇《思想领导》卷、《党的建设理论研究指南》、《党政机关党员培训教材系列丛书》、《党政干部教育丛书》、《新时期社会主义教育丛书》等5套；曾发表论文、诗歌、文艺通讯300余篇；曾在50年代合著中篇小说《模范夫妻号》等著作。

被选为北京市群英会代表、先进工作者；荣获中央党校从事教育工作30年《荣誉证书》、荣获中央党校教学科研工作二等奖《荣誉证书》、荣获中央党校《优秀共产党员》证书、荣获中央直属机关优秀共产党员《荣誉证书》；享受国家级突出贡献特殊津贴《荣誉证书》。

序

汪家镠

邓小平同志关于新时期党的建设的学说，是建设有中国特色社会主义理论的重要组成部分，是马克思列宁主义建党原理同中国执政党建设具体实践相结合的最新成果。它既坚持和恢复了毛泽东建党思想的精华，又在新的历史条件下丰富和发展了毛泽东建党思想，是我们在社会主义现代化建设新时期加强和改善党的领导、全面推动党的建设的强大思想武器。

江泽民同志强调指出："用马克思主义的建党学说教育、武装全体党员和党的干部，对于党在当前的建设和未来的发展具有特殊的重要性。"在深化改革、扩大开放，建立社会主义市场经济新体制的过程中，执政党的建设从理论到实践上都出现了一系列新情况和新问题。比如：怎样认识新形势下党的地位和作用；怎样保持党的先进性、坚持党的理想、信念、宗旨；党的民主集中制怎样严格执行；党的基层组织怎样进一步发挥战斗作用；如何抓好新经济组织中党的建设，以及如何全面提高党的干部素质和培养提拔优秀的接班人等等。这些都需要从理论和实践上给以解答。党的干部和党建理论工作者都要认真学习、研究邓小平的党建思想，特别其中的新思想、新观点、新论断，对当前现实中的问题进行探讨，给以科学的说明，并推动实践的发展。

中共中央党校张中教授撰写的《邓小平建党学说》，力图从马克思主义党的学说在当代中国的发展来论述邓小平建党学说的产生、形成和发展，阐明邓小平关于党的学说的基本理论和原则，把既要坚持继承，又要发展创新有机地结合起来。相信张中教授在这一学科领域积极有益的尝试会对党员和党的干部全面理解具有中国特色的邓小平关于党的学说的科学理论体系有帮助。也希望我们党建理论和实际工作者共同努力，拿出更多的研究成果。

1995 年 8 月 22 日

于北京，中共中央党校

目　　录

第一章
以邓小平为核心的党中央领导集体的形成发展及重大贡献

第二章
坚持用邓小平建设有中国特色
社会主义的理论武装全党

第三章
邓小平关于党的领导理论
是对毛泽东建党学说的巨大贡献

第四章
把党建设成为领导具有中国特色
的社会主义坚强核心

第六章
中国要出问题，还是出在共产党
内部，核心是领导班子

第七章
加强和改进党的建设,努力提高执政能力和领导水平

第八章
加强和改善党的领导，建立
健全社会主义市场经济体制

第九章
反对腐败是贯彻执行党的基本路线的必然要求

员为人民服务的自觉性、主动性和创造性。（1223） （五）如何做到提高党员、干部为人民服务的自觉性？联系我们的实际，需要抓好五个方面的问题。（1226） （六）努力继承和发扬党的优良传统和作风，坚决清除消极腐败现象，密切党与群众的联系。（1228）（七）密切党与群众的联系，必须正确处理好几个关系问题。（1229）

前　言

邓小平同志是马克思列宁主义、毛泽东思想的忠实继承人和捍卫者，是一贯坚持和发展毛泽东思想、毛泽东建党学说的光辉典范。在新的历史条件下，邓小平同志不仅从毛泽东思想的科学理论体系上完整地、准确地、全面地理解毛泽东思想和发展毛泽东思想，而且能够以开辟社会主义新道路的巨大政治勇气和开拓马克思列宁主义、毛泽东思想新境界的巨大理论勇气，既继承前人，又突破陈规，在尊重实践，尊重群众首创精神的基础上，敏锐地把握时代发展的脉搏和契机，把马克思列宁主义毛泽东思想的基本原理和当代中国改革开放社会主义现代化实践与时代特征紧密结合起来，创造性地提出、发展并不断完善了建设有中国特色社会主义的伟大思想理论体系。这一理论，比较系统地回答了中国这样一个经济、文化比较落后的国家如何建设社会主义、如何巩固和发展社会主义的一系列基本问题，用新的思想，新的观点，新的思路，新的语言，继承、丰富和发展了毛泽东思想，是马克思主义同中国实际相结合的最新成果，是当代中国的马克思主义，是指引我们建设富强、民主、文明的社会主义国家的强大思想武器。

江泽民同志在学习《邓小平文选》第三卷报告会上的讲话中指出："理论思维的成熟是党成熟的一个重要标志。改革开放15年来，我们党在理论上取得的最大收获，就是在马克思主义基本原理与中国实际相结合的第二次历史性飞跃中，创立了建设有中国特色社会主义的理论。"马克思主义是深深植根于实践并在实践中不断发展的科学，伟大的实践产生伟大的理论，又去指导伟大的实践。建设有中国特色社会主义理论，是马克思主义同中国实际相结合的结果，是指引我们实现新的历史任务的强大思想武器。我们党所以能够取得今天这样的胜利，根本原因是在 15 年的伟大实践中，坚持把马克思主义基本原理同中国具体实际相结合，逐步形成和发展了有中国特色社会主义的理论。

党的历史证明，党要领导中国的革命与建设事业取得伟大的成果，关键在于把马克思主义同中国的国情、中国革命和建设的实践紧密结合起来，形成具有中国特色的思想理论、路线、方针和政策，引导全党全国各族人民走自己的道路。能不能做到和做好这一点，是衡量党的领导成熟和卓有成效的最重要标志。我们党在邓小平为核心的党中央第二代成熟领导集体的正确领导下，对建国以来社会主义革命与建设，特别是对改革开放以来的历史经验作了科学的总结，形成了建设有中国特色社会主义的指导思想和基本纲领。正如邓小平同志所指出的："我们的现代化建设，必须从中国的实际出发。无论是革命还是建设，都要注意学习和借鉴外国经验。但是，照抄照搬别国经验、别国模式，从来不能得到成功。这方面我们有过不少教训。把马克思主义的普遍真理同我国的具体实际结合起来，走自己的道路，建设有中国特色的社会主义，这就是我们总结长期历史经验得出的基本结论。"[①]

作为我国社会主义改革开放和现代化建设的总设计师邓小平同志，善于集中全党和全国人民的智慧，为建设有中国特色社会主义理论的形成和发展倾注了大量心血，做出了历史性的重大贡献。他的这一理论，以及他把马克思列宁主义、毛泽东思想创造性地运用于中国现代化建设实际的卓越政治智慧和领导艺术，他的马克思主义的求实态度、探索勇气、创新精神和非凡战略，都是我们全党和全国各族人民的宝贵精神财富。

"主义譬如一面旗子"。在我们党的历史上，党建立之初，就郑重地把马克思列宁主义写在自己的旗帜上，经过延安整风和党的

[①] 《邓小平文选》第三卷，第 2～3 页。

"七大"，又郑重地把马克思列宁主义与中国革命的实践统一的思想
——毛泽东思想写到自己的旗帜上。从十一届三中全会开始，经过
"十二大"、"十三大"到"十四大"，我们党又郑重地把邓小平建设
有中国特色社会主义的理论写到自己的旗帜上。这是我们党付出了
巨大代价获得的极为珍贵的精神财富，是我们党和人民进行新的历
史性创造的科学总结，是我们发展社会主义事业的伟大旗帜，是我
们民族振兴和发展的强大精神支柱。正如江泽民同志所指出："在当
代中国，有了这面旗帜，有了这个精神支柱，一个有五千万党员的
大党才会有更加坚强的战斗力，一个有十一亿人口的大国才会有更
加强大的凝聚力。"①

　　事实也正是这样，15 年来，正是由于我们党举起了这面旗帜，依
靠这个精神支柱，我们的党、我们的国家才得以克服困难、排除干
扰，稳步走上了社会主义现代化建设的正确轨道，取得了举世瞩目
的伟大成就。如果说，"七大"确立了毛泽东思想的指导地位，用毛
泽东思想统一了全党思想，引导中国革命从胜利走向胜利，那么，邓
小平同志在社会主义建设的新时期，确立了建设有中国特色社会主
义的理论，按照这个理论指引的方向、道路和"三步走"的发展战
略走下去，一个富强、民主、文明的社会主义现代化中国就一定能
够巍然屹立于世界的东方。

　　邓小平建设有中国特色社会主义的思想理论体系，是党的十一
届三中全会以来，在改革开放和社会主义现代化建设的实践中逐步
形成和发展起来的。是马克思列宁主义、毛泽东思想基本原理同当
代中国改革开放、现代化建设实际相结合的产物。这一当代马克思
主义，是我们继续胜利前进的指南。

　　为此，党的"十四大"提出了要用邓小平建设有中国特色社会主
义的理论武装全党的战略任务。并在 1993 年 9 月出版发行《邓小
平文选》第三卷时，中共中央作出了《关于学习〈邓小平文选〉第

---

① 江泽民：《在学习〈邓小平文选〉第三卷报告会上的讲话》，第 4 页。

三卷的决定》。要求学习邓小平同志的著作，要联系当前的形势和任务，紧紧抓住和深入领会解放思想、实事求是的思想路线；紧紧抓住和深入领会关于社会主义本质的科学论断和"一个中心、两个基本点"的基本路线；紧紧抓住和深入领会把握时机发展自己、"分三步走"，基本实现现代化的战略任务；紧紧抓住和深入领会一手抓物质文明、一手抓精神文明，一手抓建设、一手抓法制，一手抓改革开放、一手抓惩治腐败等一系列"两手抓，两手都要硬"的基本方针；紧紧抓住和深入领会维护国家的独立和主权、发扬民族自尊心、自信心，致力振兴中华的爱国主义精神。强调学习邓小平同志的战略思想、理论观点要同学习他的科学态度、创造精神结合起来，尊重实践，尊重群众，胸襟开阔，通观全局，勇于创新，开拓前进。这是推进改革开放和社会主义现代化建设伟大实践的迫切需要，是新时期加强和改进党的建设的重大措施，也是坚持党的基本路线一百年不动摇的根本保证。

我们党形成和发展成为以邓小平为核心的党中央第二代成熟领导集体不是偶然的。早在1956年9月召开的党的"八大"一次会议上，选出了17名政治局委员，6名政治局候补委员，选举毛泽东为中央委员会主席，刘少奇、周恩来、朱德、陈云为副主席，邓小平为总书记，由上述6人组成中央政治局常务委员会。中央政治局常委包括"七大"时选出的书记4人，增加了比较年轻的2人。党的"八大"继承了"七大"选出的党中央的领导集体，并有新的成分加入，为中国共产党以后的党中央领导集体新老交替作了准备。

毛泽东同志在当时讨论中央委员会候选人名单的预备会议上，就强调指出，这个名单的结构反映党的历史发展，现在转到搞建设、搞经济，中央委员会将来应该有许多工程师、科学家和从工人中成长的干部，现在还没有。这是对以后党中央领导集体的建设提出的新的要求。党的"八大"从理论上和实践上突破了过去的社会主义模式，探索经济体制改革道路的重要尝试。对我国自己的建设社会主义道路的探索，取得了显著的成果，具有深远的意义。

　　毛泽东主席意识到"文化大革命"有错误，甚至严重错误。虽然也从林彪事件中吸取了一些教训，在一定限度内调整了政策，但没有认识到"文化大革命"的全局性错误。在林彪事件后，毛泽东亲自抓落实干部政策的工作。周恩来总理紧密配合，使这一工作取得了显著成绩。1971年11月14日毛泽东在接见参加成都军区座谈会的同志时，指着叶剑英对大家说："你们再不要讲他'二月逆流'了，'二月逆流'是什么性质？是他们对付林彪、陈伯达、王关戚。"这就为"二月逆流"的错案平了反。毛泽东同志还参加了陈毅的追悼会。在他的谈话中和周恩来同志所作的悼词中，肯定了陈毅一生对革命事业作出的重大贡献。为陈毅恢复了名誉。根据周恩来的指示，《人民日报》发表社论，指出经过长期革命斗争锻炼的老干部是党的宝贵财富，要正确执行党的干部政策，要批判林彪错误的政治、组织路线，排除"左"和右的干扰。这就把一大批下放劳动或"靠边站"的各级党政军负责干部重新安置到领导岗位。一批专家、学者、教授也得以重新回到工作岗位。毛泽东同志也坦率地作了自我批评，他说："我是听了林彪一面之辞，所以我犯了错误。"

　　在周恩来总理病重期间，毛泽东主席对江青一伙利用"批林批孔"另搞一套的图谋有所察觉，并对他们多次进行批评。批评江青说："不要设两个工厂，一个叫钢铁工厂，一个叫帽子工厂，动不动就给人戴'大帽子'。"毛泽东主席在中央政治局会议上当众宣布："她并不代表我，她代表她自己。"还批评江青、张春桥、姚文元、王洪文搞帮派活动，警告他们说："你们要注意呢！不要搞成四人小宗派呢！"在这党和国家危难的关键时刻，毛泽东主席采取了解决高层次干部问题的决策和重大措施为党的健康发展奠定了基础。

　　在历史转折的关键时刻，毛泽东主席1973年10月提议决定邓小平同志为中央政治局委员，参加中央领导工作，待十届二中全会追认；同时决定邓小平同志为中央军委委员，参加军委领导工作；1974年10月4日，毛泽东主席提议邓小平同志任国务院第一副总理。江青一伙对此极为不满，他们多次在中央政治局会议上制造事端，对邓小平同志发难进行攻击。邓小平同志理直气壮，严正地顶住了"四人帮"的围攻和责难。1974年12月23日，周恩来总理带病同王洪文一起到长沙向毛泽东主席汇报工作。毛泽东在谈话中再次告诫王洪文"不要搞四人帮"，"不要搞宗派，搞宗派要摔跤的"。他说："江青有野心，你们看有没有？我看有。"还强调指出："邓小平政治思想强，人才难得，小平要担任第一副总理、军委副主席和总参谋长三个职务。"

1975年1月5日根据毛泽东主席的提议，中共中央发出文件，任命邓小平同志为中共中央军委副主席兼中国人民解放军总参谋长，并在1月上旬召开的党的十届二中全会上，邓小平同志的中央政治局委员得到追认，并被选为中共中央副主席、中央政治局常务委员会委员。毛泽东主席对江青一伙进行多次批评，重申由周恩来主持党中央和政府的日常工作，重新对邓小平委以重任，挫败了"四人帮"的"组阁"阴谋，在我们党的历史上形成和发展成为以周恩来、邓小平为核心的党和国家领导集体，给全党全军和全国各族人民以极大的鼓舞，唤起了人民的新的希望。

邓小平同志受命于危难之际，他以高屋建瓴势如破竹的伟大革命气魄，以运筹帷幄决胜千里的组织领导才能，在毛泽东主席和周恩来总理的支持下，为把国民经济搞上去，他"敢"字当头，进行全面整顿，大力加强党的领导，发扬党的优良传统和作风，同"左"的和右的倾向进行坚决的斗争。但是，斗争并不是一帆风顺的。经过了曲折和反复，毛泽东主席也听信了"四人帮"的诬告，一度动摇了对邓小平同志的信任，决定停止了他的大部分工作。搞了所谓"批邓，反击右倾翻案风"。这样做，由于违背了事理，违背了人心，一开始就受到广大群众的抵制。而对坚持党的正确方针政策的邓小平同志获得了更多人的信任和支持。

1976年10月6日以华国锋、叶剑英代表中央政治局，执行党和人民的意志，对江青、张春桥、王洪文、姚文元及其在京的帮派骨干实行审查，粉碎了"四人帮"的政治阴谋和反革命活动。实现了党和人民的共同意愿，华国锋、叶剑英、李先念等同志在粉碎"四人帮"的斗争中起了重要的作用。从而结束了"文化大革命"这场灾难，使我国的社会秩序得以恢复正常，党和国家的工作得以重新走上健康发展的轨道，使我国进入了一个新的历史时期。

1978年12月党的十一届三中全会，是建国以来在党的历史上具有深远意义的伟大转折。得到了邓小平、叶剑英、陈云、李先念、胡耀邦、聂荣臻、徐向前、罗瑞卿等老一辈无产阶级革命家的积极支持。在邓小平和其他老一辈无产阶级革命家的指引下，使中国的革命和建设事业走向新的历史发展阶段。在党的十一届三中全会上增选陈云同志为中央政治局委员、政治局常务委员、中央委员会副主席，增选邓颖超、胡耀邦、王震为中央政治局委员，增补黄克诚、宋任穷、胡乔木、习仲勋、王任重等为中央委员。这就形成了以邓小平为核心的党中央第二代领导集体，为解放思想，实事求是，团结一致向前看，创造新的局面奠定了基础。

我们党在以邓小平为核心的党中央第二代成熟领导集体的坚强领导下，解决了"文化大革命"一系列的重大问题，特别是做了《关于建国以来党的若干历史问题的决议》，实事求是地评价了毛泽东同志的历史地位，充分论述了毛泽东思想作为党的指导思想的伟大意义。

1982年9月党的"十二大"选出了新的中央委员会，并选出中央顾问委员会和中央纪律检查委员会。在随后举行的十二届一中全会上，选举胡耀邦为中央委员会总书记，胡耀邦、叶剑英、邓小平、赵紫阳、李先念、陈云为中央政治局常委。中央顾问委员会第一次全体会议选举邓小平为中央顾委主任。中央纪律检查委员会第一次全体会议选举陈云为中央纪委第一书记。这时，党中央领导集体中，除老一辈领导人外，增加了新的成员。1980年9月以后，邓小平、陈云、李先念同志虽然不再担任国务院副总理的职务，但他们和叶剑英同志仍在党和国家的领导工作中起重要作用。这已形成以邓小平为核心的党中央第二代成熟领导集体被党的全国代表大会载入我党史册。

以邓小平为核心的党中央第二代成熟领导集体的形成和发展，在党的建设上做了一系列卓有成效的工作，进行了拨乱反正、正本清源，恢复了毛泽东建党学说的本来面目；批判和抵制了否定和歪曲毛泽东思想、毛泽东建党学说的言论及资产阶级自由化的错误思潮；坚持、捍卫、丰富和发展了毛泽东思想、毛泽东建党学说的理论和原则。同时，邓小平号召要在新的历史条件下研究、探讨毛泽东思想、毛泽东建党学说的理论、原则，形成和发展了一系列新的具有创造性的理论观点和科学论断，形成了邓小平建党理论的基本内涵和思想体系。邓小平建党学说是毛泽东建党学说的继承和发展，是毛泽东思想的重要组成部分，是把马克思列宁主义、毛泽东思想同我国社会主义现代化建设具体实践相结合的产物。它标志着我们党对社会发展规律的科学认识实现了一个新的飞跃。邓小平的思想理论已成为团结全党为实现新时期宏伟目标努力奋斗的思想理论基础。

几十年来，我们党的革命与建设实践充分表明：邓小平同志不愧是杰出的马克思主义者，坚定的共产主义者，伟大的共产主义战士，卓越的无产阶级革命家、政治家、军事家，我们党和国家久经考验的全国各族人民公认的、享有崇高威望的、杰出的党和国家领导人。

《邓小平建党学说》一书，研究和论述了邓小平建党学说的形成和发展过程，研究和阐述了邓小平关于党的建设思想、理论、原则和方法，论述了邓小平建党学说的基本特色、独特思路及重大贡献。邓小平建党学说是毛泽东建党学说的继承、发展和创新，是毛泽东建党学说的一个重要组成部分。如果说毛泽东建党学说是马克思列宁主义普遍真理与中国共产党的建设实践相结合的产物，那么，邓小平建党学说就是马克思列宁主义、毛泽东思想在我国改革开放和现代化建设的具体实践中关于党的建设的思想、理论、原则和方法的具体体现，也是以邓小平为核心的党中央第二代领导集体智慧的结晶。解放思想，实事求是，是邓小平建党学说的基石，它像一条红线贯穿于邓小平建党学说的形成和发展的全过程。邓小平建党学说科学理论体系，主要是对党的政治、思想、组织、制度、干部、军事建设，以及经济、文化、教育、科技、体育、卫生建设等等，都具有新时期的特色和新的发展。因此，邓小平建党学说的地位和作用，对建设有中国特色的社会主义有重大的战略意义。

邓小平建党学说是适应建设有中国特色社会主义事业的需要而产生，随着党的建设的发展而发展。它不是片面的而是全面的，不是零碎的而是系统的，不是肤浅的而是深刻的，不是主观的而是经过实践检验的执政党建设的理论。它科学地回答了新时期执政党建设的地位、作用、指导思想、历史使命以及建设党的根本途径、方法、措施等等一系列的基本问题，并在实践中不断得到丰富和发展。

首先，邓小平以社会主义初级阶段的国情、党情、民情为依据，思考执政党建设的理论与实践，着重指出在改革开放中加强党的建设。其次，依据党章、条例、决议、决定，从执政党的特殊地位出发，反复强调坚持从严治党、治国、治军，采取断然措施防止党内腐败变质的危险。其三，坚持党的建设工作的经常化、民主化和制度化。进一步提高党员、干部的思想政治素质，提高我们党的执政本领、建设本领和治国本领巩固执政地位。这些思路的形成和发展使邓小平建党学说在新的历史条件下起到了重要的指导作用。

这个独特思路主要表现在两个方面：一方面，邓小平建党学说指导全党把工作重点转移到社会主义现代化建设上来，使党的整个工作走上了正确发展的马克思主义的轨道；另一方面，它引导党的建设各个方面的工作，都要围绕着社会主义现代化建设和改革开放来进行，保证党的领导的社会主义现代化建设总任务的实现。这就从总体上保证党的建设沿着马克思主义的正确轨道发展，这在党的建设史上具有极为重要的战略意义。

邓小平建党学说也有自身形成和发展的过程。邓小平同志是我们党最早一批党员和政治活动家之一。他从去法国勤工俭学到举行百色起义和龙州起义，成立红七军和红八军，李明瑞任两军总指挥，邓小平任政治委员，创立了左江、右江革命根据地。他一直长期担任党内外各种领导职务，为邓小平建党学说产生、形成和发展提供了广阔的政治舞台。他在民主革命、社会主义革命与建设时期，先后担任中共西南局书记、西南军区政委、中央组织部长、秘书长等职。从党的"八大"起，他担任党的总书记长达10年之久，并先后担任中共中央副主席、国务院副总理、军委主席等职务。因此，由于他长期处于这些重要的领导岗位和担任重要领导职务，使邓小平同志能够从全局的角度观察和了解党的状况，探索执政党建设的客观规律，积累了丰富的建党经验和建党学说。这一条有利因素与他具备的马克思主义理论修养素质相结合，就成为他在党的建设理论作出建树的重要客观与主观条件，形成了邓小平建党学说的科学体系。

《邓小平建党学说》一书还阐述了邓小平建党学说形成和发展的历史过程及其原因。

首先，邓小平同志以无产阶级革命家和政治家的气魄，坚持马克思主义与改革开放和社会主义现代化建设的具体实践相结合，形成了具有中国特色的理论、原则和指导思想。这既是党领导中国革命和建设的根本性经验，也是新时期邓小平建党学说获得新发展的重要原因。其次，以邓小平为核心的党中央第二代成熟领导集体，坚持辩证唯物主义与历史唯物主义的立场、观点和方法，既不迷信马克思、恩格斯、列宁、斯大林、毛泽东无产阶级经典作家的条条框框，也不受各种政治思潮、政治理论的冲击和干扰，有自己的理解、认识和主张，具有远见卓识和正确处理重大问题的能力。其三，对党、对阶级、对民族、对人民高度负责，对社会主义、共产主义的无限忠诚。为了人类的解放事业，一方面，邓小平同志敢冒风险，引导全党奋力冲破"左"的束缚；另一方面，他不计较饱受极"左"错误之苦的个人恩恩怨怨，站在马克思主义立场上，引导全党正确地评价关于建国以来若干重大历史遗留问题，并能坦诚地承担在社会主义事业发生转折时期自己所应负的责任。显示了一个政治上高度成熟的伟大马克思主义者的郑重态度,给后代树立了光辉的榜样。其四,由于邓小平同志长期以来,对中国人民的革命与建设事业做出了不可磨灭的贡献。他在中国革命和建设的进程中,几次大起大落,饱经暴风骤雨的洗礼和沉浮。一身系得多次坎坷和安危,经得住种种血雨腥风的考验,是千锤百炼的成熟领袖,在全党和全国人民中享有巨大的威望,赢得了全党全国各族人民的崇敬和高度信赖,而被推上新时期的主要领导岗位,成为党的事业主要决策人之一,成为我党第二代核心领导人物。其五,邓小平把革命的胆略与高超的领导艺术相结合,在伟大历史的转折时期,党内外、国内外思潮非常复杂,风云变幻的形势下,处理一系列复杂的思想、理论和实际问题,不仅需要胆略,而且需要高超的领导艺术。太急,容易脱离群众,得不到党内外的广泛理解和支持。太慢,易于坐失良机,落后于形势发展和党内外的普遍要求,延缓历史发展的进程。只有成熟的革命领袖,才能把革命的胆略与高超的领导艺术完美地结合起来,导演出威武雄壮的活剧,活跃在中国的政治舞台上。

由于这五个方面的原因,使邓小平建党学说得以全面展开和进一步深入发展。邓小平建党学说不仅对毛泽东建党学说的一系列基本原理和理论原则进行了直接继承,而且在很多方面对毛泽东建党学说作了新的发挥和全面的丰富发展。特别是在执政党的条件下,邓小平同志关于党的学说的基本原理产生于我们党领导全国人民进行改革和社会主义现代化建设的伟大实践中。他揭示了执政党建设的客观规律,特别是在新的历史时期建设有中国特色社会主义事业中党的领导的客观规律,科学地回答了执政党的地位和作用,强调要旗帜鲜明地坚持和改善党的领导,这不仅是毛泽东建党学说的重要组成部分,而且是毛泽东建党学说的新发展,也是新时期执政党建设理论形成发展的重要标志之一。

《邓小平建党学说》一书,就是以中国共产党的历史为基础,以党的第一代、第二代、第三代党中央领导集体为核心,以马克思主义的普遍原理与党的实践活动相结合,在这个基础上总结邓小平建党学说产生、形成和发展的历史经验和基本原理、原则、方针和方法的形成过程及其伟大历史意义。论证、阐述和揭示邓小平建党学说的客观规律，是无产阶级政党建设的理论武器，是马克思列宁主义、毛泽东思想和邓小平建设有中国特色社会主义理论的重要组成部分。研究、探讨和论述邓小平建党学说在党领导人民夺取政权、巩固政权、运用政权和建设有中国特色的社会主义事业中它的地位和作用。以达到统一思想认识，切实按照中共中央关于高度重视马克思主义党建理论的学习、研究和传播、"聚精会神抓党的建设"的一系列指示和要求，培养和造就我们党新阶段的一整套干部，全面提高党的干部，特别是党的领导干部的素质，并掌握邓小平建党学说基本原理、原则，使党和国家的各级领导权牢牢地掌握在忠诚于马克思主义的人手里，它就是我们研究、探讨邓小平建党学说的指导思想和目标。

我们党在以江泽民同志为核心的党中央第三代领导集体的指引下，以坚持、继承和发展为基本特征的"聚精会神抓党的建设"作了一系列的工作。在第一代和第二代党中央成熟领导集体的中国革命与建设的理论和实践相结合的进程中，进行了艰苦卓绝的集体奋斗、探讨、创造前进的基础上，形成了在建设有中国特色的社会主义新阶段中，加强执政党建设的一套完整、系统、具有中国共产党特色的建设党的科学理论体系，把党的建设的实践提到了一个新的高度。这就是既要坚持、继承，又要创新发展，在新的历史阶段和新的形势下，对毛泽东、邓小平等党的老一代无产阶级革命家，在不同的历史时期，结合我们党的建设的历史实践、创造、丰富和发展着的马克思列宁主义、毛泽东思想关于建党学说的坚持、继承、捍卫和发展作出自己的应有贡献。使我们老一代无产阶级革命家开创的无产阶级革命事业代代相传。这是一个艰巨而光荣的任务，也是人类社会和中华民族赋予我们党的伟大历史使命。

在以江泽民同志为核心的第三代党中央领导集体的指引下，面对错综复杂的国际国内形势，继续坚定不移地坚持党在社会主义初级阶段的基本路线，即"一个中心、两个基本点"，把邓小平同志等老一辈无产阶级革命家开创的事业建设有中国特色的社会主义推向一个新的历史发展阶段。

江泽民同志强调指出："用马克思主义的建党学说教育、武装全体党员和党的干部，对于党在当前的建设和未来的发展具有特殊的重要性，各级党组织都应作出规划，把这项工作切实地、持久地抓下去，这项工作抓好了，党的建设工作就会提高到一个新水平，党就会出现一个新面貌，党在领导建设有中国特色的社会主义的伟大事业中，就一定能够更好地履行自己的职责，为我们的国家，为中华民族，为世界工人阶级和人民群众，作出新的更大的贡献。"[①] 党中央向全党全国各族人民发出号召：必须从现在起，下决心加强马克思主义建党理论的学习、研究和宣传工作。特别强调县以上各级党委的成员，首先是主要负责同志应带个好头。为此，各级党校、党报、党刊和党建理论工作者，要充分发挥自己的应有作用。

---

① 1990 年 7 月 1 日《人民日报》。

导　论

一、当代中国的马克思主义建党学说

邓小平建党学说是以马克思列宁主义、毛泽东思想与新的历史时期党的建设实践相结合的产物。是把党建设成为具有中国特色社会主义的坚强领导核心为基本内容，是毛泽东建党学说在新的历史条件下的继承、发展和创新。是当代中国的马克思主义建党学说。它揭示了无产阶级执政党建设的客观规律，特别是新的历史时期执政党建设的基本规律。是指导新时期执政党建设的强大思想理论武器。也是建设有中国特色社会主义理论的重要组成部分。

邓小平建党学说的主体和核心，包括三个方面的基本指导思想：一是必须坚持和改善党的领导，四项基本原则的核心是党的领导，从根本上说，没有中国共产党的坚强领导，就没有当代中国的一切。这是最根本的。二是要把党建设成为马克思列宁主义、毛泽东思想武装的更加坚强的中国工人阶级的先锋队。这样的先锋队，必须在理论上更加成熟，思想上更加统一，政治上更加坚强，内部更加团结，同群众的关系更加亲密，是领导全国各族人民建设有中国特色的社会主义的坚强核心。三是加强党的建设和改进党的领导，一定要结合新的实际，遵循党的基本路线，坚持党要管党和从严治党，加强党的建设，努力提高党的执政水平和领导水平，使我们这个久经考验的马克思主义的政党，在建设有中国特色社会主义的伟大事业中更好地发挥领导核心作用。

总之，这三个方面的指导思想和原则，比较完整地、科学地回答了新的历史时期执政党建设面临的基本问题和主要的建党原则。

（一）没有中国共产党的领导，就没有当代中国的一切，这是邓小平建党学说的一条基本原理。

中国共产党是中国社会主义革命和社会主义四个现代化建设事业不可动摇的核心。没有共产党，就没有新中国。同样，没有共产党，也不可能有现代化的中国。邓小平同志指出，过去的革命问题解决得好不好，关键在于党的领导，现在的建设问题解决得好不好，关键也在于党的领导。在中国，自五四运动以来的70多年中，除了中国共产党，根本不存在另外一个像列宁所说的联系广大劳动群众的党。没有中国共产党，就没有社会主义的新中国，没有党的领导，就没有建设有中国特色的社会主义。我们党同广大人民群众有紧密的联系，对我国社会主义事业的领导，是我们党70多年来的斗争历史形成的。因此，党离不开人民，人民也离不开党，这不是任何力量所能改变的。这不仅是我们党历史经验的科学总结，也是被历史证明了的客观真理。

坚持党的领导是实现有中国特色的社会主义的根本保证。我们党的基本路线，就是搞社会主义现代化建设，实现有中国特色的社会主义。邓小平指出："现在我们搞四个现代化，是搞社会主义的四个现代化，不是搞别的现代化。我们采取的所有开放、搞活、改革等方面的政策，目的都是为了发展社会主义经济。我们允许个体经济发展，还允许中外合资经营和外资独营的企业发展，但是始终以社会主义公有制为主体。社会主义的目的就是要全国人民共同富裕，不是两极分化。如果我们的政策导致两极分化，我们就失败了；如果产生了什么新的资产阶级，那我们就真是走了邪路了。"① 社会主义的现代化与资本主义的现代化有着本质的不同。建设有中国特色的社会主义是以生产资料公有制为基础的，其目的是为了满足广大

---

① 《建设有中国特色的社会主义》增订本，第98～99页。

人民日益增长的物质和文化的需要；资本主义的现代化是以生产资料私人占有制为基础的现代化,其目的是最大限度地掠取剩余价值,以满足资本家的私欲。邓小平同志提倡的全民共同富裕是社会主义现代化区别资本主义现代化的一个重要标志。

　　党的领导不可能没有错误,但党有能力自己纠正错误。这是邓小平建党学说一条基本原理。邓小平指出:"党的领导当然不会没有错误,而党如何才能密切联系群众,实施正确的和有效的领导,也还是一个必须认真考虑和努力解决的问题,但是这决不能成为要求削弱和取消党的领导的理由。我们党经历过多次错误,但是我们每一次都依靠党而不是离开党纠正了自己的错误。今天的党中央坚持发扬党的民主和人民民主,并且坚决纠正过去所犯的错误。"① 这就表明,由于我们党没有与无产阶级和人民群众不同的私利,因而能够通过批评和自我批评克服自身的错误。这正是我们中国共产党区别于其他任何政党的显著标志之一,是中国共产党保持对社会主义事业领导的基本条件之一。我们党粉碎"四人帮"以来,特别是十一届三中全会以后,我们党全面纠正"左"的错误,党的威信在全国人民中普遍得到提高,全国人民把他们对于前途的一切希望寄托在中国共产党的肩上。

　　邓小平同志在《建设一个成熟的有战斗力的党》一文中就指出:"从一九三一年一月我们党的六届四中全会起,到一九三四年底,差不多四年的时间犯第三次'左'倾路线错误,我们的革命力量曾遭受很大损失,到最后在蒋介石统治区损失几乎百分之百,在红军苏维埃区损失百分之九十。'左'倾路线统治时期,不仅完全拒绝毛泽东同志的正确路线,而且把毛泽东同志调离党和军队的领导岗位,一直到长征。长征的前一段,因为没有毛泽东同志的指挥,所以就犯错误,使红一方面军由八万人减少到三万人。"② 对这一历史阶段的

_____

① 《邓小平文选》第二卷,第170页。
② 《邓小平文选》第一卷,第338页。

严重错误，以毛泽东同志为核心的党中央在遵义会议上和遵义会议以后采取了正确的方针。

首先，只提出军事路线的错误，还不提政治路线错误。在组织上也不急于调整，仍然让站在王明路线一边的洛甫当总书记。其目的就是要把犯错误的同志团结起来。由于毛泽东同志采取了正确处理党内矛盾的政策，使我们党渡过了最困难的时刻，完成了二万五千里长征；其次，在抗日战争期间，我们采取总结经验的方法，以整风的精神和方法统一了全党的思想，并创造了"从团结的愿望出发，经过批评或者斗争，在新的基础上达到新的团结"的方针。花了10年的时间才从政治上、思想上和组织上统一了全党。并且在党的"七大"选毛泽东为中央委员会主席，形成了以毛泽东为核心的党中央第一代成熟领导集体，夺取了抗日战争和解放战争的胜利，成立了中华人民共和国；其三，正如邓小平说的："制定自己的适合于本国情况的战略和策略，纲领和要求，只能由各国党自己搞。自己搞，可以取得经验，正确的是自己的，错误的也是自己的，自己去总结。错了也没有什么了不起，只要善于运用批评和自我批评这个方法，不断地总结经验，总是能够不断地前进的。"① 就是说，要把马克思列宁主义的普遍真理同本国的革命实践、本国的实际情况相结合，才能够制定正确的战略和策略，才能够赢得革命的胜利。

社会主义现代化建设只能由中国共产党来领导。这也是邓小平同志反复强调的一个基本观点。邓小平同志认为，在中国"离开了中国共产党的领导，谁来组织社会主义的经济、政治、军事和文化？谁来组织中国的四个现代化？"② 因为，中国进行的是社会主义的现代化，而不是什么别的现代化。建设有中国特色的社会主义现代化离开马克思列宁主义、毛泽东思想的指导，是不可能取得成功的。只有坚持以马克思列宁主义、毛泽东思想为自己指导思想的中国共产

---

① 《邓小平文选》第一卷，第340页。
② 《邓小平文选》第二卷，第170页。

党，才能担当起领导社会主义现代化这项空前艰巨复杂的伟大事业的历史重任。如果削弱甚至取消党的领导，"事实上只能导致无政府主义，导致社会主义事业的瓦解和覆灭。"① 所以，中国由共产党领导，中国的社会主义现代化建设事业由中国共产党领导，这个原则是不能动摇的；动摇了中国就要倒退到分裂和混乱，就不可能实现现代化。我们坚持四项基本原则，核心是坚持共产党的领导。没有中国共产党的领导，就没有当代中国的一切，这是一条划时代的客观真理，也是邓小平建党学说的理论基础和基本原则。

(二)要把党建设成为领导全国各族人民建设有中国特色社会主义的坚强核心。

在新的历史时期，邓小平同志明确地提出加强党的自身建设的三个基本问题：这就是，应该要建设一个什么样的党；什么样的党员才是一个执政党条件下的合格党员；怎样改善和加强党的领导。这就把党的建设提到一个全新的马克思主义建党学说的高度。因此，要建设一个什么样的党，是新时期的一个战略任务。

邓小平同志在《建设一个成熟的有战斗力的党》一文中就明确指出："建立一个什么样的党的问题，这不仅是我们这一代的问题，也是下一代、再下一代的问题。一个国家的革命，核心问题是党。有了一个好党才能引导革命走向胜利。革命胜利后，搞社会主义也要靠一个好党，否则胜利就靠不住。"② 邓小平同志在1992年的南巡重要谈话中，又强调指出："中国的事情能不能办好，社会主义和改革开放能不能坚持，经济能不能快一点发展起来，国家能不能长治久安，从一定意义上说，关键在人。""说到底，关键是我们共产党内部要搞好"。③

邓小平同志这些精辟的论断告诉我们，在社会主义现代化建设

① 《邓小平文选》第二卷，第170～171页。
② 《邓小平文选》第一卷，第348页。
③ 《邓小平文选》第三卷，第380～381页。

时期，越是要加快经济建设，搞好改革开放，就越要加强党的建设。没有一个坚强的党的核心领导，社会主义和改革开放就不能坚持，党的基本路线就难以全面贯彻下去，国家的长治久安和繁荣富强就难以实现。正因为如此，建设一个什么样的党的问题，是党的建设中非常重要的问题。

早在 1982 年 9 月，党的"十二大"根据党的"全面开创社会主义现代化建设的新局面"的宏伟任务，反复强调要"努力把党建设成为领导社会主义现代化事业的坚强核心"。

1987 年 10 月召开的党的"十三大"，为我国的社会主义现代化建设、为改革开放制订了蓝图，提出了战略。根据这一宏伟目标，党的"十三大"要求把我们的党建设"成为一个勇于改革、充满活力的党，纪律严明、公正廉洁的党，选贤任能、卓有成效地为人民服务的党。"党的十三届四中全会以后，以江泽民同志为核心的党中央第三代领导集体，采取了坚决的措施，纠正了党内一度出现的忽视党的建设，淡化党的领导的错误倾向，按照邓小平同志关于聚精会神抓党的建设的要求，明确的提出了现阶段加强党的建设必须遵循的指导思想和前进目标。这就是江泽民同志所指出的："最根本、最重要的，就是一定要坚持把我们党建设成为马列主义、毛泽东思想武装的更加坚强的中国工人阶级的先锋队。这样的先锋队，必须在理论上更加成熟，思想上更加统一，政治上更加坚强，内部更加团结，同群众的关系更加亲密，是领导全国各族人民建设有中国特色的社会主义的坚强核心。这个要求，体现了马克思主义的建党学说，适应新形势、新任务的要求，符合党的基本路线的需要，因而应当作为我们在现阶段加强党的建设必须遵循的根本指导思想和前进的目标。"

要把握住加强党的建设的指导思想和前进目标，就要抓住六个基本点：（1）必须坚持党的工人阶级先锋队性质，和种种损害党的性质，阉割、歪曲、破坏党的性质的错误观点划清界限，坚定不移地维护党的先锋队性质；（2）党是领导全国各族人民建设有中国特色的社会主义的坚强核心。没有这个核心就没有当代中国的一切；
（3）确保党和国家各级领导权由忠诚于马克思列宁主义、毛泽东思
想的人组成。要采取有力措施，把各级领导班子建设好，以保证老
一辈无产阶级革命家开创的事业代代相传；（4）切实把思想建设放
在党的建设的首位。加强党的思想建设，就要把邓小平建设有中国
特色社会主义理论武装全党作为根本任务来抓；（5）党的领导是实
现工人阶级历史使命的根本保证。我们的党是执政的党，党的领导
要通过执政来体现。因此，必须强化执政意识，提高执政本领，巩
固执政地位；（6）健全民主集中制，增强党的团结和统一，全党要
始终保持党同人民群众的血肉联系。民主集中制，是党的根本组织
原则，是党内生活必须遵循的基本准则，是实现决策科学化、民主
化必不可少的制度保证。民主集中制是辩证唯物主义和历史唯物主
义在党的组织建设和制度建设上的体现，也是我们党的群众路线在
组织制度建设上的创造性运用。

　　总之，加强党的建设，把这几条抓住不放，就能把握住强化党
的建设的指导思想和前进的目标。也只有这样，才能把党建设成为
领导全国人民沿着有中国特色的社会主义道路不断前进的坚强领导
核心。

（三）必须紧密围绕党的基本路线加强党的建设，坚持从严治党。

　　党的政治路线同党的建设是紧密相连的。党的建设必须密切联
系党的路线，要为党的政治路线服务，这是我们党的建设取得成功
的一条基本规律和经验。十一届三中全会以来，邓小平为我们党开
辟了建设有中国特色社会主义的正确道路，提出了建设有中国特色
社会主义的一系列重要思想、理论，确立了"一个中心、两个基本
点"的基本路线，将经济建设作为首要任务，作为当今中国最大的
政治。这是我们党对科学社会主义的重要贡献，丰富和发展了马克
思主义的思想宝库。

　　历史的经验证明，只有坚持以经济建设为中心，才能从根本上

抵御和粉碎国际敌对势力的武装侵略和和平演变图谋，不断巩固社会主义制度和执政党的地位；才能从根本上显示社会主义制度的优越性，有效地增强社会主义的吸引力和共产党的凝聚力；才能不断推进社会主义现代化建设的进程，逐渐使人民富裕、国家富强起来，从根本上增强人们对社会主义的坚强信念；才能从根本上创造向共产主义过渡的物质条件，最终实现共产党人的崇高理想和最终目标。坚持党的基本路线一百年不动摇，关键是坚持以经济建设为中心一百年不动摇。这就要求党的建设始终坚持以经济建设为中心，围绕经济建设、围绕解放和发展生产力来开展党建工作。进一步提高执行党的基本路线的自觉性和坚定性，强化为经济建设服务的意识，并在加快改革开放和经济建设的过程中加强党的建设。

坚持从严治党，是我们党对各级党组织和党员队伍进行教育、管理和监督的一贯坚持的重要原则，也是党的"十三大"在新的历史条件下提出的关于加强党的建设的一个基本方针。由于党处于执政地位，如果不坚持从严治党的方针，就很容易滋长脱离群众、腐败堕落的倾向。邓小平同志在 1992 年南巡重要谈话中指出："在整个改革开放过程中都要反对腐败。对干部和共产党员来说，廉政建设要作为大事来抓。还是要靠法制，靠法制靠得住些。"① 邓小平同志还在《党和国家领导制度的改革》一文中指出："克服特权现象，要解决思想问题，也要解决制度问题。公民在法律和制度面前人人平等，党员在党章和党纪面前人人平等。人人有依法规定的平等权利和义务，谁也不能占便宜，谁也不能犯法。不管谁犯了法，都要由公安机关依法侦查，司法机关依法办理，任何人都不许干扰法律的实施，任何犯了法的人都不能逍遥法外。谁也不能违反党章党纪，不管谁违反，都要受到纪律处分，也不许任何人干扰党纪的执行，不许任何违反党纪的人逍遥于纪律制裁之外。只有真正坚决地做到了这些，才能彻底解决搞特权和违法乱纪的问题。要有群众监督制度，

---

① 《邓小平文选》第三卷，第 379 页。

让群众和党员监督干部，特别是领导干部。凡是搞特权、特殊化，经过批评教育而又不改的，人民就有权依法进行检举、控告、弹劾、撤换、罢免，要求他们在经济上退赔，并使他们受到法律、纪律处分。"①

　　这就清楚地告诉我们，从严治党，要严格按照党规党法和国家法律办事。党规党法党纪，是一定社会一定组织中要求每一个人共同遵守的行动规则，这是维护社会秩序、机关团体、共产党员、党的干部共同生活生存和发展的基本准则之一。因此，从严治党，党的纪律的执行，都是按照党的政治纲领和组织原则，根据面临的形势与任务而确立的规章、制度、条例、决定、决议的行为规范。党员、干部都必须模范遵守。

　　从严治党必须严格执行党的纪律。党的纪律具有广泛的内容。在政治上，要求每个党员和党组织都必须坚持党的基本路线，保持全党在政治上的高度一致。这是党的政治纪律。在组织上，要坚持民主集中制原则，坚持"四个服从"，特别是全党服从中央。在党的宣传工作上，必须遵守党的宣传纪律，遵守"研究探讨无禁区、内外有别，宣传有纪律"。每个党的组织和党员还要模范地遵守群众纪律、保密纪律、财经纪律、劳动纪律、外事纪律，等等。

　　党的纪律是维护党的团结和统一，重要的是以马克思列宁主义、毛泽东思想和邓小平建设有中国特色社会主义理论为基础的思想上的一致，但同时还必须通过实行严格的纪律来保证这种团结和统一。通过从严治党，使党的纪律成为铁的纪律，自觉的纪律。邓小平说："有了理想，还要有纪律才能实现。纪律和自由是对立统一的关系，两者是不可分的，缺一不可。我们这么大一个国家，怎样才能团结起来、组织起来呢？一靠理想，二靠纪律。组织起来就有力量。没有理想，没有纪律，就会像旧中国那样一盘散沙，那我们的革命怎么能够成功？我们的建设怎么能够成功？现在有一些值得注意的现

---

　　① 《邓小平文选》第二卷，第 332 页。

象，就是没有理想的表现，比如说，一切向钱看。对这种现象的批评当然要准确，不要不适当，但是这种现象确实存在。有的单位设了许多公司，把国家拨的经费拿去做生意了。还有其他的种种不正之风。对于这些，群众很不满意。我们要提醒人们，尤其是共产党员们，不能这样做。不是在整党吗？应该首先把这些不正之风整一整。"① 邓小平同志指出的这些现象值得我们高度重视，不然的话还会出现新的反复。

党的"十四大"报告指出："在新的历史时期，党所处的环境和肩负的任务有了很大变化，党的思想、政治、组织、作风建设都面临许多新情况和新问题。"② 这就要求我们一定要结合新的实际，遵循党的基本路线，坚持党要管党和从严治党，加强和改进党的建设，努力提高党的执政水平和领导水平，使我们这个久经考验的马克思主义的党，在建设有中国特色社会主义的伟大事业中更好地发挥领导核心作用。

中国共产党在 70 多年的斗争中形成了自己的鲜明特点和优良的传统作风，成为一个更加成熟的有战斗力的党。我们党是用马克思列宁主义、毛泽东思想和邓小平建设有中国特色社会主义理论武装起来的党；是经受过长期战争锻炼和各种艰难困苦考验，有一代又一代坚强骨干队伍的党；是牢牢掌握着一支忠于祖国、忠于人民、忠于社会主义、有强大战斗力的军队的党；是在一个拥有 12 亿人口的大国中执政，40 多年来努力发展经济、政治、文化，特别是自改革开放以来，坚持党的基本路线，为国家的发展和人民生活的改善，做出了巨大成就的党；是同国内外反动势力、帝国主义、各种机会主义进行了军事的、政治的、外交的、思想的、文化的等等多种形式的斗争，积累了丰富经验的党；是以人民群众的力量源泉为胜利之本，始终同工人、农民、知识分子保持着血肉联系的党；是一贯

---

① 《建设有中国特色的社会主义》（增订本），第 100 页。
② 《中国共产党第十四次全国代表大会文件汇编》第 46 页。

坚持独立自主、自力更生、艰苦创业方针，不信邪、不怕鬼，不屈服来自任何方面包括来自敌对势力和国际共产主义运动内部的压力的党。所有这些构成了中国共产党的鲜明特点、优良传统作风和巨大的政治优势，是党和人民极为宝贵的精神财富，是我们党长期起作用的根本因素，是毛泽东、邓小平建党学说在党的自身建设上的生动体现和党更加成熟的标志。正因为我们有这样一个好的党，使我国的革命和建设事业不断胜利前进。

为了把党建设得更好，我们必须对党的建设所面临的形势和党的现状有清醒的全面认识。毫无疑问，我们党的主流是好的，但是在我国改革开放和发展社会主义市场经济的环境中，资本主义腐朽的思想、价值观念、生活方式不可避免地乘隙而入，侵蚀党的肌体。和平演变和资产阶级自由化思潮，对我国的独立和主权，对我们的建设和改革开放，构成现实的威胁。在这种情况下，确有一些党组织软弱涣散，一部分党员和党的干部经不起考验，头脑不清醒，立场不坚定，甚至有的违法乱纪，腐败变质；有的顽固坚持资产阶级自由化立场，丧失国格人格，站到了党和人民的对立面。党在思想、政治、组织作风方面都存在不少亟待解决的问题。这种情况说明，在新的历史条件下，我们面临的任务，就是要紧紧联系党的政治路线和政治任务，全面加强党的建设，始终保持党的工人阶级先锋队性质和全心全意为人民服务的宗旨，坚定社会主义信念和共产主义理想，筑起抵御国内外敌对势力和平演变的钢铁长城。

总之，邓小平建党学说的主体和核心就是：没有中国共产党的领导，就没有当代中国的一切；要把党建设成为领导全国各族人民建设有中国特色的社会主义的坚强核心；我们必须紧密围绕党的基本路线加强党的建设，坚持从严治党，发扬党的优良传统和作风，进一步把党建设成一个更加成熟的有战斗力的党。这就是当代的马克思主义建党学说的新成果和新发展。

二、邓小平建党学说产生的历史条件和时代特征

（一）邓小平建党学说是对毛泽东建党学说的坚持、继承、丰富和发展。

邓小平同志在坚持和发展毛泽东思想的进程中，特别重视和发展毛泽东建党学说。他不仅继承和坚持了马克思主义党的学说的基本理论原则，而且在新的历史条件下对马克思主义党的学说的丰富和发展。马克思主义党的学说是邓小平建党学说的理论渊源。邓小平建党学说之所以是对毛泽东建党学说的直接继承，就是因为他高度概括和评价了毛泽东建党学说的形成和发展以及它的地位和作用，并在实践中坚持这一革命理论，邓小平同志又以马克思主义党的学说基本原理为依据，又在新的历史条件下，丰富和发展了毛泽东建党学说。

党的十二届五中全会就指出："在以邓小平同志为核心的领导集体的坚强有力的引导下，我们的国家得以在十年中冲过激流，绕过暗礁，稳步走上社会主义现代化建设的正确轨道，取得举世瞩目的成就，在社会主义新中国的历史上开创了一个新的时期。"事实表明，邓小平建党学说在新的历史时期得到发展和创新。邓小平建党学说揭示了执政党的客观规律，特别是新的历史时期执政党建设的规律，它是新时期执政党建设理论形成和发展的重要标志。

在新的历史时期，邓小平建党学说回答了党的地位和作用，强调了要立场坚定、旗帜鲜明地坚持和改善党的领导。提出了要坚持党的领导就必须不断加强党的自身建设，要把党建设成为领导具有中国特色社会主义的坚强核心，这是新的历史时期党的建设的主题，党的自身建设各个方面的工作，都要紧密围绕着这个主题进行。这是邓小平同志对毛泽东建党学说基本原理的重大发展和贡献。也是执政党建设的出发点和归宿。

（二）邓小平建党学说是党的工作重点转移的时代产生的。

邓小平同志在谈到"四人帮"破坏毛泽东建党学说时就指出："'四人帮'反对毛泽东同志的建党学说，给党的建设、党的作风带来了很大的损害。""'四人帮'确实把我们的风气搞坏了。""他们弄得我们党内同志不敢讲话，尤其不敢讲老实话，弄虚作假。甚至于我们有些老同志也沾染了这些坏习气，这是不应该原谅的啊！我们只要充分信任群众，实事求是，发扬民主，把毛泽东同志的建党学说和党的一整套作风恢复起来，发扬起来。"①邓小平建党学说，就是在新的历史时期，进行拨乱反正、正本清源、平反冤、假、错案，纠正毛泽东同志晚年所犯的错误，恢复毛泽东思想、毛泽东建党学说本来面貌中产生和发展起来的。具有历史的特点和时代的特征。是当代中国共产党面临的理论上、党的学说上的又一次飞跃，是我们党以邓小平为核心的党中央第二代成熟领导集体进行战略转移的时代产物。

致力于发展社会生产力，是建设有中国特色社会主义的关键一环。邓小平指出："十一届三中全会以来，全党把工作重点转移到社会主义现代化建设上来，在坚持四项基本原则的基础上，集中力量发展社会生产力。这是最根本的拨乱反正。不彻底纠正'左'的错误，坚决转移工作重点，就不会有今天的好形势。"还特别强调指出："在社会主义国家，一个真正的马克思主义政党在执政以后，一定要致力于发展生产力，并在这个基础上逐步提高人民的生活水平。"这就是说："我们的政治路线是把四化建设作为重点，坚持发展生产力，始终扭住这个根本环节不放松，除非打起世界战争。即使打世界战争，打完了还搞建设。"②

马克思主义基本原理之一就是要发展生产力。特别是科学技术

---

① 《邓小平文选》第二卷，第45～46页。
② 《建设有中国特色的社会主义》（增订本），第15页，第54页，第120页。

是第一生产力，这是又一次的战略转移。因为我们奋斗的根本目标就是在中国这块大地上实现有中国特色的社会主义，进而实现共产主义。而共产主义是建立在生产力高度发展基础上的产物。共产主义是一个什么社会？共产主义是物质财富极大丰富，实行各尽所能，按需分配的社会。只有社会生产力高度发展，科学技术高度发展，才有可能实现我们的最高理想——按需分配。按照马克思主义的观点，社会主义是共产主义的第一阶段，是一个很长的历史阶段。社会主义的首要任务是发展生产力，逐步提高人们的物质和文化生活水平。由于中国的基本国情，决定了我国处于社会主义初级阶段，这就需要作极大的努力发展生产力。集中力量发展生产，把国民经济搞上去，实现社会主义现代化，为社会主义制度的巩固和发展打下更加坚实的物质技术基础，这不但是我国长期的根本任务，而且在我国现阶段具有重要的紧迫的意义。

邓小平指出："政治路线已经解决了，看一个经济部门的党委善不善于领导，领导得好不好，应该主要看这个经济部门实行了先进的管理方法没有，技术革新进行得怎么样，劳动生产率提高了多少，利润增长了多少，劳动者的个人收入和集体福利增加了多少。各条战线的各级党委的领导，也都要用类似这样的标准来衡量。这就是今后主要的政治。离开这个主要的内容，政治就变成空头政治，就离开了党和人民的最大利益。"[①] 这是经济标准又是政治标准，这个政治上的导向必须坚持，这是邓小平建党学说的一条重要的政治原则。我们就是要一心一意地搞社会主义现代化，这件事情，任何时候都不能受干扰。我们必须坚定不移地干下去。国民经济的发展，国民收入的增加，人民生活的逐步提高，国防相应地得到巩固和加强，都要搞好建设有中国特色的社会主义，实现社会主义的现代化。

---

① 《邓小平文选》第二卷，第150页。

（三）以邓小平为核心的党中央第二代成熟领导集体，在新的历史条件下，为毛泽东建党学说增加了新的内容，使毛泽东建党学说发展到一个新的阶段。

在新的历史时期，应该怎样去加强党的领导，把党建设成为领导具有中国特色的社会主义的坚强核心，这是党的建设面临的新课题。邓小平指出："中国由共产党领导，中国的社会主义现代化建设事业由共产党领导，这个原则是不能动摇的；动摇了中国就要倒退到分裂和混乱，就不可能实现现代化。"① 这是大量实践所证明了的客观真理。邓小平直接坚持继承和发展了毛泽东建党学说，在新的历史条件下，增加了新的内容。在邓小平的建党学说中，不仅提出了要坚持执政党的领导地位和作用，提出了为了坚持党的领导必须改善党的领导的理论原则，为执政党的自身建设指明了方向。

当然，坚持党的领导并不是什么新问题。建国以来我们就一直坚持党的领导地位，巩固执政地位。但是，在新的历史时期，在当代新的国际国内形势下如何加强和改善党的领导，采取什么方法方式，采取什么途径和措施。如何强化执政意识，提高执政本领，巩固执政地位，存在种种错误言论和糊涂认识必须澄清。以邓小平为核心的党中央第二代成熟领导集体从理论与实践相结合上正确回答了这个问题，使毛泽东建党学说得到了新的发展。

历史上形成的中国共产党的领导地位是没有人能改变的。我们这个党是马克思列宁主义、毛泽东思想和邓小平建设有中国特色社会主义理论武装起来的党，是领导建设有中国特色的社会主义、领导无产阶级专政的核心力量，是有社会主义、共产主义觉悟的、有革命纪律的先锋队组织。因此，在新的历史条件下，必须坚持党的工人阶级先锋队性质，这个性质并没有改变，也不能改变。而是在新的历史条件下，更加明显了，使党不仅成为领导建设有中国特色

① 《邓小平文选》第二卷，第267页。

的社会主义的坚强核心，而且能够充当我们这个国家和民族的政治领袖，这是我们中国共产党的阶级性、先锋性、先进性所决定的。它反映了这个时代的基本特征。

邓小平指出："可以回顾一下我们走过的道路。中国革命，没有中国共产党，能够成功吗？不可能的。""党的四大时只有九百多个党员，就那么九百多人的一个党，实现了国共合作，推进了北伐战争。以后革命失败了，只有我们的党才能够经得住十年的血腥恐怖，百万大军的'围剿'，二万五千里的长征。因为有党的领导，中国人民经过千难万苦的奋斗，终于建立了中华人民共和国。我们党也犯过严重错误，但是错误总还是由我们党自己纠正的，不是别的力量来纠正的。就是粉碎'四人帮'，也是由我们党代表人民的利益和要求来实现的。中国一向被称为一盘散沙，但是自从我们党成为执政党，成为全国团结的核心力量，四分五裂、各霸一方的局面就结束了。只要我们党的领导是正确的，那就不仅能够把全党的力量，而且能够把全国人民的力量集合起来，干出轰轰烈烈的事业。"①

这就是说，一个国家的革命和建设核心问题是党，关键是核心的决策最高层领导集体的马克思主义的认识能力和决策水平。建设一个好的党、好的领导集体，才能引导革命与社会主义建设走向胜利。无论是民主革命还是社会主义建设，都是靠一个好的党、好的领导核心，否则就靠不住，这是邓小平建党学说的一条真理，也是我们党一贯坚持的基本原则。但是在加强党的领导的措施和方法上，不能用搞政治运动的办法，过去政治运动一个接着一个，偏差、后遗症和遗留不少问题，造成运动结束后多少年纠缠不清，影响很大，浪费时间精力惊人。因此，要在建设有中国特色的社会主义进程中创造一条建设党的新路子，成为党的一项战略任务。

正确认识社会矛盾，是进行党的政治建设的基础，正确地制定和执行党的基本路线是党的政治建设的核心内容。党的十一届三中

---

① 《邓小平文选》第二卷，第266～267页。

全会以后，邓小平同志论述了现阶段社会主义的基本矛盾和主要矛盾，提出了新时期党的基本路线，和与此相适应的一系列方针政策，就为坚持和改善党的领导，加强党的建设，发展党的学说作出了重要贡献。

（四）当代党的思想理论建设是整个党的建设的基础，是党的基本路线、方针和政策的依据。

邓小平建党学说理论、方法是毛泽东思想在建设具有中国特色社会主义时代的发展，是国际共产主义运动、科学社会主义的理论和实践在新时代的重大发展。其根基是邓小平同志在十一届三中全会以后，把党的思想理论建设作为整个党的建设的基础。他不仅恢复和重新确立了实事求是的思想路线、政治路线和组织路线，恢复了毛泽东思想的本来面目，正确地评价了毛泽东同志的历史地位和毛泽东思想的指导地位，丰富和发展了毛泽东建党学说。为什么把党的思想理论建设视为整个党的建设的基础呢？因为从党的思想理论建设与其他各项建设的关系上看，思想理论原则贯穿于党的一切建设之中。党的政治、组织、作风、制度等建设都离不开思想理论建设，都要以思想理论建设为基础。

第一，党的思想理论建设是党的政治建设的前提和基础。党的政治建设，主要是指党在一定历史时期的政治要求、政治任务、政治目标、政治理想和信念的首要问题。在此基础上制定的路线、方针和政策，为实现党在现阶段的总任务和党的最低与最高纲领而奋斗。党的纲领是外界判断党的性质和运动的界碑，是一面公开树立的旗帜。因此，党的政治纲领是党内团结和全国人民团结的政治基础。政治建设所以重要，就是它能保持党的政治路线的正确性、连续性和具有时代特征。它是党的奋斗目标、历史使命以及纲领、路线的体现和根本保证。政治建设有它的客观规律性，是不以人们意志为转移的。正如列宁指出的，政治是一种科学，是一种艺术。政治建设也是一种科学。

能否正确地制定和执行党的纲领、路线，关键在于能否搞好党的思想理论建设。特别是能否执行实事求是的思想路线。不解决思想路线问题，正确的政治路线就制订不出来，制订了也贯彻不下去。因此，坚持解放思想、实事求是，是一个艰难的斗争过程。有的同志把实事求是当作一种抽象的原则精神，其实在实际工作中，要真正做到实事求是，就要坚持观察的客观性，克服主观主义的看问题；坚持观察的全面性、准确性，克服片面地看问题。如何才能做到实事求是，这是邓小平建党学说的一个基本原则，也是他多次强调的一个根本性问题。要经过艰苦努力，真正掌握马克思主义的精髓。只有这样才能真正做到实事求是。

作为党的干部特别是领导干部，又处在执政的地位。要想达到预期的目的，就要从实际出发，坚持解放思想，实事求是的基本原则，从中引出固有的而不是臆造的规律性，作为人们进行工作的向导。其核心就是解放思想，实事求是。从实际出发，而不是从主观愿望出发，这是干部的立场、观点和方法问题，也是党性问题。

第二，党的思想理论建设是党的组织建设和作风建设的思想基础。党的组织建设的内容很多、很广泛，包括组织制度、组织机构、组织纪律、领导制度、以及党员队伍、干部队伍、领导班子建设等等。哪一项也离不开党的思想理论建设。列宁说过，没有思想上的统一，统一组织是没有意义的；这样的组织统一，我们从来没有寻求过，而且也不可能去寻求。不能忘记，没有共同的思想理论基础，根本谈不上统一的问题。因此，必须把思想理论建设放在组织建设的首位，成为它生存和发展的基础。这是邓小平建党学说多次强调的一个重要的理论原则。

同样，思想理论建设也是党的优良传统的基础。党风是党组织和党员言论行动中反映和体现的外在表现。它是一种精神状态的反射给人们的一种道德形象。对一个共产党员、党的干部特别是领导干部来说，党风是世界观和党性的直接体现。党风不是抽象的概念，它是直接体现在言论和行动之中，反映他的道德、品质及其风格和精神面貌的一种形象。一般来说，有什么样的世界观、方法论，就有什么样的思想和作风。我们党有理论联系实际、密切联系群众、批评与自我批评的"三大"优良传统作风。这是唯物史观在作风上的表现。

邓小平指出："在目前的历史转变时期，问题堆积成山，工作百端待举，加强党的领导，端正党的作风，具有决定的意义。"① 端正党风之所以重要，邓小平建党学说论述了三个方面的基本原因：

首先，党风不正，势必使我们的干部队伍腐败，损害党同人民群众的亲密关系，使党在一定程度上脱离群众，不能取信于民。其次，党风关系到党的基本路线、方针和政策能否得到贯彻执行。要坚持党的领导，必须改善党的领导，改进党的作风。这就把执政党的党风，列为改善党的领导的重要内容，表明了党风对实现党的基本路线、方针和政策具有极其重要的作用，实际上，它直接关系到建设有中国特色社会主义的兴衰和成败。其三，搞好党风建设，是建设好社会风气的关键所在。邓小平认为："要搞好我们的党风、军风、民风，关键是要搞好党风。"因为，党处在国家政治生活和社会生活中的政治核心，是全社会的表率，党风的状况直接决定社会风气的状况。只有搞好党风，才能转变社会风气。但是把"党风是个筐，什么都往里边装"也是错误的。

总之，党风不正，群众不满，直接影响着党的光辉形象。要保持发扬党的优良传统作风，坚持实事求是，艰苦奋斗，自力更生，廉洁奉公的好作风。

邓小平指出："过去我们搞革命所取得的一切胜利，是靠实事求是；现在我们要实现四个现代化，同样要靠实事求是。不但中央、省委、地委、县委、公社党委，就是一个工厂、一个机关、一个学校、一个商店、一个生产队，也都要实事求是，都要解放思想，开动脑筋想问题、办事情。"② 他还强调指出："我们取得的成就，如果有一

---

① 《邓小平文选》第二卷，第178页。
② 《邓小平文选》第二卷，第143页。

点经验的话，那就是这几年来重申了毛泽东同志提倡的实事求是的原则。中国革命的成功，是毛泽东同志把马克思列宁主义同中国的实际相结合，走自己的路。现在中国搞建设，也要把马克思列宁主义同中国的实际相结合，走自己的路。"①

这是邓小平同志对当代中国建国以来对执政党经验的科学总结。作为一个领导干部要善于调查研究，研究新情况，解决新问题。要把党的好思想、好作风继承下来，坚持下去。为了促进社会风气的进步，这就要求我们的党员干部和各级领导同志以身作则，做人民群众的表率。党是整个社会的表率，党的各级领导同志又是全党的表率。如果党组织把群众的意见和利益放在一边，不闻不问，就会造成恶劣的影响。只有以身作则，才能把各项工作做好，做扎实，使人民群众信赖和拥护。

要发扬党的艰苦创业、自力更生的优良传统作风，给人民群众树立一个好的榜样。邓小平说："我们现在所干的事业，就是努力把中国变成一个现代化的社会主义国家。在经济上要达到中等发达国家的水平，还需要五六十年的时间，如果从中华人民共和国建立算起要用上百年的时间。我们要坚持建党几十年来最好时期的传统，就是要艰苦奋斗，谨慎办事，兢兢业业。②艰苦创业是我们党的传家宝。是我们党的优良传统作风，我们要世世代代坚持下去。

要发扬党的密切联系人民群众的传统作风。要靠老干部起模范带头作用。要培养、选拔一批年轻干部到各级领导岗位上来，老干部对他们要传帮带，要给他们树立一个好的作风，要使他们能够继承和发扬党的密切联系群众等优良传统。要使他们懂得，不只是年轻就能解决问题，不只是有了业务知识就行了，还必须有好的作风，密切联系人民群众，这是最根本的一条。邓小平指出："不要'做官当老爷'，要反对'衙门作风'，这是毛泽东同志的一些根本的思想

---

① 《建设有中国特色的社会主义》（增订本），第82页。
② 《邓小平文选》第三卷，第259页。

观点，现在我们还是应该按照这些思想观点去办事。"①

我们一切党的工作者，要大力加强党的组织，党员同群众的联系，要把国家的形势和困难、党的工作和政策经常真实地告诉群众。要坚决批评和纠正各种脱离人民群众，对群众疾苦不闻不问的错误。要使我们的一切干部都懂得群众是我们力量的源泉，群众路线、群众观点是我们的传家宝。如果哪个党组织严重脱离群众而不能坚决改正，那就丧失了力量的源泉，就一定要失败，就会被人民抛弃。全党同志，各级干部，特别是领导干部，必须经常记住这一点，经常用这一个标准检查自己的一切言行。这是邓小平建党学说的一条重要内容和基本原理原则。

共产党员和党的干部应当成为群众的模范，群众的核心，做一个合格的党员、干部。邓小平认为，过去我们党的威力为什么那么大？打仗的时候我们总是说，一个连队有百分之三十的党员，这个连队一定好，战斗力强。为什么？就是党员打仗冲锋在前，退却在后，生活上吃苦在先，享受在后。这样，他们就成了群众的模范，群众的核心。就是这么简单的道理。那个时候当个共产党员不容易。当个共产党的干部，比如当个连长、当个排长，行军时候一个人要背两三支长枪。现在有些共产党员不同了，他们入党是为了享受在先，吃苦在后。我们反对特殊化，其实就是反对一部分共产党员、干部特殊化。所以现在我们提出，我们这个党要恢复优良的传统和作风，有一个党员要合格的问题。合不合乎党员的资格，合不合乎党的条件，这个问题不只是提到新党员面前，也提到一部分老党员面前了。所以，我们党确实存在一个整顿的问题。

我们要从严治党，对党员、干部要严格，要正确处理国家、集体和个人的利益关系，如果有矛盾，个人的利益要服从国家和集体的利益。为了国家和集体的利益，为了人民的利益要不怕牺牲个人的一切。党员干部要深入到群众中去，做过细的思想政治工作，要

---

① 《邓小平文选》第二卷，第230页。

坚决反对对党中央的基本路线、方针和政策采取阳奉阴违、两面三刀的错误态度。马克思主义理论从来不是教条，而是行动的指南。它要求人们根据它的基本原则和基本方法，不断结合变化着的实际，探索解决新问题的答案，从而也发展马克思主义理论本身。俄国的十月革命和我们中国的革命，不就是这样成功的吗？

我们现在要建设有中国特色的社会主义，时代任务不同了，要学习的新知识确实很多，就是要求我们努力针对新的实际，掌握马克思主义基本理论。要在实践中发展马克思主义，马克思主义必然与当代的实际相结合才能显示它的威力。学习马克思主义、运用马克思主义就要联系实际，要全心全意地为人民服务，深入群众，倾听群众的呼声；要敢说真话，反对说假话，不务虚名，多做实事；要公私分明，不拿原则换人情，不搞权钱交易；要任人唯贤，反对任人唯亲。要永远保持我们党的优良传统和作风，以育后人。

第三，党的思想理论建设也是党的制度建设的基础，充分发挥人的主导作用。在制度建设的进程中，我们强调制度建设、法制建设，严守一切规章制度都是重要的，正确的。但是，法律、法令、制度，一切章程、决议、命令等等都是人执行的。特别是掌握一定职权的干部去执行、去贯彻、去解决实际问题，这就要解决思想理论问题，重视人的因素，重视干部素质与思想政策水平。有好的思想理论为基础，去认真落实，严格执行，真正按照党的基本路线、方针和政策，以及制度、法规、条例去执行，才有实效。如果你有政策，我有对策，自己干扰自己。因此，要把制度与人的素质关系搞准确，要全面地、本质地看问题，不能搞形而上学。既要加强思想政治教育，提高干部素质，又要建立健全制度，以适应新的历史时期政治、经济、文化发展的需要，把建设有中国特色的社会主义的事业推向前进。这是邓小平建党学说在新的历史时期的重大发展。

思想理论建设在当代中国党的建设中所以重要，就是因为思想是支配行动的，思想是行动的先导，而理论是思想的先导，这是一条规律。我们党有了马克思主义基本理论，才能统一和指导全党的思想及行动，才能使全党、全军、全国各族人民团结在一起，战斗在一起，才能取得我国革命与建设有中国特色社会主义的胜利。

70 多年来，我们党所取得的一切胜利，都是由于正确运用了马克思主义基本原理，重视和加强了党的思想理论建设的结果。相反，我们党遭到失败和挫折，除了客观原因外，其重要原因就在于脱离了马克思主义的正确轨道，违背了马克思主义的基本原理，忽视了党的思想理论建设，早在 1941 年，刘少奇在总结民主革命经验时曾指出："中国党有一极大的弱点，这个弱点，就是党在思想上的准备、理论上的修养是不够的，是比较幼稚的。因此，中国党过去的屡次失败，都是指导上的失败，是在指导上的幼稚与错误而引起全党或重要部分的失败，而并不是工作上的失败。直至现在，缺乏理论这个弱点，仍未完全克服（虽然党内少数同志特别中央的同志是有了对马列主义理论与中国社会历史发展的统一理解）。因此，现在提倡党内的理论学习，就成为十分必要。"①

建国以后出现的重大挫折和失误，原因是多种多样的，其原因之一就是指导上的理论有失误而引起的混乱。理论上的分歧，造成思想上混乱，导致政治上的分裂。这在国际共产主义运动中时有发生。邓小平同志科学地总结了党在这方面的经验与教训，深刻地指出并希望党中央作出切实可行的决定，使全党的各级干部首先是领导干部，在繁忙的工作中，仍然要有一定的时间学习，熟悉马克思主义的基本理论，从而加强我们工作中的原则性、系统性、预见性和创造性。只有这样，我们党才能坚持社会主义道路，建设和发展有中国特色的社会主义，一直到达我们的最后目的，实现共产主义。

（五）把握住时代特征，深化我们党认识能力上的第二次飞跃，使邓小平建党学说达到一个新的理论水平高度。

和平与发展是当代世界的两大主题，维护世界和平，搞好国内

---

① 《刘少奇选集》上卷，第 220 页。

建设是我们的当务之急。邓小平指出："中国的对外政策，在80年代，实际上到90年代，甚至到21世纪，主要是两句话。一句话是反对霸权主义，维护世界和平。另一句话是中国永远属于第三世界，这是我们对外政策的一个基础。"① 当今国际形势的剧变和动荡不安，促使世界人民进一步觉醒和提高，这就要发奋图强，自力更生，掌握自己的前途和命运。世界要和平，国家要发展，社会要进步，经济要繁荣，生活要提高，已成为各国人民的普遍愿望和要求，已经成为世界的主流。面对新的国际形势和我们面临的任务，我们一定要在以江泽民同志为核心的第三代党中央领导集体的指引下，为我国的改革开放和现代化建设争取有利的国际环境，为世界的和平与发展做出自己的贡献。

党的十三次全国代表大会高度评价了十一届三中全会以来开始找到建设有中国特色社会主义道路的伟大意义，强调指出，这是马克思主义与中国实践相结合的过程中，继找到中国新民主主义革命道路、实现第一次历史性飞跃之后的第二次历史性飞跃。我们党在思想理论建设上有两次大的飞跃：第一次是在新民主主义革命时期，我们党把马克思列宁主义与中国革命具体实践相结合，提出了新民主主义的经济、政治、文化的理论，找到了实行"工农武装割据"，以农村包围城市，最后夺取全国政权的正确道路，把中国革命引向胜利；第二次飞跃，是在十一届三中全会以后，在建设有中国特色社会主义伟大实践中，要求我们广大党员和一切干部都要认真学习马克思主义的基本理论，要求我们党把马克思列宁主义、毛泽东思想的普遍原理同我国的改革开放、时代特征与建设实践紧密结合起来，坚持继承、纠正和创新发展马克思主义。走自己的路，建设有中国特色的社会主义经济、政治、文化。这是时代的要求，要继续不断地深化与发展。党的十三届七中全会，把建设有中国特色的社会主义道路概括为十二条基本原则，它既回答了什么是具有中国特

---

① 《建设有中国特色的社会主义》（增订本），第43页。

色的社会主义,又回答了怎样建设具有中国特色的社会主义问题,为建设有中国特色的社会主义奠定了理论基础。在改革开放以来实践的基础上,党的"十四大"就使建设有中国特色社会主义的理论、观点和思想形成了科学理论体系,成为党的指导思想。把我国的社会主义现代化建设推向一个新的发展阶段。

三、邓小平建党学说是马克思主义建党　学说在当代中国的继承和发展

(一)以邓小平为核心的党中央第二代成熟领导集体对社会主义发展规律认识进一步深化的突出表现,也是党领导社会主义建设的历史经验的基本总结。

以邓小平为核心的党中央第二代成熟领导集体总结了 70 多年来特别是建国以来执政党正反两个方面的经验与教训,明确指出:把马克思主义的普遍真理同我国的具体实际结合起来,走自己的道路,建设有中国特色的社会主义,这就是我们总结长期历史经验得出的基本结论。

建设具有中国特色的社会主义,走自己的路。这是邓小平同志在新的历史条件下,对毛泽东同志一贯倡导的中国共产党应当适时地提出一条适合我国国情的社会主义建设道路的直接继承和发展。是我国社会主义发展的客观规律的科学反映,是中国共产党对社会主义发展规律认识深化的突出表现。也是我们党领导社会主义建设的经验的基本总结。它不仅是我们党"十二大"的指导思想,也是整个新的历史时期改革开放和建设有中国特色社会主义的指导思想。这个思想的形成和发展,表明了我们党经过长期摸索已经找到了一条适合我国国情的社会主义建设的道路。是认识规律上的又一次飞跃。它反映了在中国这块大地上,建设社会主义的客观规律,是我国独创经验的总结,它具有中国的特色和优点。我们党依据这个

客观规律来建设社会主义，我国的无产阶级革命事业就会兴旺发达。

我国的社会主义特色，是随着实践的发展而不断发展和深化的，是由我国社会主义建设的内部成分、各要素及其结构所决定的。因此，它的特色的具体形态是在实践中不断充实、完善和不断提高，以适应我国社会主义现代化建设的客观规律。随着社会主义现代化建设的发展，无论在经济结构、政治结构、社会结构、科学知识、文化教育结构、干部队伍结构等等，都应适应中国特色优点和特点而变化着发展着，走出具有中国特色的社会主义道路。特别是党的"十二大"把建设高度社会主义精神文明和物质文明作为社会主义的基本特征和社会主义建设的战略方针提出来，这在马克思主义、毛泽东思想的发展史上还是第一次，这标志着中国共产党对社会主义建设的客观规律有了进一步的认识，达到了新的更高水平。

以邓小平为核心的党中央第二代成熟领导集体，科学地总结了马克思列宁主义、毛泽东思想关于党的建设、党的领导的基本经验，提出了一系列的重大理论问题、党的领导问题，继承和发展了马克思主义，特别是对毛泽东建党学说有新的发展做了突出的贡献。

在指导思想方面：邓小平同志提出，毛泽东思想过去是中国革命的旗帜，今后将永远是中国社会主义建设的旗帜，我们要永远高举毛泽东思想的伟大旗帜；我们要善于学习、掌握和运用毛泽东思想的理论体系来指导我们的各项工作。只有这样，才不至于割裂、歪曲毛泽东思想，损害毛泽东思想，要完整地、准确地理解毛泽东思想；毛泽东思想的基本点，就是实事求是，就是把马克思列宁主义的普遍原理同中国革命的具体实践相结合。毛泽东同志在延安为中央党校题了"实事求是"四个大字，毛泽东思想的精髓就是这四个大字；科学社会主义是在实际斗争中发展着，马克思主义是在实践斗争中发展着；实事求是，一切从实际出发，理论联系实践，坚持实践是检验真理的唯一标准，在实践中坚持真理与发展真理，这就是我们党的思想路线；解放思想，实事求是，是辩证的统一，就是运用马克思主义基本原理，研究新情况，解决新问题；我们说解放思想，是指在马克思主义的指导下，打破旧习惯势力和主观偏见的束缚，转变观念，去研究新情况，解决实际问题，解放思想决不能偏离"一个中心、两个基本点"的基本路线的轨道，不能损害安定团结、生动活泼的政治局面。离开基本路线，解放思想就势必走偏方向。

在经济方面：邓小平同志指出，我国当前的主要矛盾，是人民日益增长的物质和文化需要同落后的社会生产之间的矛盾，必须坚定不移地把党和国家的工作重点转移到现代化建设上来，核心是经济建设，它是解决国际国内问题的物质基础。也是建设有中国特色的社会主义的经济基础；独立自主，艰苦奋斗，自力更生，无论过去、现在和将来，都是我们的立足点、着眼点和出发点，中国的事情要按照中国的情况来办，要靠中国人民自己的力量来办；农村、城市都要允许一部分人、一部分地区先富起来，然后带动大家共同富裕。勤劳致富是正当的，是我们党所支持的，也是大家都拥护的新办法；我们搞社会主义现代化，是中国式的，具有中国特色的现代化。我们建设的社会主义是有中国特色的社会主义。我们主要是根据自己的实际情况和自己的条件，以自力更生、艰苦奋斗为主；我们建立经济特区，实行开放政策，有个指导思想要明确，就是，不是收而是放。更大步伐地开放。特区是个窗口，是技术的、管理的、知识的窗口，也是对外政策的窗口。从特区可以引进科学技术，获得知识，学到管理，管理也是知识；我们要学习一切人类创造的科学技术；我们的基本路线是把社会主义现代化建设作为重点，作为中心，要发展生产力，要抓住时机，发展自己，主要是发展经济，始终扭住这个根本环节不放松，除非打起世界战争。即使打世界战争，打完了还搞建设；一个公有制占主体，一个消灭剥削，一个消除两极分化，一个共同富裕，这是我们所必须坚持的社会主义的根本原则。我们要坚持执行和实现这些社会主义的原则；中国要坚持社会主义制度，要发展有中国特色的社会主义经济，要实现社会主义现代化，等等。

在政治方面：邓小平同志指出，坚持四项基本原则的核心是坚持党的领导，四项基本原则是实现社会主义现代化的前提和保证。如果动摇了这四项基本原则中任何一项，那就动摇了整个社会主义事业，整个现代化建设事业；坚持中国共产党的领导，必须改善党的领导，要把党建设成为领导建设有中国特色社会主义的坚强核心；必须逐步改革党和国家的领导体制，改变权力过分集中，实行党政分工，政企分开的领导体制；要认真实行党的民主集中制，反对个人崇拜，废除实际存在的领导干部职务终身制；党的领导必须多办实事，不说空话，领导就是服务；党的领导主要是政治、思想和组织的领导；党的领导必须在宪法和法律范围内进行活动；当今我国的社会，阶级斗争已经不是主要矛盾，早已停止使用"以阶级斗争为纲"这个不适宜的口号，但阶级斗争在一定条件和范围内还存在；一定要把社会主义民主同资产阶级民主、个人主义民主严格地区别开来，一定要把对人民的民主和对敌人的专政结合起来；把民主与集中、民主与法制、民主和纪律、民主和党的领导、党的建设结合起来；要把社会主义民主扩展到政治生活、经济生活、文化生活和社会生活各个方面，使各项事业的发展符合人民的意志、利益和需要，人民才能真正成为社会的主人，充分发挥主动性、积极性和创造性；要建立和发展新时期爱国统一战线，调动各方面的积极性，建设有中国特色的社会主义；采取"一国两制"的构思实现祖国大业的统一，等等。

在民主管理体制方面：邓小平同志指出，要有计划地实行权力下放，扩大企业自主权，建立多种形式的岗位责任制；要坚持按劳分配，多劳多得，少劳少得，不劳不得，允许一部分人、一部分地区先富起来，带动大家共同富裕；允许少量个体经济成分存在和发展，欢迎独资、合资经营促进经济的繁荣与发展，学习先进的经营管理方式与方法；实行对外开放，对内搞活的一系列经济政策促进市场经济的发展；大力发展社会主义市场经济，搞好企业的经营和管理，等等。

在文化教育方面：邓小平同志指出，要建设以共产主义为核心的社会主义精神文明建设，没有这种精神文明建设，没有共产主义思想，没有共产主义道德，怎么能建设社会主义？要抓好思想建设，要用共产主义思想、集体主义思想、爱国主义思想去战胜个人主义、无政府主义和形形色色资产阶级的腐蚀和精神污染；要尊重人才，尊重知识，尊重科学，加快科学技术、文化教育事业的发展；要提倡科学技术，靠科学技术去带动一批产业的发展才有希望。高科技领域，中国也要在世界占有一席之地，搞科技，越高越好，越新越好；要保持清醒的头脑，坚决抵制外来腐朽思想的侵蚀，决不允许资产阶级生活方式和各种社会丑恶现象的泛滥；教育要面向现代化，面向世界，面向未来的方针，等等。

在党风和社会风气方面：邓小平同志指出，必须狠抓党风建设，使党风和社会风气从根本上好转；要从具体案件抓起，高级干部及其子女绝大多数是好的、比较好的。但是现在有一些干部子弟泄露经济情报，卷入了情报网，出卖消息，出卖文件。越是高级干部子弟，越是高级干部，越是名人，越要抓紧查处，抓住典型。因为这些人犯罪危害大，抓了，处理了，效果也大，表明我们下决心克服一切阻力抓好精神文明建设；高级干部在对待家属、子女违法犯罪的问题上，必须有坚决、明确、毫不含糊的态度，坚决支持查办部门，不管牵涉到谁，都要按照党纪、国法查处。要真抓实干，决不能手软；要狠抓纠正不正之风，要奋斗至少10年，才能恢复到50年代最好时期的党风和社会风气。有些党员干部的作风和社会风气实在太坏了，没有10年的努力不行。搞好四个现代化一定要有两手，一手是不行的。所谓两手，即一手抓建设，一手抓法制。党纪、国法都是法。只有一手不行。一手抓精神文明，经济建设这一手我们搞得相当有成绩，形势喜人，这是我们国家的成功。但社会风气如果坏下去，经济搞成功又有什么意义？会在另一方面变质，反过来影响整个经济变质，社会变质，发展下去会形成贪污、盗窃、贿赂横行的世界，等等。

　　总而言之，邓小平同志在当代国际国内新形势下，从指导思想上、经济上、政治上、民主管理体制上、文化教育、党风、社会风气等方面，全面地继承和发展了毛泽东思想，形成了独具特色的邓小平建党学说。

（二）邓小平建党学说形成和发展的显著特色及其标志。

　　邓小平建党学说继承和发展了毛泽东思想、毛泽东建党学说的基本原理、原则，并在新的历史条件下增添了新的内容，使毛泽东建党学说得到丰富和发展。由于邓小平同志长期处于我们党和国家的重要领导岗位，使他能够从全局的角度观察综合了解党的历史和现状，探索执政党建设的客观发展规律。邓小平同志积累了丰富的建设党的经验，这一有利因素，加上他又具备的马克思主义理论修养相结合，就成为他在党的建设理论上作出建树的重要客观与主观条件，形成邓小平建党学说、理论的形成和发展不是偶然的。

　　邓小平建党学说，初步形成于民主革命时期。邓小平同志长期从事党的领导工作，是党的重要领导人之一。在党的建设实践中，他初步形成了自己的建党学说、理论，成为毛泽东建党学说的有机组成部分，是直接的续集。

　　他在民主革命时期发表了一系列有关党的建设的重要文章。例如：《动员新兵及新兵政治工作》、《党与抗日民主政权》、《一二九师文化工作的方针任务及其努力方向》、《五年来对敌斗争的概略总结》、《敌占区的组织工作与政策运用》、《根据地建设与群众运动》、《太行区的经济建设》、《在北方局党校整风动员会上的讲话》、《创建巩固的大别山根据地》、《跃进中原的胜利形势与今后的政策策略》、《贯彻执行中共中央关于土改与整党工作的指示》、《京沪杭战役实施纲要》、《贵州新区工作的策略》、《克服目前西南党内的不良倾向》、《全党重视做统一战线工作》、《骄傲自满是团结的大敌》、《办好学校，培养干部》、特别是：《关于修改党的章程的报告》、《马列主义要与中国的实际情况相结合》、《正确地宣传毛泽东思想》、《执政党的干部问题》、《建设一个成熟的有战斗力的党》等等著名著作。

这些文章著作，从党的建设、党的领导、党的学说、党的思想政治工作，整风运动、毛泽东思想对全党的指导作用、党的纪律、党与群众团体的关系、党内民主建设、党员队伍建设等等，各个方面的论述，丰富和发展了毛泽东思想、毛泽东建党学说。特别是以《党与抗日民主政权》、《马列主义要与中国的实际情况相结合》、《建设一个成熟的有战斗力的党》是奠基之作为主要标志。

《党与抗日民主政权》是民主革命时期我们党论述正确处理党与革命政权之间的关系的代表作品。这是一篇实现党对革命政权的政治领导的理论与原则的重要文献，是对毛泽东建党学说的一个重要补充，体现了邓小平建党学说理论特色，为以后执政党条件下党政关系理论的发展奠定了基础。在《马列主义要与中国的实际情况相结合》一文中，他指出："一个国家的问题是多方面的，不论是革命时期还是建设时期，如何使马克思列宁主义与各个时期的具体情况相结合，这是一个需要不断解决的问题"。"马克思列宁主义的普遍真理与本国的具体实际相结合，这句话本身就是普遍真理。它包含两个方面，一方面叫普遍真理，另一方面叫结合本国实际。我们历来认为丢开任何一面都不行。"① 如果普遍真理不与中国的实际相结合，或者结合得不好，那么就会造成很大的损失，就会犯主观主义、教条主义和经验主义的错误。

特别是在《建设一个成熟的有战斗力的党》一文中指出："要使一个党逐步成为成熟的党，同群众有联系的党，是不容易的。从我们党的历史来看，我们全党成熟的标志是第七次全国代表大会，那是在一九四五年。我们从一九二一年建党，经过了二十四年，才成为一个成熟的党。当然，这是从全党来说。作为中央领导，可以说在一九三五年一月遵义会议确立了以毛泽东同志为核心的中央领导

① 《邓小平文选》第一卷，第258～259页。

时，就成熟了，这也用了十三年半的时间。"① 还强调指出："所谓全党成熟，首先是在思想上，我们党有了把马克思列宁主义同中国革命的具体实践相结合的毛泽东思想，广大干部和党员掌握了这个思想。在政治上，从遵义会议以后，党内虽然有过错误的路线，但是毛泽东同志总是用正确的路线去克服错误的路线"。"在组织上，形成了一个健全的马克思列宁主义的党，树立了一个正确的党风。"②邓小平同志还强调指出："毛泽东同志确立的一套建党思想，在我们看来，对列宁的建党原则有很大的发展。好的党风要继承下来，要由接班人传下来。我们特别注意宣传毛泽东思想，使它在群众中扎根。建立一个什么样的党的问题，这不仅是我们这一代的问题，也是下一代、再下一代的问题。一个国家的革命，核心问题是党。"③ 以邓小平为核心的党中央第二代成熟领导集体直接继承并由他接班而传下来了。

邓小平建党学说、理论、原则的基本成熟是自新中国建立到粉碎"四人帮"。这一时期，他对建党学说、理论、原则关于执政党建设的一系列重要基本原理、原则的提出，在毛泽东建党学说的理论体系中占有十分重要的地位，发挥着极其重要的作用。

邓小平在 1956 年党的第八次全国代表大会上代表党中央作的《关于修改党的章程的报告》和 1956 年邓小平同志《在扩大的中央工作会议上的讲话》的发表，全面论述了中国共产党作为执政党如何进行自身建设的一系列的基本原理、原则、方针、政策和指导思想，为全面展开邓小平建党学说、理论奠定了基础。

首先，执政党的地位，决定了党所面临的根本任务，就是充分利用所掌握的国家政权，大力推进社会主义现代化事业，为巩固社会主义事业而奋斗，这是邓小平建党学说、理论继续形成和发展的

① 《邓小平文选》第一卷，第 344 页。
② 《邓小平文选》第一卷，第 346 页。
③ 《邓小平文选》第一卷，第 347～348 页。

客观基础。

　　其次，邓小平同志把马克思列宁主义、毛泽东思想的基本原理
与执政党的建设经验结合起来，使实践经验升华，是对执政党建设
的规律性认识的深刻反映。邓小平同志既能准确地认识和把握住我
国的国情和党情，不断积累执政党建设的实践经验，又能以深厚的
马克思列宁主义、毛泽东思想理论素养，与党的建设实践相结合，把
对执政党建设实践经验的积累变为对执政党建设客观规律的揭示。
特别是在当代世界范围内，无产阶级政党执政的历史还不太长，比
较早的苏联共产党遭到曲折、剧变和解体，过去在党的自身建设中
也发生过个人崇拜、个人专断、践踏党内民主等种种现象，这些教
训是惨痛而深刻的。我们党总结了国际的和国内的经验教训，记取
了国际共产主义运动中各国的宝贵的历史经验与惨痛教训，努力探
索执政党建设的客观规律，以免在党的建设上的失误。

　　其三，邓小平同志以无畏的理论勇气，无产阶级革命家、理论
家的气魄和革命胆略，纠正了毛泽东同志晚年的错误，特别是像
"文化大革命"这样长时间全面性的极"左"的指导思想上所产生的
一系列严重错误。从而形成了全面成熟的邓小平建党学说的科学理
论体系，把中国共产党的自身建设提高到一个新的水平。

　　邓小平同志着重论述和阐明了当代中国共产党关于执政党面临
的种种考验，提出了经受执政、改革开放、反和平演变的重大考验；
坚定不移地坚持党的思想、政治和组织路线；坚持民主集中制的原
则和制度，反对和防止个人崇拜、个人专断，充分发扬党内民主和
人民民主；加强党内外对党组织的监督；党要正确处理同国家政权
和人民团体的关系；党必须加强党员队伍建设，坚持更高更严的党
员标准，党必须加强干部队伍和领导班子建设；党必须发扬党的优
良传统作风，加强党风建设，加强传统教育；党必须加强团结和统
一，正确处理党内矛盾；坚持从严治党的方针，反对和防止腐败现
象的滋生和蔓延；始终加强和改善党的领导，等等。所有这些都充
分说明，邓小平建党学说、理论的基本原理、原则已经在多方面提

出，极大地丰富了毛泽东建党学说的理论宝库，成为全党和全国人民的精神财富。

邓小平同志指出我们党有五个方面的优势和特点。即有好的指导思想，就是毛泽东思想；好的党中央，就是以毛泽东同志为核心的党中央及包括有大批领导骨干和一代新的积极分子；有好的优良传统作风；有好的人民群众。正是有这个"五好"的党，才取得了各方面的胜利。邓小平同志还强调指出，对马克思列宁主义、毛泽东思想的基本理论的学习，要以科学态度对待马克思主义，反对庸俗化。要把党的建设仍然作为主要法宝，坚持党管党的原则，成为对毛泽东建党学说的新的发展。

从粉碎"四人帮"到党的"十三大"，是邓小平建党学说、理论全面展开和进一步成熟完备发展时期。邓小平同志对如何加强党的建设作了深刻的论述。主要著作有：《完整地准确地理解毛泽东思想》、《在中央军委全体会议上的讲话》、《在全国科学大会开幕式上的讲话)、《恢复和发扬党的优良传统和作风》、《高举毛泽东思想旗帜，坚持实事求是的原则》、《解放思想、实事求是，团结一致向前看》、《坚持四项基本原则》、《思想路线政治路线的实现要靠组织路线来保证》、《高级干部要带头发扬党的优良传统》、《实现四个现代化必须具备四个前提》、《坚持党的领导，改善党的领导》、《坚持党的路线，改进工作方法》、《对起草〈关于建国以来党的若干历史问题的决议〉的意见》、《党和国家领导制度的改革》、《坚持四项基本原则核心是坚持党的领导》、《加强思想政治工作》、《关于反对错误思想倾向问题》、《老干部第一位的任务是选拔中青年干部》、《党员要遵守党的纪律》、《精简机构是一场革命》、《坚决打击经济犯罪活动》、《在军委座谈会上的讲话》、《设顾问委员会是废除领导职务终身制的过渡办法》、《中国共产党第十二次全国代表大会开幕词》、《党在组织战线和思想战线上的迫切任务》、《一靠理想二靠纪律才能团结起来》、《搞资产阶级自由化就是走资本主义道路》、《端正党风是端正社会风气的关键》、《关于干部的新老交替和理论学习问题》、

《在中央政治局常委会上的讲话》、《改革政治体制，增强法制观念》、《党要善于领导》、《政治体制改革要有一个蓝图》、《政治体制改革的一些设想》、《要纯洁党的队伍》、《增强活力，干部队伍要年轻化》、《共产党员要保持艰苦奋斗的传统》、《在接见首都戒严部队军以上干部时的讲话》等共39篇。

这一系列的著作，完整地、深入地回答了新的历史时期执政党建设一系列的基本问题，规定了执政党建设的理论、原则和方向，并且在"以经济建设为中心，坚持两个基本点"的基本路线的指引下，在建设有中国特色的社会主义实践中，会日益显示出其强大的生命力，成为新的历史时期执政党建设理论体系的主体和核心，为执政党建设提供了锐利的理论武器。

在伟大的历史转折时期，邓小平建党学说在执政党的建设理论上做出了突出贡献，主要有五个方面的原因。首先，他坚持马克思列宁主义、毛泽东思想与新时期的社会主义初级阶段的基本路线，改革开放的具体实践相结合。这既是中国共产党领导中国革命和建设的根本性经验，也是新时期邓小平建党学说获得较大的发展之根本原因；其次，邓小平同志能够坚持辩证唯物主义和历史唯物主义，既不迷信毛泽东个人，又能坚持对毛泽东同志的历史地位和毛泽东思想进行实事求是的正确评价；其三，对党对人民对阶级对民族高度负责的精神。一方面，他不顾批评对毛泽东同志的个人崇拜冒的风险，引导全党奋力冲破"左"的束缚；另一方面，他又不计较饱受"左"的错误之苦的个人恩恩怨怨，站在党和人民的立场上，引导全党正确地评价关于建国以来若干重大历史问题，特别是正确评价毛泽东同志的历史功过，并坦诚地承担在社会主义事业发生曲折时期自己所应负的历史责任；其四，由于他长期以来对中国人民的革命与建设事业做出了不可磨灭的贡献，在全党和全国人民中享有极大的威望，赢得了全党和全国人民的高度信赖，而被推上新时期的主要领导岗位，成为党的事业的主要决策人之一，成为我们党中央第二代核心人物；其五，把革命的胆略与高超的领导艺术相结合。在伟大的历史转折时期，党内外思想非常复杂，处理一系列复杂的理论问题和实践问题，不仅需要胆略，而且需要高超的艺术。太急了，容易脱离人民群众，得不到党内外的广泛理解和支持，太慢了，易于坐失良机，落后于形势发展和党内外的普遍要求，延缓历史发展的进程。

由于这五个方面的原因，使邓小平建党学说得以完备和进一步深入发展。他不仅对毛泽东建党学说的一系列基本原理和理论原则作了新的发挥，而且在许多方面对毛泽东建党学说作了重大发展。其重要标志，就是创造了一整套建设具有中国特色社会主义的理论体系与改革开放政策的理论与实践，把我国社会主义现代化事业引向繁荣昌盛的马克思主义轨道。把我国的社会主义建设事业推向一个新的历史发展阶段。

（三）邓小平建党学说的基本特征。

邓小平建党学说、理论具有自己的鲜明特征。解放思想、实事求是，是邓小平建党学说的基石，像一条红线贯穿于邓小平建党学说形成和发展的全过程，从而使邓小平建党学说形成了自己的鲜明特征。

第一，以社会主义初级阶段的基本国情、党情为依据，着重指出在改革发展社会主义市场经济体制中加强党的建设的基本特征。

以邓小平为核心的党中央第二代成熟领导集体，运用马克思列宁主义、毛泽东思想的立场、观点和方法，总结了执政40多年特别是改革开放以来的历史经验，从中国的国情出发，提出了一整套建设有中国特色社会主义理论、基本路线、方针和政策。其中，新时期为什么必须坚持党的领导，为了坚持党的领导，必须改善党的领导。新时期应该建设一个什么样的党？怎样建设一个胜任领导社会主义现代化历史重任的党。从根本上回答了党的地位、作用及其实现党的领导的根本途径等重大问题。因此，邓小平建党学说、理论的形成和发展，是以社会主义初级阶段的基本国情、党情为依据，是符合客观实际的。比如，邓小平在构思党的建设时，针对我国文化比较落后，不少党员包括许多党的领导干部文化水平比较低、理论素质比较差的实际状况，反复强调广大党员，特别是领导干部要努力学习马克思主义基本理论，进一步提高理论素质；在思考制订党的政治路线、方针、政策和党员干部队伍、领导班子建设时，从我国生产力还比较低的实际出发，把经济建设作为党的基本路线的中心内容，把以公有制为主体多种经济成分并存作为一项基本的经济政策，把学文化、学科学技术和专业知识作为对党员和干部的一个基本要求，特别强调要选好选准党的各级领导班子。

邓小平指出："首先自上而下地调整好各级领导班子。我们解决地方问题，包括企业单位的问题，就是首先解决领导班子。领导班子要有威信，敢字当头，能很好地执行党的方针政策，能很好地工作。否则有些工作没有人去做，……配备班子的时候，首先要把一、二把手选准，要选党性好、作风好、团结好的。现在强调一下艰苦奋斗的作风特别重要，有了这一点，好多事情都会变化，都会好起来。所以现在选干部，特别是选高级干部，要选艰苦奋斗或者比较艰苦奋斗的。"①从初级阶段我们的物质生活和文化生活水平比较低的实际情况出发，强调艰苦奋斗、艰苦创业、自力更生，反对领导干部特殊化具有重大意义。

邓小平认为，为了整顿党风，搞好民风，先要从我们高级干部整起。实行《关于高级干部生活待遇的若干规定》，会带来很多好处，首先官僚主义自然而然会减少一些。当然，我们的生活会没有过去那么舒服，但比一般干部和人民群众还是不知要好多少。有时也会有些不方便，比如坐小汽车去看电影，就要出点钱。你不愿意花那个钱，不看就是了，有什么了不起？这个规定一经中央和国务院下达，就要当作法律一样，坚决执行，思想通要执行，思想不通也要执行。这些指导思想都是坚持以初级阶段的国情、党情为根据的。才

---

① 《邓小平文选》第二卷，第23页。

使邓小平建党学说、理论更符合初级阶段党的建设的实际，才能正确地反映初级阶段执政党建设遵循的客观规律。

在发展社会主义市场经济的条件下，尤其是要加强党的自身建设。要探索一套顺利进行改革开放和现代化建设理论、基本路线、方针、政策和战略策略等等，对党的建设提出了新的任务。怎样适应改革开放，集中精力尽快把国民经济搞上去，就要加强和改善党的领导，使党经得起执政、改革开放和反对和平演变的考验，使邓小平建党学说具有强烈的针对性和现实性，显示出鲜明的时代特征。

第二，从执政党的特殊地位出发，遵循党的基本路线，坚持党要管党和从严治党，加强廉政建设，防止党腐败变质的危险。

执政党的地位，使许多党员担负着党和国家各级组织的领导职务，程度不同地掌握着人民赋予的权力。这种权力既可以用来为人民服务，为人民谋生存、谋利益、谋幸福的未来，也可以用来谋取个人、集团的私利。这就使执政党的党员、干部特别是领导干部面临着权力的严峻考验。是全心全意为人民服务的公仆还是人民的老爷？是真正的马克思主义者，还是个假马克思主义者？要通过一生的革命和建设事业的实践来检验，历史是以自己的实践活动为基础写成的，不做历史上昙花一现的过客。

同时，执政党的党员特别是领导者的言论和行动，对人民群众具有极大的思想、政治影响。党的领导的实现，除了党的理论、路线、方针、政策正确之外，主要是通过广大党员的先锋模范作用带动人民群众来实现。因此，对广大党员、干部特别是领导干部应当有更高更严的要求。正是从执政党的这些特点出发，邓小平同志一直非常重视从严治党，并且要结合新情况、新问题、新实际，遵循党的基本路线坚持党要管党和从严治党为基本特征才能把执政党建设好，才能防止党腐败变质的危险，才能取信于民，才能使党全心全意为人民服务的唯一宗旨不改变颜色，才能真正坚持党的先锋队的性质。

邓小平同志在党的第八次全国代表大会上就强调指出，对执政党的党员特别是领导干部、国家官员"需要向党的干部提出更严格的要求。"严格党和国家的制度、严格对党组织、党员、党的干部的监督，严格党的纪律，对教育仍不改正的要严肃处理。在党的十一届三中全会以后，他提出选拔干部要严，执行纪律要严，制定和执行制度要严，对高级干部待遇的规定要严，干部培训的制度要严。

　　总之，依据党章，严格按党规党法，从严治党，就是要结合新的实际，遵循党的基本路线，坚持党要管党的基本原则，加强和改进党的建设，努力提高党的执政水平和领导水平，使我们这个久经考验的马克思主义执政党永远保持生机和活力。

　　在新的历史条件下高度的组织性和纪律性，是提高执政党的领导水平、战斗力、完成政治任务和一切工作的基本条件。我们这样一个有五千多万党员的大党，既要求充分发扬民主，使各级党组织和广大党员朝气蓬勃，富有积极性和创造性，又要在高度民主基础上实行高度集中，使全党思想统一、步调一致。全党必须坚持和完善民主集中制。加强纪律性，党内决不允许有任何政治派别存在，不允许有任何破坏和分裂党的行为存在。邓小平指出："国要有国法，党要有党规党法。党章是最根本的党规党法。没有党规党法，国法就很难保障。各级纪律检查委员会和组织部门的任务不只是处理案件，更重要的是维护党规党法，切实把我们的党风搞好。对于违反党纪的，不管是什么人，都要执行纪律，做到功过分明，赏罚分明，伸张正气，打击邪气。"① 这是我们中国共产党有力量的表现。

　　邓小平还语重词严地指出，现在党中央的基本路线政策都好，改革开放的方针必须长期坚持。但是管理工作和其他工作中的漏洞也不少，有些党员干部的作风和社会风气实在太坏了，在整顿风气中确实有些人要开除党籍，要清理一下。抓党风和社会风气，没有10年的努力不行。10年育人嘛！"文化大革命"10年，青年一代中毒相当深，有些大学生闹事就是同中了这些毒有关。这个深刻的历史

---

① 《邓小平文选》第二卷，第147页。

教训我们一定要记取。

邓小平同志强调要抓好精神文明建设，抓好党风建设，使社会风气好转。经济犯罪的案件，在国外严重丧失国格人格的事件，还有搞特务的案件，都要抓紧处理。我看，真正抓紧大有希望，不抓紧就没有希望。高级干部在对待家属、子女违法犯罪的问题上必须有坚决、明确、毫不含糊的态度，坚决支持查办部门。不管牵涉到谁，都要按照党纪、国法查处。要真正抓紧实干，不能手软。所有这些要求，是邓小平同志针对党内出现的种种问题所采取的从严治党的坚决措施。

一定要从实际出发，结合新的实际，遵循党的基本路线，坚持党要管党和从严治党为基本特征。这是邓小平建党学说的一条重要原则。也是毛泽东建党学说一贯坚持的。早在20年代，列宁就强调执政党的党员犯罪，要加重处理。董必武同志早在1940年8月就说过，党员应当自觉地遵守党所领导的政治的法令。如果违犯了这样的法令，除受到党纪制裁外，应当比群众犯法加重治罪。为什么呢？因为群众犯法有可能是出于无知，而我们党员是群众中的觉悟分子，觉悟分子犯罪是决不能宽恕的。是应当加重处罚的。不然的话，就不能服人。他还强调说："党员犯法，加重治罪。这不是表示我们党的严酷，而是表示我们党的大公无私。党决不包庇罪人，党决不容许在社会上有特权阶级。党员毫无例外，而且要加重治罪，这更表示党所要求于党员的比起非党员的要严格得多。"这是中国共产党的一贯方针。

这个基本特征和一贯思想对执政党的建设来说是极为重要的。他还强调实现党内外对党组织的监督配套进行。其根本点，就在于发展党和国家的民主政治，活跃党内民主生活。使党的民主制度化、法制化。都深刻体现了邓小平建党学说对执政党建设的特色。这种从党内外配套的思想来指导党的建设的思想、理论、原则是邓小平建党学说赖以形成和发展的一个重要原因。只有从执政党的特殊地位出发，一定要结合新的实际，遵循党的基本路线，坚持党要管党的基本原则，坚持从严治党，根除一切腐败现象，才能取信于民，使我们党立于不败之地。

第三，坚持党的建设经常化、民主化、制度化、法制化，以改革开放为动力也是邓小平建党学说的一个重要特征。

以邓小平为核心的党中央第二代成熟领导集体，从影响执政党建设的多种因素出发，开创了突出重点、综合治理去加强执政党的建设。

加强和改进执政党的建设，不仅从政治上、组织上、思想上、作风上加强党的建设，而且着重从制度上、法制上，特别是以制度建党为重点，使执政党建设民主化、科学化、制度化和法制化。这是我们党在初级阶段建设有中国特色社会主义的一个重要指导思想。它不仅是邓小平建党学说、理论、原则的一个突出特色，也是毛泽东建党学说的重大发展。

坚持民主化、科学化、制度化和法制化是无产阶级政党特别是执政党建设的一个基本特色。也是执政党建设的一个重要途径。要健全以民主集中制为核心的党内制度体系，把共产党内部民主化、科学化，是充分发扬党内民主的主要途径。这不仅是邓小平建党学说、理论、原则的一个重要特征，也是毛泽东建党学说的一个重要内容。民主集中制是解放思想，恢复和坚持实事求是的思想路线的重要条件；是调动党组织和党员的积极性，集中全党智慧，制定和执行正确路线的保证；是坚持集体领导，实现决策的民主化、科学化的需要；也是加强党内监督，搞好党风，密切党群关系的需要；是维护党的团结统一的需要。

同时，通过党内民主推动社会主义民主建设，是建设有中国特色社会主义的重要条件。建设党内民主，关系到我们党能否得到人民的信任，领导社会主义走向胜利的问题。没有民主、就没有社会主义，就没有社会主义的现代化，也就没有建设有中国特色的社会主义的胜利。只有发扬民主，人民才会信任我们的领导，才会信任党和社会主义事业是为人民群众造福和谋利益的。因此，要努力发扬党内民主和人民民主，要巩固和发展大好形势，形成生动活泼的政治局面。

党的制度建设是执政党建设的重要内容，是实现党内民主和建设社会主义民主政治的客观要求。因此，要加强以民主集中制为核心的制度建设，使党内民主建设走上制度化、法制化、科学化的轨道。邓小平同志深刻地总结了党的制度建设的历史经验，特别是"文化大革命"的教训。坚持继承和创新发展了毛泽东建党学说中制度建设的思想和理论。形成了具有当代中国特色的比较完整的制度建设理论体系，其成熟的标志，集中地体现在1980年8月18日他在中央政治局扩大会议上所作的《党和国家领导制度的改革》的重要讲话中。这个讲话的发表，标志着我们中国共产党关于制度建设的科学理论发生了一次大的飞跃。标志着党的制度建设理论的形成和发展。它指引我们党开始了党的建设制度化、科学化、法制化的新阶段。其实质是使党内民主走上制度化、法制化和科学化的轨道。从根本上保证党的建设沿着正确方向发展。

为什么这样讲呢？首先，邓小平论述了党的制度建设的重要性和紧迫性。强调了领导制度、组织制度、生活制度等问题更带有根本性、全局性、稳定性和长期性。把党的制度建设提到了执政党建设的最突出、最根本的位置，它是对毛泽东建党学说的一个重大发展，对加强执政党的制度建设具有重要意义。

其次，邓小平同志提出了要重视党的根本制度建设及基本制度建设的主要内容和指导思想。他着重论述了党的基本制度的主要内容：即党的领导制度、工作制度、生活制度、组织制度和监督制度；在基本制度中，要注意实体性制度建设与具体制度、程序性制度建设并重。同时，还特别强调党内制度建设要同国家的制度建设配套进行。例如，党政分开、政企分开的理论与制度建设，等等。

其三，要使党内民主建设制度化、科学化和法制化。邓小平指出："为了保障人民民主，必须加强法制。必须使民主制度化、法律化，使这种制度和法律不因领导人的改变而改变，不因领导人的看法和注意力的改变而改变。"为了发扬党内民主和人民民主，他提出了清除封建遗毒的重大政治任务。他认为："肃清封建主义残余影响，重点是切实改革并完善党和国家的制度，从制度上保证党和国家政治生活的民主化、经济管理的民主化、整个社会生活的民主化，促进现代化建设事业的顺利发展。"①

邓小平同志的这些论述，深刻地指明了实现党内民主化的根本途径是加强制度建设。其核心是健全和完善民主集中制。因此，是否坚持民主集中制，是关系到党和国家命运的根本问题。"文化大革命"的发生，其主要原因之一，就在于党的民主集中制，特别是党中央的集体领导遭到了破坏。邓小平指出："民主集中制被破坏了，集体领导被破坏了。否则，就不能理解为什么会爆发'文化大革命'。"② 所以，新时期执政党党内民主制度化，一定要抓好以民主集中制为核心的制度体系建设，把党的制度成为改革开放的动力，从根本制度上去加强，去提高，以适应建设有中国特色的社会主义。

总之，邓小平建党学说、思想理论的基本特征的形成和发展，使毛泽东建党学说在新的历史条件下得到坚持继承、创新和发展。主要突出表现在两个基本方面：一方面，把党的事业引导全党把工作重点转移到社会主义现代化建设上来，使党的整个工作走上了正确的发展轨道；使建设具有中国特色的社会主义一个台阶一个台阶地向着繁荣昌盛的道路发展。另一个方面，它引导全党的建设各个方面的工作，都要围绕着"一个中心、两个基本点"的基本路线来加强和改善党的领导。要聚精会神加强党的建设。保证社会主义现代化事业总任务的实现。这就从总体上、根本上确保了党的建设沿着马克思主义的正确轨道不断前进。这在党的建设上具有极其重大的历史意义。

---

① 《邓小平文选》第二卷，第146页，第336页。
② 《邓小平文选》第二卷，第348页。

（四）正确认识社会矛盾，提出了新时期党的基本路线的指导思想，为建设有中国特色的社会主义指明了方向。

正确认识中国现阶段的社会矛盾是党的政治建设的思想理论基础。正确地制定党的基本路线，是党的政治建设的核心内容。党的十一届三中全会以后，在以邓小平为核心的党中央第二代成熟领导集体的指引下，论述了社会主义社会的基本矛盾和主要矛盾，提出了新的历史时期党的马克思主义的基本路线的指导思想，为加强党的政治建设作出了重大贡献。

第一，邓小平同志科学地分析了我国现阶段的基本矛盾和主要矛盾，为加强党的政治建设奠定了理论基础。

1979 年 3 月 30 日，邓小平同志在党的理论工作务虚会上的讲话指出："社会主义社会的基本矛盾和目前时期的主要矛盾。关于基本矛盾，我想现在还是按照毛泽东同志在《关于正确处理人民内部矛盾的问题》一文中的提法比较好。毛泽东同志说：'在社会主义社会中，基本的矛盾仍然是生产关系和生产力之间的矛盾，上层建筑和经济基础之间的矛盾。'他在这里说了很长的一段话，现在不重复。当然，指出这些基本矛盾，并不就完全解决了问题，还需要就此作深入的具体的研究。但是从 20 多年的实践看来，这个提法比其他的一些提法妥当。至于什么是目前时期的主要矛盾，也就是目前时期全党和全国人民所必须解决的主要问题或中心任务"。"我们的生产力发展水平很低，远远不能满足人民和国家的需要，这就是我们目前时期的主要矛盾，解决这个主要矛盾就是我们的中心任务。"① 这个结论，是我们党执政以来正反两个方面经验的科学总结，为我们党在新的历史阶段的基本路线奠定了思想理论基础。

为什么这样说呢？首先，党要抓住新的历史时期的主要矛盾，即中心任务。我们的生产力水平还相当低，远远不能满足人民和国家

---

① 《邓小平文选》第二卷，第 181～182 页。

的需要。这就必须大力发展生产力，应当把发展生产力作为我们的中心任务。其次，要集中精力解决我国的主要矛盾，就是人民日益增长的物质文化需要同落后的社会生产之间的矛盾。在新的历史阶段我们就是要坚持以经济建设为中心，大大发展社会生产力，努力改善人民的物质与文化生活。其三，搞清楚我们现阶段社会主义社会的主要矛盾，作为我国的基本国情的重要基点，不了解这一点，就很难解决我国社会的主要矛盾。因此，我国现阶段的主要矛盾，就是有中国特色的社会主义的一块基石。也是我们党的"一个中心、两个基本点"的基本路线的一个重要的理论依据。只有掌握住这个社会的主要矛盾，才能真正解决我们党的中心任务。也就是只有紧紧抓住这个主要矛盾，才能正确处理其他各种矛盾，才能完整地、准确地理解我们党的基本路线。

第二，邓小平同志在科学地分析了我国现阶段社会的基本矛盾和主要矛盾的基础上，提出了建设有中国特色的社会主义，要走自己的路。

一切从实际出发，从国情出发，走自己的路。这个根本原则，是邓小平同志关于社会主义建设的主体思想，也是我国社会主义现代化的施政纲领。我们党根据这个指导思想，提出了新的历史阶段党的总任务、总方针和总政策。在以邓小平为核心的党中央第二代成熟领导集体的指引下，制定了党的社会主义初级阶段的基本路线，这就使我国从根本上彻底解决我国的主要矛盾，开辟了建设有中国特色的社会主义道路，使我国的社会主义现代化推向一个新的阶段。

第三，为了走好自己的路，要团结一切可以团结的力量。但重要的是正确开展党内斗争，增强党的团结与统一。

恩格斯指出："看来大国的任何工人政党，只有在内部斗争中才能发展起来，这是符合一般辩证发展规律的。"[1] 这就是说，要求我们正确地进行党内斗争，正确处理党内矛盾，保持党的团结和统一。

---

① 《马克思恩格斯选集》第 4 卷，第 432 页。

团结出智慧，团结出成就，团结就是力量。邓小平指出："党的团结和统一是党的建设的最重要问题之一"，"经常注意维护党的团结，巩固党的统一，是每个党员的神圣职责。"就是说，党的团结和统一，也是不能离开不同程度的党内斗争。要坚持党内斗争的正确方针。邓小平同志强调指出，接受过去的经验与教训，不搞政治运动创造一条新的建设党的路子。批评的方法要讲究，分寸要适当，不做思想政治工作，不搞批评与自我批评是不行的，这个批评的武器不能丢。只有这样才能达到团结和统一。只要党团结了，内部搞好了，就能团结一切可以团结的力量走好自己的路。

总之，要掌握国情，正确认识社会的基本矛盾、主要矛盾，制定贯彻执行好党的基本路线，调动一切积极因素，团结全党全军全国各族人民，为建设具有中国特色的社会主义而奋斗。

（五）加强党的思想政治工作，确保党的"一个中心、两个基本点"的基本路线的实现。

强有力的思想政治工作，是我们党的传家宝，是我们的政治优势。中国共产党曾经以善于做人的思想政治工作而闻名于世。在新的历史时期，由于特殊复杂的历史条件，对党的思想政治工作提出了新的更高的要求。适应这个要求，邓小平同志对新的历史阶段思想政治工作的内容、原则、方法和队伍建设都做了精辟的论述，为加强改进和提高在新的历史阶段的思想政治工作奠定了基础，为开创新的局面创造了条件。对建设具有中国特色的社会主义具有重大的意义。

第一，加强党的思想政治工作的重要性和必要性。

邓小平同志很早就认识到思想政治工作对于推动党的事业的重要作用。他在《迎接一九四一年》一文中就指出："为了提高党的战斗力，必须加强党的政治工作。"在我国长期的革命斗争中，邓小平同志一直极为重视加强党的思想政治工作。因为我们有马克思列宁主义、毛泽东思想和邓小平建设有中国特色社会主义理论作为理论基础，有共产主义崇高理想和坚定的信念。有了共同的理想和信念，也就有了铁的纪律。无论过去、现在和将来，这都是我们的真正优势。还有一个重要原因就是社会主义意识只能从外部灌输进去，所以，党的思想政治工作在形成人们对马克思主义的信仰和共产主义的信念中起着决定性的作用，这个优势是勿庸置疑的。

在新的历史时期加强党的思想政治工作有着更加重要的意义。因为党领导人民实现社会主义现代化事业，建设有中国特色的社会主义，把国民经济搞上去，这个任务空前地艰巨而复杂。特别是在社会主义市场经济体制的新形势下。一方面，许多旧的问题要解决，要坚持好的，继承优良的传统作风，使它继续和发展并有所创新提高；另一方面，新情况、新问题层出不穷。面对这些复杂的情况，党内外存在着各种思想问题、理论问题和实际问题。能否正确地解决这些问题，直接关系到伟大历史转折能否顺利实现，直接关系到现代化建设的进程。解决这些思想问题的主要途径，就是要发扬党的优良传统，做好思想政治工作。

邓小平指出："现在群众中需要解决的思想问题很多，党内需要解决的思想问题也很多。我们一定要把思想政治工作放在非常重要的地位，切实认真做好，不能放松。这项工作，各级党委要做，各级领导干部要做，每个党员都要做。要做得有针对性、细致深入和为群众所乐于接受。最重要的条件，就是凡是需要动员群众做的，每个党员，特别是担负领导职务的党员，必须首先从自己做起。因此，为了做好思想政治工作，也要求改善党的领导，改善党的领导制度。"① 这就深刻阐明了新时期的历史阶段加强党的思想政治工作的重要性、必要性和它的重大意义。

第二，加强党的思想政治工作，是改善和加强党的领导的主要方法和途径。

党的思想政治工作的根本目的就是提高每个党员的思想觉悟和

———————————

① 《邓小平文选》第二卷，第342页。

认识能力，为实现党的政治任务而顽强奋斗。邓小平曾经指出："我们说改善党的领导，其中最主要的，就是加强思想政治工作。"① 这就告诉我们：我们加强思想政治工作，坚持和改善党的领导，要通过思想政治工作，把党的基本路线、方针、政策、决策、决定、准则、条例和指示等等，转变为人民群众的实际行动。把人民群众的思想认识提高到党的思想认识，为着党和人民的事业向着一个目标奋斗。要坚决克服和纠正党内外存在的种种思想问题，调动广大党员和人民群众的积极性、主动性和创造性。同心同德，为实现党的政治任务而奋斗。

通过思想政治工作，培养广大干部党员的共产主义情操，使党成为率领全国人民实现现代化事业的坚强核心。没有这些工作，党的领导就难以加强和改善，党的领导也就不能坚持和发展。要多思考一些改善党的领导的措施、办法，使党的领导更实际，更具体，更有指导作用。

第三，新时期党的思想政治工作的基本内容和方法。

新时期的思想政治工作，一方面要进一步加强共产主义信念、理想、道德教育；另一方面，要进行日常性的思想、政治教育，使面上的教育与个别教育结合起来。从而为无产阶级革命事业造就一代新人，使"教育全国人民做到有理想、有道德、有文化、有纪律"的接班人。这样就必须做到：

首先，党的思想政治工作，必须为社会主义现代化服务，为围绕着建设有中国特色的社会主义事业服务，以激励人们的政治热情和干劲。我们党实现了工作重心的转移，并没有降低对政治思想工作的要求，而是要求我们提高和加强政治思想工作，努力把思想政治工作提高到一个新的水平，不断改进思想政治工作的方式、方法，抛弃形式主义的东西，去掉大话、空话和套话，使它有血有肉，入情入理入脑，管用，有实际效果。我们必须经常注意加强和改善思

<hr>

① 《邓小平文选》第二卷，第 365 页。

想政治工作，克服人们种种错误观念和认识上的偏差，促进思想政治工作更好地为社会主义观代化事业服务。

我们通过思想政治工作，教育人们认清建设有中国特色社会主义伟大事业的本质，发展社会主义生产力，消灭剥削，消除两极分化，达到共同富裕，满足人们日益增长的物质与文化的要求，使我国人民走向兴旺发达的社会主义建设的新事业。反对资产阶级的自由化，坚持社会主义道路，坚定不移地坚持社会主义方向。

其次，坚定不移地坚持"一个中心、两个基本点"的基本路线的教育，这个教育应当是鲜明的、长期的，不能放松和马虎。要进行改革开放和四项基本原则的教育，旗帜鲜明地反对资产阶级自由化，保证改革和开放社会主义现代化事业的顺利进行。邓小平指出："中央认为，我们要在中国实现四个现代化，必须在思想政治上坚持四项基本原则。这是实现四个现代化的根本前提。"① 为了教育和引导全党和全国人民坚持四项基本原则、坚持改革开放，必须通过思想政治工作进行四个方面的教育：

一是进行坚持社会主义道路的教育，使建设有中国特色的社会主义沿着正确的轨道前进。通过思想政治教育，增强广大人民群众对社会主义的深厚感情，增强人们的信心和决心，使他们相信只有社会主义才能救中国，只有建设有中国特色的社会主义，人民才能走上兴旺发达的康庄大道；二是进行坚持人民民主专政的社会主义教育。增强人们维护安定团结政治局面的高度自觉性。使他们懂得安定团结的环境和社会条件，对建设有中国特色的社会主义，实现社会主义现代化的重要现实意义；三是进行马克思列宁主义、毛泽东思想和邓小平建设有中国特色社会主义理论的基本原理的教育、基本路线的教育、党的基本知识的教育、形势任务的教育、党性教育，克服和纠正人们思想认识上各种错误观念；四是进行坚持党的领导的教育，明确党的领导是思想、政治和组织领导。在人民心目

---

① 《邓小平文选》第二卷，第164页。

中牢固地树立起共产党的领导地位。没有党的领导就没有现代化中国的一切。要树立起党的观念、党组织观念、党性观念，只有跟着党走，才能过共同富裕的生活。

总之，通过这四个方面的教育，使全党全国人民提高对坚持四项基本原则的自觉性，为保证改革开放和实现建设有中国特色的社会主义顺利进行创造良好的条件。

其三，加强精神文明建设，提高全民族的素质。邓小平指出："要通过思想政治工作，加强全党的组织性、纪律性。各级组织、每个党员都要按照党章的规定，一切行动服从上级组织的决定，尤其是必须同党中央保持政治上的一致。这一点在现在特别重要。""要教育全党同志发扬大公无私、服从大局、艰苦奋斗、廉洁奉公的精神，坚持共产主义思想和共产主义道德。我们要建设的社会主义国家，不但要有高度的物质文明，而且要有高度的精神文明。"① 要始终抓住精神文明建设，最根本的目的，就是要使广大人民有共产主义的理想，有文化、有道德、守纪律，而达到这个目的，离不开党的思想政治工作。精神文明建设的核心内容和根本目的，也就是思想政治工作的核心内容和行为目标。

所谓精神文明建设，不但是指教育、科学、文化，而且是指共产主义思想、理想、信念、道德、纪律、革命的立场和原则，以及人与人的同志关系，等等。为了把精神文明建设好，就必须广泛深入地进行共产主义思想教育，进行精神文明教育。并且通过思想政治工作，澄清人们在发展教育和科学文化事业方面的错误观念，大力推进社会主义精神文明建设。

当然，在新的历史时期党的思想政治工作，要采取新形式、新方法、新思路、新的突破，进行生动活泼的思想政治教育，要在建设有中国特色的社会主义事业中，建设和造就一支忠于党的事业的思想政治工作队伍，使党的思想政治工作更好地为社会主义现代化

① 《邓小平文选》第二卷，第366～367页。

事业服务。

四、邓小平建党学说的主要结构和基本内容

以邓小平为核心的党中央第二代成熟领导集体，对马克思列宁主义、毛泽东思想关于党的学说的贡献是多方面的。不仅有继承创新、更重要的有重大突破和新的发展，形成了具有当代中国特色的马克思主义建党学说。实现新时期执政党建设的纲领和目标，就是要解决怎样把党建设成为领导建设有中国特色社会主义的坚强核心。对这个问题的科学回答，是邓小平建党学说的主要内容，也就是邓小平建党学说理论体系的基本结构。它包括党的思想建设、政治建设、组织建设、制度建设、作风建设、党际关系建设和党的建设道路等七个方面。

（一）关于党的思想建设问题。

长期以来，中国共产党把党的思想建设放在党的建设的首位，邓小平继承和发展了这一思想理论，始终把党的思想建设看作是执政党建设的一项基本建设，是搞好党的其他方面建设的基础。

第一，坚持把马克思列宁主义、毛泽东思想作为党的指导思想和理论基础。

邓小平是毛泽东思想直接忠实继承者和捍卫者的光辉典范。党的十一届三中全会以后，在以邓小平为核心的党中央第二代成熟领导集体的指引下，使我国进入了一个新的历史时期。在新的转折时期，应当怎样正确对待马克思列宁主义、毛泽东思想，还要不要作为党的指导思想和理论基础？有着尖锐复杂的斗争。在这场斗争中，以邓小平为核心的党中央第二代成熟领导集体坚持了马克思列宁主义、毛泽东思想这个理论基础和思想基础。邓小平同志是直接忠诚的继承者、捍卫者和发展者，把马克思列宁主义、毛泽东思想关于党的学说推向一个新的历史发展阶段。

中国共产党由于毛泽东主席晚年犯了发动"文化大革命"长时期、全面的"左"的错误，当代中国社会上出现了一股资产阶级自由化的思潮。有人认为毛泽东思想"过时了"，进而认为马克思列宁主义"过时了"；或者认为毛泽东思想只能指导革命战争，而不能指导经济建设，扬言不能再作党的指导思想和理论基础。妄图否定、篡改党的指导思想。对此，党内也有一些同志认识不清。在党内外还有一些同志则继续坚持"无产阶级专政下继续革命"的理论指导我们党的实践，实质上是继续坚持毛泽东主席晚年的错误。

同时，长期以来，林彪、江青两个反革命集团把毛泽东思想庸俗化，歪曲、割裂、篡改毛泽东思想的一整套恶劣做法仍在毒害广大干部和人民。在这种严峻的形势面前，能不能坚持把马克思列宁主义、毛泽东思想仍然作为中国共产党的指导思想和理论基础，并在新的历史条件下有创新和发展，就是一个历史性的考验。

在以邓小平为核心的党中央第二代成熟领导集体的坚强领导下，高举毛泽东思想的伟大旗帜。批驳了"两个凡是"的错误。邓小平同志强调指出："凡是毛泽东同志圈阅的文件都不能动，凡是毛泽东同志做过的、说过的都不能动。这是不是叫高举毛泽东思想的旗帜呢？不是！这样搞下去，要损害毛泽东思想。"① 他还尖锐地指出："我们也有一些同志天天讲毛泽东思想，却往往忘记、抛弃甚至反对毛泽东同志的实事求是、一切从实际出发、理论与实践相结合的这样一个马克思主义的根本观点，根本方法。不但如此，有的人还认为谁要是坚持实事求是，从实际出发，理论和实践相结合，谁就是犯了弥天大罪。他们的观点，实质上是主张只要照抄马克思、列宁、毛泽东同志的原话，照抄照转照搬就行了。要不然，就说这是违反了马列主义、毛泽东思想，违反了中央精神。他们提出的这个问题不是小问题，而是涉及到怎么看待马列主义、毛泽东思想的问题。"有的人所谓强调高举毛泽东思想的旗帜，"是形式主义的高举，

---

① 《邓小平文选》第二卷，第126页。

是假的高举。"①只有根据当时的实际情况，依据马克思列宁主义、毛泽东思想的基本原理和方法不断地结合变化着的实际，去探索新思路，解决新问题，才能继承和发展毛泽东思想和毛泽东建党学说。引导全党实现伟大的历史性转变，全面开创改革开放和建设有中国特色的社会主义具有决定的意义。

在这个忧党、忧国、忧民的严峻考验面前，邓小平同志以无产阶级革命家、政治家、战略家的大无畏的勇气，深厚的马克思列宁主义、毛泽东思想理论修养和高超的领导艺术，领导全国人民以马克思主义指导自己的行动，使社会主义现代化事业走上了科学发展的正确轨道。对此，以邓小平为核心的党中央第二代成熟领导集体的突出贡献表现在四个方面：

首先，提出要用准确的、完整的毛泽东思想为指导全党全军和全国各族人民的实践，开创全面建设社会主义的新局面。邓小平指出："我们必须世世代代地用准确的完整的毛泽东思想来指导我们全党、全军和全国人民，把党和社会主义的事业，把国际共产主义运动的事业，胜利地推向前进。"他还明确指出："毛泽东思想是个思想体系。我和罗荣桓同志曾经同林彪作过斗争，批评他把毛泽东思想庸俗化，而不是把毛泽东思想当作体系来看待。我们要高举旗帜，就是要学习和运用这个思想体系。"②

其次，邓小平同志批判"两个凡是"，积极支持关于真理标准的讨论，全面地阐述了党的思想路线、政治路线和组织路线，为建设具有中国特色的社会主义指明了方向。为党制定"一个中心、两个基本点"的基本路线奠定了基础，为社会主义现代化建设创造了一个新的历史阶段。

其三，邓小平同志引导全党正确评价毛泽东主席的历史地位和毛泽东思想、毛泽东建党学说，坚持毛泽东思想对全党的指导地位，

---

① 《邓小平文选》第二卷，第114页，第128页。
② 《邓小平文选》第二卷，第39页。

不仅胜利地实现了党在思想上的拨乱反正、正本清源，而且出现了在我们党的历史上第二次思想大飞跃，推动了社会主义革命与社会主义建设事业，使建设有中国特色社会主义在祖国大地生根开花。

其四，邓小平同志引导全党在改革开放和建设具有中国特色的社会主义的实践中坚持继承、创新和发展马克思列宁主义、毛泽东思想。按照当代中国的特点和实际情况来解决建设有中国特色社会主义进程中出现的问题。并在实践中把马克思列宁主义、毛泽东思想推向前进。

第二，提出坚持四项基本原则，反对资产阶级自由化思潮，保持全党在思想上、政治上的高度一致，把经济建设搞上去，巩固社会主义的经济基础。

坚持四项基本原则，反对资产阶级自由化，是以邓小平为核心的党中央第二代成熟领导集体一贯坚持的重要指导思想。资产阶级自由化思潮出现在 1979 年，以后多次发展，乃至泛滥成灾，成为在北京发生的动乱、暴乱的重要根源。其实质是否定中国共产党的领导，否定社会主义制度，搞全盘西化，即资产阶级化。党的十一届三中全会以后，当这股错误思潮刚刚露头，邓小平同志就代表党中央立场坚定旗帜鲜明地提出，实现社会主义现代化就要坚持四项基本原则。

邓小平同志指出，中央认为，我们要在中国实现四个现代化，必须在思想政治上坚持四项基本原则，这是实现四个现代化的根本前提。这四项是：第一，必须坚持社会主义道路；第二，必须坚持无产阶级专政；第三，必须坚持共产党的领导；第四，必须坚持马克思列宁主义、毛泽东思想。大家知道，这四项基本原则并不是新的东西，是我们党长期以来所一贯坚持的。粉碎"四人帮"以至十一届三中全会以来，党中央实行的一系列方针政策，一直是坚持这四项基本原则的。这是立党立国的政治基础，也是全党和全国各族人民的政治纪律，在当代共产党执政的中国这是永远不能动摇的基础。

在实际生活中，特别是政治生活中，坚持四项基本原则和反对四项基本原则的斗争，一直很激烈。在这个关系到党和国家前途和命运的根本原则问题上，邓小平同志始终坚定不移，从不让步。并一再强调，反对资产阶级自由化的斗争同样是长期的，要搞几十年，上百年，要把它贯穿在社会主义现代化和建设有中国特色的社会主义过程之中。邓小平的这些重要指导思想，对于十一届三中全会以后，全党保持思想上政治上的高度一致，把我国的经济建设搞上去，巩固社会主义的经济基础，发挥了重要的指导作用。

第三，强调全党要高度重视和加强思想政治工作，加强教育工作，培养和造就一代新人。

强有力的思想政治工作，是中国共产党的光荣传统和政治优势。是以邓小平为核心的党中央第二代成熟领导集体继承和发展了毛泽东建党学说关于思想政治工作的基本原理、原则，对新时期党的思想政治工作具有重大的历史意义。

邓小平同志对思想政治工作的基本内容、原则、方法、方针和队伍建设、领导班子建设都做了深刻精辟的论述。邓小平指出："我们说改善党的领导，其中最主要的，就是加强思想政治工作。中央认为，从原则上说，各级党组织应该把大量日常行政工作、业务工作，尽可能交给政府、业务部门承担，党的领导机关除了掌握方针政策和决定重要干部的使用以外，要腾出主要的时间和精力来做思想政治工作，做人的工作，做群众工作。如果一时还不能完全做到这一点，至少也必须把思想政治工作放在重要地位上，否则党的领导既不可能改善，也不可能加强。"① 这为我们改善党的领导，加强思想政治工作指明了方向。

邓小平同志还强调，要通过思想政治工作，加强全党的组织性、纪律性。党的各级组织、每个党员都要按照党章的规定，一切行动服从上级组织的决定，尤其是必须同党中央保持政治上思想上的一致。这一点在当代国际、国内风云变幻的形势下显得特别重要。要

---

① 《邓小平文选》第二卷，第365页。

教育党员、干部遵守党的政治纪律；要教育全党同志发扬大公无私，服从大局、全局，艰苦奋斗，自力更生，廉洁奉公的革命精神，坚持社会主义道路，坚持共产主义思想和共产主义道德。我们要建设有中国特色的社会主义，不但要有高度的物质文明，而且要有高度的精神文明，造就一代新人。

邓小平同志强调共产党员要发扬革命精神。他认为，没有革命精神就没有革命行动。而革命精神的充分发扬，就在于加强教育，认真做好思想政治工作。这就把思想政治工作提到党的建设的战略地位。邓小平指出："毛泽东同志说过，人是要有一点精神的。在长期革命战争中，我们在正确的政治方向指导下，从分析实际情况出发，发扬革命和拼命精神，严守纪律和自我牺牲精神，大公无私和先人后己精神，压倒一切敌人、压倒一切困难的精神，坚持革命乐观主义、排除万难去争取胜利的精神，取得了伟大的胜利。搞社会主义建设，实现四个现代化，同样要在党中央的正确领导下，大大发扬这些精神。如果一个共产党员没有这些精神，就决不能算是一个合格的共产党员。不但如此，我们还要大声疾呼和以身作则地把这些精神推广到全体人民、全体青少年中间去，使之成为中华人民共和国的精神文明的主要支柱，为世界上一切要求革命、要求进步的人们所向往。"① 要充分发挥党的思想政治工作的威力，要发扬一个共产党员的革命精神，使人们的精神支柱随着时代精神的发展而发展。

实践证明，要发扬共产党员的革命精神，就要充分发挥党的思想政治工作的威力。思想政治工作做好了，就能充分发扬无产阶级的革命精神。因此，要大力加强政治思想教育、形势教育，包括人生观教育、道德教育。特别是要努力使我们的青少年成为有理想、有道德、有知识、有纪律的人，使他们立志为人民作贡献，为祖国作贡献，为人类作贡献，从而提高全党全民的素质，这是我们党思想

① 《邓小平文选》第二卷，第367～368页。

政治工作的一个根本性的战略任务。

（二）关于党的政治建设问题。

以邓小平为核心的党中央第二代成熟领导集体，坚持继承、创新和发展了毛泽东建党学说关于从政治上建设党的理论和原则，引导全党在新的历史时期在政治上坚持党的纲领、基本路线和共产党的历史使命，不仅实现了拨乱反正，正本清源，恢复和发扬党的优良传统，而且还开创了一个新的历史阶段，从而在政治上加强了党的建设。

第一，正确认识社会的主要矛盾，明确党所面临的政治任务。

粉碎"四人帮"以后，当时党的主要领导人提出"抓纲治国"的口号，仍然坚持"以阶级斗争为纲"，其理论依据就是毛泽东关于社会主义历史阶段的主要矛盾，是党的主要政治任务，要依靠进行"无产阶级专政下的继续革命"来实现。这就为我们党进行政治上的拨乱反正、正本清源设下了巨大的障碍。特别是，在党内外，对社会矛盾的认识存在着重大原则性分歧，严重阻碍着政治上拨乱反正、正本清源的进行。严重影响恢复与发展党的思想、政治和组织路线的开展。

面对这一复杂的严重情况，邓小平同志认为，关于社会主义初级阶段我国社会的基本矛盾，还是按照毛泽东同志在《关于正确处理人民内部矛盾的问题》一文中提出的，即在社会主义社会中，基本的矛盾仍然是生产关系和生产力之间的矛盾，上层建筑和经济基础之间的矛盾。当然，指出这些基本矛盾，并不就完全解决了问题，还需要就此作深入的具体的研究。但是从20多年的实践看来，这个提法比其他的一些提法妥当。"至于什么是目前时期的主要矛盾，也就是目前时期全党和全国人民所必须解决的主要问题或中心任务，由于三中全会决定把工作重点转移到社会主义现代化建设方面来，实际上已经解决了。我们的生产力发展水平很低，它远不能满足人民和国家的需要，这就是我们目前时期的主要矛盾，解决这个主要矛盾就是我们的中心任务。"① 这是我们党执政以来对我国社会主义社会的基本矛盾和主要矛盾的科学总结，也充分体现了邓小平同志对毛泽东思想的科学态度和一贯立场。邓小平同志这一科学的结论，为我们党制定新的历史时期的基本路线提供了理论依据，为党的政治路线、方针和政策以及党的中心任务指出了明确的方向。

第二，全面地论述了新的历史时期党的基本路线的主要内容、指导思想，为党的基本路线的确立奠定了基础。

以邓小平为核心的党中央第二代成熟领导集体最早向全党提出要把党的工作重点转移到经济建设上来。特别是党的十一届三中全会以后，邓小平同志多次反复强调在新时期我们党的政治路线就是搞社会主义现代化建设。要加快步伐把经济建设搞上去，就要加紧四个现代化建设。四个现代化，集中起来讲就是经济建设。邓小平指出："同心同德地实现四个现代化，是今后一个相当长的时期内全国人民压倒一切的中心任务，是决定祖国命运的千秋大业。"② 对党的基本路线的主要内容，做了大量精辟的论述。

邓小平同志代表党中央提出必须坚持四项基本原则，实行改革开放；提出在建设物质文明的同时，也要加强对社会主义精神文明和社会主义民主政治的建设；强调在社会主义现代化建设的过程中，要坚持独立自主、自力更生的方针，发扬艰苦奋斗、艰苦创业的优良传统作风。根据这些基本思想，党的"十二大"制定了新的历史时期经济、政治和文化三位一体的宏伟建设纲领的指导思想，并形成了马克思主义的基本路线。

把马克思列宁主义的普遍真理与中国革命的具体实践相结合，坚持符合本国特点的革命道路，是中国革命的基本经验。邓小平同志以中国革命的历史经验为依据，明确指出："我们的现代化建设，必须从中国的实际出发。无论是革命还是建设，都要注意学习和借

① 《邓小平文选》第二卷，第182页。
② 《邓小平文选》第二卷，第208～209页。

鉴外国经验。但是，照抄照搬别国经验、别国模式，从来不能得到成功。这方面我们有过不少教训。把马克思主义的普遍真理同我国的具体实际结合起来，走自己的道路，建设有中国特色的社会主义，这就是我们总结长期历史经验得出的基本结论。"还明确的指出："中国的事情要按照中国的情况来办，要依靠中国人自己的力量来办。独立自主，自力更生，无论过去、现在和将来，都是我们的立足点。"① 依据这个根本指导思想，在科学分析新时期社会基本矛盾和主要矛盾的基础上，全面地论述了新时期党的基本路线 的主要内容，为党的"一个中心、两个基本点"的基本路线的完备形成和发展奠定了基础。党的"十三大"总结了"十二大"以来新的实践经验，进一步提出党在社会主义初级阶段的基本路线，其表述更加符合我国的现阶段国情，成为我们社会主义事业胜利前进的指路明灯。

党的历史证明，有没有一条正确的政治路线，关系到党的事业的成败。为了制定党在社会主义初级阶段的基本路线，邓小平倾注了大量心血，做出了杰出的贡献。但有了一条正确的政治路线，关键又在于贯彻执行。因此，邓小平又一再强调坚定不移地贯彻执行党的基本路线。他在1992年1月南巡视察重要谈话中又强调指出，"基本路线要管一百年，动摇不得。只有坚持这条路线，人民才会相信你，拥护你。谁要改变三中全会以来的路线、方针、政策，老百姓不答应，谁就会被打倒。"② 我们说党的基本路线要管一百年，要长治久安，就要这一条。真正关系到大局的是这个事。这是眼前的一个问题，并不是已经顺利解决了，希望解决得好。如果从建国起，用一百年时间把我国建设成中等水平的发达国家，那就很了不起！这些指导思想对发展和巩固建设有中国特色的大好形势具有重要意义。

第三，中国共产党必须始终坚持共产主义的前进方向。

---

① 《邓小平文选》第三卷，第2～3页。
② 《邓小平文选》第三卷，第370～371页。

是否坚持共产主义的方向，既是个是否坚持革命理想和共产主义的历史使命的问题，也是个是否坚持党的最高纲领的原则问题。

邓小平同志针对新时期一些共产党员和干部对共产主义信仰发生某些动摇的状况，反复强调共产党员必须牢固树立共产主义的崇高理想，保持坚定的共产主义前进的方向。邓小平指出："为什么我们过去能在非常困难的情况下奋斗出来，战胜千难万险使革命胜利呢？就是因为我们有理想，有马克思主义信念，有共产主义信念。我们干的是社会主义事业，最终目的是实现共产主义。这一点，我希望宣传方面任何时候都不要忽略。"他还特别强调指出："要特别教育我们的下一代下两代，一定要树立共产主义的远大理想。一定不能让我们的青少年作资本主义腐朽思想的俘虏，那绝对不行。"①"一定要让我们的人民，包括我们的孩子们知道，我们是坚持社会主义和共产主义的，我们采取的各方面的政策，都是为了发展社会主义，为了将来实现共产主义。"② 这就清楚地告诉我们，久经考验的中国共产党，在中国实现共产主义的最高纲领和最高理想是决不会动摇、不会改变的。无论过去、现在和将来，这个最高理想都是我们共产党人和先进分子的力量源泉和精神支柱。因此，确立坚定的共产主义理想和信念，把共产主义作为自己终身的奋斗目标，这是做一个共产党员的基本条件。这就要求共产党员在任何情况下都要坚定共产主义远大理想和信念。

（三）关于党的组织建设问题。

邓小平为核心的党中央第二代成熟领导集体对党的组织建设的论述和阐明十分丰富，涉及到党员队伍、干部队伍、整顿党的组织、改善党内政治生活状况、建设好各级领导班子等等各个方面，坚持继承、创新发展了毛泽东建党学说关于组织建设的理论。其中最重

---

① 《建设有中国特色的社会主义》（增订本），第98页，第99～100页。

② 《建设有中国特色的社会主义》（增订本），第100～101页。

要的是党员队伍、干部队伍建设和整顿党的组织。核心是党政各级
领导班子建设。

　　第一，加强教育管理，建设一支经得起考验的党员、干部队伍，
核心是党政各级领导班子。

　　党的十一届三中全会以后，邓小平以马克思列宁主义、毛泽东
思想来指导，对新时期要加强干部教育和管理工作，特别是要建设
一支经得起各种考验的干部、党员队伍，核心是领导班子的建设。并
对党员、干部特别是领导班子的地位、作用、标准，干部路线、方
针和政策进行了许多精辟独到的论述。对加强干部的制度建设，从
理论与实践相结合的角度形成了一整套干部教育管理的新路子。

　　邓小平提出了提高党员、党员干部和领导班子成员的集体素质
和个人素质的基本内容和要求。针对素质状况，他强调要从三个方
面提高党员、干部和领导班子的个人与集体素质。首先，组织党员、
干部和领导班子成员认真学习马克思列宁主义、毛泽东思想的基本
理论，基础知识和基本的政治观点；其次，要组织党员、干部和领
导班子成员学习历史知识、专业知识、科技知识、现代管理知识，学
习科学文化知识，掌握真才实学和实际本领。以适应建设有中国特
色的社会主义需要。其三，中国的稳定，社会主义现代化的实现，不
仅要有正确的组织路线来保证，还要有真正坚持马克思主义和党性
强的人来接班才能保证。没有大批的合格干部，建设有中国特色的
社会主义就不能成功。

　　邓小平指出，党员干部队伍和领导班子建设，必须坚持从严治
党的方针。加强党的干部教育，特别是纪律教育是个重点。主要体
现在四个方面：首先，必须依据党章严格掌握标准，做一个合格的
党员、合格的领导干部。其次，要严格把好党员队伍入口关。不要
把不合格的人拉入党内，坚持入党条件。其三，要严肃党的组织纪
律，增强党性，妥善处理不合格党员，将腐败分子坚决清除出党，保
证党的纯洁性。其四，从严治党必须从广大干部，特别是从高级干
部抓起。"对干部的要求必须更高更严。"这是邓小平同志一贯的指

导思想和基本原则。只有这样才能使广大干部经得起执政党的考验、改革开放的考验和反和平演变的考验。

邓小平同志1992年初南方巡视的重要谈话又强调指出，正确的政治路线要靠正确的组织路线来保证。中国的事情能不能办好，社会主义改革开放能不能坚持，经济能不能快一点发展起来，国家能不能长治久安，从一定意义上讲，关键在人。要注意培养人，要照"革命化、年轻化、知识化、专业化"的标准，选拔德才兼备的人进班子。人选好了，帮助培养，让更多的年轻人成长起来。他们成长起来，我们就放心了。这些指导思想，我们必须永远坚持。

第二，坚持干部革命化、年轻化、知识化和专业化的基本方针，建设一支坚强的、为实现建设有中国特色的社会主义而奋斗的干部队伍。

党的十一届三中全会以后，邓小平同志把引导全党加强干部队伍建设，作为自己的主要任务之一，付出了巨大精力。在干部队伍建设上，邓小平同志继承坚持和创新发展了毛泽东建党学说关于德才兼备、任人唯贤的干部路线，引导全党按照干部的革命化、年轻化、知识化和专业化的方针去建设干部队伍。

邓小平早在1980年1月1日《目前的形势和任务》的讲话中，就提出要建立一支坚持社会主义道路的、具有专业知识和能力的宏大的干部队伍。在2月发表《坚持党的路线，改进工作方法》的讲话中又指出：在各条战线上都有不少有专业知识、有管理能力、能干的优秀的年轻人，应从中选拔一批接班人。他曾多次指出，我们的干部队伍，要在坚持社会主义道路的前提下，使我们的干部队伍革命化、年轻化、知识化和专业化，并且要逐步制定完善的干部制度来加以保证。后来写入党的"十二大"通过的新党章，从而成为我们党选用干部、管理干部的根本大法，成为指导新时期党的干部队伍建设和领导班子建设的基本方针。也是新时期党的组织建设的核心内容，是决定党和国家命运、前途、兴衰、成败的战略措施。

邓小平同志领导全党逐步废除干部领导职务的终身制。长期以来，在我们党和国家存在着事实上的干部领导职务的终身制。这是造成党的干部队伍缺乏活力和生机的一个重要根源。邓小平同志对解决这一问题给予高度重视，主要通过两方面的重大措施大力推进这一问题的解决进程。一方面是引导全党制定各种制度，如干部离休、退休制度、顾问过渡制度、交流制度、选拔干部的制度、新老交替制度，等等。另一方面是自己带头，以身作则，以实际行动推进废除领导职务终身制的进程。由于邓小平同志在全党全军和全国各族人民中的巨大威望，他在这方面的为人师表的作用意义非常重大。自党的十一届三中全会以来，邓小平同志多次表示要带头废除领导职务终身制。党的"十三大"上，他和其他几位老一辈无产阶级革命家带头退出中央委员会，为全党树立了光辉的榜样，带了个好头。

但是，由于党的事业的需要，他继续为党和国家发挥作用，他还不得不保留一定的领导职务。在党的十三届五中全会上，他完全退下来，放手让以江泽民同志为核心的党中央第三代领导集体大胆工作。这充分表明了他伟大的无产阶级革命家的胸怀。也标志着我们这个久经考验的成熟的马克思主义政党，造就了一代人、二代人、三代人，沿着正确的轨道不断前进。

第三，整顿党组织，提高党的凝聚力、吸引力和战斗力。

整顿党的组织，加强思想教育，不断提高党员、干部的素质，在邓小平建党学说中占有重要的地位。早在民主革命时期，邓小平1943年在延安的《解放日报》上发表文章，对毛泽东整党、整风的思想作了精湛的发挥，他认为，"整风运动是我们的百年大计"、是"伟大的思想革命"。我国进入社会主义时期，邓小平关于整顿党的组织的思想逐步形成和全面展开。特别是1975年以来，形成了比较完整的整顿党组织的思想理论体系。

首先，他反复强调整顿党的组织，是党的建设面临的一项紧迫任务。针对"文化大革命"对党组织的全面破坏，邓小平在1975年主持党和国家日常工作时，把党的整顿作为全面整顿的核心。党的十一届三中全会后，针对党组织在思想、政治、组织、作风等各个方面存在的严重不纯，提出："我们这个党要恢复优良的传统和作风，有一个党员要合格的问题。合不合乎党员的资格，合不合乎党员的条件，这个问题不只是提到新党员面前，也提到一部分老党员面前了。所以，我们党确实存在一个整顿的问题。"①

邓小平关于整顿党组织的思想，是在新的历史条件下，纯洁党的队伍，保持党的先进性，提高党的战斗力，加强和改善党的领导及维护国家安定团结的政治局面的重要保证。党是无产阶级先锋队，只有把党整顿好了，就能起到它的核心领导作用，把党建设成为领导有中国特色社会主义的坚强核心，这是党的建设的主题，也是我们党要整顿的目的。

其次，提出整顿党组织是党的建设一项长期的经常性工作，是实现社会主义现代化的"四个前提"之一，必须全面进行。邓小平认为，整顿党的组织，是坚持社会主义道路的必要保证之一，要伴随着我们整个社会主义现代化建设的进程走。同时，整顿党的组织，是一个综合性的概念，包括党的思想整顿、组织整顿和作风整顿。为实现这个全面的任务，"整顿，一定要从严"是我们党的根本方针。

其三，整顿党的组织要走出一条新路子。按照什么样的路子整顿党组织，这是新形势新任务下党面临的一个新问题。历史经验反复表明，过去依靠搞政治运动整顿党的组织，存在着种种弊端。只有克服这些弊端，新时期整顿党组织，才能取得好的效果。

邓小平同志认为，整顿党的组织要经常化，不搞政治运动，是最基本的一个问题。它包括四个方面的含义：一是要把党的全面性整顿与局部性整顿结合起来；二是要把党的阶段性整顿与经常性整顿结合起来，以经常性整顿为主；三是整顿党的组织主要靠党的自身力量，不搞开门整顿；四是整顿党的组织不搞人人过关。要在自觉的基础上采取一定的组织措施，有什么问题，解决什么问题，是

① 《邓小平文选》第二卷，第268～269页。

什么性质的问题，就定什么性质问题。实事求是，是谁的责任，谁就承担责任，等等。

（四）关于党的制度建设问题。

要高度重视党的制度建设，是邓小平建党思想对毛泽东建党学说的重大突破，也是邓小平建党学说的鲜明特色之一。

邓小平总结了我们党和国际共产主义运动的经验教训，深刻地阐述了党的制度建设的重要性，制度建设的基本内容及实施原则和方法，在我党历史上第一次比较系统地论述了党的制度建设的理论，形成了党的制度建设的思想，丰富和发展了毛泽东的建党学说。

第一，深刻地揭示了党的制度建设的极端重要性及其重大意义。

邓小平同志首先指出了我们党和国家领导制度的主要弊端。他说："从党和国家的领导制度、干部制度方面来说，主要的弊端就是官僚主义现象，权力过分集中的现象，家长制现象，干部领导职务终身制现象和形形色色的特权现象。"① 如果不坚决改革现行制度的弊端，过去出现的一些严重问题今后就有可能重新出现。我们党只有对这些弊端进行有计划、有步骤而又坚决彻底的改革，人民群众才会信任我们的领导，才会信任党和社会主义，我们建设有中国特色的社会主义才有希望。

制度建设的极端重要性，和制度在一个国家、一个政党的地位和作用及重大意义。邓小平同志进行了精辟的论述，在我们党的历史上还是首次。

邓小平认为，"我们过去发生的各种错误，固然与某些领导人的思想、作风有关，但是组织制度、工作制度方面的问题更重要。这些方面的制度好可以使坏人无法任意横行，制度不好可以使好人无法充分做好事，甚至会走向反面。即使像毛泽东同志这样伟大的人物，也受到一些不好的制度的严重影响，以至对党对国家对他个人

① 《邓小平文选》第二卷，第327页。

都造成了很大的不幸。"他还强调指出："斯大林严重破坏社会主义法制，毛泽东同志就说过，这样的事件在英、法、美这样的西方国家不可能发生。他虽然认识到这一点，但是由于没有在实际上解决领导制度问题以及其他一些原因，仍然导致了'文化大革命'的十年浩劫。这个教训是极其深刻的。不是说个人没有责任，而是说领导制度、组织制度问题更带有根本性、全局性、稳定性和长期性。这种制度问题，关系到党和国家是否改变颜色，必须引起全党的高度重视。"①这就深刻地揭示了党的领导制度的地位、作用和重大意义。

邓小平同志在回答外国记者关于如何避免类似"文化大革命"那样的错误的问题时，他肯定地指出："这要从制度方面解决问题。我们过去的一些制度，实际上受了封建主义的影响，包括个人迷信、家长制或家长作风，甚至包括干部职务终身制。我们现在正在研究避免重复这种现象，准备从改革制度着手。我们这个国家有几千年封建社会的历史，缺乏社会主义的民主和社会主义的法制。现在我们要认真建立社会主义的民主制度和社会主义法制。只有这样，才能解决问题。"②他还告诫全党："如果不坚决改革现行制度中的弊端，过去出现过的一些严重问题今后就有可能重新出现。只有对这些弊端进行有计划、有步骤而又坚决彻底的改革，人民才会信任我们的领导，才会信任党和社会主义，我们的事业才有无限的希望。"③这些基本指导思想，继承和发展了他在50、60年代关于民主集中制的根本制度关系到党和国家的命运、前途的思想，从制度建设上同党的其他方面的建设的相互关系上，把制度建设提到了执政党建设的突出位置，这对我们国家和党的事业长治久安具有重大的历史意义。

第二，论述了党的制度建设的基本内容及科学理论体系。

邓小平全面地系统地精辟地论述了党和国家领导制度的改革与

① 《邓小平文选》第二卷，第333页。
② 《邓小平文选》第二卷，第348页。
③ 《邓小平文选》第二卷，第333页。

建设的指导思想、原则和基本内容，包括党和国家的领导制度、监督制度、任免制度、代表大会与代表会议制度、法律、法令、条例制度以及国际关系有关方面的外事制度，等等。在制度建设问题上，邓小平同志重点论述了要强调把基本制度中的实体性制度建设与程序性制度建设、基本制度建设与具体制度建设并重，这是十分重要的。

同时，邓小平还强调党内制度建设要同国家的领导制度建设和法制建设配套进行。制度建设是重要的，万万不可忽视，这是一个政党、一个国家的基本建设。但是，要知道，制度是人执行的，是干部掌握的，要在制度建设的同时，加强对干部遵守制度、执行制度的教育。要把解决制度问题与教育干部结合起来，统一起来，使它真正成为协调党和国家上级组织与下级组织的关系；领导与被领导的关系的强大武器。这样就能以党和国家法律的形式规范着每个成员的行动规则和党、国家政治生活的正常秩序，以实现党和国家活动的民主化、科学化、规范化和正规化。

第三，把党内民主制度化，社会民主法制化。没有党规国法，党和国家法规就很难维持。

早在1945年，毛泽东同志在回答民主人士黄炎培提出的"周期率"问题时，明确指出：我们共产党已经找到了新路，我们能跳出这个周期率，这条新路，就是民主。党的十一届三中全会以后，邓小平继承和发展了这一思想，进一步提出："没有民主就没有社会主义，就没有社会主义的现代化。当然，民主化和现代化一样，也要一步一步地前进。社会主义愈发展，民主也愈发展。这是确定无疑的。但是发展社会主义民主，决不是可以不要对敌视社会主义的势力实行无产阶级专政。"① 他把努力发扬党内民主和人民民主，提到战略地位来认识。他强调指出，"继续努力发扬民主，是我们全党今后一个长时期的坚定不移的目标。但是我们在宣传民主的时候，一定要把社会主义民主同资产阶级民主、个人主义民主严格地区别开

① 《邓小平文选》第二卷，第168页。

来，一定要把对人民的民主和对敌人的专政结合起来，把民主和集中、民主和法制、民主和纪律、民主和党的领导结合起来。"[1]

我们发扬民主的目标，就是想造成一个又有集中又有民主，又有纪律又有自由，又有统一意志、又有个人心情舒畅、生动活泼那样一种政治局面。如何发扬民主？邓小平提出了一个重要思想，即把民主制度化、法制化，使这种制度和法律不因领导人的改变而改变，不因领导人的看法和注意力的改变而改变。

邓小平同志为了发扬党内民主和人民民主，提出了清除封建主义遗毒的重大政治任务，而"肃清封建主义残余影响，重点是切实改革并完善党和国家的制度，从制度上保证党和国家政治生活的民主化、经济管理的民主化、整个社会生活的民主化，促进现代化建设事业的顺利发展。"[2] 这些指导思想和精辟的论述，深刻地阐明了党内民主建设的根本途径是实现党内民主制度化，并与国家的政治生活和社会生活的民主化、制度化相配套。

在民主制度化的建设中，党内民主是重要的，只有党内民主化、制度化，才能以党内民主为中心，扩大人民民主，巩固人民民主专政的社会主义国家。要特别注意加强民主集中制这一根本制度的贯彻执行。"文化大革命"之所以发生，其主要原因之一，就是在于党内民主集中制特别是党中央的集体领导遭到了破坏，否则，就不能理解为什么会爆发"文化大革命"。因此，在党内民主制度化的建设中，一定要抓好以民主集中制为核心的制度体系建设，这是邓小平建党学说的一大特色。也是毛泽东建党学说的重大发展。只有在党内坚持好民主集中制的根本原则，才能使制度建设法制化。

（五）关于党的作风建设问题。

全党重视党的作风建设，是我们党的光荣传统。在加强党风建

---

① 《邓小平文选》第二卷，第 176 页。
② 《邓小平文选》第二卷，第 336 页。

设的实践中，毛泽东建党学说形成了系统的党风建设的理论。党的十一届三中全会以后，邓小平同志针对林彪、江青一伙反革命集团对党风的严重破坏和改革开放、发展社会主义市场经济体制给党风带来的消极影响，把恢复和发扬党的优良传统和作风作为党的建设的一项重要任务。坚持继承和创新发展了毛泽东建党学说关于党风建设的理论。邓小平关于党风建设的思想，是新时期党的建设事业发展要求的必然产物，是在新的历史条件下运用毛泽东关于党的建设思想指导实践的智慧结晶。

邓小平指出："为了促进社会风气的进步，首先必须搞好党风，特别是要求党的各级领导同志以身作则。党是整个社会的表率，党的各级领导同志又是全党的表率。如果党的组织把群众的意见和利害放在一边，不闻不问，怎么能要求群众信任和爱戴这样的党组织的领导呢？如果党的领导干部自己不严格要求自己，不遵守党纪国法，违反党的原则，闹派性，搞特殊化，走后门，铺张浪费，损公利私，不与群众同甘苦，不实行吃苦在先，享受在后，不服从组织决定，不接受群众监督，甚至对批评自己的人实行打击报复，怎么能指望他们改造社会风气呢！在目前的历史转变时期，问题堆积成山，工作百端待举，加强党的领导，端正党的作风，具有决定的意义。"①

邓小平同志这些精辟的论述，把党风的深刻涵义和它的地位、作用及指导意义都表述得深刻而具体。他还进一步指出，毛泽东同志说过，只要我们党的作风完全正派了，全国人民就会跟我们学。党外有这种不良风气的人，只要他们是善良的，就会跟我们学，改正他们的错误，这样就会影响全民族。只有搞好党风，才能转变社会风气，才能坚持四项基本原则。为什么党风的端正如此重要呢？

第一，执政党的党风关系着党的生死存亡问题。

邓小平同志多次强调，中国共产党"从井冈山起，毛泽东同志

---

① 《邓小平文选》第二卷，第177～178页。

就为我军建立了非常好的制度，树立了非常好的作风。""从延安到新中国，除了靠正确的政治方向以外，不是靠这些宝贵的革命精神吸引了全国人民和国外友好人士吗？没有这种精神文明，没有共产主义思想，没有共产主义道德，怎么能建设社会主义？党和政府愈是实行各项经济改革和对外开放的政策，党员尤其是党的高级负责干部，就愈要高度重视、愈要身体力行共产主义思想和共产主义道德。否则，我们自己在精神上解除了武装，还怎么能教育青年，还怎么能领导国家和人民建设社会主义！"①

好的党风要继续下去，要由接班人传下来。搞好安定团结，发展社会主义市场经济体制，需要加强党的领导，把我们党的优良传统作风发扬起来，坚持下去。邓小平同志赞成陈云同志指出的"执政党的党风问题是有关党的生死存亡的问题"的科学论断，并要求大力提倡正确的作风，成为我们全党的指南。什么是党的正确作风呢？就是理论与实际结合的作风，联系群众的作风，自我批评的作风是最根本的，是我们党的传家宝。官僚主义、命令主义与党的正确作风恰恰相反。沾染这种作风的人，不可能实行理论与实际的结合，也不可能联系群众，不可能进行自我批评，也不可能完成党的任务，其结果一定是损害党的工作，损害党的信誉。因此，搞好我们的党风、军风、民风及社会风气，关键是要搞好党风。不仅要把毛泽东建党学说和党的一整套作风恢复发扬起来，而且要在坚持继承的基础上有所发展有所创新。

在邓小平为核心的党中央第二代成熟领导集体的指导下，对党的优良传统作风有精辟的新的概括：即"群众路线的优良传统和作风"、"实事求是的优良传统和作风"、"自我批评的优良传统和作风"。在党的"三大作风"的基础上，又提出："谦虚谨慎、戒骄戒躁、艰苦奋斗的优良传统和作风"、"民主集中制的优良传统和作风"、"完整地准确地理解毛泽东思想的作风"、"解放思想、实事求

---

① 《邓小平文选》第二卷，第1页，第367页。

是，团结一致向前看的作风"、"党的干部特别是领导干部要以身作则做表率的作风"、"讲大局办实事的作风"等等。这是邓小平同志对毛泽东建党学说的高度概括和总结。党的优良传统和作风是中国共产党和中国人民革命精神的体现，只有发扬党的优良传统作风，才能经受住任何风险的考验。因此，坚持和发扬党的优良传统和作风，具有十分重要的意义。

第二，执政党的党风问题关系到党的路线、方针、政策能否贯彻执行，关系到党的领导能否实现。

共产党员的优良传统作风对人民的感召力吸引力和对敌人的震慑力量是无穷的。我们党的优良传统作风在各个历史时期都起到了巨大的推动作用。邓小平指出："我们回想一下，正是根据毛泽东同志的建党学说，才建立了这样一个好的党。从延安整风以后，无论前方后方的人，真是生气勃勃，生动活泼，心情舒畅，团结一致。毛泽东同志建立的这个党，既能够充分发扬民主，充分发挥下面遵守纪律的自觉性，又能够在这样的基础上建立高度的集中。毛主席、党中央的命令、号召，谁不听哪！谁不是自觉地听哪！没有这样的党的风气，我们能够战胜比我们强得多的敌人吗？我们能够在建国以后，取得一个又一个的胜利吗？"① 这是对党的历史经验的概括和总结，它关系到党的基本路线、方针和政策能否取得人民群众的信任和支持，能否把党的路线、方针和政策转化为人民群众的自觉行动的大问题。

邓小平指出："林彪、'四人帮'的流毒，特别是派性和无政府主义的流毒，同一些怀疑社会主义、怀疑无产阶级专政、怀疑党的领导、怀疑马列主义、毛泽东思想的思潮相结合，开始在一小部分人中间蔓延。""如果没有强有力的集中领导和严格的组织性纪律性，如果不大力加强稳定社会政治秩序的工作和教育，如果不坚决搞好党风，进一步恢复党的实事求是、群众路线和艰苦奋斗的优良传统，

---

① 《邓小平文选》第二卷，第45页。

就可能出现一些本来可以避免的大大小小的乱子，使我们的现代化建设在刚刚迈出第一步的时候就遇到严重的障碍。"① 就是说，尽管我们党的基本路线、方针、政策都是正确的。"经济建设这一手我们搞得相当有成绩，形势喜人，这是我们国家的成功。但风气如果坏下去，经济搞成功又有什么意义？会在另一方面变质，反过来影响整个经济变质，发展下去会形成贪污、盗窃、贿赂横行的世界。"② 由此可见，党风的好坏，关系到党的基本路线、方针和政策能否落实的问题，能否转化为实际行动，对实现党的领导具有重大意义。

邓小平认为，执政党的地位，很容易使我们的党员、干部特别是领导干部沾染上官僚主义的恶劣习气，脱离实际，脱离人民群众，搞形式主义，丧失人民群众的信赖和拥护。我们脱离群众，干部特殊化是一个重要原因。执了政，党的责任就加重了，共产党员的责任就加重了，我们领导干部的责任就加重了。我们党执了政，掌了权，就要担负起把国家引导到社会主义道路上去和进行建设有中国特色社会主义的艰巨任务。邓小平强调指出："我们正在建设社会主义。同志们不要以为建设社会主义没有问题了。刘少奇同志的报告里讲到，毛泽东同志的讲话里也讲到，如果搞得不好，特别是民主集中制执行得不好，党是可以变质的，国家也是可以变质的，社会主义也是可以变质的。干部可以变质，个人也可以变质。"③ 我们光荣、伟大、正确的中国共产党就会"改变面貌"。值得我们每一个共产党人、党的干部的深思。如果哪个党组织严重脱离人民群众又不能坚决改正，那就丧失了力量的源泉，就一定要失败，就会被人民抛弃。

第三，搞好党风建设，是建设好的社会风气的关键。

邓小平认为，为了促进社会风气的进步，首先必须搞好党风建

---

① 《邓小平文选》第二卷，第162页。
② 《建设有中国特色的社会主义》（增订本），第131页。
③ 《邓小平文选》第一卷，第303页。

设，这是最根本的。要搞好党风、军风、民风关键是要搞好党风。也就是说，只有搞好党风，才能转变社会风气，才能端正社会风气。转变作风，党政领导干部应当以身作则，起带头模范作用。尤其是高级干部以身作则，影响很大。群众的眼睛都在盯着他们，他们改了，下面就好办。因此，要抓头头，头头抓，从自己做起，从领导干部做起，只有这样才会有成效，才能取信于民，才能征服人心。那种言行不一，理论实际相脱节，说的一套，做的是另一套，那只能丧失民心，失掉威信，甚至败坏我们的党风。

党风建设是一个长期的战略任务。它是和党的整个形势与任务和历史使命相联系的。因为我们是执政党，执政党的党风涉及面是很广的，不可能一蹴而就。正如邓小平同志说的，党风建设是一项长期的工作。改革开放政策延续多久，端正党风的工作就得干多久，纠正不正之风、打击犯罪就得干多久。要真抓实干，一抓到底，纠正和处理不正之风不能手软，两手都要硬。因为从党风建设本身而言，它是一个长期斗争的过程，也是一个系统工程，它不仅需要社会的政治、经济作它的基础，而且还涉及文化、传统以及人们的心理特征、思想、文化素质等等因素的制约，没有一个较长的时间是难以达到既定目的的。

总之，邓小平把恢复和发扬党的优良传统作风，特别是实事求是，解放思想，理论联系实际，密切联系群众，自我批评和艰苦奋斗，自力更生的作风，作为加强党风建设的重要一环。始终是贯穿邓小平建党学说中的一个重要议题。还提出了加强党风建设的主要措施和根本途径：如加强党的自身建设，加强对广大党员、干部的思想教育；制定有关方面的条例和规定；加强制度建设；特别是各级领导干部以身作则，做表率，带头发扬党的优良传统作风等等。

（六）关于党与党的关系建设问题。

党际关系建设也是执政党建设的一个重要内容，当今世界一般说来都是政党政治。因为政党是现代世界各国普遍存在的一种社会政治现象。政党的斗争是各阶级政治斗争的最严整、最完全和最明显的表现；政党是代表某一个阶级、阶层或集团的利益和意志，并为之而斗争的政治组织。它是社会经济组织和阶级斗争发展到一定阶段的产物。任何政党通常由本阶级、阶层或集团中最积极的优秀分子组成的；政党是阶级的一部分，是整个阶级中最先进的分子而组成的指导社会斗争的——政治、经济、文化教育、内政外交等阶级组织；政党是先锋队，是阶级的头脑，是整个阶级战斗的司令部；政党是从属于一定的阶级的，是由本阶级的先锋队组成的政治集团。

总之，政党是对本阶级起着领导作用的阶级集团的政治性组织，是领导核心。

政党的阶级属性包含的基本思想：任何政党都是在一定的阶级基础上产生和发展起来的，都有自己的阶级属性；政党是在政治上代表本阶级的根本的、长远的利益，并为这个利益服务；本阶级的核心和指导力量，由中央、地方、基层组织形成一个统一的有机整体，才能实现对本阶级的领导作用和组织作用；政党有阶级基础和阶级背景，它不仅是阶级斗争、社会政治斗争的集中表现，而且是阶级本质的反映。只有在这个基础上，在这样的条件下，才能产生各阶级的政党。

由此可见，政党是人类社会发展到资本主义阶段才形成的阶级政治组织，是各阶级的政治发展和它们之间政治斗争的结果。恩格斯指出："这些经济事实形成了现代阶级对立所由产生的基础；这些阶级对立，在他们因大工业而得到充分发展的国家里，因而特别是在英国，又是政党形成的基础，党派斗争的基础，因而也是全部政治历史的基础。"① 这样精辟的分析是很深刻的。总之，政党是现代世界各国普遍存在的一种社会政治现象。

中国共产党是无产阶级政党，是工人阶级的先锋队，是中国各

<hr>

① 《马克思恩格斯全集》第21卷，第247页。

族人民利益的忠实代表，是中国社会主义事业的领导核心。党的最终目标，是实现共产主义的社会制度。我们党是以马克思列宁主义、毛泽东思想和邓小平建设有中国特色社会主义理论作为自己的行动指南。马克思主义揭示了人类社会历史发展的普遍规律，分析了资本主义制度本身无法克服的固有矛盾，指出社会主义社会必然代替资本主义社会，最后必然发展为共产主义社会。现在我们要为建设具有中国特色的社会主义而奋斗。

　　无产阶级政党执政以后，通过无产阶级的国家政权，防御外部敌人的颠覆和侵略，支持各国人民的革命斗争，在国内镇压阶级敌人的反抗和破坏，消灭生产资料私有制，解放生产力，发展生产力，消灭剥削，消除两极分化，最终达到共同富裕。这是社会历史发展不可逆转的总趋势。各国走自己的道路，建立健全社会主义公有制，进行社会主义的物质和精神文明建设，进行社会主义民主政治建设，巩固人民民主专政，为将来的共产主义创造条件。

　　一切执政党要贯彻自己的意图，就必须组织参与政府，使用党的领袖和最有才干的部分党员干部担任政府中的主要职务。只有这样才能处理大量繁重、复杂的政府事务，有力地运用行政权力使国家纳入党所规划的发展轨道，并使国家的各项事业迅速发展。其主要特征就是党组织可以直接行使国家权力和行政管理职能，甚至也可以包揽司法、检查等大权，执政党初期一般是这种情况；在特殊的情况下执政党通过各种形式、方法、措施和手段代表国家进行政务活动这是常事，特别是国际关系之间的活动更为明显。

　　十一届三中全会以后，在邓小平为核心的党中央第二代成熟领导集体的坚强领导下，根据国际国内形势的新变化，及时调整确定了我国对内对外基本政策，提出了改革开放一系列的战略决策，坚持继承和创新发展了毛泽东思想、毛泽东建党学说，形成了在"独立自主、完全平等、互相尊重、互不干涉内部事务"的国际准则。开辟了国际共产主义运动的新篇章。

　　第一，发展和完善中国共产党领导的多党合作制度。

在中国革命和建设的长期实践中，形成了中国共产党领导下的多党合作制度。多党合作和政治协商制度是我国的一项基本政治制度。我们党和各民主党派团结合作，相互监督，共同致力于建设有中国特色的社会主义和统一祖国、振兴中华的伟大事业。我们党实行多党合作的政党体制，这是我国政治制度的独有优点和特点。它同西方资本主义国家的多党制或两党制有根本区别，也和社会主义国家实行的一党制也有不同。它是马克思列宁主义、毛泽东思想与建设有中国特色社会主义相结合的一个伟大创造，是符合中国国情的我国的政治制度体制。因此，坚持和完善这项基本制度，这对巩固扩大爱国统一战线，发扬我国的民主政治，促进全国各族人民大团结，实现社会主义现代化具有重大历史意义。

首先，邓小平同志为坚持、恢复、发展和完善中国共产党领导的多党合作和政治协商制度体制进行了一系列理论阐述，并奠定了基础。他论述了四条基本指导思想，不仅丰富和发展了毛泽东建党学说，也是邓小平建党学说的重大贡献：一是正确评价民主党派的历史地位，充分肯定他们在中国革命和社会主义建设中发挥的重要作用；二是阐明了民主党派存在的社会基础及其性质，肯定他们都是在中国共产党领导下为社会主义现代化服务的政治力量；三是指出民主党派是社会主义现代化建设中的一支重要力量，是参政党；四是充分肯定实行对中国共产党的有效监督，发展社会主义的民主政治，仍需要继续发展和完善中国共产党领导的多党合作制度。根据邓小平的这些指导思想，在新的历史时期，我们党制定了"长期共存、互相监督、肝胆相照、荣辱与共"的十六字方针，体现了社会主义民主政治的本质要求，使中国共产党领导的多党合作制度得到了新的发展。

其次，论述了中国共产党领导的多党合作制度的基本内容和主要形式。主要表现在两个方面：一是要坚持和改善对民主党派的领导。邓小平强调，中国共产党领导这个基本原则是不能动摇的。我国的多党合作必须坚持四项基本原则这是政治基础。党对各民主党派的领导主要是政治原则、政治方向和重大方针政策的领导。要加强和改善党对民主党派的领导，进一步加强和发展同民主党派的合作，支持各民主党派为建设有中国特色的社会主义服务，为推进"一国两制"，实现祖国统一服务。因为我们是执政党，各民主党派是各自所联系的一部分社会主义劳动者和一部分拥护社会主义的爱国者的政治联盟，是接受党的领导的，是通力合作，共同致力于社会主义事业的亲密友党，是我国的参政党。参政的基本点就是参加国家政权，参与国家大政方针和国家领导人选的协商，参与国家事务的管理，参与国家大政方针政策及其法律、法规、法令的制定和执行等等。二是要充分发挥民主党派的作用，就是要使政治协商和民主监督经常化、制度化和法律化。特别是要充分发挥人民政协在国家政治生活中的作用，是充分发挥民主党派的作用，进一步发展和完善中国共产党领导的多党合作制度的重要形式和基本途径。

其三，党的十一届三中全会以后，我们党在坚持四项基本原则的基础上，对我国各民主党派的关系有很大的改善，在思想体系、党的学说上有很大的发展。统战工作是我们党的总路线总政策的一个组成部分，是要积极贯彻到底的。在新的历史时期，各民主党派作为社会主义服务的政治力量。我们必须建立和健全各种具体的民主党派制度，为推进改革开放，促进建设有中国特色的社会主义和祖国统一而努力奋斗。

最根本的是在坚持四项基本原则的基础上，发扬民主，广开言路，鼓励和支持民主党派与无党派人士对党和国家的方针政策、各项工作提出意见、批评、建议，使他们真正做到知无不言，言无不尽，言者无罪，闻者足戒，择其善而从之，还要鼓励他们要勇于坚持正确的意见。各民主党派都必须以宪法为根本活动准则，在宪法范围内活动。民主党派享有宪法规定的权利和义务范围内的政治自由、组织独立和法律地位平等。党要积极支持和帮助民主党派独立自主地处理自己的内部事务，帮助他们改善工作条件，支持他们开展各项活动，维护民主党派组织成员及所联系群众的合法利益和合理要求。当然，各民主党派有保卫国家安全、维护社会安定团结的责任，决不允许存在反对四项基本原则、危害国家政权的政治组织，一经发现，应依法取缔。

同时，要充分发挥民主党派和人民政协的监督作用。邓小平同志认为，党的政策主张在群众中、在社会各阶层中的反应等等，迅速反映到党的指导机关，帮助党加强对政权的指导。有指导、有监督比没有指导与监督好，一部分人出主意不如大家出主意。共产党总是从一个角度看问题，民主党派就可以从另一角度看问题，出主意。这样，反映的问题更多，处理问题更全面，对下决心进行决策更为有利，制定的方针政策会比较恰当，即使发生了问题也比较容易纠正。

邓小平指出："我国的统一战线已经成为工人阶级领导的、工农联盟为基础的社会主义劳动者和拥护社会主义的爱国者的广泛联盟。新时期统一战线和人民政协的任务，就是要调动一切积极因素，努力化消极因素为积极因素，团结一切可以团结的力量，同心同德，群策群力，维护和发展安定团结的政治局面，为把我国建设成为现代化的社会主义强国而奋斗。"①他还强调指出："人民政协应当积极开展工作，发展爱国统一战线，促进台湾早日归回祖国，实现祖国统一大业。同时，要积极开展人民外交活动，加强同国际朋友的友好往来，为发展国际反侵略扩张的统一战线作出自己的努力。"②

第二，正确处理与兄弟党的关系问题。

在国际上要正确处理兄弟党之间的关系，是马克思列宁主义、毛泽东思想和邓小平建设有中国特色社会主义理论关于党的学说的一个重要内容。建国以来，邓小平同志多次代表我们党主持或参与同世界各国共产党及其他工人阶级政党的交往活动。在国际交往活动中，他坚持运用毛泽东思想和建设有中国特色社会主义理论关于对

① 《邓小平文选》第二卷，第187页。
② 《邓小平文选》第二卷，第188页。

世界各国兄弟党之间的独立自主、平等协商一致的建党学说，正确处理世界各国兄弟党及其他工人阶级政党之间的关系，为建立和发展我们党同这些党之间的友好关系作出了重要的贡献。

首先，党的十一届三中全会以后，邓小平同志不仅引导全党深入揭发批判了林彪、江青反革命集团在对外活动上的干扰和破坏，纠正了过去在国际交往和处理兄弟党关系中的一些错误做法。更重要的是运用马克思列宁主义、毛泽东思想的立场、观点和方法，深刻地总结了我们党和国际共产主义运动中正反两个方面的经验，提出并阐述了处理兄弟党之间关系的重要原则。邓小平认为，一个党评论外国兄弟党的是非，往往根据的是已有的公式或者某些定型的方案，事实证明这是行不通的。因为各个国家的情况千差万别，人民的觉悟有高有低，国内阶级关系的状况、阶级力量的对比又很不一样，用固定的公式去硬套怎么行呢？就算你用的公式是马克思主义的，与不同各国的实际相结合，也难免犯错误。例如，中国革命就没有按照俄国十月革命的模式去进行，而是从中国的实际情况出发，农村包围城市，武装夺取政权。这就是说，既然中国革命胜利靠的是马克思列宁主义普遍原理同本国具体实际相结合，我们就不应该要求其他发展中国家都按照中国的模式去进行革命，更不应该要求发达的资本主义国家也采取中国的模式。当然，也不能要求这些国家都采取俄国的模式。

邓小平同志还认为，各国党的国内方针、路线是对还是错，应该由本国党和本国人民去判断。最了解那个国家情况的，毕竟还是本国的同志。但是，一个党和由它领导的国家的对外政策，如果是干涉别国内政，侵略、颠覆别的国家，那末，任何党都可以发表意见，进行指责。我们一直反对苏共搞老子党和大国沙文主义那一套。他们在对外关系上奉行的是霸权主义的路线和政策。如何判断大是大非呢？邓小平同志认为，不应该由别人写文章来肯定或者否定，而只能由那里的党、那里的人民，归根到底由他们的实践做出回答。人家根据自己的情况去进行探索，这不能指责。即使错了，也要由他们自己总结经验，重新探索嘛！这些论述和基本指导思想，是我们党执政40多年来的经验总结。一方面，各国的正确革命道路，只能由各国的党和人民去寻找，不能由别的党充当老子党发号施令。另一方面，各国党的国内路线、方针和政策是对还是错，应由本国党和人民去判断。

"总之，各国的事情，一定要尊重各国的党、各国的人民，由他们自己去寻找道路，去探索，去解决问题，不能由别的党充当老子党，去发号施令。我们反对人家对我们发号施令，我们也决不能对人家发号施令。这应该成为一条重要的原则。"①

其次，邓小平同志关于正确处理兄弟党关系的基本指导思想为我党在新的历史时期形成处理兄弟党关系上"独立自主、完全平等、互相尊重、互不干涉内部事务"的正确原则奠定了基础，并同这些原则一起得到了兄弟党的完全赞同和充分理解。因此，它对我们党进一步恢复、建立和发展同其他兄弟党和工人阶级政党之间更加广泛、更加紧密的友好合作关系，已经和将继续起到巨大的积极作用，也必将有利于国际共产主义运动和人类进步事业的兴旺发达。

邓小平指出："有些国际上的领土争端，可以先不谈主权问题，先进行共同开发。这样的问题，要从尊重现实出发，找条新的路子来解决。""有好多问题不能用老办法去解决，能否找个新办法？新问题就得用新办法解决。""要把世界局势稳定下来，脑子总要想些主意。"② 在新的历史时期和新的形势任务下，要寻找新的方法、新的措施和新的思路。

我国对外政策，在80年代、90年代，甚至到21世纪，主要是反对霸权主义、维护世界和平。我国永远属于第三世界，这就是我们对外政策的一个基础。我国的对外政策是独立自主的，是真正的不结盟。我国同任何国家没有结盟的关系，完全采取独立自主的政

① 《邓小平文选》第二卷，第319页。
② 《建设有中国特色的社会主义》（增订本），第39页。

策。我们需要和平，要在争取和平的前提下，我们一心一意地搞现代化建设，发展自己的国家，建设具有中国特色的社会主义。我国将长期实行对外开放政策，要在和平共处五项原则的基础上，同世界一切国家建立、发展外交关系，是我们党的战略任务。

其三，邓小平同志针对世界形势发展的趋势，提出了和平与发展是当代世界两大主题的新论断。他在《和平共处原则具有强大生命力》一文中作了精辟的论述。他说："国际上有两大问题非常突出，一个是和平问题，一个是南北问题。还有其他许多问题，但没有这两个问题带有全球性、战略性和关系全局的意义。""处理国与国之间的关系，和平共处五项原则是最好的方式。其他方式，如'大家庭'方式，'集团政治'方式，'势力范围'方式，都会带来矛盾，激化国际局势。总结国际关系的实践，最具有强大生命力的就是和平共处五项原则。"① 这就深刻说明，和平与发展两大主题，是我国制定对外政策，调整外交格局的理论基础，也是确定我们党对外国党际关系的行动准则。其目的就是为了创造一个一心一意地搞好建设有中国特色社会主义的一个良好的国际环境。使我们能聚精会神地搞好国内建设。

运用和平共处五项原则，是消除国际之间争端、维护世界和平的一个好办法。邓小平指出："从政治角度说，我可以明确地肯定地讲一个观点，中国现在是维护世界和平和稳定的力量，不是破坏力量。中国发展得越有力量，世界和平越靠得住。过去，在国际上有人认为中国是'好战'的。我讲的中国是中华人民共和国。对这个问题，不仅我，还有中国其他领导人，包括已故的毛泽东主席、周恩来总理都多次声明，中国最希望和平。中国在毛泽东主席和周恩来总理领导的时候，就强调反对超级大国的霸权主义，并认为霸权主义是战争的根源。因为我们讲的战争不是小打小闹，是世界战争。打世界大战别人没有资格，只有两个超级大国有资格，中国没有资

---

① 《建设有中国特色的社会主义》（增订本），第83～84页。

格，日本没有资格，欧洲也没有资格。所以，反对超级大国的霸权主义也就是维护世界和平。"① 我们中国给世界最大的奉献就是维护世界和平，我们要达到小康水平，那时中国对于世界和平和国际局势的稳定肯定会起比较显著的作用。

邓小平指出："再从经济角度来说。现在世界上真正大的问题，带全球性的战略问题，一个是和平问题，一个是经济问题。和平问题是东西问题，经济问题是南北问题。概括起来，就是东西南北四个字。南北问题是核心问题。"② 人民是要求和平、反对战争的。世界和平力量的增长将超过战争力量的增长。我们要高举维护世界和平的旗帜，奉行独立自主的对外政策，坚定地站在和平力量一边。全世界维护和平力量进一步发展，在建设有中国特色的社会主义进程中，我们需要有一个和平的国际环境，要努力创造和维护和平环境。经济建设是我们的大局，一切都要服从这个大局。要为维护世界和平做出自己的贡献。

（七）关于执政党建设道路的探索和新的发展。

在新的形势下，通过什么道路建设党，是直接关系到党的建设成败的一个大问题。在这个问题上，邓小平建党学说突破了毛泽东建党学说的原有框架，初步形成了一条不靠搞政治运动而靠改革开放和制度建设、法制建设、整党、整风、评议党员、干部经常性工作，对党实行综合治理的新路子。

第一，党的建设应当总结的历史经验和教训。

我们党长期以来，毛泽东建党学说在内容上强调着重从思想上建设党，同时在政治上、组织上、作风上建设党，不注重制度建设；在形式上主要依靠搞政治运动建设党。这样一条党的建设道路，在革命战争年代和建国初期，适应了当时实现党的政治任务的需要，取

① 《建设有中国特色的社会主义》（增订本），第94～95页。
② 《建设有中国特色的社会主义》（增订本），第96页。

得了好的效果。

　　但是，进入社会主义时期以后，由于党的中心任务应该转移到经济建设上来，与之相适应，党的建设也应探索新的道路。问题在于，党的中心任务未能转移到经济建设上来，而是长期坚持"以阶级斗争为纲"的指导思想。进而相信在建国以后利用政治运动解决党内存在的问题，相信群众运动的措施和办法能够卓有成效的解决党内存在的问题，认为"阶级斗争一抓就灵"！因而原有的党的建设道路模式仍然适应"以阶级斗争为纲"的需要。实践充分证明，在社会主义建设条件下，特别是要以提高生产力为核心进行现代化建设，这种党的建设道路，极不利于党的建设健康发展。相反，造成严重的消极后果和不良影响。给社会主义建设造成严重损失。

　　第二，探索与创造建设党的新路子。

　　在新的历史时期，社会主义的初级阶段，党的中心任务转移到社会主义现代化建设上来，党的建设应探索新的道路。以邓小平为核心的党中央第二代成熟领导集体深刻地总结了历史的经验与教训后，针对新的实践、新的思路，逐步形成了新时期社会主义初级阶段党的建设道路的基本指导思想，即在内容上，坚持思想建设、政治建设、组织建设、制度建设和作风建设并举，并以思想建设为基础，以制度与法制建设为核心使党的建设经常化、制度化和法制化；在形式上，不依靠搞政治运动而是靠改革开放、制度、法制建设和整党、整风、评议党员、干部经常性工作，并要紧密结合新的实际，遵循党的基本路线，坚持党要管党和从严治党的方针；加强和改进党的建设，努力提高党的执政水平和领导水平，使我们这个久经考验的马克思主义的党，在建设有中国特色社会主义的伟大事业中更好地发挥领导核心作用。这是一条以改革开放为杠杆，通过民主化、制度化、法制化和经常化，对党实行综合治理的从严治党、治国、治军的新路子。

　　这条新路子核心内容就是"解放思想，实事求是"，坚持继承与创新发展毛泽东建党学说，这是建设有中国特色社会主义邓小平建党学说理论的精髓，是保证我们党永葆蓬勃生机的法宝。这条新路子，继承和发展了邓小平在50~60年代已经初步提出的建立经常性工作实行综合治理从严治党的指导思想。

十一届三中全会以来，党的建设实践表明，新的历史时期执政党建设能否坚持走这条新路子，直接关系到党的建设的成败。十多年来，总的说，我们党已摆脱了靠政治运动建设党的老路子，对综合治理、党要管党、从严治党、惩治腐败也进行了积极的努力和新的探索。但是，在综合治理、党要管党、从严治党方面还比较薄弱，不够理想，主要是对思想建设、政治建设、组织建设、制度建设和作风建设之间的关系处理不当，存在着顾此失彼的现象；党的建设各方面工作失之过宽，惩治不严，距执政党地位的要求还有相当距离。这是十多年来党的建设存在的种种问题的一个重要原因。因此，把邓小平关于新时期执政党建设道路的基本指导思想充分挖掘出来，以指导党的建设实践，对加强和改善党的领导，具有十分重要的意义。

五、邓小平建党学说的科学思想理论体系
要在实践中不断丰富和发展

（一）学会运用邓小平的"体系观"来研究探讨当代中国的马克思主义建党学说。

学习和探讨毛泽东建党学说、邓小平建党学说要树立马克思主义的"体系观"具有重大历史和现实意义。毛泽东在一个半封建半殖民地的东方大国，创造了具有中国党气派和独特风格的建党理论，阐明了中国共产党建党理论的特点、原则和基本原理，形成了完备的毛泽东建党学说理论的科学思想体系。毛泽东建党学说是马克思列宁主义建党学说在中国条件下的运用和发展，是被中国共产党的建设实践证明了的正确科学的建设党的理论原则和经验总结，是中

国共产党建设的集体智慧的结晶。

我们党在以毛泽东为核心的党中央第一代成熟领导集体把马克思列宁主义建党学说和我们党的实际情况相结合，创造了毛泽东建党学说的科学理论体系，是马克思列宁主义政党学说在中国的运用和发展。使我们党沿着马克思主义的轨道成熟和发展起来。

伟大的革命实践，产生伟大的革命理论。我们党的建设，是毛泽东建党学说植根、成长和发展在中国大地上这个基础。毛泽东建党学说是毛泽东思想的一个重要组成部分。毛泽东建党学说的产生、形成和发展过程，同毛泽东思想产生、形成和发展过程是一致的。都是以中国革命历史为依据，以毛泽东思想为指导发展成熟的。毛泽东建党学说的基本特点、基本原理、基本原则，就是在我们党的长期艰苦奋斗中，逐步产生、积累、形成，不断发展和不断完善起来的。无产阶级政党的建设，有它自身的客观发展规律。马克思列宁主义、毛泽东思想和邓小平建设有中国特色社会主义理论关于党的学说，不仅论述了为什么要建设一个无产阶级政党的问题，而且论述了要建设一个什么样的政党的问题，怎样巩固和发展这个政党的问题。特别是如何保持党的无产阶级先锋队性质问题，以及如何实现党的伟大历史使命和要达到的最终目的等问题。这是一个严密而完整的科学的思想理论体系。

这个理论体系，随着党的建设实践不断丰富和发展。这个理论体系同党的命运和前途息息相关。这就要求我们运用马克思主义的建党学说的基本原理去研究、探讨、分析，去总结和概括建设无产阶级政党的新的经验，提出符合全面开创社会主义现代化建设的无产阶级政党的新的原理、原则和结论，以丰富和发展建党学说，把我们党建设成为真正是领导各族人民建设有中国特色的社会主义的坚强核心。这是中国共产党人神圣的光荣职责。

邓小平在《完整地准确地理解毛泽东思想》一文中指出："要用准确的完整的毛泽东思想来指导我们全党、全军和全国人民，把我们党的事业、社会主义的事业和国际共产主义运动的事业推向前进。

我说要用准确的完整的毛泽东思想作指导的意思是，要对毛泽东思想有一个完整的准确的认识，要善于学习、掌握和运用毛泽东思想的体系来指导我们各项工作。只有这样，才不至于割裂、歪曲毛泽东思想，损害毛泽东思想。"①

这就告诉我们，在观察、分析问题时，要有辩证唯物主义的观点，要遵守马克思主义活的灵魂是对具体问题进行具体分析，不能犯教条主义和经验主义错误。因此，我们要真正领会毛泽东思想的精神实质。就一个领域、一个方面的问题来说，要准确地完整地理解毛泽东思想，不能只从个别词句来理解毛泽东思想，而必须从毛泽东思想的整个体系去获得正确的理解。"四人帮"，特别是所谓理论家陈伯达、张春桥等人，歪曲、篡改毛泽东思想，他们引用毛泽东同志的某些片言只语来骗人、吓唬人。我们要真正地领会毛泽东思想及其实质。

邓小平在谈到关于领袖和群众的关系问题时指出："作为伟大的马克思主义者，毛泽东同志多次反对对他本人的一些不适当不科学的评价，经常教育我们正确理解人民与领导人或领袖的关系。毛泽东思想不是在个别的方面，而是在许多领域发展了马克思列宁主义。毛泽东思想是个体系，是发展了的马克思主义。所以我建议，除了做好毛泽东著作的整理出版工作之外，做理论工作的同志，要花相当多的功夫，从各个领域阐明毛泽东思想的体系。要用毛泽东思想的体系来教育我们的党，来引导我们前进。"② 这不仅为党的理论工作者指明了方向，也对我们如何学习、掌握和运用马克思主义去研究、探讨和观察分析问题，如何去掌握这个思想武器。邓小平在总结我们党内斗争的经验时强调指出："毛泽东思想是个思想体系。我和罗荣桓同志曾经同林彪作过斗争，批评他把毛泽东思想庸俗化，而不是把毛泽东思想当作体系来看待。我们要高举旗帜，就是要学习

①《邓小平文选》第二卷，第42页。
②《邓小平文选》第二卷，第43～44页。

和运用这个思想体系。"①

这就给我们共产党人指出了学会观察思考问题的方法。要在革命和建设的实践中把马克思列宁主义、毛泽东思想的基本原理、原则结合起来，既不能教条式地抓住只言片语，也不能生吞活剥的死搬硬套。因此，"我们坚持的和要当作行动指南的是马列主义、毛泽东思想的基本原理，或者说是由这些基本原理构成的科学体系。至于个别的论断，那末，无论马克思、列宁和毛泽东同志，都不免有这样那样的失误。但是这些都不属于马列主义、毛泽东思想的基本原理所构成的科学体系。"②这就是说，这里所讲的马克思列宁主义、毛泽东思想和邓小平建设有中国特色社会主义理论是由一系列科学的基本原理所构成的理论体系，是一个科学理论体系，并非是马克思主义经典作家所提出的各种各样观点的机械的总和。因此，需要从总体上把握马克思主义的精神实质，要把这个理论体系作为观察、分析问题的锐利武器。

邓小平在坚持继承和创新发展马克思主义关于"体系观"上有了新的发展和杰出贡献。他指出：我们要学会运用"体系观"来研究探讨分析问题。这在马克思主义发展史上，第一次明确指出，作为我们行动指南的这个科学的思想体系，乃是马克思列宁主义、毛泽东思想和邓小平建设有中国特色社会主义理论的基本原理构成的。对马克思主义的科学体系及其基本原理，既要准确理解，又要完整地理解，从而保证用实事求是的科学态度去贯彻执行。这样就使那些割裂马克思列宁主义、毛泽东思想和邓小平建设有中国特色社会主义理论的教条主义者无所售其奸，是防止把拥有巨大声望的领导人的个别言论当作法旨，从而形成个人崇拜，终至窒息马克思主义生机的有效思想武器。

把马克思主义作为一个体系来看待，经典作家早就提出过。列

---

① 《邓小平文选》第二卷，第39页。
② 《邓小平文选》第二卷，第171页。

宁在《卡尔·马克思》一文中就讲道："马克思主义是马克思的观点和学说的体系。"①马克思本人对拿着马克思主义现成结论作套语，到处贴标签，以为就完成了伟大的事业，是十分不满的，并引用法国诗人海涅的话说："我播下的是龙种，而收获的却是跳蚤。"声明自己不是这样的"马克思主义者"。他的讲话是多么深刻而有意义。

思想、理论、观点是指导实践的，是为共产主义创造条件的，不是教条也不是圣经，而是行动的指南。恩格斯指出，马克思的理论不是教条，而是方法，应当用来作为研究问题的指南和引线，而不能当作套语，哲学家们只是用不同的方式解释世界，而问题在于改造世界。马克思指出："人的思维是否具有客观的真理性，这并不是一个理论的问题，而是一个实践的问题。人应该在实践中证明自己思维的真理性，即自己思维的现实性和力量，亦即自己思维的此岸性。关于离开实践的思维是否具有现实性的争论，是一个纯粹经院哲学的问题。"②

这就要求我们每一个党员、一个干部特别是领导干部运用"体系观"就要脚踏实地，勇于实践，要从实际出发，要解放思想、实事求是，坚持实践是检验真理的唯一标准，绝对不能从原理、原则出发，脱离实际搞教条主义、经验主义，要从中学习方法，树立正确的观点。

列宁运用马克思主义科学思想理论体系，提供的基本原理、原则作为行动指南,他准确地分析了帝国主义和无产阶级革命的时代，尤其是当时俄国的新情况、新条件，极大地发展了马克思主义的无产阶级革命和建设的理论。无产阶级革命可以首先在一国获得胜利，有可能在帝国主义链条最薄弱的地方突破。在这个思想理论原则的指导下，俄国革命胜利了。列宁说："因为具体的社会政治形势改变了，最近的直接行动任务也有过极大的改变，因此，马克思主义这

①《马克思恩格斯选集》第1卷，第5页。
②《马克思恩格斯选集》第1卷，第16页。

一活的学说的各个不同方面也就不能不分别提到首要地位。"① 还特别指出："俄国马克思主义者没有现成的经验，并且认为不能臆造出资产阶级的运动，因此自然不可能在革命开始以前提出正确的土地纲领。但是，他们是犯了一种错误，就是在革命开始以后没有把马克思的理论运用到俄国的特殊情况（马克思和恩格斯曾经常教导我们说，我们的理论不是教条，而是行动的指南），却毫无批判地重复别人在不同条件下、在另一个时代运用马克思的理论所得出的结论。"对此，斯大林讲的更为深刻，他说："列宁的伟大，正在于他没有做马克思主义字句的俘虏，而善于抓住马克思主义的实质，并从这个实质出发，向前发展了马克思和恩格斯的学说。"② 还特别强调："要善于区别马克思主义的字句和实质，区别马克思主义的个别原理和方法。列宁所以能够发现社会主义在一个国家内胜利的真理，因为他认为马克思主义不是教条而是行动的指南，他没有做字句的奴隶，他善于抓住马克思主义中主要的、基本的东西。"③

由此可见，马克思列宁主义、毛泽东思想和邓小平建设有中国特色社会主义理论就其本质来说，不是静止的、封闭的、不变的，而是开放的、发展的、创造性的。当今世界是开放改革不断创新的世界，闭关自守，闭门造车是不行的。要了解世界上一切重要的新发展，新知识，新的科学领域，同我国的改革开放有机联系起来，把新的社会主义现代化，建设有中国特色的社会主义同发展马克思列宁主义、毛泽东思想联系起来，同党的学说、党的建设、党的领导、以及理论实践联系起来。只有这样吸收人类社会的先进经验，新的科学创造武装党，加强党的自身建设，使党站得高、看得远，随着时代的变化，不断向更高的阶段发展。

这就告诉我们：学习探讨和研究毛泽东建党学说要树立马克思

---

① 《列宁选集》第 2 卷，第 398 页。
② 《斯大林全集》第 8 卷，第 222 页。
③ 《斯大林全集》第 8 卷，第 272～273 页。

主义的"体系观",具有深远影响和重大历史和现实意义。一个政党、一个组织、一个共产主义者、马克思主义者、一个理论工作者,只有树立了马克思主义的"体系观",才能保证我们的指导思想正确,保证我们有一条正确 的思想路线和科学态度。

当然,也有的像毛泽东指出的"小脚女人"对树立"体系观"不感兴趣,说什么,现在讲理论体系为时过早,头疼治头,脚疼治脚,鼠目寸光,使党的建设事业不能迈步前进。只有树立马克思主义的"体系观"才能高瞻远瞩,头脑清醒,眼睛雪亮。在这个问题上,邓小平不仅是积极的倡导者、组织者,而且是给我们树立了光辉的榜样。在理论"体系观"方面针对当代实际情况和新的实践基础上指明了前进的发展方向,给了我们进行理论探讨进行科学研究的一把金钥匙,使我们不断开拓理论的新领域,科学研究的新方向做出更大的贡献。

(二)建立健全具有中国特色的党的建设科学思想理论体系。

国民教育是党的建设科学理论知识体系的基础,也是我们进行党的建设教育的基础。邓小平同志早在 1983 年 9 月提出了"教育要面向现代化、面向世界、面向未来"的战略方向,实现这三个面向的关键是教育,教育的核心和关键是培养造就一代合格的干部和接班人。造就千百万的学科带头人,使我们的国家沿着正确的航向发展。邓小平在 1977 年 5 月 24 日就明确指出:"我们要实现现代化,关键是科学技术要上去。发展科学技术,不抓教育不行。"教育是基础,是重要的基石,是开花结果的大地和土壤。邓小平同志强调指出:"从小学抓起,一直到中学、大学,从现在开始做起,五年小见成效,十年中见成效,十五年二十年大见成效。"同年他还强调指出:"要抓一批重点大学,重点大学既是办教育的中心,又是办科研的中心。高等学校的科研工作应纳入国家规划。要逐步培养研究生,一面学习,一面参加研究工作。十五年或更多一些时间,至少要培养一百万合格的科学研究人员。"所以,邓小平说,我知道科学、教育是难搞的，但是我自告奋勇来抓。不抓科学教育，四化就没有希望，就成为一句空话。这样就使我们的教育事业在新的历史时期出现了新的局面。最大限度地调动了教育工作者、科学工作者的积极性和创造性。

邓小平指出："我国科学研究的希望，在于它的队伍有来源。科研是靠教育输送人才的，一定要把教育办好。我们要把从事教育工作的与从事科研工作的放到同等重要的地位，使他们受到同样的尊重，同样的重视。"① 无论是从事科研工作的，从事科学技术的，还是从事教育工作的，都是劳动者、都是创造者。我们常讲脑力劳动、体力劳动，科研教育工作，科学技术工作，都是脑力劳动，脑力劳动也是劳动嘛？要把脑力劳动与体力劳动结合起来是完全对的，既不能分离也不能绝对化。他指出，要实现社会主义现代化，关键是科学技术要上去。科学技术是第一生产力，发展科学技术，不抓教育不行。靠空讲不能实现现代化，必须有知识，有人才。没有知识，没有人才，怎么上得去？科学技术这么落后怎么行？要承认落后，承认落后就有希望了。"现在看来，同发达国家相比，我们的科学技术和教育整整落后了 20 年。科研人员美国有 120 万，苏联 90 万，我们只有 20 多万，还包括老弱病残，真正顶用的不很多。日本人从明治维新就开始注意科技，注意教育，花了很大力量。明治维新是新兴资产阶级干的现代化，我们是无产阶级，应该也可能干得比他们好。"② 因此，向全党提出要尊重知识，尊重人才的伟大号召。还要求我们党和国家要从科技系统中挑选出成千上万的尖子人才，给他们创造条件，让他们专心致志地做研究工作。一定要在党内造成一种空气：尊重知识，尊重人才，要坚决反对不尊重知识分子的错误思想。

革命的根本问题是国家政权问题，党的领导的关键和核心是干

---

① 《邓小平文选》第二卷，第 50 页。
② 《邓小平文选》第二卷，第 40 页。

部问题，要抓住这一根本环节，我们党的事业就会兴旺发达。为此，要使党的干部特别是领导干部要建立具有中国特色的党的建设的科学思想理论体系。这不仅是毛泽东建党学说的一个重要组成部分，而且是邓小平建党学说的一大贡献。具有了这种知识体系，就能够全面地准确地理解邓小平建党学说的精神实质。就是说要研究有中国特色的毛泽东和邓小平建党学说，不仅仅有基础知识，而且要有专业知识。一方面要认识专业知识体系的作用和意义，另一方面要努力学习掌握这个专业知识体系去工作，去实践。去依据马克思主义的理论指导贯彻执行。这是干部的基本功，也是做好工作的基础。

那么，什么是专业知识体系？什么是具有中国特色的党的建设的科学思想理论体系呢？所谓党的建设专业知识体系——它是由许多彼此相互独立又相互联系的党的建设基本原理、原则、规律、定义、定论所构成的一个系统的有机整体。而这些党的建设的基本原理、原则、定理、定义、规律、范畴等又是由一定的数量的知识单元组合而成的。例如马克思、恩格斯论党的建设的基本原理、原则和基本知识；列宁、斯大林论党的建设的基本原理、原则和基本知识；毛泽东、邓小平等论党的建设的基本原理、原则和基本知识，等等。他们之间的理论和原则都是相通的。都有理论的渊源和根基。因此，对党的建设的知识单元达不到一定数量，就难以形成一个党的建设的知识体系。如果由一定的数量，又达到一定的质量，对党的建设知识领域既广又深，自然而然的形成了一个专业知识理论科学体系，成为这一方面的专业工作者。这就是专业知识体系。

我们要建立健全具有中国特色的党的建设的科学理论思想体系。要把它的研究探讨对象、理论体系和专业结构确立起来，我们要自觉地、有计划地形成和发展一个比较完整的专业知识体系，这是我国在邓小平同志建党学说的一项开拓性的科学研究的任务。我们的任务，就是要建设中国党的建设特色，具有毛泽东、邓小平建党学说特色的专业，具有毛泽东、邓小平建党学说理论领域的深度和广度，具有毛泽东、邓小平建党学说的理论特征。在这个基础上，这个科学领域邓小平同志是开拓者、创新者，而且应当有新思想、新思路、新观点、新的理论概括，用新的语言表达出来，具有90年代和21世纪特色的邓小平建党学说的理论水平，这是中国共产党建设的理论工作者的光荣职责。

具有中国特色的党的建设的科学理论思想体系的形成和发展，特别是具有建设有中国特色的邓小平建党学说的理论体系的形成和发展，有个过程，首要问题是要把它的研究对象、基本内容和范围，以及它的理论科学思想体系建立健全起来，在实践中得到丰富和发展。根据多年的教学与科研实践做了一系列探讨和研究，党的建设理论、原理、原则，特别是邓小平建党学说的理论、原理、原则有了较深层次研究。邓小平建党学说已成为马克思列宁主义、毛泽东思想建党学说中一个重要组成部分，是无产阶级政党建设的理论武器，是马克思主义科学理论的重要组成部分，它阐述了中国工人阶级政党——中国共产党产生、发展和自身建设的客观规律，中国共产党领导人民夺取政权、巩固政权和运用政权的客观规律，中国共产党的活动同我国的政治、经济、文化、科学技术、军事、国防、体育、卫生等等活动相互关系的客观规律。有了马克思列宁主义同中国工人运动相结合，有了马克思列宁主义建党理论的指导，就有了具有中国特色的毛泽东、邓小平建党学说。

总之，毛泽东、邓小平建党学说同整个马克思列宁主义、毛泽东思想理论科学体系一样，不是教条，而是行动的指南。它要在实践中，要在同各种反马克思主义建党学说作斗争中，经受检验，得到丰富和发展。

基于这个认识，毛泽东、邓小平建党学说的基本内容或者说专业结构，主要是马克思列宁主义、毛泽东思想和邓小平建设有中国特色社会主义理论关于建党学说的代表著作，毛泽东、邓小平建党学说的基本原理、原则，毛泽东、邓小平建党学说在无产阶级解放事业中的地位、作用以及党的历史使命等等基本问题组成。这就是说，要使党的领导者、党建理论工作者、党的工作者，应当自觉地、有计划有步骤地通过学习毛泽东、邓小平建党学说和其他多种领域或渠道，形成一个比较完整的具有中国特色的党的建设科学思想理论体系，尽快使自己的党建理论知识系统化和专业化，为建设有中国特色的社会主义伟大事业服务。

（三）学习研究探讨邓小平建党学说要把通晓两大科学领域专业知识思想理论体系放在重要地位具有重大意义。

邓小平建党学说是以马克思列宁主义、毛泽东思想和邓小平建设有中国特色社会主义理论为指导，以党的学说的基本原理、原则为基础的党性、实践性、综合性的科学。党的干部特别是领导干部要尽快地自觉地把邓小平建党学说的知识结构、专业结构的根基打好，是做好党的工作的必要条件。要想学好邓小平建党学说，首先要把培养通晓两个科学领域知识的人才放到重要位置上具有重大的意义。

当今世界科学现代化的发展，科学技术的更新，电子、信息促使社会的发展和进步，经济、政治、科学文化的迅猛发展，特别是科学技术的发展，就要求党政工作者，要看到现代的自然科学和社会科学的交叉融合，已成为时代的大趋势。这种趋势是不以人们的意志为转移的。社会主义现代化的需要，就要大力培养造就一代、一层、一大批的通晓两大科学领域的知识的领导人才和领导干部。这就是说，要在高度分化基础上的高度综合，是当代科学技术发展的一个基本特征。特别是在不同学科之间的综合化、整体化、科学化、专业化、规范化的过程中，都突出表现出它的多学科性、跨学科性的特点。在研究、探讨方式上，具有特殊的意义。

在我们党的正确领导下，必须采取各种途径和方法，建立发展自然科学和社会科学工作者的科学联盟。因为在现代化建设的进程中，有许许多多的问题，特别是像毛泽东、邓小平建党学说这样一门学科，这是一个党的建设综合性、社会科学的尖端性和党性的知识结构体系，要靠自然科学和社会科学工作者共同携手解决。这是必然趋势，也是社会的客观需要。都要了解当代经济建设和社会发展中不断出现的新形势、新情况、新问题，只有把理论同当代革命、建设的实践紧密结合起来，和飞速发展的当代经济建设结合起来，才能求得自然科学、社会科学本身的丰富和发展，才能适应邓小平建党学说的革命与建设的需要。中国共产党的领导所以卓有成效，正是邓小平建党学说在实际上的生动体现，否则党的领导光荣、正确、伟大就成为空话。

　　一个干部特别是领导干部，不仅要通晓领导规律，党的建设规律，还要通晓自然与社会科学。如果自然科学基础知识缺乏，头脑往往缺乏数据化，掌握经济的规律性和客观性就比较薄弱，就不会善于进行定量分析、定性分析，就难免造成领导经济工作的失误。这就要求我们的干部的知识体系、专业知识体系要宽一些，天文、地理，文史哲、自然科学、社会科学都要学一点，多懂一点。就是有文凭的人，知识结构上也有这样那样的缺陷和不足，全才的人不能说绝对没有，但少得很，只能是某一个方面的专家。在实际生活中，有的有文凭，没有水平，有的有水平，但没有文凭；有的有拍板的权力，但没有拍板的能力，常常坏事、误事。在实际生活中，要解放思想、实事求是，要进行实际的、具体的分析，才得出恰如其分的适合客观实际的科学结论。因此，我们在思想上要明确，知识的系统化是专业化的基础，而邓小平建党学说是干部、特别是领导干部的必修专业的基础知识。

　　我们所讲的专业知识系统化，就是说在学习、研究、探讨邓小平建党学说时，要深入到党的领导领域中，成为研究邓小平建党学说的专门家和理论工作者。就必须下苦功夫深入而广泛的既加深、又加宽邓小平建党学说这一门专业知识，形成一个知识理论思想体系，具有"专而深"的学科领域。对这个学科有造诣，有学识，有独到见解，有真才实学，有所创造，有所突破，有所前进，有所贡献。因此，我们学习研究探讨邓小平建党学说，不仅要向书本学习、向马克思、恩格斯、列宁、斯大林、毛泽东、邓小平经典作家请教，扩大知识领域，更重要的是向社会学习、向实践学习，学会调查研究，学会社会分析，善于把丰富的感性知识，提升到理论的高度去总结，去研究探索，只要精心耕耘是会有收获的，会在马克思列宁主义、毛泽东思想和邓小平建设有中国特色社会主义理论的指导下，在邓小平建党学说领域中发挥巨大的作用。

邓小平建党学说所以正确，所以充满生机活力，其根本原因它是一门科学，而这门科学不仅是以马克思列宁主义、毛泽东思想和邓小平建设有中国特色社会主义理论为基础的，而且是当代中国的马克思主义建党学说。就是我们所说的它是一门崭新的党性、阶级性科学，是一门实践性、应用性、综合性科学。是因为邓小平建党学说作为一门学说、一门独立的学科还是当代的事，尤其在 10 多年改革开放以来把这门学科推向了一个崭新的发展阶段。

邓小平建党学说的基本原理、原则和方法也是随着时代的发展不断丰富和发展，不断创新。例如：在新的历史时期、在改革开放的条件下，如何加强党的建设问题；关于在社会主义市场经济的条件下，如何加强党的建设；关于社会主义市场经济问题，马克思、恩格斯没有讲过，列宁讲的不多，斯大林有本《社会主义经济问题》有不少观点已被历史证明是错误的。毛泽东的《论十大关系》、《关于正确处理人民内部矛盾的问题》具有深远影响，这已被历史证明。

邓小平同志在论社会主义经济发展问题上有重大贡献。特别是在社会主义市场经济问题上有突破、创新和发展。他以马克思主义为指导，坚持解放思想、实事求是的马克思主义的思想路线作为一条红线论述阐明社会主义市场经济问题，把我国的经济建设推向一个新的历史阶段。

邓小平比较全面论述了社会主义市场经济问题的理论。他指出，市场经济只限于资本主义社会、资本主义的市场经济，肯定是不正确的。社会主义为什么不可以搞市场经济？这个不能说是资本主义。我们是计划经济为主，也结合市场经济；市场经济，在封建社会时期就有了萌芽。社会主义也可以搞市场经济。社会主义的市场经济方法上基本上和资本主义社会相似，但也有不同。这是全民所有制之间的关系，当然也有同集体所有制之间的关系，也有同外国资本主义的关系。但是归根到底是社会主义的，是社会主义国家；要大力发展社会主义商品经济。要把计划经济与市场经济结合起来，就能进一步解放生产力，加速生产力的发展，社会主义商品经济同资本主义商品经济的本质区别，在于所有制基础不同。社会主义商品经济的发展离不开市场的发展和完善，利用市场调节决不等于搞资本主义；我们要继续坚持计划经济与市场调节相结合，在调整时期，我们可以加强或者多一点计划性，而在另一个时候多一点市场调节，搞得灵活一些；他要求我们必须从理论上要搞懂，资本主义与社会主义的区别不是计划、市场这样的内容。社会主义也有市场调节，资本主义也有计划控制，不要以为搞点市场经济就是资本主义道路，没那回事；计划多一点还是市场多一点，不是社会主义与资本主义的本质区别。计划经济不等于社会主义，资本主义也有计划；市场经济不等于资本主义，社会主义也有市场。计划和市场都是经济手段，等等。

邓小平同志在论述社会主义市场经济体制问题的方针、原则、指导思想、理论观点，在市场经济和社会主义的关系问题上，他的思路是一贯的。在这些基本理论问题上，形成了一套新的思路、新的思想观点，以促进建设有中国特色的社会主义经济基础不断向纵深方向发展，走向一个新的发展阶段。

邓小平同志依据马克思列宁主义、毛泽东思想的基本原理，分析中国社会主义现代化建设实践和建设有中国特色的社会主义需要，进行调查研究，正确解决在新的情况下出现的新问题，新思路，进行新的理论概括和说明，使邓小平建党学说适应社会的需要，适应党的领导的需要。就是说，不仅要根据历史发展的实际需要，而且根据党的领导活动规律、指导原则，不断加强党的建设，改善党的领导，促进党的健康发展，充分发挥党的领导核心作用，还要在新的历史条件下，不断丰富和发展邓小平建党学说的理论、原则和新的建设方法，这不仅是我们党历史经验的总结，而且是党性的具体体现。

中国共产党具有丰富的建设党的经验。我们党从它诞生以来，经过国共合作、北伐战争、土地革命战争、抗日战争、解放战争，建立中华人民共和国，进行社会主义革命和社会主义建设；经过10年动乱的"文化大革命"，以及全面开创社会主义现代化建设的新时期，10多年的改革开放，我们党积累了建设党的丰富经验。中国革命道路是曲折的、艰巨复杂的，在国际共产主义运动史上也是罕见的。70多年来，在中国革命和建设的进程中，形成了一整套毛泽东、邓小平建党学说的经验、建设方法、建设艺术，等等，使其系统化、理论化、规范化、科学化和法制化，形成了一门独立的学科。因此，邓小平建党学说是一个非常重要的一门党性、综合性、应用性很强的科学；是社会科学中尖端科学的基础科学；是当代的马克思主义建党学说。

我们的任务，就是要研究、探讨、论述、阐明邓小平建党学说的正确性、科学性。要总结邓小平建党学说的基本经验，把邓小平建党学说的基本原理、原则和科学的建设方法，放在一定的历史条件下去研究，考察它们发展变化的客观条件，内部次序结构及其规律性。从而坚持和加强党的自身建设，保持党的先锋队性质，实现党的奋斗目标，完成党的历史使命。

通晓和掌握邓小平建党学说，对干部、对党、对国际共产主义运动具有重要意义。根据党和革命建设的需要，在新的历史时期的条件下，我们不仅要培养和造就一代思想解放，实事求是，秉公办事，公道正派，"两袖清风，一身正气"、刚直不阿、坦率耿直，不随波逐流、不虚伪两面、头脑清醒、独立思考、远见卓识的合格领导者。还要使他们能够通晓和掌握邓小平建党学说，做一个不为名，不为利的马克思主义政治家。使他们能够担负着开创社会主义现代化建设的历史任务。因此，我们迫切需要用邓小平建党学说的理论武装他们，使他们卓有成效地加强党的建设。

实践证明：邓小平建党学说是党的干部，特别是领导干部的必修课程、最好的专业学。因此，通晓和掌握邓小平建党学说的科学思想理论体系，具有重大的意义。

（四）邓小平建党学说科学的思想理论体系的实质和基本指导原则。

邓小平建党学说科学思想理论体系的实质是毛泽东建党学说的继承和发展。它揭示了无产阶级政党主要是无产阶级执政党建设的客观规律，特别是新的历史时期执政党建设的基本规律，是指导新时期执政党建设的强大思想武器，也是在改革开放的大潮中建设有中国特色的社会主义理论的重要组成部分，我们称之为当代马克思主义建党学说、理论、原则和基本指导思想。

具有当代特色的马克思主义建党学说科学理论思想体系的基本原则，包含三个层次：新的历史时期在改革开放的大潮中必须保持清醒的头脑和坚定正确的政治方向。坚持和改善党的领导，在坚持中改善，在改善的进程中坚持，从根本上说，没有中国共产党的坚强领导，就没有现代中国的一切。这是首要的最根本、最重要、最关键的问题；一定要坚持把我们党建设成为马克思列宁主义、毛泽东思想和邓小平建设有中国特色社会主义理论武装的更加坚强的中国工人阶级的先锋队。这样的先锋队，必须在理论上更加成熟，思想上更加统一，政治上更加坚强，内部更加团结，同群众的关系更加亲密，是领导全国各族人民建设有中国特色的社会主义的坚强核心；坚持四项基本原则的核心是坚持中国共产党的领导，也是实现有中国特色的社会主义的根本保证。这三个方面的基本内容，比较完整地、系统地、科学地回答了新的历史时期执政党建设所面临的基本问题和最根本的指导思想。

从根本上说，为什么没有中国共产党的领导，就没有现代中国的一切。这是条划时代的客观真理。建设有中国特色的社会主义事业，只能由中国共产党领导，这是中国历史发展的必然结果。我国进入新的历史时期，搞现代化仍然需要党的领导，这本来不是一个问题。但是，当我们党开始纠正自己长期以来所犯的"左"的错误，包括"文化大革命"那样严重的错误的时候，社会上出现了一股否定党的领导的资产阶级自由化思潮。这股思潮借口党犯了错误，来妄图否定党对社会主义现代化事业的领导地位和作用，妄图否定毛泽东思想、毛泽东建党学说及毛泽东同志的历史地位和作用。党内一些同志对此也认识不清，对党的领导、毛泽东思想及毛泽东同志的领导地位和作用发生了怀疑和动摇。

同时，在党内还存在着固守我们党所犯的"左"的错误，即"凡是"观点，以僵化的、教条的看待党的领导地位和作用的错误倾向。显然，这两种错误倾向都直接动摇着新的历史时期党的领导的地位和作用。如果坚持党的领导地位和作用没有必要，那么党的建设就毫无意义；如果党固守"左"的错误，以僵化不变的观点对待过去所形成的关于党的领导的一整套东西，党也同样会丧失对社会主义现代化事业的领导。因此，能否科学地回答新时期执政党的领导地位和作用问题，既成为党的建设面临的首要根本问题，也成为解决执政党建设的基本问题的前提条件。

正是在这个紧要关头一些重大理论原则问题上，在以邓小平为核心的党中央第二代成熟领导集体的指引下，邓小平建党学说、建党理论给予了科学的回答。他不仅以无产阶级政治家大无畏的革命精神恢复、坚持和发展了毛泽东建党学说，而且是毛泽东思想、毛泽东建党学说的忠实继承人和坚定的捍卫者。邓小平同志作为毛泽东的同时代的革命者，作为毛泽东思想、毛泽东建党学说集体智慧的创造者之一，深谙毛泽东思想、毛泽东建党学说对中国革命、社会主义革命与社会主义建设的巨大影响。他用实际行动捍卫和坚持了毛泽东思想、毛泽东建党学说的本来面貌，为准确地运用和发展毛泽东思想、毛泽东建党学说，形成了具有邓小平建党学说的科学思想理论体系，开辟了一个崭新的学科领域。

要高举毛泽东思想的旗帜，把恢复和发展毛泽东建党学说紧密地结合起来。邓小平指出："把毛泽东同志的建党学说和党的一整套作风恢复起来，发扬起来"。[1] 邓小平同志在恢复、坚持和创新发展毛泽东思想、毛泽东建党学说的同时，也恢复、坚持和创新发展了毛泽东建党学说，形成邓小平建党学说。

　　邓小平建党学说包含着十分丰富的内容。这些内容涉及到执政党建设的各个方面，从它的基本内容、特点和杰出贡献，体现了邓小平建党学说科学思想理论体系的形成和发展。邓小平建党学说的科学理论体系，并不是离开马克思列宁主义、毛泽东思想科学体系另立什么科学理论思想体系。由于邓小平建党学说等理论思想体系是马克思列宁主义、毛泽东思想关于党的学说的继承创新和发展。所以，它是随着马克思列宁主义、毛泽东思想关于党的学说的不断发展而发展，它的科学体系，也将随着马克思列宁主义、毛泽东思想关于党的学说的科学体系的形成而形成，发展而发展。因此，所谓邓小平建党学说科学理论思想体系，实际上就是指经过中国革命和建设的实践检验，历史证明是符合实际的建党学说、理论、原则的总和。以邓小平为核心的党中央第二代成熟领导集体，充分认识了在新的历史时期党的建设的客观规律，并且依靠和运用这个规律去建设我们的党，形成了邓小平建党学说的科学体系。这个科学体系包括的这些基本原理、基本原则和基本观点，是从党的建设活动的客观实践中总结出来的，又在党的建设客观实践中，得到能够正确反映现实建设规律的科学真理。

　　我们说的邓小平建党学说科学思想理论体系，是一个完整的正确的科学的思想体系。它的各个组成部分，以及各个原理之间是相互联系的、统一的有机整体，不是互相矛盾的、排斥的。每个组成部分的原理都是在一定的历史条件下，在党的建设活动中，针对一定的实际情况提出来的，特别是针对改革开放和建设有中国特色社会主义的需要而产生的。这种思想、理论、观点、原则并在实践中

---

[1] 《邓小平文选》第二卷，第46页。

不断发展，不断丰富，不断完善。当然，每一个科学原理、原则不是僵化的、一成不变的，恰恰相反，是在党的建设中不断形成，不断提高，不断完善，又同时产生新的原理原则，进行新的科学理论创造和概括,这样就使党的建设这门科学理论体系的内容不断丰富，不断向前发展。

　　邓小平建党学说科学思想理论体系，比较完整地科学地回答了在新的历史时期、社会主义初级阶段和改革开放的条件下，执政党建设面临着的一系列基本问题、基本指导思想、奋斗目标、基本路线和基本的方针、政策，形成了新时期执政党建设理论思想体系的主体和核心。这个理论思想体系，第一次比较系统全面地回答了在中国这样一个经济文化比较落后的国家如何加强和改善党的领导，如何把党建设成为建设有中国特色社会主义的坚强领导核心等等一系列基本问题，用新的思路、新的理论、新的观点，坚持继承和创新发展了马克思列宁主义、毛泽东思想关于党的学说，为党的建设指明了前进的方向。

（五）党的学说是一个多层次的科学思想理论体系。

　　马克思列宁主义、毛泽东思想和邓小平建设有中国特色社会主义理论的建党学说，它研究的对象，是工人阶级政党产生、发展（包括消亡）和党的自身建设的客观规律；是研究工人阶级政党领导人民夺取政权、巩固政权和运用政权的客观规律；是研究工人阶级政党的活动同社会政治、经济、文化、思想等活动相互关系的客观规律以及阶级、政党、领袖之间的相互关系，等等。是一个多学科的综合性的全方位的系统工程，它涉及政治、经济、文化、思想、教育、党派、社团、军事、科技诸方面的各个领域，包括着阶级斗争、政治斗争、党派斗争、民族斗争、党内斗争、党外斗争以及国际共产主义运动内部斗争。

　　同时，还和种种敌对势力、反动派的斗争，以及国际形形色色的资本主义、帝国主义、民族主义、沙文主义等等的斗争。它是一门阶级性、党性很强的学科。因此，我们在研究、探讨马克思主义建党学说的基本线索，不应只是以党的领袖人物的思想、理论、观点、功绩、成功和失败为主线，阐明阶级、政党、领袖之间的关系，以阶级斗争、夺取政权斗争、巩固政权斗争、党内矛盾、党外矛盾和斗争为核心的单线循环，而应有它自身的发展的客观规律和客观依据。要揭示它的科学内涵和本质属性。

党的学说是一个多层次的科学思想理论体系，伟大的实践产生伟大的理论，飞跃发展着的实践经验是我们党的指导思想、党的建设学科理论体系依赖和生存发展的社会基础，在这块土壤之中产生形成和发展着具有中国共产党特色的党的建设学科思想理论体系。马克思主义的建党学说，是无产阶级政党建设的理论武器，是马克思主义的重要组成部分。它是研究探讨和论述无产阶级政党产生形成和发展及自身建设的客观规律，阐明共产党领导人民夺取政权、巩固政权、运用政权和建设社会主义的客观规律。马克思主义建党学说同整个马克思主义理论一样，它要在实践中，在同各种反马克思主义学说作斗争中，经受检验，得到丰富和发展。

党的建设学科是一个立体型多层次的建设党的科学思想理论体系。所谓科学思想理论体系，是指具有内在联系的各个具体理论相互依存、相互制约的有机整体、每个相对独立的理论之间有着紧密的内在逻辑联系，构成一个有机的系统。党的科学理论体系，贯彻解放思想、实事求是为红线的思想路线，围绕着建设一个什么样的党？怎样建设党？如何实现坚持党的领导、改善党的领导的一系列基本问题，在党的性质、指导思想、纲领、路线、方针、政策等等重大问题上，形成了一系列的相互联系的基本观点、基本原理、原则和方法，构成了这一科学思想理论体系。

这一科学思想理论体系，从思维方式上，党的建设有三个显著的特征：其一，根植于党的建设实践和实事的结果；其二，观点具有科学理性，即客观的规律性；其三，理论的逻辑性与现实的历史的相一致，即继承与创新。整个理论体系体现了系统的整体性、结构性、层次性、继承性、发展性的特点。它主要包括党的建设论，党的基本原理、原则论，党的实践活动论，党的使命论以及实现党的使命的形式、方法和途径论。它是一个"五论"统一的有机整体。它反映着中国工人阶级政党——中国共产党产生、形成、发展和自身建设的客观规律，体现着中国共产党领导全国各族人民夺取政权，巩固政权和运用政权建设有中国特色社会主义的客观规律以及党的实践活动同我国社会政治、经济、思想、文化等活动相互关系相互制约的客观规律。它的基本内容和本质内涵有五个方面的层次：

党的建设论——毛泽东、邓小平建党学说科学思想理论体系，是无产阶级政党建设的思想武器，是马列主义、毛泽东思想和邓小平建设有中国特色社会主义理论的重要组成部分。它是研究、探讨和阐明中国工人阶级政党——中国共产党产生、形成、发展和自身建设的客观规律；论证中国人民在党的领导下，经过长期艰苦的卓绝斗争和曲折复杂的道路，在中国这块大地上怎样夺取、建设全国政权；怎样建立了以工人阶级领导（通过中国共产党），以工农联盟为基础的人民民主专政的社会主义国家；怎样巩固、发展国家政权，运用政权和建设有中国特色的社会主义等。这都是党的建设学科理论体系研究探讨的对象。

第一个层次是最高层次，包括党和国家最高决策机关和最高决策层。因为中国共产党是中国的执政党。党的领导要通过执政来体现的。按照宪法的规定，我国各级政权组织，包括人大、政府、司法机关和检察机关都必须接受党的领导。凡属路线方针政策的重大问题，都要经过政治协商和党中央的讨论，然后分层次、部门贯彻执行。特别是在国家机构中任职的党员，应当执行党的决议，接受党的监督。

党的自身建设和理论指导对我国的政治、经济、思想文化等的发展变化有着重大的影响和推动作用。因此，党的建设是其他建设的基础。把党的建设搞好了，其他建设也就会稳定、协调发展。党的建设特别是执政党的建设，对国家的兴衰存亡关系极大，这是国际共产主义运动中反复证明了的一条真理，也是党的建设与国家建设活动相互关系的客观规律的反映，在我国有了马克思主义同中国工人运动相结合，有了马克思主义的建党理论的指导，才有我们党的壮大巩固和发展。

毛泽东、邓小平建党学说理论体系要解决的是中国共产党建设的重大原则理论问题。它有自己的研究对象、特征和方法，有自己的特殊规律与学科范畴、理论原则和学科概念。有自身完整的党的建设的理论体系。在马克思主义理论指导下，在社会实践中，在执政的进程中不断发展完善以便适应党的建设客观要求。

第一个层次的核心是党的领导问题。斗争的关键是政权问题，执政党的领导，丧失了政权就会失掉一切。首要问题必须有党的坚强领导，即党的政治、思想和组织领导。政治领导即正确的路线方针政策和政治方向的领导；思想领导即有一条解放思想、实事求是的思想路线和世界观方法论作指导；组织领导即坚持党管干部、民主集中制的原则，向国家机关推荐合格的领导干部和国家领导人。党的政治、思想和组织领导是有机结合统一不可分的整体。思想领导是政治、组织领导的前提和基础，组织领导是政治思想的重要保证，要善于把三者很好地统一起来。要在各个领域中坚持正确的政治方向，充分发挥党的各条战线的领导作用，这是我们建设有中国特色的社会主义的根本保证。

在第一个层次中要明确党的建设的总目标、基本方针和根本标准。邓小平在十一届五中全会上就指出：要解决"执政党应该是一个什么样的党"的问题。他强调，要坚持马克思主义建设党的原则，"把我们党建设成为有战斗力的马克思主义政党，成为领导全国人民进行社会主义物质文明和精神文明建设的坚强核心。"这就为新时期加强执政党建设提出了总目标和奋斗方向。同时提出，既要坚持党的领导，又要改善党的领导，只有改善党的领导才能加强党的领导。没有党的领导就没有现代中国的一切，这个原则永远不能动摇，"动摇了中国就要倒退到分裂和混乱，就不可能实现现代化。"这就指出了党的建设的重大意义和深远影响，只有加强党的建设，才能实现党的领导，这就把党的建设理论推向了一个新的高度。

党的基本原理论——是指党的建设学科理论体系中的基本原理、原则。它包括马列主义、毛泽东思想和邓小平建设有中国特色社会主义理论关于无产阶级政党的阶级、思想、组织理论基础，领导方法、工作作风的基本原则。无产阶级解放事业为什么要有一个政党？要有一个什么样的党？怎样建设这样一个党，才能适应社会主义革命与社会主义建设，才能完成党的历史使命。

确立毛泽东、邓小平建党学说科学思想理论体系的基本原理、基本内容、基本观点和建设党的基本原则，要有比较系统的概括和论述。建党70多年来，有哪些传统基本理论、原则必须坚持不能动摇；哪些要继承、坚持；发展了哪些？哪些已被社会实践证实失效了等，都应去总结、探讨和研究，应当有全面地、准确地、系统的总结和理论上的概括。

第二个层次的关键是毛泽东、邓小平建党学说科学思想理论体系的基本内容、基本原理和基本原则。概括的说就是毛泽东、邓小平同志一贯倡导和强调的关于党的性质、指导思想、纲领、路线及思想、政治、组织、制度和作风建设等。这些建设所构成的基本原理、原则、方式和方法成为党的建设的理论依据。作为一门专业学科，毛泽东、邓小平建党学说科学思想理论体系有它自身一整套理论、思想、原则和质的规定性的科学范畴。是特殊规律的概括和总结。还有它的工作方法、领导方法、领导艺术等，这是毫无疑义的。一个党政工作者，只有掌握了党的建设专业知识和技能，掌握了党的建设的基本理论才能做好党的工作，才能成为一个合格的党政领导者。

要高度重视制度、法制建设，这是邓小平建党学说的重要特点。鉴于"文化大革命"的严重教训，他强调在党的建设中，制度建设更带有根本性、全面性、稳定性和长期性。党的制度是党规党法，是党的整个利益和共同意志的体现，具有高度的权威性和普遍的约束力，它是党的各方面建设的载体和保证；坚持解放思想、实事求是的思想路线，用建设有中国特色社会主义理论武装全党；中国的事情要办好，关键在人，要建设一支坚持社会主义道路的、具有专业知识和能力的干部队伍，把人民公认是坚持改革开放路线并有政绩的人大胆选进各级领导班子；中国要出问题，还是出在共产党内部。对这个问题要清醒，要注意培养人，要按照"革命化、年轻化、知识化、专业化"的标准，选拔德才兼备的人进班子；基本路线要管一百年，要长治久安，就要靠这一条，等等。

在第二个层次中，毛泽东、邓小平建党学说所提供的是党和国家的理论基础和指导思想、指导原则，为共产党员和党员领导干部提供观察、分析、处理问题的立场、观点和方法。这一指导思想和原则不仅是党的、国家的，而且是全国人民的指导思想。毛泽东、邓小平建党学说科学思想理论体系不是教条，而是行动的指南。

为什么这样说呢？一是理论联系实际，一切从实际出发，实事求是，实践是检验真理的标准，在实践中发现并发展真理；二是坚持唯物史观，它是我们认识和实践有中国特色的社会主义建设事业的指导思想、基本观点和方法；三是坚持群众路线，就是要坚持从群众中来，到群众中去，集中起来坚持下去，使人民群众认识真理，掌握和发展真理。总之，这就是实事求是，群众路线，独立自主的毛泽东思想活的灵魂在党的学说上的生动体现。

党的建设实践活动论——是指党的建设学科以马列主义、毛泽东思想和邓小平建设有中国特色社会主义理论为指导，运用党建学说科学思想理论体系，从事党的建设的实践活动。坚持继承，在承上启下继往开来的基础上，创造适应时代特征的新的理论观点，新的思想概括和新的语言表述，在社会实践进程中检验取得新的成果使其得到丰富和发展。在党领导的革命与建设事业的实践中，运用和发展毛泽东、邓小平建党学说科学思想理论体系，使党的建设学科不断完善、丰富和提高。

第三个层次的要点，就是要正确解决理论指导实践，真正使理论、学风、方法统一起来，一致起来。使我们的党员干部有一个好的学风和正确有效的方法，具有"能结合"、"会运用"、"少而精"、"又管用"，还能以身作则的实践本领。台上是教员，台下是模范。

几十年来党在每个重大历史转折关头，都是在党内普遍开展马克思主义的学习运动，形成一种优良的学风和有效的方法。如延安的整风运动，调查研究，总结历史经验，要求党员干部一方面"普遍地深入地研究理论"学习马克思主义观察与解决实际问题的立场和方法，另一方面学习民族的历史遗产，"用马克思主义的方法给以批判的总结。"从实践中找出事物的客观规律性，才能"产生新的理论"，因为实践是理论的基础和源泉。为党制定正确的路线方针政策提供了可靠的依据；每一次的马克思主义学习运动，都使马克思主义中国化向前推进一步。使我们党经过艰难曲折的实践活动之后，又达到认识上的升华，把中国的革命和建设事业推向一个新的高潮，有效地提高了全党的马克思主义水平。参加学习的同志都有共识，认真学一次，受益一辈子的深刻感受。简单地讲，通过实践活动，学习理论联系实际，指导行动自觉改造世界观，克服非无产阶级思想意识，提高认识，增强党性，加强团结。历史是自己写成的，历史是实践的记录、实践又是检验真理的唯一标准，只有在实践中才能认识、发现和发展真理。

要把握住毛泽东、邓小平建党学说科学思想理论体系的精髓，保证党的建设沿着马克思主义指引的方向前进，这就必须在党的建设实践活动中，要始终不渝地体现工人阶级先锋队性质与工人阶级和人民的意志、愿望和要求，为实现党的历史使命而奋斗。

党的建设使命论——从《共产党宣言》开始，就向全世界宣布无产阶级政党的纲领就是为实现共产主义而奋斗，这是共产党的性质所决定的。为什么要有个共产党，建设一个什么样的党？怎样建设党，就是为了完成这个伟大历史使命而存在发展着的。否则就没有任何意义了。

中国共产党的最高纲领和最终目的，就是为在中国实现共产主义的国家制度而奋斗。我们党就是为了完成这个历史使命而创建发展至今的。党领导的各个历史时期，党的建设实践的发展历程，就构成了党的建设学说史。它既是党史的组成部分，但又有自己的特殊性，即党的学说史。它虽有党史的性质，但又不同于党史，而有自己的特殊的规律性和自身的科学体系。但都是在中国革命和建设的历史进程中，党领导的实践活动中，反映党的领导活动、军事活动、理论活动、业务领域的技术活动、政治经济、文化教育活动，党的路线方针政策的产生形成和发展过程以及它的历史背景、社会条件、成功经验、失败教训等等。它从不同的角度去总结概括、探讨和研究发展成为不同的学科，成其为自身的研究对象和科学体系这是很自然的。

中国共产党在为中国实现共产主义的奋斗进程中，不仅创造了自己的奋斗史——中共党史，而且创造了相应各门学科史，特别是创造了毛泽东思想史、毛泽东建党思想史、党的组织史、政治工作史以及毛泽东、邓小平建党学说史等学科及其历史。为社会主义、共产主义的意识形态开创了巩固的阵地。因此，党的学科史同党的历史是分不开的。同样和中国的历史、中华民族的历史也是分不开的。在研究中国历史方面我们党是一贯重视的。毛泽东本人就计划先进行"工具的研究"，即研究哲学、经济学、社会学并"以哲学为主"，然后再"研究近代史"。给我们树立了光辉的榜样。

第四个层次中，我们可以看到党在为自己的历史使命奋斗中，在党的建设领域中它的发展变化及其成果的产生形成和发展的过程和社会实践的效果；看到党的建设理论、原则方针政策、业务发展变化的历史轨迹，理论、原则形成的发展过程，从而丰富发展毛泽东、邓小平建党学说科学体系，完善建党学说的业务建设，继承和发扬党的建设传统作风，增强系统性、预见性和规律性的认识。

在第四个层次中，要使党的历史使命和崇高理想永葆蓬勃生机和活力，就必须立足于社会实践，认清国情，把握社会性质、方向和道路。随着时代的发展而发展，经济的变化而不断前进。在这个基础上不仅具有民族特性、中国共产党的特色，进行新的理论创造，不断总结实践经验，使马克思主义不断深化。我国经历了民主革命与社会主义革命与建设，又经过了社会主义事业的曲折与发展之后，邓小平创立了建设有中国特色社会主义理论，形成了马克思主义史上新的里程碑，把我国社会主义现代化推向从未有过的迅速发展的新阶段，也必然会取得新的成果，推动社会不断前进。

实现党的历史使命的形式、方法和途径论——它包括革命的道路、公有制的形式以及为实现社会主义、共产主义的崇高理想与奋斗目标而采取的方法、手段、措施和途径等。

当然，这一系列问题的解决，都是以各国所处的社会历史条件和具体国情为转移的。但依据社会发展规律的总趋势，是条条大路最终必然通向共产主义。

马列主义、毛泽东思想和邓小平建设有中国特色社会主义理论是一个博大精深的科学思想理论体系。它观察事物的一般的观点和方法，是放之四海而皆准的普遍真理。但马克思主义同其他任何学说一样，也是一定历史条件下的产物，它的许多原理、原则、方法和结论，不可能无条件地适用于任何时代和地域，必须随着客观条件的变化发展而不断改变和丰富发展的。马克思主义不是教条，而是行动的指南。

列宁在《俄国资本主义的发展》第二版序言中就尖锐地指出："只有不可救药的书呆子，才会单靠引证马克思关于另一历史时代的某一论述，来解决当前发生的独特而复杂的问题。"没有先进的马克思主义理论为指导，中国的革命和建设事业不可能取得彻底胜利。既不能照引照搬别国经验，把革命和建设引向歧途，也不能盲目"乱动"使革命与建设事业曲折发展，只有走自己的路，就是列宁多次指出的，马克思主义的全部精神，它的整个体系，要求对每一个原理一既要历史地，二既要联系其他原理，三既要联系具体的历史经验加以考察。这就是历史的、具体的，又是生动的、鲜明深刻的、准确的。因此，对每一个党建理论观点的理解，必须认识到它在整个理论体系中的特殊位置和特殊作用。只有全面、系统、正确地理解邓小平建党学说的时候，才能真正把握这一理论体系。

　　党的十届三中全会以后，在以邓小平为核心的党中央第二代成熟领导集体的指引下，坚决改变了过去采取"运动治党"、"大批判治国"的方法、手段、措施和途径。当然，过去这是与阶级斗争相适应，与革命战争相配合。在党的政治路线发生根本性转变之后，这种传统的治党、建国方法要转变，邓小平同志旗帜鲜明地提出"不搞任何运动和大批判"，"不搞争论是我一大发明"，取消大鸣、大放、大字报、大辩论等。要围绕着经济建设抓党建，要聚精会神抓党建。因此，党的建设要从过去长期适应阶级斗争和政治运动形成的一整套的思想、观念、制度中解放出来，形成适应建设有中国特色社会主义事业和发展社会主义市场经济体制的新思想、新理论、新观念和新方法，这是党的指导思想上一个重大转变。

　　就其实现党的历史使命的途径、形式和方法而论，邓小平把马克思主义的唯物辩证法运用于治党、治国以及党的建设实践之中。他提出"两手抓、两手都要硬"的方法论具有重大意义。这个指导思想贯彻在各个方面，不能"一手硬，一手软"。例如：党的基本路线是一个中心、两个基本点，不是一个基本点；必须一手抓物质文明建设，一手抓精神文明建设，两个文明一齐抓；我们要有两手"一手抓改革开放，一手抓打击经济犯罪"；搞四个现代化一定要有两手，"一手抓建设，一手抓法制"等。这两手抓不仅是党的领导方法、工作方法和领导艺术，而且是治党、治国，加强党的思想、政治、组织和制度的自身建设，贯穿于党的、国家的实践进程中，保证党的建设从而加强和改善党的领导。只有坚持和改善党的领导，才能把建设有中国特色社会主义的事业不断推向前进。

　　但我们要牢记：邓小平在1986年1月17日中央政治局常委会上的讲话指出："经济建设这一手我们搞得相当有成绩，形势喜人，这是我们国家的成功。但风气如果坏下去，经济搞成功又有什么意义？会在另一方面变质，反过来影响整个经济变质，发展下去会形成贪污、盗窃、贿赂横行的世界。所以，不能不讲四个坚持，不能不讲专政，这个专政可以保证我们的社会主义现代化建设顺利进行，有力地对付那些破坏建设的人和事。"①因此，我们一定要讲政治、讲方向、讲纪律以适应新形势的需要。

　　总之，党的建设学科理论思想体系，是一个多层次、全方位、立体型的建设党的体系。它以党的建设论、原理论、实践论、使命论和方法论的有机统一整体而构成的，具有它的系统性、科学性、完整性和规律性。

---

① 《邓小平文选》第三卷，154 页。

第一章
以邓小平为核心的党中央领导
集体的形成发展及重大贡献

第一节　以邓小平为核心的党中央第二代成熟
　　　　领导集体对继承完善和创新发展毛泽
东建党学说具有重大贡献

一、邓小平建党学说和理论是毛泽东建党学说
的继承、创新发展和重要的组成部分

邓小平同志是马克思列宁主义、毛泽东思想的忠实继承人和捍卫者，是一贯坚持和发展毛泽东思想、毛泽东建党学说的光辉典范。邓小平同志不仅从毛泽东思想的科学理论体系上完整地、准确地、全面地理解毛泽东思想，运用和发展毛泽东思想，而且能够以大无畏的无产阶级革命家的革命精神和理论创新的勇气，在新的历史条件下进行继承、纠正和创新发展毛泽东思想、毛泽东建党学说，形成了独具特色的邓小平建党学说，丰富和发展了毛泽东建党学说，为中国革命和社会主义现代化建设事业开创了一条新路。

邓小平同志在我国历史的重大转折时期，对确立毛泽东同志的历史地位和革命功绩，纠正毛泽东同志晚年的严重错误，特别是"文化大革命"的一系列错误，总结历史性的经验与教训，恢复和发扬党的优良传统作风，重新确立党的思想路线、政治路线和组织路

线，确立党的基本路线，制定一系列的改革开放政策，决定国内外重大方针、政策和战略措施，使党和国家继续沿着马克思列宁主义、毛泽东思想的正确轨道不断前进。

邓小平同志在新的历史时期坚持、继承和丰富发展毛泽东建党学说，在起草《关于建国以来党的若干历史问题的决议》的九次谈话意见中得到充分体现，闪耀着马克思主义的光辉。

（一）确立毛泽东同志的历史地位，坚持和发展毛泽东思想的三条基本原则，为发展毛泽东建党学说奠定了基础。

邓小平同志指出，起草《关于建国以来党的若干历史问题的决议》，有三条基本原则：一是确立毛泽东同志的历史地位，坚持和发展毛泽东思想。这是最核心的一条。不仅今天，而且今后，我们都要高举毛泽东思想的旗帜；二是对建国 30 年来历史上的大事，哪些是正确的，哪些是错误的，要进行实事求是的分析，包括一些负责同志的功过是非，要做出公正的评价；三是通过这个决议对过去的事情做个基本的总结。邓小平同志强调指出："总的要求，或者说总的原则、总的指导思想，就是这么三条。其中最重要、最根本、最关键的，还是第一条。"①

邓小平同志对毛泽东思想，毛泽东建党学说有精辟的论述。他指出在延安时期那一段，可以说是毛泽东思想比较完整地形成起来的一段。毛泽东思想中关于新民主主义革命的理论，包括党的建设的理论和处理党内关系的原则，在延安整风前后，都比较完整地形成了。在党内的历史地位是历史形成的。要坚持这个历史地位，不能否定历史。这是基础也是条件。邓小平同志指出，要用毛泽东思想的体系来教育我们党，教育我们的党员、干部，来引导我们前进。他指出："简单地谈一谈毛泽东思想里面的党的学说问题。在这一方面，马克思、恩格斯讲得不多，列宁有个完整的建党的学说。正是

---

① 《邓小平文选》第二卷，第 293 页。

因为列宁建立了那么一个好的党，才能取得十月革命的胜利，建立了第一个社会主义国家。把列宁的建党学说发展得最完备的是毛泽东同志。在井冈山时期，即红军创建时期，毛泽东同志的建党思想就很明确。大家看看红军第四军第九次党代表大会的决议就可以了解。他的完整的建党学说，是经过实践在延安整风时期建立起来的。毛泽东同志对于建立一个什么样的党，党的指导思想是什么，党的作风是什么，都有完整的一套。正是因为毛泽东同志在延安整风中建立了完整的建党学说，并且用这个学说来教育我们全党、全军和人民，使我们建立了这么一个好的党，所以才取得抗日战争、解放战争的彻底胜利。建国以后，党内生气勃勃，生动活泼。毛泽东同志的建党学说以后又有新的发展。"①

这是我们党的建设理论第一次飞跃。在新的历史时期，在改革开放的新形势下，毛泽东建党学说又有新的发展。毛泽东思想，毛泽东建党学说为产生第二次飞跃奠定了基础，创造了条件。邓小平建党学说所以独具特色就是在这个基础上和条件下产生的。

（二）毛泽东思想这个旗帜丢不得，丢掉了这个旗帜，实际上就否定了我们党的光辉历史。

在做历史决议时，对毛泽东同志的评价，对毛泽东思想的阐述，不是仅仅涉及毛泽东同志个人的问题，这同我们党、我们国家的整个历史是分不开的，要看全局。这不只是个理论问题，尤其是个政治问题，是国际国内的很大的政治问题。我们党自"七大"规定毛泽东思想是全党的指导思想以来，教育了整整一代人、几代人，使我国的革命与建设事业得到新的胜利、新的发展。

邓小平同志指出："对毛泽东同志的功过评价不恰当，老工人通不过，土改时候的贫下中农通不过，同他们相联系的一大批干部也通不过。毛泽东思想这个旗帜丢不得。丢掉了这个旗帜，实际上就

---

① 《邓小平文选》第二卷，第44页。

否定了我们党的光辉历史。总的来说，我们党的历史还是光辉的历史。虽然我们党在历史上，包括建国以后的三十年中，犯过一些大错误，甚至犯过搞'文化大革命'这样的大错误，但是我们党终究把革命搞成功了。""都是同中国共产党的领导、同毛泽东同志的领导分不开的。恰恰在这个问题上，我们的许多青年缺乏了解。"① 这个根基不能动摇，不能违背历史事实，不能给毛泽东同志抹黑，也不能给我们党、我们国家抹黑。否定过去、忘掉过去就等于背叛。现在看来是很高明、很有远见的。有的党变色、国变质，就是首先从否定自己开始，否定党和国家的历史开始的，这是血的教训，我们要牢记。

（三）毛泽东同志犯了错误，这是一个伟大的革命家犯的错误，是一个伟大的马克思主义者所犯的错误。

毛泽东同志晚年确实犯了严重错误，特别是犯了像"文化大革命"这样严重的、全局性的错误。它的后果极其严重，直到现在还发生影响。耽误了不止一代人。邓小平同志指出："'文化大革命'前的十年，应当肯定，总的是好的，基本上是在健康的道路上发展的。这中间有过曲折，犯过错误，但成绩是主要的。那个时候，党和群众心连心，党在群众中的威信比较高，社会风尚好，广大干部群众精神振作。，所以，尽管遇到困难，还是能够比较顺利地渡过。经济上发生过问题，但总的说还是有发展。充分肯定成绩，同时也要讲到反右派斗争、'大跃进'、庐山会议的错误。总的说来，我们还是经验不够，自然也有胜利之后不谨慎。当然，毛泽东同志要负主要责任。这一点，他曾经作了自我批评，承担了责任。"② 邓小平同志还指出："讲错误，不应该只讲毛泽东同志，中央许多负责同志都有错误。'大跃进'，毛泽东同志头脑发热，我们不发热？刘少奇同志、周恩来同志和我都没有反对，陈云同志没有说话。在这些问

① 《邓小平文选》第二卷，第298～299页。
② 《邓小平文选》第二卷，第302页。

题上要公正，不要造成一种印象，别的人都正确，只有一个人犯错误。这不符合事实。中央犯错误，不是一个人负责，是集体负责。在这些方面，要运用马列主义结合我们的实际进行分析，有所贡献，有所发展。"①邓小平同志还特别强调指出："过去有些问题的责任要由集体承担一些，当然，毛泽东同志要负主要责任。我们说，制度是决定因素，那个时候的制度就是那样。那时大家把什么都归功于一个人。有些问题我们确实也没有反对过，因此也应当承担一些责任。当然，在那个条件下，真实情况是难于反对。但是，不能回避'我们'，我们承担一下责任没有坏处，还有好处，就是取得教训。""我和陈云同志那时是政治局常委，起码我们两个负有责任。"②邓小平同志这个指导思想是正确的、公正的，实事求是的，经得起历史的考验的。给我们树立了如何评价历史人物的功过是非、包括领袖人物的功过是非，给我们树立了榜样。

　　如何评价党的代表人物对党的影响和作用，是党的建设上一个重大的理论问题，也是一个政治问题，越来越看出它的重要意义。在我们讲党建理论和原则时，要有重点，有取舍，有分析的介绍一些主要的代表人物。因为历史事件，历史人物（特别是党的重要人物的交替）对党的影响是比较大的。我们认为这些问题，不仅是党的组织建设的重要问题，而且是党自身建设中必然涉及到的重要问题。有的因为自然规律的原因而死亡；有的因犯历史性的重大错误而消失了；也有的因政治的分歧叛党而去；有的埋头钻研学术等等，种种原因，但是，在历史的进程中，都有他们的时代特征，行动轨迹和影响，这一点是不应当忽视的。对党的历史上的重大人物，例如，李大钊、蔡和森、周恩来、任弼时、刘少奇、朱德、邓小平、陈云、彭德怀、陈毅、贺龙，还有反面人物陈独秀、张国焘、王明、高岗、林彪、江青等等。这些人对党的影响、作用和意义，要实事求是，论

　　①《邓小平文选》第二卷，第296页。
　　②《邓小平文选》第二卷，第308～309页。

述要全面正确，特别是史料本身要立准确。准确的史料是基础和前提。要尊重历史事实，不能虚构、不能歪曲、不能偏见、不能颠倒、不能瞎编胡写，更不能伪造和篡改。这是科学性和党性的严肃问题。

应当有历史的分析，历史的特点和当时历史的条件和环境作用，因为是历史人物，就不能强加，就不能任意拔高，按照历史的本来面貌反映历史，只有这样反映之，说明之，人们才心悦诚服，才有说服力。

当然，要把针对性讲清楚，原则的分歧点讲清楚，特别是重大的路线、方针、政策的斗争，以及战略和策略的决策的斗争，这不仅是问题的起因，也是历史的证据。这样来阐述正面伟大人物的功过是非，也要阐述一下反面人物的渺小、卑劣，这样就比较准确全面、科学。因人废理，因人废言，因人废事件，这种典型的唯心论和形而上学的观点是反科学的，使人不能信服的。我们共产党人是辩证唯物论者，是历史唯物论者，是以科学为是非标准的，这是很值得重视的一个问题。

（四）学习毛泽东同志的哲学著作受益很大。

毛泽东同志多次讲过，邓小平同志也多次强调，为了建设社会主义、实现现代化，工人阶级必须有自己的技术干部队伍，必须有自己的教授、教员、科学家、新闻记者、文学家、艺术家和马克思主义理论家的队伍，要建设一支宏大的队伍，人少了是不行的。有了一支科技队伍、干部队伍，还要求全党要学习哲学，改造世界观。

邓小平同志指出："建议中央提倡学习，主要是学习马克思主义哲学，重点是学习毛泽东同志的哲学著作。陈云同志说，他学习毛泽东同志的哲学著作，受益很大。毛泽东同志亲自给他讲过三次要学哲学。他在延安的时候，把毛泽东同志的著作认真读了一遍，这对他后来的工作关系极大。现在我们的干部中很多人不懂哲学，很需要从思想方法、工作方法上提高一步。《实践论》、《矛盾论》、《论持久战》、《战争和战略问题》、《论联合政府》等著作，选编一下。还要选一些马恩列斯的著作。总之，很需要学习马克思主义哲学就是了。也要学点历史。青年人不知道我们的历史、特别是中国革命、中国共产党的历史。"①这就是为党的思想建设、组织建设奠定了基础，只有坚实的哲学基础，世界观改造好了，有了正确的思想方法，工作方法就能在实际工作上提高一步。

（五）总结经验，统一思想，团结一致向前看。

邓小平同志为了给十一届三中全会作准备，在中央工作会议闭幕会上的讲话中，提出了解放思想，实事求是，团结一致向前看的主张。他说："一个党，一个国家，一个民族，如果一切从本本出发，思想僵化，迷信盛行，那它就不能前进，它的生机就停止了，就要亡党亡国。"②他认为，只有思想解放了，我们才能正确地以马克思列宁主义、毛泽东思想为指导，解决过去遗留的问题，解决新出现的一系列问题，正确地改革同生产力迅速发展不相适应的生产关系和上层建筑，根据我国的实际情况，确定实现四个现代化的具体道路、方针、方法和措施。邓小平同志还明确指出："实事求是，是无产阶级世界观的基础，是马克思主义的思想基础。过去我们搞革命所取得的一切胜利，是靠实事求是；现在我们要实现四个现代化，同样要靠实事求是不但中央、省委、地委、县委、公社党委，就是一个工厂、一个机关、一个学校、一个商店、一个生产队，也都要实事求是，都要解放思想，开动脑筋想问题、办事情。"③就是说，实事求是，解放思想，是保证我们党永葆蓬勃生机的法宝，是我们取得一切胜利的武器。

事实上，我们党正是以邓小平同志这一思想理论，并在邓小平同志的领导下，在党的十一届三中全会上，果断地停止了"以阶级斗争为纲"的口号，把工作重点转移到社会主义现代化建设上来。党

---

① 《邓小平文选》第二卷，第303～304页。
② 《邓小平文选》第二卷，第143页。
③ 《邓小平文选》第二卷，第143页。

的十一届三中全会以后，迅速完成拨乱反正任务，从"左"的僵化思想模式中解脱出来，制定了符合中国国情的正确思想路线、政治路线和组织路线，确立了以"一个中心、两个基本点"为核心内容的基本路线，确定了实现四个现代化的具体道路、方针、方法和措施，并团结和带领全党和全国各族人民为之奋斗，取得了举世瞩目的伟大成就。事实正说明解放思想、实事求是，是我们取得一切胜利的武器。干革命、搞建设，都要有一批勇于思考、勇于创新的闯将。没有这样一大批解放思想、实事求是的革命工作者，就难以发展和创新，就难以取得革命事业的胜利。

二、坚强的领导核心，伟大的战略决策

以邓小平为核心的党中央第二代领导集体的产生、形成和发展不是偶然的，有它历史发展的必然过程。

（一）邓小平同志自身的特点和优势。

党的十一届三中全会以后，邓小平同志一直是党中央领导集体中主要的决策人之一，是党中央第二代的坚强领导核心。他是第一代和第二代党中央领导中的交叉领导者之一。邓小平同志既是以毛泽东为核心的第一代成熟领导集体的成员，又是第二代党中央领导集体的核心领导者、组织者与决策者。有他独特的优势和特点，这是我们党历史发展的产物。早在1956年9月召开的党的第八次全国代表大会第一次会议上，选出了17名政治局委员，6名政治局候补委员，选举毛泽东为中央委员会主席，刘少奇、周恩来、朱德、陈云为副主席，邓小平为总书记，由上述6人组成中央政治局常务委员会。中央政治局常委包括"七大"时选出的书记4人，增加了比较年轻的2人。党的"八大"继承了"七大"选出的党中央的领导集体，并有新的成分加入，为中国共产党以后的党中央领导集体新老合作交替作了准备。这是以毛泽东为核心的第一代成熟党中央领

导集体的具有深远历史意义的英明决策。

　　毛泽东同志在当时讨论中央委员会候选人名单的预备会议上就强调指出，这个名单的结构及党的历史发展，现在转到搞建设、搞经济，中央委员会将来应该有许多工程师、科学家和从工人中成长的干部，现在还没有。这是对以后党中央领导集体的建设提出了新的具体要求。党的"八大"从理论上和实践上突破了过去的社会主义模式，探索经济体制改革道路的重要尝试。对我国自己的建设社会主义道路的探索，取得了显著的成果，具有深远影响。

　　这个愿望和实践在邓小平同志领导下逐步实现了。党政领导干部的年龄结构和文化素质有了极为深刻的根本性变化：现在已有大批中青年干部被选拔到县级以上党政机关领导岗位上，各级领导班子上至中央下至基层党委，内部形成了比较合理的梯形年龄结构。省、地、县三级党政领导班子分别由 1982 年的 62 岁、65 岁和 49 岁，下降到 1984 年的 54.9 岁、50.1 岁和 45.5 岁；领导班子内部的知识结构和专业结构也日趋合理。在省、地、县三级党政领导班子中，具有大专以上文化程度的已分别占 73.6％，66.5％和 64.2％；；比 1982 年提高了三倍到四倍。具有专业技术职务的已分别占 31％、24.9％和 15.6％；在县以上各级人民政府的领导干部中少数民族干部、妇女干部和非党干部均有一定数量增加，分别占总数的 15％、5.8％和 4.9％；建立健全后备干部的选拔、培养、考核、管理、聘任、使用，形成了一套具有我党特色的干部人事制度和国家公务员制度。

　　特别是干部素质有了很大提高。据有关部门公布：1979 年至 1990 年，全国共有 311 万名优秀知识分子加入中国共产党；在各类技术人员中，党员已占 1/3，高中级专业技术人员中，党员已超过一半；选拔进入领导班子的成员，到 1989 年底，全国已有 100 多万专业技术干部担任各级党政领导职务；我国各类专业技术人员 1990 年已达到 2 437 万人，其中自然科学技术人员达 1 081 万人。有 60％以上县设科技副县长。有 2 063 万人评聘专业技术职务，占专业技术人员总数的 85％，其中高级职务 96.9 万人，中级职务 549.3 万人；自 1985 年工资改革以来，著名专家、教授、学者发放特殊津贴的决定，鼓励、尊重知识分子多出成果，出好成果，多做贡献，起了积极作用；各省、地、县管理的优秀专家和拔尖人才已达到27 000多人，其中经国家人事部门批准的有突出贡献的优秀中青年专家2 000多人。对知识分子走与工农结合，与实践结合的道路，进一步形成尊重知识，尊重人才的社会风气，起了积极作用；为建设具有中国特色的社会主义创造了条件。

　　邓小平是我们党第一代成熟领导集体的主要成员之一，又是以毛泽东为核心的党中央第一代领导集体开创的伟大事业的主要继承者和推进者。也是在总结我们党几十年社会主义建设正反两个方面的经验基础上对马克思列宁主义、毛泽东思想在新的历史条件下的运用和发展。因为他直接参与了毛泽东对中国革命和建设道路的历史性探索，目睹并亲身感受到毛泽东的胜利、成功与曲折、失败。在这个基础上，邓小平形成了自己独具特色的思想、理论与建设党的纲领性文献，发表了《完整地准确地理解毛泽东同志的建党学说》、《恢复和发扬党的优良传统和作风》、《高举毛泽东思想旗帜、坚持实事求是的原则》、《解放思想，实事求是，团结一致向前看》、《坚持四项基本原则》、《思想路线政治路线的实现要靠组织路线来保证》、《坚持党的领导，改善党的领导》、《坚持党的路线，改进工作方法》、《坚持四项基本原则、核心是坚持党的领导》、《关于反对错误思想倾向问题》、《搞资产阶级自由化就是走资本主义道路》等等这些讲话和著作，阐述了他关于加强党的建设的理论和原则，为邓小平建党学说进一步成熟奠定了基础。

　　（二）以邓小平为核心的第二代党中央成熟领导集体的形成和发展，是经过了曲折复杂的道路。

　　对这个问题毛泽东主席有错误也有功绩，应该说功绩也是明显的。当时虽然毛泽东主席也意识到"文化大革命"有错误甚至严重错误，但还没有认识到是一个长时间的、全局性的错误，甚至处在相互矛盾之中。正如邓小平指出的："毛泽东同志到了晚年，确实是思想不那么一贯了，有些话是互相矛盾的。比如评价'文化大革命'，说三分错误、七分成绩，三分错误就是打倒一切、全面内战。这八个字和七分成绩怎么能联系起来呢，"① 他虽然从林彪事件中吸取了一些教训，在一定限度内调整了政策，但没有认识到"文化大革命"的全局性错误。在林彪事件后，毛泽东亲自抓落实干部政策的工作。周恩来总理紧密配合，使这一工作具有显著成绩。毛泽东主席 1971 年 11 月 14 日在接见参加成都地区座谈会的同志时，指着叶剑英同志对大家说："你们再不要讲他'二月逆流'了，'二月逆流'是什么性质？是他们对付林彪、陈伯达、王关戚的。"这就为"二月逆流"的错案平反了。

　　1972 年 1 月 6 日，毛泽东主席穿着睡衣参加了陈毅元帅的追悼会。张茜说："主席，您怎么来了？""我也来悼念陈毅同志嘛，陈毅是个好同志。"在陈毅同志沉睡几个小时后，他醒过来时，听见叶帅的声音："二月逆流"平反了，他终于了却了人世间巨大的也是最后的心病。毛泽东主席和西哈努克在休息室里交谈时说："林彪摔死了，反对我，陈毅是个好同志，他是支持我的。"林彪摔死的消息，还从没有向国外报道过。西哈努克是第一个知道这个消息的外国人，也是唯一参加陈毅追悼会的外国人。在毛泽东主席的谈话中和周恩来总理所作的悼词中，肯定了陈毅同志一生对革命事业作出的重大贡献。为陈毅同志恢复了名誉。

　　根据周恩来总理的指示，《人民日报》发表了社论，指出经过长期革命斗争锻炼的老干部是党的宝贵财富，要正确执行党的干部政策，要批判林彪错误的政治和组织路线，排除"左"和右的干扰。这就把一大批下放劳动或"靠边站"的各级党政军负责干部重新安置到领导工作岗位上。一大批专家、学者、教授也得以重新回到工作

---

① 《邓小平文选》第二卷，第 301 页。

岗位。毛泽东同志也做了自我批评。1973 年 12 月，毛泽东同志在同参加军委会议的同志谈话时，提出要给贺龙、罗瑞卿、杨成武、余立金、傅崇碧平反，并坦率地作自我批评说："我是听了林彪一面之辞，所以我犯了错误。"

在周恩来总理病重期间，毛泽东主席对江青一伙利用"批林批孔"另搞一套的图谋有所察觉，并对他们多次进行批评，批评江青说："不要设两个工厂，一个叫钢铁工厂，一个叫帽子工厂，动不动就给人家戴大帽子。"毛泽东主席在中央政治局会议上当众宣布："她并不代表我，她代表她自己。"还批评了江青、张春桥、姚文元、王洪文搞帮派活动，警告他们说："你们要注意呢，不要搞成四人小宗派呢！"还指出："江青有野心，你们看有没有？我看是有。"在这党和国家危难的关键时刻，毛泽东主席采取了解决高层次干部问题的决策和重大措施，为党的健康发展奠定了基础。

（三）毛泽东主席的重大决策。

在毛泽东主席同意和支持下，周恩来总理经过大量细致的工作，疏通了方方面面的渠道，终于水到渠成，邓小平同志结束了 5 年之久的"流亡"生活，从江西回到了北京。

1973 年 3 月 10 日，根据毛泽东主席的提议，中共中央决定恢复邓小平同志的组织生活和国务院副总理职务。毛泽东主席 1973 年 12 月提议决定邓小平同志为中央政治局委员，参加中央领导工作，待十届二中全会追认；同时决定邓小平同志为中央军委委员，参加军委领导工作；1974 年 10 月 4 日，毛泽东主席提议邓小平同志任国务院第一副总理。1974 年 5 月 19 日，邓小平同志复出一年多，功勋卓著富有成效，在周恩来陪同下，在毛泽东同志的书房里亲切交谈。毛主席接见按座位格局都有严格的划分和约定俗成的规律。今天邓小平同志坐在周恩来总理的位置上，而周恩来同志却坐在左侧。这之后，周恩来同志因病再也没有坐到原来的座位上。

江青一伙对此极为不满，他们多次在政治局会议上制造事端，对邓小平同志发难进行攻击。邓小平同志理直气壮，严正地顶住了"四人帮"的围攻和责难。1974年12月23日，周恩来总理带病同王洪文一起到长沙向毛泽东主席汇报工作。毛泽东在谈话中再次告诫王洪文"不要搞四人帮"、"不要搞宗派，搞宗派要摔跤的"。他再次指出："江青有野心，你们看有没有？我看有。"还强调指出："邓小平政治思想强，人才难得，小平要担任第一副总理、军委副主席和总参谋长三个职务。"毛泽东主席把党、政、军大权交给了邓小平同志。

　　1975年1月5日根据毛泽东主席的提议，中共中央发出文件，任命邓小平同志为中共中央军委副主席兼中国人民解放军总参谋长，并在1月上旬召开的党十届三中全会上，邓小平同志的中央政治局委员得到追认，并被选为中共中央副主席，中央政治局常务委员。毛泽东主席对江青一伙进行多次批评，重申由周恩来主持党中央和政治局的日常工作，重新对邓小平委以重任，挫败了"四人帮"的"组阁"阴谋，形成了以周恩来、邓小平为核心的党和国家领导集体，给人民以极大的鼓舞，唤起了人民新的希望。

　　邓小平同志受命于危难之际，他以高屋建瓴、势如破竹的革命气魄，以运筹帷幄决胜千里的领导组织才能，在毛泽东、周恩来支持下，要安定团结，要把国民经济搞上去，要解放思想，"敢"字当头进行全面整顿，核心是党的整顿，党和国家各级领导班子的整顿。要大力加强党的领导，发扬党的优良传统和作风。坚决同"左"的和右的倾向进行斗争。邓小平同志从1月到10月间主持中央日常工作时，先后发表了《军队要整顿》、《全党讲大局、把国民经济搞上去》、《当前钢铁工业必须解决的几个问题》、《加强党的领导，整顿党的作风》、《军队整顿的任务》、《关于国防工业企业的整顿》、《关于发展工业的几点意见》、《各方面都要整顿》等等一系列重要讲话。

　　这些讲话贯穿着一个基本指导思想，就是加强党的领导、加强党的建设，把我国建设成为具有现代化农业、现代化工业、现代化国防和现代化科学技术的社会主义强国。他提出了著名的"三项指示为纲"作为全面整顿的理论基础。这是邓小平同志重登政治舞台后，为结束"文化大革命"，恢复党的正确领导，加强党的建设，把党和国家的工作纳入现代化建设轨道的一场艰苦搏斗。也是邓小平同志作为马克思主义理论家、政治家，对建设有中国特色社会主义的理论与实践的探索，也是怎样加强党的建设，适应新形势、新任务的需要，探索新时期加强党的建设的新路子。

　　但是，斗争是曲折的，复杂的，不是一帆风顺的。毛泽东主席听信了"四人帮"的诬告，一度动摇了对邓小平同志的信任，又错误地决定停止了他的大部分工作。搞了所谓"批邓、反击右倾翻案风"。这样做，既违背了事理，又违背了人心，一开始就受到广泛的抵制。反而使坚持党的正确方针政策的邓小平同志获得了更多的理解和信任。这显然是"四人帮"所始料不及的。因为整顿就是把矛头指向"四人帮"，指向否定"文化大革命"，毛泽东也不赞同邓小平继续整顿，在错综复杂的多种原因的促使下，虽然毛泽东对邓小平同志委以重任，担任党、政、军全权实际上的职务，但是未能始终一贯，1976年又一次被打倒。

　　由此，中断了邓小平所领导的整顿工作，也停止了对于建设有中国特色社会主义一系列的理论、路线、方针和政策的探讨、设计和构想。这次出山短短不到1年的工作实践，在当时提出的一系列思想、理论、措施和方法深得民心、党心，深受人民的和广大党员干部的拥护、信任、爱戴和支持。邓小平同志这一系列加强党的领导，重视党的建设，进行一系列的整顿，实质上是改革开放思想的实施和具体化，为党的十一届三中全会创造条件。

三、高举毛泽东思想旗帜，坚持实事求是的　　原则，完整地准确地理解毛泽东思想

　　毛泽东主席的与世长辞，"四人帮"被粉碎，"文化大革命"的

结束，邓小平同志一系列的谈话，为党的十一届三中全会的召开奠定了思想基础，也为真正高举毛泽东思想伟大旗帜，坚持实事求是的思想原则，完整地准确地理解毛泽东思想创造了必要的条件。1976年10月6日，以华国锋、叶剑英为首代表中央政治局，执行党和人民的意志，对江青、张春桥、王洪文、姚文元及其在北京的帮派骨干实行审查，粉碎了"四人帮"的政治阴谋和反革命活动。实现了党和人民的共同意愿。华国锋、叶剑英、李先念等同志在粉碎"四人帮"的斗争中起了重要作用。从而结束了"文化大革命"这场达十年之久的灾难，使我国的社会秩序得以恢复正常，党和国家的工作得以重新走向健康发展的轨道，使我国进入了一个新的历史时期。

（一）邓小平同志指出了"两个凡是"的严重错误，为解放思想打开了通道。

邓小平同志为党的十一届三中全会做了一系列思想上、理论上的准备。他为解放思想、实事求是，完整地准确地理解毛泽东思想创造条件、铺平道路。邓小平同志首先指出："两个凡是"不符合马克思主义。这是华国锋同志在两报一刊《学好文件抓住纲》社论中提出的"凡是毛主席作出的决策，我们都坚决维护，凡是毛主席的指示，我们都始终不渝地遵循"。邓小平同志指出，这是个重要的理论问题，是个是否坚持历史唯物主义的问题。马克思、恩格斯没有说过"凡是"，列宁、斯大林没有说过"凡是"，毛泽东同志自己也没有说过"凡是"。因此，他强调指出："我们必须世世代代地用准确的完整的毛泽东思想来指导我们全党、全军和全国人民，把党和社会主义的事业，把国际共产主义运动的事业，胜利地推向前进"。"毛泽东思想是个思想体系。……我们要高举旗帜，就是要学习和运用这个思想体系。"① 这就为解放思想打开了通道。

邓小平同志指出，我们要实现社会主义的现代化，关键是科学

---

① 《邓小平文选》第二卷，第39页。

技术要能上去。靠讲空话是不能实现现代化，必须有知识、有人才。邓小平同志指出："抓科技必须同时抓教育。从小学抓起，一直到中学、大学。我希望从现在开始做起，五年小见成效，十年中见成效，十五年二十年大见成效。办教育要两条腿走路，既注意普及，又注意提高。"并强调指出："一定要在党内造成一种空气：尊重知识，尊重人才。要反对不尊重知识分子的错误思想。不论脑力劳动、体力劳动，都是劳动。从事脑力劳动的人也是劳动者。"① 要把脑力劳动与体力劳动紧密的结合起来，我们既是聚精会神的脑力劳动者，也是辛苦的体力劳动者。我们的科学技术和教育还是比较落后的。美国科学技术人员有 120 多万，前苏联 90 多万，我们国家只有 20 多万人。

（二）百年树人、教育为本。

邓小平同志复出工作以后，他自告奋勇管科教方面的工作。他指出：我们国家要赶上世界先进水平，从何着手呢？我想，要从科学和教育着手。科学当然包括社会科学。要尊重科学，就必须尊重人才，尊重知识分子。"四人帮"创造了一个名词叫"臭老九"。"老九"并不坏，《智取威虎山》里的"老九"杨子荣就是好人嘛！错就错在那个"臭"字上。毛泽东同志说，"老九"不能走。这就对了。要给知识分子恢复名誉。邓小平同志特别强调教育工作，把它提高到战略地位，提高到有关民族素质的大问题。他指出："我知道科学、教育是难搞的，但是我自告奋勇来抓。不抓科学、教育，四个现代化就没有希望，就成为一句空话。抓，要有具体政策，具体措施，解决具体的思想问题和实际问题。你们要放手去抓，大胆去抓，要独立思考，不要东看看，西看看。把问题弄清楚，该怎么办就怎么办。该自己解决的问题，自己解决；解决不了的，报告中央。"② 他认为，

---

① 《邓小平文选》第二卷，第 40～41 页。
② 《邓小平文选》第二卷，第 68 页。

教育要狠狠地抓一下，一直抓它 10 年 8 年，要一直抓下去。具体的抓法，就是要抓头头，抓方针，抓重要的政策和措施。要一抓到底，要抓出成效来。归根到底要出人才，出成果。

　　我国的科学技术能不能尽快地搞上去，关键在于我们党是不是善于领导科学技术工作。我们的国家进入了一个新的发展历史时期，我们党的工作重点、工作作风、工作方式都应当有相应的转变。邓小平同志指出："党委的领导，主要是政治上的领导，保证正确的政治方向，保证党的路线、方针、政策的贯彻，调动各个方面的积极性。同时，是通过计划来领导，要抓好科学研究计划，要知人善任，把力量组织好。为了实现科学研究计划，为了把科学研究工作搞上去，还必须做好后勤保证工作，为科学技术人员创造必要的工作条件，这也是党委的工作内容。我愿意当大家的后勤部长，愿意同各级党委的领导同志一起，做好这方面的工作。"① 这是对全国科技战线、教育战线以及各条战线的脑力劳动者极大的鼓舞和鞭策。称之为中国科技、教育的春天。他还建议要建立技术责任制，实行党委领导下的所长负责制。指出科学研究机构的基本任务是出成果、出人才，要出又多又好的科学技术成果，出又红又专的科学技术人才。衡量一个科学研究机构党委的工作好坏的主要标准，也应当是看它能不能很好地完成这个基本任务。只有很好地完成这个基本任务，才是巩固无产阶级专政、建设社会主义真正尽了自己的责任。

　　我们党一定能够掌握科学技术工作的规律，能够领导我国人民攀登世界科学的高峰。号召我们党的干部学好本领，为社会主义的现代化服务。邓小平同志指出："我们党的各级领导干部，不能长期安于当外行，要钻进去，逐渐成为内行。我们要努力学习马克思主义，提高政治水平，又要努力学习科学知识，总结正反两个方面的经验，研究和掌握科学技术工作的客观规律，全面地正确地执行党

---

　　① 《邓小平文选》第二卷，第 98 页。

的各项方针政策。"① 要把我国的经济建设搞上去，就必然要下决心造就培养一大批经济建设人才，才能为创造新的局面提供条件。

邓小平同志于 1978 年 12 月 13 日，在中央工作会议闭幕会上提出："解放思想，实事求是，团结一致向前看"的号召。这就为党的十一届三中全会的召开作了充分的思想、理论上的准备，这个讲话，实际上就是三中全会的主题报告，以此来统一全党的思想，武装干部的头脑，开创一个新的历史时期。在这次会议上党中央提出了把全党工作的重心转移到实现四个现代化来的根本指导方针。这在我党历史上具有重大的意义。因为这次会议，讨论和解决了许多有关党和国家命运的重大问题。正如邓小平同志说的，大家敞开思想，畅所欲言，敢于讲心里话，讲实在话，又能够积极地开展批评与自我批评。为此，就必须解放思想，开动脑筋，实事求是，团结一致向前看。

（三）开创社会主义建设的新局面。

邓小平同志把解放思想提高到是当前我们党的一个重要政治问题。只有思想解放了，我们党才能正确地以马克思列宁主义、毛泽东思想为指导，解决建国以来的一系列遗留问题和新出现的问题。才能改革同生产力迅速发展不相适应的生产关系和上层建筑。才有可能从实际出发，根据我国的实际情况，确定社会主义现代化的具体道路、方针、方法和措施。要坚决克服思想僵化、半僵化的状态，冲破假马克思主义的禁锢圈，要解放思想，开动脑筋，实事求是，团结一致向前看。不打破思想僵化，不大大解放干部和群众的思想，社会主义现代化就没有希望。

首先，邓小平同志指出："目前进行的关于实践是检验真理的唯一标准问题的讨论，实际上也是要不要解放思想的争论。大家认为进行这个争论很有必要，意义很大。从争论的情况来看，越看越重要。一个党，一个国家，一个民族，如果一切从本本出发，思想僵

---

① 《邓小平文选》第二卷，第 99 页。

化，迷信盛行，那它就不能前进，它的生机就停止了，就要亡党亡国。"① 这次思想解放运动，对开创社会主义建设的新局面具有重大的影响和深远的历史意义。

其次，邓小平同志对民主政治和认真实行民主集中制，加强法制建设等等，采取了一系列措施。为开创社会主义建设的新局面指明了方向，奠定了基础。邓小平同志指出："解放思想，开动脑筋，一个十分重要的条件就是要真正实行无产阶级的民主集中制。我们需要集中统一的领导，但是必须有充分的民主，才能做到正确的集中。"② 要强调民主政治，使民主政治深入人心；民主集中制没有真正实行，离开民主讲集中，集中是空的，离开集中讲民主，就成了极端民主。还是要在民主政治的前提下，实行民主集中制是民主基础上的集中和集中指导下的民主相结合。它既是党的根本组织原则，也是群众路线在党的生活中的运用和发展。必须充分发扬党内民主，人民民主，发扬民主政治。只有充分发扬党内民主，才能发挥各级党组织和广大党员的积极性、主动性和创造性。只有发扬人民民主才能巩固人民民主专政。只有实行正确的集中，才能保证全党行动的一致，保证党的决定得到迅速有效的贯彻执行。只有实行人民民主，才能使我国的民主政治得到迅速发展。

为创造民主的条件，党重申"三不主义"：不抓辫子，不扣帽子，不打棍子。就是说，在党内和人民内部的政治生活中，只能采取民主手段，不能采取压制、打击的手段。邓小平同志指出："人民群众提出的意见，当然有对的，也有不对的，要进行分析。党的领导就是要善于集中人民群众的正确意见，对不正确的意见给以适当解释。对于思想问题，无论如何不能用压服的办法，要真正实行'双百'方针。一听到群众有一点议论，尤其是尖锐一点的议论，就要追查所谓'政治背景'、所谓'政治谣言'，就要立案，进行打击压制，这

---

① 《邓小平文选》第二卷，第143页。
② 《邓小平文选》第二卷，第144页。

种恶劣作风必须坚决制止。毛泽东同志历来说，这种状况实际上是软弱的表现，是神经衰弱的表现。我们的各级领导，无论如何不要造成同群众对立的局面。这是一个必须坚持的原则。"① 我们要永远坚持这条根本原则。

当然，为了保障人民民主，就必须加强法制。使民主制度化、法律化，这种制度和法律不因领导人的改变而改变，不因领导人的看法和注意力的改变而改变。邓小平同志十分强调：要"做到有法可依，有法必依，执法必严，违法必究。国家和企业、企业和企业、企业和个人等等之间的关系，也要用法律的形式来确定；它们之间的矛盾，也有不少要通过法律来解决。"② 就是说国要有国法，党要有党规党法。因此，我们的党章是最根本的党规党法。没有党规党法，国法就很难保障。对于违反党纪的，不管是什么人，都要执行纪律，真正做到功过分明，赏罚分明，伸张正气，打击歪风邪气。

其三，邓小平同志提出了："我们的原则是'有错必纠'。凡是过去搞错了的东西，统统应该改正。有的问题不能够一下子解决，要放到会后去继续解决。但是要尽快实事求是地解决，干脆利落地解决，不要拖泥带水。""要大处着眼，可以粗一点，每个细节都弄清不可能，也不必要。"还强调指出："首先要加强全党的团结，特别是要加强党的领导核心的团结。我们党的团结，是建立在马列主义、毛泽东思想基础上的团结。党内要分清理论是非、路线是非，要开展批评和自我批评，互相帮助，互相监督，克服各种错误思想。"③ 我们党的干部素质是好的，特别是毛泽东思想培育了一代人甚至几代人。没有毛泽东思想，就没有今天的中国共产党，没有现代化的今天。在这里必须指出："毛泽东思想永远是我们全党、全军、全国各族人民的最宝贵的精神财富。我们要完整地准确地理解和掌握毛泽

---

① 《邓小平文选》第二卷，第145页。
② 《邓小平文选》第二卷，第147页。
③ 《邓小平文选》第二卷，第147～148页。

东思想的科学原理，并在新的历史条件下加以发展。当然，毛泽东同志不是没有缺点、错误的，要求一个革命领袖没有缺点、错误，那不是马克思主义。我们要领导和教育全体党员、全军指战员、全国各族人民科学地历史地认识毛泽东同志的伟大功绩。"①

　　总之，要在新的历史条件下，研究新情况，解决新问题。尤其是要注意研究和解决管理方法、管理制度、经济政策等一系列问题。要努力把马克思列宁主义、毛泽东思想的普遍原理同我国实现社会主义的现代化具体实践结合起来，为党的十一届三中全会的召开创造良好的条件。

第二节　党的十一届三中全会是具有深远意义的伟大转折，形成了以邓小平为核心的党中央第二代成熟领导集体，使中国革命和建设开创了一个新时期

一、我们党形成了以邓小平为核心的党中央第二代成熟领导集体，开创了一个新的历史时期

　　1978 年 12 月中国共产党十一届三中全会的召开和决议，是建国以来党的历史上具有深远意义的伟大转折。根本标志就是形成了以邓小平同志为核心的包括陈云、叶剑英、李先念、胡耀邦、聂荣臻、徐向前、罗瑞卿等老一辈无产阶级革命家的领导集体的广泛拥护和支持。在邓小平同志的领导下，使中国的社会主义革命与建设事业开创了一个新的历史时期。

　　在党的十一届三中全会上，增选陈云同志为中央政治局委员、政

---

① 《邓小平文选》第二卷，第 149 页。

治局常务委员、中央委员会副主席，增选邓颖超、胡耀邦、王震为
中央政治局委员，增补黄克诚、宋任穷、胡乔木、习仲勋、王任重
等为中央委员。这就实际上形成了以邓小平为核心的党中央第二代
坚强的领导集体，为正确处理我们党和国家建国以来一系列遗留下
来的问题创造了条件。以邓小平为核心的党中央第二代领导集体的
远见卓识和政治上思想上的高度成熟。解决了建国以来，特别是
"文化大革命"以来一系列的重大问题。最重要的就是党的十一届六
中全会通过了《中国共产党中央委员会关于建国以来党的若干历史
问题的决议》的重大决策。运用马克思主义的辩证唯物论和历史唯
物论，对建国 32 年来党的重大历史事件，特别是"文化大革命"作
出了正确的总结，科学地分析了在这些事件中党的指导思想的正确
和错误，分析了产生错误的主观因素和社会原因，实事求是地评价
了伟大领袖和导师毛泽东同志在中国革命中的历史地位，充分论述
了毛泽东思想作为我们党的指导思想的伟大意义。

　　党的十一届三中全会是我党历史上具有深远意义的伟大转折，
是具有划时代的一次会议。党的十一届三中全会以后，从实际上形
成的以邓小平为核心的党中央第二代领导集体又有很大的发展。在
邓小平同志的领导下，在党的建设上做了一系列的工作，进行了拨
乱反正、正本清源，恢复和发展了毛泽东思想、毛泽东建党学说的
本来面目；批判否定和歪曲毛泽东思想、毛泽东建党学说的言论及
资产阶级自由化的错误思潮，坚持继承、纠正捍卫和丰富发展了毛
泽东思想、毛泽东建党学说的思想、理论和原则。

　　同时，以邓小平为核心的党中央第二代领导集体发出号召，要
在新的历史条件下研究、探讨毛泽东思想、毛泽东建党学说的思想、
理论和原则。在这个基础上形成了以邓小平同志为代表的一系列新
的具有创造性的新思路、新理论和新观点及马克思主义的科学论断，
形成了邓小平建党学说的基本内涵和独具特色的思想理论体系，从
理论体系上进一步坚持继承、纠正捍卫和创新与发展了毛泽东思想
和毛泽东建党学说。

　　自党的十一届三中全会以后，邓小平同志提出，在理论和实践上探索建设有中国特色的社会主义道路，进一步加强党的领导，促进党的建设，大大丰富和发展了马克思列宁主义、毛泽东思想。特别是在1978年开展的关于"实践是检验真理唯一标准"的大讨论，实质上是一次全党范围的解放思想、实事求是、团结一致向前看的马克思主义的再学习、再教育和再提高。在这次大讨论的基础上，就为党的十一届三中全会的召开创造了良好的条件，才有可能逐步形成以邓小平为核心的党中央第二代领导集体成熟，才有可能 极大地促进全党的团结和统一，提高党在人民群众中的威信和声誉。从此，我们党在社会主义现代化建设新的历史时期，展开了系统、全面的拨乱反正工作和改革开放的伟大探索，走自己的路，制定了党在社会主义初级阶段的基本路线和构思建设具有中国特色的社会主义的宏伟蓝图，使我国进入了一个伟大的新的历史时期。

　　伟大转折的基石。为了适应新的历史时期的要求，邓小平同志代表党中央1979年3月30日，在党的理论工作务虚会议上作了"坚持四项基本原则"的讲话，为我国的以后发展奠定了政治基础、指明了方向。他指出，中央认为，我们要在中国实现四个现代化，必须在思想政治上坚持四项基本原则。这是实现四个现代化的根本前提，这是在伟大历史转折时期的基石。"这四项是：第一，必须坚持社会主义道路；第二，必须坚持无产阶级专政；第三，必须坚持共产党的领导；第四，必须坚持马列主义、毛泽东思想。大家知道，这四项基本原则并不是新的东西，是我们党长期以来所一贯坚持的。粉碎'四人帮'以至三中全会以来，党中央实行的一系列方针政策，一直是坚持这四项基本原则的。"① 这四项基本原则的核心是党的领导。

　　自从有国际共产主义运动以来，就证明了没有无产阶级的政党就不可能有国际共产主义运动。列宁在《共产主义运动中的"左

────────

① 《邓小平文选》第二卷，第164～165页。

派"幼稚病》中就指出："无产阶级专政是对旧社会的势力和传 统进行的顽强斗争，流血的和不流血的，暴力的和和平的，军事的和经济的，教育的和行政的斗争。……没有铁一般的和在斗争中锻炼出来的党，没有为本阶级全体忠实的人所信赖的党，没有善于考察群众情绪和影响群众情绪的党，要顺利地进行这种斗争是不可能的。"① 这是马克思主义党的学说的一条基本原理。

我们党 70 多年的历史证明：没有中国共产党，就没有社会主义的新中国。没有党的领导也就没有中国特色的社会主义建设。邓小平指出："现在中国经济正在党中央和国务院的领导下重新走上健康发展的道路，如果再让有些人到处踢开党委去闹，那就只能把四个现代化吹得精光。这不是危言耸听，而是大量实践所证明了的客观真理。"② 我们必须坚持党的领导，这是邓小平建党学说的一条基本原理、原则。为了创造一个新时期，首先从加强党的领导入手，这是邓小平同志的着眼点、出发点和基本点。

中国共产党是马克思列宁主义、毛泽东思想和邓小平建设有中国特色社会主义理论武装起来的党，是经受了长期斗争锻炼的坚强的党。是建设有中国特色的社会主义事业的领导核心，是各族人民利益的忠实代表。党的"十三大"报告指出：要把党建设成为一个勇于改革、充满活力的党，纪律严明、公正廉洁的党，选贤任能、卓有成效地为人民服务的党。坚持共产党在国家和社会政治生活中的领导地位和作用，充分发挥我们的政治优势，这是不可动摇的政治原则。而党要卓有成效地发挥自己的领导作用、核心作用和保证监督作用，就必须随着历史的发展而发展，按照形势任务的变化而不断变化，要不断加强党的自身建设，不断改革自己的领导体制、组织形式，职能的转变，改变党的领导方式与方法，以便适应新的情况和新的要求。

---

① 《列宁选集》第 4 卷，第 212 页。
② 《邓小平文选》第二卷，第 171 页。

邓小平指出："改革党和国家的领导制度,不是要削弱党的领导,涣散党的纪律,而正是为了坚持和加强党的领导,坚持和加强党的纪律。在中国这样的大国,要把几亿人口的思想和力量统一起来建设社会主义,没有一个由具有高度觉悟性、纪律性和自我牺牲精神的党员组成的能够真正代表和团结人民群众的党,没有这样一个党的统一领导,是不可能设想的,那就只会四分五裂,一事无成。这是全国各族人民在长期的奋斗实践中深刻认识到的真理。我们人民的团结,社会的安定,民主的发展,国家的统一,都要靠党的领导。坚持四项基本原则的核心,就是坚持党的领导。问题是党要善于领导;要不断地改善领导,才能加强领导。"①

在新的历史时期要加强党的领导,改善党的领导,需要解决的问题很多。比如,我们历来说,工厂要实行党委领导下的厂长负责制;军队是党委领导下的首长分工负责制;学校是党委领导下的校长负责制等等,如何去加强党的领导等等。

党为了更好地担负起领导建设有中国特色的社会主义的伟大历史责任,我们必须研究新的历史条件下党的领导理论与实践,进一步转变一切不适应新形势需要的组织形式、思想观念和做法,切实在改革开放中加强党的领导,发挥我们党的政治优势。特别重要的是在治理经济环境、整顿经济秩序,有领导有秩序地推进相互配套的全面改革,任务十分艰巨。党的领导必须切实加强。要从严治党,为政清廉,加强思想政治工作,精神文明建设工作,努力发扬党的政治优势,这是建设和改革成功的根本保证。全党统一思想,统一行动,充分发挥各级党组织包括基层组织的战斗堡垒作用和党员的先锋模范作用。只要党心齐、民心齐,上下一致严守纪律,服从大局,就没有战胜不了的困难。

邓小平指出："共产党实现领导应该通过什么手段?是用这种组织形式,还是用别的办法,比如共产党员的模范作用,包括努力学

---

① 《邓小平文选》第二卷,第341~342页。

习专业知识，成为各种专业的内行，并且吃苦在前，享受在后，比一般人负担更多的工作。一个工厂的党委，总必须保证在产品的数量、质量和成本方面完成计划；保证技术先进、管理先进、管理民主；保证所有管理人员有职有权，能够有效率、有纪律地工作；保证全体职工享受民主权利和合理的劳动条件、生活条件、学习条件；保证能够培养、选拔和选举优秀人才，不管是党员非党员，凡是能干的人就要使他们能充分发挥作用。如果能够保证这些，就是党的领导有效，党的领导得力。"①

要坚持和加强党的领导。首先，要把党政分开、职能分开、政企分开，解决好党如何领导，如何善于领导这是个关键问题。这就必须是一要改变过去的不适应现代化的领导制度和领导方法；二要改善党的领导措施和手段；三要健全法制，提高干部素质，从根本上加强党的领导。其次，通过政治体制改革，既能精简机构，提高效率，克服官僚主义、形式主义、地方主义和无政府主义，又要使党在宪法和法律范围内活动，正确处理好法治与人治的关系，使党的领导制度化、法律化。

二、我们党的"总设计师"构思建设具有中国特色社会主义的宏伟蓝图

自党的十一届三中全会以后，邓小平同志不仅是我军最高统帅，建设有中国特色的社会主义、坚持以经济建设为中心，坚持四项基本原则，坚持改革开放的"总设计师"，也是新的历史时期执政党建设的主要决策人之一。邓小平同志关于无产阶级执政党建设的思想、理论、原则、方针和政策，是新时期执政党建设理论体系的主体和核心，对党的建设起了决定性的作用。对新时期党的基本路线、方针、政策的形成和发展，对党的一系列关键性的重大决策作了巨大

---

① 《邓小平文选》第二卷，第270～271页。

的贡献。

　　邓小平同志是我国各族人民公认的享有崇高威望的杰出的领导人，在党所领导的革命和建设的各个历史时期都做了自己的奉献。特别是在党和军队工作方面，在经济建设和改革开放方面，在努力实现和平统一祖国和外交方面，是当之无愧的总设计师。在以邓小平为核心的党中央第二代成熟领导集体的坚强领导下，我国人民在社会主义现代化建设中取得了举世瞩目的伟大成就。他杰出的政治经验和智慧是中国共产党的第二代党中央领导集体的杰出代表。作为党和国家的重大问题决策人的地位、作用是经历了历史考验的，党内外、国内外公认的无愧于我们中国共产党的领袖。

　　特别是在党和国家生死存亡紧急关头，深思熟虑，掌握航向，转危为安，被历史所证明是完全正确的。他以敏锐洞察力，伟大革命气魄做出的正确决策，保卫了国家的政权、保卫了祖国的统一，保卫了党。坚持、捍卫、继承和发展了马克思列宁主义、毛泽东思想的基本原理、原则和战略思想。创立了建设有中国特色社会主义理论和党的学说的基本原理和原则。因此，我们全面地、系统地学习、宣传和研究邓小平同志的思想、理论和学说，对于加强新的历史时期执政党的建设和建设有中国特色的社会主义具有极为重要的现实意义和深远的历史意义。

　　邓小平建党学说的形成和发展不是偶然的。他以实事求是，从实际出发，伴随着探索了一条具有中国特色的社会主义的道路而形成和发展的。中国应该走一条什么样的社会主义的经济建设的道路，毛泽东、周恩来、任弼时、刘少奇、朱德、邓小平、陈云等老一辈无产阶级革命家进行了长时期的探索、开拓、前进。邓小平同志设计的建设有中国特色社会主义的蓝图，是一个系统完整的科学理论体系，是对我国几十年社会主义建设正反两方面经验的正确总结，是马克思列宁主义、毛泽东思想在新的历史阶段的运用与发展。其中也包含着以毛泽东为核心的党中央第一代成熟领导集体的宝贵探索成果以及挫折后的觉醒和启迪。邓小平同志在长期的社会主义革命与建设的进程中孕育着建设有中国特色的社会主义思想、理论、措施和办法。在孕育过程中萌发、设计、理论概括、理论体系的形成和发展，进行了一系列创造性的劳动，形成和发展成为系统完整的科学体系。

以邓小平为代表的党中央第二代成熟领导集体，不仅提出、论证和实践了建设有中国特色社会主义的理论体系，构成了它的基本理论骨架、基本内容、基本观点和指导思想。而且还对党的建设、党的学说、精神文明建设一系列的新思路、新观点和新成果，使其理论不断成熟并已体系化。邓小平同志在"十二大"开幕词中指出："我们的现代化建设、必须从中国的实际出发。无论是革命还是建设，都要注意学习和借鉴外国经验。但是，照抄照搬别国经验、别国模式，从来不能得到成功。这方面我们有过不少教训。把马克思主义的普遍真理同我国的具体实际结合起来，走自己的道路，建设有中国特色的社会主义，这 就是我们总结长期历史经验得出的基本结论。"①

这是以邓小平为核心的党中央第二代成熟领导集体，对建国以来社会主义革命与社会主义建设，特别是对党的十一届三中全会以来历史经验的科学总结，这是我国建设有中国特色社会主义的指导思想和基本纲领。它不仅标志着建设有中国特色社会主义的理论体系的形成和成熟，而且标志着我们党的认识能力更加提高了，找到了建设有中国特色社会主义的发展规律，能够自觉地运用这个规律，标志着中国共产党在理论与实践相结合的能力上更加成熟、更加自觉，使它成为统一全党和全国人民思想的准绳。为了实现社会主义现代化，就必须用建设有中国特色的理论体系武装全党，特别是武装党员、干部，使他们掌握这个思想武器，全心全意地为人民服务。这个理论体系不但对中国的社会主义建设，而且对国际共产主义运动及科学社会主义理论的发展都具有重大意义。

---

① 《邓小平文选》第三卷，第2～3页。

实现邓小平设计构思的建设有中国特色社会主义的宏伟蓝图，有一条生命线，就是坚持和改善党的领导。这是邓小平建党学说中一个核心关键问题。为什么说它是一条建设有中国特色社会主义的生命线呢？

（一）坚持党的领导，必须改善党的领导，这是党的发展的客观规律，也是邓小平建党学说的一条基本原理。

党的领导是无产阶级革命与建设事业发展的客观要求，是马克思主义本身所要求的，只有这样才能适应建设有中国特色的社会主义。我们的党政领导者才能成为内行，才能发挥他的组织领导作用，和发挥自己的智慧和才干，成为名符其实的领导者，这就必须适应新的形势与任务的要求。改善什么呢？邓小平指出："有准备有步骤地改变党委领导下的厂长负责制、经理负责制，经过试点，逐步推广、分别实行工厂管理委员会、公司董事会、经济联合体的联合委员会领导和监督下的厂长负责制、经理负责制。还有党委领导下的校长、院长、所长负责制等等，也考虑有准备有步骤地加以改革。过去的工厂管理制度，经过长期的实践证明，既不利于工厂管理的现代化，不利于工业管理体制的现代化，也不利于工厂里党的工作的健全。实行这些改革，是为了使党委摆脱日常事务，集中力量做好思想政治工作和组织监督工作。这不是削弱党的领导，而是更好地改善党的领导，加强党的领导。"①

这就告诉我们：要实现党的领导和改善党的领导，首先使党本身必须随着历史的发展，形势和任务的变化，要不断加强自身的建设，不断改革和改进自己的领导体制、领导方式方法、组织形式和工作作风，以适应新情况下的需要，把我们的事业推向前进。

改善党的领导，最重要、最根本、最关键的是提高党政领导干部的素质，增强干部的认识能力和组织能力，使他们成为内行和专

---

① 《邓小平文选》第二卷，第340页。

家。邓小平指出："这些单位的行政负责人要努力学习各种有关管理和技术专业，再不能长期泡在各种会议里，老是当外行，那样我们就永远实现不了现代化。这些同志大多数是党员，管理制度改变了，他们除了要受上级行政部门的行政领导以外，还要受上级党组织的政治领导和同级党组织的监督。同级党组织的任务也没有减轻，而且真正加强了党的工作。工厂、公司、院、校、所的各级党组织，要管好所有的党员，做好群众工作，使党员在各自的岗位上发挥先锋模范作用，使党组织真正成为各个企业事业的骨干，真正成为教育和监督所有党员的组织，保证党的政治路线的执行和各项工作任务的完成。"

这就清楚地告诉我们，改善党的领导必须不断提高干部特别是领导干部素质，增强干部的认识能力、组织领导能力和决策能力，增长他们的才干，为党的事业做出他们应有的奉献。有的个别领导干部，有权在握，忘记了为人民服务的唯一宗旨，辜负了党的信任和委托，利用执政党地位和职务之便以权谋私，甚至个人主义恶性膨胀，不择手段，伸手要官、跑官、套官、买官、要权、争名夺利，进而走上了犯罪的道路。

马克思主义认为，无产阶级政党的力量和作用，主要的不是取决于党员数量，而是取决于党员的质量，取决于他们的素质，取决于他们执行党的路线的坚定性、高度的党性和对马克思主义、共产主义事业忠诚和他的实实在在的才干。

（二）加强党的自身建设，克服和纠正自身存在的弊端和腐败现象。

加强党的自身建设，增强党的凝聚力、吸引力和战斗力，消除自身的弊端和一切腐败现象，这是邓小平建党学说的一条基本原则。自身的坚强是立于不败之地的源泉。

我们所以要改善党的领导，就是因为我们党在思想上、政治上、组织上、制度上和作风上还存在着一些弊端。从基层来说，要下决心改变党员高于一切群众，支部书记高于一切干部，党组织高于一切组织的状况。党委不能再包揽一切、干预一切。党要依靠群众，紧密联系群众，党要在群众之中。要把党的领导的基点，主要体现在如何制定和实现党的路线、方针和政策上。党的工作的核心，是支持和领导人民当家作主。整个国家是这样，各级党的组织也是这样。党的组织、共产党员、党的干部特别是党政领导干部，都要永远站在人民一边，同人民在一起，了解他们的要求，倾听他们的意见和呼声，采取各种办法保护和争取他们的利益。这是党从长期革命和建设斗争中得出的经验总结。是我们党永远坚持的基本原则。

　　邓小平认为，要改变党凌驾于一切组织之上，居高临下的状况。要认真考虑党在整个国家社会生活中的地位，党的机关、国家机关怎么改革。不限于领导的方法方式，有一系列改革的问题摆在我们的面前。要具体研究，哪些问题，通过什么途径，由哪些单位，哪些团体去解决。包括各种群众团体，党怎样领导他们，他们自己怎样活动。这都是毛泽东建党学说中很值得研究、探讨的问题。要认清楚执政党的基本特点和它记取的经验和教训是什么？

　　要改善些什么？改善党的领导措施和手段是什么？就是说党的各级组织的权力、任务、工作方式等等都要改善。邓小平指出："我们党管政府怎么管法，需要总结一下经验。党政分开，我们从十一届三中全会开始就提出了这个问题。我们坚持党的领导，问题是善于不善于领导。党要善于领导，不能干预太多，……干预太多，搞不好倒会削弱党的领导，恐怕是这样一个问题。"① 党政分开、政企分开，这涉及政治、经济体制改革。党委如何领导？党委应该只管大事，不能管小事。机构重叠是改革的最大障碍。党委不要设经济管理部门，那些部门的工作应该由政府去管，在实际上没有做到。为什么呢？

　　邓小平一再强调这样一个基本思想：党的组织不是政府，不是

---

① 《建设有中国特色的社会主义》（增订本），第136页。

国家的权力机关。我们不能实行以党治国的办法。他在 1941 年 4 月 15 日在中共中央北方局出版的《党的生活》上发表文章反对"以党治国"的观念。假如说中国是一个半封建的缺乏民主的国家，则反映到党内的是：共产党员一般缺乏民主的习惯，缺乏民主政治斗争的常识与锻炼。假如说西欧共产党带有若干社会民主党的不良传统，则中国党或多或少带有一些国民党的不良传统。某些同志的"以党治国"的观念，就是国民党恶劣传统反映到我们党内的具体表现。

邓小平指出："几年来，'以党治国'的思想曾经统治了某些区域，甚至有些区域的领导同志还长期存在着这种顽固的思想。它所造成的恶果也不小，主要表现为：

第一，这些同志误解了党的优势，以为党员包办就是绝对优势，不了解真正的优势要表现在群众拥护上。把优势建筑在权力上是靠不住的。……

第二，这些同志误解了党的领导，把党的领导解释为'党权高于一切'，遇事干涉政府工作，随便改变上级政府法令；不经过行政手续，随便调动在政权中工作的干部；有些地方没有党的通知政府法令行不通，形成政权系统中的混乱现象。甚至有把'党权高于一切'发展成为'党员高于一切'者，党员可以为非作歹，党员犯法可以宽恕。……

第三，这些同志尚简单避复杂，主要是他们自己不相信自己的主张正确，怕见人，怕通不过，以为一切问题只要党员占多数，一举手万事皆迎刃而解。殊不知这是麻痹党腐化党的使党脱离群众的最好办法。"① 40 多年过去了，现在还有它的现实意义。

我们是执政党更要特别注意这方面的问题。要认清我们党真正的优势在哪里？领导靠威信，不是靠权力。人民群众是历史的创造者和力量的源泉。执政的党离开了人民群众也是寸步难行。要在实

① 《邓小平文选》第一卷，第 10～11 页。

际工作中，社会政治生活中，要坚决反对"党权高于一切"、"党员高于一切"，要坚持党要在宪法和法律范围内活动，共产党员，党员干部要成为遵纪守法的模范。就是在政权机关的党员不能自高自大，盛气凌人，自以为是，看不起非党员，自己可以不守法，不遵守政权的纪律和秩序。更不能有少数党员自成一帮、消极怠工，贪污腐化，互相包庇。要发扬民主政治，不能把非党干部、群众看成任人摆弄的傀儡，不能失掉对新鲜事物的知觉，而逐渐腐朽。

只要我们加强党自身的建设，我们党自身不腐败，就能无敌于天下。我们一定要加强党的自身建设，消除"以党治国"的流毒。正如邓小平指出的："总之，'以党治国'的国民党遗毒，是麻痹党、腐化党、破坏党、使党脱离群众的最有效的办法。我们反对国民党以党治国的一党专政，我们尤其需要反对国民党的遗毒传播到我们党内来。"①

（三）党政分开、政企分开好处多。

党政分开有利于加强党的领导和改善党的领导。党政分开、政企分开的好处很多，有利于使我们党集中精力搞好党的思想、组织、制度和作风建设。实现党要管党、有利于改变党组织处于行政第一线和直接执行者的被动状况。使党更好地总揽全局，驾驭矛盾，真正发挥党的核心领导作用。

邓小平指出："政治体制改革包括什么内容，应该议一下。我想政治体制改革的目的是调动群众的积极性，提高效率，克服官僚主义。改革的内容，首先是党政要分开，解决党如何领导，如何善于领导的问题。这是关键。第二个内容是权力要下放、解决中央和地方的关系，同时地方各级也都有一个下放权力问题。第三个内容是精简机构，这和权力下放有关。还有一个内容是提高效率……我想要把党政分开放在第一位。在改革中，不能照搬西方的，不能搞自

---

① 《邓小平文选》第一卷，第12页。

由化。"① 我们坚持党政职能分开，政企分开，都是由我们党和国家政权机关的性质、职能和活动方式不同而决定的。

这就是说，从本质上讲党组织和政权不同，政权机关是国家权力组织，是国家机器，是一个阶级镇压另一个阶级的机器，由于本质属性不同，不能互相代替；从职能上讲，国家政权机关主要是负责管理国家的行政事务和组织社会主义经济建设、维护社会安定和巩固国防；从活动方式、方法来说也不同，政权机关的活动方式、方法主要是通过行政手段并且以强制的力量对国家和社会生活的各个方面实行管理。正是由于这些不同，就不能以党治国、以党代政，应当党政分开、政企分开。

邓小平还强调指出：政治体制改革的"第二个目标是克服官僚主义，提高工作效率。效率不高同我们的机构臃肿、人浮于事、作风拖拉有关。但更主要的是涉及党政不分，在很多事情上党代替了政府工作，党和政府很多机构重复。我们要坚持党的领导这一中国的特点，不能放弃这一条，但是党要善于领导。"② 就是说改善党的领导，是邓小平建党思想、建党学说形成和发展的特点，也是建党学说的一块基石。重要的就是健全法制，提高干部特别是领导干部素质，从根本上加强和改善党的领导。

从党的十一届三中全会以后，我们党就开始了抓法制，没有法制不行。法制观念与人们的素质有关。现在这么多青年人犯罪，有的干部犯罪，这同素质有关。因此，要加强法制教育，法制建设，要以法治国、以制度治国。邓小平指出："法制教育要从娃娃开始，我们的小学、中学都要进行这个教育。现在有些年轻人犯罪没有顾忌，娃娃犯罪无法无天。总之，法律范围的事由党来管，把一些犯罪问题也放进端正党风的范围，由中纪委这个口来管，这不利于在全体人民中树立法制观念。打击犯罪、纠正不正之风中属于法律范围、社

---

① 《建设有中国特色的社会主义》（增订本），第140～141页。
② 《建设有中国特色的社会主义》（增订本），第147页。

会范围的问题，应当靠加强法制和社会教育来解决。我们要把这方面的经验总结一下，使它来一个改善。"①

这些基本指导思想，是邓小平建党学说的一个重要内容，也是我们党的历史经验的总结。我们党要既重视法制，又要重视教育。党必须在宪法和法律的范围内进行活动。因为法律是党的主张和人民意志的统一体现。体现了统治阶级的根本利益和意志，是经过国家权力机关制定或认可的，是有强制力，并对社会全体成员都有普遍约束力的行为规范。因此，制定和执行宪法和法律是党对国家生活实行领导的一种形式，从而保持党和国家政治生活、社会秩序持续稳定以利于党的事业。还要加强教育，坚持从严治党的方针。

我们党根据马克思列宁主义、毛泽东思想和邓小平建设有中国特色社会主义理论、党的学说的基本原理和新的历史时期党的新任务、新特点、新思路，在总结党的历史经验的基础上，我们党提出了从严治党的方针，要坚持这个方针，落实这个方针。

要从严治党，首先要严格坚持党章、坚持党员标准。使共产党员具有坚定的信念、理想，自觉坚持四项基本原则，坚持改革开放，奋发进取，开拓创新，自觉抵制资本主义腐朽思想的侵蚀和封建主义的影响；其次，要处处以身作则，起先锋模范作用，做表率。不能说的好听，做的难看。共产党员要永远保持与人民群众的密切联系，得到人民群众真心实意的拥护和支持。要坚持不懈奋发上进，严守纪律、艰苦奋斗，不怕牺牲，排除一切干扰，从而保持党的先锋队性质；其三，对党组织和党员提出严格的要求，严肃党纪国法，使党有生机和活力，真正成为建设有中国特色的社会主义的组织者和领导者；其四，从严治党，依据党章和国家法律，采取积极的措施，要求党员、党员干部，按照标准，履行自己的权利和义务，执行自己的职责。正确全面的贯彻执行党的基本路线、方针和政策，做好本职工作。这就要从根本上提高干部特别是领导干部贯彻执行党的

① 《建设有中国特色的社会主义》（增订本），第136页。

基本路线的自觉性、主动性和积极性。干部的素质具有决定意义。努力提高干部的实际本领，加强党的组织建设，把从严治党落到实处；其五，要加强廉政建设清除腐败。使从严治党贯穿于建设有中国特色社会主义的全部进程中，贯彻到改革开放的始终，这是我们党一个长期而艰巨的任务。

总之，要把从严治党，坚持党员标准，坚持干部条件，严格执行组织纪律，都落到实处才能卓有成效。

三、邓小平思想、理论集中体现了新时期 革命与建设事业的新发展，特别是对 毛泽东建党学说的新发展

邓小平思想、理论、路线是在当代国际国内新形势下，在我国改革开放和社会主义现代化建设的实践过程中，在深刻总结我国执政40多年以来社会主义建设进程中的经验，并在借鉴其他国家社会主义兴衰成败历史经验的基础上，逐步形成发展和成熟起来的。邓小平思想、理论，特别是建设有中国特色社会主义的理论，包括党的学说理论，它是马克思列宁主义、毛泽东思想基本原理与当代中国社会主义现代化的实际和时代特征相结合的产物，是对毛泽东思想的继承和发展，是全党全国人民集体智慧的结晶，是中国共产党和中国人民最可珍贵的精神财富。他的思想和理论对党的建设具有重大的历史意义和深远影响。

邓小平思想、理论集中体现了党的十一届三中全会以后马克思列宁主义、毛泽东思想在中国革命和建设事业的新发展。邓小平同志是我国社会主义改革开放和现代化建设的总设计师。他在改革开放的实践中，尊重实践，尊重人民群众，时时刻刻关注最广大人民的利益和愿望，善于概括人民群众的经验和创造成果，能够敏锐地把握住时代发展的脉搏和契机，既能继承前人创造的科学成果，又能突破陈规，按照形势的需要创造新的理论，新的观点。表现出了

开辟社会主义建设新道路的巨大政治勇气和开拓马克思列宁主义、毛泽东思想新境界的巨大理论勇气，对建设有中国特色的社会主义理论的创立，对党的学说的发展做出了历史性的重大贡献。

他对建设有中国特色社会主义的思想、理论、观点的轮廓，回答了新的历史时期社会主义建设的指导思想、历史任务、基本路线，发展动力和布局等等一系列问题，规划设计了中华大地前进的基本方向和规划蓝图。因此，全党学习、宣传邓小平的战略思想更有特殊的极端重要性，要掌握这个思想武器，把党建设好，使党真正成为建设有中国特色社会主义的坚强核心。

从思想理论体系上看，邓小平建党学说，同马克思列宁主义、毛泽东思想的建党学说一脉相承，它是在中国社会主义现代化建设过程中的具体运用和发展，是毛泽东建党学说的续篇，是姊妹篇，是马克思主义党的学说的上下集。是以毛泽东为核心的党中央第一代成熟领导集体对党的学说的集体创造成果和以邓小平为核心的党中央第二代成熟领导集体对党的学说的集体创造成果相结合的历史产物。是继承和独创的结合体。如果说以毛泽东为核心的党中央第一代成熟领导集体，成功地解决了中国的民主革命和社会主义革命的理论、路线、方针和政策以及一系列的政治、经济、文化的战略和策略的重大问题，使中国人民站起来了，走向繁荣昌盛、民主、富强的社会主义道路。那么在以邓小平为核心的党中央第二代成熟领导集体的指引下，总结了执政40多年的经验教训，特别是"文化大革命"的教训，包括对毛泽东同志晚年错误的纠正。成功地解决了在新的历史时期和当代新形势下如何建设社会主义的问题。解决了一系列的经济、政治、文化的重大问题，把我们党的事业推向前进。这是第一代毛泽东、第二代邓小平以自己的巨大贡献和丰功伟绩载入我党史册是无愧的。都是我们党公认的领袖。

从建设党的指导思想和理论上看，它不仅是毛泽东建党学说的重要组成部分，而且是它的重大发展和新的创造。如果说毛泽东建党学说是马克思列宁主义普遍真理与中国共产党建设的具体实践相结合的产物，那么邓小平建党学说就是马克思列宁主义、毛泽东思想在当代改革开放、建设有中国特色社会主义的具体实践进程中关于党的建设的具体体现，也是以邓小平为核心的第二代党中央成熟领导集体智慧的结晶。是马克思列宁主义、毛泽东思想关于党的学说在我国改革开放的历史时期的运用和发展。

第三节　邓小平建党学说形成和发展的特色

一、邓小平建党学说具有自己独特的思路和新的特色

　　邓小平建党学说是在中国革命和建设有中国特色的社会主义的实践中，对马克思列宁主义、毛泽东思想关于党的学说的丰富和发展具有新时期的特点：解放思想、实事求是，一切从实际出发，特别是从中国还处在社会主义初级阶段的最大实际出发，这是邓小平思想、理论（包括建设党的理论）形成和发展的重要理论基础。也是邓小平思想、理论科学体系的核心；建设一个成熟的有战斗力的党，是建设党的主题和实质。邓小平以马克思主义的理论勇气，伟大的革命气魄，锐意改革，勇于创新，提出了建设有中国特色的社会主义理论与实践，把党建设成为领导建设有中国特色社会主义的坚强核心，这是"实现四化、振兴中华"的一面光辉的旗帜。

　　坚持四项基本原则，坚持改革开放，坚持以经济建设为中心的基本路线，是实现强国之路的施政纲领。邓小平建党学说、理论的科学体系，主要是对党的政治建设、思想建设、组织建设、制度建设、作风建设、干部队伍领导班子建设和军事理论、国防建设以及经济、政治、文化教育、科学技术、体育卫生建设等等的新发展、新思路、新的成果等等，都具有新时期的特色。因此，邓小平思想、理

论，特别是邓小平建党学说的地位、作用对建设有中国特色的社会主义有重大的战略意义。

邓小平建党学说形成和发展的基石和特色，有它自己的独特的新思路。解放思想、实事求是是邓小平建党学说、建设党的理论的基石。是保证我们党永葆蓬勃生机的法宝。它像一条红线贯穿于邓小平建党学说形成和发展的全过程，从而使邓小平建党学说形成和发展具有自己的鲜明特色。这种特色能够随着时代的前进不断深入发展。

首先，他以社会主义初级阶段的国情、党情、民情为依据，思考执政党建设的理论与实践，着重指出在改革开放中加强党的建设；其次，依据党章、条例、决议、决定从严治党，从执政党的特殊地位出发，反复强调坚持从严治党、治国、治军，采取断然措施，防止党内腐败变质的危险；其三，坚持党的建设工作经常化、民主化、制度化和法制化。要以从严治党为灵魂，以改革开放为动力把党建设成为有中国特色的社会主义的坚强核心为目的，也是邓小平建党学说的一大特色。

由此可见，这些新思路的形成和发展，邓小平建党学说和理论在新的历史时期起到了重要的指导作用和深远的影响。主要表现在两个方面：一方面，邓小平建党学说指导全党把工作重点转移到社会主义现代化建设上来，使党的整个工作走上了马克思主义发展的轨道，把党建设成为领导建设有中国特色社会主义的坚强核心；另一方面，它引导党的建设各个方面的工作，都要围绕着经济建设这个中心，保证党领导的社会主义现代化建设总任务的实现。这就从总体上保证党的建设走上马克思主义的轨道。

邓小平建党学说、理论也有它自身形成和发展的过程，有它自身的独特优点。为什么呢？邓小平同志是我们党最早一批共产党员和积极活动家之一。他从留法勤工俭学到举行百色起义和龙州起义、成立红七军和红八军。李明瑞同志任两军总指挥，邓小平同志任政治委员，创立了左江、右江革命根据地。

在中央革命根据地时因坚决支持毛泽东同志的正确主张，受到王明"左"倾教条主义、家长制的严重打击。在二万五千里长征中担任党中央秘书长，并参加了我们党具有伟大历史转折而著名的遵义会议。

抗日战争时期历任八路军总政治部副主任、一二九师政治委员并主持中共中央北方局的领导工作。1945年在"七大"时当选为中共中央委员，任中共晋冀鲁豫中央局第一书记。解放战争时期，任中国人民解放军第二野战军政治委员。在对解放战争具重大意义的淮海战役和渡江战役中任总前委书记。

建国以后，任中央人民政府委员、中共中央西南局第一书记、西南军政委员会副主席、西南军区政治委员。1952年任政务院副总理。1954年任中共中央秘书长、国防委员会副主席。1955年在中共七届五中全会上增选为中央政治局委员。1956年在党的第八次全国代表大会上作关于修改党的章程的报告。八届一中全会上当选为中央政治局常务委员、中央委员会总书记。

"文化大革命"以前，邓小平同志已经显示出作为毛泽东同志可能接班人的地位。这不仅因为他是党中央领导集体中比较年轻的成员之一，还由于他在实践中已经表现出治军、治国、治党的卓越才能，具备有组织、有魄力、有度量、统揽全局、举重若轻的领袖品格。毛泽东同志也曾多次表示过这样的意思：1957年在莫斯科参加十月革命40周年典礼的时候，赫鲁晓夫问毛泽东：你的接班人考虑没有？毛泽东回答说：我们党里的几位同志，他们都不比我差，在我之后，有刘少奇、邓小平、周恩来这些同志；1959年在上海会议上，毛泽东说：政治局就是"政治设计院"，权力集中在中央政治局常委和书记处，我是主席，为正帅，邓小平是总书记，为副帅；1961年英国蒙哥马利元帅访华，毛泽东同志在武昌会见了他。蒙问毛泽东：你的接班人是谁？毛泽东明确回答：我的接班人，第一是刘少奇，第二是邓小平；1966年毛泽东同志发动和领导了"文化大革命"，改变了原来对许多事情的看法，包括对邓小平的看法。运动一开始，邓小平就同刘少奇一起，被认为是压制"文化大革命"的"刘邓资产阶级反动路线"的主要代表。

在史无前例的"文化大革命"中，受到错误的冲击、批判和斗争。1973年在"文化大革命"积累的许多问题亟待清理的情况下，在毛泽东主席的指导下，邓小平被召回北京，恢复了党的组织生活及国务院副总理职务。1975年1月任中共中央副主席，国务院副总理、中央军委副主席和中国人民解放军总参谋长。周恩来总理病重后，他主持党和政府的日常工作，并着手对多方面、多层次的工作进行坚决的整顿，同以江青为首的反革命集团进行了针锋相对的斗争。1976年4月，又一次被错误地撤销党内外一切职务。

"四人帮"反革命集团被粉碎后，1977年7月在党的十届三中全会上，恢复了原来担任的党、政、军领导职务。1978年党的十一届三中全会上继续当选为中共中央副主席、中央军委副主席。1978年当选为政协全国委员会主席。在党的十一届三中全会上，邓小平同志对党的工作重点实现历史性的伟大转折起了决定性的作用。

党的十一届三中全会以后，实际上形成了以邓小平为核心的党中央第二代领导集体，特别是1981年6月党的十一届六中全会通过了在邓小平同志主持和指导下起草的《关于建国以来党的若干历史问题的决议》。在这次全会上，邓小平同志当选为中央军委主席。1982年十二届一中全会上，他当选为中央政治局常委、中央顾问委员会主任、中央军委主席。1983年在第六届全国人民代表大会第一次会议上，当选为中华人民共和国中央军事委员会主席。1987年由党的十三届一中全会确定为中共中央军事委员会主席。

在以邓小平为核心的党中央第二代成熟领导集体指引下，全党制定和实施新的历史时期的路线、方针和政策。进行了一系列的拨乱反正、正本清源、承上启下、继往开来的重大决策。他提出了解放思想，实事求是，团结一致向前看的指导方针的决策；坚持四项基本原则的决策；把全党全国的工作重点坚定不移地转移到经济建设上来，把马克思列宁主义、毛泽东思想的普遍原理同中国社会主义现代化结合起来走自己的路,建设有中国特色社会主义的决策;进行经济体制、政治体制改革,进行机构改革,实现干部队伍的革命化、年轻化、知识化、专业化改革等决策;社会主义精神文明与物质文明两手抓的决策;教育培养一代有理想、有道德、有文化、有纪律的新人的决策;一手抓改革开放,一手抓打击经济领域和其他领域的犯罪活动的决策;提出了"一国两制"构想的决策;以及提出了新时期党的思想路线、政治路线和组织路线的决策,等等。

由于邓小平同志一直长期先后担任党内外各种领导职务,处在重要的领导岗位,为邓小平建党学说、理论原则的产生、形成和发展提供了广阔的政治舞台。使他能够从全国、全局的高度观察思考问题,从当代的历史高度了解国际国内状况,探索执政党建设的客观规律、一般规律和特殊规律、积累了丰富的建设党的经验和发展毛泽东建党学说理论。这些极为有利的因素和独有的条件,与他自身具备的马克思列宁主义、毛泽东思想理论素质修养相结合,就成为对邓小平建党学说作出建树的重要的主客观条件,就必然形成为邓小平建党思想、理论的科学体系,成为毛泽东建党学说的续篇。

几十年来的革命实践证明:邓小平同志不愧是杰出的马克思主义者,坚定的共产主义者,伟大的共产主义战士,卓越的无产阶级革命家、政治家、思想家、军事家,我们党和国家久经考验的领导人。他根据马克思列宁主义、毛泽东思想同中国革命与建设的实践相结合的原则,提出的一系列理论、观点,是毛泽东思想的重要组成部分,是毛泽东思想在新的历史条件下的继承和发展,是中国共产党和中国人民的宝贵精神财富。我们一定要认真学习、研究、探讨邓小平同志的思想、理论、著作,使它今后在我国社会主义现代化建设的伟大进程中发挥重大的指导作用。

二、邓小平建党学说形成和发展的基本
特点和突出贡献

在以邓小平为核心的成熟的党中央第二代领导集体的指引下，在执政党建设的理论上做出了突出贡献。其主要原因是什么呢？邓小平同志在长期的中国革命与建设的实践中，形成了具有自己特色的党的建设理论体系。这个体系的形成和发展有自身形成和发展的过程。简要概括为：

在民主革命时期，他是以毛泽东为核心的成熟的党中央第一代领导集体的主要成员和决策人之一。毛泽东建党学说的形成和发展也伴随着、孕育着邓小平建党学说的思想、理论初步的形成和发展。在中国革命和建设的实践中，他初步形成了自己独具特色的建党学说、建党思想和理论，成为对毛泽东建党学说的丰富和发展；自新中国成立到粉碎"四人帮"是邓小平建党思想、建党理论、建党学说形成或基本形成时期；从粉碎"四人帮"到党的十三届全国代表大会，是邓小平建党思想、理论、学说全面发展和进一步成熟时期；从"十三大"以后特别是邓小平同志视察南方、"十四大"至今，是邓小平建党思想、理论、学说的丰富和发展时期。

在伟大的历史转折时期，邓小平同志在执政党的建设理论上做出了突出贡献，成为中国共产党第二代党中央成熟领导集体的杰出代表和坚强核心，对中国的革命和社会主义现代化建设以及建设有中国特色的社会主义事业有巨大深远的影响。

邓小平建党学说形成和发展的基本特点和突出贡献，主要表现在五个基本方面：

1. 邓小平同志以无产阶级革命家的巨大政治勇气和开拓马克思主义新境界的巨大理论勇气和革命气魄,坚持把马克思列宁主义、毛泽东思想和新的历史时期的社会主义初级阶段的基本政治路线、改革开放的具体实践相结合.形成了具有中国特色的党的建设思想、

理论、原则和指导思想。这既是中国共产党领导中国民主革命和社会主义革命与社会主义建设的根本性经验和科学的结论，也是以邓小平为核心的党中央第二代成熟领导集体在新的历史时期邓小平建党学说、理论获得全面发展，并卓有成效的科学成果的概括。这是无产阶级革命家、政治家、思想家、理论家的独具特色的反映。

2. 以邓小平为核心的党中央第二代成熟领导集体，能够坚持唯物辩证法的立场、观点和方法。既不迷信马克思、恩格斯、列宁、斯大林、毛泽东的经典著作的条条框框，也不受各种政治思潮、政治理论的冲击和干扰，有自己的理解、认识和主张，具有政治上的坚定性和高度成熟，远见卓识的品格，正确处理党和国家的重大关键问题的决策。例如：他坚持对毛泽东同志的历史地位和毛泽东思想进行实事求是的科学的正确评价。充分论述了毛泽东思想作为党的指导思想的伟大意义。还对民主政治、民主经济、改革开放、经济体制改革等等作出重大决策。

3. 对党、对阶级、对民族、对人民高度负责的革命精神，对社会主义、共产主义的无限忠诚的科学态度。为了人民的解放事业，一方面，邓小平同志不顾批评毛泽东主席的个人崇拜所冒的风险，引导全党奋力冲破"左"的束缚；另一方面，他又不计较饱受"左"的错误之苦的个人恩怨，站在马克思主义的立场上，引导全党正确地评价关于建国以来若干重大历史遗留问题，并能坦诚地承担在社会主义发展事业发生转折时期自己所应负的历史责任。显示了一个政治上高度成熟的伟大的马克思主义者的郑重态度，给后代树立了光辉的榜样。

4. 由于邓小平同志长期以来，对中国人民的革命与建设事业做出了不可磨灭的贡献，他在中国革命和建设事业的进程中，几次大起大落，饱经暴风骤雨的洗礼和沉浮。一身系得多次坎坷和安危，经得住种种考验，是千锤百炼的成熟领袖，在全党和全国人民中享有巨大的威望，赢得了全党和全国人民的崇敬和高度信赖，而被再度推上新时期的主要领导岗位，成为新时期党的事业主要决策人之一，成为中国共产党第二代核心人物。

5. 邓小平同志把革命的胆略和高超的领导艺术相结合。在伟大的历史转折时期，党内外思潮非常复杂、风云变幻的形势下，处理一系列复杂的思想问题、理论问题和实际问题，不仅需要胆略，而且需要高超的领导艺术。太急了，容易脱离群众，得不到党内外的广泛理解和支持；太慢了，易于坐失良机，落后于形势发展和党内外的普遍要求，延缓历史发展的进程。只有成熟的革命领袖，才能把革命的胆略与高超的领导艺术完美地结合起来，导演出威武雄壮的活剧，活跃在中国的政治舞台上。

总之，由于这五个方面的特点和原因，使邓小平建党学说、理论得以全面展开和进一步深入发展。他的建党学说、思想和理论，不仅对毛泽东建党学说的一系列基本原理和原则作了新的发挥和科学的新概括，而且在很多方面对毛泽东建党学说作了重大的丰富和发展，为执政党的建设指明了前进的方向。

在执政党的条件下，邓小平同志关于党的学说的基本原理、原则产生、形成和发展于我们党领导全国人民进行社会主义现代化建设的实践中，又在马克思列宁主义、毛泽东思想的指引下，一步一步地满足这种实践的需要而不断丰富和发展起来的。他揭示了执政党建设的客观规律，特别是新的历史时期党的建设的发展规律，它是在新时期执政党建设理论形成和发展的重要标志之一。

在新的历史时期，邓小平建党学说和理论回答了党的领导地位和作用，强调指出，要立场坚定、旗帜鲜明地坚持党的领导，加强和改善党的领导，这是加强党的建设的根本前提。"从根本上说，没有党的领导，就没有现代中国的一切。"① 为了坚持党的领导，必须改善党的领导，这是实现党的领导的基本途径。要改善党的领导，必须把党自身建设好。在邓小平建党学说的指引下，在新的历史时期要建设一个什么样的党？必须确立正确的建设党的目标和指导思想。

---

① 《邓小平文选》第二卷，第266页。

为了实现这个目标，党必须在思想上、政治上、组织上、制度上和作风上等方面采取有效措施加强党的建设，以保证各方面的建设服务于党的"一个中心、两个基本点"的基本路线，服务于党的建设目标，把党建设成为具有中国特色社会主义的坚强领导核心。

三、以邓小平为核心的党中央第二代成熟领导集体的远见卓识和政治上的高度成熟对党的建设理论的重大意义

邓小平同志在党的"十二大"开幕词中指出："我们的现代化建设，必须从中国的实际出发。无论是革命还是建设，都要注意学习和借鉴外国经验。但是，照抄照搬别国经验、别国模式，从来不能得到成功。这方面我们有过不少教训。把马克思主义的普遍真理同我国的具体实际结合起来，走自己的道路，建设有中国特色的社会主义，这就是我们总结长期历史经验得出的基本结论。"① 这是以邓小平为核心的党中央第二代成熟领导集体对建国以来社会主义革命与社会主义建设，特别是对改革开放以来历史经验的科学总结。这是我国建设有中国特色的社会主义的指导思想和基本纲领，是以邓小平为核心的党中央第二代成熟领导集体的远见卓识和政治高度成熟的标志。

在 1982 年 9 月党的十二次全国代表大会选出了新的中央委员会，并选出中央顾问委员会和中央纪律检查委员会。在随后举行的十二届一中全会上，选举胡耀邦为中央委员会总书记，胡耀邦、叶剑英、邓小平、赵紫阳、李先念、陈云为中央政治局常委。中央顾问委员会第一次全体会议选举邓小平同志为中顾委主任。中央纪律检查委员会第一次会议选举陈云为中纪委第一书记。这时，党中央

---

① 《邓小平文选》第三卷，第 2～3 页。

领导集体中，除老一辈领导人外，增加了新的成员。为了培养造就新的一代领导集体，虽然邓小平、陈云、李先念他们自 1980 年 9 月后不再担任国务院副总理的职务，但他们和叶剑英同志仍在党和国家的领导工作中起着重要作用。这已经形成以邓小平为核心的党中央第二代成熟领导集体以组织的形式被党的全国代表大会载入我党史册。

以邓小平为核心的党中央第二代成熟领导集体的远见卓识和政治上的高度成熟，对党的建设理论，特别是高层次的领导班子建设具有重大意义。

党的十一届三中全会以后，特别是党的五中全会上，我们党遵照马克思列宁主义、毛泽东思想关于党的领袖是个集体的思想，总结了国际共产主义运动和我国的历史经验，特别是我国"文化大革命"的经验与教训，第一次从理论上明确地提出了集体接班的基本原则，否定了个人接班，并提出了废除领袖职务终身制的问题，废除一切实际存在的领导职务终身制问题。这是邓小平建党学说的一条重要原理，是对毛泽东建党学说的新发展、新贡献。

中国共产党认为，以集体形式接班比以个人形式接班好，以集体的形式培养选拔接班人，比以个人方式培养接班人好。因此，以集体形式培养、造就、选拔接班人是个好形式，是个好办法，是我们党的历史经验的科学总结。集体接班有利于党和人民的事业，有利于党和国家的长期的连续性、继承性和稳定性。我们党采取一个集体领导核心接班的组织形式，集体领袖的形式，这是对国际共产主义运动的一个重大发展，一个伟大创举。

当然,这个经验还要在中国革命和建设的实践中不断加以完善、巩固和发展，还要经过革命和建设的实践和历史的检验，在实践中不断总结新的历史经验、不断充实、丰富和发展新的内容，使它逐步地完善起来。这样提出问题，就是一个非常重要的战略思想，这样的思路是正确的、科学的，也是符合马克思主义的。

要确立党的领导核心，特别是高层次的领导。有了坚强的领导核心才会有稳定的或比较稳定的政治集团。解决接班人的问题，而且是集体接班。这样才能保持一个党、一个国家的领导集团的长期稳定、巩固和发展，才能经得住大风大浪，才能够顶住种种风险。就是说，哪一个环节出了问题，出了毛病，发生了突然事件，都不会影响一群、波及一片。我们中国共产党是在这样一个战略思想指导下，把我们党的集体领导建设好，这不仅是一个重大战略问题，而且是邓小平建党学说的一个重要组成部分。

在以邓小平为核心的党中央第二代成熟领导集体的指引下，我们党的十一届五中全会上决定成立中央书记处，作为党的集体领袖，是集体接班的一种组织形式。选举出一批年富力强的中央领导人，准备集体接班。这就给在无产阶级专政的历史上，提供了解决接班人问题的新经验。这是我们中国共产党在邓小平同志领导下的历史经验的科学总结，是花了极大代价的，这个问题是具有国际意义的，既有现实意义，又有历史意义。

我们党在粉碎"四人帮"以后，特别是党的十一届三中全会以后，全党认真贯彻执行这个战略思想，从党中央开始，把集体接班的马克思主义原则，具体运用到各部门、各组织中去，采取积极的措施，培养和造就出一大批无产阶级革命事业的接班人，确保我们党和国家的革命与建设事业沿着马克思列宁主义、毛泽东思想的轨道持久地发展下去，避免发生政治危机和社会动乱，并且有效地防止林彪、"四人帮"一类野心家、阴谋家、两面派篡改马克思主义，进行抢班夺权。为什么说集体接班的组织形式是个好的形式，采取这种方法和形式有什么优点呢？怎样才能使党和国家政权永远掌握在忠诚于马克思主义的人手里呢？具体有这样五条：

1. 集体接班，这是民主集中制和党的集体领导在我们党的历史上的重大发展，也是组织路线上的重大突破，是国际共产主义运动史上一个创举，是我们中国共产党在新的历史条件下历史经验的概括和总结。因为这样做就有可能实现集体领导的原则，就有条件、有可能实行重大问题集体讨论决定，就有可能避免权力过分集中。就能把党的集体领导是最高原则的精神落到实处。这样做不仅在理论上，而且在实践进程中加强了党的民主集中制和党的集体领导的根本原则。在政治上、思想上、组织上、重大决策上确保党的集体领导的贯彻与执行。

2. 集体接班，就是树立集体领袖的威信。明确领袖是个集团，不是个人，是一批人，是一层人，一个集体组织。就是天才的伟大人物，党的领袖，也是集体的一个成员，在集体的智慧和人民群众的培养帮助下不断发展成长起来。坚持相信组织高于相信个人的原则，坚决克服和纠正个人崇拜的不良影响。为了使这个指导思想落实，我们党采取了一系列具体措施，不要突出宣传个人，不要挂像，不要过分夸大个人的作用，等等。这些都是根据当时的实际状况和历史的经验教训提出来的。

3. 集体接班，有利于集体领导和集体智慧的充分发挥。集体领导是中国共产党的最高原则。职务终身制，不利于集体领导，如有职务终身制，作为一个党组织还得维护这个制度，就必然会不适当地夸大个人作用，容易忽视"群言堂"，忽视一人一票的作用，忽视民主集中制的根本组织原则。容易出现个人迷信，盲目服从，不动脑筋地跟着跑。这样就容易被像林彪、"四人帮"这样的野心家、阴谋家、反革命两面派的坏人钻空子，给集体领导世界观的改造，带来损失。

4. 集体接班，就是克服和纠正把重点只注意个人接班，个人交班，局限于一个人，不是一批人，一层人。职务是集体成员的体现，职务不是终身制，接班人是接集体的班，不是接个人的班。对接班人的选择，不是个人名义、个人意志、个人的观察分析，个人决定交给个人。不能搞个人迷信，个人迷信会造成严重的后果，危险性很大。因为它不是受群众集体的监督，组织的监督，有的个人野心家就会野心猛增，恶性膨胀，甚至像林彪、江青那样的野心家去抢班夺权，在我们党内就有惨痛的历史教训。我们相信，如果是集体接班，集体决定，就可以避免失误，至少可以减少减轻。集体比个人好，议论比不议论好，走群众路线比个人独断好，要搞"群言堂"，决不能搞"家长制"、"一言堂"。

5. 集体接班，这种形式有利于培养新干部、新人才，造就一批集体领袖，一层接班人，避免青黄不接；有利于选拔、培养、造就第二代、第三代、第四代、第五代的人选，不断充实到领导岗位上；有利于加强和提高各级领导班子的战斗力，使党的各级领导班子，成为朝气蓬勃的、有战斗力的司令部。

总之，我们党总结历史的经验和沉痛的教训才创造了这样好的集体接班的形式。当然，现在还有待于实践检验。在实践中考验，在实践中不断充实和提高，不断丰富和发展，使它真正成为国际共产主义运动中一条好经验，这是以邓小平为核心的党中央第二代成熟领导集体，对毛泽东思想关于无产阶级接班人的进一步发展，也是对毛泽东建党学说的一大贡献。

第二章
坚持用邓小平建设有中国特色
社会主义的理论武装全党

第一节　马克思主义史上四次大发展，中国共
　　　　产党二次大飞跃，使我们党更加成熟
　　　　更加马克思主义化

一、马克思主义诞生指出了人类社会发展的总
趋势，为共产党的指导思想奠定了基础

马克思和恩格斯是共产党的创立者和捍卫者。他们在 19 世纪
30～40 年代资本主义上升时期，无产阶级与资产阶级矛盾不可调和
尖锐复杂的斗争中为无产阶级政党的产生、形成和发展奠定了阶级
基础；科学社会主义理论的创立、形成和发展，在工人运动中的广
泛传播，为无产阶级政党的产生、形成和发展奠定了思想理论基础；
无产阶级的政治组织、政治集团的产生、形成和发展，并为登上人
类社会历史的政治舞台创造了客观基础和有利条件。共产党是科学
社会主义与工人运动相结合的产物。马克思和恩格斯使社会主义从
空想变成了科学，完成了社会主义发展史上的第一次大飞跃，使马
克思主义在世界范围内得到大发展。

马克思主义产生、形成和发展，使党的学说、党的建设、党的

领导理论也在实践中产生并不断得到丰富和发展。党的学说是无产阶级政党建设的理论武器，是马克思主义科学理论的重要组成部分，它阐明并论述无产阶级政党产生、形成、发展和自身建设的客观规律的科学；是无产阶级政党领导工人阶级和劳动人民夺取政权、巩固政权和运用政权沿着人类社会发展客观规律的科学；是党的领导活动同社会政治、经济、思想、文化等活动相互关系的客观规律的科学。有了马克思主义的科学思想理论体系，就科学地揭示了人类社会必然要从阶级社会走向没有阶级、没有剥削和压迫的社会，这是一个不以人们的意志为转移的总趋势，指出了人类社会发展的客观规律。这就为共产党的指导思想奠定了基础。

列宁在 19 世纪末 20 世纪初，在新的历史条件下，坚持和发展了马克思主义关于无产阶级新型政党学说的基本原理和原则。列宁揭示了在新的历史时代的性质、世界进程的客观与主观因素，在政治上、思想上、组织上和作风上准备创建工人阶级的真正马克思主义政党，并捍卫和进一步发展了科学社会主义——共产主义理论。列宁在帝国主义和无产阶级革命的时代，继承和发展了马克思、恩格斯的学说，创建了根本区别于第二国际修正主义党的新型的党——布尔什维克党。在马克思和恩格斯的理论研究、探讨和实践的基础上，不仅进一步丰富和发展了马克思主义的理论、原则、战略和策略，从而丰富和发展了无产阶级革命和无产阶级专政的理论和战略策略，而且成功地领导了俄国无产阶级夺取十月社会主义革命的伟大胜利，开辟了世界历史的新纪元，使马克思列宁主义不仅成为共产党的指导思想，而且成为社会发展的指导思想，建立了崭新的社会主义制度。从理论与实践上作出了新的阐述和论证。

列宁完成了社会主义发展史上的第二次大飞跃，使马克思列宁主义政党在世界范围内得到大发展，使共产党在许多国家成为执政党。斯大林坚持继承和发展的列宁主义的思想理论体系同样具有重大意义。

马克思主义诞生以后这两次大飞跃、大发展，如果说马克思和恩格斯完成了社会主义从空想变成科学的思想理论体系成为共产党的理论基础和指导思想，那么，列宁和斯大林由理论指导实践，进行了社会主义革命和社会主义建设，创立了世界上第一个社会主义国家，开创了人类社会的新纪元，揭示了人类社会发展的客观规律，指出了社会发展的方向，这个意义是深远而极其伟大的。

二、我们党的认识能力两次大飞跃，对党的建设具有深远影响和重大历史意义

我们党从 1921 年诞生以来，就以马克思列宁主义的普遍真理和中国革命的具体实践相结合为自己一切工作的指针。70 多年 来我们党坚定不移地始终一贯地坚持了这一根本立场。党的"十四大"报告指出："1987 年召开了党的第十三次全国代表大会。这次大会的主要历史功绩，是比较系统地论述了我国社会主义初级阶段的理论，明确概括和全面阐发了党的'一个中心、两个基本点'的基本路线。大会高度评价十一届三中全会以来开始找到建设有中国特色社会主义道路的伟大意义，强调指出，这是马克思主义与中国实践相结合的过程中，继找到中国新民主主义革命道路、实现第一次历史性飞跃之后的第二次历史性飞跃。"①

几十年来，由于我们党高举马克思主义旗帜，率领全党全军和全国各族人民，战胜种种艰难险阻，经过曲折复杂的路程，从根本上改变了中国人民的地位、中国历史的发展方向和中国社会的面貌。中国共产党对中国革命和建设事业发展的客观规律的认识，特别是对基本问题的认识，经历了两次大的飞跃，马克思列宁主义得到大的发展，把中国革命与建设事业推向一个新的历史发展阶段。这对加强党的自身建设和改善党的领导具有重大的历史意义。

---

① 《中国共产党第十四次全国代表大会文件汇编》第 8～9 页。

（一）第一次飞跃：与毛泽东的名字紧紧联系在一起。

我们党在以毛泽东为核心的第一代党中央领导集体的坚强领导下，面对一个半封建半殖民地的特殊国情，工业不发达，生产力非常低又比较贫困和落后。不是把"本本"当教条，也不是照搬外国经验，而是把马克思列宁主义的普遍真理同中国革命的具体实践相结合，独创性地运用和发展了马克思列宁主义，坚定不移地走自己的道路。中国的民主革命，我们党经过千辛万苦，不屈不挠、再接再厉的英勇斗争，使我国在党的领导下从胜利走向胜利。

为什么能够这样顺利的发展呢？这就是我们党形成了关于新民主主义革命的理论，也就是有中国特色的新民主主义的理论体系，即新民主主义的政治、经济、文化；有一条马克思主义的路线，即无产阶级领导的人民大众的反帝反封建反官僚资本主义的革命；有一条正确的革命道路，即以农村包围城市，最后夺取全国政权；有正确的斗争形式，即采取"工农武装割据"，以武装的革命反对武装的反革命的斗争形式；创造了以党的建设为核心的武装斗争、统一战线"三大法宝"的基本经验等等。形成了一整套关于新民主主义的革命理论与基本原则、战略、策略以及一系列的方针和政策。

这一整套基本理论和原则，不仅指导我们党完成了新民主主义革命和建设的伟大任务，而且指导我们党完成了由新民主主义革命向社会主义革命的转变，实现了新民主主义革命是社会主义革命的必要准备，社会主义革命是新民主主义革命的必然趋势的政治任务。不仅夺取了新民主主义革命的彻底胜利，而且建立了社会主义的基本制度，解放和发展了社会生产力，把一百多年来受尽外国侵略欺凌的半封建半殖民地的旧中国，变成了独立的、人民当家做主的社会主义新中国。这场中国有史以来最伟大、最光荣的革命，开辟了我国历史的新纪元。

（二）第二次飞跃：与邓小平的名字紧紧联系在一起。

我们党在以邓小平为核心的第二代党中央领导集体的指导下，以开辟社会主义新道路的巨大政治勇气和开拓马克思列宁主义、毛泽东思想新境界的巨大理论勇气，既继承前人又突破陈规，在科学地概括人民群众经验和创造性、敏锐地把握时代发展脉搏和契机的基础上，把马克思列宁主义、毛泽东思想的基本原理和当代中国实践与时代特征紧密结合起来，创造性地提出、发展并不断完善了建设有中国特色社会主义的伟大思想理论体系，系统地回答了中国这样一个经济、文化比较落后的国家如何建设社会主义、如何巩固和发展社会主义一系列的基本问题，用新的思想、新的思路、新观点、新语言继承和发展了马克思主义。党的"十四大"报告指出："马克思主义是深深植根于实践并在实践中不断发展的科学。建设有中国特色社会主义的理论，是马克思主义同中国实际相结合的最新成果，是当代中国的马克思主义，是指引我们实现新的历史任务的强大思想武器。学习马克思列宁主义、毛泽东思想，中心内容是学习建设有中国特色社会主义的理论。党员领导干部首先是高级干部要带头学好用好。"① 作为改革开放和现代化建设事业的总设计师，建设有中国特色社会主义理论体系的奠基人邓小平同志，对这一理论的创立和发展作出了历史性的重大贡献。

在中国共产党的历史上，如果说"七大"确定了毛泽东思想的指导地位，用毛泽东思想统一了全党的思想，引导中国革命从胜利走向胜利。那么，邓小平同志开创了我国社会主义发展史上的新时期，提出了建设有中国特色社会主义理论。他不仅是中国改革开放和社会主义现代化的总设计师，而且是我们党和人民举世公认的领袖。党的"十四大"确定用邓小平建设有中国特色社会主义理论武装全党，这必将领导党和人民同样从胜利走向胜利。这对我们党的

———————————
① 《中国共产党第十四次全国代表大会文件汇编》第46页。

历史发展具有深远影响和重大意义。

邓小平建设有中国特色社会主义思想理论体系，是中国共产党十一届三中全会以来，在改革开放和社会主义现代化建设的实践中逐步形成和发展起来的。是不以人们的意志为转移的历史发展必然，是马克思列宁主义、毛泽东思想的基本原理与当代中国改革开放实际和时代特征相结合的产物。这一伟大理论阐明了在中国建设社会主义现代化的进程中，巩固和发展社会主义现代化的基本问题，继承和发展马克思主义的原理、原则，是我国社会主义事业不断发展的指导方针。突出反映了邓小平同志博大精深的思想与实践相结合的设计，是一个完整的科学思想理论体系。概括了建设有中国特色社会主义理论的基本内容：这就是"十四大"报告中所阐述的社会主义的发展道路、社会主义的发展阶段、社会主义的根本任务、社会主义的发展动力、社会主义建设的外部条件、社会主义建设的政治保证、社会主义建设的战略步骤、社会主义的领导力量和依靠力量，以及在祖国的统一问题上提出"一个国家、两种制度"的创造性构想等等问题。这一总体构想和总体设计，形成了当代马克思主义，成为我们党建设有中国特色社会主义的指导思想。

这次飞跃的理论认识，主要集中体现在邓小平同志十一届三中全会以来的著作、言论、指示、倡议和谈话中。特别是1992年1月18日至2月21日在武昌、深圳、珠海、上海等地的谈话，是对建设有中国特色社会主义理论的一次最突出的丰富和发展。这个理论已成为凝聚全党的思想理论基础。在邓小平建设有中国特色社会主义理论的指导下，我们党和人民锐意改革，努力奋斗，整个国家焕发出了勃勃生机，中华大地发生了历史性的伟大变化。社会生产力获得新的解放。安定团结的政治局面不断巩固和发展。

党的"十四大"报告指出："我们党所以能够取得这样的胜利，根本原因是在十四年的伟大实践中，坚持把马克思主义基本原理同中国具体实际相结合，逐步形成和发展了建设有中国特色社会主义的理论。"① 这个理论所以伟大就在于它是我们党"十四年来，社会主义在中国的新局面和新成就，更使我们从历史的比较和国际的观察中认识到，我们党建设有中国特色社会主义的理论是正确的，是符合最广大人民的利益和要求的。这个理论，第一次比较系统地初步回答了中国这样的经济文化比较落后的国家如何建设社会主义、如何巩固和发展社会主义的一系列基本问题，用新的思想、观点，继承和发展了马克思主义。"② 这就为建设有中国特色社会主义的政治、经济、文化指明了前进的方向。形成和发展了一整套比较成熟的建设有中国特色社会主义的理论、观点、战略、策略和具体实施的路线、方针和政策。这就为我们坚持党的基本路线不动摇，一百年不动摇奠定了思想理论基础。也是党的事业能够经受住任何惊涛骇浪的种种风险的考验，顺利达到目标的最可靠的根本保证。

（三）伟大的实践产生伟大的理论，又去指导伟大的实践。

邓小平建设有中国特色社会主义理论之所以伟大，就在于它在当代世界上和平与发展两大主题的新的国际环境下，吸收和利用世界各国包括国际共产主义运动的经验与教训。同时，还在于它对建设有中国特色社会主义理论体系进行了比较完整、科学的总结、概括和阐明，它标志着我们党在科学社会主义理论的认识上，又登上了一个新的科学高峰。当然，这一思想理论体系还将在实践中不断地丰富、发展和完善。最重要的伟大创造就是它阐明了建设有中国特色理论发展道路、阶段、任务……等重大理论原则进行了全面系统的概括和说明。

伟大的理论，指导伟大的实践，只有同实践相结合，才有强大的生命力。半个多世纪以前，在以毛泽东为核心的党中央第一代领导集体指引下，领导全党全军和全国各族人民，经过长期的艰苦卓

---

① 《中国共产党第十四次全国代表大会文件汇编》第 11 页。
② 《中国共产党第十四次全国代表大会文件汇编》第 12 页。

绝的英勇奋斗,成功地找到了适合中国国情的阶级和民族解放道路,继承和发展了马克思列宁主义。这次的大飞跃,大大发展了马克思列宁主义,开辟了中国历史的新纪元。半个多世纪以后的今天,在以邓小平为核心的党中央第二代领导集体的指引下,领导全党和全国各族人民开始的又一次大飞跃,成功地找到了解放和发展生产力的有中国特色的社会主义理论,使马克思列宁主义、毛泽东思想大发展,注入了新的生机和活力。在我们党的历史上,在伟大的实践中,经过两次的思想上的伟大飞跃和发展,表明中国共产党人不仅能够摧毁一个腐朽的旧世界,而且也能够建设一个美好的新世界。

在我国经济发展上,“十四大”也有突破。党的“十四大”报告指出:“我国经济体制改革的目标是建立社会主义市场经济体制,以利于进一步解放和发展生产力。”这是经济理论在邓小平建设有中国特色社会主义理论指导下的重大发展,是在改革开放条件下新的经济学的诞生,也是一次有历史意义的飞跃,势必把我国的社会主义经济建设事业推向一个新的发展阶段。江泽民同志1992年6月9日在中央党校的讲话中指出:“在党的十四大报告中,总得最后确定一种大多数同志赞同的比较科学的提法,以利于进一步统一全党同志的认识和行动,以利于加快新的社会主义经济体制的建立。”还强调说:“我倾向于使用‘社会主义市场经济体制’这个提法。”他认为,实践的发展和认识的深化,要求我们明确提出,我国经济体制改革的目标是建立社会主义市场经济体制,以利于进一步解放和发展生产力。这是邓小平建设有中国特色社会主义理论的关于经济理论的杰出创造,是解放思想、实事求是相统一的产物。

这一经济理论的产生、形成和发展,从而明确了我国经济体制改革的模式和目标。这是关系到整个社会主义现代化建设全局的一个重大原则问题。这个问题的核心,是正确认识和处理计划经济与市场经济的关系。传统的观念认为,市场经济是资本主义特有的东西,计划经济才是社会主义经济的基本特征。十一届三中全会以来,随着改革开放的深入发展,我们逐步摆脱了这种观念,形成了新的认识，对推动改革开放和发展经济起了积极的作用。当然，这种认识的深化是有个过程的。江泽民同志指出："十二大提出计划经济为主，市场调节为辅；十二届三中全会指出商品经济是社会经济发展不可逾越的阶段，我国社会主义经济是公有制基础上的有计划商品经济；十三大提出社会主义有计划商品经济的体制应该是计划与市场内在统一的体制；十三届四中全会后，提出建立适应有计划商品经济发展的计划经济与市场调节相结合的经济体制和运行机制。"①这个发展过程使我们对社会主义经济规律的认识更深刻了，运用得更自如了。特别是邓小平同志南巡重要谈话以后，明确指出：计划经济不等于社会主义，资本主义也有计划；市场经济不等于资本主义，社会主义也有市场。计划和市场都是经济手段。计划多一点还是市场多一点，不是社会主义与资本主义的本质区别。这些精辟论断，促进了思想大解放，使我们的认识水平出现了重大突破和新的飞跃。

　　"十四大"报告指出："我们要建立的社会主义市场经济体制，就是要使市场在社会主义国家宏观调控下对资源配置起基础性作用，使经济活动遵循价值规律的要求，适应供求关系的变化；通过价格杠杆和竞争机制的功能，把资源配置到效益较好的环节中去，并给企业以压力和动力，实现优胜劣汰；运用市场对各种经济信号反应比较灵敏的优点，促进生产和需求的及时协调。同时也要看到市场有其自身的弱点和消极方面，必须加强和改善国家对经济的宏观调控。我们要大力发展全国的统一市场，进一步扩大市场的作用，并依据客观规律的要求，运用好经济政策、经济法规、计划指导和必要的行政管理，引导市场健康发展。"② 这就把我国为什么要建立社会主义市场经济体制以及社会主义市场经济体制的地位、作用及伟大意义讲得清清楚楚了。这就为我国社会主义经济体制的发展奠定

---

① 《中国共产党第十四次全国代表大会文件汇编》第21页。
② 《中国共产党第十四次全国代表大会文件汇编》第22页。

了思想理论基础。使我国的经济运行机制走向马克思主义的轨道。这一理论飞跃，不仅极大地丰富了马克思主义的科学社会主义学说，使社会主义理论在实践中得到了新的发展，而且也极大地推动了社会主义改革开放的现实过程，为社会主义的充分发展奠定了思想理论基础。

　　总之，把马克思列宁主义、毛泽东思想的普遍真理同我国的具体实践结合起来，走自己的道路，建设有中国特色的社会主义，这是我们党总结长期历史经验得出的基本结论。在我国提出了走有中国特色的社会主义道路，为我国开辟了社会主义现代化的新阶段，也是对国际共产主义运动的重大贡献。那么，建设有中国特色社会主义理论是怎样产生、形成和发展起来的呢？

三、邓小平建设有中国特色社会主义
理论的形成和发展

　　邓小平建设有中国特色社会主义理论的形成和发展，有其多方面的客观依据和条件。这一理论具有它历史的必然性，它是在当今和平与发展已成为时代的主题这样一个历史条件下形成和发展起来的。80年代以来国际形势发生了重大深刻变化。二次大战后，世界形成的两极格局已经结束，新的世界格局正向多极化发展。各国的、世界的各种力量之间激烈竞争在相当程度上已经转向以科技和经济实力为基础的综合国力的较量，这是一个基本的特征。值得注意的是，世界新格局的形成和国际竞争内容的转变，新的战略转移，各国侧重内部的调整和协调，就使避免爆发新的世界大战的可能性有所增强。这就为我国集中精力、集中时间，抓住这个时机发展自己，主要是发展经济，这为我国的经济发展提供了比较稳定的国际和平条件和较为好的国际环境。我国的周边一些国家也有和睦相处的愿望与要求。我们只要审时度势，抓住这个当今世界新格局带来的有利条件和时机，推进我国经济发展，这是时代的要求。

党的"十四大"报告指出："十一届三中全会以来,在邓小平同志建设有中国特色社会主义理论的指导下,我们党和人民锐意改革,努力奋斗,整个国家焕发出了勃勃生机,中华大地发生了历史性的伟大变化。社会生产力获得新的解放。安定团结的政治局面不断巩固。十一亿人民的温饱问题基本解决,正在向小康迈进。我国经济建设上了一个大台阶,人民生活上了一个大台阶,综合国力上了一个大台阶。"① 这是我们党对改革开放以来最科学最正确最实事求是的概括和总结,特别是邓小平同志视察南方重要谈话以后,极大地鼓舞了全党全军和全国各族人民。广大干部、党员和人民群众思想更加解放,精神更加振奋、上下团结一致,到处热气腾腾,进一步展现出中华民族实现伟大理想的壮丽前景,这标志着我国改革开放和社会主义现代化事业进入了一个新的发展阶段。

(一)我们党制定了一条正确的基本路线,使我国走上了建设有中国特色的社会主义道路。

党的十一届三中全会以来,在以邓小平为核心的第二代党中央领导集体,承担起艰巨的历史使命,实现了伟大的历史性转折,开创了我国社会主义事业发展的新时期。他总结了我们执政 40 多年来,特别是改革开放 14 年以来的经验与教训,借鉴了社会主义国家的沉痛教训,对建设有中国特色社会主义理论体系的产生、形成和发展,充分体现了马克思列宁主义、毛泽东思想基本原理同当代中国实践和时代特征相结合的产物。它标志着我们党对建设有中国特色社会主义客观规律的认识达到了新的高度、新的水平。也就是说,在创立建设有中国特色社会主义理论过程中,邓小平同志尊重实践,尊重群众的首创精神,他的历史性贡献铭刻在全党全国各族人民的心中,永载我党史册。因此,我们坚持马克思列宁主义、毛泽东思想,就要坚持有中国特色的社会主义理论。离开了当代中国的马克

---

① 《中国共产党第十四次全国代表大会文件汇编》第 1~2 页。

思主义,社会主义制度的巩固和社会主义事业的发展都是不可能的。我们党确立了建设有中国特色社会主义理论在全党的指导地位,对新时期党的建设具有重大意义。

我们党制定了一条正确的基本路线,使我国走上了建设有中国特色的社会主义道路。就是说,我们党恢复了实事求是,一切从实际出发的思想路线,总结了建国以来正反两个方面的经验,制定了"一个中心、两个基本点"的基本路线,是我国长治久安、繁荣富强的马克思主义路线,为建设有中国特色社会主义事业开辟了新的前景。党的基本路线和建设有中国特色的理论的形成和发展是相辅相成的,也是在实践斗争中形成和发展起来的。我们党在确定工作中心转移的同时,作出了实行改革开放的伟大历史性的果断决策,并针对党在实现新时期伟大历史转折的进程中,思想政治领域出现了极为复杂的政治动荡局面,特别是党内外出现了两种思潮的尖锐对立和斗争。

强调必须坚持四项基本原则,即坚持社会主义道路、坚持人民民主专政、坚持党的领导、坚持马克思列宁主义、毛泽东思想。"如果动摇了这四项基本原则中的任何一项,那就动摇了整个社会主义事业,整个现代化建设事业。"①党的"十三大"全面地阐述了关于社会主义初级阶段的科学理论,并依据这一理论对党的基本路线的主要原则和内容进行了全面系统的表述。党的"十四大"又特别强调了在整个社会主义初级阶段必须坚持党的基本路线不动摇;强调坚持基本路线不动摇,关键是坚持以经济建设为中心不动摇;坚持基本路线不动摇,必须把改革开放同坚持四项基本原则统一起来;强调坚持基本路线不动摇,必须巩固和发展团结稳定的政治局面,使建设有中国特色社会主义事业得到全面的发展。

党的"四项基本原则"的确立,"一个中心、两个基本点"的思想的形成与发展,这就从思想上、理论上奠定了新时期党的基本路

———————————

① 《邓小平文选》第二卷,第173页。

线的基础。邓小平科学地分析了我国现阶段的基本矛盾和主要矛盾，明确指出："我们的生产力发展水平很低，远远不能满足人民和国家的需要，这就是我们目前时期的主要矛盾，解决这个主要矛盾就是我们的中心任务。"① 他认为，我们党在现阶段的政治路线，概括地说，就是一心一意地搞社会主义现代化。这件事情任何时候都不要受干扰，必须坚定不移地、一心一意地干下去。要始终扭住经济建设这个中心不放，决不能分散和转移自己的注意力。就是说，我们始终要以经济建设为中心，党和国家的各项工作都必须服从和服务于经济建设这个工作中心，而不能离开这个中心，更不能干扰这个中心。无论国际风云如何变幻，我们将坚定不移地建设具有中国特色的社会主义。许多问题，不搞社会主义现代化解决不了。国民经济的发展，国民收入的增加，人民生活的逐步提高，国防相应地得到巩固和加强，都靠搞社会主义的四个现代化。因此，我们要保持清醒的头脑，对于经济建设这个中心，要始终抓住不放，除非发生世界规模的外敌入侵，都要坚定不移地干下去。

（二）建设有中国特色社会主义的理论、基本路线、方针和政策在实践中不断丰富和发展。

马克思主义的基本原则，就是要发展生产力。其目的是为实现共产主义创造条件。邓小平指出："在社会主义国家，一个真正的马克思主义政党在执政以后，一定要致力于发展生产力，并在这个基础上逐步提高人民的生活水平。这就是建设物质文明。过去很长一段时间，我们忽视了发展生产力，所以现在我们要特别注意建设物质文明。"② 社会主义的首要任务就是发展社会生产力，逐步提高人民的物质和文化生活水平，适应人民日益增长的需求。这就为党的路线、方针和政策奠定了马克思主义的理论基础，为建设有中国特

① 《邓小平文选》第二卷，第182页。
② 《建设有中国特色的社会主义》（增订本），第15页。

色的社会主义指明了方向。

邓小平同志坚持把发展社会生产力作为我们搞社会主义的根本任务，是由我们的基本国情所决定的，是进行科学社会主义的基本理论和基本实践，是巩固和发展建设有中国特色的社会主义制度的内在要求。党的十一届三中全会提出了："一个中心、两个基本点"的政治路线以后，党的一系列的中央全会都不断总结、概括贯彻执行党的政治路线的经验与教训，在这个基础上又提出了建设有中国特色的社会主义的基本原则、方针、方法和措施，使党的基本路线得到不断形成和发展成为一个有机整体。这就是说，建设有中国特色社会主义的理论、基本路线、方针和政策，在实践中不断地形成和发展。而本国的国情是产生和发展的基础和土壤，是客观的依据与前提。后来，我们党又提出了建设有中国特色社会主义十二条原则，成为基本路线的具体化以及它的丰富和发展。因此，党的基本路线和十二条原则都统一于我国建设有中国特色的社会主义的经济、政治、文化之中，其目的是为了适应我国的社会主义初级阶段，促进社会生产力不断发展和社会的全面进步，提高全民族的素质，为实现建设有中国特色的社会主义创造条件。

邓小平同志在科学地分析了我国现阶段社会的基本矛盾和主要矛盾的基础上，在党的"十二大"上提出了把马克思列宁主义、毛泽东思想的普遍真理同我国的具体实践相结合起来，走自己的道路、建设有中国特色的社会主义的施政纲领。这不仅是邓小平同志关于社会主义建设的主体思想，也是我国社会主义现代化的一面光辉的旗帜。我们党根据这个指导思想，提出了新时期党的总任务，即基本路线。马克思主义理论从来不是教条，而是行动的指南。它要求人们根据它的指导原则和基本方法，不断结合变化着的客观实际，探索解决新问题的答案，从而也发展马克思列宁主义、毛泽东思想理论本身。我们现在要建设有中国特色的社会主义，时代和任务都要求我们认真学习和掌握马克思主义的基本理论，掌握"结合"的思想，走自己的道路。我们可以这样说，"结合"是建设有中国特色的社会主义的源泉，只有"结合"才产生了"特色"。

所谓"特色"，就是把马克思列宁主义、毛泽东思想的普遍原理同我国的具体实践相结合而产生的独有特色、优势和长处。因此，"结合"、"独创"的思想，走自己的路，是毛泽东思想、邓小平建设有中国特色理论的精髓和活的灵魂，也是毛泽东、邓小平建党学说的基本原理和原则。它不仅反映了马克思主义的基本原理，而且也反映了民族化的特征，是具体实践中的马克思主义，是马克思主义的基本原理与建设有中国特色社会主义的本质特征与基本原则在中国的创造性运用和发展。只有"结合"和"独创"，才能坚持和发展马克思主义。

邓小平"'把马克思主义的普遍真理同我国的具体实际结合起来，走自己的道路，建设有中国特色的社会主义'的思想，确定分两步走，在本世纪末实现国民生产总值翻两番的目标。随后又提出第三步到下世纪中叶基本实现社会主义现代化的战略。我们党举起了一面引导全国各族人民迈向二十一世纪的伟大旗帜。"这一理论的形成和发展是在14年改革开放的历史条件下形成和发展起来的。是不断总结我们党改革开放以来的伟大实践的基础上发展和完善的，也是总结了我们党胜利和失败、挫折与教训，在实践中走自己的路，创造了自己的具有中国共产党特色的经验。这对世界共产党有重大的影响。

党的"十四大"报告指出："新时期最鲜明的特点是改革开放。……它经历了从农村改革到城市改革，从经济体制的改革到各方面体制的改革，从对内搞活到对外开放的波澜壮阔的历史进程。"① 在这个实践的进程中，我们党领导十一亿人口的大国，充分调动广大人民群众的积极性、主动性和创造性。

首先，"改革从农村开始，这是符合中国国情的战略决策。实行家庭联产承包，是中国农民的伟大创造。党中央尊重群众愿望，积

---

① 《中国共产党第十四次全国代表大会文件汇编》第6～7页。

极支持试验，几年功夫在全国推开。废除人民公社，又不走土地私有化道路，而是实行家庭联产承包为主，统分结合、双层经营，解决了我国社会主义农村体制的重大问题。"① "农村经济向着专业化、商品化、社会化迅速发展，广大城乡人民得到显著实惠，带动了整个改革和建设事业。"② 这就使我国广大农村为之一新。其次，在改革开放大潮的鼓舞下，"乡镇企业异军突起，是中国农民的又一个伟大创造。它为农村剩余劳动力从土地上转移出来，为农村致富和逐步实现现代化，为促进工业和整个经济的改革和发展，开辟了一条新路。"③ 其三，党的十二届三中全会通过的关于经济体制改革的决定。"这个决定提出我国社会主义经济是公有制基础上的有计划商品经济，突破把计划经济同商品经济对立起来的传统观念，是对马克思主义政治经济学的新发展，为全面经济体制改革提供了新的理论指导。"④ 这就是以邓小平为核心的党中央第二代领导集体，成功地找到了解放和发展生产力的有中国特色的社会主义道路，为马克思主义注入了新的生机和活力。

邓小平同志曾经指出，改革开放中许许多多的东西，都是由群众在实践中提出来的。"报告中讲他的功绩，一定要放在集体领导范围内，绝不是一个人的脑筋就可以钻出什么新东西来，是群众的智慧，集体的智慧。他的功劳是把这些新事物概括起来，加以提倡。要写得合乎实际。"建设有中国特色社会主义理论不仅是全党和全国人民集体智慧的结晶，而且是邓小平对这一理论的产生、形成和发展的创立作了历史性的重大贡献。

---

①②③④《中国共产党第十四次全国代表大会文件汇编》第 7 页。

第二节　邓小平建设有中国特色社会主义理论
体系的主要特征、基本内容及其发展

一、邓小平建设有中国特色社会主义
的理论是当代中国的马克思主义

　　党的"十四大"报告指出："邓小平同志是我国社会主义改革开放和现代化建设的总设计师。他尊重实践，尊重群众，时刻关注最广大人民的利益和愿望，善于概括群众的经验和创造，敏锐地把握时代发展的脉搏和契机，既继承前人又突破陈规，表现出了开辟社会主义建设新道路的巨大政治勇气和开拓马克思主义新境界的巨大理论勇气，对建设有中国特色社会主义理论的创立做出了历史性的重大贡献。"①

　　建设有中国特色社会主义的理论，是在和平与发展成为时代主题的历史条件下，在我国改革开放和社会主义现代化建设的实践过程中，在总结我国社会主义胜利和挫折的历史经验并借鉴其他国家社会主义兴衰成败历史经验的基础上，逐步形成和发展起来的。它是马克思列宁主义、毛泽东思想的基本原理与当代中国实际和时代特征相结合的产物，是毛泽东思想的继承和发展，是全党全国人民集体智慧的结晶，是中国共产党和中国人民最珍贵的精神财富。

　　邓小平建设有中国特色社会主义理论体系的主要特征是什么呢？首先，建设有中国特色的理论是实践的理论、改革开放的理论。它具有尊重实践、尊重人民群众首创精神的品格和作风。承认人民群众是历史的主人，是社会主义实践的主体，生机勃勃的社会主义

―――――――――
　　① 《中国共产党第十四次全国代表大会文件汇编》第16页。

事业是亿万人民群众的伟大实践创造的。其次，建设有中国特色社会主义的理论是解放思想、实事求是相结合相统一的理论，创新开拓进取的理论，振兴中华的理论。它具有我们党一贯倡导的求实、开拓、创新的革命精神，同一切因循守旧、墨守成规、畏首畏尾、思想保守僵化毫无共同之处。建设有中国特色社会主义的理论是我国改革开放和现代化建设时期的时代精神。它反映了社会主义精神生活各个领域的客观本质及其发展趋势，是社会的意识形态、人们的精神风貌，一个时代精神文明的集中体现。它是实践的产物，是实践经验的升华和凝结，反过来又对实践产生着巨大的能动作用。也是我们中华民族勤劳、勇敢、智慧、务实、自强不息、优良品格的继承和发展，是时代精神的理论成果。其三，建设有中国特色社会主义的理论是继承和发展我们党光荣传统的理论，是真抓实干、艰苦创业、无私奉献的理论。毛泽东指出："人们的社会存在，决定人们的思想。而代表先进阶级的正确思想，一旦被群众所掌握就会变成改造社会、改造世界的物质力量。"理论的功能在于指导实践，理论的活力来源于实践。新时期的伟大创业精神是什么呢？就是江泽民同志在八届人大一次会议闭幕讲话中所概括的 64 个字："解放思想、实事求是，积极探索、勇于创新，艰苦奋斗、知难而进，学习外国、自强不息，谦虚谨慎、不骄不躁，同心同德、顾全大局，勤俭节约、清正廉洁，励精图治、无私奉献。"我们要在全党和全国各族人民，尤其是各级领导机关和领导干部中，大力弘扬这种创业精神，对于推进我国改革开放和社会主义现代化事业，加强社会主义精神文明建设，促进社会全面进步具有深远意义。其四，建设有中国特色社会主义的理论是时代的灵魂和性格，是当代中国的马克思主义，是当代世界的主旋律和时代精神、创业精神的必然产物。按照马克思的说法，时代精神的精华是人民最精致、最珍贵的思想成果，是文明的活的灵魂。这是由它在建设有中国特色社会主义实践，以及这一实践精神当中的地位所决定的。在我们这个时代，建设有中国特色的社会主义理论是当代的马克思主义，是国际共产主义运动的中流砥柱，是社会发展的方向，代表了总的趋势。

邓小平哲学思想，是建设有中国特色社会主义理论的灵魂和思想基础。"解放思想，实事求是，是邓小平同志建设有中国特色社会主义理论的精髓，是保证我们党永葆蓬勃生机的法宝。"如果说，毛泽东哲学思想（实事求是，一切从实际出发，理论联系实际，实践是检验真理的标准，在实践中检验真理，发展真理）奠定了现代中国马克思主义哲学的原则和思维方式。那么，邓小平哲学思想是继承和发展了毛泽东哲学思想，在他的理论和实践中，无时不体现出解放思想、实事求是相结合、相统一的彻底的唯物史观。邓小平同志立足于当代中国特色社会主义的主体认识论，以科学技术为第一生产力的实践观，改革开放的唯物史观，以及社会主义现代化建设为中心的发展观，立足于当代全面运筹的社会活动的唯物辩证法。把马克思列宁主义、毛泽东思想推向当代的高峰。为21世纪社会发展的总趋势指明了前进的方向，成为当代中国的马克思主义。

总之，邓小平建设有中国特色社会主义理论最本质的特征，就是我们党70多年来一贯坚持的独立自主地进行革命和建设，一贯认为中国社会主义的命运和前途归根到底，取决于我们自己，取决于党的理论和路线，取决于党同人民的团结奋斗共同创造自己的未来。这是一条颠扑不破的真理，是我们党的基本经验。党的"十四大"报告指出："十四年来，社会主义在中国的新局面和新成就，更使我们从历史的比较和国际的观察中认识到，我们党建设有中国特色社会主义的理论是正确的，是符合最广大人民的利益和要求的。这个理论，第一次比较系统地初步回答了中国这样的经济、文化比较落后的国家如何建设社会主义、如何巩固和发展社会主义的一系列基本问题，用新的思想、观点，继承和发展了马克思主义。"①

邓小平建设有中国特色社会主义理论体系的基本内容，主要是关于社会主义的发展道路、发展阶段、根本任务、发展动力，建设

---

① 《中国共产党第十四次全国代表大会文件汇编》第12页。

的外部条件、政治保证、建设的战略步骤、领导力量以及实行"一国两制"，推进祖国和平统一等问题。当然，邓小平建设有中国特色社会主义的理论体系还要在实践中检验，在实践中不断丰富、完善和发展。但这一理论是全党的灵魂与精神支柱。有了这个理论，全党坚强的团结和高度的统一就有了牢固的基础。在民主革命时期，由于在毛泽东思想的基础上达到了全党思想上、政治上、组织上的空前团结和统一，从而夺取了民主革命的彻底胜利，并不失时机转向社会主义革命与社会主义建设；在新的历史条件下的今天，我们必须用邓小平建设有中国特色社会主义的理论武装全党，才能赢得社会主义现代化建设从胜利走向新的胜利。

（一）走自己的路。

把马克思主义的普遍真理同中国的具体实际结合起来，走自己的道路，在实践中开辟具有中国特色的社会主义革命和建设的道路，这是中国共产党人总结长期历史经验得出的基本结论。

综观中国新民主主义革命的全部历史，以毛泽东为代表的中国共产党人坚持一切从实际出发，实事求是，理论联系实际的基本观点，创造性地把马克思列宁主义、毛泽东思想关于社会主义革命理论运用于中国革命的具体实践中，开辟了农村包围城市、武装夺取政权的中国式革命道路，建立了伟大的中华人民共和国，实现了马克思主义原理与我国具体实践相结合的第一次历史性飞跃。进入改革开放和社会主义现代化建设的新时期，以邓小平为代表的中国共产党人，又一次创造性地把马克思列宁主义关于社会主义建设的理论与中国社会主义现代化建设的具体实践相结合，开辟了一条有中国特色的社会主义建设道路，实现了马克思主义基本原理与我国具体实践相结合的第二次历史性飞跃。

社会主义阵地的巩固和发展，总是同坚持马克思列宁主义、毛泽东思想的基本原理同中国具体实践相结合走自己的路，密切联系在一起的。邓小平指出，我们取得的成就，如果有一点经验的话，那就是这些年来重申了毛泽东同志提倡的实事求是的原则。中国革命的成功，是毛泽东同志把马克思列宁主义同中国的实际相结合，走自己的路。现在中国搞建设，也要把马克思列宁主义同中国的实际相结合，走自己的路。5 年来，中国农村就是根据这样的原则，走自己的路取得成功的。最近通过的以城市为重点的改革的决定，也是把马克思列宁主义的基本原理同中国实际相结合，走自己的路。这是我们吃了苦头总结出来的经验。今后我们可能还会犯错误。但是第一，不能犯大错误，第二，一发现问题不对就赶快改。这是在会见马尔代夫总统加尧姆时谈话对我们国家改革开放以来 5 年的经验所做的基本总结。

历史的经验告诉我们：建设有中国特色社会主义的出发点极为重要。邓小平指出：“多年来，存在一个对马克思主义、社会主义的理解问题。从马克思以后一百多年，究竟发生了什么变化？在变化的条件下，如何认识和发展马克思主义？没有搞清楚。绝不能要求马克思解决他去世之后一百年、两百年、上千年所产生的问题。列宁同样也不能承担他去世以后五十年、一百年所出现的事情，不能要求他解决这些问题。真正的马克思列宁主义者必须根据现在的情况、认识，继承和发展马列主义。”他还强调指出：“世界形势日新月异，特别是现代科学技术发展很快。现在一天抵得上过去古老社会几十年或上百年。不以新的思想、观点去继承、发展马列主义，不是真正的马列主义者。列宁之所以是一个真正的伟大的马克思主义者，就在于他不是从书本里，而是从实际、逻辑、哲学思想、共产主义理想上找到革命道路，在一个落后的国家干成了十月革命。中国伟大的马列主义者毛泽东，并不是在马列主义的书本里寻求在落后的中国建设社会主义的途径。马克思能预料到在一个落后的俄国会实现十月革命吗？列宁能预料到中国会用农村包围城市夺取胜利吗？墨守成规的观点只能导致落后，甚至失败。可以这样作出结论：各国必须根据自己的条件，在革命成功后建设社会主义。一个固定的模式是没有的，也不可能有。”这一结论是邓小平建党学说的一条重要原理，是我们进行社会主义现代化，进行建设有中国特色社会主义所必须坚持的。

（二）坚持解放思想、实事求是的思想路线。

"实事求是"四个大字，是毛泽东哲学思想的精髓。

邓小平指出："实事求是，是无产阶级世界观的基础，是马克思主义的思想基础。过去我们搞革命所取得的一切胜利，是靠实事求是；现在我们要实现四个现代化，同样要靠实事求是。"他强调指出："一个党，一个国家，一个民族，如果一切从本本出发，思想僵化，迷信盛行，那它就不能前进，它的生机就停止了，就要亡党亡国。……只有解放思想，坚持实事求是，一切从实际出发，理论联系实际，我们的社会主义现代化建设才能顺利进行，我们党的马列主义、毛泽东思想的理论也才能顺利发展。"① 我们要把解放思想、实事求是结合起来，统一起来，只有解放思想，实事求是才能把切合实际的，根据自己的特点和国情来决定自己的制度和管理方式、方法，才能促进我国事业的发展。我们这么大的国家，我们做的事业是前人没有做过的极其伟大的事业，要理论联系实际，有自己的特点和优势，只能按照中国的实际办事，别人的经验可以借鉴，但不能照搬。照抄照搬别国经验，别国模式，从来不能得到成功。只有根据实际走自己的路。

邓小平指出："毛泽东同志用中国语言概括为'实事求是'四个大字。实事求是，一切从实际出发，理论联系实际，坚持实践是检验真理的标准，这就是我们党的思想路线。……这条思想路线，有一段时间被抛开了，给党的事业带来很大的危害，使国家遭到很大的灾难，使党和国家的形象受到很大的损害。但是我们还是应该说，党的这条思想路线是毛泽东同志确立的，他在领导革命的大部分时间内是坚持这条思想路线的。我们贯彻这条思想路线，就要反对教

---

① 《邓小平文选》第二卷，第143页。

条主义，反对修正主义，坚持四项基本原则。离开坚持四项基本原则，就没有根，没有方向。也就谈不上贯彻党的思想路线。"① 我们党提倡解放思想、实事求是的思想路线，是邓小平建党学说的一个基本组成部分。因此，提倡解放思想、实事求是决不能离开马克思列宁主义、毛泽东思想的基本原理，恰恰是要坚持这一根本原则。

　　实事求是是我们党和国家立于不败之地的根基。建设有中国特色社会主义必须坚持实事求是。邓小平指出："历史教训告诉了我们一条最重要的原则：搞社会主义一定要遵循马克思主义的辩证唯物主义和历史唯物主义，也就是毛泽东同志概括的实事求是，或者说一切从实际出发的原则。"② 就是说在建设有中国特色的社会主义进程中一定要坚持实事求是，它是马克思列宁主义、毛泽东思想的活的灵魂，是基本点，是精髓和基石。一百多年来，马克思主义理论和国际共产主义运动的发展进程，完全证明了这个问题。我们做任何工作，关键就在于我们是否能够理论联系实际，是否善于总结经验，针对客观现实，是否采取实事求是的态度。邓小平指出："我们也有一些同志天天讲毛泽东思想，却往往忘记、抛弃甚至反对毛泽东同志的实事求是、一切从实际出发、理论与实践相结合的这样一个马克思主义的根本观点，根本方法。不但如此，有的人还认为谁要是坚持实事求是，从实际出发，理论和实践相结合，谁就是犯了弥天大罪。他们的观点，实质上是主张只要照抄马克思、列宁、毛泽东同志的原话、照抄照转照搬就行了。"③

　　马克思主义不是教条，不能搞本本主义，一定要结合实际，要分析研究实际情况，解决实际问题，要永远记住实事求是，是毛泽东思想的出发点、根本点。就是要用马克思主义的立场、观点、方法来分析判断问题，解决问题。马克思主义活的灵魂，就是具体地

① 《邓小平文选》第二卷，第278页。
② 《建设有中国特色的社会主义》（增订本），第107页。
③ 《邓小平文选》第二卷，第114页。

分析具体情况。马克思列宁主义、毛泽东思想如果不同实践相结合，就没有生命力。如果反对实事求是，反对从实际出发，反对理论和实践相结合，那会把我们引导到唯心主义和形而上学，只能引导到工作的损失和革命的失败。邓小平指出："毛泽东同志所以伟大，能把中国革命引导到胜利，归根到底，就是靠这个。马克思、列宁从来没有说过农村包围城市，这个原理在当时世界上还是没有的。但是毛泽东同志根据中国的具体条件指明了革命的具体道路，在军阀割据的时候，在敌人控制薄弱的地区，领导人民建立革命根据地，用农村包围城市，最后夺取了政权。列宁领导的布尔什维克党是在帝国主义世界的薄弱环节搞革命，我们也是在敌人控制薄弱的地区搞革命，这在原则上是相同的，但我们不是先搞城市，而是先搞农村，用农村包围城市。如果没有实事求是的基本思想，能提出和解决这样的问题吗？能把中国革命搞成功吗？"①

邓小平在 1992 年春视察南方重要谈话中又一再告诫全党："实事求是是马克思主义的精髓。要提倡这个，不要提倡本本。我们改革开放的成功，不是靠本本，而是靠实践，靠实事求是。"② 不难看出，解放思想，实事求是，是十多年来邓小平同志反复强调的。邓小平同志提出的一系列新的思想、新的观点、新的概念，无一不是解放思想、实事求是的结晶。

解放思想、实事求是，将伴随着中国社会主义现代化建设的整个进程。我们必须在实践中坚持这一理论精髓，推动社会主义现代化建设事业不断向前发展。

（三）尊重实践，尊重群众的首创精神。

人民群众是我们党的力量源泉和胜利之本。社会发展的历史，是人民群众实践活动的历史，人民群众是历史的创造者。无产阶级政

---

① 《邓小平文选》第二卷，第 126～127 页。
② 《邓小平文选》第三卷，第 382 页。

党只有依靠广大劳动人民的群众力量，才能完成自己的历史使命。执政党密切联系群众，是马克思主义历史唯物主义对无产阶级政党的必然要求。早在 1980 年 1 月 5 日，邓小平在中央工作会议上所作的题为《贯彻调整方针，保证安定团结》的讲话中指出："群众是我们力量的源泉，群众路线和群众观点是我们的传家宝。党的组织、党员和党的干部，必须同群众打成一片，绝对不能同群众相对立。如果哪个党组织严重脱离群众而不能坚决改正，那就丧失了力量的源泉，就一定要失败，就会被人民抛弃。"① 这就要求党的干部特别是领导干部要牢固树立人民群众是历史创造者的观点，向人民群众学习的观点，全心全意为人民服务的观点，干部的权力是人民赋予的观点，对党负责与对人民负责相一致的观点，党要依靠群众又要教育和引导群众前进的观点。这是我们完成各项任务的重要思想保证。

社会主义事业是千百万群众的事业，生机勃勃的创造性的社会主义是由人民群众自己创立的。因此，要建设有中国特色的社会主义，就必须依靠人民群众，相信人民群众，充分发挥他们的积极性、主动性和创造性。邓小平指出："社会主义现代化建设的极其艰巨复杂的任务摆在我们的面前。很多旧问题需要继续解决，新问题更是层出不穷。党只有紧紧地依靠群众，密切地联系群众，随时听取群众的呼声，了解群众的情绪，代表群众的利益，才能形成强大的力量，顺利地完成自己的各项任务。"②

事实正是这样，在我国改革开放的大潮中，农村改革总的来说发展是比较快的，农民的积极性调动起来了。正如邓小平所说的："我们完全没有预料到的最大的收获，就是乡镇企业发展起来了，突然冒出搞多种经营，搞商品经济，搞各种小型企业，异军突起。这不是我们中央的功绩。乡镇企业每年都是百分之二十几的增长率，这

---

①《邓小平文选》第二卷，第 368 页。
②《邓小平文选》第二卷，第 342 页。

种情况持续发展了几年，一直到现在还是这样。"① 事实证明，人民群众是伟大的。群众是实践的主体，我国的改革开放首先在农村兴起，是农民的创造，是实践活动的产物。只有联系群众，不脱离群众，了解群众的情绪、愿望、要求，才能使我们的思想更加接近实际，代表群众的利益，带领群众实现党的奋斗目标。

二、社会主义的发展阶段和党的根本任务

我们党在以邓小平为核心的党中央第二代领导集体的指引下，在党的十一届六中全会通过的《关于建国以来党的若干历史问题的决议》明确提出了"我们的社会主义制度还是处于初级的阶段"的科学论断。党的"十二大"和十二届六中全会通过的《关于社会主义精神文明建设指导方针的决议》中又重申了这一科学论断。随着改革开放的全面展开和人们思想的进一步解放，对社会主义初级阶段的认识也日益深化。党的"十三大"确立了社会主义初级阶段的理论。报告指出："正确认识我国社会主义现在所处的历史阶段，是建设有中国特色的社会主义的首要问题，是我们制定和执行正确路线和政策的根本依据。"还明确指出社会主义的初级阶段包括两层含义。第一、我国社会已经是社会主义社会。我们必须坚持而不能离开社会主义。第二，我国的社会主义社会还处在初级阶段。我们必须从这个实际出发，而不能超越这个阶段。正确认识我国还处在社会主义初级阶段，明确社会主义初级阶段是一个至少上百年的很长的历史阶段，明确我们党制定正确的路线和方针政策必须以这个基本国情为依据，不能脱离实际，更不能超越阶段。

我国社会主义的初级阶段，就是逐步摆脱贫穷、摆脱落后的阶段。就是党的"十三大"报告指出的是由农业人口占多数的手工劳动为基础的农业国，逐步变为非农产业人口占多数的现代化的工业

---

① 《邓小平同志重要谈话》(1987 年 2 月—7 月)，第 35 页。

国阶段；是由自然经济半自然经济占很大比重，变为商品经济高度发达的阶段；是通过改革和探索，建立和发展充满活力的社会主义经济、政治、文化体制的阶段；是全民奋起，艰苦创业，实现中华民族伟大复兴的阶段。党的"十四大"报告把我国还处在社会主义初级阶段的科学论断作为建设有中国特色社会主义理论的一个重要组成部分，标志着我们党对社会主义发展阶段问题的认识又达到了一个新的高度。这是马克思列宁主义、毛泽东思想的基本原理在社会主义发展阶段问题上的具体运用，具有重大意义。

（一）坚持党在社会主义初级阶段的基本路线不动摇。

　　邓小平社会主义初级阶段的科学理论丰富和发展了科学社会主义理论。邓小平同志在会见意共领导人约蒂和赞盖时的谈话中指出："我们十三大要阐述中国社会主义是处在一个什么阶段，是初级阶段的社会主义。社会主义本身是共产主义的初级阶段，而我们中国的社会主义又有一个初级阶段，就是不发达的阶段。一切都要从这个实际发出，从这个实际来制订规划。"[①] 社会主义初级阶段理论的科学论断，是马克思列宁主义、毛泽东思想的基本原理在社会主义发展阶段问题上的具体运用和发展，是邓小平建党学说的重要理论依据之一，他对党制订政策、确定党的路线、方针、政策，巩固和发展社会主义具有重要意义。我们搞社会主义，一定要发展社会生产力，要摆脱贫困，贫穷不是社会主义。因为马克思主义的理想是实现共产主义。而共产主义的第一阶段是社会主义，社会主义就是要发展生产力，这是一个很长的历史阶段。生产力不断发展，最后才能达到共产主义，才能实现共产党的最高理想，也才能完成党的历史使命。

　　邓小平指出："中共十三大有两个特点。一是阐述了中国社会主义初级阶段的理论，在这个理论的指导下，坚定地贯彻十一届三中

---

① 《邓小平关于建设有中国特色社会主义的论述专题摘编》第27页。

全会以来的路线、方针和政策；二是更新了中央领导班子，保证我们的改革开放政策连续贯彻下去，并且加快步伐。"① 为什么这样讲呢？我们搞社会主义才几十年，生产力发展得还不够，经济实力还不行，还处在初级阶段。我们要巩固和发展社会主义制度，还需要一个相当长的历史阶段，按照邓小平同志说的，需要我们几代人、十几代人，甚至几十代人坚持不懈地努力奋斗，决不能掉以轻心。为了党的事业，我们坚持马克思列宁主义、毛泽东思想和邓小平建设有中国特色的社会主义理论。不断总结我们党的经验教训，为实现我们的理想而奋斗。

我们现在的路子走对了，人民高兴，我们也有信心。路子走窄的苦头，我们是吃得太多了。我们不能走回头路，要坚持改革开放的政策。有人怕政策变，即使变，也只能变得更加开放，变得更好。邓小平认为，总的讲，我们有四个不变：坚持四项基本原则不变，一心一意搞四个现代化建设不变，两个开放政策不变，进行经济体制改革和政治体制改革的方针不变。我们要向世界说明，我们现在制定的这些方针、政策、战略，谁也变不了。为什么？实践证明它是正确的，改变了，国家要受损失，人民要受损失，所以人民不会赞成。我们说，现在的政策行之有效，就是国家兴旺发达起来了，人民生活确实好起来了，国家信誉高起来了。这是最大的事情，最根本的是坚持党在社会主义初级阶段的基本路线不动摇。我们的道路就会越走越宽广。

坚持党在社会主义初级阶段的基本路线不动摇，关键是党的领导，有一条马克思主义的基本路线、方针和政策。没有中国共产党的领导，没有社会主义制度，谁能够制定这一系列方针政策呢？没有哪个人有这个胆识，哪一个党派都不行。当然，没有一点胆略是不行的。这个胆略是要有基础的，这就是社会主义制度，是共产党领导下的社会主义中国。这就是说："搞社会主义现代化建设是基本

---

① 《邓小平关于建设有中国特色社会主义的论述专题摘编》第 27 页。

路线。要搞现代化建设使中国兴旺发达起来，第一，必须实行改革、开放政策；第二，必须坚持四项基本原则，主要是坚持党的领导，坚持社会主义道路，反对资产阶级自由化，反对走资本主义道路，这两个基本点是相互依存的。"① 坚持党的基本路线，就要坚持两个基本点，只有这样才能使一个中心有保证。这种坚持"一个中心、两个基本点"贵在一贯坚持，两手都硬，就怕不一贯，就怕"左"右摇摆，就怕扭秧歌，不能造成一个安定团结的政治局面。

邓小平同志在会见南方委员会主席、坦桑尼亚革命党主席尼雷尔时的谈话中就指出：所谓一个中心，就是社会主义现代化建设。两个基本点，一个是改革开放，另一个是四个坚持。10 年前就是这样做的，只是"十三大"用这个语言把它概括起来。这个战略布局我们一定要坚持下去，实现现代化后仍需要坚持，永远不改变。这个指导思想，邓小平同志在南巡重要谈话时又多次强调指出，要坚持党的十一届三中全会以来的路线方针政策，关键是坚持"一个中心、两个基本点"。不坚持社会主义，不改革开放，不发展经济，不改善人民生活，只能是死路一条。基本路线要管一百年，动摇不得。只有坚持这条路线，人民才会相信你，拥护你。谁要改变三中全会以来的路线方针政策，老百姓不答应，谁就会被打倒。如果没有改革开放的成果，"六·四"这个关我们闯不过，闯不过就乱，乱就打内战，"文化大革命"就是内战。为什么"六·四"以后我们的国家能够很稳定？就是因为我们搞了改革开放，促进了经济发展，人民生活得到了改善。所以，军队、国家政权，都要维护这条道路、这个制度、这些政策。这就为我们今后要干什么？怎么干，依据什么方向、道路去干，进行了科学的总结，指明了前进的方向。

（二）社会主义的根本任务是发展生产力。

我国现在还处在社会主义的初级阶段，它不仅表明了我国确立

---

① 《邓小平同志重要谈话》（1987 年 2 月—7 月），第 42～43 页。

了以生产资料公有制为基础的社会主义经济基础和社会主义制度。而且还确立了我国以工人阶级领导的工农联盟为基础的人民民主专政的社会主义国家。在意识形态领域确立了马克思主义的指导地位。这就是说，就我国的社会性质来说，我国已经是社会主义社会。就发展程度来说，还不成熟，还处在初级阶段，生产力水平不高，经济文化比较落后，主要是我国的物质技术基础落后和生产的商品化、社会化和现代化的程度还不高。特别是社会主义商品市场经济发育不足，加之人口多，底子薄，人均国民生产总值很低。这样就产生了经济基础与上层建筑，主要矛盾和基本矛盾都可能产生不协调，不一致，会出现一些矛盾和问题，因此，我们要正确认识我国所处的社会主义初级阶段，是我们党制定正确的路线、方针和政策依据的基础。

要在这个初级阶段基本消除工业化和生产的商品化、市场化不适应的部分；通过大力发展生产力逐步摆脱贫穷落后的阶段；逐步实现我国工业、农业、国防和科学技术现代化的阶段；通过改革开放，建立、健全和发展充满生机和活力的社会主义经济、政治、文化体制的阶段；是我国艰苦创业，振兴中华民族伟大复兴发展飞跃的阶段。把中国由不发达的社会主义国家变成富强、民主、文明的社会主义现代化国家，使我国社会主义优越性在中国这块大地上充分体现出来。这个阶段，也是一场新的革命，是在过去革命和建设取得成功的基础上进行的，是在我们党的设计和领导下有秩序、有步骤地进行的。它的基本特征不是要改变我们社会主义制度的性质，而是社会主义制度的自我完善和发展。它也不是原有经济体制的细枝末节的修补，而是经济体制的根本性变革。14 年来的改革开放带来了我国最深刻的变化。在这个阶段要逐步摆脱思想上、体制上的种种禁锢，调动一切积极性、主动性和创造性，以适应社会的发展。

社会主义的根本任务是发展生产力。我国搞社会主义的根本任务就是解放生产力和发展生产力，消灭剥削，消除两极分化，最终达到共同富裕。解决我国现阶段社会的主要矛盾是人民日益增长的物质文化需要同落后的社会生产力之间的矛盾。要解决这个当代中国的主要矛盾，就必须把生产力摆在首要位置，就是要以经济建设为中心，推动社会全面进步，把建设有中国特色社会主义事业推向一个新的阶段。因此，我们判断各方面工作的是非得失，归根到底，就是要以是否有利于发展社会主义社会的生产力，是否有利于增强社会主义国家的综合国力，是否有利于提高人民的生活水平为标准。科学技术是第一生产力，我国的经济建设必须依靠科学技术的进步和劳动者素质的提高。

在无产阶级夺取政权以后，特别是建立社会主义制度以后，要把主要精力放在尽快发展生产力上，尤其是对我们这样经济还比较落后的社会主义初级阶段的国家来说，更要把发展生产力作为压倒一切的任务，放在首要的位置上，把物质基础打好。这是巩固和发展社会主义的需要，也是关系到社会主义前途和命运的根本大事。这个历史阶段还是相当长的，在这个历史阶段要制定一系列的方针和政策，都不能脱离实际。"十四大"报告指出："在社会主义的发展阶段问题上，作出了我国还处在社会主义初级阶段的科学论断，强调这是一个至少上百年的很长的历史阶段，制定一切方针政策都必须以这个基本国情为依据，不能脱离实际，超越阶段。"① 这又一次把我们党制定路线、方针和政策的着眼点、出发点和落脚点讲清楚了。这就是基本国情和理论依据。一切超越阶段的措施和方法都会导致失败。

马克思主义最注重发展生产力。我们讲共产主义，共产主义的含义是什么？就是各尽所能，按需分配。这就要求社会生产力高度发展，社会物质财富极大丰富。所以，社会主义阶段的最根本任务就是发展生产力。因为社会主义要消灭贫穷。贫穷不是社会主义，更不是共产主义。社会主义的优越性就是要逐步发展生产力，逐步改善人民的物质、文化生活。"四人帮"提出"宁要穷的社会主义、不

---

① 《中国共产党第十四次全国代表大会文件汇编》，第12页。

要富的资本主义"，社会主义如果老是穷，它就站不住。邓小平指出："1978年底我党召开了十一届三中全会，我们冷静地分析了中国的现实，总结了经验。我们肯定了从建国到1978年三十年的成绩很大，但做的事情不能说都是成功的。我们建立的社会主义制度是个好制度，我们要坚持。为社会主义、共产主义而奋斗，这是我们马克思主义者过去闹革命的最大目标和崇高理想。现在我们搞经济改革，仍然要坚持社会主义道路。坚持共产主义的远大理想。"①

　　我们也要清醒地认识到，按照马克思主义，社会主义是共产主义的第一阶段，是一个很长的历史阶段。社会主义的首要任务是发展生产力，逐步提高人民的物质和文化生活水平。从1958年到1978年这20年的经验告诉我们：贫穷不是社会主义，社会主义要消灭贫穷。不发展生产力，不提高人民的生活水平，不能说是符合社会主义要求的。

　　我们要总结过去的经验教训。邓小平指出："毛泽东同志是伟大的领袖，中国革命是在他的领导下取得成功的。但是他有一个重大的缺点，就是忽视发展社会生产力。不是说他不想发展生产力，但方法不都是对头的，例如搞人民公社，就没有按照社会经济发展规律办事。如果说，我们总结的经验有很多条，那末很重要的一条经验就是：要搞清楚什么是社会主义，如何建设社会主义。"②多少年来我们吃了一个大亏：社会主义改造基本完成了，还是"以阶级斗争为纲"，忽视发展生产力。"文化大革命"更走到了极端。十一届三中全会以来，全党把工作重点转移到社会主义现代化建设上，在坚持四项基本原则的基础上，集中力量发展社会生产力。这是最根本的拨乱反正。我们实行改革开放一系列的方针和政策，吸收资本主义国家的资金、技术等等，都是为了发展社会主义的生产力。我们的任务是发展社会生产力，在实践中真正体现社会主义制度的优越性，使人民的生活一天天好起来，使社会物质财富不断增长。不能

---

①　②《建设有中国特色的社会主义》（增订本），第103页。

有穷的社会主义，同样也不能有穷的共产主义。

以邓小平为核心的党中央第二代领导集体，在总结建国以来搞社会主义革命与社会主义建设的基本经验的基础上，一个突出伟大的贡献就是揭示了社会主义的本质。使我国建设有中国特色社会主义的事业突飞猛进，从一个新台阶发展到又一个新台阶，为我国解放和发展生产力创造了良好的条件。邓小平同志在一次重要谈话中深刻地指出："社会主义的本质是解放生产力，发展生产力，消灭剥削，消除两极分化，最终达到共同富裕。就是要对大家讲这个道理。"

这是对社会主义本质的精辟论断，也是社会主义的根本标志。因为社会主义时期的主要任务是为进入共产主义创造物质条件。所以社会主义的主要任务是发展生产力，使人民生活不断提高，就要"致富"，社会主义的致富是全民共同致富。要坚持社会主义的原则，第一是发展生产；第二是共同致富。我们的政策是允许一部分人先富起来，允许一部分地区先富起来，目的是更快地实现共同致富。正因为社会主义的原则最终要达到共同致富，所以我们的另一个原则是我们的政策不至于导致两极分化，就是说，不会导致富的越富，贫的越贫。坦率地说，我们不会导致生产新的资产阶级。我们的党，我们的国家，我们的干部特别是领导干部要把握住这个原则，这个界限，这个根本标志。对这个社会主义道路，方向问题，要永远保持着清醒的头脑，切不可掉以轻心，任其发展，准确把握住，两手都要硬，都要有实效。这也是领导水平、领导能力的一个重要标志。

邓小平同志在1986年1月17日中央政治局常委会上精辟地指出："搞四个现代化一定要有两手，只有一手是不行的。所谓两手，即一手抓建设，一手抓法制。""经济建设这一手我们搞得相当有成绩，形势喜人，这是我们国家的成功。但风气如果坏下去，经济搞成功又有什么意义？会在另一方面变质，反过来影响整个经济变质，发展下去会形成贪污、盗窃、贿赂横行的世界。所以，不能不讲四个坚持，不能不讲专政，这个专政可以保证我们的社会主义现代化建设顺利进行，有力地对付那些破坏建设的人和事。"[1] 讲的多么深刻和有实际意义啊！

（三）以经济建设为中心，一心一意搞社会主义现代化，把建设有中国特色的社会主义事业推向一个新阶段。

在社会主义的初级阶段，要抓住主要矛盾，解决主要问题才能立于不败之地。现阶段我国还是一个发展中的社会主义国家，同一些经济发达和技术先进的国家比较，我国经济文化仍然是落后的，这个事实，也是基本国情。因此，人民日益增长的物质文化需要同落后的社会生产之间的矛盾，是我国现阶段的主要矛盾。解决这个主要矛盾就是我们党和国家的中心任务。邓小平指出："关于基本矛盾，我想现在还是按照毛泽东同志在《关于正确处理人民内部矛盾的问题》一文中的提法比较好。毛泽东同志说：'在社会主义社会中，基本的矛盾仍然是生产关系和生产力之间的矛盾，上层建筑和经济基础之间的矛盾'。……当然，指出这些基本矛盾，并不就完全解决了问题，还需要就此作深入的具体的研究。但是从二十多年的实践看来，这个提法比其他的一些提法妥当。至于什么是目前时期的主要矛盾，也就是目前时期全党和全国人民所必须解决的主要问题或中心任务，由于三中全会决定把工作重点转移到社会主义现代化建设方面来，实际上已经解决了。我们的生产力发展水平很低，远远不能满足人民和国家的需要，这就是我们目前时期的主要矛盾，解决这个主要矛盾就是我们的中心任务。"[2]

按照邓小平同志的指导思想，我们当前以及今后相当长的一个历史时期的主要任务是什么？一句话，就是搞现代化建设。能否实现社会主义现代化，决定着我们国家的命运、民族的命运。在中国

---

[1] 《邓小平文选》第三卷，第 154 页。
[2] 《邓小平文选》第二卷，第 181～182 页。

的现实条件下，搞好社会主义现代化，就是要坚持马克思列宁主义，就是高举毛泽东思想伟大旗帜。这是当前最大的政治，因为它代表着人民最大的利益，最根本的利益。现在，每一个党员、团员，每一个爱国的公民，都必须在党和政府的统一领导下，克服一切困难，千方百计地为实现社会主义现代化贡献出一切力量。

邓小平指出，我们从80年代的第一年开始，就必须一天也不耽误，专心致志地、聚精会神地搞四个现代化建设。搞四个现代化建设这个总任务，我们是定下来了，决不允许再分散精力。"现在要横下心来，除了爆发大规模战争外，就要始终如一地、贯彻始终地搞这件事，一切围绕着这件事，不受任何干扰。就是爆发大规模战争，打仗以后也要继续干，或者重新干。我们全党全民要把这个雄心壮志牢固地树立起来，扭着不放，'顽固'一点，毫不动摇。如果过去没有'左'的干扰，没有一九五八年的波折，尤其是没有'文化大革命'，不要说像我们现在这样吸收世界先进经验，不要说好多的雄心壮志，只要老老实实按部就班地干，我们的工农业生产和科学、教育一定有了很大发展，人民的生活一定有了较大的改善。"① 要牢固树立以经济建设为中心的指导思想，不能离开这个中心，如果离开了经济建设这个中心，就有丧失物质基础的危险。因此，其他一切工作、一切任务都要服从这个中心，服务于这个中心，围绕着这个中心，决不能干扰它、冲击它。只要我们全党同心同德这样干下去，我们充满信心地说，我们是很有希望的。

要把这个主要矛盾解决好，最重要最根本的就是要在以经济建设为中心，一心一意搞社会主义现代化的进程中，把建设有中国特色社会主义事业推向一个新阶段。就要掌握衡量一切工作的最根本的是非标准。这是邓小平建党学说中一个原则性的问题。掌握和运用这一标准去开拓新思路，解放思想，解决新问题，去指导工作具有重大的意义。

① 《邓小平文选》第二卷，第249页。

　　衡量一切工作的最根本的是非标准是什么呢？邓小平同志在南巡重要谈话中明确指出："改革开放迈不开步子，不敢闯，说来说去就是怕资本主义的东西多了，走了资本主义道路。要害是姓'资'还是姓'社'的问题。判断的标准，应该主要看是否有利于发展社会主义社会的生产力，是否有利于增强社会主义国家的综合国力，是否有利于提高人民的生活水平。"① 这就把建设有中国特色的社会主义的本质讲清楚了。也把我国社会主义的经济基础的基本特征讲得明明白白。邓小平同志的三个"有利于"也是对生产力标准的丰富和发展。这种坚持生产力标准是马克思主义的基本观点，也是邓小平建党学说的一条基本原理。因为综合国力的增强和人民生活水平的提高是社会主义社会生产力发展的表现，也是衡量生产力是否发展的一个重要标志。因此，要把三个"有利于"作为相互联系的统一标准，深刻地体现以经济建设为中心的思想。在这三个"有利于"标准中，是否有利于发展社会主义社会的生产力是核心和基础，而综合国力的增强和人民生活水平的提高，必须以生产力的发展为前提。这个生产力标准，是实践标准在社会领域的贯彻和具体化，是唯物史观的生产力原则运用与发展。我们党的干部要准确地把握和判断这个各项工作是非得失标准。对于推动改革开放和建设有中国特色社会主义事业有重大意义。

　　经济建设必须依靠科技进步和劳动者素质的提高。这就是说要把科学技术是第一生产力与人是生产力中最积极最活跃的因素统一起来。当然，这里讲的人，是指有一定的科学知识、生产经验和劳动技能的人。邓小平同志把科学技术提到第一生产力的位置，并没有否定和排斥人的因素的重要性，而是把科学技术在人的因素中的地位更加突出出来，使人更好地发挥主观能动性。邓小平指出："四个现代化，关键是科学技术的现代化。没有现代科学技术，就不可能建设现代农业、现代工业、现代国防。没有科学技术的高速度发

---

① 《邓小平关于建设有中国特色社会主义的论述专题摘编》第60～61页。

展,也就不可能有国民经济的高速度发展。"①科学技术是生产力,这是马克思主义历来的观点。马克思说过:"生产力中也包括科学"。现代科学技术的发展,使科学与生产的关系越来越密切了。科学技术作为生产力,越来越显示出巨大的作用。邓小平同志《在全国科学大会开幕式上的讲话》指出:"现代科学技术正在经历着一场伟大的革命。近三十年来,现代科学技术不只是在个别的科学理论上、个别的生产技术上获得了发展,也不只是有了一般意义上的进步和改革,而是几乎各门科学技术领域都发生了深刻的变化,出现了新的飞跃,产生了并且正在继续产生一系列新兴科学技术。现代科学为生产技术的进步开辟道路,决定它的发展方向。"② 搞现代化不以经济建设为中心不行,以经济建设为中心不依靠科学技术不行,要发展科学技术,不抓教育也不行。理论研究一旦获得重大突破,迟早会给生产和技术带来极其巨大的进步。特别是当代的自然科学正以空前的规模和速度,应用于生产,使社会物质生产的各个领域面貌一新。

　　邓小平同志明确指出:"马克思讲过,科学技术是生产力,这是非常正确的,现在看来这样说可能不够,恐怕是第一生产力。将来农业问题的出路,最终要由生物工程来解决,要靠尖端技术。"这就是邓小平同志指出的,"中国必须发展自己的高科技,在世界高科技领域里面有一席之地。如果六十年代以来中国没有原子弹、氢弹,没有发射卫星,中国就不能叫有重要影响的大国之一,就没有现在这样的国际地位。这些东西是反映一个民族的能力的,也是一个民族、一个国家兴旺发达的标志。"我们要有自己的科学技术,有自己的能力,我们要赶上世界的发展。我国必须在世界高科技领域占有一席之地。经济发展得快一点,就必须依靠科学技术和教育。只有提倡科学技术,发展教育事业。只要高科技领域的一个大突破,就能够

---

① 《邓小平文选》第二卷,第86页。
② 《邓小平文选》第二卷,第87页。

带动一大批产业的发展，这就是科学技术是第一生产力的具体体现。

（四）抓科学技术同时抓教育，要尊重知识，尊重人才。

我们党在以邓小平为核心的党中央第二代领导集体的指引下，历来重视教育，尊重知识，尊重人才。1977年5月24日，邓小平指出："一定要在党内造成一种空气：尊重知识，尊重人才。"后来，邓小平同志对外国人讲，10年最大的失误是教育，这里讲的主要是讲思想政治教育，不单纯是对学校、青年学生，是泛指对人民的教育。对于艰苦创业，对于中国是个什么样的国家，将要变成一个什么样的国家，这种教育都很少，这是我们很大的失误。

常说十年树木，百年树人，教育为本。我们要实现现代化，关键是科学技术要能上去。要发展科学技术，就必然要发展教育，要有知识，有人才，没有知识，没有人才，靠空讲是不能实现现代化的。我国同发达的社会主义国家以及资本主义国家相比还是比较落后的，承认落后，要抓紧时间赶上去。科研人员美国有120万，原苏联90多万，而我们才20多万。日本人从明治维新就开始注意科技，注意教育，花了很大力量。明治维新是新兴资产阶级干的现代化，我们是无产阶级，应该也可能干得比他们好。

要抓科学技术同时抓教育。邓小平指出："从小学抓起，一直到中学、大学。我希望从现在开始做起，五年小见成效，十年中见成效，十五年二十年大见成效。办教育要两条腿走路，既注意普及，又注意提高。"① 邓小平同志自告奋勇管科教方面的工作，他的目的是要赶上世界先进水平，他想找个突破口，从何着手呢？他要从科学和教育着手。同时他要求全民办教育，科技和教育，各行各业都要抓。大的企业都要有科学技术研究机构，有科学技术研究人员。每个部门都要进行科学研究。邓小平同志说，他是要一直抓下去的。他的抓法就是抓头头，抓方针。重要的政策、措施，也是方针性的东

①《邓小平文选》第二卷，第40页。

西。但是，归根到底是要出人才，出成果。邓小平同志《在全国科学大会开幕式上的讲话》向全国发出号召，他说："科学技术人才的培养，基础在教育。我们要全面地正确地执行党的教育方针，端正方向，真正搞好教育改革，使教育事业有一个大的发展，大的提高。教育事业，决不只是教育部门的事，各级党委要认真地作为大事来抓。各行各业都要来支持教育事业，大力兴办教育事业。人民教师是培养革命后代的园丁。他们的创造性劳动，应该受到党和人民的尊重。"①

邓小平同志1983年10月1日为景山学校题词发出了"教育要面向现代化，面向世界，面向未来"的号召。使我国教育掀起了大发展、大提高的热潮。同时，我们党在提高人民教师的政治地位和社会地位，不但学生应该尊重教师，整个社会都应该尊重教师。要充分发挥知识分子的作用，我国广大知识分子热爱党、热爱祖国、热爱人民，为我国建设有中国特色社会主义的事业作出了不可磨灭的贡献。我国知识分子坚持探索，深入实际，发扬艰苦创业，顽强拼搏的精神，有勇攀高峰的优良传统作风。要尊重他们的创造性劳动。坚决反对不尊重知识分子的错误思想。

对知识分子除了精神上的鼓励，还要采取其他一些鼓励措施，包括改善他们的物质待遇。为什么这样做呢？邓小平说："我们要彻底清除'四人帮'的流毒，把尽快地培养出一批具有世界第一流水平的科学技术专家，作为我们科学、教育战线的重要任务。""革命事业需要有一批杰出的革命家，科学事业同样需要有一批杰出的科学家。我们工人阶级的杰出人才，是来自人民的，又是为人民服务的。在广泛的群众基础上，才能不断涌现出杰出人才。也只有有了成批的杰出人才，才能带动我们整个中华民族科学文化水平的提高。"②我们的科学家、教师发现人才、培养人才，本身就是一种成就，就

① 《邓小平文选》第二卷，第95页。
② 《邓小平文选》第二卷，第96页。

是对国家、对人民、对党的贡献。在科学史上可以看到，发现一个真正有才能的人，对科学事业可以起多么大的作用。世界上有的科学家，把发现和培养新的人才，看作是自己毕生科学工作中的最大成就。这种看法是很有道理的。我们要鼓励一代新人，在科学成就上超过老师，但老师的功绩还是不可磨灭的。

一个党政领导干部，是否善于发现人才，团结人才，使用人才，是领导者成熟的主要标志之一。邓小平指出："改革经济体制，最重要的、我最关心的，是人才。改革科技体制，我最关心的，还是人才。""要创造一种环境，使拔尖人才能够脱颖而出。"① 邓小平同志非常关心中国知识分子待遇问题。他多次指出，要注意解决好少数高级知识分子的待遇问题。他强调要调动他们的积极性，尊重他们的劳动，我们不论怎么困难，也要提高知识分子的待遇。我们要千方百计，在别的方面忍耐一些，甚至于牺牲一点速度，把教育问题解决好。教育投资要改进，教育要改革。要把"文化大革命"时的"老九"提到第一。这就为我国的教育事业大发展创造了条件，出现了教育事业的高潮，为建设有中国特色社会主义事业的新阶段创造了条件。邓小平同志在南巡视察中又明确指出："希望所有出国学习的人回来。不管他们过去的政治态度怎么样，都可以回来，回来后妥善安排。这个政策不能变。告诉他们，要做出贡献，还是回国好，希望大家通力合作，为加快发展我国科技和教育事业多做实事。搞科技，越高越好，越新越好。越高越新，我们也就越高兴。不只我们高兴，人民高兴，国家高兴。对我们的国家要爱，要让我们的国家发达起来。"②这个指导思想是完全正确的，越来越看到它的重大意义。

三、社会主义的发展动力和我们的战略步骤

中国共产党在以毛泽东为核心的党中央第一代领导集体的指引

---

① ②《邓小平关于建设有中国特色社会主义的论述专题摘编》第 59 页。

下，领导全党和全国人民，经过长期艰苦卓绝的英勇奋斗，走了一条农村包围城市的正确道路，夺取了新民主主义革命的胜利，建立了社会主义制度。这是中国有史以来最伟大的革命斗争，它解放和发展了生产力，开辟了中国历史的新纪元；现在我们党在以邓小平为核心的党中央第二代领导集体的指引下，进行改革，这种改革是一场解放生产力的新的革命。因为在社会主义社会中，社会的基本矛盾仍然是生产关系和生产力之间，上层建筑和经济基础之间的矛盾。这种矛盾是在社会主义制度本质上适应生产力发展的需要的基础上展现的。是社会主义制度的自我完善和发展，是我们党领导下的有秩序、有步骤进行的一场新的伟大革命。

　　党的"十四大"报告指出："十四年来，我们从事的事业，就是坚持党的基本路线，通过改革开放，解放和发展生产力，建设有中国特色的社会主义。就其引起社会变革的广度和深度来说，是开始了一场新的革命。"这是对我国改革的性质和意义进行了科学的概括和深刻的说明。这场革命"它的实质和目标，是要从根本上改变束缚我国生产力发展的经济体制，建立充满生机和活力的社会主义新经济体制，同时相应地改革政治体制和其他方面的体制，以实现中国的社会主义现代化。"① 这就把这场新的革命的性质、目标、动力讲清楚了。这场新的革命对推动建设有中国特色社会主义事业具有重大的历史意义。

　　（一）改革是解放和发展生产力的必由之路，也是我国的第二次革命。

　　我们党在以邓小平为核心的党中央第二代领导集体的指引下，在总结经验的基础上，我党自十一届三中全会以后，提出了一系列的方针政策。就国内而言，最根本最重大的有两条：一条是政治上发展民主，一条是经济改革，同时相应地进行社会其他领域的改革。

------

① 《中国共产党第十四次全国代表大会文件汇编》第 3 页。

邓小平指出："党的十一届三中全会以来，我们逐步进行改革。改革首先从农村开始。农村改革已经见效了，农村面貌发生明显变化。有了农村改革的经验，现在我们转到城市经济改革。城市经济改革就是全面的改革，……城市经济改革比农村经济改革复杂得多，难免出差错，冒风险。我们意识到了这一点。但是，我们要发展生产力，对经济体制进行改革是必由之路。"①

这就指明了我国改革的道路和发展方向。我们如果不搞改革，不坚持开放的政策，我们制定的发展经济的战略目标就不可能实现。开放政策和经济体制改革一定要坚持下去，不能变化。变就意味着没有出路。为了发展生产力，就必须对我国的经济体制进行改革，就必须实行对外开放的政策。我们吸收资本主义国家的资金、技术，是为了发展社会主义的生产力。邓小平指出："现在党中央、国务院要求加快实现四个现代化的步伐，并且为此而提出了一系列政策和组织措施。中央指出：这是一场根本改变我国经济和技术落后面貌，进一步巩固无产阶级专政的伟大革命。这场革命既要大幅度地改变目前落后的生产力，就必然要多方面地改变生产关系，改变上层建筑，改变工农业企业的管理方式和国家对工农业企业的管理方式，使之适应于现代化大经济的需要。"② 这就非常明确地指出了这场革命的重大现实和历史意义。

我们进行建设有中国特色的社会主义，搞社会主义的现代化，要把社会主义经济全面地转到大生产的技术基础上，就必然要改变经济管理工作，机构臃肿，层次重叠，手续繁杂，效率极低，政治的空谈往往淹没一切的官僚主义现象。如果不进行改革，我国的现代化和社会主义事业就会被葬送。建设有中国特色的社会主义也就没有希望。因此，我们把改革当作一种革命。邓小平同志会见日本自民党副总裁二阶堂进时的谈话，就指出：我们正在做的事情是够大

---

① 《建设有中国特色的社会主义》（增订本），第116～117页。
② 《邓小平文选》第二卷，第135页。

胆的。但是，如果我们不这样做，那末前景就困难。改革是中国的第二次革命。重要的是我们必须这样做，尽管有风险。因为改革会促进生产力的发展，有利于科学技术的进步，有利于经济发展，有利于新的经济体制的创立和发展。

我们在改革开放中的最大成果，也是这场革命最伟大的意义，就是邓小平同志指出的，"改革是社会主义制度的自我完善，在一定的范围内也发生了某种程度的革命性变革。这是一件大事，表明我们已经开始找到了一条建设有中国特色的社会主义的路子。"① 这是一条使我国发生巨变的路子，使我国兴旺发达的路子。也是我们党在第二次革命进程中，没有前人的经验，全靠自己去摸索、去探讨、去总结、去概括、去创造。邓小平同志在接受美国记者华莱士电视采访时的谈话中就指出："我们也讲现在我们搞的实质上是一场革命。从另一个意义来说，我们现在做的事都是一个试验。对我们来说，都是新事物，所以要摸索前进。既然是新事物，难免要犯错误。我们的办法是不断总结经验，有错误就赶快改，小错误不要变成大错误。"② 经过 14 年的实践，邓小平同志主张改革开放，不改革开放就没有出路的指导思想是完全正确的。这是总结了我们党旧的那一套经过几十年的实践证明是不成功的。既不能照搬，也不能思想僵化，要独创，要去探讨新路子，这是我们党的宝贵经验。

邓小平同志在南巡重要谈话中又进一步总结了我们党 14 年来改革开放的基本经验，为建设有中国特色社会主义奠定了基础，指明了发展方向。他指出："革命是解放生产力，改革也是解放生产力。推翻帝国主义、封建主义、官僚资本主义的反动统治，使中国人民的生产力获得解放，这是革命，所以革命是解放生产力，社会主义基本制度确立以后，还要从根本上改变束缚生产力发展的经济体制，建立起充满生机和活力的社会主义经济体制，促进生产力的发展，这

---

① 《建设有中国特色的社会主义》（增订本），第 121 页。
② 《邓小平文选》第三卷，第 174 页。

是改革，所以改革也是解放生产力。过去，只讲在社会主义条件下发展生产力，没有讲还要通过改革解放生产力，不完全。应该把解放生产力和发展生产力两个讲全了。"① 这就为我国的改革奠定了理论基础，指明了改革的目的、意义和发展方向。

（二）在改革开放中，必须始终坚持和掌握的基本原则和政策界限。

邓小平同志于 1985 年 9 月 23 日《在中国共产党全国代表会议上的讲话》中就非常明确地阐明："在改革中，我们始终坚持两条根本原则，一是以社会主义公有制经济为主体，一是共同富裕。有计划地利用外资，发展一部分个体经济，都是服从于发展社会主义经济这个总要求的。鼓励一部分地区、一部分人先富裕起来，也是为了带动越来越多的人富裕起来，达到共同富裕的目的。"② 这就是说，要在改革开放中坚定不移地坚持社会主义的道路和方向。我们搞的是社会主义四个现代化。我们进行的一切改革开放，都是在坚持社会主义的原则基础上开展的。因为社会主义本身有两个非常重要的方面：第一，要坚持以公有制为主体的经济基础。公有制包括全民所有制和集体所有制。我们现在公有制经济占整个经济的 90% 以上。第二，我们有计划的发展一点个体经济，吸收一些外国资金、技术，甚至欢迎外国企业到中国办工厂。这些都是对社会主义经济的补充。第三，我们对外开放的目的是要学习一些好的先进的管理经验和科学技术，为我国的现代化服务。

但是，我们党的干部特别是领导干部，要永远保持着清醒的头脑。邓小平同志明确指出："如果导致两极分化，改革就算失败了。我们在制定和执行政策时注意到了这一点。会不会产生新的资产阶级？个别资产阶级分子可能会出现，但不会形成一个资产阶级。

① 《邓小平关于建设有中国特色社会主义的论述专题摘编》第 85～86 页。
② 《邓小平文选》第三卷，第 142 页。

如果我们的改革一方面坚持社会主义公有制为主体，另一方面又注意不导致两极分化，这就没有什么坏处。过去四年我们就是朝这个方向走的。总的一句话，就是坚持社会主义。"① 作为党的领导干部，特别是决策群体，要特别注意我国经济基础与上层建筑发展的趋势。邓小平同志讲这个话又过去 10 年了，这 14 年来我国经济发展是巨大的。要掌握发展趋势，又要掌握政策界限，既不失去时机，又要坚持社会主义的发展方向，这就是领导艺术和领导水平。我们一定要借鉴有的社会主义国家走向自我毁灭道路的教训。

要坚持以公有制经济和按劳分配为主体，其他经济成分和分配方式为补充的基本原则。我们在发展经济方面，进行经济体制改革，正在寻求一条合乎我国实际的，能够更快、更好地发展我国经济，使我国经济发展走出一条良性循环的道路。邓小平同志认为：社会主义和市场经济之间不存在根本矛盾。

问题是用什么方法才能更有力地发展社会生产力。我们过去一直搞计划经济，但多年的实践证明，在某种意义上说，只搞计划经济会束缚生产力的发展。把计划经济和市场经济结合起来，就更能解放生产力，加速经济发展。因为，坚持社会主义制度，最根本的是要发展社会生产力，这个问题长期以来并没有解决。因为社会主义优越性最终要体现在生产力能否不断发展。长期的经验表明，要发展生产力，光靠过去的经济体制不能解决问题。所以，我们吸收资本主义中一些有用的方法来发展生产力，实行对外开放政策，走出了一条新的路子。

坚持计划和市场都是经济手段，不是社会主义与资本主义本质区别的原则。邓小平同志对社会主义市场经济的理论产生、形成和发展起了巨大的推动作用，进行了艰辛的理论创造和不断总结改革开放以来的经验，不断深化和进行理论上概括和发展。邓小平同志

---

① 《建设有中国特色的社会主义》（增订本），第 118 页。

在 1979 年 11 月 26 日，会见美国不列颠百科全书出版公司编委会副主席兼副总裁吉布尼等人时的谈话中就指出：说市场经济只限于资本主义社会、资本主义的市场经济，这肯定是不正确的。社会主义为什么不可以搞市场经济，这个不能说是资本主义。我们是计划经济为主，也结合市场经济。但是这是社会主义的市场经济，当然方法上基本上和资本主义社会相似，但也有不同，这是国家所有制，都是全民所有制之间的关系，当然也有同集体所有制之间的关系，也有同外国资本主义的关系。但是归根到底是社会主义的，是社会主义国家。市场经济不能说只是资本主义的。市场经济，在封建社会时期就有了萌芽。社会主义也可以搞市场经济。同样地，学习资本主义的某些好东西，包括经营管理方法，也不等于实现资本主义。这也是社会主义利用这种方法来发展社会生产力。这就把市场经济的性质讲清楚了。就是说，社会主义和市场经济之间不存在根本矛盾。问题是用什么方法才能更有力地发展社会生产力。只搞计划经济会束缚生产力的发展。要把计划经济和市场经济结合起来，就更能解放生产力，加速经济发展。这就要求我们必须从理论上要搞懂，资本主义与社会主义的区分不是计划、市场这样的内容。社会主义也有市场调节，资本主义也有计划控制，不要以为搞点市场经济就是资本主义道路，没那回事。计划经济和市场调节都得要。不搞市场，自甘落后，连世界信息都不知道，那怎么行呢？要随着经济的发展，要走越走越宽的路子。这样，人们会各得其所。这样发展下去，就会使经济兴旺发达，这是毫无疑义的。

邓小平同志在南巡重要谈话中明确指出："计划多一点还是市场多一点，不是社会主义与资本主义的本质区别。计划经济不等于社会主义，资本主义也有计划；市场经济不等于资本主义，社会主义也有市场。计划和市场都是经济手段。社会主义的本质，是解放生产力，发展生产力，消灭剥削，消除两极分化，最终达到共同富裕。就是要对大家讲这个道理。……总之，社会主义要赢得与资本主义相比较的优势，就必须大胆吸收和借鉴人类社会创造的一切文明成果，吸收和借鉴当今世界各国包括资本主义发达国家的一切反映现代社会化生产规律的先进经营方式、管理方式。"① 这是邓小平同志对我国自十一届三中全会以来，关于国民经济大力发展生产力，对当代社会主义政治经济学奠定了理论基础，并且丰富和发展了马克思列宁主义、毛泽东思想。我们党在社会主义市场经济体制理论的指引下，使我国的经济建设，特别是在建设有中国特色社会主义理论的进行中得到极大的丰富和发展。

我们要坚持"胆子要大，步子要稳"的基本原则。所谓胆子大，就是要坚定不移地搞下去；步子要稳，发现问题就赶快改。这就是说在实现社会主义现代化，建设有中国特色社会主义的事业中，必然出现许许多多我们不熟悉的、预想不到的新情况和新问题。特别是生产关系和上层建筑的改革，经济、政治体制的改革、社会主义市场经济体制的建立和发展，不会是一帆风顺的，它涉及面很广，涉及政治、经济、文化等方面，也必然涉及一大批人的切身利益，一定会出现各种各样的复杂情况和问题，一定会遇到重重障碍。这就要求我们要有充分的思想准备，要有坚定的组织措施，要有干部上的准备，要经得起风浪和考验。只要我们相信党，相信群众，走群众路线，重要的是"一步步走，一步步地总结经验，不对头赶快改，不是大改，大的方针不会变了。"② 我们不靠上帝，而是靠自己努力，靠不断总结经验，坚定地前进。我们要抓住当前有利时机，坚定不移，大胆探索，同时，及时发现问题和解决问题。我们既大胆又慎重，因为我们干的是中国几千年来从未干过的极其伟大的事业。我们的事业不仅影响中国，而且会影响世界。

总之，经过几年的实践证明，我们的改革开放的路子是走对了。虽然每一个领域还有不少问题，但是这些问题是不难逐步解决的。所以，我们改革开放的政策不可能放弃，甚至不可能放慢。改革开放

① 《邓小平文选》第三卷，第 373 页。
② 《建设有中国特色的社会主义》（增订本），第 88 页。

胆子要大一些，敢于试验，不能像小脚女人一样。看准了的，就大胆地试，大胆地闯。深圳的重要经验就是敢闯。没有一点闯的精神，没有一点"冒"的精神，没有一股气呀、劲呀，就走不出一条好路，走不出一条新路，就干不出新的事业。

（三）坚持发展社会主义民主政治，健全社会主义法制。

我们进行社会主义现代化建设，是要在经济上赶上发达的资本主义国家。这就要充分发挥社会主义制度的优越性。在政治上充分发扬人民民主，保证全体人民真正享有通过各种有效形式管理国家，特别是管理基层地方政权和各项企业事业的权力，人民真正的当家做主成为国家主人。要健全社会主义法制，正确处理人民内部矛盾，打击一切敌对力量和犯罪活动，调动人民群众的积极性、主动性和创造性，巩固和发展安定团结、生动活泼的政治局面，使我们的国家在政治上创造比资本主义国家的民主更高更切实的民主政治。为了实现民主政治、健全社会主义法制，不仅要造就更多更优秀的人才，而且迫切需要大量培养、发现、提拔、使用坚持四项基本原则的、比较年轻的、有专业知识的社会主义现代化建设人才。

邓小平指出："为了保障人民民主，必须加强法制。必须使民主制度化、法律化，使这种制度和法律不因领导人的改变而改变，不因领导人的看法和注意力的改变而改变。现在的问题是法律很不完备，很多法律还没有制定出来。往往把领导人说的话当做'法'，不赞成领导人说的话就叫做'违法'，领导人的话改变了，'法'也就跟着改变。所以，应该集中力量制定刑法、民法、诉讼法和其他各种必要的法律，例如工厂法、人民公社法、森林法、草原法、环境保护法、劳动法、外国人投资法等等，经过一定的民主程序讨论通过，并且加强检察机关和司法机关，做到有法可依，有法必依，执法必严，违法必究。国家和企业、企业和企业、企业和个人等等之间的关系，也要用法律的形式来确定；它们之间的矛盾，也有不少要通过法律来解决。……我们还要大力加强对国际法的研究。"① 这就为我国发展社会主义民主，健全社会主义法制奠定了基础，指明了方向。法律条文开始可以粗一点，逐步加以完善。有的法规地方可以先试搞，然后经过总结提高，制订全国通行的法律。修改补充法律，成熟一条即修改补充一条，使其不断丰富和发展，成为一套完备的法制体系，真正成为法制的国家。

社会主义民主和社会主义法制是不可分的。我们的民主制度还有不完善的地方，要制定一系列的法律、法令和条例，使民主制度化、法律化。邓小平指出："不要社会主义法制的民主，不要党的领导的民主，不要纪律和秩序的民主，决不是社会主义民主。相反，这只能使我们的国家再一次陷入无政府状态，使国家更难民主化，使国民经济更难发展，使人民生活更难改善。"② 在改革开放的进程中，不能照搬西方的，不能搞自由化。过去我们对民主政治宣传得不够，实行得不够，制度上有许多不完善的地方。我们要继续努力发扬民主，即不能离开四项基本原则。抽象地空谈民主，那就必然造成极端民主化和无政府主义的严重泛滥，造成安定团结政治局面的彻底破坏，造成社会主义现代化的失败。也不能搞一言堂，一个人说了算，要发扬党内民主，促进人民民主。一定要把社会主义民主同资产阶级民主、个人主义民主严格地区别开来，一定要把对人民的民主和对敌人的专政结合起来，把民主和集中、民主和法制、民主和纪律、民主和党的领导结合起来。只有这样，在建设有中国特色社会主义的轨道上才能胜利前进。

邓小平指出："关于民主，我们大陆讲社会主义民主，和资产阶级民主的概念不同。西方的民主就是三权分立，多党竞选，等等。我们并不反对西方国家这样搞，但是我们中国大陆不搞多党竞选，不搞三权分立、两院制。我们实行的就是全国人民代表大会一院制，这

---

① 《邓小平文选》第二卷，第 147 页。
② 《邓小平文选》第二卷，第 359～360 页。

最符合中国实际。如果政策正确，方向正确，这种体制益处很大，很有助于国家的兴旺发达，避免很多牵扯。当然，如果政策搞错了，不管你什么院制也没有用。"① 我们实行的是社会主义民主，是人民代表大会制度，是共产党领导下的人民民主制度。社会主义国家有个最大的优越性，就是凡是一件事情一下决心，一做出决议就立即执行，不受牵扯，没有那么多的反复，互相牵扯，议而不决，决而不行，能集中力量办大事。因此，我们决不能搬用西方所谓的民主，也不能套用他们的三权鼎立，我们要搞社会主义的民主与法制，确保我国社会主义的优越性。

我们进行政治体制改革，一个重要的内容就是要坚持发展社会主义民主政治，健全社会主义法制。我们的民主同法律是相关联的。民主是我们改革的一个重要手段。我们现在推行的在基层搞普选，就是在县一级、城市区一级搞普选，有的进行直接选举；在省、市和中央这两级还是进行间接选举。因为我们国家大，人口多，经济、政治发展还不平衡，还是一个多民族的国家，高层搞直接普选现在条件还不成熟，首先是文化素质不行。最适合我国国情的还是在中国共产党领导下的搞民主集中制的人民代表大会制度、实行多党协商的制度。在这个基础上不断为我国发展社会主义民主政治，健全社会主义法制而斗争。

（四）坚持两手抓，建设社会主义精神文明。

中国的稳定，社会主义现代化建设的实现，建设有中国特色社会主义的伟大事业，不仅要有一条马克思主义的基本路线，还要有正确的组织路线来保证，要有真正坚持马克思列宁主义、毛泽东思想和党性强、作风好、真抓实干的人来接班才能保证。我们党的事业，一切工作都是靠人、靠党的干部和党员来做的，党员、干部的素质是个关键问题。在建设有中国特色社会主义事业中，坚持两手

---

① 《邓小平文选》第三卷，第220页。

抓，建设社会主义的精神文明要搞好，同样要把接班人选准选好，使他们做一个合格的接班人。

邓小平同志强调接班人的条件，他多次强调这个问题，要选那些大公无私，严守法纪，坚持党性，根绝派性，具有强烈的革命事业心和政治责任心，有胜任工作的业务能力。邓小平说："一九七五年我就想到过这个问题，那个时候毛主席要我来主持中央工作，王洪文就跑到上海去跟人说，十年后再看。当时我跟李先念同志谈过这个事情，十年后我们这些人变成什么样子了？从年龄来说，我们斗不过他们呀，在座的同志也斗不过他们。如果坚持'四人帮'思想体系的人将来掌权，你们也斗不过他们，你们能活多久啊？即使生命还在，脑袋也不管用了，这是自然规律。"① 选拔干部，选拔人才，只要选得好，选得准，我们党的事业就大有希望。邓小平同志认为，"老同志现在的责任很多，第一位的责任是什么？就是认真选拔好接班人。选得合格，选得好，我们就交了账了，这一辈子的事情就差不多了。其他的日常工作，是第二位、第三位、第四位、第五位、第六位的事情。第一位的事情是要认真选拔好接班人。"② 这是个战略问题，是决定我们命运的问题。不解决选拔人才问题，我们交不了班，历史会给我们写下一笔。重点是要选拔三四十岁的年轻人。这些年轻人选拔上来以后，可以干得久一些。现在经验不够，过几年经验就够了；现在不称职，过几年就称职了。他们脑筋比较活，有精力，能深入基层，要使他们在实际工作中成熟起来。邓小平指出："中青年干部接班，最重要的是接老同志坚持革命斗争方向的英勇精神的班。希望通过你们的努力，把党的好传统、好作风发扬起来。我曾经说过，不只是年轻，有业务知识，就能解决问题，还要有好的作风。要全心全意为人民服务，深入群众倾听他们的呼声；要敢说真话，反对说假话，不务虚名，多做实事；要公私分明，不

---

① 《邓小平文选》第二卷，第 225 页。
② 《邓小平文选》第二卷，第 227 页。

拿原则换人情；要任人唯贤，反对任人唯亲。"①

我们的干部特别是领导干部，必须懂得在建设高度的物质文明的同时，要建设高度的社会主义精神文明。要坚持两手抓，两手都要硬。邓小平同志认为，我们要有两手，一手就是坚持对外开放和对内搞活经济的政策，一手就是坚决打击经济犯罪活动。没有打击经济犯罪活动这一手，不但对外开放政策肯定要失败，对内搞活经济的政策也肯定要失败。有了打击经济犯罪活动这一手，对外开放、对内搞活经济就可以沿着正确的方向走。这两手是相互制约的，是一切腐朽的东西要被打掉，被制止，被根除，否则就会失败；搞社会主义现代化，我们也要两手抓，即一手抓建设，一手抓法制；我们在建设高度的物质文明同时建设高度的社会主义精神文明，两个文明一齐抓；我们进行改革开放，一手抓改革开放，一手抓惩治腐败，这两件事结合起来，只有这样就可以使我们的政策更加鲜明，更能获得人心；这就是两点论，两手抓。绝对不能一手软，一手硬，要两手都要硬。就是说，搞改革开放有两只手，不要只用一只手，改革是一只手，反对资产阶级自由化也是一只手。有时这只手重些，有时另一只手重些，要根据实际情况。

我们的干部特别是领导干部要保持清醒的头脑，我们进行改革开放，资本主义那一套腐朽的东西就会钻进来。邓小平指出："要说有风险，这是最大的风险。所以我们使用法律和教育这两个手段来解决这个问题。我们只要认真抓，就会有办法。对贪污、行贿、盗窃以及其他乌七八糟的东西，人民是非常反感的，我们依靠人民的力量就可以逐步加以克服和纠正。"邓小平同志还强调指出："广东二十年赶上亚洲'四小龙'，不仅经济要上去，社会秩序、社会风气也要搞好，两个文明建设都要超过他们，这才是有中国特色的社会主义。新加坡的社会秩序算是好的，他们管得严，我们应当借鉴他们的经验，而且比他们管得更好。开放以后，一些腐朽的东西也跟

---

① 《建设有中国特色的社会主义》（增订本），第126页。

着进来了，中国的一些地方也出现了丑恶的现象，如吸毒、嫖娼、经济犯罪等。要注意很好地抓，坚决取缔和打击，决不能任其发展。新中国成立以后，只花了三年时间，这些东西就一扫而光。吸鸦片烟、吃白面，世界上谁能消灭得了？国民党办不到，资本主义办不到。事实证明，共产党能够消灭丑恶的东西。在整个改革开放过程中都要反对腐败。对干部和共产党员来说，廉政建设要作为大事来抓。还是要靠法制，靠法制靠得住些。总之，只要我们的生产力发展，保持一定的经济增长速度，坚持两手抓，社会主义精神文明建设就可以搞上去。"要看到这些社会上的丑恶现象，要采取坚决措施，要从严从重依法惩处，万万不能掉以轻心，这种腐败现象如果发展下去，就会使我们的党和国家走向毁灭的道路。对这个问题邓小平同志讲得极为深刻精辟，我们共产党人、党的干部，特别是领导干部要时时刻刻记在心上。他指出："经济建设这一手我们搞得相当有成绩，形势喜人，这是我们国家的成功。但风气如果坏下去，经济搞成功又有什么意义？会在另一方面变质，反过来影响整个经济变质，发展下去会形成贪污、盗窃、贿赂横行的世界。所以，不能不讲四个坚持，不能不讲专政，这个专政可以保证我们的社会主义现代化建设顺利进行，有力地对付那些破坏建设的人和事。"① 这些道理讲得多么深刻啊！

（五）艰苦创业，为实现社会主义建设的战略步骤而奋斗。

在我国实现社会主义的现代化，是一个艰苦的创业过程。邓小平指出："艰苦奋斗是我们的传统，艰苦朴素的教育今后要抓紧，一直要抓六七十年。我们国家越发展，越要抓艰苦创业。提倡艰苦创业精神，也有助于克服腐败现象。建国以来我们一直在讲艰苦创业，后来日子稍微好一点，就提高消费，于是，各方面的浪费现象蔓延，加上思想政治工作薄弱、法制不健全，什么违法乱纪和腐败现象等

---

① 《建设有中国特色的社会主义》（增订本），第131页。

等，都出来了。"我们要教育全党同志发扬艰苦创业精神，要大公无私、艰苦奋斗、廉洁奉公。坚持共产主义思想和共产主义道德。我们要建设社会主义国家，不但有高度的物质文明，而且要有高度的精神文明。当然，精神文明不单是指教育、科学、文化，而且是指共产主义的思想、理想、信念、道德、纪律，革命的立场和原则，人与人的同志式关系等等。坚决反对那些为了出国，为了搞钱，违法乱纪，走私受贿，投机倒把，不惜丧失人格，丧失国格，丧失民族自尊心，这是非常可耻的。

我们党和政府愈是实行各项经济改革和对外开放的政策，党员尤其是党的高级负责干部，就愈要高度重视、愈要身体力行共产主义思想和共产主义道德。否则，我们自己在精神上解除了武装，还怎么能教育青年，还怎么能领导国家和人民建设社会主义！我们在新民主主义革命时期，就已经坚持用共产主义的思想体系指导整个工作，用共产主义道德约束共产党员和先进分子的言行，提倡和表彰"全心全意为人民服务"，"个人服从组织"，"大公无私"，"毫不利己、专门利人"，"一不怕苦、二不怕死"的精神，现在已经进入社会主义时期，有人居然对这些庄严的革命口号进行"批判"，而这种荒唐的"批判"不仅没有受到应有的抵制，居然还得到我们队伍中一些人的同情和支持。每一个有党性、有革命性的共产党员，难道能够容忍这种状况继续下去吗？我们要批判和反对崇拜资本主义、拜金主义、主张资产阶级自由化的倾向，批判和反对资产阶级损人利己、唯利是图、"一切向钱看"的腐朽思想，批判和反对无政府主义，极端自私的个人主义。必须发扬爱国主义精神，提高民族自尊心和民族自信心。否则我们就不可能建设有中国特色的社会主义，就会被种种资本主义势力所侵蚀腐化。

邓小平指出："现在我们国内形势很好。有一点要提醒大家，就是我们在建设具有中国特色的社会主义社会时，一定要坚持发展物质文明和精神文明，坚持五讲四美三热爱，教育全国人民做到有理想、有道德、有文化、有纪律。这四条里面，理想和纪律特别重要。

我们一定要经常教育我们的人民，尤其是我们的青年，要有理想。为什么我们过去能在非常困难的情况下奋斗出来，战胜千难万险使革命胜利呢？就是因为我们有理想，有马克思主义信念，有共产主义信念。我们干的是社会主义事业，最终目的是实现共产主义。这一点，我希望宣传方面任何时候都不要忽略。"① 对这个问题，越是经济的发展，事业的前进，形势好的情况下，越要特别重视这一点，否则不仅会受精神污染，会腐败、会出现拜金主义，唯利是图就会自由泛滥，就会影响全局，会把人引向邪路。从长远来看，这个问题从根本上关系到我们党和国家的命运和前途。

在精神文明建设上要抓紧、抓狠一点，全党全军全国各族人民都要极端重视。有了理想还要有纪律才能实现。纪律和自由是对立统一的关系，两者是不可分的，缺一不可。要想全国人民团结起来，为一个目标去奋斗，一靠理想，二靠纪律。邓小平指出："现在有一些值得注意的现象，就是没有理想的表现，比如说，一切向钱看。对这种现象的批评当然要准确，不要不适当，但是这种现象确实存在。有的单位设了许多公司，把国家拨的经费拿去做生意了。还有其他的种种不正之风。对于这些，群众很不满意。我们要提醒人们，尤其是共产党员们，不能这样做。不是在整党吗？应该首先把这些不正之风整一整。"② 现在有的地方发展得相当可怕。正如邓小平同志指出的，我们为社会主义奋斗，不但是因为社会主义有条件比资本主义更快地发展生产力，而且因为只有社会主义才能消除资本主义和其他剥削制度所必然产生的种种贪婪、腐败和不公正现象。这几年生产是上去了，但是资本主义和封建主义的流毒还没有减少到可能的最低限度，甚至解放后绝迹已久的一些坏事也在复活。我们再不下大的决心迅速改变这种情况，社会主义的优越性怎么能全面地发挥出来？我们又怎么能充分有效地教育我们的人民和后代？不加

---

① 《建设有中国特色的社会主义》（增订本），第98页。
② 《建设有中国特色的社会主义》（增订本），第100页。

强精神文明的建设，物质文明的建设也要受破坏、走弯路。光靠物质条件，我们的革命和建设都不可能胜利。胜利了也不会巩固。对严重的犯罪活动的防范和打击，必须大大加强，对一切严重危害社会风气的腐败现象，要坚决制止和取缔。一切企业事业单位，一切经济活动和行政司法工作，都必须实行信誉高于一切，严格禁止坑害勒索群众，把我国的社会主义现代化和建设有中国特色社会主义事业推向前进。

我们党为了实现社会主义建设的战略步骤，使我国人民走向共同富裕，达到小康水平。邓小平同志说，现在中国还很穷，国民生产总值人均只有三百美元。但我们有雄心壮志，到本世纪末，人均达到八百美元。八百美元对经济发达国家来说不算什么，但对中国来说，这是真正的雄心壮志，它意味着到本世纪末，我国的国民生产总值达到一万亿美元。到那个时候，中国就会对人类有大一点的贡献。我们党正在发奋图强，为实现到本世纪末翻两番而奋斗！

邓小平指出："翻两番的意义很大。这意味着到本世纪末，年国民生产总值达到一万亿美元。那时不按人口平均而按国民生产总值来说，就居于世界前列了。这一万亿美元，反映到人民生活上，我们就叫小康水平；反映到国力上，就是较强的国家。因为到那时，如果我们有一万亿美元的国民生产总值，拿百分之一来搞国防，就是一百亿，如果拿百分之五，就是五百亿。一百亿美元，能够办很多事情，要改善一点装备容易得很。如果我们拿百分之一用于科学教育，就可以开办好多大学，消灭文盲这些事情就可以用更多的力量来办了。智力投资应该绝不止百分之一。现在我们是捉襟见肘，要增加一点教育经费、科研经费，困难得很。到本世纪末人民生活是小康水平，小康水平也比现在好得多。""翻两番还有个重要意义，就是这是一个新的起点。再花三十年到五十年时间，就可以接近经济发达国家水平。"① 我们党在十一届三中全会以后，探索了一条怎样

---

① 《建设有中国特色的社会主义》（增订本），第74～76页。

在发展生产力的基础上逐步发展中国的经济。经过翻两番，三个大步骤，由小康达到接近发达国家的水平，到那时我国的巨大变化，社会主义中国的份量和作用就大大不同了，我们就可以对人类社会有更大的贡献。

邓小平指出："总的来说，我们确定的目标不高。从 1981 年开始到本世纪末，花二十年的时间，翻两番，达到小康水平，就是年国民生产总值人均八百到一千美元；在这个基础上，再花五十年的时间，再翻两番，达到人均四千美元。那意味着什么？就是说，到下一个世纪前半世纪，我们可以达到中等发达国家的水平。如果做到这一步，第一，是非常艰巨的，很不容易的；第二，是真正对人类作出了贡献；第三，就更加能够体现社会主义制度的优越性。我们实行的是社会主义的分配制度，我们的人均四千美元不同于资本主义国家的人均四千美元。特别是中国人口多，如果那时十五亿人口，人均达到四千美元，年国民生产总值就达到六万亿美元，属于世界前列。这不但是给占世界总人口四分之三的第三世界走出了一条路，更重要的是向人类表明，社会主义是必由之路，社会主义优于资本主义。"[1] 我国的经济发展和走出一条新路，建设有中国特色的社会主义具有深远影响和世界意义。

四、社会主义的领导力量和依靠力量及实行"一国两制"推进祖国和平统一

党的"十四大"报告指出："在社会主义的领导力量和依靠力量问题上，强调作为工人阶级先锋队的共产党是社会主义事业的领导核心，党必须适应改革开放和现代化建设的需要，不断改善和加强对各方面工作的领导，改善和加强自身建设。"[2] 党的领导主要是政

① 《邓小平同志重要谈话》（1987 年 2 月～7 月）第 23 页。
② 《中国共产党第十四次全国代表大会文件汇编》第 14 页。

治、思想和组织的领导。党要适应改革开放和建设有中国特色社会主义，实现四个现代化的要求，加强和改善党的领导。因此，中国共产党必须集中精力领导经济建设，组织、协调各方面的力量，同心同德，同心协力，都围绕着我国经济建设这个中心开展工作，党必须实行民主的科学的决策，制定和坚决执行基本路线、方针和政策，做好党的思想政治工作、组织工作和宣传教育工作，充分发挥全体共产党员、党的干部、特别是党的领导干部在改革开放中的先进模范作用。使他们的工作有一个极深刻的变化，在经济建设上有个显著进步。

（一）坚持党的正确领导。

党要有坚强的政治领导，即正确的路线、方针、政策和政治方向的领导。政治领导和思想领导、组织领导又是统一的，不可分的。就是说，思想领导是政治领导、组织领导的重要前提和基础，组织领导是政治领导、思想领导的重要保证。党的干部，特别是党政领导干部，要善于把三者很好地结合起来、统一起来，要在政治、经济、文化等各个领域中，更好地加强和改善党的领导，坚持社会主义方向，充分发挥党对各项改革开放工作和建设有中国特色社会主义的核心领导作用。

我们在强调加强党的领导的同时，也要认真改善党的领导方式和活动方式，要坚持党的领导，就必须改善党的领导。怎样改善党的领导呢？党的"十四大"报告指出："在新的历史时期，党所处的环境和肩负的任务有了很大变化，党的思想、政治、组织、作风建设都面临许多新情况和新问题。我们一定要结合新的实际，遵循党的基本路线，坚持党要管党和从严治党，加强和改进党的建设，努力提高党的执政水平和领导水平，使我们这个久经考验的马克思主义的党，在建设有中国特色社会主义的伟大事业中更好地发挥领导核心作用。"① 这就为加强党的建设和改善党的领导指明了方向。我

---

① 《中国共产党第十四次全国代表大会文件汇编》第46页。

们要建设社会主义现代化，要建设有中国特色的社会主义，没有党的领导是不可能的，我们中国的全部历史已经证明了这条真理。我们当代的中国要坚持用邓小平建设有中国特色社会主义的理论、路线、方针和政策来武装我们的头脑，才能使我们党的事业立于不败之地，这就要求我们结合新的实际，遵循党的基本路线，要把党管好，要从严治党，要不断加强党的建设，以便适应现在需要。

邓小平指出："在中国这样的大国，要把几亿人口的思想和力量统一起来建设社会主义，没有一个由具有高度觉悟性、纪律性和自我牺牲精神的党员组成的能够真正代表和团结人民群众的党，没有这样一个党的统一领导，是不可能设想的，那就只会四分五裂，一事无成。这是全国各族人民在长期奋斗实践中深刻认识到的真理。我们人民的团结，社会的安定，民主的发展，国家的统一，都要靠党的领导。坚持四项基本原则的核心，就是坚持党的领导。问题是党要善于领导；要不断地改善领导，才能加强领导。"①

我们伟大、光荣、正确的中国共产党，是建设有中国特色社会主义的坚强核心和政治保证，也是指导和领导力量。我们党不仅能够领导革命取得胜利，而且能够领导改革开放和建设事业取得胜利。因而我们必须坚持和维护中国共产党的领导，任何怀疑、削弱、否定党的执政地位和领导作用的观点与做法都是根本错误的和十分有害的。

要加强党的领导就必须改善党的领导，改善党的领导最主要的就是加强党的思想政治工作。通过思想教育，增强党性、提高素质，掌握实际本领为社会主义现代化事业服务。邓小平指出："正确的政治路线要靠正确的组织路线来保证。中国的事情能不能办好，社会主义和改革开放能不能坚持，经济能不能快一点发展起来，国家能不能长治久安，从一定意义上说，关键在人。"还深刻指出："帝国主义搞和平演变，把希望寄托在我们以后的几代人身上。江泽民同

————

① 《邓小平文选》第二卷，第341—342页。

志他们这一代可以算是第三代，还有第四代、第五代。我们这些老
一辈的人在，有份量，敌对势力知道变不了。但我们这些老人呜呼
哀哉后，谁来保险？所以，要把我们的军队教育好，把我们的专政
机构教育好，把共产党员教育好，把人民和青年教育好。中国要出
问题，还是出在共产党内部。对这个问题要清醒，要注意培养人，要
按照'革命化、年轻化、知识化、专业化'的标准，选拔德才兼备
的人进班子。"这个组织问题、干部问题，历来是我们党重视的核心
和关键问题。在谈到党的路线时，邓小平说："我们说党的基本路线
要管一百年，要长治久安，就要靠这一条。真正关系到大局的是这
个事。这是眼前的一个问题，并不是已经顺利解决了，希望解决得
好。'文化大革命'结束，我出来后，就注意这个问题。我们发现靠
我们这一代解决不了长治久安的问题，于是我们推荐别的人，真
正要找第三代。但没有解决问题，两个人都失败了，而且不是在经
济上出问题，都是在反对资产阶级自由化的问题上栽跟头。这就不
能让了。我在 1989 年 5 月底还说过，现在就是要选人民公认是坚持
改革开放路线并有政绩的人，大胆地放进新的领导机构里，使人民
感到我们真心诚意搞改革开放。人民，是看实践。人民一看，还是
社会主义好，还是改革开放好，我们的事业就会万古长青！"

　　这是邓小平同志对我们党的建设、党的领导、党的学说、党的
政治路线、思想路线和组织路线基本经验的概括和总结，他深刻而
精辟地指出了中国共产党当代建设的重大关键问题，指出了我们党
长治久安，万古长青的关键所在。我们要深入学习深刻领会的精神
实质，万万不能"以其昏昏，使人昭昭"。我们要努力学习马克思主
义，提高政治思想水平，提高领导能力。按照邓小平建设有中国特
色社会主义理论武装自己的头脑，而且是要精要管用，把我们党的
事业推向一个新的水平。

（二）努力学习，加强组织纪律。

　　邓小平同志要求全党必须重新进行一次学习。贯彻民主集中制

的原则，加强党的纪律。继续发扬党的艰苦朴素、密切联系群众的优良传统作风。我们过去把"主要的精力放到政治运动上去了，建设的本领没有学好，建设没有上去，政治也发生了严重的曲折。现在要搞现代化建设，就更加不懂了。所以全党必须再重新进行一次学习。"学习什么？根本的是要学习马克思列宁主义、毛泽东思想，要努力把马克思主义的普遍原理同我国实现四个现代化的具体实践结合起来。当前大多数干部还要着重抓紧三个方面的学习：一个是学经济学，一个是学科学技术，一个是学管理。学习好，才可能领导好高速度、高水平的社会主义现代化建设。从实践中学，从书本上学，从自己和人家的经验教训中学。谁也不能安于落后，落后就不能生存。我们的党员、干部特别是领导干部，不能长期安于当外行，要钻进去，逐渐成为内行。我们要努力学习马克思主义，提高领导水平，又要努力学习科学知识，总结正反两个方面的经验，研究和掌握科学技术工作的客观规律。这样不仅能全面正确执行党的各项方针政策，也能够掌握科学技术工作规律，领导我国人民攀登世界科学高峰。

　　学习的目的和意义是什么？邓小平同志在党的全国代表大会上就指出："现在我还想提出一个新的要求，这不仅是专对新干部，对老干部也同样适用，就是要学习马克思主义理论。或者会有同志问：现在我们是在建设，最需要学专业知识和管理知识，学马克思主义理论有什么实际意义？同志们，这是一种误解。马克思主义理论从来不是教条，而是行动的指南。它要求人们根据它的基本原则和基本方法，不断结合变化着的实际，探索解决新问题的答案，从而也发展马克思主义理论本身。俄国的十月革命和我们中国的革命，不就是这样成功的吗？我们现在要建设有中国特色的社会主义，时代和任务不同了，要学习的新知识确实很多，这就更要求我们努力针对新的实际，掌握马克思主义基本理论。因为只有这样，才能提高我们运用它的基本原则基本方法，来积极探索解决新的政治经济社会文化基本问题的本领，既把我们的事业和马克思主义理论本身推向前进，也防止一些同志，特别是一些新上来的中青年同志在日益复杂的斗争中迷失方向。"还特别指出，"使全党的各级干部，首先是领导干部，在繁忙的工作中，仍然有一定的时间学习，熟悉马克思主义的基本理论，从而加强我们工作中的原则性、系统性、预见性和创造性。只有这样，我们党才能坚持社会主义道路，建设和发展有中国特色的社会主义，一直达到我们的最后目的，实现共产主义。"①

邓小平同志还特别强调"在党内生活和国家政治生活中，要真正实行民主集中制和集体领导。一言堂、个人说了算，集体做了决定少数人不执行等等毛病，都要坚决纠正。在目前情况下，尤其需要重申和强调个人服从组织、少数服从多数、下级服从上级、全党服从中央的原则。在党内、军内和政府系统，要坚决反对一切不遵守党纪、军纪、政纪的现象。"② 要加强全党的组织性、纪律性，严格按照党规党法，把我们的党风搞好，对于违反党纪的，不管是什么人，都要执行纪律，做到功过分明，赏罚分明，伸张正气，打击邪气。要发扬党的艰苦朴素、密切联系群众的优良作风。

邓小平同志指出："要搞好我们的党风、军风、民风，关键是要搞好党风。现在，'四人帮'确实把我们的风气搞坏了。'四人帮'的破坏实际上是十年，或者说是十年以上，开始是同林彪结合在一起。他们弄得我们党内同志不敢讲话，尤其不敢讲老实话，弄虚作假。甚至于我们有些老同志也沾染了这些坏习气，这是不应该原谅的啊！我们只要充分信任群众，实事求是，发扬民主，把毛泽东同志的建党学说和党的一整套作风恢复起来，发扬起来，那末，毛泽东同志所说的那样一种政治局面，就一定会达到。有了那样一种政治局面，我们什么风险也能够经受得住。"③ 正如毛泽东同志说的，只要我们党

---

① 《建设有中国特色的社会主义》（增订本），第126～127页。
② 《邓小平文选》第二卷，360页。
③ 《邓小平文选》第二卷，第46页。

的作风完全正派了，全国人民就会跟我们学。党外有这种不良风气的人，只要他们是善良的，就会跟我们学，改正他们的错误，这样就会影响全民族。因此，只有搞好党风，才能转变社会风气，才能坚持四项基本原则，才能把建设有中国特色社会主义的伟大事业进行到底。这里关键是要求我们的干部，特别是领导干部要带头艰苦创业，继承和发扬党的艰苦朴素、密切联系群众等优良作风。不要"做官当老爷"，要反对"衙门作风"，这是邓小平建党学说的一些根本思想观点，我们应该按照这些思想观点去办事。

（三）坚持巩固和扩大新时期的爱国统一战线工作。

要巩固和扩大新时期的爱国统一战线，实现各民族的大团结是维护祖国统一，实现社会主义现代化的重要保证，建国 40 多年来，在中国共产党的领导下，我国的社会阶级状况、经济政治状况发生了根本的变化。我国工人阶级的地位已经大大加强，当家做主的意识大大提高，全心全意地依靠工人阶级已成全国共识；我国农民已经是不仅有 20 多年历史的集体农民，而且经过改革开放，素质有明显的提高，文化程度有明显改善。工农联盟将在社会主义现代化建设的新的基础上更加巩固和发展；我国广大的知识分子，包括从旧社会过来的老知识分子的绝大多数，已经成为工人阶级的一部分。

同时，我们自己培养造就了成千上万的知识分子已成为主体，正在努力自觉地为社会主义事业服务。邓小平指出："我国各民主党派在民主革命中有过光荣的历史，在社会主义改造中也作了重要的贡献。这些都是中国人民所不会忘记的。现在它们都已经成为各自所联系的一部分社会主义劳动者和一部分拥护社会主义的爱国者的政治联盟，都是在中国共产党领导下为社会主义服务的政治力量"。①特别是台湾同胞、港澳同胞和国外侨胞心向祖国，爱国主义觉悟不断提高，他们拥护"一国两制"，在实现祖国统一大业，支持祖国现

---

① 《邓小平文选》第二卷，第186页。

代化建设，日益发挥着重要的积极作用。由此可见，我国的统一战线已经成为工人阶级领导的、工农联盟为基础的社会主义劳动者和拥护社会主义的爱国者的广泛联盟。新时期统一战线和人民政协的任务，就是要调动一切积极因素，努力化消极因素为积极因素，团结一切可以团结的力量，同心同德，群策群力，维护和发展安定团结的政治局面，为把我国建设成为现代化的社会主义强国而奋斗。

邓小平指出："新时期统一战线，可以称为社会主义劳动者和爱国者的联盟。爱国者的范围是很宽广的，包括蒋经国在内，只要台湾归回祖国，他就做了爱国的事。现在可以提第三次国共合作。现阶段的统一战线可以提革命的爱国的统一战线。现在最大的统一战线问题，是台湾归回祖国、实现祖国统一问题。包括旅居在国外的侨胞也有爱国的问题。他们热爱祖国，不等于热爱社会主义。中华人民共和国建立后，尽管还穷，但他们腰杆子挺起来了，人家看待他们也不同了。过去确实是受歧视，低人一等。这是他们的切身感受，觉得这个祖国可爱""统一战线的性质，叫革命的爱国的统一战线，就是社会主义劳动者和爱国者的联盟。这样范围就宽了，具有广泛的性质。"

这就是我们在新的历史时期，我们的爱国统一战线也进入了一个新的历史发展阶段。统一战线仍然是一个重要法宝，不仅不能削弱，而且应当大力加强，应该成为全体社会主义劳动者、拥护社会主义的爱国者和拥护祖国统一的爱国者的最广泛的联盟。新时期统一战线的根本任务，就是要调动一切积极因素，团结一切可以团结的力量，为在本世纪内把我国建设成为现代化的社会主义强国而奋斗，还要为促进台湾归回祖国，完成祖国统一大业而共同努力。

应当指出，各民主党派和工商联，都是我国革命的爱国的统一战线的重要组成部分。各民主党派和工商联同我们党有过长期合作、共同战斗的历史，是我们党的亲密朋友。在争取新民主主义革命胜利和建立中华人民共和国的斗争中，各民主党派都发挥了重要作用。

新中国成立后，各民主党派和工商联推动和帮助各自的成员以及所联系的人们，接受社会主义改造，参加社会主义建设，参加反对国内外敌人的斗争，也都作出了宝贵的贡献。邓小平指出：现在，各民主党派和工商联已经成为各自联系的一部分社会主义劳动者和拥护社会主义的爱国者的政治联盟和人民团体，成为进一步为社会主义服务的政治力量。建设和发展社会主义事业，已成为各民主党派、工商联和我们党的共同利益和共同愿望。在新的历史时期中，在建设有中国特色社会主义的事业中作出新的更大的贡献。

我们国家也是多党，但是，中国的其他政党，是在承认中国共产党的领导这个前提下，服务于社会主义事业的。邓小平指出：在中国共产党的领导下，实行多党派的合作，这是我国具体历史条件和现实条件所决定的，也是我国政治制度中的一个特点和优点。1956年我国社会主义制度基本确立以后，党中央、毛泽东同志又进一步提出了同各民主党派实行"长期共存，互相监督"的方针，这是一项长期不变的方针。在当前新的长征中，在四项基本原则的指引下，实行互相监督，充分发扬社会主义民主，加强社会主义法制，对于增强和维护安定团结，共同搞好国家大事，是十分重要的。在国家政治生活和各项事业中，由于中国共产党属于领导的地位，党的路线、方针、政策正确与否，工作做得好坏，关系着国家的前途和社会主义事业的成败。我们要接受各个方面的批评和监督，以利于集思广益，取长补短，克服缺点，减少失误。

邓小平在 1982 年 11 月 24 日五届政协的最后一次会议上指出：5 年来，特别是中共十一届三中全会以来，统一战线工作和人民政协工作有了很大发展，出现了生气勃勃的局面。我们的统一战线比过去任何时期都更加扩大了，不仅包括全体社会主义劳动者，还包括拥护社会主义的爱国者和拥护祖国统一的爱国者，是最广泛的爱国统一战线，前程远大，大有可为。我们一定要坚持"长期共存、互相监督，肝胆相照、荣辱与共"的方针，加强同各民主党派、无党派民主人士和一切爱国的党外朋友们的合作，共同为开创我国社会主义现代化建设的新局面，为开创爱国统一战线的新局面，为开创人民政协工作的新局面而努力奋斗。

我们党实行"一国两制"推进祖国和平统一问题。世界上有许多争端，总要找个解决问题的出路。针对台湾、香港提出的解决方式。总要从死胡同里找个出路。邓小平同志说，我多年来有个想法，用什么方法来解决这种问题，不用战争手段，用和平方式。我们提出的大陆与台湾统一的方式是合情合理的。统一后，台湾仍搞它的资本主义，大陆搞社会主义，但是是一个统一的中国。一个中国，两种制度。香港问题也是这样，一个中国、两种制度。香港与台湾还有不同，香港是自由港。世界上的许多争端用这种办法解决，我认为是可取的。要从我国的实际情况出发，实行"一个国家，两种制度"的构想也是从中国自己的情况出发考虑的，就是说我们的政策是实行"一个国家，两种制度"，具体说，就是在中华人民共和国内，大陆10亿人口实行社会主义制度，香港、台湾实行资本主义制度。这是我们党在十一届三中全会以后形成的，是我国从中国解决台湾、香港问题出发的。也是尊重事实，尊重实际，就是尊重香港和台湾的历史实际。我们在香港问题上，首先提出要保证其现行的资本主义制度和生活方式，在1997年后50年不变。这是对香港的繁荣和稳定是具有重大意义的。"一个国家、两种制度"在国际上是一种新的构想。我们提出这一方针不仅因为面临香港问题，而且因为我们对外政策的总方针是维护世界和平。在当今世界上要解决各种国际争端，就要有新的办法。

邓小平指出："我跟外宾谈话时提出：解决国际争端，要根据新情况、新问题，提出新办法。'一国两制'，这是从我们自己的实际提出来的，但是这个可以延伸到国际问题。好多国际争端解决不好会成为爆发点。我说是不是有些地方可以采取'一国两制'的办法，有的地方还可以用'共同开发'的办法。不只是'一国两制'一个方式，还有'共同开发'的方式。我们中国人是主张和平的，希望用和平方式解决争端。什么样的和平方式？'一国两制'，'共同开发'。他们都说这是一个新的思想,很有意思。"① 我们完全相信这是一个好办法、好措施。我们搞的是有中国特色的社会主义,所以才制定"一国两制"的政策,才有可以允许两种制度存在。没有点勇气是不行的,这个勇气是建筑在人民拥护的基础上的。人民拥护我们国家的社会主义制度,拥护党的领导。建设社会主义就是建设具有中国特色的社会主义,这个特色,很重要的一个内容就是对香港、澳门、台湾问题的处理,就是"一国两制",这就是中国特色。

邓小平指出:"'一国两制',除了资本主义,还有社会主义,就是中国的主体、十亿人口的地区坚定不移地实行社会主义。主体地区是十亿人口,台湾是近两千万,香港是五百五十万,这就有个十亿同两千万和五百五十万的关系问题。主体是很大的主体,社会主义是在十亿人口地区的社会主义,在这个前提下,可以容许在自己身边、在小地区和小范围内实行资本主义。没有这个前提,资本主义就要吃掉社会主义。我们相信,在小范围内容许资本主义存在,更有利于发展社会主义。"②

(四) 建设强大的现代化正规化的革命军队,继续发扬我军的优良传统。人民军队是社会主义祖国的保卫者和社会主义建设的重要力量。

军队是我国人民民主专政的坚强柱石,肩负着保卫社会主义祖国,保卫社会主义现代化的光荣使命。因此,我们必须把我军建设成为一个在党的领导下的一支强大的现代化、正规化的革命军队。我们一定要进一步密切军政、军民关系,增强军队的团结,加强民兵建设,继承和发扬人民军队的光荣传统。我们一定要扎扎实实做好反侵略战争的准备,为保卫世界和平,为保卫祖国领土的安全,为争取台湾早日回归祖国,实现祖国统一的神圣大业作出新的贡献。

---

① 《建设有中国特色的社会主义》(增订本),第 72 页。
② 《建设有中国特色的社会主义》(增订本),第 93 页。

邓小平指出：我确信，我们的军队能够始终不渝地坚持自己的性质。这个性质是，党的军队，国家的军队，人民的军队。这与世界其他各国军队的性质不同。其他社会主义国家与我们也不同，他们军队同我们军队的经历也不同。国家的军队还包括一个内容，就是它是社会主义国家的军队。就是说，我们的军队始终要忠于党，忠于国家，忠于社会主义，忠于人民。我确信，我们的军队能够做到这一点，几十年的考验证明军队能够履行自己的责任。我们党有一支好的部队，他们不仅是社会主义祖国的保卫者，也是社会主义建设的重要力量。邓小平同志强调领导干部特别是高级干部要以身作则。群众对干部总是要听其言、观其行的。连长指导员不以身作则，就带不出好兵来；领导干部不做出好样子，就带不出部队的好风气，就出不了战斗力。因此，治军要严，首先对领导班子要严，对高级干部要严，要以身作则，做艰苦奋斗的榜样，做实事求是的榜样。总之，做马克思列宁主义、毛泽东思想和邓小平建设有中国特色的社会主义和革命实践相结合的榜样，充分发扬我们党和军队优良传统作风，成为我们党和国家的中流砥柱，成为我们的钢铁长城。

五、社会主义建设的政治保证和立国之本

党的"十四大"报告指出："在社会主义建设的政治保证问题上，强调坚持社会主义道路、坚持人民民主专政、坚持中国共产党的领导、坚持马克思列宁主义、毛泽东思想。这四项基本原则是立国之本，是改革开放和现代化建设健康发展的保证，又从改革开放和现代化建设获得新的时代内容。"[①] 四项基本原则是立国之本，坚持四项基本原则是改革开放和社会主义现代化建设健康发展的根本保证。四项基本原则在改革开放中不断获得新的时代内容，得到丰富和发展。在整个改革开放进程中，必须始终一贯坚持社会主义道路、

---

① 《中国共产党第十四次全国代表大会文件汇编》第14页。

坚持无产阶级专政、坚持共产党的领导、坚持马克思列宁主义、毛泽东思想。这不仅是社会主义建设的政治保证和立国之本，也是利国利民的政治基础和政治纪律。是我们党和国家生存和发展的不可动摇的基础。

在以邓小平为核心的党中央第二代领导集体的指引下，中国人民对长期革命和建设经验进行了科学的总结并赋予它特有的时代精神和政治内涵。提出了"四项基本原则"这一个政治概念。给党的领导增添了生机和活力。邓小平指出："大家知道，这四项基本原则并不是新的东西，是我们党长期以来所一贯坚持的。"① 这是我们党在长期革命和建设实践中找到了社会主义的光明道路，确立了党在中国革命和建设事业中的领导核心地位，建立起人民当家作主的人民民主专政的国家政权，确立了马克思列宁主义、毛泽东思想的指导地位。这是中国共产党领导中国人民经过艰苦卓绝的斗争，千辛万苦的探索，在长期革命和建设的实践中得出的基本经验和最根本的结论。四项基本原则的每一项都是经历了实践检验的科学真理，是我们中国共产党领导中国人民用鲜血和生命换来的宝贵精神财富。因此，党的十一届三中全会前后，针对国际国内新形势和社会思潮，即在 1979 年 3 月党的理论工作务虚会议上作了《坚持四项基本原则》的讲话，他代表党中央首次提出了"四项基本原则"是实现四个现代化的根本前提和政治保证。成为全党和全国人民团结奋斗的政治基础和根本准则。

党的"十二大"通过的党章规定："在现阶段，坚持社会主义道路，坚持人民民主专政，坚持党的领导，坚持马列主义、毛泽东思想，集中力量进行社会主义现代化建设，是全党团结统一的政治基础。"五届人大五次会议通过的《中华人民共和国宪法》规定："中国各族人民将继续在中国共产党领导下，在马克思列宁主义、毛泽东思想指引下，坚持人民民主专政，坚持社会主义道路。""十四

① 《邓小平文选》第二卷，第 165 页。

大"党章又重申了这四项基本原则，并强调指出，这"是我们的立国之本"，"在社会主义现代化建设的整个过程中，必须坚持四项基本原则，反对资产阶级自由化。"党章和宪法要求每一个共产党员，每一个普通公民，都必须坚持四项基本原则，以四项基本原则作为自己最根本的政治准则和行为规范。在我们的社会主义国家，全党全军和全国各族人民都必须坚定不移的坚持四项基本原则。

（一）党的四项基本原则是立国之本。

在我们社会主义国家，中国共产党是我们立国治国安邦的领导核心；马克思列宁主义、毛泽东思想是我们党和国家的根本指导思想，是领导中国革命和建设的一面光辉的旗帜；社会主义道路，建设有中国特色的社会主义是我们立国的根本方向；人民民主专政是我们立国治国、巩固和发展的根本保证。这四项基本原则关系到中国的前途和命运，关系到社会主义现代化建设和改革开放的成败，关系到建设有中国特色社会主义能否成功的大问题。所以，我们在任何时期都不能动摇。邓小平指出："为了实现四个现代化，我们必须坚持社会主义道路，坚持无产阶级专政，坚持共产党的领导，坚持马列主义、毛泽东思想。中央认为，今天必须反复强调坚持这四项基本原则，因为某些人（哪怕只是极少数人）企图动摇这些基本原则。这是决不许可的。每个共产党员，更不必说每个党的思想理论工作者，决不允许在这个根本立场上有丝毫动摇。如果动摇了这四项基本原则中的任何一项，那就动摇了整个社会主义事业，整个现代化建设事业。"① 四项基本原则是一个统一的有机整体，是互为条件，互相依存，不可分割。不允许动摇任何一项。因为它从不同的方面构成了我国社会主义建设的完整的政治保证。

但是，"这四个坚持的核心，是坚持党的领导。我们这个党是马克思列宁主义、毛泽东思想的党，是领导社会主义事业、领导无产

————————

① 《邓小平文选》第二卷，第173页。

阶级专政的核心力量，是无产阶级的、有社会主义和共产主义觉悟的，有革命纪律的先进队伍。我们党同广大群众的联系，对中国社会主义事业的领导，是六十年的斗争历史形成的。党离不开人民，人民也离不开党，这不是任何力量所能够改变的。"① 这就是说，在当代中国从根本上来讲，没有中国共产党的领导，就不可能有现代化中国的一切。这是中国近百年来历史的科学结论。

我们坚持"一个中心、两个基本点"的基本路线，是一条完整的马克思列宁主义、毛泽东思想的基本路线。坚持"一个中心"、坚持"四项基本原则"、坚持"改革开放"三个组成部分，它们之间都有内在的统一的不可分割的、联系在一起的。这三个组成部分在内容上是相互制约、相互渗透的，都有自己特有的政治涵义和它自身的规律性。"一个中心"是主体，"两个基本点"是两翼。就是我们常说的"四项基本原则"是立国之本，改革开放是强国之路。坚持四项基本原则是基础，改革开放为党的领导增添了生机和活力，增添新的内容，只有坚持四项基本原则，加强党的领导，对改革开放的领导才不至迷失方向走入歧途。它是改革开放的政治基础。由此可见，四项基本原则和改革开放这两个基本点，都要服务于、服从于一个主体，就是以经济建设为中心。其目的是为了解放生产力和发展生产力，把我国的经济建设推到一个崭新的发展时期。

四项基本原则是立国之本。建设有中国特色社会主义道路是我们立国的根本方向。只有社会主义才能救中国，只有社会主义才能发展中国，这是我国近百年的历史，尤其是新中国建立以后，社会主义革命和建设的成就所证明了的真理。邓小平指出："只有社会主义才能救中国，这是中国人民从五四运动到现在六十年来的切身体验中得出的不可动摇的历史结论。中国离开社会主义就必然退回到半封建半殖民地。中国绝大多数人决不允许历史倒退。"② 我们国家

---

① 《邓小平文选》第二卷，第266页。
② 《邓小平文选》第二卷，第166页。

在经济技术、文化、教育等方面现在还不如发达的社会主义国家，也不如发达的资本主义国家，这是历史事实。这不是社会主义制度本身造成的，从根本上说，是解放以前的历史造成的，是帝国主义、封建主义和官僚资本主义造成的。我们的任务，就是要认清中国的国情，不断总结经验，有了错误及时发现及时纠正，毫无疑问，将来会比任何资本主义国家发展得都快，并且比较稳定而持久。只有坚持社会主义道路才有中国的光明前途。

坚持人民民主专政是我们立国治国，维护我国安定团结的政治局面、良好的国际环境，确保我们国家的独立统一的根本保证。人民民主专政是我国的根本政治制度，它对人民实行民主，对少数敌对势力、敌对分子实行专政，这是社会主义国家性质所决定的。所谓国家就是一个阶级镇压另一个阶级的机器，是人民民主专政的工具。在我们社会主义国家里，国家的一切权力属于人民，人民是国家的主人。人民依照法律规定，通过各种形式和途径，管理国家事务，管理政治、经济、文化事业，管理社会事务，行使自己的民主权利。邓小平指出："无产阶级专政对于人民来说就是社会主义民主，是工人、农民、知识分子和其他劳动者所共同享受的民主，是历史上最广泛的民主。"① 我们党要采取各种措施继续努力扩大党内民主和人民民主。没有民主就没有社会主义，就没有社会主义现代化，也就没有建设有中国特色的社会主义。社会主义事业愈发展，民主也愈发展，这是社会主义国家性质所决定的。但是，在发展社会主义民主的同时，决不是可以不要对敌视社会主义势力、敌对分子实行专政。

中国共产党是建设有中国特色社会主义的坚强领导核心。邓小平指出："自有国际共产主义运动以来，就证明了没有无产阶级的政党就不可能有国际共产主义运动。自从十月革命以来，更证明了没有共产党的领导就不可能有社会主义革命，不可能有无产阶级专政，不可能有社会主义建设。列宁说：'无产阶级专政是对旧社会的势力

---

① 《邓小平文选》第二卷，第168页。

和传统进行的顽强斗争，流血的和不流血的，暴力的和和平的，军事的和经济的，教育的和行政的斗争。……没有铁一般的和在斗争中锻炼出来的党，没有为本阶级全体忠实的人所信赖的党，没有善于考察群众情绪和影响群众情绪的党，要顺利地进行这种斗争是不可能的.' 列宁所说的这个真理，现在仍然有效。在中国，在五四运动以来的六十年中，除了中国共产党，根本不存在另外一个像列宁所说的联系广大劳动群众的党。没有中国共产党，就没有社会主义的新中国。"① 这不仅是历史的选择，也是历史的结论。在我们这样的 11 亿人口的大国，没有共产党的领导，肯定就会天下大乱，四分五裂。我们国家的历史证明了这一点。蒋介石就从来没有统一过中国。资产阶级自由化的核心就是反对共产党的领导，反对走社会主义道路。如果没有党的领导也不会有社会主义制度。我们不能再走老路，不能再搞什么政治运动。要加强和改善党的领导，使党的领导更加坚强和巩固。

　　坚持马克思列宁主义、毛泽东思想是我们党和国家的根本指导思想，是我们建设有中国特色社会主义的一面光辉旗帜。邓小平指出："我们坚持的和要当作行动指南的是马列主义、毛泽东思想的基本原理，或者说是由这些基本原理构成的科学体系。""中国反帝反封建革命经历过无数次悲惨的失败。难道不是毛泽东思想才使约占全人类四分之一的中国人民找到正确的革命道路，并在一九四九年获得全国解放，在一九五六年基本上完成社会主义改造吗？这一系列伟大的胜利不但根本改变了中国的命运,也改变了世界的形势。毛泽东思想在世界上是同反霸权主义的斗争分不开的，而打着社会主义旗号实行霸权主义正是取得了政权的马列主义党背叛社会主义原则的最显著标志。""我们能在今天的国际环境中着手进行四个现代化建设，不能不铭记毛泽东同志的功绩。"②

---

① 《邓小平文选》第二卷，第 169～170 页。
② 《邓小平文选》第二卷，第 171～172 页。

中国共产党在毛泽东同志的英明领导下，为我国人民创造伟大的丰功伟绩是永远不会磨灭的，是永垂千秋的。邓小平同志强调指出："毛泽东思想过去是中国革命的旗帜，今后将永远是中国社会主义事业和反霸权主义事业的旗帜，我们将永远高举毛泽东思想的旗帜前进。"① 邓小平同志不仅首先提出，并不断丰富和发展四项基本原则的理论成为邓小平建党学说中一个重要组成部分，而且在社会主义实践和建设有中国特色的社会主义事业中，始终一贯地旗帜鲜明、立场坚定地坚持和捍卫四项基本原则，并同反对四项基本原则的资产阶级自由化思潮进行了不懈的斗争，给我们树立了光辉的典范。

邓小平于 1979 年 3 月 30 日在党的理论工作务虚会上全面系统地阐明了四项基本原则的基本内容、指导思想及其重大的政治意义和理论意义，为建设有中国特色社会主义奠定了基础。1980 年 1 月 16 日在《贯彻调整方针，保证安定团结》一文中指出："对于这四项基本原则，必须坚持，绝不允许任何人加以动摇，并且要用适当的法律形式加以确定。"② 1981 年 3 月 27 日在《关于反对错误思想倾向问题》一文中指出："要加强坚持四项基本原则的宣传、教育，要多写这方面的文章。要批判'左'的错误思想，也要批判右的错误思想。"③ 还特别强调指出："要多写些从思想上、理论上论述坚持四项基本原则的文章。反对和否定四项基本原则，有来自'左'的，有来自右的，写文章要注意到这两个方面。"

1981 年 7 月 17 日在《关于思想战线上的问题的谈话》指出："坚持四项基本原则的核心，是坚持共产党的领导。没有共产党的领导，肯定会天下大乱，四分五裂"。④ 1983 年 10 月 12 日在党的十二

---

① 《邓小平文选》第二卷，第 172 页。
② 《邓小平文选》第二卷，第 358 页。
③ 《邓小平文选》第二卷，第 379 页。
④ 《邓小平文选》第二卷，第 391 页。

届中央委员会十二次全体会议上的讲话明确指出："精神污染的实质是散布形形色色的资产阶级和其他剥削阶级腐朽没落的思想，散布对社会主义、共产主义事业和对共产党领导的不信任情绪。""精神污染的危害很大，足以祸国殃民。它在人民中混淆是非界限，造成消极涣散、离心离德的情绪、腐蚀人们的灵魂和意志，助长形形色色的个人主义思想泛滥，助长一部分人当中怀疑以至否定社会主义和党的领导的思潮。四项基本原则的核心，就是社会主义制度和党的领导，这是我们立国和团结全国人民奋斗的根本。"1985 年 8 月 28日在《改革是中国发展生产力的必由之路》一文指出："如果不坚持这四项基本原则，纠正极左就会变成'纠正'马列主义，'纠正'社会主义。"1986 年 12 月 30 日《旗帜鲜明地反对资产阶级自由化》一文中指出："要旗帜鲜明地坚持四项基本原则，否则就是放任了资产阶级自由化，问题就出在这里。"1987 年 1 月 20 日，邓小平同志会见津巴布韦总理穆加贝时指出："我们讲坚持四项基本原则，即坚持社会主义道路，坚持人民民主专政，坚持党的领导，坚持马列主义、毛泽东思想，需要经常用四项基本原则教育人民。"① 因此，"我们教育人民坚持四项基本原则，这就从根本上提供了保证。"②

　　1989 年 6 月 9 日，邓小平同志在接见首都戒严部队军以上干部时的讲话中指出："这次事件的性质，就是资产阶级自由化和四个坚持的对立。""四个坚持本身没有错，如果说有错误的话，就是坚持四项基本原则还不够一贯，没有把它作为基本思想来教育人民，教育学生，教育全体干部和共产党员。这次事件的性质，就是资产阶级自由化和四个坚持的对立。四个坚持、思想政治工作、反对资产阶级自由化、反对精神污染，我们不是没有讲，而是缺乏一贯性，没有行动，甚至讲得都很少。不是错在四个坚持本身，而是错在坚持得不够一贯，教育和思想政治工作太差。"1992 年初，邓小平同志在

---

　　① 《建设有中国特色的社会主义》（增订本），第 158 页。
　　② 《建设有中国特色的社会主义》（增订本），第 160 页。

视察南方重要谈话中指出："在整个改革开放的过程中，必须始终注意坚持四项基本原则。"

总之，坚持四项基本原则是我们共产党员、党的干部和全国人民的神圣职责。

（二）改革开放和建设有中国特色社会主义的实践不断赋予四项基本原则新的时代内容。

在以邓小平为核心的党中央第二代领导集体的指引下，不仅为坚持四项基本原则奠定了基础，树立了光辉典范，而且随着建设有中国特色社会主义伟大实践，对坚持四项基本原则不断赋予新的时代内容，使其不断得到丰富和发展。使四项基本原则不仅体现当代特征，而且具有生机和活力。就是说，坚持社会主义道路的基本点，要着重解放生产力和发展生产力，抓住时机发展自己主要是发展经济，加快步伐，把我国经济建设更快更好地搞上去，这是时代的特点，最大的政治。把解放生产力和发展生产力提到社会主义本质的高度，是社会主义的根本任务。建设有中国特色的社会主义，一定要使生产力得到全面发展，贫穷不是社会主义，不解放和发展生产力决不是真正的社会主义。

当然，社会主义社会也有解放和发展生产力的问题。因而必须进行改革，不搞改革开放的社会主义道路是死路一条。只有改革开放，才能使社会主义具有生机和活力。邓小平同志自十一届三中全会以后，探索了一条中国式的社会主义发展的道路，他提出了走自己的路，建设有中国特色的社会主义；提出了我国正处在社会主义初级阶段的科学论，提出了认清中国国情是制定党的路线、方针和政策的出发点、着眼点和落脚点，一切要从中国的实际国情出发才能达到良好的效果；提出了社会主义本质是解放生产力和发展生产力，消灭剥削，消除两极分化，最终达到共同富裕；提出了现阶段我国社会的主要矛盾是人民日益增长的物质文化需要同落后的社会生产力之间的矛盾，必须把发展生产力摆在首位，以经济建设为中心，推动社会全面的进步；提出了判断各方面工作的是非得失，归根到底，要以是否有利于发展社会主义社会的生产力，是否有利于增强社会主义国家的综合国力，是否有利于提高人民的生活水平为标准；提出了科学技术是第一生产力，经济建设必须依靠科技进步和劳动者素质的提高；强调改革是社会主义制度的自我发展和完善，也是一场新的革命，是社会主义的发展动力；提出了计划经济不等于社会主义，市场经济不等于资本主义，计划和市场都是经济手段，必须建立社会主义市场经济体制等等，使我国沿着建设有中国特色社会主义的轨道前进。

我们坚持人民民主专政的基本点，把它的职能突出为经济建设服务，坚决打击经济领域的犯罪，打击敌对势力和各种刑事犯罪活动，维护社会稳定和国家安全，为改革开放和社会主义现代化建设创造必要的、有利的国内条件和国际环境。党的十一届三中全会以后，邓小平同志提出了建立社会主义民主政治的奋斗目标，加强社会主义民主制度和民主机制的建设，绝不是搞西方的多党制和议会制；要进一步完善我国人民代表大会制度，加强人民代表大会及其常务委员会的立法和监督职能，更好地发挥人民代表的作用，为人民群众管理国家和社会事务创造条件；随着社会主义市场经济的发展，更好地发挥国家对经济生活的组织管理职能；提出了政治体制改革的目标，是以完善人民代表大会制度、共产党领导的多党合作和政治协商制度为主要内容，发展社会主义民主政治，完善中国共产党领导的多党合作和政治协商制度；巩固和发展新时期爱国统一战线，充分发挥人民政协会议和民主监督的作用；提出了两手都要硬，一手是坚持对外开放和对内搞活经济，一手就是坚决打击经济犯罪活动。一手抓建设，一手抓法制。一手抓物质文明，一手抓精神文明。一手抓改革开放，一手抓惩治腐败。搞改革开放有两只手，不要只用一只手，改革是一只手，反对资产阶级自由化也是一只手。绝对不能一手硬，一手软，要两手都硬；要健全社会主义民主与法制，等等。

　　同时,为保障改革开放和社会主义市场经济的体制健康发展,必须高度重视法制建设,特别是各种经济立法,已成为人民民主专政的国家机关经常性、大量的、重要的和紧迫的工作内容。人民民主是社会主义的本质要求和内在属性。要进一步发展人民民主,使民主法制化、经常化,重要的是决策民主化、科学化,把人民民主提到一个新的高度,以适应建设有中国特色社会主义的需要,使我国有巩固的坚强后盾。

　　坚持党的领导的基本点,就是集中精力领导经济建设,把经济搞上去是最大的政治。领导好社会主义经济建设,经过切实可靠的战略步骤,使我国的经济实力赶上发达的社会主义国家,使我国立于不败之地。新时代赋予党的领导的新内容:要不断加强党的建设,改善党的领导,强调巩固和加强党的执政地位,强调党的领导是政治、思想和组织领导的统一有机整体,不能分割和偏废;按照新的要求制定正确的路线和方针政策,对领导体制、领导方式、党的活动方式等进行改革,适应现代化的需要;改进和加强政治、思想、组织、作风、制度、理论等方面的建设。提高党员素质,反对党内消极腐败现象,加强廉政建设,把党建设成为领导建设有中国特色社会主义的坚强核心,等等。

　　同时,在党的领导方式方法上,要适应经济建设的需要,适应社会主义市场经济的需要,加强和改善党的领导。既不能包办,也不能代替,而是同人民群众一道艰苦创业,密切联系人民群众,坚决批判、抵制和克服各种消极腐败现象,要勤政为国,廉政为民,使党成为建设有中国特色的领导核心。

　　坚持马克思列宁主义、毛泽东思想的基本点,就是用邓小平建设有中国特色社会主义理论武装全党。在改革开放的实践中,坚持把马克思列宁主义、毛泽东思想基本原理同中国的实际紧密地结合起来,分析新情况,解决新问题,思考新思路,总结新经验,逐步形成建设有中国特色的社会主义理论体系,把马克思主义推向一个新的发展阶段,继承和发展了马克思列宁主义、毛泽东思想。这一理论系统地回答了如何建设社会主义、坚持和发展社会主义的理论问题；这一理论是我们党长期实践经验的科学总结，特别是改革开放和建设有中国特色社会主义实践的理论成果的反映；这一理论，是当代中国的马列主义，是毛泽东思想的新发展。在当今中国，坚持不坚持马克思列宁主义、毛泽东思想，首先表现在坚持不坚持建设有中国特色的社会主义的理论，这是非常明显的道理。

党的"十四大"报告指出："建设有中国特色社会主义的理论，是马克思主义同中国实际相结合的最新成果，是当代中国的马克思主义，是指引我们实现新的历史任务的强大思想武器。学习马克思列宁主义、毛泽东思想，中心内容是学习建设有中国特色社会主义的理论。党员领导干部首先是高级干部要带头学好用好。要认真学习邓小平同志的战略思想和理论观点，认真学习他运用马克思主义立场、观点和方法研究新情况、解决新问题的科学态度和创造精神。学习要联系实际，要精，要管用。"[1]

总之，四项基本原则都有时代内容和时代特征，这也是非常明显的，是不以人们意志为转移的，我们应当把握和深刻理解时代特征对丰富和发展四项基本原则的重大意义。邓小平指出："实现四个现代化所必须坚持的四项基本原则，虽然我已经说过都不是什么新问题，但是这些原则在目前的新形势下却都有新的意义，都需要根据新的丰富的事实作出新的有充分说服力的论证。这样才能够教育全国人民，全国青年，全国工人，解放军全体指战员，也才能够说服那些向今天的中国寻求真理的人们。这是一项十分重大的任务，既是重大的政治任务，又是重大的理论任务。这决不是改头换面地抄袭旧书本所能完成的工作，而是要费尽革命思想家心血的崇高的创造性的科学工作。"[2]

这就告诉我们：四项基本原则本身是不断丰富和发展的，不是

---

[1] 《中国共产党第十四次全国代表大会文件汇编》第 46 页。

[2] 《邓小平文选》第二卷，第 179～180 页。

抽象僵化的教条，而是来源于生活、来源于实践，并在实践中发展。随着改革开放的深入，社会主义现代化实践的发展，不断总结建设有中国特色社会主义的实践经验，对四项基本原则的认识也不断深入，赋予它的时代内容，以新的理论原则和实践经验不断丰富和发展，使四项基本原则得到不断发展和完善。

（三）在社会主义市场经济体制的发展进程中加强党的建设。

在社会主义市场经济体制的发展进程中，要加强党的建设，提高党领导经济的水平和能力，是加快经济发展步伐的重要保证。重要的是解放思想，就是使我们的思想和实际相符合，使主观和客观相符合，就要实事求是。要在一切工作中真正坚持解放思想、实事求是的思想路线。就是邓小平同志说的"换脑筋"，树立新的观念，创造新的思路，以便适应市场经济体制的发展，适应建设有中国特色社会主义的需要。

邓小平同志1992年5月22日视察首钢的重要谈话中指出："主要是解放思想，换个脑筋就行了，脑筋不换，怎么也推不动。同样是忙忙碌碌，辛辛苦苦，可干出的事慢慢腾腾，看不见新的气象。脑筋活了，想的面就宽了，路子也就多了，也就更好了。路啊，是历来明摆在那里的，走得快、走得慢、走得好、走得坏，那就看你走的路，第一是方向对不对，第二是走得好不好，首钢两条都对了。为什么鞍钢的事发展比首钢慢一些？还是上面的责任。""为什么不允许改革搞好？这是人的问题，人的思想没有解放啊，还有抵触，过去就说姓社姓资，现在又有别的，反正还是有一些人是在看，看你改革开放对不对。"这解放思想，实事求是，换换脑筋，是当前的重大政治问题，这关系到党和国家的前途和命运。为什么这样说呢？如果说邓小平同志南巡重要谈话是从总体上进一步提出坚持"一个中心、两个基本点"的基本路线一百年不动摇，吹响了我国改革开放进入了一个新阶段的号角的话，那么，首钢的重要谈话就是南巡重要谈话的继续和发展。首钢讲话则是具体提出深化大中型企业改革、深化上层建筑的机制和结构改革的宏伟蓝图。并且把它提高到关系到社会主义中国的前途和命运的高度。邓小平同志不愧为中国改革开放的总设计师。他那深邃的思想和高超的领导艺术，极大地丰富和发展了我们党的理论宝库。是社会主义发展的政治保证。

第一，要"换脑筋"确立新观念，以适应时代的要求。共产党员、党的干部特别是领导干部要换什么脑筋呢？确立什么观念呢？

一是要确立建设有中国特色的社会主义理论的指导地位，并以此武装全党的观念。这是指导思想，是当代的马克思主义，是当代党的理论基础。就是说，以邓小平为核心的党中央第二代领导集体，运用马克思列宁主义、毛泽东思想解决了中国的现代化进程中一系列根本性、全局性的巩固和发展社会主义的理论，形成了一系列独创性思想、观点、方法，形成了建设有中国特色社会主义的理论体系。党的"十四大"代表党和人民的意志和愿望郑重地确立了邓小平建设有中国特色社会主义理论的指导地位，为夺取社会主义现代化的胜利奠定了思想理论的基础，使全党树立这个新的指导思想的观念，深刻理解用建设有中国特色社会主义的理论武装全党的伟大意义。

二是要树立建设有中国特色社会主义理论为我们开辟了一条唯一正确的道路的观念。它是我们全党的指导思想和一切工作理论基础。它明确了当代社会主义建设的一系列根本问题，其核心问题是领导力量、依靠力量和发展动力。它关系到中国社会主义的命运和前途，除了核心力量是党，关键取决于两个条件：一个是党的理论正确和有一条马克思主义的基本路线。另一个是党同人民群众的密切关系，团结一致共同艰苦奋斗，主要是工农联盟以及和知识分子的关系等等。这是社会主义建设的核心和关键问题。

三是要树立建设有中国特色社会主义的理论是当代马克思主义的观念。建设有中国特色社会主义理论是马克思主义的一个有机组成部分，是马克思列宁主义、毛泽东思想的继承和发展，是当代中国的马克思主义。它是从当代的社会主义实践中不断吸取营养，有新的发展和突破。使马克思主义保持着旺盛的生命力，在哲学、政治经济学、科学社会主义等方面具有独创性地发展了一系列科学理论观点，从而丰富和发展了马克思主义。它反映了社会主义发展的普遍规律，因而具有它的普遍意义。

四是树立建设有中国特色社会主义理论是全党全军和各族人民当代的集体智慧结晶的观念。是党和人民最宝贵的精神财富和最新成果。它集中地反映了我国如何巩固和发展社会主义取得的共识，因而成为全党和全国人民团结统一的思想基础，也是我们完成现阶段政治任务的动力。这就把我国的经济建设推向一个崭新的阶段。

五是树立建设有中国特色社会主义理论是加强党的自身建设指导思想和理论基础的观念。当代实现社会主义现代化的根本任务，关键是党。建设有中国特色社会主义理论指导地位的确定，对加强党的自身建设，改善党的领导有着重大意义。

六是要树立服从和服务于经济建设这个中心的思想观念。党的组织、党的干部特别是领导干部要围绕着这个中心思考问题，开展工作，发挥作用，越充分越好，越有成效越好。要积极协助本单位党组织和行政领导开展工作，把党政工作的"热点"、"难点"作为工作的重点。要把党的工作与经济工作、业务工作相结合、相渗透，融为一体。

总之，我们要树立建设有中国特色社会主义理论武装全党的观念、正确道路的观念、当代马克思主义观念、集体智慧观念、党自身建设理论基础观念以及服务与服从一个中心的观念等等。我们要在"换脑筋"、更新观念、转变职能的条件下，并在解放思想、实事求是思想路线的指引下，就能在社会主义市场经济体制的发展进程中加强党的建设，提高党对经济建设的领导水平和思想水平。

第二，坚持解放思想，实事求是是当前的重大政治问题，关系到党和国家的前途和命运。我们要在解放思想、实事求是的思想路线指引下，转变思想观念，这是搞好改革开放、经济建设，特别是机构改革等一系列问题的关键。邓小平同志说:"什么叫解放思想?我们讲解放思想,是指在马克思主义指导下打破习惯势力和主观偏见的束缚,研究新情况,解决新问题。解放思想决不能偏离四项基本原则的轨道,不能损害安定团结、生动活泼的政治局面。"这是解放思想的本质涵义。当然,"解放思想必须真正解决问题。我们的思想懒汉不少,讲现成话、空话的多。真正仔细地研究新情况,解决新问题,切实地想办法使我们的步伐快一些,使生产力发展快一些,使国民收入增加快一些,把领导工作做得更好一些,这样的同志还不多。"[1] 要坚决彻底的改变这种不相适应的状况。

邓小平同志说:"只有思想解放了,我们才能正确地以马列主义、毛泽东思想为指导,解决过去遗留的问题,解决新出现的一系列问题,正确地改革同生产力迅速发展不相适应的生产关系和上层建筑。根据我国的实际情况,确定实现四个现代化的具体道路、方针、方法和措施。""只有解放思想,坚持实事求是,一切从实际出发,理论联系实际,我们的社会主义现代化建设才能顺利进行,我们党的马列主义、毛泽东思想的理论也才能顺利发展。从这个意义上说,关于真理标准问题的争论,的确是个思想路线问题,是个政治问题,是个关系到党和国家的前途和命运的问题。"[2] 解放思想的目的是为了使思想符合于实际,使主观符合于客观,真正解决实际问题,只有解放思想,才能拓宽思路,开动脑筋,适应发展着的新情况,才有可能解决新问题。

邓小平同志多次强调实事求是,是毛泽东思想的精髓,是毛泽东思想的出发点、着眼点和根本点。他说:"实事求是是无产阶级世界观的基础,是马克思主义的思想基础。过去我们搞革命所取得的一切胜利,是靠实事求是;现在我们要实现四个现代化,同样要靠实事求是,不但中央、省委、地委、县委、公社党委,就是一个工

① 《邓小平文选》第二卷,第 279 页。
② 《邓小平文选》第二卷,第 141、143 页。

厂、一个机关、一个学校、一个商店、一个生产队，也都要实事求是，都要解放思想，开动脑筋想问题、办事情。"① 只有解放思想、实事求是，才能勇于创新，敢于"闯"，勇于探索，也只有把解放思想与实事求是结合起来，统一起来才能推动事业向前发展。"一个党，一个国家，一个民族，如果一切都从本本出发，思想僵化，迷信盛行，那它就不能前进，它的生机就停止了，就要亡党亡国。"②

邓小平同志的南巡重要谈话又重申："实事求是，是马克思主义的精髓。要提倡这个，不要提倡本本。我们改革开放的成功，不是靠本本，而是靠实践，靠实事求是。"还特别强调指出："我读的书并不多，就是一条，相信毛主席讲的实事求是。过去我们打仗靠这个，现在搞建设，搞改革也靠这个。我们讲了一辈子马克思主义，其实马克思主义并不玄奥。马克思主义是很朴实的东西，很朴实的道理。"邓小平同志把解放思想、实事求是结合起来，统一起来，是丰富和发展了马克思主义的思想路线。党的"十四大"报告确认为，"保证我们党永葆蓬勃生机的法宝"。这是邓小平同志对党的学说理论原则的重大贡献。

第三，经济越发展，形势越好，党政干部特别是领导干部要保持清醒、冷静的头脑，要善于总结经验，及时发现和解决前进中出现的新情况和新问题。把群众中焕发出来的高度积极性引导好、保护好、发挥好，将国民经济的大发展引上更加健康发展的轨道。党的十四届二中全会公报指出："在当前和整个九十年代，抓住国内和国际的有利时机，加快改革开放和现代化建设步伐，这个指导思想要坚定不移。"这是当前的形势和任务，我们要把握住时代脉搏、掌握工作要领，具有重要指导意义。

把握机遇历来是战略家们关注的中心。历史上，叱咤风云的政治家、军事家、事业家，都是非常善于把握机遇的。邓小平指出："抓住时机，发展自己，关键是发展经济"、"发展才是硬道理"、"希

① ②《邓小平文选》第二卷，第143页。

望你们不要丧失时机，对于中国来说，大发展的机遇并不多。"我们能够把握时机并且把它转化为实际行动，是对一个党政领导者政治素质、领导水平、工作能力、决策实效的重要考验。江泽民同志指出，进一步深化改革，加快建立和完善社会主义市场经济体制，是一项复杂的系统工程，需要有计划、有步骤地研究解决一系列重大问题。因此，各级领导干部要认真学习社会主义市场经济的基本知识和基本规律，吸收和借鉴资本主义国家反映市场经济一般规律的成功作法。要深入实际，调查研究，善于发现群众的创造，及时总结带有普遍性、规律性的经验，用以指导全局。要坚持从实际出发，尊重客观规律，切忌搞虚假、搞浮夸，努力提高领导经济和改革工作的水平。要坚持"两手抓"，加强思想政治工作，崇尚勤俭节约和艰苦奋斗精神，坚决克服消极腐败现象。

　　要坚持解放思想、实事求是的思想路线，坚持唯物论和辩证法。这就要求我们要正确处理速度与效益的关系，速度与效益是辩证的统一；要正确处理主观发展愿望与客观物质条件的关系；国民经济发展的平衡与不平衡的关系，等等。我们说，扎扎实实的速度是国民经济整体素质提高的重要标志。要从实际出发，不搞一刀切，不盲目攀比，条件不具备要积极创造条件加快发展。这就要求我们的干部既要积极进取、充分发挥主观能动性，又要头脑冷静，认真考虑客观可能性和科学性，不要做那些条件不具备，一时做不到的事，不要做那些超过市场需求的重复建设的事情，不要做那些今天勉强上去了，明天又坚持不下去的事情。有了辩证的发展观，我们就可以游刃有余，从容应付各种复杂的局面。我们要深化改革，揭发深层次的矛盾，要在转换经营机制、实行政企分开，理顺关系，综合运用各种经济手段、法律手段和必要的行政手段，建立健全适应社会主义市场经济要求的宏观调控体系。要全党上下认识一致，抓住机遇，扎实工作，使我国的经济建设一个台阶、一个台阶的向前持续发展。

　　党的建设必须密切联系党的政治路线，是毛泽东建党学说的一条基本原理。要积极贯彻执行党的"一个中心、两个基本点"的基本路线。就是要解放思想、实事求是、放开手脚、大胆试验，排除各种干扰，抓住有利时机，加快改革开放步伐，集中精力把经济建设搞上去。这是基本路线的要求。党的建设与经济建设是相互影响、互相促进的。党的建设对经济建设有着直接影响作用。党的建设促进和保证经济建设的发展，经济建设又决定着党的建设目标和活力。因为经济是政治的基础，政治是经济的集中表现，经济对社会的发展最终起决定的作用。经济建设搞好了，为党的建设提供了可靠的物质保证，增强了党的凝聚力、吸引力和战斗力。党的建设搞不好，也会妨碍经济的发展，经济建设搞不上去，党的建设也会失去目标、失去依托。因此，党的建设只有围绕着经济建设这个中心来开展工作，才能充满生机和活力。

在发展社会主义市场经济的大潮中，出现了"经商热"、"经济实体热"、"股票热"、"房地产热"、"开发热"、"下海热"，还出现了大学教授卖"馅饼"的怪事，等等。涌现出一系列的"新事物"，有积极的一面，也有消极的一面，在深化改革、敢闯敢试的号召下出点毛病，走点弯路也是难免的，没有什么可以大惊小怪的，错了改了就好。但是，要保持清醒的头脑，要坚持党性原则，那么，我们要注意些什么问题呢？

一是权力不能进入市场。党政机关的干部不能办经济实体，不能从事第二职业；不能把某些政府部门转变成经济实体。就是说权力绝对不能进入市场，进入交换领域。如果一旦进入了市场，它的严重后果，就失去了公正，也就失去了管理能力。就变成了权钱交换，权权交换，必定腐败丛生，民怨沸腾，这样下去就会亡党、亡国、亡头，走向自我覆灭的道路；如果出现权力进入交换领域的现象，不仅表现在政府职能转换过程中，用"金饭碗"来换国家干部的"铁饭碗"，政府官员办经济实体，一身二任，逐渐和政府脱离关系，最后完全变成商人。利用双轨价格进行"官倒"，权钱交易使"换饭碗"走上了邪路。过去进出口许可证、批文、免税指标、低息贷款、房地产都进入了权钱交易市场，这样是万万不行的，现在也出现了有的官员脚踏两边船，既有"铁饭碗"的安全，又有"金饭碗"的实惠，"下海"失败还可以回到岸上重新掌权，这样当然是不合理的！

二是在社会主义市场经济体制形成和发展的情况下，对党员、干部特别是领导干部是个严重的考验，能否过好这一关？过去讲执政和平演变的考验，现在又增加了一个市场经济的考验。要认清考验的实质，危险在哪里？我们有五千多万共产党员，有三百多万个基层党委，有三千三百多万干部，其中政工干部就有三五十万。具有强大的政治控制与影响力。这种"强有力的挑战"一不会来自党内的保守势力，思想僵化，不解放、念念不忘过去，看不惯新生事物，"端起碗吃肉，放下筷子骂娘"；二不会来自某种社会变化而产生的外在力量，反动势力，中产阶级，其他政治集团夺权势力，等等；三不会来自国际制裁、干涉、封锁，等等，这些保守势力、反动势力、敌对势力，包括帝国主义武装干涉，等等，都不足以动摇中国共产党的丝毫，是压不垮、打不倒的。这是历史所证明了的，将来还会继续证明，这是中国共产党人的特点、优势和民族精神的反映，这是一条真理。

但是，要清醒的认识到，真正能够摇撼甚至陷共产党于毁灭之境的，只有一个东西，那就是腐败，党自身滋生的腐败——特权、权钱交易，贪污盗窃，贿赂成风，"不给好处不办事，给了好处乱办事"，把商品交易原则引入党和国家政治生活，甚至于把党性、人格、国格、人性商品化，等等。这是最危险的，就会自取灭亡，导致自我毁灭。

三是要增强反腐败的坚定性、自觉性和长期性。要"拒腐防变"、"从严治党"，坚决惩治、消除腐败现象贯穿于改革开放的全过程中。认清腐败是封建主义和资本主义腐朽没落思想的产物。在阶级社会里产生腐败现象是必然的，统治阶级与被统治阶级对待腐败问题的立场、态度截然不同。而能不能及时和有力地反对和消除腐败现象，也反映出统治阶级领导核心的政治性质、水平和能力，并将最终决定着自己的前途和命运。

就党内腐败现象的实质而言，它是剥削阶级思想在党内的反映，也是和平演变的突出表现。腐败是由思想上的堕落，导致政治上的蜕变、经济上的贪婪和生活上的腐化。这与我们党的根本宗旨是完全对立的，也是对党的工人阶级先锋队性质的一种背叛。因此，可以说，腐败的过程就是演变的过程，腐败现象越严重，越泛滥，和平演变的危险性就越大。这种演变与腐败的关系要看清楚！江泽民同志在一次中央工作会议上说过一句话，非常准确。他说："只要我们党自己不腐败，自己不蜕变，谁也演变不了我们。"因此，我们必须清醒地看到，腐败不仅包括行贿、受贿、贪污、腐化、以权谋私、权钱交易等等，从生活上、经济问题上，腐蚀党、腐蚀干部，也包括从思想作风、组织路线、法纪观念和政治态度上等等损害党的现象。我们必须作坚决的斗争。

四是要加强党的自身建设，掌握工作中的主动权，使我们党立于不败之地。要在社会主义市场经济体制的发展进程中，不断加强党的建设，特别是党的建设要紧密结合经济建设，进行政治、思想、组织、作风和制度建设。要在政治上增强执政党的基本路线的坚定性、全面性和准确性，坚决反对搞实用主义，见利忘义，见风使舵、随风倒，甚至放弃四项基本原则，对党的方针政策阳奉阴违；在思想上树立以经济建设为中心的思想观念，提高素质，发展生产力，做好本职工作。坚决反对丧失理想、信念，信奉剥削阶级的价值观和人生观，反对搞极端个人主义、崇尚腐朽没落的所谓"西方文明"，追求资产阶级生活方式，搞拜金主义；在组织上为经济建设培养调配可靠人才，保证党的事业不断发展。坚决同破坏党的团结和统一，搞裙带关系，任人唯亲，甚至两面三刀，进行非组织活动，以及有法不依，执法不严，感情重于法，关系大于纪律，甚至贪赃枉法，仗势欺人的现象作斗争；在作风上要继承发扬党的传统作风，加强党性锻炼，增强内外监督，形成真抓实干的良好作风。坚决反对脱离群众，脱离实际的官僚主义作风。同时，要加强党的制度建设，使制度不断健全和加强。使我们的广大干部把党的工作围绕经济建设、结合经济、服务经济，使我们的干部成为既懂政治，又懂经济的专门家，掌握工作中的主动权，把我国的经济建设推向一个新的阶段。

六、大胆吸收和借鉴人类社会创造的一切文明成果，为建设有中国特色的社会主义服务

党的"十四大"报告指出："在社会主义建设的外部条件问题上，指出和平与发展是当代世界两大主题，必须坚持独立自主的和平外交政策，为我国现代化建设争取有利的国际环境。强调实行对外开放是改革和建设必不可少的，应当吸收和利用世界各国包括资本主义发达国家所创造的一切先进文明成果来发展社会主义，封闭只能导致落后。"我们要正确认识当前的国际形势，认清我国社会主义现代化建设面临的外部条件，我们坚持独立自主的和平外交政策，反对霸权主义，维护世界和平。在和平共处五项原则的基础上处理国与国之间的关系。同时，坚持同外国党关系的正确原则，各国的事情一定要尊重各国党、各国的人民，由他们自己去寻找道路、去探索、去解决问题，不能由别的党充当老子党，去发号施令。我们反对人家对我们发号施令，我们也决不能对人家发号施令。这是邓小平同志一贯坚持的原则。

（一）和平与发展是当代世界的两大主题。

世界上从 80 年代开始尤其是进入 90 年代初期，世界进入大动荡、大变革、大改组的历史时期。世界局势发生了自第二次世界大战以来最剧烈、最深刻的巨大变化，发生了一系列重大事件，如东欧剧变、德国统一、海湾战争、苏联解体、南斯拉夫内战等，持续近半个世纪的以两大军事集团对抗为主要特征的旧格局被打破，进

入了一个走向多极化的新的发展阶段。邓小平指出："现在世界上问题很多，有两个问题比较突出。一是和平问题。现在有核武器，一旦发生战争，核武器就会给人类带来巨大的损失。要争取和平就必须反对霸权主义，反对强权政治。二是南北问题。这个问题在目前十分突出。发达国家越来越富，相对的是发展中国家越来越穷。南北问题不解决，就会对世界经济的恢复和发展带来障碍。"① 邓小平同志还强调指出："中国的对外政策，在八十年代，实际上到九十年代，甚至到二十一世纪，主要是两句话。一句话是反对霸权主义，维护世界和平。另一句话是中国永远属于第三世界，这是我们对外政策的一个基础。"②

　　这就是说，当前国际形势的特点就是和平与发展仍然是世界上的两大主题。世界上所有的矛盾问题无一不是这两大问题的反映。我们要求和平环境，要争取经过 30 年、50 年的努力，达到发达国家的水平，我们就是一心一意地搞社会主义现代化。因此，我们诚心诚意地希望不发生战争，争取长时间的和平。就是邓小平同志说的，国际上有两大问题非常突出，一个是和平问题，一个是南北问题。还有其他许多问题，但没有比这两个问题带有全球性、战略性和关系全局的意义。因为现在世界上北方发达、富裕，南方不发达、贫困，而且相对地说，富的愈来愈富，穷的愈来愈穷。南方要改变贫困和落后，北方也需要南方发展。南方不发展，北方还有什么市场？资本主义发达国家遇到的最大问题是发展速度问题，再发展问题。所以，南南合作有一个意义，可以推动南北合作。我们要抓住这个机遇发展我国的经济建设更有时代意义。

　　邓小平同志多次指出："现在世界上真正大的问题，带全球性的战略问题，一个是和平问题，一个是经济问题。和平问题是东西问题，经济问题是南北问题。概括起来，就是东西南北四个字。南北

① 《建设有中国特色的社会主义》（增订本），第 43～44 页。
② 《建设有中国特色的社会主义》（增订本），第 43 页。

问题是核心问题。"① 这就把世界的政治经济形势和要注意的问题讲清楚了。资本主义国家要发展经济，找出路、找市场。现在世界人口是四十多亿，第三世界人口大约占世界人口的四分之三。其余四分之一的人口在发达国家，包括前苏联，东欧（东欧不能算很发达），西欧，北美、日本、澳大利亚、新西兰，共十一二亿人口。很难说这十一二亿人口的继续发展能够建筑在三十多亿人口的继续贫困的基础上。第三世界要发展，我国更要发展。俄美关系已经有所改善，东西方谈判已取得实质性效果。但是，这种和平与发展问题还没有得到解决。邓小平同志曾多次对一些国际朋友讲，发展问题要从人类发展的高度来认识。现实情况是当今世界上有五分之一的发达国家，其他五分之四是发展中国家或不发达国家。

邓小平同志在南巡重要谈话中又重申了这个问题。他说："世界和平与发展这两大问题，至今一个也没有解决。社会主义中国应该用实践向世界表明，中国反对霸权主义、强权政治，永不称霸。中国是维护世界和平的坚定力量。"邓小平论证了和平与发展是当代世界的两大问题。这就为我国要坚持独立自主和平共处的外交政策奠定了基础。为第三世界国家相互交流、相互学习、相互合作开辟了道路。南方得不到适当的发展，北方的资本和商品出路就有限得很，如果南方继续贫困下去，北方可能就没有出路。这是我们反对霸权主义，维护世界和平的指导方针。也是我们坚持反对帝国主义、霸权主义、殖民主义和种族主义、维护世界和平的思想和理论基础。

（二）坚持处理同外国党关系的基本原则。

独立自主的和平外交政策，是我们党和国家依据国际形势和国际关系的基本特点，为发展我国对外关系而制定的。它集中反映了我国的国家利益，也服务于全人类的和平与发展事业。我们既要维

---

① 《建设有中国特色的社会主义》（增订本），第96页。

护国家的独立、主权和领土完整是独立自主和平外交政策的核心,也要维护世界和平是我国独立自主和平外交政策的基本原则。要在和平共处五项原则的基础上,同世界各国发展友好关系。同样,在这个基础上发展党与党的关系。特别是邓小平同志提出要建立国际政治新秩序和建立国际经济新秩序具有重大的世界意义。

在世界各国由他们自己去寻找道路,这是处理同外国党关系的一条基本原则。也是邓小平建党学说的一个重要原理。世界上大党、中党、小党一律平等,都要相互尊重,共同发展。邓小平指出:"一个党评论外国兄弟党的是非,往往根据的是已有的公式或者某些定型的方案,事实证明这是行不通的。各国的情况千差万别,人民的觉悟有高有低,国内阶级关系的状况、阶级力量的对比又很不一样,用固定的公式去硬套怎么行呢?就算你用的公式是马克思主义的,不同各国的实际相结合,也难免犯错误。中国革命就没有按照俄国十月革命的模式去进行,而是从中国的实际情况出发,农村包围城市,武装夺取政权。既然中国革命胜利靠的是马列主义普遍原理同本国具体实践相结合,我们就不应该要求其他发展中国家都按照中国的模式去进行革命,更不应该要求发达的资本主义国家也采取中国的模式。当然,也不能要求这些国家都采取俄国的模式。"① 按照邓小平同志的指导思想,走社会主义道路的模式不是固定不变的,要按自己的国情、民族的特点、人民的愿望要求与选择,走自己的路,具有普遍指导意义。任何一个党,一个国家都不能强加于人,都不能强迫别国按照自己的模式去发展,去套用,搞"本本主义",搞教条主义,最终都是要碰钉子,要失败的,这是必然的。

要坚持走自己的路,才能建设好自己的国家。要依靠自己的民族,自己的人民,根据自己的国情确定自己的国策。邓小平指出:"各国党的国内方针、路线是对还是错,应该由本国党和本国人民去判断。最了解那个国家情况的,毕竟还是本国的同志。但是,一个

---

① 《邓小平文选》第二卷,第318页。

党和由它领导的国家的对外政策，如果是干涉别国内政，侵略、颠覆别的国家，那末，任何党都可以发表意见，进行指责。我们一直反对苏共搞老子党和大国沙文主义那一套。他们在对外关系上奉行的是霸权主义的路线和政策。"① 这就是说，独立自主的和平外交政策是我国对外政策的根本指导原则。这个原则体现在我国外交活动的各个方面、各个领域。我们发展周边国家的关系，同第三世界国家的团结与合作，保持和发展同独联体各国以及东欧各国的关系，同时，也注意改善同美国、西欧等发达国家的关系，等等，都是以我国独立自主的和平外交政策为基础的，也只有在这个基础上，才有可能在和平外交政策的轨道上发展和友好相处。

独立自主和平外交政策的基本内容，主要是维护国家的独立、主权和领土完整是独立自主和平外交政策的核心。维护世界和平是我国独立自主和平外交政策的总目标。世界各国都要在平等互利的基础上，发展同各国的经济、科技、文化交流与合作，促进我国的社会主义现代化建设，是我国独立自主和平外交政策的重要任务。我国在和平共处五项原则基础上，同世界各国发展友好关系是我国独立自主和平外交政策的基本要求。因为世界各国的社会制度、意识形态、经济发展水平、历史状况和民族文化传统千差万别。在这样一个高度多样化和多元化的世界上，要建立和谐的国际关系，使各国友好合作、和平共处，就必须遵循"互相尊重主权和领土完整、互不侵犯、互不干涉内政、平等互利、和平共处"五项基本原则。这是解决国际争端和处理国家间关系的根本准则。

在世界各国，都平等、友好相处，不干涉别国内政，不搞"中心"，更不搞"以我为中心"，"当老子党"。邓小平指出："我想有一点最重要，就是任何大党、中党、小党，都要相互尊重对方的选择和经验，对别的党、别的国家的事情不应该随便指手划脚。对执政党是这样，对没有执政的党也应该是这样。""我们反对'老子党'，

---

① 《邓小平文选》第二卷，第318～319页。

这一点我们是反对得对了。我们也不赞成有什么'中心'。但我们自己也犯了点随便指手划脚的错误。这个经验告诉我们,党与党之间要建立新型的关系,因此我们提出了处理这种关系的原则。我相信,按照这样的原则来做,会使我们之间友谊和合作的基础更加牢固、更加持久,两党和两国关系在这个基础上不断得到发展。"① 这是邓小平同志对我国外交史上的重大贡献,也是对我国独立自主和平外交政策的新发展。我们党根据当代世界战略态势和国际关系的新特点,在 80 年代初明确提出坚持独立自主,不同任何国家和国家集团结盟或建立战略关系的原则。这就使我国在国际上主持公道,伸张正义,反对霸权主义、反对强权主义,为世界的和平与稳定做出了巨大贡献。

　　在国际风云变幻的新形势下,要把原则的坚定性和策略的灵活性结合起来,既要坚持原则,又要灵活务实,讲究斗争艺术,做到有理、有利、有节。我们党提出了处理国家关系,不能以意识形态划线。世界的客观现实是国与国之间关系的亲疏、好坏,关键不在于社会制度和意识形态是否相同,而在于是否遵守国际法准则与和平共处五项原则。超越社会制度、意识形态异同,发展相互关系,体现了尊重各国主权独立和不干涉内政这一最基本的国际关系的基本原则。我们国家主张在和平共处五项原则的基础上,建立和平、稳定、公正、合理的国际新秩序,有利于促进世界和平与发展。在这个基础上,各国人民都有权根据本国的具体情况,选择符合本国国情的社会制度和发展道路;各国无论大小、强弱、贫富,都应当作为国际社会的平等成员参与国际事务;国与国之间的分歧和争端,应当遵照联合国宪章和国际法准则,通过协商和平解决,不得诉诸武力或以武力相威胁;国与国之间应当相互尊重,求同存异,平等相待,友好相处。我们的国家还提出了"平等互利,讲究实效,形式多样,共同发展"四项基本原则。为发展我国的经济、技术交流与

────────────

① 《邓小平文选》第三卷,第 236～237 页。

合作谱写了新的篇章。

"总之，各国的事情，一定要尊重各国的党、各国的人民，由他们自己去寻找道路，去探索，去解决问题，不能由别的党充当老子党，去发号施令。我们反对人家对我们发号施令，我们也决不能对人家发号施令。这应该成为一条重要的原则。"①

（三）实行对外开放，反对霸权主义，维护世界和平。

对外开放是社会化大生产发展的必然趋势，是我国建设有中国特色社会主义事业中必不可少的重要条件。当今世界经济发展较快的国家还是较慢的国家，不论其社会制度如何，没有一个是闭关自守的。经济越发展，越需要对外开放，吸收外资、引进技术，发展对外贸易，就必然要吸收和借鉴人类社会创造的一切文明成果。邓小平同志说："我们现在要实现四个现代化，有好多条件，毛泽东同志在世的时候没有，现在有了。中央如果不根据现在的条件思考问题、下决心，很多问题就提不出来、解决不了。比如毛泽东同志在世的时候，我们也想扩大中外经济技术交流，包括同一些资本主义国家发展经济贸易关系，甚至引进外资、合资经营等等。但是那时候没有条件，人家封锁我们。"

我们党在十一届三中全会以后，把对外开放作为长期的基本国策和加快我国社会主义现代化建设的战略措施和必备条件。在邓小平同志的指引下，在改革开放的实践中，成功地找到了一条适合我国国情的对外开放的道路，成为建设有中国特色社会主义理论的一个组成部分，中国的发展离不开世界这个基本条件。改革开放对建设有中国特色社会主义事业具有重要意义。

对外开放是一项长期的政策，关起门来搞社会主义建设是不行的。现在的世界是开放的世界，我国在历史上落后，就是因为闭关自守。"总之，三十几年的经验是，关起门来搞建设是不行的，发展

---

① 《邓小平文选》第二卷，第319页。

不起来。所以，我们党的十一届三中全会制定的思想路线是坚持马克思主义同中国的实际相结合，坚持实事求是、理论联系实际、一切从实际出发，也就是坚持毛泽东同志的基本思想。我们的政治路线是把四化建设作为重点，坚持发展生产力，始终扭住这个根本环节不放松，除非打起世界战争。即使打世界战争，打完了还搞建设。搞建设关起门不行。关起门有两种：一种是指对国际；一种是指对国内，就是一个地区对另外一个地区，一个部门对另外一个部门。我们提出要发展稍微快一点，太快不切合实际，要稍微快一点。这就要对内把经济搞活，对外实行开放政策。"①

邓小平同志总结了我们党的历史经验，特别是执政以来的基本经验，关起门来搞建设是不能成功的，中国的发展离不开世界。特别是在经济上要对外开放。像我们这样的大国，不靠自己不行，主要靠自己，这叫自力更生。但是，同时还特别需要对外开放，要吸收外国的资金、先进技术来帮助我们的发展。当然这种帮助都是双方面的。从世界政治、世界经济的角度来看，中国的发展对世界和平和世界经济的发展都是非常有利的。

现在经济上的开放，不只是发展中国家的问题。现在世界上还有占世界总人口四分之三的地区是发展中国家，要发展就要有市场。邓小平指出："我们需要的是发展这种合作。发展这种合作，中国要创造条件，发达国家的经济界也要创造条件，首先的一条就是不要怕冒风险，不必担心我们的政策会变，胆子放大一些，合作的步子更快一些。历史最终会证明，帮助了我们的人，得到的利益不会小于他对我们的帮助。至于政治上战略上的意义就更大了。为了便于大家广泛接触，中国国际信托投资公司可以作为中国在实行对外开放中的一个窗口。"② 我们搞建设，把经济搞上去，就要争取一个和平的国际环境，进行国际交流，吸收国际上的经验教训，以便实现

---

① 《建设有中国特色的社会主义》（增订本），第54页。
② 《建设有中国特色的社会主义》（增订本），第69页。

我们规定的经济目标，达到接近世界发达国家的水平。这是邓小平同志总结我国几百年的历史经验得出的科学结论，只有全面开放，创造一切有利条件，集中精力把经济建设搞好，再也不能闭关自守了。

邓小平指出："我们吃过这个苦头，我们的老祖宗吃过这个苦头。恐怕明朝成祖时候，郑和下西洋还算是开放的。明成祖死后，明朝逐渐衰落，中国被侵略了。以后清朝康乾时代，不能说是开放。如果从明朝中叶算起，到鸦片战争，有三百多年的闭关自守。如果从康熙算起，也有近二百年的闭关自守。把中国搞得贫穷落后，愚昧无知。我们建国以后，第一个五年计划也是对外开放，只不过是对苏联东欧开放。以后关起门来，没有什么发展。之所以没有什么发展还有其他因素，有我们的错误。"① 我们要向世界开放，不仅对美国、日本、西欧等发达国家开放。而且对俄国、东欧以及第三世界都开放。因为各有长处，各有自己的优势和特点。因此，我国对外开放，吸引外资的政策，这是一项长期持久的政策。

按照邓小平同志的战略思考，我国的对外开放政策，本世纪内不能变，下世纪的前 50 年也不能变。50 年以后又怎么样？那时，中国同外国在经济上将更加紧密地联系起来，千丝万缕的联系怎么能断得了呢？任何一个国家要发展，孤立起来是不可能的，闭关自守也是不可能的。过去我们最大的经验与教训就是不要脱离世界，否则社会信息不灵。因此，改革开放要更大胆一些。因为世界技术革命都在不断蓬勃发展。邓小平同志会见"九十年代中国与世界"会议代表时谈话就指出："中国发展战略所需要的时间是下个世纪五十年。现在不仅有个香港，我们在内地还要造几个香港。""就是说我们要开放，不能收，要比过去更开放，不开放就发展不起来。我们本钱少，可以利用开放，利用劳动力，搞税收、利用地皮得点钱，带动发展其他行业，增加财政收入，获得益处。"②

---

① 《建设有中国特色的社会主义》（增订本）第 77 页。
② 《邓小平关于建设有中国特色的社会主义的论述专题摘编》第 128 页。

我们建立特区，实行开放政策，指导思想是十分明确的。这样，在一些地区搞个技术窗口、管理窗口，知识窗口，也是对外政策的窗口。从特区可以引进技术，获得知识，学到管理。要搞更多的特区，提出了要开发海南岛、青岛、大连等地。历史事实证明是完全正确的。他在总结经验时说，回过头看，我的一个大失误就是搞四个经济特区（深圳、珠海、汕头、厦门）时没有加上上海。因为上海在人才、技术和管理方面都有明显的优势，辐射面宽。要不然，现在长江三角洲，整个长江流域，乃至全国改革开放的局面，都会不一样。

改革开放，有没有危险，会不会导致资本主义。我国实行改革开放的政策，是争取利用国际上的资金和先进技术，帮助我们发展经济。我们大胆吸收和借鉴人类社会创造的一切文明成果，吸收和借鉴当今世界各国包括资本主义发达国家的一切反映现代社会化生产规律的先进经营方式、管理方法。因为技术问题是科学，生产管理也是科学。在任何社会，对任何国家都是有用的。科学技术是人类共同创造的财富。任何一个民族、一个国家，都需要学习别的民族、别的国家的长处，学习人家的先进科学技术。邓小平指出："中国的革命，吸引着世界各国革命人民，与之共呼吸。中国的社会主义现代化建设，也已得到并且必将进一步更广泛地得到世界各国人民的关注和支持。"①我们学习先进的技术、先进的科学、先进的管理来为社会主义服务，而这些东西本身并没有阶级性。要积极开展国际学术交流活动。加强同世界各国科学界的友好往来合作关系。

我们实行经济开放政策，目的是争取利用国际上的资金和先进技术，来帮助我们发展经济。"归根到底，我们的建设方针还是毛主席过去制定的自力更生为主、争取外援为辅的方针。不管怎样开放，不管外资进来多少，它占的份额还是很小的，影响不了我们

————————

① 《邓小平文选》第二卷，第91页。

社会主义的公有制。吸收外国资金、外国技术，甚至包括外国在中国建厂，可以作为我们发展社会主义社会生产力的补充。当然，会带来一些资本主义的腐朽东西。我们意识到这个问题，但这不可怕。"① 在任何时候都要坚持我们党一贯倡导的自力更生为主的方针。而且必须建立在自力更生的基础上争取外援，主要依靠自己的艰苦创业。

邓小平同志认为："我们开放了十四个沿海城市，都是大中城市。我们欢迎外资，也欢迎国外先进技术，管理也是一种技术。这些会不会冲击我们的社会主义呢？我看不会的。因为我国是以社会主义经济为主体的，社会主义的经济基础很大，吸收几百亿、上千亿外资，冲击不了我们的社会主义基础。而且我们坚持社会主义的分配原则，不搞两极分化。这样，吸收外国资金肯定可以作为我国社会主义建设的重要补充，今天看来可以说是不可缺少的补充。当然，这会带来一些问题，但是带来的消极因素比起我们能借此加速发展的积极效果，毕竟要小得多。危险有一点，不大。"②

我们是社会主义。要坚持社会主义道路，要发展社会主义经济，吸收外资，合资经营，"不可能损害社会主义中国的主权，只会有助于发展社会主义经济。""我们的同志就是怕引来坏的东西，最担心是会不会变成资本主义。恐怕我们有些老同志会有这个担心。搞了一辈子社会主义、共产主义，忽然钻出个资本主义来，这个受不了，怕。影响不了的。会带来一些消极因素，要意识到这些东西，但不难克服。""不要怕，得益的大头是国家，是人民，不会是资本主义。"开放不能影响我们社会主义制度的根本。重要的是教育人民、党员和干部，坚持四项基本原则，这就从根本上提供了保证。邓小平同志强调指出："有人说中国的开放政策会导致资本主义。如果真的导致了资本主义，那末我们的这个政策就失败了。我们的回答是，

---

① 《邓小平文选》第二卷，第 351 页。
② 《建设有中国特色的社会主义》（增订本），第 55 页。

我们的开放政策不会导致资本主义。实行对外开放政策，会有一部分资本主义的东西进入。但是，社会主义的力量更大，而且会取得更大的发展。社会主义的比重将始终占优势。"邓小平同志在南巡重要谈话中又指出，"只要我们头脑清醒，就不怕。我们有优势，有国营大中型企业，有乡镇企业，更重要的是政权在我们手里。"我们要坚定不移地坚持对外开放，但也要保持清醒头脑，不可掉以轻心。

在改革开放中，我们既要反对霸权主义，又要维护世界和平，特别是加强同第三世界的友好往来。毛泽东同志 1974 年 2 月 22 日会见赞比亚总统卡翁达时，提出了划分三个世界的观点。按照这个观点，第一世界，指美国和苏联两个具有最强的军事和经济力量，在世界范围推行霸权主义的超级大国；第三世界，指亚洲、非洲、拉丁美洲和其他地区的发展中国家；第二世界，指处于这两者之间的发达国家。邓小平同志指出，毛泽东同志关于三个世界划分的战略思想，给我们开辟了道路。我们坚持反对帝国主义、霸权主义、殖民主义和种族主义，维护世界和平，是在和平共处五项原则的基础上，积极发展同世界各国的关系和经济往来。第三世界国家经济不发展和第三世界国家的命运是共同的，即使中国将来发展富强起来，仍然属于第三世界，中国永远不会称霸，永远不会欺负别人，永远站在第三世界一边，反对霸权主义，维护世界和平！

总而言之，邓小平建设有中国特色的理论体系的基本内容不仅是关于社会主义的发展道路、发展阶段、根本任务、发展动力、外部条件、政治保证、战略步骤、领导和依靠力量以及实行"一国两制"，推进祖国和平统一等问题。而且还有其他许多内容，还要在研究新情况、解决新问题的过程中，在建设有中国特色社会主义的实践中继续丰富、完善和发展。是在和平与发展成为时代主题的历史条件下，在我国改革开放和社会主义现代化建设的实践过程中，在总结我国社会主义胜利与挫折的历史经验并借鉴其他国家社会主义兴衰成败历史经验的基础上，逐步形成和发展起来的。它是马克思列宁主义基本原理与当代中国实际和时代特征相结合的产物，是毛泽东思想的继承和发展，是全党全国人民集体智慧的结晶，是当代的马克思主义。

第三节　遵循党的基本路线，加强和改进党的建设

一、坚持以经济建设为中心，是建设有中国特色社会主义的基本纲领

党的十一届三中全会最根本的重大决策，就是把全党工作的着重点和全国人民的注意力转移到以经济建设为中心的社会主义现代化的轨道上来。为了实现这一战略转移，以邓小平为核心的党中央第二代领导集体，从我国的实际出发，提出了一系列的思想、理论、原则和路线、方针、政策，为中国当代的社会主义现代化事业开创了一个新的历史阶段。

社会主义的根本任务是发展生产力。这是邓小平同志提出一系列基本观点和基本政策的基础。邓小平同志一贯强调，对生产力要发展，大力发展，加快发展，持续发展。他反复要求大家搞清楚什么是社会主义，什么是社会主义的本质。他指出："社会主义是什么，马克思主义是什么，过去我们并没有完全搞清楚"。"社会主义的任务很多，但根本一条就是发展生产力"。"社会主义的本质，是解放生产力，发展生产力，消灭剥削，消除两极分化，最终达到共同富裕。"① 对以经济建设为中心，邓小平同志最坚持，讲的最多，也最深刻，也是他的最根本的指导思想和战略措施。邓小平同志说："现

---

① 《邓小平文选》第三卷，第137、373页。

在要横下心来，除了爆发大规模战争外，就要始终如一地、贯彻始终地搞这件事，一切围绕着这件事，不受任何干扰。""我们全党全民要把这个雄心壮志牢固地树立起来，扭着不放，'顽固'一点，毫不动摇。""离开了经济建设这个中心，就有丧失物质基础的危险。其他一切任务都要服从这个中心，围绕这个中心，决不能干扰它，冲击它。"①邓小平同志之所以这样重视生产力的发展，把它提到社会主义本质的高度，是因为贫穷不是社会主义，社会主义的优越性，归根到底要体现在它的生产力比资本主义生产力发展得更快一些。

邓小平同志明确指出："要一心一意搞建设。国家这么大，这么穷，不努力发展生产，日子怎么过？我们人民的生活如此困难，怎么体现出社会主义的优越性？""所以，社会主义必须大力发展生产力，逐步消灭贫穷，不断提高人民的生活水平。否则，社会主义怎么能战胜资本主义？到了第二阶段，即共产主义高级阶段，经济高度发展了，物资极大丰富了，才能做到各尽所能，按需分配。不努力搞生产，经济如何发展？社会主义、共产主义的优越性如何体现？"②

以经济建设为中心，大力发展生产力，这是由社会主义初级阶段生产力落后，人民日益增长的物质文化需要同落后的社会生产力之间的矛盾，是社会的主要矛盾所决定的。邓小平同志指出："我们的生产力发展水平很低，远远不能满足人民和国家的需要，这就是我们目前时期的主要矛盾，解决这个主要矛盾就是我们的中心任务。"③我们的国情表明，我国社会的主要矛盾，是人民群众日益增长的物质文化需要同落后的社会生产力之间的矛盾。这个主要矛盾的存在，影响和制约着其他各种社会矛盾。这是不以人的意志为转移的客观事实。只有坚持经济建设为中心，大力发展生产力，才能

---

①《邓小平文选》第二卷，第249～250页。
②《邓小平文选》第三卷，第10页。
③《邓小平文选》第二卷，第182页。

使人民富裕，国家富强，社会稳定，也是较好地解决社会主义初级阶段主要矛盾，即人民日益增长的物质文化需要同落后的社会生产之间的矛盾，巩固和发展社会主义制度的根本途径。因此，要把确定中心任务同抓主要矛盾一致起来，统一起来。

在这个问题上，我们党曾经走过一段弯路，有过严重教训。建国初期，我们党面临着繁重的任务，对外有抗美援朝战争，对内有肃清国民党残余势力，平抑物价，统一财经，打退不法资本家的进攻，土地改革，对农业、手工业和资本主义工商业实行社会主义改造任务，等等。尽管客观环境使我们不可能一心一意搞建设，但重视和加强了经济建设，仅用了3年的时间就使遭受战争严重破坏的国民经济得到了恢复，随后又顺利地提前实现了第一个五年计划，经济上明显缩小了与发达国家的差距，人民生活得到显著改善。

党的"八大"对我国社会的主要矛盾作了正确的分析，指出我国无产阶级与资产阶级之间的矛盾已经基本解决，国内的主要矛盾，已经是人民对于建立先进的工业国的需求同落后的农业国的现实之间的矛盾，是人民对于经济文化迅速发展的需要同当前经济文化不能满足人民需要状况之间的矛盾。"八大"要求党适应新情况，把过去以阶级斗争为中心转变到以经济建设为中心，这是完全正确的。但由于我们党对我国社会主义主要矛盾的认识还不够深刻，不够牢固，在国际国内阶级斗争形势起了变化的情况下，对主要矛盾的认识发生动摇，阶级斗争又被提高到主要矛盾地位，"八大"的路线被迫中断，阶级斗争开始扩大化了。最后导致"文化大革命"的发生，社会生产受到严重破坏，国家和人民遭受巨大灾难，我们与世界发达国家之间的差距拉大了。党的十一届三中全会果断地作出了把全党工作重心转移到现代化建设上来的战略决策。从那以后，尽管国际国内发生了这样那样的重大事件，都没有动摇经济建设这个中心，经过15年多的艰苦努力，我国的面貌发生了巨大变化，取得的建设成就，远远超过以往的30年，这是举世公认的事实。历史经验证明，对于社会主义国家来说，集中精力搞建设，尽快地发展生产力，是唯一正确的方针。坚持以经济建设为中心不动摇，这是我们从长期的挫折和成功中得出的重要历史经验。

　　社会主义的根本任务是发展生产力，也是马克思主义的基本观点。马克思恩格斯在《共产党宣言》中就指出：工人阶级在上升为统治阶级之后，必须"尽可能快地增加生产力的总量"。① 列宁也反复强调，当无产阶级夺取了政权，以及剥夺剥削者和镇压他们反抗的任务基本得到解决以后，提高劳动生产力就成为创造高于资本主义社会的社会主义经济制度的根本任务。邓小平进一步指出："马克思主义的基本原则就是要发展生产力。"② 并反复强调：马克思主义最注重发展生产力，社会主义的优越性就是体现在它的生产力要比资本主义发展更高一些，更快一些，社会主义阶段最根本的任务就是发展生产力。

　　历史的经验证明，只有坚持以经济建设为中心，大力发展生产力，才能从根本上抵御和粉碎国际敌对势力的武装侵略和和平演变图谋，不断巩固社会主义制度和执政党的地位；才能从根本上显示社会主义制度的优越性，有效地增强社会主义的吸引力和共产党的凝聚力；才能不断推进社会主义现代化建设的进程，逐渐使人民富裕、国家富强起来，从根本上增强人们对社会主义的坚定信念；才能从根本上创造向共产主义过渡的物质条件，最终实现共产党人的崇高理想和最终奋斗目标。

　　正因为这样，是否发展社会生产力，已成为衡量一切工作的根本的是非标准。早在 1945 年，毛泽东在《论联合政府》中指出："中国一切政党的政策及其实践在中国人民中所表现的作用的好坏、大小，归根到底，看它对于中国人民的生产力的发展是否有帮助及其帮助之大小，看它是束缚生产力的，还是解放生产力的。"③ 邓小

---

　　① 《马克思恩格斯选集》第 1 卷，第 272 页。
　　② 《建设有中国特色的社会主义》（增订本），第 103 页。
　　③ 《毛泽东选集》第三卷，第 980 页。

平在新的历史条件下恢复并发展了这个历史唯物主义的根本观点，他指出："我们是社会主义国家，社会主义制度优越性的根本表现，就是能够允许社会生产力以旧社会所没有的速度迅速发展，使人民不断增长的物质文化生活需要能够逐步得到满足。"他还特别强调指出："按照历史唯物主义的观点来讲，正确的政治领导的成果，归根结底要表现在社会生产力的发展上，人民物质文化生活的改善上。如果在一个很长的历史时期内，社会主义国家生产力发展的速度比资本主义国家慢，还谈什么优越性？我们要想一想，我们给人民究竟做了多少事情呢？我们一定要根据现在的有利条件加速发展生产力，使人民的物质生活好一些，使人民的文化生活、精神面貌好一些。"①

　　中共中央关于经济体制改革的决定中指出："全党同志在进行改革的过程中，应该紧紧把握住马克思主义的这个基本观点，把是否有利于发展社会生产力作为检验一切改革得失成败的主要标准。""十三大"报告中就明确指出："是否有利于发展生产力，应当成为我们考虑一切问题的出发点和检验一切工作的根本标准。"这就充分说明，在实践中判断的标准，应该主要是看是否有利于发展社会主义的社会生产力，是否有利于增强社会主义国家的综合国力，是否有利于提高人民群众的生活水平。这是加强党的建设，提高党的领导水平和领导艺术这个标准的具体体现。

　　党的"十四大"明确指出：建设有中国特色社会主义理论，在社会主义的根本任务问题上，指出社会主义本质是解放生产力、发展生产力，消灭剥削，消除两极分化，最终达到共同富裕的论断，就明确指明了以经济建设为中心，推动社会全面发展。又把生产力标准提到一个新的高度。归根到底，还是邓小平同志提出的"三个有利于"，这就为我们党坚持以经济建设为中心，进一步解放思想，加快改革步伐指明了方向。因为有中国特色的社会主义理论与实践，作

---

① 《邓小平文选》第二卷，第128页。

为扎根于中国大地的当代马克思主义的邓小平建党学说，是以发展生产力为首要前提的，以发展生产力为内在趋向的。因此，以经济建设为中心，把发展生产力放在首位，这是我们党领导建设有中国特色社会主义的基本纲领和施政方针。

二、坚持改革开放是强国之路的基本方针

实行改革开放是邓小平建设有中国特色社会主义理论中最新鲜最富于创造性的内容。邓小平指出："我们要发展生产力，对经济体制进行改革是必由之路。""我是主张改革的，不改革就没有出路，旧的那一套经过几十年的实践证明是不成功的。过去我们搬用别国的模式，结果阻碍了生产力的发展，在思想上导致僵化，妨碍人民和基层积极性的发挥。""如果现在再不实行改革，我们的现代化事业和社会主义事业就会被葬送。"这就是说，改革是中国发展生产力的必由之路，中国不走这条道路，就没有别的路可走。走回头路，只能葬送社会主义事业，回到贫穷落后状态。正因如此，在建设有中国特色社会主义的实践中，以邓小平为核心的党中央第二代领导集体，代表中国人民的最根本的最高利益，实行改革开放的基本政策，在实践中开辟前人没有走过的建设社会主义的一条新路。这条新路既要继承前人又要突破陈规，既要承前启后，又要继往开来。邓小平同志开始找到了建设有中国特色的社会主义道路，形成了建设有中国特色的社会主义的理论以及相适应的经济、政治、文化，标志着我们党对社会主义的科学认识实现了一个新的飞跃。

事实说明：改革开放是中国解放和发展生产力的必由之路。是开辟社会主义建设新道路的必由之路，是当今中国开拓马克思主义新境界的必由之路。要在改革开放的实践中，抛弃那些对马克思主义的教条式理解和对社会主义的不科学甚至扭曲的认识，结合新的历史条件坚持和发展马克思主义。

邓小平同志在 1989 年北京政治风波刚刚平息，6 月 9 日的讲话

中旗帜鲜明地指出："改革开放这个基本点错了没有？没有错。没有改革开放，怎么会有今天？这十年人民生活水平有较大提高，应该说我们上了一个台阶，尽管出现了通货膨胀等问题，但十年改革开放的成绩要充分估计够。""绝不能重复回到过去那样，把经济搞得死死的"，"我们的一些基本提法，从发展战略到方针政策，包括改革开放，都是对的。要说不够，就是改革开放得还不够。"① 他还强调指出：我们的改革开放事业刚刚起步，任重而道远，前进中还会遇到一些曲折。但我坚信，我们一定能够战胜各种困难，把先辈开创的事业发扬光大。"

　　改革的核心问题是从根本上改变束缚生产力发展的原有经济体制。党的十一届三中全会公报指出："实现四个现代化，要求大幅度地提高生产力，也就必然要求多方面地改变同生产力发展不适应的生产关系和上层建筑，改变一切不适应的管理方式、活动方式和思想方式，因而是一场广泛、深刻的革命。"这是针对整个改革事业的性质提出来的，这个改革当然不是对人的革命，而是对体制的革命。是一种带有革命意义的改革。

　　革命的深刻涵义，从狭义上讲是指社会革命，一般指一种社会制度代替另一种社会制度的革命性变革。是以阶级对抗为基础的社会变革，一个阶级推翻另一个阶级的剧烈斗争形式来实现的，使社会飞跃性的发展；从广义上理解的重大社会变革，如产业革命、科技革命、文学语言文字革命等等。我们现在进行的改革，是广义上的革命，它也是会引起社会的深刻变化为特征的。改革是一场革命，核心问题是要变革经济的运行机制，实现社会主义的市场经济的体制，彻底改变过去经济体制存在的权力过分集中，忽视甚至排斥商品经济和市场作用，甚至导致把整个国民经济搞死。这种改革，虽然也是社会主义社会的基本矛盾相互作用的产物，也是对生产关系中不适应生产力发展，上层建筑中不适应经济基础的部分所进行的

<hr>

　　① 《邓小平文选》第三卷，第306～307页。

变革，这种变革将贯穿于整个社会主义社会。

其目的是清除不利于生产力发展的障碍，使社会生产力得到进一步解放。从这种意义上说，改革也是一场革命。邓小平同志称之为第二次革命。第一次革命的成功，指的是民主革命，我们党在以毛泽东为核心的党中央第一代成熟领导集体指引下，为了解放和发展生产力，把一百多年来受尽外国列强侵略欺凌压迫奴役的半封建半殖民地的旧中国，变成了独立、民主、富强的新中国，中国人民站起来了，当家作主人，开创了中国历史的新纪元；第二次革命就是当代中国的改革开放。这个二次革命，就是要进一步解放思想和发展生产力，在中国实现建设有中国特色的社会主义。这两次革命是紧密衔接联系在一起的，是不可分割的统一整体。第一次革命是第二次革命的前提和基础，第二次革命是前者的继承和发展。没有第一次革命的胜利，建设有中国特色社会主义理论、原则和发展趋势就无从谈起，也不可能进行第二次革命；如果不进行第二次革命，第一次革命的伟大成果也就难以巩固和发展。

由此可见，这场第二次革命——改革，不是要改变我们社会主义制度的性质，而是社会主义制度的自我完善和发展，其目的是使社会主义优越性在我国充分体现出来。

改革是社会主义制度的自我完善和发展，决不是改变我们社会主义制度的性质，而是改变束缚生产力的经济体制，建立起具有中国特色的、充满生机和活力的社会主义的经济体制。邓小平反复讲过："现在我们搞四个现代化，是搞社会主义的四个现代化，不是搞别的现代化。我们采取的所有开放、搞活、改革等方面的政策，目的都是为了发展社会主义经济。"[①] 这是我们党的根本原则。为了保证改革的社会主义方向，我们要始终坚持两条根本原则：一是社会主义公有制经济占主体；一是共同富裕。我们的改革必须坚持社会主义公有制为主体，积极发展其他经济成分是为了更好地发展社会

---

① 《建设有中国特色的社会主义》（增订本），第98～99页。

主义经济。只有坚持公有制的主体地位和主导作用，并通过改革，搞活全民所有制大中型企业，才能保持我国经济的社会主义性质，保证国民经济沿着社会主义轨道发展，保证经济改革向着建设有中国特色的社会主义目标前进。实现共同富裕，是社会主义生产的目的，也是社会主义的根本原则和我们共产党人义不容辞的责任。

邓小平同志强调指出："社会主义与资本主义不同的特点就是共同富裕，不搞两极分化。"① 但是，共同富裕决不等于也不可能是完全平均和同步富裕。允许一部分地区、一部分人先富起来，是走向共同富裕的必由之路。邓小平同志指出："走社会主义道路，就是要逐步实现共同富裕。共同富裕的构想是这样提出的：一部分地区有条件先发展起来，一部分地区发展慢点，先发展起来的地区带动后发展的地区，最终达到共同富裕。如果富的愈来愈富，穷的愈来愈穷，两极分化就会产生，而社会主义制度就应该而且能够避免两极分化。"②

改革开放和解放思想是紧密相联，是辩证的统一。不解放思想，我们就不可能总结历史上的经验教训，也很难进行拨乱反正，也就不可能制定新的路线、方针和政策，开创建设有中国特色的社会主义道路。在改革和社会主义建设过程中，只有坚持解放思想，团结一致向前看，才能排除各种干扰，敢于探索创新，才能不断总结新的经验，引导我们的事业不断前进。只有解放思想，我们才能正确地以马克思列宁主义、毛泽东思想为指导，解决过去遗留的问题，解决新出现的一系列问题。正确解决改革同生产力迅速发展不相适应的生产关系和上层建筑，根据我国实际情况，确定实现社会主义现代化的具体道路、方针和措施。

邓小平指出："干革命，搞建设，都要有一批勇于思考、勇于探索、勇于创新的闯将。没有这样一大批闯将，我们就无法摆脱贫穷

---

① 《邓小平文选》第三卷，第 123 页。
② 《邓小平文选》第三卷，第 373～374 页。

落后的状况，就无法赶上更谈不到超过国际先进水平。我们希望各级党委和每个党支部，都来鼓励、支持党员和群众勇于思考、勇于探索、勇于创新，都来做促进群众解放思想、开动脑筋的工作。"①这个指导思想我们必须长期坚持。思想解放了，换了脑筋，思想活了，想问题的面就宽阔了，就能开拓新的领域和新的事业，就能使我们的事业永远保持着蓬勃生机和活力。

邓小平同志在视察时提出"换脑筋"，这是进一步解放思想、实事求是的形象化说法。就是使当代的马克思主义新的思想、新的观念，在人们的头脑中深深扎根。马克思主义是实践的、发展的科学，马克思主义基本原理必须与当代中国的实际和时代特征相结合，也是毛泽东思想在新的条件下继承和发展。只有用新的思想、观点去武装自己的头脑，勇敢地冲破那些落后的传统观念，甚至偏见以便适应当代的需要。例如，建设有中国特色的社会主义，是根植于中国的国情和中国具体实际的社会主义，是科学社会主义的崭新形态，是科学社会主义在中国的新发展。我们说解放思想，"换脑筋"，就是让有中国特色的社会主义在自己头脑中扎根，让有中国特色社会主义的理论变为我们强大的思想武器。

当然，在实际工作的进程中，必然会出现许多我们不熟悉的、预想不到的新情况和新问题。政治经济体制是建立在一定的权利关系基础上的，体制改革的实质是社会各方面的权力和利益的重新分配和调整，涉及到每个人的切身利益。尤其是生产关系和上层建筑的改革，不会是一帆风顺的，它涉及的面很广，涉及一大批人的切身利益，一定会出现各种各样的复杂情况和问题，在改革开放的进程中一定会遇到重重障碍。例如：国家机关的改革，精简机构，小政府，大社会，就会有相当一部分工作人员要转移到别的工作岗位上去，有些人就会有意见；企业的改组，就会发生人员的去留问题，等等。因此，既要有改革的信心，坚定不移，又要把工作做细，要教

---

① 《邓小平文选》第二卷，第143～144页。

育党员和群众以大局为重，以党的利益为重。只要我们信任群众，走群众路线，把情况和问题向群众讲明白，任何问题都可以解决，任何障碍都可以排除。随着经济的发展，路子会越走越宽，人们会各得其所，这是毫无疑义的。

三、坚持四项基本原则是我国的政治基础，是立国之本，其核心是党的领导

（一）坚持四项基本原则是实现社会主义现代化的根本保证。

　　四项基本原则是我们党一贯坚持的原则立场，它的完整概括是邓小平同志首先提出、始终坚持并予以全面系统阐述，同时结合新的历史条件，而赋予新的时代内容。1979年3月30日在党的理论工作务虚会上，邓小平同志作了题为《坚持四项基本原则》的重要讲话，明确指出："我们要在中国实现四个现代化，必须在思想政治上坚持四项基本原则，这是实现四个现代化的根本前提。"[①]"如果动摇了这四项基本原则中的任何一项，那就动摇了整个社会主义事业，整个现代化建设事业。"[②]1981年6月党的十一届六中全会决议作了明确规定：四项基本原则，是全党团结和全国人民团结的共同的政治基础，也是社会主义现代化建设事业顺利发展的根本保证。一切偏离四项基本原则的言论和行动都是错误的，一切否定和破坏四项基本原则的议论和行动都是不能允许的。党的"十三大"把坚持四项基本原则和坚持改革开放，概括为"两个基本点"，作为社会主义初级阶段党的基本路线的主要内容。四项基本原则是全党、全国各族人民根本利益和意志的体现，是中国人民几十年革命斗争经验的高度概括，是我们的立国之本。

---

① 《邓小平文选》第二卷，第164页。
② 《邓小平文选》第二卷，第173页。

　　坚持四项基本原则的核心是坚持党的领导。这是邓小平同志反复强调的一个重要思想。邓小平指出："四个坚持的核心，是坚持党的领导。"① 这就深刻地揭示了党的领导在坚持四项基本原则中的核心地位。坚持党的领导所以是四个坚持的核心，正是因为我们党的是以马克思列宁主义、毛泽东思想为指导的党，是领导社会主义事业、领导无产阶级专政的核心力量。没有共产党就没有社会主义，党是建设社会主义的领导核心。从根本上说，没有党的领导，就没有现代化中国的一切，肯定会天下大乱，四分五裂，一事无成。因此，对于党内外任何企图削弱、摆脱、取消、反对党的领导倾向，都必须进行严肃的批评、教育以至必要的斗争。这是实现建设有中国特色社会主义的前提条件和基础。

　　坚持党的领导，必须努力改善党的领导，只有改善党的领导才能加强党的领导。邓小平指出："问题是党要善于领导；要不断地改善领导，才能加强领导。"② 他认为，改善党的领导，其中最主要的就是加强思想政治工作。党的领导机关除了掌握方针政策和决定重要干部的使用以外，要用主要的时间和精力来做好思想政治工作。否则党的领导既不可能改善，也不可能加强。这就要求我们从各方面改善党的领导，改善党的领导工作状况，改善党的领导制度、领导方法、工作方法，以便适应社会主义现代化的需要。坚持和改善党的领导就必须加强党的政治、思想、组织、作风和制度建设，把党的自身建设好，这是基础和前提条件。重要的是改革党的领导体制和党政关系、政企关系。同时还要加强党对爱国统一战线的领导，健全中国共产党领导下的多党合作和政治协商制度等等一系列问题。使我们这个久经考验的马克思主义的党，在建设有中国特色的社会主义事业中起更好的领导核心作用。

---

① 《邓小平文选》第二卷，第 266 页。
② 《邓小平文选》第二卷，第 342 页。

　　（二）坚持反对资产阶级自由化倾向，是党的一项长期的战略任务。

　　在社会主义国家出现反党反社会主义思潮，这是一个重要的历史现象，有其国际、国内的原因。如何对待这种思潮，关系到社会主义的命运。邓小平在《坚持四项基本原则》一文中，明确地提出了批判否定四项基本原则思潮的任务。后来，他把这种思潮称之为"崇拜资本主义，主张资产阶级自由化的倾向"。① 指出："中国在粉碎'四人帮'以后出现一种思潮，叫资产阶级自由化，崇拜西方资本主义国家的'民主'、'自由'，否定社会主义。这不行。中国要搞现代化，绝不能搞自由化，绝不能走西方资本主义道路。"② 反对资产阶级自由化，邓小平同志的态度是明确的、坚定的。他说："反对资产阶级自由化，我讲得最多，而且我最坚持。为什么？第一，现在在群众中，在年轻人中，有一种思潮，这种思潮就是自由化。第二，还有在那里敲边鼓的，如一些香港的议论，台湾的议论，都是反对我们的四项基本原则，主张我们把资本主义一套制度都拿过来，似乎这样才算真正搞现代化了。这种自由化实际上是一种什么东西？实际上就是要把我们中国现行的政策引导到走资本主义道路。这股思潮的代表人物是要把我们引导到资本主义方向上去。"③

　　因此，必须旗帜鲜明地反对资产阶级自由化。这个思潮不顶住，加上开放必然进来许多乌七八糟的东西，一结合起来，是一种不可忽视的、对我们社会主义现代化是个很大冲击。邓小平指出："所谓资产阶级自由化，就是要中国全盘西化，走资本主义道路。中国根据自己的经验，不可能走资本主义道路。道理很简单，中国十亿人

---

① 《邓小平文选》第二卷，第 368 页。
② 《建设有中国特色的社会主义》（增订本），第 109～110 页。
③ 《建设有中国特色的社会主义》（增订本），第 142 页。

口，现在还处于落后状态，如果走资本主义道路，可能在某些局部地区少数人更快地富起来，形成一个新的资产阶级，产生一批百万富翁，但顶多也不会达到人口的百分之一，而大量的人仍然摆脱不了贫穷，甚至连温饱问题都不可能解决。"① 我们要认真思考这个问题，正确解决这个问题，我们奋斗的目标是消灭剥削，发展生产力，达到共同富裕，不是个人富裕。

当然，反对资产阶级自由化是一个长期任务，是同社会主义现代化建设事业同步发展的，在整个社会主义现代化建设事业进程中都会存在一个反对资产阶级自由化的问题。因此，反对资阶级自由化不仅要讲十年二十年，而且要讲五十年、一百年。既然这是一个长期战略任务，我们就不能搞运动，其方法要以教育、引导为主。要把思想政治工作做好，要解决思想问题而不能采取简单粗暴的办法。要多做引导、说服教育，提高他们的思想水平和认识能力。1987年1月，《中共中央关于当前反对资产阶级自由化若干问题的通知》进一步明确了资产阶级自由化的性质、危害，指出反对资产阶级自由化斗争的范围严格限于党内，而且主要在思想领域内进行，重点在于着重解决根本政治原则和政治方向问题，要始终坚持正面教育为主，团结绝大多数的方针，不搞政治运动。

四、自力更生，艰苦创业，为把我国建设成为富强、民主、文明的社会主义现代化国家而奋斗

江泽民同志在"十四大"的报告中指出："在建设有中国特色社会主义理论的指导下,我们党形成了社会主义初级阶段的基本路线,这就是：领导和团结全国各族人民，以经济建设为中心，坚持四项基本原则，坚持改革开放，自力更生，艰苦创业，为把我国建设成为富强、民主、文明的社会主义现代化国家而奋斗。'一个中心、两

① 《邓小平文选》第三卷，第207～208页。

个基本点'，是这条路线的简明概括。"① 党的"一个中心、两个基本点"使全党和全国各族人民有了明确的政治方向和奋斗目标，实现的正确方法就是自力更生、艰苦创业、真抓实干，这种精神是我们党的政治优势，也是我们党的光荣传统。如果忘记了自力更生、艰苦创业，就不可能全面、准确执行党的基本路线。邓小平同志指出，自力更生、艰苦创业是我们共产党人的阶级本色，是我们光荣传统的一大法宝，我们要抓自力更生、艰苦创业的教育，一直要抓六十年、七十年、上百年。我们的国家越发展，越要抓自力更生、艰苦创业。提倡自力更生、艰苦创业，并不是落后保守，因循守旧，盲目排外。要发扬我国民族特色、民族优势，也有助于党克服腐败现象。只有发扬自力更生、艰苦创业的革命精神，才能确保党的基本路线奋斗目标的实现。

（一）自力更生、艰苦创业是共产党员的政治本色。

自力更生、艰苦创业是由党的宗旨和奋斗目标所决定的，保持自力更生、艰苦创业的传统作风是中国共产党人的政治本色。如果没有自力更生、艰苦创业的精神和作风，我们就无法克服和战胜种种困难而取得革命胜利。在执政党的条件下，在社会主义市场经济的今天，随着生产力的发展，我们的物质和精神文明生活水平比过去逐步提高，生活也会一天天好起来的。但是，这决不意味着今后就不需要自力更生、艰苦创业了。自力更生、艰苦创业，过去需要，现在、今后仍然需要，任何时候都要保持无产阶级自力更生、艰苦创业的政治本色。

毛泽东同志讲过："人是要有一点精神的"。邓小平同志把党一贯倡导的革命精神精辟地概括为："从分析实际情况出发，发扬革命和拼命精神，严守纪律和自我牺牲精神，大公无私和先人后己精神，压倒一切敌人、压倒一切困难的精神，坚持革命乐观主义、排除万

---

① 《中国共产党第十四次全国代表大会文件汇编》第15页。

难去争取胜利的精神"。① 江泽民同志在《庆祝中国共产党成立七十
周年大会上的讲话》中又特别强调指出:"全党同志要发扬我们党一
贯倡导的革命精神,大公无私和先人后己精神,严守纪律和自我牺
牲精神,坚持革命乐观主义、排除万难去争取胜利的精神,坚定不
移地朝着我们的奋斗目标迈进。"② 我们党倡导的革命精神,就是在
马克思列宁主义、毛泽东思想指导下,焕发出我们无产阶级政党本
质所固有的奋发向上,敢于斗争,敢于胜利,一往无前的精神状态。
这是在长期革命和建设事业进程中所形成和发展起来的优良作风和
革命传统,并经过长期斗争实践证明是凝聚党心、军心、民心,推
动革命和建设事业获得胜利的强大的精神支柱。

　　我们中国共产党要永远继承和发扬在革命和建设事业中形成和
发展起来的延安精神、雷锋精神、铁人精神、焦裕禄精神、一不怕
苦、二不怕死的革命精神。在任何条件下,不怕任何艰险、困难和
压力,为建设有中国特色的社会主义事业辛勤忘我的劳动,奋力拼
搏,勇挑重担,干一行、爱一行、会一行,把做好本职工作,为社
会主义事业多做工作,做好工作,做出应有的贡献,作为实现伟大
理想的起点。

　　党一贯提倡的这种精神,是马克思主义基本原理的本质反映。是
毛泽东建党学说的一条基本原理。因为社会存在决定社会意识。建
立在公有制经济基础上的社会主义的上层建筑、先进的思想意识形
态,及其体现出的革命精神、革命原则,是完全符合马克思主义基
本原理和毛泽东建党学说的,是人类社会发展基本规律的本质反映。
社会意识对社会存在又有反作用。党的革命精神作为先进的意识形
态,一旦武装了广大人民群众,就能化为巨大的实践力量,推动革
命和建设事业的发展。

　　建设有中国特色的社会主义需要全党全军全国各族人民自力更

　　① 《邓小平文选》第二卷,第 368 页。
　　② 江泽民:《在庆祝中国共产党成立七十周年大会上的讲话》(单行本),第 39 页。

生、艰苦创业。党的基本路线的实质，就是要以经济建设为中心，抓住时机，尽快发展我国社会生产力。我国十一亿人口，八亿多农民，底子薄，生产水平低，科学技术比较落后，要实现社会主义现代化，就必须发扬党的优良传统，自力更生、艰苦创业，勤俭建国，依靠本国人民群众力量，发展自己，这是唯一的出路。我们是共产党，不能依靠掠夺和剥削别的国家发展自己的国民经济。这就要求我们的共产党员、党的干部政治思想上有旺盛的斗志和拼搏精神，为实现党的政治任务而奋斗。工作上不怕困难，艰苦奋斗，开拓前进，个人生活上艰苦朴素，勤政为民。

（二）发展我国的科学技术，也仍然要建立在自力更生、艰苦创业的基础上。

我们在科学技术上赶上和超过世界上最先进的国家，要把基点放在靠我们自己的力量，靠我国各条战线上科学技术工作者发扬自力更生、艰苦创业的精神。就是在改革开放、社会主义市场经济的新形势之下，我们仍然需要继续发扬自力更生、艰苦创业的精神，也只有发扬这种精神，才能把改革开放，借鉴一切资本主义国家的科学技术成果，为建设有中国特色的社会主义服务。

当然，随着对外开放的深入发展，西方资产阶级的腐朽思想和生活方式也涌进来了，打开了南风窗，各种各样的害人虫都会乘机而入，我们就需要提倡自力更生、艰苦创业的精神，增强我们自身的防腐拒变的能力。我们的党员、干部要自觉抵制资产阶级的腐朽思想和生活方式的侵袭和污染。我们也只有在自力更生、艰苦创业的基础上，吸收世界上一切文明成果和先进的技术为我所用，而不是否定自己，丧失民族气节，"一切都是外国的好"，投降别人。我们要永远保持我们自己的政治本色。

（三）自力更生、艰苦创业是中国共产党及其领导下的革命人民的传家宝。

自力更生、艰苦创业，是我们中国共产党的优良传统。民主革命时期，我们党在极端艰难困苦的战争环境中，我们党领导人民同甘共苦，依靠自力更生、艰苦创业的革命精神，战胜了帝国主义、封建主义和官僚资本主义，夺取了全国政权。社会主义革命和社会主义建设时期，我们党继续发扬自力更生、艰苦创业精神，打破了帝国主义的封锁，克服了种种困难，取得了社会主义革命和建设的巨大成就。

历史证明：自力更生、艰苦创业是我们党及其领导下的革命人民群众的传家宝，是中国共产党的光荣传统。在新的历史时期，邓小平同志把自力更生、艰苦创业作为党的社会主义初级阶段基本路线的一个组成部分，要继续发扬自力更生、艰苦创业的精神，去建设有中国特色的社会主义，是完全正确的。我们党提倡自力更生、艰苦创业，并不是不接受新鲜事物，也不是闭关自守，固步自封，盲目排外，而是我们的基点，要放在自力更生、艰苦创业上，中国的事业，要靠中国人民去解决，依靠外边势力历来都是失败的。这同发展商品经济，发展社会主义商品市场并不矛盾。恰恰相反，只有在自力更生、艰苦创业的基础上，才能更好地改革开放，才能更好地发展社会主义的市场经济。提倡自力更生、艰苦创业，并不是不吸取一切先进的科学技术，只有艰苦创业，才能求得生存与发展。要发扬我们伟大民族的独具风格，要洋为中用，而不是全盘西化成为爬行的奴才。

五、坚持"一个中心、两个基本点"，始终站在改革开放的最前列，加快步伐，也是党性的要求

（一）抓住主要矛盾和中心环节，促进生产力的发展。

邓小平认为，革命是解放生产力，改革也是解放生产力。推翻帝国主义、封建主义、官僚资本主义的反动统治，使中国人民的生产力获得解放，这是革命。所以革命是解放生产力。社会主义基本

制度确立以后，还要从根本上改变束缚生产力发展的经济体制，建立起充满生机和活力的社会主义经济体制，促进生产力的发展，这是改革，所以改革也是解放生产力。过去，只讲在社会主义条件下发展生产力，没有讲还要通过改革解放生产力，不完全。应该把解放生产力和发展生产力两个讲全了。这是我们改革开放十多年来基本经验的总结。

历史证明改革开放是完全正确的，这是马克思主义路线的一个重要组成部分，改革开放的目的是为了解放生产力。改革开放是社会主义社会制度的自我完善、自我发展的必要步骤和必然趋势。这就找到了解决社会生产力与生产关系之间的矛盾的一个重要方法。这是我国建设有中国特色的社会主义生产方式，内部生产力与生产关系的矛盾的自我调整的一种形式。这是邓小平同志的一大贡献。

第一，我国建设有中国特色社会主义的生产方式，内部生产力与生产关系的矛盾仍然是当前社会的主要矛盾。

邓小平同志认为：改革开放胆子要大一些，敢于试验，不能像小脚女人一样。看准了的，就大胆地试，大胆地闯。深圳的重要经验就是敢闯。没有一点闯的精神，没有一点"冒"的精神，没有一股气呀、劲呀，就走不出一条好路，走不出一条新路、就干不出新的事业。不冒点风险，办什么事情都百分之百的把握，万无一失，谁敢说这样的话？一开始就自以为是，认为百分之百正确，没有那么回事，我从来没有那么认为。

在我国改革开放的条件下，我们面临着社会主义生产方式与发达国家资本主义生活方式的矛盾。我们应当利用发达国家的先进技术、设备和资金等来加强和发展我国现有生产力，吸取其中有利于完善、发展我国的社会主义生产关系的某些合理因素，如管理体制、产权组织形式、分配方式等等一些合理因素，以充实、完善社会主义公有制的体现形式。建设有中国特色的社会主义的生产关系在本质上是适应生产力的发展，探索适合生产力发展的生产关系，最主要的是社会主义公有制的具体体现形式。从而最终为建设有中国特色社会主义生产力的更迅速的飞跃奠定基础。这就必须闯出一条新路，闯出一条解决在我国建设有中国特色社会主义的生产方式内部生产力与生产关系的矛盾的措施和办法，以适应生产力的发展。同样，党的建设，党的学说也必须适应这个要求，为改革开放发展社会生产力创造良好的条件。

第二，我们要掌握住标准，认清什么是手段，达到什么目的。

邓小平认为：公有制是主体，外商投资只占很少一部分，就是外资部分，我们还可以从税收、劳务等方面得到益处嘛！多搞点"三资"企业，不要怕。只要我们头脑清醒，就不怕。我们有优势，有国营大型企业，有乡镇企业，更重要的是政权在我们手里。

自从党的十一届三中全会以来，我们已经找到了改革开放这样一个在社会主义时期迅速解放和发展生产力的好形式。十多年的改革开放，吸取外资，加速我国的经济建设速度取得的伟大成就已生动地证明了这一点。我们必须从社会经济系统整体的角度来理解改革开放对解放生产力的意义。

为了实现社会主义经济系统整体的最优的经济效益，必须通过改革开放，按照社会现有的生产力结构去调整生产关系结构。这就必须掌握住客观标准，认清什么是本质，什么是手段，达到什么目标和目的。邓小平指出：要害是姓"资"还是姓"社"问题。判断的标准，应该主要看是否有利于发展社会主义社会的生产力，是否有利于增强社会主义国家的综合国力，是否有利于提高人民的生活水平。计划多一点还是市场多一点，不是社会主义与资本主义的本质区别，计划和市场都是经济手段。

第三，我们要抓住本质的东西，坚持走共同富裕的道路。

邓小平同志指出："社会主义的目的就是要全国人民共同富裕，不是两极分化。""社会主义最大的优越性就是共同富裕，这是体现社会主义本质的一个东西。"① 这就清楚地告诉我们，共同富裕是社

---

① 《邓小平文选》第三卷，第110～111页，第364页。

会主义的本质要求,是社会主义生产力达到一定高度的最终目标。社会主义同资本主义的根本区别,就在于社会主义最终要消灭阶级、消灭剥削,在生产资料公有制的基础上实行按劳分配,防止贫富悬殊,两极分化,达到全体劳动者共同富裕。贫穷不是社会主义,少数人富裕、大部分人贫穷也不是社会主义。走共同富裕的道路,是我国在经济建设和体制改革中必须坚持的一个社会主义根本原则。

邓小平同志不仅提出了共同富裕的目标,而且提出了通向全体人民共同富裕的正确道路,提出了实现共同富裕的途径和步骤。邓小平同志认为,鼓励一部分地区、一部分人先富裕起来,也正是为了带动越来越多的人富裕起来,达到共同富裕的目的。实践表明,共同富裕不等于也不可能是完全平均,不等于也不可能是所有社会成员在同一时间以同等速度富裕起来。如果把共同富裕理解为完全平均和同步富裕,不但做不到,而且势必导致共同贫穷。在社会主义国家,只能在社会主义现代化建设的过程中,引导和带领人民群众逐步摆脱贫困,走共同富裕的道路。而正确贯彻实行以按劳分配为主体,其他分配方式为补充,兼顾效率与公平的分配制度,允许和支持一部分人、一部分地区通过诚实劳动和合法经营先富起来,鼓励先富起来的帮助未富起来的,则是使全体人民和各个地区逐步实现共同富裕的必由之路。

邓小平指出:"要允许一部分地区、一部分企业、一部分工人农民,由于辛勤努力成绩大而收入先多一些,生活先好起来。一部分人生活先好起来,就必然产生极大的示范力量,影响左邻右舍,带动其他地区、其他单位的人们向他们学习。这样,就会使整个国民经济不断地波浪式地向前发展,使全国各族人民都能比较快地富裕起来。"并指出:"这是一个大政策,一个能够影响和带动整个国民经济的政策"。①十多年来正是因为贯彻了这个大政策,极大地促进了我国生产力的解放和发展,不仅一部分地区和个人先富裕起来,而

---

① 《邓小平文选》第二卷,第152页。

且使国家的综合国力大大增强,全国人民的生活水平得到较大提高,在最终实现共同富裕的道路上迈出了坚实的一大步。很显然,没有部分先富这个大改革,就不可能逐步实现共同富裕。

当然,我们在实行"先富"政策的同时,必须始终坚持"共富"的方向,防止收入过分悬殊,出现两极分化。要通过深化改革来解决这个问题。在这方面,邓小平同志提出:"解决的办法之一,就是先富起来的地区多交点利税,支持贫困地区的发展。当然,太早这样办也不行,现在不能削弱发达地区的活力,也不能鼓励吃'大锅饭'。什么时候突出地提出和解决这个问题,在什么基础上提出和解决这个问题,要研究。"[1]

这就要求我们要闯,要干,要通过试验。要坚持有利于深化改革,大胆地试、闯出一条新路子,使我们的改革开放政策更加深入人心,取得更大的效益。这种办法和措施,是我们党在改革开放的新形势下,一个有成效的办法。只有这样才能消除两极分化。

(二)坚决清除腐败,把廉政建设作为大事来抓。

坚决清除腐败,加强廉政建设,是邓小平的一个重要思想。改革开放以来,在建立社会主义市场经济体制的过程中,党政机关能不能继续保持廉洁奉公,党员特别是党的领导干部能不能继续经受住权力、金钱、美女的考验,已成为一个十分尖锐的问题。1992年初,邓小平视察南方时又一次强调指出:"在整个改革开放过程中都要反对腐败。对干部和共产党员来说,廉政建设要作为大事来抓。"[2]党的十三届三中全会以来,党中央、国务院十分重视党风廉政建设,作出了一系列的决策和部署,明确提出,改革开放,繁荣经济,要坚定不移;保持廉洁,防止腐败,也要坚定不移,并要求党和国家机关的全体共产党员和工作人员发扬党的优良传统作风。有力地推

---

① 《邓小平文选》第三卷,第374页。
② 《邓小平文选》第三卷,第379页。

进了反腐败斗争的进程。

在党内发生的腐败现象是一种资产阶级和其他剥削阶级思想腐蚀的反映，是封建主义腐朽思想的产物。邓小平认为，实行改革开放政策以后，党不仅面临着执政的考验，还面临着改革开放的考验。诚然，资产阶级思想腐蚀并不是改革开放带来的必然结果，然而，如果不加警惕，不加强思想领域内的反腐蚀斗争，在对外开放，引进外资和先进的技术、先进管理方法的同时，也容易使一些资产阶级的乌七八糟的东西跟着钻进国内来；对内搞活，资产阶级损人利己、唯利是图和"一切向钱看"的腐朽思想也可能随同商品经济而渗透到社会生活中来，甚至渗透到党内生活中来。

大量事实证明，市场经济同世界上一切事物一样，都具有两重性，它所带来的两重性，它所带来的负效应，在诱发党内不正之风和腐败现象方面也起着不容忽视的作用。商品货币的诱惑力在社会主义市场经济条件下不但没有减弱，在一定时期内还会有所增强。现实生活中可以看到，少数党员受拜金主义、享乐主义和极端个人主义的影响和腐蚀，掌着权，看着钱，把权力转化商品，用权去捞钱，进行权钱交易。有的党员、干部自己放松学习和世界观的改造，经不起改革开放的考验，思想上、生活上变质，腐败糜烂，追求资产阶级的生活方式；政治上当官作老爷，上欺下压，渎职弄权，搞官僚主义、形式主义；经济上贪污受贿，侵吞国家财产，变成人民的罪人。因此，我们必须坚决反对腐败现象，清除腐败分子，保持党的纯洁性，保持人民公仆的作风。要坚持一坚决二持久的方针，在改革开放和发展社会主义商品经济这个长期的斗争中，必须把反对党内不正之风，提倡廉政建设作为一个长期的战略任务，贯穿在改革开放和发展社会主义商品经济的整个过程之中，认真抓紧抓好。

人民群众是我们党的力量源泉和胜利之本。现在，我们党所处的环境和肩负的任务与过去任何一个历史时期都有很大的不同，改革开放给我们党注入了巨大的生机和活力，同时也使我们党面临新的考验。

在新的历史条件下，不仅执政党的地位容易在党内滋长脱离群众的倾向，而且改革开放和发展社会主义市场经济使党内滋生腐败现象的诱发因素大大增加，国外敌对势力也会乘机进行渗透，腐蚀与反腐蚀、和平演变与反和平演变的斗争将长期存在。江泽民同志在中央工作会议上指出："只要我们党自己不腐败，自己不蜕变，谁也演变不了我们。"这就精辟而深刻指明了腐败与演变的关系。因为腐败和演变互为因果，实质都是导致共产党变质，使共产党领导的社会主义国家遭到颠覆。腐败不除，反和平演变就是一句空话。我们的党员、干部只有勤勤恳恳为人民服务的义务，没有在政治上、生活上搞特殊化的权利。因此，在腐蚀与反腐蚀、和平演变与反和平演变的斗争中，始终保持全心全意为人民服务的根本宗旨不变，密切联系人民群众的优良作风不变，一切为了群众，一切依靠群众，从群众中来，到群众中去的群众路线不变。要永远保持和发扬党的自力更生、艰苦奋斗、与人民群众同甘共苦的光荣传统，不允许利用职权谋取个人或少数人的私利。使我们的国家公务人员，成为服从以工人阶级为主体的人民的意志，按照人民的利益的需要行事的机构和人员，而不再是旧社会的衙门和官吏。

周恩来同志曾经说过："我们国家的干部是人民的公仆，应该和群众同甘苦，共命运。如果图享受，怕艰苦，甚至走后门，特殊化，那是会引起群众公愤的。"他还批判有些人"'官'越做越大，脾气越来越坏，生活要求越来越高，房子越大越好，装饰越贵越好，供应越多越好；领导干部这样，必定引起周围的人铺张浪费，左右的人上下其手。"①因此，我们应该把整个身心放在共产主义事业上，以人民的疾苦为忧，以世界的前途为念。这样，我们的政治责任感和事业心就会加强，革命的共产主义精神境界就会高尚。

周恩来同志是全国人民公认的人民公仆的典型代表。他一生大公无私，无限忠诚，坚持原则，自奉简朴，任劳任怨，实事求是，以

①《周恩来选集》下卷，第421页。

身作则，拼命工作，关心他人，廉政为民，等等，几乎集中了人民公仆所应具备的一切优秀品质和风格。他赢得了全国人民、全世界人民和一切进步人士所爱戴。他一生表现出来的高标准的人民公仆的品质，在全中国和世界进步人民心目中所获得的高度的爱戴和赞扬，可以看作是马克思主义在道德上的胜利，是中国共产党在道德、品格方面的巨大胜利。我们要发扬传统作风，还要发展生产力，保持一定的经济增长速度，坚持"两手抓"，那么社会主义精神文明和物质文明就会搞上去，就能在建设有中国特色社会主义的事业中发挥作用。

总之，坚持改革开放，始终站在改革开放的最前列，加快改革开放步伐，这是党性的要求。要始终抓住当前的主要矛盾，闯出一条新路，加速解决这个主要矛盾；要掌握住是非标准，坚持以公有制为主体，坚持人民民主专政，发展社会主义的市场经济体制；根本目的就是使人民共同富裕起来，为建设有中国特色的社会主义奠定基础；这就必须在整个改革开放进程中，都要坚持反对腐败，把廉政建设当作大事来抓，这些都是一个共产党员党性的反映。

（三）坚持"两手抓"的战略思想，要按照唯物论辩证法办事。

在建设有中国特色的社会主义进程中，全面准确地贯彻执行党的"一个中心、两个基本点"的基本路线，就是要牢牢地真正坚持两个基本点，不是一个基本点，学会两手抓、两手都要硬，不能有片面性，不能把二者对立起来，它们是互相促进，相辅相成、互相渗透的。因此，从事党的工作和思想政治工作的同志，要围绕着经济建设的需要，研究经济战线存在的困难和问题。从政治上、思想上、组织上为之服务，以保证经济建设的健康发展；从事经济工作和业务工作的同志，也要更加重视思想政治工作，加强党性锻炼，提高干部的政治思想素质，特别是在复杂情况下要增强识别能力和拒腐防变的能力，把党的建设搞好，才能保证经济建设按照正确的方向顺利发展。

要"两手抓"、"两手都要硬",不能偏废,这是一个至关重要的实践问题,也是对一个成熟的党政领导者的考验。要"一手抓改革开放,一手抓四个坚持",改革开放是中国生产力发展的必由之路,是中国社会主义事业发展的必由之路,是建设有中国特色的社会主义的必由之路;四项基本原则是我国立国之本,是我国的立党立国的政治基础。是建设有中国特色的社会主义的前提和根本保证。

要"一手抓物质文明,一手抓精神文明"。我们建设有中国特色的社会主义,就是要在建设高度物质文明的同时,提高全民族的科学文化水平,发展高尚的丰富多采的文化生活,建设高度的社会主义的精神文明。社会主义精神文明是社会主义的重要特征,是建设有中国特色的社会主义的一个重要标志。是对科学社会主义学说的丰富和发展。要培养造就一代有理想、有文化、有道德、有纪律的新人。使中国的教育面向现代化、面向世界、面向未来。

要"一手抓建设,一手抓法制"。我们要抓好经济建设这个中心,把国民经济搞上去,只有把经济建设搞好了,有了物质基础,各方面的各项工作就会有发展、有提高,出现新的局面。要建设社会主义法制,依法办事,依法治国、依法治党,依制度治党。共产党也要在法律范围内活动。全国都要有法可依、有法必依、违法必究。把以法治国提到一个新的水平。

要"一手要抓改革开放,一手要抓惩治腐败"。"一手要抓改革开放,一手要抓打击各种犯罪活动"。腐败现象的滋生、蔓延,使一部分群众对党和政府丧失了信心,对腐败现象警惕不足、纠正不力是我们的一个失误,不惩治腐败,特别是党内的腐败现象,确实有失败的危险,有走向毁灭的危险。要更大胆地改革开放,同时要与抓紧惩治腐败结合起来,取得人民的信任和支持。只要两手都硬,都不手软,坚决打击各种犯罪活动,扫除各种社会丑恶现象,创造一个建设有中国特色社会主义的好环境,把我国的社会主义现代化建设推向一个新的阶段。

"两手抓"是邓小平在新时期的一贯思想。党的十一届三中全会以来邓小平一贯坚持反复强调"两手抓"的问题，而且内容极为丰富。尽管他在不同场合、不同情况下，提法有所不同，但其精神实质是一样的，无不体现了社会主义初级阶段的基本路线。我们要全面贯彻落实邓小平同志"两手抓"的重要思想，增强"两手抓"的意识，掌握和运用"两手抓"的工作方法，加快改革开放步伐，不断推进有中国特色社会主义建设的蓬勃发展。

第四节　建设有中国特色的社会主义理论，是我党独创经验的基本总结，它具有当代中国的特点和优点

一、四项基本原则的形成和发展具有当代中国的特色，为建设社会主义奠定了基础，指明了发展方向

在邓小平为核心的党中央第二代领导集体的指导下，坚决贯彻执行了重新确立的马克思主义的思想路线、政治路线和组织路线，使建设有中国特色社会主义的事业走上了健康发展的马克思主义轨道。

首先，对当代的形势和任务进行了科学的分析和实事求是的论证。邓小平指出："对于粉碎'四人帮'以来特别是三中全会以来的形势，必须有足够的、全面的估计。粉碎'四人帮'两年半以来，我们已经基本上摧毁了'四人帮'的反革命政治势力，调整和充实了各级领导班子，党、政、军的领导权基本上掌握在人民可以信赖的干部手中，党、政、军的工作也基本上恢复了正常秩序。""在思想政治方向方面，我们已经基本上回到马列主义、毛泽东思想的正确轨道上来，我们将永远沿着这个轨道前进。国民经济状况已经好转，各部门的生产得到迅速恢复。上述的政治和经济形势，使全党有可

能把工作着重点从今年起转移到社会主义现代化建设上来。这是我国历史上的一个伟大的转折。"①

　　同时，就全国范围来说，我们党在以邓小平为核心的党中央领导下，安定团结的局面正在继续巩固，党内外生动活泼的民主生活正在继续发展；党的优良传统有了很大的恢复，党内外的思想有了很大解放，实事求是的作风日益深入人心；党的各项政策落实调动了党内外千百万人的积极性、主动性和创造性；在农业战线上大大调动了农村干部的积极性，国防、外交取得了伟大的胜利。在党中央的正确领导下，对于我们伟大社会主义祖国的前途，重新充满了希望和信心。

　　其次，抓住中心任务和主要矛盾，努力提高人民群众的物质与文化的生活。邓小平指出："我们当前以及今后相当长一个历史时期的主要任务是什么？一句话，就是搞现代化建设。能否实现四个现代化，决定着我们国家的命运、民族的命运。在中国的现实条件下，搞好社会主义的四个现代化，就是坚持马克思主义，就是高举毛泽东思想伟大旗帜。你不抓住四个现代化，不从这个实际出发，就是脱离马克思主义，就是空谈马克思主义。社会主义现代化建设是我们当前最大的政治，因为它代表着人民的最大的利益、最根本的利益。"② 要在本世纪内实现社会主义现代化，把我国建设成为一个社会主义强国，这是一个非常艰巨的战略任务。

　　其三，现在搞建设，要适合中国情况，走一条中国式的现代化的道路。邓小平同志阐明了确保现代化的条件和根本保证。他指出："我今天要说的是思想政治方面的问题。中央认为，我们要在中国实现四个现代化，必须在思想政治上坚持四项基本原则。这是实现四个现代化的根本前提。这四项是：

　　第一，必须坚持社会主义道路；

---

　　① 《邓小平文选》第二卷，第159页。
　　② 《邓小平文选》第二卷，第162～163页。

第二，必须坚持无产阶级专政；

第三，必须坚持共产党的领导；

第四，必须坚持马列主义、毛泽东思想。

大家知道，这四项基本原则并不是新的东西，是我们党长期以来所一贯坚持的。粉碎'四人帮'以至三中全会以来，党中央实行的一系列方针政策，一直是坚持这四项基本原则的。"①我们党的这四项基本原则的形成和发展，就为建设具有中国特色的社会主义奠定了基础，指明了发展方向。这就把当代中国的现代化建设能够坚持发展并取得胜利有了可靠的根本保证和政治基础的根本前提条件。邓小平同志全面而精辟地分析和论述了四项基本原则的内容和实质。他强调指出，毛泽东思想过去是中国革命和建设的旗帜，今后将永远是中国社会主义事业和反霸权主义事业的旗帜，我们将永远高举毛泽东思想的伟大旗帜，建设好具有中国特色的社会主义。

其四，最重要最关键就是要研究新情况，新问题，探讨新思路。要认清社会主义社会的基本矛盾和目前的主要矛盾。社会主义社会的基本矛盾，仍然是生产关系和生产力之间的矛盾，上层建筑与经济基础之间的矛盾。目前时期的主要矛盾，主要是生产力发展水平很低，远远不能满足人民的和国家的需要，要解决这个主要矛盾就是党的中心任务。

总之，这四项基本原则的形成和发展，为我国的社会主义现代化建设事业奠定了基础，指明了发展方向。这四项基本原则的概括和提出，是我们中国共产党七十多年，特别是执政四十多年来的基本经验的科学总结，它既是全党全军全国各族人民共同的政治基础，也是社会主义现代化建设事业的顺利进行的前提和根本保证。

党的十一届三中全会，是一次划时代的会议。它不仅从根本上消除了已经由实践证明对党和人民的事业十分有害的"左"的指导思想及其一切表现，也为开辟未来指明了方向，应当坚持我们党一

---

① 《邓小平文选》第二卷，第164页。

贯倡导的马克思主义的解放思想、实事求是的原则，要求一切从实际出发，理论联系实际，也就是邓小平同志在中央工作会议上题为"解放思想，实事求是，团结一致向前看"的指导思想，开创了一个新的历史时期。

要实现社会主义现代化，如同过去搞革命一样，必须靠实事求是，靠解放思想，这是无产阶级世界观的基础，是马克思主义的思想基础，是我们党的优良传统作风。要打破思想僵化，端正思想路线，不能从本本出发，否则就会亡党亡国亡头的。这就从根本上解除"两个凡是"的束缚，纠正"左"的错误，恢复党的优良传统，按正确方向寻求中国自己的社会主义道路奠定了思想理论基础。在这个思想指导下，要不断调整生产关系和上层建筑的关系，完善社会主义制度；要改变管理方式、活动方式，转变经营机制，以便适应社会主义现代化的需要；要改变思维逻辑，思想方法，转变观念，树立新思想、新观念，适应经济、文化和社会主义市场经济体制的需要；必须采取一切必要措施和办法提高社会生产力，把国民经济搞上去。这是我国的一项根本任务。

党的十一届三中全会还郑重地指出："党中央在理论战线上的崇高任务，就是领导、教育全党和全国人民历史地、科学地认识毛泽东同志的伟大功绩，完整地、准确地掌握毛泽东思想的科学体系，把马克思列宁主义、毛泽东思想的普遍原理同社会主义现代化建设的具体实践结合起来，并在新的历史条件下加以发展。"这就为全党在提高马克思主义理论水平，党的理论工作者的任务指明了前进的方向。最根本最重要最关键的是为坚持继承、纠正和全面发展创新毛泽东思想、毛泽东建党学说奠定了基础，创造了条件，要永远高举毛泽东思想的旗帜，这是我们取得一切胜利的根本保证。

二、以邓小平为核心的党中央第二代成熟领导集体在特殊的条件下，解决了当代中国生死攸关的三大根本性问题

　　以邓小平为核心的党中央第二代成熟领导集体，具有远见卓识和政治上的高度成熟的无产阶级革命家、政治家的中国共产党的气魄和无产阶级的政治家的革命风格，卓有成效地在特殊的历史条件下领导全党、全军和全国各族人民，解决了当代中国的关于中国命运和前途及中华民族生死攸关的三大根本性问题。

　　第一，1979 年 3 月，以邓小平同志为核心的党中央，旗帜鲜明地提出了立党立国之本的"四项基本原则"，成为当代中国的政治基础。我们党针对当代特定的历史环境和特殊的历史条件国内与国际形势风云变幻和我们党面临的实际状况，邓小平同志受党中央委托，在 1979 年 3 月 30 日，党的理论工作务虚会议上旗帜鲜明地提出了立党立国的四项基本原则。成为实现四化、振兴中华的根本前提。邓小平同志明确指出："如果动摇了这四项基本原则的任何一项，那就动摇了整个社会主义事业，整个现代化建设事业。"① 他还针对当时少数人利用我们党进行拨乱反正的时机，打着"社会改革"的幌子，曲解"解放思想"的口号，采取"攻其一点，不及其余"的手法，把党的错误加以极端夸大，妄图否定中国共产党的领导，否定所指引的社会主义道路；有的在党内，在揭露和纠正自己所犯的错误时，思想发生动摇，他们不但不承认这股否定党的领导和社会主义制度的思潮，即资产阶级自由化思潮的危险，甚至直接间接地加以某种程度的支持；他还对"解放思想"的内涵作了科学的界定，阐明"解放思想，就是要运用马列主义、毛泽东思想的基本原理，研究新情况，

---

　　① 《邓小平文选》第二卷，第 173 页。

解决新问题。"① 只有在这个思想指导下才能真正的解放思想。

邓小平同志运用马克思列宁主义、毛泽东思想，解决中国当代的社会主义建设的基本问题。在实践中存在什么实际问题，在新的历史条件下坚持和发展马克思主义。邓小平同志不仅领导全党确立了治党、治国、治军的政治基础和基本原则。他坚持、继承、纠正和发展了毛泽东思想，创新了毛泽东建党学说的基本原理、原则。他立场坚定、旗帜鲜明、决不允许一些人借此攻击马克思列宁主义、毛泽东思想。他以自己的卓越才干捍卫了毛泽东思想，并为正确评价毛泽东同志的历史功过奠定了基础。

第二，实事求是地评价了毛泽东同志的历史地位，充分论述了毛泽东思想作为党的指导思想的伟大意义。1981 年 6 月 29 日党的十一届六中全会通过的《关于建国以来党的若干历史问题的决议》，是在邓小平同志亲自主持下进行的。为了从根本上纠正"左"的和右的错误倾向，把全党和全国人民的思想统一到党的十一届三中全会的路线、方针、政策上来。中央认为，必须正确地认识建国以来党走过的历史道路，科学地总结党在这个时期的历史经验。因为拨乱反正，既要拨林彪、"四人帮"破坏之乱，也要纠正毛泽东晚年的极"左"错误。这就势必涉及如何评价毛泽东同志的事业功过和思想的指导意义。而毛泽东的事业和指导思想"都不只是他个人的事业和思想，同时是他的战友、是党、是人民的事业和思想，是半个多世纪中国人民革命斗争经验的结晶。"② 为此，邓小平同志提出了关于总结建国以来的历史经验，必须遵循的三条基本指导思想：

1. 确立毛泽东同志的历史地位，坚持和发展毛泽东思想。这是最核心的一条。不仅今天，而且今后，我们都要高举毛泽东思想的旗帜。要写毛泽东思想的历史，毛泽东思想的形成和发展过程。邓小平同志还指出，延安时期那一段，可以说是毛泽东思想比较完整

① 《邓小平文选》第二卷，第 179 页。
② 《邓小平文选》第二卷，第 172 页。

地形成起来的一段。毛泽东思想中关于新民主主义革命的理论，包括党的建设的理论和处理党内关系的原则，在延安整风前后，都比较完整地形成了。现在我们要正确地评价毛泽东思想，科学地确立毛泽东思想的指导地位，就要把毛泽东思想的主要内容，特别是今后还要继续贯彻执行的内容，用比较概括的语言写出来，使后人有所遵循。这个根本性的问题，在邓小平同志指引下成功的解决了这个重大原则问题。

2. 邓小平同志指出，对建国三十多年来历史上的大事，哪些是正确的，哪些是错误的，要进行实事求是的分析，包括一些负责同志的功过是非，要做出公正的评价。这个极为复杂的问题，在邓小平同志的指导下成功的解决了，党是满意的，广大干部和群众是满意的。解决了历史遗留下来的重大是非问题，使我国人民为开创新的局面创造新的历史奠定了基础，创造了条件。

3. 邓小平同志领导全党做了一个好的《决议》，对过去的事情做了基本的总结。总结过去是为了引导大家团结一致向前看。邓小平同志指出总的要求，或者说总的原则，总的指导思想，虽指出了三条，但最根本最重要最关键的还是高举毛泽东思想旗帜是第一条。

建国以后的历史，总的来说是在马克思主义指导下，领导全国各族人民进行社会主义革命和社会主义建设并取得巨大成就的历史。由于经验不足，有曲折，有错误，有失误，但基本方面主导方面还是正确的、对的。正如邓小平指出："社会主义革命搞得好，转入社会主义建设以后，毛泽东同志也有好文章、好思想。讲错误，不应该只讲毛泽东同志，中央许多负责同志都有错误。'大跃进'毛泽东同志头脑发热，我们不发热？在这些问题上要公正，不要造成一种印象，别的人都正确，只有一个人犯错误。这不符合事实。中央犯错误，不是一个人负责，是集体负责。"邓小平同志强调，我们要学会运用马克思主义结合我们的新情况、新问题，进行科学分析，有所贡献，有所发展。

因此，要实事求是地公道正确科学地评价毛泽东同志的历史地位。《决议》指出：毛泽东同志是伟大的马克思主义者，是伟大的无产阶级革命家、战略家和理论家。就他的一生来看，他对中国革命的功绩远远大于他的过失。他的功绩是第一位的，错误是第二位的。这样的评价是正确的，是经得起历史考验的。

第三，我们党要永远高举毛泽东思想的伟大旗帜。邓小平同志反复多次强调"毛泽东思想这个旗帜丢不得。丢掉了这个旗帜，实际上就否定了我们党的光辉历史。"①《决议》明确指出了毛泽东思想是马克思列宁主义在中国的运用和发展，是被实践证明了的关于中国革命的正确的理论原则和经验总结，是中国共产党集体智慧的结晶。毛泽东思想是我们党的宝贵的精神财富，它将长期指导我们的行动，是我们中国共产党的指导思想。我们必须继续坚持毛泽东思想，并以符合实际的新原理和新结论丰富和发展毛泽东思想。

邓小平同志在新的历史时期对坚持继承、纠正和发展毛泽东思想、毛泽东建党学说有巨大贡献。一方面，他积极地澄清理论是非，纠正毛泽东同志晚年所犯的错误。另一方面，他又捍卫毛泽东同志的历史地位，正确评价毛泽东同志的功过是非，把全党和全国人民引向正确的方向。

（一）邓小平为坚持和发展毛泽东思想提供了基础。

邓小平同志指出，"要说清楚关于社会主义革命和社会主义建设，毛泽东同志有哪些贡献。他的思想还在发展中。我们要恢复毛泽东思想，坚持毛泽东思想，以至还要发展毛泽东思想，在这些方面，他都提供了一个基础。要把这些思想充分地表达出来。这段时间他的一些重要文章，如《论十大关系》、《关于正确处理人民内部矛盾的问题》、《一九五七年夏季的形势》等，都要写到。这都是我们今天要继续坚持和发展的。要给人一个很清楚的印象，究竟我们

---

① 《邓小平文选》第二卷，第298页。

高举毛泽东思想旗帜、坚持毛泽东思想，指的是些什么内容。"①

在历史的转折时期，在党的主要领导人指导思想有重大失误、犯有严重历史性、全面性、长时间错误时，能否保持清醒的头脑，立场坚定、旗帜鲜明地高举马克思列宁主义、毛泽东思想的旗帜，在惊涛骇浪风云变幻的暴风骤雨中指出前进的方向，这不能不是考验领袖是否成熟的一个重要标志。对这个转折时期的坚持继承和纠正发展创新的关键时刻，做出杰出的贡献。历史越深远，越能显示他的伟大与正确，越有深刻的历史性影响。

（二）邓小平抓住了要害和重点。

在中国历史发展到关键时刻，邓小平指出："重点放在毛泽东思想是什么、毛泽东同志正确的东西是什么这方面。错误的东西要批评，但是要很恰当。单单讲毛泽东同志本人的错误不能解决问题，最重要的是一个制度问题。毛泽东同志说了许多好话，但因为过去一些制度不好，把他推向了反面。毛泽东同志晚年在理论和实践上的错误，要讲，但是要概括一点，要恰当。主要的内容，还是集中讲正确的东西。因为这符合历史。是不是结语写一段我们还要继续发展毛泽东思想。"② 这就给我们指出了如何正确评价历史人物，应持的立场、观点和正确态度，只有一个成熟的马克思主义者才能站得高看得远，不被错误的、反动的种种社会思潮所左右。

同时，还指出了所犯错误的种种原因，使后人记取教训，他还指明它的发展趋势，正如邓小平说的"我们现在的中央所坚持的这一套，就是毛泽东思想"。③ 说明了它的继承性和新的创造。

（三）当代中国关注的重点。

如何评价毛泽东同志是一个国际国内很大的政治问题。是当代

① 《邓小平文选》第二卷，第 297 页。
② 《邓小平文选》第二卷，第 297 页。
③ 《邓小平文选》第二卷，第 298 页。

中国关注的重点。邓小平指出："对毛泽东同志的评价，对毛泽东思想的阐述，不是仅仅涉及毛泽东同志个人的问题，这同我们党、我们国家的整个历史是分不开的。要看到这个全局。这是我们从决议起草工作开始的时候就反复强调的。决议稿中阐述毛泽东思想的这一部分不能不要。这不只是个理论问题，尤其是个政治问题，是国际国内的很大的政治问题。如果不写或写不好这个部分，整个决议都不如不做。"① 就是说，要看方向、看全局、看本质。在当时指出这个问题具有重大的历史意义。

（四）实事求是、群众路线和独立自主是毛泽东思想活的灵魂。

邓小平深刻指出："毛泽东思想是马克思列宁主义在中国的运用和发展。我们党在运用马克思列宁主义解决中国实际问题的过程中，的确有很多发展。这是客观的存在，历史的事实。""我们党用毛泽东思想教育了整整一代人，使我们赢得了革命战争的胜利，建立了中华人民共和国"。"不写或不坚持毛泽东思想，我们要犯历史性的大错误。"② 我们党以毛泽东为核心的党中央第一代领导集体把马克思列宁主义基本原理和中国革命的具体实践相结合的产物，是马克思列宁主义在中国的运用和发展，是被实践证明了的关于中国革命的正确的理论原则和经验的总结，是我们党集体智慧的结晶。它所以成为我们党的指导思想，正是因为它成为中国共产党和中国人民的行动指南，从而教育了几代人，他的理论和思想成为马克思主义宝库中宝贵的一页。特别是毛泽东思想的活的灵魂，是实事求是，群众路线和独立自主三个基本点，是中国共产党的伟大创造。

（五）总结历史经验，统一思想，团结一致向前看，全面开创社会主义建设事业的新局面。

以邓小平为核心的党中央第二代领导集体，高举毛泽东思想的

① 《邓小平文选》第二卷，第299页。
② 《邓小平文选》第二卷，第299～300页。

伟大旗帜，坚持马克思列宁主义与中国社会主义现代化建设实践相结合，研究新情况，解决新问题，发挥和发展了一系列科学理论观点。坚持继承了毛泽东思想，纠正了毛泽东同志晚年的错误。在新的历史条件下有发展有创新。

这主要是：关于解放思想，实事求是，以实践作为检验真理的唯一标准的观点；关于建设社会主义必须根据中国国情，走自己的路的观点；关于在经济文化落后的条件下，建设社会主义必须有一个很长的初级阶段的观点；关于社会主义社会的根本性任务是发展生产力，集中力量实现现代化的观点；关于社会主义市场经济体制的观点；关于改革是社会主义社会发展的重要动力，对外开放是实现社会主义现代化的必要条件的观点；关于社会主义民主政治和社会主义精神文明是社会主义主要特征的观点；关于坚持四项基本原则同坚持改革开放总方针这两个基本点相互结合、缺一不可的观点；关于用"一个国家、两种制度"来实现祖国统一的观点；关于执政党的党风关系到党的生死存亡的观点；关于按照独立自主、完全平等、互相尊重、互不干涉内部事务的原则，发展同外国共产党和其他政党的关系的观点；关于和平与发展是当代世界的主题的观点等等。这一系列的思想、原则和基本观点，不仅构成了建设有中国特色的社会主义理论的轮廓，而且是对毛泽东建党学说的丰富和发展，也是邓小平建党学说的形成和发展的重大成果。

三、研究新情况，探索新思路，关键在于
要进一步解放思想

邓小平同志 1992 年 1 月 18 日至 2 月 21 日在武昌、深圳、珠海、上海等地视察期间，进行了多次重要谈话，简称南巡谈话。对中国当代的一系列重大关键性问题讲了自己的主张和意见。具有强烈的针对性、现实性和时代特征。不仅对当前的各项工作有极为重要的指导意义，对党的十四大奠定了基础，成为全党纲领性文献。特别

是对建设有中国特色的社会主义事业具有深远的历史影响。

邓小平同志这些主张和意见，总结了我们党历史的经验，特别是自改革开放以来贯彻执行以邓小平为核心的第二代党中央领导集体的路线、方针和政策基本经验，总结了建设有中国特色的社会主义的理论与实践经验，也是对当代国际共产主义运动中现实经验教训而得出的思想和结论。我们党既要总结改革开放14年以来的基本经验，抓紧时机，发展自己，主要是发展经济，把经济建设事业搞上去，为建设有中国特色的社会主义奠定物质基础，又要总结当代国际共产主义运动中出现的曲折与倒退的历史教训。中国共产党走自己的路，创造自己的经验，就要解放思想、实事求是，坚持从实际出发，加快改革开放的步伐。要在实际工作中排除各种干扰，警惕右，但主要是防止"左"。在党的"一个中心、两个基本点"的基本路线的指引下，一心一意沿着建设有中国特色的社会主义道路走下去，经过改革开放使社会主义制度完善和发展。为此，全党必须运用邓小平建设有中国特色的社会主义思想、理论、基本路线、方针和政策统一全党的思想。以便适应新形势、新任务发展的需要。

邓小平同志南巡谈话，是在新的历史时期发展到一个关键时刻，讲了关键性的话，解决了当代中国一系列关键性的问题，推动我国经济的发展起了关键性的作用。历史发展越久远，越能看出它的深刻意义。他谈话内容十分丰富，涉及面很广，从国际谈到国内，从历史谈到现在，不仅谈经济、政治、文化、教育、科技，还谈了党的建设、干部工作、接班人的培养教育等等有关问题，都作了精辟的阐述。主题就是紧紧抓住当代中国的现实问题，抓住国内、国际有利时机，加快改革开放和现代化建设步伐，夺取有中国特色社会主义事业的更大胜利。

邓小平同志南巡谈话要求我们，解放和发展生产力是建设社会主义的根本任务。牢牢把握党的基本路线，一百年不动摇。要求改革开放胆子要大一些，这就必须进一步解放思想，坚持实事求是的原则。要抓住有利时机，加快经济建设的速度。要用邓小平关于建设有中国特色的社会主义思想、理论、基本路线和方针政策统一全党的思想。目的是为了自觉的、主动的和创造性的贯彻执行党的基本路线，深化改革，探索新的思路。

（一）改革开放 14 年来，我们积累了一些基本的经验与教训。

改革开放要有新的思路，更新旧的观念，换新的脑筋。就是要有不同于前 10 年的新情况、新问题，要探索新的思路、新措施，关键在于要进一步解放思想。如果说，实践是检验真理的唯一标准，是一次思想大解放，那么这次南巡谈话，又是一次思想大解放。主要是要从姓"资"和姓"社"的漩涡中解放出来。树立起改革是一场革命，改革也是解放生产力的观点。使我们在建设有中国特色的社会主义事业进程中，思想更解放一点，胆子更大一点，步伐更快一点，增强我们的紧迫感和使命感，把我国的经济建设推向一个新的历史阶段。

建设有中国特色的社会主义必须从本国的国情出发，走自己的路，创造自己的经验，而绝对不能照抄书本，照搬已有的结论，照搬别国成功的模式和经验。只有从本国国情的客观实际情况出发，按照其固有的客观规律办事。党的十一届三中全会以来，我们党进行了一系列的体制改革，推动了生产力的迅速发展，经济实力迅速增强，综合国力也有明显提高，广大的人民群众得到更多更好的实惠。这是众所周知的事实。

改革是解放生产力这一真理被更多的人认识了。党的十一届三中全会就指出："实现四个现代化，要求大幅度地提高生产力，也就必然要求多方面改变同生产力发展不适应的生产关系和上层建筑，改变一切不适应的管理方式、活动方式和思想方式，因而是一场广泛、深刻的革命。"在这个指导方针的指引下，首先是中国农村出现了以家庭联产承包责任制为主要内容的重大改革。从 1980 年开始，经过三年的时间到 1984 年改革的重点才从农村转入城市的改革。从 1980 年到 1984 年，一系列的改革，给城乡带来了深刻的变化。农作物大幅度增产，农民收入大幅度增加，乡镇企业异军突起，这样一来农业促进工业，农村促进城市，这样相互影响、相互促进。这是一个非常生动、非常有说服力的发展过程。可以说，这个期间我国财富有了巨额增加，整个国民经济上了一个新的台阶。为全面开创社会主义现代化经济建设奠定了基础，创造了条件。党中央支持中国农民的伟大创造精神，因势利导，从城市到农村形成了全面改革的崭新局面。14 年来的改革开放，使我国的经济建设取得了举世瞩目的伟大成就。

实践证明：改革开放，不断改革阻碍生产力发展的生产关系，促进经济发展速度，这条路子必须坚定不移地走下去。把一切阻碍经济发展速度的管理体制和上层建筑，包括一些政策措施，必须继续不断深化革命。这就必须解放思想，大胆地试、大胆的闯，不断总结经验，加以深化和完善，才能解脱落后的经济体制的束缚，把经济建设搞上去。邓小平指出："我们的改革要达到一个什么目的呢？总的目的就是要有利于巩固社会主义制度，有利于巩固党的领导，有利于在党的领导下和社会主义制度下发展生产力。"① 我们可以看出，十一届三中全会以来，我们党把改革同解放和发展生产力相联系的认识是一贯的，并且是不断深化发展的。

（二）改革是解放生产力的指导思想和科学论断，为改革奠定了坚实的理论基础。

邓小平同志关于革命是解放生产力，改革也是解放生产力，在社会主义条件下发展生产力，还要通过改革解放生产力的科学论断。特别是解放生产力同发展生产力辩证地有机地统一起来，揭示了解放生产力和发展生产力相互关系的客观规律。进一步说明了社会主义根本任务就是解放和发展生产力，社会主义的本质就是解放和发展生产力。这就为我们的改革奠定了坚实的理论基础，对深化改革、

---

① 《邓小平同志重要谈话》（1987 年 2 月～7 月），第 38 页。

解放思想具有重大指导作用和深远的意义。

我们改革开放，要始终明确完全是为了解放生产力，是为了发展生产力开辟道路的。我们中国共产党在民主革命时期领导全国人民，推翻帝国主义、封建主义和官僚资本主义的反动统治，使中国人民的生产力获得解放，这是一场深刻的革命斗争，这个革命促进了生产力的发展，使我国人民在中国共产党领导下走向繁荣昌盛兴旺发达的社会主义道路。

社会主义基本制度确立以后，还要从根本上改变束缚生产力发展的经济体制，建立起充满生机和活力的社会主义经济体制，促进生产力的发展，这是改革，所以改革也是解放生产力。过去只讲在社会主义条件下发展生产力，没有讲还要通过改革解放生产力，不完全。应该把解放生产力和发展生产力两个讲全了，这是邓小平同志一个极为重要的指导思想。因此，解放生产力是改革的出发点，也是改革的落脚点，是检验改革是否正确的有效标准。凡是束缚生产力发展的，就要改革，凡不是束缚生产力发展的，就不应该乱动；凡是经过试验，能够解放生产力，就要推行，就要肯定，并稳定下来；凡是经过实践证明某些改变不能解放生产力，就要及时改正。总之，只要我们始终坚持"解放生产力"这个指导思想，我们的改革必定会搞得越来越好。

解放思想、实事求是，在建设有中国特色的社会主义理论与实践中创造自己的实践经验。我们党是有光荣传统的。马克思主义建党学说特别是毛泽东建党学说都是在实践中不断随着实践的深入不断前进。

列宁根据俄国的实践经验发展了马克思主义的建党学说。在一个帝国主义上升时代的薄弱环节，1917 年俄国十月社会主义革命走了一条城市武装起义夺取政权的道路，使无产阶级走向解放，取得了十月社会主义革命的伟大胜利。不管怎样曲折和反复，但十月社会主义革命具有伟大历史意义载入史册。

在我国以毛泽东为核心的党中央第一代成熟的领导集体，继承和发展了马克思列宁主义的建党学说和革命理论，依据中国的实践和中国的国情走了一条依靠"工农武装割据"、以农村包围城市，最后夺取全国政权，并以武装的革命反对武装的反革命的形式建立了中华人民共和国，从此中国人民站立起来的伟大胜利。以毛泽东为核心的党中央第一代成熟的领导集体在一个人口众多，经济比较落后、情况更加复杂的农业大国，领导我国广大人民群众成功的完成了社会主义改造的任务，在实现科学社会主义从理论到实践确立了社会主义制度在中国的伟大胜利，作出了巨大的突出贡献。

（三）最关键最根本的就是要全面、准确的理解和执行党的基本路线。

党的十一届三中全会以后，以邓小平为核心的党中央第二代领导集体，是在解决社会主义建设的道路上又一次深刻的革命变革。这是科学社会主义从理论到实践的转化中深度最广、难度最大，意义更加深刻的一次飞跃。邓小平同志不仅总结了东欧剧变的历史经验，苏联动乱、分裂、解体的教训，和毛泽东从50年代到70年代，对中国社会主义建设道路作过许多积极的有益的探索，思考和试验。

但是，由于受"左"的指导思想影响，有曲折、有失误、有经验也有教训。因此，党的十一届三中全会以后，邓小平在深刻总结党的历史上正反两个方面经验与教训的基础上，提出了建设有中国特色的社会主义理论、基本路线和方针政策。南巡重要谈话就是成熟的主要标志。在邓小平同志关怀和支持下形成和发展了党在社会主义初级阶段的"一个中心、两个基本点"的基本路线。这标志着我们党对社会主义发展客观规律的认识比过去更深刻、更成熟，找到了一条在经济比较落后的国家成功地建设社会主义，巩固社会主义制度的经济基础，充分发挥社会主义优越性的道路。这是对毛泽东建党学说的一个重大贡献。

邓小平同志在我国社会主义事业发展的关键时刻，针对新的实际，坚持党的基本路线，一百年不能变，这是基础、是原则和准绳。

在贯彻执行中，要解放思想，要完善我国的社会主义制度，克服和纠正自身的弊端。还要大胆借鉴资本主义的科学成果和管理经验，对资本主义既不能简单的否定，也不能浮光掠影的研究。应当在深入研究的基础上，进行有益的借鉴。例如，社会主义和资本主义作为两种不同的社会制度是根本对立的。但还要看到二者的共同点，都属于一定的社会形态，都是商品经济发展到一定阶段，在社会化大生产的基础上产生的。因此，它们都要遵循作为一般的社会形态、商品经济发展和社会化大生产的共同规律，不能将我们适应这些共同规律实行的一些改革措施，运转机制斥之为资本主义。又如不应将"计划经济和市场调节相结合"与"计划经济为主，市场调节为辅""国家调控市场，市场引导企业"等等对立起来。

邓小平在南巡重要谈话中就指出："计划经济不等于社会主义，资本主义也有计划；市场经济不等于资本主义，社会主义也有市场"。这是对我国十一届三中全会以来，特别是十三大之后改革开放实践经验的科学总结。这对于统一全党思想，进一步明确我国改革所要建立的新的经济体制的目标模式，具有重大的理论和实践意义。

党的十二届三中全会《关于经济体制改革的决定》中提出了社会主义经济是有计划商品经济的科学论断。这是理论上的突破和创新，明确提出了社会主义经济是市场经济的论断，它不仅从传统的观念中解放出来，还摆脱了各方面的干扰。特别是在 1992 年 6 月 9 日江泽民同志在中央党校的讲话中明确指出了"社会主义的市场经济体制"的设想是科学的、符合中国实际的，是马克思主义理论上的一大贡献。它不仅丰富了社会主义商品经济的理论内涵，而且进一步明确了我国经济体制改革的目标，大大增强了对改革实践的指导作用。也是我国经济体制改革的指导思想和原则，具体结合的形式多种多样，要大胆创造适应我国情况的具体行之有效的好形式。邓小平同志明确地指出了计划经济和市场经济都是调节经济发展的手段，是符合现实的，是适应我国国情的发展情况的。要坚持以经济建设为中心就必须坚持这个指导思想，把我国的经济搞上去。

　　改革也是解放生产力的指导思想，是邓小平同志对我国社会主义基本矛盾运动规律的新概括，是对我国十一届三中全会以来改革历史经验的总结，为马克思主义的理论宝库增添了新的内容。这一点，为解放思想，深化改革，加快改革开放步伐奠定了坚实的理论基础。同时，也标志着我国改革开放的理论正朝着成熟的方向发展。其根本原因，只有把握住坚持实事求是，继续解放思想的一条，才能把握住改革开放和经济建设中诸多问题的总开关。因为生产力的解放总是以思想解放为先导的，所以，我们要坚持改革开放也必须遵循这一条原则。

　　总之，在建设有中国特色的社会主义事业中，要研究新情况，探索新思路、解决新问题，最关键最根本的就是要全面、准确地理解"一个中心、两个基本点"的基本路线。因为这条基本路线正确地规定了社会主义建设的中心任务是解放和发展生产力；坚持四项基本原则是建设社会主义制度的政治基础和发展方向；坚持改革开放是强国之路。这种"解放和发展生产力"、"政治基础和发展方向"以及"强国之路"三者是辩证地结合成为一个有机整体的合力。这条基本路线，既强调了坚持社会主义的基本制度，又强调了不断完善、发展社会主义制度，使我国社会主义制度充满生机和活力。为充分发挥社会主义制度的优越性开辟了一条现实的道路。

　　我们党有了一条正确的建设有中国特色的社会主义的基本路线。按照这条路线，干它一百年，具有特色的社会主义制度的优越性就会更加充分地显示出来。党成为国际共产主义运动中的中流砥柱，使中国人民和世界人民日益看到当代世界新型的社会主义的真缔和吸引力，就会大放光彩，就会发挥巨大的威力。

四、建设有中国特色的社会主义理论体系还要在实践中不断丰富和发展

　　以邓小平为核心的党中央第二代成熟领导集体关于建设有中国

特色的社会主义思想、理论、路线、方针和政策，是一个完整的科学理论体系。它的指导思想、原则和基本内容十分丰富。有些精辟的思想理论和政治观点永远放射着它的马克思列宁主义、毛泽东思想的光辉。在建设有中国特色的社会主义事业中应当牢记它、运用它、掌握它和在实践的进程中不断发展和完善它，这对无产阶级解放事业具有深远的历史意义。

邓小平同志提出的理论观点和战略思想概括起来主要有："中国特色"、"初级阶段"、"坚持四项基本原则"、"一个中心、两个基本点"、"改革开放搞活"、"坚持和改善党的领导"、"完整地准确地理解毛泽东思想"、"尊重知识、尊重人才"、"高举毛泽东思想旗帜"、"坚持实事求是的原则"、"解放思想，实事求是，团结一致向前看"、"思想路线政治路线的实现要靠组织路线来保证"、"科学技术是第一生产力"、"两个文明一起抓"、"政治体制改革，党政分开"、"坚持一国两制的构想"、"一个国家的革命，核心问题是党。有了一个好的党才能引导革命走向胜利"、"搞社会主义也要靠一个好党，否则胜利就靠不住"、"没有中国共产党，就没有现代中国的一切"、"和平与发展是当代世界两大主题"、"各国的事情，一定要尊重各国的党、各国的人民，由他们自己去寻找道路，去探索，去解决问题，不能由别的党充当老子党，去发号施令"，等等。

特别是南巡重要谈话以后，邓小平同志强调了一系列的基本指导思想，如："基本路线要管一百年，动摇不得"、"革命是解放生产力，改革也是解放生产力"、"城乡改革的基本政策，一定要长期保持稳定"、"改革开放胆子要大一些，敢于试验，不能像小脚女人一样"、"看准了的，就大胆地试、大胆地闯"、"没有一点闯的精神、没有一点'冒'的精神，没有一股气呀、劲呀，就走不出一条好路，走不出一条新路，就干不出新的事业"、"深圳的重要经验就是敢闯"、"中国式的社会主义，都有自己的特色，要有创造性"、"姓'资'还是姓'社'判断标准，应该主要看是否有利于发展社会主义社会的生产力，是否有利于增强社会主义国家的综合国力，是否有利于提高人民的生活水平"、"公有制是主体经济，政权在我们手里"、"计划和市场都是经济手段"、"社会主义本质，是解放生产力，发展生产力、消灭剥削，消除两极分化，最终达到共同富裕"、"我们的政策就是允许看，允许看，比强制好得多"等等。这就给了我们思想武器，给了我们解放思想的金钥匙，就能打开大门，就能卓有成效地把我们各项工作搞得更好。

邓小平同志还特别指出，"不争论，是我的一个发明。不争论，是为了争取时间干。有右的东西影响我们，也有'左'的东西影响我们，但根深蒂固的还是'左'的东西"、"右可以葬送社会主义，'左'也可以葬送社会主义。中国要警惕右，但主要是防'左'"、"抓住时机，发展自己，关键是发展经济"、"我国的经济发展，总要力争隔几年上一个台阶"、"总是要在一个阶段，抓住时机，加速搞几年，发现问题及时加以治理，尔后继续前进"、"从根本上说，手头东西多了，我们在处理各种矛盾和问题时就立于主动地位"、"发展才是硬道理"、"经济发展得快一点，必须依靠科技教育"、"要提倡科学，靠科学才有希望"、"搞科技，越高越好，越新越好"、"要坚持两手抓，一手抓改革开放，一手抓打击各种犯罪活动。这两只手都要硬。打击各种犯罪活动，扫除各种丑恶现象"、"经济要上去，社会秩序、社会风气也要搞好，两个文明建设要超过他们，这才是有中国特色的社会主义"、"在整个改革开放过程中都要反对腐败"、"廉政建设要作为大事来抓"、"搞法制靠得住些"、"特区搞建设，花了十几年时间才有这个样子，垮起来可是一夜之间啊！垮起来容易，建设就很难"、"要用专政的手段来巩固政权"等等。这就要求我们的党政领导者，要永远保持清醒的头脑，只有掌握好这些思想武器，才能保持清醒的头脑和正确的政治方向。

邓小平语重心长的指出："正确的政治路线要靠正确的组织路线来保证。中国的事情能不能办好，社会主义和改革开放能不能坚持，经济能不能快一点发展起来，国家能不能长治久安，从一定意义上讲，关键在人"、"要把我们的军队教育好，把我们的专政机构教育好，把共产党员教育好，把人民和青年教育好"、"中国要出问题，还是出在共产党内部。对这个问题要清醒，要培养人"、"真正要找第三代。但没有解决问题，两个人都失败了，而且不是在经济上出问题，都是在反对资产阶级自由化问题上栽跟头。这就不能让了"、"要选人民公认是坚持改革开放路线并有政绩的人，大胆地放进新的领导机构里，使人民感到我们真心诚意搞改革开放。人民是看实践"、"让新上来的人放手干，看着现在的同志成熟起来。老年人自觉让位，在旁边也可以帮助一下，但不要作障碍人的事"、"老年人容易固执"、"人选好了，帮助培养，让更多的年轻人成长起来"、"关键是我们共产党内部要搞好，不出事"、"会议、文章太长，讲话也太长"、"新的语言并不很多"、"多办实事，多做少说"等等。这些指导思想原则我们都必须落实在行动上，贯彻到实践中去。

邓小平同志针对当代中国的实际情况和国际风云变幻的新形势、新特点和新任务，千言万语，千条万条抓根本和关键。就是加强学习，增强党性，提高素质，提高执政领导水平。"学习马列主义要精、要管用"、"马克思主义是打不倒的"、"马克思主义的真理颠扑不破"、"实事求是是马克思主义的精髓"、"我们改革开放的成功，不是靠本本，而是靠实践，靠实事求是"、"我们讲了一辈子马克思主义，其实马克思主义并不玄奥。马克思主义是很朴实的东西，很朴实的道理"、"我们坚信，世界上赞成马克思主义的人会多起来的，因为马克思主义是科学。它运用历史唯物主义揭示了人类社会发展的规律"、"一些国家出现严重曲折，社会主义好像被削弱了。人民经受锻炼，从中吸取教训，将促进使社会主义向着更加健康的方向发展"。我们从建国起"用一百年时间把我国建设成中等水平的发达国家那就很了不起"、"从现在起到下世纪中叶，将是很要紧的时期，我们要埋头苦干"、"一干就是几十年"等等。

邓小平同志这一系列的思想、理论、基本路线、方针、政策、政治观点、战略策略的论断和在改革开放十多年的经济基础上总结的新思路，新理论、新观点等等。所以记录这么多，目的是广大党员、干部和人民群众都知道，都掌握，使之变成物质力量。这是我们党对科学社会主义认识有深远意义的重大突破的丰富和发展，是我们党建设有中国特色社会主义一个完整的科学理论体系。

为什么说邓小平南巡重要谈话是建设有中国特色的社会主义思想、理论、观点和路线方针政策，是一个完整的科学理论体系呢？它不仅是对建设有中国特色的思想和理论有重大突破和深化，而且是对毛泽东建党学说的丰富和发展。也是邓小平建党学说的一个重要组成部分。这主要是因为由邓小平同志的一系列科学的基本原理构成的具有当代中国特色的科学理论体系，并非是马克思、恩格斯、列宁、斯大林、毛泽东等经典作家所提出的各种各样观点的机械的总和。而是对当代中国改革开放以来的经验总结。因此，需要从总体上把握马克思主义的精神实质，我们要把这个理论体系作为建设有中国特色社会主义观察和分析问题的锐利武器。

构成这个体系的基本原理主要是：关于党的"一个中心、两个基本点"的基本路线要管一百年，要长期坚持下去，动摇不得的思想；关于中心是加强党的建设，中国要出问题还是出在共产党内部。关键是我们共产党内部要搞好，核心是党的领导班子和接班人的选拔和培养的思想和理论；关于坚持党的思想路线，解放思想，胆子要大一些，对看准了的，要大胆地试，大胆地闯，允许看，允许冒风险，对的就坚持，不对的就赶快改，没有一点"冒"的精神，就走不出新的路子的指导思想；关于党要领导全国人民走共同富裕的道路，努力发展生产力，消灭剥削，消除两极分化，坚持社会主义方向的思想和理论；关于坚持正确的组织路线，主要是按照革命化、年轻化、知识化、专业化的要求，选拔德才兼备又红又专的，群众公认、拥护改革开放、有政绩的人组成各级领导班子，使党和国家领导权掌握在忠诚于马克思主义的人手里的思想和理论；关于努力学习和掌握马克思主义的基本原理，提高党员和干部的素质，特别是"学习马列主义要精、要管用"的思想和理论；关于要加强廉政建设和制度建设，在整个改革开放过程中要坚持反对腐败的方针。这是执政党建设的一个根本性指导原则的思想和理论；关于正确地进行两条路线的斗争，要警惕右的东西，但主要是防止"左"的东西影响，不论右或"左"都会葬送社会主义，使党的建设能够正确地顺利发展的思想和理论；关于判断姓"社"还是姓"资"的标准应该主要看是否有利于发展社会主义社会的生产力，是否有利于增强社会主义国家的综合国力，是否有利于提高人民的生活水平的指导思想和理论；关于计划和市场都是经济手段，不是社会主义与资本主义的本质区别，要发展社会主义的市场经济体制的指导思想和理论；关于抓住时机，发展自己，主要是发展经济，力争我国经济每隔几年上一个新台阶的指导思想和理论；关于经济发展要快一点，必须依靠科学技术，依靠人类社会创造的一切文明成果的理论和指导思想；关于反对官僚主义、形式主义的不良作风，少说多做、多办实事，讲究实效的指导思想和理论；关于坚持两手抓，两手都要硬，一手抓改革开放，一手抓坚持四项基本原则，反对资产阶级自由化。一手抓发展经济，一手抓打击各种犯罪活动。一手抓物质文明建设，一手抓精神文明建设等等领导艺术的思想和理论；关于正确认识社会主义发展进程中出现的暂时曲折，正确把握社会主义发展的总趋势的理论和指导方针；关于要把实事求是、解放思想同以马克思主义为基础，以共产主义为方向的试、闯、冒风险的革命精神相结合的理论和指导思想；关于要保持清醒的头脑，把理论和实践紧密结合起来，做到胸有全局、心有底数，既有战略目标，又有具体措施的理论和指导思想；关于教育全党、全军和全国人民认清社会主义发展的总规律总趋势，坚定马克思主义的立场，坚信社会主义、共产主义的前途的理论和指导思想，等等。

　　这一系列的理论原则和政治观点都是通过总结建设有中国特色的社会主义实践和当代国际共产主义运动的现实经验与教训而得出的邓小平建党学说的基本结论。我们要以这个理论体系统一思想，武装全党。

第三章
邓小平关于党的领导理论是对
毛泽东建党学说的巨大贡献

第一节　没有中国共产党的领导就没有建设具
有中国特色的社会主义

一、共产党的领导是无产阶级革命事业发展的客观
规律，是建设有中国特色社会主义的根本保证

　　中国共产党在以毛泽东为核心的党中央第一代成熟领导集体的坚强领导下，把马克思列宁主义的普遍真理，同中国革命的具体实践相结合，以独创性为特征坚持和发展了马克思列宁主义的领导观。科学地论证了领导活动是领导者同时也是被领导者发挥自觉能动性的社会实践活动，是领导集团进行社会政治活动的重要内容，特别是论述了党的领导思想活动的内涵、实质、特征、历史地位和现实意义。科学地分析了党的领导活动的基本条件，建立了党的科学的领导思想体系等等，成为毛泽东建党学说的一个重要组成部分。在以邓小平为核心的党中央第二代领导集体的指引下，在和平与发展成为时代主题的历史条件下，在我国改革开放和建设有中国特色社会主义的实践过程中，在总结我国社会主义胜利和挫折的历史经验并借鉴其他国家社会主义兴衰成败历史经验的基础上，把马克思列宁主义、毛泽东思想的基本原理与当代中国实际和时代特征相结合，

坚持继承、捍卫和丰富发展了毛泽东思想。这是全党全国人民集体智慧的结晶，是中国共产党和中国人民最珍贵的最新精神成果，是当代中国的马克思主义，是中国共产党的指导思想，是指引我们实现新的历史任务的强大思想武器。也是邓小平对党的领导思想的理论基础和对党的学说的重大贡献。

（一）党的领导是社会发展的必然产物。

马克思主义政党的领导活动同党的产生发展一样悠久，是社会发展到一定历史阶段的产物。马克思和恩格斯是无产阶级政党理论的创始人，也是党的领导学说的奠基者。党是个历史概念，是在不同的历史时期发展了的党组织的概念。党组织的活动所产生的影响，就形成了无产阶级政党的领导活动，产生了马克思主义政党的领导地位和领导作用。当然，党的领导活动本身也有个形成和发展的过程。

马克思在 1847 年至 1851 年期间，认为无产阶级政党还是一个国际性的小团体。因此，他认为党的实质是一种没有固定组织的宣传活动。到了 1880 年前后，第一国际被解散，他认为党是具有国际无产阶级群众性组织。从 19 世纪 40 年代后期起，当无产阶级独立地登上政治舞台，产生了无产阶级如何领导革命这个问题的时候，马克思和恩格斯根据无产阶级斗争的经验，认为无产阶级只有组织成为与有产阶级建立的一切旧政党对立的独立政党，才能作为一个阶级来行动。无产阶级只有组成了自己的政党，才能独立地提出"自己的目的和自己的政策"去领导本阶级进行斗争。因为党的领导是无产阶级意志的集中反映。马克思和恩格斯对无产阶级政党有了系统而基本的观点。在恩格斯致特利尔的信中曾明确指出："要使无产阶级在决定关头强大到足以取得胜利，无产阶级必须（马克思和我从 1847 年以来就坚持这种立场）组成一个不同于其他所有政党并与它们对立的特殊政党，一个自觉的阶级政党。"① 这就是说，从 1847

---

① 《马克思恩格斯选集》第 4 卷，第 469 页。

年开始，他们的无产阶级政党的思想，政党理论的原则就开始形成，并进行政党理论的创立建设，特别是对党的理论、原则进行了系统的论述。

马克思和恩格斯对党的性质、地位、作用及其历史使命讲得很明白。他们认为，在科学社会主义信念、理想的前提下，无产阶级只有组织起来，组成自己的政党才能起到它应有的作用。无产阶级政党在不受国家、种族限制的条件下生存。党就其性质讲是国际主义，其理论、原则也是具有国际性的，它是解放全人类的一个组成部分。

总之，无产阶级政党所以重要，是因为它不仅代表无产阶级的利益、人民的根本利益、人类的根本发展方向，而且是无产阶级的一个组成部分，它的历史使命是实现共产主义。党不断提高对历史发展规律过程的认识，以便能不断做出正确的预测，制定出正确的路线、方针和政策，这是党进行正确领导的基本条件。因此，党必须教育党员、党的干部认识到自己崇高的政治责任，崇高的理想、信念，保证终生为共产主义事业奋斗。

马克思主义政党的领导理论，是无产阶级政党领导经验的理论概括和科学总结，也是马克思主义领导艺术的条理化、规范化和科学化。党的领导问题，历来是党的建设中带根本性的问题，从理论上讲，它是党的学说中一个重要的组成部分，是无产阶级解放事业取得胜利的根本保证。因此，研究党的领导，对于加强党的建设，提高党的领导水平和决策能力，具有重大现实意义和深远历史意义。

自从无产阶级政党及其学说产生到现在，无产阶级革命导师和领袖们不仅一贯重视党的领导问题，而且都有精辟论述。他们指出，无产阶级政党，革命领袖和领导者，是无产阶级的引路人，是路线、方针、政策的制定者和执行者，是革命和建设事业的统帅和指挥员，同时又是人民群众的公仆和勤务员。从马克思和恩格斯的著作中可以看到，领导的一般含义，就是通过领导者率领和引导广大人民群众向着一定的目标，沿着共产主义轨道奋斗着，前进着。马克思、恩格斯认为，建立无产阶级的独立政党，加强党的建设，其出发点和目的是为了使无产阶级的解放事业和无产阶级各种群众组织有一个领导核心或中心。无产阶级如果没有一个领导核心，去做工人阶级和群众组织的引导者、统帅者，去指导他们的工作，就是工人阶级、劳动人民群众人数再多，也不可能取得革命的最后胜利。

　　列宁在俄国新的历史条件下，在无产阶级革命运动的实践中，坚持继承捍卫和发展了马克思主义关于党的学说、党的领导的理论、原则、观点，创立了马克思主义政党领导学。在 19 世纪 60 年代初民主工党成立时，他对党的概念，特别是对党的领导的概念又有了新的发展。列宁论述了社会民主党、社会民主工党、布尔什维克党、共产党、共产党执政的理论观点，系统总结了无产阶级政党的基本经验与教训，确立了党的领导的基本理论、基本内容、基本方法和职能，并对执政党的发展方向进行了科学的论述。为世界共产党指明了前进的方向。

　　列宁把党的领导地位也一贯称之为"向导"、"引导"、"指导"和"影响"。他指出：引导俄国无产阶级……循着公开政治斗争的大道走向胜利的共产主义。"引导全体人民走向社会主义"①，这就明确具体地阐述了党的地位和作用。列宁还在《共产国际第二次代表大会》中指出："政党所能联合的只是本阶级的少数……只有这觉悟的少数才能领导广大工人群众，引导他们前进。"② 他还特别指出："工人阶级的领导权，就是工人阶级（及其代表）对其他居民的政治影响"。③ 这一精辟论述就更加明确了。

　　列宁在马克思、恩格斯纪念碑揭幕典礼上的讲话中指出："马克思和恩格斯的具有世界历史意义的伟大功绩，在于他们向各国无产者提出了无产者的作用、任务和使命就是首先起来同资本进行革命

---

① 《列宁选集》第 3 卷，第 192 页。
② 《列宁全集》第 31 卷，第 206 页。
③ 《列宁全集》第 17 卷，第 62 页。

斗争，并在这个斗争中把一切被剥削的劳动群众团结在自己的周围。"① 列宁还进一步论述了新型的无产阶级政党的基本特点，指出了马克思列宁主义政党所以能够起领导作用，就是在思想上必须坚持以马克思列宁主义为指导方针，保持党的独立性、战斗性；在政治上必须有一个纲领，有一面公开的旗帜，为实现自己的历史使命，指引要走的革命道路；在组织上必须坚持民主集中制的基本原则，成为有组织的先锋部队。这三条是新型的无产阶级政党的基本标志。

列宁还在革命实践中，论述了无产阶级专政的理论体系，在执政的条件下党的领导地位、作用、意义及其历史使命。论述了党的思想政治基础、阶级基础和组织基础，特别是民主集中制的组织原则的发展与运用，形成了理论体系，为马克思主义党的学说、党的领导学奠定了基础。列宁从不同的角度，论证了党是无产阶级专政体系中的核心领导力量；共产党执政以后的工作重心是领导经济建设，发展社会生产力；实现党的领导必须有一条正确的马克思主义路线、方针和政策；正确处理党和国家的关系，正确处理党和人民群众的关系；党的集体领导原则，等等。

这些论述表明，党的领导在于为人民群众指明正确的政治方向、要走的道路，并把工人阶级、人民群众团结在自己周围，率领和引导他们去实现一定的奋斗目标。这种领导作用，主要表现在依靠党的正确政治路线、方针和政策的指导。同时，要做好日常的宣传、教育工作，组织领导工作，紧密联系人民群众，去影响、吸引、带动群众沿着共产主义方向不断前进。

党的领袖、党的领导干部和党的工作者的职责，在于正确制定并贯彻执行党的路线、方针和政策，不断引导人民群众前进。因此，按照马克思列宁主义的观点，政党、阶级、领袖、群众和被领导者之间的关系，实质上反映了千百万人民群众的要求、愿望和意志，并通过党及其领袖人物集中统一，给予反映和代表，使其沿着马克思

①《列宁选集》第 3 卷，第 622 页。

列宁主义轨道前进。

马克思列宁主义是对人类社会实践的科学总结，它把人类历史上的精神财富和智慧加以综合、分析，形成了一个完备而严整的世界观和思想体系。一方面，它的根本原理和方法，是放之四海而皆准，行之百世而常青；另一方面，它的个别原理又需要随着实践的变化、发展而不断地丰富和发展。这样，马克思列宁主义必然随着时代的发展，历史的前进，在世界各国共产党人的传播和努力下开花结果。马克思指出："过不了多少年，我们就会看到世界上最古老的帝国作垂死的挣扎，同时我们也会看到整个亚洲新纪元的曙光。"① 列宁也在 1912 年指出："由于在中国将出现许多个上海，中国无产阶级将日益成长起来。它一定会建立这样或那样的中国社会民主工党"。② 中国的先进分子学习马克思列宁主义理论、研究世界革命潮流、十月社会主义革命胜利的原因、宣传马克思列宁主义，为把普遍真理与中国的革命实践相结合，创建自己的政党而奋斗。

以毛泽东为代表的中国共产党人，坚持了马克思列宁主义的建党学说对党的领导的基本原理、原则，并在党的领导艺术和领导方法等方面有卓越突出贡献。

党的领导理论的发展过程，也就是对中国共产党在中国革命中的地位、作用的认识日益明确的过程；就是运用马克思列宁主义关于党的领导学说，建立无产阶级领导核心的过程。党的领导理论的形成和发展的过程，就是马克思列宁主义关于党的学说在党的领导领域中的运用和发展的过程，就是不断地同来自"左"的或右的错误思潮斗争，并加以克服纠正的过程。马克思主义政党领导学说，也包括了党的老一辈无产阶级革命家们运用马克思列宁主义、毛泽东思想关于党的学说解决中国共产党的建设中的问题所积累的领导经验和理论的科学概括。因此，党的领导是我们中国共产党集体智慧

---

① 《马克思恩格斯全集》第 12 卷，第 234 页。
② 《列宁全集》第 18 卷，第 157 页。

的结晶，是领导经验、领导艺术之大成。中国共产党在领导中国革命的历史过程中不断发展和完善我们党的指导思想，即马克思列宁主义、毛泽东思想。

中国共产党是以马克思列宁主义的建党原则为指导建立起来的，具有中国工人阶级的特点和优点。中国共产党在中国革命和建设过程中所以能起核心领导作用，不仅具有自己的基础与条件，也有它形成和发展的历史进程。它是在中国半封建半殖民地这个社会条件下形成和发展起来的中国无产阶级的革命政党，它形成了以毛泽东思想为指导的中国革命和建设事业的领导核心。因为我国在1840 年鸦片战争之后，外国资本主义侵入，帝国主义与封建主义相结合，使得中国封建经济解体，使中国逐步成为一个半封建半殖民地的社会，同时也为中国民族资本主义的发展创造了条件。一般来说，民族资本主义发生和发展的过程，就是中国资产阶级和无产阶级产生发展的过程。但是，我国早在 19 世纪 40 年代就随着外国资本家开始在中国办工厂，就产生了中国第一代产业工人。到 "五四" 时期，中国工人数目才二百多万人（还有一千余万城市手工业者、雇佣劳动者和店员）。中国工人阶级虽然人数不多，但非常集中，在上海、天津、广州、武汉、香港等大城市集中了十万至数十万工人。这种高度集中的情况，使之易于联合、团结，在革命斗争中具有坚强的战斗力。

产生在半封建半殖民地社会中的中国工人阶级，深受帝国主义、封建主义和官僚资本主义的三重压迫，劳动时间长，工资低，无任何政治权利，还经常遭受资本家和工头的侮辱和打骂。因此，中国工人阶级在中国革命斗争中比任何的阶级都坚决和彻底，但也有明显的弱点，例如他们和农民相比人数少，和资本主义国家的无产阶级相比年龄轻，和资产阶级相比文化低，加之还比较易受资产阶级和封建主义的思想影响，以及受到 "会党"、"朋党"、"行帮" 等封建性组织的影响。但是，中国的无产阶级是先进生产力的代表，是中国共产党的阶级基础，是中国革命和建设事业的领导力量，是创造中国新纪元的决定力量和基本条件。它为领导中国革命和建设事业奠定了基础，创造了条件。

总之，中国共产党是以马克思列宁主义、毛泽东思想武装起来的光荣、正确、伟大的党。

执政党是国家、社会领导的主体和核心，就是说党是领导体系或组织中起着全局性、根本性、方向性和决定性作用的力量。但必须明确，中国共产党是政治领导、思想领导和组织领导的主体，而共产党员、党的干部和人民群众是党的领导的主体力量的源泉。这是我们的政治优势，是工人阶级的、人民群众的、中华民族的优秀分子的结合体。因为中国共产党不仅是由党员、党组织、党的干部按照民主集中制的组织原则组织起来的有机统一整体，也是人民群众利益的忠实代表，是引导、团结和组织人民群众的先锋战士。因此，共产党员、党的干部、广大人民群众既是权力的主体，又是主要的执行力量。

中国共产党是工人阶级的政党，是工人阶级的政治组织。党组织及组织制度，都是为其政治主体服务的。因此，要民主治党、要实行民主政治，要充分发扬民主。要从严治党，思想从严，组织从严，严格按照党章，都要按照党员标准要求自己，做一个合格的共产党员。要严格党的民主程序，特别是党的各级代表大会要行使自己的民主权利，充分发挥自己的职能作用，要维护自己的民主权力，即选举权、申诉权、辩护权、控告权，等等。使各级党的代表大会真正成为权力机关。

共产党员的作用，不仅取决于党员的数量，更重要的取决于党员的质量和政治素质。党员的组织性、纪律性、党员的心理状态，心理条件、政治倾向、政治立场、党性观念，党员在社会生活方面的认识水平、理解水平、行为作风、承受能力、政治思想觉悟、政治修养程度以及综合活动能力，等等。这一切都是直接或间接影响共产党员起模范作用的重要因素。特别是要加强党的干部队伍，特别是领导班子建设。它是实现党的领导的组织主体，就是我们常讲的党的干部是党的事业的骨干力量、人民的公仆。正确的政治路线确定以后，干部就是决定因素。党和国家领导权必须掌握在忠诚于马克思主义的人手里，它关系到党和国家的前途和命运，关系到确保党的基本路线、方针、政策的连续性和稳定性。只有各级领导权掌握在忠诚于马克思主义的人手里，才能确保国家的长治久安，才能使我们国家的经济建设得到持续、稳定、协调发展，沿着有中国特色的社会主义道路前进。

（二）坚持党的领导是社会发展的必然结果，是建设有中国特色社会主义的根本保证。

坚持党的领导，特别是坚持中国共产党在国家和社会政治生活中的领导地位和作用，充分发挥我们的政治优势，这是邓小平建党学说中一条不可动摇的基本原理。邓小平指出："我们必须坚持共产党的领导。自有国际共产主义运动以来，就证明了没有无产阶级的政党就不可能有国际共产主义运动。自从十月革命以来，更证明了没有共产党的领导就不可能有社会主义革命，不可能有无产阶级专政，不可能有社会主义建设。列宁说：'……没有铁一般的和在斗争中锻炼出来的党，没有为本阶级全体忠实的人所信赖的党，没有善于考察群众情绪和影响群众情绪的党，要顺利地进行这种斗争是不可能的。'"[1] 这是一条真理，没有中国共产党，就没有社会主义的新中国。没有中国共产党的领导，就没有建设有中国特色的社会主义。

我们党遵循马克思主义的建党原理、原则，加强党的领导的理论建设是邓小平建党学说的一个重要组成部分。党的领导如果没有统一的思想理论建设，就不可能有统一的行动，也就不会有坚强的战斗力。只有全党思想统一，认识一致，就会战无不胜，这就必须用邓小平建设有中国特色社会主义理论武装全党。使每个共产党员、党的干部特别是领导干部既有坚定的理想、信念，又有坚定的、扎

---

① 《邓小平文选》第二卷，第 169～170 页。

实的、强烈的事业心和应有的精神支柱。要用邓小平建党学说的理
论、观点教育全党，提高全党的马克思主义理论水平；坚决同资产
阶级自由化的一些错误的、反动的思想、观点进行不懈的斗争；加
强马克思列宁主义、毛泽东思想基本知识、基本原理、基本观点的
学习，这是培养造就一代新人，培养接班人的基本功；加强思想教
育，提高党员、特别是领导干部的思想政治素质和理论素质。因此，
我们必须遵循马克思主义的建党学说，特别是邓小平建党学说的基
本理论观点，加强党的领导理论建设。邓小平建设有中国特色社会
主义理论不仅是指导我们的思想理论基础，而且是各项工作的行动
指南，只有在马克思列宁主义、毛泽东思想指导下才会卓有成效。

　　邓小平强调指出：“我们这个党是马克思列宁主义、毛泽东思想
的党，是领导社会主义事业、领导无产阶级专政的核心力量，是无
产阶级的、有社会主义和共产主义觉悟的、有革命纪律的先进队伍。”
“没有党的领导，就没有一条正确的政治路线；没有党的领导，就没
有安定团结的政治局面；没有党的领导，艰苦创业的精神就提倡不
起来；没有党的领导，真正又红又专、特别是有专业知识和专业能
力的队伍也建立不起来。这样，社会主义四个现代化建设、祖国的
统一、反霸权主义的斗争，也就没有一个力量能够领导进行。这是
谁也无法否认的客观事实。”总之，“从根本上说，没有党的领导，就
没有现代中国的一切。”① 这是邓小平关于党的领导思想比较集中的
论述。他说，可以回顾一下我们走过的道路。中国革命，没有中国
共产党，能够成功吗？不可能的。党的“四大”时只有九百多个党
员，就那么九百多人的一个党，实现了国共合作，推进了北伐战争，
取得了重大胜利。以后革命失败了，只有我们的党才能够经得住十
年的血腥恐怖，百万大军的“围剿”，二万五千里的长征。因为有党
的领导，中国人民经过千难万苦的奋斗，终于建立了中华人民共和
国。中国一向被称为一盘散沙，但是自从我们党成为执政党，成为

---

①《邓小平文选》第二卷，第 266 页。

全国团结的核心力量后，四分五裂、各霸一方的局面就结束了。因此，只要我们党的领导是正确的，那就不仅能够把全党的力量，而且能够把全国人民的力量集合起来，干出轰轰烈烈的事业。

我们党是一个久经考验、千锤百炼的成熟的有战斗力的党，有自己的特点和优势：我们这个党是用马克思列宁主义、毛泽东思想武装起来的，没有社会民主党的影响和传统；我们这个党是经过长期战争锻炼和各种艰难困苦考验，有一大批坚强骨干的真正马克思主义者和忠诚于马克思列宁主义、毛泽东思想的群众性的党；我们党是牢牢掌握着一支忠于祖国、忠于人民、忠于社会主义，有强大战斗力的人民军队的党；我们党是一个全心全意为人民服务的，同人民群众保持着血肉联系的党；我们党是在一个拥有十一亿人口的大国中执政的党。我们有五千万党员、三百多万个基层组织的党；我们党是在同帝国主义、形形色色的机会主义、修正主义斗争中取得了丰富经验的党；我们党是领导建设有中国特色社会主义事业卓有成效的党。当然，我们也要清醒地看到：由于一度忽视党的建设，特别是由于资产阶级自由化思潮的泛滥和国际敌对势力的"和平演变"，在颠覆与反颠覆、渗透与反渗透、和平演变与反和平演变斗争中，党内还严重存在着思想不纯、组织不纯和作风不纯的问题。有的人组织上入了党，思想上还没有入党或完全没有入党。产生一些腐败现象，对此，我们既不能低估，也不能掉以轻心，要认真严肃对待，要坚持两手抓，两手都要硬，扫除一切腐败现象，把党组织整顿好，建设好，以便适应建设有中国特色的社会主义。

邓小平指出："中国由共产党领导，中国的社会主义现代化建设事业由共产党领导，这个原则是不能动摇的；动摇了中国就要倒退到分裂和混乱，就不可能实现现代化。"① 还特别强调指出："坚持四项基本原则的核心，是坚持党的领导。我们多次讲过，在中国这样一个大国，没有共产党的领导，必然四分五裂，一事无成。对于党

---

① 《邓小平文选》第二卷，第267～268页。

内外任何企图削弱、摆脱、取消、反对党的领导的倾向，必须进行批评、教育以至必要的斗争。这是四个现代化能否实现的关键"。[①]党的领导是建设有中国特色社会主义的根本保证。我们党是执政党，党的领导要通过执政来体现。如果党放弃执政地位，就谈不上领导。

历史和现在都反复证明，要走社会主义道路，要建设有中国特色的社会主义，就不能没有中国共产党的领导。没有共产党的领导，就没有建设有中国特色的社会主义。在这个问题上，我们必须立场坚定，是非分明。我们还必须强化执政意识，提高执政本领。特别是提高执政的领导水平和决策水平。同时，也要认真改善和加强党的领导方式和活动方法。使政治体制改革坚定不移地持续下去。但是，应当明确，这种改革不是要削弱，更不是要取消党的领导，而是要加强和改善党的领导。

1981年7月18日邓小平会见香港《明报》社长查良镛时的谈话又重申："四个坚持的核心是党的领导。中国这样一个国家，人口这么多，底子这样薄，怎样取得革命胜利？怎样把国家建设好？离开了党的领导毫无出路。中国历史什么时候统一过？北洋军阀时期统一过没有？国民党蒋介石二十二年统一过没有？从来没有统一过。一百多年来，中国真正的统一是共产党领导下取得的，是在中华人民共和国建立之后。中华人民共和国建立后，除台湾外，国家真正统一了。可以说，如果没有中国共产党的领导，国家不可能真正统一。"这就是说，党的事业、人民的事业、中华民族的事业要想取得胜利获得成功，一是靠党的正确领导，有一条马克思主义路线；二是靠广大人民群众的自觉性、积极性和创造性，靠党和人民群众的密切联系，党离不开人民，人民也离不开党；三是靠思想上、政治上、组织上的统一，为了一个共同目标而奋斗。邓小平指出："搞资产阶级自由化，脱离了党的领导，十亿人民没有一个凝聚力，就丧失了战斗力。那样的党连个群众团体也不如了，怎么领导人民搞建设？"

---

① 《邓小平文选》第二卷，第358页。

"反对资产阶级自由化也是不可缺少的,不要怕外国人说我们损害了自己的名誉。中国要走自己的路,建设有中国特色的社会主义,中国才有希望。"① 在中国革命的事业中,过去、现在和将来,都会证明而且会继续证明"共产党的领导就是我们的优越性。……共产党也难免犯错误,但只要坚持实事求是,坚持改革,走自己的路,不犯大的错误,我们的事业就会蓬勃发展。"② 这是一条真理。

总之,"党对于人民群众的领导作用,就是正确地给人民群众指出斗争的方向,帮助人民群众自己动手,争取和创造自己的幸福生活。"邓小平同志这个科学论断,揭示了党的领导对象,是工人阶级、农民、知识分子及广大人民群众,也包括了其他组织和人民团体,因为其他组织都是人民群众参加的;揭示了党的领导的基本内容,是给人民群众指出正确方向,包括思想理论的指导、制定路线、方针和政策以及奋斗的目标,这是党的领导的核心;揭示了党的领导要组织群众、宣传群众、发动群众,使群众自己组织起来实现自己的目标;揭示了党的领导最终目的,是领导群众去创造自己的新生活,是为了自己在政治上和经济上的彻底解放。

中国共产党是中国工人阶级的先锋队,对工人阶级、人民群众起引导、领导和指导作用。是人民群众的组织者、领导者和实施者。因此,我们必须强化执政意识,提高执政的本领,改善党的领导方式和方法,把人民群众吸引和凝聚在党的周围。这是建设有中国特色社会主义事业的根本保证。一方面,人民群众在革命与生产建设的进程中,迫切需要有远见的、坚强的组织者和领导者,这是人民群众争取胜利的必要条件和保证。党只有根植在人民群众之中,同人民保持血肉联系,才是真正的力量所在。人民,只有人民才是推动历史前进的动力,是历史的创造者;另一方面,人民群众是在特定的历史时期为完成特定的历史任务的依靠力量。执政党作为领导

---

① 《建设有中国特色的社会主义》(增订本),第152～153页。
② 《邓小平文选》第三卷,第256～257页。

者和组织者，是人民利益的忠诚可靠的代表，执行人民的意志和愿望，给人民指出了明确的政治方向，努力帮助人民群众组织起来，当家做主人，为实现自己的利益，为建设有中国特色的社会主义事业而奋斗，这就是党的领导的实质所在。中国共产党没有自身的任何私利，这是众所周知的，而全心全意地为人民服务，是它唯一的宗旨。

　　（三）邓小平关于党的领导思想的核心是全心全意地为人民服务。

　　中国共产党是马克思列宁主义、毛泽东思想武装起来的党，是经受了长期艰苦卓绝斗争和锻炼的党。是建设有中国特色社会主义事业的领导核心，是全国各族人民利益的忠实代表。党曾经指出：要把党建设成为一个勇于改革，充满活力的党，纪律严明、公正廉洁的党，选贤任能、卓有成效地为人民服务的党；要坚持把我们党建设成为马克思列宁主义、毛泽东思想武装的更加坚强的中国工人阶级的先锋队。这样的先锋队，必须在理论上更加成熟，思想上更加统一，政治上更加坚强，内部更加团结，同群众的关系更加亲密，是领导全国各族人民建设有中国特色社会主义的坚强核心。党的"十四大"报告又强调指出："在新的历史时期，党所处的环境和肩负的任务有了很大变化，党的思想、政治、组织、作风建设都面临许多新情况和新问题。我们一定要结合新的实际，遵循党的基本路线，坚持党要管党和从严治党，加强和改进党的建设，努力提高党的执政水平和领导水平，使我们这个久经考验的马克思主义的党，在建设有中国特色社会主义的伟大事业中更好地发挥领导核心作用。"①坚持中国共产党在我国社会政治生活中的领导地位和作用，充分发挥我们的政治优势，这是邓小平建党学说的重要组成部分。是一条不可动摇的政治原则。党要卓有成效地发挥自己的领导作用、核心作

————————
　　①《中国共产党第十四次全国代表大会文件汇编》第46页。

用和监督保证作用。必须随着历史的发展，形势任务的变化，不断加强自身建设，不断改革自己的领导体制、组织形式、职能转变，我们要加强和改进党的领导。重要的还是要改变党的领导方式、方法，以便适应新的情况和客观要求。要把我们党建设得更好，就必须掌握毛泽东、邓小平建党学说中关于党的领导思想的核心及其发展的规律。

邓小平关于党的领导思想的核心是全心全意地为人民服务。它揭示了邓小平关于党的领导思想的一般规律。为人民服务这一指导思想，成为共产党的唯一宗旨，形成马克思主义党的学说的基本原理不是偶然的。列宁在 1905 年《党的组织和党的出版物》一文中就指出："为千千万万劳动人民服务"的观点，提出了"为人民服务"的科学概念。1942 年毛泽东《在延安文艺座谈会上的讲话》中比较系统地论述了"为人民服务"的基本思想，明确提出为什么人的问题，是一个根本的问题、原则的问题。这就把为人民服务的思想提到一个新的高度。1944 年 9 月，毛泽东在追悼张思德的会上作了《为人民服务》的讲话。他说："我们的共产党和共产党所领导的八路军、新四军，是革命的队伍。我们这个队伍完全是为着解放人民的，是彻底地为人民的利益工作的。"① 这就赋予为人民服务更为广泛而极为深刻的涵义，将为人民服务明确为我党我军的根本宗旨。毛泽东 1945 年在《论联合政府》中，将为人民服务这个指导思想，进一步丰富和发展为"全心全意为人民服务"。这样就从理论与实践的结合上把"全心全意为人民服务"上升为中国共产党的唯一宗旨。并把它写进了党章总纲，成为中国共产党的一面光辉旗帜，成为全体共产党员的"座右铭"，成为党领导实践的最高准则。

邓小平在 1985 年 5 月 19 日，提出了"领导就是服务""领导人民，就是为人民服务，"的指导思想，这是对马克思列宁主义、毛泽东思想的重大发展。就是说，"领导就是服务""权力就是责任"。这

---

① 《毛泽东选集》第三卷，第 1004 页。

实际上是毛泽东领导思想的核心。把全心全意地为人民服务的理论与实际紧密地联系在一起了，使之更加科学化，实际化。它揭示了领导者的本质属性，反映了领导的客观规律性。它既简明、通俗，又言简意赅的表述，又有强烈的时代性和针对性，也是在执政党的条件下，针对官僚主义、形式主义甚至以权谋私和种种腐败现象而提出来的。有重大的理论意义和现实意义。

全心全意地为人民服务是邓小平关于党的领导思想的核心，它贯穿于党的领导的全部活动领域之中，它揭示了邓小平领导思想的一般规律，它要求我们的党要全心全意地为人民服务，一切从人民的利益出发，一刻也不能脱离人民群众。在党的领导活动中要始终一贯地全心全意为人民服务，在制订党的路线、方针和政策时，必须以符合最广大人民群众的最高利益为标准。并且通过社会实践来检验党的路线、方针和政策是否正确，只有这样才能实现党的正确领导。党的一切干部都是人民的公仆，这是共产党本质特征所决定的，不论职务高低，党的一切干部都是人民的勤务员，我们所做的一切都是为人民服务的。党的一切工作都要向人民群众负责，这是党的性质所决定的。

总之，邓小平关于党的领导思想有其丰富的内容，不论在哪一方面，都包含着全心全意地为人民服务的基本精神，都是它的延伸、扩大、补充和具体化。

首先，从党的领导的实质来看。党的领导的实质就是全心全意地为人民服务，就是向工人阶级和人民群众指出正确的奋斗目标和方向，团结和引导工人阶级和人民群众为实现他们的利益而奋斗。这是党性在党的领导实践中的科学反映。因为党的利益、工人阶级的利益、革命的利益和人民群众的利益从根本上说是一致的。人民群众是历史的主人，是中国革命和建设事业胜利的力量源泉，而党则是全国各族人民利益的忠实代表；其次，从党的领导决策来看。领导者没有人民群众的信任和拥护，就不能有效地行使人民赋予的权力。就是说实行决策时，必须深入人民群众，充分考虑人民群众的根本利益，向人民群众负责；其三，从党对军队的绝对领导来看，全心全意为人民服务的思想体现在党对军队的绝对领导之中。党对人民军队的绝对领导是坚持人民军队宗旨的根本条件。因为，紧紧地和人民站在一起，全心全意地为人民服务，就是这个军队的唯一宗旨。这一宗旨集中体现了我军是一支具有无产阶级性质的，具有严格纪律的，同人民群众保持密切联系的新型的人民军队。只有把这支军队置于党的绝对领导之下，才能使其坚持全心全意为人民服务的宗旨。

总之，在党对国家政权的领导、党对经济建设的领导、党的领导方法、领导作风、领导制度等方面，都体现着全心全意为人民服务的思想。

邓小平关于党的领导思想的规律性反映，就是要正确处理党与人民群众之间的领导与被领导的关系。党在建设有中国特色社会主义的事业中的核心领导地位和作用，决定着党是人民群众的组织者和领导者。这是因为党是中国工人阶级的先锋队，而人民群众是历史的创造者，既不能单靠其自身的能力和作用，又不能只身前进，重要的是团结广大人民群众。同时，要正确处理党与人民群众之间的关系，党是工具，人民是主人。要相信和依靠人民，尊重人民群众的首创精神。要永远保持着正确的领导与被领导、公仆与主人以及党与人民的密切联系。这是党的全心全意地为人民服务的生动体现。

（四）党的每一个干部特别是领导干部都应当把"领导就是服务"、"权力就是责任"作为自己的座右铭。

党政干部特别是领导干部，都掌握着一定权力。但是，权力的实际形象虽然看不见，抓不到，但每一个有理智的人都会感到它的存在。一个人，一个集团的行为之所以带有强大的影响力，能支配另一些人或集团的活动，这正是表明权力的存在。因此，一提及"权"在世界上是一个引人注目的字眼，也是与社会上每一个人都有切身利害关系的字眼。因为它常构成"权力"、"权利"、"权势"、

"权威"，于是人们便认为有权便有力、有利、有势、有威。事实确是如此，权在反动统治者手里，就是人民的灾难；权在革命者手里，则是人民的幸福。

人类进入阶级社会以后，为了争夺这个"权"，不知发生了多少次战争，也不知死伤了多少人。历来的统治者为了巩固其统治的权力，总是疯狂而又残酷地镇压被统治者的反抗。奴隶社会实行野蛮的"人治"，这个"人治"之"权"，容许奴隶主任意宰杀奴隶，更不用说打骂或贩卖了，而奴隶只是会说话的"工具"而已；封建社会实行反动的"言治"，叫做"圣旨"。"君要臣死，臣不得不死"，更不用说平民百姓了，他要你死，还堂而皇之地说是"赐死"。这个"言治"之"权"，要求被统治者老老实实地做顺民，任其压迫、剥削，忍受着牛马不如的生活，悲惨度日；资本主义社会实行虚伪的"法治"。这个"法治"之"权"，规定资本家有剥削工人的权力，工人有为资本家积累资本而辛勤劳动的义务。

总之，这些"人治"、"言治"、"法治"等无一不是为了维护其剥削制度，巩固其反动统治。正如马克思和恩格斯在《共产党宣言》中所论述的："过去一切阶级在争得统治之后，总是使整个社会服从于它们发财致富的条件，企图以此来巩固它们已经获得的生活地位。"上述的种种权力就其性质来说都是剥削阶级私有制的产物。对劳动人民来说，无疑是反动的。这种"权"从政治上说是对人民的压迫之权，从经济上说是对人民的剥削之权。只有建立在以公有制为主体的经济基础上的社会主义的"法治"，才是进步的，才有可能真正实行"法律面前，人人平等"，才是保护人民的生命财产，维护人民根本利益的，真正的人民之权。为了保护人民之权，对于敌人的破坏反抗，要实行专政，这个政权就叫人民民主专政。恩格斯在《论权威》一文中说得好："获得胜利的政党如果不愿意失去自己努力争得的成果，就必须凭借它的武器对反动派造成恐惧，来维持自己的统治。"当然，更为进步的应该是人民"自治"，那就是共产党人为之奋斗的最美好的共产主义社会了。

　　作为一个党政领导者，这个"权"既来之于民，也就要用之于民，要为人民而掌好权、用好权。不管自己的地位多高，权力多大，都是人民的公仆和勤务员。都是全心全意地为人民服务的，领导人民就是为人民服务。牢牢记住："领导就是服务"、"权力就是责任"格言，这就是党性的实际体现。作为党和人民的代表掌握着一定的权力，就要为人民兴利除弊，为广大人民谋幸福。对党负责和为人民服务是一致的，他们时时处处事事都忠实地代表着人民的利益。我们要清醒地懂得，如果不是这样，党和人民便随时随地把自己手中的"权"收回去。我们的权力是谁给的，是人民赋予的。收回来交给那些真正的马克思主义者，真正的忠诚于马克思主义的人手里，即自己可靠的代表者掌握。因此，我们要始终奉行着党的"全心全意为人民服务"的宗旨，勤勤恳恳、兢兢业业地工作，为人民掌好权、用好权而费心操劳。以手中之"权"转化为生产力的不断提高，使社会财富不断增加，人民生活不断改善，使建设有中国特色的社会主义事业不断前进。

　　当然，作为有"权"在握，身居"官"位的领导干部来说，要保持着清醒的头脑，不作平庸之辈、腐朽之士，更不作昏愦之徒。要做一个坚定的、清醒的、有作为的马克思主义者、忠诚于马克思主义的工作者。我们的党政领导者，必须划清党的干部和国民党的官吏的界限。一切旧官吏都是代表剥削阶级的利益，体现反动统治者的意志，维护剥削制度，巩固反动统治的工具。国民党的官吏，是国内外反动派的走狗、爪牙，是欺压百姓的打手、恶棍。我们和他们是有根本区别的，不能做统治者、寄生者、剥削者和官僚主义者；党政领导干部，必须善于处理局部利益和整体利益、暂时利益和长远利益的关系。要运用这个"权"，为建设有中国特色的社会主义创造条件。要为党的事业运用好自己的权力，为发展社会生产力而奋斗；党政领导干部，必须正确对待手中权力。党和人民之所以把"权"交给你，这是党和人民对你们的信任。这种信任是无上光荣的，是人民的最高奖赏。因此，在实践中，不要辜负党和人民的期望，要努力使自己成为人民利益的忠实代表，要以权谋公，万万不能以权谋私。

　　党的领导实践，作为物质运动的一种特殊形式，也有它的客观规律性，这种规律性是党在领导实践中，一种本质的、必然的和稳定的联系，是不以人们的意志为转移的。能不能调整好领导与被领导的关系，能不能做人民的公仆，能不能同人民群众保持鱼水关系等等，是这个物质载体生存发展的基础。一个领导者，拥有权力不负责任，无所用心、推诿、失职，官僚主义、滥用职权、以权谋私、玩忽职守、渎职，甚至为非作歹，等等，这样的领导者，只能败坏党的事业，也不会把党和人民的事业做好。列宁说过，管理的基本原则是"我管，我负责。"不负责任的权力，必然要腐蚀人、损害人。只有建立在责任的基础上的权力，才能锻炼人，提高人，并使权力发出熠熠之光。因此，权和责要纳入法制的轨道。

二、邓小平关于党的领导思想的基本
　特征和决策的灵魂

　　邓小平关于党的领导思想是邓小平建党学说中一个重要组成部分。实现党对无产阶级革命和社会主义建设事业的领导，把我国建设成为具有中国特色社会主义的强国，是党的领导的出发点和归宿。它的理论基础是马克思列宁主义、毛泽东思想；它的实践基础是党领导我国革命和建设的伟大实践活动。邓小平继承和发展了马克思列宁主义、毛泽东思想关于党的领导的基本理论、原则和方法，并有自己的创造性和显著的特征。为此，我们学习、研究和运用邓小平关于党的领导思想具有重要的理论意义和现实指导意义。

　　（一）邓小平关于党的领导思想是毛泽东关于党的领导思想的运用和发展。

　　我们党在以毛泽东为核心的党中央第一代成熟领导集体的坚强

领导下，把马克思列宁主义的建党原理、原则，同我党的建设实践相结合，以独创性的理论丰富和发展了马克思主义关于党的学说。邓小平对毛泽东建党学说进行了精辟阐述和科学概括。他指出，党的学说马克思、恩格斯讲得不多，列宁有个完整的建党学说。正因为列宁建立了那么一个好的党，才能取得十月革命的胜利，建立了第一个社会主义国家。把列宁的建党学说发展得最完备的是毛泽东同志。在井冈山时期，即红军创建时期，毛泽东同志的建党思想就很明确。他的完整的建党学说，是经过实践在延安整风时期建立起来的。毛泽东同志对于建立一个什么样的党，党的指导思想是什么，党的作风是什么，都有完整的一套。正是因为毛泽东同志在延安整风中建立了完整的建党学说，并且用这个学说来教育我们全党、全军和人民，使我们建立了这么一个好的党，所以才取得抗日战争、解放战争的彻底胜利。建国以后，党内生气勃勃，生动活泼。毛泽东同志的建党学说以后又有新的发展。

这是在党的学说史上的首创，也是对毛泽东建党学说最完备准确的概括。它是党的领导思想的理论基础。如果说，在以毛泽东为核心的党中央第一代成熟领导集体的坚强领导下，把马克思列宁主义的普遍真理，同中国革命的具体实践相结合，以独创性为特征，坚持和发展了马克思列宁主义的领导观。科学的论证了党的领导活动是领导者同时也是被领导者发挥自觉能动性的社会实践活动，是领导集团进行社会政治活动的重要内容。特别是以毛泽东、周恩来、刘少奇、朱德、任弼时等老一辈无产阶级革命家论述了党的领导思想活动的内涵、实质、特征、历史地位和现实意义，科学地分析了党的领导活动的基本条件，创立了党的科学的领导思想体系，等等。成为毛泽东建党学说的一个重要组成部分；那么，在以邓小平为代表的党中央第二代成熟领导集体的指引下，在和平与发展成为时代主题的历史条件下，在我国改革开放和建设有中国特色社会主义的实践过程中，在总结我国社会主义胜利和挫折的历史经验并借鉴其他国家社会主义兴衰成败历史经验的基础上，把马克思列宁主义、毛泽东思想的普遍原理与当代中国实际和时代特征相结合,坚持继承、捍卫和丰富发展了毛泽东思想。创立邓小平建设有中国特色的社会主义理论。它是全党全国人民集体智慧的结晶,是中国共产党和中国人民最珍贵的最新精神成果,形成了当代中国的马克思主义,是中国共产党的指导思想,是指引我们实现新的历史任务的强大思想武器。在这个基础上对党的领导思想活动的规律、特征、内容和伟大意义作了极大的丰富和发展,成为邓小平建党学说中一个重要组成部分。

中国共产党人要在党的实践活动中,努力运用和发展毛泽东、邓小平建党学说。党在自身发展前进中,新的建党思想、理论、观点、方法、方式也是随党的历史特点、新的任务和实践经验的发展而发展的。这就要求我们运用马克思主义建党学说的基本原理去研究、探讨、分析,去总结和概括建设无产阶级政党的新经验和新成果。提出符合建设有中国特色社会主义事业的新的原理、原则和结论,以丰富和发展毛泽东、邓小平建党学说。并且在各个领域向纵深方向发展。

党的十一届三中全会以后,我们党形成的以邓小平为核心的第二代党中央领导集体,对坚持、纠正和发展为基本特征的邓小平建党学说具有重大贡献和不朽的历史功勋。邓小平不仅是马克思列宁主义、毛泽东思想的忠实直接继承人和捍卫者,是一贯坚持和发展毛泽东建党学说的光辉典范。而且他在党的领导活动领域中,有突出的特点和独创风格。邓小平曾经指出:我们这个第二代,我算是个领班人,但我们是一个集体。我们这个集体,人民基本上是满意的,主要是因为我们搞了改革开放,提出了四项基本原则,四个现代化的路线,而且真正干出了实绩。这个概括是准确的,是符合马克思列宁主义、毛泽东思想的,是举世公认的我们党的领袖。由此可见,集体领袖的思想,是邓小平关于党的领导思想的最本质的特点,同我们党一贯强调的实事求是,是毛泽东思想精髓和灵魂一样重要的基石。就是说,邓小平关于党的领导思想所以成为本质特征,它从理论与实践结合上做出了榜样，树立了典范。

毛泽东的领导思想实际上就是把马克思列宁主义的普遍真理与中国革命的具体实践相结合的思想，在党的领导领域上的运用和发展，是实现领导活动的实践过程。对这一点毛泽东有精辟的论述，他说："指挥员的正确的部署来源于正确的决心，正确的决心来源于正确的判断，正确的判断来源于周到的和必要的侦察，和对于各种侦察材料的联贯起来的思索。指挥员使用一切可能的和必要的侦察手段，将侦察得来的敌方情况的各种材料加以去粗取精、去伪存真、由此及彼、由表及里的思索，然后将自己方面的情况加上去，研究双方的对比和相互的关系，因而构成判断，定下决心，作出计划，——这是军事家在作出每一个战略、战役或战斗的计划之前的一个整个的认识情况的过程。"[①] 邓小平的领导思想继承和发展了毛泽东领导思想的基本原理、原则，在这个基础上又形成邓小平领导思想活动的基本内容、特征、实质及其重大意义。

邓小平领导思想的基本特征，如果说党中央是集体领袖并成为理论与实际相结合的光辉典范的自身体现，是他的本质特征。那么，在这个基础上它派生出重要的特征就是他的科学性与实践性的统一；完整性与系统性的统一；民族性与通俗性的统一；开放性与发展性的统一；客观性与主观能动性的统一。这"五个统一"是邓小平关于党的领导思想的基本特征。这种党的领导活动的基本特征集中反映在党的领导的决策活动之中。它是邓小平建党学说的一个重要组成部分，也是对毛泽东建党学说的重大发展。

（二）党政领导者的决断是决策的灵魂。

党的领导的基本职能是决策。决策是人类社会实践的一个重要组成部分，人类活动离不开决策，因为决策是人们对未来实践的方向、目标以及使之实现的程序和手段作出的抉择，也就是说，人们

---

① 《毛泽东选集》第一卷，第179～180页。

对未来的方向、目标以及手段、方法经过选择和判断作出的决定。这就是说，决策既是某种实践活动的指导，又要在实践活动中经受考验，要增强自觉性，克服盲目性。我们讲党的领导决策，实际上就是在无产阶级革命事业的进程中，根据社会发展规律和国内实际情况及历史发展阶段选定正确的前进奋斗目标，发展方向，或者提出切合实际的根本任务，这是决策的核心内容。在这个基础上，寻求正确的方法、战略、策略和途径，使奋斗目标有相应的政策保证。

党政领导者的决断，是决策的灵魂。但是决断不是专断，不是独裁，也不是"一言堂"，个人说了算，而是在集体领导的基础上，按照党的民主集中制的基本原则，真正实行高度的民主与高度的集中相结合的科学产物。就是"凡事预则立，不预则废"，"主观见之于客观"，"主观与客观的统一"，"解放思想与实事求是的统一"，这是最根本的。这和党的决策能力、领导水平、领导艺术密切相关的。这就要从根本上掌握决策思想的基本特点，把握决策的灵魂。

邓小平决策思想的基本特点是什么呢？我们应当如何掌握决断是决策的灵魂呢？

第一，邓小平在决策过程中把唯物辩证法的对立统一规律成功地运用于决策动态平衡的领导艺术之中。在党的领导领域中，按照党的学说的基本原则，总是从两个基本方面去解决实践中所碰到的新情况和新问题，及时总结经验，提出解决问题的办法。就对"一个中心、两个基本点"的基本路线来说，邓小平总是强调，既要坚持以经济建设为中心，扭住这个中心不放，坚定不移，又要加强精神文明建设，加强思想政治工作；既要让一部分人和地区先富起来，又要坚持共同富裕，消除两极分化，如果走向资本主义，我们的改革开放就失败了。将唯物辩证法的对立统一规律成功地以"两手抓"、"两手都要硬"通俗又深刻的方式体现出来。这是非常朴素的真理。

第二，邓小平决策思想中强调制度化，这样就能使决策有了保证。纠正盲目性和多变性，给决策的实施创造良好的条件。他认为，决策者必须置身于一个健全的制度环境之中。邓小平同志通过深刻总结我们党在"文化大革命"所犯的严重错误后，提出了制度问题"更带有根本性、全面性、全局性、稳定性和长期性"。这"五性"就精辟地概括了制度的重要性和规律性的实质。因为党和国家（或者一个地区、部门）的制度，就其外在表现来讲，它是党和国家生活、工作活动的规范化；就其实质来讲，它是党和国家决策能力结构的规范化。因此，"最重要的是一个制度问题。"①

党的领导决策思想在实施和完善过程中，必须有一系列的相应的具体制度，才能顺利地达到要想达到的目标。邓小平指出："党和国家现行的一些具体制度中，还存在不少的弊端，妨碍甚至严重妨碍社会主义优越性的发挥。如不认真改革，就很难适应现代化建设的迫切需要，我们就要严重地脱离广大群众。"② 还特别强调："肃清封建主义残余影响，重点是切实改革并完善党和国家的制度，从制度上保证党和国家政治生活的民主化、经济管理的民主化、整个社会生活的民主化，促进现代化建设事业的顺利发展。"③ 邓小平强调制度化是决策思想的显著特征之一，也是邓小平决策思想科学化的表证。

第三，邓小平决策思想的根本方法，就是要永远坚持走群众路线，这是失误最少，得益最大的好方法。只要走群众路线，就能集思广益，集中人民群众的智慧，就能使决策不断深化和提高，克服不足之处。只有走群众路线，才能使党的决策思想不断完善和丰富，才有实现的可能。实践证明，只有人民群众积极参与，才能保持党的决策的稳定性、正确性。也只有人民群众参与，才能使决策及时反馈不断完善。因为在实施过程中，广大人民群众从实践中发现问题，提出问题，解决问题，并指出今后发展方向成为决策完善的源

① 《邓小平文选》第二卷，第297页。
② 《邓小平文选》第二卷，第327页。
③ 《邓小平文选》第二卷，第336页。

泉和力量。邓小平曾明确指出："一个党和它的党员，只有认真地总结群众的经验，集中群众的智慧，才能指出正确的方向，领导群众前进。"还说："这些政策见效、对头，人民都拥护。既然是人民拥护，谁要变人民就会反对。""讲信义是我们民族的传统"，"体现出我们古老大国的风度，泱泱大国嘛。作为一个大国有自己的尊严，有自己遵循的准则。"① 人民是主人，是历史的创造者。只有总结人民历史的实践，才能推进社会主义事业的发展，祖国才会兴旺发达。

　　第四，邓小平决策思想的又一个显著特点是高瞻远瞩，善于"向前看"，邓小平决策的灵魂是实事求是的决断。他不囿于"事实"，而是立足现实，着眼未来，是高层次、高水平、高预测，开辟未来的境界。是规律认识的反映，是卓绝的领导艺术的深邃体现。历史实践证明是准确的。党的十一届三中全会邓小平同志提出了"解放思想，实事求是，团结一致向前看"的指导思想，解决了"文化大革命"以来积累的一系列的冤、假、错案和堆积成山的重大问题，这是中国共产党历史上罕见的；接着对教育工作提出了"面向现代化、面向世界、面向未来"的伟大战略号召，使我国教育事业旧貌换新颜，得到了蓬勃发展，焕然一新；在党和国家干部队伍建设问题上，不仅提出"我们要向前看，我们这个事业是千秋万代的事业！"提出了干部的"革命化、年轻化、知识化和专业化"，使我国干部队伍建设发生了根本性变化，造就与培养了我国第三代接班人，为我国今后的发展奠定了基础；在1989年春夏之交的政治风波平息后，他又指出，"我们要冷静地考虑一下未来"，"要总结现在，看到未来。"这就为建设有中国特色社会主义事业奠定了基础。

　　第五，邓小平决策思想的又一显著特点是坚持原则、坚持斗争、对党对人民负责。一切向党向人民负责，全心全意为人民服务，这是一切决策都必须坚持的。邓小平在50年代就强调指出：我们在建设方面的指导思想之一就是要"面对群众的需要"。只有符合人民群

---

① 《建设有中国特色的社会主义》（增订本），第63页。

众的需要，向人民群众负责的决策才能是正确的决策，也才能得到
人民群众的拥护而得到顺利实施。

　　具有无产阶级革命家的卓识与胆略，决策者对于看准的问题
"要敢字当头，横下一条心"① 否则便会"弛一机，万事隳"。因为决
策者面临的机遇往往都是一个短暂时间过程，这一过程一结束，与
之相关的所有条件都会随之变化，即使最英明正确的决断也会失去
应有的价值和效率。但是，在具体实施原则性决策当中，我们必须
"弄清从哪里着手，要先从一两件事上着手，不能一下子大干，那样
就乱了。"② 我们党创办发展经济特区的决策便是对这一决策原则的
最好说明。因为邓小平的特区建设思想是他改革开放思想的最具特
色的一个重要组成部分，也是邓小平同志对马克思主义的一个很有
特色的创例。这是承认差距，不讳言落后，坚信社会主义制度的优
越性的科学论断的产物。例如深圳这个贫穷边陲小镇，现在成为一
个颇具规模、功能齐全的"四个现代化"城市，创造了举世瞩目的
"深圳速度"，是在邓小平关于党的领导思想指引下闯出来的典型。显
示了邓小平特区思想的强大生机与活力。

　　（三）邓小平关于党的领导思想的运用和发展。

　　邓小平关于党的领导思想是直接继承、发展和创新毛泽东领导
思想的新成果。特别是党的决策思想的指导原则和决策领导艺术，是
从毛泽东关于党的领导思想这个博大精深，辉煌灿烂的思想宝库中
的延伸发展而来的。如果说毛泽东的领导思想表现在决策思想的特
点是：一切从实际出发，按照实际情况决定工作方针，实事求是的
解决实际问题，这是毛泽东决策的指导思想；全心全意为人民服务，
坚持"从群众中来到群众中去"的群众路线是决策的根本方法，是
毛泽东决策思想区别于一切剥削阶级决策思想的主要标志；坚持艰

---

　　① 《邓小平文选》第二卷，第 35 页。
　　② 《建设有中国特色的社会主义》（增订本），第 139 页。

苦创业、独立自主，大胆创新的决策原则，以毛泽东精湛的决策艺术高超的领导才能独具特色，善于审时度势、统筹兼顾、抓住中心，当机立断，调动一切积极因素，团结一切可以团结的人战胜敌人，等等。那么，邓小平关于党的领导思想，特别是决策思想和领导艺术，在中国革命和建设事业的进程中得到了充分运用并有创新与发展。

　　邓小平同志把解放思想与实事求是统一起来，一致起来，并非外在的统一与一致，而是内在的有机的统一和一致。这种内在的统一性集中体现在它们的各自本质属性、功能和作用上。他把解放思想与实事求是统一起来的思想路线，就是对毛泽东关于党的领导思想的运用与发展的典范。在党的领导活动领域中，所说的解放思想与实事求是具有重大的理论与实践意义。

　　我们所说的解放思想，主要是指从那些过时的传统观念和主观偏见中解放出来，使自己的思想认识与建设有中国特色社会主义的实践相统一、相一致。这种传统观念、偏见在党和国家领导活动领域中是个巨大的障碍。列宁讲过"偏见"与"无知"的关系。他说："偏见比无知离真理更远"，"无知比偏见还接近真理"①，这就是说，真理是客观事物及规律在人们头脑中的正确反映。人们是能够认识真理的，但又不是任何人都能够把握真理。除了客观条件的限制以外，关键在于人们自己的主观努力。因此，要努力提高人们的认识能力，要更新观念，"换脑筋"；偏见是指人们对于客观事物存在着错误的成见。有偏见的人并非无知，而是由于有了一个先入为主而又执著不化的主观"框框"、"本本"、"条条"，因循守旧，任何正确知识、客观情况，有点"顽固"，他都一概不接受、不采纳、不承认。因而与无知相比，偏见距离真理就更远了。

　　所谓偏见，实质上就是除了自己的认识以外，根本不承认客观事物的存在。丢掉偏见，就会认识真理。而无知，即使没有知识，或不知道情况，也把握不了真理，但并不可怕；只要了解新情况，解

────────────

① 《列宁全集》第8卷，第500页；第29卷，第465页。

决新问题，在实践中学习，最终就能把握客观真理，认识真理。毛泽东在《矛盾论》中就指出："当着我们刚开始研究马克思主义的时候，对于马克思主义的无知或知之不多的情况和马克思主义的知识之间，互相矛盾着。然而由于努力学习，可以由无知转化为有知，由知之不多转化为知之甚多，由对于马克思主义的盲目性改变为能够自由运用马克思主义。"只有解放思想，开动脑筋，换换脑筋，更新自己的观念才能正确地以马克思列宁主义、毛泽东思想为指导，解决在建设有中国特色社会主义事业的进程中，解决新出现的一系列问题，正确地改革同生产力迅速发展不相适应的生产关系和上层建筑。只有这样，才能根据我们党和国家的实际情况，确定建设有中国特色社会主义的具体道路、方针、方法和措施。

我们所说的实事求是，就是指一切从中国的国情出发，从社会主义初级阶段出发，从当时当地的具体实际出发，从建设有中国特色社会主义客观实际中引出其固有的而不是臆造的规律，以此作为我们行动的向导。我们的革命者、伟人、政治家、思想家、马克思主义者总是讲实事求是是无产阶级世界观的基础，是马克思主义的思想基础，以及主观和客观相符合就是实事求是。实事求是就是毛泽东的思想路线，"实事求是"四个大字，就是毛泽东哲学思想的精髓，等等。

但是，在实际领导活动中碰到实际问题，就出现所谓的"凡是"观点，甚至"谁要是坚持实事求是，从实际出发，理论和实践相结合，谁就是犯了弥天大罪。他们的观点，实质上是主张只要照抄马克思、列宁、毛泽东同志的原话，照抄照转照搬就行了。要不然，就说这是违反了马列主义、毛泽东思想，违反了中央精神。""马列主义、毛泽东思想的基本原则，我们任何时候都不能违背，这是毫无疑义的。但是，一定要和实际相结合，要分析研究实际情况，解决实际问题。按照实际情况决定工作方针，这是一切共产党员所必须牢牢记住的最基本的思想方法、工作方法。实事求是，是毛泽东思想的出发点、根本点。这是唯物主义。不然，我们开会就只能讲空话，不能解决任何问题。"①

邓小平同志把解放思想和实事求是有机地统一和一致起来，因为两者从不同的角度说明同一个事物，但它们的出发点、落脚点和归宿都是一样的。随着实践的发展，人们的思想认识也要随着发展，才能做到认识与实践的统一。在党的领导活动领域中，要处理好主观预想与实际需要、实际可能的关系；处理好敢想、敢闯、敢试与从实际出发的关系；要处理好外地、外国经验与本地实情的关系；要处理好调查研究，掌握政策与实事求是的关系，等等。就是说要把握住解放思想和实事求是的内在统一，要时时刻刻坚持这种统一。这不仅是运用建设有中国特色社会主义理论的要求，而且是创造性地开展工作的基础，是我们党和国家做好工作的根本保证；解放思想、实事求是是统一的。这种有机的统一性就是要求我们的思想认识要符合客观实际。这就要进行调查研究，因为调查研究是正确决策的前提，不能凭"想当然"作决策，更不能靠拍脑袋去拿主意。因为解放思想和实事求是的过程，既是唯物的，又是辩证的。这是它们具有内在统一性的根据。要掌握唯物辩证法去指导我们的工作，力戒主观片面，要全面准确。不仅要认识和把握事物内部质的规定性，而且要认识和把握它的诸多方面及其相互关系；不仅要认识到和把握住某一事物的本质，而且要认识和把握住这一事物相联系的诸多事物及其关系；不仅要认识事物的现在，而且要把握它的未来。

党的领导活动是极其复杂，涉及到各个方面和诸领域，要如实地、全面、准确地把握客观事物的内在联系和发展趋势，才能作出科学的决策。邓小平同志是我国改革开放的总设计师，也是灵活运用唯物辩证法的典范。他所提的每一重大战略决策，所阐述的每一思想理论观点，都是总结历史的和现实的、正面的和反面的经验，缜密地研究中国的具体国情以及现实存在的复杂矛盾的结果。他对党的基本路线及其内在关系的阐述，他提出两手抓的指导方针都付出

---

① 《邓小平文选》第二卷，第114页。

了巨大心血并做出了历史性的重大贡献。

邓小平同志把解放思想和实事求是统一起来，是我们在建设有中国特色社会主义的创业时期必须遵循的正确的思想路线。高举解放思想、实事求是的伟大旗帜，是全党和全国人民的神圣职责。因为解放思想、实事求是是社会主义活的灵魂，是创业精神的核心和精髓。这是由它在建设有中国特色社会主义实践，以及这一实践精神当中的地位所决定的。我们的事业是前人未曾做过的事业，我们要探索、创新，艰苦奋斗，知难而进，开拓前进！邓小平指出，干革命、搞建设，都要有一批勇于思考、勇于探索、勇于创新的闯将。没有这样一大批闯将，我们就无法摆脱贫穷落后的状况，就无法赶上更谈不到超过国际先进水平。我们正在从事的事业是前人没有经历过的伟大事业。我们的实践是亿万人民以高度的自觉性、主动性和创造性与建设有中国特色社会主义的伟大实践。伟大实践需要科学理论作指导，伟大的实践也必须在解放思想、实事求是的思想路线指引下，开辟广阔的道路。

在建设有中国特色的社会主义事业中，对一个计划、一项政策、一项措施，是不是解放思想，实事求是？我们用什么标准去衡量它们呢？就是邓小平同志提出的"三个有利于"，即是否有利于发展社会主义社会的生产力，是否有利于增强社会主义国家的综合国力，是否有利于提高人民的生活水平。这是一个马克思主义的科学标准，是实践标准的展开和具体化，是邓小平同志提出的生产力标准的进一步丰富和发展。

"三个有利于"是实践检验真理标准的运用和发展，是客观的准绳，也是排除形形色色的主观标准，大胆开拓、锐意进取的标准。它要求我们只要具备"三个有利于"就大胆地干，大胆地试，大胆地闯；反之，凡是不符合"三个有利于"的，尽管它可能是长期以来积累的传统经验、观念、思想都要加以摒弃。这就给亿万人民摆脱种种传统观念和主观偏见的束缚，沿着发展生产力、增强综合国力、提高生活水平的方向大步前进指明了方向。我们坚信在邓小平建设有中国特色社会主义理论和党的基本路线指引下，只要我们坚持解放思想、实事求是，坚持"三个有利于"为标准，运用好党的领导思想，有中国特色的社会主义事业就一定会不断取得新胜利。

三、执政党的基本特征和实质

　　无产阶级执政党是无产阶级革命的产物。执政党的形成和发展在各个国家大不相同，都有自身的经历和在发展历程中的独有特征，这是不以人们的意志为转移的。所谓"执政党"这个科学概念，在社会主义国家首先由苏联使用，后来社会主义国家都普遍使用了。它主要是指掌握和领导国家政权的政党。实质上就是执掌国家政权，使国家按照党的意志和规划的方向发展。把党的意志变为国家意志，转化为全国人民的意志，按照社会发展的客观规律的正确轨道前进。因此，国家政权和政党都具有鲜明的阶级性、党性的基本特征，这是不以人们的意志为转移的，都是阶级和阶级斗争发展到一定历史阶段的产物和进行斗争的工具。在社会发展的进程中，不同的社会、不同的阶级都有不同性质的国家政权和政党，都有自身的发展道路，有自己形成和发展的特征，这是理所当然的，也是在情理之中的。

　　资产阶级政党执政以后，通过资产阶级国家政权，维护和发展本阶级的利益和政治统治，对内职能是压迫剥削无产阶级和广大人民群众，有时对外职能是实行侵略和奴役的殖民地政策，以夺取高额利润。资本主义国家的这种本质特征是不会改变的。对内压迫，对外侵略这是它的本质特征；无产阶级政党执政以后，通过无产阶级的国家政权，对外职能主要是防御外部敌人的颠覆和侵略，支持世界各国人民的革命斗争和经济建设，支持世界人民的正义斗争，联合世界人民为争取和平发展而斗争。在国内主要职能是消灭剥削，消除两极分化，巩固和发展社会主义公有制的主体经济。进行社会主义的物质文明与精神文明建设，使全民共同富裕。进行社会主义民主政治建设，维护社会主义的国家秩序。同时也要在国内镇压阶级敌人、敌对势力的反抗和破坏，维护社会治安，巩固人民民主专政，为将来的共产主义创造条件。使国家沿着正确的轨道发展。

执政党要贯彻自己的意图，就必须组织参与政府，使用政党的领袖人物和最有才干的部分党员干部担任国家政府中的主要领导职务。各执政党的领导都是通过对国家的执政来体现的。只有在这个前提下，才能处理大量繁重、复杂的国家政府事务，有力地运用行政权力使国家政府纳入党所设计规划指引的发展轨道，并使国家的社会事业不断迅速发展。其主要特征就是依据党组织的实际情况，历史发展的阶段，革命任务的实际状况不同而有所不同。有时党组织可以直接行使国家权力和行政管理的职能，甚至也可以包揽司法、检察、检查等大权，稳定社会，发展政治、经济、文化。执政党初期阶段一般都是这种情况。但是，党的执政并不能代替党的领导，而党的领导要通过一定的领导方式、方法去实现。同样，党的"执政"方式也不能代替人民行使权力。因此，党政关系问题是马克思主义党的学说的一个重要原则问题。毛泽东建党学说中都有精辟的论述，邓小平建党学说关于党的领导思想就是它的继承和发展。

（一）共产党的领导是无产阶级革命事业发展的客观规律。

政党是现代世界各国普遍存在的一种社会政治现象。政党政治也是一种普遍现象和规律性的反映，是不以人们的意志为转移的。政党的斗争是各个阶级政治斗争的最严整、最完全和最明显的突出表现；政党是代表某一个阶级、阶层或某个集团的利益和意志的政治代表，并为之而斗争的政治性组织。它是社会经济组织和阶级斗争发展到一定阶段的产物。任何一个政党通常由本阶级、阶层或某集团中最积极的忠实的优秀分子组成的；政党是阶级的一部分，是整个阶级中最先进的分子而组成的指导社会斗争的——政治、经济、文化、教育、内政、外交等阶级组织；政党是先锋队，是阶级的头脑，是整个阶级战斗的司令部；政党是从属于一定的阶级的，是由本阶级的先锋队、忠实代表组成的政治集团。总之，政党是对本阶级起着领导地位、领导作用的一定阶级集团的政治性、阶级性组织，是领导核心。

政党的阶级属性的基本思想：任何政党都是在一定的阶级基础上产生、形成和发展起来的，都有自己的阶级本质属性；政党是在政治上代表本阶级的根本长远的利益，并为这个利益服务、奋斗；本阶级的核心和指导力量，由中央、地方、基层组织形成一个统一的有机整体，才能实现对本阶级的领导作用和组织作用；政党有阶级基础和阶级背景，它不仅是阶级斗争、社会政治斗争的集中表现，而且是阶级本质的反映。只有在这个基础上，在这样的条件下，才能产生各阶级的政党。

由此可见，政党是人类社会发展到资本主义阶段才产生、形成、发展成为阶级的政治组织，或比较成熟的政治组织。（当然，也有部落性、群体性、封建性的帮派性、类似"朋党"性组织）它是各阶级的政治发展和它们之间政治斗争的结果。恩格斯指出："这些经济事实形成了现代阶级对立所由产生的基础；这些阶级对立，在它们因大工业而得到充分发展的国家里，因而特别是在英国，又是政党形成的基础，党派斗争的基础，因而也是全部政治历史的基础。"①这样精辟的分析是极为深刻的。总之，政党是现代世界各国普遍存在的一种社会政治现象。

无产阶级政党的性质、特征和作用。马克思主义者认为：阶级性质是政党的本质属性。马克思主义的创立，使无产阶级有了科学的世界观和方法论来武装自己。马克思列宁主义普遍真理与工人运动相结合，产生了无产阶级政党。马克思和恩格斯于 1847 年创建的共产主义者同盟，是世界上第一个无产阶级政党的雏形。1848 年 2 月发表了《共产党宣言》，3 月，马克思当选为"同盟"中央委员会主席；恩格斯当选为中央委员会委员。开创了世界无产阶级政党的新纪元。

---

① 《马克思恩格斯全集》第 21 卷，第 247 页。

　　无产阶级政党的基本特征，主要是指它是无产阶级先进的、有组织的部队，是无产阶级的阶级组织的领导核心和中心，是科学社会主义和工人运动相结合的产物。由此产生和形成了马克思主义党的学说的思想和理论。为世界共产党的产生、形成和发展奠定了基础，指明了方向；1918年3月，根据列宁的提议，俄国社会民主工党（布）第七次代表大会通过了把党的名称改为俄国共产党（布）的决议，此后，各国按照马克思和恩格斯及列宁的建党原则创立了新型工人阶级政党。世界上大都称之为"共产党"，也有用工人党、劳动党、共产主义者联盟等等名称的。中国共产党是中国工人阶级的先锋队，自1921年7月诞生以来，就一直用共产党这个名称。

　　共产党是工人阶级的、觉悟的、先进的阶层，是阶级的先锋队。是各国工人阶级政党中最坚决的始终推动运动前进的部分，因为它了解无产阶级运动的条件、进程和一般结果。它强调和坚持整个无产阶级的不分民族的共同利益，无产阶级在革命和社会主义建设中的领导地位、核心作用，是通过共产党来实现的；无产阶级没有一个区别于其他任何阶级的、自己的、独立的、自觉的政党来领导，就不能获得自身的彻底解放；共产党始终是人民群众的创造性活动的组织者和领导者，是工人阶级完成自身伟大历史使命的根本保证，只有在共产党的领导下，才能取得胜利；共产党人的最近目的是和其他一切无产阶级政党的最近目的一样的：使无产阶级形成为阶级，推翻资产阶级的统治，由无产阶级夺取政权，保证社会革命获得胜利和实现这一革命的最终目标——消灭阶级并为共产主义社会而奋斗；党作为阶级的先锋队、教育者和组织者，其地位、作用具有特殊的意义。

　　总之，马克思主义政党是工人阶级中的一部分，是先锋队。党与工人阶级其他组织不同的地方，是先进的、觉悟的，以马克思列宁主义、毛泽东思想武装的队伍，通晓社会发展规律，通晓阶级斗争、政治斗争规律，善于引导、率领工人阶级的伟大斗争的党。

（二）中国共产党的优点、特点及其实质。

共产党领导的本质主要体现在党的唯一宗旨上。我们党的宗旨就是全心全意地为人民服务，实质是组织人民和支持人民当家做主。执政党的内涵就是指通过组织国家政权达到当家作主的目的，使广大人民群众过幸福生活；党通过引导人民民主的当家作主达到实现共产主义的最高理想，而不是从它外延执政的形式，即直接掌握国家政权，直接执行行政管理的党。中国共产党是执政党，但不直接执政，而是通过权力机关和行政机关执行。不是直接向人民发号施令，而是支持人民，组织人民和领导人民当家作主人。党是政治组织，不是政府，不是权力机关，不能代替权力机关、行政机关行使国家、政府的权力，更不能向人民发号施令。而是把党的意志、愿望和要求，转化为法律、法令、条例、规章、制度去指导、引导、监督、协调、影响人民群众，使它们跟着党走。特别是党的卓越领导人、优秀干部选派到国家、政府去任职，去管理国家，等等。

这些基本思想是符合人民愿望的。人民群众是历史的主人，是历史的创造者。它的实质反映了社会主义条件下，建设有中国特色社会主义进程中领导与被领导、主人与公仆的关系的根本属性。人民是主人，党是完成历史使命的工具而已。只有中国共产党才能完成这一伟大历史使命。而中国共产党又有它独有的特征和优点。所以中国共产党过去是，现在是，将来仍然是我们的领导核心力量。

中国共产党的独具特征是什么呢？有哪些优点呢？邓小平同志1962年2月6日《在扩大的中央工作会议上的讲话》中就作了明确的阐述。邓小平指出："我们党是取得了革命的胜利，并且领导全国政权的党。这个党，照我们历来的说法，是光荣的、伟大的、正确的党，是名副其实的马克思列宁主义的党。我们党一定要在国际上高举反对帝国主义的旗帜，高举革命的旗帜，高举维护世界和平的旗帜。我们党在国际方面能否尽到自己应尽的责任，归根到底，首先决定于能否把我们国内的工作搞好。要搞好国内建设，搞好国内各方面的工作，又首先决定于我们党的领导。"就是说执政党的领导，决定着我们国家的兴衰，决定着我们党和国家的前途命运。

第一，我们党有好的指导思想。这就是以毛泽东思想为代表的党的指导思想。

我们党在以毛泽东为核心的党中央第一代成熟领导集体的坚强领导下，把马克思列宁主义的普遍真理，同中国革命和建设的具体实践相结合的思想——毛泽东思想作为我们党的指导思想。这个思想，从民主革命到社会主义革命与社会主义建设70多年来的历史证明了是正确的，马克思主义的。中国的革命和社会主义建设不是由别的思想引导到胜利，而是由毛泽东思想引导到胜利的。建国以后，我们党也正是在毛泽东思想的指引下，我们的社会主义建设才获得了伟大的成就，并且继续胜利地不断前进。尽管有曲折、有失误，毕竟还是次要的，第二位的。在毛泽东思想的指导下，毛泽东同志把马克思列宁主义的建党原理，同中国共产党的建设具体实践结合起来，以独创性的建设党的理论、原则、方针和措施丰富和发展了马克思主义关于党的学说。为中国共产党的建设开创了一个新时代。

邓小平同志多次强调把马克思列宁主义的普遍真理与中国革命的具体实践相结合，以此来指导我国的革命，指导我国的建设。这个基本原则是我们党和毛泽东同志根据过去革命中失败和成功的经验总结起来，并在第七、第八次党代表大会上加以肯定的。邓小平指出："马克思列宁主义的普遍真理与本国的具体实际相结合，这句话本身就是普遍真理。它包含两个方面，一方面叫普遍真理，另一方面叫结合本国实际。我们历来认为丢开任何一面都不行。在我们中国共产党看来，普遍真理有这样一条，就是消灭封建主义、资本主义，实现社会主义，将来还要实现共产主义。能不能不走社会主义的道路呢？不能。如果离开了这条普遍真理，不实现社会主义，那么中华人民共和国和中国共产党就不要存在了。但是，中国怎样才能比较快地消灭封建主义、资本主义，实现社会主义和共产主义呢？这就必须研究本国的特点。离开本国的特点去硬搬外国的东西，这条普遍真理就不能实现。"① 我们党就是在这个结合和独创的条件下把马克思列宁主义推向了一个新的阶段，使我国的革命从民主革命的彻底胜利走向社会主义革命与社会主义建设的新胜利。

为什么？就是我们党有了好的指导思想。过去我们党在普遍真理与具体实践相结合的问题上，吃过许多亏，以后就一直抓住反对主观主义这一条。反对主观主义有两个方面，即反对教条主义和反对经验主义。教条主义只知道马克思列宁主义的词句，不从具体情况出发来运用，它使我国的革命遭受过失败和挫折。经验主义，只看到一些具体实践，只看到一国一地一时的经验，没有看到马克思列宁主义的原则。两者我们都反对。当然，普遍真理与具体实际，二者结合很不容易。我们党把两者结合的典范是邓小平同志。

我们党在以邓小平为核心的党中央第二代成熟领导集体的指引下，在和平与发展成为时代主题的历史条件下，在我国改革开放和建设有中国特色社会主义的实践过程中。特别是在总结我国社会主义胜利和挫折的历史经验并借鉴其他国家社会主义兴衰成败历史经验的基础上，把马克思列宁主义、毛泽东思想的普遍原理与当代中国实践和时代特征相结合，坚持继承、丰富、创新和发展了毛泽东思想。它的最新成果就是邓小平建设有中国特色社会主义的理论体系，它是全党全国人民集体智慧的结晶，是中国共产党和中国人民最珍贵的最新的精神成果，是当代中国的马克思主义，是中国共产党的指导思想，是指引我们实现新的历史任务的强大思想武器。党的"十四大"号召坚持用邓小平同志建设有中国特色社会主义的理论武装全党具有重大的深远的战略意义。

第二，有好的党中央。这就是以毛泽东同志为首的党中央。

邓小平同志曾经指出：在我们党的历史上，真正形成一个成熟的党中央领导集体，是从毛泽东、周恩来、刘少奇、朱德、任弼时、邓小平、陈云等这一代开始。中国共产党在长期的革命斗争中，形

---

① 《邓小平文选》第一卷，第258～259页。

成了以毛泽东为核心的第一代党中央领导集体，对中国的革命和建设事业创造了丰功伟绩。当然，有曲折和失误也在所难免。他们把马克思列宁主义与中国革命的具体实践相结合，独创了具有中国特色的革命道路，这就是走"工农武装割据"，"以农村包围城市，最后夺取城市"的革命道路。并且采取了以武装的革命反对武装的反革命，最后武装夺取全国政权的革命形式，使我国取得了民主革命和社会主义革命的胜利，开创了中国历史的新纪元。

我们党这个历程是艰苦卓绝的。真正形成一个成熟的党中央领导集体，"要使一个党逐步成为成熟的党，同群众有联系的党，是不容易的。从我们党的历史来看，我们全党成熟的标志是第七次全国代表大会，那是在1946年。我们从1921年建党，经过了二十四年，才成为一个成熟的党。当然，这是从全党来说。作为中央领导，可以说在1935年1月遵义会议确立了以毛泽东同志为核心的中央领导时，就成熟了，这也用了十三年半的时间。"① 党的成熟，党中央领导集体的成熟，党的领袖的成熟，都有一个形成发展的过程。怎样才是一个成熟的有战斗力的党呢？这是邓小平建党学说中一个核心问题，也就是要建立一个什么样的党的问题。邓小平指出："所谓全党成熟，首先是在思想上，我们党有了把马克思列宁主义同中国革命的具体实践相结合的毛泽东思想，广大干部和党员掌握了这个思想。在政治上，从遵义会议以后，党内虽然有过错误的路线，但是毛泽东同志总是用正确的路线去克服错误的路线，因此，从那以后党的方针和政策都是正确的。体现了正确路线的方针和政策，变成了群众的行动，得到了群众的拥护，……在组织上，形成了一个健全的马克思列宁主义的党，树立了一个正确的党风。"同时还特别强调指出："在党的组织方面，毛泽东同志还提出了一系列的方针原则。我们党的组织原则是高度的民主和高度的集中相结合，把列宁提出的民主集中制原则精神发挥了。一个党不集中不行，如果没有

---

① 《邓小平文选》第一卷，第344～345页。

中央的和各级党委的集中领导，这个党就没有战斗力。这种集中，如果没有高度的民主作基础，集中也是假的。全党提倡民主、提倡批评与自我批评，就能真正把全党的意志集中起来，真正做到万众一心。"① 这就把一个党成熟的表现、标准讲清楚了。我们党在思想上、政治上、组织上和作风上都有明显成熟的标志。

邓小平同志指出："从 1935 年 1 月遵义会议以来，二十七年的历史证明，我们的党中央是一个好的党中央。""我说我们中央好，……我们的中央，按照马克思列宁主义的原则，认真地总结经验，开展批评和自我批评，发扬成绩，修正错误。这样做，照列宁的话说，就是一个郑重的党的标志。我们党是合乎这个标准的。"我们党针对党的七千人大会反映的问题，邓小平同志明确指出："刘少奇同志的报告集中讲了我们这几年工作中的问题，特别是讲了许多缺点和错误，进行批评和自我批评，总结经验。这样做是不容易的。正因为我们敢于严肃认真地正视问题，实事求是地对待问题，对就对，错就错，是就是，非就非，……我们的中央是好的中央。"② 我们有这样一个好的党中央才取得了民主革命的彻底胜利，迅速转向社会主义革命和社会主义建设并取得了伟大的胜利。我们所以能够取得这样伟大胜利，就是因为："毛泽东同志确立的一套建党思想，在我们看来，对列宁的建党原则有很大的发展。好的党风要继承下来，要由接班人传下来。我们特别注意宣传毛泽东思想，使它在群众中扎根。建立一个什么样的党的问题，这不仅是我们这一代的问题，也是下一代、再下一代的问题。一个国家的革命，核心问题是党。有了一个好党才能引导革命走向胜利。革命胜利后，搞社会主义也要靠一个好党，否则胜利就靠不住。"③ 它不仅是邓小平建党思想的基本结论，也是邓小平建党学说的一条真理。

---

① 《邓小平文选》第一卷，第 346～347 页。
② 《邓小平文选》第一卷，第 298～299 页。
③ 《邓小平文选》第一卷，第 347～348 页。

　　第三，有大批好的骨干，包括大批新的积极分子。

　　党的干部问题是马克思主义党的学说中一个极为重要的问题。恩格斯在 1890 年 9 月 7 日给《〈萨克森工人报〉编辑部》的答复中指出："在我们党内，每个人都应该从当兵做起；要在党内担任负责的职务，仅仅有写作才能或理论知识，甚至二者全都具备，都是不够的；要担任领导职务，还需要熟悉党的斗争条件，掌握这种斗争的方式，具备久经考验的耿耿忠心和坚强性格，最后还必须自愿地把自己列入战士的行列中……"。① 这不仅指出了党的干部的职责、条件、思想、作风、素质、品德的基本要求，而且指出了干部的地位、作用和发展方向的原则精神，这些思想至今放射着马克思主义光芒；列宁、斯大林时代，对干部这一概念就逐渐地使用起来了，特别是随着时代的发展，干部的地位、作用和意义越来越显得极端重要，并逐步在世界各国也都沿用了"干部"这个名词概念。斯大林一直采用了党的干部这个概念，并对干部建设进行了一系列的精辟论述。他强调指出，党的干部是党的指挥人员，而由于我们是执政的党，所以他们也就是国家领导机关的指挥人员。因此，在执政党的条件下，干部问题不仅是党的组织路线的核心和关键，而且是无产阶级解放事业成功和失败的最根本的条件。"人才，干部是世界上所有宝贵的资本中最宝贵、最有决定意义的资本。"② 这就把干部在执政条件下的地位、作用和意义讲得更加明确。

　　刘少奇同志在《论党》中指出："党的干部就是党的领导骨干，中国革命的领导骨干。"这就是说，我们党和国家的干部，是在中国革命和建设事业中，在党和国家政府、军队、人民团体和经济文化组织中工作，并对人民群众起着领导作用和骨干作用的人员就是干部；马克思主义干部观的基本思想以及它的本质特征，就是马克思早就提出的，毛泽东一贯坚持的，党的一切干部都是"社会的负责

---

　　① 《马克思恩格斯选集》第 4 卷，第 270 页。
　　② 《斯大林选集》下卷，第 373 页。

的公仆或叫做社会本身的负责勤务员"。党的干部是人民的公仆，这是我们党的干部同一切剥削阶级国家的官吏及其他阶级政党的干部的根本区别。保持党的干部为人民公仆的本质特征，保持党的工人阶级先锋队性质，保持国家政权的执政地位，确保党和国家领导权牢牢掌握在忠诚于马克思主义的人手里，以及社会主义性质的核心内容和基本条件。因为党是工人阶级的先锋队，全心全意地为人民服务是我们党的唯一宗旨。党的性质就决定了党的干部只能是人民的公仆，而决不能做官当老爷，这种关系不能本末颠倒。党的干部要深刻认识党的干部和人民群众的这种正确关系，要摆正主人和公仆的关系，特别是对执政党更有重大历史意义和现实意义。

　　我们党在毛泽东、邓小平第一代、第二代党中央的正确领导下，非常重视干部建设，对干部队伍建设进行了精辟的论述。毛泽东在中国共产党第八届第二次会议的讲话中就明确指出："我们党有成百万有经验的干部。我们这些干部，大多数是好的，是土生土长，联系群众，经过长期斗争考验的。我们有这么一套干部：有建党时期的，有北伐战争时期的，有土地革命战争时期的，有抗日战争时期的，有解放战争时期的，有全国解放以后的，他们都是我们国家的宝贵财产。东欧一些国家不很稳，一个重要的原因就是他们没有这样一套干部。我们有在不同革命时期经过考验的这样一套干部，就可以'任凭风浪起，稳坐钓鱼船'。"① 我们党的这一套干部是在战火纷飞年代经过长期锻炼和考验的。"这些干部和领袖懂得马克思列宁主义，有政治远见，有工作能力，富于牺牲精神，能独立解决问题，在困难中不动摇，忠心耿耿地为民族、为阶级、为党而工作。党依靠着这些人而联系党员和群众，依靠着这些人对于群众的坚强领导而达到打倒敌人之目的。这些人不要自私自利，不要个人英雄主义和风头主义，不要懒惰和消极性，不要自高自大的宗派主义，他们是大公无私的民族的阶级的英雄，这就是共产党员，党的干部，党

----

① 《毛泽东选集》第五卷，第 327 页。

的领袖应该有的性格和作风。"① 这个概括和总结，是很深刻的，很
精辟、很全面地揭示了我们党和国家干部应有的独特的性格和革命
风格。

　　邓小平同志继承和发展毛泽东建党学说中关于干部理论的思想
并有创新与发展。他在扩大的中央工作会议上的讲话中指出："现在，
我们的党员中，有百分之七十几到八十是全国解放以后入党的。但
是，这些党员，都是在实际斗争中涌现出来的。我们的党员绝大多
数是好的。特别要指出的是，我们的干部绝大多数是好的，我们有
好的骨干。现在，县以上的主要骨干，军队团以上的主要骨干，大
多数是经过长期革命斗争锻炼的。地委一级干部大都是抗日战争初
期入党的，县委书记多半是抗日战争中期入党的，当然也有一批新
的。这些骨干，是经过风浪的，是很可宝贵的。现在，我们的干部
又有了十二年社会主义革命和建设的经验，包括正面的经验和反面
的经验。正面的经验是很重要的，反面的经验也是很重要的……我
们有了反面的经验，就增加了'免疫力'。我们的干部，经过历次革
命斗争的锻炼，又有了十二年建设经验，是我们党的好的骨干。"② 邓
小平同志重视党的干部是一贯的，他在政务院第二百二十一次政务
会议讨论教育工作时就指出："我记得毛主席曾说过，为什么全国就
没有比我当主席的薪水更高的呢?过去我们想请各行各业开个名单，
提高一些人的工资，说了好久，只是停留在口头上，没有实现。看
来，有些共产党员的头脑里平均主义思想还不少，到处有抵触，结
果是多一事不如少一事，不了了之。这次我建议文委在自己管理的
范围内提出一个名单，科学家可以选一二百人，不讲名望，就是选
那些贡献突出的，真正有本事的。大学教授也可以选一二百人。还
要订出章程来，这样就可以推动那些思想不通的人。"③ 这种决策指

① 《毛泽东选集》第一卷，第 277 页。
② 《邓小平文选》第一卷，第 299 页。
③ 《邓小平文选》第一卷，第 210～211 页。

导思想是有远见的。这对促进我们党发展生产力，重视教育，重视人才是具有重大意义的。

邓小平同志在党的"七大"关于修改党的章程的报告中就指出，"我们向每一个普通的党员都提出了严格的要求，那末，我们就需要向党的干部提出更严格的要求。党的各级组织中的骨干，受到了党和人民更多的信任，因此，他们对于党和人民，显然也比普通党员负有更高的责任。根据粗略的统计，全党有相当于县委委员一级以上的干部三十多万人，这三十多万人的工作的好坏，对于党的事业有决定的影响。"党要管干部，要把党的干部工作提高到一个新的水平，使全党任何部门、任何职位的干部都受着党的认真的监督和具体帮助，使党的干部的质量，不断地得到提高，而这也就是全体党员、干部质量不断地得到提高的主要条件。邓小平同志在1962年11月29日在接见参加组织工作会议和全国监察工作会议的同志时就指出："党要管党，一管党员，二管干部。对执政党来说，党要管党，最关键的是干部问题，因为许多党员都在当大大小小的干部。"还特别指出："要说服我们的干部，造成一种能下的空气。生活待遇和政治待遇可以不降低。要劝说一批同志去担任荣誉职务，比如在一个县，当个县的政协委员、政协副主席。省也是这样。""我提出干部能上能下，是不是可以试验一下，先从基层做起。"邓小平同志提出的一个干部要能上能下，要能领导人，又能被领导。在被领导时还可以起个帮助领导的作用。"在一个企业，一个学校，也可以采取这种办法"。邓小平还指出："这对干部是一个锻炼。这个问题，中央没有议过，是我第一次发表这个意见。当上一二十年的支部书记，又是'一帮子'，他的话差不多就是'圣旨'，这对于发扬民主，贯彻执行民主集中制，都不利。"还对干部的监督、交流、学习、训练等等，提出了极为宝贵的意见。

值得我们重视的是党的十一届三中全会以后，向全国发出了关于"尊重知识，尊重人才"的伟大号召，并指出："我们要实现现代化，关键是科学技术要能上去。发展科学技术，不抓教育不行。靠空讲不能实现现代化，必须有知识，有人才。没有知识，没有人才，怎么上得去？""一定要在党内造成一种空气：尊重知识，尊重人才。要反对不尊重知识分子的错误思想。不论脑力劳动，体力劳动，都是劳动。从事脑力劳动的人也是劳动者。将来，脑力劳动和体力劳动更分不开来。发达的资本主义国家有许多工人的工作就是按电钮，一站好几小时，这既是紧张的、聚精会神的脑力劳动，也是辛苦的体力劳动。要重视知识，重视从事脑力劳动的人，要承认这些人是劳动者。"① 这就把我国的科学、技术、教育提高到了一个新的发展阶段。

第四，有好的传统、好的作风。

邓小平同志在扩大的中央工作会议上的讲话就指出："我们党的好传统、好作风，就是毛泽东同志所概括指出的，理论与实践相结合的作风，联系群众的作风，自我批评（当然也包括批评）的作风。总的来说，就是毛泽东同志所说的实事求是的作风。"② 这"三大作风"是我们党的传统作风，是毛泽东同志的创造。党要教育和责成执政党的党员干部要具有充分的民主精神，高度的革命热情，和蔼的态度，积极的工作，刻苦的作风和政治家的风度。邓小平指出："我们同志的态度要谦和，要诚恳，要尊重其人格，尊重其意见；不要锋芒毕露，自以为是政治家，而要善于根据不同对象去进行政治解释工作。感情的联络也是必要的，因为这对政治上的接近是有帮助的。"③ 党的好作风反映一个共产党员、党的干部的政治品质和工作态度及革命精神。

邓小平同志在谈到刘伯承同志 50 寿辰时指出，他热爱国家，热爱人民，热爱自己的党，是一个共产党员必须具备的优良品质。我们的伯承同志不但具备了这些品质，而且把他的全部精力献给了国

---

① 《邓小平文选》第二卷，第 40～41 页。
② 《邓小平文选》第一卷，第 299 页。
③ 《邓小平文选》第一卷，第 17 页。

家、人民和自己的党。在 30 年的革命生活中，他忘记了个人的生死荣辱和健康，没有一天停止过自己的工作。他常常担任着最艰苦最危险的革命工作，而每次都是排除万难，完成自己的任务。他为国家和人民的解放事业负伤达 9 处之多。他除了国家和人民的福利，除了为党的事业而努力，简直忘记了一切。在整个革命过程中，他树立了不可磨灭的功绩。给我们树立了光辉的榜样。刘伯承同志独特作风，对自己不"一味逞英雄"，充"山大王"，对工作是兢兢业业以求实现的。从未粗枝大叶，"深入海底"；在日常生活中，处处体现着共产党员热爱国家和人民的本色。

邓小平同志经常说，有了好帅，好的领袖才能带出好兵来。他指出："现在我们有了这样好的党中央，有了这样英明的领袖毛泽东同志，这对于我们党是太重要了。但这是不是说问题已经完全解决了呢？没有的。有了中央正确的领导，还必须有忠实执行中央指示的各级党的组织和干部。如果我们各级党的组织和干部还充满着主观主义、宗派主义、党八股这些歪风，中央的正确领导是无法实现的。"① 党的好作风，好传统，是实现党的任务的根本保证，是一个共产党员，一个干部思想入党的生动体现！邓小平同志多次强调自己改造自己，自觉进行世界观的改造做自觉的战士。他多次讲我们党整风的经验。他指出："说到我们自己，一定要承认：不仅普通的党员，而且有不少相当负责的干部，都存在着不同程度的思想不纯、作风不正的问题。我们可以毫不夸大地说，许多同志的思想意识中都存在着非无产阶级的东西。过去我们同志对自己往往是估计过高的，党的组织对干部的了解也是不深刻的。整风经验证明：认识自己不是一件容易的事，人们常常是夸大自己好的一面，对于自己的弱点总是原谅的，还往往把弱点看成优点。所以必须在集体的整风中，经过自己的努力和别人的帮助才能发现自己的弱点，重新认识

---

① 《邓小平文选》第一卷，第 88 页。

自己，改造自己。"① 这就是说在革命队伍中正确认识自己，客观估计别人是一个重要问题，特别是干部之间，领导干部之间，上下级之间以及同党外的非党干部之间是一个原则性问题，这个问题不解决好，就很难团结别人。

对于老干部特别是领导干部更要特别注意这个问题。邓小平指出："各地整风的材料证明：有些同志虽然为革命奋斗了多少年，最近经过了深刻的反省和别人帮助之后，才认识到自己还不是一个完全的无产阶级战士，还没有最后地确立自己的革命人生观，或者是组织上入了党，思想上还没有完全入党，一只脚跨进了党门，还有一只脚是站在门外的。这样的同志，经不经得起大风浪呢？假如不改造，当然是很困难的。"② 这个基本思想至今还有现实意义。邓小平同志对保持优良作风反对不良作风，加强自身素质的提高有精辟的论述。他要求每个同志都要下定决心把自己的思想作风整顿好，要从自身作起，这样做主要是靠自己下苦功夫。要自己抱有高度的革命热情和对党负责的精神，要胸怀坦白，有"脱裤子"、"割尾巴"的精神；要具有帮助别人整风的勇气，这是我们对党、对同志应有的态度，要有自我批评和批评别人的精神，反对庸俗的作风；要把整风与检查工作联系起来，要感到思想上有压力，要改正过去的缺点和毛病；要提倡知无不言，言无不尽的态度，对同志、对自己、对上级都抱有这种态度。总之，我们要发扬党的优良传统作风。

邓小平同志说："在党的第七次全国代表大会时，毛泽东同志把党风概括为三条：第一，这个党必须是理论同实际相结合的党；第二，这个党必须是密切联系群众的党；第三，这个党必须是建立在自我批评基础上的党。"③ 我们一定要按照传统作风，按照党章的规定，建立党员与党的正确关系。党员对党、对工作、对问题、对领

---

① 《邓小平文选》第一卷，第 89 页。
② 《邓小平文选》第一卷，第 89～90 页。
③ 《邓小平文选》第一卷，第 346 页。

导人，都有权按组织原则，在党的范围内，提出批评和意见，并且有权保留自己的意见。在党内是允许的。这是我们党的传统作风。邓小平指出："我们党还有一个传统，就是有理想，有志气，不怕'鬼'。当然，应该说，这个传统从马克思起就有了的。我们党历来是有理想，有志气，不怕'鬼'的。尽管这几年我们有一些想法和做法不切实际，也不要因为批判了这些东西，就丧失了理想，丧失了志气，就怕起'鬼'来了。""现在有各种'鬼'，可能有这样一种丧失信心的'鬼'。全党要防止这种'鬼'。我们还是要有理想，有志气，把事情搞好。我们相信，我们自己是能够克服缺点，改正错误，把事情搞好的。"① 不怕鬼是我们共产党人的特殊作风，特殊性格，也只有中国共产党人才具有这种性格，这已被我们的历史所证明。

　　好的传统作风，必须有制度来保证，这也是必然的。这也是邓小平同志的一贯思想，他是非常注意制度建设的，是邓小平建党学说的一个重要特点。他说："我们还有一个传统，就是有一套健全的党的生活制度。特别是遵义会议以后，在毛泽东同志领导下，我们党建立了一套健全的党的生活制度。比如民主集中制；团结——批评——团结的方法；言者无罪、闻者足戒，惩前毖后、治病救人；批判从严、处理从宽，不搞过火斗争、无情打击；艰苦朴素、谦虚谨慎，等等。这些都是毛泽东同志一贯提倡的，是我们的党规党法。应该说，除了像前面所说的犯错误的时期以外，多少年来，我们是努力这样做的。毛泽东同志和党中央的许多领导同志，历来都强调谦虚谨慎。""我们党的好传统当然不止这些，我只是举例来说的。"还强调指出："我们党有这些好的传统，所以我们党历来是团结的，统一的，有战斗力的。"②

　　第五，有好的人民，人民对我们党有最大的信赖。

----

① 《邓小平文选》第一卷，第299～300页。
② 《邓小平文选》第一卷，第300页。

　　党和人民群众的关系是邓小平关于党的学说的一个根本原则问题。密切联系人民群众，带领人民群众前进，是党领导群众的基本原则。党要善于说服人民群众，使人民群众确信党的路线、方针和政策是正确的。因为党和人民的事业，单靠先锋队是不能胜利的。党的力量在于保持党和千百万非党群众之间的活的联系，这种联系愈实际，我们的成就就愈可靠。因此，我们要把党的方针政策变为人民群众的方针和政策，就必须坚持长期的、百折不挠的、艰苦卓绝的、耐心不怕麻烦的努力。没有这样一种努力是一切都不能成功的。因此，党要实行正确的领导，必须善于把最高的原则性和群众最广泛的联系结合起来，把领导者的经验和群众的经验结合起来。执政党的领导，最大最严重的危险之一，就是脱离人民群众。党、阶级同人民群众必须建立正确的相互关系，巩固党同人民群众的联系。

　　中国共产党人的宗旨是一切为了群众，全心全意地为人民服务。人民群众是创造世界历史的动力。相信人民群众，依靠人民群众，要在党的一切工作中贯彻群众路线。只要我们能够掌握马克思列宁主义的科学理论，信任人民群众，紧紧地和人民群众一道前进，这样我们完全能够超越任何障碍和战胜任何困难的，我们的力量是无敌的。毛泽东指出，人民，只有人民，才是创造世界历史的动力。因此，共产党区别其他任何政党的显著标志，就是和最广大的人民群众取得最密切的联系，一刻也不脱离人民群众。坚持向人民负责和向党的领导机关负责的一致性。毛泽东指出："应该使每个同志明了，共产党人的一切言论行动，必须以合乎最广大人民群众的最大利益，为最广大人民群众所拥护为最高标准。应该使每一个同志懂得，只要我们依靠人民，坚决地相信人民群众的创造力是无穷无尽的，因而信任人民，和人民打成一片，那就任何困难也能克服，任何敌人也不能压倒我们，而只会被我们所压倒。"①

　　邓小平指出："我们党是一个密切联系群众的党。这也是我们一

---

① 《毛泽东选集》第三卷，第1096页。

个好的传统。我们国家的人民是有高度政治觉悟的人民。毛泽东同志多次讲过这么一个例子：在红军过草地的时候，伙夫同志一起床，他不问今天锅里有没有米煮，却先问向南走还是向北走。向南走向北走是当时最重要的战略问题（因为张国焘主张南下，干扰北上的方针）。这说明我们军队里的战士都是关心战略的。"① 这就是说"我们的人民懂得顾大局。他们有理想，不会丧失信心。大家知道，在土地革命战争的时候，在抗日战争的时候，在解放战争的时候，人民为了支援军队，把什么东西都拿出来了。这些年来，只要我们真正依靠人民，跟人民讲清道理，人民，不论工人也好，农民也好，知识分子也好，爱国民主人士也好，都是识大体、顾大局的，都是相信跟着党走是对的。"② 在亿万人民群众中，"听党的话，跟着党走"成为人民的心声。

党和人民群众的关系问题，历来是党的生存和发展的关系问题。善于把党的路线、方针和政策转化为人民群众的行动，善于使我们的每一个运动、每一个斗争，不但领导知道，使广大人民群众都知道，并且使人民群众都能懂得与掌握，这是马克思主义的领导艺术。从党同群众的联系来看，为什么我们党会有强大的力量呢？因为它在自己的周围有广大的同情党的非党积极分子，广大的人民群众的支持和信赖。如果党在自己的周围没有这些广大的同情党的积极分子，它就不能领导千千万万的工人阶级和人民群众去斗争，去争取胜利。如果没有人民群众的帮助和支持，党就不能实现对亿万人民群众的领导，这是党的领导的基本规律之一。马克思主义者从来就认为无产阶级的革命与建设事业，只能依靠人民群众，共产党人在劳动人民中间进行工作的时候，必须采取民主的教育的方法，决不能允许命令主义的态度，强制的手段。这是必须遵循的一个基本原则。

我们党是人民群众的忠实代表。群众路线是我们党的根本路线。

---

① 《邓小平文选》第一卷，第 300 页。
② 《邓小平文选》第一卷，第 301 页。

党离不开人民，人民离不开党，这是邓小平建党学说的一块基石，一条根基。党是根植在人民群众之中的。我们有好的人民，人民对我们党有最大的信赖。因为我们的唯一宗旨就是全心全意地为人民服务。我们七十多年执行着毛泽东同志概括的马克思主义的认识论，成为我们党和党政领导者的行动指南。毛泽东同志在《关于领导方法的若干问题》中就明确指出："在我党的一切实际工作中，凡属正确的领导，必须是从群众中来，到群众中去。这就是说，将群众的意见（分散的无系统的意见）集中起来，（经过研究，化为集中的系统的意见），又到群众中去作宣传解释，化为群众的意见，使群众坚持下去，见之于行动，并在群众行动中考验这些意见是否正确。然后再从群众中集中起来，再到群众中坚持下去。如此无限循环，一次比一次地更正确、更生动、更丰富。这就是马克思主义的认识论。"这不仅是正确的领导方法、思想方法和领导艺术，而且是党相信和依靠人民群众的根本态度，是世界观、方法论的着眼点和落脚点，也是党和人民群众关系的深刻体现和规律性的反映。

当然，在党的领导活动和实践中，"我们一些同志滥用了人民对党的信任，滥用了党的威信，群众是不满意的。但是，当我们犯这样的错误的时候，群众还是这样想：共产党不见了。当我们改正错误的时候，人民群众就说：共产党回来了。这样的人民，是很好的人民。我们不依靠人民，不走群众路线，是毫无道理的。"①

总之，"上面所讲的，是对我们党的一个总的估计。再说一遍，我们党有五好：有好的指导思想，有好的中央，有大批好的骨干，有好的传统，有好的信赖党的人民。这样的党，既然能够领导人民取得革命的胜利，也一定能够领导人民取得社会主义建设的胜利；既然能够把国内工作搞好，也一定能够在国际共产主义运动中担负起自己应负的责任。"② 30多年过去了，我们党坚持了党的独特优点和

---

① 《邓小平文选》第一卷，第301页。
② 《邓小平文选》第一卷，第301页。

邓小平同志概括的基本特征，保持了党的优良传统和作风。正如邓小平指出的，我们党执了政，掌了权，就要担负起把国家引导到社会主义道路去和进行建设的艰巨任务。我们党不仅坚持继承了以毛泽东同志独创的风格和作风，而且在这个基础上，执政40多年来，我们党又有新的创造和发展，在邓小平建设有中国特色社会主义的理论指引下，把我国的社会主义建设推向了一个新的发展阶段。

（三）坚持和完善中国共产党领导的多党合作和政治协商制度是加强和改进党的领导的重要组织形式。

在我国多党合作是长期革命斗争中形成和发展起来的一种统一战线的组织形式，也是我国特色的产物。统一战线的理论是马克思主义关于党的学说的一个重要组成部分。马克思和恩格斯早就表述过共产党要同其他民主政党、其他工人阶级政党联合的思想。他认为像德国和法国这样农民占人口多数的国家，工人阶级要联合自己的天然同盟军——农民的思想。这就是他们的革命统一战线的思想；列宁、斯大林也特别强调俄国工人阶级在民主革命中要联合全体农民，特别是在社会主义革命中要联合贫农和中农。他强调无产阶级专政是劳动人民在无产阶级领导下的特殊的阶级联盟。

从根本原则上讲，无产阶级要联合一切可以联合的同盟者，无论是在无产阶级夺取政权以前或者是夺取政权以后都具有重大意义；毛泽东同志在领导中国革命的斗争实践中，进一步发展了马克思列宁主义的统一战线的思想。以毛泽东为核心的党中央第一代领导集体，不仅把统一战线这个革命的战略和策略问题作为我国革命和建设的三大法宝之一，而且发展成为一个完整的理论体系。在党的历史上，它不仅是在新民主主义革命时期，而且是在社会主义革命与社会主义建设时期，中国共产党领导下的广泛统一战线，多党合作制度，是我们党具有独创性的一项重要经验，具有重大的历史意义和现实意义。

在统一战线问题上，我们要把握住两个基本点，这就是：一要组成一个包括全民族绝大多数人口的最广泛的统一战线，没有这样一个统一战线，无论是民主革命还是社会主义革命与社会主义建设要取得胜利是不可能的；二是这个统一战线必须是在中国共产党领导下。没有共产党的坚强领导，任何统一战线是不能胜利的。就是说，我们党的统一战线不但对于农民和其他劳动人民采取联合的政策，而且，对于非劳动人民的民族资产阶级的大多数和其他爱国民主分子也采取联合的政策。

　　早在中华人民共和国成立前夕，周恩来在人民政协作《共同纲领的特点》的报告中就指出，中华人民共和国的政权制度是属于社会主义范畴，但又不完全同于苏联的制度，因为我们的政权是工人阶级领导下的各革命阶级联盟的政权，多党合作是我国的一大特色。这是从我国的历史情况出发的。周恩来说："党派的存在与否，不取决于任何政党或个人的主观愿望，而是由客观的历史发展所决定的。苏联在十月革命以后，列宁也曾经想争取同社会革命党合作，同少数派孟什维克合作，甚至想争取资产阶级能够赞成国家资本主义。但是，由于第一个社会主义国家的苏联当时正遭到十四个国家的武装干涉，同时又进行着国内战争，俄国资产阶级和其他党派都敌视苏维埃政权，只剩下一个俄国共产党继续把十月革命的胜利坚持下去，因此在苏联就没有完全实现列宁提出的跟各党派合作的设想。然而，在我国的具体历史条件下，列宁的设想实现了。"特别是在建国以后，"各民主党派都是为社会主义事业服务的。"毛泽东同志在1956年提出了中国共产党和各民主党派"长期共存，互相监督"的方针。1957年4月周恩来同志作《长期共存，互相监督》讲话中，对这个方针的正确性和在社会主义建设时期继续保持共产党领导下的广泛统一战线和多党合作的必然性、必要性，进行系统的论述和说明。他说："既然我们在民主革命时期和社会主义改造时期，都能和民族资产阶级、各民主党派共同合作，团结在一起，那么，怎么能够设想进入社会主义建设时期，就不能同民主党派、党外人士继续合作下去呢？""各民主党派联系群众的方面不同，可以听到一些不同意见，对中国革命和建设是有利的。"周恩来同志多次论述了我国人民民主统一战线的新发展，全面阐明了中国共产党领导下广泛统一战线和多党合作制度的组织形式，在社会主义建设时期所担负的任务具有重大历史意义。

邓小平同志对党的统一战线理论进行过精辟的论述。他说："统一战线工作，是党中央和毛主席多次提出、明确指示要加强的。我们革命的胜利是和统一战线工作分不开的，没有统一战线，仗不会打得那样好，即使打胜了，工作也不会做得那样好。但是我们的干部并不是都认识到了它的重要性。所以，党中央、毛主席又重新提出来"他对关于进一步加强统一战线工作的指示进行了说明，在分析了当时人民民主统一战线空前扩大、发展和深入的新形势下，号召全党利用一切有利条件，更加发展人民民主统一战线。提出了首先就要把统一战线的重要性和原则性弄清楚。实际上联合谁打击谁的问题，这是首先从思想上要解决的问题。他指出："我们有的部队同志把胜利只看作是枪杆子打出来的，这是不全面的。从历史来看，党中央、毛主席对统战工作一直很重视，做得很精心。我们的胜利，一方面是靠枪杆子打出来的，另一方面也和统战工作分不开。长征到达陕北时，红一方面军只有六千人，加上陕北红军二十五军、二十六军一共只有一万几千人，被十多万敌人包围，非常困难。党把一些最好的干部派去做统战工作，加上其他方面的工作，在'双十二'事变后形成了抗日救国的新局面。"① 他还指出："抗日战争时期，我们部队到达华北、华中后，人人感到需要有统战工作，因为我们有了朋友就可以站住脚跟。那时甚至对一个碉堡的伪军，都拼命地去做统战工作。在解放战争中，我们聚精会神地从政策等各个方面去做工作，争取了各民主党派。蒋介石也争取他们，但我们胜利了。我们由于得到了各阶层人民、各民主党派的支持，理直气壮，士气很高，才打胜了。抗美援朝开始的时候，有些人，包括一些民主人

---

① 《邓小平文选》第一卷，第185页。

士、工商界和知识界人士，有疑虑。后来由于加强了工作，各界都赞成、拥护，各民主党派发表联合宣言，资产阶级也出来游行，这样就长了自己的志气，灭了敌人的威风。我们有的同志不了解各民主党派联合宣言的意义，以为照例是官样文章，但是各阶层的人民很重视……在历史上，统一战线是决定革命胜利的三大因素之一。没有统一战线工作，任何一件事情都是办不好的。"①

党的十一届三中全会以后，在以邓小平为核心的党中央第二代领导集体的坚强领导下，对加强多党合作的理论、原则、政策和实践有了很大发展。中国共产党同各民主党派合作共事进入了一个新的历史时期，民主党派的社会基础也发生了很大变化，他们成为一部分社会主义劳动者和一部分拥护社会主义的爱国者的政治联盟。

邓小平同志根据新的历史时期阶级斗争的实际状况，社会主要矛盾的深刻变化和党的工作重点转移，对统一战线的性质、任务、方针和政策作了深刻的阐述，进一步丰富和发展了毛泽东建党学说关于多党合作理论和战略。党的"十二大"重申要继续坚持"长期共存，互相监督，肝胆相照，荣辱与共"的方针。对小平同志多次强调指出：在中国共产党领导下，实行多党派合作，这是我国政治制度的一个独特优点和特点；各民主党派已成为各自所联系的一部分社会主义劳动者和一部分拥护社会主义的爱国者的政治联盟，都是在中国共产党领导下为社会主义服务的政治力量。因为政党制度是政治制度的一个重要组成部分，我国实行的共产党领导、多党合作的政治制度体制，是马克思列宁主义在中国的运用和创造，符合中国国情，具有中国特色。也就是说，中国共产党在国家政治生活中处于领导地位，不是各党派轮流执政，轮流坐庄，民主党派是参政党、议政党，而不是在野党、反对党。民主党派通过多种渠道和方法、方式，发挥民主监督的作用，同心同德把我国的大业建设好。这就为我国的多党合作制度进一步制度化、法制化奠定了基础。

---

① 《邓小平文选》第一卷，第185～186页。

　　我国多党合作的政治制度，根本不同于西方国家的多党制或西方两党制。有些人宣扬政治多元化、多党制，实质上就是要否定中国共产党在国家和社会生活中的领导地位，用资产阶级的政治制度代替社会主义的政治制度，如果这样做，必将出现党派纷争，四分五裂，政局动荡，社会主义公有制瓦解，资本主义私有制复辟，几十年的革命和建设成果就将毁于一旦。历史是不会倒退的，因此，坚持四项基本原则，是中国共产党与各民主党派合作的政治基础。

　　我国的各民主党派接受中国共产党的领导，并在国家政治生活中发挥参政、议政以及监督作用，这是构成有中国特色的政党制度的基本内容，也是个重要标志。他们参加政权组织，参与国家大政方针和国家领导人选的协商、参政、议政以及国家事务的管理活动。并对国家的路线、方针、政策、法律、法令、法规、条例的制定和执行，等等。这些都是民主党派参政、议政的基本内容；在我国的政党制度中，民主党派成员、无党派人士都占有适当比例，在政协成员中，民主党派和无党派人士都占有一定比例，在中央与地方政府及有关部门担任领导职务，聘任为顾问或参加咨询工作。要充分发挥民主党派和无党派人士的监督作用，是坚持和完善共产党领导的多党合作和政治协商制度的重要环节，我们要支持民主党派和无党派人士履行监督职责，这有利于加强和改善党的领导，密切党同人民群众的联系。也有利于发扬社会主义民主，实行决策的民主化和科学化。

　　当然，我们党在民主党派和无党派人士的合作共事中，要善于把党的政策和正确的领导方法、思想方法、工作方法结合起来。既要增进共同性，又要注意差异性；既要有原则性，又要有灵活性；既要讲团结、合作、友谊、人情，又要有善意的帮助；既要有批评，又要有自我批评；既要反对关门或敷衍态度，又要反对迁就的态度，这些都是成功的经验。

　　在中国革命和建设的长期斗争实践中，我们党成功地解决了同民主党派长期共存合作共事的问题，形成了具有特色的中国共产党领导下的多党合作制度。邓小平同志为进一步发展和完善这一政治制度作出了突出贡献：

第一，邓小平阐明了我国各民主党派存在的社会基础根本变化及其性质和历史的重大意义。

我国各民主党派是中国共产党领导的，为建设有中国特色的社会主义的政治力量，是我们党发扬人民民主、联系各方面人民群众的一个重要组织。也是发扬社会主义民主的主要组织和联系人民群众的重要纽带。邓小平指出："在中国共产党的领导下，实行多党派的合作，这是我国具体历史条件和现实条件所决定的，也是我国政治制度中的一个特点和优点。1956年我国社会主义制度基本确立以后，党中央、毛泽东同志又进一步提出了同各民主党派实行'长期共存，互相监督'的方针，这是一项长期不变的方针。在当前新的长征中，在四项基本原则的指引下，实行互相监督，充分发扬社会主义民主，加强社会主义法制，对于增强和维护安定团结，共同搞好国家大事，是十分重要的。在国家政治生活和各项事业中，由于中国共产党居于领导的地位，党的路线、方针、政策正确与否，工作做得好坏，关系着国家的前途和社会主义事业的成败；同时，由于我们党的执政党的地位，我们的一些同志很容易沾染上主观主义、官僚主义和宗派主义的习气。因此，对于我们党来说，更加需要听取来自各个方面，包括各民主党派的不同意见；需要接受各个方面的批评和监督，以利于集思广益，取长补短，克服缺点，减少错误。我们热诚地希望各民主党派和工商联都以主人翁的态度，关心国家大事，热心社会主义事业，就国家的大政方针和各方面的工作，勇敢地、负责地发表意见，提出建议和批评，做我们党的诤友，共同把国家的事情办好。"① 这就把民主党派在建设具有中国特色的社会主义进程中的地位、作用和意义讲清楚了，也阐明了中国共产党过去同各民主党派的历史和我国实行多党制的发展过程，以及在新

----

① 《邓小平文选》第二卷，第205页。

的历史条件下,为什么还要坚持、继承和发展的重大现实和历史意义。

邓小平论述了我国实行多党合作和政治协商制度所必须坚持的基本原则。邓小平指出:"我们国家也是多党,但是,中国的其他党,是在承认共产党领导这个前提下面,服务于社会主义事业的。我们全国人民有共同的根本利益和崇高理想,即建设和发展社会主义,并在最后实现共产主义,所以我们能够在共产党的领导下团结一致。我们党同其他几个党长期共存、互相监督,这个方针要坚持下来。但是,中国由共产党领导,中国的社会主义现代化建设事业由共产党领导,这个原则是不能动摇的;动摇了,中国就要倒退到分裂和混乱,就不可能实现现代化。"① 这就告诉我们:中国的多党制是有自己的特色和基本原则的,我们有共同的理想、愿望和历史使命。我们有党的路线、方针、原则和具体政策。我们党随着历史的发展和社会的不断前进,特别是随着国内阶级状况的根本变化,各民主党派已经由原来主要联系代表民族资产阶级和小资产阶级的党派,转变成为各自联系一部分社会主义劳动者和拥护社会主义的爱国者的政治联盟。

各民主党派是同中国共产党长期风雨同舟、患难与共的亲密战友,是我国爱国统一战线的一支重要力量,也是维护我国安定团结、促进社会主义现代化建设和祖国统一的一支重要力量。我们党和各民主党派的共同任务,就是坚持社会主义初级阶段的"一个中心、两个基本点"的基本路线,为建设有中国特色社会主义事业而奋斗! 从它们的政治纲领,政治实践和成员的构成发生了重大变化。各民主党派实质上已经成为以一部分社会主义劳动者为主体的政党,为建设有中国特色的社会主义服务的一个政治组织。这种根本变化,使我们党同各民主党派之间进一步形成了新型的社会主义政党关系,这就把爱国主义、社会主义一致性更加有机结合起来,成为我国多

---

① 《邓小平文选》第二卷,第 267 页。

党合作的社会基础,开辟了新的前景和明确了社会发展的前进方向,使中华民族在新的创业中各自发挥自己的力量,为我国的统一大业做出应有的贡献。这是新的历史时代发展的必然趋势。

第二,我国的多党合作和政治协商制度,是以中国共产党的领导为前提的,以服务于社会主义事业为共同奋斗目标的。

我国是工人阶级领导的以工农联盟为基础的人民民主专政的社会主义国家。党是社会主义事业的领导核心,是执政的党。而各民主党派是各自所联系的一部分社会主义劳动者和一部分拥护社会主义的爱国者的政治联盟。是接受中国共产党的领导的,同我党通力合作,共同致力于社会主义事业的亲密友党,是我国的参政党、议政党。因此,我国的多党合作必须坚持中国共产党的领导,必须坚持四项基本原则,这是我们党同其他各民主党派合作的政治基础和思想前提。党对各民主党派的领导是政治、思想和组织领导,主要是从宏观上、总体上的领导,主要是政治方向和重大方针、政策的领导。

中国共产党领导的多党合作和政治协商制度是我国一项基本政治制度。我们党和各民主党派团结合作,互相监督,共同致力于建设有中国特色的社会主义和统一祖国、振兴中华的伟大事业。邓小平指出:"人民政协是在共产党领导下实现各党派和无党派人士团结合作的重要组织,也是我们政治体制中发扬社会主义民主,实行互相监督的重要形式,它在我国各族人民中享有很高的威信"。"今后人民政协要广泛联系各界人士,充分发挥民主协商和监督作用。要继续推动各界人士学习马列主义、毛泽东思想,学习专业知识。""我们相信,人民政协在为发展我国社会主义现代化建设,实现台湾归回祖国和反对霸权主义、维护世界和平的事业中,必将发挥更大的作用。"人民政协、各民主党派都是发扬社会主义民主的重要组织和联系人民群众的重要纽带。要创造各种条件,进一步活跃这些组织的工作。我们要广开言路,坚持不抓辫子、不扣帽子、不打棍子的"三不主义",让各方面的意见、要求、批评和建议充分反映出来,以利于政府集中正确的意见，及时发现和纠正工作中的缺点、错误，把我们的各项事业推向前进。

要和各民主党派、各人民团体建立良好的关系。邓小平指出："要认真搞好党与党外人士的合作共事关系。现在我们同党外人士的合作共事，是建立在共同建设四个现代化这一崭新基础之上的，是一种社会主义的同志式的合作共事关系。对于党外人士，政治上要充分信任，工作上要放手使用，切实保证他们在主管范围内有职、有权、有责，充分发挥他们主人翁的责任感和积极性。在提职提级、授予职称、调整工资、考核奖励、出国考察等方面要一视同仁，不得歧视。在生活上要关心照顾，采取积极态度改善他们的工作条件和生活条件，保证他们的主要精力从事专业工作，热情地帮助他们做出成绩。"我们党完全相信，各民主党派和人民团体，成为拥护社会主义的爱国者的政治联盟，成为进一步为社会主义服务的政治力量。建设和发展社会主义事业，已成为各民主党派、工商联和我们党的共同利益和共同愿望。一定能够在巩固和发展安定团结的局面，促进社会主义现代化建设，发扬民主，加强法制，进行自我教育和促进祖国统一等方面，作出新的贡献。

第三，坚持"长期共存、互相监督、肝胆相照、荣辱与共"的方针。

为了适应国内阶级状况和党派关系的根本变化，我们党的"十六字"方针，是对原来的"长期共存、互相监督"方针，在新的历史条件下的新发展，使我国的多党合作进入了崭新的发展阶段。因为中国共产党领导的多党合作和政治协商制度，是根植在中国这块大地的土壤之中，成为我国社会主义制度不可分割的重要组成部分。任何妄图搬弄西方多党制或两党制，改变我们党的路线、方针和政策都是徒劳的。我国的政治制度是民主集中制的人民代表大会制度，西方的两院制行不通，西方的多党制也行不通。我们也有民主党派，但是他们都接受共产党的领导，我国实行多党合作和政治协商制度。对于这一点，西方许多舆论也认为，像中国这样一个大国，如果没有一个核心来领导，许多事情很难办，首先吃饭问题就解决不了。讲这个话的西方政治家也不得不承认这个客观真理。

我们党的基本方针必须长期坚持。邓小平指出："我们一定要坚持'长期共存，互相监督'，'肝胆相照，荣辱与共'的方针，加强同各民主党派、无党派民主人士和一切爱国的党外朋友们的合作，为开创我国社会主义现代化建设的新局面，为开创爱国统一战线的新局面，为开创人民政协工作的新局面而共同奋斗。"就是说，我国各民主党派在民主革命时期同我们党共同奋斗，在社会主义时期同我们党一道前进，一道经受考验。在今后的建设有中国特色的社会主义中，我们中国共产党还要同所有的爱国民主党派和爱国民主人士长期合作共事。我们党和党外朋友的关系，就是要坚持成为肝胆相照、荣辱与共的亲密关系。因此，由中国共产党领导的，有各民主党派和各人民团体参加的爱国统一战线要继续巩固和发展。

在我国实行"长期共存、互相监督、肝胆相照、荣辱与共"，是中国共产党同各民主党派合作的基本方针。我们要加强和改进党的领导，推动社会主义的民主政治建设，保持我国的长治久安，促进我国的改革开放和现代化建设事业的发展，具有重要的意义。我们要积极支持各民主党派成员和无党派人士参政、议政，尊重和发挥他们在政治协商、民主监督中的积极作用。我党作为执政的党，需要接受多方面的监督。我们党要在坚持四项基本原则的基础上，在统一战线工作中，努力创造团结、民主、和谐的气氛，广开言路，为建设具有中国特色的社会主义而奋斗。

党的十一届三中全会以后，在以邓小平为核心的党中央第二代成熟领导集体的坚强领导下，多次明确了党在民主党派方面的根本任务。提出："要尊重民主党派的组织独立性，发挥民主党派的监督作用"。加强同各民主党派、无党派民主人士、少数民族人士和宗教界爱国人士的合作，必须尽一切努力，进一步巩固和加强由全体社会主义劳动者，拥护社会主义的爱国者和拥护祖国统一的爱国者组成的，包括台湾同胞、港澳同胞和国外侨胞在内的最广泛的爱国统一战线，这是我们党长期的一项战略任务。

邓小平同志对民主党派的重要性、性质、任务和方针政策等等重大问题都作了明确的阐述，是对我们党的统一战线理论的重大发展，丰富了科学社会主义的内容，为爱国统一战线理论研究工作指明了方向。这种多党合作是我国政治制度中的一个特点和优点。通过这种多党合作制度的巩固和发展，便于使共产党有更多的渠道，加强同各阶层人民的密切联系，有利于听到不同的意见，收到兼听则明和集思广益的效果，避免主观主义和片面性，有利于党内及时发现和纠正工作中的缺点、错误和不正之风，也有利于调动各民主党派积极为建设有中国特色的社会主义服务和不断前进。

坚持中国共产党与民主党派的民主协商、互相监督，是巩固和发展党同民主党派合作共事的重要原则。也是邓小平建党学说中一个重要组成部分。在新的历史时期，坚持和发展中国共产党领导的多党合作的政治制度，是建设有中国特色社会主义的一个基本特征。因此，坚持和完善中国共产党领导的多党合作和政治协商制度是加强和改进党的领导的重要组织形式。是我们党要长期坚持的，并且要在实践中不断丰富和发展。

第二节　党的领导的基本理论、原则、方法和历史使命

一、党的领导理论的基本规律及加强和改善党的领导的战略意义

党的领导是一门新的学科，是一门阶级性、实践性、应用性和综合性很强的一门科学。党的领导理论就是研究中国共产党如何领导工人阶级和广大人民进行革命和建设并取得胜利的科学。是研究

马克思列宁主义、毛泽东思想关于党的领导基本规律的科学。是研究探讨无产阶级政党——中国共产党怎样通过思想的、政治的和组织的领导，去实施党的领导。

为什么这样说呢？首先，它主要是研究中国共产党在无产阶级革命事业中的地位、作用和意义；党的领导的基本理论、基本原则和基本方法；党的领导制度和领导作风；使党和国家的领导权永远掌握在忠于马克思主义的人手里。还要研究探讨共产党对国家政权、经济建设、统一战线、人民军队、科学、文化、教育、工会、共青团、妇女组织的领导以及党对各条战线的基本方针和政策。其次，要研究揭示无产阶级政党在社会主义、共产主义实践活动中的地位、作用、意义和历史使命的基本原理、原则和指导思想的党性科学；研究探讨无产阶级政党同本阶级、社会集团及一切社会力量的相互关系的一般活动规律和特殊活动规律的科学；研究探讨无产阶级政党如何依据社会发展规律并如何向共产主义过渡的一种发展过程的活动实践性的科学理论；研究探讨以无产阶级政党为核心的阶级、社会集团、领袖、群众，等等之间的一种特殊的相互作用的科学思想理论。其三，党的领导理论，简而言之就是研究探讨马克思主义政党怎样通过思想的、政治的和组织的领导，去实现共产党伟大的历史使命和最终目的的科学。

具体说，邓小平在他的著作、报告、讲话、谈话和指示以及根据他的指导思想，科学论断形成的决议、决定、章程、条例、生活准则等等都有精辟的论述和说明，是博大精深的思想理论宝库。我们应当去研究探讨。特别是邓小平关于党的领导的思想，是邓小平建党学说中一个重要组成部分。他深刻论述了党的领导的基本理论、原则、方法和历史使命。揭示了党的领导的基本规律和特殊规律对加强和改善党的领导具有战略意义。

（一）研究探讨党的领导规律的重要意义。

党的领导理论重点是研究探讨无产阶级的领导职能，充分发挥中国共产党的领导核心作用、组织作用和统帅作用，使我国的社会主义事业沿着马克思列宁主义、毛泽东思想的轨道胜利前进。因为无产阶级政党是根据人类社会发展的客观规律创造一切条件向共产主义过渡的一种发展过程的实践性、行动性和党性很强的科学。无产阶级政党是把马克思列宁主义、毛泽东思想和邓小平建设有中国特色社会主义理论的普遍原理与中国的无产阶级革命和社会主义建设事业的具体实践相结合，解决了中国革命和建设过程中的实际问题，使无产阶级率领广大人民群众，有组织、有纲领、有步骤的自觉活动。党的领导的历史使命和最终目的，是为了实现共产主义的社会制度，使人类走向幸福的康庄大道。因此，它是实践性、应用性、综合性很强的党性科学理论。在认真研究和探讨党的领导理论的重要意义时，恩格斯说过："社会主义自从成为科学以来，就要求人们把它当作科学看待，就是说，要求人们去研究它"，[①]探讨这门科学的一切细节和联系.还深刻地指出："为了使社会主义变为科学，就必须首先把它置于现实的基础之上。"这就告诉我们每一个共产党人，"共产主义不是学说，而是运动。它不是从原则出发，而是从事实出发，被共产主义者做为自己前提的不是某种哲学，而是过去历史的整个过程，特别是这个过程目前在文明各国的实际结果。……在共产主义作为理论的时候，那么，它就是无产阶级立场在这个斗争中的理论表现，是无产阶级解放的条件的理论概括。"[②]

　　党的领导理论作为一门学科，我们如何概括和总结，要弄清这个问题，就必须研究探讨党的活动的特殊规律，研究探讨党的领导学的研究对象才能揭示出它的规律性。毛泽东同志在《矛盾论》一文中指出："科学研究的区分，就是根据科学对象所具有的特殊的矛盾性。因此，对于某一现象的领域所特有的某一种矛盾的研究，就构成某一门科学的对象"。党的领导学，党的领导理论，实际上就是

---

① 《马克思恩格斯选集》第 2 卷，第 301 页。
② 《马克思恩格斯全集》第 4 卷，第 311～312 页。

研究探讨党的领导活动规律这样一门特殊矛盾性的科学。我们认识和掌握这种矛盾性，对于充分发挥党的核心领导作用，保持无产阶级政党的先锋队性质，使党起到组织作用、统帅作用和保证作用具有深远影响和实践指导意义。我们研究探讨党的领导理论，特别是研究探讨邓小平关于党的领导理论、原则和方法，揭示它的规律性、科学性更有它的现实性。因为建立具有中国特色的党的领导的基本原理、原则、制度、方法和对各条战线的领导，以及对提高党政干部特别是领导干部的理论水平、管理水平、组织能力、领导艺术都有重要意义。

（二）党的领导的基本规律及其特征。

党的领导理论是邓小平建党学说中一个重要的不可缺少的组成部分。它自身有一个完整而严密的科学思想和理论体系，是一个有机整体，它的存在和发展有它的内在的有机联系。正如邓小平指出的，中国革命和建设事业为什么要有中国共产党的领导？共产党应当怎样去领导？我们应该建设一个什么样的党？它应具备什么条件？遵循什么原则？遵循什么制度？采取什么方法？落实到什么地方？以及怎样通过革命实践去改善和加强党的领导？邓小平都有精辟的阐述。如果说马克思主义党的学说阐明了无产阶级政党的产生、发展和自身建设的客观规律的科学，那么，毛泽东、邓小平建党学说就是着重研究探讨中国共产党在中国的革命和建设事业中的核心领导作用的科学，特别是把党建设成为领导建设有中国特色的社会主义的坚强核心的科学。党的产生、形成和发展是社会斗争的需要，是无产阶级革命与专政的需要。无产阶级解放事业必须由共产党来领导，这不是由人们的主观意志决定的，而是由无产阶级政党自身产生发展的规律决定的。

建设一个什么样的党，才能真正对无产阶级解放事业实现其核心领导作用、统帅作用、组织作用、监督保证作用，才能使中国革命与建设事业沿着马克思列宁主义、毛泽东思想和邓小平建设有中国特色社会主义理论指引的方向不断前进。中国共产党从它诞生那天起，七十多年来，在中国革命与建设的事业中，无论从民主革命到社会主义革命，从社会主义革命到社会主义建设，最后过渡到共产主义，建立共产主义的社会制度直至党的消亡，都离不开党的核心领导作用。因此，党的领导是整个社会形态和历史过程中的领导核心力量，怎样起到它的领导职能，如何充分发挥它的核心领导作用，就成为邓小平建党学说的重要内容。

邓小平建党学说要研究探讨的重点，主要是在新的历史时期，在和平与发展成为时代主题的历史条件下，在我国改革开放和建设有中国特色社会主义的实践过程中，特别是在总结我国社会主义胜利和挫折的历史经验并借鉴其他国家社会主义兴衰成败历史经验的基础上，怎样把马克思列宁主义、毛泽东思想的普遍原理与当代中国实践和时代特征相结合的？怎样坚持、继承、丰富和发展的？特别要着重研究邓小平建设有中国特色理论体系的形成与发展。它是全党全国人民集体智慧的结晶，是中国共产党和中国人民最珍贵的最新的精神成果，是当代中国马克思主义，是我们党的指导思想，是指引我们实现新的历史任务的强大思想武器，也是邓小平关于党的领导思想的理论基础和对党的学说的重大贡献。只有把握住这个重点，才能讲清楚中国革命与建设为什么必须由中国共产党来领导，党的基本职能是什么？怎样才能使党成为建设有中国特色社会主义的领导核心力量和领导力量，而且能把社会主义——共产主义推向胜利；要研究探讨如何加强和改善党的领导的原理原则，改进党的领导方法，提高党的战斗力；要研究探讨社会主义如何在党的领导下，推动生产力的发展，使生产关系适应生产力的发展，使上层建筑适应经济基础的发展，以及对外关系得到进一步发展，等等。整个社会体系，在中国共产党的领导下沿着马克思主义的轨道向前发展，使建设有中国特色的社会主义迅猛发展。

当然，还要研究探讨党如何领导社会主义向共产主义逐步过渡的问题，党的消亡等问题都在这个范畴之内，那是以后的事情了。

党的领导理论，既然是研究探讨党的领导规律的科学，那么作为客观存在的无产阶级政党，它的地位和作用也有它的产生、发展和消亡的客观规律。因此，我们应当研究和认识它。首先，党的领导的理论，就是研究无产阶级政党这个客观事物在人类社会，特别是在社会主义社会它的地位和作用发展变化的规律。规律就是无产阶级政党这个客观事物内部的必然联系，揭示出它的必然规律性，使共产党人认识和运用它，使它的地位和作用不断向前发展，不断适应社会的需要。其次，无产阶级政党所以在无产阶级革命事业中起核心领导的统帅作用，这是必然规律的反映，是由它自身的因素所决定的。既要革命，就需要有一个革命党，无产阶级必然要有自己的革命政党；这个党有自己的政治纲领和奋斗目标；有自己同内外的统一战线和团结谁，争取谁，打倒谁等一系列的战略和策略；作为一个政党，完成了它的历史使命，实现了共产主义制度，作为无产阶级政党也就会自行消亡了。这些因素在不同的历史时期，起着不同的历史作用。其三，党的领导理论，既然是研究探讨党如何领导人民进行革命和建设并取得胜利的科学。那么研究探讨党在无产阶级革命和建设事业中的地位和作用、党的领导的基本原理、原则和方法，党的领导制度和作风，做一个合格的党政领导者等等，还要在实践中去检验是否科学、正确，是否合乎马克思主义的科学原理。党的领导所以科学，正因为它是科学。因此，作为一个党政领导者，要掌握党的领导规律的基本特点。

怎样掌握党的领导的基本特点呢？党的领导的理论结构就是依据无产阶级政党领导的规律，去揭示无产阶级政党在社会主义与共产主义实践活动中的地位、作用和意义的基本原理、原则和指导思想去进行科学概括和总结。我们要进行科学的理论研究探讨，就必须认识揭示党的领导规律的特点，使其理论化、系统化并随着时代的发展而发展，以适应党领导的地位和应起到的作用。首先，党的领导的历史地位和领导作用，是客观实践的必然结果，其目的是共产党自觉地改变人类社会，使全国各族人民在党的领导下，通过种种方法、道路和途径消灭一切剥削，消灭民族压迫、消灭资本主义制度，通向社会主义与共产主义。其次，党的领导是一门科学而且是尖端科学，它揭示这种实践的客观的发展规律的特点、特性、研究党领导的方法、形式和途径，使社会的发展沿着共产主义方向前进。其三，党的领导科学，是在党的领导领域中一个认识体系，它以其特有的范畴反映党的领导的客观过程，专门研究党的领导的理论形式和发展的过程。论述党的领导的科学性，正确指导无产阶级革命事业的发展，掌握社会发展的航向。其四，党的领导科学的确立，党的领导发展的历史过程，党的领导原理原则和领导方法的科学概论，论证党的领导的客观规律性，研究和探讨、解决党的领导的实践活动的基本理论问题的历史过程，从而论述党的领导理论的真正科学性。其五，对党的领导的研究探讨，可做起源的历史的分析、专题分析、纵横分析，以研究马克思、恩格斯、列宁、斯大林、毛泽东、邓小平等无产阶级革命领导者对党的领导问题的理论概括以及它们的领导作用及伟大贡献。总之，党的领导的理论结构，反映了党的领导规律的基本特征，就是正确的，要通过实践去检验、去发现真理、发展真理。

党的领导的基本规律的特征，就在于它不仅研究探讨沿着社会主义——共产主义道路的政治领导领域中出现的各种政治力量发展和相互作用与规律性的起决定作用的政治力量，是无产阶级政党，而且最根本的是在革命实践中起领导核心统帅作用；党的领导的基本规律的特征，是研究探讨马克思列宁主义、毛泽东思想关于党的学说和社会主义国家的路线、方针、政策的实践过程中，实际运用党的领导规律及特殊规律的方法、形式和途径，使党充分发挥它的领导的组织、统帅作用；党的领导的基本规律的特征，是资本主义转变为社会主义以及社会主义革命与社会主义建设，必然要有党的领导，这是它的前提和必备条件。否则，一切都是空谈，也不会胜利，胜利了也不会巩固。

（三）党政领导干部要认识和掌握党的领导活动的客观规律的重大意义。

党政领导干部学习和研究邓小平关于党的领导的基本理论、原则和方法，就是为了使我们认识和掌握党的领导活动的客观规律性；使我们认识和掌握无产阶级政党在社会主义实践活动中的地位、作用和意义。通过学习研究党的领导思想，使我们对党的领导活动有个完整系统的科学概念和明确的认识，对党的领导的规律性有个科学、正确的了解；使我们真正从思想上、理论上和实践结合上弄通党的领导学的基本知识和党的领导的基本原理、原则和方法，通晓党的领导的活动规律，遵循党的领导的基本原则，总结我们党领导的基本经验与教训，不断提高我们的领导水平和领导艺术，推动党的事业不断胜利的前进。

邓小平关于党的领导思想理论是马克思列宁主义、毛泽东思想在党的领导领域中的运用和发展，是理论与实践相统一的科学。我们党的任何一项重大的活动都要受理论的指导，不是受正确理论做指导，就是受错误理论作指导。因此，我们在党的实践活动中，既重视理论指导，又要重视实际，并把这两者紧密地结合起来。就是说："脱离实践的理论是空洞的理论，脱离理论的实践是盲目的实践；不懂理论的人会成为鲁莽家，不懂实际的人就是空头政治家"。① 邓小平指出：毛泽东同志一生中最伟大的贡献，就是把马克思列宁主义的基本原理同中国的具体实际相结合起来，从而引导中国革命和建设取得了伟大的胜利。他后来犯了错误，也正是因为违背了理论和实践紧密结合的原则。我们一定要认真记取这个深刻的教训。他总结了我们执政以后的经验与教训，根据我国改革开放的历史条件，继承毛泽东建党学说对党的领导思想有创新和发展。他多次强调学习研究党的领导理论，必须坚持理论和实际相统一的基本原则，认

---

① 《理论一定要联系实际》，1984 年 12 月 7 日《光明日报》。

识和掌握自身的特点，它的内容是随着时代的发展而不断丰富和发展的。党的领导学是随着时代的前进，适应革命与建设任务的要求，并在实践中积极贯彻理论与实践相统一的思想去研究、探讨邓小平关于党的领导思想的理论与原则。不断用先进的领导经验来丰富和发展这门科学。从而使邓小平关于党的领导的思想和理论成为我们干部的行动指南。那么，对党的干部、尤其是领导干部来说，学习和研究党的领导活动规律的目的是什么呢？

首先，学习邓小平关于党的领导的基本理论、原则和方法，能使我们的干部、特别是领导干部，比较系统地学习和掌握党的领导的基本原理、基本原则和基本方法；认识和掌握党的领导的活动规律，正确理解党的领导的实质和必须遵循的各种制度、条例、法令、法律、章程、法规，使党在宪法和法律范围内活动；清醒认识到怎样做一个合格的领导干部；如何加强党对国家政权的领导，党对经济建设的领导，党对军队的领导，党对统一战线的领导，党对外交工作的领导，党对文化教育，科学技术的领导，党对工、青、妇的领导，等等。从而认清党在无产阶级解放事业中的地位和作用，使其怎样改善和加强党的领导，提高党的战斗力。

其次，学习研究探讨邓小平关于党的领导的基本理论、原则和方法，能够帮助党的干部、特别是领导干部，认识和掌握马克思主义的领导活动规律，按照客观规律去领导建设有中国特色社会主义事业，克服主观主义、官僚主义、经验主义和教条主义；真正掌握现代化的领导方法和管理方法，改进不适应、不合理的领导体制和领导方法。通过学习邓小平领导思想的理论，使我们的干部比较完整、准确地了解和掌握党的领导理论的科学体系，弄清党的领导活动的客观规律、领导的实质和范围，不断提高党的领导水平和领导艺术。对党的领导的客观规律和正确的领导方法并不是所有的干部一下子就能认识清楚的，而是要经过一段长时间的摸索、总结、探讨和实践的过程，才能逐步了解、认识和掌握，从而引导社会主义现代化高速发展，使建设有中国特色社会主义事业走向新的胜利。

其三，学习研究探讨邓小平关于党的领导的基本理论、原则和方法，能够帮助我们党总结 70 多年来，特别是改革开放以来领导我国社会主义建设的基本经验与教训，使我们党和党的干部尽量避免重犯或不犯或少犯历史上曾经犯过的错误；使党在革命与建设的过程中，特别是在历史重大转折关头，不犯或少犯全局性、长时间的错误。这就必须从思想上进一步明确什么是党的领导，在坚持加强和改善党的领导的实践中应当遵循什么原则，坚持什么原则，遵循什么领导方法，坚持什么样的领导方法，从而不断发展党的科学的领导方法。

通过学习研究探讨邓小平关于党的领导的基本理论原则和方法，就是要认真的、真正的从思想上进一步明确党在国家生活中的领导地位和它的领导作用。党对各非党组织必须从思想上、政治上和组织上实行领导。但是，党组织不同于国家政权机关，不能命令人民团体和经济组织、文化组织必须怎样去做，更不能向人民群众发号施令。而是通过政治思想领导，也就是正确的政治、思想、组织路线以及党的方针政策去领导。

党的领导并不是只做决议和指示，而是要检查执行的情况，特别是检验指示、政策本身是否正确、是否有缺陷、是否脱离实际，进行补充和修改，使党的领导更加准确和有实效。使广大党员群众自觉接受党的政治、思想领导。毛泽东指出："所谓领导权，不是要一天到晚当作口号去喊，也不是盛气凌人地要人家服从我们，而是以党的正确政策和自己的模范工作，说服和教育党外人士，使他们愿意接受我们的建议。"使党的事业成为他们自己的事业，使党的路线、方针、政策为人民所掌握，并为之而奋斗。不变成自觉行动付之实现，那么党就不能发挥核心的领导作用。因此，我们学习邓小平关于党的领导的基本理论原则和方法，就是帮助我们继承和发扬党的优良传统和作风，使广大干部进一步认识党性、科学性相统一，以高度的党性和严肃的科学性相结合去加强和改善党的领导，来指导建设有中国特色社会主义的实践活动，使无产阶级事业兴旺发达。

总之，我们学习研究探讨邓小平关于党的领导的基本理论原则和方法的主要目的，就是认识与把握党的领导活动的客观规律，掌握和运用党的领导的基本原理、原则、科学的领导方法；坚持继承和发展并创新党的领导的理论、原则和方法；研究党的领导的实际工作经验和历史的教训，达到加强和改善党的领导，提高党的战斗力的根本目的。因此，我们学习邓小平关于党的领导的基本理论和方法的时候，目的要明确，要求要严格，真正能取得成绩，既精又管用，真正从思想到行动解决一些实际问题和领导学的理论问题，使党的执政的领导水平大大提高一步，使党的干部能达到职务和领导水平相称的目的。

我们学习研究探讨邓小平关于党的领导的基本理论原则和方法具有重要的意义。我们要完整地准确地掌握马克思列宁主义、毛泽东思想关于党的学说的科学理论体系为指导，紧紧把握住邓小平建党学说的科学思想理论体系为重点，学会运用辩证唯物主义的观点和方法去研究、探讨邓小平关于党的领导思想的理论观点和方法，使党的领导的基本原理、原则更加科学和正确。使我们的广大干部特别是领导干部掌握党的领导的基本原理，掌握和运用科学的领导方法，掌握党的领导的理论体系，从中学习邓小平的立场、观点和方法；学会运用邓小平的领导理论去分析、观察和解决党的领导过程中存在的实际问题。把党的领导问题搞得更加完善、更加成熟，真正成为建设有中国特色社会主义事业的坚强核心。

第一，在学习和研究邓小平关于党的领导思想和理论时，要坚持和发扬理论联系实际的好学风，学习理论要增强党性，提高认识，改进工作，提高效能。提倡学习马列要精，要管用；提倡刻苦攻读原著，独立思考、解放思想、实事求是、勇于探索，并善于研究新情况，解决新问题，总结新经验，创造新思路，并用新的思想、新的语言概括和总结我们党新的领导理论、观点，总结和探索党在新的历史时期，在建设有中国特色社会主义的事业中新鲜经验、新的问题、新的创造，以便提高全党的领导水平和领导艺术。

　　党的历史经验告诉我们：马克思列宁主义、毛泽东思想所以有无限的生命力，成为我们党的指导思想，就在于把它的普遍真理同中国革命与建设的具体实践相结合，使我国为之一新；邓小平丰富和发展了党的领导的理论和原则，是对毛泽东建党学说的巨大贡献和新的发展。所以它有自己的特点，具有强烈的战斗性、准确性、党性原则，成为我们党进行领导活动的指导原则，也就在于把党的活动的科学原理同党的领导的实践相结合才能产生巨大威力，才能起到核心的领导作用。因此，我们在学习研究邓小平关于党的领导思想的过程中，一定要联系改革开放的实际，坚持科学的态度和方法，才能达到预期的目的。

　　第二，坚持解放思想、实事求是的科学态度。党的历史经验告诉我们：马克思列宁主义、毛泽东思想所以有无限的生命力，成为我们党的指导思想，就在于它永远要坚持解放思想、实事求是的革命精神，要一切从实际出发，按照客观规律办事，按照事物的本来面目，反映事物发展的客观必然，坚决反对教条主义、经验主义、官僚主义。我们党的一切工作所以蓬勃发展富有生机和活力，就在于它是根植于社会实践，根植于理论和实际的结合，根植于党的解放思想、实事求是的科学态度。

　　第三，坚持立足于整体，总揽全局的革命气魄。在实践中应当使党的领导核心作用、统帅作用渗透到社会的各个领域，特别是经济、政治、文化、教育、科技之中，要寻找各种措施和方法，不断改善和加强党的领导。

　　在党的领导的实践活动中，必须要经过大量的直接的调查研究，掌握第一手材料，提出正确的政治观点，理论观点，逐步形成党的正确的路线、方针并进行确切的表述，然后，经过党的会议讨论进行决策，并在实践中进行修改、补充、丰富和发展。这样就会形成党在一定历史时期内比较稳定的、具有时代特点的路线、方针和政策，从而加强党的领导，实现党的领导。因此，党要坚持立足整体，总揽全局，只有这样才能认识和掌握党的领导活动规律。总之，我们学习和研究邓小平关于党的领导思想、理论和方法，要坚持和发扬理论联系实际的好学风，要坚持解放思想、实事求是的革命精神，要坚持立足于整体，总揽全局的革命气魄，才能不断的在建设有中国特色社会主义的事业中不断丰富和发展党的领导的科学理论和方法。

我们学习和研究邓小平关于党的领导思想和理论方法具有重大的战略意义。它是党的干部特别是领导干部最好的专业课，是基本功。因为邓小平关于党的领导思想、理论和方法，是我们党建设有中国特色社会主义的事业中的领导作用的科学，也是邓小平建党学说的一个重要组成部分。马克思主义关于党的学说的建立与发展，促进了党的领导科学的形成与发展。邓小平关于党的领导思想反映了当代党的自身建设的发展和不断适应建设有中国特色社会主义的需要及其不断的改革和变迁，有了科学的理论基础和依据。

我们学习邓小平关于党的领导思想和理论的重大战略意义，就是要从理论的深度和广度上去认识党的领导的一切活动。就其实质来说，它的实践性、党性体现，就是坚持以工人阶级领导的（通过共产党）以工农联盟为基础的人民民主专政，支持人民当家做主，帮助工人阶级和广大人民群众认识自己的前途和根本利益，团结、依靠、组织人民为建设有中国特色的社会主义，实现自己的根本利益，创造幸福生活而奋斗。党的领导就是代表人民的根本利益，体现人民的意志，引导工人阶级和广大人民群众争取彻底解放去创造历史。只有解放全人类，才能解放自己。党就是工人阶级和广大人民创造历史的革命与建设的工具，党的一切干部都是人民的公仆和勤务员。领导人民就是为人民服务，这就是党实践活动的根本目的和党存在的意义。我们学习研究探讨邓小平关于党的领导思想的理论和方法，就是要我们认识和掌握这个客观的规律性、科学性，增强党性，克服盲目性。所以，学习研究和探讨邓小平关于党的理论和方法具有重要的现实意义和深远的战略意义。

（四）邓小平关于党的领导的理论、原则和方法论，是党政干部特别是领导干部的一门必修课程。

邓小平关于党的领导理论、原则和方法是马克思列宁主义、毛泽东思想关于党的学说的基础理论在党的领导领域中的运用和发展，是党的学说理论体系中的一个重要组成部分。是以邓小平为核心的第二代党中央领导集体在领导中国革命和建设的过程中发展起来的一门实践性、应用性、综合性很强的党性科学。

邓小平关于党的领导思想、理论和方法所以发展成为一门学科，是因为无产阶级革命、社会主义现代化和建设有中国特色社会主义事业的需要，是我们党领导中国人民在长期革命斗争中发展而形成的必然产物。我们所以说邓小平关于党的领导思想和理论是一门科学，就是说不仅马克思主义第一次把共产党的领导变成真正的科学理论，并指导无产阶级解放运动取得了一个又一个的胜利，这条基本原理早在《共产党宣言》中就公布于世了。

中国共产党在马克思主义的指导下，从它诞生那天起，就显示了它的极端重要性和巨大的力量。离开了党的领导，无产阶级解放事业就不会胜利，中国革命也不会成功，没有中国共产党的领导，就没有新中国的成立；没有共产党的领导，也就不会有社会主义建设的胜利，这是我们党 70 多年来实践经验的结论。而重要的是在以邓小平为核心的党中央第二代领导集体的坚强领导下，在和平与发展成为时代主题的历史条件下，在我国改革开放和建设有中国特色社会主义的实践过程中，特别是在总结我国社会主义胜利和挫折的历史经验并借鉴其他国家社会主义兴衰成败历史经验的基础上，把马克思列宁主义、毛泽东思想的普遍原理与当代中国实践和时代特征相结合，坚持继承、丰富和发展了毛泽东思想。它的最大成果就是邓小平建设有中国特色的理论体系，它是全党全国人民集体智慧的结晶，是中国共产党和中国人民最珍贵的精神财富，是当代的马克思主义，是中国共产党的指导思想，是指引我们实现新的历史任务的强大思想武器，也是邓小平对党的学说的重大贡献。

中国共产党的领导所以正确，其根本原因它是一门科学，而这门科学是以马克思列宁主义、毛泽东思想为基础的。我们所以说它是一门崭新的党性科学，是因为中国共产党领导的社会主义现代化，建设有中国特色的社会主义也是崭新的，党的领导原理、原则和方法也是随着时代的发展不断发展变化的。例如：关于社会主义市场经济问题，马克思、恩格斯没有讲过，列宁讲的不多，斯大林有本《社会主义经济问题》有不少观点是错误的。我们党在以邓小平为核心的党中央第二代成熟领导集体的坚强领导下和以江泽民同志为核心的党中央第三代领导集体的指引下，运用马克思列宁主义、毛泽东思想的基本原理，科学地总结社会主义现代化的实践经验，并在认真调查研究的基础上，正确地解决了在新的情况下出现的新问题，进行了新的理论、原则和方法的概括和说明。

邓小平建设有中国特色的社会主义理论体系就是突出的代表，其中社会主义市场经济体制的论述就是一个重要的组成部分，这是当代的政治经济学，崭新的理论创造。这就是说，不仅要根据历史发展的实际需要，而且根据党的领导的活动规律，不断加强党的建设，改善党的领导，促进党的发展，充分发挥党在建设有中国特色社会主义事业的核心领导作用。还要在新的历史时期在和平与发展的时代不断丰富和发展邓小平的领导思想、理论、原则和方法。

中国共产党具有丰富的领导经验和伟大的创造，特别是理论创造。我们党从它诞生以来，经过国共合作、北伐战争、土地革命战争、抗日战争、解放战争；建立中华人民共和国，进行社会主义革命和社会主义建设；经过10年动乱的"文化大革命"，以及全面开创社会主义现代化建设时期；建设有中国特色社会主义的新时期。我们党积累了丰富的领导经验。我们党有成熟的领导集体、成熟的领袖、成熟的领导骨干和一套完整的干部队伍，特别值得提出的是邓小平同志是第一代和第二代党中央领导集体的主要成员之一，具有独特的宝贵经验。中国革命和建设的道路是曲折的、艰巨复杂的，也

是在国际共产主义运动史上所罕见的。70 多年来，在中国革命和建
设的过程中，形成了一整套领导经验、领导方法、领导艺术，等等，
使党的领导理论、原则系统化、理论化和科学化，形成了马克思列
宁主义、毛泽东思想关于党的学说中的一个重要组成部分。因此，我
们要学习、研究和运用邓小平关于党的领导思想、理论和方法具有
重大意义，这不仅要从思想上认识和掌握这一综合性、实践性、应
用性很强的党性科学，而且要使我们的干部掌握这一社会科学中的
尖端性科学。

　　我们的任务，就是要研究、探讨、论证邓小平关于党的领导思
想、理论和方法的正确性、科学性。要总结我们党的领导的基本经
验和教训，要把邓小平关于党的领导理论的基本原理、原则和科学
的领导方法，放在一定的历史条件下，研究、考察它们发展变化的
客观条件和内部次序结构及其规律性。从而进一步坚持和加强党的
领导，发挥党的核心作用、领导作用、统帅作用，实现党的奋斗目
标，完成党的历史使命。

　　通晓和掌握邓小平关于党的领导思想、理论和方法，对干部特
别是领导干部来说具有重要的理论与实践意义。根据社会主义建设
事业的需要，在新的历史条件下，要培养和造就思想解放、实事求
是、秉公办事、公道正派、"两袖清风、一身正气"，刚直不阿、坦
率耿直、不随波逐流、不虚伪"两面"的优良作风，使他们成为一
个合格的党政领导者，使他们能够担负起开创社会主义现代化建设
的历史任务，把建设有中国特色的社会主义事业推向前进。因此，迫
切需要他们学习邓小平关于党的领导的思想和理论，使他们行之有
效地加强党的领导，把党的领导提到一个新的水平。

　　党的历史实践证明：邓小平关于党的领导思想、理论和方法，是
党的干部、特别是领导干部的必修课、最好的专业学。因为邓小平
关于党的领导理论，是无产阶级解放事业中的领导地位和作用的科
学，也是党自身建设的科学。马克思主义关于党的学说的建立形成
和发展，促进了邓小平关于党的领导理论、原则和方法的形成与发

展。党的自身建设的发展和不断适应革命需要及其不断的改革和变迁，有了科学的理论基础和依据。在党的长期发展中，对其他社会政治力量、政治集团及一切群众组织的领导有了丰富经验和科学依据，使党领导的社会主义建设事业不断地发展。使党的干部，特别是党政领导干部，能像工程技术专家那样，对党的领导、党的工作任务、对建设社会主义和共产主义的大厦，能够进行精确的"设计"和精心的"施工"，使行动的结果能准确地符合我们共产党人的伟大理想和奋斗目标。

二、执政党领导地位的形成与发展 及其伟大的历史意义

中国共产党的领导地位的形成和发展是中国革命的产物，是党的本质属性决定的。无产阶级是中国新的生产力的代表者，是近代中国最进步的阶级，是革命运动的领导力量。毛泽东指出："中国因经济落后，故现代工业无产阶级人数不多。二百万左右的产业工人中，主要为铁路、矿山、海运、纺织、造船五种产业的工人，而其中很大一个数量是在外资产业的奴役下。工业无产阶级人数虽不多，却是中国新的生产力的代表者，是近代中国最进步的阶级，做了革命运动的领导力量。"① 在中国这块大地上，二百万的工人阶级的基础，发展到成为据有五千多万党员的中国共产党，有三千三百多万干部和三百多万个党的基层组织，这在国际共产主义运动史上是罕见的，是中国革命运动的奇迹。

工人阶级在我国的不断扩大，中国共产党的力量不断加强，主要是因为工人阶级在中国这个半封建半殖民地的国情下显示了它的地位、作用和意义。为什么工人阶级是近代中国最进步的阶级呢？中国的无产阶级所以表现为有力量，而处在领导的地位，主要是"第

---

① 《毛泽东选集》第一卷，第7～8页。

一个原因是集中。无论哪种人都不如他们的集中。第二个原因是经济地位低下。他们丧失了生产手段，剩下两手，绝了发财的望，又受着帝国主义、军阀、资产阶级的极残酷的待遇，所以他们特别能战斗。"① 毛泽东分析了中国历史上农民起义和农民战争失败的根本原因，就是因为"没有无产阶级和共产党的正确领导。"所以"农民革命总是陷于失败。"他明确指出："既要革命，就要有一个革命党。没有一个革命的党，没有一个按照马克思列宁主义的革命理论和革命风格建立起来的革命党，就不可能领导工人阶级和广大人民群众战胜帝国主义及其走狗。"② 正如毛泽东1945年4月21日关于"七大工作方针"一文中指出的：我们要有一个团结的队伍去打倒我们的敌人，争取胜利；而队伍中间最主要的、起领导作用的，是我们的党。没有我们的党，中国人民要胜利是不可能的。这为中国革命的实践所证明。所以说，只有以马克思列宁主义武装起来的无产阶级革命党，才能真正起到革命的领导作用，没有共产党的领导，革命不会胜利，就是胜利了也不会巩固和发展。正如邓小平同志指出的："从根本上说，没有党的领导，就没有现代中国的一切。"这是一条千真万确的真理，也是我国革命与建设实践历史的结论。因此，坚持党的领导，特别是执政党的领导，是中国建设有中国特色社会主义的首要问题。这是谁也无法否认的客观事实。

（一）党对中国社会主义事业的领导，是 70 多年的斗争历史形成的。

我们党在以毛泽东为核心的党中央第一代成熟领导集体的坚强领导下取得了民主革命的彻底胜利，并继续为建设一个伟大的社会主义现代化国家而奋斗。毛泽东指出："新民主主义的革命，不是任何别的革命，它只能是和必须是无产阶级领导的，人民大众的，反

---

① 《毛泽东选集》第一卷，第8页。
② 《毛泽东选集》第四卷，第1357页。

对帝国主义、封建主义和官僚资本主义的革命。这就是说，这个革命不能由任何别的阶级和任何别的政党充当领导者，只能和必须由无产阶级和中国共产党充当领导者。"① 这就明确指出了我们党在新民主主义革命时期的指导思想和基本的路线、方针和政策。毛泽东论述了党在新民主主义历史时期的地位、作用和意义，奠定了中国共产党领导民主革命的理论基础和指导原则，提出了进行民主革命的基本路线、方针和政策。要使民主革命取得胜利，必须在中国共产党的领导下，才有可能从胜利走向另一个胜利，才能按照马克思列宁主义指引的方向不断前进。

在民主革命的进程中，毛泽东明确指出："共产党人决不抛弃其社会主义和共产主义的理想，他们将经过资产阶级民主革命的阶段而达到社会主义和共产主义的阶段。中国共产党有自己的政治经济纲领。其最高的纲领是社会主义和共产主义，这是和三民主义有区别的。其在民主革命时期的纲领，亦比国内任何党派为彻底。"② 这就是说："只有经过民主主义，才能到达社会主义，这是马克思主义的天经地义。"在整个中国的革命进程中"没有一个由共产党领导的新式的资产阶级性质的彻底的民主革命，要想在殖民地半殖民地半封建的废墟上建立起社会主义社会来，那只是完全的空想。"在我国无论是民主革命还是社会主义革命与建设，离开了中国共产党的领导，革命和建设是不会成功的。中国共产党这种领导地位正如毛泽东在《论联合政府》的报告中指出的："中国共产党在其为中国人民的解放事业而奋斗的二十四年中，创造了这样的地位，就是说，不论什么政党或社会集团，也不论是中国人或外国人，在有关中国的问题上，如果采取不尊重中国共产党的意见的态度，那是极其错误而且必然要失败的。过去和现在都有这样的人，企图孤行己见，不尊重我们的意见，但是结果都行不通。这是什么缘故呢？不是别的，

① 《毛泽东选集》第四卷，第1313页。
② 《毛泽东选集》第一卷，第259页。

就是因为我们的意见，符合于最广大的中国人民的利益。中国共产党是中国人民的最忠实的代言人，谁要是不尊重中国共产党，谁就是在实际上不尊重最广大的中国人民，谁就一定要失败。"① 这是毛泽东建党学说的重要结论，也是邓小平建党学说的基本原理和原则。我们党从成立那天起就坚持这个基本原则，这是我们党的性质决定的。这是因为在中国的革命与建设事业中"给了我们和中国人民这样一种信心：没有中国共产党的努力，没有中国共产党人做中国人民的中流砥柱，中国的独立和解放是不可能的，中国的工业化和农业近代化也是不可能的。"②

中国共产党的领导地位和执政党的地位，是中国共产党在中国革命和建设事业的具体实践中领导无产阶级和广大人民群众共同创造的，是在革命和建设的进程中自然形成的。中国共产党的领导地位，成为全国的执政党，不是自封的，是在革命与建设的实践中自然形成和发展起来的。是依据它的核心领导作用并得到各族人民、各社会团体和政治力量公认的。不仅仅是拥护、赞同，而且是自愿接受党的领导，并愿意跟着党走，做忠实可靠的同盟军。他们在革命和建设的进程中，认识到党是他们的忠实代表，不仅写在党章上成为党的性质的具体体现，而且是我们党所以能够取得一切胜利的源泉。我们党的基础，不仅是中国工人阶级，而且也是忠实代表着广大的劳动人民的根本利益。

毛泽东在《为建设 一个伟大的社会主义国家而奋斗》一文中就深刻指出："领导我们事业的核心力量是中国共产党。""中国共产党是全中国人民的领导核心。没有这样一个核心，社会主义事业就不能胜利。"执政党的核心领导地位和作用，马克思主义经典作家都进行过精辟的论述。中国共产党所以能够起这个作用，主要表明我们是一个成熟的、有战斗力的马克思列宁主义、毛泽东思想武装的党，

① 《毛泽东选集》第三卷，第1087页。
② 《毛泽东选集》第三卷，第1097页。

能够创造性地运用和发展马克思主义的政党。善于而且能够创造性地运用马克思主义的基本原理，解决我国革命和建设中许许多多基本问题，能够推动社会主义的巩固与发展。

毛泽东在党的"八大"开幕词中就指出："我们的党是一个政治上成熟的马克思列宁主义的政党。我们的党现在比过去任何时候都更加团结，更加巩固了。我们的党已经成了团结全国人民进行社会主义建设的核心力量。"①作为领导核心的执政党，特别是一个政治上成熟的马克思主义的政党，要特别注意它的领导地位、影响与作用，要在制定党的路线、方针、政策时，更要周密地进行调查研究，不能骄傲，要把规律的科学性和政策的现实性紧密地结合起来。使党在成熟的基础上，更加成熟更加有战斗力。这就要在党的实践中，不断丰富和发展党的领导理论原则，使党的领导理论更加科学和正确。当然，成熟的党，并不是不会犯错误，不会有这样那样的问题。重要的是党犯了错误能及时发现、及时纠正，用自己的力量和影响改正错误，使党的领导更加正确、更加成熟、更有战斗力。

邓小平同志在全国教育工作会议上的讲话中明确指出："什么叫领导？领导就是服务。""领导人民，就是为人民服务。"这种提法更确切，更加有人民性。因为党政领导者要服务，要干实事，要真抓实干，不能只讲空话，要解决实际问题，帮助人民当家作主，团结人民一道去创造历史。党的领导地位作用最根本的是在制定有科学依据的并以实践证明是正确的路线、方针和政策，使党的路线、方针和政策成为党和所有国家组织、社会组织的活动基础。只有党对社会发展规律的认识和丰富的经验，才能正确解决不同历史时期的复杂问题，才能找出解决的办法和具体途径。

中国共产党作为无产阶级先锋队，是无产阶级和劳动人民中的优秀分子的集合体。党又是无产阶级革命和建设事业的领导者、组

---

① 《中国共产党第八次全国代表大会文献》第7页。

织者和统帅者，但不是高踞人民群众之上的统治者。它不是把人民
群众当作自己的工具，而是自觉地把自己当作人民群众在特定历史
时期为完成特定的历史任务的工具，当作全心全意地为人民服务的
工具。执政的中国共产党从这样的关系出发，党的作用就只能代表
人民的根本利益，执行人民的意志，给人民群众指出正确的方向和
要走的道路，使人民群众认识自己的利益，引导人民群众为实现自
己的根本利益，为创造自己的幸福生活而奋斗。

（二）执政党对社会实践的领导是对马克思列宁主义、毛泽东思
想的继承、创新、丰富和发展。

中国自从有了共产党，中国的革命和建设面貌就焕然一新。中
国共产党是无产阶级解放事业的领导核心，是社会实践的结论。自
从马克思主义诞生以来，无产阶级第一次找到了自我解放的最科学
最完整的思想理论武器。在马克思主义指导下，把无产阶级的解放
运动提到了一个崭新的历史阶段，由一个自在的阶级逐步转化为一
个自为的阶级，使无产阶级在自己求解放、追求真理，并以无产阶
级的实践为基础的条件下，使马克思主义成为无产阶级政党的指导
思想，使无产阶级的解放事业不断取得胜利，获得成功，并在国际
共产主义运动中使无产阶级革命事业得到不断发展。通过无产阶级
革命的社会实践，如何巩固和发展无产阶级的革命事业，如何加强
和巩固无产阶级专政和巩固党的领导，正确调整社会集团之间的矛
盾，调整社会关系，以及协调社会生活中的各条战线的互相关系，等
等。所有这一切，都必须有共产党的坚强领导。只有这样才能适应
无产阶级的解放事业的根本要求，只有形成这样一个领导核心，才
能使无产阶级革命与建设事业取得胜利。这是历史的社会实践的
结论。

马克思和恩格斯分析了无产阶级在社会生产和社会活动中的地
位、作用和意义，论证了只有无产阶级和它的政党，才能够在资本
主义社会中进行反对资本主义取得自己生存和解放的权利，才能有

美好的光明前途。他们第一次发现了社会发展的客观规律，深刻分析了资本主义剥削本质，阐明了无产阶级的历史使命，指明了人类社会发展的方向。马克思和恩格斯的三个伟大的发现——唯物史观、剩余价值理论和无产阶级专政，是无产阶级反对资产阶级斗争的巨大成果。使社会科学在发展史上产生了第一次重大的飞跃，它不仅使社会主义由空想变为科学，由理想变为现实，而且是冲破国界去建设具有各国民族特色的社会主义得到了迅速的发展，使社会发生了巨大的变革；这时自然科学的发展也取得了巨大的成果，特别是物种起源、细胞学说、能量守恒与转化规律、天体演化论、以及英国的政治经济学、德国的哲学、法国的空想社会主义学说的进一步发展成果，都为得出关于人类社会和自然界发展客观规律的科学结论奠定了基础。马克思和恩格斯第一次证明，社会如同自然一样，是一个按照不以人们的意志和意识为转移的客观规律的物质体系。是历史自然发展过程的必然结果，是物质运动的产物，是社会实践的结果。总之，共产党是无产阶级解放事业的领导核心力量，这是马克思主义一条基本原理，只有建立一个独立的、自觉的无产阶级政党才能把无产阶级解放事业引导到胜利。

　　列宁在新的历史条件下坚持和发展了马克思主义关于党的领导的基本思想和理论原则。在新的历史时代，列宁把马克思主义与俄国的革命实践相结合，发表了一系列的著作，为工人阶级新型政党的形成和发展奠定了思想理论和组织基础。特别是十月革命胜利的经验，证明了党的性质、地位、作用和意义；论证了党是工人阶级联合的最高组织形式；进一步阐明了党的领导的原则和条件；阐明了党的领导制度、党的领导作风和领导方法，并初步总结了执政党对国家经济建设的领导，对文化教育科学技术、报刊以及对人民群众组织的领导，等等。列宁认为，只有共产党才能领导工人阶级去深刻地根本地改变旧社会，创建新社会。特别是执政的共产党，掌握全国的政权。工人阶级政党应当成为思想上、政治上的领袖，起着对社会的领导者、组织者的作用。

　　我们坚持执政党的领导地位，即无产阶级在资产阶级民主革命中的作用是领袖的作用，为了把革命进行到底，无产阶级必须和农民共同行动，否则无产阶级夺取政权就不可能取得胜利；夺取全国政权成为执政的党，更要对社会实践加强党的领导，掌握社会发展方向，巩固和发展社会主义事业。显然，没有百炼成钢的党，没有为本阶级为民族全体忠实的人所信赖的党，没有善于考察人民群众情绪和影响人民群众情绪的党，要使无产阶级的革命和建设事业取得彻底胜利是不可能的。党是无产者阶级内部和无产阶级各个组织中的领导核心力量，是工人阶级先进的部队、觉悟的部队、马克思主义的部队，它拥有通晓社会生活、通晓社会生活发展规律、通晓阶级斗争规律的这种知识武装，所以它善于引导工人阶级，是领导工人阶级斗争的司令部。这是列宁主义对社会实践的客观结论，是正确的。

　　我们党在以毛泽东为核心的党中央第一代成熟领导集体的坚强领导下，把马克思列宁主义的普遍真理和中国革命的具体实践相结合，使中国革命的面目为之一新。早在十九世纪末二十世纪初，我国就出现了以马克思列宁主义和中国工人运动相结合的代表人物李大钊、陈独秀、毛泽东、蔡和森、周恩来等马克思主义者，他们不仅为党的成立作了思想上和干部上的准备，而且在中国广泛传播马克思列宁主义，为中国共产党的创立形成和发展奠定了基础。特别是马克思列宁主义和中国工人运动相结合产生了巨大的物质力量和精神力量。自中国工人阶级以独立的姿态登上中国的政治舞台，在中国革命运动中就充分显示出它的先锋作用、先进作用和领导作用。中国的社会革命活动进一步促进了马克思列宁主义同中国工人运动的结合。中国共产党是中国工人运动和马克思列宁主义相结合的产物。中国共产党的产生、形成和发展，是中国社会政治、经济发展的必然结果。马克思列宁主义的普遍真理成为指导中国革命的最好武器。毛泽东指出："中国共产党则是拿起这个武器的倡导者、宣传者和组织者。马克思列宁主义的普遍真理一经和中国革命的具体实践相结合，就使中国革命的面目为之一新。"①

我们说面目一新，新就新在我国工人阶级登上中国革命的历史舞台，就在其自己的政党——中国共产党的领导之下进行革命和建设事业的斗争，显示了它的威力和前途；新在中国革命和建设事业在十月社会主义革命影响下发展起来，成为世界无产阶级革命的一个组成部分；新在无产阶级通过自己的政党——共产党，掌握了中国革命的领导权，通过新民主主义革命去夺取全国政权，建立社会主义；新在从新民主主义社会向社会主义社会的过渡，起决定作用的是党的领导问题；新在走出一条具有中国特色的社会主义道路，等等。这是中国共产党对于中国革命特殊规律的认识，从而把党的领导放在正确的科学的基础之上。走了具有中国共产党特色的革命道路，创造了我们党的历史经验。

毛泽东同志在《论联合政府》一文中回顾了中国革命的历史进程，他说："中国工人阶级，自第一次世界大战以来，就开始以自觉的姿态，为中国的独立、解放而斗争。一九二一年，产生了它的先锋队——中国共产党，从此以后，使中国的解放斗争进入了新阶段。在北伐战争、土地革命战争和抗日战争三个时期中，中国工人阶级和中国共产党，对于中国人民的解放事业，作了极大的努力和极有价值的贡献。""中国工人阶级的任务，不但是为着建立新民主主义的国家而斗争，而且为着中国的工业化和农业近代化而斗争。"现在我们党已经是拥有五千多万共产党员的执政党，我国所以产生这样一个伟大、光荣、正确的中国共产党，有它自身形成的特色独特优点，这不仅是社会历史现象的反映，也有它的理论特色。形成了在中国共产党领导下的特有的经验和理论上的概括和总结，丰富和发展了马克思主义的理论宝库。

中国共产党在马克思列宁主义、毛泽东思想指导下，要取得革命和建设事业的胜利，就必然领导自己的同盟军农民和其他小资产

① 《毛泽东选集》第三卷，第796页。

阶级的革命大联合，发展壮大自己的力量，以战胜强大的敌人；我们党是无产阶级革命政党，是无产阶级的先锋队，为了中国人民的解放事业，为了战胜强大的敌人，就必然同中国的资产阶级打交道，建立革命的统一战线，在同资产阶级复杂的关系中，在又联合又斗争的过程中锻炼成长和发展起来的，而且在统一战线中要保持党的纯洁性、坚定性，才能夺取民主革命的胜利和社会主义革命的胜利；党对军队的绝对领导，是有光荣传统的，是经过长期的国内革命战争、抗日战争和解放战争的考验的。在党的领导下造就了一支强大的革命武装力量，组成了我们国家的钢铁"长城"，成为我们党和国家的坚强基石；我们党是在长期农村革命根据地的建设中发展和壮大起来的，和广大的人民群众有着极为密切的联系和鱼水相依的关系。广大的人民群众对党的信赖和依靠是历史形成的，没有中国共产党，就没有新中国，这是历史得出的结论。

中国共产党的领导，经历了民主革命和社会主义革命、社会主义建设两个不同性质的发展阶段，就是在这样的社会条件下，在这样的基础上和土壤中，形成和壮大起来的中国共产党。因此，我们的党就是在这样的一个国内国际复杂的条件下形成和发展起来的党组织，在自己的亲身建设中，领导其他社会团体、人民群众团体的过程中，形成具有中国特色的理论、路线、方针、政策，以及党的领导方法和领导艺术，使中国发生了翻天覆地的巨大变革。党的任务，就是在领导领域中，经过社会实践的检验，哪些基本原理、原则是必须坚持的、哪些实践证明是错误的、过时的必须加以纠正，哪些要根据社会实践的新情况和新问题去创新发展，把马克思列宁主义、毛泽东思想提到一个新的阶段、新的水平。对这些问题，以邓小平为核心的党中央第二代成熟领导集体进行了明确的回答，创立了邓小平建设有中国特色的社会主义理论，给我们树立了光辉的榜样，放射着马克思主义光辉。

（三）走具有中国特色的革命道路。

我们党在以毛泽东为核心的第一代党中央成熟领导集体的坚强领导下，经过艰苦曲折的革命道路，特别是坚持中国革命特色的道路并不是一帆风顺的。党领导的第一次国内革命战争时期，从失败的经验与教训中得出了一条真理：中国革命要取得胜利必须要有党的正确领导，这是取得胜利的根本保证。要把党建设成为一个坚强的无产阶级的革命政党，还必须有一条马克思主义的路线，才能领导中国革命的胜利。也只有加强党的自身建设，才能领导中国革命取得胜利。要加强党的自身建设必须和党的革命任务联系在一起。必须从实际出发，走具有中国革命特色的道路。是根据我国国情，在中国这块大地上由共产党领导下成长和发展起来的。这是中国革命的独具特色，也是我们党一贯坚持的革命路线和基本方针。

毛泽东同志在第二次国内革命战争中分析了党的历史地位、党的领导作用和斗争的主要形式，就是要在中国共产党的领导下，一方面要加强工农联盟，依靠广大农民作为自己的同盟军，增强党的力量，扩大党对农民的影响；另一方面，要建立和建设好自己的军队，认清中国的主要形式是武装的革命反对武装的反革命，没有革命的军队就没有一切。党必须有自己的军队作为革命的基石。运用马克思列宁主义的普遍真理，研究中国革命的实际问题，分析中国国情，提出了有中国特色的革命道路。毛泽东指出：中国无产阶级是中国民主革命的领导力量，联合农民、小资产阶级、民族资产阶级，坚决打倒帝国主义、封建主义和地主买办阶级，从而为中国的革命斗争指明了方向。但是，这个方向能否坚持下去，革命能否成功，关键在于中国共产党的领导。就是要在中国共产党的领导下，以武装斗争为主要形式，农村革命根据地为依托，以土地革命为基本内容，走农村包围城市，最后夺取城市的道路。这是中国革命的唯一出路。

毛泽东同志在"八七"会议以后，受中央委托以中央特派员的身份赴湖南，发动了武装起义，率领部队登上井冈山创建了农村革命根据地。1928 年 4 月，朱德、陈毅率领南昌起义余部和湖南起义的农民与毛泽东率领的工农革命军第一师会师砻市。五月中国工农红军第四军成立，朱德任军长，毛泽东同志任党代表和前委书记。井冈山革命根据地的创立点燃了"工农武装割据"的星星之火，开始将革命工作的重点由城市转入农村，在中国广大农村重新聚集力量，以农村包围城市，最后夺取城市，夺取全国政权，走具有中国特色的革命道路，引导中国革命走向胜利。

毛泽东同志从半封建半殖民地的政治、经济、文化特点，敌我力量的对比，中国革命的方向、道路、前途等问题，进行了理论的阐述和理论创造。他在《星星之火，可以燎原》、《中国革命战争的战略问题》、《战争和战略问题》、《中国革命和中国共产党》、《新民主主义论》等著作中，进一步论述了中国革命道路的正确性，揭示了中国革命的客观规律，指明了中国民主革命的正确道路，使中国特色的革命道路的理论不断得到完善和深化。

党的正确领导，是在中国革命走自己的道路的长期实践中自然形成的。我们党创立了自己领导的工农红军，创造了工农武装割据的革命根据地，实行了中国开天辟地以来的土地革命。在中国革命的伟大斗争中，我们党不仅学会了建军打仗，而且学会了治国安民的领导艺术，找到了以农村包围城市为基本特征的中国式的武装夺取政权的革命道路。开始形成了把马克思列宁主义同中国革命具体实践相结合的毛泽东思想，来指导中国的革命和建设事业。特别是自遵义会议以后，把党的领导、党的路线、党的战略与策略转移到马克思列宁主义的正确轨道上来，就使中国革命走向一个新的历史阶段。

抗日战争时期，我们党总结了两次国内革命战争的经验，把马克思列宁主义的普遍真理同中国革命的具体实践进一步结合起来，提出了在中国共产党的领导下，建立和坚持无产阶级与农民、城市小资产阶级、民族资产阶级以至一部分地主买办阶级的广泛的抗日统一战线，实行人民战争，是打败日本帝国主义侵略者的最基本的条件。毛泽东同志运用马克思主义阶级分析的方法，全面深刻地剖析了中国资产阶级的特点及其发展规律。总结了我们党在处理同资产阶级关系正反两个方面的经验，形成了党在民族统一战线中实现党的领导的理论和策略。毛泽东同志把资产阶级分为两部分，一部分是民族资产阶级，是带有两重性的阶级。一方面"受帝国主义的压迫，又受封建主义的束缚，所以，他们同帝国主义和封建主义有矛盾。从这一方面说来，他们是革命的力量之一"。但是在另一方面，"由于他们在经济上和政治上的软弱性，由于他们同帝国主义和封建主义并未完全断绝经济上的联系，所以，他们又没有彻底的反帝反封建的勇气。"因此，我们党采取了又联合又斗争的政策，以斗争求团结，确保党的领导地位。中国资产阶级的另一部分，即带买办性的大地主大资产阶级，是直接为帝国主义国家的资本家服务并为他们所豢养的阶级，是革命的对象。因此，对他们必须进行针锋相对的斗争。由于我们党对内对外政策的正确，党领导中国人民经过八年抗日战争，取得了伟大的胜利。抗日战争的胜利，是我国近代史上反对外国侵略的战争中第一次取得完全胜利的民族解放战争，是世界反法西斯战争的重要组成部分，在我国和世界人民革命战争史上占有极为重要地位。

中国共产党经过第一次国内革命战争时期，第二次国内革命战争时期，抗日战争时期，特别是经过延安整风以及解放战争时期，我们党的领导经验不仅大大丰富而且成熟起来了，我们党既有成熟的党中央领导集体，又有成熟的领袖；既有健全的党组织，又有一整套党的领导骨干，在政治上、思想上、组织上和作风上形成了一套具有中国共产党领导特色的理论、原则以及形式和方法，都是在中国革命和建设的实践中总结和概括的科学经验和指导原则，使中国革命取得了胜利，为我国的社会主义建设打下了坚实的基础。

毛泽东同志在总结党在民主革命过程中的基本经验时，论述了党在民主革命和社会主义革命与社会主义建设时期的地位和作用。

论述了中国共产党在建立新中国问题上的政治主张和建国纲领及其建国以后必须遵循的马克思主义基本原则。毛泽东指出："我们的二十八年……我们有许多宝贵的经验。一个有纪律的，有马克思列宁主义的理论武装的，采取自我批评方法的，联系人民群众的党。一个由这样的党领导的军队。一个由这样的党领导的各革命阶级各革命派别的统一战线。这三件是我们战胜敌人的主要武器。这些都是我们区别于前人的。依靠这三件，使我们取得了基本的胜利。"① 这是中国共产党对民主革命取得彻底胜利的基本经验和科学的结论。

在以毛泽东为核心的党中央第一代成熟领导集体的坚强领导下，中国人民经过长期艰苦卓绝的武装斗争，走具有中国特色的道路。终于推翻了帝国主义、封建主义和官僚资本主义的残酷统治，建立了工人阶级领导的，以工农联盟为基础的人民民主专政的社会主义国家。

在民主革命的全过程中，由于中国革命的主要形式是武装斗争，是建立农村革命根据地，走农村包围城市最后夺取城市的道路，就必须在中国共产党的领导下，建立一支人民的革命军队成为中国革命的基石。没有人民的军队，就没有人民的一切。从我国的国情出发，面对凶狠残忍的敌人，我们党只有团结一切可以团结的力量，建立广泛的革命的统一战线，坚决依靠农民这个民主革命的主力军，并对资产阶级实行又联合又斗争的政策和策略。在我们国家无论是武装斗争还是统一战线其最重要最关键最核心和最根本的是中国共产党的领导，这是核心，是基础，是根本，也是先决条件。这一点被中国共产党领导的民主革命二十八年的历史所证明，这是历史的结论。也是我们党能够按照我国社会历史的特征、时代的要求、人民的需要和民主革命的政治纲领，正确制定了党的马克思列宁主义、毛泽东思想指引党的路线、方针和政策的正确，才赢得了民主革命的彻底胜利。

---

① 《毛泽东选集》第四卷，第1480页。

　　毛泽东在《论人民民主专政》一文中指出了建立人民共和国的性质、任务，阐明了人民民主专政的国家内部各阶级的地位和作用以及中华人民共和国的对内对外职能，从而奠定了我国人民民主专政的社会主义国家的理论基础和战略策略的基础。毛泽东指出：总结我们的经验，集中到一点，就是工人阶级（经过共产党）领导的以工农联盟为基础的人民民主专政。这个专政必须和国际革命力量团结一致。这就是我们的公式，这就是我们的主要经验，这就是我们的主要纲领。这就为我国的社会主义革命和社会主义建设奠定了基础，指明了发展方向。

　　民主革命的胜利，对于中国共产党来说，只不过是万里长征走完了第一步。毛泽东早在《新民主主义论》中就明确指出："中国共产党领导的整个中国革命运动，是包括新民主主义和社会主义革命两个阶段在内的全部革命运动；这是两个性质不同的革命过程，只有完成了前一个革命过程才有可能完成后一个革命过程。新民主主义革命是社会主义革命的必要准备，社会主义革命是新民主主义革命的必然趋势。而一切共产主义者的最后目的，则是在于力争社会主义和共产主义社会的最后完成。"因此，中国共产党的基本任务是通过国家政权（执政的党）领导全国人民，在完成民主革命的任务之后，随即创造条件，采取坚决步骤，逐步地把党的工作重点转移到社会主义革命和社会主义的经济建设上来。

　　我们党为了加强党的集中统一领导，建立了经常性的请示报告制度、扩大党的民主生活和健全党委制，以及建立健全一系列的法规、条例、章程等。全国解放前夕，党召开了七届二中全会，毛泽东同志论述了党的工作重心由乡村转移到城市后党面临的任务，明确规定了全国革命胜利以后，党在政治、经济、文化教育、科学技术、外交、体育卫生等各条战线的基本方针和政策。指明了我国由农业国转变为工业国，由新民主主义社会转变为社会主义社会的总任务、总路线和主要途径。特别是提醒全党要防止骄傲自满情绪，警惕资产阶级糖衣炮弹的进攻，永远保持党的优良传统和作风。

　　为了争取国家财政状况的基本好转，我们党在 1950 年 6 月召开了七届三中全会。提出了党的中心任务是为了争取国家财政经济状况的基本好转而斗争。阐明了党对过渡时期的总路线、总政策，进行有计划有步骤的社会主义改造，要分清我、友、敌，团结绝大多数，集中力量孤立打击极少数的反革命分子的战略方针。党强调"一五"计划稳步前进，反对那种急于消灭资本主义的急躁情绪，使社会主义革命和社会主义建设稳步地向前发展。

　　历史表明，党是我国社会主义事业的领导核心。新中国成立以后开始的社会主义革命和社会主义建设，也必须在中国共产党领导下才能取得胜利。党不仅是人民民主专政的领导力量，也是社会主义事业的领导核心。它不仅反映了我们党过去领导中国革命的历史事实，而且也反映了现在党在国家生活中，在执政党的条件下的地位和作用。中国的社会主义事业如果没有中国共产党的领导，社会主义现代化事业就不可能胜利。

三、执政的党是社会主义现代化建设事业
##　　坚强的领导核心

　　中国共产党根据马克思列宁主义、毛泽东思想关于社会发展规律的思想理论，具体地分析了我国社会经济发展的现状和当代中国的现状，制定了适应我国社会主义现代化建设事业的路线、方针和政策。党掌握全国政权，在社会政治斗争极其复杂，工作千头万绪的情况下，党要始终坚持巩固和发展以经济建设为中心，正确处理革命和生产、政治和经济的关系。一方面，党采取了重点建设的经济方针，着重发展铁路、交通和农业水利事业，使国家财政收支平衡，市场物价稳定，人民物质文化生活有所改善和提高；另一方面，开展整风运动，克服骄傲自满情绪，反对官僚主义、命令主义、形式主义作风。坚决反对极少数人贪污腐败现象、违法乱纪，加强党和人民的联系，保持党谦虚谨慎、实事求是、艰苦创业的革命精神。

其目的是保证我们的国家在党的领导下，沿着社会主义现代化方向不断前进。在以毛泽东为核心的党中央第一代成熟领导集体的坚强领导下，从我国的实际情况出发，制定了过渡时期的总路线，通过了我国第一部《中华人民共和国宪法》，指出了我国的性质和政治制度，把党领导工人阶级以及广大人民群众长期斗争的重大政治成果，以法律的形式肯定下来，形成我国从新民主主义转变为社会主义革命与社会主义建设的基本途径和基本方法。这个巨大的胜利具有世界意义。

（一）以毛泽东为核心的第一代党中央成熟领导集体，努力探索适应我国国情的社会主义现代化道路。

在以毛泽东为核心的党中央第一代成熟领导集体的坚强领导下，为了探索一条适应我国国情的社会主义道路，是党的重要任务。对我国的社会主义经济建设和经过几年的恢复、过渡，我们党在总结经验的基础上，毛泽东同志在 1956 年 4 月发表了具有伟大历史意义的重要文章《论十大关系》。毛泽东同志总结了苏联社会主义建设的经验与教训，也系统地总结了我国社会主义建设的初步经验，特别是执政党如何进行社会主义经济建设进行广泛的探索和各种试验，指出了要正确处理我国社会的各种矛盾，要注意例如农业、轻工业和重工业的关系，经济建设和国防建设、中央和地方，国家、生产单位和生产者个人，汉族和少数民族、党和非党、革命和反革命，中国和外国等等关系，以便调动一切积极因素，团结一切可以团结的力量，为社会主义建设服务，为开始全面建设社会主义指明了前进的方向。

中国共产党的领导不仅是社会主义革命、社会主义改造和社会主义建设的根本保证，而且是社会主义现代化事业的核心领导力量。为了总结执政党在领导社会主义革命、社会主义改造、社会主义建设的基本经验，1956 年 9 月召开了党的第八次全国代表大会，会议分析了我国内部主要矛盾已经不再是工人阶级和资产阶级的矛盾。

提出了在社会主义改造基本完成以后的历史任务和主要矛盾，就是人民群众对于经济文化迅速发展的需要同当前经济文化不能满足人民群众需要的状况之间的矛盾。会议明确提出了全国人民的主要任务是集中力量发展社会主义生产力，实现国家工业化、农业现代化，逐步满足人民日益增长的物质和文化需要。会议着重提出了执政党的建设问题，要坚持党的民主集中制和集体领导制度，反对个人崇拜，发展党内民主和人民民主，加强党和人民群众的联系。同时，还提出了健全全国法制的问题，强调党必须始终一贯坚持理论联系实际，实事求是的思想原则，保持艰苦创业精神等等。党的"八大"路线和一系列方针政策是正确的，它为社会主义现代化建设事业的巩固和发展指明了方向。

但是，由于党在经济建设指导方针上的失误，和在纠正极"左"错误中的曲折。因此，党的"八大"提出的路线、方针和许多正确意见没有能够在实践中坚持下去。邓小平指出："总起来说，一九五七年以前，毛泽东同志的领导是正确的，一九五七年反右派斗争以后，错误就越来越多了。《论十大关系》是好的。《关于正确处理人民内部矛盾的问题》也是好的。《一九五七年夏季的形势》中还说，必须在我国建立一个现代化的工业基础和现代化的农业基础，这样，我们的社会主义的经济制度和政治制度，才能获得自己的比较充分的物质基础；为了建成社会主义，工人阶级必须有自己的技术干部队伍，必须有自己的教授、教员、科学家、新闻记者、文学家、艺术家和马克思主义理论家的队伍，这是一个宏大的队伍，人少了是不成的。"① 可是没有坚持多久，1959 年 7 月在庐山召开了中共中央政治局扩大会议和八届八中全会。"彭德怀同志的信一发下来，就转变风向了。彭德怀同志的意见是正确的，作为政治局委员，向政治局主席写信，也是正常的。尽管彭德怀同志也有缺点，但对彭德怀同志的处理是完全错误的。"② 这时还是重视抓经济建设、抓法制

_____

①　②《邓小平文选》第二卷，第 294～295 页。

建设，连续搞了工业七十条、农业十二条、人民公社六十条等等。毛主席当时还是认真纠正"左"倾错误的。"对工业七十条很满意，很赞赏。他说，我们终究搞出一些章法来了。""可是到一九六二年七、八月北戴河会议，又转回去了，重提阶级斗争，提得更高了。当然，毛泽东同志在八届十中全会的讲话中说，不要因为提阶级斗争又干扰经济调整工作的进行。这是起了好的作用的。但是，十中全会以后，他自己又去抓阶级斗争，搞'四清'了。然后就是两个文艺批示，（"文艺的许多部门至今还是'死人'统治着"；"文艺界各协会和他们所掌握的刊物的大多数，十五年来基本上不执行党的政策，'竟然跌到了修正主义的边缘'。"这两个批示对文艺工作的指责不符合实际情况，并且被后来的《部队文艺工作座谈会纪要》所利用，产生了严重的后果）江青那一套陆续出来了。到一九六四年底、一九六五年初讨论'四清'，不仅提出走资本主义道路的当权派，还提出北京有两个独立王国。……总之，建国后十七年这一段，有曲折、有错误，基本方面还是对的。"①

（二）党的领导的失误和在曲折中前进。

我们党在经济建设指导方针上的失误和在纠正极"左"错误中的曲折。党的"八大"第二次会议上通过了鼓足干劲、力争上游、多快好省地建设社会主义的总路线。这条总路线的基本思想是正确的，它反映了广大人民群众迫切要求改变我国经济落后状况的普遍愿望，但也有严重的缺点，它忽视了客观的经济规律。片面的强调了主观能动性，扩大了精神力量。在实际执行过程中会走偏方向。特别是在这次会议上，根据毛泽东同志的意见，改变了党的八届一次会议关于国内主要矛盾的正确分析，认为我国国内主要矛盾仍然是无产阶级和资产阶级的矛盾，社会主义道路和资本主义道路的矛盾，这个不符合实际的论断为后来的阶级斗争扩大化提供了"根据"。加

---

① 《邓小平文选》第二卷，第295～296页。

之我们对于社会主义经济建设经验不足，对社会主义经济发展规律和中国经济基本情况认识不足，更重要的是由于毛泽东同志以及中央和地方不少领导同志在胜利面前滋长了骄傲自满情绪，急于求成，头脑发热，夸大了主观意志和主观努力的作用，在经济工作中提出了许多不切实际的错误口号和高指标。错误认为有了人民公社就可以废除集体所有制，甚至一步跨进所谓共产主义。邓小平指出："讲错误，不应该只讲毛泽东同志，中央许多负责同志都有错误。'大跃进'，毛泽东同志头脑发热，我们不发热？刘少奇同志、周恩来同志和我都没有反对，陈云同志没有说话。在这些问题上要公正，不要造成一种印象，别的人都正确，只有一个人犯错误。这不符合事实。中央犯错误，不是一个人负责，是集体负责。在这些方面，要运用马列主义结合我们的实际进行分析，有所贡献，有所发展。"① 这样的态度，这种评价是很得人心的，使人们感到实际、具体又崇敬，对教育后人具有重大历史意义。但也不能忘记"大跃进"运动和人民公社化运动，出现了以高指标、瞎指挥、浮夸风和"共产风"为主要标志的"左"倾错误严重地泛滥开来，打乱了正常的经济建设秩序，浪费了巨大的人力和资源，造成了国民经济比例失调。这是我们党在领导社会主义建设方面的严重失误，要牢记这个教训。

我们党为了纠正领导农村工作和经济建设工作的"左"倾错误，先后召开了两次郑州会议和上海会议，提出了"三级所有，队（大队）为基础"的人民公社的管理体制。毛泽东同志虽然也指出了不能剥夺农民，不能超越阶段，反对平均主义，强调发展商品生产，遵守价值规律等等观点和措施，对纠正"左"倾错误起了积极的作用。但是，由于没有从根本上指导思想上总结社会主义建设的经验和教训，又片面地强调"气可鼓而不可泄"，就影响了纠正"左"的错误。特别是党的八届八中全会以后，对彭德怀、黄克诚、张闻天、周小舟等同志错误批判，并在贯彻执行《关于以彭德怀同志为首的反党

---

① 《邓小平文选》第二卷，第296页。

集团的决议》、《为保卫党的总路线、反对右倾机会主义而斗争的决议》这场反右倾斗争，在政治上打击了勇于实事求是地向党反映真实情况的同志，把党内不同意见的正常讨论，看作是资产阶级和无产阶级两个阶级生死斗争的继续；在组织上助长了个人专断和个人崇拜，使党内从中央到地方基层组织的民主生活遭到了严重损害，给野心家、阴谋家的破坏活动造成了可乘之机；在经济上打断了纠正"左"倾错误的进程，使错误更加发展并延续了更长的时间。虽然在进行经济调整的同时，在政治上采取了一系列措施，为"反右倾"运动中被错误批判的大多数同志进行了甄别，给被划为"右派分子"的大多数人摘掉了帽子。

可是党的八届十中全会，政治和思想文化方面"左"倾错误又有新的发展。毛泽东同志"关于阶级、形势、矛盾问题"的讲话，把阶级斗争扩大化、绝对化，断言在整个社会主义历史阶段资产阶级都将存在和企图复辟，并成为党内修正主义的根源。党对农村的阶级斗争的形势作了夸大的估计，把许多性质不同的矛盾和斗争都认为是阶级斗争，或者是阶级斗争在党内的反映。特别是在 1964 年下半年，对形势估计更加严重，认为农村三分之一的政权不在我们手里，因而使不少的基层干部受到了不应有的批判和打击。在 1965 年 1 月，由毛泽东同志主持制定的《农村社会主义教育运动中目前提出的一些问题》指出，看待干部要一分为二，干部中好的和比较好的是大多数。这对改变打击面过宽的情况起了积极的作用。

但是，值得特别注意的是，毛泽东同志错误地提出：这次运动的重点，是整党内那些走资本主义道路的当权派，而且把"走资派"说成是从地方到中央层层都有。这个错误的指导思想，为后来"文化大革命"把斗争矛头指向党的各级领导提出了理论"依据"；同时，对意识形态领域的形势也作了不切实际的估计，对一些文艺作品、学术观点和文艺界、学术界的一些代表人物进行了错误过火的政治思想批判；党在对待知识分子问题、文化教育、科学技术、体育卫生等问题上发生了愈来愈严重的"左"的偏差，并且在后来发展成为"文化大革命"的导火线，给党和人民群众带来了重大灾难和严重的损失。因此，认真总结执政党领导经验与教训是十分必要的。从执政党领导的社会主义革命和社会主义建设的进程中，我们既要看到党领导中国工人阶级和广大人民群众创造的伟大历史功绩，中国人民在党的领导下，走向幸福的康庄大道，这是历史事实，客观存在，谁也否认不了的。但最根本最重要的是要总结历史经验，把执政党领导的一些失误当成一种财富记取下来不重犯类似的错误，对执政党今后的领导具有重大的意义。

（三）我国"文化大革命"的发生发展和结束及其教训。

我国"文化大革命"的发生发展和结束，这个社会现象已经是个历史的事实。作为党的主要领导人毛泽东同志在他晚年领导上是有严重错误的，我们党要记取经验和教训。中国共产党所以高明，能够立于不败之地，就是能够自己纠正自己所犯的错误，能从错误、失败、曲折中前进，能够以郑重的马克思主义态度严肃认真地对待这些问题。

1966 年 5 月，我们党在北京召开了中央政治局扩大会议。这次会议错误地进行了对所谓彭真、罗瑞卿、陆定一、杨尚昆"反革命集团"的斗争，并决定停止和撤销他们的职务。会议通过了由毛泽东同志主持起草的中共中央通知（简称"五·一六通知"），对党内形势，对文化思想教育的状况作了完全违反实际的估计，要求"高举无产阶级文化大革命的大旗"，彻底揭露和批判所谓反党反社会主义的学术权威和一大批"混进党内、政府里、军队里和各种文化界的资产阶级代表人物"直至夺取领导权"。根据"五·一六通知"，林彪别有用心地颂扬毛泽东同志的个人"天才"，鼓吹个人崇拜。他造谣惑众说党中央内部有人要搞政变，为打倒老一辈无产阶级革命家制造口实。中共中央成立了以陈伯达为组长，康生为顾问，江青、张春桥为副组长的文革小组。这标志着"左"倾错误在中央开始占据支配地位。特别是毛泽东同志发表《炮打司令部——我的一张大字报》，未点名地批判了刘少奇同志。改组了中央领导机构，政治局常委由原来的 7 人扩大为 11 人，林彪名列第二，陈伯达、康生升为政治局委员和常委，刘少奇、邓小平虽然列名于政治局常委，但从此处于受批判审查的地位。毛泽东同志写信给清华大学附中红卫兵，认为他们的行动，"说明对反对派造反有理"，表示热烈的支持，并先后八次接见红卫兵。因此，红卫兵运动很快从学校冲向社会，四处串联，以破"四旧"，"反修防修"为名，到处鼓动"造反"，"踢开党委闹革命"，揪斗所谓"走资派"，冲击各级党政领导机关，造成了很大的社会动乱。

　　这种违反马克思列宁主义、毛泽东思想基本原理原则，违反党的集体领导基本原则和基本方法的所谓"文化大革命"，从一开始就受到广大干部和人民群众不同形式的抵制和不满。1967 年 2 月，谭震林、陈毅、叶剑英、李富春、李先念、徐向前、聂荣臻等政治局委员和军委的领导同志在不同的会议上，对"文化大革命"的错误作法提出了强烈的批评，对江青、康生一伙残酷打击陷害老干部，乱党、乱军的罪恶活动，进行了坚决的斗争。但是，张春桥等人整理了"碰头会记录"和江青密谋后向毛主席作了汇报。毛泽东同志错误地批评了这些老同志。林彪、江青一伙以"二月逆流"的罪名对他们进行围攻批判，周恩来总理也受到责难。他们还用各种卑劣手段，大搞逼供信，制造伪证，不仅把国家主席刘少奇同志置于死地，而且还捏造罪名，攻击朱德、陈云及其他老同志。使党和国家的职能部门遭到严重的破坏，党的威信下降，党的集体领导受到严重的破坏，党的光辉形象受到玷污，党组织不大起作用了，党的各级领导班子受到残酷的迫害和打击，全国出现了空前的大动乱。

　　在这个关键时刻，1969 年 4 月，党召开了"九大"，通过了新党章，对党的理论基础马克思列宁主义、毛泽东思想作了歪曲的阐述，砍掉了党员的权利，并且在新党章上明文规定了林彪为："毛泽东同志的亲密战友和接班人"。这次代表大会自始至终笼罩着强烈的个人崇拜和"左"倾狂热的气氛。不仅使"文化大革命"的错误理论和实践合法化，而且也加强了林彪、江青、康生等人在党中央的地位。因此，党的"九大"在思想上、政治上和组织上的指导方针都是错误的，使党偏离了马克思列宁主义、毛泽东思想的轨道，使党的领导作用、核心作用，威信大大下降。在党的九届二中全会上，林彪、陈伯达利用"天才"问题和所谓坚持设国家主席篡夺党和国家最高权力。毛泽东同志及时识破了林彪一伙的阴谋，写了《我的一点意见》，揭穿了他们的骗局。全党开展了"批林整风"，要求全党、党的干部，特别是高级领导干部，要认真学习马克思主义，识别真假马克思主义。

　　同时，党对林彪及其一伙进行了批评、帮助教育和挽救。但是，林彪一伙毫无悔改之意。1971年3月，林彪指使其子林立果炮制反革命武装暴乱计划"'571'工程纪要"，阴谋杀害毛泽东主席，以夺取全国政权。同年8月中旬，毛泽东同志去南方巡视，沿途同各地党政军负责人多次谈话，指出林彪及其一伙要分裂党，急于夺权。9月初，当林彪、叶群得到毛泽东主席谈话内容后，8日向他们的同伙下达了发动执行其武装暴乱计划的手令。由于毛泽东同志的警觉，他们的阴谋未能得逞。林彪在9月12日私调飞机，准备带领黄永胜等人南逃广州，图谋另立中央，实行割据。由于毛泽东主席提前回到北京。周恩来总理对林彪私调飞机一事进行追查，林彪、叶群、林立果惊慌失措，于13日私乘三叉戟专机向北叛逃，摔死在蒙古的温都尔汗。林彪反革命集团的覆灭，客观上宣告了"文化大革命"的理论与实践的失败。党中央1973年8月20日批准了中央专案组《关于林彪反党集团反革命罪行的审查报告》，决定开除林彪及其集团主要成员陈伯达、叶群、黄永胜、吴法宪、李作鹏、邱会作等人的党籍。

　　在中国共产党第十次全国代表大会上，进一步揭发批判了林彪集团的反革命罪行，深刻揭露了他们"语录不离手，万岁不离口，当面讲好话，背后下毒手"的反革命两面派的反动本质。但是，由于种种原因和历史条件的限制，党的"十大"继续了"九大"的

"左"倾错误。这次大会王洪文当上了党中央副主席。江青、张春桥、姚文元、王洪文在中央政治局内结成了，"四人帮"。他们一伙打着批林批孔的旗号，召开大会，发表煽动性的演说，对周恩来和其他中央领导同志发动突然袭击。以批"周公"、批"宰相"、批所谓"现代大儒"，影射攻击周恩来总理、邓小平副总理。毛泽东主席觉察到江青等人的罪恶活动。按照毛泽东主席的指示，在邓小平同志主持下，中央政治局几次开会批评了江青等人。但是"四人帮"一伙乘所谓"反击右倾翻案风"，借机进行篡党夺权的阴谋活动。他们乘周恩来总理逝世之机，采取隐瞒事实真相，欺骗党中央和毛泽东主席，利用所谓"天安门事件"，捏造罪名，说邓小平同志是天安门事件的总后台，撤销了党内外一切职务。使党和国家的命运遭到曲折，党的领导遭到严重破坏，党的事业受到极大的损失。

　　1976年9月9日，伟大的马克思主义者，伟大的无产阶级革命家、战略家、理论家、中国共产党中央委员会主席、中国人民的伟大领袖和导师毛泽东同志与世长辞，全国各族人民沉浸在极度悲痛之中。江青一伙认为有机可乘，他们秘密串联，阴谋筹划，伪造了一个"按既定方针办"的所谓毛主席临终嘱咐，企图继续实行"文化大革命"的错误计谋，并由他们来篡夺党和国家最高领导权。江青迫不及待地准备登基当"女皇"。鉴于"四人帮"阴谋发动反革命政变，10月6日中共中央政治局执行党和人民的意志，采取断然措施，对"四人帮"实行隔离审查。10月7日，中央政治局决定由华国锋同志任中共中央主席、中央军委主席。在粉碎"四人帮"反革命阴谋集团的斗争中，华国锋、叶剑英、李先念等起了重要作用。延续10年之久的"文化大革命"，由于粉碎"四人帮"而得以宣告结束。

　　总之，"文化大革命"这一全局性、长时间的"左"倾严重错误，是由于我们党的主要领导人错误发动，被林彪、江青两个反革命集团所利用，给党、国家和各族人民带来了严重灾难和大动乱。这个责任主要由毛泽东主席负担。是党犯了错误，人民遭到灾难，中国

的革命与建设事业遭受损失，这是非常痛心的。但是，毛泽东同志
所犯的错误，这是一个伟大的革命家所犯的错误，是一个伟大的马
克思主义者所犯的错误。

对这个问题邓小平同志有精辟的论述和科学的分析。他说："总
的来说，我们党的历史还是光辉的历史。虽然我们党在历史上，包
括建国以后的三十年中，犯过一些大错误，甚至犯过搞'文化大革
命'这样的大错误，但是我们党终究把革命搞成功了。中国在世界
上的地位，是在中华人民共和国成立以后才大大提高的。只有中华
人民共和国的成立，才使我们这个人口占世界总人口近四分之一的
大国，在世界上站起来，而且站住了。还是毛泽东同志那句话：中
国人民从此站起来了。国内的人民也罢，国外的华侨也罢，对这点
都有亲身感受。也只有在中华人民共和国成立以后，才真正实现了
全国（除台湾外）的统一……没有中国共产党，不进行新民主主义
革命和社会主义革命，不建立社会主义制度，今天我们的国家还会
是旧中国的样子。我们能够取得现在这样的成就，都是同中国共产
党的领导、同毛泽东同志的领导分不开的。恰恰在这个问题上，我
们的许多青年缺乏了解。"① 就是说，我们分析历史事件，包括党的
领导过程中所犯的种种错误，要看整体、看全局，看本质和主流。特
别是我们党历史上的重大事件，都采取这种马克思主义的立场、观
点和方法。邓小平明确指出："对毛泽东同志的评价，对毛泽东思想
的阐述，不是仅仅涉及毛泽东同志个人的问题，这同我们党、我们
国家的整个历史是分不开的。要看到这个全局。"②

我们要准确地认识毛泽东晚年所犯的错误，要把毛泽东本人的
错误同毛泽东思想区别开，不能混淆，更不能等同。邓小平指出：
"七大规定毛泽东思想为全党的指导思想。我们党用毛泽东思想教育
了整整一代人，使我们赢得了革命战争的胜利，建立了中华人民共

---

① 《邓小平文选》第二卷，298～299 页。
② 《邓小平文选》第二卷，第 299 页。

和国。'文化大革命'的确是一个大错误，但是我们党还是粉碎了林彪、'四人帮'两个反革命集团，结束了'文化大革命'，一直发展到今天。这些事情，还不是毛泽东思想教育的一代人干的？我们现在讲拨乱反正，就是拨林彪、'四人帮'破坏之乱，批评毛泽东同志晚年的错误，回到毛泽东思想的正确轨道上来。""……不坚持毛泽东思想，我们要犯历史性的大错误。"但是，"对于错误，包括毛泽东同志的错误，一定要毫不含糊地进行批评，但是一定要实事求是，分析各种不同的情况，不能把所有的问题都归结到个人品质上。毛泽东同志不是孤立的个人，他直到去世，一直是我们党的领袖。对于毛泽东同志的错误，不能写过头。写过头，给毛泽东同志抹黑，也就是给我们党、我们国家抹黑。这是违背历史事实的。"① 这样的指导思想是经得起历史考验的。因为我们党的领导是个集体，"过去有些问题的责任要由集体承担一些，当然，毛泽东同志要负主要责任。我们说，制度是决定因素，那个时候的制度就是那样。那时大家把什么都归功于一个人。有些问题我们确实也没有反对过，因此也应当承担一些责任。当然，在那个条件下，真实情况是难于反对。但是，不能回避'我们'，我们承担一下责任没有坏处，还有好处，就是取得教训。这是从中央领导角度上说的，地方上没有责任。我和陈云同志那时是政治局常委，起码我们两个有责任。其他的中央领导同志也要承担一些责任。合不合乎实际？也合乎实际。这样站得住脚，益处大。对毛泽东同志的评价，原来讲要实事求是，以后加一个要恰如其分，就是这个意思。"② 怎样评价历史人物，不仅准确，而且合乎实际，恰如其分，这是邓小平建党学说中一个大问题，因为历史的曲折性，性质的复杂性，现象与本质的一致性，没有高深的马克思主义水平和洞察认识能力是比较难以掌握的。而且还要经得起历史的考验和客观的科学结论。

---

① 《邓小平文选》第二卷，第300～301页。
② 《邓小平文选》第二卷，第308～309页。

　　中国共产党领导中国革命及社会主义革命与社会主义建设的艰难曲折的斗争过程中，党和国家的领导人，我们党的绝大多数的干部、党员和人民群众都能站在斗争的正确方面，他们忠于党和人民革命与建设事业的，对社会主义——共产主义事业信念、理想是坚定的。通过"文化大革命"，从反面给了全党、全军和全国各族人民以极其深刻的经验与教训：

　　第一，无产阶级夺取政权以后，特别是在社会主义改造基本完成以后，我国所要解决的主要矛盾，是人民日益增长的物质需要同落后的社会生产力之间的矛盾。因此，党和国家的工作重点必须坚定不移地转移到以经济建设为中心的社会主义现代化建设上来，大力发展社会生产力，并在这个基础上逐步改善人民的物质和文化生活。这是执政党领导社会主义建设事业的一条重要经验。

　　第二，在生产资料的社会主义改造基本完成以后，我国除了台湾、港澳等地区以外的剥削阶级作为一个阶级已经消灭，我国社会中存在的矛盾大多数不具有阶级斗争性质，因此，阶级斗争已经不是我国社会的主要矛盾。但是，由于国内的因素和国际的影响，阶级斗争还在一定范围内长期存在，在某种条件下还有可能激化。可是，这些矛盾和斗争，并左右不了社会发展的方向，已经丧失了它存在与发展的经济基础。因此，我们在实际工作中，既要反对认为阶级斗争已经熄灭的观点，又要反对把阶级斗争扩大化的观点，更不能人为地制造所谓阶级斗争。我们一定要严格区别两类不同性质的矛盾，决不能把人民内部矛盾当作敌我矛盾，更不要用对敌人斗争的方法进行党内斗争。只有这样，才能够长期保持安定团结的社会主义的新局面，才能使建设有中国特色社会主义不断胜利前进。

　　第三，在无产阶级解放事业中，必须正确理解群众、阶级、政党和领袖之间的相互关系，在社会主义社会特别是在执政党的条件下尤其重要。必须逐步建设高度民主的社会主义的政治制度，进一步健全党的纪律和社会主义法制，切实保障党员、公民的民主权利，使社会主义民主政治制度化、法律化。前事不忘后事之师，必须永远牢记"文化大革命"的历史教训，避免重犯历史上犯的严重错误。

（四）党的十一届三中全会是历史的伟大转折，具有重大的深远影响。

党的十一届三中全会以后，我国开始了全面社会主义建设的新时期。在历史的转折关头，党内在对待马克思列宁主义、毛泽东思想的态度上，产生了两种明显的对立倾向：以华国锋同志为代表的提出了：凡是毛主席作出的决策，我们都坚决维护，凡是毛主席的指示，我们都始终不渝地遵循。这种教条主义的"凡是论"当然是错误的。邓小平同志在 1977 年 5 月 24 日指出："中央办公厅两位负责同志来看我，我对他们讲，'两个凡是'不行。按照'两个凡是'，就说不通为我平反的问题，也说不通肯定 1976 年广大群众在天安门广场的活动'合乎情理'的问题。把毛泽东同志在这个问题上讲的移到另外的问题上，在这个地点讲的移到另外的地点，在这个时间讲的移到另外的时间，在这个条件下讲的移到另外的条件下，这样做，不行嘛！毛泽东同志自己多次说过，他有些话讲错了。他说一个人只要做工作，没有不犯错误的。又说，马恩列斯都犯过错误，如果不犯错误，为什么他们的手稿常常改了又改呢？改了又改就是因为原来有些观点不完全正确，不那么完备、准确嘛。毛泽东同志说，他自己也犯过错误。一个人讲的每句话都对，一个人绝对正确，没有这回事情。他说：一个人能够'三七开'就很好了，很不错了；我死了，如果后人能够给我以'三七开'的估计，我就很高兴、很满意了。这是个重要的理论问题，是个是否坚持历史唯物主义的问题。彻底的唯物主义者，应该像毛泽东同志说的那样对待这个问题。"[①]邓小平同志还特别着重指出："马克思、恩格斯没有说过'凡是'，列宁、斯大林没有说过'凡是'，毛泽东同志自己也没有说过'凡是'。"[②]我们应当准确理解和运用经典作家们的思想、理论和基本原理与原

---

①　②《邓小平文选》第二卷，第 38～39 页。

则。不能采取僵化的、教条的理解。

　　我们应当怎样理解和运用马克思主义经典作家的指导思想和普遍真理呢？邓小平同志作了马克思主义的回答。他在 1977 年 4 月 10 日给中央写信就明确指出："我们必须世世代代地用准确的完整的毛泽东思想来指导我们全党、全军和全国人民，把党和社会主义的事业，把国际共产主义运动的事业，胜利地推向前进，这是经过反复考虑的。毛泽东思想是个思想体系。我和罗荣桓同志曾经同林彪作过斗争，批评他把毛泽东思想庸俗化，而不是把毛泽东思想当作体系来看待。我们要高举旗帜，就是要学习和运用这个思想体系。"① "我说要用准确的完整的毛泽东思想作指导的意思是，要对毛泽东思想有一个完整的准确的认识，要善于学习、掌握和运用毛泽东思想的体系来指导我们各项工作。只有这样，才不至于割裂、歪曲毛泽东思想，损害毛泽东思想。我们可以看到，毛泽东同志在这一个时间，这一个条件，对某一个问题所讲的话是正确的，在另外一个时间，另外一个条件，对同样的问题讲的话也是正确的；但是在不同的时间、条件对同样的问题讲的话，有时分寸不同，着重点不同，甚至一些提法也不同。所以我们不能够只从个别词句来理解毛泽东思想，而必须从毛泽东思想的整个体系去获得正确的理解。"② 只有这样，才不至于割裂、歪曲毛泽东思想，损害毛泽东思想，才不会犯教条主义的错误。

　　党的十一届三中全会是我们党的历史上的伟大转折，是具有重大意义的转变。它标志着我们党重新确立了马克思主义的思想路线、政治路线和组织路线，使党的社会主义建设事业走上健康发展的轨道。邓小平同志在 1979 年 1 月召开的理论务虚会上，总结粉碎"四人帮"以来理论宣传战线上的基本经验和教训，研究了全党工作重点转移后理论宣传工作的根本任务。邓小平同志代表党中央重申在

---

① 《邓小平文选》第二卷，第 39 页。
② 《邓小平文选》第二卷，第 42～43 页。

中国实现社会主义现代化的前提条件和根本保证。必须坚持社会主义道路、坚持无产阶级专政、坚持共产党的领导、坚持马克思列宁主义、毛泽东思想这四项基本原则。就是说，要把解放思想同坚持四项基本原则统一起来。要明确四项基本原则的核心是党的领导。这四项基本原则的形成和发展，为我国的社会主义现代化建设事业奠定了思想基础，指明了方向。这四项基本原则的产生、形成和发展的科学概括，是我们党执政四十年来的经验总结，它既是全党团结和全国各族人民团结的共同的政治基础，也是社会主义现代化事业顺利进行的根本保证。任何离开四项基本原则的错误倾向，不论是来自"左"的思潮，或是来自资产阶级的自由化，都必须坚决反对。党的领导是党的四项基本原则的核心。只有坚持党的领导，才能走社会主义道路，才能坚持无产阶级专政，才能坚持马克思列宁主义、毛泽东思想。因此，党是中国社会主义事业的领导核心力量，这个科学的结论，是我国近代史上反复证明了的一个平凡而伟大的真理：没有中国共产党，就没有新中国。同样，没有中国共产党，也就不会有现代化的社会主义事业。

在以邓小平为核心的党中央第二代成熟领导集体的坚强领导下，要实现我国社会主义现代化建设事业，必须从我国的实际出发，把马克思列宁主义的普遍原理同我国的具体实践相结合，走自己的路，建设有中国特色的社会主义。这是邓小平同志在新的历史条件下，对毛泽东同志一贯倡导的党应当适时地提出一条适合我国国情的社会主义建设道路的继承和发展，是我国社会主义发展的客观规律的科学反映，是党对社会主义发展规律认识深化的突出表现。也是我们党领导社会主义建设的经验的总结。这个思想的形成和发展，表明我们党经过长期摸索，已经找到了适合我国国情的社会主义建设道路。它反映了在中国这块大地上建设社会主义的客观规律，是我国执政以来独创经验的基本总结，具有中华民族的特点和优点。我们党依据这个客观规律来建设和巩固社会主义，我国的无产阶级革命事业就会兴旺发达。

　　我国的社会主义特色,是随着实践的发展而不断发展和变化的,是由我国社会主义建设的内部成分、各要素及其结构所决定的。因此,它的特色的具体形态是在实践中不断充实、完善和不断提高,以适应我国社会主义建设的客观规律。随着社会主义建设实践的发展,无论是在经济结构、政治结构、社会结构、社会主义市场经济体制结构、科学文化知识结构、干部队伍结构等等都应以适应中国特色而变化发展,走出具有中国特色的社会主义道路。党的"十二大"把建设高度社会主义精神文明和物质文明作为社会主义社会的基本特征和巩固发展社会主义建设的战略方针提出来的。在这个问题上,不仅是马克思主义发展史上第一次,也是邓小平建党学说中的一大创新。这标志着我们中国共产党对社会主义建设的客观规律有了进一步的深刻认识,达到了新的更高的水平,将会显示出更大的作用。

第三节　执政党领导的指导思想、基本原理、原则、领导艺术和决策

一、熟悉马克思主义的基本理论加强执政党领导的原则性、系统性、预见性和创造性

　　共产党的领导是实现工人阶级历史使命的根本保证。在建设有中国特色社会主义事业的全过程中,要永远坚持和加强党的执政地位和领导核心的作用。执政党领导的指导思想是什么呢?我们的党是执政的党,党的领导要通过执政来体现。我们在实践过程中,必须强化执政意识,提高执政本领,巩固执政地位。要熟悉马克思列宁主义、毛泽东思想和邓小平建设有中国特色社会主义理论的基本原理、原则、方法、方式和领导艺术。要对党和国家重大原则问题做出决策,掌握国家政治方向,对我国的社会主义现代化建设具有

重大历史意义。

（一）邓小平对马克思主义执政党的领导学的杰出贡献。

在以邓小平为核心的党中央第二代领导集体的坚强领导下，创造性地总结了中国共产党执政 40 多年来党的领导的基本经验与教训。在当代新的历史时期提出了执政党建设的一系列的重大理论问题，坚持继承、丰富和发展了马克思列宁主义、毛泽东思想关于党的学说。特别是对马克思主义政党领导学有杰出的贡献。

在政治方面：邓小平同志指出，坚持四项基本原则是我国的政治思想基础。四项基本原则的核心是坚持党的领导，四项基本原则是实现建设有中国特色社会主义事业的根本保证。四项基本原则是一个有机整体，如果动摇了这四项基本原则中的任何一项，那就动摇了整个社会主义现代化的基础；坚持党的领导必须改善党的领导，要把党建设成为领导建设有中国特色社会主义的坚强核心；必须逐步改革党和国家的领导体制，改变权力过分集中，实行政企分开的领导体制；要认真实行民主集中制，实行民主政治，反对个人崇拜，废除实际存在的领导干部职务终身制；党的领导必须是多办事，不说空话，领导就是服务，领导人民就是为人民服务；党必须在宪法和法律范围内进行活动；当前我国的社会，阶级斗争已经不是主要矛盾，要停止使用"以阶级斗争为纲"这个不适用于社会主义现代化的口号；一定要把社会主义民主同资产阶级民主、个人主义民主严格地区别开来，一定要把对人民的民主和对敌人的专政结合起来，把民主和集中、民主与法制、民主和纪律、民主和党的领导结合起来；要把社会主义民主扩展到政治制度、经济制度、文化制度和社会生活各个方面，使各项事业的发展符合人民的意志、利益和需要，人民才能真正成为社会的主人，充分发挥主动性、积极性和创造性；要建立健全和发展新时期爱国统一战线，调动各方面的积极性，建设社会主义，坚持在党的领导下多党合作和政治协商制度。

在指导思想方面：邓小平同志指出，毛泽东思想过去是中国革命和建设事业的旗帜，今后将永远是建设有中国特色社会主义事业和反霸权主义的旗帜，我们党将永远高举毛泽东思想的伟大旗帜前进；我们要善于学习，掌握和运用毛泽东思想的理论体系来指导我们的各项工作。只有这样，才不至于割裂、歪曲毛泽东思想，损害毛泽东思想；毛泽东思想的基本点就是实事求是，就是把马克思列宁主义的普遍真理同中国革命的具体实践相结合。毛泽东同志在延安为中央党校题了"实事求是"四个大字，是毛泽东思想的精髓；科学社会主义是在实际斗争中获得发展，马克思列宁主义、毛泽东思想也是在实际斗争中发展、前进；解放思想、实事求是，一切从实际出发，理论联系实际，紧持实践是检验真理的唯一标准，这就是我们党的思想路线；解放思想、实事求是，团结一致向前看，就是要运用马克思列宁主义、毛泽东思想的基本原理，研究新情况，解决新问题；我们讲把解放思想、实事求是统一起来，结合起来，就是指在马克思主义指导下，打破旧的习惯势力和主观偏见的束缚，研究新情况，解决新问题。解放思想决不能偏离四项基本原则的马克思主义轨迹，不能损害安定团结、生动活泼的政治局面。离开了四项基本原则去"解放思想"，实际上是把自己放到党和人民的对立面去了。

在经济方面：邓小平同志指出，我国当前的主要矛盾，是人民日益增长的物质和文化需要同落后的社会生产之间的矛盾。必须坚定不移地把党和国家的工作重点转移到现代化建设上来，核心是经济建设，把我国的国民经济搞上去，它是解决国际国内问题的实力和基础；独立自主，自力更生，艰苦创业，无论过去、现在和将来，都是我们党领导的立足点、着眼点和出发点。中国的事情要按照中国国情、中国的实际情况来办，要依靠中国人民自己的力量来办；要全心全意地依靠工人阶级及广大劳动人民创造自己的未来，实现自己的美好幸福的生活。

在民主管理体制方面：邓小平同志指出，要有计划、有步骤地实行权力下放，扩大企业自主权，路子要越走越宽。要建立多种形式的岗位责任制、承包责任制；在坚持按劳分配、多劳多得、少劳少得、不劳不得，允许一部分人、一部分地区先富起来，带动大家共同富裕。要消除两极分化，消灭剥削，搞的是社会主义；要在国有经济为主体的前提下，允许少量个体、合资、独资经济成分的存在，繁荣社会主义的经济；实行改革开放，建立健全社会主义的市场经济体制，把我国的社会主义经济又快又好地发展起来。

在文化教育方面：邓小平同志指出，要建设以共产主义为核心的社会主义精神文明建设，没有社会主义精神文明，没有共产主义崇高理想和坚定信念，没有共产主义道德，怎么能建设社会主义呢？要抓好思想文化教育的建设，要用共产主义思想战胜个人主义、无政府主义和形形色色的资产阶级的腐蚀和精神污染；要尊重知识、尊重人才，并大力发展科学技术，科学技术是第一生产力，为加快科学文化教育事业的发展，提出了一系列原则、方针和政策，制定了一系列规划和措施；要保持清醒的头脑，坚决抵制外来腐朽思想的侵蚀，决不允许资产阶级的生活方式在我国泛滥。培养造就接班人，要从娃娃抓起，要培育有理想、有知识、有文化、守纪律的一代新人。

在党风和社会风气方面：邓小平同志指出，必须狠狠地一天不放松地抓好党风建设。要从具体案件抓起，要抓大案、要案、一抓到底、抓个水落石出。高级干部及其子女绝大多数是好的。但是现在确有一些干部子弟泄露经济情报，卷入了情报网，出卖消息，出卖文件。越是高级干部子弟，越是高级干部，越是名人，越要抓紧查处，抓住典型。因为这些人犯罪危害大，抓了，处理了效果也大，表明我们下决心克服一切阻力抓精神文明建设；高级干部在对待家属、子女违法犯罪的问题上必须持坚决、明确、毫不含糊的态度，坚决支持查办干部，不管牵扯到谁，都要按照党纪、国法查处。要真抓实干，不能手软；就是这样下决心抓，也要奋斗至少十年，才能恢复到50年代最好时期的党和社会风气。有些党员干部的作风、社会风气实在太坏了，没有十年的努力不行。十年育人嘛！搞四个现代化一定要有两手，一手是不行的。所谓两手，即一手抓建设，一手抓法制。党纪、国法都是法，只有一手不行。经济建设这一手我们搞得相当有成绩、形势喜人，这是我们国家的成功。但风气如果坏下去，经济搞 成功又有什么意义？会在另一方面变质，反过来影响整个经济变质，发展下去会形成贪污、盗窃、贿赂横行的世界，等等。还有各个方面、各个领域的突出贡献，只是挂一漏万的提一下。

总之一句话，邓小平同志是坚持继承、丰富和发展了马克思列宁主义、毛泽东思想的典范，特别是对马克思主义政党领导学有突出贡献。特别值得我们注意的是，邓小平同志在党的全国代表会议的讲话中提出了一个新的要求，即新老干部都要学习马克思主义基本理论。他指出：我希望党中央能作出切实可行的决定，使全党的各级干部，首先是领导干部，在繁忙的工作中仍要有一定的时间学习，熟悉马克思主义的基本理论，从而加强我们工作中的原则性、系统性、预见性和创造性。这对提高全党的理论水平、领导水平、执政水平、提高干部的素质，加强和改善党的领导具有重大战略意义。

（二）邓小平对党的领导思想理论的创新和发展具有战略意义。

在以邓小平为核心的党中央第二代成熟领导集体的坚强领导下，对于党的领导的思想理论有创新和发展。因为党的领导是马克思列宁主义、毛泽东思想关于党的学说的一个重要组成部分。是毛泽东、邓小平建党学说的一条基本原理、原则。党的领导是无产阶级完成自己的历史使命的最基本条件。党的领导这个科学概念是马克思和恩格斯早就提出来了，它的基本指导思想由两个方面的因素构成：一方面是党的内部自身的结构，党中央要指导各地方的各级组织，全党是一个统一的有机整体；另一方面是指它是工人阶级的先锋队，是领导其他组织的核心领导力量。所以党的领导的指导思想就是指党的领导作用、先锋作用、组织作用和核心作用，是指党对无产阶级革命事业的统帅作用和向导作用的科学概括。

列宁坚持和发展了这个基本思想，认为党的领导是思想领导、政治领导和组织领导三者有机统一的整体。党的正确领导在这样三个方面发挥作用。思想领导，是指运用马克思主义的基本原理、原则去武装人民群众的头脑、激发人民群众的思想觉悟、政治觉悟、革命热情，使广大人民群众真正认识到自己是社会的主人，是创造历史的真正动力，这是党的领导的首要的根本任务。政治领导，是通过党的政治纲领、战略策略、路线、方针和政策的领导与指导作用。政治领导的任务是确定奋斗目标、战略重点，指引前进的方向和行动路线，协调各个阶级、阶层和人民团体的关系，使广大的党员、干部和人民群众在政治上同党中央保持一致。组织领导，是指党领导人民群众前进过程中的组织和保证作用，组织领导的关键是决定重要领导干部的人选调配造就人才的问题，以及党员、干部的先锋模范作用问题。就是要把成千上万的党员、干部和人民群众组织起来，把全党全军和全国各族人民指引到一个奋斗目标上来。这是最关键的问题，就是寻找能干的干部和卓越的组织家。因此，组织领导是实现思想政治领导的物质保证。只有既坚持思想政治领导，又坚持组织上的协调统一，才能保证无产阶级革命事业的胜利。

毛泽东同志运用马克思列宁主义的基本原理，结合中国革命的具体实践，为了协调革命根据地内部党政军民学之间的关系，加强党对政府、军队以及人民群众团体的领导。1942 年中共中央决定在各抗日根据地建立统一领导革命根据地各级组织的党委会即中央局、分局、区党委、地委。在这种情况下，我们党根据我国的实际情况提出了"党委领导一切"和"一元化领导"的口号。列宁在 1920 年《谈谈我们的组织任务》一文中他就指出："我认为，在组织问题上总的说来应当是（党）委员会领导一切地方运动和一切地方的社会民主党的工作。"他强调要把这个原则写到党的"章程上，使全党共同遵守。列宁说：党的"章程上要写些什么呢？委员会领导一切。"

党领导一切，它的基本含义是什么呢？一是党委要领导一切革命组织，指导一切革命运动。就是说，党委所在的地方的革命组织、革命运动，无论是工人运动、妇女解放运动、青年运动、群众运动等等，都要由党委来统一领导。二是党委要领导党内的一切工作，包括组织、宣传、统战、群众、报刊、文化、教育、科学技术、文教卫生、体育、国防等等大政方针，都要党委来统一领导。三是党的领导都是"总的领导"。领导一切不是包办一切，是路线、方针、政策的领导。主要是要调整好党委与党外各个革命组织的关系，以及调整、调配好党委自身的各种关系。历史实践证明，这条基本指导思想是正确的。这里既没有党包办一切、代替一切的意思，也没有使党组织凌驾于其他组织之上的意思。

在历史上对加强党的领导，克服分散主义起了积极作用。随着革命发展和革命形势的需要，毛泽东同志对党的领导进行了一系列的科学论述。他指出："中国共产党是全国人民的领导核心，没有这样一个核心，社会主义事业就不能胜利"。这些都是正确的。但是自1958年以后，实现人民公社化，党政不分，以党代政的现象逐步发展。党委过多地干预、代替政府机关、经济组织及群众团体的工作，使得这些部门不能充分发挥自己的组织职能的作用。引起了人们对"党的一元化"和"党领导一切"有严重的误解，好像"一元化领导"和"党领导一切"就意味着党要包办代替一切、包揽一切；形成"党领导一切"就是党委有权决定一切，一切由党委说了算。这就把党的领导同权力混为一谈了。好似党的领导是靠权力来实现的，这样就自然导致包办、代替一切。

领导同权力是两个不同的概念。权力是以服从为前提的，是带有强制性的，而党的领导，只能是引导、影响、组织和带领广大的党员、干部和人民群众去实现自己的伟大理想而拼搏、劳动、去奋斗。列宁说："保持领导不是靠权力，而是靠威信、毅力、丰富的经验，多方面的工作，以及卓越的才能。"① 党的领导机关只不过是人民群众的服务部，党员干部只不过是人民的公仆和勤务员。所以说，党的领导并没有强制、命令的意思。党的领导是个人领导还是集体

① 《列宁全集》第6卷，第212页。

领导？党的领导本身就是指的集体领导，集体领导当然包含着个人的作用。所以，党的领导与个人负责相结合是党委领导的重要原则。

新的历史时期，在以邓小平为核心的党中央第二代成熟领导集体的指引下，在和平与发展成为时代主题的历史条件下，在我国改革开放和建设有中国特色社会主义的实践过程中，特别是在总结我国社会主义胜利和挫折的历史经验，并借鉴其他国家社会主义兴衰成败历史经验的基础上，把马克思列宁主义、毛泽东思想的普遍原理与当代中国实际和时代特征相结合，坚持继承、丰富和发展了毛泽东思想。它的最新成果就是邓小平建设有中国特色的社会主义理论体系，它是全党全国人民集体智慧的结晶，是中国共产党和中国人民最珍贵最新的精神财富，是当代中国的马克思主义，是中国共产党的指导思想，是指引我们实现新的历史任务的强大的思想武器，也是邓小平关于党的领导思想的理论基础和对党的学说的重大贡献。在新的历史时期，邓小平对党的领导思想理论的创新和发展具有战略意义。党的领导随着新时代的前进，邓小平关于党的领导思想理论也不断的丰富和发展。他分析了我国当前改革开放的政治经济形势，总结了我国社会主义建设事业执政 40 多年的正反两个方面的经验，提出了一系列加强和改善党的领导的理论、原则、方针和措施。特别是要求党和政府的各级领导机关保持清醒头脑，要聚精会神抓党的建设，这就使我们党的面貌为之一新。

（三）邓小平关于党的领导思想的基本规律和核心内容。

邓不平关于党的领导思想理论是一个科学体系，由邓小平关于党的领导一系列的原理、原则、方法、领导艺术及决策思想构成。那么，其核心内容是什么呢？就是邓小平同志一贯强调的"领导就是服务"、"领导人民就是为人民服务"，这是我们党全心全意为人民服务的唯一宗旨在新的历史时期的继承和发展。这就从理论与实践的结合上成为全体共产党员、干部的"座右铭"，成为党的领导实践的最高准则。为什么这样说呢？首先，从理论上讲，它继承和发展了马克思列宁主义、毛泽东思想关于党的唯一宗旨的理论基石是唯物史观。历史唯物主义认为，人民是历史的主人，是社会物质财富和精神财富的创造者，是社会前进的推动力量，代表着社会历史发展的根本方向。邓小平指出的领导就是服务，领导人民就是为人民服务，它正确地反映了无产阶级和广大人民的根本利益，揭示了党的领导的本质内容，从而丰富和发展了马克思主义。其次，从实践上讲，它教育培养了一代又一代共产党人，党一贯要求我们要全心全意地为人民服务，要成为有理想、有道德、有文化、有纪律的一代新人，对于加强党的建设，提高共产党人的政治思想觉悟，起了重要的作用。在这一思想教育和培育下，一代又一代党的干部为人民的根本利益，前赴后继，艰苦创业，忘我奋斗，在人民群众中产生了巨大深远的影响。实践证明，我们党 70 多年的历史，就是全心全意为人民服务宗旨的历史。正因如此，我们党才得到了人民的衷心拥护和支持，才实现了党对革命和建设事业的正确领导。其三，从本质上讲，领导就是服务，领导人民就是为人民服务，这一深入浅出朴实的真理，是我们党在毛泽东、邓小平领导下，在长期革命的实践中总结我们党领导经验的基础上，概括出的这一颠扑不破的真理。因为它揭示了党的干部是人民的公仆和勤务员，这是共产党与其他一切政党的本质区别，是共产党员、党的干部本质特征所决定的。共产党的干部不论职务高低，都是人民的勤务员，我们所做的一切都是为人民的服务的。党的一切工作都要向人民群众负责。因为，党的性质决定了党是人民的利益的忠实代表。要一切从人民的利益出发，一刻也不能脱离群众，只有这样才能实现党的领导。

　　邓小平关于党的领导思想有其丰富的内容，是博大精深的思想宝库。不论从哪个方面来说，都能体现领导就是服务，领导人民就是为人民服务这条基本原理的精神实质，都是它的延伸、扩充和具体化。首先，从领导的本质来看，邓小平关于党的领导思想的本质就是服务，领导人民就是为人民服务，为人民办实事、办好事、不做坏事。及时向人民指出正确的奋斗目标和方向，团结组织和引导人民为实现自己的利益而奋斗。这是党的性质在党的领导实践中的科学反映。因为党的利益、人民的利益、工人阶级的利益、人民群众的利益从根本上是一致的。人民群众是历史的主人，是中国革命和建设事业胜利的力量源泉，而党则是全国各族人民的忠实代表。这应是它的核心内容。其次，从党的领导决策讲，领导者没有人民群众的信任和拥护，就不能有效地行使人民赋予的权力。党密切联系人民群众是党制定政策、实行决策时不可缺少的条件。其三，党对军队是绝对领导，党指挥枪，这是一条基本原则。要紧紧地和中国人民站在一起，要全心全意地为人民服务。这个宗旨集中体现了我军是一支具有无产阶级性质的，具有严格纪律的，同人民群众保持密切联系的新型的人民军队。只有把这支军队置于党的绝对领导之下，才能使坚持服务落到实处。总之，在党对国家政权的领导，党对经济建设的领导，党对军队的领导，都体现在领导就是服务，领导人民就是为人民服务的思想。

邓小平的领导就是服务，领导人民就是为人民服务，它不仅是邓小平领导思想的核心内容，而且还深刻揭示了邓小平关于党的领导思想的基本规律。客观规律是物质运动的过程中自身固有的内在的必然联系，它是客观存在的，不以人们的意志为转移的。中国共产党的领导实践，作为物质运动的一种特殊形式，也有它的规律性。这种客观规律性是党在领导实践中，一种本质的、必然的和稳定的联系，是不可违背的。邓小平关于党的领导思想的基本规律，就是正确处理党同人民群众的关系，它是实现党的正确领导的根本保证。

党和人民群众的关系，既是公仆和主人的关系，又是领导与被领导的关系；既是鱼水关系，又是取得胜利的基础和源泉。执政党的领导地位、作用和意义，决定了党是人民群众的领导者、组织者和指挥者。这是因为党是工人阶级的先锋队，是全国各族人民利益的忠实代表，是中国革命和建设事业的领导核心。人民群众是历史的创造者，但单靠其自身是不能获得彻底的解放，必须在党的领导下，才能成为社会的主人。怎样处理好这种关系呢？就是依据制定正确的纲领、路线、方针和政策，为人民群众指出正确的奋斗目标和前进的方向。党始终是站在革命和建设事业的最前列，率领人民群众去争取革命和建设事业的胜利。因为党的产生、存在和发展的全部历史及其作用，就在于为工人阶级的、人民群众的利益和全人类的解放事业而奋斗。否则党存在还有什么意义？党是人民在特定历史时期完成特定历史任务的工具，是为人民谋幸福而存在的。因此，党的一切活动，都只能是为人民服务。同时，要对他们进行政治思想教育，提高他们的阶级觉悟，使党的主张变成人民群众的自觉行动。在处理领导与被领导的关系时，要坚决反对命令主义和尾巴主义两种倾向。

党与人民群众之间是公仆和主人的关系，这是党的性质所决定的，是无产阶级政党与一切其他政党的本质区别。马克思指出：公社的权力要交给社会的负责的公仆。公仆要为组织在公社里的人民服务。我们党从成立那天起，就是为了服务于人民群众而创立的，我们一切党员的一切牺牲、努力和斗争，都是为了人民群众的根本利益和彻底解放，而不是为了别的。因此，毛泽东把共产党人称之为"人民的勤务员"，邓小平称之为领导就是服务。如何正确处理这种关系呢？最主要的是要在政治上尊重和支持人民群众当家作主的权利。

在执政党的条件下，党代表各族人民的利益，最本质的内容就是组织和支持人民当家做主，建设社会主义的新生活。人民当家做主的权利，最根本的就是参加管理国家、社会事务、管理经济、文化教育卫生事业的权利，只有这样才能发挥人民群众的主人作用；人民公仆必须运用人民赋予的权力，为人民服务。特别是在执政以后，党领导国家政权，这只能说明党担负着更重的责任，人民对党有更高的要求和期望。党只有全心全意为人民服务的义务，而没有任何违背人民利益的权力。共产党员应该知道，人民既能赋予公仆以权力，又能从公仆手中收回其权力。公仆能否运用人民赋予的权力，为人民服务,是检验公仆与主人之间关系是否被颠倒的一个重要标志。共产党永远不能脱离人民群众。毛泽东指出:共产党员要善于同群众商量办事,任何时候也不要离开群众。党群关系好比鱼水关系。如果党群关系搞不好,社会主义制度就不可能建成;社会主义制度建成了,也不可能巩固。毛泽东一直把党群关系比作"鱼水关系",都是相依为命的。但水是基础,是源泉,脱离人民群众党就会变质,就会改变颜色。人民是主人,只有同人民群众始终保持着紧密的联系,永远坚持毛泽东强调的全心全意地为人民服务,坚持邓小平一贯强调的领导就是服务,领导人民就是为人服务的基本原理、原则,我们党的事业就会永远兴旺发达,建设有中国特色的社会主义事业就会不断前进。

二、执政党领导的基本原理和原则

中国共产党在以毛泽东为核心的党中央第一代成熟领导集体在领导中国的革命和建设事业的实践中,科学地总结和概括了党的领导的基本原理、原则和指导思想,形成了执政党的政治、思想和组织领导的基本指导思想原则,丰富和发展了马克思主义党的领导理论。我们党在以邓小平为核心的党中央第二代领导集体的坚强领导下,把这条基本原理原则作为党规党法固定下来。"十二大"党章指出:"党的领导主要是政治、思想和组织的领导。"这就完整、准确地说明了什么是党的领导、党的领导的基本原理原则和指导思想,以及实现党的领导的基本途径。上述这三个方面构成了一个完整系统的统一整体,这三个组成部分不可分割,离开任何一方面都不能完整、准确的体现执政党的领导。因此,我们要完整准确的理解执政党领导的基本原理和原则具有重大的历史意义和实践指导意义。

(一) 实现党的政治领导的基本原理和原则。

执政党要实现正确的政治领导,必须制定和执行正确的纲领、路线、方针和政策，才能把建设有中国特色社会主义的事业引向胜利，这是马克思主义的基本原理和原则。党的"政治领导"这一科学概念是列宁在《共产主义运动中的"左"派幼稚病》一书提出的。毛泽东坚持列宁主义这一指导思想，他在《湖南农民运动考察报告》一文中，在阐述贫农的革命作用时指出，贫农最听"共产党的领导"。他在《关于纠正党内的错误思想》一文中第一次提出和使用"政治领导"这一科学概念。他在阐述单纯军事观点的来源时就明确指出：由于"政治水平低。因此不认识军队中政治领导的作用。"他在《中国革命战争的战略问题》一文中，又进一步指出，共产党是"人民在长时间内考验过，因此选中了的政治领导者"，在《中国共产党在抗日时期的任务》一文进一步完善并提出了"党的政治领导"这一完备的指导思想。毛泽东同志在阐述抗日战争中党的政治领导责任这一重要原则时，多次使用这一指导思想。毛泽东强调指出："离开了无产阶级及其政党的政治领导，抗日民族统一战线就不能建立，和平民主抗战的目的就不能实现，祖国就不能保卫，统一的民主共和国就不能成功。"[1] 这就是说，从理论上明确了党是中国革命和建设的政治领导者和组织者，党的领导首先是政治领导。党的政治领导就主要方面而言，就是通过党的纲领、路线、方针、政策、决议、决定等等去指导和掌握国家政治生活的发展方向，确保工人阶级的领导地位，确保全体劳动人民享有管理国家事务、经济事业和社会福利事业。党是国家生活的领导者，而不是直接管理者，更不是统治者。但必须确保党在整个国家的经济、政治、文化、科学等社会生活各个方面所担负的政治责任。

　　党实现政治领导的基础和条件是什么呢？怎样才能实现政治领导呢？毛泽东指出：无产阶级怎样经过它的政党实现对于全国各革命阶级的政治领导呢？首先，是根据历史发展行程提出基本的政治口号，和为了实现这种口号而提出关于每一发展阶段和每一重大事

———————————

[1] 《毛泽东选集》第一卷，第262页。

变中的动员口号。例如：我们提出了"抗日民族统一战线"和"统一的民主共和国"这样的基本口号，又提出了"停止内战"、"争取民主"、"实现抗战"的口号，作为全国人民一致行动的具体目标，没有这种具体目标，是无所谓政治领导的；第二，是按照这种具体目标在全国行动起来时，无产阶级，特别是它的先锋队——共产党，应该体现他的无限的积极性和忠诚，成为实现这些具体目标的模范。在为抗日民族统一战线和民主共和国的一切任务而奋斗时，共产党员应该做到最有远见，最富于牺牲精神，最坚定，而又最能虚心了解情况，依靠群众的多数，得到群众的拥护；第三，在不失掉确定的政治目标的原则下，建立与同盟者的适当关系，发展和巩固这个同盟；第四，是共产党队伍的发展、思想的统一性、纪律的严格性。共产党对于全国人民的政治领导，就是在执行上述这些条件去实现的。这些条件是保证自己的政治领导的基础，也就是使革命获得彻底的胜利而不被同盟者的动摇性所破坏的基础。这是我们中国共产党能够实现政治领导的基础，也是我们能够使中国革命获得彻底胜利的基础。只有我们党能够及时准确地提出符合实际的政治口号和行动纲领，并且能使全体党员干部以身作则，起先锋模范作用，同人民群众一道实现党的政治路线，能够团结一切可以团结的力量，为实现党的政治任务而奋斗。

中国共产党所以能够实现对广大同盟者的政治领导，不仅有基础，也有它自身的基本条件。我们党不仅要实现对全国各革命阶级的政治领导，而且还需要在各个历史时期的统一战线中，实现对广大同盟者的政治领导。那么，党如何实现对同盟者的政治领导呢？毛泽东1948年在《关于目前党的政策中的几个重要问题》一文中明确指出："领导的阶级和政党，要实现自己对于被领导的阶级、阶层、政党和人民团体的领导，必须具备两个条件：（甲）率领被领导者（同盟者）向着共同敌人作坚决的斗争，并取得胜利；（乙）对被领导者给以物质福利，至少不损害其利益，同时对被领导者给以政治教育。"① 这既是对实现党的政治领导的基本条件，也是实现党的正确领导必须遵循的基本原则。这就是说，作为执政的党，无论在民主革命还是在社会主义革命与建设的进程中，要不断增强一切同盟者、同情者对党的领导的信心，并接受共产党的领导。重要的是党在斗争的进程中，不断给他们带来实际的物质利益，至少不损害其利益。党要率领同盟者，就必须给他们带来物质利益，并教育他们既要看到眼前利益，又要认识自己的长远利益、根本利益，团结一切可以团结的力量，在党的领导下，为自己的利益而奋斗。只有这样才能实现党对同盟者的政治领导。

第一，党必须制定正确的政治纲领，树立起一面公开的旗帜。

党的纲领是一面公开树立起来的旗帜，是一个党是否成熟的标志。马克思和恩格斯早就指出："一般来说，一个政党的正式纲领没有它的实际 行动那样重要。但是，一个新的纲领毕竟总是一面公开树立起来的旗帜，而外界就根据它来判断这个党。""制定一个原则性纲领……，这就是在全世界面前树立起一些可供人们用以判定党的运动水平的界碑。"还强调指出，"如果建立一个没有纲领的党，一个谁都可以参加的党，那末这就不成其为党了。"② 这就是说，党的领导表述了我们的基本的政治观点，明确规定了我们的政治任务，指出了党的迫切要求，以便划定党的工作范围，使它步调一致，把一切力量吸引到革命纲领方面来，因为这是彻底而完全地代表人民群众的切身利益的唯一纲领。

列宁坚持并发展了这一指导原则，他认为："一个政党如果没有纲领，就不可能成为政治上比较完整的、善于在任何转折时期始终坚持自己的路线的有机体。一个理论家小组可以没有以对目前政治形势的估计为基础的、能够确切回答当前的'麻烦问题'的策略路

---

① 《毛泽东选集》第四卷，第 1273 页。
② 《马克思恩格斯选集》第 3 卷，第 31 页，第 3～4 页。
　《马克思恩格斯全集》第 35 卷，第 401 页。

线，但是一个行动的政治单位就不能没有这样的策略路线。如果不对那些'积极活动的'轰动一时的或者'时髦的'政治思想派别作出估计，纲领和策略就会变成死的'条文'，就不可能根据对问题的本质的了解，对问题的'来龙去脉'的了解，贯彻和运用这些'条文'来解决成千上万细微而具体的、十分具体的实践问题。"① 马克思列宁主义的纲领从理论原则出发，确定无产阶级运动的目标，并把这些目标科学地表述在纲领的条文中。纲领可以包括资本主义发展的整个时期，以推翻资本主义和组织社会主义生产为目的，也可以包括资本主义发展的一个特定阶段，例如推翻封建专制制度残余和为资本主义自由发展创立条件的阶段。因此，纲领可以由两个部分即最高部分和最低部分组成。不言而喻，纲领最低部分的战略和纲领最高部分的战略不能不加以区别；我们的战略只有把马克思列宁主义纲领中表述的运动目标作为自己的工作指南，才能算做真正的马克思主义的战略。

　　毛泽东在把马克思列宁主义纲领原则中国化的过程中，明确规定了我们党的政治纲领是由最低的纲领和最高纲领两个部分构成。党的最低纲领是实行新民主主义革命；党的最高纲领是实现社会主义和共产主义社会制度。要正确理解和区分党的最低纲领和最高纲领的区别与联系，这是正确领导中国革命的首要问题。毛泽东科学地分析了中国半封建半殖民地社会的性质和中国革命的特点，指出中国的新民主主义革命是社会主义革命的必要准备，社会主义革命是新民主主义革命发展的必然趋势。因此，一切共产党人最后的目的，就在于力争社会主义时期发展生产力，为共产主义创造条件。这就从理论上解决了中国革命的政治方向问题，形成了以毛泽东思想为指导的关于政治纲领的基本理论原则，为中国共产党的政治纲领制定正确的政治路线，奠定了理论基础。由此可见，正确的纲领对执行正确的路线、对国家形势和任务的估计指导，对突破创新指导

---

　　① 《列宁全集》第 17 卷，第 262 页。

中国的革命和社会主义现代化建设事业，具有重大意义。

第二，党必须制定和执行正确的政治路线，这是政治上建设党的一条根本原则。

党的政治路线，是党的纲领的体现及实现的根本保证，没有正确的政治路线，党的纲领只能是美好理想，不能变成现实。政治路线的正确与否，直接关系着革命和建设事业的兴衰和成败，关系到党的命运和前途。因为党的政治路线是对社会发展规律的正确反映。制定正确的政治路线，必须以马克思列宁主义、毛泽东思想为指导，以本国的国情为依据，深刻认识和把握本国的基本矛盾和主要矛盾作为制定政治路线的客观依据。并把解决社会的基本矛盾和主要矛盾作为党的政治路线的实质内容，这是首先要解决的问题。党能不能对国家生活进行正确的领导，最根本的就在于党能否按照马克思主义的基本原则，创造和推行正确的政治路线，并且能以正确的路线去武装和统一全党和全国人民的行动。党只有制定和执行正确的政治路线，才能真正实现党的政治领导。党的路线如果不正确，尽管党想领导革命和建设取得胜利，但实际上只会走向曲折和失败，也不可能成为人民群众的领导核心。

对这个原则问题，我们党有痛苦的历史教训，民主革命时期几次大的错误，严重损害了党在人民群众中的威信，极大地破坏了党的正确领导。建国以后，从中华人民共和国成立到1956年，由于党的路线正确，党在人民群众中的威望很高。但是，从50年代后期，党在指导方针上出现了"左"倾错误，特别是"文化大革命"犯了更严重的"左"倾错误，损害了党，损害了人民。要实现正确的政治领导，根本的就是依据马克思主义的理论和原则以及客观的实际情况，制定出正确的政治路线。正如斯大林指出的："要保证党的正确领导，除了其他一切条件外，还必须使党的路线正确；必须使群众了解党的路线的正确性并积极拥护这条路线；必须使党不要仅限于制定总路线，而要天天领导这条路线的实现；必须使党同脱离总路线的各种倾向以及对这些倾向的调和态度作坚决斗争；必须使党在反对这些倾向的斗争中锤炼自己队伍的统一和铁的纪律。"① 斯大林讲的这"五个必须"就完全指明了党不仅要制定一条正确的马克思主义路线，保证党的纲领、战略目标的实现，而且还必须在实践中正确执行这条马克思主义路线。只有把马克思主义纲领中表述的政治目标作为自己的工作指南去实践、实施，才能形成真正的马克思主义的战略。当然，党不能仅限于制定总路线。它还要不断检查执行总路线的实际情况和存在的问题。并且在领导总路线的实现，在实际工作中进行修订、补充、发展，特别是根据建设有中国特色的社会主义事业日趋完善，纠正和防止错误的偏差，具有重大意义。

　　第三，党必须制定和执行正确的方针和政策，也是实现党的政治领导的一条基本原则。

　　毛泽东同志认为，党的政策和策略是党的生命，各级领导同志务必充分注意，万万不可粗心大意。党的正确政策和策略对领导群众来说，有特别重要的指导意义。毛泽东认为，有了总路线还不够，还必须在总路线指导下，在工、农、商、学、兵、政、党各个方面，有一整套适合国情的具体的方针、政策和办法，才有可能说服群众和干部，而且把这些当作教材去教育他们，使他们有一个统一的认识和统一的行动，然后才有可能取得革命和建设事业的胜利，否则是不可能的。所以，我们党一直认为，政策是革命政党一切实际行动的出发点，并且表现于行动的过程和归宿。因此，一个革命政党的任何行动都是实行政策。不是实行正确的政策，就是实行错误的政策；不是自觉地，就是盲目地实行某种政策。所谓经验，就是实行政策的过程和归宿。政策必须在人民实践中，也就是在经验中，才能证明其正确与否，才能确定其正确和错误的程度。

　　但是，人们的实践，特别是革命政党和人民群众的实践，没有不同这种或那种政策相联系的。因此，在每一个行动之前，必须同党员干部和人民群众讲明，我们要按情况规定的党的政策去办事情，

---

① 《斯大林全集》第12卷，第297页。

解决问题。否则，党员、干部和群众就会脱离我们的政策的指导去盲目行动，就会执行错误的不符合实际情况的政策。只有党的政策和策略以及指导方针全部走向正轨，中国革命和建设事业才有胜利的可能。这些基本观点和基本原则是我们党在长期革命实践中总结出来的科学结论。因为党的方针和政策体现了政治行为，指明了党的政治生活的性质、方向和方法。就是在新的情况下，针对建设有中国特色社会主义的事业中，根据新的实践活动，新的政治任务所采取的必要的政治行为规范，从而实现党的政治路线所规定的政治任务。

我们必须正确认识党的方针、政策和党的政治路线之间的辩证关系，明确检验党的方针、政策的正确与否的标准。党的方针、政策和党的政治路线是紧密相联的、相统一的有机整体。党的方针和政策是为政治服务的，离开了党的政治路线，就不可能制定出正确的方针和政策，如果没有正确的方针和政策，政治路线也不可能顺利实现。如果真正忘记了我们党的政治路线和党的方针政策，我们就是一个盲目的不完全的不清醒的革命者。在我们执行具体工作路线和具体政策的时候，就会迷失方向，就会"左"右摇摆，就会贻误我们的工作。那么，检验党的方针和政策的正确与否的标准是什么呢？毛泽东在《论联合政府》的报告中明确指出："中国一切政党的政策及其实践在中国人民中所表现的作用的好坏、大小，归根到底，看它对于中国人民的生产力的发展是否有帮助及其帮助之大小，看它是束缚生产力的，还是解放生产力的。消灭日本侵略者，实行土地改革，解放农民，发展现代工业，建立独立、自由、民主、统一和富强的新中国，只有这一切，才能使中国社会生产力获得解放，才是中国人民所欢迎的。"[①] 政策作为党的行动准则，作为一定阶级利益的体现，是属于上层建筑范畴的，但它总会直接或间接地作用于生产力的发展。邓小平讲的改革也是解放与发展生产，就是对这

[①] 《毛泽东选集》第三卷，第1079页。

一思想的重大发展。

总之，党要实现正确的政治领导，就必须有一系列的正确的纲领、路线、方针和政策，才能把建设有中国特色的社会主义事业引导到胜利。党的政治领导正确与否，对实现党的政治领导起着决定性作用。党只有制定和执行一条正确的马克思主义路线，才能统一全党全军和全国各族人民的思想和行动，才能领导无产阶级的革命事业不断走向新的胜利。

（二）实现党的思想领导的基本原理和指导方针。

党的思想领导就是坚持以马克思列宁主义、毛泽东思想为我们国家的指导思想。用马克思列宁主义、毛泽东思想教育人民群众，组织领导人民群众，按照无产阶级世界观人生观去认识世界、改造世界。为建设社会主义使人民群众幸福，并为共产党人的崇高理想创造条件，完成共产党的历史使命。这就是它的理论基础和发展方向。

马克思主义认为，理论是概括起来的各国工人运动的基本经验和科学总结。当然，离开革命实践的理论是空洞的理论，而不以革命理论为指南的实践是盲目的实践。可是，理论如果是在和革命实践密切联系中形成的，那么它就能成为工人运动的极伟大的物质力量，因为理论而且只有理论，才能使运动具有信心，使它有确定方针政策的能力，使它能了解周围事变的内部联系。因为理论，而且只有理论，才能使实践不仅了解各阶级在目前如何进行和向哪里进行，而且，了解这些阶级在最近的将来会如何进行和向哪里进行。只有以先进理论为指南的党，才能实现先进战斗作用。"我们的学说不是教条，而是行动的指南。"列宁认为，现在必须弄清一个不容置辩的真理，就是马克思主义者必须考虑生动的实际生活，必须考虑现实的确切事实，而不应该抱住昨天的理论不放。因为这种理论和任何理论一样，至多只能指出基本的和一般的东西，只能大体上概括实际生活中的复杂情况。因此，学习理论必须联系实际，这是党的学说中一条基本原理、原则。

　　毛泽东同志在党的"八大"预备会议第一次会议作的《增强党的团结，继承党的传统》报告中就深刻地指出："在民主革命中，我们受主观主义的害时间很长，受了很大的惩罚，根据地差不多丧失干净，革命力量丧失百分之九十以上，一直到这个时候我们才开始觉悟。经过延安整风，着重调查研究，从实际出发，才把这个问题搞清楚。马克思主义的普遍真理一定要同中国革命的具体实践相结合，如果不结合，那就不行。这就是说，理论与实践要统一。理论与实践的统一，是马克思主义的一个最基本的原则。按照辩证唯物论，思想必须反映客观实际，并且在客观实践中得到检验，证明是真理，这才算是真理，不然就不算。"为什么这样说呢？就是因为"主观主义的毛病到处都有。不仅现在有，将来还会有。主观主义永远都会有，一万年，一万万年，只要人类不毁灭，总是有的。有主观主义，总要犯错误。"①我们党在以毛泽东为核心的党中央领导下，经过长期的革命与建设的实践，坚持和发展了马克思列宁主义这一基本原理、原则和一贯的指导思想，特别是经过延安整风运动，批判了危害极大的主观主义、教条主义倾向，在全党确立了一条辩证唯物主义和历史唯物主义的思想路线。在我们党的历史上，特别是在延安整风运动中，把党内政治路线的分歧，提到世界观和方法论的高度，提到思想路线的高度加以解决，从而加强党的思想领导，这是毛泽东对马克思主义党的学说的一个重大贡献。

　　第一，马克思列宁主义、毛泽东思想是无产阶级的思想理论体系，是我们党和国家的指导思想。

　　中国共产党是在马克思列宁主义、毛泽东思想的基础上建立和发展起来的中国工人阶级的先锋队组织，马克思列宁主义、毛泽东思想是我们党的指导思想，是我们党的理论基础，是中国共产党领导中国革命和建设事业取得伟大胜利的光辉旗帜。工人阶级政党必须要有科学的指导思想作为自己的理论基础，因为任何政党都是在

　　① 《毛泽东选集》第五卷，第297页。

一定的思想理论指导和支配下进行活动的，没有革命的理论，就不会有坚强的无产阶级政党的领导。

以毛泽东为核心的党中央第一代成熟领导集体，把马克思列宁主义的普遍真理与中国革命的具体实践相结合，从理论和实践上成功地完成了马克思列宁主义中国化、民族化创新与发展。创立了中国化民族化的马克思列宁主义——毛泽东思想成为中国共产党的指导思想。就是我们常说的中国共产党人创立的毛泽东思想，是马克思列宁主义普遍真理和中国革命具体实践相结合的产物。毛泽东科学地指出，指导我们思想的理论基础是马克思列宁主义。马克思列宁主义的伟大力量，就在于它是和各个国家具体的革命实践相联系的，中国的革命与建设事业需要马克思列宁主义，但一定要反对教条主义，反对和纠正脱离实际的"本本"主义。马克思列宁主义是"放之四海而皆准"的真理。但是马克思列宁主义是在西方资本主义比较发达的历史条件下产生和发展起来的，而中国革命和建设是在一个半封建半殖民地经济文化都比较落后的国家，情况极其复杂的特殊环境中进行的。靠背诵马克思列宁主义的书本知识和机械地照搬外国经验，是不能解决中国革命和建设的实际问题的。马克思主义不是教条，而是实际行动的指南。毛泽东同志在总结正反两个方面的经验教训的基础上，完整、准确地提出了一个基本指导思想，就是要把马克思列宁主义的普遍真理与中国革命的具体实践相结合，进行新的创造和丰富发展。

在以毛泽东为核心的党中央第一代领导集体的坚强领导下，成功地完成了以"结合"与独创为特征的形成了伟大的理论成果的毛泽东思想，写进了中国共产党"七大"的党章。刘少奇同志在《论党》中阐述了党的指导思想问题。他指出："党章的总纲上确定：以马克思列宁主义的理论与中国革命的实践之统一的思想——毛泽东思想，作为我们党一切工作的指针，反对任何教条主义的与经验主义的偏向。对于中国的与外国的历史遗产，我们既不是笼统地一概反对，也不是笼统地一概接受，而是以马克思主义的辩证唯物主义与历史唯物主义为基础，批判地接受其优良的与适用的东西，反对其错误的与不适用的东西。这些都非常清楚。"① 刘少奇同志认为，"百余年来，灾难深重的中国民族和中国人民，为了自己的解放而流血斗争，积有无数丰富的经验，这些实际斗争及其经验，不可避免地要形成自己的伟大的理论，使中国这个民族，不但是能够战斗的民族，而且是一个有近代科学的革命理论的民族。由于中国资产阶级在政治上、经济上的软弱性及其与人民联系的缺乏和思想眼界的有限性，他们的代表者，纵然也能提出一种革命的纲领和一定的民主思想（这些好东西已由我们当成一种遗产接受下来），却不能形成一种有系统的革命理论，更说不上能形成关于整个中国历史与中国革命的全部有系统的科学理论，这种理论只能由中国无产阶级的代表人创造出来，而其中最杰出、最伟大的代表人便是毛泽东同志。"

中国共产党产生以来，产生、发展了我们这个民族特出的、完整的关于中国人民革命建国的正确理论。这个理论，已经指导我们党与我国人民得到了极大的胜利，并将继续指导我们党与我国人民得到最后的、彻底的胜利和解放。这是我们党和我国人民在长期奋斗中最大的收获与最大的光荣，它将造福于我国民族至遥远的后代。这个理论，就是毛泽东思想，就是毛泽东同志关于中国历史、社会与中国革命的理论与政策。因此，刘少奇认为："毛泽东思想，就是马克思列宁主义的理论与中国革命的实践之统一的思想，就是中国的共产主义，中国的马克思主义。"②

第二，党必须确立一条马克思主义的思想路线，是实现党的思想领导的必要条件。

实事求是，是毛泽东思想的精髓，是无产阶级的思想路线的核心内容，也是无产阶级的世界观、和方法论和党的思想领导的基本原理和原则。党的思想路线是实现党的思想领导的关键性的问题。毛

① 《刘少奇选集》上卷，第332页。
② 《刘少奇选集》上卷，第332～333页。

泽东同志对实事求是思想路线的确立与发展，作出了杰出的贡献。

毛泽东在 1930 年《反对本本主义》一文中，在我党历史上第一次提出关于思想路线的科学概念。他在谈到中国革命斗争的胜利要靠中国同志了解中国情况。在日益走向尖锐的短兵相接的阶级斗争的形势下，无产阶级要取得胜利，就完全要靠他的政党——中国共产党的斗争策略的正确和坚决。共产党的正确而不动摇的斗争策略，决不是少数人坐在房子里能够产生的，它是要在群众的斗争过程中才能产生的，这就是说要在实际经验中才能产生。因此，我们需要时时了解社会情况，时时进行实际调查。那些具有一成不变的保守的形式的空洞乐观的头脑的同志们，以为现在的斗争策略已经是再好没有了，党的第六次全国代表大会的"本本"保障了永久的胜利。只要遵守既定办法就无往而不胜利。这些想法是完全错误的，完全不是共产党人从斗争中创造新局面的思想路线，完全是一种保守路线。这种保守路线如不根本丢掉，将会给革命造成很大损失，也会害了这些同志自己。这是我们党找到了马克思列宁主义与中国革命之间的结合点，成为我们党思想领导理论原则上的一次历史性的飞跃。在这个基本点的指导下形成了以"结合"和独创为基本特征的毛泽东思想的理论基石和原则。这就从原理、原则到方法途径比较完整的阐明了党的思想路线的科学内涵和实质。

毛泽东同志在 1939 年发表了《实践论》和《矛盾论》，极大地丰富和发展了党的思想路线的核心内容。1941 年毛泽东在《改造我们的学习》一文中进行了全面准确的表述。他明确指出："要有目的地去研究马克思列宁主义的理论，要使马克思列宁主义的理论和中国革命的实际运动结合起来，是为着解决中国革命的理论问题和策略问题而去从它找立场，找观点，找方法的。这种态度，就是有的放矢的态度。'的'就是中国革命，'矢'就是马克思列宁主义，我们中国共产党人要找这根矢，就是为了要射中国革命和东方革命这个'的'的。"还特意对实事求是进行了精辟的分解。他说："'实事'就是客观存在着的一切事物，'是'就是客观事物的内部联系，即规律性，'求'就是我们去研究。我们要从国内外、省内外、县内外、区内外的实际情况出发，从其中引出其固有的而不是臆造的规律性，即找出周围事变的内部联系，作为我们行动的向导。而要这样做，就须不凭主观想象，不凭一时的热情，不凭死的书本，而凭客观存在的事实，详细地占有材料，在马克思列宁主义一般原理的指导下，从这些材料中引出正确的结论。这种结论，不是甲乙丙丁的现象罗列，也不是夸夸其谈的滥调文章，而是科学的结论。这种态度，有实事求是之意，无哗众取宠之心。这种态度，就是党性的表现，就是理论和实际统一的马克思列宁主义的作风。"①

由此可见，从毛泽东同志在《反对本本主义》一文对思想路线的提出，在《实践论》、《矛盾论》中，对马克思主义思想路线作了完整的哲学表述，把实事求是的思想路线牢固地建立在马克思主义认识论和科学方法论之上，揭示了主观主义、教条主义思想路线的认识论根源，指出它们都是以主观和客观相分裂，以认识和实践相脱离为特征的。而毛泽东的思想路线是主观和客观、理论和实践，知和行的具体的历史的统一，反对一切离开具体历史的"左"的或右的错误思想为特征的。它标志着党的实事求是的思想路线的形成和发展奠定了理论基础。

从党的六届六中全会到延安整风和《改造我们的学习》的发表，对党的思想路线的精髓实事求是的科学内涵，实质和内容作了更为完整、准确的科学阐述，标志着我们党的实事求是的思想路线的完全成熟，已被全党所掌握、所运用。

实事求是思想路线的产生、形成和发展，在理论和实践上都具有重大的意义。以毛泽东为核心的党中央第一代成熟领导集体对马克思主义理论，特别是创造性地运用辩证唯物和历史唯物主义的基本原理，结合中国革命与建设的实践，创立了我们党的思想路线，揭示了认识过程中的客观规律。不仅是对马克思主义认识论的继承和

---

① 《毛泽东选集》第三卷，第801页。

发展，而且是具有中国特色和民族风格，这是对马克思主义理论的重要贡献；实事求是是党的思想路线的核心和精髓。坚持一切从实际出发，实事求是，理论联系实际，通过实践检验真理和发展真理的思想原则和思想方法。实事求是的思想路线，是指导中国革命和建设事业胜利的保证。历史实践证明：什么时候党坚持实事求是的思想路线，革命和建设就发展，就不断取得胜利；反之，就受到挫折直至失败。

第三，党的思想领导主要是通过党的思想政治工作和宣传教育工作来实现的。

党的思想路线，主要是用马克思列宁主义、毛泽东思想去武装广大党员和人民群众的头脑；教育广大党员和人民群众不断增长共产主义的思想意识，坚持党的思想路线，不断改造世界观和方法论，以便适应建设有中国特色社会主义事业的需要。这就要求我们必须有正确的指导思想和理论基础。我们党所以能够在思想上实行领导并能够实现它的领导，一个根本的原因就是以马克思列宁主义、毛泽东思想作为自己的世界观和理论基础。马克思主义理论帮助我们了解社会发展的客观规律，认识自己的奋斗目的，认识党的历史使命，并在每个历史阶段取得胜利，巩固和发展胜利。

坚持用马克思主义的世界观与方法论去教育党员和人民群众。马克思说：我们党有个很大的优点，就是有一个新的科学的世界观作为理论的基础。正如列宁指出的，马克思主义学说所以万能，就是因为它正确。它十分完备而严整，它给予人们一个决不同任何迷信，任何反动势力、任何为资产阶级压迫所作的辩护相妥协的完整的世界观。我们党领导的全部经验，都无不雄辩证明，只有用马克思主义的世界观、方法论才能正确地反映无产阶级的、人民群众的根本利益，要让广大党员，广大干部和人民群众认识这一客观规律，只有听党的话，跟着党走，才能走向幸福。这就要求广大党员、干部和人民群众，认识、掌握和运用党的思想路线去武装自己的头脑，去进行宣传和教育工作。思想路线的实质就在于工人阶级政党能否用科学的世界观和方法论去观察分析问题，去正确地认识世界和改造世界。因为思想路线是党制定和贯彻执行政治路线的基础和保证。正如邓小平同志指出的："不解决思想路线问题，不解放思想，正确的政治路线就制订不出来，制定了也贯彻不下去。"①

实现党的领导，必须坚持把马克思列宁主义的普遍真理同中国革命具体实践相结合，从理论和实践的结合上提高全党的思想理论水平和认识水平，使广大人民群众通过宣传教育工作，把学习马克思列宁主义、毛泽东思想关于党的学说，同贯彻执行党的路线、方针和政策紧密结合起来；把学习马克思主义的党的学说的基本原理，同总结党的历史的经验教训结合起来，通过党的宣传教育和思想政治工作，提高人们的思想理论水平，增强自觉性，反对盲目性，使广大的人民群众，同我们党一道进行建设有中国特色的社会主义事业。因为党的思想政治工作和宣传教育的根本目的和任务，就是用革命和建设的思想和精神，用共产主义思想，用马克思列宁主义、毛泽东思想的基本理论和原则去教育党员、干部和广大人民群众，教育整个工人阶级，启发和提高人们的自觉性，创造性。使人们确立正确的立场、观点、方法。并通过反复的实践提高人们的认识能力和改造世界的能力。

当然，实现党的思想领导，必须坚持党的思想政治工作、宣传教育工作，是经济工作和其他一切工作的生命线的基本原则，要把思想政治教育工作放在思想领导的首位，使思想政治工作真正成为经济工作和其他一切工作的生命线。在革命和建设事业中掌握思想教育，真正成为团结全党进行强大政治斗争中心环节的理论，深入到实际工作中去，才能发挥它的重大威力。这不仅是我们党的学说的一条重要原理，也是邓小平一贯坚持的一条基本原则。

第四，坚持社会主义市场经济条件下的思想建设的基本原则。

在社会主义市场经济体制条件下，必须坚持加强党的思想建设

---

① 《邓小平文选》第二卷，第191页。

的原则。我国的社会主义市场经济是在充分吸收计划和市场二者长处的基础上发展起来的。它对于大力发展生产力，提高我国资源配置和整个国民经济的效率，进一步解放和发展生产力具有重要意义。经济问题是一个根本性问题，社会主义的优越性最主要的是体现在不断发展社会生产力，提高人们的物质与文化生活。只有创造出更高的劳动生产率，才能不断坚定人们的社会主义理想和共产主义信念，增强社会主义的吸引力和凝聚力，最终战胜资本主义。发展社会主义市场经济有利于人们解放思想、更新观念，适应建设有中国特色社会主义事业的发展。这样，对强化人们的民主意识，竞争进取意识，以及对人们才能的发挥，素质的提高具有重大意义。

党的"十四大"报告指出："精神文明重在建设"。这既是精神文明建设的重要原则，也是党的思想建设的一个重要原理。因为在社会主义市场经济的条件下，党的思想建设就是要以立为本，把"建设"作为我们工作的出发点和落脚点，思想建设要以立为本，重在建设。其核心就是要以邓小平建设有中国特色社会主义的理论武装全党，要在思想建设上走出一条适应建设有中国特色社会主义事业的新路子。党的思想建设要以立为本，重在建设，必须坚决废弃"搞运动"、"大批判"等等"左"的做法。邓小平同志提出"不搞争论"的原则，是为了使全党集中精力做好工作，避免因无谓的争论而浪费宝贵的时间，甚至危害党的团结和统一。这是一个很重要的战略思想。这样，我们才能抓住时机，同心协力，把改革开放和建设有中国特色社会主义事业推向前进。

在新的历史时期，要重视思想建设，首先应当高度重视党的理论建设。我们一方面要紧紧抓住党的理论建设的根本，推动全党的马克思列宁主义、毛泽东思想理论研究，使党内形成经常性的、持久的学习和研究马克思主义理论的良好风气；另一方面，要明确建设有中国特色社会主义的理论，是马克思列宁主义、毛泽东思想与我国具体国情特别是改革开放实践相结合的产物，并从中得到启迪。在理论研究中始终不渝地坚持理论联系实际的方法，要在马克思列

宁主义、毛泽东思想指导下，在实践中继续深入研究和探索建设有
中国特色社会主义的理论，以不断发展新认识，使之得到丰富和完
善，并用这一理论和党的基本路线武装全党，使党在政治上更加坚
强，思想上更加统一，理论上更加成熟。

　　加强党的思想理论建设，必须坚持百花齐放、百家争鸣的方针。
坚持"双百"方针要注意把握好两个方面的问题：一方面，要坚持
以马克思主义为指导开展社会科学理论研究。要紧密联系实际，面
向建设有中国特色社会主义事业的生动实践，运用马克思主义的基
本原理、原则，总结新经验，概括出有科学价值的新结论。邓小平
建设有中国特色社会主义的理论，是当代中国的马克思主义，要在
这一理论指导下繁荣社会科学；另一方面，要坚持发扬民主，保障
学术自由。应当提倡和鼓励解放思想、实事求是，勇于探索，敢于
创新，提倡和鼓励畅所欲言，平等讨论。要实行"三不主义"，开展
学术批评应当与人为善，摆事实讲道理。要掌握好政策界限，不能
把思想认识上的问题和不同意见随意说成政治问题。要执行研究无
禁区，宣传有纪律的方针。作为学术研究，没有禁区，但是政策和
决议一经形成，就要付诸行动，对政策和决议的不同意见，可以在
内部讨论，但不能在群众中宣传。共产党员尤其不能公开宣传反对
党和政府的决议的观点。这就是党的纪律。因此，思想建设要以立
为本，重要在建设，要适应建设有中国特色的社会主义、适应社会
主义市场经济的发展，改进和完善党员管理体制。要有利于培养造
就一代具有崇高理想和坚强党性的工人阶级先锋队。

　　第五，党的思想建设的方式、方法要不断创新，以适应社会主
义市场经济发展的需要。

　　党的思想建设不仅要有正确的方针和原则，而且要有科学的方
式和方法。我们党在长期的思想建设实践中，创造了许多行之有效
的科学方式和方法，对此我们必须加以继承、发展和完善。但是，决
不能因循守旧，驻足不前，而要随着社会主义市场经济的发展，不
断改进和创新，以把党的思想建设提高到一个新水平。

　　党的思想建设历来是我们党极为重视的一个重要原则。它是一种高层次的精神文化行为的建设。思想素质的提高是个基础，基础性、根基性建设，在我们中国共产党思想建设的实践中积累了丰富经验，形成了一系列行之有效的科学方式和方法。我们党的思想建设要同文化教育、自身业务工作相结合。在加强对党员思想教育的同时，重视党员的科学文化教育，要把党的思想教育真正落到实处，收到实际的效果和达到预期的目的；要坚持我们民主的方法与正确的指导相结合，既要广泛实行民主，集思广益，具有民主作风，又要讲究方法、方式，进行正确的导向，真正按照马克思主义轨道发展；要扎扎实实做实事、办好事、不做坏事。既解决思想问题，又解决实际问题，既讲清道理，又解决矛盾，既有理，又有力。不能只讲空话，不办实事，这是一种作弄人的办法；要把物质鼓励与精神鼓励相结合，不能只讲牺牲精神，不讲物质利益，不能只讲索取，不讲奉献。哪个脱离了实际都会出现唯心主义的后果。同时，要对那些长期无私奉献的人们给予重奖，提倡这种利国利民的也利自己的革命精神；要把身教与言教结合起来，要身教重于言教。教育者带头实践自己提倡的道德标准与价值观念；要把思想教育与制度建设结合起来。坚持制度，执行纪律，以法治国，以法治党，只有这样才能适应改革开放和发展社会主义市场经济的新形势，也是搞好思想建设的重要保证。

（三）实现党的组织领导的基本原理和原则。

　　党的组织领导是实现党的政治领导、思想领导的根本保证。在正确的政治路线提出以后，组织工作就决定一切，其中也决定政治路线本身的命运，即决定它的实现或失败。做好组织工作，做好组织工作中的思想政治工作，就必须坚持实现党的组织领导的基本原理和原则，具有重大的理论意义和现实意义。

　　党的政治路线是最广大人民群众的根本利益的集中体现，而党的组织路线是我们党进行组织建设和干部工作的行动指南。它是实现党的思想政治领导最根本的组织保证。那么，什么是党的组织路线及其实质呢？一般来说，就是以思想路线为基础，以政治路线为依据，按照民主集中制的组织原则和德才兼备的干部标准，加强党的组织建设，主要是党员、干部队伍和领导班子的建设，确保政治路线的实现。具体来说，我们党的组织路线，就是使党的组织建设和干部工作促进和确保社会主义现代化的实现，使我们党的建设和干部工作保证党的政治路线的实现。简单来说，就是加强党的组织建设，确保社会主义现代化的实现。它说明了党的组织路线的基本内涵和内容，也说明了组织路线的实质以及同政治路线的关系，并指出了组织工作，干部工作的任务和方向。是符合马克思列宁主义、毛泽东思想基本原理和原则的。

党的组织路线的实质，就在于工人阶级政党，根据党的政治路线的要求，按照党的组织原则，团结全党全军全国各族人民为实现党的政治任务而奋斗，达到巩固和发展党组织的团结和统一，提高党的凝聚力、吸引力和战斗力，团结起来，去争取更大的胜利。党的组织路线是群众路线在组织建设上的生动体现。所以，要坚持相信群众、依靠群众、团结群众、尊重人民群众的首创精神。要在群众中善于发现、选拔人才，要有爱才之心，育才之情，护才之胆。在深入实际、深入基层、深入群众的基础上寻找人才。党要重视干部的实际表现，思想政策水平，专业知识和开拓能力，组织领导能力，选择两用之才。这就必须坚持从群众中来，到群众中去，全心全意地为人民谋利益，制订一条马克思主义的组织路线才有可能实现党的政治路线的领导。

党的组织路线和政治路线是个什么关系呢？思想路线、政治路线和组织路线是相辅相成的，相对而言的，是不可分割的统一有机整体。思想路线是政治路线的理论基础，是决定政治路线的，反过来又为政治路线服务，政治路线决定组织路线的内容和性质，组织路线是贯彻执行政治路线和思想路线的根本保证。能否在实际斗争中确立和实行一条正确的组织路线，并被广大党员、干部和群众所接受，变成群众的自觉行动，这是关系到革命事业和革命工作以及政治路线成功或失败的根本性质问题。因此，在执行党的组织路线的过程中，是立党为公，为人民谋福利，还是利用党的组织手段，拉帮结派，为小团体谋私利？是搞民主集中制，还是搞封建家长制，对使用干部是任人唯贤，还是任人唯亲？是搞团结，还是搞分裂？等等这些问题，不仅能反映、表现出组织路线的实质问题，而且也决定着政治路线的成败问题。

在正确的路线提出以后，在对问题做出正确的决定以后，事情的成功就取决于组织工作，取决于组织实现党的路线的斗争，取决于正确地挑选人才，取决于检查领导机关的决议执行情况。否则，党的正确路线和正确决议就会有遭到严重破坏的危险。这条基本原则是斯大林在国际共产主义运动和我们党的历史证明是正确的。正如列宁说过，思想的统一是用组织的物质的统一来巩固和发展的。因为党的政治路线规定了党在各个历史阶段的总任务和总方向，指明了要走的道路，党的组织路线则保证这个总任务和总方向的实现。组织路线为什么能起到这种保证作用呢？

首先，党的组织路线能够按照党的政治路线的要求，组织坚强的领导班子，建立精明强干的指挥核心，组成合理的智能结构体系，使领导班子中有经营管理、生产技术、劳动工资、政治工作等等各方面的人才成龙配套，并能实行素质互补，从而提高整体的领导能力。要特别注意培养中青年知识分子，既要大胆使用，又要使他们在领导班子中充分发挥他们的作用，使他们不断成熟起来，只有这样才能使领导班子拉开档次，形成梯形配备，有利于领导班子的相对稳定。同时，要进一步搞好整个干部队伍的思想建设和组织建设工作，并依靠干部，要在群众中进行宣传教育和组织工作，使全党同心同德地为实现党的总任务而奋斗。

其次，党的组织路线，依据民主集中制的组织原则，能够正确处理个人与组织，少数与多数，上级与下级，中央与地方，领导与群众，以及党政军与各方面之间的关系，把全党上下左右团结成一个有组织有纪律的有机整体，形成一股巨大的力量，以保证党的政治路线的胜利实现。这就要求在革命的建设和实践中，要坚持在高度民主的基础上实行高度的集中。坚持四个服从，坚持党的下级组织既要向上级组织请示和报告工作，又要独立负责地解决自己职责范围的问题，使上下组织之间要互通情报，互相支持和互相监督。特别是要坚持实行集体领导和个人负责相结合的制度。要求各级党组织凡属重大问题都要同党委民主讨论决定，坚决禁止任何形式的个人崇拜。要确保党的领导活动处于党和人民的监督之下，防止特权和特殊化的行为，同时也要维护一切代表党和人民利益的领导人的威信。

其三，党的组织路线，还要根据政治路线的要求，整顿党的组织，真正达到统一思想，整顿作风，加强纪律，纯洁组织的目的。也就是我们在整顿党的组织中，要解决实际问题。所谓统一思想，就是要在坚持四项基本原则的基础上，用邓小平建设有中国特色社会主义理论原则武装全党。所谓整顿作风，就是发扬全心全意地为人民服务的革命精神，纠正各种利用职权谋私利的腐败作风，坚决反对官僚主义、形式主义。所谓加强纪律，就是坚持民主集中制的组织原则，反对无组织无纪律的家长制、派性、无政府主义、自由主义，改变党组织的软弱涣散状况。所谓纯洁组织，就是按照党章规定，把坚持反对危害党的分子清理出来，开除出党。清除腐败分子，等等。根据这些精神，调整党的组织机构，改革党的各种制度，健全党的组织生活，使其适应实现党的总任务的需要。

其四，党的组织路线是实现党的政治路线的根本保证。列宁指出："任何政治如果没有人员的任命和调动，就无法执行。因此，任何组织问题都有政治意义……"① 要根据政治路线的要求，把党的各级领导班子调配好，调整好。加强组织建设，克服官僚主义的作风。因为官僚主义者他们善于在口头上表示忠于党和政府的决议，

————————

① 《列宁选集》第4卷，第166页。

而在实际上对这些决议束之高阁。要战胜这些困难，必须清除我们的组织工作落后于党的政治路线的要求的现象，必须把国民经济各个方面的组织领导水平提高到政治领导的水平，必须做到使我们的组织工作能够保证党的政治口号和决议的切实执行。党确立了正确的政治路线，并不能保证无产阶级政党在实际上就自动执行一条正确的组织路线。要把组织工作提高到政治工作的水平，真正确保政治路线的实现。但是，由于社会的、历史的和思想等等原因，也会出现一种不协调的现象，甚至会出现相反的现象，这是值得重视的一个问题。

最后，通过加强党的组织领导，不断排除干扰破坏，为党的政治路线开辟道路，保证党的总任务的实现和社会主义方向。就是要坚决站在党性原则的立场上，同一切损害党和人民利益的行为作斗争。作为党的干部，仅仅做到洁身自好是不够的，还要有责任有胆量地发挥自己的职权作用，同一切损害党和人民的一切不正之风和腐败现象作斗争，维护党和人民的利益，使党风和社会风气向着党指引的方向发展。

总之，组织路线是为政治路线服务的，主要为政治路线的实现提供组织上的保证。如果没有这种组织上的保证，政治路线必然落空以致破产。

党的组织原理，原则的基本特点以及正确与否，以什么为标准呢？党的组织活动规律是以党的思想路线为基础，以党的政治路线为依据，按照党的民主集中制的组织原则，加强党的建设。以实现党的政治任务为目的去组织，去建设。在贯彻执行之中要善于调动、使用、发现、选拔人才，做到人尽其才，才尽其用，各得其所。真正做到"知人善任"，使广大干部"安其位、乐其道、精其业"。还要善于培养和造就自己所需要的各种人才、各种"能人"以适应政治路线的要求。以实现党的政治任务为目的去组织，去建设。我们应当总结这方面的经验与教训，把握组织工作的特点，掌握组织原理、原则及其活动规律，并依靠这种活动的规律性去指导实践，为党和人民造福。

　　党的组织工作的基本特点，一是按照列宁的观点，组织属于物质的东西，所以是物质的，是因为组织是由人组成的，因为组织是机构组成的，即由党的各级组织机构和领导机关组成的。人和组织机构这两者都属于物质的东西。这两者的结合，就构成了无产阶级政党的组织系统。我们的国家，有了这架机器，对中国的革命和建设事业就会产生巨大的物质力量，就会改造旧中国，建设新中国，就会打碎旧世界，建设新世界；二是在整个党的组织机构中，干部是核心和关键的部分。因此，指导干部队伍特别是领导班子建设的干部路线和干部政策，就成了组织路线的核心内容。所以邓小平同志说："人才问题，主要是个组织路线问题。""关键在人"。为了适应组织路线的要求，不仅要善于发现，提拔优秀干部，而且要善于培养、造就、选拔所需要的人才，因此，调配和使用干部就成了组织工作的核心和关键。三是党的组织工作有时有决定性的反作用。党的组织工作与政治路线有时也会出现不协调不适应甚至相脱离的状态，在这种特殊情况下往往是部分的和暂时的。但是，在一定条件下组织路线有时也有决定性的反作用。这就是说，用正确的组织路线也可以去纠正，或者去改变错误的政治路线，这就是在一定条件下的决定性的作用。组织路线虽然是从属于政治路线，但不是消极的，在这种关系本身的直接活动中，按照正确的组织原则，即民主集中制，对政治路线具有决定性的反作用。正如恩格斯说："在许多情况下主要是决定着这一斗争的形式的，还有上层建筑的各种因素。"这就是说，这同党内斗争的原则性，坚定性和领导艺术的灵活性有直接关系。

　　党的组织路线正确与否以什么为标准？归根到底，就在于正确执行党的民主集中制的组织原则。使党的组织工作，干部工作促进和确保政治路线的实现，就是使我们党的组织建设和干部工作保证党的政治路线的顺利进行。组织路线为政治路线提供了物质基础。也是实现政治路线的措施、手段和根本保证。在革命的实践中，要善于调动、使用、发现、选拔人才，真正做到人尽其才、才尽其用，各得其所。还要善于培养、造就、选拔自己所需要的各种人才，以适应政治路线的要求。组织路线的重点，应该放在组织提高全党建设有中国特色社会主义的坚定性、积极性和创造性上。在这个问题上，要特别注意人才问题。这个问题解决得正确与否，标志着党的组织路线贯彻执行的程度如何？那么，具体标准是什么呢？

第一，是能否认真实行党的民主集中制的组织原则，健全党的民主生活，发挥党员的积极性、主动性、创造性、正确处理个人与组织、上级与下级、中央与地方、领导与被领导、领袖与群众之间的关系问题。

第二，是能否通过民主集中制的组织原则，改革干部制度，发现与培养人才，真正做到尊重知识，尊重人才，造就一支宏大的革命化、年轻化、知识化和专业化的干部队伍和造就一代新人。

第三，是能否坚持和维护党的团结和统一。维护党中央的领导和中央保持政治上的一致，凡是错误的组织路线，都是搞派别活动、宗派活动、非组织活动，这是个很大的特点。

第四，是能否巩固发展和加强党的组织，加强党的建设，能否形成一个坚强的领导班子，为实现党的基本路线而斗争，把建设有中国特色的社会主义事业引导到胜利，这是我们党的根本政治任务。

第五，党的组织路线与政治路线有时会出现相脱离和不相适应的状态，在这种特殊情况下，看你能否正确处理，十分注意组织路线的反作用的问题。就是要用正确的组织原则去克服和纠正党的错误的政治路线，切忌用错误的组织手段去反对错误的组织路线和错误的政治路线，这样就会导致一切毁灭。

总之，党在实际斗争中能否正确执行一条正确的组织路线，这同样是关系到社会主义现代化成败的根本问题。

（四）坚持执行党的领导的基本原理和原则关键是组织工作。

党的组织工作包括的内容很广泛，例如：党的组织原则，党的干部工作，党的领导班子，党员队伍建设，组织领导，组织调配，组织机构的增减调整，党的组织制度的建立和健全，发展党员、组织纪律、组织形式、纪律检查，以及党同其他群众组织的关系，等等，都属于组织工作的范围。但是，坚持党的组织路线、干部路线、坚持党的民主集中的组织原则、坚持党的集体领导的原则、充分发挥共产党员的先锋模范作用、充分发挥干部特别是领导干部的积极性、创造性和主动精神是最根本的。这些对加强党的组织建设具有重要的意义。

实现党的领导特别是组织领导，依靠民主集中制，调动全党和人民群众的积极性，这是最根本的组织原则。民主集中制的组织原则是调动全党和全国人民的积极性、主动性和创造精神，协调党内外各种关系的基本原则。首先，我们的党，不是许多党员、许多组织简单数目字的总合，而是全体党员按照一定活动规律组织起来的有机体，是党员与组织，以及各级组织之间按照一定规律结合的统一体。这种组织规律就是党的民主集中制的组织原则。党的民主集中制，是民主与集中的辩证统一体。我们讲的民主，是在集中指导下的民主，我们讲的集中，是在民主基础上的集中。这种既民主又集中的原则，是共产党组织活动的基本原则，党组织就是按照这个基本规律活动的。可以说，这是组织工作的灵魂。

从党组织的自身建设任务来看，党的组织领导所要求承担的基本任务，就是要指明党组织是按什么原则组织起来的，并且依据什么原则来巩固和发展。民主集中制的原则，就是这样一个基本原则。这个基本原则，贯穿于党的组织建设的各方面，体现在党的组织工作的各个环节。在整个党的组织建设和组织工作中，时时处处都不能离开它。如果离开了它，组织工作就要发生错误，组织建设就会出现弊病，严重时，甚至会导致党组织细胞和骨干的破坏，党的组织机构和组织系统的涣散甚至瓦解。特别是在"文化大革命"中，由于搞"家长制"、"一言堂"，违背了民主集中制的组织原则，使党的组织细胞和领导骨干，组织机构和组织系统都遭到严重损伤，后来被林彪、江青一伙所利用，他们踢开了党的各级组织，打击党的领导骨干，致使党的组织领导遭到严重破坏，这就不能不出现一场骇人听闻的灾难和浩劫。党的十一届三中全会以后，党内的民主生活不仅得到恢复发展，而且组织更加健全，保证党的决策的民主化和科学化。作为执政党，作为社会主义事业的领导核心，能否认真执行民主集中制，充分发扬民主，调动全国全党的积极性，是个重大的原则问题，一定要记取这个教训。

从党的政治纪律来看，我们反对"家长制""一言堂"，反对专制主义，并不是要削弱党的集中统一领导。相反，却要加强党的集中统一，坚持在政治上和中央保持一致，否则我们这样一个大国是会出乱子的。为了加强党的集中统一领导，我们必须按照党的民主集中制的组织原则，坚持党员个人服从党的组织，少数服从多数，下级组织服从上级组织，全党各个组织和全体党员服从党的全国代表大会和中央委员会为基本内容的政治纪律。应该指出，这"四个服从"中心是全党服从中央。因为中央是全党的领导核心，若是没有这个核心，就等于没有战斗的总司令部，因而就不能统帅全党取得革命和建设的胜利。有人说，这"四个服从"都是集中制的内容，没有民主制的内容，强调这"四个服从"就会导致个人专制主义。这种说法显然是片面的，因为这"四个服从"本身就体现了民主制的精神，是民主与集中的统一，比如"少数服从多数"，这既是集中的，又是民主的，民主本身就要求少数服从多数，就是说少数人的行为要受到多数人的约束，这是无产阶级民主的一个显著特征。

党的"十四大"对党的民主集中制的基本原则作了明确的规定，已成为党规党法，全党各级组织必须严格执行：主要是除了"四个服从"还有党的各级领导机关，除它们派出的代表机关和在非党组织中的党组外，都由选举产生；党的最高领导机关，是党的全国代表大会和它所产生的中央委员会。党的地方各级领导机关，是党的地方各级代表大会和它们所产生的委员会。党的各级委员会向同级的代表大会负责并报告工作；党的上级组织要经常听取下级组织和党员群众的意见，及时解决他们提出的问题。党的下级组织既要向上级组织请示和报告工作，又要独立负责地解决自己职责范围内的问题。上下级组织之间要互通情报，互相支持和互相监督。党的各级组织要使党员对党内事务有更多的了解和参与；党的各级委员会实行集体领导和个人分工负责相结合的制度。凡属重大问题都要由党的委员会集体讨论，作出决定；委员会成员要根据集体的决定和分工，切实履行自己的职责。还明确指出，党禁止任何形式的个人崇拜。要保证党的领导人的活动处于党和人民的监督之下，同时维护一切代表党和人民利益的领导人的威信。

健全组织机构和组织制度是实现党的组织领导的重要措施。自从马克思主义奠定了无产阶级政党的组织原则和组织系统以后，在长期组织建设的实践中，党的组织机构和组织制度又有不断的丰富和发展，并且逐渐完善起来。我们党70多年来，特别是党的十一届三中全会以来，经过改革开放的大潮，确立了从中央到地方，从地方到基层建立与健全了一套比较完备的组织体系，从而加强和改进了党的组织领导。组织机构的建设，是党的组织建设的一个重要环节，也是组织领导不可缺少的基本内容。因为组织机构的建设有着自身固有的客观规律性，认识和掌握这一规律，则是组织工作所应承担的首要任务。另外，从组织机构和干部队伍的关系来看，如果说干部问题是党的组织工作的核心和关键，那么组织机构问题，是这个核心的骨架，没有这一点，干部队伍形成不了坚强的队伍，党就不成其为党。这就告诉我们，组织机构的建设，及其指导机构建设的方针，则是党的组织工作不可分割的重要内容和重大措施。

同党的干部队伍和组织机构直接相联系的重要问题，就是党的干部制度和组织制度。其中最重要的就是代表大会制度、民主选举制度、党委领导制度、组织生活制度、请示报告制度，等等。应当看到，我们党虽然有整套和比较健全的制度，但是，随着党的事业的发展，形势任务的要求，组织的不断壮大，还必须不断改革旧制度，发展和创建新的制度。邓小平同志再三强调，目前我们现行的一些制度和为数不少的干部的思想方法，不利于选拔和使用社会主义现代化所需的人才，这就要求各级党委和组织部门解放思想，实事求是，克服各种障碍，打破老框框，勇于改革一切不合时宜的组织制度、人事管理制度，大力培养、发现和破格使用优秀人才。

党的纪律和纪律检查工作，是加强组织建设的一个重要组成部分，也是确保实现党的领导的重要措施。马克思主义政党的基本路线和决议、决定，是维护党的团结和统一，提高党的吸引力、凝聚力和战斗力的保证。马克思说过，我们必须绝对保持党的纪律，否则将一事无成。列宁指出，工人阶级的力量就在于组织。不组织群众，无产阶级就一事无成。组织起来的无产阶级就无所不能。这就告诉我们：组织起来的无产阶级政党，就必须有无产阶级自己的铁的纪律，而党的纪律是党团结统一的保证。团结和统一是党的生命，是党的力量的源泉，这是关系到党能否巩固和发展的根本问题。

马克思主义纪律的基本特点，就是要以马列主义、毛泽东思想为指导的纪律，它是建立在正确的思想、政治和组织路线基础上的自觉纪律。这个纪律要使党的每个党员、党的干部，不论职务高低和功劳大小，都必须认真履行党员义务，严格遵守党的纪律，自觉接受群众的监督。就是说，在党的纪律面前，人人平等，绝对不允许有不受党的纪律约束的特殊党员。当然，马克思主义政党的纪律是要引导党员和人民群众去认识世界、改造世界，为人民谋福利。我们党的纪律，决不是提倡奴隶主义，而是要充分发挥人民的积极性、主动性和首创精神的纪律。我们党的纪律是在民主集中制指导下的纪律，这个纪律是代表最大多数人民的利益，是有深厚的人民群众的基础。而这个纪律是和最先进的生产方式相联系，又有着深远的社会基础和物质基础的。

根据党的政治路线的要求，加强党的纪律检查工作，对党员、对党的各级组织应当进行严格的监督和检查工作，使广大党员、干部和各级党组织，认真贯彻执行党的基本路线、方针和政策而奋斗。那么，党的纪律检查机关的任务是什么呢？主要任务是：维护党规党法，整顿党风；检查党的基本路线、方针、政策、决议的执行情况。
对党员、干部进行遵守纪律的教育；检查和处理党的组织和党员违
反党章党纪和国家法律、法令的案件；决定和取消对于党员的纪律
处分；受理党员、干部的控诉和申诉等等；

　　总之，坚持执政党的领导最关键的是加强组织建设，健全组织
机构和组织制度是实现党的领导的重要措施，真正在实际工作中坚
持党的民主集中制的组织原则，健全组织机构和组织制度。抓好发
展党员的工作，加强党的纪律教育，做好纪律检查工作，只有这样，
才能实现党的组织领导作用，否则会流于空谈。我们加强党的组织
领导，搞好党的组织工作，都离不开这些基本内容。这几个方面都
是以党的民主集中制原则为活动规律的。这个基本原则是互相联系
的、不可分割的。所以，在加强组织建设，实现党的领导过程中，
一定要把它们作为一个整体来看待，不能要了这个，丢掉那个。但
是，组织工作的核心和关键是党的干部问题，这是组织领导的重点。
党的组织机构和组织系统的健全，就使党有力量，加上政权，就能
改造中国。发展党员，这是党的细胞，是基础，党的纪律和纪律检
查工作是保证实现组织领导的重要措施。

（五）党的组织领导的基本经验和教训。

　　建党70多年来，执政40多年来，特别是改革开放14年以来，
党在组织领导方面逐步形成了一整套成功的经验。但也有失败的教
训。无论是成功的经验，还是失败的教训，都应该视为我们党宝贵
的精神财富。概括起来，主要有以下三个方面：

　　第一，正确的思想、政治路线是制定和贯彻正确的组织路线的
基础和前提。如果没有这个基础和前提，组织路线、组织措施就失
去了灵魂，根本不可能产生正确的组织路线和强有力的组织工作，更
谈不上去贯彻和执行它。

　　从我们党的历史经验来看，有什么样的政治路线，就有什么样
的组织路线和相适应的组织工作和干部工作。如果政治路线错了，组

织路线也必然是错的。在大革命后期，陈独秀在政治上搞投降主义路线，在组织工作上就执行为投降主义路线服务的组织路线。他破坏党的民主集中制，实行家长式统治，打击排斥坚持正确路线的同志；在土地革命时期，王明在政治上搞"左"倾机会主义路线，在组织工作上就必然实行为其服务的宗派主义的组织路线。他们到处派钦差大臣，到处搞夺权斗争，对不执行和不同意"左"倾路线的党员、干部实行"残酷斗争、无情打击"，使党的组织遭到很大破坏。在"文化大革命"中，林彪、江青一伙蓄意制造和执行了一条阴谋篡夺党和国家最高领导权的反革命路线，在组织工作上必然大搞为他们服务的帮派的组织路线，他们疯狂践踏党的组织原则，破坏党的组织制度，踢开党的各级组织，打击广大党员群众，谋害广大革命干部，煽动派性，建立帮派体系，实行以"帮"代党，等等。由此可见，政治路线不仅决定组织路线的性质、内容，而且决定组织路线的方法和措施。错误的政治路线，必然产生错误的组织路线。党的历史也证明，正确的组织路线总是伴随着正确的思想路线、政治路线的解决而解决的。如果思想路线不端正，政治路线不解决，那么，解决组织路线只能成为一种空谈。

在现实生活中，政治路线和组织路线是一致的，但有时也有不一致的现象。造成这种现象的原因：一是政治路线和组织路线有时会发生脱节。比如，1964年底和1965年初，在我们党领导下召开的第三届全国人民代表大会，一方面宣布强调国民经济的任务已基本完成，另一方面宣布整个国民经济将进入一个新的发展时期，明确提出："在本世纪内要把我国建成一个具有现代农业、现代工业、现代国防和现代科学技术的社会主义强国。"四个现代化宏伟目标的提出，标志着新的发展时期政治路线的初步确定，这自然受到了全党和全国各族人民的热烈拥护。十分可惜，以四个现代化为目标的政治路线确定以后，却没有坚决的组织措施，组织路线方面遇到一系列新情况、新问题，没有认真的、及时的加以解决。这样，在不久被"以阶级斗争为纲"的指导思想所代替，相信搞政治运动会解决经济建设问题，会实现社会主义现代化的问题。"文化大革命"的发动，完全打乱了我国历史的正常进程。这个历史事实说明，提出了正确的政治路线以后，如果忽视了组织路线的坚决实施，或者在贯彻执行中，组织工作没有跟上去，组织措施不得力，很可能导致政治路线的破灭；二是组织路线也具有相对的独立性和一定的反作用。比如，有时政治路线错了，但组织路线没有完全错。在这种特殊情况下，应按照民主集中制的组织原则来纠正自身的错误，以至对于那些坚持错误的人进行必要的调整，直到把这样的领导人撤换掉。所以，我们既要看到政治路线对组织路线具有决定作用，又要看到组织路线在一定条件下，有它的强烈的某种反作用。

　　第二，民主集中制的干部路线是贯彻党的组织路线的核心和关键。党的组织路线是否正确，除了看它是否服务于正确的政治路线以外，还要看它是否坚持党的民主集中制的组织原则和坚持"德才兼备"的干部标准。所以，贯彻执行党的组织路线问题，中心和关键是认真执行党的组织原则和干部标准的问题，是具有重要意义。

　　在执行党的组织原则问题上，我们党自从 1935 年遵义会议到 1956 年党的"八大"这 20 多年里，一直是很好的。我们党在这方面积累了很丰富的经验。比如，实行了在民主基础上的集中和在集中指导下的民主，实行了以"四个服从"为内容的民主集中制的组织纪律；实行了"集体领导与个人负责相结合"的组织制度；实行了在民主集中制基础上的全党团结统一，等等。

　　可是，自从 1957 年以后，党的民主生活和集体领导制度，逐渐受到损害，以致在"文化大革命"中整个组织原则遭到破坏。集体领导和民主集中制的损害，首先是从党中央机关开始的。1957 年七月召开的庐山会议上，彭德怀同志给党中央、毛泽东同志写信，陈述了他对"大跃进"中发生的"左"倾错误及其教训的意见。他的这一作法是完全符合民主集中制组织原则的。但却被认为这是对党的进攻，开展了一场所谓反对"彭、黄、张、周反党集团"的斗争，打击了一大批敢于实事求是向党反映真实情况和提意见的党员干部。这样，就开始使党的民主集中制受到严重损害，民主生活受到了压制。从此以后，特别是"文化大革命"中，不少领导干部在党内大胆地搞个人专政，他们无视党员的民主权利，听不得半点不同意见，不允许自下而上的批评监督，如若稍有冒犯，轻则责骂、穿小鞋，重则寻机残酷打击，这种不正之风就窒息了党内的民主空气，破坏了党内的民主生活，使党员、干部不敢讲真话，说心里话。开会发言，常常言不由衷，或者坐到墙角里，默不作声。党内生活的这种极不正常的现象，严重挫伤了广大党员、干部的积极性。所以，加强党的集中统一领导和发扬党内民主生活，是全面贯彻民主集中制原则必须注意的两个方面。为此，党中央作出了一系列重大原则性决定，总结历史经验与教训，使我们党的政治生活走上马克思列宁主义、毛泽东思想的正确轨道。

在贯彻党的干部路线问题上，自从毛泽东同志在1938年党的六届六中全会上提出"德才兼备"的干部标准和"任人唯贤"的干部路线以来，我们党在培养、选拔、考察、了解、使用、提高和爱护干部等方面，一直是坚持这个正确路线的，因而培养和造就了一大批"德才兼备"的干部。可是，自从1957年以后，随着党内"左"倾思想的滋长，这种"左"的东西也影响到党的干部路线。特别是1960年提出了培养接班人的五项条件，这五项条件许多内容还是很好的，但是，这五项条件片面强调"德"而忽视了"才"，使"德才兼备"变成了"德才"偏废，"以德代才"。同时，在使用干部方面，不能很好贯彻"任人唯贤"的干部路线。对待不同意见的干部，则采取排斥打击的办法。在"文化大革命"期间，林彪、江青一伙利用我们党所犯的"左"倾错误，借机践踏党政干部路线，使党的干部路线和干部政策遭到严重摧残和破坏。

这种破坏，主要表现在：一是他们歪曲篡改了"德才兼备"的内容，把所谓"造反"、"好斗"作为德的标准，把搞两面派、搞阴谋诡计看作是才的标准，使干部的红与专两个方面都遭受到了损害；二是他们在使用干部问题上采取了"任人唯亲"、"任人唯派"的措施，提拔重用了大批投机分子和打砸抢分子，使干部队伍严重不纯；三是他们以开展"大鸣、大放、大字报、大批判"的手段，把大批党员干部特别是领导干部划为"走资派"、"反革命修正主义分子"，并实行"残酷斗争，无情打击"，使许多优秀干部遭到迫害，有的甚至被迫害致死。

　　由于林彪、江青一伙对党的干部路线的践踏和破坏，加上我们党在指导思想上的失误，在我们的干部队伍中，不仅在政治思想上和工作作风上同实现社会主义现代化不相适应，而且在经济管理和科学技术等方面，也同社会主义现代化建设事业不相适应。我们的干部队伍构成很不合理，具有专业知识，专业能力的干部太少，而不大懂专业知识，缺乏专业能力的干部太多；领导班子里年富力强的干部太少。另外，在干部制度方面，存在着实际上的干部职务终身制问题。这样，党员和人民群众就不能有效地行使对领导干部的选举权，监督权和罢免权，这在客观上使领导干部可以处在凌驾于群众之上的特殊地位。值得特别注意的是，我们党从苏联搬来了一套干部的等级制，在实行的过程中，又加上了不少中国封建等级的特色。本来，我们在干部队伍中实行按劳分配时搞了一些工资不应有的等级，这些等级只是劳动报酬的差别。可是，我们却把这种劳动报酬的差别长期作为授职的主要依据，作为享受政治、经济各种待遇的主要标志。这种制度实际上是不利于贯彻党的"任人唯贤"的干部路线的，也是不利于选拔年富力强和有才能的干部进到各级领导班子，必须记取这些经验和教训。

　　培养和选拔革命事业的接班人问题，是贯彻党的干部路线的一个重要问题。无产阶级革命事业要发展，必须重视和搞好这项具有战略意义的工作。50年代中，我们党提出了这个问题，并且采取了一些组织措施。60年代初，我们党又发出了"培养和造就千百万无产阶级革命事业接班人"的伟大号召，但是，在培养什么人来接班这个关键问题上，我们在"九大"党章上，把野心家、阴谋家、反革命两面派林彪作为党的接班人写了进去，这是党的重大失误。林彪垮台后，没有很好总结经验与教训，又指定造反起家的王洪文作为党和国家的接班人，结果又演了一场悲剧。为什么在培养接班人问题上会发生悲剧呢？一是由于政治路线错了，组织路线必然要错。在错误的政治路线和组织路线指引下，不可能作到"任人唯贤"，不可能培养和选拔好干部作为党和国家的接班人。二是由于党的民主集中制原则遭到破坏，不可能在党内充分发扬民主来讨论，也不可能做到由中央政治局来集中讨论决定接班人问题，而只能凭个别领袖人物的主观决定。林彪、"四人帮"上台，都是在党犯"左"倾错误和民主集中制原则遭到破坏的情况下发生的。所以在选拔党和国家的接班人这个战略问题上，必然遭到失败，必然演出一场令人痛心的悲剧！

现在我们党已经吸取了这些历史经验与教训，确立了马克思主义的"一个中心、两个基本点"的政治路线，确立并发展了解放思想、实事求是的思想路线，健全了民主集中制，并采取群众推选与党委集体讨论决定相结合的办法，一人一票记录在案的制度。这样一来，就从政治上、思想上、组织上和制度上，保证了选拔接班人的事业正确进行。今后，即使出点偏差，也不会影响全局，也比较容易纠正。根据以往教训，我们在培养和选拔接班人时，强调的是集体接班，是培养造就一层接班人、一批接班人，而不是个人接班，培养造就千百万接班人，而不是一两个接班人。接班人的工作是贯彻党的组织路线的中心工作之一。这个工作做好了，就能确保我们党的事业持续稳定地向前迈进。

第三，整顿党的组织，提高党的战斗力是贯彻党的组织路线的基本环节。整顿党的组织，主要包括两个方面的内容：一是整顿党的各级领导班子，健全党的组织机构；二是整顿党员队伍，提高党员质量。这两个方面集中到一点，就是为了增强党的战斗力，保证党的各项任务的完成。还要注意划清两条界限，一条是好人与坏人的界限，一条是先锋队与群众的界限。

民主革命时期，特别是1935年遵义会议以后，我们党经历了两次大规模的整党。一次是 1942 年到 1943 年，一次是 1947 年到 1948 年。第一次是在抗日战争的困难时期，其重点是在高中级干部和领导机关的工作人员中进行，主要锋芒是对着教条主义、主观主义，整顿党的三风；主要方法是阅读文件，整顿思想，增强党性，提高党的战斗力。后来康生搞"抢救运动"，干扰这次整党整风，党中央发现后很快就纠正了；第二次整党是在解放战争和土改工作最紧张时期，重点是在基层干部，其主要锋芒是对着混入党内的地、富分子和农村干部严重脱离群众的现象，等等。其主要方法是经过党支部，邀请党外群众参加党的会议，共同审查党员干部的作风。这次整党整风基本是正确的，但也发生了过火斗争的错误偏差。

建国以来，我们党根据政治任务和革命形势的要求，曾多次整顿领导班子和党员干部队伍。如 1951 年的整党，1957 年的整风，1964 年的"四清"运动，1976 年粉碎"四人帮"以后，对各级领导班子整顿等等。这几次大的整顿与调整，有一些是成功的（如解放初期的整党整风和粉碎"四人帮"后的整顿等），有一些是失败的，甚至完全失败的（如"文化大革命"中的整党建党）等等。成功和失败的根本标志，就是看能否巩固和发展党的组织，提高党的吸引力、凝聚力和战斗力，保证党的正确路线和政治任务的实现。

我们党执政以来，在整党整风方面有许多深刻的教训和宝贵的经验。概括地说有以下几点：

第一点：在整顿党的组织时，必须首先对党员和干部队伍状况要有正确的估计。如果没有正确的估计，就不能制订出正确的指导方针和具体政策。我们党执政以后，由于执政党的地位、环境和任务起了深刻变化，党组织不可避免地要出现一些思想、组织和作风不纯的问题。因而在一定时间内进行整顿，是完全必要的。但是，在进行整顿时，一定要坚信大多数党员和干部是好的和比较好的，而混进党内的坏人只是极少数。我们只有恰当地估计这个"大多数"和"极少数"，才能不犯"左"的或者右的错误。根据过去的实践经验，整风就是正确估计党员和干部队伍，就能正确地进行整顿；凡是不相信大多数，怀疑一切，就容易出现扩大化。1966 年发动"文化大革命"的时候，就是因为对党内外的形势没有作出正确估计，不相信大多数党员和干部是好的，比较好的，所以才采取了错误的指导方针，结果被坏人利用，造成了一场灾难和浩劫。这个教训是极其惨痛的。

第二点，整顿党的组织，一定要搞好思想政治教育工作，这是整党整风的一个根本性问题。这个问题抓不好，党组织上的整顿就不能顺利开展，也达不到预期的目的。搞不好，甚至会把党的组织整得一塌糊涂，不可收拾。所以，我们要进行组织上的整顿，首先要来一个思想上的整顿。我们党的学习文件，领会精神，联系实际，提高认识，增强党性，这是我们党多年来一条宝贵的经验。学习文件，主要是指学习经典作家的有关著作，学习党章和中央规定的有关文件。在领会文件精神的基础上，自觉联系思想实际和工作实际，对照检查，提高认识，增强党的观念，克服和纠正不正之风，使自己成为一个名副其实的党员和干部。这样就为组织上的整顿打下了可靠的思想基础。以便达到提高党员素质，增强党的战斗力的目的。

第三点，整顿党的组织，必须在党组织的集中统一和集体领导下有计划有步骤地进行。我们是执政党，整顿中听取人民群众的意见和批评是很必要的。但是，决不能由群众说了算，而必须在党的集中统一领导下来进行。"文化大革命"中，那种踢开党委而由"造反派"领导整党的作法是完全背离了马克思主义的根本原则。当然，我们所说的党的领导，是各级党委的集体领导，而不是个人独断专行。根据多年来的经验，党委在领导整党时，必须坚决而稳妥。而要作到稳妥，就应有计划、有步骤。采取什么步骤，要根据各个时期的政治任务和特点来决定。

第四点，整顿党的组织，关键是整顿好各级领导班子。领导班子是党组织的核心，所以，每次整顿党组织，都要先把各级领导班子整顿好、调整好、建设好。整党整风要首先从各级领导班子开始。只有把领导核心整顿好了，党的路线、方针和政策才能顺利贯彻下去。要从学习中央文件和总结工作入手，认真开展批评与自我批评，克服工作中的缺点和错误，改进工作作风，加强同人民群众的联系，只有这样才能收到良好的效果。

第五点，整顿党的组织，一定要坚持正确的方针政策和方法，团结大多数，坚决反对宗派主义的倾向。无论是领导班子的整顿，还是党员队伍的整顿，都要采取正确的指导方针，都要团结大多数，防止和反对利用整顿搞宗派。要坚持"团结——批评——团结"和"惩前毖后，治病救人"的方针，以达到提高党员素质，增强战斗力的目的。而对待那些混入党内的坏人和其他敌对分子，则应采取彻底揭露和坚决清除的方针，以达到分清敌我，纯洁组织的目的。至于那些不够党员条件，也没有决心达到党员标准的人，他们虽然属于团结的对象，但不能硬留在党内，应该劝他们退党，这对保证党员质量，提高党的战斗力是有好处的。

但是，我们应当看到，党内整顿工作相当复杂，有时犯政治错误的，同敌我矛盾的，往往混合在一起，一时分不清。在这种情况下，一般仍按党内矛盾对待。党籍的处理问题，要十分慎重，一般不要"热处理"，而要实行"冷处理"，目的在于给犯错误的党员、干部以认识和改正错误的机会，取得群众的谅解时间，也可以避免因操之过急或感情用事而做出不适当的决定。历史证明，对犯这样那样错误的党员干部，特别是领导干部，正确处理一个，可以安定和团结一大批，这对党的事业是很有利的。个别死硬分子也是会有的，这也无碍大局，到头来他们只能自己毁灭自己。

总之，在整顿组织中，要防止和反对宗派主义，那种"以我划线"，拉帮结派的作法不是整顿党的组织，而是破坏党的组织。要警惕这种人利用整顿来整人，陷害人。我们要认真总结历史的经验与教训是具有重要意义的。

三、执政党的领导方法、领导艺术和决策

科学的领导方法、领导艺术和决策是实现党的领导的重要保证。努力提高广大干部特别是领导干部在思想、政治水平和组织领导能力、业务领导能力和领导艺术以及决策水平，对于改进各级领导班子的工作方法、领导方法、领导艺术，进行科学的决策具有重要的意义。

（一）党的领导方法、工作方法实际上是工作路线问题。

党的领导方法、工作方法和科学决策，实际上是工作路线问题。这个问题不解决，或解决不好，党的思想路线、政治路线和组织路线同样不能很好地贯彻下去，也很难真正去实现党的指导作用。也不能很好的去完成党所交给的任务。

为什么说领导方法、工作方法和科学决策，实际上是一个工作路线问题呢？这就是说，有了正确的思想政治路线和组织路线还必须有与此相适应的工作路线（工作方法、领导方法、领导艺术和科学决断），这不仅是我们党的历史经验，也是我们党的优良传统作风。毛泽东同志指出：要注意从实际出发，调查研究，实事求是，按照客观规律办事情。让广大干部掌握科学的工作方法。他始终坚持没有调查就没有发言权，离开实际调查就要产生唯心的阶级估量和唯心的工作指导，其结果不是机会主义，便是盲动主义。因此，实事求是，调查研究，一切从实际出发，不仅是我们党的思想路线，工作路线，也是我们党最基本的工作方法。只有在党的思想政治路线的指导下，去实事求是，调查研究，从实际出发去办事情，解决矛盾和问题，才能认识和掌握客观事物发展的规律性，使人们的思想、观点符合客观实际，从而正确的指导中国革命和建设事业的实践活动。使其在实践过程中不断丰富和发展。

毛泽东、邓小平总结了我们党的历史经验，提出要有正确的工

作路线，首先要有正确的思想方法。思想方法和工作方法是紧密相连的，有什么样的思想方法，就有什么样的工作方法，没有正确的思想方法，就一定不会有正确的领导方法、工作方法和科学正确的决策。在我们党的历史上，毛泽东同志在1930年《反对本本主义》一文中第一次提出了党的思想路线这个科学概念以后，就为正确的思想路线和工作路线奠定了理论基础。

　　为什么呢？因为思想方法、工作方法、领导方法、科学决策，都是从属于思想路线的。辩证唯物主义和历史唯物主义，就是我们党的世界观和方法论。党的思想方法、领导方法、工作方法、科学决策，都是以马克思列宁主义、毛泽东思想的理论为基础的。我们党坚持实事求是，一切从实际出发，调查研究，理论联系实际，实践检验真理并发展真理，等等。从这些基本观点形成的工作方法、领导方法、领导艺术和科学决策的指导 思想和指导原则。但它的核心是实事求是和调查研究。马克思在《资本论》第一版跋中就指出："研究必须充分地占有材料，分析它的各种发展形式，探寻这些形式的内在联系。只有这项工作完成以后，现实的运动才能适当地叙述出来。"毛泽东同志讲的更明确："应用马克思列宁主义的理论和方法，对周围环境作系统的周密的调查和研究。不是单凭热情去工作，而是如同斯大林所说的那样：把革命气概和实际精神结合起来。"[1]调查研究的目的就是为了解决问题。党的干部特别是领导干部，要学会周密的思考，进行认真的调查研究，才能做正确的判断，和科学的决策。毛泽东同志多次强调，指挥员的正确的部署来源于正确的决心，正确的决心来源于正确的判断，正确的判断来源于周到和必要的侦察，和对于各种侦察材料的联贯起来的思索，进行科学正确的决策就是这个道理。这不仅是干部的基本功，而且是领导者的一条工作守则。

　　我们党在以邓小平为核心的党中央第二代成熟领导核心的坚强

---

[1] 《毛泽东选集》第三卷，第800～801页。

领导下，重新确立了马克思主义的思想路线、政治路线和组织路线，同时，党中央采取了同党的基本路线相适应的一系列行之有效的工作方法、领导方法、科学决策。在方法上，党中央通过调查研究，掌握实际情况，集中群众的智慧，果断地作出各条战线战略决策的方法，比如要正确地开展两条战线的斗争，防止在纠正一种错误倾向的时候忽视另一种错误倾向，有什么倾向，就反什么倾向，不搞群众运动的方法；有了错误缺点，在进行批评教育的时候，要采取审慎的实事求是的分析方法；教育干部既要振奋革命精神，又要讲究工作方法，领导方法，要做胆识兼备的实干家，不做有勇无谋的鲁莽家，昏庸无能的败事家，等等。从而全面开创了社会主义现代化事业的新局面，并为建设有中国特色的社会主义创造了条件，打下了基础。当然，要使我们革命与建设事业取得胜利，根本在路线，关键在领导。正确路线的贯彻实施，还要通过科学的领导方法、工作方法、科学决策和高超的领导艺术来实现。所以，研究党的工作路线具有重大的意义。

（二）掌握和运用党的领导方法和领导艺术。

　　掌握和运用党的领导方法和领导艺术是领导者的必要条件。什么是领导艺术？我们所研究的是党的领导方法和领导艺术，是党的学说的一个重要组成部分。党的领导和工作方法是以马克思主义为指导的，是党的领导方法、领导艺术和科学的知识实践经验、创造才能和认识世界、改造世界的能力相结合的产物。是党的领导艺术、领导方法以及丰富经验的科学总结，也是我们党领导艺术中规范化的结晶。对一个领导者具有重要意义。

　　所谓领导艺术是指在一定的科学知识基础上的领导技能和艺术手段。正如毛泽东同志所指出的："领导人员依照每一具体地区的历史条件和环境条件、统筹全局，正确地决定每一时期的工作重心和工作秩序，并把这种决定坚持地贯彻下去，务必得到一定的结果，这是一种领导艺术。"这一论述概括了党的领导艺术的核心，阐明了领导方法、领导艺术在党的领导工作中的地位和作用。要想"得到一定的结果"，就要有科学的预见和正确的决策。科学的预见是党的领导艺术的生命，"凡事预则立，不预则废"，"人无远虑，必有近忧"。没有预见就抓不住主要环节，就没有决策的自由，就会是"盲人骑瞎马，夜半临深池"。因此，不仅要有丰富的领导经验，而且要有科学的预见，善于抓住中心环节。列宁指出："政治家的全部艺术就在于找到并且紧紧掌握住最不容易从手中被打掉，目前最重要而且最能保障掌握住它的人去掌握整个链条的那个环节。"这是一个领导干部应当掌握的领导工作的特种艺术。一个领导者在实现党的领导过程中，既要"统筹全局"，"胸中有数"，又要抓住"链条的那个环节"。既有崇高理想，伟大目标，又有脚踏实地的具体措施、办法；既要注意矛盾的普遍性，又要注意矛盾的特殊性，狠狠抓住主要矛盾，真正解决问题。这是一种领导艺术。一般情况下，领导者的决策多半是利用领导艺术去调整领导效果的。主要是依靠领导者本身的经验和判断能力，直觉和创造力，去进行实践活动的。领导艺术体现了领导者生气勃勃的创造力。因此，这是一个领导者应当具备的必要条件。

领导方法和领导艺术的一个重要特点，是具有坚定性、灵活性和创造性。干部的活动特别是领导干部的活动，是一种开拓性、创造性的劳动。因为他们所面临的形势和任务是极为复杂的，而且是千变万化的，没有坚定性、灵活性和创造性，不讲科学方法是很难完成党交给的任务。因此，要研究科学的领导方法，提高领导艺术，使我们党一整套的领导方法适应革命和建设事业的需要并得到不断的丰富和发展。

掌握和运用党的领导方法，工作方法和领导艺术，是个综合性因素的反映。一个党的干部特别是党政领导干部，应当掌握科学的领导方法、工作方法和领导艺术，去完成党交给的战斗任务。党的领导方法、工作方法和领导艺术，是实现党的领导的一种有利措施，是思想方法、实践经验和领导艺术的具体体现。在实际工作中要抓要害、找关键，千方百计去夺取胜利。掌握和运用马克思主义的领导艺术，这和一个领导者的个人素质、才能、经历、经验、学历、水平、文化科学知识、个人气质、修养，以及对党对人民的事业心，政治责任感，都有着密切的联系。因为这些因素，直接影响着一个党的领导干部能否发挥主动性、积极性和创造性。现实生活中可以看到，同一种领导艺术，由不同的人来掌握，效果会各异，差别就很大。所以我们要十分重视提高这些诸因素。

在我们党的历史上，卓越的政治家、军事家、革命家、战略家运用领导艺术，"运筹于帷帐之内，决胜于千里之外"，导演出威武的雄壮的英雄活剧，为我们党的历史增添了光辉。我们的党中央、毛泽东、周恩来、刘少奇、朱德、邓小平等老一辈无产阶级革命家，在解放战争中指挥的"辽沈"、"平津"和"淮海"三大战役，就是我们党的历史上领导艺术的典范。

（三）科学的领导方法是提高领导者能力的重要因素，要学会运用党的科学领导方法与艺术。

党的领导方法、工作方法和领导艺术，实际上已经成为无产阶级革命事业斗争的强有力的武器。实践证明，党的领导方法、工作方法和领导艺术，不仅仅是方法和手段，而是科学。它所以是科学，因为它是党在革命和建设实践斗争中的经验总结。我们党利用领导艺术，团结了同志、朋友和一切愿意合作的人，打击了敌人，消灭了国民党反动统治，创造了中华人民共和国，开展了社会主义革命与社会主义建设事业。因此，党的领导方法、工作方法和领导艺术，实际上已经成为无产阶级解放事业必不可缺少的强有力的武器。形成了马克思主义的领导艺术。也只有建立在马克思列宁主义、毛泽东思想的基础上，才能成为真正科学的领导方法和领导艺术，才能克服盲目性、鲁莽性、主观性和随意性。

我们党的领导方法和领导艺术，是建立在马克思主义理论基础上的科学的反映。党的干部特别是党的领导干部，要学会运用和掌握马克思主义的领导方法和领导艺术，成为实现党的领导、夺取胜利的武器。并且能够使科学的领导方法和领导艺术，随着时代的发展而发展，而且更丰富、更科学、更有成效。

领导方法和领导艺术的运用和发展同干部的自身修养有着密切的联系，这不仅是领导者的性格、方法问题，而且是干部素质问题。提高领导方法和领导艺术的基础，是要求党的领导干部，要在坚持党的思想路线、政治路线和组织路线，坚持一切从实际出发，实事求是的根本原则下，根据任务的性质、环境、特点以及条件，进行正确的分析，真正使领导方法科学化。这就是说，一个干部能力的高低，工作是否有成效，不仅决定于领导者自身的坚强的党性，丰富的经验，深湛的文化知识，一定的马克思主义的理论和政策水平，而且还必须掌握管理思想现代化、管理组织现代化，管理方法和管理手段的现代化，形成高超的领导艺术。

但是，这种领导艺术的素质，在一般情况下是以个人的实践经验为基础的。由于个人经验产生、并带有许多个人的特点和气质，这就是领导干部素质的反映。在通常情况下，有的干部具有大体相同的理论知识水平，个人经历，参加革命时间差不多，但是运用他们的知识和经验时，就具有完全不同的领导效果。因为它对干部的个人才智、风格、作风、意识和素质的依赖性是很大的。从这个意义上讲，干部的领导方法、工作方法，既是科学又是艺术。马克思主义诞生以来，同样用无产阶级世界观和方法论观察事物，阐述见解，不少大家的理论著作，也都呈现出卓而不群的个性的风采。马克思、恩格斯的缜密严谨，列宁、斯大林的汪洋恣肆，毛泽东的风骚韵致，邓小平的简洁明快，不都是为世人所称道的典范么?! 因此，一个领导者，既要认识领导艺术，又要研究领导方式、方法。只有把革命和实践正确结合起来，才能达到预期的目的。毛泽东指出："我党一切领导同志必须随时拿马克思主义的科学的领导方法去同主观主义的和官僚主义的领导方法相对立，而以前者去克服后者。主观主义者和官僚主义者不知道领导和群众相结合、一般和个别相结合的原

则，极大地妨碍党的工作的发展。为了反对主观主义的和官僚主义
的领导方法，必须广泛地深入地提倡马克思主义的科学的领导方
法。"①要掌握科学的领导方法，即要充分发挥自己的特点和优势；也
要避免自己的弱点、缺点和毛病，特别是职业病。这就是说要注意
个人因素。

　　要把个人的经验和集中群众的经验结合起来，只有把个体系在
集体之中，才能充分发挥个人的才干。好花绿叶扶，一个篱笆三个
桩，一个好汉三个帮。不要自高自大，老子天下第一。虚心使人进
步，骄傲使人落后，这是一条真理。"谦受益，满受损"，只有把群
众的智慧集中起来，变成自己头脑中的知识，使自己更聪明。聪明
人吸收群众的、集体的、党的，人民的实践经验，用人类创造出来
的精神财富来武装自己头脑，才能成为聪明人。

　　党的领导者要学会运用党的科学的领导方法、工作方法和领导
艺术。党的领导方法和领导艺术，是党的领导实践经验的理论概括
和科学总结。我们党在领导中国革命和建设的长期实践中，把唯物
主义和辩证法运用于党的全部工作，逐步形成了一整套的科学的领
导方法、工作方法和领导艺术。党的领导方法，是党正确认识中国
革命和建设的实际，改造中国，建设有中国特色社会主义实践活动
的规律性的反映。它体现了马克思主义理论同中国革命实践相结合，
是毛泽东、邓小平建党学说的一个重要组成部分，是党的领导思想
的重要内容，离开中国共产主义运动的伟大实践，就没有党的领导
方法和领导艺术。

　　马克思主义的创立为全世界无产阶级走向共产主义指明了方
向，但它不可能为每个国家的无产阶级规定如何巩固与发展社会主
义，向着共产主义方向前进。这就需要各国无产阶级政党，根据马
克思主义的基本原理，在自己的革命实践中正确认识本国的特点，探
索自己要走的革命道路，找出正确的领导方法、思想方法和工作方

────────────

　　① 《毛泽东选集》第三卷，第902页。

法。如果这个任务不能正确解决，革命和建设就不能取得胜利。中国的革命是在半封建半殖民地、半封建社会的东方大国的历史条件下进行的。这就要求中国共产党人，把马克思列宁主义的普遍真理与中国革命的具体实践相结合，在实践中寻找从民主革命到社会主义革命与建设的特殊道路。正是在解决这个任务中，产生和形成了具有中国特色的一整套党的领导方法、工作方法和领导艺术。

我们党领导中国革命与建设事业 70 多年来的历史实践证明：党的科学领导方法、工作方法和领导艺术，不是先验的，不是无产阶级革命领袖们的天才头脑中的产物，而是党长期领导的实践经验的系统化、条理化、理论化的概括和总结。所谓理论是实践经验的科学总结、概括和抽象。理论是来源于实践的，但一旦上升为理论，就成为指导实际的一种方法。当然，实际要比理论复杂得多，如不从实际出发就行不通。我们党以独创性的内容为马克思主义总宝库增添了新的宝贵财富。我们党一整套领导方法、工作方法并没有过时，并应在建设有中国特色社会主义事业中，实现社会主义现代化的建设中，仍然具有普遍的指导意义。

（四）党的领导的基本方法和领导艺术。

我们党在中国革命与社会主义建设的实践中，逐步形成了一整套具有中国共产党特色的领导方法、工作方法和领导艺术，这是我们党的宝贵的精神财富。我们的任务，就要不断总结这方面的经验，使党的领导方法、工作方法和马克思主义领导艺术，随着时代的发展而不断丰富和提高，使其更加卓有成效，成为党的学说的一个重要组成部分，并有重大的现实意义。

第一，实事求是，解放思想，调查研究，一切从实际出发的领导方法。

实事求是，解放思想，调查研究，一切从实际出发，是党的一切领导方法的灵魂和基础，是我们进行工作的客观依据和着眼点、出发点，是做工作办事情的向导。毛泽东指出，"实事"就是客观存在着的一切事物，"是"就是客观事物的内部联系，即规律性，"求"就是我们去研究。我们要从国内外、省内外、县内外、区内外的实际情况出发，从中引出固有的而不是臆造的规律性，即找出周围事变的内部联系，作为我们行动的向导。解放思想，就是以马克思列宁主义、毛泽东思想为指导，以党的政治路线为基础，尊重唯物论与辩证法去研究探讨真理与发展真理。这就必须一切从实际出发，调查研究。要以客观事实为依据，按照事物的本来面目去了解事物、认识事物，按照客观规律去办事情、做工作。这就是毛泽东经常强调的我们必须先有人，根据客观事实，引出思想、道理、意见，提出计划、方针、政策、战略、战术，方能做得好。因此，我们党在革命与建设的进程中，做工作办事情，不能从自己的主观愿望出发，从本本出发，从印象出发。不能违背客观事实，要根据一定的历史条件，客观环境和种种具体因素，进行周密具体的调查研究，掌握第一手材料，从中引出固有的规律性，提出正确的意见和办法，指导自己的工作。

　　调查研究是决定政策的基础，领导机关的基本任务，就在于了解情况和掌握政策。也只有在调查研究的基础上，才能认识事物，解剖事物，才能抓住事物的本质，寻找解决矛盾的办法。因此，调查研究是我们党的光荣传统。邓小平同志指出："毛泽东同志从参加共产主义运动、缔造我们党的最初年代开始，就一直提倡和实行对于社会客观情况的调查研究，就一直同理论脱离实际、一切只从主观愿望出发、一切只从本本和上级指示出发而不联系具体实际的错误倾向作坚决的斗争。毛泽东同志在1929年为古田会议写的决议中就尖锐地反对主观主义的指导，认为这种指导，'其必然的结果，不是机会主义，就是盲动主义'。1930年，毛泽东同志专门写了《反对本本主义》这篇文章，提出'没有调查、没有发言权'的科学论断。"[①]这就深刻地表述了调查研究的意义，并指出了明确的方向。

－－－－－－－－

① 《邓小平文选》第二卷，第114～115页。

调查研究，必须坚持实事求是的科学态度，只有实事求是才能做正确的调查研究。调查研究是一切工作的第一步，是获得正确认识，形成正确思想路线和工作路线的基础和前提，也是认识世界和改造世界的实践活动。调查研究的目的，是为了解决问题。毛泽东在《反对本本主义》一文中就指出："你对那个问题不能解决么？你就去调查了解那个问题的现状和它的历史！你完全调查明白了，你对那个问题就有了解决的办法了。一切结论产生于调查情况的末尾，而不是在它的先头。"因此，调查研究必须坚持实事求是的科学态度，只有这样才能反映事物的本来面目，才能做出正确的结论。要做好调查研究，还要有正确的态度和方法。要以平等的态度待人，要以甘当小学生的精神，群众是真正的英雄，我们自己则往往是幼稚可笑的。要相信和依靠群众，尊重群众，虚心向群众学习，对群众必须采取同志式的态度。要采取典型调查，解剖麻雀的方法，开调查会的方法，把调查同研究结合起来。运用马克思主义的观点和方法去进行，去粗取精、去伪存真，由此及彼，由表及里的研究，找出事物的本质和规律。因此，调查研究是党制定路线、方针和政策的基础。党的领导机关和领导者要创造性的执行党的路线、方针和政策，必须以调查研究为基础，紧密结合实际，结合本地区、本部门的条件，去贯彻执行党的路线、方针和政策，只有这样才能收到良好的实际效果。要调查研究，从实际出发，就必须保持清醒的头脑，克服因循守旧，反对官僚主义、形式主义。领导者亲自做调查研究，才能使自己视听开阔，思想解放，政治敏锐。否则就会安于现状，一知半解，固步自封，成为思想保守、政治迟钝的庸人。

坚持实事求是、解放思想、调查研究、一切从实际出发，就必须反对主观主义。主观主义同实事求是，调查研究，一切从实际出发是根本对立的，同解放思想也是对立的。毛泽东为了反对主观主义，不仅写了《反对本本主义》，还写了《实践论》、《整顿党的作风》和《反对党八股》等论著，对教条主义，主观主义进行了系统的批判，使全党树立正确的科学态度。没有科学的态度，即没有马克思列宁主义的理论和实践统一的态度，就叫做没有党性，或叫做党性不完全。在我们党的历史上，主观主义对革命和建设事业造成的严重危害，有着极为深刻的教训。同时，要反对简单仿效，机械搬用外国经验，不要唯书、唯上，要唯实。正如邓小平同志指出的："无论是革命还是建设，都要注意学习和借鉴外国经验。但是，照抄照搬别国经验、别国模式，从来不能得到成功。"① 主观主义无论表现形式有什么不同，但不从自己的实际出发，照抄照搬都是共同的特征。主观主义是大敌，是党性不纯的表现。因此，坚持实事求是，解放思想，调查研究，一切从实际出发，是领导者完成党交给任务的基本功，是党的领导方法的核心，也是党的一切领导方法的灵魂和基础。

第二，集体领导与个人分工负责相结合的领导方法。

集体领导和个人分工负责相结合，是马克思主义的唯物辩证法在领导工作中的具体运用和生动体现，也是群众路线在领导方法上的具体运用。唯物辩证法是无产阶级的世界观，同时又是无产阶级认识世界和改造世界的方法论。恩格斯指出："马克思的整个世界观不是教条，而是方法。它提供的不是现成的教条，而是进一步研究的出发点和供这种研究使用的方法。"② 无产阶级政党只有借助于马克思主义的这个认识工具，才能认识自己的奋斗目标，确定自己的斗争战略策略和斗争方法。群众路线的领导方法、工作方法，运用在集体领导与个人分工负责相结合的辩证关系的过程中，就成为科学的领导方法。也可以说，在辩证唯物主义和历史唯物主义的思想方法指导下，如何把工作做好，成为有分有合的统一整体，把人民群众的智慧和个人才能有机地结合起来。概括地讲，归根到底，搞好集体领导和分工负责也是世界观、方法论在工作路线上的生动活泼的具体反映。

---

① 《邓小平文选》第三卷，第2页。
② 《马克思恩格斯全集》第39卷，第406页。

　　集体领导和个人分工负责相结合，是党的各级组织必须坚持的基本方法。党是组织的总和，并且不是简单的算术式的总和，而是一个有组织的有机整体。党"必须实行集体领导"，一切重大问题都要由集体共同讨论作出决定，不能包含任何"个人的、偶然的因素"。坚持集体领导和个人分工负责相结合，"明确地规定每个人对一定事情所负的责任"①是实现集体领导的重要保证。我们党在工作中实行集体领导和个人分工负责相结合，就很好地把依靠党委会的集体领导，集体智慧和充分发挥党委会各个成员的作用，有机地统一地结合起来，从而保证党委会正确地、有效地发挥领导作用。这样既能依靠党委集体的智慧和个人才能，又能充分发挥党委每个成员的积极性、主动性和创造性。

　　列宁说："苏维埃机关中的一切管理问题应该通过集体讨论来决定，同时要极明确地规定每个担任苏维埃职务的人对执行一定的任务和实际工作所担负的责任。"毛泽东发挥了列宁的这一思想，指出："集体领导和个人负责，二者不可偏废"。"党委制是保证集体领导、防止个人包办的党的重要制度。"② 在《党委会的工作方法》中，他提出了搞好集体领导的一整套科学方法。在《反对党内的错误思想》等文中进一步论述了集体领导的重要性。他说："为了保证社会主义事业的成功，必须实行和巩固集体领导"，"只有依靠集体的政治经验和集体的智慧，才能保证党和国家的正确领导，保证党的队伍的不可动摇的团结一致。"在《扩大的中央工作会议上的讲话》中，又进一步指出："各级党委是执行集中领导的机关"，"党委的领导，是集体领导，不是第一书记个人独断"。这样，就从制度和方法上，丰富和发展了马克思列宁主义集体领导的根本原则。党组织不是行政机关、国家机关，是委员制，是集体领导和个人负责相结合。不能采用行政手段，不能下命令，这是由党组织的性质决定的。因此，

────────────

① 《列宁全集》第 29 卷，第 398 页。
② 《毛泽东选集》第四卷，第 1235、1234 页。

重大问题，必须由党委讨论决定。

　　坚持重大问题由党委会集体讨论决定的基本原则，这是保证党委的决定正确和充分发挥党委会领导作用的基础。坚持重大问题由党委会集体讨论决定，就能把每个成员的意见、智慧和经验集中起来，保证党委会作出的决定较为符合实际，较为正确。因为任何个人的智慧和经验，总是有局限性的，即使经验丰富，才能高超的领导者，也只能熟悉某一个领域或其他几个领域的问题，不可能做到无所不知，无所不晓。而集体智慧和经验，要比个人的智慧和经验丰富得多，全面得多。集体讨论决定问题，就可以避免和防止个人看问题的主观片面性，使决定符合于客观实际。斯大林说得好："个人的决定总是或者几乎总是片面的。在任何委员会里，在任何集体中，都有发表值得重视的意见的人。在任何委员会里，在任何集体中，也都有发表不正确的意见的人。根据三次革命的经验，我们知道一百个没有经过集体审查和修改的个人决定中，大约有九十个是片面的。"① 所以，党委会要保持自己领导正确性，就必须坚定的坚持这个基本原则。一定要抓住真正的重大问题。所谓重大问题，主要是指涉及党的路线、方针和政策性的问题，重大工作任务的部署，主要领导干部的任免、调动、处理和升降，群众性利益的重大问题，关系全局性的问题，以及上级领导机关规定应由党委集体决定的问题，等等。这些重大问题，必须由党委集体讨论决定，不得由个人或少数人擅自决定或处理。

　　当然，也不能事无巨细通通拿到党委会上去讨论，以推卸自己的责任。更不能以集体讨论，搞自由主义，个人主义，更不能搞阴谋诡计。要坚持民主讨论，畅所欲言，各抒己见，一人一票表决制，记录在案。党委书记善于当"班长"，正确处理书记和委员的关系，运用好党的民主集中制的组织原则。毛泽东同志指出："书记和委员之间的关系是少数服从多数，这同班长和战士之间的关系是不一样

---

① 《斯大林选集》下卷，第300页。

的。"① 书记和委员之间是平等的关系，而不是上下级关系。"要把问题摆到桌面上来。""有了问题就开会，摆到桌面上来讨论，规定它几条，问题就解决了。"② 决不能会上不说，背后乱议论。要"互通情报"，交流意见。要出"安民告示"，等等。只要充分发扬民主，在民主的基础上实行高度的集中，讨论重大问题，真正集中大家的正确意见，发挥大家的智慧，才能做出正确的决定。

党委会成员要明确分工，各负其责，建立健全岗位责任制。党委决定后，必须有明确的个人责任。如果只讲党委集体领导，而无个人分工负责，即使党委集体的决定十分正确，而各项工作陷入无人负责的状态，党委的决定也就无法落实，党委的集体领导也无法实现，其结果就像列宁所说的，把集体领导机关变成了空谈场所。"借口集体领导而无人负责，是最危险的祸害"。③ 因此，实行个人分工负责制，必须做到：责任明确——要确定每一个成员的职责范围和具体工作任务，明确地规定每个人所负的责任，做到事事有人管，人人有专责；不互相推诿，不拖拉，充分发挥主动性和独立负责精神。讲究效果——每个成员对自己分管的工作，一定要做好，做出成效。互相支持——分工不是分家，每个党委成员都应从党委集体领导的全局出发，自觉地维护党委集体领导的威信。实行集体领导与个人分工负责相结合的方法，要注意防止两种倾向，一种是对自己分管的工作不负责任，不动脑筋，不挑重担，属于自己范围的事，该办的不办，该拍板的不拍板，事事靠党委集体讨论决定。另一种是没有全局观点，把自己分管的工作与党委的整个工作脱离开来，分工如分家，该请示的不请示，该报告的不报告，擅自作主，各自为政。极个别的，不给好处不办事，给了好处乱办事，走向自我毁灭。

总之，在实际工作中，每个领导成员之间都要互相支持，互相

----

① 《毛泽东选集》第四卷，第 1330 页。
② 《毛泽东选集》第四卷，第 1330～1331 页。
③ 《列宁全集》第 29 卷，第 398 页。

谅解，善于合作共事，协调一致地为党为人民而工作。

第三，按照实际情况，决定工作方针的领导方法。

按照实际情况决定工作方针，是一切共产党人必须牢记的最基本的工作方法。毛泽东指出："按照实际情况决定工作方针，这是一切共产党员所必须牢牢记住的最基本的工作方法。我们所犯的错误，研究其发生的原因，都是由于我们离开了当时当地的实际情况，主观地决定自己的工作方针。"① 这不仅是我们党几十年工作经验的总结，也形成了党的一条重要原则。因此，我们共产党的各级领导机关和全体共产党员都必须遵守这一原则。要把上级的指示和当地当时的实际情况相结合，才能做好工作，完成任务。马克思主义的最本质的东西，马克思主义的活的灵魂，是对具体的情况作具体的分析。要随着时代的发展，要随时随地以当时的历史条件为转移。真正把马克思主义的基本原理同革命与建设的具体实际相结合，来积极贯彻党的路线、方针和政策。

党的历史经验证明，按照实际情况决定工作方针，就能进行正确的领导，就能夺取革命的胜利。要按照实际情况决定工作方针，就必须对实际情况采取科学的分析方法，抓住本质。毛泽东说："我们看事情必须要看它的实质，而把它的现象只看作入门的向导，一进了门就要抓住它的实质，这才是可靠的科学的分析方法。"② 所谓分析，就是运用辩证法分析事物的矛盾。不调查研究，不熟悉生活，不了解真实情况，就不可能有中肯的分析，因为这一切都是以实际情况为基础的。不调查研究，不仅没有发言权，也不会有科学正确的决策；相反如果脱离实际，党的领导就会出现偏差或犯严重的错误。就会给党的事业带来损失。毛泽东指出：世界上只有唯心论和形而上学最省力，因为它可以由人们瞎说一气，不要根据客观实际，也不受客观实际检查的。唯物论和辩证法则要用气力，它要根据客观

---

① 《毛泽东选集》第四卷，第1203页。
② 《毛泽东选集》第一卷，第96页。

实际，并受客观实际检查，不用气力就会滑到唯心论和形而上学方面去。长期以来，我们党所以能够由弱变强，屡克强敌，立于不败之地，根本原因就是在马克思主义指导下，坚持从中国的具体情况出发，制定符合实际情况的、反映中国革命发展规律的路线、方针和政策，把我国的革命从胜利引向胜利。

党的领导机关的基本任务，就在于了解情况和掌握政策。要进行正确的领导，就必须深入实际，调查研究，了解新情况，解决新问题，这是掌握政策的基础。掌握政策是了解情况的目的。政策与情况相统一，就会产生巨大力量。因此，按照实际情况决定工作方针，就必须一切从实际出发，搞好调查研究工作。毛泽东深刻地揭示了调查研究与制定正确的路线、方针、政策的关系，他指出："共产党的正确而不动摇的斗争策略，决不是少数人坐在房子里能够产生的，它是要在群众的斗争过程中才能产生的，这就是说要在实际经验中才能产生。因此，我们需要时时了解社会情况，时时进行实际调查。"①

但是，要真正了解情况，掌握政策，就必须以马克思主义的科学态度和科学方法，在调查研究的情况下，掌握政策，执行政策，使党的方针政策得到贯彻和执行，并在执行中，不断丰富和发展党的政策。"政策是革命政党一切实际行动的出发点，并且表现于行动的过程和归宿。一个革命政党的任何行动都是实行政策，不是实行正确的政策，就是实行错误的政策。不是自觉地，就是盲目地实行某种政策。所谓经验，就是实行政策的过程和归宿。政策必须在人民实践中，也就是经验中，才能证明其正确与否。才能确定其正确和错误的程度。但是，人们的实践，特别是革命政党和革命群众的实践，没有不同这种或那种政策相联系的。因此，在每一行动之前，必须向党员和群众讲明我们按情况规定的政策。"② 所以，我们常常讲

① 《毛泽东著作选读》上册，第55页。
② 《毛泽东选集》第四卷，第1286页。

"政策和策略是党的生命"，其重要意义也就在此。这是我们党几十年的经验总结。

在党的实践过程中，要根据党的路线、方针和政策的基本精神，运用科学的领导方法和领导艺术。既要有坚定的原则性，又要有不损害原则的机动灵活性。要根据实际情况，工作任务的性质，确定机动灵活的措施，把工作做得有声有色，具有创造性。

在一般情况下有如下几种方法值得重视：一是"简政放权"的方法，就是领导者只提出任务，不规定完成任务的方法，只做决策权，不做执行权，把执行权力交给下属工作的同志，这样做既灵活又容易调动积极性。不要权力过分集中，更不要统的太死，太直接，要充分发挥下属的积极性、主动性和创造性，让他们独立负责的去工作，去完成任务。

二是原则性的指导和积极支持的方法。领导者只管监督，检查和确保党和国家的路线、方针和政策的贯彻执行。对完成任务的方法、途径不做具体决定，但对下级为实现他们自己确定的任务给予大力支持。这种方法适用于特殊、复杂的任务，对干部能力强，水平比较高的是个适宜的好方法。

三是群众路线的方法。就是实行上下结合，领导与专家相结合，干部与群众结合，充分调动群众的积极性。这种方法一般决策后失误比较少，上下级责任感强，集体观念、全局观念强。这是一种较好的方法。

四是要把完成党的任务和做人的思想政治工作紧密结合的方法。有的领导同志善于抓生产和行政管理工作，他们把注意力集中在各项工作任务的完成上，力求任务完成得好，并卓有成效。目的是想多出成果，使任务明确化，责任化。喜欢工作任务制度化、"自动化"，其他问题就很少关心，甚至不关心。喜欢用此方法的干部，往往出现在长期做行政工作、军事工作、管理性比较强的工作的同志。他们认为这样做比较干脆利索，不拖泥带水，有成效，认为这样做是个好方法；有的领导同志，习惯抓人，抓干部，做人的思想政治工作。他们关心人，从爱护干部入手去抓工作，他们强调体贴关心帮助教育干部，相互尊重，互相支持和信任，同心协力去完成任务。惯用这一方法的干部，往往出现在长期做党的工作，做思想政治工作的领导同志。因为他们有比较丰富的做人的工作经验，对群众既知音又知心，深受群众拥护。当然，这两种方法，各有千秋，但也有它自身的局限性和片面性。要重视个人素质，讲究领导方法和领导艺术，要善于把这两种方法结合起来，既抓人，做人的工作，又抓任务的完成，既完成任务，又做政治思想工作，使干部和群众在马克思主义的基础上，同心同德为党的事业而奋斗。

五是以身作则教育别人，带动和影响别人的方法。邓小平同志指出："领导干部，特别是高级干部以身作则非常重要。群众对干部总是要听其言，观其行的。连长指导员不以身作则，就带不出好兵来；领导干部不做出好样子，就带不出部队的好风气，就出不了战斗力。现在，强调以身作则这个问题很必要。""能不能深入下去，工作能不能落实，关键在于领导干部是不是以身作则，深入部队，调查研究，从实际出发，分析问题，解决问题"。① 这是我们应当牢牢记住的。

邓小平指出："我们的毛泽东同志，周恩来同志以身作则，严于律己，艰苦奋斗，几十年如一日，成为我党我军优良传统和作风的化身。他们的感人事迹在全党、全军、全国人民中，发生了多么巨大和深远的影响！不仅影响到我们这一代，而且影响到子孙后代。"② 因此，以身作则，不仅是我们党的一条重要原则，也是卓有成效的好方法。

总之，按照实际情况决定工作方针的的领导方法，也是我们党的一条基本原则。

第四，从群众中来又到群众中去领导方法。

---

① 《邓小平文选》第二卷，第124页。
② 《邓小平文选》第二卷，第125页。

　　从群众中来到群众中去，才能形成正确的领导。因为历史是人民群众创造的，党必须依靠本阶级和全体人民群众的力量，才能实现自己的历史使命。群众路线是党的根本路线。从群众中来到群众中去的领导方法，是马克思列宁主义、毛泽东思想认识论和唯物史观在领导方法上的具体运用和具体体现。对党的领导活动具有重大的意义。

　　早在 1943 年，毛泽东在《关于领导方法的若干问题》一文中指出："在我党的一切实际工作中，凡属正确的领导，必须是从群众中来，到群众中去。这就是说，将群众的意见（分散的无系统的意见）集中起来（经过研究，化为集中的系统的意见），又到群众中去作宣传解释，化为群众的意见，使群众坚持下去，见之于行动，并在群众行动中考验这些意见是否正确。然后再从群众中集中起来，再到群众中坚持下去。如此无限循环，一次比一次的更正确、更生动、更丰富。这就是马克思主义的认识论。"① 这就是说，认识来源于实践，又为实践服务。人民群众是社会实践的主体，有着丰富的实践经验。刘少奇指出："人民群众的解放，必须由群众的自觉与自愿，并且举出自己的先锋队，在先锋队的指导下，自己组织起来，自己去斗争，自己去争取"。"我们共产党人的一切事业，都是人民群众的事业。我们的一切纲领与政策，不论是怎样正确，如果没有广大群众的直接拥护和坚持到底的斗争，都是无法实现的。所以我们的一切，都依靠于、决定于群众的自觉与自动，不依靠于群众的自觉与自动，我们将一事无成，费力不讨好。"②

　　从群众中来，就是要不断地总结和集中群众在实践中的经验，使之变为领导者的指导意见，变成党的路线、方针和政策。到群众中去，就是把党的路线、方针和政策及领导者的指导意见，再到群众中去，指导群众的实践，并在群众的实践中加以检验。使它发挥更大的作用。从群众中来又到群众中去的领导方法，和认识从实践中

---

　　① 《毛泽东选集》第三卷，第 854 页。
　　② 《刘少奇选集》上卷，第 351 页。

来又到实践中去的认识过程是完全一致的。领导者只有坚持从群众中来，又到群众中去，才能得到正确的认识，形成正确的领导方法。

　　只有坚持"从群众中来，到群众中去"的领导方法，才能真正了解群众的意见和要求，才能集中群众的经验和智慧，才能制定出正确的方法。我们党正是通过实行"从群众中来又到群众中去"这一科学的领导方法，使党和群众融为一体，保证了党的领导作用的正确发挥，真正做到全心全意地为人民服务。要在实际工作中，既体现认识论的基本观点，又体现群众路线的具体内容，相信群众，依靠群众，集中群众的经验和智慧，把坚定的原则精神同生动的群众智慧结合起来，把唯物辩证法运用到实际工作中去，任何一种领导方法，都有一定的世界观作为理论基础。因此，实践的观点，群众路线的观点，是马克思主义认识论的首要的基本观点。马克思主义所说的实践不是个人的实践，而是人民群众的社会的实践。所以，我们坚持马克思主义认识的实践观，就必须坚持唯物史观。

　　从群众中来，到群众中去，是领导者获得正确认识的基本途径，又是领导机关制定或执行路线、方针和政策的根本方法，群众路线的方法，是党的根本领导方法，就在于它把马克思关于人民群众创造历史的作用，党对人民群众的领导作用，从理论与实践统一起来，从而保证党的领导不脱离实际，又不脱离群众，使群众的行动不脱离党的领导。我们党实行领导与群众相结合的方法，就要求领导者深入群众，深入基层，听取群众各方面的意见，了解群众在想什么，盼什么，欢迎什么，反对什么，这样，在工作指导上才有可能真正做到急群众所急，想群众所想，做群众所需，真正切合实际。要对本地区本部门迫切需要解决的重要问题，经过系统的调查研究，提出解决问题的对策。知识来源于群众，决策的原料来源于群众，然后进行科学分析，形成领导机关的思想、计划、政策、办法，推动革命事业的发展。常说谋事在人，成事也在人，可以这样说，坚持从群众中来到群众中去，是我们的谋事之基，成事之道。我们坚决反对脱离实际，脱离群众的官僚主义作风。官僚主义的领导方法与群众路线的正确方法是根本对立的。其根本特征是不做调查研究，不关心群众，不相信群众，不依靠群众，脱离群众。因此，在实际工作中坚持群众路线的领导方法，必须在领导工作中彻底扫除官僚主义、形式主义。

第五，一般号召与个别指导相结合，领导骨干和广大群众相结合的领导方法。

一般号召与个别指导相结合的领导方法，是从群众中来到群众中去的领导方法的组成部分，也可以作为单纯的一种领导方法加以运用和发展。毛泽东同志指出，党的任何工作，我们的一切纲领与政策，不论是怎样正确，如果没有一般的普遍的号召，就不能动员广大人民群众行动起来，为一个目标奋斗；如果只限于一般的号召，而领导人没有具体的直接的从若干组织将所号召的工作深入实施，突破一点，取得经验去指导一般，也会归于落空。这就是说，一个领导者，要把一般号召和个别指导正确地结合起来，去推动革命事业的发展。这是矛盾的普遍性和矛盾的特殊性，共性与个性在领导方法上的运用和发展。是由个别到一般，再由一般到个别往复提高的辩证法在领导工作上的具体体现。因此，领导者要善于作一般号召，把党的路线、方针和政策，向广大群众做宣传教育，指导完成各项工作任务的重要意义。应该怎样去做，不应该做什么？为什么要去做，还要善于做个别指导。

领导者要深入基层去"蹲点"，去挂职锻炼，搞调查研究，搞好典型示范，创造典型经验，运用典型去推动其他单位的工作。如果只限于一般号召，而没有个别指导，就无法考验自己提出的一般号召是否正确，也无法充实一般号召的内容，就有使一般号召归于落空的危险。毛泽东说："任何领导人员，凡不从下级个别单位的个别人员、个别事件取得具体经验者，必不能向一切单位作普遍的指导。"① 一个领导者，要把一般号召与个别指导作为一个整体，把两

---

① 《毛泽东选集》第三卷，第853页。

者紧密地结合起来，真正从个别指导中形成一般意见（一般号召），又拿这一般意见到许多个别单位去检验，然后集中新的经验去普遍指导群众，才能使领导工作做得卓有成效。一般号召与个别指导相结合，也是点与面相结合，群体与个体相结合，这是行之有效的方法。

一般号召和个别指导相结合的领导方法，是科学的正确的领导方法。毛泽东在《矛盾论》中指出：人类总是先认识个别 的特殊的事物，然后才有可能进行概括，进一步认识一般事物，认识诸种事物的共同的本质。有了这种对诸事物共同本质的认识，再以这种认识为指导，继续去研究那些尚未研究或者尚未深入研究过的各种具体事物，找出其特殊的本质，以补充、丰富和发展对一般的本质的认识。毛泽东同志这一思想，深刻揭示了"个别——一般—个别"的认识发展过程。一般号召和个别指导相结合的指导方法，正是这个认识发展过程的具体运用，所以，这一领导方法是科学的、正确的领导方法。实行一般号召与个别指导相结合的方法，必须深入实际，解剖麻雀。所谓解剖麻雀，就是认识个别，从个别中发现普遍性。

我们党对全国各项工作的指导，经常采用这个行之有效的方法。坚持经过试验，逐步扩大，也是一般号召和个别指导相结合的重要步骤。在实际工作中，要学会这种方法。一个领导者，应当及时把党的路线、方针、政策、决议和党委的一些主要决定公开交给群众，使大家懂得党的政策，调动群众的积极性，使群众干劲大、热情高、方向明。因此，也不能满足一般号召，不能叫的欢，喊的响，搞一些形式主义的名堂。要脚踏实地，具体指导，使群众按照党所引导的方向发展。

毛泽东同志指出："除采取一般号召和个别指导相结合的方法以外，都须采取领导骨干和广大群众相结合的方法。"[1]在任何工作中，必须形成一个以主要领导人物为核心的少数积极分子组成的领导骨

---

[1]《毛泽东选集》第三卷，第854页。

干，并把这些领导骨干的活动和广大群众的活动密切结合起来。我们所从事的事业，只有依靠群众的力量，充分调动群众的积极性才能办好。群众是需要组织和领导的，只有组织起来才有力量。领导离不开群众，群众也离不开领导。只有善于把两者结合起来，才能夺取胜利。

作为领导者，必须认真领会并创造性地贯彻执行党的路线、方针和政策，发挥自己的主动性和创造性。同时，必须经常关心群众，尊重群众在政治上经济上的民主权利，重视人民群众的物质利益，在工作中坚持自愿原则，做深入细致的思想政治工作，把党的政策交给群众，以提高人民的认识水平，调动人民群众的积极性。只有领导骨干和广大群众的积极性相结合，才能把工作做好。领导骨干是在斗争中形成和发展起来的，领导者必须善于发现、培养和团结积极分子作为领导工作中的骨干。要不断用新的领导骨干去代替那些相形见绌的人。因为在任何有群众的地方，大致都有比较积极的，中间状态的和比较后进的三部分人。领导者必须善于发现、培养和团结少数积极分子作为领导骨干，并凭借这批骨干去提高中间分子，争取后进分子，使大家共同进步。毛泽东同志说过："许多地方和许多机关工作推不动的一个基本原因，就是缺乏这样一个团结一致、联系群众的经常健全的领导骨干。"① 实践证明，一个单位只有形成了以主要领导人为核心的少数积极分子组成的领导骨干，才能做好工作，实现党的正确领导。这也是一个重要的领导方法。

第六，改进党的领导方式和方法。

党的领导方式和方法，是指共产党内部的领导方式和方法和共产党对党外的领导方式和方法。党内民主集中制既是一种组织制度，也是一种组织形式和领导方式。作为领导方式，是指全体党员是党组织的主人，党的事务应当通过直接或间接渠道由全体党员进行管理。党内事务对党员公开，是党内的另一种领导方式。要严格按照

---

① 《毛泽东选集》第三卷，第853页。

党章、制度、程序揭露和纠正违反党规党法的现象，加强纪律检查、监督与制约。对重大问题要公开讨论，集思广益，使之程序化、制度化、法制化。

党外领导方式和方法，主要是多党合作和政治协商方式、方法，对党的重大决策进行民主协商和民主监督，等等。

随着时代的发展变化，党的领导方式、方法也要不断进行改革。所谓党的领导方式、方法，实际上是党对国家政权实行领导的形式和方法，也可以说是党的各种领导职能发挥作用的形式、方法、手段和程序，等等。党采取什么方式来领导国家政权，不是主观随意的构想，而是由执政党固有的领导职能所决定的，并随着党的领导职能具体内容的发展变化而发展变化。民主革命时期，党的主要职能是组织和率领人民群众进行夺取政权的革命战争，要求党的领导方式、方法直接、具体、简单，以适应战争的需要。现在党的任务是领导人民搞社会主义现代化，建设有中国特色的社会主义。在这种情况下，仍旧采用战争年代的领导方式、方法，搞运动的办法，就无法适应新形势和新任务。如果继续实行直接、具体的方式管理国家政权和社会生活，不但不能加强党的领导，反而损害和削弱党的领导。党组织如果直接行使国家政权职能，就必然导致党组织行政化、权力化，形成"以党治国"。这种方式不利于加强和改善党的领导，也会影响国家长治久安。过去党处在非常地位，领导工作不需要中间环节。现在党执政已经几十年了，受人民委托参与并掌握了国家政权。人民是国家的主人，国家政权是直接组织人民进行经济、政治、文化、建设和各项社会活动的工具。因此，战争年代形成的"一元化"领导制度必须改变，否则就无法适应新时代的特点和要求。

党的领导方式、方法有多种多样，例如决策方式、建议方式、推荐方式、协商方式、保证监督方式、党内管理方式、模范带头方式，等等。党对国家事务实行政治领导的主要方式方法是什么呢？党的"十三大"报告指出："党对国家事务实行政治领导的主要方式是：使党的主张通过法定程序变成国家意志，通过党组织的活动和党员的模范作用带动广大人民群众，实现党的路线、方针、政策。"这就是说，党的领导方式，应该由过去对国家生活直接干预、具体管理转向原则的、间接的思想、政治和组织领导，就是由微观领导向宏观领导的转变。进行"总体领导"，进行路线、方针和政策的领导，掌握社会发展的方向和道路。

首先，确立和巩固以法治国的执政方式。执政党的主张通过法定程序变成国家意志，实行"以法治国"、"以制度治国"，这是党的主要执政方式。执政党领导着全国各个领域、各个部门，全体人民都在党的统一领导下进行社会主义现代化建设事业。党通过制定正确的路线、方针、政策实现党的领导。党按照自己的纲领、路线、政策，就国家和社会的组织管理，发展战略规划等重大问题向国家机关提出建议，经过法定程序，变为人大和政府的具体政策、法律、法令、条例和决议，从而在国家重大决策和社会发展方向上保证党的路线和纲领的实现。

党的地方组织，同样要求把党的路线、方针、政策和本地区的具体实际结合起来，向各级政府机关提出建议。就是说，通过国家机关，用间接作用的方式、方法实现党组织对广大人民群众的领导。党不是国家机关，不是政府，不能代替法规、法律。党对国家生活的领导，必须借助于选举产生的国家政府机关，通过立法、司法、经济、政治、文化组织和人民团体的作用来实现，这是一条不能违背的原则。

其次，调整党的组织形式和工作机构。党的"十三大"报告指出："为了适应党的领导方式和活动方式的转变，必须调整党的组织形式和工作机构。"党的"十四大"报告又明确指出："加快政府职能的转变。这是上层建筑适应经济基础和促进经济发展的大问题。不在这方面取得实质性进展，改革难以深化，社会主义市场经济体制难以建立。转变的根本途径是政企分开。凡是国家法令规定属于企业行使的职权，各级政府都不要干预。下放给企业的权利，中央政府部门和地方政府都不得截留。政府的职能，主要是统筹规划，掌握政策，信息引导，组织协调，提供服务和检查监督。进一步改革计划、投资、财政、金融和一些专业部门的管理体制，同时强化审计和经济监督，健全科学的宏观管理体制与方法。合理划分中央与省、自治区、直辖市的经济管理权限，充分发挥中央和地方两个积极性。"

这就进一步明确了党的组织形式和工作机构是实现自己纲领、路线、方针、政策的组织保证，而组织形式和工作机构的变革则是正确发挥党的领导职能的基本条件。要适应党的领导职能和执政方式、方法的转变，真正做到政企分开，就必须调整与党的领导职能和执政方式、方法不相适应的组织形成及工作结构，使党的组织体系及其领导职能统一起来。为此，党要采取一系列具体措施保证贯彻执行。

其三，通过培养、选拔和推荐大批优秀干部担任国家机关重要领导职务，实现党的领导。邓小平指出："政治路线确立了，要由人来具体地贯彻执行。由什么样的人来执行，是由赞成党的政治路线的人，还是由不赞成的人，或者是由持中间态度的人来执行，结果不一样。这就提出了一个要什么人来接班的问题。"① 我们党一贯认为，干部问题是党的中心和核心问题，如果没有一大批忠诚党的事业、德才兼备的干部，党的路线、方针、政策就无法落实。党既然要借助于国家政权的形式贯彻党的路线、方针、政策，沟通党和国家政权的联系，那么搞好干部培养，选拔和调配工作，就是个重要问题。因此，党向国家政权机关推荐干部，特别是重要领导干部，是实现党的领导的主要手段和方式。

党推荐的党员干部，除了必须受党的组织纪律检查部门和全体党员的党内监督，使之成为党的事业骨干与人民公仆外，还必须受人民群众的监督。人民群众对自己的"公仆"的选择、管理和监督，是基本的政治权利。选举制与监督制是两个互不可缺少，又互为补

---

① 《邓小平文选》第二卷，第191页。

充的机制。选举制是保证人民群众按照自己的意愿选出管理国家事务的人民公仆，防止投机钻营者通过某种手段而巧取领导职位的重要手段；监督制是保证人民群众把自己的权力委托给自己的代表之后，能有效地行使职权，不得滥用职权。民主选举是为了把好干部"进"的关口；民主监督是为了加强"管"的作用。

选举产生的负责人，就其本质来说，他们是担任"特殊职能的公民"，是全体劳动人民的"公仆"，他们的权力只能是人民意志的集中体现。但是，在平等权力之间，他们的作用是不一样的。因为干部具有政治职能，而政治职能本身就是一种社会力量。作为国家机关的负责人，如果实权在握而又自恃特殊，就会滥用职权，违背人民群众的利益，由担任"特殊职能的公仆"变为利用"特殊职能的官僚"。因此，监督干部必须是普遍的、经常的、群众性的，其形式有信访、面访、座谈、对话、批评、建议、检举、揭发、申诉、控告及新闻、社团等等监督。邓小平指出："公民在法律和制度面前人人平等，党员在党章和党纪面前人人平等。人人有依法规定的平等权利和义务，谁也不能占便宜，谁也不能犯法。不管谁犯了法，都要由公安机关依法侦查，司法机关依法办理，任何人都不许干扰法律的实施，任何犯了法的人都不能逍遥法外。谁也不能违反党章党纪，不管谁违反，都要受到纪律处分，也不许任何人干扰党纪的执行，不许任何违反党纪的人逍遥于纪律制裁之外。只有真正坚决地做到了这些，才能彻底解决搞特权和违法乱纪的问题。要有群众监督制度，让群众和党员监督干部，特别是领导干部。凡是搞特权、特殊化，经过批评教育而又不改的，人民就有权依法进行检举、控告、弹劾、撤换、罢免，要求他们在经济上退赔，并使他们受到法律、纪律处分。对各级干部的职权范围和政治、生活待遇，要制定各种条例，最重要的是要有专门的机构进行铁面无私的监督检查。"①因此，监督要有严肃性和权威性。

---

① 《邓小平文选》第二卷，第 332 页。

其四，通过党组织的活动和党员的模范作用，实现党的领导。靠党员的示范、吸引、影响的方式，实现党对群众的领导，要比运用政权的强制手段更为有效，更能为群众所接受、所拥护，也是实现党的领导的重要方式和基本条件。党中央号召全体党员在新的历史条件下，共产党员增强党性锻炼，要强调自觉地刻苦地学习建设有中国特色社会主义的理论，坚定不移地贯彻党的基本路线和各项方针政策，做解放思想、实事求是的模范，做艰苦奋斗、无私奉献、全心全意为人民服务的模范，做脚踏实地、勤奋工作、忠于职守的模范，做反对各种消极腐败现象，弘扬社会主义新风尚的模范。特别是党的领导干部要比普通党员做得更好一些，要求更严格一些。只有这样才能更好地实现党的领导。

总之，改革党的领导方式和方法，指导思想要明确，措施要具体，步骤要稳妥，坚持以法治国，以法治党，以制度治党，从严治党。调整组织的目的不是削弱党的领导，而是为了改善和加强党的领导，充分发挥党的政治优势，更好地适应改革开放形势的需要，为建设有中国特色的社会主义事业而奋斗。

第七，毛泽东、邓小平论述党的领导方法领导艺术的代表作及其伟大历史意义。

中国共产党处在执政的领导地位，能否始终把握党和国家的正确方向、道路，关键在于能否自如地驾驭错综复杂的局势。这不仅要求有正确的路线、方针和政策，还要求领导者具有正确的领导方法和高超的领导艺术才能。因此，提高党政领导干部的领导艺术是实现党的政治领导的基本条件，也是指导党的事业的客观要求。所谓领导方法，是指解决思想、言论、行动的基本渠道、方式、方法、程序和艺术，是指富有创造性的活动方式。因此，领导方法是从事领导活动的基本方式和一般程序。而领导艺术是指从事领导活动的特殊才干和技能，是高层次领导方法的一种创造性的运用与发展。作为党政领导干部，不但要掌握马克思列宁主义、毛泽东思想的基本领导方法，而且还要具有一定的马克思主义的领导艺术。这样才能驾驭复杂的政治局势，才能在重大转折关头力挽狂澜，保证革命事业转危为安继续前进。

领导方法是领导艺术的基础，领导艺术是领导方法的创造性的运用和发展。因此，领导艺术的提高将会大大丰富和发展领导方法的内容，促进领导方法的系统化、规范化和科学化。同时，党的领导艺术又是一个领导者的能力、魄力、知识、经验的结合体。领导艺术都有特定的条件和科学的涵义。每一种具体领导活动，都体现一种特殊的领导艺术。党的政治领导艺术主要体现在领导领域的活动上而不是在管理活动上。党的领导活动与管理活动往往是交织在一起的。领导活动常常也包含着管理活动。例如各地区、各部门的领导，企业厂长、军队指挥员等等，都有领导与管理活动。他们的活动对于下级来说，是一种领导活动，对上级来说，却是一种管理活动。因此，对一般领导来说，既包括管理活动，也包括领导活动，但表现在领导艺术上却是两种活动的统一。当然，党的政治领导艺术集中体现在领导活动上。从概念上讲，领导一般是指指导、引导、向导、率领、指挥、协调、监督、教育、组织、领导等活动；管理一般指处理、办理、经营、运用、安排、执行等活动。

总之，党的政治领导艺术，是党的政治领导的客观条件和主观作用的高度统一，集中体现了领导者领导能力与领导水平的高低。一般地说，领导活动的客观规律是通过领导者丰富多彩的指挥艺术表现出来的。但是，领导者的个性、年龄、职业、气质、作风、经验、心理特征等等，对其他也有着重要的影响。

我们在以毛泽东为核心的党中央第一代成熟领导集体的坚强领导下，在领导中国革命和建设事业的进程中，逐渐产生形成和发展了适合我国国情的指导思想——毛泽东思想。与此同时，也逐渐形成了适合我党实际状况的党的领导的基本理论和基本原则。这些思想和原则，体现了中国共产党科学的领导理论、领导方法和工作方法，具有自己独具的特色。所以，研究党的领导、党的领导原则和方法，尤其是研究毛泽东关于党的领导及其工作方法、领导艺术的代表作，有着重大的现实意义。

党在几十年的斗争中所积累的丰富的领导工作经验，形成和发展成为科学的领导工作理论。这些理论、原则、方法、艺术，主要反映在毛泽东、邓小平等中国老一辈无产阶级革命家的著作里。

毛泽东的代表著作主要有：《关于纠正党内的错误思想》、《反对本本主义》、《关于调查研究的决议》、《关于领导方法的决议》、《关于统一抗日根据地党的领导及调整各组织间关系的决定》、《关于健全党委制》、《党委会的工作方法》、《关心群众生活，注意工作方法》、《实践论》、《矛盾论》、《农村调查的序言和跋》、《永远保持艰苦奋斗的作风》、《反对官僚主义，命令主义和违法乱纪》、《批判大汉族主义》、《论十大关系》、《增强党的团结，继承党的传统》、《关于正确处理人民内部矛盾的问题》、《在中国共产党全国宣传工作会议上的讲话》、《坚持艰苦奋斗，密切联系群众》、《中国共产党是全中国人民的领导核心》、《党内团结的辩证法》，等等。

周恩来、刘少奇、邓小平、陈云等老一辈无产阶级革命家，对党的领导方法和工作方法都极为重视，写下不少作品来阐述这个理论。周恩来在抗日战争年代，长期战斗在国民党统治区，在十分艰难的环境里，还写了《怎样做一个好的领导者》等著作，专门论述了党的领导和领导方法问题。他还撰写了《在白色恐怖下如何健全党的组织工作》、《中共中央给红军第四军前委的指示信》、《立三路线的理论基础》、《建设坚强的战斗的西南党组织》、《关于一九二四至二六年党对国民党的关系》、《关于党的"六大"的研究》、《关于大后方文化人整风问题的意见》、《论统一战线》、《关于当前民主党派工作的意见》、《领导作风的一个重要问题》、《老区半老区的土地改革与整党工作》、《党的政策必须适时地向群众公开》、《在部队中试验组织士兵委员会》、《蒋管区斗争要有清醒头脑和灵活策略》、《学习毛泽东》等代表著作。刘少奇的代表著作有：《工人阶级在革命中的地位与职工运动方针》、《论口号的转变》、《用新的态度对待新的劳动》、《肃清关门主义与冒险主义》、《肃清空谈的领导作风》、

《领导权问题是民族统一战线的中心问题》、《关于白区的党与群众工作》、《争取全国民族统一与党在民族统一战线中的领导权》、《建立我党领导下的抗日民主政权》、《独立自主地领导华北抗日游击战争》、《论抗日民主政权》、《论党内斗争》、《论党》、《目前任务和战略部署》、《对马列学院第一班学员讲话》、《关于新中国的经济建设方针》，等等。

邓小平的代表著作主要有：《军队要整顿》、《全党讲大局，把国民经济搞上去》、《加强党的领导，整顿党的作风》、《"两个凡是"不符合马克思主义》、《尊重知识，尊重人才》、《完整地准确地理解毛泽东思想》、《教育战线的拨乱反正问题》、《高举毛泽东思想旗帜，坚持实事求是的原则》、《坚持四项基本原则》、《新时期的统一战线和人民政协的任务》、《思想路线政治路线的实现要靠组织路线来保证》、《坚持党的路线，改进工作方法》、《党和国家领导制度的改革》、《关于反对错误思想倾向问题》、《老干部第一位的任务是选拔中青年干部》、《关于思想战线上的问题的谈话》、《我国经济建设的历史经验》、《设顾问常委会是废除领导职务终身制的过渡办法》、《中国共产党第十二次全国代表大会开幕词》、《建设社会主义的物质文明和精神文明》、《一个国家，两种制度》、《建设有中国特色的社会主义》、《实现四个现代化的宏伟目标和根本政策》、《革命和建设都要走自己的路》、《一靠理想二靠纪律才能团结起来》、《政治上发扬民主，经济上实行改革》、《搞资产队级自由化就是走资本主义道路》、《改革政治体制，增强法制观念》、《政治体制改革的一些设想》、《加强四项基本原则的教育，坚持改革开放的政策》、《吸取历史经验，防止错误倾向》、《我国方针政策的两个基本点》，等等。陈云的代表著作主要有：《中国民族运动之过去与将来》、《建立白区工作的几个重要问题》、《论干部政策》、《怎样做一个共产党员》、《巩固党和加强群众工作》、《关于干部队伍建设的几个问题》、《关于干部工作的若干问题》、《学会领导方法》、《健全党的生活》、《新老干部要团结》、《高级领导人要提高革命觉悟》、《总结经验是提高自己的重要方法》、《粉碎"四人帮"后面临的两件大事》、《坚持有错必纠的方针》、《成立中央书记处是党的一项重要措施》、《执政党的党风问题是有关党的生死存亡的问题》、《对起草〈关于建国以来党的若干历史问题的决议〉的几点意见》、《成千上万地提拔中青年干部》、《遵义政治局扩大会议传达提纲》，等等。

毛泽东、邓小平老一辈无产阶级革命家的这一系列著作，系统地总结了我党的领导科学理论，阐述了党的领导的指导思想和基本原理原则，丰富和发展了马克思列宁主义、毛泽东思想关于党的领导理论、方法、领导艺术的理论。学习他们的科学领导方法、工作方法和领导艺术，首先要学习和掌握他们论述领导方法、工作方法的代表作，以便改进领导方法，提高领导艺术。这些具有中国特色的马克思主义领导艺术，是中国革命和建设的瑰宝。中国革命和建设事业，正是在这些科学领导方法和工作方法的指导下，才取得了伟大胜利。

（五）邓小平对党的领导思想与重大决策的杰出贡献。

在以邓小平为核心的第二代党中央成熟领导集体的指引下，作为中国改革开放政策的总设计师邓小平同志，在他曲折漫长的政治生涯中，积累了丰富深邃的党的领导思想，形成了独具特色的决策思路。他统揽全局，胸怀战略、高瞻远瞩，是举世公认的中国共产党的杰出领导人。正如党的"十三大"报告指出的："十一届三中全会以来的路线是一条马克思主义的正确路线。这条路线是党和人民智慧的结晶，是党中央集体智慧的结晶。在这条路线的形成和发展中，在一系列关键问题的决策中，在建设、改革、开放新局面的开拓中，邓小平同志以马克思主义的理论勇气、求实精神、丰富经验和远见卓识，作出了重大的贡献。"这就从本质上概括了邓小平对党的领导思想和决策思路上的根本特征。邓小平关于党的领导思想是以马克思列宁主义、毛泽东思想为指导，以建设有中国特色社会主义理论为基础，以改革开放为独具特色，以发展自己，主要是发展经济为先导，抓住时机，加快改革开放和现代化建设的步伐，为夺取有中国特色社会主义事业的更大胜利为奋斗目标，从而加强和改善党的领导。这对当代中国具有重大的意义。

邓小平关于党的领导思想和战略决策思想的一个重要特征就是始终坚持从政治的高度分析和处理党和国家的重大决策问题。在民主革命时期，邓小平同志除了直接协助、指挥作战外，主要从事政治思想工作。他在决策的思考中，他总是具有鲜明的政治立场和明确的政治观点，善于从人民的根本利益、长远利益出发分析观察问题，具有高瞻远瞩的决策特色。具有高屋建瓴、深谋远虑的探索精神。就是他始终坚持从政治的高度分析、观察、处理问题。党的十一届三中全会以后，他从政治与经济的辩证关系出发，处理经济战略方针就是一个光辉的典范。他在党的理论工作务虚会上的讲话中就明确指出："能否实现四个现代化，决定着我们国家的命运、民族的命运。在中国的现实条件下，搞好社会主义的四个现代化，就是坚持马克思主义，就是高举毛泽东思想伟大旗帜。""社会主义现代化建设是我们当前最大的政治，因为它代表着人民的最大的利益、最根本的利益。现在，每一个党员、团员，每一个爱国的公民，都必须在党和政府的统一领导下，克服一切困难，千方百计地为实现四个现代化贡献出一切力量。"① 他不仅指明了一个国家，一个民族生存和发展的物质基础，巩固和发展社会主义归根到底主要是依靠社会生产力的高度发展，这是最根本的物质条件，是保证社会主义制度胜利的最重要的东西。我们建设社会主义的根本目的就是解放和发展生产力，充分发挥社会主义的优越性，迅速地促进经济建设的发展，不断满足人民的日益增长的物质文化生活需要。而且只有国家的经济实力增强，综合国力提高，才能实现国家政治独立，才能立于不败之地，才能站在民族的世界之林。

邓小平关于党的领导与决策思想，具有站在当代世界风云变幻

① 《邓小平文选》第二卷，第162～163页。

的高峰，审时度势，坚持原则，机动灵活，求实进取，大胆创新，独辟蹊径的独特风格。以邓小平为核心的党中央第二代领导集体，总结了我们党执政四十多年来的经验与教训几经曲折，终于在坚持马克思主义基本原理与中国社会主义现代化建设实践相结合的过程中，找到了建设有中国特色社会主义的正确道路，通过实行改革开放，推动我国社会生产力在新的条件下实现新的解放和发展，取得了举世瞩目的伟大成就，这与邓小平同志这位我国社会主义改革开放和现代化建设的总设计师在新的历史条件下，尊重实践，尊重群众，时时刻刻关注最广大人民的根本利益和愿望，善于概括人民群众的实践经验和新的创造分不开。能够敏锐地把握和平与发展的时代特征，既坚持继承前人又突破陈旧落后过时的东西，大胆创新发展，表现了开辟社会主义建设新道路的巨大政治勇气和开拓马克思列宁主义、毛泽东思想新境界的巨大理论勇气，把马克思主义推向一个新的阶段。如果没有理论思维上的突破和求索，就不会有实践上的创新和拓展。

　　邓小平关于党的领导思想和决策的思维是与他个人的素质分不开的。他在新的历史时期，把握时代发展的脉搏和契机。在坚持继承和创新的决策进程中，他果断、独创就在于看准并抓住了时机，善于把实事求是和解放思想相统一，以及高瞻远瞩的指导思想和战略决策。在决策中，善于调查研究，走群众路线，尊重唯物论、辩证法，发扬民主，并有科学精神。这种理论素养造就了他非凡的洞察力。特别是他对事物的萌芽状态的分析，就为人们指出必然的发展态势，这是他善于抓住时机的科学依据。邓小平同志的果断刚毅的意志和性格，是经过长期暴风骤雨般的磨炼和考验的。他顽强坚毅不拔、坚韧刚直，这是他独辟蹊径的心理条件，这种在党的领导思想和决策中，支配人的行为的意志因素，也是他诸多优秀品质熔铸成他领略决策险峰上无限风光的内在根据。他为我国民族的崛起，为国家的强盛而不惜牺牲一切的革命精神，为人民为党为民族的利益而奋斗的责任感，事业心，是他敢于进行风险决策的思想理论基础。

　　邓小平关于党的领导思想和决策突出的特点是实事求是、解放思想是它的精髓和灵魂。它贯穿于邓小平几十年党的领导思想与决策的始终，渗透于党的领导思想与决策理论的各个方面，像一根红线，成为完整的思想体系。就是在这个思想的指导下，导演出一幕幕威武雄壮的活剧来。他从 20 年代百色起义创建红七军，到井冈山根据地担负县级领导，再到抗日战争的敌后根据地建设，从解放战争到率部进军大西南，从大西南到担任总书记，从"文化大革命"到1973 年的复出，无论在战火纷飞的年代还是在和平建设时期，他无一不浸透着实事求是、解放思想相结合、相统一的精神。邓小平把实事求是和解放思想，成为党的领导思想和决策的核心和灵魂。邓小平同志是当代世界杰出的政治家、革命家、思想家、战略家，是伟大的马克思列宁主义、毛泽东思想理论家、是我国社会主义现代化、改革开放建设有中国特色社会主义事业的总设计师。他的党的领导思想是马克思主义同当代中国建设实际相结合的产物，是毛泽东领导思想的重要组成部分。他的党的领导思想和决策有其独特的内容和形式，自成科学体系，是邓小平建党学说在我国新的历史条件下的继承和发展，是我们党和全国人民的宝贵精神财富，极大地丰富和发展了马克思列宁主义、毛泽东思想理论宝库。我们应当加深了解邓小平关于党的领导决策思想的特殊性、时代性的现实意义和深远影响。我们一定要认真学习、研究、探讨邓小平同志的著作，使之在我国建设有中国特色社会主义事业的进程中发挥更大的指导作用。

　　特别是要学习邓小平同志敢于走自己的路，独立自主，在坚持中发展，在继承中创新。独立自主，自力更生，艰苦创业，无论过去现在和将来都是我们的主足点，这是我们的民族风格和优良国风。就是说，一个国家、一个民族的革命和建设事业，必须立足于自己，敢于善于创造一条适合自己国情的道路，要制定出切实可行的方针和政策，并主要依靠自己的力量去实施路线、方针、政策和重大决策去夺取胜利。邓小平同志坚持走自己的路，所以能够夺取革命和建设的胜利。

首先，邓小平同志站得高看得远的决策胆略，敢于斗争，善于斗争的决策实践。这种胆识主要来源于他善于从历史的、发展的、全局的高度来认识，观察与思考问题。按照事物发展的历史，分析它产生发展的必然趋势，从中考察其性质、地位和作用，从而得出科学的结论。

其次，邓小平同志善于站在全局的高度进行决策分析，掌握住时代特征，不但要从中国看世界，更要从世界看中国，掌握住共性，又紧紧抓住特性去指导中国的革命与社会主义建设，就能立于不败之地。

其三，邓小平同志是一个彻底的唯物主义者，通晓辩证唯物主义和历史唯物主义。能够认识社会发展的客观规律。这样对社会主义革命与建设的指导和决策，避免重大的曲折和失误，只有掌握社会发展的大趋势，这个不依人们主观意志为转移的客观规律就能引导人们去夺取胜利。

第四章
把党建设成为领导具有中国
特色的社会主义坚强核心

第一节 邓小平建党学说是毛泽东建党学说发展的新阶段

一、邓小平建党学说是新时期执政党建设理论形成和发展的重要标志

邓小平同志在坚持和发展、继承和创新毛泽东思想的进程中,特别重视和发展毛泽东建党学说,从而把毛泽东建党学说推向一个新的阶段。毛泽东思想不是对某一问题或某些问题的理论概括,也不是对某一领域或某些领域的思想学说,而是从中国国情出发,以马克思主义为指导,对中国社会各阶级、各政治集团的综合研究、对中国社会经济的调查研究和具体分析,认定中国的革命任务、对象、动力、方法等进行多层次、多方位的科学研究所得出的科学结论。它是一个完整准确、博大精深的科学思想理论体系,是具有中国特色的马克思列宁主义。马克思列宁主义普遍原理与中国革命实践相结合是毛泽东思想理论体系的根本特征。反映这个根本特征的就是具有它的"结合"性、独创性、实践性、集体性和开放国际性。

邓小平关于建设有中国特色社会主义的思想理论体系,不是对毛泽东思想的简单的继承和发展。而是对毛泽东思想在新的历史时期新的继承发展和创新,是独具特色的马克思列宁主义发展的新阶

段，是当代的马克思主义。为什么这样说呢？以毛泽东为核心的党中央第一代领导集体，完成了把马克思列宁主义同中国革命具体实践相结合的第一次历史性的飞跃，从理论与实践相结合为特征的创造性地回答了中国革命的性质、任务、道路、形式、方法、以及革命的对象、动力、主力军、同盟军等等一系列基本问题。使中国的民主革命和社会主义革命取得了完全彻底的胜利，使中国人民从此站起来了，开创了中华人民共和国的新纪元。在邓小平为核心的党中央第二代领导集体的坚强领导下，把马克思列宁主义、毛泽东思想与中国经济建设的具体实践相结合的第二次历史性飞跃。从中国的改革开放和社会主义现代化建设的实际出发，创造性地提出和解决了在社会主义现代化建设中一系列理论与实践的基本问题。如果说，毛泽东同志解决了中国的革命道路问题，那么邓小平同志解决了中国现代化建设的道路问题。毛泽东同志解决了中国人民的翻身求解放问题，邓小平同志解决了中国人民的共同富裕和国家兴旺发达的问题。

　　邓小平同志对党的建设原理发展于我们党领导全国人民在改革开放的条件下，进行社会主义现代化的伟大实践中，又在马克思主义指引下一步一步地满足这种伟大实践的需要下不断丰富和发展。揭示了执政党建设的客观规律，特别是新的历史时期执政党建设的特殊规律，它不仅是毛泽东建党学说的重要组成部分，而且是毛泽东建党学说的新发展、新阶段和新的创造。也是新时期执政党建设理论体系形成和发展的重要标志。

　　（一）在新的历史时期，邓小平同志回答了在建设有中国特色的社会主义进程中党的地位、作用和伟大意义。

　　邓小平同志强调指出，要立场坚定、旗帜鲜明地坚持党的领导，我们党是马克思列宁主义、毛泽东思想武装起来的党，是经受了长期斗争锻炼和考验的党。是中国社会主义事业的领导核心，是中国各族人民利益的忠实代表，重要的是不断加强党的自身建设以适应新形势的需要。要把中国共产党建设成为领导具有中国特色的社会主义的坚强核心，这是新的历史时期党的建设的主题。党的自身建设各个方面的工作，都要紧密围绕着这个主题进行。这是邓小平对毛泽东建党学说的主体和核心，也是执政党建设的出发点、着眼点和归宿。我们要从当代的中国实际出发，多角度、全方位的探讨研究邓小平建党学说在本学科各个领域的创新和发展的突出贡献。

　　坚持中国共产党在国家和社会生活中的领导地位和作用，充分发挥我们的政治优势，这是邓小平建党学说一条不可动摇的政治原则。坚持四项基本原则的核心是坚持党的领导。邓小平同志一贯强调全党全军全国各族人民要树立一个最根本的指导思想，从根本上说，就是没有党的领导就没有现代中国的一切。这条真理被中国的历史所证实。特别是在当代我们党和国家处在一个非常关键的时期。要充分认识党面临的严峻形势和担负的历史重任；充分认识国际国内敌对势力和加紧推行"和平演变"、搞资产阶级自由化对党的严重危害；充分认识在新形势，新任务的情况下加强 党的领导的重要性和紧迫性。经济越发展，越要强调加强党的领导，必须同心协力，聚精会神把我们党建设好，保证党和国家领导权掌握在忠诚于马克思主义的人手里，保证建设有中国特色社会 主义事业的顺利进行。使我们党立于不败之地，成为中国和世界共产主义运动中的中流砥柱。

　　在党的领导问题上，斗争的核心和实质是什么呢？当代国际国内情况已经完全表明：这是一切世界范围内两种制度、两种思想体系长期对立、斗争的继续，是国内国际形势缓和的过程中重新出现的尖锐化的集中表现。斗争的核心和实质，仍然是坚持和否定共产党的领导和社会主义道路的问题，是党和国家的领导权问题。因此，这个斗争是关系到我们党和国家的前途和命运的问题。关系到我们党和国家生死存亡的问题。

　　（二）在当代中国，邓小平同志揭示了党的领导的对象、基本内容和历史使命。

　　邓小平同志总结了我们党领导中国革命和建设的基本经验。他指出："党对于人民群众的领导作用，就是正确地给人民群众指出斗争的方向，帮助人民群众自己动手，争取和创造自己的幸福生活"。这个科学论断，揭示了党的领导对象，是工人阶级、农民、知识分子及广大人民群众，也包括了其他组织和人民团体，因为其他组织和人民团体都是人民群众参加的；揭示了党的领导的基本内容，主要是思想、政治和组织领导，制定正确的路线、方针和政策，以及奋斗目标；这是党的领导的核心；揭示了党的领导要组织群众、宣传群众、发动群众、使群众自己组织起来实现自己的奋斗目标；揭示了党的领导最终目标和历史使命，是领导工人阶级及广大人民群众实现自己的崇高理想——共产主义，创造自己的新生活，为人类的彻底解放而奋斗。

（三）当代中国，党的领导主要是致力于解放和发展社会生产力。

执政的马克思主义政党要致力于解放和发展社会生产力，这是建设有中国特色的社会主义关键一环，也是邓小平建党学说的一条重要原则。邓小平指出："十一届三中全会以来，全党把工作重点转移到社会主义现代化建设上来，在坚持四项基本原则的基础上，集中力量发展社会生产力，这是最根本的拨乱反正。不彻底纠正'左'的错误，坚决转移工作重点，就不会有今天的好形势。"他还强调指出："在社会主义国家，一个真正的马克思主义政党在执政以后，一定要致力于发展生产力，并在这个基础上逐步提高人民的生活水平。"这就是说："我们的政治路线是把四化建设作为重点，坚持发展生产力，始终扭住这个根本环节不放松，除非打起世界战争。即使打世界战争，打完了还搞建设。"① 要发展生产，特别指出科学技术是第一生产力，这是我们党面临的又一次飞跃，又一次战略转移。因为我们党的崇高理想共产主义是建立在生产力高度发展基础上的产物。共产主义是物质财富极大丰富，实行各尽所能、按需分

---

① 《建设有中国特色的社会主义》（增订本），第120、15、54页。

配的社会。要多少代才能实现的最高理想。只有社会生产力高度发展，科学技术高度发展，才有可能实现。社会主义的首要任务是发展生产力，逐步提高人们的物质和文化水平。

我们党的路线、方针和政策要为建设有中国特色的社会主义服务，党的自身建设、党的领导更应该是这样。

邓小平指出："政治路线已经解决了，看一个经济部门的党委善不善于领导，领导得好不好，应该主要看这个经济部门实行了先进的管理方法没有，技术革新进行得怎么样，劳动生产率提高了多少，利润增长了多少，劳动者的个人收入和集体福利增加了多少。各条战线的各级党委的领导，也都要用类似这样的标准来衡量。这就是今后主要的政治。离开这个主要的内容，政治就变成空头政治，就离开了党和人民的最大利益。"① 这不仅是经济标准，也是政治标准，是政治上的导向的一条原则。是党的领导成功与失误的重要标准。邓小平同志视察南方时提出并为党的"十四大"所确认的"三个有利于"，即是否有利于发展社会主义社会的生产力，是否有利于增强社会主义国家的综合国力，是否有利于提高人民的生活水平。这是衡量和判断党的领导和其他一切工作的一个历史唯物主义的科学标准，是实践标准的展开和具体化，是邓小平同志提出的生产力标准的进一步丰富和发展。

（四）坚持党的领导必须改善党的领导是对毛泽东建党学说的丰富和发展。

党要在改革开放的新形势、新任务的条件下不断改善党的领导。党要卓有成效地发挥自己的领导作用、核心作用和监督保证作用。必须随着历史的前进，形势任务的变化发展不断加强自身建设，不断改革自身的领导体制、组织形式、改变领导方式、方法，以适应新的情况和客观要求。

---

① 《邓小平文选》第二卷，第150页。

　　邓小平同志指出："改革党和国家的领导制度，不是要削弱党的领导，涣散党的纪律，而正是为了坚持和加强党的领导，坚持和加强党的纪律。在中国这样的大国，要把几亿人口的思想和力量统一起来建设社会主义，没有一个由具有高度觉悟性，纪律性和自我牺牲精神的党员组成的能够真正代表和团结人民群众的党，没有这样一个党的统一领导，是不可能设想的，那就只会四分五裂，一事无成。这是全国各族人民在长期的奋斗实践中深刻认识到的真理。我们人民的团结，社会的安定，民主的发展，国家的统一，都要靠党的领导。坚持四项基本原则的核心，就是坚持党的领导。问题是党要善于领导；要不断地改善领导，才能加强领导。"① 这不仅是我们党执政以来的基本经验总结，也是邓小平建党学说一条基本原理和指导思想，是对毛泽东建党学说的丰富和发展。

　　党为了更好地担负起领导建设有中国特色的社会主义的伟大历史重任，就必须研究新的历史条件下党的领导理论与实践，进一步转变一切不适应形势需要的组织形式、思想观念、思维方法，切实在改革开放中发挥我们党的政治优势，特别是在加快转换国有企业经营机制，坚持和充分发挥党组织的政治核心作用，坚持和完善厂长负责制，全心全意地依靠工人阶级；积极发展社会主义市场经济、发展各类市场、要在党的领导下建立健全市场法规，以发展生产力为市场重点，逐步建立比较完善的市场经济体系；加强党的领导，建立与健全以市场形成价格为主的价格机制和国家对市场物价的调控体系；在改革劳动工资制度体现按劳分配原则，政府机关实行公务员制度；改善和加强宏观经济管理，逐步形成比较完善的宏观调控体系，以及推进社会保障和城镇住房制度改革，逐步形成适应我国现阶段生产力水平的社会保障体系，等等，有领导有秩序地推进相互配套的全面改革，任务十分艰巨。这就必须切实加强党的领导，要从严治党，为政清廉，加强思想政治工作，精神文明建设工作，努

　　① 《邓小平文选》第二卷，第341～342页。

力发扬党的政治优势，这是建设和改革开放成功的根本保证。全党统一思想，统一行动，充分发挥各级党组织包括共产党组织的战斗堡垒作用和共产党员的先锋模范作用。只要党心齐、民心齐、上下一致严守纪律，服从大局，就没有战胜不了的困难。

邓小平指出："共产党实现领导应该通过什么手段？是用这种组织形式，还是用别的办法，比如共产党员的模范作用，包括努力学习专业知识，成为各种专业的内行，并且吃苦在前，享受在后，比一般人负担更多的工作。一个工厂的党委，总必须保证在产品的数量、质量和成本方面完成计划；保证技术先进、管理先进、管理民主；保证所有管理人员有职有权，能够有效率、有纪律地工作；保证全体职工享受民主权利和合理的劳动条件、生活条件、学习条件；保证能够培养、选拔和选举优秀人才，不管是党员非党员，凡是能干的人就要使他们能充分发挥作用。如果能够保证这些，就是党的领导有效，党的领导得力。"①

坚持加强党的领导和改善党的领导，首先，要把党政职能分开，解决党如何领导，如何善于领导这是关键问题。这就是：一要改变过去的不适应现代化的领导制度和领导方法。二要改善党的领导措施和手段。三要健全法制，提高干部素质，从根本上加强党的领导。其次，通过政治体制改革，既能精简机构，提高效率，克服官僚主义、地方主义、民族主义和无政府主义，又要使党在宪法和法律范围内活动，正确处理好法制与人治的关系，使党的领导制度化、法制化和科学化。

（五）解放思想，实事求是的思想路线，是保证我们党永葆蓬勃生机的法宝。

邓小平同志在1978年12月党的工作会议上作的《解放思想，实事求是，团结一致向前看》的主题报告，吹响了新的历史时期又一

---

① 《邓小平文选》第二卷，第270～271页。

次思想解放的号角。邓小平同志不仅继承、坚持了马克思、恩格斯、列宁、斯大林、毛泽东关于解放思想、实事求是的思想路线、唯物史观的基本理论，而且以无产阶级革命家、思想家、理论家、政治家的革命气概，在历史发展的新阶段，对党的思想路线作出了重大发展，成为我们党永葆蓬勃生机的法宝。如果说，毛泽东继承发展了马克思列宁主义关于唯物辩证法的思维方法，提出了"思想路线"的指导思想，又用"实事求是"四个字科学地概括了党的思想路线的基本内容，把马克思列宁主义思想方法思维逻辑中国化，对毛泽东建党学说作出了重要贡献。那么，邓小平同志多次强调实事求是是毛泽东思想的精髓，是毛泽东思想的出发点、着眼点和根本点，是无产阶级世界观的基础，是马克思主义的思想基础。过去我们搞革命所取得的一切胜利，是靠实事求是；现在我们要实现四个现代化，同样要靠实事求是。把解放思想与实事求是更准确地紧密结合起来，丰富和发展了党的思想路线。这是邓小平同志对党的学说理论原则的重大贡献。

邓小平同志指出："什么叫解放思想？我们讲解放思想，是指在马克思主义指导下打破习惯势力和主观偏见的束缚，研究新情况，解决新问题"。当然，"解放思想必须真正解决问题。我们的思想懒汉不少，讲闲话、空话的多。真正仔细地研究新情况，解决新问题，切实地想办法使我们的步伐快一些，使生产力发展快一些，使国民收入增加快一些，把领导工作做得更好一些，这样的同志还不多。"①"只有思想解放了，我们才能以马克思列宁主义，毛泽东思想为指导，解决过去遗留的问题，解决新出现的一系列问题，迅速地改革与生产力迅速发展不相适应的生产关系和上层建筑，根据我国的实际情况，确定实现四个现代化的具体道路，方针、方法和措施。"邓小平同志运用解放思想，实事求是的思想路线指导我国社会主义现代化，创造了建设有中国特色社会主义的理论体系。并深入总结群众的实

---

① 《邓小平文选》第二卷，第279页。

践经验，从我国的国情出发，作出了一系列的英明决策，解放和发展我国的生产力，把我国的社会主义建设推向一个新的历史阶段，成为当代的马克思主义。

　　总之，邓小平建党学说是新时期执政党建设理论形成和发展的标志，是回答了中国共产党在建设有中国特色的社会主义进程中党的地位、作用和伟大意义；揭示了党的领导的对象、基本内容、历史使命；当代党的领导主要是致力于发展社会生产力这一根本标准；坚持党的领导必须改善党的领导是毛泽东建党学说的丰富和发展；解放思想，实事求是的思想路线，是保证我们党永葆蓬勃生机的法宝。这就标志着毛泽东建党学说发展到一个新的历史阶段。

二、没有中国共产党的领导就没有现代中国的一切

（一）坚持四项基本原则的核心是党的领导。

　　坚持四项基本原则是实现社会主义工业化的根本前提和根本保证，这是我们长期以来所一贯坚持的。邓小平同志分别论述和阐明了坚持四项基本原则的必要性和它的伟大历史意义。

　　邓小平指出："必须反复强调坚持这四项基本原则，因为某些人（哪怕只是极少数人）企图动摇这些基本原则。这是决不许可的。每个共产党员，更不必说每个党的思想理论工作者，决不允许在这个根本立场上有丝毫动摇。"① 因此，坚持四项基本原则是邓小平建党学说中的一条根本原理。搞社会主义现代化，建设有中国特色的社会主义必须由党来领导这一条被历史证明了的客观真理。邓小平指出："我们必须坚持共产党的领导。自有国际共产主义运动以来，就证明了没有无产阶级的政党就不可能有国际共产主义运动。自从十月革命以来，更证明了没有共产党的领导就不可能有社会主义革命，

_____
　　① 《邓小平文选》第二卷，第173页。

不可能有无产阶级专政，不可能有社会主义建设"。"在中国，在'五四'运动以来的六十年中，除了中国共产党，根本不存在另外一个像列宁所说的联系广大劳动群众的党。没有中国共产党，就没有社会主义的新中国。"① 这是对国际共产主义运动的科学总结，也是对我们党领导民主革命和社会主义革命与建设的历史经验的总结。党的十一届三中全会以来的历史也完全证明了这一点，没有中国共产党的领导，就没有建设有中国特色的社会主义的中国。

邓小平指出："我们坚持四项基本原则，就是坚持社会主义，坚持无产阶级专政，坚持马克思列宁主义、毛泽东思想，坚持党的领导，这四个坚持的核心，是坚持党的领导。"为什么这样说呢？"我们这个党是马克思列宁主义、毛泽东思想的党，是领导社会主义事业、领导无产阶级专政的核心力量，是无产阶级的、有社会主义和共产主义觉悟的、有革命纪律的先进队伍。"其力量的基础和源泉是"我们党同广大群众的联系，对中国社会主义事业的领导，是六十年的斗争历史形成的。"总之，"从根本上说，没有党的领导，就没有现代中国的一切"，就是说，"没有党的领导，就没有一条正确的政治路线；没有党的领导，就没有安定团结的政治局面；没有党的领导，艰苦创业的精神就提倡不起来；没有党的领导，真正又红又专、特别是有专业知识和专业能力的队伍也建立不起来。这样，社会主义四个现代化建设、祖国的统一，反霸权主义的斗争，也就没有一个力量能够领导进行。这是谁也无法否认的客观事实。"② 邓小平同志从历史到现状以及当代中国面临的重大问题，论述了党的地位、作用和意义。

在建设有中国特色的社会主义事业进程中，最重要最根本最关键的还是党，对这一点要永远保持着清醒的头脑。任何时候都不能有丝毫动摇。执政的党更有它的独特的重要性。邓小平指出："坚持

---

① 《邓小平文选》第二卷，第 169～170 页。
② 《邓小平文选》第二卷，第 266 页。

四项基本原则的核心，是坚持党的领导。我们多次讲过，在中国这样一个大国，没有共产党的领导，必然四分五裂，一事无成。对于党内外任何企图削弱、摆脱、取消、反对党的领导的倾向，必须进行批评、教育以至必要的斗争。这是四个现代化能否实现的关键，也是决定这次调整成功或失败的关键。"① 这个核心和关键的问题必须抓住。就是说在任何时候，任何情况下都不允许削弱、摆脱党的领导。要同那些取消、反对党的领导的错误倾向进行坚决的斗争。

我们国家的统一和富强，是中国人民经过一百多年英勇奋斗流血牺牲换来的成果，来之不易啊！1981 年 7 月 18 日，邓小平同志在《会见香港〈明报〉社长查良镛时的谈话》中指出："四个坚持的核心是党的领导。中国这样一个国家，人口这么多，底子这样薄，怎样取得革命胜利？怎样把国家建设好？离开了党的领导毫无出路。"我们国家的统一和富强，就必须加强党的领导，搞好党的建设，从严治党，充分发挥中国共产党的政治优势，是建设有中国特色的社会主义的根本保证。

搞资产阶级自由化的人主张"多党制"，搞"全盘西化"，这显然是极端错误的。邓小平指出："资本主义国家的多党制有什么好处？那种多党制是资产阶级互相倾轧的竞争状态所决定的，它们谁也不代表广大劳动人民的利益。在资本主义国家，人们没有也不可能有共同的理想，许多人就没有理想。这种状况是它们的弱点而不是强点，这使它们每个国家的力量不可能完全集中起来，很大一部分力量互相牵制和抵消。"邓小平还强调指出："我们国家也是多党，但是，中国的其他党，是在承认共产党领导这个前提下面，服务于社会主义事业的。我们全国人民有共同的根本利益和崇高理想，即建设和发展社会主义，并在最后实现共产主义，所以我们能够在共产党的领导下团结一致。"他还明确讲明："我们党同其他几个党长期共存，互相监督，这个方针要坚持下来。但是，中国由共产党领导，

① 《邓小平文选》第二卷，第 358 页。

中国的社会主义现代化建设事业由共产党领导，这个原则是不能动摇的；动摇了中国就要倒退到分裂和混乱，就不可能实现现代化。"①

　　坚持中国共产党在国家和社会政治生活中的领导地位和作用，充分发挥我们党的优势。在新的历史条件下，要充分认识党面临的严峻形势和担负的历史重任；充分认识国际国内敌对势力加紧推行"和平演变"搞资产阶级自由化，对我们党的严重危害；充分认识在新的历史条件下加强党的领导的重要性、紧迫性。我们必须同心协力，聚精会神把党建设好，确保党和国家领导权掌握在忠诚于马克思主义的人手里，保证建设有中国特色的社会主义事业顺利进行。使党立于不败之地，成为中国和世界共产主义运动的中流砥柱。

　　在党的领导问题上，斗争的核心和实质是什么呢？当代国际、国内情况已经完全表明：这是一场世界范围内两种制度、两种思想体系长期对立、斗争的继续，是国内国际形势缓和的过程中重新出现的尖锐化的集中表现。斗争的核心和实质，仍然是坚持与否定共产党的领导和社会主义道路的问题，是党和国家的领导权问题。因此，这场斗争是关系到我国人民的前途和命运，关系到国际共产主义运动和全世界人民的前途和命运。

　　（二）怎样正确理解党的领导的科学涵义、基本内容及其意义。

　　我们的党章规定：党的领导主要是政治领导、思想领导和组织领导。这里的首要问题是要正确全面准确理解它们之间的关系。首要问题是，必须有坚强的政治领导，即正确的路线、方针、政策和政治方向的领导。党的政治领导、思想领导和组织领导，是统一的不可分的，是一个有机整体。思想领导是政治领导、组织领导的前提和基础，组织领导是政治领导，思想领导的根本保证。我们要善于把三者很好地统一起来，在政治、经济、文化等各个领域中，更

────────────

　　① 《邓小平文选》第二卷，第267页。

好地坚持社会主义方向,充分发挥党对各项改革和建设的领导作用。党的领导是实现无产阶级历史使命的根本保证。

所谓党的政治领导——主要是政治方向、政治原则、重大决策的领导。就是说在宏观上实行总体领导,运用党的纲领、路线、方针,政策指导工人阶级与人民群众争取解放事业的斗争。首先,要有一条马克思主义的政治路线,这是全局性、方向性,根本性的问题,只有一条这样的政治路线,才能团结全党全军和全国各族人民进行革命和建设,才能夺取革命和建设事业的胜利。其次,党作为工人阶级的先锋队组织,人民利益的忠实代表,是中国社会主义事业的领导核心。必须充分发挥它的政治作用,这是它存在和发展的基础和前提,是领导核心,是政治领袖。这个地位和作用是不能有丝毫动摇,必须坚定不移。其三,党以自己的坚强核心力量去影响、团结、率领广大党员和人民群众,为党指引的奋斗目标不断前进,这是党自身生存发展的基本条件和基础。

马克思主义作为党的指导思想,作为世界观方法论的理论基础。是因为它提供了认识世界和改造世界的立场、观点和方法。它揭示了资本主义必然灭亡、社会主义必然胜利的客观规律,提出了工人阶级解放的条件和根本道路。人类社会必然要从阶级社会走向没有阶级、没有剥削和压迫的社会,共产主义、社会主义制度最终要代替资本主义制度,这是一个不以人们的意志为转移的客观规律。能够领导和推动这种社会变革的力量,只有工人阶级,其他任何阶级都是过渡性阶级。因为它同现代化工业紧紧联系在一起,有严格的组织性、纪律性,富于革命的坚定性和彻底性,能够以解放全人类为己任,代表先进生产力和生产关系,代表全体人民的根本利益。工人阶级的这种历史地位和作用,是任何别的阶级所无法取代的。党不仅是工人阶级的先锋队,而且是政治领袖,能够把工人阶级组织起来,把人民团结起来,把社会各政治集团统一起来,为实现自己的理想而奋斗的,只有自己的先锋队——共产党。

马克思主义是一个严密而完整的科学的思想理论体系,它始终是我们党、工人阶级和广大人民群众认识世界、改造世界的工具和行动指南。马克思主义从诞生那天起，一百多年来就没有哪种理论和学说能像马克思主义一样，保持着它的勃勃生机，对推动社会进步、推动世界革命、推动人类的彻底解放，起着那样巨大的作用，造成那样深远的影响。马克思列宁主义，毛泽东思想的光辉放射到哪里，哪里就发生巨大变化。尽管现在世界上的情况极为错综复杂、风云变幻，但历史发展的总趋势并没有超出马克思主义经典作家所揭示的基本规律。所以，我们党坚持马克思主义，忠诚于马克思主义，坚决反对那些形形色色的"马克思主义过时论"、"马克思主义学派论"、"马克思主义无用论"等等错误论调。也反对在"发展"、"创新"的幌子下否定马克思主义基本原理。

同时，我们党也从不把马克思主义看成万古不变的教条。马克思主义是发展的科学，它认为自然界、社会和人的思想始终处在不断运动、变化和发展之中。我们不承认世界上任何终极状态和终极真理。这就要求我们共产党员必须把马克思主义基本原理同社会主义现代化建设、改革开放的实践结合起来，同建设有中国特色的社会主义事业结合起来，同时代和世界形势的新发展、新特征、新的变化紧密结合起来，在新的基础上创造新的原理、原则。在坚持马克思主义的实践中丰富和发展，在发展和丰富中坚持以增加马克思主义的生机和活力成为当代的马克思主义。

在以邓小平为核心的党中央第二代成熟领导集体，正是采取了郑重的马克思主义态度，不断总结实践经验，提出了建设有中国特色的社会主义理论，坚持发展了马克思主义。党制定和执行了一条马克思主义的路线，即"一个中心、两个基本点"的政治路线，确保了政治方向。在这个路线的指引下，坚持社会主义公有制为主体，大力发展社会生产力，消灭剥削、消除两极分化，走共同富裕的道路。搞党的自身建设、民主建设、法制建设、制度建设和坚持正确的方针和政策，是加强党的政治领导的根本措施和保证。

总之，党的政治领导，依靠邓小平同志一贯坚持和倡导的解放思想，实事求是的思想路线，通过对所处的历史发展阶段的政治、经济、文化、教育、科技、军事、国防等状况的分析，制定正确的实施纲领、路线、方针和政策，并以此统一全体党员和党的各级组织的思想和行动。党的建设从来都是同党的政治路线紧密地联系在一起的。政治领导正确与否，决定党的自身建设的好与不好，也决定党的建设事业的前进与后退，决定着革命和建设事业的成功和失败。因此，制定正确的政治路线和方针政策，是加强党的政治领导的核心。特别是加强党的政治领导，从中央到地方、基层都是必要的，不能否定基层党组织的政治核心作用。要把党的政治领导落实到基层是有战略意义的。

所谓党的思想领导——党的思想领导是实现政治领导的前提和基础。思想领导的实质就在于运用马克思列宁主义、毛泽思想武装党员、干部和人民群众，用社会主义、共产主义思想理论体系教育人民群众，这是思想基础的重大问题。坚持党的思想路线，就是坚持解放思想、实事求是相统一的思想路线。党的思想路线是政治路线的理论基础。政治路线正确与否，其标志就是要看是否有一条马克思主义的思想路线。因此，坚持马克思主义的思想领导，对于加强党的思想建设，对于保证建设有中国特色社会主义事业的胜利，具有决定性的意义。

要用共产主义思想和道德教育党员，教育人民群众，提高党员、人民群众的素质，提高全民族的素质是个战略任务。党的事业、人民的事业要想获得成功，一靠党的正确领导；二靠广大人民群众的自觉性、积极性和创造性；三靠思想政治上的团结巩固与统一，为共同的目标而奋斗。在党的思想领导问题上，还要认真解决三个根本性的问题：

首先，着重于从思想上建设党，这是毛泽东建党学说的一条最根本的建设党的原理，是毛泽东对马克思主义建党学说的一个创造性发展，是我们党能够保持工人阶级先锋队性质，不断提高战斗力的重要保证。抓好了这一条，党的组织建设、作风建设的问题就比较容易解决。对毛泽东建党学说这一基本原理，邓小平同志在新的历史条件下又有比较显著的创造与发展。他提出要为祖国的千秋大业培养造就一代人或几代人，首先造就一代新人，这是加强思想政治工作的战略任务。他说："我们特别强调坚持四项基本原则，反对资产阶级自由化，同时提出加强思想政治工作、说服教育工作，同社会不良风气包括特权思想进行斗争。'文化大革命'带坏了一代人。所以，我们提出要教育人民成为'四有'人民。教育干部成为'四有'干部。'四有'就是有理想、有道德、有文化、有纪律。"① 这项工作抓得及时准确。在工作重心转移到经济建设以后，全党要研究如何适应新的条件，加强党的思想政治工作，防止埋头经济工作、忽视思想政治工作的倾向。思想引导的重点放在哪里？要造就培育一代新人，这是最根本的思想领导和思想建设。因此，这就要求各级党委，首先是党委主要负责同志，要密切注视和深入研究思想路线的形势和问题，采取切实有效的办法改进思想战线的工作。就是说："我们一定要经常教育我们的人民，尤其是我们的青年，要有理想。为什么我们过去能在非常困难的情况下奋斗出来，战胜千难万险使革命胜利呢？就是因为我们有理想，有马克思主义信念，有共产主义信念。我们干的是社会主义事业，最终目的是实现共产主义。这一点，我希望宣传方面任何时候都不要忽略。"②

其次，要把高度的精神文明建设和高度的物质文明建设结合起来，这是邓小平同志对毛泽东建党学说又一个创造性的发展。要加强思想领导，就必须"要教育全党同志发扬大公无私、服从大局、艰苦奋斗、廉洁奉公的精神，坚持共产主义思想和共产主义道德。我们要建设的社会主义国家，不但要有高度的物质文明，而且要有高度的精神文明。所谓精神文明，不但是指教育、科学、文化（这是完全必要的），而且是指共产主义的思想，理想、信念、道德、纪律，

---

① 《邓小平同志重要谈话》（1987年2月—7月），第2～3页。
② 《建设有中国特色的社会主义》（增订本），第98页。

革命的立场和原则，人与人的同志式关系，等等。学习和培养这些革命精神，并不需要多么好的物质条件，也不需要多么高的教育程度。我们不是靠马克思主义的科学理论和上述的革命精神参加革命到现在吗？从延安到新中国，除了靠正确的政治方向以外，不是靠这些宝贵的革命精神吸引了全国人民和国外友好人士吗？没有这种精神文明，没有共产主义思想，没有共产主义道德，怎么能建设社会主义？党和政府愈是实行各项经济改革和对外开放的政策，党员尤其是党的高级负责干部，就愈要高度重视、愈要身体力行共产主义思想和共产主义道德。否则，我们自己在精神上解除了武装，还怎么能教育青年，还怎么能领导国家和人民建设社会主义！"① 这是新时期的时代精神，我们要提倡和表彰"全心全意为人民服务"，"个人服从组织"，"大公无私"，"毫不利己，专门利人"，"一不怕苦、二不怕死"。要发扬革命和拼命精神，严守纪律和自我牺牲精神，大公无私和先人后己精神，压倒一切敌人，压倒一切困难的精神，坚持革命乐观主义、排除万难去争取胜利的精神。如果一个共产党员没有这些精神，就决不能算是一个合格的共产党员。邓小平同志要求我们"要大声疾呼和以身作则地把这些精神推广到全体人民、全体青少年中间去，使之成为中华人民共和国的精神文明的主要支柱，为世界上一切要求革命、要求进步的人们所向往，也为世界上许多精神空虚、思想苦闷的人们所羡慕。"②

其三，在思想政治方面既要肃清封建主义残余的影响，同时，决不能丝毫放松和忽视对资产阶级思想和小资产阶级思想的批判，对极端个人主义和无政府主义的批判。对外国资产阶级腐朽思想作风、生活方式影响而产生的崇洋媚外的现象的批判，以及对资产队级自由化思想的批判。

邓小平同志说："现在群众中需要解决的思想问题很多，党内需

---

① 《邓小平文选》第二卷，第367页。
② 《邓小平文选》第二卷，第368页。

要解决的思想问题也很多。我们一定要把思想政治工作放在非常重要的地位，切实认真做好，不能放松。这项工作，各级党委要做，各级领导干部要做，每个党员都要做。要做得有针对性、细致深入和为群众所乐于接受。最重要的条件，就是凡是需要动员群众做的，每个党员，特别是担负领导职务的党员，必须首先从自己做起。因此，为了做好思想政治工作，也要求改善党的领导，改善党的领导制度。"① 这是邓小平同志号召从我做起，以身作则做表率，从而把我们党的思想政治工作推到崭新阶段，开创了建设有中国特色社会主义的新局面。还提出：为了保证全党思想上行动上的一致，必须有效地加强和改善我们党的思想政治工作。对这个问题邓小平提高到改善党的领导，其中最主要的就是加强思想领导，思想建设。他指出，中央认为，从原则上说，各级党组织应该把大量日常行政工作、业务工作，尽可能交给政府、业务部门承担，党的领导机关除了掌握方针政策和决定重要干部的使用以外，要腾出主要的时间和精力来做思想政治工作，做人的工作，做群众工作。如果一时还不能完全做到这一点，至少也必须把思想政治工作放在重要地位上，否则党的领导既不可能改善，也不可能加强。

　　邓小平指出："通过思想教育，增强党性。要使全党在思想上政治上和精神状态上有显著的进步，党员为人民服务而不谋私利的觉悟有显著的提高，党和群众的关系有显著的改善。"② 这也是对毛泽东建党学说关于坚持"灌输"方针的丰富和发展。

　　总之，党的思想领导，思想建设，是马克思主义建党学说中一个重要原理，也是邓小平建党学说中一个重点。因为思想领导、思想建设是贯穿于党的建设的各个方面、各个领域的前提和基础。我们共产党人是以科学共产主义作为党的理论基础的，必须用马克思列宁主义、毛泽东思想，用当代的马克思主义建设我们的党，武装

---

　　① 《邓小平文选》第二卷，第342页。
　　② 《建设有中国特色的社会主义》（增订本），第25页。

我们的头脑，把建设有中国特色的社会主义建设得更好。

所谓党的组织领导——就是要切实加强党的组织制度建设，真正实行民主集中制，坚决保障党章赋予党员的民主权利，从而加强干部队伍建设。组织领导的核心和关键是认真执行民主集中制及干部路线问题，是组织保证的问题。过去是人治过多，现在要强调法制，以法治党，以制度治党就成为组织建设必须解决的问题。

对小平同志对毛泽东建党学说的突出贡献和重大贡献在组织建设上是非常明显的。他总结了我们党几十年的历史经验，特别是"文化大革命"的教训。他说："我们过去发生的各种错误，固然与某些领导人的思想、作风有关，但是组织制度、工作制度方面的问题更重要。这些方面的制度好可以使坏人无法任意横行，制度不好可以使好人无法充分做好事，甚至会走向反面。即使像毛泽东同志这样伟大的人物，也受到一些不好的制度的严重影响，以至对党对国家对他个人都造成了很大的不幸。我们今天再不健全社会主义制度，人们就会说，为什么资本主义制度所能解决的一些问题，社会主义制度反而不能解决呢？这种比较方法虽然不全面，但是我们不能因此而不加以重视。斯大林严重破坏社会主义法制，毛泽东同志就说过，这样的事件在英、法、美这样的西方国家不可能发生。他虽然认识到这一点，但是由于没有在实际上解决领导制度问题以及其他一些原因，仍然导致了'文化大革命'的十年浩劫。这个教训是极其深刻的。"还特别强调指出："不是说个人没有责任，而是说领导制度、组织制度问题更带有根本性、全局性、稳定性和长期性。这种制度问题，关系到党和国家是否改变颜色，必须引起全党的高度重视。"①

这"四性"一高的总结，具有重大的历史和现实意义。就成为我们加强党的组织领导与组织建设的理论基础和指导方针。成为邓小平建党学说中一条基本原理、原则。

---

① 《邓小平文选》第二卷，第333页。

首先，在组织领导与组织建设上，针对我国干部队伍现状和存在的问题提出了干部革命化、年轻化、知识化和专业化的方针和按照德才兼备的原则选拔任用干部，建设好各级领导班子。还提出了党和国家领导制度的一系列改革。邓小平指出："要在坚持社会主义道路的前提下，使我们的干部队伍年轻化、知识化、专业化，并且要逐步制定完善的干部制度来加以保证。提出年轻化、知识化、专业化这三个条件，当然首先是要革命化，所以说要以坚持社会主义道路为前提。"[1] 为了保证社会主义现代化建设，为了保持无产阶级革命事业的连续性、继承性和稳定性，就要坚持干部四化的方针。

邓小平同志认为，现在我们国家面临的一个严重问题，不是四个现代化的路线、方针对不对，而是缺少一大批实现这个路线、方针的人才。道理很简单，任何事情都是人干的，没有大批的人才，我们的事业就不能成功。所以，现在我们搞四个现代化、急需培养、选拔一大批合格的人才。这是一个新课题，也是对老同志和高级干部提出的一个责任，就是要认真选好接班人。还特别要选拔干部、选拔人才，只要选得好，选得准，我们的事业就大有希望。

其次，邓小平同志精辟论述了我们要选拔什么样的接班人，这是对毛泽东建党学说的丰富和发展，也是邓小平建党学说的一项重要内容，对加强党的组织领导、组织建设有重大的指导意义，邓小平指出："我们今后配备领导班子的时候，要选用什么人呢？要选那些认真学习马列主义、毛泽东思想，在斗争中经得起考验的人；要选那些党性强，能团结人，不信邪的人；要选那些艰苦朴素，实事求是，说老实话，办老实事，做老实人，作风正派的人；要选那些努力工作，联系群众，关心群众疾苦，有魄力，有实际经验，能够办事的人。现在我们的领导干部年龄都比较大了，五年以后，五十岁以下的人，打过仗的就很少了。所以，我们这些老同志，要认真

① 《邓小平文选》第二卷，第361页。

选好接班人，抓紧搞好传帮带。"① 对于那些丧失共产主义理想和信念的人；坚持资产阶级自由化的人；在重大是非面前态度暧昧，"左"右摇摆的人；对那些争权夺利、争名争位、跑官要官、拉帮结派的、严重脱离群众的人；对那些有权有利一点不给，半点不让的人；以权谋私，独断专行的人，决不能提拔重用。决不能让这样的人掌握党和国家的或系统部门或单位的领导权。

我们做组织工作、干部工作一定要保持清醒的头脑，要把革命化放在首位，要坚持我们党一贯德才兼备的标准，任何时候，任何情况下都不能偏废。使党和国家领导权掌握在忠于马克思主义的人手里。

邓小平同志在南巡重要谈话又多次谈到这个问题。他指出："中国要出问题，还是出在共产党内部。对这个问题要清醒，要注意培养人，要照'革命化、年轻化、知识化、专业化'的标准，选拔德才兼备的人进班子。"这就是说，选拔好德才兼备的跨世纪的无产阶级革命事业的接班人，主要是选拔那些 40 岁左右的中青年干部，恰恰他们是跨世纪的一代，正生活和工作在我国发展中的关键时期，肩负着承前启后、继往开来的历史责任，受着严峻的考验，他们的素质如何？能否胜任党的任务的要求，能否把握时代的特点和正确判断国际、国内风云变幻的形势：在国际上，我们面临着当代资本主义敌对势力和平演变的严峻挑战；面临着国际共产主义低潮中出现的反马克思主义的民主社会主义思潮的泛滥。在国内，一定的条件和范围内还存在着阶级与阶级斗争；存在着反党反社会主义的敌对势力；在意识形态领域里资产阶级自由化思想还会长期存在。在党内，由于主观与客观的原因，在领导工作和自身建设中，发生某些失误和出现这样那样的问题，也是完全难以避免的，从而给国内外敌对势力以可乘之机。党肩负着繁重的艰巨任务，面临着这种错综复杂的形势，党和国家又处在重大历史转折时期，选拔好跨世纪的

---

① 《邓小平文选》第二卷，第 75 页。

接班人具有重大战略意义。

因为它关系到确保党和国家政权能否掌握在忠于马克思主义的人手里，关系到党和国家的接班人问题；关系到能否肩负着承前启后，继往开来的历史责任，能否经受住考验；能否正确判断风云变幻的国际形势，关系到我们国家能否继续沿着社会主义道路前进；关系到在我国建设有中国特色的社会主义现代化事业的盛衰兴亡；关系到党和国家的前途和命运的大问题。所以，加强组织领导，组织建设，选拔接班人是一个非常重要的问题，切不可掉以轻心。

其三，邓小平同志对在改革开放条件下对接班人又增加了新要求、新内容，以便适应建设有中国特色的社会主义。他在南巡重要谈话中指出："我在 1989 年 5 月底还说过，现在就是要选人民公认是坚持改革开放路线并有政绩的人，大胆地放进新的领导机构里，使人民感到我们真心诚意搞改革开放。人民是看实践。人民一看，还是社会主义好，还是改革开放好，我们的事业就会万古长青！"他指出了选拔接班人，要有时代精神，要坚持三条标准，一是人民公认，二是坚持改革开放，三是有政绩。就是要选那些实干家，开拓型的干部，党性强、作风好、真抓实干的人。

邓小平还特别强调指出："正确的政治路线要靠正确的组织路线来保证。中国的事情能不能办好，社会主义和改革开放能不能坚持，经济能不能快一点发展起来，国家能不能长治久安，从一定意义上讲，关键在人。"这是邓小平建党学说在组织建设上的突出贡献。也是我们应当牢牢掌握的一条基本原理和指导思想。就是说，我们要坚持正确的组织路线，保证政治路线的实现；中国的事情要靠中国共产党，中国人民，先把自己的事情办好；关键在人，在自己，要调动全民族的积极性、主动性和创造性。特别要重视人民群众的首创精神；关键在人，核心是领导班子。各级领导班子是执政党权力的主要物质载体和核心，领导班子的实质是领导权问题，是否由忠诚于马克思主义的人组成，它直接影响着党的性质和领导权的性质、国家政权的性质。党要管党，党要管干部这都是组织领导、组织建设的重大问题。

总之，党的组织领导不仅坚持民主集中制的组织原则，特别是坚持"任人唯贤"的干部路线，德才兼备，又红又专的基本原则。不过每个历史时期的具体条件，都反映着时代特征和政治路线的基本要求，这是一条红线，只不过表述的方法有所侧重而已。

综合上述，党的领导主要是政治领导、思想领导和组织领导，是一个密不可分和互为作用相辅相成的有机统一整体。其中党的政治领导是首要的，它决定革命事业 的发展方向和根本道路，是党制定各项方针、政策的依据。因此，搞清党的领导的科学涵义和基本内容具有重大意义。

（三）在新的历史时期，应该怎样加强党的领导，坚持从严治党，严肃党纪，坚持在纪律面前人人平等，做到功过分明，赏罚分明。

在新的历史时期加强和改善党的领导是一个多层次、多方面的系统工程。因此在实践中必须坚持党的领导的一系列基本原则，包括坚持全心全意地为人民服务是党的唯一宗旨的原则；坚持民主政治与法制的原则；坚持两手抓、两手都要硬的原则；坚持人民以物质利益和精神生活，随着经济的发展逐步提高的原则；坚持民主政治是党的基本领导方法和领导作风的原则；坚持认识和遵循客观规律是成功地进行政治领导的前提条件的原则，等等。只有这样，才能不断加强和改善党的领导。

在加强党的领导的进程中，要提纲挈领，驾驭全局，掌握政治原则和政治方向，要适时地提出我国大政方针和重要的战略决策，使其程序化、制度化、决策民主化和科学化；广泛开展深入细致的宣传教育、巩固和扩大党的思想政治影响；要充分发挥党组织和党员的先锋模范作用，发挥我们党的政治优势和独特的"三大作风"；要动员和组织社会各方面的力量，实现党的政治主张；培养和选拔优秀人才，推荐党的干部担任党外领导职务；协调社会各政治集团、社会各方面的关系及利益，对国家生活和社会生活实施监督；加强党组织对各个领域中的领导,特别是在社会主义市场经济各个领域,主要是经济领域的纲领、战略规划,重大经济政策;加强党对政治建设的领导,主要是不断完善社会主义的法制,维护安定团结的政治局面;党对思想建设的领导,要着重加强马克思主义的教育,提高人民素质、民族素质,造就一代新人;加强党对文化建设的领导,主要是促进教育,科学、文化、艺术、新闻、广播、出版、影视、体育、卫生、文物、图书、博物等的领导,以及党对国防建设事业的领导,等等。

邓小平指出:"中国由共产党领导,中国的社会主义现代化建设事业由共产党领导,这个原则是不能动摇的;动摇了中国就要倒退到分裂和混乱,就不可能实现现代化"。① 这不是危言耸听,而是大量实践所证明了的客观真理。邓小平坚持、继承、捍卫和发展了毛泽东建党学说,在新的历史条件下增加了新的内容,使毛泽东建党学说得到丰富和发展。他不仅提出了在新的时期仍然要坚持执政党的领导地位和作用,而且还提出了坚持党的领导的一系列基本原理、原则,为执政党的自身建设指明了方向。

坚持党的领导并不是什么新问题。无论是新民主主义革命和社会主义革命与社会主义建设时期,我们一直坚持党的领导地位,巩固执政地位。但在新的历史条件下,如何加强党的领导,采取什么方法和途径,存在着种种错误言论和糊涂认识必须澄清。

以邓小平为核心的党中央第二代成熟领导集体,从理论与实际相结合的高度正确回答了这个问题,使毛泽东建党学说得到了发展。在中国历史上形成的中国共产党的领导地位是没有人能够改变的。我们这个党是以马克思主义武装的党,是领导建设有中国特色的社会主义、领导无产阶级专政的核心力量,是工人阶级的、社会主义和共产主义有觉悟的、有革命纪律的先锋队组织。因此,在新的历史条件下,必须坚持党的工人阶级先锋队性质,这是执政党的需要。

① 《邓小平文选》第二卷,第267~268页。

"只要我们党的领导是正确的，那就不仅能够把全党的力量，而且能够把全国人民的力量集合起来，干出轰轰烈烈的事业。"①

为了使我们的党更好地担负起建设有中国特色社会主义的艰巨任务，就必须从严治党，严肃党纪、国法，坚持在纪律、法律面前人人平等，做到功过分明，赏罚分明。邓小平指出："国要有国法，党要有党规党法。党章是最根本的党规党法。没有党规党法，国法就很难保障。各级纪律检查委员会和组织部门的任务不只是处理案件，更重要的是维护党规党法，切实把我们的党风搞好。对于违反党纪的，不管是什么人，都要执行纪律，做到功过分明，赏罚分明，伸张正气，打击邪气。"②

这就清楚地告诉我们，要坚持和改善党的领导，必须加强党的纪律。因为我们是统一的党，各级党组织和党员、干部不能各行其是。个人必须服从组织，少数必须服从多数，下级必须服从上级，全党必须服从中央。只有严格执行这几条，党就会有坚强的战斗力，也就能顺利完成党在现阶段的各项任务。邓小平指出："中央犯过错误，这早已由中央自己纠正了，任何人都不允许以此为借口来抵制中央的领导。只有全党严格服从中央，党才能够领导全体党员和全国人民为实现现代化的伟大任务而战斗。任何人如果严重破坏这一条，各级党组织和各级纪律检查委员会就必须对他严格执行纪律处分，因为这是党的最高利益所在，也是全国人民的最高利益所在。"③

在建设有中国特色的社会主义进程中，党要领导人民建立民主与法制的思想观念。既要加强思想教育，提高思想水平，也要解决制度问题，有法可依。"公民在法律和制度面前人人平等，党员在党章和党纪面前人人平等。人人有依法规定的平等权利和义务，谁也不能占便宜，谁也不能犯法。不管谁犯了法，都要由公安机关依法

---

① 《邓小平文选》第二卷，第267页。
② 《邓小平文选》第二卷，第147页。
③ 《邓小平文选》第二卷，第271～272页。

侦查，司法机关依法办理，任何人都不许干扰法律的实施，任何犯了法的人都不能逍遥法外。谁也不能违反党章党纪，不管谁违反，都要受到纪律处分，也不许任何人干扰党纪的执行，不许任何违反党纪的人逍遥于纪律制裁之外。只有真正坚决地做到了这些，才能彻底解决搞特权和违法乱纪的问题。"①

这就要求我们的党员、干部都要严格遵守国家法律，这是最高标准，要真正维护和坚决执行党的路线，方针和政策，都要时刻牢记一要有理想，二要有纪律，才能适应建设有中国特色社会主义的需要。邓小平说："过去我们党无论怎样弱小，无论遇到什么困难，一直有强大的战斗力，因为我们有马克思主义和共产主义的信念。有了共同的理想，也就有了铁的纪律。无论过去、现在和将来，这都是我们的真正优势。"② 我们要保持和发扬这个优势。

三、社会主义市场经济体制与加强
党的建设的战略意义

我们党形成了社会主义初级阶段的基本路线，以及同这条路线相适应的政治、经济、文化、教育、科技、军事、外交等各方面的一整套方针和政策。我们党要毫不动摇地坚持以建设有中国特色社会主义理论为指导的理论体系，不仅是 15 年改革开放伟大实践经验最主要的总结，也是今后夺取有中国特色社会主义事业更大胜利的最可靠的保证。党的"十四大"有两大理论贡献：

一是全面确立了建设有中国特色社会主义理论体系的指导地位，用建设有中国特色社会主义理论武装全党。这是马克思主义同中国实际相结合的最新成果。也是当代中国的马克思主义，是指引我们实现新的历史任务的强大思想武器。它必将对我国的社会主义

---

① 《邓小平文选》第二卷，第 332 页。
② 《建设有中国特色的社会主义》（增订本），第 123～124 页。

现代化事业产生巨大而深远的影响；二是党的"十四大"明确了社会主义市场经济是我国经济体制改革的基本目标模式。这是国际共产主义运动史上一个伟大创举。也是中国共产党人在解放思想，实事求是的思想路线的指引下一个历史性的突破。这一社会主义市场经济理论的提出，标志着建设有中国特色社会主义理论体系的完成。这是对马克思主义经济理论划时期的贡献。

建立社会主义市场经济体制这个目标，涉及到经济基础与上层建筑的许多领域。特别是涉及到党的自身建设、党的领导、党的学说等领域。这个体制的建立、发展和逐步成熟，既不能一蹴而就，又不能坐等其成、一宣布就大有成效，而是要因地制宜，大胆探索，积累经验，做艰苦的创业工作。现在社会主义初级阶段，建设有中国特色社会主义还处在全面创业的时期，这就更加要加强党的建设，极端重视党的领导，提倡党的创业精神。创业维艰，惟其艰苦，才能孕育新的更大的成功希望和光明前景，才能更显示出人们的创业智慧和创业精神，什么是我们党所要求的创业精神呢？正如江泽民同志说的，就是解放思想、实事求是，积极探索、勇于创新，艰苦奋斗、知难而进，学习外国、自强不息，谦虚谨慎、不骄不躁，同心同德、顾全大局，勤俭节约、清正廉洁，励精图治、无私奉献。要把这些精神、大力贯注到广大党员、干部和人民群众中去，使之蔚为风尚。这些工作做好了，就能顺利实现十四大提出的社会主义市场经济体制的宏伟蓝图。

（一）结合社会主义市场经济新的实际不断加强党的建设。

在加快改革开放和经济发展的新形势下，我们必须结合新的实际加强党的建设，保证改革开放和建设有中国特色社会主义事业的顺利进行。我们要用建设有中国特色社会主义的理论、社会主义市场经济理论武装全党，使我们的党员、干部特别是党的领导干部在实践中，在自己工作的岗位上，运用这些理论武装自己的头脑，指导自己的工作，使思想、观念适应社会主义现代化建设的需要。

　　以邓小平为核心的党中央第二代成熟领导集体，对社会主义市场经济体制理论体系的产生形成和发展有着巨大作用。特别是邓小平同志有杰出的贡献。邓小平同志首创了关于社会主义市场经济的理论观点，使我国的经济建设走向了一个新的发展阶段。1979 年 11月 16 日邓小平同志在同吉布尼谈话中指出：当然我们不要资本主义，但是我们要发达的、生产力发展的、使国家富强的社会主义。学习资本主义的某些好东西，包括经营管理方法，也不等于实行资本主义。这也是社会主义利用这种方法来发展社会生产力。他还指出：说市场经济只存在于资本主义社会、只有资本主义的市场经济，这肯定是不正确的。社会主义为什么不可以搞市场经济？这个不能说是资本主义。我们是计划经济为主，也结合市场经济。因为，市场经济，在封建社会时期就有了萌芽，社会主义也可以搞市场经济。社会主义的市场经济方法基本上和资本主义社会相似，但也有不同。这是全民所有制之间的关系，当然也有同集体所有制之间的关系，也有同外国资本主义的关系。但是归根到底是社会主义的，是社会主义社会的。这样就为我国社会主义经济理论开拓创造了一条新的思路——社会主义也可以搞市场经济的新思路。

　　1984 年 10 月 22 日邓小平同志在中央顾问委员会第三次全体会议上的讲话中又指出：《中共中央关于经济体制改革的决定》"文件好，就是解释了什么是社会主义，有些是我们老祖宗没有说过的话，有些新话。我看讲清楚了。过去我们不可能写出这样的文件，没有前几年的实践不可能写出这样的文件。写出来，也很不容易通过。我们用自己的实践回答了新情况下出现的一些新问题。"① 这个决议的产生，它标志着我们党在社会主义经济理论和经济体制改革指导思想上有一个新的发展。它确认了"社会主义计划经济必须自觉依据和运用价值规律，是在公有制基础上的有计划的商品经济"的新观念，提出了"发展社会主义商品经济"的新方针，提出了"计划

---

① 《建设有中国特色的社会主义》（增订本），第 78 页。

经济不等于指令性计划为主"，"逐步适当缩小指令性计划的范围，逐步适当扩大指导性计划的范围"。邓小平同志说，马克思以后一百年，究竟发生了什么变化？在变化的条件下，如何认识、发展马克思主义？需要搞清楚。绝不能要求马克思解决他去世之后成百年，成千年所产生的问题。列宁也同样不能承担他不在以后五十年，一百年所出现的事情，不能要求他解决这些问题。真正的马克思列宁主义者必须根据现在的情况，认识、继承、发展马列主义。"不用新的观点继承、发展马列主义，就不是真正的马列主义"。《决定》使用了"社会主义商品经济"成为中央确认的规范性提法，肯定了社会主义商品经济，还没有使用社会主义市场经济的提法，确比以前前进了一大步。邓小平同志在 1985 年 10 月同美国企业家代表团的谈话中指出：社会主义与市场经济的关系，问题是用什么办法更有利于社会生产力的发展"，"过去我们搞计划经济，这当然是一个好办法，但多年的经验表明，光用这个办法会束缚生产力的发展，应该把计划经济与市场经济结合起来，这样就能进一步解放生产力，加速生产力的发展。"就是说，要运用生产力标准来观察、分析和评价计划经济和市场经济问题。

　　党的"十三大"报告就明确提出了我们要加快建立和培育社会主义市场体系，不仅包括消费品和生产资料等商品市场，而且应当包括资金、劳务、技术、信息和房地产等生产要素市场。而社会主义的市场体系必须是竞争和开放的，等等。邓小平同志要求我们必须要从理论上搞懂，资本主义与社会主义的区分不是计划、市场这样的内容。社会主义也有市场调节，资本主义也有计划控制……不要以为搞点市场经济就是资本主义道路，没那回事。计划经济和市场调节都得要。不搞市场，自甘落后，连世界信息都不知道这时才认识到，计划和市场只是资源配置的两种手段和形式，而不是划分社会主义与资本主义的标志。使认识深化了，达到了质的飞跃。邓小平南巡重要谈话又一次进行新的发挥和发展。他首先从思想要更解放一点提出问题。他说："改革开放迈不开步子，不敢闯，说来说去就是怕资本主义的东西多了，走了资本主义道路。要害是姓'资'还是姓'社'的问题。判断的标准，应该主要是看是否有利于发展社会主义社会的生产力，是否有利于增强社会主义国家的综合国力，是否有利于提高人民的生活水平。"这是对判断社会主义的本质的概括，这种科学认识的新成果，正是我们在社会主义商品经济问题上又一次重大的飞跃，这就是用新的思想、理论、观点来继承、发展和创新马克思主义。"计划多一点还是市场多一点，不是社会主义与资本主义的本质区别。计划经济不等于社会主义，资本主义也有计划；市场经济不等于资本主义，社会主义也有市场。计划和市场都是经济手段。"这两个"不等于"，是我们"老祖宗"没有说过的新话，是新的创造和新的概括。等等。

邓小平同志对社会主义市场体制的思想、理论、观点和方法进行了一系列的概括和总结。我们的党员、干部特别是领导干部要学习它、掌握它、运用它。就是中央号召的用建设有中国特色社会主义的理论武装全党。我们一定要组织起来认真地而不是敷衍地，系统地而不是零碎地、深入地而不是浮浅地静止地学习建设有中国特色社会主义的理论，掌握理论武器。在这个基础上，正确地联系实际，解决各种具体实际问题。在学习时要掌握住它的关键和要害部分——社会主义市场经济理论和建设有中国特色社会主义的理论体系。因为这一理论的确立，为我国社会发展定下了准确的历史方位，为建设有中国特色的社会主义找到了前进的基础和出发点，为我们党制定和执行正确的路线、方针和政策提供了最重要的根据。建设有中国特色社会主义理论体系的核心和灵魂，就是党的"一个中心、两个基本点"的基本路线。建设有中国特色社会主义的理论，既是党的基本路线的理论基础，又是对"一个中心、两个基本点"在理论与实践结合上的全面展开。

学习社会主义市场经济理论和建设有中国特色社会主义的理论体系，抓住这一理论体系的精髓就是"解放思想，实事求是"，它是贯穿于这个理论始终的一条红线。它的立论依据是社会主义的初级阶段理论。是正确认识我国社会所处的历史阶段，这是立足点、着眼点也是出发点；它的哲学基础是生产力标准理论。确认生产力标准是历史唯物论。因为生产力是人类一切文明和进步的源泉，是一切社会发展的最终决定力量；它的方法论原则，是走自己的路，建设有中国特色的社会主义。是社会主义的本质特征与社会主义的中国特色的有机结合的统一性、是普遍性的共性与特殊性的统一、是社会主义的根本制度和基本原则与中国社会的具体形式和具体做法的统一。邓小平关于建设有中国特色社会主义的一系列论述，就是这三个"统一"的理论表述。因此，用建设有中国特色社会主义的理论武装全党，就要求我们认真学习邓小平同志运用马克思主义的立场、点和方法，研究新情况，解决新问题的科学态度和创造精神。学习邓小平同志观察、分析、处理问题的立场、观点和方法。就是学习他以战略家的恢宏胆略和敏锐眼光，对当今时代特点作了深刻洞察和科学概括，特别是对处于大时代趋势中的中国国情作出了全面分析和娴熟把握，从而站在时代高度。立足于时代发展的总规律、总趋势，对当代社会主义所发生的巨变给中国社会主义带来的复杂影响作出冷静的分析，由此确立一系列科学对策，重点是发展自己，主要是发展经济，抓住这个良好机遇加速社会主义现代化建设。说到底，关键还是把党建设好。只要把党建设好了，领导加强了，我们就会一步一步夺取新的胜利。因此，要加强党的建设，新时期党的建设的根本任务也就是要加快改革开放和现代化建设步伐的紧迫任务。在这个进程中，要特别重视党的思想建设、理论建设，使我们的思想观念以适应新的形势要求。

（二）转变思想观念是搞好党的建设的前提和基础。

在社会主义市场经济体系发展的进程中，如何加强党的建设、坚持党的领导是值得认真思考的一个主题。就是要把思想、观念、意识形态真正统一到以经济建设为中心上来，把精力集中到一心一意抓经济建设上来。以经济建设为中心并不是在每个同志的思想深处都牢固地树立，有不少旧的思想观念还严重地束缚着相当一部分人的手脚。要为改革开放和经济建设的更快发展创造有利的条件，都要服从和服务于把经济建设搞上去这一不可动摇的原则。为了坚持这个原则，我们必须从思想上、观念上、意识上有一个根本的转变和质的飞跃，突破陈腐落后的旧思想、旧观念和旧的意识，逐步树立新的思想观念。

邓小平同志1992年5月22日视察首钢的重要谈话中提出了"换脑筋"，树立新的观念，创造新的思路，以便适应社会主义现代化的需要。他指出："主要是解放思想，换个脑筋就行了，脑筋不换，怎么也推不动。同样是忙忙碌碌，辛辛苦苦，可干出的事慢慢腾腾，看不见新的气象。脑筋一活了，想的面就宽了，路子也就多了，也就更好了。路啊，是历来明摆在那里的，走得快、走得慢、走得好、走得坏，那就看你走的路，第一是方向对不对，第二是走得好不好，首钢两条都对了。为什么鞍钢的事发展比首钢慢一些？还是上面的责任。""为什么不允许改革搞好？这是人的问题，人的思想没解放啊！还有抵触，过去就说姓社姓资，现在又有别的，反正还是有一些人是在看，看你改革开放对不对。"邓小平同志首钢重要讲话是南巡重要谈话的继续和发展。如果说，南巡重要谈话是从总体上提出坚持"一个中心、两个基本点"的基本路线一百年不动摇，吹响了我国改革开放进入了第二个新阶段的号角的话。那么，首钢讲话则是具体提出深化大中型企业改革、转变经营机制，深化上层建筑的机制和结构改革设计的宏伟蓝图，并把它提到关系社会主义中国的前途和命运的高度。邓小平同志不愧为中国改革开放的总设计师。他那深邃的思想和高超的领导艺术，极大地丰富了我们党的理论宝库。

按照邓小平同志的思路，换什么脑筋呢？确立什么思想观念呢？应当从五个方面来理解和认识这个问题。

一是要确立建设有中国特色社会主义理论的指导地位，并以此武装全党。这是指导思想，是当代的马克思主义，是当代党的理论基础。就是说，以邓小平为核心的党中央第二代领导集体，在运用马克思主义解决了中国的现代化进程中一系列根本性、全局性的理论，形成和发展了一系列独创性思想观点，形成了建设有中国特色社会主义的理论体系。这个思想理论体系的基本特点正如党的"十四大"政治报告指出的："他尊重实践，尊重群众，时刻关注最广大人民的利益和愿望，善于概括群众的经验和创造，敏锐地把握时代发展的脉搏和契机，既继承前人又突破陈规，表现出了开辟社会主义建设新道路的巨大政治勇气和开拓马克思主义新境界的巨大理论勇气，对建设有中国特色社会主义理论的创立做出了历史性的重大贡献。"

党的"十四大"报告，代表党和人民的意志郑重地确立了建设有中国特色社会主义的指导地位，为我们夺取建设有中国特色社会主义事业的胜利奠定了思想理论基础，使全党树立这个新的指导思想的观念，就是用建设有中国特色的理论武装全党的重大意义。

二是建设有中国特色社会主义理论为我们开辟了一条唯一正确的道路。成为我们全党的指导思想和工作的理论基础。因为它回答了我国社会主义现代化的发展道路、发展方向、根本任务、发展动力、领导力量和依靠力量，社会主义建设的外部条件，政治保证、战略步骤以及祖国统一等等一系列当代中国的基本问题。例如，关于领导力量和依靠力量问题，它关系到我国社会主义的命运和前途，除了核心领导力量是党，关键取决于两个条件：一条是党的理论和有一条马克思主义路线；二条是党同人民群众密切联系团结一致共同奋斗，主要是工农联盟以及知识分子关系问题。这两方面工作搞好了，就能稳定大局，稳定社会，这是基本的。

三是建设有中国特色社会主义理论是马克思主义的一个有机组成部分，是对马克思列宁主义、毛泽东思想的继承和发展，是当代中国的马克思主义。它是从当代的实践中不断吸取营养，有新的发展和突破，使马克思主义保持着旺盛的生命力，在哲学、政治经济学、科学社会主义等方面的具有独创性地发展了一系列科学理论观点，从而丰富和发展了马克思主义。它反映了社会主义发展的普遍规律，因而具有它的普遍意义。

四是建设有中国特色社会主义的理论是全党全军全国各族人民当代的集体智慧的结晶，是党和人民最宝贵的精神财富，它集中地反映了全党对我国如何建设、巩固、发展社会主义问题上的共识。因而成为全党和全国人民团结统一的思想理论基础。也是我们党完成现阶段政治任务的动力。

五是建设有中国特色社会主义理论是加强党的自身建设的指导思想和理论基础。实现新的历史任务，关键是党、要把党建设成为领导具有中国特色的社会主义坚强核心。建设有中国特色社会主义理论的指导地位的确定，对加强党的自身建设，改善党的领导有着重大的意义。

这五个方面，是我们新思路、"换脑筋"的理论基础和指导思想。就是在实际工作中要突破市场经济就等于资本主义的旧思想、旧观念、旧意识的束缚。市场经济并不是资本主义独有产物，它可以为资本主义服务，也可以为社会主义服务。因此，我们要从思想上、观念上树立起社会主义市场经济的新的价值观念、效益观念、信息观念、竞争观念、平等观念和交换观念。充分利用社会主义市场经济的功能，激发社会生产力的发展，使社会主义经济充满生机与活力；要突破谈资色变，不敢利用资本主义的先进科学技术，不敢利用资本主义的"材料"建设社会主义事业的旧观念。要树立敢于学习、借鉴和利用一切人类社会先进的东西。人类社会的一切文明成果，既不受国界的限制，也不隶属于某个阶级、某个社会制度，它是人类社会的共同财富，树立谁先利用它，谁就获得成就，谁就能向高层次发展，就能为谁某福利，事业就能兴旺发达；要突破小商品生产的旧思想、旧观念、旧意识，树立多层次、跨地区、全方位大流通的观念。树立和世界上一切先进的国家、地区、周边国家，乃至整个世界市场进行接轨的大市场意识，走向世界民族之林的新观念；要突破论资排辈的旧思想、旧观念、旧意识的束缚，树立以政绩、事业奉献取人的新观念。改革开放是一场伟大的革命，在改革开放中，要用坚持改革开放的人。人是改革的主体，也是最活跃的生产力要素。用人之得失，历来是古今中外兴衰成败之大事。发展社会主义市场经济，必须以正确的组织路线作保证；要坚持任人唯贤的干部路线，按照"德才兼备"干部"四化"标准，启用敢改革，能改革、会改革、具有创新能力的人，实行庸者下、平者让、能者上的选拔人的方法。只有这样，才能发现人才、培养人才、运用人才，从而能使大批德才兼备的干部，在经济建设的主战场上担当重任。

党的十四届二中全会公报指出："在当前和整个九十年代，抓住国内和国际有利时机，加快改革开放和现代化建设步伐，这个指导思想要坚定不移。"这是当前形势和任务，我们要把握时代脉搏、掌握工作要领，具有极为重要的指导意义。把握机遇，历来是战略家们关注的中心。历史上叱咤风云的政治家、事业家，都是很善于把握机遇的。邓小平同志指出："抓住时机，发展自己，关键是发展经济"，"发展才是硬道理"，"希望你们不要丧失时机，对于中国来说，大发展的机遇并不多。"能够把握时机，并且把它转化为实际行动，是对一个领导者的政治素质、领导水平、工作能力、决策实效的重要考验。形势越好，越要保持清醒、冷静的头脑。

要善于总结，及时发现和解决前进过程中出现的问题，把群众中焕发出来的高度积极性引导好，保护好，发挥好，将国民经济的大发展引上更加健康发展的轨道。在实际工作中要正确处理速度与效益的关系，速 度与效益是辩证的统一；要正确处理主观发展愿望与客观物质条件的关系；国民经济发展的平衡与不平衡的关系，等等。就是说，扎扎实实的速度是国民经济整体素质提高的重要标志。要从实际出发，不搞一刀切，不盲目攀比，条件不具备的积极创造条件逐步加快发展。既要积极进取，充分发挥主观能动性，又要认真考虑客观可能性。要有辩证的发展观，建立健全适应社会主义市场经济要求的宏观调控体系。要使全党上下认识一致，抓住机遇，扎实工作，使我国建设事业又快又好地向前发展。

（三）要加强党的建设，树立新思路，确立新观念，以适应新的要求。

党的建设必须密切联系党的政治路线，是毛泽东、邓小平建党学说一条基本原理。要积极贯彻执行党的"一个中心、两个基本点"的基本路线，就是要解放思想、实事求是，放开手脚、大胆试验，排除各种干扰，抓住有利时机，加快改革开放步伐，集中精力把国民经济搞上去。这是基本路线的要求。党的建设与经济建设是相互影响、互相促进的。党的建设对经济建设有着直接的影响作用。党的建设促进和保证经济建设的发展。经济建设又决定着党的建设的目标和活力。因为经济是政治的基础，政治是经济的集中表现，经济对社会的发展起最终的决定作用。经济建设搞好了，为党的建设提供了可靠的物质保证，增强了党的凝聚力、吸引力和战斗力。党的建设搞不好，也会妨碍经济的发展，经济建设搞不上去，党的建设也会失去目标、失去依托。因此，要围绕着这个中心发挥作用，越充分越好，越有成效越好。党的建设只有围绕着经济建设这个中心来开展工作，才能充满生机和活力。

要加强党的建设就必须树立新思路，确立新观念，解决新的问题，以便适应在发展社会主义市场经济的大潮中出现的新情况和新问题。当前涌现出了一系列的"新事物"，这有积极的一面，也有消极的一面。在深化改革，敢试敢闯的号召下，出点毛病，是难免的，不必大惊小怪，错了就改，不搞邪门歪道。破除旧的思想观念，树立新的思想观念、新的意识，引导走向市场经济发展轨道是好的，对的。但是要保持清醒的头脑，要坚持原则，坚持党性观念，不能脱离轨道，丧失共产党员的品格，这是不能允许的。

在培育发展社会主义市场经济体制的过程中，对党员、干部特别是领导干部是个严重的考验，能否过好这一关？过去我们讲执政的考验、和平演变的考验，改革开放的考验，现在市场经济的考验特别直接。要认清考验的实质，危险在哪里？有些保守势力、反对势力、敌对势力，包括帝国主义的武装干涉，等等，都不足以动摇中国共产党的丝毫，我们党是压不弯、打不倒，拖不垮的。但是，要清醒的认识到，真正能够摇撼甚至陷共产党于毁灭之境的，只有一个东西，那就是腐败，党自身滋生的腐败——特权、权钱交易、权力进入市场、把商品交易原则引入党和国家政治生活，以及党性、国格、人格、人性商品化、伴随的贪污、盗窃、贿赂成风、拜金主义统治了社会，等等，这就自取灭亡，导致自我毁灭。

这就要求我们的党员、干部特别是领导干部，要保持清醒的头脑，具有马克思主义的坚定性，坚强的党性，不仅学会驾驭社会主义市场经济形成和发展的大潮，保持着清醒的头脑，坚定不移地贯彻党的"一个中心、两个基本点"的路践，毫不动摇地"拒腐防变"，从严治党、惩治腐败。领导者、执法者应首当其冲，从自身作起，从公、检、法、税务部门作起，我们党首先把自身建设好，就立于不败之地，就能取信于民，我们党领导的建设有中国特色社会主义的事业就会兴旺发达。

第一，要增强反对腐败的坚定性、自觉性和长期性。把反腐败的斗争贯穿于改革开放的全过程。认清腐败是封建主义和资本主义腐朽思想的产物，在阶级社会里产生腐败现象是必然的，统治阶级与被统治阶级对待腐败的立场、态度截然不相同。而能不能及时和有力地反对腐败现象，也就反映出统治阶级领导核心的政治性质及其水平和能力，并将最终决定着自身的命运。

我们党内的腐败现象，就其实质而言，是剥削阶级思想在党内的反映，也是和平演变的反映。腐败是由思想上的堕落，导致政治上的蜕变，经济上的贪婪和生活上的腐化。这与我们党的宗旨——全心全意地为人民服务是完全对立的，也是对党的工人阶级先锋队性质的一种背叛。因此，我们可以说，腐败的过程就是演变的过程，腐败现象越严重，和平演变的危险性就越大。要保持清醒头脑，认清演变与腐败的关系。江泽民同志在中央工作会议上曾说过一句话，非常准确。他说："只要我们党自己不腐败，自己不蜕变，谁也演变不了我们。"为此，我们必须清醒地看到，腐败不仅包括行贿、受贿、贪污、腐化，以权谋私、权钱交易、等等。从生活问题上、经济问题上，腐蚀党、腐蚀干部，也包括从思想作风上，组织路线、干部工作上、法纪观念上，政治态度上，等等损害党的光辉形象的行为。

　　党的建设，要紧密结合经济建设进行党的思想、政治、组织、制度以及作风建设。在思想上要树立以经济建设为中心的观念，提高思想政治素质，做好本职工作；坚决反对那些思想上失去理想、信念，信奉那些剥削阶级的价值观、人生观，搞特权，极端个人主义，崇尚腐朽没落的所谓"西方文明"，以及追求腐朽资产阶级生活方式的恶劣风气。在政治上坚定不移地贯彻执行党的基本路线；坚决反对实用主义，见利忘义，见风使舵，随风倒，甚至放弃党的基本路线、四项基本原则，对党的方针政策阳奉阴违。在组织上，为经济建设培养调配好可靠的人才，确保建设有中国特色的社会主义不断发展；坚决反对破坏党的团结和统一，搞裙带关系，任人唯亲，甚至两面三刀，进行非组织活动，以及有法不依，执法不严，感情重于国法，关系大于纪律，甚至贪赃枉法，仗势欺人的现象。在制度上坚持各项工作制度化，科学化和规范化；坚决反对人治及随意性。在作风上，继承和发扬党的"三大"传统作风，加强党内外监督，形成良好的风气；坚决反对脱离群众，脱离实际的官僚主义、形式主义，弄虚作假的坏作风。总之，要把党的建设工作围绕着经济建设这个中心，服务于经济建设，把党组织建设好，从而加强党的领导。

　　第二，坚决反对权力进入市场。党政机关的官员不能办经济实体，不能从事第二职业；更不能把某些政府部门转变为经济实体。实质上就是说，权力绝对不能进入市场，进入交换领域。一旦进入了市场，它的严重后果，就失去了公正，也失去了管理 能力，管理效益。就变成了权钱交易，权权交换，必定是腐败丛生，民怨沸腾。这样下去，必然要亡党、亡国、亡头，这不是搞什么市场经济，是地地道道的搞资本主义。

　　贪污腐败现象严重是经济改革与市场经济带来的必然产物吗？

当然，腐败现象不是市场取向的改革造成的，更不是市场经济的产物。而是由于在经济领域中尚未真正建立起平等竞争的市场机制。是一种行政力量还在或多或少地管制和干预市场的结果，也是官员种种权力，为其贪污腐败、以权谋私创造了温床。这就要求我们尽快建立、健全社会主义市场经济体制。在这个实际进程中，建立以公有制经济为主体，个体、私营和外资经济为补充，多种经济成分长期并存，共同发展、平等竞争的所有制结构。成为建设有中国特色社会主义事业的经济基础。适应这个经济基础的要建立以政企分开、资产所有权与经营权分离为基础，使企业作为独立的经济法人，建立起自主经营、自负盈亏、自我发展、自我约束的有中国特色的各种制度。这样就有助于建立一个统一开放、平等竞争、规则健全、运转有序的社会主义市场经济体系。在这个基础上建立健全严谨的、统一的、科学的和完备的同社会主义市场经济体制相适应的监督体系。这样就能卓有成效的克服腐败现象，克服拜金主义以及以权谋私的丑恶现象。

第三，加强党的建设，加强党内监督，特别是加强廉政、勤政建设。转变思想观念，必须从思想教育入手，改变过去长期形成的思维方式、方法，行为方式、方法和管理方式、方法，抓住转变思想观念，解放思想、实事求是这个根本，要在认识能力上来个飞跃。

首先，要树立起与发展社会主义市场经济体制要求相适应的管理观。这就要求在指导思想上，实行由集中控制到分层管理，由微观管理到宏观管理，由直接管理到间接管理，由主要靠行政手段管理到综合运用行政、法律、经济手段的转变。从而为推进机构改革打好重要的思想基础。要坚持机构改革应以适应社会主义市场经济体制发展的要求为目标，坚持"转变职能，理顺关系，精兵简政，提高效率"的方针。这就必须切实加强党的建设，强化党的领导。只有这样，才能统筹规划，精心组织，分步实施，使社会主义市场经济体制确立起来，健全起来，把我国的经济建设推向一个新的历史阶段。

其次，要提高对社会主义经济建设的领导能力和管理水平。我们党面对着突飞猛进的科学技术，不断发展的社会主义市场经济和日益扩大的对外开放，要跟上时代发展的步伐，不仅要坚持社会主义道路、艰苦奋斗、密切联系群众，还要努力学习邓小平同志的经济理论，掌握科学文化和各种专业知识，成为本职工作的行家里手，成为坚定的马克思主义者。因此，党必须在自己的干部队伍中要有越来越多的熟悉建设有中国特色社会主义的经济理论、精通业务的专家学者和管理人才。只有这样才能加强党对经济建设的领导。

在实际工作中，要改变产品经济条件下的管理观。这种观念的主要内容就是政治管理范围的全面性、管理形式的统一性、管理手段的直接性和人治性。结果导致全社会经济生活都由政府来包揽，把企业的微观经营活动、市场的资源配置行为和国家的宏观调控职能集于政府一身。一条线一个机构，一项事一个主管，这就要求政府设置更多的机构，配备更多的人来承担许多管不了管不好的事务。

我们要清醒的认识到，行政管理的生命线就是权力，权力的获得、保持、增长、削弱和丧失是不能忽视的。就是说，不管集权与分权，政府的行政权力及其运用决不能处于失衡状态。要都能实行有效的控制。如果说，党的领导的实质是决策，那么管理的实质就是控制。政府主要是行政管理。改革的关键，政府职能的转变，就是变"全能"政府为"权能"政府。通过行政立法、行政司法、国家预算和投资倾斜、国家战略发展规划方式，以及诸如行政协调、干预、检查、制裁等手段，来促进国民经济的发展，管理社会公共事务。

当然，转变政府职能，决不意味着削弱政府权能，而是要重新定位，强化政府战略规划，宏观调控，政策引导的能力和执法权威，使政府成为推动社会主义市场经济体制蓬勃发展，并为人民安居乐业提供保证的强大政府。我们要在转变政府职能进程中对出现新的问题，有针对性的加强思想政治工作，加强党的领导，做好党的建设。就要消除"官本位"，树立领导就是服务的新观念。

　　第四，消除"官本位"观念的影响，树立领导就是服务，甘当人民公仆的观念，用以发展社会主义市场经济体制要求相适应的以利益、成就、政绩等来衡量人生价值的新观念。要树立评优围绕着改革开放和党的思想建设，防止和克服评优只看党务不看业务，只看党的工作，不看为经济、业务工作服务，只找市长，不找市场的现象。我们衡量一个党员、干部特别是领导干部是否先进，主要看他在本职岗位上的工作业绩、政绩、奉献精神。衡量和检验一个机关党组织的工作，重要的依据是看为本单位经济、业务工作和改革开放服务的成效。

　　要求我们的党员、干部特别是领导干部，要树立解放思想、实事求是的思想路线和思想方法。提倡和鼓励说真话、办实事，真抓实干，讲实效。防止和克服党和国家公务人员脱离实际的官僚主义、形式主义的作法。要下决心转变思想作风，从改革体制，健全制度，加强教育、严肃党纪，从严治党，加强监督等方面努力，做扎扎实实卓有成效的工作。党的工作、党的领导、党的建设要注意调查研究、深入基层、深入实际，下决心从文山会海中解脱出来，少说空话，多办实事，为党为人民服务，取得人民的信任和支持。要加强思想政治工作，防止和克服"见人不见物"、或者"见物不见人"的倾向。要善于把思想政治工作和群众的物质利益紧密结合起来，关心人民群众的生活，切实为人民群众排忧解难，为人民办好事、办实事。

　　在整个改革开放和建设有中国特色社会主义的事业中，在转变观念开拓进取的行动中，要加强党的领导，做好党的建设工作，牢记四项基本原则是立国之本，稳定之源。邓小平同志说："我们必须有秩序地进行改革。所谓有秩序，就是既大胆又慎重，要及时总结经验，稳步前进。"[①] 我们的改革成效卓著举世公认。最根本的原因是：一有坚强的党的领导，正确的基本路线，有英明的总设计师，这

----

① 《建设有中国特色的社会主义》（增订本），第156页。

是首要的，最根本的；二是有得力的措施，正确的方式、方法，得
人心，成效显著，从根本上调动了党和人民群众的积极性，主动性
和创造性。邓小平同志南巡重要谈话，使全国来一个"飞跃"，把建
设有中国特色的社会主义事业推向一个新的历史发展阶段。以飞跃
的形式记入我党史册，具有战略意义。三是涉及到国计民生重大复
杂的问题。要特别小心谨慎，既解放思想，又实事求是把两者结合
起来，统一起来，决不贸然行进。1986 年在经济体制改革取得巨大
成就的基础上，准备进行政治体制改革，多次强调要审慎从事，审
时度势，因为"每项改革涉及的人和事都很广泛，很深刻，触及许
多人的利益，会遇到很多的障碍，需要更加审慎从事。我们首先要
确定政治体制改革的范围，弄清从哪里着手，要先从一两件事上着
手，不能一下子大干，那样就乱了。这个问题太困难、太复杂，
……"① 正因为邓小平同志这位总设计大师采取了十分谨慎的科学
态度，我国的一系列改革事业获得成功，取得了举世之就，赢得了
人民的拥护和支持。使党成为国际共产主义运动中的中流砥柱，我
国的社会主义现代化也稳步前进。

　　总之，我们要在社会主义市场经济体制的体系培育形成和发展
的大潮之中，要加强党的建设，加强党对经济事业的领导。要学习
邓小平同志建设有中国特色社会主义的理论、路线、方针和政策，学
习邓小平同志以稳定求发展的改革开放观，学习邓小平建党学说的
基本原理，学习邓小平同志的彻底的唯物史观的立场和高度辩证思
维的智慧，充分体现当代马克思主义的伟大力量。党的"十四大"号
召我们："要认真学习邓小平同志的战略思想和理论观点，认真学习
他运用马克思主义立场、观点和方法研究新情况、解决新问题的科
学态度和创造精神。"在社会主义市场经济体制形成和发展的进程
中，加强党的建设具有战略意义。我们的党员、干部特别是领导干
部一定要像邓小平同志那样，把马克思主义与我国的具体实践结合

① 《建设有中国特色的社会主义》（增订本），第138～139 页。

起来，夺取新的胜利，创造新的业绩。

第二节　邓小平建党学说根本指导思想和奋斗目标是把党建设成为领导具有中国特色社会主义的坚强核心

一、党的建设的根本指导思想和奋斗目标

我们党在以邓小平为核心的第二代党中央领导集体的指导下，从马克思主义的高度，从党中央决策层确立了以江泽民同志为核心的党中央第三代领导集体，成为跨世纪的第三代，这对我们党和国家来说是具有伟大历史意义的事情。在这个新的历史条件下，党的建设遇到了新情况、新问题，以邓小平为代表的从思想上、政治上、组织上、制度上、作风上和理论上捍卫、丰富和发展了毛泽东建党学说，把无产阶级的解放事业推向了一个新的阶段，使我国的社会主义现代化事业焕然一新。

在邓小平总设计师的指引下，形成了建设具有中国特色的社会主义，开辟了全面建设社会主义的新局面，形成了一系列新的理论观点和正确的科学论断，进一步丰富和发展了毛泽东建党学说，形成了以邓小平为代表的一整套建党理论的思想体系，把党的建设推向一个新的发展阶段。特别是党的十四大明确提出，"建设有中国特色社会主义的理论，是马克思主义同中国实际相结合的最新成果，是当代中国的马克思主义，是指引我们实现新的历史任务的强大思想武器。学习马克思列宁主义、毛泽东思想，中心内容是学习建设有中国特色社会主义的理论。党员领导干部首先是高级干部要带头学好用好。要认真学习邓小平同志的战略思想和理论观点，认真学习他运用马克思主义立场、观点和方法研究新情况、解决新问题的科

学态度和创造精神。学习要联系实际，要精，要管用。通过学习，使广大党员干部坚定社会主义、共产主义信念，不断提高政治素质和解决实际问题的能力，使精神力量变为加快改革开放和现代化建设的巨大物质力量。"① 为了我国的长治久安和繁荣富强，关键在人，核心在于我们党，在于用邓小平同志建设有中国特色社会主义理论思想体系武装全党。把握住党的建设的根本指导思想和奋斗目标，使党真正成为领导具有中国特色社会主义的坚强核心。

（一）建设一个什么样的党是个战略任务。

中国共产党是在马克思列宁主义的指导下来建设我们的党。在中国革命与建设发展的各个历史发展阶段都存在着尖锐复杂的斗争。早在抗日战争初期，中国革命进入了一个新的历史发展阶段。为使中国共产党在思想上、政治上、组织上进一步巩固提高和进一步把党建设成为领导中国革命事业的坚强核心。1939 年毛泽东同志在《〈共产党人〉发刊词》中就明确提出现阶段应该建设一个什么样的党的问题。他指出："它的任务就是：帮助建设一个全国范围的、广大群众性的、思想上政治上组织上完全巩固的布尔什维克化的中国共产党。为了中国革命的胜利，迫切地需要建设这样一个党"。② 正是因为我们建设了这样一个好的党，才取得了民主革命的伟大胜利，并且进而取得了社会主义革命和社会主义建设的巨大成就。在 60 年代初，国际共产主义运动中出现了一股反动思潮，鼓吹"全民党"、"全民国家"改变无产阶级政党的性质。又一次出现了应该建设一个什么样的党的问题。他们否认党的工人阶级的先锋队性质，妄图把党变成"群众性的党"、"全民的党"等等。

以毛泽东为核心的党中央第一代领导集体就顶住了这股歪风邪气。我们党从它成立那天起，就一贯坚持党的工人阶级性质，坚持

---

① 《中国共产党第十四次全国代表大会文件汇编》第 46～47 页。
② 《毛泽东选集》第二卷，第 602 页。

党是全国人民的领导核心，没有这样一个核心，社会主义事业就不能胜利。我们的党是一个成熟的伟大光荣正确的党。我们党现在比过去任何时期都更加团结，更加坚强了。我们党已经成了团结全国人民进行社会主义建设的核心力量。但是，由于指导思想上的失误，在"文化大革命"那样特殊的历史时期，又出现了要建设一个什么样的党的问题。毛泽东提出了一个"五十字建党大纲"——即"党组织应是无产阶级先进分子所组成，应能领导无产阶级和革命群众对于阶级敌人进行战斗的朝气蓬勃的先锋队组织"。使党犯了"左"的错误，直至粉碎"四人帮"以后，进行了拨乱反正，恢复了党的思想、政治和组织路线，召开了党的十一届三中全会才彻底纠正了指导思想上的失误，走向了马克思主义的正确轨道。

党的十一届三中全会以后，我们党在以邓小平为核心的党中央第二代领导集体的坚强领导下，为了完成党在新的历史时期的政治任务，党又面临着应该建设一个什么样的党的问题。只有建设一个好的党，才能顺利完成转折时期的历史使命。1965年邓小平同志在《建设一个成熟的有战斗力的党》一文中就指出："建立一个什么样的党的问题，这不仅是我们这一代的问题，也是下一代、再下一代的问题。一个国家的革命，核心问题是党。有了一个好党才能引导革命走向胜利。革命胜利后，搞社会主义也要靠一个好党，否则胜利就靠不住。"① 在这新的历史转折时期，我们同样面临着建设一个什么样的党的问题？在改革开放、进行社会主义四化建设的条件下，究竟需要不需要建设一个像过去夺取全国政权时那样的以马克思列宁主义、毛泽东思想武装起来的、目标远大，意志统一、战斗力极强，对国家起领导作用的中国共产党？我们的答案应该是肯定的。因为我们党的历史，就是同帝国主义、封建主义、官僚资本主义和一切反动派斗争的历史，没有一个好的党，就不会取得任何胜利。就在新的国内国际新形势下，使我们深刻认识到没有党的坚强领导，就

---

① 《邓小平文选》第一卷，第348页。

会一事无成。没有党的领导就会走向邪路上去。

特别是从国际上看，不难发现其实质都涉及到我们究竟要建设一个什么样的党的问题，以及要不要马克思主义作为指导思想？要不要走社会主义道路的问题。在国际上各种非马克思主义、反马克思主义的种种谬论妄图把工人阶级先锋队改变成什么"全民党"、"民族党"、"同胞的党"、"民主社会党"、"社会民主党"、"民主人道主义党"等等；在国内也有一些人借口我国阶级状况，阶级关系，阶级结构有了新的变化。特别是世界上发生了一系列新的技术革命，企图否定工人阶级是先进生产力的代表和国家的领导阶级，从而否定党的阶级基础，否定党的性质，其目的是否定党的先锋队性质和党的领导地位和作用。

在这样新的情况下，在国内和国际上这股逆流的斗争中。中国共产党起着中流砥柱的作用。因此，党的理论建设工作，要从国际共产主义与资本主义谁胜谁负斗争高度来对待这个问题。我们必须明确党的建设的指导思想，要把党自身建设好。在建设一个什么样的党的问题上，党的建设方针是明确的，始终是一贯的。党的十一届三中全会以后，对建设一个什么样的党都有明确的表述。在党的十二次全国代表大会的报告中就明确指出："为了加强新时期党的建设，我们对十一大党章作了许多有根本意义的修改。修改党章的总的原则是，适应新的历史时期的特点和需要，对党员提出更严格的要求，提高党组织的战斗力，坚持和改善党的领导。我们一定要按照新党章的要求，努力把党建设成为领导社会主义现代化事业的坚强核心。"① 这就为党的建设指明了方向，把党建设成为领导社会主义现代化事业的坚强核心成为建设党的指导思想。只有这样一个党，才能使我国社会主义现代化事业，从胜利走向胜利。

因此，在党的建设上必须着重解决好几个关键性问题。这就是要健全党的民主集中制，使党内政治生活进一步正常化；要改革领

---

① 《中国共产党第十二次全国代表大会文件汇编》第52页。

导机构和干部制度，实现干部队伍的革命化、年轻化、知识化和专业化；要加强党在工人、农民、知识分子中的工作，密切党同群众的联系；要有计划有步骤地进行整党，使党风根本好转；要使每一个党员、干部认清党的性质、地位和作用，认清一切党员、干部都只有勤勤恳恳为人民服务的义务，而没有任何利用职权占国家的"便宜"和群众的"便宜"的权利。只有把党建设好，我们就能够在新的历史条件下，在新的伟大实践中，积累新的经验，创造新的理论，把马克思列宁主义、毛泽东思想推向前进。

随着历史的发展，全面开创社会主义现代化建设新局面的深入开展，为了使党更好地担负起领导建设有中国特色的社会主义的伟大历史责任，党的自身建设必须进行改革，在改革开放中建设党，以适应新形势的需要。为了做到这一点，党的"十三大"报告又明确指出："改革，特别是政治体制改革，将为我们党的建设注入新的活力。我们一定要适应这一伟大的变革，把我们这个伟大的马克思主义的党建设好。这样，我们党就能以崭新的姿态，站在改革和现代化建设的前列，成为一个勇于改革，充满活力的党，纪律严明、公正廉洁的党，选贤任能、卓有成效地为人民服务的党。"[①]

党的建设从来是同党的政治路线密切联系在一起的，这是毛泽东建党学说中一条基本原理。邓小平建党学说继承和发展了这一原理、党的思想、组织、作风建设都有新的内容和新的要求。在党的思想建设中，必须全面宣传党的"一个中心、两个基本点"的政治路线，以基本路线武装人们的头脑，以使造就有理想、有道德、有文化、有纪律的一代新人。要继承党的思想政治工作的好传统，激励人们的社会主义积极性、创造热情和献身精神，凝聚到建设有中国特色的社会主义的宏伟事业中来；要努力提高干部队伍特别是领导干部素质，提高全民族的素质。在组织建设上，提出要大力培养选拔干部进行新老干部的合作和交替。领导班子平均年龄逐级递减，

---

① 《中国共产党第十三次全国代表大会文件汇编》第68页。

内部的年龄结构，要注意梯次配备，逐步实现党中央领导层第三代年轻化，成为跨世纪的接班人，形成坚强的领导集体核心。在制度建设上，提出加强制度建设，对于党的正确路线的巩固和发展，对于党的决策的民主化和科学化，充分发挥各级党组织和党员的积极性、创造性具有重要意义；健全党的集体领导制度和民主集中制。在作风建设上，提出党要恢复和发扬理论联系实际、密切联系群众、批评和自我批评的优良作风；必须把反腐蚀寓于建设和改革之中。在改革开放的过程中，党内反对腐败的斗争是不可避免的。如果容忍腐败分子留在党内，就会使整个党衰败。必须从严治党，严肃执行党的纪律。对于那些败坏党和人民事业的腐败分子，必须采取清除的方针，一经发现立即处理，有多少清除多少决不能姑息养奸；在新的历史时期，在党的建设上走出一条不搞政治运动，而靠改革和制度建设的新路子。等等。

　　为了加强党的建设和改善党的领导。党的"十四大"报告明确指出："在新的历史时期，党所处的环境和肩负的任务有了很大变化，党的思想、政治、组织、作风建设都面临许多新情况和新问题。我们一定要结合新的实际，遵循党的基本路线，坚持党要管党和从严治党，加强和改进党的建设，努力提高党的执政水平和领导水平，使我们这个久经考验的马克思主义的党，在建设有中国特色社会主义的伟大事业中更好地发挥领导核心作用。"① 为了建设这样一个党，就必须认真学习建设有中国特色社会主义的理论，增强贯彻执行党的基本路线的自觉性和坚定性；要加强领导班子建设，培养社会主义事业的接班人；要密切党同群众的联系，坚决克服消极腐败现象；要加强基层党组织建设，充分发挥党员的先锋模范作用；必须坚持和健全民主集中制，维护党的团结和统一。只有这样才能把党建设成为具有中国特色的社会主义坚强核心。

---

① 《中国共产党第十四次全国代表大会文件汇编》第 46 页。

（二）建设党的根本指导思想和奋斗目标。

我们党是以马克思列宁主义、毛泽东思想作为指导思想的工人阶级先锋队。我们党之所以能够担负起领导中国革命和建设社会主义事业的重任，就在于党是正确的思想理论武装起来的，因而能够正确地把握历史发展的客观规律和总的趋势，因势利导，在错综复杂风云变幻的形势下把中国的革命和建设引向胜利。马克思列宁主义是人类迄今为止最科学的思想体系，是我们行动的指南。马克思主义、列宁主义传入中国后，把马克思列宁主义同中国革命的具体实际相结合的进程中产生了两次历史性飞跃。

在以毛泽东为核心的党中央第一代成熟领导集体的坚强领导下，把马克思列宁主义的普遍真理同中国革命和建设的实际相结合，产生了毛泽东思想，这是指导思想上第一次历史性的飞跃；我们党在以邓小平为核心的党中央第二代成熟领导集体的坚强领导下，把马克思列宁主义、毛泽东思想同改革开放和社会主义现代化建设实际相结合，产生了建设有中国特色社会主义的理论。这是马克思列宁主义、毛泽东思想同中国改革开放和时代特征相结合的最新成果，是当代中国的马克思主义，是指引我们实现新的历史任务的强大思想武器。这是指导思想上的第二次历史性的飞跃。党的十四大确立建设有中国特色社会主义理论的指导地位，对新时期党的建设具有重大意义和深远的历史影响。

在现阶段，要学习马克思列宁主义、毛泽东思想，中心内容是学习建设有中国特色社会主义的理论。用建设有中国特色社会主义的理论武装全党，这是新时期党的建设的一项根本性的任务。这一伟大理论是团结全党为伟大目标奋斗的思想理论基础。在这一光辉理论的指导下，必须充分认识搞好党的建设的重要性、紧迫性；必须坚持党的先进性，坚持和加强党的执政地位和领导作用；切实把思想建设放在党的建设的首位；健全民主集中制，增强党的团结和统一；要始终保持党同人民群众的血肉联系；确保各级领导核心由忠诚于马克思主义的人组成；要高度重视马克思主义党建理论的学习、研究和传播。只有这样才能把党建设得更好。

党的建设的目标决定党的建设的方向。我们党无论是民主革命时期还是社会主义革命与建设时期，党的建设的奋斗目标就是把党建设成为领导人民群众进行生产斗争，阶级斗争，科学实验的战斗堡垒。在社会主义现代化建设时期，党的地位、作用和根本任务都发生了根本变化，党的建设的奋斗目标也必须随之转变。要把党建设成为领导全国人民沿着有中国特色的社会主义道路不断前进的坚强核心。因为，中国共产党是领导全国政权的执政党，是正在领导中国人民建设有中国特色社会主义、全心全意推进现代化建设的党。党的建设目标是为了使党更好地担负起领导建设有中国特色的社会主义事业的重任。这一奋斗目标为新的历史阶段党的建设指明了正确的方向。只要我们按照这个要求不断加强党的建设，就能使党在建设有中国特色社会主义伟大事业中更好地发挥领导核心作用。

党的建设必须紧紧围绕党的政治路线，这是毛泽东建党学说的一个基本原理，同样也是党的建设的指导思想。党的建设必须紧紧围绕着"一个中心、两个基本点"的政治路线来进行，要按照基本路线的要求建设党，要密切联系贯彻执行党的基本路线的实践建设党，要用执行党的基本路线的效果检验党的建设的成效。因此，党的建设必须体现以经济建设为中心的要求，自觉地、坚定地服从服务于经济建设，只有这样才能卓有成效地加强党的建设。

（三）改善和加强执政党的建设，努力提高党员、干部素质，充分发挥党员模范作用。

在建设有中国特色的社会主义事业进程中，党必须适应改革开放和现代化建设的需要，不断改善和加强执政党对各方面的建设以适应新形势的要求。邓小平同志指出："执政党应该是一个什么样的党，执政党的党员应该怎样才合格，党怎样才叫善于领导？在解决这些问题方面，参加讨论的同志都反映，党章修改草案是有特色的，比较好的。"① 在建设一个什么样的党明确了，就要做一个合格的共产党员。使共产党员提高素质，增强党性，为坚决贯彻执行党的基本路线、方针和政策，献身改革开放和现代化事业，诚心诚意为人民谋福利。在全党要大力提倡解放思想、实事求是，改革创新，尊重知识、尊重人才，真抓实干。每一个共产党员都要在建设有中国特色社会主义事业中，顾全大局、团结协作，谦虚谨慎，开拓前进，艰苦创业，无私奉献，把共产党员的先进性，在社会主义物质文明和精神文明建设中充分发挥出来，做解放思想、实事求是、改革创新的模范，做尊重科学、真抓实干的模范，做顾全大局、团结协作的模范，做谦虚谨慎、崇尚先进的模范，做艰苦创业、无私奉献的模范。做一个合格的党员和优秀的干部。

　　坚持全心全意为人民服务的根本宗旨，诚心诚意地为人民谋幸福。中国共产党除了工人和最广大人民群众的利益，没有自己的特殊利益，党在任何时候都把人民群众利益放在第一位。党的性质和宗旨，决定了党员必须全心全意为人民谋利益。全心全意地为人民服务，在不同的时期有不同的内容和表现形式。在现阶段，全心全意地为人民服务就是要解放生产力、发展生产力，消灭剥削，消除两极分化，最终达到共同富裕。这是我们共产党人的奋斗目标和根本任务。这是共产党人为人民服务的出发点、着眼点和归宿。如果离开了这个根本目标就丧失了一个共产党员的现实意义。

　　全心全意地为人民服务，必须做到人民利益高于一切，他人利益高于个人利益。正确处理个人利益、集体利益、国家利益的关系，坚持国家、集体、个人三者利益兼顾的原则。绝不能为了谋求个人的利益而损害国家和集体的利益。因为国家和集体利益是人民群众包括共产党员在内的长远利益的体现，为国家利益和集体利益作出牺牲，不仅是全心全意为人民服务的要求，也符合我们共产党员的根本利益。全心全意为人民服务，要为人民办好事、办实事。要时

---

① 《邓小平文选》第二卷，第 276 页。

刻保持同人民群众的密切联系，倾听群众的意见和呼声，党员、干部同群众打成一片，为群众排忧解难，成为他们信任的知心朋友。

二、中国共产党是建设有中国特色社会主义事业的领导核心

　　共产党必须是工人阶级的先锋队，这是经过马克思主义经典作家科学论证和一百多年来实践检验的正确科学论断。我们党从诞生之日起，就明确宣布自己是工人阶级的先锋队。中国共产党是以马克思列宁主义、毛泽东思想武装的党，它是由工人阶级和其他劳动阶级中有共产主义觉悟的先进分子组成的党，是按照民主集中制的组织原则建立起来的，是一个有严格纪律的党。是同广大人民群众保持着密切联系的党。只有坚持党的领导，才能制定并贯彻执行正确的基本路线，才能保持安定团结的政治局面，才能充分调动全国各族人民的积极性，使建设有中国特色的社会主义事业兴旺发达。

　　中国共产党在以毛泽东为核心的党中央第一代成熟领导集体的领导下，胜利地完成了新民主主义革命、社会主义革命和建设的基础上，又领导全国人民在社会主义现代化建设事业上取得了伟大的成就。我们党在以邓小平为核心的党中央第二代成熟领导集体的指引下，领导全党和全国各族人民开辟了建设有中国特色社会主义的正确发展道路，开创了改革开放和社会主义现代化建设的新局面。

　　但是，在当代国际共产主义运动处于低潮的形势下，面临着一个严峻局势，面临着国际帝国主义的压力和攻击，面临着国内资产阶级自由化的严重挑战。我们党必须高举马克思列宁主义、毛泽东思想的旗帜，坚持毛泽东、邓小平建党学说，把我们党建设成一个思想上、政治上、组织上、作风上和制度上高度统一、高度纯洁的马克思主义的党。我们党迎接这个考验，发挥中流砥柱的作用。

（一）必须坚持党的工人阶级先锋队性质。

　　坚持党的工人阶级的先锋队性质，有非常重要的现实意义。为了保持工人阶级先锋队性质就必须在党的活动的各个方面体现这一根本原则。我们党必须按照党的"一个中心、两个基本点"的政治路线，坚决贯彻执行党的方针政策，要始终不渝地体现工人阶级和人民群众的意志和利益；在政治上要坚决维护工人阶级的领导地位，支持和领导人民当家作主；在工作中要全心全意地依靠工人阶级，依靠广大群众；在组织上要重视从工人、特别是生产第一线产业工人中发展优秀分子入党，在其他阶级和阶层中发展党员，同样要坚持工人阶级先锋队战士的标准。这是我们的指导思想和必须坚持的基本原则。

　　在新的形势下要永远保持党的工人阶级先锋队性质，这就必须对新的形势下政治斗争的新特点要有清醒的认识。因为阶级斗争、政治斗争的形式发生了根本性的变化。帝国主义主要不是靠武装颠覆，而是靠和平演变的种种手段，从经济、政治、文化、意识形态上进行渗透。在一定范围和条件下的阶级斗争的形式比较突出表现为意识形态领域的斗争；国内仍然存在着坚持反动立场的新剥削阶级分子，反动势力，敌对分子及各种破坏社会主义事业的刑事犯罪分子和资产阶级自由化分子；阶级斗争的焦点还是政权问题，要充分认识"和平"时期并不那么"和平"，敌对势力、反动分子还在千方百计推翻社会主义制度和人民民主政权。如果认为剥削阶级基本消灭了，作为工人阶级先锋队的党就可以不讲阶级性，不讲马克思主义的阶级斗争观，不讲阶级分析的方法，就是自我解除武装。在新的形势下，党要向人民群众指出新形势下阶级斗争的新特点，并带领群众用恰当的方式、方法进行坚决的斗争，维护党的工人阶级先锋队性质。

　　在改革开放的条件下，我们党要坚决防止偏离社会主义方向，变成社会主义民主党、人民党、改良的党，脱离人民群众的党。我们要在阶级状况发生变化的情况下，要防止工人阶级意识淡化，防止降低党员的标准，使工人阶级先锋队变成一般群众性的党。在资产阶级作为阶级基本消灭以后，工人阶级队伍自身也发生了变化。内部成分复杂了。把一些小资产阶级或其他阶级的意识带进了工人队伍。在产业工人队伍中，新工人学生成分很大，虽然文化程度提高了，思想活跃了，改革、创新的意识提高了，能不满现状而积极开拓。但是，工人阶级的历史使命感，主人翁意识差了一些。应当加强教育，提高素质。企业承包以后，雇佣观念也有所增强。知识分子成为工人阶级一部分，提高了工人阶级队伍的知识水平和文化水平。但是一部分知识分子的自由职业者的思想意识也随之产生，这就必须大力加强教育，不断提高工人阶级素质，大力加强提高全民族的素质，巩固工农联盟，充分发挥工人阶级的主力军作用，把建设有中国特色社会主义的事业推向前进。

当然，强化全党的阶级意识，增强主人翁的意识，这是值得重视的大问题。工人阶级意识有三个层次：一是自发的阶级意识；二是通过灌输马克思主义产生自觉的阶级意识；三是工人阶级先锋队意识。我们不能指望工人自发产生社会主义思想意识，只有大力强化工人阶级先锋队的意识，进行正面教育，使他们不断提高觉悟，提高政治思想水平，提高整个工人阶级的素质。只有这样，才能真正永远保持工人阶级先锋队性质，成为建设有中国特色社会主义事业的坚强领导核心。

坚持党的工人阶级先锋队性质，最根本的看两条：一条是党的阶级基础，是以工人阶级为主体的先锋队组织；二条是党的指导思想，要以马克思列宁主义、毛泽东思想武装全党。这两条相辅相成，缺一不可，构成一个有机整体。因此，要在建设有中国特色的社会主义事业中不断强化党的阶级意识，全心全意地依靠工人阶级；不断强化先锋队意识，努力提高党员的质量，这样，既巩固党的阶级基础，又要注意党员质量，保持它的先锋性、先进性。这就要坚持工人阶级是先进的阶级，共产党是工人阶级先锋队的组织。只有以马克思列宁主义、毛泽东思想武装起来的党，才能完成工人阶级的历史使命。

要保持党的工人阶级先锋队性质，就必须保证党员的质量，提高党员素质。要适应建设有中国特色的社会主义的需要，坚定不移地贯彻执行党的"一个中心、两个基本点"的政治路线。围绕着这条马克思主义路线，加强党的思想和组织建设。党的先进性要有必要的组织手段来保证。首先，要抓住入口处，把好入党关，绝对不能让不纯分子入党。要维护党的形象和声誉，坚持党员标准，在人民群众中把党的光辉形象树立起来。我们党有崇高的威望，每个共产党员一定要维护党的威信和形象；只有树立起党的光辉形象，才能把全国人民团结起来；只有坚持党员的标准，提高党员素质，才能取信于民，才能率领人民群众不断前进。其次，坚持共产党员的条件，纯洁党的组织，处置不合格的党员，这个出口关也要把好。应当清除的，必须清除，绝对不能让那些不合格的党员，败坏党的威信，损害党的形象。这一条搞不好，也难保持党的先锋队性质。只要这两个关口把好了，同时又加强教育，提高质量，提高全党素质就大有希望。

随着社会主义建设事业的发展,工人阶级的地位起了重大变化,工人阶级的队伍也迅速扩大，文化水平普遍提高，新一代工人大批成长起来，工人阶级内部的阶级结构以及劳动方式等等都有了深刻的变化，而且增加了一大部分新的知识分子队伍。但是，这种变化并没有，也根本不会改变工人阶级的阶级本质和历史使命。党不仅是工人阶级的阶级组织，而且是工人阶级的先锋队。那么，我国阶级关系和阶级结构的变化,对党的性质会带来什么新的情况和问题,有什么影响呢？

第一，党取得全国政权以后，工人阶级的地位和状况确实发生了根本的变化：由在旧社会被剥削被压迫的地位，变为国家的领导阶级；由不占有生产资料的雇佣劳动者，变为社会的主人翁。成为当家做主的社会主体力量。

　　但是，工人阶级的特性和先进性并不因此而改变。共产党作为工人阶级的先锋队，必须强化阶级意识，全心全意地依靠工人阶级。同时还要看到在改革开放的新形势下，产业工人的成分大量更新，大批老工人退休，大批初中、高中毕业以及大学毕业的知识青年和青年农民加入产业工人队伍，青年工人已占工人总数的百分之七十以上，知识分子已经作为工人阶级的一部分。这一部分工人与传统的产业工人比较，在劳动方式、工资待遇、个人素质有很大的不同。因此，我们党要有针对性地加强工人阶级的自身建设，加强教育，克服和纠正自身带来的弱点、缺点和容易发生的问题，使自身建设提到一个新的水平。

　　第二，知识分子是工人阶级的一部分，在社会主义现代化建设中，在建设有中国特色的社会主义事业进程中，必须尊重知识，尊重人才，充分发挥知识分子的作用。要看到绝大多数知识分子是拥护党、拥护社会主义的，搞资产阶级自由化的人，坚持资产阶级自由化立场的人是极少数。这个基本观点决不能动摇。

　　但是，知识分子分布在各条战线、各个部门，他们有的直接在生产第一线，同人民群众有密切联系；有的分散在上层建筑各个行业，离生产实际比较远；有的基本上属于个人从事脑力劳动。就是说，知识分子的工作方式、方法、思想特点、生活方式也有其特殊性，对他们的情况要做具体的分析，不能只满足于笼统的概念。有的同志提出，对知识分子既要尊重，又要加强教育，特别是要有效地做好思想政治工作，帮助他们逐步树立无产阶级的人生观和世界观。

　　坚持党的工人阶级先锋队性质，首先，要加强马克思列宁主义、毛泽东思想的教育，把党的思想建设放在首位，解决相当一部分党员思想上入党的问题。思想上入党就是要牢牢树立马克思主义的立场、世界观、人生观、价值观，克服和纠正各种非无产阶级思想。以马克思主义作为党的理论基础和行动指南，是党的先进性的主要标志，在今天党内的新成分大量增加，一部分党员思想还比较混乱的情况下，更有特殊意义。其次，要加强工人阶级队伍的建设。建设一个好的党，首先要建设好工人阶级队伍，把阶级基础打好。工人阶级是最先进的阶级，但工人阶级的成员不可能都自觉地认识到自己阶级的历史使命，也不可能都自觉地接受马克思主义。因此，要加强对工人阶级的阶级意识的教育，历史使命的教育，主人翁地位和责任感的教育，以及组织纪律性的教育。党要重视在先进工人中，特别是产业工人和生产第一线的工人中培养和吸收其中的优秀分子入党，要增加人民代表、党的代表大会代表中工人的比重，使工人阶级进一步参政议政。其三，要研究在执政党地位和改革开放的新形势下，对共产党员的要求，应该做什么，不应该做什么。许多企业、农村、学校、机关的党组织开展了"新形势下共产党员形象"的大讨论，树立一批标兵，大力进行表彰和推广，以提高党员素质，纯洁党的队伍。党员的先进性体现了党的先锋性。

第三，对影响党的性质的因素，要有一个清醒的认识。在阶级斗争形式发生变化的历史条件下，要警惕由工人阶级先锋队的党变为"和平党"、"生产党"、"群众党"、"改良党"以及脱离人民群众的党。首先，要在新形势下保持党的先进性和阶级性。必须对阶级斗争的新特点有个清醒的认识。如不保持清醒头脑就会吃大亏、上大当。其次，党的工作重点转移以后，要警惕党的非政治倾向，防止工人阶级先锋队的党变成"生产党"、"和平党""人民党"等等。在社会主义市场经济的新形势下，要有明确的政治方向。不能把权力进入市场交换的领域；不能用商品交换的原则代替党性原则；共产党员不能用"共同理想、共同富裕"代替党的最高理想；共产党员绝对不能"一切向钱看"，搞拜金主义，不讲信念和崇高理想，不讲无私奉献精神。这一些问题不明确，就会把先锋队沦为一般群众性组织，丧失工人阶级先锋队性质。其三，在阶级状况发生变化的新形势下，要防止工人阶级意识淡化，防止降低共产党员标准，使工人阶级先锋队变成一般群众性的党。在资产阶级作为阶级基本消灭以后，阶级队伍自身也发生了变化。内部成分也复杂了。把一些资产阶级、小资产阶级、封建主义的残余以及其他阶级的坏思想、坏作风，坏意识带进了工人阶级队伍内部。针对这种情况，必须加强教育，批判各种错误的思想与观点。

　　第四，巩固党的阶级基础，保持党的工人阶级先锋队性质。首先，要加强对工人阶级队伍的阶级意识教育，保持工人阶级的先进性、先锋性。在夺取政权以前，基本上是由帝国主义、封建主义、官僚资本主义这些反面教员教育工人，工人不革命没法活。夺取政权以后，反面教育没有了。解放后出身的青年工人占了绝大多数，他们的阶级意识、革命性、先进性从哪里来？就是靠教育，靠灌输。建设党首先要建设好工人阶级队伍，要把阶级基础打好。要把中国工人阶级培养教育成为世界上人数最多、最有革命性、最能艰苦奋斗的队伍，党就能立于不败之地。其次，要加强对党员的工人阶级先锋队意识教育，要求他们努力学习马克思列宁主义、毛泽东思想基本理论，学习党的基本路线，党的基本知识的教育。提高思想认识，提高阶级觉悟和思想理论水平，消除党内积弊。充分调动他们的积极性、主动性和创造精神。其三，对涉及工人阶级利益的有关政策要进行适当调整。有的政策和提法给工人带来了消极的不良影响。比如："一般不从工人、农民中直接提拔干部"的政策，当时对解决干部知识化的问题起了很大作用，但影响了工人、农民的政治热情。对那些党性强、觉悟高，素质好的优秀工人、农民进行培养、造就、提拔，是应该的，也是非常必要的。其四，坚持党的性质，根本问题在于指导思想和理论基础的高度统一。理论与实践的结合。思想理论上不一致，正确的方针、政策、制度照样有人不接受、不落实。你要全心全意依靠工人阶级，他认为应当依靠能人，企业家；你要清除不合格党员，他认为初级阶段党员标准不能太高。只有思想上高度纯洁和统一了，组织上才能巩固与提高。其五，保持党的工人阶级先锋队性质，不仅要看党员的成分结构，更重要的是看党的指导思想。我们党的创始人都是知识分子，后来党员中也是农民成分多，但是，我们党用马克思主义武装党员，就当之无愧地成为工人阶级的先锋队，就能够代表工人阶级的根本利益。如果没有马克思主义指导，工人本身不一定意识到自己的历史使命，自发的工人运动只能产生工联主义。党是工人阶级先锋队，不能等同于一般工人，必须坚持马克思主义这个指导思想。

（二）坚持共产党领导的多党合作和政治协商制度。

长期以来我们党形成了以共产党领导的多党合作和政治协商制度。历史实践证明，这个制度是符合我国国情的，是我国政治制度的基本特点和优点。它不仅是我国长期革命斗争的基本经验总结，也是建设有中国特色社会主义的一项重要内容。在建设有中国特色社会主义事业中也正在不断丰富、完善和发展。

我们中国共产党坚持在国家政权中同民主党派和党外人士长期合作共事，实行长期共存、互相监督、肝胆相照、荣辱与共的方针。是我国国情的特定历史条件所决定的。是马克思列宁主义普遍真理与中国具体实践相结合的产物，是我们党运用马克思主义的基本原理、原则，分析我国的历史和现状结成的统一战线的一个重要组织形式，不过每个历史时期都有它自身的特点和历史时代赋予的内容。

在新的历史时期，爱国统一战线也是一种特殊形式的阶级联盟。它包括两个范围的联盟：一个是大陆范围内的联盟，以四项基本原则为政治基础。在这个联盟的范围内必须坚持社会主义道路、坚持无产阶级专政、坚持共产党的领导和坚持马克思列宁主义、毛泽东思想。核心是党的领导和走社会主义道路。另外一个范围的联盟是团结台湾、港、澳同胞和海外侨胞的联盟。以拥护祖国的统一为政治基础。是根据"一国两制"的战略构想，相当长的时间并存，只要爱国，赞成祖国统一，即使不赞成社会主义制度的人也是统一战线的对象。因此，我们是要不断完善和发展在中国共产党领导下的多党合作，真正在新时期风雨同舟，患难与共。在这个制度下，民主党派是与中国共产党通力合作的参政党，不是在野党，更不是反对党，多党合作制的政治基础是坚持共产党的领导。实行这个制度，有利于加强和改善党的领导，有利于发扬社会主义的政治民主，有利于进行社会主义四化建设的伟大事业。

我们国家的多党制有一个显著特征，就是中国的其他政党是在承认中国共产党领导这个基础的前提下，为社会主义现代化服务，建设自己的国家。各个民主党派都有自己的优势和特点。邓小平指出："我国各民主党派在民主革命中有过光荣的历史，在社会主义改造中也作了重要的贡献。这些都是中国人民所不会忘记的。现在它们都已经成为各自所联系的一部分社会主义劳动者和一部分拥护社会主义的爱国者的政治联盟，都是在中国共产党领导下为社会主义服务的政治力量。"① 还着重指出："台湾同胞、港澳同胞和国外侨胞心向祖国，爱国主义觉悟不断提高，他们在实现统一祖国大业，支援祖国现代化建设和加强国际反霸斗争方面，日益发挥着重要的积极作用。"② 我们党领导的统一战线，已经成为工人阶级领导的、工农联盟为基础的社会主义劳动者和拥护社会主义的爱国者的联盟。就是要调动一切积极因素，努力化消极因素为积极因素，团结一切可以团结的力量，同心同德，群策群力，维护和发展安定团结的政治局面，为把我国建设有中国特色社会主义事业推向前进而奋斗。

我国同各民主党派和党外人士，在国家政权中合作共事和欧美资本主义国家两党制或多党制有着本质的区别。马克思说："寡头政体不是靠把政权经常保存在同样一些人手中而使自己永存下去的，而是采用这样的办法：它轮流地使政权从一只手中放下，又立刻被另一只手抓住。"③ 资产阶级轮流执政，执政党和在野党的差别仅仅在于维护资产阶级利益的方式和方法不同，是资产阶级专政的一种形式而已。所谓资产阶级政党制度，就是资产阶级政党代表资产阶级行使或干预国家政权的形式。由于资本主义国家具体的历史情况

---

① 《邓小平文选》第二卷，第186页。
② 《邓小平文选》第二卷，第186页。
③ 《马克思恩格斯全集》第11卷，第399页。

和政治、经济发展状况不同，资本主义国家具体的政党制度也不一样。根据每个国家能控制政权的政党多少，资产阶级一般又把它们区分为两党制、多党制和一党制。在当代主要资本主义国家，大多数都是有两个或两个以上的政党轮流或联合执政。所以，资产阶级的两党制、多党制只不过是资产阶级轮流统治的一种形式。它是资本主义生产关系在政治上的表现，是生产资料资本家所有制和雇佣劳动制度的本质反映；是资产阶级调节其内部不同阶层和集团之间矛盾的一种手段。资产阶级就是通过各个资产阶级政党的斗争，不断协调各个垄断集团之间的利益和矛盾，目的是为了维护整个资本主义制度；是为了欺骗和麻痹劳动人民，搞虚伪的民主选举。实质上都是资产阶级的专政。

在我国是以中国共产党为领导核心的，是在宪法的制约下中国共产党同各民主党派和党外人士实行互相监督、合作共事，坚持和发展党的统一战线。一方面，共产党是执政党，处于领导地位，各民主党派是参政党，议政党，在党的领导下服务于建设有中国特色的社会主义事业；另一方面，共产党同各民主党派和党外人士结成政治联盟，共商国家大政方针和重大决策。我们国家不搞像西方国家那样的多党制，轮流执政，你在朝，我在野。因为它不符合中国的国情，早已被中国的历史和现实所否定了。清代末年，以康有为、梁启超为首的资产阶级改良派和以孙中山先生为首的资产阶级革命派，都宣传过西方资产阶级政党政治的思想，并且组织过各种政党团体。也幻想"议会政治"，但都破产了。在我国如果搞多党政治，像西方国家那样，各个政党之间相互攻讦，相互倾轧，那么整个国家就会失去向心力和凝聚力，就会陷入四分五裂、动荡不安的政治局面。其结果，只能给人民带来无穷的灾难。这一点，在旧中国饱尝忧患的中国人民，记忆犹新，决不会让这种历史重演。

我们党一贯重视和民主党派、党外人士合作共事的传统。建国以后，党根据我国实际情况，吸收民族资产阶级以及民主党派和爱国人士代表人物参加我国人民民主专政的社会主义国家政权机关担任重要领导职务：当时中央人民政府委员会 61 名委员中，党外人士占 31 名；政务院 32 个部级单位，在正职负责人中党外人士 13 人，占 40％，副职负责人中党外人士 31 人，占 43％。在我国，民主党派成员和广大党外人士，大多数有科学知识，有专业技术和业务才能。全国知识分子干部非党知识分子约占 70％以上。把他们当中的代表人物和优秀分子安排、选拔到各级政权领导班子里来，使他们有职、有权、有责。充分发挥他们的聪明才智，激发他们的积极性、主动性和创造性。通过他们，团结影响和带动他们联系的广大人民群众，为建设有中国特色的社会主义事业做出应有的贡献。

　　在党的领导下，实行多党合作，正如邓小平同志说的，这是我国具体历史条件和现实条件所决定的，也是我国政治制度中的一个特点和优点。说它是特点，是历史形成的，在民主革命时期交织着民族矛盾和阶级矛盾、内战和外战，红色和白色政权。国共两党又联合、又分裂，呈现出极为复杂的政治局面。充满着复杂尖锐的矛盾和斗争。在广大的中间阶层中，民族资产阶级没有形成一个强大的独立的政治力量，它受帝国主义压迫和封建主义束缚，经济上的不发达，带来政治上的软弱性和动摇性，基本上没有掌握过政权，也没有形成单一的政党。所以我国民主党派并不是单一的资产阶级或小资产阶级。或其他什么阶级的。而是具有阶级联盟性质的党派。民主党派在民主革命时期的大部分时间都参加了革命或者对革命保持同情和中立。共产党和各民主党派在民主革命中建立并日益发展了团结合作的关系，为人民民主专政下实行共产党领导的多党合作制度奠定了基础。

　　中国共产党在多党合作中的领导地位，是由各民主党派在长期革命斗争中所作出的历史性选择。周恩来指出："我们的革命是反帝、反封建的资产阶级民主革命。民族资产阶级在帝国主义、封建主义和官僚资本主义的压迫下不能发展，他们想在反帝、反封建、反官僚资本主义的斗争中谋求自己的生存和发展；国民党实行一党专政，压迫民主党派，因此，他们就要反对国民党的独裁。这种历史条件，使中国的民族资产阶级、各民主党派能够在民主革命时期逐步在国民党与共产党两大党的对立斗争中选择了共产党。"① 这是历史的产物，是一个明显的特点。在建国初期，各民主党派都宣布以《共同纲领》作为自己的政纲，拥护共产党的领导，参加了人民民主专政的政权，形成了以共产党为领导的多党合作制度。

我国在社会主义改造基本完成以后，社会阶级结构和阶级关系发生了根本性的变化。我国各民主党派由民族资产阶级、上层小资产阶级及其知识分子的阶级联盟，逐步转变成为各自所联系的一部分社会主义劳动者和一部分社会主义爱国者的政治联盟，是为社会主义服务的政治力量。随着各民主党派的阶级属性的变化，共产党和各民主党派的关系是新型的党政关系。以共产党为领导的多党合作制，是我国人民民主专政的特点，也是它的一个优点。

总之，中国共产党充分尊重各民主党派在宪法范围内的政治自由，组织独立和法律上的平等地位。我国社会主义制度下的多党合作制，既区别于其他社会主义国家的一党制，又与资本主义国家的两党制或多党制有着本质的区别。我国多党合作制是我国政治制度的一个突出特点和优点，要在坚持四项基本原则、坚持改革开放的基础上，在中国共产党领导下的多党合作具有巨大的潜力。要在建设有中国特色社会主义的事业中作出更大的贡献。

（三）正确处理党内矛盾和人民内部矛盾，加强党和人民的团结。

无产阶级政党内部始终存在着矛盾和斗争。这是阶级生活、政治生活、社会生活以及意识形态等领域的客观反映。所谓党内斗争主要是指党组织内部和同志之间的斗争。他们有共同的理想、信念、奋斗目标，有共同的思想、政治、组织、制度以及作风的基础。党内斗争，就其实质来说，主要是思想斗争，是思想原则上的分歧和斗争。所谓人民内部矛盾，包括工人阶级内部的矛盾、农民阶级内

---

① 《周恩来统一战线文选》第 347～348 页。

部的矛盾，知识分子内部的矛盾，工农两个阶级之间的矛盾，工人、农民同知识分子之间的矛盾，工人阶级和其他劳动人民同民族资产阶级之间的矛盾，民族资产阶级内部的矛盾，等等。是在人民利益根本一致的基础上的矛盾，只有在这个前提下，才属于党内矛盾和人民内部矛盾。在党内、人民内部有一条基本原则，就是要调动一切积极因素，团结一切可能团结的力量和人，并且尽可能地将消极因素转变为积极因素，为建设有中国特色的社会主义事业服务。

在党内和人民内部的矛盾和斗争，我们应当遵循的基本原则和方针，正如毛泽东指出："解决人民内部矛盾，不能用咒骂，也不能用拳头，更不能用刀枪，只能用讨论的方法，说理的方法，批评和自我批评的方法。一句话，只能用民主的方法，让群众讲话的方法。"就是说，要摆事实，讲道理，防止简单粗暴的做法。对一切犯有这样那样错误的同志，只要是党内问题，就是一时党内矛盾和敌我矛盾交织在一起，暂时区别不清，也首先按党内矛盾解决。对犯了错误，有所觉悟，愿意进步的同志，不但要看，而且要帮。等待他改正错误，要帮他改正错误。毛泽东指出："人是要有帮助的，。荷花虽好，也要绿叶扶持。一个篱笆要打三个桩，一个好汉要有三个帮。"尤其是犯了错误，更需要别人帮助。"看"，等待犯错误的同志改正错误是必要的，不过还是消极的。必须"帮"，帮助犯错误的同志早日改正错误，"这就是对待犯错误同志的积极态度。"①

对待犯有错误的同志我们党的一贯方针是"惩前毖后，治病救人"。给犯错误的同志一条出路，允许犯错误的人改正错误，继续工作，不要像《阿Q正传》上的赵太爷不许阿Q革命。因此，对待犯错误的同志，究竟是采取敌视态度，还是采取帮助态度，这是区别一个人是好心还是坏心的一个标准。我们必须采取"团结——批评——团结"的公式，从团结的愿望出发，经过批评或斗争达到团结的目的。我们进行党内斗争，解决党内矛盾，唯一正确的目的，就

---

① 《毛泽东选集》第五卷，第148页。

是"清除各种非无产阶级的思想意识","反对各种不良倾向"克服
与纠正"左"的和右的机会主义。使党内的思想斗争、解决党内矛
盾、以及解决人民内部的矛盾，沿着正确轨道前进。在马克思主义
基础上团结起来。在人民的根本利益上团结起来。

　　党内斗争从性质上讲有思想、政治、组织，以及带有阶级斗争
的性质，在一定的领域和范围内斗争的性质也不完全相同。如党内
同宗派活动的斗争、反对"左"右倾两条路线的斗争、同一般错误
思想与行为的斗争、同腐败分子和违法乱纪分子的斗争以及同党内
暗藏的阶级异己分子、反革命分子、叛徒、特务，敌对势力的斗争，
等等。有时党内矛盾、人民内部矛盾、敌我矛盾交织在一起，甚至
于资产阶级和各种反动势力，为了瓦解我们党，总是千方百计混进
党和政府里的坏人，或者是他们的代理人，或者本身就是异己分子，
或者蜕化变质分子，这种矛盾既不是党内矛盾，也不是人民内部矛
盾，而是敌我矛盾的性质。要严格区别党内矛盾、人民内部矛盾和
敌我矛盾。一时分不清，就低不就高，不乱上纲，要区别性质，准
确处理。万万不可草率，主观武断。

　　党内斗争的根源与实质。党内斗争关系到党的性质，党内斗争
是不以人们主观意志为转移的客观反映，它是无产阶级政党向前发
展的动力和生机的源泉。毛泽东指出："党内不同思想的对立和斗争
是经常发生的，这是社会的阶级矛盾和新旧事物的矛盾在党内的反
映。党内如果没有矛盾和解决矛盾的思想斗争，党的生命也就停止
了。"①我们一切共产党人，绝对不能把党内斗争看成是宗派斗争、这
一帮与那一伙之争，甚至是权力之争。如果是这种简单概念的认识，
就阉割了党内斗争的性质和它的客观性、规律性和必然性。刘少奇
指出，如果我们党不进行党内斗争，那些"非无产阶级的思想意识，
'左'的右的机会主义就会在党内发展，就要影响与支配我们的党，
就要使党不能巩固发展，就要使党不能保持自己的独立性，就要危

---

　　① 《毛泽东选集》第一卷，第306页。

害党，使党腐败下去。"它们"就可能腐蚀我们的党或党的某些部分，就可能使我们的党或党的某些部分起质的变化，变为非无产阶级的组织。"所以，党内斗争是完全必要的，也是不可避免的。我们从某种意义上说，党的历史就是党的各种矛盾斗争的历史，就是克服这些矛盾并在克服和纠正这些矛盾的基础上逐渐发展和巩固我们党的历史。

党内的矛盾和斗争与人民内部的矛盾和斗争是客观存在。是政治集团、社会矛盾的产物，无产阶级政党本身就是一个矛盾的结合体。任何政党都存在着党内矛盾和党内斗争。但是，不同政党，就其党内斗争产生的根源、性质是完全不相同的。就无产阶级政党来说，党内斗争的根源，主要有两个方面，即社会根源和认识根源。就社会根源来说，主要是非无产阶级对党的影响、社会存在的影响。

刘少奇指出："党与无产阶级是经常处在其他各种非无产阶级——大资产阶级、小资产阶级、农民、甚至封建残余势力的包围之中。这些其他各种阶级，便在同无产阶级的斗争或在同无产阶级的联合中，经过党与无产阶级的内部不稳定的成分，侵入到党与无产阶级内部来，在思想意识上，在生活习惯上，在理论上，在行动上，经常影响党与无产阶级。"[1] 正是从这个意义上讲，我们说："党内斗争是党外阶级斗争的反映。"对这个原则，要具体问题具体分析，要根据历史条件、时代特征、党的政治任务，以及革命与建设的中心任务去正确对待和科学分析，这是马克思主义的灵魂。要从实际情况出发，要"情况明、决心大、方法对"，主要是情况明。情况不明决心大，就会犯错误。

首先，要正确区分阶级斗争与思想斗争；党内矛盾和具有阶级斗争性质的对抗性矛盾，但还不是敌我矛盾。其次，人民内部矛盾和敌我矛盾交织在一起，混合矛盾，一时难以区分，因为阶级斗争反映到党内来，一般就失去了原来阶级对抗性质，基本上还属于思

---

[1]《刘少奇选集》上卷，第178～179页。

想意识范畴的斗争；其三，随着剥削阶级的被消灭，阶级斗争只在一定条件下和一定范围内存在，已不是社会的主要矛盾，因此，反映阶级斗争的党内矛盾所占的比重越来越小，要看到这种必然趋势。人民内部矛盾比党内矛盾更复杂，更广泛，更有它的特殊性和一般性。要深刻认识到，在社会主义初级阶段的主要矛盾，是人们日益增长的物质文明需要同落后的社会生产力之间的矛盾。阶级斗争在一定范围内还会长期存在，但已经不是主要矛盾。在这个阶段中主要是一心一意搞经济建设，而不是以阶级斗争为纲，这就为党内斗争提供了基础和前提。要以正确处理人民内部矛盾为主体的社会矛盾呈现在我们面前。无论在党内、在社会范围内，大量的人民内部矛盾，要求我们去认识、去分析、去探索、去正确处理。

党内矛盾和人民内部矛盾，大量存在，从矛盾的内容和表现形态都是相同的。工作上、认识上的不同意见的矛盾更是普遍存在，还有个人、集体和国家利益上的种种矛盾。有的为了个人利益、本单位、本部门的利益与集团的利益而严重损害党和人民的利益，他们同党的矛盾，同人民的根本利益是属于对抗性的。要掌握住这个大的界限。抓住这个大界限，才能把这种带有对抗性质的问题同工作上认识上的不同意见和失误区别开来。在掌握这样大的界限的基础上，尽量多做工作，做好工作，重视这种矛盾的产生与发展，要敢抓那些带有对抗性质的萌芽状态的矛盾，立场坚定、旗帜鲜明，方法准确，要化消积因素为积极因素。必要时采取果断措施，消灭在萌芽状态，以稳定大局，维护人民的根本利益。我们党的宗旨是全心全意地为人民服务。党内发生的同党对抗的矛盾，是同党的宗旨、党的组织、党的纪律根本不相容的。在人民内部如果和人民的根本利益相冲突触犯国家法律，就要依法处理，这当然就不是人民内部矛盾，已发展成为敌我矛盾。我们要掌握住这条界限。特别是在新的历史时期、在改革开放的条件下，矛盾比过去任何时候既普遍、又广泛，既曲折又复杂，矛盾丛生，有时非常尖锐。党内矛盾、人民内部矛盾问题需要认真对待。特别是在实行一系列改革的过程中，更要重视这个问题。我们要遵循毛泽东关于《矛盾论》和《关于正确处理人民内部矛盾的问题》的基本原理、原则，结合我们的实际，认真分析党内矛盾和人民内部矛盾的内容、性质、表现形式。及时发现、及时解决、正确处理。

为了加强党和人民的团结，就必须坚持党内和人民内部矛盾斗争的正确方针。毛泽东指出："我们主张积极的思想斗争，因为它是达到党内和革命团体内的团结使之利于战斗的武器。"① 从党内斗争的性质基本上是一种思想斗争的这一事实出发，总结党内斗争和正确处理人民内部矛盾的正反两个方面的经验和教训，形成了我们党："惩前毖后、治病救人"的方针，这是在党内斗争中正确对待犯错误的同志的方针。所谓"惩前毖后、治病救人"，就是对以前的错误一定要揭发，不讲情面，要以科学的态度，实事求是的精神，来分析批判过去的坏东西，以便使后来的工作慎重些，做得好些；"治病救人"，也就是我们要揭发错误，批评缺点的目的，是为了救人，不是把人"整死"，等等。绝对不能进行"残酷斗争，无情打击"那种"左"的错误做法。从这个经验里，我们找到了一个公式："团结——批评——团结"。就是从团结的愿望出发，经过批评或者斗争使矛盾得到解决，从而在新的基础上达到新的团结。按照我们的经验，这是解决人民内部矛盾的一个正确的方法。"把这个方法推广到了党外。在各抗日根据地里，我们处理领导和群众的关系，处理军民关系、官兵关系、几部分军队之间的关系、几部分干部之间的关系，都采用了这个方法，并且得到了伟大的成功。"② 全国解放以后，我们对民主党派和工商界也采取了"团结——批评——团结"这个方法。我们现在的任务，就是要在整个人民内部继续推广和更好地运用这个方法，去解决人民内部的矛盾。

---

① 《毛泽东著作选读》上册，第180页。
② 《毛泽东选集》第五卷，第370页。

第三节　要正确开展党内两条战线的斗争

一、党内矛盾和斗争的本质、特点和主要表现

党内矛盾和斗争是毛泽东建党学说中的一个重要理论问题，它关系到党的自身如何建设和发展，是正确认识党的历史和现状的一把钥匙。党内矛盾和斗争，又是党的建设实践中的一个紧迫的实际问题，它要求我们要以科学态度分析党所面临的新形势、新问题，正确处理党内外各种矛盾，解决新的历史时期在建设有中国特色的社会主义事业中出现的一系列实际问题。对这个问题邓小平同志从理论与实践上有突出的贡献和重大的现实意义。

在党的发展过程中，党内存在着各种各样的矛盾和斗争。一般说来，所谓党内矛盾，就是指党内围绕着党的基本路线发生的思想上、政治上、组织上、制度上和作风上的不同意见和分歧；所谓党内斗争，就是解决和处理党内矛盾的方式、方法及其过程。党内矛盾是一个不依赖于人们意志而存在的客观现实，则是人们有意识的活动过程，是人们为了解决党内矛盾而采取的行为方式，二者有区别，又有紧密联系。无产阶级政党是有自己的行动纲领、历史使命和奋斗目标的全心全意为人民服务的党。党要实现自己的纲领和目标，就必须有一条马克思主义的政治路线，按照这条路线的要求，必须正确处理好党内外种种分歧，必须同党内外出现的各种违反党的政治原则、政治立场和错误行为进行坚决的斗争，以保证党的政治路线的实现。

邓小平指出："我们是社会主义国家，社会主义制度优越性的根本表现，就是能够允许社会生产力以旧社会所没有的速度迅速发展，使人民不断增长的物质文化生活需要能够逐步得到满足。按照历史唯物主义的观点来讲，正确的政治领导的成果，归根结底要表现在

社会生产力的发展上，人民物质文化生活的改善上。如果在一个很长的历史时期内，社会主义国家生产力发展的速度比资本主义国家慢，还谈什么优越性？我们要想一想，我们给人民究竟做了多少事情呢？我们一定要根据现在的有利条件加速发展生产力，使人民的物质生活好一些，使人民的文化生活、精神面貌好一些。"① 就是说要把党的重心始终放在经济建设上，坚持以生产力为衡量政党的领导标准，这是邓小平建党学说对毛泽东建党思想的创新和发展。要在坚持四项基本原则的基础上发展生产力。为了发展生产力，必须对我国的经济体制、政治体制的改革，实行对外开放的政策，建立健全社会主义市场经济体制和相适应的政治体制。因此，邓小平建党学说的一个重要指导思想，就是要围绕着党的基本路线，进行党的建设，围绕着基本路线的需要来进行正确处理党内矛盾和党内斗争。只有这样"党的建设就能够更加适合新的历史时期的需要。"②

（一）党内矛盾和斗争的基本特征和表现。

党内矛盾和党内斗争，有着各种各样的表现和特征。从党内矛盾和斗争的实际情况来看，基本上有三个方面的主要特征：1. 党内在政治原则、政治立场、大是大非方面的分歧和斗争。主要是围绕着党的"一个中心、两个基本点"的基本路线、政治立场、大是大非以及党和人民的根本利益等等重大政治原则、政治方向而展开和进行的斗争。这种斗争不是经常发生的，实质上是马克思主义路线与机会主义路线的斗争，即正确路线与错误路线的斗争。2. 党内思想上、工作上的分歧和斗争，主要是围绕着党内政治生活中大量出现的正确思想、观点，反对错误的思想、观点在具体问题上展开和进行的。这种斗争是经常发生的，实质上是思想性质的斗争，即正确思想与错误思想的斗争以及马克思主义的观点和非马克思主义观

① 《邓小平文选》第二卷，第 128 页。
② 《中国共产党第十二次全国代表大会文件汇编》第 4 页。

点的分歧与斗争。3. 对混进党内、政府内的敌对分子、蜕化变质分子、腐败分子、阶级异己分子、严重违法乱纪分子的斗争。这种斗争具有阶级斗争的性质，即敌我矛盾的性质。有时敌我矛盾和党内矛盾交织在一起，一时难以划清，要正确区别两种性质不同的矛盾，要高度重视，慎重处理，决不能掉以轻心。对这种矛盾，在党内，我们党一贯坚持的方针是"大部不抓，一个不杀"。实践证明这个方针是完全正确的。

纵观我们党 70 多年的发展历史，一个重要的历史经验就是：凡是我们党正确地开展党内斗争，正确地解决党内矛盾的时候，党的组织就巩固和发展，革命和建设事业就不断取得一个又一个的胜利；相反，凡是党在开展党内斗争和解决党内矛盾过程中犯了"残酷斗争、无情打击"的严重错误的时候，革命和建设事业就遭到挫折和失败。这是历史的结论，也是党内斗争规律性的反映。我们必须牢记这个规律，运用这个规律，从而正确地开展党内斗争，解决党内矛盾，这就要求每个领导干部必须遵循的。

党内矛盾和斗争的主要表现：首先，党内马克思主义的正确路线与机会主义的错误路线的矛盾和斗争。这是党内为了实现在特定历史条件下的政治任务，在总的政治路线、方针性问题上所产生的对立和斗争。这种斗争无论是正确路线还是错误路线，都有一套理论、纲领、方针和政策，都要通过党的组织系统去贯彻执行。都要通过人去执行，通过干部去贯彻。无论在民主革命时期，还是在社会主义革命与建设时期以及新的历史时期都是一样的。我们党内曾经发生过多次马克思主义的正确路线与机会主义错误路线的对立和斗争。

其次，党内无产阶级思想与非无产阶级思想的矛盾和斗争。这是党内经常和大量存在的矛盾和斗争。一般是指党内存在的无产阶级思想与非无产阶级思想意识和错误意识的斗争。毛泽东指出："无产阶级思想和非无产阶级思想（其中有小资产阶级、资产阶级甚至地主阶级的思想，而主要是小资产阶级的思想）之间的矛盾，即马克思主义思想和非马克思主义思想之间的矛盾"。"这是一个极其严重的矛盾，一个绝大的困难。"①刘少奇又进一步指出："在我们党内，最本质的矛盾，就是无产阶级思想与非无产阶级思想的矛盾，其中最主要的是无产阶级思想与农民、小资产阶级思想的矛盾。"因此，"我们党的建设中最主要的问题，首先就是思想建设问题，就是以马克思列宁主义——无产阶级的科学思想去教育与改造我们的党员、特别是小资产阶级革命分子的问题，就是和党内各种非无产阶级的思想进行斗争并加以克服的问题。"② 因此，无产阶级思想和非无产阶级思想的矛盾，是我们党内最本质的矛盾。这种矛盾是普遍的、大量的、经常发生的。这是教育的重点。

其三，党同内部各种宗派活动和派别集团的矛盾和斗争。党内的宗派活动，一般是指党内发生的某些人为维护个人或少数人利益在组织上进行的一种不正派的小集团活动。党是无产阶级先进分子组成的统一战斗集体，是先锋队组织，党的性质决定党内不允许有宗派活动，决不允许有任何政治派别和派别集团的存在。马克思指出："一切宗派实质上都是反动的。"实质上起着互解的反动作用、离心作用。腐蚀党的肌体的作用。

其四，反对党内无原则纠纷的斗争。所谓党内的无原则纠纷，就是指离开党的根本原则、根本利益和立场，站在个人利益或派别利益的立场上所进行的斗争。这种无原则纠纷的实质，就是"一切以'我'个人为中心，从'我'个人的立场出发，在党内造成纠纷"。③从而达到个人的目的。有的人整天不琢磨事，光琢磨人，话难听，脸难看、事难办，有权有利一点不给，半点不让，毫不利人专门利己，搬弄是非，挑拨离间，制造混乱，故意整人，在关键时落井下石，专门整人等等。

---

① 《毛泽东选集》第三卷，第1108页。
② 《刘少奇选集》上卷，第327页。
③ 《刘少奇选集》上卷，第201页。

其五，党同各种混进党内的敌对分子、蜕化变质分子、腐败分子，阶级异己分子的矛盾和斗争。党在夺取政权、巩固政权的长期革命与建设的斗争中，非常注重纯洁阶级队伍，不断清除各种混进党内的敌特分子、阶级异己分子和蜕化变质分子，并同这些敌对分子进行坚决的斗争，保证党的纯洁性。

总之，党内斗争的表现是多种多样的，特点也是比较明显的，重要的是要严格区别其性质，讲究斗争的方法，记取党内斗争的经验与教训。

党内矛盾和斗争的性质基本上是两大类型，即对抗性矛盾和非对抗性矛盾。对抗性矛盾，主要是指那些特定历史条件下发生在党的根本利益和革命目标等重大原则上的冲突和对抗。例如：同党内机会主义路线的代表人物的矛盾和斗争。如同陈独秀、王明、张国焘等"左"右倾机会主义路线的斗争；同林彪、江青反革命集团的斗争；同党内蜕化变质分子的斗争，如同刘青山、张子善等人的斗争；还有同党内顽固坚持资产阶级自由化立场的人的矛盾和斗争。这种原来是非对抗的矛盾和斗争，转化为对抗性的矛盾和斗争，情况复杂，性质交叉，并不等于完全是敌我之间矛盾，实质上是阶级斗争在党内的反映。就是说少数非对抗性矛盾可能转化发展成为对抗性矛盾，量变可以引起质变，有的非对抗性矛盾可以转化为对抗性矛盾，如果处理得好，掌握得好也可以转化为非对抗性矛盾。

当然，要正确处理党内矛盾，必须根据矛盾的不同特点和不同性质来进行，不同性质的矛盾，只有用不同质的方法才能解决。对党内的非对抗性矛盾，要用批评自我批评的方法来解决，要用整党整风的方法来解决。而对党内的对抗性矛盾，同那些蜕化变质分子和腐败分子的矛盾，只能采取坚决清除的方法。只有情况明，决心大，方法对，经过批评与自我批评，坚持党性原则，采取正确方法才能达到团结的目的。要化消积因素为积极因素，多做思想政治工作，转化矛盾，达到团结和统一，既要坚持原则又要团结同志。

（二）开展党内斗争，解决党内矛盾，必须坚持实事求是的基本原则。

开展党内斗争，解决党内矛盾，我们一定要坚持和遵循党一贯的实事求是的基本原则。邓小平同志在南巡重要谈话中就再一次指出："实事求是是马克思主义的精髓。要提倡这个，不要提倡本本。我们改革开放的成功，不是靠本本，而是靠实践，靠实事求是。……过去我们打仗靠这个，现在搞建设、搞改革也靠这个。我们讲了一辈子马克思主义，其实马克思主义并不玄奥。马克思主义是很朴实的东西，很朴实的道理。"

实事求是，就是要从客观存在的实际情况出发，从中引出固有的而不是臆造的规律性，指导我们的实践活动。"实事求是"是毛泽东思想的精髓和基本点，是党的思想路线的核心。邓小平同志把解放思想、实事求是统一起来，成为党的思想路线的核心和精髓；开展党内斗争，解决党内矛盾，必须坚持实事求是的科学态度，对党内矛盾的性质、产生的原因、事情发生的过程及对党的工作的正反两方面的影响，都要具体、客观、实事求是的分析，具体、客观地对待，既要解放思想，敢于同党内存在的各种错误倾向和错误思想作坚决斗争，又要把握矛盾质与质的界限，不夸大矛盾和斗争，也不缩小矛盾与斗争。真正做到恰如其分、恰到好处，符合事物的本来面目。

当然，开展党内斗争和正确解决党内矛盾，要以党规党法为依据。在这个基础上从严治党。切实保证党的民主权利，允许党员依照党章规定的权利和义务提出自己的意见。党内斗争必须以增强党的团结为目的。党是在自身内部矛盾运动中不断发展和巩固起来的。党内团结和党内斗争，就是党内矛盾运动的两个方面，党内的矛盾运动推动党内不断前进和发展。因此，党的团结和斗争是辩证的统一。巩固和发展党的团结是进行党内斗争的出发点和归宿。只有按照马克思列宁主义、毛泽东思想的原理原则，科学地认识党内存在的各种矛盾，正确地开展党内思想斗争，就一定能够保证我们党实现正确的领导，巩固和发展党的团结和统一。

　　但是，要把反倾向斗争同两条路线的斗争区别开来，特别是同"文化大革命"中用得很乱的两条路线斗争区别开来。邓小平指出："我们不提路线错误，是考虑到路线斗争、路线错误这个提法过去我们用得并不准确，用得很多很乱。过去我们讲党的历史上多少次路线斗争，现在看，明显地不能成立，应该根本推翻的，就有刘少奇、彭、罗、陆、杨这一次和彭、黄、张、周这一次，一共两次。高饶事件的基本结论是维持了，但也不好说是什么路线斗争。说罗章龙是路线错误，老实说也没有说中。罗章龙是搞派别斗争，是分裂党，另立中央。高饶事件也是类似那么一个性质，当然还不是另立中央。瞿秋白的错误不到半年，李立三只 3 个月。过去评价历史上的路线斗争并不准确，这是我们不主张提路线斗争的一个理由。还有一个理由，过去党内长期是这样，一说到不同意见，就提到路线高度，批判路线错误。"所以，"……党内斗争是什么性质就说是什么性质，犯了什么错误就说是什么错误，讲它的内容，原则上不再用路线斗争的提法。"① 邓小平提出关于党内斗争的一个重要思想，即根据党内斗争的性质实事求是地进行两条战线的斗争。这是对马克思主义关于两条战线斗争的理论原则的进一步丰富和发展。

　　纵观我们党的 70 多年历史，在一定的历史时期同时存在着一条正确路线和另一条与之相对立的错误路线，二者展开着斗争的情况并不多见；较多的只是正确路线战胜错误路线的斗争以及正确路线同错误路线的流毒和影响的斗争。怎样才算形成错误路线呢？毛泽东在 1956 年谈到王明、李立三这两个错误路线的代表人物时说过："他们搞主观主义、宗派主义是明火执仗，敲锣打鼓，拿出自己的政治纲领来征服人家"，"教条主义现在不是个路线问题，因为它没有形成。我们党的历史上有几次教条主义路线问题，因为它形成制度，

---

　　① 《邓小平文选》第二卷，第 307～308 页。

形成政策，形成纲领。"①

这就是说，不能随意什么错误思想或倾向都能构成错误路线。只有错误倾向发展到了有组织、有纲领、有政策、有制度的系统化地步，才能说形成了一条错误路线。如果错误思想和错误倾向不能及时纠正和克服，就有可能发展成为错误路线。因此，提路线斗争要慎重，不能随意"上纲"、"上线"，夸大为错误路线，那是非常错误的。只有坚持实事求是这个基本原则，才能正确处理党内的矛盾与斗争。

开展党内斗争必须坚持思想教育的根本原则。既要弄清思想，又要团结同志，以理服人，说服教育。刘少奇指出，党内"同志间原则上的分歧和对立，虽然可以发展到政治上的分歧，但是它的实质，它的内容，基本上还是一种思想斗争。"② 只能用"批评与自我批评"、"团结——批评——团结"和"惩前毖后，治病救人"的方针来解决矛盾。目的是为了弄清思想，分清是非，解决矛盾，团结同志，提高党内同志的思想阶级觉悟，提高认识世界、改造世界的能力。所以，党内斗争必须和思想教育紧密结合起来，使党内斗争沿着正确的轨道不断前进。

开展党内斗争，反对"左"和右的倾向以及反对各种错误的思潮，必须保持党的团结一致为目的，这也是进行党内斗争，处理党内矛盾必须遵循的一条基本原则。列宁指出："党内的这种思想斗争，不应该分裂组织，不应该破坏无产阶级的一致行动。这在我们党的实践上还是一个新原则，因此，还要做很多工作来正确地实现这一原则。"③ 我们要注意思想上的分歧和斗争，防止政治上的尖锐对抗，导致组织上的分裂。在反对"左"和右的两条战线的斗争中，反对错误倾向、错误思潮，都必须坚持实事求是的原则，思想教育的原

---

① 《毛泽东选集》第五卷，第302、450页。
② 《刘少奇选集》上卷，第179～180页。
③ 《列宁全集》第10卷，第348～349页。

则，团结统一的原则。要从实际出发，在一定时期内，哪种错误倾向是主要的，它表现的什么特点，一定要从实际出发，要实事求是，是什么倾向就反对什么倾向，有什么问题就反对什么问题，是什么问题就解决什么问题，绝对不能硬搬别国的经验。这是开展两条战线斗争中应当遵循的基本原则。

（三）反对"左"和右的两条战线斗争，是个长期的战略任务。

要正确进行党内两条战线的斗争，反对"左"和右的错误倾向是一个长期的战略任务。它将贯穿于党的建设的全过程。过去、现在和将来，我们都是在纠正"左"和右的两种错误倾向的斗争中，党的正确路线得以贯彻执行，党和革命与建设事业得以前进和发展。我们党只有不断排除来自"左"和右的错误倾向的干扰和破坏，才能使党沿着正确的航向前进。

什么是"左"和右呢？一般来说，"左"和右是一个政治概念，有其自身的性质和特点。我们所说的"左"倾和右倾，主要是指党内和革命队伍内部出现的偏离党的政治路线的两种不同形态的错误倾向。当然，不是指的左派和右派这样两种不同性质的政治派别。不论"左"还是右，都是一种错误的倾向，都是由偏离正确的政治路线而产生和存在的，都是相对正确的政治路线而言的。因此，离开了政治路线问题，也就谈不上什么左和右的问题了。既然有它的内涵和外延，又有它的针对性和实践性，它是党内斗争的两种表现形式。从一定意义上说，党是在两条战线斗争中成长、壮大和得到锻炼和考验的。党内斗争的理论、原则、方法和形式是马克思和恩格斯首先提出来的。

首先，左和右的概念应溯源于法国大革命时期。18世纪法国资产阶级革命时期、第三等级院在对待革命措施的问题上发生了意见分歧，分成了拥护派和反对派。在当时的国民代表会议大厅中央主席的大桌子中，比较保守的人都自然地喜欢坐在会场右侧的席位上。实际上是一种与会人的习惯凑在一起；比较激进的人都习惯地坐在会场的左侧的席位上。于是，人们就把比较保守的一边叫右派，比较激进的一边叫左派。马克思和恩格斯从这一涵义引伸出它的政治的、阶级的内涵。左派——即无产阶级革命派；右派——即资产阶级反动派。从那个时期一直到本世纪20年代，左和右都是指的政治派别，而非政治错误。

其次，列宁和斯大林沿用了这个概念。在开始的时候用左倾的概念来指代无产阶级内部激进派。因为当时无产阶级革命力量还比较薄弱，激进派常常给刚刚萌芽的无产阶级革命带来很大的失误，惹事生非出毛病，因此，激进派是极端错误的。为了表示贬义，特在左字上加个引号；而当时的右派，即保守派虽然延缓了革命的进程，但并没有给革命带来明显的损失，因此，右字既不含贬义，也就无需加上个引号了。到了本世纪20年代末，随着无产阶级革命力量的强大，无论是激进派还是保守派，都会给革命带来不同程度的损失。因此，就使用"左"倾机会主义和右倾机会主义来划分无产阶级政党内部的政治路线的大是大非的错误。具有了它特定的性质和特点，成为无产阶级政党内部斗争的特定概念和专用名词了。

其三，列宁总结了国际共产主义运动中的经验与教训。在同俄国党内机会主义派别的斗争中，在同国际上"左"和右倾机会主义的斗争中，进一步丰富和发展了马克思列宁主义关于党内斗争的理论、原则、方法和斗争形式，针对俄国社会民主党内部的实际情况，就广泛运用"左"倾机会主义与右倾机会主义来划分无产阶级政党的政治路线错误的性质。

大概在1908年左右，列宁概括为反对"左"和右的两种错误的基本表现形式，以后又有新的发展；大概在1910年列宁又把它明确地概括为"两条战线的斗争"。列宁在给"保管人"的一封信的草稿中指出："在承认两条战线的斗争，即反对取消主义和召回主义——最后通牒主义的基础上建立党的统一的经验。……忠实地服从党的多数，这个多数使党摆脱了1907—1909年的危机，走上了坚决进行两条路线斗争的道路。"① 这种斗争是长期的复杂的。列宁认为，修正主义思潮有两种表现形态，即从"左"面来的修正主义和从右面来的修正主义。同时还认为，党内的错误思想也有两种表现形态，即"左"倾思想倾向和右倾思想倾向。党内只有克服了这两种错误倾向，才能在斗争中不断巩固和发展，这是一切国家工人运动发展的一个共同的客观规律。

其四，毛泽东根据列宁的提法，以及由此而形成的思维习惯，多次提出过关于划分"左"和右的标准。他指出："什么叫'左'？超过时代，超过当前的情况，在方针政策上、在行动上冒进，在斗争的问题上、在发生争论的问题上乱斗，这是'左'，这个不好。落在时代的后面，落在当前情况的后面，缺乏斗争性，这是右，这个也不好。"② 孔子在《论语》中也说过类似的思想，如"过犹不及"，意谓事情做过了头和赶不上同样不好。这当然是指一般事物而言的，其中的"过"可以理解为"左"，赶不上也是右。这种"左"和右的错误倾向，一般都是在为了共同目标奋斗的过程中产生的思想上、政治上和认识上的分歧、矛盾和斗争。这两种错误倾向斗争的实质是世界观、方法论问题，是形而上学、唯心论在党内的反映。

其五，在党内发生错误倾向时，一个时期总是一种错误倾向是主要的危险，然而在反对一种主要倾向时，要注意防止另一种错误倾向的滋长。"左"和右在一定条件下可以互相转化的，殊途同归。因此，在反"左"时要注意防右，在反右时要注意防"左"。要注意一种倾向掩盖着另一种倾向。这就要求我们，要防止在反对倾向斗争中的片面性和极端性。有时在实际斗争中，常常反了这一种倾向，又助长了另一种倾向，从一个极端跳到另一个极端。因此，"左"和右是两种畸形发展的错误倾向，在一定条件下互相转化并互相补充，殊道而同归。由于两者都是背离了马克思列宁主义、毛泽东思想的

① 《列宁全集》第34卷，第424~425页。
② 《毛泽东选集》第五卷，第152页。

基本原理、原则。有它共同的思想基础和认识根源。在对事业的危害方面来说，一个从"左"面进行危害党的事业，一个从右面进行危害党的事业，都是错误。车翻到"左"沟和右沟都是一样的翻车。因此，共产党员，党的干部特别是领导干部认识和掌握了"左"和右的实质、特点和危害，就能在反右时注意防"左"，反"左"时注意防右，从而保证党的正确路线的贯彻执行，这是进行两条战线斗争的基本指导思想。

马克思列宁主义、毛泽东思想论述了关于反对"左"和右的党内两条战线斗争的产生、形成和发展，都有它特定的涵义和历史时代的特征，是一个长期的战略任务。在各个历史时期，反映的内容、表现形式、特点都是不相同的，都有它的实践意义。

马克思主义认识论告诉我们，政治路线的正确与否并不取决于任何人的主观臆断，而完全取决于它是否符合一定的社会历史阶段的客观实际，是否符合社会的发展规律和中国革命、建设任务的客观要求。在党的十一届三中全会以后确立的"一个中心、两个基本点"的政治路线所以正确，一百年不动摇。就在于自我国改革开放以来的历史实践越来越证明它是符合社会主义初级阶段的客观实际的。一切背离或偏离这一正确基本路线的种种错误倾向，有些所以是"左"的，有些所以是右的，也就在于实践证明它们从哪方面背离了社会主义初级阶段的客观实际。在这里判别和区分"左"和右的标准，与判别路线的正确与否的标准一样，归根到底是社会实践。实践是检验真理的唯一标准。

二、全面准确坚持和贯彻执行党的基本路线，防止和反对"左"和右的干扰，是邓小平同志一直关心的主题

邓小平同志南巡的重要谈话，把我国的社会主义现代化建设推向了一个新的历史发展阶段。对建设有中国特色社会主义事业具有

重大意义和深远影响。

（一）要全面坚持，准确贯彻执行这条马克思主义路线。

邓小平同志南巡的重要谈话指出："现在，有右的东西影响我们，也有'左'的东西影响我们"，"右可以葬送社会主义，'左'也可以葬送社会主义。……右的东西有，动乱就是右。'左'的东西也有，把改革开放说成是引进和发展资本主义，认为和平演变的主要危险来自经济领域，这些就是'左'。我们必须保持清醒的头脑，这样就不会犯大错误，出现问题也容易纠正和改正。"这就明确指出，防止和反对"左"和右的干扰，是邓小平同志一直关心的主题。

邓小平同志这次重要谈话，对建设有中国特色社会主义的一系列理论和实践问题作了精辟的概括和总结，既有丰富的理论内涵，又有很强的现实性和针对性；既体现了他的一贯思想和主张，又有许多新的发挥和发展。特别是党内两条战线的斗争是他极为关注的重要问题。因为建设有中国特色的社会主义理论指导，我国的改革开放和社会主义现代化建设取得了举世瞩目的伟大成就。这一理论的正确性、科学性经受了实践的检验，经受了历史剧变的严峻考验。实践的检验和历史的证明告诉我们：必须牢牢掌握这一科学的理论和党的"一个中心、两个基本点"的基本路线，几十年、一百年坚持下去，决不能动摇。这是一条马克思主义的路线，要全面坚持，准确贯彻执行这条马克思主义路线。只要掌握、坚持、全面理解这一理论、这条马克思主义路线，我国的经济建设才能迅速发展，社会才能进步，中国的社会主义现代化才能大有希望。

历史的经验值得注意。由于"文化大革命"的错误，极"左"路线把我国的经济引向崩溃的边缘之际，当"贫穷的社会主义"宣布破产，信念、理想"危机"愈演愈烈的时候，邓小平同志以马克思主义者的胆略和伟大气魄，求实的革命精神，丰富的斗争经验，成熟的领导者，在全国推行改革开放的战略思想。用"实事求是"取代了"两个凡是"；用"以经济建设为中心"取代了"以阶级斗争为纲"；用"改革开放搞活"取代了僵化、封闭、停滞状态，等等。在此基础上，形成了十一届三中全会以来的一整套完整的路线、方针和政策。党的"十三大"把它概括为我们党在社会主义初级阶段的建设有中国特色的社会主义的基本路线，即"一个中心、两个基本点"的政治路线，成为我们党的一条马克思主义路线。这是邓小平同志对建设有中国特色的社会主义理论，是把马克思列宁主义、毛泽东思想的基本原理和我国现代化建设实践相结合的产物，是马克思列宁主义、毛泽东思想的新发展。

在新的历史时期党内斗争的主要任务是什么呢？就是全面坚持，准确地贯彻执行党的"一个中心、两个基本点"的政治路线一百年不动摇，围绕着如何走有中国特色的社会主义道路问题，不断地受到"左"和右的两个方面的干扰，出现了"左"和右的两种错误倾向。邓小平同志南巡重要谈话中指出："基本路线要管一百年，动摇不得。只有坚持这条路线，人民才会相信你，拥护你。谁要改变三中全会以来的路线、方针、政策，老百姓不答应，谁就会被打倒。这一点，我讲过几次。"他还强调指出："党的基本路线要管一百年，要长治久安，就要这一条，真正关系到大局的是这个事。"这就要求我们党政干部，特别是领导干部，要全面坚持，准确贯彻执行这条马克思主义路线。要保持清醒的头脑，要坚决防止社会上、党内外有的从右的方面来怀疑、反对，也有从"左"的方面来怀疑和反对。要勇于同背离党的"一个中心、两个基本点"的政治路线的各种错误倾向进行斗争。就是说，如果涉及从方向上背离党的基本路线，那就会发生"左"和右的倾向，如果不及时加以纠正和反对，任其发展下去，都会葬送我们建设有中国特色社会主义事业 的发展。就会犯这样那样的错误。

（二）在中国革命和建设事业中，既要反"左"又要反右，有"左"反"左"，有右反右。是什么性质的问题，就是什么性质问题。

邓小平建党学说的一个重要指导思想，就是根据党内斗争的性质，实事求是地进行两条战线的斗争。有"左"反"左"，有右反右是由党内矛盾的性质所决定的。党内的矛盾和斗争是一个十分复杂的现象。在剥削阶级作为一个阶级被消灭以后，大量的党内矛盾，人民内部矛盾，大多属于根本利益、根本目标一致基础上的矛盾和斗争。先进与落后、正确与错误、主观与片面，都会产生着矛盾和斗争。由于革命和建设事业本身的复杂性和党内每个同志的知识、经历、地位、实践经验、思想修养、认识能力的不同也会产生这样、那样的矛盾，等等。这种思想矛盾和斗争就会出现正确思想路线与"左"、右两种错误倾向的斗争。

邓小平同志的一贯思想和基本点是：在建设有中国特色社会主义的事业中，既要反"左"又要反右，有"左"反"左"，有右反右。是什么性质的问题，就是什么性质问题。这一直是邓小平同志关心的主题。我们党的一切干部，特别是领导干部要牢牢记住这个最根本的指导思想。他说："纠正'左'的倾向和右的倾向，都不要随意上'纲'，不要人人过关，不要搞运动。人人都去作检查，那就会变成运动。当然，不搞运动不等于政治工作没有方向，也不是不要声势。"① 他还特别强调指出："有些人发议论，往往只看现象，原因是理论和实践都没有根底。只有打下根底，才能真正纠正错误，包括纠正'左'的和右的错误。延安整风，反对主观主义、宗派主义和党八股，就是从根本上而不是从枝节上解决问题。"②

这就是说，我们党政领导干部，要把握住邓小平同志的一贯指导思想和基本点。就必须从理论和实践两个方面打下根底，只有具备一定的马克思列宁主义、毛泽东思想的理论功底，丰富的政治斗争经验才不会"左"右摇摆，才能在革命和建设的事业中，在全面贯彻执行党的基本路线的进程中真正抓住这个指导思想和基本点。

要把握住指导思想和基本点，就是说，党的基本路线、基本理

① 《邓小平文选》第二卷，第381页。
② 《邓小平文选》第二卷，第382页。

论原则、基本知识等这些关系全局的重大问题上，必须保持它的连续性和稳定性，决不能因为一时一事政治上的变动，而随意地作出倾斜性的解释，否则的话就要惹出乱子来。马克思主义认为，不应该迁就眼前事变，忘记根本利益、长远大计。党的"一个中心、两个基本点"的政治路线要管一百年，有它的继承性、稳定性，不能随意去应付眼前的政治变动。这一条作为党的干部特别是领导干部头脑要清醒、立场要坚定不移。为了适应反倾向斗争的需要，有时强调其中这一点或那一点，这是可以的，甚至是必要的。但是，强调的力度和方式要适当，不要破坏它的内部各个组成部分之间的稳定关系，不能随意给别人扣上什么"左"倾和右倾的大帽子去吓唬人。邓小平同志对有"左"反"左"，有右反右，对"左"对右，都要做具体分析。他说："黄克诚同志讲，有'左'就反'左'，有右就反右。我赞成他的意见。对'左'对右，都要做具体分析。"因为"反对和否定四项基本原则，有来自'左'的，有来自右的，写文章要注意到这两个方面。"① 这是我们观察和分析问题的一把钥匙，要具体问题进行具体分析，这是马克思主义的灵魂。

党的十一届三中全会后不久，邓小平同志在 1979 年 3 月 30 日在党的理论工作务虚会上作《坚持四项基本原则》的讲话中就指出："关于林彪、'四人帮'所散布的极'左'思潮（毫无疑问，这种思潮也是反对四项基本原则的，只是从'左'面来反对），我们过去已经进行了大量的批判，今后还需要继续开展这种批判，不能放松。现在，我想着重对从右面来怀疑或反对四项基本原则的思潮进行一些批判。"② 反对党的四项基本原则来自"左"和右的冲击都有，要进行具体的分析。邓小平在 1981 年 2 月 27 日《关于反对错误思想倾向问题》一文就指出："要加强坚持四项基本原则的宣传、教育，要多写这方面的文章。要批判'左'的错误思想，也要批判右的错误

---

① 《邓小平文选》第二卷，第 379～380 页。

② 《邓小平文选》第二卷，第 166 页。

思想。""解放思想，也是既要反'左'，又要反右。三中全会提出解放思想，是针对'两个凡是'的，重点是纠正'左'的错误。后来又出现右的倾向，那当然也要纠正。"① 邓小平同志针对"两个凡是"提出解放思想冲破禁锢思想、保守僵化而言的。只有思想解放，增强自身的活力和能量，使我们的思维、思想活跃起来，勇于创新，绝不保守；还必须要实事求是，就是以科学的态度、作风和方法对待实际问题。这样就把解放思想与实事求是统一起来了。就是说，"解放思想"是要解决"要不要，敢不敢"冲破禁锢、更新观念的问题，而"实事求是"就是从实际出发，不唯上、不唯书，要唯实，不盲从，不屈服权威，按照事物的本来面目，如何解放和创新的问题。这样既能防"左"，又能防右。只有解放思想与实事求是统一起来才能做到。

　　为什么重点是纠正"左"的错误呢？邓小平同志指出："对'左'的错误思想不能忽略，它的根子很深。重点是纠正指导思想上'左'的倾向，但只是这样还不能完全解决问题，同时也要纠正右的倾向。"特别是"对军队中'左'的影响不能忽视。有些三四十岁左右的干部，受'左'的影响，从'左'的角度看问题的比较多。部队一些干部包括有的老干部，对三中全会以来的政策不理解，有的以为是搞资本主义，这主要是来自'左'的影响。但也不是没有资产阶级腐朽思想的影响，比如对靡靡之音和社会上一些坏风气，有些人就喜欢。"② 时间过去 14 个年头了，这些话值得我们深思啊！

　　按照邓小平同志的一贯指导思想，反对党内"左"右倾向错误，必须依据具体情况决定方针。在我们党的历史上，曾经出现过只能反"左"不能反右，或者只能反右，不准反"左"的错误，吃了大亏，这个教训不能忘记。同时，要注意在纠正一种主要错误倾向时，也要注意掩盖着的另一种错误倾向。

---

① 《邓小平文选》第二卷，第 379 页。
② 《邓小平文选》第二卷，第 379～380 页。

邓小平同志在党的十二届二中全会上就指出："十一届三中全会以来，我们花了很大气力纠正'文化大革命'及其以前的一些政治运动和思想斗争中的'左'的错误，是完全正确的。这类'左'的错误决不允许重犯。但是，不少同志片面地总结历史教训，认为一讲思想斗争和严肃处理就是'左'，只提反'左'不提反右，这就走到软弱涣散的另一个极端。"① 就是要坚决防止小资产阶级的"左"倾幼稚病，"狂热性"和"疯狂性"。在反对倾向斗争的进程中，"我们在强调开展积极的思想斗争的时候，仍然要注意防止'左'的错误。过去那种简单片面、粗暴过火的所谓批判，以及残酷斗争、无情打击的处理方法，决不能重复。""批评或自我批评都要站在马克思主义立场上，不能站在'左'的立场上。对于思想理论方面'左'的错误观点，仍然需要继续进行批评和纠正。但是，应当明确指出，当前思想战线首先要着重解决的问题，是纠正右的、软弱涣散的倾向。"②

（三）实事求是地反对党内两种错误倾向，是我们党内斗争历史经验教训的基本总结。

在我们党的历史上，曾经出现过多次的路线错误和路线斗争给我们党造成了不可弥补的重大损失。所谓路线斗争，主要是指党内在总的根本性的、全国性的指导思想上发生发展的尖锐对立和严峻斗争。

从实践中看，路线斗争经历了一个曲折复杂的过程，有时也曾出现过滥用的不准确不科学的表述给实际工作带来灾难。路线一词在党内首次出现是在党的"八七"会议和党的"六大"以后使用过。自王明在反对李立三路线的斗争过程中，他写了《两条路线》一书，把李立三的错误提高到路线错误的高度。实际上他是用路线斗争当"手段"、"棍子"打击别人抬高自己，标榜自己是百分之百的布尔什

---

① 《建设有中国特色的社会主义》（增订本），第24页。
② 《建设有中国特色的社会主义》（增订本），第35～36页。

维克主义路线。他搞"残酷斗争、无情打击"在党内斗争上造成了很恶劣的影响。所以，邓小平同志说，我们不主张提路线斗争，应该着重实事求是地分析错误的实质和根源。不应当靠简单的"扣帽子""打棍子"及惩办的方法去解决。我们总结了历史的经验与教训，坚持实事求是地进行两条战线斗争的正确做法。反"左"反右，是"要分清理论是非、路线是非，要开展批评和自我批评，互相帮助，互相监督，克服各种错误思想。"① 只有实事求是地既反"左"又反右，才能使全党达到在马克思列宁主义、毛泽东思想基础上的团结，才能使党成为建设有中国特色社会主义的坚强核心。

　　1985年9月23日邓小平同志在党的全国代表会议上的讲话，又明确指出："多少年来我们吃了一个大亏：社会主义改造基本完成了，还是'以阶级斗争为纲'，忽视发展生产力。'文化大革命'，更走到了极端。十一届三中全会以来，全党把工作重点转移到社会主义现代化建设上来，在坚持四项基本原则的基础上，集中力量发展社会生产力。这是最根本的拨乱反正。不彻底纠正'左'的错误，坚决转移工作重点，就不会有今天的好形势。"同样，不认真坚持四项基本原则，就不能保持安定团结的局面，还会把纠'左'变成'纠正'社会主义和马列主义，也不会有今天的好形势。"② 建国以来我们吃尽了"左"的苦，给党的事业造成了巨大的损失。邓小平同志在《改革是中国发展生产力的必由之路》一文中指出："1957年开始有一点问题了，问题出在一个'左'字上。我们反对资产阶级右派是必要的，但是搞过分了。'左'的思想发展导致了1958年的'大跃进'，这是比较大的错误，在不具备条件的情况下大炼钢铁，再加上一系列具体的'左'的作法，结果使我们受到惩罚。""但是'左'的指导思想并没有根除"，"以后就搞了'文化大革命'，走到了'左'的极端。""这场'革命'的对象就是这些老干部。我们把

---

① 《邓小平文选》第二卷，第148页。

② 《建设有中国特色的社会主义》（增订本），第120～121页。

这种思想叫作极左思潮"。"要特别注意我们'左'的错误。'左'的错误带来的损失，历史已经作出结论。我们都是搞革命的，我们搞革命的人最容易犯急性病。我们的用心是好的，是想早一点进入共产主义。"①这是邓小平同志会见津巴布韦非洲民族联盟主席，政府总理穆加贝时谈话讲了我国的经验与教训。指出了我们中国不成功的经验，让他们注意和借鉴，但是，绝对不能照搬，照搬就会违反客观社会发展的规律。

在建设有中国特色社会主义的事业中，在社会实践中，我们要牢牢掌握邓小平同志的指导思想和我们党关于反对党内两种错误倾向斗争的历史经验，坚持正确的观点，即既反"左"又反右，坚持唯物史观，不搞片面性，绝对化。在不同历史条件下，总有一个主导的，有一个主要方面，或主要危险，有时候这方面侧重一些，有时候那方面侧重一些，在纠正"左"中防右，反右中防"左"的斗争中不断前进。

但是，决不容许用"左"来反"左"，或者用右来反右，这样都没有好结果。要站在党的立场上，人民的立场上去纠正这两种错误倾向。我国在社会主义建设的错误主要是"左"。"左"的错误之长，差不多近二十年。例如，从1957年开始我们的主要错误是"左"、"文化大革命"是极"左"。由于根子深，时间长，"左"已经形成了一种习惯势力。旧的一套搞惯了，要改不容易。而改革的历史任务，正是要从根本上改变已经形成的体制和习惯的那些束缚生产力发展的东西。因此，在我国，在改革开放的进程中，中国要警惕右，主要是防止"左"的问题。

三、中国要警惕右，主要是防止"左"

邓小平同志在1992年初视察南方重要谈话中强调指出："中国

---

① 《建设有中国特色的社会主义》（增订本），第114、115、119页。

要警惕右，但主要是防止'左'"，"根深蒂固的还是'左'的东西。"还强调指出："'左'的东西在我们党的历史上可怕呀！一个好好的东西，一下子被他搞掉了。"这是邓小平同志对当前现状的科学分析和正确的结论。它反映了党内反倾向斗争的客观规律，为党内两条战线的斗争指明了方向。

国际共产主义运动的历史和我们党的实践一再证明：党在其制定和执行正确的纲领、路线、方针和政策的进程中，总会遇到来自"左"或右的两个方面的干挠和破坏。因为党内两条战线的斗争是客观存在的，必然的，不以人们的意志为转移的。马克思主义认为，党是在两条战线斗争中成长壮大和得到锻炼的，这是一条客观规律，是党的学说一条重要原理和原则。党内无论是"左"倾机会主义，还是右倾机会主义，都是同马克思主义原则和党的路线、战略策略背道而驰的。"左"和右在一定条件下互相转化，并互相补充。因此，反右要防"左"，反"左"要防右。无论是反"左"和反右两种错误倾向，都必须坚持一切从实际出发，要具体问题具体分析的原则。为什么说"左"是当前主要危险，有些什么特点和主要表现呢？

（一）党内受"左"的影响年深日久，有它的长期性、顽固性和劣根性。

我们党在民主革命时期有陈独秀、张国焘的右倾，也发生过瞿秋白、李立三、王明等三次大的"左"倾错误。特别是王明那一次"左"倾路线统治了我们党五年之久，直到遵义会议在毛泽东同志领导下才进行了彻底的纠正。毛泽东同志在总结党在第二次国内革命战争时期的经验时指出："历史告诉我们，正确的政治的和军事的路线，不是自然地平安地产生和发展起来的，而是从斗争中产生和发展起来的。一方面，它要同'左'倾机会主义作斗争，另一方面，它又要同右倾机会主义作斗争。不同这些危害革命和革命战争的有害的倾向作斗争，并且彻底地克服它们，正确路线的建设和革命战争的胜利，是不可能的。"① 党正是在同各种机会主义的斗争中不断成长壮大起来的。"党内如果没有矛盾和解决矛盾的思想斗争，党的生命也就停止了。"② 我们党的历史上的遵义会议，结束了王明"左"倾机会主义路线在党内和红军的指挥权，确立以毛泽东为核心的在党中央的领导地位。从此，我们党走上了马克思列宁主义发展的轨道，挽救了革命、挽救了党、挽救了民族的危亡，这是党内正确路线反对错误路线的伟大胜利。这是党的历史上一次生死攸关的转折点。

　　综观我们党的历史，无论是"左"倾还是右倾都使党和人民的事业遭受重大损失和惨痛的教训。但在我们党的历史上相比而言，党内犯"左"倾错误比犯右倾错误的时间更长、影响更大、危害更深，给中国革命和建设事业造成的恶果更大。我们党在以毛泽东为核心的党中央第一代领导集体的坚强领导下，创造了一条适合中国国情的革命道路，领导中国革命取得了伟大的胜利。毛泽东同志在党的六届六中全会上总结时明确指出："在党的六届五中全会以前，我们党反对了陈独秀的右倾机会主义和李立三同志的'左'倾机会主义。由于这两次党内斗争的胜利，使党获得了伟大的进步。五中全会以后，又有过两次有历史意义的党内斗争，这就是在遵义会议上的斗争和开除张国焘出党的斗争。"③ 经过延安整风运动，反对主观主义以整顿学风，反对宗派主义以整顿党风，反对党八股以整顿文风。由于延安整风运动是用无产阶级的立场、观点、思想、方法去改造和克服党内的非无产阶级的思想的教育运动，统一了全党的思想，教育了干部，为我国的抗日战争和解放战争以及建立中华人民共和国奠定了坚实的基础。

　　建国以后，我们党从 1957 年后期逐步向"左"的方面发展。从"大跃进"到"文化大革命"极"左"达到了登峰造极的程度。党的

---

　① 《毛泽东选集》第一卷，第 186 页。
　② 《毛泽东选集》第一卷，第 306 页。
　③ 《毛泽东选集》第二卷，第 530 页。

十一届三中全会才得到了彻底纠正，长达 20 年之久。经过邓小平同志倡导和支持实践是检验真理的唯一标准的讨论，才解决了思想路线问题。我们党进行了一系列的拨乱反正，正本清源，重申党的思想、政治和组织路线，提出了社会主义初级阶段的理论和建设有中国特色社会主义的思想、理论、路线、方针和政策，使党沿着马克思主义的正确轨道前进。

在我们党的历史上，在党内斗争中特别是在反倾向的两条战线的斗争中，长期以来根深蒂固的还是"左"的东西。党内受"左"的影响年深日久，有它的长期性、顽固性和劣根性。刘少奇指出："党内斗争是保持党的纯洁与独立，保证党的行动在代表无产阶级最高利益的路线上进行，保持党的无产阶级性质所完全不可缺少的。为了这个目的，党内斗争还必须在两方面来进行，必须在两条战线上来进行。因为非无产阶级的思想是从两方面来影响党的，是从右面或者从'左'面来进攻党的，是在党内表现为右倾机会主义或'左'倾机会主义的。"……"所以党是在不断的党内两条战线的斗争中巩固与发展起来的。"① 这是历史的结论。

邓小平同志在系统地总结了国际共产主义运动和我党的历史经验的基础上，指出：中国要警惕右，但主要是防止"左"，这一科学论断，是对党的学说的重大发展。这主要是以全面贯彻执行党的基本路线为政治基础，是"左"还是右是以它为标志的（当然必须是一条马克思主义路线）。因为党是在内部斗争中不断成长、壮大和发展起来的，党内的矛盾和斗争是不可避免的。错误的思潮往往来自"左"和右两个方面，党必须正确开展两条战线上的斗争，正确分析党内矛盾，把握斗争的适度是个原则问题，我们要清醒的认识到，在经济文化不发达的国家，封建专制制度影响较深的国家里进行革命与建设，党内更容易产生"左"的错误，其持续的时间更长、危害也大。当然，主要是防止"左"并不排斥对右保持高度警惕，永远

---

① 《刘少奇选集》上卷，第180页。

牢记，坚持实事求是的原则，有"左"反"左"，有右反右，是什么问题，反什么问题，有什么问题，解决什么问题。

（二）"左"带有革命的色彩，好像越"左"越革命，有它的遗留性和理论错误的导向性。

长期以来错误的认为"左"比右好，"左"是方法问题，右是立场问题。有它的遗留性和理论错误的导向性。因为"左"带有革命的色彩，有一种保护色。在我们党的历史上，有痛苦的经验和惨痛的教训，给党的事业带来了严重的灾难，给党的干部队伍建设造成了不可弥补的损失，这也是历史的结论已经证明了的。

有人说："左"，主观上还是要革命的，动机是好的，犯了错误也不过是个方法问题，危害不大。右是资产阶级性质错误在党内的反映，是个立场问题。因此，"左"倾保险，右倾危险，"左"比右好。这种传统观念、传统意识的遗留性，总是在自觉不自觉地影响着人们的思维活动。特别是以个人得失为出发点、着眼点，当然就会产生宁"左"勿右了。这种脑筋必须换一换才行，观念必须更新，因循守旧是可怕的！多少年来，因为被认为是右（实际上是正确的）而得祸，因为"左"（实际上是错误的）而得福、得利、得到重用提拔，这种例子不是个别的。"右派"平反了尚有余悸，"左"的可怕，则安身立命有利可图，风险小，得利大。有的人就宁"左"勿右，这种历史经验和教训我们应当牢记。

教条主义、本本主义，思想僵化，失去了创造性和积极性和主动性，要把人们的思想从"左"倾思想的束缚下解放出来。把人们的手脚从"左"倾体制的羁绊下解放出来也要有个过程。因为这种劣根性的影响太深了、太顽固了。特别是在1956年批"小脚女人"；1957年反右派扩大化；1958年反右倾、反冒进、批观潮派；"文化大革命"批"保守派"、批"二月逆流"和反对右倾翻案风，等等，都有重要的思想影响。如果不换脑筋，不转变观念，不克服"左"的思想影响，就不能进一步解放思想，就迈不开改革开放的步伐。在某种意义上讲，纠正"左"的东西比纠正右的东西更难一些。在建设有中国特色的社会主义过程中，"左"经常在束缚人们的思想，束缚生产力的发展，影响改革开放。因此，邓小平同志提出了一整套改革开放的理论、路线、方针和政策，从根本上把生产力从束缚它发展的政治与经济体制下解放出来。当然，对改革开放热情要高，胆子要大，但头脑要冷静，步骤要稳妥，措施要得当，把握住"冷"与"热"的辩证统一。要求解放思想与实事求是统一起来，去指导社会主义现代化建设事业。

（三）当前的主要危险是"左"，主要表现在什么地方？

有人认为，把改革开放说成是引进和发展资本主义。多一分外资就多一分资本主义；"三资""独资"企业多了，就是资本主义多了，就是发展资本主义；现在已经出了新的资产阶级和正在"疯狂"发展资本主义；因此，当前主要矛盾仍然是资产阶级和无产阶级的矛盾，走资本主义道路和走社会主义道路的矛盾；因此，"走资派还在走"！这当然是错误的，不正确的。还有的认为，"和平演变"是当前的主要危险，"和平演变"是来自经济领域，"经济特区"就是发展资本主义的温床。这显然是错误的。也有的认为，"乡镇企业是不正之风的风源，农村承包责任制是集体经济瓦解的根源"。干什么事，他都要问一个姓"社"还是姓"资"，让你什么事都不敢干，什么事也不能干。有人说，"划出一块地方给外商承包开发，实际上是出卖国家主权，丧权辱国，出卖国家机密"，"认为发展私营企业、个体户，实际上是改变社会主义的性质。在批判资产阶级自由化思潮和反和平演变的教育中，出现了这样一些苗头，眼见东欧剧变、苏联解体，国内混乱甚至打内战，就草木皆兵，便认为应以反对"和平演变"为中心，对以经济建设为中心发生摇摆。贴标签搞形式主义、搞花架子，务虚劲不干实事，"天桥把式，光说不练"，"练唱功，不练做功"，"只琢磨人，挑拨是非，制造混乱，不干实事"，等等。"左"的东西可以说比比皆是。

由于它带有革命的色彩，是革命的言辞，具有欺骗性大，也有它的投机性和隐蔽性。在我们党的历史上是如此，现实生活中也是如此。所以，在党政领导干部中，特别是高级领导干部，要摆脱"左"的思想束缚，是一个重大的课题，如果不敢触动它，不去触动它，改革开放就无非是空谈一阵子。因此，我们必须接触思想实际，必须真正融会贯通，从理论和实践的结合上搞清楚一些根本性的理论问题，只有这样，我们才能真正解放思想，实事求是，更新观念，排除各种干扰，特别是来自"左"的方面的干扰，坚定不移地贯彻党的"一个中心、两个基本点"的政治路线。

究竟是反"左"为主还是反右为主的争论由来已久，有时表现得很尖锐。我们要实事求是的进行具体问题具体分析，掌握适度，保持冷静思考的头脑。针对当前的现状进行科学分析。邓小平同志认为要坚持防"左"为主的指导思想，把我国的经济建设搞上去。因为现在挑战和机遇、困难和希望并存，现在是机遇和希望大于挑战和困难，抓住机遇发展自己，主要是发展经济，加快改革开放步伐。按照邓小平同志设计的方案，我们从现在起要争取30年的时间，即到下一世纪20年代末，在各方面形成一整套更加成熟更加定型的、有鲜明中国特色的社会主义制度，再继续奋斗30年基本实现社会主义现代化。在实现社会主义现代化的整个历史进程中，都要始终坚持党的"一个中心、两个基本点"的政治路线。任何干扰、偏离这条政治路线的言行都是错误的，必须加以纠正。

当然，"左"和右在一定条件下可以互相转化。这就使我们要保持清醒的头脑，要看到在反对"左"或右的错误倾向的斗争中，具有它的复杂性、艰巨性和长期性，决不是一劳永逸的。不能有短视行为，个人情绪，这次看错了受了批评，下次看对了就打个"翻身仗"，成为"算不完的账"的"窝里斗"，这种思想意识或"倾向斗争意识"是错误的，不可取的，值得我们警惕的。

邓小平同志指出："中国要警惕右"。在社会主义条件下右就是反对四项基本原则，特别是反对党的领导，反对社会主义道路，就是企图把改革引向资本主义。从党的领导上说，就是对反党反社会主义的思潮不制止，甚至纵恿、支持。我国 1989 年资产阶级自由化造成的"动乱"和反革命暴乱，就是突出表现；国内资产阶级自由化思潮的泛滥，主张"全盘西化"，完全丧失了理想和信念，照搬西方民主、自由、人权；国际上敌对势力推行"和平演变"战略，民主社会主义思想的影响，否定党的先锋队性质，用人民性代替党性；东欧的剧变，苏联的解体后的险恶状况，大家看到了右可以葬送社会主义的历史事实。形'左'实右也同样可以葬送社会主义。邓小平指出的"右可以葬送社会主义，"左"也可以葬送社会主义"的论断，这是在新的历史条件下，对于"左"和右的实质和危害作出的新的科学概括，也是历史和现实的经验总结。

（四）"左"右摇摆，好走极端，爱"刮风"，是政治上不成熟的表现。

旧中国是一个半封建半殖民地的东方大国。小生产汪洋大海，非常容易滋长"左"和右的错误思潮。它的基本特征是："左"右摇摆、好走极端、投机取巧、华而不实、哗众取宠，爱"刮风"。甚至有的是"弹簧脖子、轴承腰；头上插着试风标，哪边风吹往哪边飘"。"骑墙、墙头草"式的人物。有它的落后性、幼稚性、狂热性和疯狂性。实际是小农经济的产物或遗留的反映。具有这样的社会基础和思想根源、认识根源，就容易导致出现"左"和右的错误倾向。

有的同志说：真正持有"左"的或右的思想观点的人并不可怕，可怕的倒是那些"风派"、"骑墙派"、"两面派"、"八面风"，他们是些政治投机分子。他们既不是真"左"，也不是真右，但他们今天可"左"，明天可右，只要有名有利有官做即可。每一个"左"的或右的思潮中，都有他们的身影，正是这些人，兴风作浪，歪曲正确的东西，隐蔽真实的，把它推向极端。因他们是机会主义者、投机者。所以，每一个运动得利的是他们、行时的还是他们，我们要保持清醒的头脑，要严防这种人物。

毛泽东在《反对自由主义》一文中指出:"自由主义者以抽象的教条看待马克思主义的原则。他们赞成马克思主义,但是不准备实行之,或不准备完全实行之,不准备拿马克思主义代替自己的自由主义。这些人,马克思主义是有的,自由主义也是有的;说的是马克思主义,行的是自由主义,对人是马克思主义,对己是自由主义。两样货色齐备,各有各的用处。这是一部分人的思想方法。"① 这和彻底的唯物主义者怎能相比呢?彻底的唯物主义者是无所畏惧的,为真理而斗争中,"舍得一身剐,敢把皇帝拉下马"的大无畏的革命精神多么不协调、不相称啊!

在党内的斗争,在大是大非面前,共产党员,党的干部要光明磊落,不隐瞒自己的政治观点。共产党人隐瞒自己的政治观点是可耻的,坚持党内批评与自我批评的基本原则,要防止主观武断和把批评庸俗化,说话要有证据,批评要注意政治。共产党人必须随时准备坚持真理,因为任何真理都是符合于人民利益的;共产党人必须随时准备修正错误,因为任何错误都是不符合于人民利益的。对任何事情都要问一个为什么,都要经过自己头脑的周密思考,想一想它是否合乎实际,是否有道理,绝对不应盲从,绝对不应提倡奴隶主义。

(五)找根源、订措施,坚定全面准确地贯彻执行党的基本路线是我们的神圣职责。

在我们党的历史上,为什么"左"的错误,特别是建国以后"左"的错误这么严重、这么根深蒂固,最根本的原因是什么呢?重要的一条,就是我们党一段时期相信经济建设不能离开阶级斗争。相信社会主义制度加上群众运动将是万能的锐利武器。我们党虽然在1956年的"八大"曾宣布阶级斗争基本结束。但由于东欧出现了匈牙利事件,国内夏季形势又发生了扩大化的反右派斗争,错误的认

---

① 《毛泽东选集》第二卷,第361页。

为是阶级斗争还没有过去的证明。1958 年出现了农村人民公社化，错误认为是向共产主义过渡的最好形式，强调主观能动性，竭力主张不断革命论。因为我国文化比较落后，民主政治比较缺乏。特别是由于长期的贫困落后产生某种贫困的文化，把我国的"一穷二白"当做优点，追求某种空想的社会主义目标。这种思想观念后来发展为所谓无产阶级专政下继续革命的理论，为极"左"的"文化大革命"设下了理论基础。

在执政党的条件下，一旦产生、形成和发展就比较难以纠正，这种"左"的错误延续达 20 年之久，这是一个很重要的原因。1950 至1970 年的国际环境的恶化和对国际环境的过火反映。这种"左"的错误导致失误，通常都是某种封闭状态的产物。美帝国主义对我国的封锁、中苏关系的恶化，使中国感觉全世界似乎都在打算围困和扼杀剩下的仅有的革命圣地。由于毛泽东同志的坚持，要沿着过去长期的革命轨道前进，以致由个人悲剧演变为民族悲剧，使"文化大革命"成为浩劫。很明显这是由于制度的不完善的缺陷而造成的，是由于缺乏国家民主和党内民主的强有力制度，而建立这种制度却是一个复杂的历史过程。我们要记取这个教训。

在国际共产主义运动处于低潮的情况下，东欧剧变，苏联解体，东西方集团和两个超级大国相互对峙的世界旧格局已经终结，新的格局尚未形成，世界正朝着多极的方向发展。西方经济衰退，美、日、德竞争日趋激烈，矛盾进一步激化，南北矛盾则更加突出。当前国际形势的主要特点是："东稳西乱"。在这种大分化、大改组、大变动的历史时期，所谓"东稳"，主要是稳在亚太地区，所谓"西乱"主要是乱在欧洲及其从欧洲向外辐射的欧亚边缘地带。世界各种力量重新分化组合，矛盾错综复杂，一些旧的不稳定因素在消退，一些新的不稳定因素又在增长，国际局势动荡不安，世界依然非常不安宁。在这种情况下，我国经济建设稳定、协调、持久发展逐步上升，国力增强了，人民生活不断提高。民族和睦团结，国家政局稳定。中国作为一个大国，成为维护世界和平和亚太地区安全的坚强力量。从总体上看，国际战略形势和亚太地区形势有利于亚太地区的和平与发展，两极格局瓦解对世界战略形势造成的冲击正在向纵深方向发展。国际形势仍然动荡不安。世界向多极化过渡的进程已经启动，但新格局的形成将是长期的、复杂的过程。我们抓住有利时机发展自己，主要是发展经济。

我国巍然屹立于世界东方，其根本原因，就是邓小平同志高瞻远瞩，以伟大战略的眼光，向全党全国人民提出了抓住这个机遇，加快改革开放的步伐，把经济建设搞上去的希望与要求。既然现在我国国内条件具备，国际环境有利，我们又发挥社会主义制度能够集中力量办大事的优势，这就必须要坚定、全面、准确地贯彻执行党的"一个中心、两个基本点"的政治路线，并以此为核心，坚持和运用解放思想，实事求是的思想路线，既反"左"又反右，坚持唯物辩证法，不搞片面性，这是我们党的一个长期坚持的方针。就是说在围绕着贯彻执行党的"一个中心、两个基本点"的政治路线，不克服右的东西不行，不纠正"左"的东西也不能解决问题。

历史实践证明："左"和右都是害党害国害民的错误倾向，都会葬送社会主义的伟大事业。邓小平同志一贯倡导和坚持发展马克思列宁主义、毛泽东思想，把握它的精髓，解放思想、实事求是，创造性地提出了建设有中国特色社会主义的历史命题，并在他的倡导下逐步形成了党的"一个中心、两个基本点"的政治路线以及同它相配套的一系列重大方针政策。这条马克思主义路线及其方针政策的贯彻执行以及在执行中的又不断丰富和发展，使我国出现了新的局面。

我们说的坚定，就是要牢牢把握党的基本路线一百年不动摇。只有这样，国家才能长治久安，中国就大有作为大有希望；坚定不移地贯彻执行党的基本路线，加快改革开放和经济建设步伐，真正走一条前人没有走过的新路来；坚定不移地坚持四项基本原则，坚持改革开放，旗帜鲜明地反对资产阶级自由化；坚定不移地坚持以共产主义为核心的思想教育体系，坚持以马克思列宁主义、毛泽东思

想为指导的建设有中国特色的社会主义的精神文明；坚定不移的强
化社会主义意识形态，巩固和发展社会主义的思想和文化阵地；坚
定不移地团结在以江泽民同志为核心的第三代党中央领导集体周
围，为建设有中国特色的社会主义而努力奋斗！

我们说全面，就是要全面把握和系统理解"一个中心、两个基
本点"的指导思想，用科学的态度去理解、执行、贯彻到实际工作
中去；要全面把握"一个中心、两个基本点"之间的关系和四项基
本原则与改革开放之间的关系；要全面把握建设有中国特色的社会
主义理论、路线、方针、政策和措施，进一步统一全党的思想，增
强团结，振奋精神，推动全面工作。统揽全局，掌握总的发展趋势
与社会发展方向；要全面把握解放思想，实事求是，开拓进取，把
90 年代的改革开放引向深入，要始终一贯坚持正确的政治方向；要
全面把握住关于"中国特色"、"初级阶段"、"根本任务"、"有利时
机"、"发展经济"、"真抓实干"、"一干就是几十年"等等重要的理
论观点和指导思想，这是我们党对科学社会主义认识的最有深远意
义的重大突破。

我们说准确，就是要根据不同情况，辩证地看问题，用马克思
列宁主义、毛泽东思想的立场、观点和方法去分析观察问题，解决
问题。讲究扎实、实效、稳步、协调、准确把握住本质的东西；要准
确地把握住事物的性质、界限、本质和主流，透过现象看本质，掌
握适度，恰到好处。例如分清民主潮流还是反党反社会主义潮流；划
清社会主义与资本主义的界限；马克思主义与社会民主主义界限；划
清资产阶级思想体系与无产阶级思想体系的界限，等等。

我们观察分析和处理问题，抓住本质，不被现象所迷惑和困扰；
要准确的按照社会发展规律办事，头脑冷静，慎重思考，以马克思
主义理论勇气，敢字当头，无畏无惧，打破常规，换换脑筋，更新
观念，大胆决策，摸清情况，稳步实施，不断前进。舍此一举，别
无他途；要准确的把握住"解放思想，实事求是"这个基本点，就
是把握了毛泽东思想的精髓，也就能够理解和掌握深奥而又朴实的

马克思主义最本质的规律。就是按照实际情况决定工作方针，这是一切共产党员所必须牢牢记住的最基本的思想方法和工作方法以及领导方法；就是准确而严格的按照党的解放思想、实事求是，一切从实际出发，理论联系实际，实践是检验真理的唯一标准，在实践中检验真理与发展真理的思想路线办事情，等等。

总之，坚定、全面、准确地贯彻执行党的"一个中心、两个基本点"的基本路线，一百年不动摇，坚决排除"左"的和右的干扰。这是我们一切共产党人和人民群众的神圣职责。

（六）为了防止和克服"左"和右两种错误倾向，要在实践中掌握正确的原则和科学的方法。

我们在全面执行党的基本路线的实践过程中，要保持党的基本路线一百年不动摇，就必须掌握和运用党内斗争的正确原则和方法，有效地防止和克服这些错误思潮倾向。有的同志提出："明确目的，认清性质，划清界限，把握范围，注意方法。"坚持正面教育为主，坚持"团结——批评——团结"的公式，坚持实践是检验真理的唯一标准，坚持"两点论"基础上的"重点论"，坚持从制度上解决问题。这是一种正确的原则和方法。因为无论在民主革命时期还是在社会主义革命时期，就是在贯彻执行党的基本路线的现实过程中，总会遇到来自"左"和右两方面的干扰和破坏。刘少奇指出："问题的中心，不在于党内有无不同的思想意识，有无意见上的分歧，这是一定有的。问题的中心，是在于如何解决党内的矛盾，如何解决这种分歧，如何克服党内各种不正确的、非无产阶级的思想意识。"①

在反对错误思潮倾向的斗争中，认清性质，明确的目的是个重要问题。党内的矛盾和斗争，就其实质而言，是属于一种思想认识上的矛盾和斗争，是党内同志之间在为党的事业而奋斗的进程中产生的思想认识上的分歧。要把握矛盾的性质，正确区分两类不同性

---

① 《刘少奇选集》上卷，第153～154页。

质的矛盾。这就是说，要把党内的各种错误倾向同社会上的各种敌对行为和破坏活动区别开来。我们同党内的各种错误倾向之间的矛盾是属于人民内部矛盾的范畴，而同社会上的各种敌对行为和破坏活动，例如，种种经济犯罪，刑事犯罪以及破坏社会主义事业，攻击党的领导的行为之间的矛盾属于敌我矛盾，两者性质是不同的，处理的方式和手段也是不相同的；也要把党内反倾向斗争同路线斗争区别开来。路线斗争是个政治概念，很不准确，一般情况下不再使用"路线斗争"这个提法。因为反对偏离党的政治路线的各种错误倾向不一定都发展到"路线错误"程度。

党的历史表明，两条路线斗争在历史上是为数极少的，而反对背离党的政治路线的错误倾向的斗争则是经常发生的。所以，我们要很郑重地来对待这个问题。① 这是对我们党的历史上党内斗争的经验总结。

在党内斗争问题上要坚持正面教育为主的方针。过去搞大批判的方式来解决党内矛盾是错误的，这不仅不能解决矛盾，反而激化矛盾，甚至诬陷好人。要采取学习理论联系实际，提高认识，增强党性的办法，坚持用邓小平建设有中国特色的社会主义理论来武装全党。因为建设有中国特色社会主义的理论，是马克思主义同中国实际相结合的最新成果，是当代中国的马克思主义，是指引我们实现新的历史任务的强大思想武器。因此，我们进行正面教育，学习马克思列宁主义、毛泽东思想，中心内容是要学习邓小平同志建设有中国特色社会主义的理论。学习他的理论观点，战略策略思想，运用马克思主义的立场、观点和方法去研究新情况、解决新问题、总结新经验，从而提高全党的马克思主义理论水平，使我们党在以江泽民同志为核心的党中央第三代领导集体的指引下，把我国社会主义现代化推向一个新的发展时期。

---

① 《邓小平文选》第二卷，第307～308页。

第五章
邓小平对民主集中制理论
原则的运用和发展

第一节　马克思主义的民主集中制理论在中国
的运用和发展

一、马克思主义的民主集中制的形成和发展

邓小平指出："民主集中制是党和国家的最根本的制度，也是我们传统的制度。坚持这个传统的制度，并且使它完善起来，是十分重要的事情，是关系我们党和国家命运的事情。凡是违反这个制度的，都要纠正过来。"① 为什么说是党的传统的最根本的制度，是怎样在党的学说中形成和发展起来的呢？

（一）马克思主义的民主集中制的理论原理在党的学说中占有极为重要的地位。

民主集中制它不仅是党的传统制度，而且也是国家的根本组织原则。是党和国家政治生活总的指导原则。因为无产阶级政党和国家机器，都是在民主集中制的原则指导下，进行正常运转，推动历史的发展，完成党的历史使命。如果共产党抛弃民主集中制这个根本组织原则和根本制度，党内就会出现无序状态和专制主义，国家

---

① 《邓小平文选》第一卷，第 312 页。

就会无政府状态，这就必然导致党变色国家变质，这是个规律性的反映。

　　马克思主义的民主集中制理论，不是个别领袖人物头脑里自然产生的，是具有阶级觉悟而建立起来的无产阶级政治生活、国家生活的必然产物。它是无产阶级组织纪律和彻底的民主精神在党和国家中的反映。民主集中制是建立在深厚的理论基础上，它的哲学基础是辩证唯物主义和历史唯物主义。因此，民主集中制是党内矛盾和国家政治生活运动规律的反映，是党和国家生活一条客观规律。如果把民主集中制的思想形成和发展追溯到远古时代和近代、现代，我们还发现，民主集中制思想是人类组织社会、管理国家以及组织政党活动的普遍规律，不论哪个社会形态，不管人们主观意识到这一点没有，都不能没有民主、没有纪律，也不能没有集中。但是。民主集中制原则都有显著的历史时代的基本特征。

　　在原始共产主义社会的民主制和集中制是自然形成和发展起来的。人类为了生存、狩猎、组织生产，分配劳动果实，保卫民族和部落的安全，产生了协作行为和社会组织。正如恩格斯说的"一个哪怕只由两个人组成的社会，如果每个人都不放弃一些自治权，又怎么可能存在。"① 于是，民主与集中，自由与纪律，自治与权威这样，就一类的问题在史前的原始社会中就自然而然地发生了。因为人类群体生存与发展的要求，需要议事，发扬民主；然后又要集中作出决议。在群体协作行为中，既要有领导者，又要有被领导者；既要有自由，又要有纪律；还要有自治、服从和权威，等等。这样，就在原始社会的历史时代的民主制、集中制就应运而产生了。例如：出现了议论公共事务的部落会议、出现了酋长、军事首领，又出现了联盟议事会议，通过的决议大家遵守，等等。因此，这个时代的基本特征，在原始共产主义社会，不论是在民族、部落或部落联盟内部，没有剥削、没有压迫，人们的权利和义务是统一的，人与人之

_____

① 《马克思恩格斯选集》第4卷，第401页。

间是平等的，用民主的方法选举公职人员，用民主的方法议事和通过决议，形成为"自然长成的民主制的全盛时期。"① 这是一种原始的、不完善的、粗浅、简单的民主制和集中制。

随着生产力的发展、私有制和阶级的出现、国家的产生，人类进入了奴隶社会、封建社会、资本主义社会。出现了在民主集中制中"加入了一个全新的因素——私有财产。国家公民的权利和义务，是按照他们的地产的多寡来规定的"、"公民按照他们的地产和收入分为四个阶级；"一切官吏都是在这里选出的，一切官吏在这里都要作关于自己活动的报告；一切法律都是在这里制定的。"② 这就是恩格斯以雅典国家的产生为例说明了奴隶社会的民主制度。列宁指出："奴隶占有制共和国按其内部结构来说分为两种：贵族共和国和民主共和国。在贵族共和国中参加选举的是少数享有特权的人，在民主共和国中参加选举的是全体，但仍然是奴隶主的全体，奴隶是除外的。"③ 这就是奴隶民主的阶级实质；封建社会的中央集权制走向民主的反面。封建统治阶级一般采用君主制作为国家政权的构成形式。列宁指出："国家实行君主制时，政权归一人掌握，"④ 封建君主是国家的最高统治者，具有至高无上的权力，主宰一切，独揽一切大权，而广大农民则毫无民主权利。当然，在封建统治阶级内部还是有一定民主的。在我国封建制度延续了两千多年，具有深远的影响。然而，资产阶级的多党制的民主形式，都是用来麻痹人民思想，转移人民的视线。实质上是维护资产阶级专政，为资产阶级服务的。

总之，我们纵观人类社会发展的实践经验，不论是原始共产主义社会，或者是阶级社会里的国家政治生活，或现代的各种政党活动，都不能没有民主、没有纪律，也不能没有集中。人类社会实践

---

① 《马克思恩格斯选集》第 4 卷，第 101 页。
② 《马克思恩格斯选集》第 4 卷，第 111～112 页。
③ 《列宁选集》第 4 卷，第 50～51 页。
④ 《列宁选集》第 4 卷，第 52 页。

证明：民主和集中的统一，自由和纪律的统一，是人类社会活动、政党政治活动的普遍规律。

马克思和恩格斯指出并实践了民主集中制的建党思想，并在他们创建的世界上第一个共产党《共产主义者同盟》时期实践了这一根本制度，从而发展成为马克思主义政党和社会主义国家的根本组织原则，为世界共产党奠定了组织基础，在这个基础上随着党的发展、壮大和成熟，形成了以民主集中制为核心，创立和健全了一系列的组织原则和组织制度。成为共产党的优良传统和政治优势。

马克思和恩格斯创立的民主集中制的建党思想在党的学说中不仅占有重要地位，而且是马克思列宁主义、毛泽东思想建党学说的重要组成部分。马克思和恩格斯关于民主集中制最初的指导思想的基本之点：（一）要使无产阶级在决定关头强大到足以取得胜利，无产阶级必须组成一个不同于其他所有政党并与他们对立的特殊政党，一个自觉的阶级政党。这样一个自觉的无产阶级政党是按照民主集中的组织原则建立起来的党。（二）党组织本身是完全民主的，它的各级委员会是由民主选举产生自己的组织机构，并随时可以罢免，仅这一点就已堵塞了任何要求独裁的密谋犯的道路。（三）党的代表大会是最高的立法机关，党的委员会要向代表大会报告工作。对滥用职权的行为都要受到最严厉的惩罚。（四）党员在政治上一律平等，都是同志、兄弟，在义务上都要互相帮助、互相支持。都有选举权、被选举权和罢免权，领导职务实行任期制。但可以连选连任，选举者可以按章程规定程序随时撤换之。（五）在党内实行严格的纪律，服从一切决议，保守党的机密，不得参加任何反共产主义的团体。要按照党章独立负责进行活动，等等。由此可见，马克思和恩格斯关于民主集中制的指导思想是完全准确的，他们正确指出并在实践中阐明了民主与集中制的辩证关系。他们在强调党内民主时，但不能忽视党的集中。在谈到党的集中时，也不能忽视党内民主，要把民主和集中统一起来，把自由与纪律统一起来。成为共产党的传统和政治优势。

马克思和恩格斯在建设党的实践中，不但提出了民主集中制的
建设党的指导思想，而且还提出了实行民主集中制的必须坚持和遵
守的基本原则：实行民主集中制，要充分发扬民主，实行批评和讨
论的自由；实行民主集中制，必须严格执行党的纪律，没有铁的纪
律就一事无成；实行民主集中制，必须反对各种派别活动和宗派主
义倾向，维护党的团结和统一；实行民主集中制，必须反对个人崇
拜。正确处理阶级、政党、领袖之间的关系，实行民主集中制，要
制度化、法制化和经常化。

总之，马克思和恩格斯关于民主集中的指导思想是系统而又辩
证的，内容也是十分丰富、同时也是不断发展的。但他们还没有概
括为民主集中制这个科学概念。随着党的事业发展，党组织的成熟，
列宁提出了这个科学概念，丰富和发展了民主集中制的建党思想，成
为党的优良传统。

**(二)列宁主义的民主集中制理论是对马克思和恩格斯民主集中
制思想的运用和发展。**

列宁在 1905 年 12 月亲自主持召开的社会民主工党第一次代表
会议（布尔什维克代表会议）上通过的《党的改组》决议中指出：
"代表会议确认民主集中制原则是不容争论的。"这是在国际共产主
义运动史上第一次出现关于"民主集中制"的科学概念。根据列宁
的提议，1906 年 4 月召开的俄国社会民主工党第四次（统一）代表
大会上，第一次把民主集中制原则载入党章史册，这对世界各国共
产党的组织建设具有重大历史意义。

大会通过的《组织章程》第二条明文规定："党的一切组织是按
民主集中制原则建立起来的。"在这次代表大会的报告中，列宁强调
指出："现在还有一项重大的和非常严重的任务：在党组织中真正实
现民主集中制的原则，要进行顽强的工作，使基层组织真正成为而
不是在口头上成为党组织的基本细胞，使所有的上层机关都成为真

正选举出来的、要汇报工作的、可以撤换的机关。"① 这样，党的民主集中制原则，就成为一致公认的组织基础和组织制度的根本原则。后来，列宁把这一基本原则推广到世界各国共产党的建设中去。1902年列宁起草的《加入共产国际的条件》第13条明确规定："加入共产国际的党，应该是按照民主集中制的原则建立起来的。"② 这样，民主集中制的原则，就成为各国共产党普遍遵守的组织原则。这是共产党人对党的自身建设规律认识上的一个飞跃，具有重大的理论意义和实践意义。

列宁说："我们主张民主集中制。但是必须认清，民主集中制一方面同官僚主义集中制，另一方面同无政府主义的区别是多么大。"③ 它是民主与集中辩证的统一整体。列宁认为，党是联系在一起的各个组织的总合。党是工人阶级的组织，这个组织又分成一个网状般的各种地方的和专门的、中央的和普通的组织。是组织的总和并不是什么简单的算术式的总和，而是一个统一的有机整体。只有这样才能变成一个具有强大战斗力的，把党组织成为中央集中统一领导的整体。因此，无产阶级政党必须实行民主集中制，这是党的性质所决定的，也是党的自身建设的客观要求。

列宁认为，党组织要坚持民主集中制的组织原则，最重要的最根本的，就是各级领导者要以身作则，身体力行，使党的民主集中制落到实处。那么，列宁在民主集中制原则上有哪些发展呢？必须坚持哪些基本原则呢？

列宁在论述和探索俄国建党的组织形式时曾经说过："西欧社会主义运动和民主运动的历史、我国革命运动的历史、我国工人运动的经验——这些就是我们在制定我们党的适当的组织形式和策略时所必须掌握的材料。但是对这些材料应该进行独立的'整理'，现成

① 《列宁全集》第10卷，第345页。
② 《列宁选集》第4卷，第311～312页。
③ 《列宁全集》第27卷，第190页。

的范例是任何地方都找不到的。俄国工人运动的条件与西欧工人运动完全不同，所以在这一点上抱某种幻想是很危险的。另一方面，俄国社会民主党同俄国过去的一些革命政党有根本的区别"。因此，应当"独立制定自己的组织形式"。① 在马克思主义指导下进行新的创造，这里我们可以看到列宁制定党的组织原则时，既有对西欧社会主义运动，即对马克思和恩格斯关于民主集中制思想的继承，又有根据俄国建党实践的独立创造，使党的民主集中制组织原则，提高到一个新的历史水平。

　　列宁所处的历史条件和西欧各国党完全不同，从建党那天起，就处在秘密的状态，是以建立革命职业家组织为核心的党组织，在实行严格的集中制和秘密原则下，才能有效地保持和发展革命力量，开展政治斗争的。但是，列宁所强调的集中制是无产阶级的集中制。是密切联系于民主制的，是民主基础上的集中，是集中之下的民主，民主与集中是统一的。列宁的民主集中制思想是一贯的。只是根据不同的历史条件，民主与集中两个侧面强调的着重点有所不同罢了。列宁在《我们的当前任务》一文中明确指出："（1）社会民主党地方性活动必须完全自由，同时又必须成立统一的因而也是集中制的党，这两者应该怎样结合起来呢？社会民主党是从自发的工人运动中吸取全部力量的，这种运动在各个不同的工业中心的表现形式和发生的时间都是不同的；社会民主党地方组织的活动是党的全部活动的基础。但是，如果这是孤立的'手工业者'的活动，那末严格说来，就不能把这种活动叫做社会民主党的活动，因为这并不是组织和领导无产阶级的阶级斗争。（2）社会民主党力求成为一个以争取政治自由为主要目标的革命政党，同时又坚决不策划政治阴谋。"② 这是列宁1899年第一次提出的党的"集中制"这个科学概念。指出党的中央"集中制"和党的"地方性活动完全自由"相结合的指导思想；

① 《列宁全集》第4卷，第193页。
② 《列宁全集》第4卷，第193～194页。

提出了社会民主党同那些密谋组织相反，是一个以争取政治自由为主要目标的革命政党，同时也指明了"地方组织的活动是党的全部活动的基础"的思想，这一系列关于党的组织原则的重要论述，完全说明了无产阶级的集中制是在民主基础上的集中制，是民主和集中的完全统一。

列宁在 1902 年著的《怎么办?》一书提出了要在党内实行"广泛民主原则"的指导思想。实行这一根本原则需要两个必要的条件："第一，完全的公开性；第二，一切职务经过选举。"可是，在黑暗专制条件下，对秘密组织来说是无法执行的，"无论它自己多么愿意这样做，也是做不到的。"列宁指出："只有社会民主工党才不顾各种巨大的困难，甚至不顾重大的牺牲（对于秘密党来说，巨大的困难和重大的牺牲是有联系的)，真正在组织中实行民主制。"[①]列宁认为，实行集中制并不排斥民主，民主和集中是相辅相成的。应当全面地、准确地理解和把握民主与集中的辩证统一关系。正如列宁指出的我们党"一向坚持党内民主。但是我们也从未反对党的集中。我们主张民主集中制。"[②]民主集中制的理论和原则，也是在革命实践中，随着党的事业的发展，时代的前进不断发展、不断完善和理论上的飞跃升华，使它更准确、更科学更有实效。

列宁对民主集中制理论的伟大贡献主要表现在。(1) 根据列宁的提议，1906 年 4 月俄国社会民主工党第四次（统一）代表大会上第一次把民主集中制原则载入党章。在党的《组织章程》第 2 条规定，"党的一切组织是按民主集中制原则建立起来的。"同时，列宁把这一最根本的组织原则推广到各国党的建设中去，成为不容争论的基本组织制度。至今都有现实意义。(2) 坚持民主集中制的进程中，要充分发扬民主，每个党员一律平等的、独立地发表自己的意见，提出自己的建议。列宁指出："党内的一切事务由一律平等的全

---

① 《列宁全集》第 11 卷，第 413 页。
② 《列宁全集》第 21 卷，第 405 页。

体党员直接或者通过代表来处理；并且，党的所有负责人员、所有领导人员、所有机构都是选举出来的，是必须向党员作工作报告的、是可以撤换的。""要真正按照民主原则解决问题，只召集由各组织选出的代表开会还是不够的。必须让该组织的全体党员在选举代表的时候，同时就整个组织所关心的争论问题都能人人独立地发表自己的意见。"① （3）民主集中制的核心内容是个人服从组织，少数服从多数，下级服从上级、全党服从中央。成为一个有权威的组织机构，才能得到全体党员的普遍信任和支持。列宁指出："少数服从多数"、"部分服从整体"、"党的下级机关应该服从党的上级机关""党的中央机关必须拥有广泛的权力，得到全体党员的普遍信任，成为一个有权威的机构。只有这样，党才能履行自己的义务。"② （4）实行民主集中制，要坚持实行在党内讨论、批评，自由和行动统一的原则。列宁在《进一步，退两步》一书中，不仅从理论上，重要的从理论与实践结合的基础上，论证了坚持民主集中制的必要性和重要性，自由和行动统一的原则性。列宁说："实行彻底的集中制和坚决扩大党组织内的民主，这样说不是为了蛊惑人心，不是为了好听，而是要随着俄国社会民主工党的活动自由的扩大切实地加以实现。"③ 还强调指出："在这些统一的组织里，应当对党内问题广泛地展开自由的评论，对党内生活中各种现象展开自由的、同志式的批评和评论。"④ 但是，这种批评和评论，必须在党纲的原则范围内，以马克思列宁主义为指导，以共产主义为方向，并以不破坏已经确定了的行动一致为原则。这种"行动一致，讨论自由和批评自由——这就是我们的义务。"⑤ （5）党的各级委员会实行集体领导和个人分

① 《列宁全集》第11卷，第418页。
② 《列宁选集》第1卷，第482页。《列宁全集》第7卷，第360页；《列宁选集》第4卷，第312页。
③ 《列宁全集》第9卷，第275页。
④ 《列宁全集》第10卷，第284页。
⑤ 《列宁全集》第7卷，第360页。

工负责相结合的原则。实行集体领导，是党的一项重要的原则制度，坚决反对独断专行，反对"家长制"个人说了算。党的任何领导人包括党的领袖在内都不能越过集体而个人决定原则问题。列宁在党的领导集体中，始终把自己看作是普通的成员，只享有普通一票的权利，模范遵守多数人通过的决议。就是说："任何时候，在任何情况下，实行集体领导都要最明确地规定每个人对一定事情所负的责任。"① (6) 党的最高机关是全国代表大会，在代表大会闭会期间，党的最高机关是中央委员会。列宁指出："党的最高机关应当是代表大会，即一切有全权的组织的代表的会议，这些代表作出的决定是最后的决定。"经代表大会选举产生的中央委员会，有"进行思想领导和实际工作领导的全权。"同时，党中央接受全党的监督。

总之，列宁对党的民主集中制的论述，对世界共产党特别是对我们中国共产党的自身建设起了重要的指导作用和深远影响，至今还是我们党的一条重要原则和组织制度。

（三）马克思主义的民主集中制理论在中国的运用和发展

以毛泽东为核心的党中央第一代成熟领导集体，把马克思列宁主义的建党原理同中国的建党实践相结合，成功地把马克思列宁主义的民主集中制理论，运用于中国共产党的全部生活之中。形成了具有中国共产党特色的民主集中制的光荣传统作风和理论体系。

我们党的"一大"通过的《中国共产党第一个纲领》就向全世界宣告：中国共产党是无产阶级政党，它的根本任务是领导无产阶级进行革命斗争，推翻资产阶级政权，实行无产阶级专政，消灭私有制，最终实现社会主义和共产主义；党的组织原则是民主集中制。党的领导机构由选举产生，实行集体领导制度，重大问题由党委会集体讨论决定。在"纲领"中，一方面规定要充分发扬民主："纲领经三分之二全国代表大会代表同意，始得修改。"另一方面，强调集

---

① 《列宁选集》第 4 卷，第 25 页。

中，个人必须服从组织，下级组织必须服从上级组织，地方组织必须服从中央，保证中央的集中统一领导。还规定，党必须自下而上逐级建立严密的组织，实行严格的纪律。党的第一个纲领就全面体现了党的民主集中制的组织原则，特别是在 1927 年 6 月 1 日中央政治局会议上通过的《中国共产党第三次修正章程决案》第十二条规定："党部的指导原则为民主集中制。"这是我们党的历史上第一次载入史册。

我们党 70 多年来，在实行民主集中制的实践过程中，积累了丰富的经验，形成具有我党特色的民主集中制理论体系，对国际共产主义运动具有重大意义。特别是在一个半封建半殖民地缺少民主、法制、经济、文化比较落后和其他小资产阶级占人口的大多数。在这样的国家里，建设一个马克思主义的无产阶级政党，实行民主集中制，是一个极其困难而又艰巨的任务。毛泽东同志在《井冈山的斗争》一文中指出："封建时代独裁专断的恶习惯深中于群众乃至一般党员的头脑中，一时扫除不净，遇事贪图便利，不喜欢麻烦的民主制度。"我们党战胜了一切困难，使党的民主集中制理论得到了新的发展。

马克思和恩格斯提出了民主集中制的思想、列宁进行了科学的概括并首次以党的法规写入党章，毛泽东同志在新的历史条件下增添了新的内容，使党的民主集中制形成理论体系，是指导党的建设的重要法宝。

毛泽东同志早在 1937 年和英国记者贝特兰的谈话中就指出民主与集中的辩证关系。他说："民主集中制，它是民主的，又是集中的，将民主和集中两个似乎相冲突的东西，在一定形式上统一起来。"贝特兰问："民主集中制在名词上不是矛盾的东西吗？"毛泽东答："应当不但看名词，而且看实际。民主和集中之间，并没有不可越过的深沟，对于中国，二者都是必需的。一方面，我们所要求的政府，必须是能够真正代表民意的政府；这个政府一定要有全中国广大人民群众的支持和拥护，人民也一定要能够自由地去支持政府，和有一切机会去影响政府的政策。这就是民主制的意义。另一方面，行政权力的集中化是必要的；当人民要求的政策一经通过民意机关而交付与自己选举的政府的时候，即由政府去执行。只要执行时不违背曾经民意通过的方针，其执行必能顺利无阻。这就是集中制的意义。只有采取民主集中制，政府的力量才特别强大，抗日战争中，国防性质的政府必定要采取这种民主集中制。"① 这就是运用马克思主义唯物辩证法去观察和分析党内矛盾运动。指出了民主与集中是互相依存、互相制约、互为前提，相辅相成辩证的统一整体。

毛泽东同志在《关于正确处理人民内部矛盾的问题》一书中对我们党的民主集中制进行了精辟的阐述。他说："在人民内部，民主是对集中而言，自由是对纪律而言。这些都是一个统一体的两个矛盾着的侧面，它们是矛盾的，又是统一的，我们不应当片面地强调某一个侧面而否定另一个侧面。在人民内部，不可以没有自由，也不可以没有纪律；不可以没有民主，也不可以没有集中。这种民主和集中的统一，自由和纪律的统一，就是我们的民主集中制。"② 这是以毛泽东为核心的党中央第一代领导集体对党的民主集中制典型的精辟的解释，也是马克思主义理论宝库中新的成果和新的丰富和发展。

毛泽东不仅运用马克思主义唯物辩证法的思想，观察和分析党内的矛盾和斗争，使民主集中制这一组织原则建立在哲学的基础上，而且把党的民主集中制概括为党的组织规律。而党组织就是按照一定规律组织起来的统一的有机体。这就把民主集中制理论提高到一个崭新的水平。按照列宁的观点，规律就是关系，……本质的关系或本质之间的关系。

毛泽东同志指的更为准确："客观事物的内部联系，即规律性"。特别是把马克思主义的民主集中制原理同党的群众路线紧密结合起

① 《毛泽东选集》第二卷，第383页。
② 《毛泽东选集》第五卷，第368页。

来，成为党的执行战略和策略的基础。并且以党内民主推动人民民主，使民主集中制制度化、法制化。毛泽东指出："在我们国家，如果不充分发扬人民民主和党内民主，不充分实行无产阶级的民主制，就不可能有真正的无产阶级的集中制。没有高度的民主，不可能有高度的集中，而没有高度的集中，就不可能建立社会主义经济。我们的国家，如果不建立社会主义经济，那会是一种什么状况呢？就会变成修正主义的国家，变成实际上是资产阶级的国家，无产阶级专政就会转化为资产阶级专政，而且会是反动的、法西斯式的专政。"① 毛泽东同志一贯强调党政领导干部要严格执行民主集中制。要把民主集中制作为实现党的科学决策的理论基础和制度保证。因此，党组织在决策过程中要严格执行民主集中制原则，充分发扬民主，认真倾听不同意见，在民主讨论的基础上实行正确的集中。我们的党章反复指出："民主集中制，就是在民主基础上的集中和在集中指导下的民主。"② 要党有力量，就必须依靠实行党的民主集中制去发动人民群众的积极性、主动性和创造性，为党的政治路线服务。就是说依靠民主集中制开发智力，造就干部，培养接班人。毛泽东指出："用民主制的实行，发挥全党的积极性。用发挥全党的积极性，锻炼出大批的干部"。③

　　毛泽东同志在 1962 年《在扩大的中央工作会议上的讲话》中全面系统而精辟地论述了关于民主集中制的理论与实践相结合的问题。核心是讲在党内要发扬民主，要让人讲话，不能老虎屁股摸不得，不能一听到批评意见就暴跳如雷，甚至利用职权打击报复。为什么要特别强调民主呢？在社会主义国家，他说："我们应当联合哪一些阶级？压迫哪一些阶级？这是一个根本立场问题。……工人，农民，城市小资产阶级分子，爱国的知识分子，爱国的资本家和其他

---

① 《毛泽东著作选读》下册，第 822 页。
② 《中国共产党党章汇编》，第 155、227 页。
③ 《毛泽东选集》第一卷，第 278 页。

爱国的民主人士，这些人占了全人口的百分之九十五以上。这些人，在我们人民民主专政下面，都属于人民的范畴。在人民的内部，要实行民主。"① 这就把执政党为什么要坚持民主集中制，尤其是要发扬民主，要让人讲话，放到重要地位。要以党内民主推动人民民主，从而巩固国家政权。这就形成了以民主集中制为核心的制度建设的理论体系。

以毛泽东为核心的党中央第一代领导集体，对党的民主集中制理论创新和重大的丰富和发展的突出表现在哪些方面呢？

第一、民主集中制是党的组织规律。

刘少奇同志在党的"七大"关于修改党章的报告中明确指出："我们的党，不是许多党员简单的数目字的总和，而是由全体党员按照一定规律组织起来的统一的有机体，而是党的领导者被领导者的结合体，是党的首脑（中央）、党的各级组织和广大党员群众依照一定规律结合起来的统一体。这种规律，就是党内的民主的集中制。"② 它揭示了党组织内部的本质联系、相互关系、相互制约、相辅相成有机整体的本质属性的确切含意。这是中国共产党对党的民主集中制理论的突出贡献和重大发展。

第二、把党的民主集中制同群众路线紧密地结合起来，构成党进行科学决策的理论基础和认识客观世界的基本方法。

毛泽东同志1943年6月在《关于领导方法的若干问题》一文中就深刻地指出："在我党的一切实际工作中，凡属正确的领导，必须是从群众中来，到群众中去。这就是说，将群众的意见（分散的无系统的意见）集中起来（经过研究，化为集中的系统的意见），又到群众中去作宣传解释，化为群众的意见，使群众坚持下去，见之于行动，并在群众行动中考验这些意见是否正确。然后再从群众中集中起来，再到群众中坚持下去。如此无限循环，一次比一次地更正

---

① 《毛泽东著作选读》（党的学说部分），第474～475页。
② 《刘少奇选集》上卷，第358页。

确、更生动、更丰富。这就是马克思主义的认识论。"①

这就深刻揭示了无产阶级政党如何使民主集中制和认识世界、改造世界，走群众路线紧密地结合起来，按照客观规律的本来面目去认识世界，揭露矛盾，改造世界，推动事物的向前发展。毛泽东同志认为实行民主集中的过程，就是从群众中来，再到群众中去的过程，高明的领导者就在于是好的"加工工厂"来源于群众，高于群众，使认识步入深化，符合客观规律。毛泽东同志解释说："没有民主，意见不是从群众中来，就不可能制定出好的路线、方针、政策和办法。我们的领导机关，就制定路线、方针、政策和办法这一方面来说，只是一个加工工厂。大家知道，工厂没有原料就不可能进行加工。没有数量上充分的和质量上适当的原料，就不可能制造出好的成品来。如果没有民主，不了解下情，情况不明，不充分搜集各方面的意见，不使上下通气，只由上级领导机关凭着片面的或者不真实的材料决定问题，那就难免不是主观主义的，也就不可能达到统一认识，统一行动，不可能实现真正的集中。"② 这一深刻的论述，揭示了我们党以民主集中制的方法去认识客观世界，而同时也是我们党进行科学决策的正确方法和理论基础。

第三、民主集中制的基础和灵魂是个人服从组织，少数服从多数的基本原则。

毛泽东同志在党的六届六中全会的报告中指出，鉴于张国焘严重地破坏党的纪律的行为，必须重申党的纪律：（1）个人服从组织；（2）少数服从多数；（3）下级服从上级；（4）全党服从中央。谁破坏了这些纪律，谁就破坏了党的集中统一。在这"四个服从"中，没有少数服从多数就不可能有组织。因此，个人服从组织，少数服从多数的原则，是民主集中制的基础和灵魂，下级服从上级，全党服从中央是根本。为此，我们党的民主集中制是在民主基础上的集中

① 《毛泽东选集》第三卷，第899页。
② 《毛泽东著作选读》下册，第819～820页。

与集中指导下的民主的统一的有机结合的整体。"四个服从"就是生动的具体体现。

刘少奇指出："为什么说党的集中制是在民主基础上的集中呢？这就是说，党的领导机关是在民主基础上由党员群众所选举出来并给予信任的，党的指导方针与决议是在民主基础上由群众中集中起来的，并且是由党员群众或者是党员的代表们所决定、然后又由领导机关协同党员群众坚持下去与执行的。党的领导机关的权力，是由党员群众所授予的。……这就是说，党的集中制是建立在民主基础上的，不是离开民主的，不是个人专制主义。为什么说，党的民主制是在集中指导下的民主呢？这就是说，党的一切会议是由领导机关召集的，一切会议的进行是有领导的，一切决议和法规的制订是经过充分准确和仔细考虑的，一切选举是有审慎考虑过的候选名单的，全党是有一切党员都要履行的统一的党章和统一的纪律的，并有一切党员都要服从的统一的领导机关的。这就是说，党内民主制，不是没有领导的民主，不是极端民主化，不是党内的无政府状态。"① 这是我们党在民主集中制理论上的精辟概括和科学总结，既是创新又是发展。

第四、以党内民主来推动人民民主，实行民主政治巩固和发展人民民主专政的社会主义国家。

毛泽东指出："在我们国家，如果不充分发扬人民民主和党内民主，不充分实行无产阶级的民主制，就不可能有真正的无产阶级的集中制。没有高度的民主，不可能有高度的集中，而没有高度的集中，就不可能建立社会主义经济，我们的国家，如果不建立社会主义经济，那会是一种什么状况呢？就会变成修正主义的国家，变成实际上是资产阶级的国家，无产阶级专政就会转化为资产阶级专政，而且会是反动的、法西斯式的专政。"② 民主集中制是治党治国的根

---

① 《刘少奇选集》上卷，第 358～359 页。
② 《毛泽东著作选读》下册，第 822 页。

本组织原则和根本组织制度。民主集中制健全与否，不仅关系党和国家政治生活是否正常，而且直接关系国家政权的性质。

第五、提出了民主集中制要达到的主要目标。毛泽东指出："我们的目标，是想造成一个又有集中又有民主，又有纪律又有自由，又有统一意志，又有个人心情舒畅、生动活泼，那样一种政治局面，以利于社会主义革命和社会主义建设，较易于克服困难，较快地建设我国的现代工业和现代农业，党和国家较为巩固，较为能够经受风险。"① 实行民主集中制本身既不是目的也不是手段，有鲜明的政治目标。我们党在《关于建国以来党的若干历史问题的决议》就明确指出"根据'文化大革命'的教训和党的现状，必须把我们党建设成为具有健全的民主集中制的党。"②

总而言之，正如邓小平指出的："民主集中制执行得不好，党是可以变质的，国家也是可以变质的，社会主义也是可以变质的。干部可以变质，个人也可以变质。"③ 这个科学论断已经为共产主义运动的实践所证明。

二、民主集中制是党的传统制度，是党和国家的根本制度

在执政党的条件下，要加强对民主集中制思想的教育。民主集中制不能丢，这是我们党的传统作风。邓小平《在扩大的中央工作会议上的讲话》中就指出："毛泽东同志把民主集中制提到很高的原则高度来讲，讲到要社会主义还是要资本主义、要无产阶级专政还是要资产阶级专政的问题。事实确是这样，没有民主，就没有集中，而这个集中，总是要在民主的基础上，才能真正地正确地实现。没

① 《毛泽东选集》第五卷，第456～457页。
② 《关于建国以来党的若干历史问题的决议》注释本，第68页。
③ 《邓小平文选》第一卷，第303页。

有无产阶级的民主和无产阶级的集中，也就没有社会主义，资本主义就要复辟。从领导方法来说，只有从群众中来，才能到群众中去。没有民主基础上的集中制，既不能实行真正的从群众中来，也不能实行真正的到群众中去。不实行民主集中制，不但脱离人民群众，脱离党员群众，而且上级脱离下级，甚至在同级里也势必造成少数人或个人脱离多数，少数人或个人专断的局面。"① 这是我们党执政以来对党的民主集中制又一次精辟的论述和科学的总结。是对毛泽东思想关于民主集中制理论的继承和发展。对执政党的建设具有重大意义和深远影响。

（一）民主集中制是党和国家的最根本的制度，也是我们传统的制度。

民主集中制是我们党长期建党实践中形成的传统制度。邓小平同志指出："民主集中制是党和国家的最根本的制度，也是我们传统的制度。坚持这个传统的制度，并且使它更加完善起来，是十分重要的事情，是关系我们党和国家命运的事情。"② 我们中国共产党从它成立那天起就是按照民主集中制的组织原则建立起来的。70 多年来随着党的成熟和发展壮大，不断健全、发展和完善成为我们党的传统制度。1920 年 8 月 13 日，蔡和森给毛泽东的信中就明确指出：当务之急，是建立共产党，"我以为先要组织党——共产党。因为他是革命运动的发动者、宣传者、先锋队，作战部、以中国现在的情形来看，须先组织他，然后工团、合作社，才能发生有力的组织。革命运动，劳工运动，才有神经中枢。" 蔡和森又特别致函毛泽东，主张要按照民主集中制的组织原则建立中国共产党。他说："党的组织为集权的组织，党的纪律为铁的纪律，必如此才能养成少数极觉悟极有组织的分子，适应战争时代及担负伟大的改造事业。""党的最

---

① 《邓小平文选》第一卷，第 304～305 页。
② 《邓小平文选》第一卷，第 312 页。

高机关为中央委员会。"毛泽东完全赞成蔡和森要建设一个集中统一，有严明纪律，有战斗力的党。在给蔡和森的回信中说："你这一封信见地极当，我没有一个字不赞成。党一层陈仲甫先生等已在进行组织。"由此可见，我们党从创建活动开始就是按照马克思列宁主义关于民主集中制的组织原则创建起来的。并为在党内确立，健全民主集中制组织原则和组织制度奠定了思想基础。

　　1921年7月我们党通过的《中国共产党第一个纲领》就是依照民主集中制的精神，"本党承认苏维埃管理制度"，即代表会议或代表大会领导制度；明确规定党的各级领导机构采取委员会制度；体现了下级服从上级、个人服从组织的原则。如规定"地方委员会的财务、活动和政策，应受中央执行委员会的监督"，党员进行各种活动"要受地方执行委员会的最严格的监督"等等。1922年党的第二次代表大会通过的《中国共产党的第一个党章》依据党的民主集中制的精神，规定了"推举制"、"任期制"、"连选连任制"、"分权制"、"委员长制"等等，还有"纪律"章规定了政治原则、政治态度的党的纪律；党是按照民主集中制原则建设的。在严重的阶级斗争的条件下，必须高度集中党的权力，使党的组织成为一个有权威的机构，在党内实行铁的纪律具有深远影响。特别值得指出的是在第三次修正章程决议案中不仅增加了党的建设一章，而且第一次使用了"民主集中制"的科学概念，以表示党的指导原则成为中国共产党的传统制度。

　　1928年6月党的"六大"党章第一次规定了关于民主集中制组织原则的基本要求，这对我们党长期坚持这原则具有深远影响，党章明文规定："民主集中制的根本原则如下：（1）下级党部与高级党部由党员大会、代表会议及全国大会选举之。（2）各级党部对选举自己的党员，应作定期的报告。（3）下级党部一定要承认上级党部的决议，严守党纪。"这些规定对消除陈独秀时期遗留下来的那种"家长制"以官僚主义、极端民主化起了积极作用。为了加强党的建设，提高党的战斗力，总结了张国焘分裂中央的历史教训，要以法规为武器来保证党内关系走上正轨，统一全党和各级组织的行动。1938年9月党的六届六中全会完成了这一任务。在以毛泽东为核心的党中央第一代领导集体的指引下通过了三项法规，这就是《中共扩大的六中全会关于各级党委暂行组织机构的决定》、《中共扩大的六中全会关于各级党部工作规则与纪律的决定》、《中共扩大的六中全会关于中央委员会工作规则与纪律的决定》等等。对加强纪律教育，健全党内法规，保证党的集中统一，严格按照党章办事，明确职责范围具有重大意义。

党的六届六中全会通过的三项规章，总的来说是各有侧重而又互相连接的统一有机整体。一个总的精神就是依据民主集中制的组织原则，坚持"四个服从"即《党部工作规则》"个人服从组织，少数服从多数，下级服从上级，全党服从中央，党的一切工作由中央集中领导，是党在组织上民主集中制的基本原则，各级党的委员会的委员必须无条件的执行。"其他内容还有：（1）关于各级党委的产生，规定党委会，监察委员会都必须由代表会选举，由上级党委批准，方为合法；（2）关于各级委员、各级重要工作人员同各级党委的关系，规定这些党员个人必须完全的无条件的执行各级党委的规定。凡党员对各级党委、党的负责人与上级党委在政治问题与工作原则上有不同意见，经过讨论后不服者，得向上级党委申诉，并得越级向中央及党的高级负责人申诉，但在上级党委没有指令改变前，仍须服从原来的决定，并不得在党内外有任何反对组织，反对上级党委的言论、行动。总之，是为了维护党的团结统一，使党从中央到地方，从领导集体到领导者个人，明确职责权限，建立正确的关系。这三项规章的形成标志着我们党的法规向体系化、制度化、科学化的方向发展。

1945年4月，党的"七大"把民主集中制提到一个新的高度。它总结了我们党正反两个方面的经验，提出了要把民主和集中二者正确地结合起来，把民主集中制思想与实践紧密结合起来。党章规定："党的各级领导机关，必须遵照党内民主的原则进行工作，才能发扬党员的革命积极性、创造性与巩固党的纪律，并使这种纪律成为自觉的而不是机械的纪律，才能使领导机关的领导工作臻于正确，才能建立与巩固在民主基础上的集中制。"这就保证了全党从思想上到组织上去完成党的政治任务。正如陈云同志指出："组织工作要适合于政治路线的要求，保证政治路线的实行。因此，有两个要求：对政治路线的正确了解、对具体情况的切实了解。"也就是，说主观与客观一致。当时党中央的正确路线已经明确，党所处的实际情况是："在根据地当权；主要在农村；斗争形式以战争为主，工作有很大发展，各地都有大批新党员。"①

党的七届四中全会上关于增强党的团结的决议，第一次提出高级干部在党内生活中必须遵守的《六条准则》，其中第三条明确规定："党的团结的重要保证之一是严格遵守民主集中制，严格遵守集体领导的原则，因此必须坚决反对分散主义和个人主义，反对把自己领导的地区和部门当作独立王国，反对把个人放在组织之上，反对不适当地过分地强调个人的作用，反对骄傲情绪和个人崇拜。"这一条规定鲜明地表现了我们党的领导干部应当具有高度的原则性及对干部中的不良倾向开展积极的斗争精神，这对我们党培养造就一批、一层、一代无产阶级革命事业接班人具重大的历史意义。

陈云同志就关于干部必须遵守《六条准则》的意义时强调说："原来想，革命已经胜利，似乎可以不出张国焘之类人物了。现在看来，恰恰相反，革命胜利了的国家，更容易出。""从前在瑞金、延安时，想腐化也很难，现在腐化很容易。我们对于执政以后党内的状况是不能盲目乐观的。"党的干部特别是高级干部，要有很高的革命觉悟，警惕出大乱子。"出是可能的，但是乱子闹得大不大，要看当时的具体条件。""我们可以想方法使乱子不闹大"。"高级干部要提高革命警惕，提高革命嗅觉，千万不要'伤风'""我们要严守党

---

① 《陈云文选》（1926—1949）第 153 页。

的制度和党规党法，发扬党的优良作风，那党就有保证了。"①

1954 年 2 月，在党的七届四中全会上，刘少奇的报告指出："为着增强党的团结，政治局认为应当指出，在我们党内的某些同志中有一种说法和做法是错误的，即他们认为，只要他的意见自以为是对的，就可以不遵守党的民主集中制和集体领导的原则，不受党的纪律的约束，就可以不服从领导，不按党的章程办事。这些同志应当认识违反党的民主集中制，破坏党的纪律，就是破坏党的团结，而破坏党的团结，就是破坏党的最高利益，危害党的生命。因此，这些同志必须深刻认识他们这种说法和做法的错误，并且立即改正这种错误的说法和做法。至于对那些坚持这种错误的说法和做法而不愿改正的人，我们党就应向他们进行坚决的斗争，以便使党的民主集中制、党的纪律不致遭到破坏，以便使党的团结不致受到损害。"②由此可见，一个党政领导者坚持党的民主集中制，遵守党的纪律，维护党的团结和统一是多么重要啊！这是刘少奇同志针对党内那些不遵守党章、不遵守党纪，资产阶级和小资产阶级思想作风严重的人，特别是指高岗、饶漱石为代表的瓦解和分裂党的思想作风讲的，他们自以为天下第一，只能听人奉承赞扬，不能受人批评监督，对批评者实行打击报复，甚至把自己所领导的地区和部门看作个人的资本和独立王国。因此，必须敲起警钟，动员全党克服这种危险！

邓小平同志为了解决好党内各种关系，特别是上下级关系和各级党组织中的集体领导问题，在党的"八大"上就《实行集体领导和个人负责相结合的原则》进行了精辟论述。对加强执政党的建设具有重要意义。

邓小平同志认为，党的民主集中制的基本要求之一，是党的各级代表大会的定期召开和充分发挥作用。为了使党的民主集中制提到更高的水平，采取了一项根本改革，就是把党的全国的、省一级

---

① 《陈云文选》(1949—1956 年) 第 230～232 页。

② 《刘少奇选集》下卷，第 128 页。

的和县一级的代表大会，都改作任期制，多少类似各级人民代表大会那样。这就使代表大会可以成为充分有效的最高决策机关和最高监督机关，做得更加正确有效。这样就突出和扩大了党内民主和加强了集体领导的内容，突出了联系人民群众，把党组织和党员置于人民群众监督之下。集中到一点，就是突出了加强执政党的建设，发展巩固党和国家的民主生活，坚持党的民主集中制的组织原则。发扬党的传统作风以保证党的政治任务和组织任务的完成。

党的"八大"对党的民主集中制组织原则和组织制度进行了精辟的阐述，是我们党在这个历史时期的基本总结，主要是：强调没有党内民主，就不能有效地联系群众，就不能保证党的领导正确、及时、灵活地适应各种具体情况和地方特点，使党的生活生气勃勃，使党的事业获得更快发展。这样，党的民主集中制不能离开党的集中原则。一切党员都要遵守纪律，反对任何降低党的作用和削弱党的统一的分散主义倾向。在党内不容许有违反党的政治路线和组织原则的行为，不容许有分裂党、进行小组织活动、向党闹独立性、把个人放在党的集体之上的行为。党的"八大"政治路线和各项具体方针政策是对的、正确的，也是符合党的实际情况的，后来由于对形势的估计错误，形成了以阶级斗争为纲的指导方针，使党的领导上，特别是指导思想上发生了严重失误。

党内生活的曲折及健全民主集中制的决策，对加强党的建设具有深远影响。党的七千人大会就对社会主义建设、社会主义制度与民主集中制的关系等问题开展了前所未有的讨论与总结，使全党在这方面的认识提高到一个新水平。集中表现在毛泽东、刘少奇、邓小平等的多次讲话中。特别是 1962 年 1 月毛泽东《在扩大的中央工作会议上的讲话》中心讲了关于实行民主集中制的问题，以及党内党外发扬民主的问题。这是"一个十分重要的马克思列宁主义的文件。"[①] 毛泽东同志把民主集中制的组织原则提高到和党、国家的命

---

① 转引自 1966 年 2 月中共中央通知。

运联系起来，这在我们党的历史上还是第一次。这对党的建设具有重大意义。还讲到要社会主义还是要资本主义、要无产阶级专政还是要资产阶级专政的问题。事实确是这样，没有民主就没有集中；而这个集中总是要在民主的基础上，才能真正地正确地实现。没有无产阶级的民主和无产阶级的集中，也就没有社会主义，资本主义就要复辟。如果搞得不好，执行得不好，党和国家就会变质。

这些指导思想和理论原则都是正确的。但是，由于历史种种原因，党的组织也好，毛泽东同志也好，都没有能够很好的贯彻执行党的民主集中制和党的集体领导原则，以致后来的党内生活不正常，导致"文化大革命"的悲剧，给党和国家造成了不可弥补的重大损失。

以邓小平为核心的党中央第二代成熟领导集体的形成和发展，纠正了毛泽东同志晚年的严重错误，进行了历史性的转折，提出了健全民主集中制，健全党规党法，严肃党纪的任务。党的十一届三中全会公报就明确指出："国要有国法，党要有党规党法。全体党员和党的干部，人人遵守党的纪律，是恢复党和国家正常政治生活的起码要求。党的各级领导干部必须带头严守党纪。"向全党提出"必须把我们党建设成为具有健全的民主集中制的党。"对民主集中制的组织原则提出了新的要求，总结了新的经验，进行了新的理论概括。

（二）坚持民主集中制是保持党的工人阶级先锋队性质的重要条件。

党是工人阶级的先锋队，是中国各族人民利益的忠实代表，是中国社会主义事业的领导核心。这种性质不仅表现在它有马克思主义为指导的纲领、路线、方针和政策，而且表现在它有正确的组织原则、组织制度和铁的组织纪律。这个原则和制度就是民主集中制。因此，坚持民主集中制，是坚持党的工人阶级先锋队性质的一个极为重要的原则问题。

无产阶级执政党只有在党和国家政治生活中坚持民主集中制的

原则，才能体现和保持党的无产阶级先锋队性质。党的严密的组织性和纪律性，把全体党员和党的各级组织联结成一个统一的战斗整体，使党具有坚强的战斗力。要维护和坚持党的性质，党的工人阶级基础不能变、全心全意依靠工人阶级，充分发挥工人阶级在建设有中国特色的社会主义事业中主力军的作用不能变。就是说，它的阶级性、先锋性不能丢，也不能变。因为在无产阶级和劳动人民群众中为争取自身的解放而进行的斗争进程中，涌现出一批又一批、一层又一层先进的、有阶级觉悟、有政绩的、以奉献为最高奖赏的优秀分子，无产阶级政党只有按照民主集中制的基本原则，把这些有觉悟的先进分子组织起来，由个体转变为集体，由涣散的转变为有组织、有领导、有纪律的统一整体。只有这样才能真正把无产阶级的优秀分子组织好、建设好。把各阶层中愿意为共产主义事业奋斗的优秀者，先进分子吸收到自己的周围，形成无产阶级政党、并能在实践活动中体现党的先锋性和先进性。真正把无产阶级和劳动人民的意志、愿望、要求集中起来，坚持下去，为实现人类的最崇高理想而奋斗。

这样，共产党就能够充分代表无产阶级和劳动人民的意志、愿望和根本利益，能够有条件、有资格、有权威、真正成为无产阶级的先锋队。因为，民主集中制的组织原则是无产阶级政党区别于资产阶级政党以及一切旧政党、旧团体的显著标志，是无产阶级政党团结统一、发展壮大、保持工人阶级先锋队性质，完成无产阶级政党历史使命的组织保证和物质保证。

中国共产党是严格按照民主集中制的组织原则办事情的。在长期的革命与建设的实践过程中，我们党在执行民主集中制的问题上积累了丰富的正面和反面两个方面的经验和教训。我们党70多年来，特别是执政40多年来的历史实践更加证明：在执政党的条件下，更要严格坚持民主集中制这个根本原则。在50年代末以后的一段时间里，党内"左"的错误之所以逐步发展，并且长期难以纠正，导致"文化大革命"的悲剧，内乱达十年之久，一个很重要的原因，就是我们党内政治生活不正常，民主集中制遭到了削弱和破坏，反过来看，党之所以能够发现失误，纠正错误，扭转局面，也正是由于坚持了民主集中制原则。所以，我们必须坚持民主集中制的组织原则，真正按照民主集中制的原则办事，才能使党的组织正常化。邓小平同志说，民主集中制的组织原则是关系我们党和国家命运的事情。因此，我们必须把坚持和健全民主集中制作为建设党的一个重大问题来抓紧抓好。

历史证明：什么时候我们能够坚持民主集中制的组织原则和组织制度，党的先锋队性质就闪闪发光，党就团结和统一、有吸引力、凝聚力和战斗力，党的事业就兴旺发达；什么时候贯彻不好民主集中制的组织原则，或这个原则遭到削弱和破坏，党的组织就出现软、懒、散，认识就难以统一，决策也容易失误，工作就会发生种种偏差，甚至倒退。无论是中国共产党还是世界各国党的历史都完全证明了这一真理。

在中国共产党的历史上和国际共产主义运动史上，围绕着民主集中的斗争是由来已久的。列宁在建党初期，孟什维克曾经提出自治的原则，反对列宁的民主集中制。如果按照自治原则建设党，党就不可能成为无产阶级的先锋队，而只会成为松散的政治联盟，争论不休的俱乐部；在一些多民族的社会主义国家，有人提出党内实行"联邦制"、用"联邦制"取代民主集中制，如果按照联邦制原则建设党，就一国的统一的无产阶级先锋队的党，就会变成为民族的党，导致党分裂，民族分裂，国家分裂。虽然在这些党内不占主导地位，但对党的建设已经产生严重的危害。这种主张是完全违背马克思主义民主集中制原则的。列宁指出："万恶的专制统治的历史，把专制制度压迫下的各族工人阶级之间严重的隔阂遗留给了我们。这种隔阂是反专制制度斗争中最大的祸害、最严重的障碍。我们不应当使这种祸害合法化，不应当用什么党的独立性或党的'联邦制''原则'把这种丑事奉为神圣。……受专制制度压迫的各族无产阶级反对专制制度，反对日益紧密团结的国际资产阶级的斗争要取得胜利，是非要有集中制不可的。"① 列宁还强调指出："把联邦制应用到俄国当前的实际中来，是有害的，是同社会民主党的原则相抵触的。联邦制之所以有害，是因为它把独特性和分离状态合法化。"② 列宁坚决反对一伙崩得分子在党内搞"联邦制"，破坏党的民主集中制的组织原则；如果把执政的共产党，放弃民主集中制，就必然演变成为"民族党"，就不可能保持党的无产阶级先锋队性质。因此，我们要坚持民主集中制，反对党内的"联邦制"，从而保持党的无产阶级先锋队性质。

在当代国际共产主义运动中，又出现了一股否定民主集中制的错误思潮，宣扬用无条件的民主制取代集中制的错误主张。这种民主集中制的"取消论"颇为盛行，在我国也有明显的反映。他们宣扬要革新共产党，"必须尽快取消民主集中制"，要与"民主集中制决裂"，有的共产党在自己的纲领中"放弃民主集中制"代之以"实行民主原则，实行自愿组织、创造性争论和建立各种纲领派别自由的原则。"等等。事实证明，取消民主集中制，其结果必然为党内的各种派别活动开绿灯，造成思想、政治、组织上的严重混乱和涣散，以导致在反共、反社会主义势力的进攻面前丧失战斗力。

他们为什么这样主张呢？"取消论"者认为，民主集中制的组织原则和组织制度，是产生个人崇拜和官僚主义的根源。首先，他们所以错误是把正确的理论原则和它在实际运用过程中被破坏了、混淆了，个人崇拜的发生和发展，正是破坏了集体领导和民主集中制的原则，曲解和破坏了民主集中制。其次，他们否定了民主集中制是辩证的统一，他们以民主否定集中，其实民主与集中是互相联系的不可分割的两个侧面，是相辅相成，互为补充的统一整体。民主是集中的基础和前提，没有充分民主，就不可能有正确的集中。其三，民主集中制的"取消论"者，鼓吹党内实行"联邦制"、"邦联

---

① 《列宁全集》第 6 卷，第 421 页。
② 《列宁全集》第 6 卷，第 440 页。

制"取代民主集中制，就破坏了党的团结和统一，使党走向分裂的邪路，这是十分危险的。

　　正确理解和贯彻执行民主集中制是难度较大的工作，有的作了几十年的共产党员、领导干部有的还不懂、不理解，执行就更加困难了。毛泽东同志《在扩大的中央工作会议上的讲话》中突出论述了关于民主集中制的原理与实践相结合的问题，从现有的经典文献上看，无论从理论的角度还是从实践的角度，从理论意义与实践意义以及认识论的高度，至今我认为还没有哪个经典作家超过毛泽东同志的精辟的论述和精彩的说明，这是事实，也是历史证明了的。遗憾的是他自己晚年在"文化大革命"中也背离了民主集中制的组织原则。但是他的理论原则和讲的故事是千古不朽的，我愿引证一大段。他讲：

　　　　我们的集中制，是建立在民主基础上的集中制。无产阶级的集中，是在广泛民主基础上的集中。各级党委是执行集中领导的机关。但是，党委的领导，是集体领导，不是第一书记个人独断。在党委会内部只应当实行民主集中制。第一书记同其他书记和委员之间的关系是少数服从多数。拿中央常委或者政治局来说，常常有这样的事情，我讲的话，不管是对的还是不对的，只要大家不赞成，我就得服从他们的意见，因为他们是多数。听说现在有一些省委、地委、县委，有这样的情况：一切事情，第一书记一个人说了就算数。这是很错误的。哪有一个人说了就算数的道理呢？我这是指的大事，不是指有了决议之后的日常工作。只要是大事，就得集体讨论，认真地听取不同的意见，认真地对于复杂的情况和不同的意见加以分析。要想到事情的几种可能性，估计情况的几个方面，好的和坏的，顺利的和困难的，可能办到的和不可能办到的。尽可能地慎重一些，周到一些。如果不是这样，就是一人称霸。这样的第一书记，应当叫做霸王，不是民主集中制的"班长"。从前有个项羽，叫做西楚霸王，他就不爱听别人的不同意见。他那里有个范增，给他出过些主意，可是项羽不听范增的话。另外一个人叫刘邦，就是汉高祖，他比较能够采纳各种不同的意见。有个知识分子名叫郦食其，去见刘邦。初一报，说是读书人，孔夫子这一派的。回答说，现在军事时期，不见儒生。这个郦食其就发了火，他向管门房的人说，你给我滚进去报告，老子是高阳酒徒，不是儒生。管门房的人进去照样报告了一遍。好，请。请了进去，刘邦正在洗脚，连忙起来欢迎。郦食其因为刘邦不见儒生的事，心中还有火，批评了刘邦一顿。他说，你究竟要不要取天下，你为什么轻视长者！这时候，郦食其已经六十多岁了，刘邦比他年轻，所以他自称长者，刘邦一听，向他道歉，立即采纳了郦食其夺取陈留县的意见。此事见《史记》郦生陆贾列传。刘邦是在封建时代被历史家称为"豁达大度，从谏如流"的英雄人物。刘邦同项羽打了好几年仗，结果刘邦胜了，项羽败了，不是偶然的。我们现在有些第一书记，连封建时代的刘邦都不如，倒有点像项羽。这些同志如果不改，最后要垮台的。不是有一出戏叫《霸王别姬》吗？这些同志如果总是不改，难免有一天要"别姬"就是了。（笑声）我为什么要讲得这样厉害呢？是想讲得挖苦一点，对一些同志戳得痛一点，让这些同志好好地想一想，最好有两天睡不着觉。他们如果睡得着觉，我就不高兴，因为他们还没有被戳痛。

讲得实在太精彩了。在经典作家中关于阐述民主集中制的故事实在还不多见。毛泽东同志指出，同志们，凡是中央犯的错误，直接的归我负责，间接的我也有份，因为我是中央主席。我不是要别人推卸责任，其他一些同志也有责任，但是第一个负责的应当是我。我们的省委书记，县委书记，直到区委书记，企业党委书记，公社党委书记，既然作了第一书记，对于工作中的缺点错误，就要担起责任。不负责任，怕负责任，不许人讲话，老虎屁股摸不得，凡是采取这种态度的人，十个就有十个要失败。人家总是要讲的，你老虎屁股真是摸不得吗？偏要摸！总之，如果民主集中制贯彻执行不好，就会变成修正主义的国家，变成实际上是资产阶级的国家，无产阶级专政就会转化为资产阶级专政，而且会是反动的，法西斯式的专政。值得我们深思！

（三）坚持民主集中制的重要意义和作用。

民主集中制作为马克思列宁主义，毛泽东思想的一个重要的组织原则和根本的组织制度，它是在党的组织建设中逐步确立并得到发展和健全的。马克思主义政党之所以实行民主集中制是由它的性质、指导思想、纲领、路线和奋斗目标所决定的。民主集中制组织原则是为了实现自己的纲领和任务而必然形成的一个有战斗力的统一的有机整体。它是唯物辩证法在党的组织建设上的具体体现。它作为党的根本组织原则，正确反映了党内各种关系，反映了党内生活的客观规律。因为党的组织建设问题，党员、干部和个人素质是极为重要的。因为共产党员是党组织的肌体的细胞，只有细胞是健康的，才能使党组织充满生机和活力。

但是，更重要的是怎样用符合客观规律的科学方法，运用党内结构矛盾运动的客观规律，把广大的党员组织起来，使党变成一个有机统一整体，发挥党组织的整体功能。因此，实行民主集中制，对加强党的建设和党的领导具有极其重要的意义。

第一，民主集中制是无产阶级政党最根本的组织原则和组织制度。是马克思列宁主义，毛泽东思想关于党的学说中一条重要的组织原理和原则。也是无产阶级政党的组织基础和增强战斗力的保证。我们必须按照民主集中制的组织原则，建立健全党内正常政治生活，真正实行在民主基础上的集中，在集中指导下的民主，加强党的组织性、纪律性，保证全党组织上的统一和行动上的一致。执行民主集中制原则，才能使党组织成为一个统一的有机整体。

邓小平在《坚持四项基本原则》一文中说:"我们实行的是民主集中制,这就是民主基础上的集中和集中指导下的民主相结合。"党的十四大通过的《党章》中又重申:"民主集中制是民主基础上的集中和集中指导下的民主相结合",这就是一方面我们坚持把民主集中制作为我们党的根本组织原则,也是我们党的传统制度,另一方面也根据党的实践的发展,对民主集中制的某些内含作了修改和补充,这对建立良好的党内关系,加强和改善党的领导具有重要意义。

有的同志认为民主集中制只要民主基础上的集中就可以了,不需要加上一个"集中指导下的民主",这是多余的话。这样表述既不准确又不科学。他们的主要观点是:(1)在民主基础上的集中就概括了民主集中制的全部内容,如果再加一个在集中指导下的民主就意味着在民主之外,因而是不准确、不科学的;(2)在集中指导下的民主的内含不确切、由谁来指导民主不明确,易出毛病,找借口;(3)强调在集中指导下的民主,容易为搞家长制、一言堂的人所利用;等等。我们党实行"集中指导下的民主生活"这一原则是毛泽东同志在《关于纠正党内的错误思想》一文中提出来的。后来,又在《论联合政府》一文中把"在民主基础上的集中,在集中指导下的民主"这两句话联起来作为民主集中制的内容。因此,党的"七大"和"八大"通过的党章,都沿用了这一提法。多年来我们党坚持了这一根本组织原则。

在党的七千人大会上提出了"两个高度",即在我们国家,如果不充分发扬人民民主和党内民主,不充分实行无产阶级的民主制,就不可能有真正的无产阶级的集中制。没有高度的民主,不可能有高度的集中,而没有高度的集中,就不可能建立社会主义经济。就形成了"在高度民主的基础上实行高度的集中相结合的基本原则。"而十四大党章改为:"民主集中制是民主基础上的集中和集中指导下的民主相结合",并指出这既是党的根本组织原则,也是群众路线在党的生活中的运用。

有的同志认为,过去"在高度民主的基础上实行高度的集中,现在把"两个高度"去掉了，这是不是发展了？还是倒退了？怎样正确理解这个问题呢？民主集中制在任何时候都是相对的，互为制约、互为条件的，都是与党的实际发展水平相联系。过去党在地下斗争和战争的年代里，不掌握国家政权和在执政党的条件下，对民主集中制的贯彻执行情况是不一样的。执行也是相对的，也是逐步的有多种因素和条件互相制约的。现在是社会主义初级阶段，也只能有与初级阶段相适应的民主集中制原则。从实际情况来看，在实际执行中，"高度的民主"与"高度的集中"都达不到，也无法达到。既然无法达到，就往往容易失去制约，也易于走形式。甚至在实践中往往容易借用民主集中制，实际上缺乏民主集中制，导致专制式的集中。因此，"十四大"改为"民主集中制是民主基础上的集中和集中指导下的民主相结合，并指出这既是党的根本组织原则，也是群众路线在党的生活中的运用。"这样表述更准确、更实事求是、更科学、更贴近实际了。

这样的民主集中制，它体现了民主与集中，自由与纪律的辩证统一，反映了党的群众路线的要求。它还正确反映了党内各种关系，包括党的领导者和被领导者、党的下级组织和上级组织、党员个人和党的组织、党的中央和下属各级组织之间的关系，反映了党内政治生活和党的组织建设的客观规律。党只有认真坚持这个基本原则，才能建立起正常的党内生活秩序。能使党既能保持思想上、政治上、组织上和行动上的高度一致，又能最大限度地发挥全党的积极性、主动性和创造性。从而形成有严密组织和严格纪律又朝气蓬勃的战斗整体。

第二，民主集中制不仅是无产阶级政党的组织原则和根本制度，也是区别其他资产阶级政党的一个重要标志。只有马克思主义政党，才能真正实行民主集中制，这是党的性质所要求的，是无产阶级政党组织建设的核心问题。因为民主集中制的组织原则贯穿在党的整个组织制度中，它是党的各级组织要使党员对党内事务有更多的了解和参与，使民主集中制这一原则和每个组织，每个党员都有联系，也只有在这一原则的指导下，才有党章和党的法规的约束，而不受无政府主义和极端民主化的影响。只有实行民主集中制的组织原则和根本制度，才能保证党的决策的民主化和科学化，从而实现党的正确领导。因为民主集中制不仅是党的根本组织原则，而且是党的群众路线在党的生活中的运用和发展。

民主集中制的组织原则，就是从群众中来，又到群众中去，集中起来坚持下去的原则。它是党的群众路线和马克思主义认识论在党的生活中的创造性的运用。是党的领导骨干与广大党员群众相结合原则的生动体现。所以，只有坚持民主集中制的组织原则，才能很好地集中广大群众的智慧和意见，以制定正确的路线、方针和政策，并使之迅速得到卓有成效的贯彻执行。就能在党中央的领导下统一全国人民的智慧和意志，同心同德，团结一致，正确地解决改革开放和建设有中国特色的社会主义进程中所面临的各种困难和问题，保证我国的社会主义现代化建设事业健康发展。确保党的性质不改变颜色。

第三、实行民主集中制的组织原则，才有可能正确处理党内矛盾和党内外各种关系，维护党组织的团结和统一。党是一个矛盾的统一体，党内不同的意见和矛盾是客观存在的。为了正确解决这些矛盾，就必须坚持党的民主集中制的组织原则，这样才能做到既能充分发扬民主，又能严格党的纪律，保证全党在组织上的坚强团结和行动上的一致。

毛泽东同志曾经指出，民主是对集中而言，自由是对纪律而言。这是一个统一体的两个矛盾着的侧面，它们是矛盾的，又是统一的，我们不应当片面地强调某一个侧面，而否定另一个侧面。在人民内部，不可以没有自由，也不可以没有纪律；不可以没有民主，也不可以没有集中。这种民主和集中的统一，自由和纪律的统一，就是我们的民主集中制。因此，坚持和完善民主集中制的组织原则，正确认识和处理党内各种关系，各种矛盾，是维护党的团结和统一，增强党的凝聚力和战斗力的根本保证。

在新的形势下，必须进一步加强民主集中制建设，充分发扬党内民主，正确处理党内矛盾和斗争，健全民主生活，保障党员的民主权利，加强党内监督，坚持"四个服从"。维护党中央的领导权威。从我们党的历史经验看，执行党的民主集中制，维护党的团结和统一，必须以正确的思想和政治路线为指导，否则，既不可能有正确的民主，也不可能有正确的集中，更不会处理好党内的各种关系。因此，我们要进一步执行好民主集中制，要强调以党的"一个中心、两个基本点"的基本路线为指导，正确处理党内矛盾和党内外各种关系，维护党在马克思列宁主义，毛泽东思想原则的基础上团结和统一。特别是要正确认识和处理党内矛盾。要用党章，党的基本路线和党的政治生活的准则作为分辨是非、判断是非的标准。运用批评和自我批评的方法，开展党内斗争。但是作为共产党员、党的干部既不隐瞒自己的政治观点，也不掩盖和回避矛盾，而是依照党规、党法去积极的开展思想斗争。

第四、实行党的民主集中制的组织原则，要充分发扬民主，调动广大党员的积极性、主动性和创造性。把全党和全国各族人民引向一个统一的政治方向和奋斗目标。因为民主集中制的出发点、着眼点和落脚点，就在于调动人民群众的创造精神，在党中央的统一领导下，集中全党的智慧，团结全党全国人民万众一心地为人民的利益而工作，为党和人民的事业而奋斗。

毛泽东同志曾指出，处在伟大斗争面前的中国共产党，要求整个党的领导机关，全党的党员和干部，高度的发挥其积极性，才能取得胜利。所谓发挥积极性，必须具体地表现在领导机关、干部和党员的创造能力，负责精神，工作的活跃，敢于和善于提出问题、发表意见、批评缺点，以及对于领导机关和领导干部从爱护观点出发的监督作用。没有这些，所谓积极性就是空的。而这些积极性的发挥，有赖于党内生活的民主化。党内缺乏民主生活，发挥积极性的目的就不能达到。大批能干人才的创造，也只有在民主生活中才有可能。由于我们的国家是一个小生产的家长制占优势的国家，这种情况反映到我们党内，就产生了民主生活不足的现象。因此，要把扩大党内民主，看作是巩固党和发展党的必要的步骤，是使党在建设有中国特色的社会主义事业中生动活泼，胜利愉快，生长新的力量，突破种种难关的一个重要的武器。

充分发扬民主，调动广大党员、干部和人民群众的积极性，是一个党政领导干部的修养和素质的表现，毛泽东同志指出："看起来，我们有些同志，对于马克思、列宁所说的民主集中制，还不理解。有些同志已经是老革命了，'三八式'的，或者别的什么式的，总之已经作了几十年的共产党员，但是他们还不懂得这个问题。他们怕群众，怕群众讲话，怕群众批评。哪有马克思列宁主义者怕群众的道理呢？有了错误，自己不讲，又怕群众讲。越怕，就越有鬼。我看不应当怕。有什么可怕的呢？我们的态度是：坚持真理，随时修正错误。"还强调："我们工作中的是和非的问题，正确和错误的问题，这是属于人民内部矛盾问题。解决人民内部矛盾，不能用咒骂，也不能用拳头，更不能用刀枪，只能用讨论的方法，说理的方法，批评和自我批评的方法，一句话，只能用民主的方法，让群众讲话的方法。"① 不论党内党外，都要有充分的民主生活，就是说，都要认真实行民主集中制。要真正把问题敞开，让群众讲话，哪怕是骂自己的话，也要让人家讲。

毛泽东同志指出："现在有些同志，很怕群众开展讨论，怕他们提出同领导机关、领导者意见不同的意见。一讨论问题，就压抑群众的积极性，不许人家讲话。这种态度非常恶劣。民主集中制是上了我们的党章的，上了我们的宪法的，他们就是不实行。"② 这是绝对不能容忍的，也是不允许的。

第五，在新的历史时期，党面临着贯彻执行党的"一个中心、两个基本点"的基本路线，建设好有中国特色的社会主义的伟大任务，

---

① 《毛泽东著作选读》下册，第 816 页。
② 《毛泽东著作选读》下册，第 818 页。

就要坚定不移地坚持民主集中制的组织原则和组织制度，使其制度化、法制化、规范化、经常化，把党组织建设得更加有生机和有活力，成为朝气蓬勃的战斗司令部。

党的"一个中心、两个基本点"的基本路线，指明了实现社会主义现代化的奋斗目标和建设有中国特色的社会主义的根本途径和方法。大政方针、路线已定，关键就是真抓实干，以邓小平建设有中国特色社会主义理论为指导，按照党的基本路线的要求，坚持民主集中的方法，调动全党和全国人民的积极性，创造社会主义的精神文明，为经济建设和改革开放提供强大的精神动力和智力支持，创造良好的环境，大力发展教育、科学、文化事业，尊重知识，尊重人才，提高全党全民族的思想道德和科学文化素质。使科学技术这个第一生产力发挥更大的作用，促进建设有中国特色的社会主义事业不断深化、繁荣、兴旺发达。

科学技术的现代化越来越成为推动历史进步的决定性力量，因而也成为一个民族文化水平和素质的重要标志。要建设好有中国特色的社会主义，就必然要自觉地依靠科学、尊重知识和人才，弘扬民族优秀文化传统，挖掘前人劳动的智慧结晶并发扬光大，团结广大人民群众，振奋民族精神，具有重要的意义。

历史证明，我们党用爱国主义、集体主义、社会主义思想教育党员、干部和人民群众，特别是用共产主义思想教育人民群众，这是建设有中国特色社会主义的需要，是天经地义的。也只有按照民主集中制的原则精神，发扬民主，广开言路，建立健全民主决策、民主监督的制度和程序。保障宪法规定的人民管理国家和社会事务的权利，健全法制，使其制度化、规范化、经常化，才能把党组织建设得更好，才能使党组织具有坚强的战斗力，成为朝气蓬勃的，具有生机和活力的司令部。

总之，民主集中制是党的根本的组织原则和组织制度。只有坚持民主集中制的原则才能保持党的工人阶级先锋队性质，才能成为具有生机和活力的党组织。我们一定要遵照马克思主义的民主集中的基本原则，充分发扬民主，这不仅是实现决策科学化，民主化必不可少的制度保证，也是实现和保持党在思想上的统一和组织上的巩固，才使党成为不可战胜的力量。

三、党的民主集中制是群众路线在党的政治生活中的运用和发展

党的"十四大"通过的党章总纲指出："民主集中制是民主基础上的集中和集中指导下的民主相结合。它既是党的根本组织原则，也是群众路线在党的生活中的运用。必须充分发扬党内民主，发挥各级党组织和广大党员的积极性创造性。必须实行正确的集中，保证全党行动的一致，保证党的决定得到迅速有效的贯彻执行。加强组织性纪律性，在党的纪律面前人人平等。党在自己的政治生活中正确地开展批评和自我批评，在原则问题上进行思想斗争，坚持真理，修正错误。努力造成又有集中又有民主，又有纪律又有自由，又有统一意志又有个人心情舒畅的生动活泼的政治局面。"① 这就把民主集中制、群众路线和集体领导三个党的建设的根本性问题联系在一起了，这对加强党的领导，提高党的战斗力具有重要的意义。

（一）民主集中制的理论基础和实质。

民主集中制的组织原则是建立在辩证唯物主义和历史唯物主义认识论的基础上。是从群众中来到群众中去，集中起来坚持下去，是马克思主义认识论和唯物史观在领导过程中的具体运用和发展。刘少奇指出："人民群众的解放，必须由群众的自觉与自愿，并且举出自己的先锋队，在先锋队的指导下，自己组织起来，自己去斗争，自己去争取。""我们共产党人的一切事业，都是人民群众的事业。我们的一切纲领与政策，不论是怎样正确，如果没有广大群众的直接

---

① 《中国共产党第十四次全国代表大会文件汇编》第 95 页。

的拥护和坚持到底的斗争，都是无法实现的。所以我们的一切，都依靠于、决定于人民群众的自觉与自动，不依靠于群众的自觉与自动，我们将一事无成，费力不讨好。"①

民主集中制的理论实质，就是马克思主义的认识论的指导下，从群众中来，要不断地总结和集中党、人民群众在实践中的经验，成果、创造等，使之变成领导者的指导意见，上升为党的路线、方针、政策和国家法律。再到群众中去，就是把党的路线、方针和政策以及领导者的指导意见，再返回到群众中去，指导群众的实践，并在群众的实践中加以检验。从群众中来又到群众中去的民主集中的领导方法，同认识从实践中来又到实践中去的认识过程，深化过程，提高过程，是完全一致的。领导者只有坚持民主集中制，真正从群众中来，又到群众中去，坚持正确的，修正错误的，才能得到正确的决策，形成行之有效的领导方法。

坚持"从群众中来，到群众中去"的民主集中制的方法，才能真正了解群众的意见和要求。才能集中群众的经验和智慧，才能集思广益，制定出正确的领导方法和符合实际的决策。我们党正是通过实行"从群众中来又到群众中去"，实行民主集中的领导方法，才使党和群众、领导者与被领导者融为一体，保证党的领导作用的正确发挥。真正做到领导与群众相结合，才能做到全心全意地为人民服务。

在实际工作中运用民主集中制的领导方法，实质上体现了群众路线的实际内容。相信和依靠群众，集中群众的经验和智慧，把坚定的原则精神同生动的群众智慧密切地结合起来，把唯物辩证法运用到实际工作中去，这是一项马克思主义的领导方法、领导艺术。因此，实践的观点，群众路线的观点，是马克思主义认识论的重要的基本观点。马克思主义所说的实践，不是个人的实践，而是人民群众的社会实践，是阶级的、民族的实践。所以，我们说民主集中制

---

① 《刘少奇选集》上卷，第351页。

的理论基础和实质就是必须坚持马克思主义认识论的实践观、发展观、认识观，就必须坚持唯物史观。

实行民主集中制，在党的政治生活中正确地开展批评和自我批评，在原则问题上进行思想斗争，坚持真理，修正错误。这是领导者获得正确认识的基本途径，又是领导机关制定和执行路线、方针和政策的好方法。所以说，民主集中制既是党的根本组织原则，又是群众路线在党的生活中的运用和发展。就必然要充分发挥党内民主，以党内民主推动人民民主，发挥群众的积极性、主动性和创造精神，保证党的决定得到迅速有效的贯彻执行。这关键在于它把马克思主义关于人民群众创造历史的作用，党对人民群众的领导作用，从理论与实践的结合上统一起来，从而保证党的领导不脱离实际、不脱离群众、群众的行动不脱离党的领导。我们党实行民主集中制、领导与群众相结合，领导的决策不失误，就要求领导者深入群众，听取群众的意见，获得来自群众的真实材料，然后领导者或领导群体进行科学分析，形成领导机关的思想、计划、政策、法规、方法等等，推动建设有中国特色的社会主义事业向前发展。

（二）实行民主集中制也是群众路线在党的政治生活中的运用和发展。

群众路线是我们党的根本的政治路线和组织路线，也是民主集中制的思想基础。在新的历史时期中，实行民主集中制也是群众路线在党的政治生活中的运用和发展。党中央依据群众路线的基本思想，对党与人民群众在新的历史条件下新的关系涵义又有了新的发展。强调指出：人民群众是我们党的力量的源泉和胜利之本。我们共产党人、党的干部必须走群众路线，全心全意地为人民服务。要一切为了群众，一切依靠群众，从群众中来，到群众中去，走群众路线，它是实现党的政治路线、思想路线、组织路线的根本路线。因此，党必须始终把为人民谋利益、为了人民的幸福作为自己全部工作的立足点、着眼点、出发点和归宿。我们的党员、干部在任何时候一刻也不能脱离群众，永远站在群众一边，站在群众的大多数一边，为人民的最高利益而奋斗。

在新的历史时期，在执政党的条件下，保持和发展党同群众的密切联系，走群众路线具有特别重要的意义，为什么这样重要呢？

首先，党只有更好地支持和领导人民群众当家作主，行使管理国家事务和社会事务的权利，充分发挥人民群众的自觉性、主动性和创造性，才能完成我们党的政治任务和历史使命；只有得到人民的拥护和支持，取信于民，国家政权才会巩固，党的事业才能兴旺发达。

其次，坚持群众路线，保持和发展同群众的密切联系，才能保证决策的正确和有效的执行。

其三，我们党要把走群众路线这种行之有效的方法，运用在党的生活之中，就能使各级党组织、党员、党的干部同人民群众的联系经常化、制度化和法制化。我们党在新的条件下有：民主评议领导干部的制度，领导干部交流制度、干部下基层制度、回避制度、党内监督与党外监督制度，自上而下的监督与自下而上的监督制度，等等。这些制度不仅加强了党与人民群众的密切联系，而且也是走群众路线的重大措施。

其四、我们要继承发扬党的走群众路线的优良传统作风和行之有效的措施及具体的方法制度。

党的民主集中制既是一种组织制度，也是一种组织形式和领导方法。作为领导方法，民主集中制在党的生活中的运用主要是指全体党员是党组织的主人，党的事务应当通过直接或间接渠道由全体党员进行管理。形成好的制度、方法，大家执行。

其主要内容是：（1）党的领导机关由党员选举产生，并向全体党员汇报工作，向全体党员负责；（2）党员对党的领导人有选举权、监督权、评议权和罢免权；（3）党内一律平等，权利与义务平等，对党的重大政策、重要决策都享有评议权、发言权、讨论权、表决权，共同管理党内事务；（4）健全党的代表大会制度，代表会议制度以及非常会议等等；（5）党的各级组织中应当实行集体领导，反对一言堂，反对家长作风，反对独断专行，实行四个服从（个人服从组织、少数服从多数、下级服从上级、全党服从中央）。

党内事务对党员公开，是党内的另一种领导方式、方法。要求严格按照党章、制度、程序揭露和纠正违反党规党法的现象，加强纪律检查、监督与制约。对重大问题要公开讨论，集思广益，使之程序化、制度化。

在国家和党外以民主集中制的领导方法运用在国家政治生活中，更有它的特殊意义。党和国家的重大决策，重大政治事件，也都是采用这种方法进行协调。（1）政治协商方式，决策、批评，对失误者提出不信任、弹劾、撤换、罢免等等；（2）多党合作协商制度，是完善政治协商制度及其领导方式的重要内容。民主党派直接参加政权管理，对重大政策进行政治协商和民主监督；（3）共产党员应当尊重民主党派在宪法和法律范围内的政治自由，组织上的独立、自治和法律上的平等地位。充分发挥参政党的作用；（4）用党的政策代替国家法律的领导方式，明确党对国家权力机关领导的实质就是支持人民群众当家作主；（5）党是政府的引导者和指导者，而不是直接管理者、指挥者。

执政党如何依据民主集中制的原则，进行国家管理，体现人民是国家的主人，在党的"八大"就总结了这方面的基本经验。"八大"以后，在领导原则上，中央一些领导同志多次强调党主要在思想上、政治上、路线、方针和政策上起领导作用，而不是直接指挥国家机关工作，更不能以党代政包办一切。1958年中央规定："大政方针在政治局，具体部署在书记处。大政方针和具体部署，都是一元化，党政不分。具体权利和细节决策属政府机构及其党组。"原来向人代会及党委会负责的司法机关和行政机关，改向党的各级机关负责；党中央不仅制定大政方针，而且决定具体部署，各个层次的决议、决策权开始集中于党的系统。党的机关实际上开始成为国家权力机关，在党的组织开始国家化的同时，党组织也开始转向行政化。

在党中央的上层设立与政府部门相对应的机构。党中央决定在中央政治局和书记处之下设立财经、政法、外事、科学、文教等五个小组，将政府工作划分为五大块实行分工领导。同时，地方党委也相应设立统管同级政府业务工作的机构。党组织的功能发生了变化，使党的组织国家化、行政化，使党对国家各方面的工作的领导变成党对各项业务的直接管理。

在和平建设时期，党的领导本应这样实现：由党制定大政方针，立法机关将这些大政方针化为各项国家、政府法律、法规和社会经济、政治、文化发展的长远规划及中期规划，政府具体布置和组织实施这些法规和计划。但是，由于把适用于战争年代党的"一元化"领导沿用了下来，并从中演绎出"党领导一切"的原则。这样，就出现了大政方针的制定和具体组织实施均由党的机关直接掌握的不正常状况。

党中央和地方各级党委通过政府各职能部门的党组织向这些部门发出政令和指示，政府各职能部门则通过本部门的党组织向中央和地方的各级党委报告和请示工作。党直接管理政务，实质上是党政不分。这种党政不分得到了毛泽东同志的肯定。他说："只有一个'政治设计院'，没有两个'政治设计院'。大政方针和具体部署，都是一元化，党政不分。"党政不分和以党代政，实际上开始把国家权力机关和国家行政机关的权力集中到了党的机关。1957年以后，毛泽东多次提出"书记挂帅"的观点，强调"第一把手"的作用。后来党中央发现了这一严重弊端，也想纠正这种偏向，1961年党中央重申：党领导一切是说党委要管大政方针、政策、计划，不是说一切事情都要去管。批评了那种党委包揽行政，干预业务的做法。强调"大权独揽，小权分散。党委决定，各方去办。办也有决，不离原则。工作检查，党委有责"的三十二字诀。在1962年中央批转华东局的意见中，提出省、地、县，以至公社党委取消分管书记的名义，例如工业、农业、财贸、文教书记，等等。改变党委"分兵把口"的现象，把应由政府各部门办的业务交由政府部门办理。后来因为"文化大革命"不但未能得到纠正，相反，更加混乱了。一直到党的十一届三中全会以后，经过拨乱反正、正本清源，恢复党的思想路线、政治路线和组织路线，才在以邓小平为核心的党中央第二代领导集体的指引下，进行党和国家领导体制的改革，纠正错误，改掉弊端，适应了建设有中国特色社会主义建设的需要。

（三）集体领导与个人分工负责相结合，也是群众路线在党的政治生活中的运用和发展。

集体领导和个人分工负责相结合，是群众路线在党的政治生活中的运用和发展，也是唯物辩证法在领导工作中的具体运用和生动体现。唯物辩证法是无产阶级的世界观，同时又是无产阶级认识世界和改造世界的方法论。恩格斯指出："马克思的整个世界观不是教义，而是方法。它提供的不是现成的教条，而是进一步研究的出发点和供这种研究使用的方法。"① 无产阶级政党只有借助于马克思主义的这个认识工具，才能认识自己的奋斗目标，确定自己的斗争策略和斗争方法。群众路线的领导方法，工作方法，运用在集体领导与个人分工负责相结合的辩证关系上，就成为科学的领导方法，也可以说，所谓科学的领导方法，就是在民主集中制的基础上，在辩证唯物论的认识论的思想方法指导下，如何使群众的智慧和个人才能结合起来，把工作做好，使之成为有分有合的有机统一整体。因此，集体领导和个人分工负责也是马克思主义世界观、方法论在工作路线上的反映。

集体领导和个人分工负责相结合，必须坚持民主集中制的组织原则和组织制度。党是组织的总和，并不是简单的算术式相加的总和，而是一个有组织的有机统一整体。党"必须实行集体领导"，一切重大问题都要由集体共同讨论作出决定，不能包含任何"个人的、

① 《马克思恩格斯全集》第39卷，第406页。

偶然的因素"。坚持集体领导和个人分工负责相结合，"明确地规定每个人对一定事情所负的责任"①是实现集体领导的重要保证。实行集体领导和个人分工负责相结合，就能很好地依靠党委会的集体智慧和发挥党委会各个成员的作用有机地结合起来，从而保证使党委会正确地、有效地发挥领导作用。列宁说："苏维埃机关中的一切管理问题应该通过集体讨论来决定，同时，要极明确地规定每个担任苏维埃职务的人对执行一定的任务和实际工作所担负的责任。"②他强调指出："我们既需要委员会来讨论一些基本问题，也需要个人负责制和个人领导制来避免拖拉现象和推卸责任的现象。"③这是列宁在社会主义革命与建设事业的过程中，特别是执政后的经验总结。

毛泽东同志在中国革命和社会主义建设事业中，创造性地发挥了列宁的思想。1948 年 9 月为中共中央起草的《关于健全党委制》的决定中明确指出："党委制是保证集体领导，防止个人包办的党的重要制度。近查有些（当然不是一切）领导机关，个人包办和个人解决重要问题的习气甚为浓厚。重要问题的解决，不是由党委会议做决定，而是由个人做决定，党委委员等于虚设。委员间意见分歧的事亦无由解决，并且听任这些分歧长期地不加解决。党委委员间所保持的只是形式上的一致，而不是实质上的一致。此种情形必须加以改变。"并明确规定："今后从中央局至地委，从前委至旅委以及军区（军分会或领导小组）、政府党组、民众团体党组、通讯社和报社党组，都必须建立健全的党委会议制度，一切重要问题（当然不是无关重要的小问题或者已经会议讨论解决只待执行的问题）均须交委员会讨论，由到会委员充分发表意见，做出明确决定，然后分别执行。地委、旅委以下的党委亦应如此。高级领导机关的部（例如宣传部、组织部）、委（例如工委、妇委、青委）、校（例如党

---

① 《列宁全集》第 29 卷，第 398 页。
② 《列宁全集》第 28 卷，第 329 页。
③ 《列宁全集》第 30 卷，第 213 页。

校）、室（例如研究室）、亦应有领导分子的集体会议。当然必须注意每次会议时间不可太长，会议次数不可太频繁，不可沉溺于细小问题的讨论，以免妨碍工作。在会议之前，对于复杂的和有分歧意见的重要问题，又须有个人商谈，使委员们有思想准备，以免会议决定流于形式或不能做出决定。委员会又须分别为常委会和全体会两种，不可混在一起。此外，还须注意，集体领导和个人负责，二者不可偏废。军队在作战时和情况需要时，首长有临机处置之权。"①这是以毛泽东为核心的党中央第一代成熟领导集体，对集体领导和个人分工负责相结合的领导原则的基本总结，也是我们至今还坚持这样做的领导制度和领导方法。

　　邓小平同志1956年9月16日在党的"八大"所作的《关于修改党的章程的报告》中指出："在我们党内，从长时期以来，由党的集体而不由个人决定重大的问题，已经形成一个传统。违背集体领导原则的现象虽然在党内经常发生，但是这种现象一经发现，就受到党中央的批判和纠正。中央在1958年9月关于健全党委制的决定，对于加强党的集体领导，尤其起了重大的作用。……这个决定在全党实行了，并且直到现在仍然保持着它的效力。……这个决定的重要意义，在于它总结了党内认真实行集体领导的成功的经验，促使那些把集体领导变为有名无实的组织纠正自己的错误，并且扩大了实行集体领导的范围。"② 这个论断至今还有重大意义。

　　毛泽东同志在《党委会的工作方法》一文中，他提出了搞好集体领导的一整套科学的方法。党委书记要善于当"班长"。有了正确的方针政策，如果在工作方法上疏忽了，还是要发生问题。党委要完成自己的领导任务，就必须依靠党委这"一班人"，充分发挥他们的作用。书记要当好"班长"，就应该很好地学习和研究；要把问题摆到桌面上来。不仅"班长"要这样做。委员也要这样做，不要在

　　①《毛泽东选集》第四卷，第1340～1341页。
　　②《邓小平文选》第一卷，第229～230页。

背后议论。有了问题就开会，摆到桌面上来讨论，规定它几条，问题 就解决了。谅解、支持和友谊比什么都重要；"互通情报"不要"鸡犬之声相闻，老死不相往来"。要在马克思主义的基本理论指导下统一起来；不懂的和不了解的东西要问下级，不要轻易表示赞成和反对。先做学生，然后再做先生，教育者先受教育，在实际工作中树立威信，学会"弹钢琴"、"要抓紧"、"胸中有数"、"安民告示"、"精兵简政"、"注意团结那些和自己意见不同的同志一道工作。"、"力戒骄"、"划清两种界限"等十二条党委会的工作方法，成为我们党的光荣传统。

毛泽东同志在《反对党内的错误思想》一文中进一步论述了集体领导的重要性。他强调指出："为了保证社会主义事业的成功，必须实行和巩固集体领导"、"只有依靠集体的政治经验和集体的智慧，才能保证党和国家的正确领导，保证党的队伍的不可动摇的团结一致。"在《扩大的中央工作会议上的讲话》中又进一步指出："各级党委是执行集体领导的机关"、"党委的领导，是集体领导，不是第一书记个人独断。"这样，就从制度上和方法上，丰富和发展了马克思主义的集体领导原则。

凡是重大问题，都要由党委会民主讨论决定，这是党委决定正确和充分发挥党委会领导作用的保证。因为每个人的智慧和经验，总是带有局限性的，即使是经验丰富、才能高超的领导者，也只能熟悉某一领域或其他几个领域的问题，不可能做到无所不知，无所不晓。而集体智慧和经验，要比个人的智慧和经验丰富得多。坚持重大问题由党委会讨论决定，就能把每个成员的意见、智慧和经验集中起来，就可以避免和防止主观片面性，使决定更能符合客观实际。在任何委员会里，在任何集体中，也都有发表不正确意见的人。据统计在 100 个没有经过集体审查和修改的个人决定中，大约有八九十个带有片面性。所以，党委会要保持自己领导的正确性，就必须坚持重大问题由党委会集体讨论决定的基本原则。

所谓重大问题，主要是指涉及党的路线、方针、政策性的问题，重大工作任务的部署，主要领导干部的任免、调动、处理和升级，群众利益的重大问题，关系全局性的问题，上级领导机关规定应由党委集体决定的问题，等等。这些重大问题，必须由党委会集体讨论决定，不得由个人或少数人擅自决定或处理。当然，也不能事无巨细统统拿到党委会去讨论，以推卸自己的责任。更不能以集体讨论为名，搞自由主义、个人主义，不能搞阴谋诡计。要坚持民主讨论，与会者畅所欲言，各抒己见，实行一人一票表决制。党委书记要善于当"班长"，要以正确的思想为指导，运用好党的民主集中制的组织原则，正确处理书记和委员之间的关系。坚持少数服从多数的原则。允许个人保留意见的原则。既坚持民主集中制，又坚持群众路线的原则，做好党的各项工作，起到党委会的指导和领导作用。

在民主革命时期和社会主义革命与建设时期，以毛泽东为核心的党中央第一代领导集体的指引下、从我国的国情、党情出发，以极大的精力反对个人专制主义、帝王思想与极端民主、自由化两种违反集体领导和民主集中制的错误倾向。一方面，"由于我们的国家是一个小生产的家长制占优势的国家，又在全国范围内至今还没有民主生活，这种情况反映到我们党内，就产生了民主生活不足的现象。这种现象，妨碍着全党积极性的充分发挥。同时，也就影响到统一战线中、民众运动中民主生活的不足。"① 我们经历了漫长的封建社会"封建时代独裁专断的恶习惯深中于群众乃至一般党员的头脑中，一时扫除不净，遇事贪图便利，不喜欢麻烦的民主制度。"② 另一方面，我们党的组织基础的大部分，是由农民和其他小资产阶级出身的成分所构成，"在于小资产阶级的自由散漫性。这种自由散漫性带到党内，就成了政治上的和组织上的极端民主化的思想。这种思想是和无产阶级的斗争任务根本不相容的。"③ 加上"小资产阶级

---

① 《毛泽东选集》第二卷，第 529 页。
② 《毛泽东选集》第一卷，第 72 页。
③ 《毛泽东选集》第一卷，第 88～89 页。

的自私自利性，以个人利益放在第一位，革命利益放在第二位，因此产生思想上、政治上、组织上的自由主义"。"命令不服从，个人意见第一。只要组织照顾、不要组织纪律。"① 领导者要防止和纠正这两种倾向。

毛泽东指出："书记和委员之间的关系是少数服从多数，这同班长和战士之间的关系是不一样的。"② 书记和委员之间是平等的关系，而不是上下级关系。绝对不能一个人说了算，不能搞一言堂，家长制，要杜绝这种封建性的遗毒。只有充分发扬民主，在高度民主的基础上实行正确的集中，真正集中大家的正确意见，发挥大家的智慧，才能做出正确的决定。

委员成员要明确分工。各负其责，健全岗位责任制。党委决定后，必须有明确的个人责任。如果只讲党和集体领导，而无个人分工负责，即使党委集体的决定十分正确，而各项工作却陷入无人负责的状态，党委的决定也无法落实，党委的集体领导就无法实现，其结果就只能像列宁所说的把集体领导机关变成了空谈场所，"借口集体领导而无人负责，是最危险的祸害"。③ 因此，实行个人分工负责制，必须做到：责任明确——要确定每一个成员的职责范围和具体工作任务，明确地规定每个人所负的责任，做到事事有人管，人人有专责，不互相推诿，不拖拉，充分发挥主动性和独立负责精神。讲究效果——每个成员对自己分管的工作，一定要做好，做出成果，收到实效。互相支持——分工不是分家，每个党委成员都应从党委集体领导的全局出发，自觉地维护党委集体领导的威信。

总之，实行集体领导与个人分工负责相结合的方法，要注意防止两种倾向，一种是对自己分管的工作不负责任，不动脑筋，不挑重担；属于自己范围的事，该办的不办，该拍板的不拍板，事事靠

---

① 《毛泽东选集》第二卷，第 360～359 页。
② 《毛泽东选集》第四卷，第 1440 页。
③ 《列宁全集》第 29 卷，第 398 页。

党委集体讨论决定。另一种是没有全局观点，把自己分管的工作与党委的整个工作脱离开来，分工如分家，该请示的不请示，该报告的不报告，擅自作主，各自为政。在具体工作中，每个领导成员之间都要互相支持，互相谅解，协调一致地工作。

集体领导的过程中，要善于当好"班长"，要起到"班长"的应有作用，要按照实际情况决定工作方针，这是一切共产党人必须牢纪的最基本的工作方针。还有把"一般号召与个别指导相结合"、"领导骨干与广大群众相结合"等等领导方法，掌握好，运用好，以适应党的领导的各项实际工作的需要。毛泽东指出："按照实际情况决定工作方针，这是一切共产党员所必须牢牢记住的最基本的工作方法。我们所犯的错误，研究其发生的原因，都是由于我们离开了当时当地的实际情况，主观地决定自己的工作方针。"① 这不仅是我们党几十年工作经验的总结，也是领导机关和每一个领导者都必须遵守的一条重要原则。只有把上级的指示和当地、当时的实际情况相结合，才能做好工作，完成任务。马克思主义的最本质的东西、马克思主义的活的灵魂，是对具体情况作具体的分析。要以当时的历史条件为转移，真正把马克思主义的基本原理同革命的具体实际相结合起来，积极贯彻党的路线、方针和政策。

党的历史经验证明，按照实际情况决定方针，就能进行正确的领导，就能夺取革命和建设的胜利。要按照实际情况决定工作方针，就必须对实际情况采取科学的分析方针，就必须对实际情况采取科学的分析方法，抓住本质。毛泽东说："我们看事情必须要看它的实质，而把它的现象只看作入门的向导，一进了门就要抓住它的实质，这才是可靠的科学的分析方法。"② 所谓分析，就是运用辩证法去分析事物的矛盾。不调查研究，不熟悉生活，不了解真情，不以实际情况为基本，就不可能有中肯的分析，相反，如果脱离实际，党委

① 《毛泽东选集》第四卷，第 1308 页。
② 《毛泽东选集》第一卷，第 99 页。

的领导就会出现偏差或犯严重的错误，就会给党的事业带来损失。

毛泽东同志指出：世界上只有唯心论和形而上学最省力，因为它可以由人们瞎说一气，不要根据客观实际，也不受客观实际检查的。唯物论和辩证法则要用气力，它要根据客观实际，并受客观实际检查，不用气力就会滑到唯心论和形而上学方面去。长期以来，我们党所以能够由弱变强，屡克强敌、立于不败之地，根本原因就是在马克思主义指导下，坚持从中国的具体情况出发，制定符合实际情况的反映中国革命发展规律的路线、方针和政策，把我国革命从胜利引向胜利。

第二节　党的民主集中制的基本原则、主要内容和奋斗目标

一、党的民主集中制六项基本原则的重大意义

党的"十四大"通过的党章第二章第十条规定：党是根据自己的纲领和章程，按照民主集中制组织起来的统一整体。党的民主集中制的基本原则是：

1. 党员个人服从党的组织，少数服从多数，下级组织服从上级组织，全党各个组织和全体党员服从党的全国代表大会和中央委员会。

2. 党的各级领导机关，除它们派出的代表机关和在非党组织中的党组外，都由选举产生。

3. 党的最高领导机关，是党的全国代表大会和它所产生的中央委员会。党的地方各级领导机关，是党的地方各级代表大会和它们所产生的委员会。党的各级委员会向同级的代表大会负责并报告工作。

　　4. 党的上级组织要经常听取下级组织和党员群众的意见，及时解决他们提出的问题。党的下级组织既要向上级组织请示和报告工作，又要独立负责地解决自己职责范围内的问题。上下级组织之间要互通情报、互相支持和互相监督。党的各级组织要使党员对党内事务有更多的了解和参与。

　　5. 党的各级委员会实行集体领导和个人分工负责相结合的制度。凡属重大问题都要由党的委员会集体讨论，作出决定；委员会成员要根据集体的决定和分工，切实履行自己的职责。

　　6. 党禁止任何形式的个人崇拜。要保证党的领导人的活动处于党和人民的监督之下，同时维护一切代表党和人民利益的领导人的威信。①

　　民主集中制的六条基本原则是我们党长期以来，特别是党的十一届三中全会以来的基本经验的科学总结。这是我们党历史转折划时代的产物。它经历了"九大"、"十大"、"十一大"的曲折反复和"十二大"的拨乱反正，正本清源，纠正冤、假、错案；在以邓小平为核心的党中央第二代成熟领导集体的坚强领导下，使党的思想路线、政治路线和组织路线走向马克思主义的正确轨道。结束了长达十年之久的思想上、理论上和政治上的混乱现象。在邓小平同志《解放思想，实事求是，团结一致向前看》的重要讲话的指引下，不仅解决了"文化大革命"中遗留下来的一大批重大问题和一些领导人的功过是非问题，以发展安定团结的政治局面，而且保证了党的工作重点的全面转移，集中一切精力，抓住时机把国民经济搞上去，就使我国的社会主义现代化事业得到顺利发展。

　　我们党在长期的斗争中积累了丰富的经验，使党更加坚强和成熟，为了实现伟大的历史转折，确立了改革开放和发展生产力的英明决策，党对社会主义现代化的认识更加深化，对建设有中国特色的社会主义问题的认识更加全面。在邓小平同志亲自领导和设计下，

　　———————
　　① 《中国共产党第十四次全国代表大会文件汇编》第 101～102 页。

经过历次中央全会、政治局会议和中央工作会议，经过全党上下全力以赴的努力，党从各方面深入地总结社会主义建设的历史经验，科学地阐明了许多从实践中提出有关建设社会主义的理论问题，制定了一系列马克思主义的路线、方针和政策。

邓小平在 1981 年 6 月的十一届六中全会上，正式指出我们的社会主义制度是处在初级的社会主义阶段，并初步总结了适合中国国情的社会主义建设道路的一个要点，勾画出了有中国特色社会主义的基本轮廓。这就把全党全军全国各族人民引向集中精力进行社会主义现代化建设事业上来，为建设有中国特色的社会主义事业开创了新的局面。

1982 年 9 月党的"十二大"上，邓小平同志集中论述了"建设有中国特色的社会主义"的基本结论成为今后的建设纲领。他强调提出："把马克思主义的普遍真理同我国的具体实际结合起来，走自己的道路，建设有中国特色的社会主义，这就是我们总结长期历史经验得出的基本结论。"在这个基本思想的指导下制定了我国一系列的路线、方针、政策，经过实践，不断进行总结。"十三大"以后，又针对新情况、新问题及时总结了经验与教训，使具有中国特色的社会主义理论不断丰富、不断深化和发展。党的"十四大"总结了"十二大"以来社会主义现代化建设和党的建设的新经验，特别是把邓小平同志建设有中国特色的社会主义理论的基本路线及一系列方针、政策写入党章，对党的工作和党的建设提出了切合实际的新要求，为把党建设成为领导全国人民沿着有中国特色社会主义道路不断前进的坚强核心，就必须紧紧围绕党的基本路线坚持从严治党，发展党的优良传统和作风，加强党的建设必须坚决实现党章规定的四项基本要求，即坚持党的基本路线、坚持解放思想，实事求是，坚持全心全意为人民服务、坚持民主集中制，具有重要意义。

二、邓小平同志对民主集中制理论原则的
运用和发展

民主集中制不仅是我们党的传统制度，而且是我们党和国家的最根本的组织原则和最根本的组织制度。邓小平同志在 1956 年 9 月党的"八大"关于修改党的章程的报告中就明确指出："民主集中制是我们党的列宁主义的组织原则，是党的根本的组织原则，也是党的工作中的群众路线在党的生活中的应用。在党章草案的总纲和第二章中；对于党的民主集中制作了比较充分的规定。这些规定，是我们党组织生活的多年来经验积累的结果。①"这是我们自"七大"以来对民主集中制理论的经验总结和科学的论述，并且成为历届党代会修改党章中关于加强民主集中制的指导思想和指导原则。至今具有重要的理论与实践意义。

民主集中制为什么这么重要呢？邓小平同志在 1962 年 2 月作的《在扩大的中央工作会议的讲话》中就指出："总之，民主集中制是党和国家的最根本的制度，也是我们传统的制度。坚持这个传统的制度，并且使它更加完善起来，是十分重要的事情，是关系我们党和国家命运的事情。凡是违反这个制度的，都要纠正过来。"② 这对我们党和国家制度的建设具有重大理论与实践意义。

（一）为什么说民主集中制是关系我们党和国家命运的事情。

共产党员、人民群众在党和国家的政治生活中处于主体的地位。党员依据党章规定党员在党内一律平等，有权处理党内的一切事务。列宁指出："现在整个党组织是按民主原则建立的。这就是说，全体党员选举领导人即委员会的委员等，全体党员讨论和决定无产阶级

---

① 《邓小平文选》第一卷，第 224～225 页。
② 《邓小平文选》第一卷，第 312 页。

政治运动的问题，全体党员确定党组织的策略方针。""党内的一切
事务由一律平等的全体党员直接或者通过代表来处理，并且，党的
所有负责人员、所有领导人员、所有机构都是选举出来的，是必须
向党员作工作报告的，是可以撤换的。①这就指明了党内的权力主体
是党员，党组织应当充分发扬党内民主，这不仅是党的性质所决定，
而且是党是否成熟的一个重要标志。为什么这样说呢？邓小平指出：
"党是依靠全体党员和全党的各个组织来联系广大人民群众的。为了
从人民群众中收集他们的意见和经验，为了向人民群众宣传党的主
张，把它变为人民群众自己的主张，并且组织人民群众加以执行，一
般地都必须经过党员的努力，经过党的下级组织的努力。因此，正
确地解决党的组织和党员的关系，党的上级组织和下级组织的关系，
党的中央组织和地方组织的关系，在党的民主集中制问题上，具有
特别重要的意义。"② 党内民主是无产阶级政党内政治生活的基本原
则和制度，其核心是党员的民主权利。对党内的一切重大问题都有
权讨论，提出意见和建议。党的一切决策，都应当体现大多数党员
的意志。人民民主专政的社会主义国家，一切权力属于人民，人民
是社会的主人，人民也是创造世界历史的动力。

　　马克思主义向来认为，历史是人民创造的。党必须依靠本阶级
的群众力量和全体劳动人民的群众力量，才能实现自己的历史使命
——解放自己，同时解放全体劳动人民。因此，人民群众的觉悟性、
积极性、创造性愈是发展，工人阶级的事业就愈是发展。共产党人
只有全心全意为人民服务的义务，没有在人民群众头上称王称霸的
权力。一个共产党员、党的干部，特别是领导干部，只有认真地总
结群众的经验，集中群众的智慧，才能指出正确的方向，领导群众
前进。党的干部要永远保持着谦虚谨慎的态度，骄傲、专横、鲁莽、
自作聪明，有事不同群众商量，把自己的意见强加于人，为了自己

① 《列宁全集》第10卷，第474页、第11卷，第418页。
② 《邓小平文选》第一卷，第225～226页。

的威信而坚持错误，是同党的要求根本不相容的。

邓小平同志在扩大的中央工作会议上的讲话指出："我们正在建设社会主义。同志们不要以为建设社会主义没有问题了。刘少奇同志的报告里讲到，毛泽东同志的讲话里也讲到，如果搞得不好，特别是民主集中制执行得不好，党是可以变质的，国家也是可以变质的，社会主义也是可以变质的。干部可以变质，个人也可以变质。"为什么这样说呢？邓小平指出：因为我们执政了，拿了政权，更要谨慎。

第一，我们要权，无产阶级要权，不能让权被资产阶级拿到手上；马克思列宁主义者要权，不能让权被机会主义者拿到手上。第二，我们拿到这个权以后，就要谨慎。不要以为有了权就好办事，有了权就可以为所欲为，那样就非弄坏事情不可。现在还是这二条考验着我们的干部，决定着党和国家的兴衰存亡的大问题。"有权就有了一切，有权不用过期作废"的信徒们，一个一个的倒下去了，腐败变质的分子，一个一个的垮掉了，这难道不是执政以后的历史事实吗？刘少奇过去多次讲过的，我们进了城，执了政，是做官呢？还是当人民的勤务员呢？如果不是做官，而是当人民的勤务员，那就要以普通劳动者的面貌出现，要平等待人，要全心全意地为人民服务。但是，进了城，执了政，做官的条件是具备了，这就最容易沾染官气。事实上，我们许多同志确实已经沾染了不少官气。所以，我们每天每时都要注意执政党的特点。

邓小平指出："毛泽东同志把民主集中制提到很高的原则高度来讲，讲到要社会主义还是要资本主义、要无产阶级专政还是要资产阶级专政的问题。事实确是这样，没有民主，就没有集中；而这个集中，总是要在民主的基础上，才能真正地正确地实现。没有无产阶级的民主和无产阶级的集中，也就没有社会主义，资本主义就要复辟。从领导方法来说，只有从群众中来，才能到群众中去。没有民主基础上的集中制，既不能实行真正的从群众中来，也不能实行真正的到群众中去。不实行民主集中制，不但脱离人民群众，脱离党员群众，而且上级脱离下级，甚至在同级里也势必造成少数人或个人脱离多数，少数人或个人专断的局面。"① 是搞民主还是搞独裁，是兴旺还是灭亡，是前进还是倒退，民主集中制是个标志，这已被我们党的历史所证明。

邓小平同志说："革命队伍内的家长制作风，除了使个人高度集权以外，还使个人凌驾于组织之上，组织成为个人的工具。家长制是历史非常悠久的一种陈旧社会现象，它的影响在党的历史上产生过很大危害。陈独秀、王明、张国焘等人都是搞家长制的。从遵义会议到社会主义改造时期，党中央和毛泽东同志一直比较注意实行集体领导，实行民主集中制，党内民主生活比较正常。可惜，这些好的传统没有坚持下来，也没有形成严格的完善的制度。例如，党内讨论重大问题，不少时候发扬民主、充分酝酿不够，由个人或少数人匆忙做出决定，很少按照少数服从多数的原则实行投票表决，这表明民主集中制还没有成为严格的制度。从 1958 年批评反冒进、1959 年'反右倾'以来，党和国家的民主生活逐渐不正常，一言堂、个人决定重大问题、个人崇拜、个人凌驾于组织之上一类家长制现象，不断滋长。林彪鼓吹'顶峰'论，说毛主席的话是最高指示，这种说法在全党全军全国广为流传。粉碎'四人帮'后，还把个人崇拜的一套搬了一段时间。"② 我们共产党人，党的干部要永远牢记我们党的历史上这种严重的痛苦的教训。

在国际共产主义运动的进程中谁抛弃了民主集中制的原则，谁就必然倒台走向反面，就蜕化变质。戈尔巴乔夫垮台就是一个突出例子。他完全改变了民主集中制，走向列宁民主集中制的反面。党员成了党内"自由人"；下级机关决议高于上级机关决议；整个苏共不再是统一的，可以自行其是，不服从中央决议。因此，在 1991 年"8·19"事件之后，各加盟共和国共产党纷纷宣布脱离苏共，走向

---

① 《邓小平文选》第一卷，第 304～305 页。
② 《邓小平文选》第二卷，第 329～330 页。

"联邦制"，使彻底垮台成了一夜之间的事。

（二）民主集中制是党的组织规律和党内政治生活的辩证法，使党能够造成生动活泼的局面。

无产阶级政党是按照民主集中制的原则建立起来的，也是靠民主集中制原则指导运行的，使党能够造成生动活泼的政治局面的好方法。列宁指出："规律就是关系……本质的关系或本质之间的关系。"毛泽东解释说："客观事物的内部联系，即规律性"这就是说，所谓规律就是事物内部的本质联系。那么，无产阶级政党内部的本质联系是什么泥？它的规律性的反映表现在哪里呢？党的"七大"第一次揭示了无产阶级政党内部的本质联系，即党的组织规律是民主集中制。这就把民主集中制提高到了一个新的认识水平，具有重大的理论与实践意义。

党是根据自己的纲领和章程，按照民主集中制组织起来的统一整体。党员个人服从党的组织，少数服从多数，下级组织服从上级组织，全党各个组织和全体党员服从党的全国代表大会和中央委员会，这"四个服从"是党的组织制度的首要内容，也是党内关系和党内生活的辩证法。它所要解决的个人与组织之间、党员与党员之间、党员与群众之间、领导成员之间的矛盾关系；党内关系还有个人与组织，下级组织与上级组织，全党各级组织、全体党员与中央组织的关系等等问题。特别是党的各级组织选举与决策都同这些关系的处理密切联结在一起。党组织在处理这些错综复杂的关系，就必须把种种多方面的因素结合起来。把"四个服从"成为有机结合的统一整体。只有这样无产阶级政党这架庞大的机器，才能按照它自身的内在的矛盾运动的规律进行运转。列宁指出："规律是现象中的巩固的（保存着的）东西。"

这就告诉我们：规律是客观反映，是不以人们的意志为转移的客观存在。规律是看不见摸不着抓不住的东西，它隐藏在现象的背后，违犯它就受到惩罚。规律是无情的。只有运用客观规律达到某种预想的结果。符合规律的认识才是正确的，否则就犯错误。我们党把民主集中制视为规律的反映。因此党内生活要认识这条规律，按照这条规律的要求办事不断深化，不断提高，使其造成党内生活生动活泼的政治局面。

邓小平指出："在我们党的历史上，关于上下级关系问题，是曾经出现过偏向的。'左'倾机会主义在党内属于统治地位的时候，上下级关系中的偏向是过度集中。在那个时期，下级组织对于上级领导机关实际上几乎没有发言权。当时的上级领导者不但没有兴趣听取下级的情况和意见，而且要给那些根据实际情况向他们提出合理的不同意见的人们以种种打击。这种错误，在1935年1月党中央结束了'左'倾机会主义的统治以后，也就在基本上克服了。"[①] 这个历史的教训我们一定要记取。同时，在党的"八大"上我们党也总结了遵义会议以后，在执行民主集中制的过程中的经验和教训。

邓小平同志在"八大"关于修改党的章程的报告中指出："党的上下级关系中的缺点，从总的方面说来，主要的还是对于发扬下级组织的积极性创造性注意不足。不适当的过分的中央集权，不但表现在经济工作、文化工作和其他国家行政工作中，也表现在党的工作中。上级机关所作的硬性的规定太多，而不少的规定，并不是对于下级组织的情况和经验作了充分研究的结果，以至往往使下级组织在执行的时候发生困难。许多上级组织还不善于深入下层，倾向下级组织和群众的意见，同下级组织经过互相商量去解决工作中的问题，还习惯于在办公室里发号施令，或者到下面去包办代替。此外，有些上级的领导人员还喜欢摆架子，要威风，只是教训人，批评人，而不能向下级请教，不能听下级的批评，不能对下级作自我批评。这种情况虽然不是普遍的，但是也不是个别的。如果不注意并且改变这种情况，那末，在这些地方也就不会有真正的民主集中

---

① 《邓小平文选》第一卷，第226页。

制。"①

　　这是我们党自"七大"以来在执行民主集中制方面的一个基本总结。根据这个实际情况，邓小平同志在修改党章的报告中关于民主集中制中的上下级关系问题提出三项重大措施。

　　第一，党的各级领导机关必须经常听取下级组织和党员群众的意见，研究他们的经验，及时地解决他们的问题。党的下级组织必须定期向上级组织报告工作。下级组织的工作中应当由上级组织决定的问题，必须及时向上级请求指示。

　　第二，关于中央和地方，上级和下级的职权范围问题，增加了党的中央组织和地方组织的职权应当有适当的划分。凡属全国性质的问题和需要在全国范围内作统一决定的问题，应当由中央组织处理，以利于党的集中统一；凡属地方性质的问题和需要由地方决定的问题，应当由地方组织处理，以利于因地制宜。上级地方组织和下级地方组织的职权，也应当根据同一原则作适当的划分。

　　第三，关于党的政策问题，在党的领导机关没有作出决定以前，党的下级组织和党的委员会成员，都可以在党的组织和党的会议上自由地切实地进行讨论，并且向党的领导机关提出自己的建议。但是党的领导机关一经作出决议，他们就必须服从。下级组织如果认为上级组织的决议不符合本地区、本部门的实际情况，应当向上级组织请求改变这个决议；但是如果上级组织认为仍然应当执行原来的决议，下级组织就必须无条件地加以执行。

　　同时，还特别强调指出，坚持集体领导原则和反对个人崇拜的重大意义。个人决定重大问题，是同共产主义政党的建党原则相违背的，是必然要犯错误的，只有联系群众的集体领导，才符合于党的民主集中制原则，才便于基层减少犯错误的机会。在我们党内，长期以来由党的集体而不由个人决定重大的问题，已经形成一个优良传统。违背集体领导原则的现象虽然在党内经常发生，但是，这种

①《邓小平文选》第一卷，第227～228页。

现象一经发现，就受到党中央的批判和纠正。

党的"八大"和在"八大"以后这些规定都是正确的，党的生活也是正常的。但是到了50年代末60年代初实际上背离了"八大"的路线，向着相反的方向发展，"左"的指导思想越来越严重突出，一直导致"文化大革命"的十年动乱。党的民主集中制受到严重破坏，党内确实存在着权力过分集中的官僚主义。这种官僚主义常常以"党的领导"、"党的指示"、"党的利益"、"党的纪律"的面貌出现。许多重大问题往往是一两个人说了算，别人只能奉命行事。如十多年来，林彪、"四人帮"大搞禁区、禁令、创造迷信，把人们的思想封闭在他们假马克思主义的禁锢圈内，不准越雷池一步。否则，就要追查，就要扣帽子、打棍子。在这种情况下把党内生活"四个服从"辩证法给破坏了，违背了民主集中制这个客观规律，我们也受到了惩罚。

党的十一届三中全会以后，在以邓小平为核心的党中央第二代成熟领导集体的坚强领导下，不仅恢复和发展了党的民主集中制，而且在运用和发展中又有新的认识和提高。邓小平指出："解放思想、开动脑筋，一个十分重要的条件就是要真正实行无产阶级的民主集中制。我们需要集中统一的领导，但是必须有充分的民主，才能做到正确的集中。"为什么呢？"因为在过去一个相当长的时间内，民主集中制没有真正实行。离开民主讲集中，民主太少。现在敢出来说话的，还是少数先进分子。"① 充分发扬党内民主，推动社会民主的发展，使民主政治成为建设有中国特色社会主义的一条基本原则。要在党和国家生活中真正实行民主集中制的组织原则。我们应当怎样处理这些关系呢？

邓小平指出："我们实行的是民主集中制，这就是民主基础上的集中和集中指导下的民主相结合。民主集中制是社会主义制度的一个不可分的组成部分。在社会主义制度之下，个人利益要服从集体

---

① 《邓小平文选》第一卷，第244页。

利益，局部利益要服从整体利益，暂时利益要服从长运利益，或者叫做小局服从大局，小道理服从大道理。我们提倡和实行这些原则，决不是说可以不注意个人利益，不注意局部利益，不注意暂时利益，而是因为在社会主义制度之下，归根到底，个人利益和集体利益是统一的，局部利益和整体利益是统一的，暂时利益和长远利益是统一的。我们必须按照统筹兼顾的原则来调节各种利益的相互关系。如果相反，违反集体利益而追求个人利益，违反整体利益而追求局部利益，违反长远利益而追求暂时利益，那么，结果势必两头都受损失。民主集中制的关系，权利和义务的关系，归根结底，就是以上所说的各种利益的相互关系在政治上和法律上的表现。正因为这样，毛泽东同志才说，我们的目标，是想造成一个又有集中又有民主，又有纪律又有自由，又有统一意志，又有个人心情舒畅、生动活泼那样一种政治局面。这就是社会主义民主的政治局面，这就是我们今天和今后所要努力实现的政治局面。"① 这就是说民主集中制不仅是组织规律和党内生活的辩证法的运用和发展，而且是党造成生动活泼政治局面的根本目的和奋斗目标。只有依据客观规律，掌握辩证法，正确处理各种关系，真正按照民主集中制的原则办事，才能达到这样的目的。

（三）党的制度建设的基本内容和实质。

党的制度建设的基本内容主要包括有：党和国家领导制度、组织领导制度、工作管理制度、政治生活制度、干部制度、党员管理制度、民主监督制度，等等。建立和健全以及完善党和国家各种制度。健全民主集中制是一个最关键的问题。

切实加强党的制度建设，真正实行民主集中制，坚决保障党章赋予党员的民主权利，实行民主政治是我们党的一项根本性的建设。十一届三中全会以后，在以邓小平为核心的党中央第二代成熟领导

---

① 《邓小平文选》第二卷，第 175～176 页。

集体的领导下，把党和国家制度建设提到一个崭新的水平。要以法治党、以法治国、以制度治党治国，这是党进一步成熟的标志。特别是邓小平发表了《党和国家领导制度的改革》的讲话，对党和国家的制度建设实现了一个新的飞跃。也是中国共产党 70 多年来，尤其是改革开放以来的关于制度建设的科学经验的总结。这一重大制度理论的突破对加强党的制度建设是有重大理论和实践的指导意义。

制度建设的好与不好、是否健全是直接关系党和国家的命运和前途的大问题。"十三大"政治报告提出"切实加强党的制度建设，对于党的正确路线的巩固和发展，对于党的决策的民主化和科学化，对于充分发挥各级党组织和党员的积极性，十分重要。"党的制度建设同党的政治路线是紧密相连的，而正确路线的形成和发展都离不开民主集中制的保证。因为党的制度可以制约、调节党内、国家、社会等等关系的正常运转，保持正常秩序。如果没有制度、法规、章程、条例的制约和调节就会出现一片混乱，使党和国家处于无秩序的状态。这样，就不可能建设一个好的党、强大的社会主义国家。党和国家也不会稳定和发展。只有真正实行民主集中制，把制度建设好，这就保证了党的基本路线、方针、政策的连续性、稳定性和长期性。才能避免出现"人亡政息"那样一种政治局面。当然，制度的稳定性也是相对的。制度是为政治路线服务的。随着政治路线的变化，制度也要作相应的发展和变化，这是明显的道理。

党和国家的各种制度究竟好不好，完善不完善，必须用以下三条标准来检验："1. 经济上，迅速发展社会生产力，逐步改善人民的物质文化生活；2. 政治上，充分发扬人民民主，保证全体人民真正享有通过各种有效形式管理国家、特别是管理基层地方政权和各项企业事业的权力，享有各项公民权利、健全革命法制，正确处理人民内部矛盾，打击一切敌对力量和犯罪活动，调动人民群众的积极性，巩固和发展安定团结、生动活泼的政治局面；3. 为了实现以上两方面的要求，组织上，迫切需要大量培养、发现、提拔、使用坚持四项基本原则的、比较年轻的、有专业知识的社会主义现代化建设人才。"① 这就是说在经济、政治和干部条件上要适应改革的要求。特别是人才问题，主要是个组织路线问题。这些问题解决好了，我们党和国家事业就兴旺发达。

邓小平指出："从党和国家的领导制度，干部制度方面来说，主要的弊端就是官僚主义现象，权力过分集中的现象，家长制现象，干部领导职务终身制现象和形形色色的特权现象。"还特别强调指出官僚主义的"主要表现和危害是：高高在上，滥用权力，脱离实际，脱离群众，好摆门面，好说空话，思想僵化，墨守陈规，机构臃肿，人浮于事，办事拖拉，不讲效率，不负责任，不守信用，公文旅行，互相推诿，以至官气十足，动辄训人，打击报复，压制民主，欺上瞒下，专横跋扈，徇私行贿，贪赃枉法，等等。这无论在我们的内部事务中，或是在国际交往中，都已达到令人无法容忍的地步。"② 这种官僚主义的基本特征同我国长期对经济、政治、文化、社会都实行中央高度集权的管理体制有着密切的关系。它既不同于旧中国的官僚主义，也不同于资本主义国家中的官僚主义。而各级领导机关，都管了很多不该管、管不好、管不了的事，这些事情只要有一定的规章、制度，放在企业、事业、社会单位，让他们真正按照民主集中制自行处理，本来可以很好办，但是统统拿到党政领导机关、拿到中央部门来，就很难办。所以，要改革、开放是必然的。

在反对官僚主义的同时还必须认清封建主义和资产阶级思想的恶劣影响，因为在我们国家，党内也有表现。在种种弊端之中多多少少都带有封建主义的色彩。例如宗法观念、等级观念、特权思想、官本位、划地为牢、以邻为壑、闭关锁国、夜郎自大，以及一人当官，鸡犬升天，一人倒霉，株连九族等流毒。这些影响着人们的思想观念。在彻底肃清思想政治方面的封建残余影响这个任务是非常

---

① 《邓小平文选》第二卷，第 322 页。
② 《邓小平文选》第二卷，第 327 页。

繁重的。我们必须保持清醒的头脑，要有实事求是的科学态度。要运用马克思主义对封建主义遗毒的表现，进行具体的准确的如实的分析。首先，要划清社会主义同封建主义的界限，决不允许借反封建主义之名来反社会主义，也决不许用"四人帮"所宣扬的那套假社会主义来搞封建主义。其次，也要划清文化遗产中民族性精华同封建性糟粕的界限。其三，要划清封建主义遗毒同我们工作中由于缺乏经验而产生的某些不科学的办法、不健全的制度的界限。总之，不要一阵风似的，不加分析地把什么都说成是封建主义。要从封建遗毒中摆脱出来，解放出来。要解放思想，提高觉悟，适应现代化建设的需要，努力为人民作贡献，为社会主义作贡献，为人类社会作贡献"。

　　当然，在思想政治方面肃清封建主义残余影响的同时，决不能丝毫放松和忽视对资产阶级和小资产阶级思想的批判，对极端个人主义和无政府主义的批判，对这些错误的东西绝对不能让它们流行。只有加强思想教育，才能肃清一切腐蚀我们的错误东西，决不能让它自由泛滥。

　　改革党和国家的领导制度的目的是为了加强和改善党的领导，加强组织纪律性。邓小平指出："在中国这样的大国，要把几亿人口的思想和力量统一起来建设社会主义，没有一个由具有高度觉悟性、纪律性和自我牺牲精神的党员组成的能够真正代表和团结人民群众的党，没有这样一个党的统一领导，是不可能设想的，那就只会四分五裂，一事无成。这是全国各族人民在长期的奋斗实践中深刻认识到的真理。我们人民的团结，社会的安定，民主的发展，国家的统一，都要靠党的领导。坚持四项基本原则的核心，就是坚持党的领导。问题是党要善于领导；要不断地改善领导，才能加强领导。"①要在党和国家领导制度的改革过程中不断改善和加强党的领导，使党真正成为建设有中国特色的社会主义坚强领导核心。把各种制度

---

　　① 《邓小平文选》第二卷，第341～342页。

建立健全起来。把我国的以法治党、以法治国、以制度治国提高到一个新的水平。

（四）认真执行民主集中制实现决策民主化和科学化。

民主集中制不仅是党的组织原则、组织纪律和组织制度，也是党认识世界、改造世界进行科学决策、实现正确领导的根本保证。在执政的条件下党的决策正确与否，是关系党和国家的盛衰兴亡，关系亿万人民的切身利益的关系问题。决策的民主化和科学化，这是毛泽东建党学说的重大发展，对实现党的正确领导，密切党与人民群众的联系具有重大意义。

决策是属于认识论的范畴。决策的民主化和科学化的形成和发展，是从群众中来到群众中去，集中起来，坚持下去，实践、认识、再实践、再认识，由物质到精神，多次反复，形成科学的认识，做出决策，去指导人民群众夺取建设有中国特色的社会主义的胜利。就是要把认识的复杂性、规律性和认识能力有机地结合起来，只有这样才能把马克思主义认识论和党的群众路线统一起来，从而揭示无产阶级政党认识和改造客观世界的规律。依据实践，走群众路线，在民主集中制的基础上实行正确的集中，使党和国家的决策既科学又正确。

怎样才能把个人、集体、阶级、民族的智慧集中起来，就要运用民主集中制的原则办事。刘少奇说："党内民主的集中制，即是党的领导骨干与广大党员群众相结合的制度，即是从党员群众中集中起来，又到党员群众中坚持下去的制度，即是反映党内的群众路线。"①无产阶级政党靠民主集中制的原则去发现真理、认识真理，把全党和全民族的认识能力提到一个新的高度。列宁指出："人的认识不是直线（也不是沿着直线）进行的，而是无限地近似于一串圆圈、近似于螺旋的曲线。这一曲线的任何一个片断、碎片、小段都能被

————————
① 《刘少奇选集》上卷，第359页。

变成（被片面地变成）独立的完整的直线，而这条直线能把人们（如果只见树木不见森林的话）引到泥坑里去。"① 要在实践的进程中，坚持唯物辩证法，反对主观片面性。因为事物是很复杂的，要想得到比较全面的正确的了解，那就必须听取各种不同的意见，经过周密的分析，把它集中起来。调查研究有各种各样的方法，找有各种不同看法的人交换意见，也是一种方法，而且是一种重要的方法。陈云同志指出："领导干部听话要特别注意听反面的话，相同的意见谁也敢讲，容易听得到；不同的意见，常常由于领导人不虚心，人家不敢讲，不容易听到。所以，我们一定要虚心，多听不同的意见。"他还说："可以作点假设，从反面和各个侧面来考虑问题，并且研究各种条件和可能性，这就可以使我们的认识更全面些。"② 只有坚持这些基本思想原则，才能使党的决策建立在全面可靠的基础上。

党的领导的基本职能是决策，党的决策能力，是指党为了实现自己的政治主张和历史使命，执政党的国策制订和选择优化的政治行动方案的能力。所谓党的政治决策能力，主要是指依据人类社会历史发展规律、实践经验及对国内、国际情况的分析和对未来发展趋势的预测，对属于党的领导范围内的重大问题，确定、制定政策和行动方案及善于判断的决策能力。政治方向指引能力、政策方案、基本国策拟定和科学抉择的能力，以及方案实施中的追踪修正逐步完备提高的能力。

政治决策能力包括：（1）根据党的各个历史时期的政治、经济、思想、文化、科学、教育、军队、国防的条件和国家的国情，地理环境、制度贯彻执行党和国家在该时期的政治路线、方针和政策，实现总体规划和奋斗目标的能力；（2）预策、决策的实际效果，监控决策实施过程及时调整、修正、发展、充实、提高、使决策保持最

---

① 列宁《哲学笔记》，第365页。
② 《陈云文选》（1956—1985年）第179、180页。

大限度的正确性、科学性和稳定性能力；（3）党对革命和建设历史发展阶段的错综复杂、瞬息万变的国内形势的分折、判断的能力；（4）对党的领导范围内的一切重大问题的发展趋势的科学预见的能力；（5）对社会各阶级、阶层和社会集团的经济、政治要求的认识、理解能力、以及对复杂风云变幻突发事变出迅速反映和判断的能力，等等。中国共产党作为工人阶级执政党的先锋队，应当使自己作出重大决策真正符合最广大的人民群众的根本利益。应当有足够的政治决策能力去做到这一点。

政治决策能力是党的领导过程中的中心环节，是党的领导者和领导机关的基本功能，它对贯彻民主集中制的组织原则有重要意义。因为党的领导决策的性质，是宏观战略性决策，是全局性、根本性、整体性、方向性和稳定性决策。同时具有长期性、继承性和发展中的稳定性。它具有独有的重要性和特殊性。那么，党的决策能力怎样保持与增强呢？主要标准是决策是否完善，程序是否合理、合法，决策基础与原则是否是马克思列宁主义、毛泽东思想的，方法是否科学，指导思想是否有失误？等等因素所决定的。共产党员、党的干部特别是领导干部要永远坚持一个重要的原则，就是坚持民主集中制的基本原则、坚持真理，修正错误。

当然，党的决策能力的发展与提高，同党的领导班子群体素质、个人素质的决策能力有直接关系，如果他们能够解放思想、实事求是，勇于创新，博学多才，善于决断，尊重实践经验，勇于修正错误。还要有预见性、战略性，及时可能性，掌握得很好，认识能力较强，这样既能根据形势要求不断发展，也能在原有的基础上提高到一个新的水平。

一个党、一个国家，一个社会或一个党的领导干部，决策的正确与否，它直接关系到大至国家小至单位的兴衰，决定着社会的命运，决定着事业的成功和失败。因此，决策是党的领导的基本职能。党的领导过程，就是制定决策和实行决策的过程。也是实践的过程。我们要尽一切力量提高党的决策能力。

　　有的同志提出政治决策有四条必须遵守的原则。一是有权原则，即采取决策行动的机关，必须确实拥有合法的权力。在自己的职权范围内，有权对面临的问题作出决策；二是照章，遵循法定的程序采取决策的原则，即不违反程序规定所作的决策；三是合法原则，即决策过程的结果，必须符合现行国内、国际及有关国家法律，不得在文字上和精神上与其相抵触；四是规范化原则，即决策过程中的结果，要以某种法律要求的形式加以肯定下来，也就是决策文件必须法律规范化。按照这些原则进行决策，就不会造成重大失误，即使有的失误也会很快得到纠正。

　　党的政治决策内容，通常涉及整个国家、整个社会或者某一范围的地区，某一重要部门或领域的一些具有长期性的重大而又广泛影响的问题。政治决策的这些特点，要求党的决策，必须具有强烈的实践性与科学性相统一。由于处在执政党地位，党的政治决策是国家和社会最高层次的决策活动，政治决策的性质，通常是一种战略性决策，是对国家和社会发展方向，宏观控制和远景规划的重大决定。

　　要坚持决策应有的预见性、战略性、设计性和间接性；坚持判断的原则性、系统性和必须遵循的程序与方式、方法；对那些因官僚主义、主观主义、武断草率、鲁莽、弄虚作假、玩忽职守、假公济私、渎职等行为造成的决策失误，当事人必须承担法律责任、经济责任，甚至刑事责任，不能以一般的党纪政纪处分来代替，更不能以"交学费"推脱事责，等等。当然，党事、国事及重大事情，都有可能决策失误的情况。作为一个领导者，要认真想一想，冷静的思考分析一下，要吸取过去经济过热，教育失误，人口失控，物价上涨，能源紧张的根本原因与经验教训，一定要决策民主化、法制化和科学化。做一个合格的职称相符的党政领导者。

　　在革命和建设的实践中，决策的民主化与科学化有内在的统一性。按照民主集中制组织原则和组织制度。主要表现在：首先，党的政治决策的目的是为了实现人民群众的根本长远利益。是党制定各项方针、政策的出发点和落脚点，都是为了实现人民的利益和愿望。其次，科学决策的过程离不开人民群众，要倾听群众的意见和建议，博采众长，经过民主讨论，从群众中来到群众中去，集中起来坚持下去，使决策目标符合客观实际。其三，领导的决策不能停留在口头上、纸面上、规划上，而是要转化为人民群众的行动上，使精神转化为物质，只有民主化才能产生社会效应。其四，一个决策是否正确，也要经过人民群众实践的检验。只有通过人民群众的实践才能对领导决策科学性做出裁决，除此以外没有别的选择。其五，决策的认识过程也就是坚持民主集中制群众路线的过程。人民群众在实践中产生各种设想，提出各种问题和要求，经过领导机关、领导班子按照民主集中制的原则精神分析研究，使感性认识上升到理性认识，形成决策方案，再回到群众中去贯彻落实，不断深化，总结实践经验，使其更加符合实际，更有实际指导意义。也就是说，党的群众路线，在一定意义上讲，也是党的民主作风的具体化。要充分发扬民主，尊重群众的首创精神，在实践活动中丰富和发展，使党的决策更加科学化。一个党政领导干部，提高决策能力是多方面的。最重要最关键的就是不断提高解决问题的决策能力，是领导者居于首位的能力。特别是在变化万千的错综复杂的政治生活中进行决策并解决实际问题。这就要求领导者不仅要以马克思主义为指导，对客观事物定性分析研究，而且要用现代化科学方法对事物作定量的分析，就要求严格遵守事物发展的客观规律，依据一定的决策程序，运用一系列科学方法，高瞻远瞩地从许多可供选择的行动方案中，选择确定达到目的的最佳方案。从一定意义上说，领导就是决策，领导就是解决问题，领导就是事情办得科学正确。万万不能于事优柔寡断，左顾右盼或者推诿拖拉、扯皮。要柔中寓刚，绵里藏针，多谋而善断，推动事物向着马克思主义指引的方向发展。

当然，能力有大小，责任有轻重，党的决策能力的高低，主要由以下诸因素决定：（1）决策体系是否完善或比较完善。（2）决策程序是否合理，合法。（3）决策原则是否正确科学。（4）决策方法是否民主，是否合乎民主集中制的组织原则。（5）决策的实施是否有保证，等等。当然，决策的方法是提高决策质量的技巧和手段。现代科学方法很多，主要有科学预测法、系统分析法、最优化法、专家征询法，等等。

一个党政领导干部，要学会科学的思想方法，站在党的全局高度，综合各方面的正确意见，考虑主观客观条件，权衡利弊，对几种方案进行比较、鉴别，选出最佳方案。领导者决策是整个工作程序中最关键的一步，是一件十分复杂的工作。就是要求我们的党政领导者，不仅要有丰富的知识，而且要有敢于决定重大问题的胆略和决心。有的同志讲，你有拍板的权力，但缺乏拍板的能力也不能把工作做好，就是这个道理。对问题当断不断，可能坐失良机；没有充分的把握贸然武断，将会造成不可挽回的失误；对一时决断不了的问题，要继续进行可能性的调查研究和充分的论证，然后再决定。使决定既正确又科学，推动社会历史不断向前发展。

党的十一届三中全会以来，我们党在以邓小平为核心的党中央第二代成熟领导集体的坚强指引下，进行了一系列的科学决策，使我国走上了建设具有中国特色社会主义的正确发展轨道。例如：关于摒弃"以阶级斗争为纲"应以经济建设为中心的战略决策；关于否定"文化大革命"，进行拨乱反正，正本清源，平反冤、假、错案的决策；关于解放思想，实事求是，团结一致向前看的决策；坚持实践是检验真理的唯一标准的决策；关于进行党的思想、政治和组织路线的教育决策；关于坚持四项基本原则和改革开放的决策；关于两个文明一起抓的决策；关于在社会主义初级阶段基本路线，即"一个中心、两个基本点"的决策；关于深化经济、政治、文化、教育体制改革的决策；关于建设有中国特色的社会主义理论与方法的决策；关于中国式的社会主义，都有自己的特色，要有创造性的决策，等等。

历史实践证明，这些重大决策是正确的、科学的，是符合马克思列宁主义、毛泽东思想的，是符合当代党情、国情的，也符合党和国家的根本利益和长远利益，得到了人民群众的拥护和支持。是深入人心的，是卓有成效的，促进了党和国家政治、经济、文化、教育、国际、外交的稳定、我国经济腾飞和迅速发展。

　　总之，党的领导的基本职能是对党和国家重大问题的决策，党的政治决策能力是极为重要的。党的领导和行政管理是不同的，行政管理的核心是控制，而党的领导核心是决策。党政领导干部应掌握的核心内容是领导决策的科学化、民主化。必须明确民主化是科学化的前提，领导民主化是领导科学化的保证，掌握领导民主化一个重要环节，就是要正确解决权力集中与分散的问题。作为一个党政领导者，认真去分解权力使其适当而有成效，只有民主化才有科学化，只有这样的决策就会少失误或不失误。建设有中国特色社会主义的进程中，应当也必须建立健全决策的责任制度，制定有关法规、条例、章程、规划、规定，使决策者的权力与责任相统一，相一致，有功者奖，有大功者重奖，有过者罚，有罪者惩处。只有这样，才能保证党和国家的决策民主化和科学化。

（五）坚持党的民主集中制，加强党的纪律，维护党的团结统一，保证党的领导人的活动处于党和人民的监督之下。

　　党的"十四大"党章明确规定：党的纪律是党的各级组织和全体党员必须遵守的行为规则，是维护党的团结统一、完成党的任务的保证。党组织必须严格执行和维护党的纪律，共产党员必须自觉接受党的纪律的约束。邓小平指出："要坚持和改善党的领导，必须严格地维护党的纪律，极大地加强纪律性。个人必须服从组织，少数必须服从多数，下级必须服从上级，全党必须服从中央。必须严格执行这几条。否则，形成不了一个战斗的集体，也就没有资格当先锋队。在这几条里面，最重要的就是全党服从中央。中央犯过错误，这早已由中央自己纠正了，任何人都不允许以此为借口来抵制中央的领导。只有全党严格服从中央，党才能够领导全体党员和全国人民为实现现代化的伟大任务而战斗。任何人如果严重破坏这一条，各级党组织和各级纪律检查委员会就必须对他严格执行纪律处分，因为这是党的最高利益所在，也是全国人民的最高利益所在。"①

　　众所周知，党的纪律是维护党的团结和统一，提高党的战斗力的根本保证。马克思指出："我们现在必须完全保持党的纪律，否则一切都会陷入污泥中。"列宁也强调指出："工人阶级的力量就在于组织，不组织群众，无产阶级就一事无成。组织起来的无产阶级就无所不能。"这就告诉我们，组织起来的无产阶级政党，必须有无产阶级自己铁的纪律。而党的纪律则是党团结统一的根本保证。团结和统一是党的生命，是党的力量的源泉，这是关系到党能否巩固和发展的根本问题。

　　党的纪律的主要特点，就是以马克思列宁主义、毛泽东思想为指导的纪律，是建立在正确的思想路线、政治路线和组织路线基础上的革命纪律。因此，每一个党员和党的干部，不论其职务高低和功劳大小，都必须认真履行党员义务，严格遵守党的纪律，自觉接受党和群众的监督。就是说，在党的纪律面前人人平等，绝对不允许有不受党的纪律约束的特殊党员。

　　当然，党的纪律是要充分发挥人民的积极性、主动性和首创精神的纪律，决不是提倡奴隶主义。马克思主义政党的纪律，是在民主集中制指导下的纪律。这个纪律是代表最大多数人民利益的，是有着深厚群众基础的。而这个纪律又是和最先进的生产方式相联系、有着深厚社会基础和物质基础的。

　　党的纪律的主要内容是：坚持"四个服从"，要在政治上和党中央保持一致，迅速和正确地执行党的决议；维护党的团结和统一；遵守党纪国法，遵守共产主义道德，严守党和国家的机密；对党忠诚老实，不隐瞒和歪曲事实真相，绝对不允许公开地或"秘密"地对外发表对抗党的路线、方针和政策的言论行动；绝对不允许在党内

----

　　① 《邓小平文选》第二卷，第271～272页。

进行任何派别活动和参加社会上的一切非法组织；绝对不允许发生任何损害党和人民利益行为，等等。党章明确规定，任何党员如果不履行，甚至严重违背党员义务，违反民主集中制原则，破坏党的团结和统一，违犯国家法律，违背党的决议，危害党的利益和欺骗党，就是违反党的纪律。党员违反党的纪律，党的组织可以按照具体情况给以处分。

根据基本路线的要求，党组织应通过党的纪律检查机关，加强党的纪律检查工作，对党员和党的组织，都要按照党的纪律要求，认真贯彻执行党的基本路线、方针和政策。党的纪律检查机关的任务主要是：维护党的章程和党内其他法规、协助党的委员会加强党风建设，检查党的路线、方针、政策和决议的执行情况。各级纪律检查委员会要经常对党员进行遵守纪律的教育，作出维护党纪的决定；检查和处理党的组织和党员违反党的章程和其他党内法规的比较重要或复杂的案件，决定或取消对这些案件中的党员的处分，受理党员的控告和申诉等。中央和地方的纪律检查机关，都是按照党的民主集中制的原则选举产生的，按照民主集中制的组织纪律工作的。总之，只有加强党的纪律教育，做好纪律检查工作，才能实现党的组织领导工作。

党的团结统一是党的生命。这是马克思主义建党的一条基本原理。马克思主义认为，工人阶级的团结就是工人利益的首要前提。"国际的一个基本原则——团结。如果我们能够在一切国家的一切工人中间牢牢地巩固这个富有生气的原则，我们就一定会达到我们所向往的伟大目标。"①列宁解释说："战斗的无产阶级最亲密无间的团结，无论是为了尽快地实现最终目标，或是为了在现在的社会基础上坚定不移地进行政治的和经济的斗争，都是绝对必要的。"真诚坚固的团结在马克思主义基础上的团结。团结统一是党的生命，是革命和建设事业的根本保证。所以列宁认为，没有思想上的统一，组

—————————

织统一是没有意义的；没有共同的思想基础，也根本说不上统一的问题。无产阶级所以能够成为而且必然成为不可战胜的力量，就是因为它根据马克思主义原则形成的思想统一是用组织的物质统一来巩固的。民主集中制就是实现组织的物质统一的这个强大武器，来实现党的团结和统一的组织保证和纪律保证。

破坏党的团结和统一就是危害党的生命。党的团结是无价之宝。毛泽东曾经说过："一种是党内的团结，一种是党与人民的团结，这些就是战胜艰难环境的无价之宝，全党同志必须珍爱这两个无价之宝。"为了保持党的团结和统一，我们要坚决反对和禁止一切派别组织和派别活动。有的同志为了论证党内派别存在的合理、合法性，引证毛泽东同志的话来立论、来表明他们的正确。他们说："毛泽东同志自己说过：党内无派，千奇百怪。党外无党，帝王思想。还说过：党外有党，党内有派，历来如此"。这种引用实际上是歪曲了毛泽东同志的基本思想，是不准确的，甚至是错误的。毛泽东同志1966年8月，在八届十一中全会闭幕式上的讲话中说："过去我们批评国民党，国民党说，党外无党，党内无派。有人说，'党外无党，帝王思想，党内无派，千奇百怪'，我们共产党也是这样。你说党内无派，它就是有，比如说，对群众运动就有两派，不过是占多占少的问题。"实际上说，在党内存在派别现象是难免的。但是在党内的派别组织、派别活动是违反党章的，是非法的，是绝对不允许的。我们党是一贯坚持党的民主集中制的纪律，维护党的团结和统一，反对分裂党、破坏党的团结和统一。

坚持民主集中制自觉的接受党和人民群众的监督。党的各级领导干部，不仅在牢固树立群众观点，养成良好的民主作风，而且要坚持群众路线，正确贯彻执行党的民主集中制，反对官僚主义，加强监督具有重大意义。

一个党的干部特别是领导干部，任何时候都要谦虚谨慎，戒骄戒躁，富于自我批评精神，勇于改正自己的缺点和错误，决不能文过饰非，把一切功劳归于自己，而把一切错误归于别人。"有无认真的自我批评，也是我们和其他政党互相区别的显著的标志之一。①党内的批评与自我批评，是加强党的组织，增强党的战斗力的锐利武器。对来自别人的批评要"闻过则喜"，虚心听取，有则改之，无则加勉；不要"闻过则怒"，一触即跳，更不要怀恨在心，打击报复。只有这样，才经常听到不同意见，才易于发现工作中的失误和存在的问题。毛泽东指出："以中国最广大人民的最大利益为出发点的中国共产党人，相信自己的事业是完全合乎正义的，不惜牺牲自己个人的一切，随时准备拿出自己的生命去殉我们的事业，难道还有什么不适合人民需要的思想、观点、意见、办法，舍不得丢掉的吗？难道我们还欢迎任何政治的灰尘、政治的微生物来玷污我们的清洁的面貌和侵蚀我们的健全的肌体吗？无数革命先烈为了人民的利益牺牲了他们的生命，使我们每个活着的人想起他们就心里难过，难道我们还有什么个人利益不能牺牲，还有什么错误不能抛弃吗？"②

为了建设具有中国特色的社会主义，不仅要有共产主义精神，还要有自我牺牲的精神，继承革命先烈开创的事业而奋斗。共产党人之所以有不可战胜的强大力量，其原因就在于他们有科学的世界观、人生观。同千百万人民群众有着密切的联系，坚持走群众路线，有了缺点错误，能够开展批评和自我批评，自觉地接受党和人民监督。我们所要进行的事业，是人类历史上空前伟大的事业，革命和建设的任务很艰巨，道路也很漫长。因而，无论我们工作取得了多么大的成绩，同党的事业相比，都是非常渺小的，也没有任何值得骄傲的理由。同时，一个干部特别是一个领导干部，只凭个人的经验是不可能保证实行正确领导的，只有以广大党员的经验、以工人阶级的经验和人民群众的经验来充实自己，才能不断丰富自己的头脑，实现正确的领导。

总之，只要党的各级领导干部都能发扬民主作风，密切联系群

<hr>

① 《毛泽东选集》第三卷，第1096页。
② 《毛泽东选集》第三卷，第1096～1097页。

众，自觉地接受党和人民群众的监督，谦虚谨慎，戒骄戒躁，就能把我们党的干部队伍建设好，我们党就大有希望。

邓小平指出："党要受监督，党员要受监督，'八大'强调了这个问题，毛主席最近特别强调要有一套章程，就是为了监督。毛主席说，要唱对台戏，唱对台戏比单干好。我们党是执政的党，威信很高。我们大量的干部居于领导地位。在中国来说，谁有资格犯大错误？就是中国共产党。犯了错误影响也最大。因此，我们党应该特别警惕。"① 就是说，如果我们党不受监督、不注意民主生活，脱离群众，凭老资格，自以为是，不能虚心听取各方面的意见，就会犯大错误。邓小平认为，监督来自三个主要方面：第一是党的监督。第二是群众的监督。第三是民主党派和无党派民主人士的监督。使我们办事谨慎一些，消息灵通些，脑子不会僵化，会少一些片面性。党要领导好，共产党有没有资格领导，这决定于我们党自己。人家承认不承认是另外一回事，不承认也不要紧。如果你合格，人家不承认也合格；如果不合格，人家承认了也还是不合格。归根到底在于我们自己。这是一条真理。只要党和党员不脱离群众，只要党和党员接受监督，只要党和党员虚心学习，只要党和党员不断地进行思想政治工作，我们党就一定能同过去领导革命和建设取得胜利一样，胜利地建设有中国特色的社会主义。

特别值得注意的是："对于我们党的各级领导人（包括党委会的所有成员），应该有监督。这种监督是来自几方面的，来自上面，来自下面（下级），来自群众，也来自党小组生活。""来自党委会本身，或者书记处本身，或者常委会本身。这是一个小集体。我们一些领导同志，同伙夫，勤杂人员等同志们编在一个党小组里，那是起不了多少监督作用的。当然，根据党章规定，人人要过支部生活。""就是把领导人的主要的小组生活，放到党委会去，或者放到书记处去，或者放到常委会去。在党委会里面。应该有那么一段时间交交

---

① 《邓小平文选》第一卷，第 270 页。

心，真正造成一个好的批评和自我批评的空气。同等水平、共同工作的同志在一起交心，这个监督作用可能更好一些。"① 这是我们党的好传统、好习惯，应当保持而发扬下去。

（六）民主集中制的理论基础和实质以及奋斗目标。

民主集中制是无产阶级政党坚持的最根本的组织原则。其实质就是要在实际工作中以马克思列宁主义、毛泽东思想为指导，坚持唯物论辩证法。遵循解放思想、实事求是、调查研究、一切从实际出发的基本原则，正确处理党内外的各种矛盾和斗争，使党成为一个团结战斗统一的有机整体，去完成党的政治任务和历史使命。

邓小平指出："民主集中制。这个问题，毛泽东同志已经讲得很明白。毛泽东同志把民主集中制提到很高的原则高度来讲，讲到要社会主义还是要资本主义、要无产阶级专政还是资产阶级专政的问题。事实确是这样，没有民主，就没有集中；而这个集中，总是要在民主的基础上，才能真正地正确地实现。没有无产阶级的民主和无产阶级的集中，也就没有社会主义，资本主义就要复辟。从领导方法来说，只有从群众中来，才能到群众中去。没有民主基础上的集中制，既不能实行真正的从群众中来，也不能实行真正的到群众中去。不实行民主集中制，不但脱离人民群众，脱离党员群众，而且上级脱离下级，甚至在同级里也势必造成少数人或个人脱离多数，少数人或个人专断的局面。"② 这就把民主集中制的地位、作用和意义讲得非常明确、深刻、具体而实际，民主集中制不仅是社会制度、专政性质的根本标志，而且是唯物辩证法的生动体现。也是集体领导原则在实践中的显著标志。这是一块试金石，是我们党必须坚持的根本组织制度。也是党的学说中一条基本原理。

坚持民主集中制是我们党的传统优点和特点。为什么能够这样

———————————

① 《邓小平文选》第一卷，第309～310页。
② 《邓小平文选》第一卷，第304～305页。

呢？正如邓小平指出的：我们是一个有"五好"的党。有好的指导思想、有好的党中央、有大批好的骨干、有好的传统和好的作风、有好的人民，人民对我们党有最大的信赖。"这样的党，既然能够领导人民取得革命的胜利，也一定能够领导人民取得社会主义建设的胜利；既然能够把国内工作搞好，也一定能够在国际共产主义运动中担负起自己应负的责任。"① 我们这个党所以成为中流砥柱，能够担负起自己应负的责任，尽自己的义务。有"一个传统，就是有理想，有志气，不怕'鬼'。当然，应该说，这个传统从马克思起就有了的。我们党历来是有理想，有志气，不怕'鬼'的。尽管这几年我们有一些想法和做法不切实际，也不要因为批判了这些东西，就丧失了理想，丧失了志气，就怕起'鬼'来了。好像我们在工作中有了那么一些缺点，犯了那么一些错误，就看到绳子都是蛇了。现在有各种'鬼'，可能有这样一种丧失信心的'鬼'。全党要防止这种'鬼'。我们还是要有理想，有志气，把事情搞好。"② 特别是在苏联解体、东欧剧变，自由化思潮泛滥，有的人就丧失理想和信念，又怕起"鬼"来了。各种各样的"鬼"，包括洋鬼子，我们中国共产党历来是不怕"鬼"的，为什么呢？

我们有"五好"的党，又有一套健全的党的生活制度。"特别是遵义会议以后，在毛泽东同志领导下，我们党建立了一套健全的党的生活制度。比如民主集中制；团结——批评——团结的方法；言者无罪、闻者足戒，惩前毖后、治病救人；批判从严、处理从宽，不搞过火斗争、无情打击；艰苦朴素、谦虚谨慎，等等。这些都是毛泽东同志一贯提倡的，是我们的党规常法。"③ 只有这样的党才能把我们的国家领导好、建设好。在贯彻执行民主集中制时，能否执行得好，取决于两个基本条件。一是党的各级领导者的思想路线与作

① 《邓小平文选》第一卷，第301页。
② 《邓小平文选》第一卷，第299～300页。
③ 《邓小平文选》第一卷，第300页。

风是否端正？二是有良好的制约机制和具体的党规党法。这是带有全局性、根本性制度保证。因为思想作风是一种无形的力量，任何一种好的思想作风，只有用组织制度的形式确定下来，才能成为有形的，比较稳定的因素，具有更大的威力；人的情况是容易因时因地而发生变化的，其影响有一定的局限性，而制度则比较地不易受时间、地点的影响，可以相对稳定地存在下去。这就是说，一要教育，二要制度化。

中国共产党所坚持的，就是高度民主和高度集中辩证统一的制度。实质上就是毛泽东同志经常倡导的"在人民内部，民主是对集中而言，自由是对纪律面言。这些都是一个统一的两个矛盾着的侧面，它们是矛盾的，又是统一的，我们不应当片面地强调某一个侧面而否定另一个侧面。在人民内部，不可以没有自由，也不可以没有纪律。不可以没有民主，也不可以没有集中。这种民主和集中的统一，自由和纪律的统一，就是我们的民主集中制。"① 既然民主集中制就是在民主基础上的集中，因此它在贯彻的时候，必须既要坚持民主，又要坚持集中，要把二者有机统一起来。怎样才能统一起来呢？

首先，民主与集中是一个有机制约的统一整体，不能把两者对立起来，没有民主，就不可能有真正的集中，没有集中，民主就变得毫无意义。讲民主必然要讲集中，离开集中，民主就成极端民主化，讲集中必然是在民主基础上的集中，离开民主，集中就成为独裁和专断。因此，民主与集中既不能割裂，也不能对立，它们是辩证统一的有机整体。其次，无产阶级政党必须依靠群众，集中人民群众的智慧和意志，领导人民群众为实现自己的根本利益而奋斗。只有这样，才能保持党的先锋队性质，增强党的战斗力，完成党的历史使命。这个要在党的组织原则上的正确体现，就是党的民主集中制。其三，党的民主集中制原则的理论基础就是马克思主义的唯物

---

① 《毛泽东著作选读》下册，第762页。

史观。它科学地揭示了人类社会发展的客观规律，无产阶级只有解放全人类才能解放自己。因此，没有唯物史观。就不会有民主集中制的组织原则，它是唯物史观的体现。其四，要充分发挥民主。这是基础，在党内所有党员在政治上一律平等。要保证党员履行义务的同时，享有充分的民主权利。在重大问题作出决定之前，要鼓励党员在一定范围内进行自由讨论。允许党员对党组织和领导干部提出批评意见。任何人都不得以任何借口侵犯党章规定的党员权利。其五，要按民主集中制程序实行正确的集中。使每个党员不仅坚持"四个服从"，而且自觉贯彻执行党中央的路线、方针和政策。党员对党组织的决定有意见，可以通过组织发表，可以保留自己的意见，可以通过各级组织直至中央，提出自己的意见。

但是，不准公开反对党的决定，不准不执行党的决议，不准搞任何派别活动。凡是中央决定的东西，党组织决定了的东西，在没有改变以前必须服从，不允许对党中央的路线、方针和政策散布不信任、不满和反对的意见，不允许阳奉阴违，搞"上有政策，下有对策"的两面派作风。总之，民主与集中这两个方面是对立的又是统一的。随着环境和情况的变化，在指导实际工作中，有时候强调民主多一些，有时候强调集中多一些，但无论如何变化，民主是集中的前提和基础。只有在充分发挥民主基础上的集中。同时，也不能离开集中谈民主，如果没有集中就形不成统一的意见，什么事情都难以办成。

民主是目的还是手段？争论了多年。既不是为民主而民主，也不是以民主的形式去整别人，去达到什么目的。对这个重大原则问题毛泽东同志早在 1957 年 7 月青岛会议上《一九五七年夏季的形势》一文中就讲得明明白白。他说："我们的目标，是想造成一个又有集中又有民主，又有纪律又有自由，又有统一意志、又有个人心情舒畅、生动活泼，那样一种政治局面，以利于社会主义革命和社会主义建设，较易于克服困难，较快地建设我国的现代工业和现代农业，党和国家较为巩固，较为能够经受风险。总题目是正确地处理人民内部的矛盾和正确地处理敌我矛盾。方法是实事求是，群众路线。"① 邓小平同志再三强调在我们党内和国家内，必须按照毛泽东同志提出的造成这种局面。首先要从党内造成。如果党内造不成。国家也造不成，我们党一定要造成这样的生动活泼的政治局面，我们党内一定要有充分的民主。由党内民主推动社会民主，运用民主集中制的组织原则和组织制度，去为造成这种局面而奋斗。

　　总而言之，为什么说民主集中制是关系党和国家命运的事情；民主集中制是党的组织规律和党内生活的唯物辩证法，解放思想，实事求是的一个十分重要的条件，就是真正实行无产阶级的民主集中制；党的制度建设的基本内容和实质；认真执行民主集中制，实现决策民主化和科学化；坚持党的民主集中制，加强党的纪律，维护党的团结统一，保证党的领导人的活动处于党和人民的监督之下；民主集中制的理论基础和实质以及奋斗目标，等等。这些是邓小平同志对民主集中制理论原则的运用和发展。

第三节　加强和健全党的民主集中制建设，提高党的决策水平

一、加强与健全民主集中制的建设

　　我们党按照"十四大"党章规定：党的建设必须坚决实现的四项基本要求，就是要坚持民主集中制。如何坚持和健全党的民主集中制的组织原则呢？一方面，要加强对党员和干部特别是领导干部的思想教育，使他们牢固地树立民主集中制的正确观念，提高实行

────────────

① 《毛泽东选集》第五卷，第456～457页。

民主集中制的主动性、自觉性和创造性。另一方面，要不断加强和健全民主集中制建设。过去由于民主集中制遭到破坏，造成党内政治生活的不正常，个人专断，个人崇拜现象严重，结果导致"文化大革命"的错误，这是极为痛苦的教训。

　　坚持加强和健全民主集中制是摆在全党面前的一个战略任务。我们党执政以来，在实行民主集中制上有着丰富的经验，也有痛苦的教训。"文化大革命"的教训记忆犹新。1957年以前，党坚持和发扬了民主集中制的优良传统作风，党内生活是正常的。从1957年以后，党内个人专断和个人崇拜现象滋长起来，逐步损害了党的民主集中制。特别是"文化大革命"中，林彪、江青两个反革命集团，大搞特权，破坏党的民主集中制，给人民群众造成了极大的灾难。当前，也还有一些干部，甚至是领导干部，不把自己看作是人民的公仆、勤务员，而把自己看作是人民的主人，有权有利一点也不让，半点也不给，千方百计独吞独占，搞特权，特殊化，谋取私利，引起了群众的强烈不满和愤恨，损害了党的威信，破坏党的光辉形象，如不坚决改正，势必使我们的干部队伍发生腐化，走向犯罪道路，成为人民的罪人。

　　要加强教育，公民在法律和制度面前人人平等，党员、党的一切干部在党章和纪律面前人人平等。就是说：人人有依法规定的平等权利和义务，谁也不能要在政治上、经济上和在法律之外的权利，谁也不能占便宜，谁也不能犯法。不管是谁犯了法，都要由公安机关依法侦查，司法机关依法办理，任何人都不许干扰法律的实施，任何犯了法的人都不能逍遥法外。这是我们党历来强调的。邓小平指出："谁也不能违反党章党纪，不管谁违反，都要受到纪律处分，也不许任何人干扰党纪的执行，不许任何违反党纪的人逍遥于纪律制裁之外。只有真正坚决地做到了这些，才能彻低解决搞特权和违法乱纪的问题。要有群众监督制度，让群众和党员监督干部，特别是领导干部。凡是搞特权、特殊化，经过批评教育而又不改的，人民就有权依法进行检举、控告、弹劾、撤换、罢免，要求他们在经济上退赔，并使他们受到法律、纪律处分."① 只有加强和健全民主集中制，对各级干部的职权范围和政治生活待遇，要制定各种法规、各种条例，最重要的是要有专门的机构进行铁面无私的监督和检查。

党的十一届三中全会以后，特别是邓小平同志1980年作的《党和国家领导制度的改革》发表以后，提出重大改革的六条措施和任务，使我们党和国家发生了根本的变化，把我国社会主义现代化事业推向了一个新的阶段。他提出了修改宪法的建议，要使我们的宪法更加完备、周密、准确，能够切实保证人民真正享有管理国家各级组织和各项企业事业的权力，享有充分的公民权利，要使各民族真正实行民族区域自治，要改善各级人民代表大会制度；设立了纪律检查委员会，让一大批原来在中央和国务院工作的老同志，充分利用他们的经验，发挥他们的指导、监督和顾问作用；真正建立从国务院到地方各级政府从上到下的强有力的工作系统；有准备有步骤地改变党委领导下的厂长负责制、经理负责制，分别实行工厂管理委员会、公司董事会、经济联合体的联合委员会领导和监督下的厂长负责制、经理负责制；各企业事业单位普遍成立职工代表大会或职工代表会议以及各级党委要真正实行集体领导和个人分工负责相结合的制度，等等。

在这些重大改革的同时，特别强调指出："改革党和国家的领导制度，不是要削弱党的领导，涣散党的纪律，而正是为了坚持和加强党的领导、坚持和加强党的纪律。在中国这样的大国，要把几亿人口的思想和力量统一起来建设社会主义，没有一个由具有高度觉悟性、纪律性和自我牺牲精神的党员组成的能够真正代表和团结人民群众的党，没有这样一个党的统一领导，是不可能设想的，那就只会四分五裂，一事无成。这是全国各族人民在长期的奋斗实践中深刻认识到的真理。我们人民的团结，社会的安定，民主的发展，国家的统一，都要靠党的领导。坚持四项基本原则的核心，就是坚持

---

① 《邓小平文选》第二卷，第332页。

党的领导。"① 这不仅是改革的基础与可靠保证也是我们加强和健全党的民主集中制，建立各种必要的制度的指导方针。

党的民主集中制是实现党的领导的组织保证。为了实现党对建设有中国特色社会主义事业的领导，党本身必须是一个坚强和统一的组织。而这个坚强和统一的物质基础就是党的民主集中的组织原则。党所以坚强有力能够战胜一切困难，其力量的源泉就在于充分发扬党内民主，只有发扬党内民主才能最大限度调动积极性、主动性和创造精神，才能使党的领导建立在牢固的物质基础上。如何执行民主集中制与调动全党的积极性的关系？毛泽东指出："所谓发挥积极性，必须具体表现在领导机关、干部、党员的创造能力，负责精神，工作的活跃，敢于和善于提出问题、发表意见、批评缺点，以及对于领导机关和领导干部从爱护观点出发的监督作用。"就是说，只有党内生活民主化、正常化，使大家团结一致，万众一心，充分发挥党员、干部的积极性。这就要运用民主集中制组织原则，调动人民的积极性和首创精神，是实现党的政治生活的重要保证。

党的历史经验证明，凡是党内政治生活正常，民主空气浓厚，那么党就坚强团结兴旺发达并顺利地领导人民前进；反之，党内民主生活被破坏，背离民主集中制组织原则，那么，党内就必然出现个人独断专行，有的出现一些阴谋家、野心家趁机破坏，进行篡政夺权。也可能发生突发事件，给党和人民造成重大损失。

二、要在全党深入开展民主集中制的教育

民主集中制组织原则和组织制度，是邓小平建党学说重要原理原则之一。是马克思主义政党的重要标志之一。中国共产党所以一贯强调要坚持民主集中制，是由党的性质、任务和历史使命来决定的。苏联的解体、东欧的剧变使一些共产党改变性质，放弃民主集

① 《邓小平文选》第二卷，第341～342页。

中制的组织原则是一个重要原因。放弃民主集中制就必然导致分裂和解体。现在世界上两种制度、两种思想体系谁战胜谁的问题还没有真正解决。

为什么要强调民主集中制的组织原则呢？就是因为我们面临国内外强大的敌人和一些敌对势力。我们搞社会主义现代化，建设有中国特色的社会主义，党就必须有强大的战斗力，凝聚力。就要有坚强的组织保证，只有这样才能完成党所肩负的历史使命。因此，我们要把坚持民主集中制与我们面临强大的敌人和敌对势力与我们党所肩负的政治任务联系起来考虑，这样更有现实意义。

民主集中制是我们党的根本组织原则，是党的科学世界观和方法论在党内生活中具体体现。是集中全党智慧和力量的重要组织制度。现在西方资产阶级学者，我国搞资产阶级自由化的人，甚至党内一些人，认为我们党的民主集中制是不民主的，把它与专制、独裁等同起来，歪曲了民主集中制的科学涵义。把民主与集中对立起来，把高度民主基础上的高度集中对立起来。应该认识到高度民主是高度集中的基础，高度集中是高度民主的归宿。它们是辩证的统一，是互为条件相辅相成的有机结合体，不可偏废。虽然，在社会主义的初级阶段，真正达到两个高度是有实际困难的，还是有差距的。所以，在"十四大"党章中，在"坚持民主集中制"中，把"在民主的基础上实行高度的集中"改为"民主集中制是在民主基础上的集中和集中指导下的民主相结合。"这是从我国当前的实际情况出发，是实事求是的反映。我们也要为这两个"高度"创造条件，使民主集中制向深层次方向发展。使之更好地为党的基本路线服务的，是为了使党更加集中统一，有坚强的战斗力。

国内搞资产阶级自由化的人，极力攻击民主集中制是独裁的体制，是造成我国政治、经济高度集权的根源，是束缚党员积极性的枷锁。世界上有些共产党蜕化为社会民主党，公开提出取消民主集中制的组织原则，导致分裂和解体。这说明，在党的组织建设上，我们同各种非马克思主义思潮，反马克思主义思潮斗争的焦点之一，就是是否坚持党的民主集中制这个最根本的原则。实行民主集中制是工人阶级政党的性质决定的。是正确处理党内各方面的关系，调动广大党员积极性、维护党的团结统一、增强党的战斗力的法宝；是发扬民主，加强监督，清除党内消级腐败现象，克服官僚主义，密切干群关系，和人民群众打成一片的重要措施。

相反，资产阶级政党不讲民主集中制，讲选举、投票，到时就靠议会党团少数人，无民主可言。无产阶级是有战斗力的组织，是行动的组织。要有广泛的民主，在民主基础上形成正确意见，坚决执行。不能搞资产阶级政党的做法，实际上把权力集中在极少数议会党团人手里。我们党搞个文件、决议、决定、条例等等，一般是经过几百人、上千人甚至几千人讨论、协商、最后做出决定，这就是民主集中制。

我们这么一个大国大党，要坚持和遵循马克思主义关于民主集中制的基本原则。要有一条马克思主义的基本路线，要有真正的战斗力，成为建设有中国特色的社会主义的坚强核心，没有坚强的组织原则、组织制度是不行的。我们党几十年的历史证明：这一组织原则可以使党成为一支坚强有力的部队。这种制度的特点是组织严密、权力比较集中（不是过分集中），行动起来有力量，"步调一致才能得胜利"。在最高层的中央领导是正确的、马克思主义的，就能在领导革命和建设事业中发挥战斗司令部、指挥部的伟大作用。如果领导发生了错误，背离了马克思主义，还通过组织系统贯彻下去，纠正起来也很困难，斯大林和毛泽东在各自党的历史的特殊情况下，一度发生过某种偏差就是一个历史的教训。

但是，我们党能自己纠正自己的错误，坚持团结不搞分裂，坚持搞马克思主义不搞机会主义，在马克思主义基础上，在新的条件下继续前进。重要的是党内政治生活保持正常的民主集中制秩序，真正形成既有民主，又有集中，既有自由，又有纪律那样一种互相商量、互相支持、集体负责、个人心情舒畅的局面，才不致于发生大的问题或突然事件，即便是发生了也会得到顺利平息和纠正。在正常的政治生活中，也容易看清人的政治品质和思想品德。实行民主集中制，必然要建立委员会制、选好各级委员会，特别是选好中央委员会人选、政治局的人选，尤为重要。突然事件中、关键时刻一人一票的份量很重要，要记录在案。让历史去考验、去做结论。

从中央到地方，使党和国家领导权牢牢掌握在真正的马克思主义者或忠诚于马克思主义的人手里。这是关系党和国家命运、兴衰存亡的大问题。如果主要领导人在政治上不坚定，不清醒，由交权、退让到垮台。最后让搞自由化的人抢班夺权、利用党代会或某种形式、手段改变了党和国家的性质，这在国际共产主义运动中是有先例的。

要在全党深入开展民主集中制的教育，要创造一个有利于民主集中制的环境和条件。党内目前有两种非常不好的风气，严重影响了民主集中制的贯彻执行。一是党内批评与自我批评的风气日渐削弱。领导班子双重组织生活涣散，加之纪律松弛，有一些内部讨论的问题很快传出来了。特别是班子内部研究问题时，谁发表了不同意见，马上被当事人知道了，讲了不同意见就要得罪人。要装好人就好到底，要对立也对立到底，有些矛盾本来好解决，却越闹越僵越大。现在有些地方干部几十年不流动，已经形成了盘根错节的关系网。群众说："亲加亲，派加派，宗族关系加裙带，摇也摇不动，撬也撬不开"。领导班子内有什么事，马上通过关系网传出去了。这种情况不改变，民主集中制的执行就没有一个好的环境和条件。

怎样才能坚持和贯彻执行好民主集中制呢？主要的是：要向全党讲清楚经过"十四大"修改通过的党章，重申了民主集中是在民主基础上的集中和集中指导下的民主相结合的基本原则。坚持民主集中制既要充分发扬民主，又要实行正确的集中，让全党弄清民主和集中的关系问题是民主集中制的实质和核心。我们的党员干部特别是领导干部能否在党的生活中正确处理民主和集中的关系，关系到党的事业的能否兴旺发达的问题；要紧密结合党的实际，坚持和完善民主集中制，要突出强调充分发扬民主，把切实解决发扬党内民主的问题摆到首要地位。以党内民主推动人民民主。真正掌握民主和集中这个矛盾统一体中的相互对立、互相依存、互相制约、互相转化的两个方面，当然，它们的地位和作用不是固定不变的。在不同的历史条件下，有时发扬民主成为矛盾的主导方面，有时实行集中成了矛盾的主要方面。要适时、准确的在贯彻执行民主集中制时，时而突出强调发扬民主，时而突出强调实行集中。只有这样，才能切合变动以后的党内生活的实际情况，也才能使民主集中得到正确贯彻执行；要完善选举制度，尽可能地扩大推荐、酝酿候选人的范围。健全党代会制度、选举制度、监督制度以及代表常任制等等；党委要实行集体领导下的个人分工负责制，上级组织要充分听取下级组织的意见，对集中要有约束机制，使民主集中制发挥更重要的作用；坚持民主集中制正确处理党的集体领导与领袖作用的关系。坚持集体领导使民主生活正常化；要正确对待党内多数人的意见与少数人意见的关系。集体做出的决议，少数人必须服从，不然党就是分散的党，就没有凝聚力、吸引力和战斗力。但对待少数人的意见要有正确的态度。少数人的意见无论正确与否，只要不违背党的组织原则，就允许保留，允许向上级申诉，等等；要发挥各级党委会的作用，要善于团结不同意见的人，包括经过实践证明是错误的人。听取不同意见有很大的好处，这样才能避免犯错误。有比较才有鉴别，才能把工作搞好；要加强对监督机关的领导，真正发挥他们的职能作用，打击歪风，树立正气等等。这一系列的问题要让全体党员，干部特别是领导干部讲清楚，会运用，就能大大推动党的工作。

我们是执政的党，既要率领人民群众指方向，提任务，搞措施，同群众一道前进。又要站在群众之中，不能站在群众之上，搞成统治与被统治的关系。搞成猫鼠关系。脱离人民群众是党的大忌、是腐败的温床。为什么国际共产主义运动中出现的有些几十年共产党一哄就倒。对人民群众震动不大，影响不强烈，其根本原因就是严重脱离人民群众，丧失民心，这个教训要牢记。资产阶级政府是几年一换，换来换去还是代表资产阶级。我们社会主义，特别是执政党，不去化解同群众的这些矛盾是非常危险的，创业艰难，守业更艰难，发展比守业就难上加难，这是条朴素的真理。要在实践中坚持民主集中制，要想办法帮助支持人民真正当家作主，使人民真正在经济上、政治上、文化上以主人翁面目出现。真正体现人民群众的意志。

要加强全党深入开展民主集中制的教育，就必须正确运用历史经验，防止个人独断专行的错误做法。列宁在《共产主义运动中的"左"派幼稚病》中讲："无产阶级实现无条件的集中和极严格的纪律，是战胜资产阶级的基本条件之一。"这是无产阶级夺取政权时的斗争条件决定的。当过程推移，无产阶级已经夺取了政权，矛盾统一体变化以后，党"实行无条件集中"这一条就应该斟酌，并有所发展变化，列宁本人也是这样做的。1918年1至2月间，由于法国的进攻，新生的苏维埃政权极其危险，为了争取喘息时机，列宁提出接受苛刻的布勒斯特和约、但列宁的主张在中央委员会上以5票赞成，6票反对被否决了。列宁照决议执行。后来在事实的教育下，大多数人才在表决中转向同意列宁的提议。这个例子成为历史佳话。

斯大林担任领导以后，把"无条件集中"原封不动地接过来，并发展为个人专断，不受任何监督和制约，使民主集中制完全破坏，所以斯大林晚年犯了严重错误。从我们党的历史上来讲，建国初期，三大改造，是注意这个问题的。党的生活也比较正常。邓小平同志在"八大"《关于修改党的章程的报告》中指出：上下级关系中的偏向是过度集中。又指出，主要问题还是发挥下级组织的积极性、创造性不够，不适当的中央集权。毛泽东同志也没有解决好这个问题。后来因为形势的变化，反过来发展为个人专断，例如发动"文化大革命"的错误。当然，也不是没有人反对，但根本不敢讲，谁也顶不住，也是因为一些领导人个人决定问题，我们必须记取这个沉痛的教训。

三、坚持党的民主集中制原则，把党的
政治领导核心作用落实到基层

　　马克思主义经典作家的著作中，对党的基层组织的地位和作用，已有精辟的论述。马克思在《中央委员会告共产主义者同盟书》中指出，应当使独立工人政党的"每一个支部变成工人联合会的中心和核心。"[①] 列宁在1902年的一篇文章中说："工厂小组对我们特别重要……每个工厂都应当成为我们的堡垒。"[②]使党的支部成为"在群众中进行鼓动工作、宣传工作和实际工作的据点。"[③] 成为"不可动摇的坚强核心"。我们中国共产党执政四十多年来，根据党的性质和历史经验，选用"政治核心"这个概念，是准确而科学的。为什么呢？首先，它突出明确了基层组织的地位、作用和意义。党是工人阶级的先锋队组织，是各族人民利益的忠实代表，是社会主义事业的坚强核心。党的性质决定了它的政治地位和核心作用。同时，党是按照民主集中制的原则组织起来的统一有机整体，否认党的基层组织的地位和作用，就必然会削弱党的领导。

　　其次，它明确了中国共产党组织的政治性质和政治任务，早在1928年，周恩来同志就指出，党支部是"群众的核心"。还指出，党的支部生活，"最要紧的是讨论当地的政治问题，工作问题。"陈云同志在1939年发表的关于群众工作的文章中指出，支部对党的自身而言，是党的"最下层组织"，"最基本组织"；对基层单位和群众而言，是"群众的核心"。是"群众中的堡垒"。刘少奇在"七大"的修改党章中，明确地把共产党组织规定为："战斗的堡垒"。因此，党的"八大"党章规定为："在企业、农村、学校和部队中的党的基层

---

　　① 《马克思恩格斯选集》第1卷，第386页。
　　② 《列宁全集》第6卷，第213页
　　③ 《列宁全集》第15卷，第327页。

组织，应当领导和监督本单位的行政机构和群众组织积极地实现上级党组织和上级国家机关的决议，不断地改进本单位的工作。"但是，党的"九大"、"十大"没有提"战斗堡垒"，到了"十一大""十二大"又强调了"战斗堡垒作用"。"十三大"提的是"保证监督作用"。党的"十四大"提的是"战斗堡垒"、"是党的全部工作和战斗力的基础"，提出了"八项任务"。还明确指出，"全民所有制企业中党的基层组织，发挥政治核心作用，围绕企业生产经营开展工作。保证监督党和国家的方针、政策在本企业的贯彻执行；支持厂长（经理）依法行使职权，坚持和完善厂长（经理）负责制；全心全意依靠职工群众，支持职工代表大会开展工作；参与企业重大问题的决策；加强党组织的自身建设，领导思想政治工作和工会、共青团等群众组织"。特别强调指出："实行行政领导人负责制的事业单位中党的基层组织，发挥政治核心作用。实行党委领导下的行政领导人负责制的事业单位中党的基层组织，对重大问题进行讨论和作出决定、同时保证行政领导人充分行使自己的职权"。等等。这些都是历史经验的总结。只有这样才能充分发挥党的基层组织的作用。

　　其三，关于政治核心的科学涵义。一是指基层组织本身是坚强的战斗堡垒，要起到政治核心作用，能够运用马克思列宁主义、毛泽东思想去教育党员、干部和群众；二是指基层组织应当具有政治吸引力、凝聚力和战斗力，真正起到战斗堡垒作用；三是要有一个群众信任和支持的、好的支部书记。就是说要有一个好的班子、这个班子应当是：要学习马克思列宁主义、毛泽东思想的基本理论，掌握科学的世界观和方法论。宣传和执行党的路线、方针、政策。充分发挥党员的先锋模范作用，团结、组织党内外的干部和群众，努力完成任务。要把学习建设有中国特色的社会主义理论，党的基本知识落到实处。要努力学习科学、文化和业务知识；对党员进行教育，管理和监督，提高党员素质，增强党性，严格党的组织生活，开展批评与自我批评，维护党的组织纪律，监督党员切实履行义务，保障党员的权利不受侵犯；要深入人民群众办实事，办好事，取信于民。要经常了解群众对党员、对党的工作的批评和意见，维护群众的正当权利和利益，做好群众的思想政治工作；要充分发挥党员和群众的积极性创造性，发现、培养和推荐他们中间的优秀人才，鼓励和支持他们在改革和开放条件下建设有中国特色的社会主义贡献自己的聪明才智；对要求入党的积极分子进行教育和培养，做好经常性的发展党员工作，要重视吸收在生产和工作第一线的工人、农民、知识分子中的优秀分子入党；要监督党员、干部严格遵守国法政纪，严格遵守国家的财政经济法规和人事制度，不得侵占国家、集体和群众的利益；教育党员和群众自觉抵制不良倾向，坚决同各种违法犯罪行为作斗争；要为政清廉，一身正气，两袖清风，坚决同以权谋私，权钱交易的坏作风进行殊死斗争；要坚持党的民主集中制，使基层组织成为团结统一和有战斗力的政治核心。

其四，党把基层组织的地位和作用看作是"政治核心"，是过去一度忽视和削弱党的基层组织地位和作用倾向的一种矫正。一个时期以来，党的建设、党的领导、执政党的地位和作用在一片"加强"声中被削弱了，它的一个突出表现，就是党的基层组织战斗堡垒的地位、作用不明确、不落实，"党的基层组织是党在社会基层组织中的战斗堡垒"也不提了，只是"保证监督"的地位和作用。特别是有人提出什么：党的领导"淡化"、党的职务"兼职化"、党的工作"业余化"，党的组织机构"简化"等等，实质上取消了党的领导，削弱了党的领导，给党组织造成极大的危害。总之，它突出明确了基层组织的地位、作用和意义，明确了党组织的政治性质和任务，把政治核心落实到基层。

怎样才能充分发挥基层党组织的政治核心的地位和作用，怎样针对党的基层组织的现状和存在的问题，抓好基层组织的工作呢？首先，要增强党性，认真开展批评与自我批评，真正成为群众的表率和党组织的模范。要强化党组织的政治核心地位。要进一步加强党组织的自身建设，不断增强党的政治优势。党组织必须领导思想政治工作，加强精神文明建设，坚持理想、信念、宗旨、公仆教育，党的基本路线、基本知识的教育，马克思主义基本理论教育、保证党员的先锋性和先进性。其次，要正视党组织面临的严重考验。我们党作为执政党能否防止由领导者变为统治者，党的干部由人民公仆变为主人，这是直接关系到党的先锋队性质的根本问题。要教育我们的党员，特别是干部要永远做人民的公仆，当人民的勤务员，坚决反对当官做老爷的官僚主义者。要深刻认识到党的地位和环境发生了变化。人的思想感情也会变化这是很自然的。其三，要加强党组织的保证监督作用。要使社会主义企业坚持正确的政治方向，保证贯彻执行党的基本路线、方针和政策，巩固和发展社会主义公有制的经济基础，坚决纠正和防止经济私有化倾向发展和蔓延，要清醒地关心防止两极分化，有的单位部门长期超前富有甚至达到超级再加超级的现代化水平，不仅国内高不可攀，就是在世界上也是少有的富翁；相反和相近的单位，还在不发达国家贫困线以下，在我国现有水平落后地区贫困线以下。这样长期下去，必然出现两极分化，那些"巨富者"还是社会主义性质的吗？很值得研究！值得思考！当然，现在利益再分配的矛盾比较普遍，都要进行认真的研究。

要大力加强党的基层组织思想建设，努力提高党员素质是一项战略任务。要大力加强党的基层组织的思想建设，是提高党的战斗力的中心环节。党的思想建设的实质，就是用建设有中国特色的社会主义思想和理论武装全党。用无产阶级思想去克服非无产阶级思想，使党员树立崇高的共产主义理想，并为此而奋斗终身。思想建设的任务，就是增强党员素质，使之成为真正的先进分子。

当然，党员素质是一个复杂的结构，它包括政治、思想、理论、道德、纪律等等许多内容，其中比较核心的就是坚定的共产主义信念和理想，纯洁的无产阶级思想和作风，坚强的党性观念和牢固的组织性、纪律性，等等。党员的素质提高了，就能起到"政治核心"作用，"战斗堡垒"作用，就能产生强有力的政治吸引力、凝聚力和战斗力。要保持党的无产阶级先锋队性质，就必须具有高尚的情操和坚定的信念，大公无私的优秀品德。

首先，坚定的共产主义信念是党员先锋性、先进性的生动体现。他高于群众的地方就是接受了马克思主义，树立了共产主义信仰并决心为之献身的战士。共产党就是由这样一些有着共同的政治信仰、共同的政治目标自愿结合起来的政治组织。党员动摇、放弃了信仰，也就失去了存在于党员队伍之中的基本条件。如果"信仰危机"成为党内的普遍现象，这个党就要涣散、瓦解。同时，信仰决定着一个人的政治方向、政治立场和政治态度。信仰不坚定的人，遭到挫折、政治风波时，就会游移不定，不知所措，甚至站在党的对立面，投入政治反对派的怀抱。所以，理想、信仰问题是党员素质的首要问题。

其次，思想的纯结性，无产阶级思想的核心是大公无私，是奉献。要时时刻刻把人民、党、国家利益放在第一位，毫不利己，专门利人，勤奋工作，乐于奉献，绝不计较个人私利，个人得失，更不以权谋私，拿原则作交易，也绝对不能有权有利一点不让，半点不给，这些都反映着一个党员、干部的素质反映。在社会主义时期，党内基本矛盾仍然是无产阶级思想同各种非无产阶级思想的矛盾。在社会上，在群众中，还广泛存在着资产阶级、小资产阶级思想和封建残余，党员不可避免地要受到影响。尤其是在改革开放，发展社会主义市场经济的条件下，国际资产阶级加紧渗透，西方腐败文化侵入，商品货币观念深入人脑，对党员保持共产主义纯洁性带来了新的情况，新的问题，也有新的危险。能否保持无产阶级思想的纯洁性，是保持党的性质、防止和清除党内腐败现象的关键所在，只要自己本身不变质，就能立于不败之地。

其三，党的性质都反映在党员身上，要保持党性观念，要坚持党员标准，党员条件，要坚持解放思想，实事求是的思想路线。要把党风建设好，这是共产党员素质的反映。因此，在思想作风上、工作上都要永远保持党的好作风，通过党风去影响社会风气，使党的形象、威望逐步提高，真正成为建设有中国特色的社会主义的领导核心。

其四，无产阶级政党是一个战斗的行动的党，它有着建立在自觉基础上的铁的纪律。只有坚强的组织性，就能在行动上一致，在实际活动上的一致，保持党的政治上的一致。它是党的物质保证。还要从组织制度上进行保证。因为党的制度是由党的机关按一定的程序制定并以党的纪律保证实施的，调整党内关系和党的政治活动的行为规范，它表现为章程、规划、条例等多种形式。党的制度保障党的组织的集结力的形成和发展，继承和稳定，不断提高和发挥党组织作用的重要条件。保证党的团结和统一，党的团结和统一，是党的力量的源泉。不能想象，一个四分五裂的党会具备履行执政党领导建设有中国特色的社会主义事业的责任。实现党的团结和统一，必须以马克思主义为基础，以建设有中国特色的社会主义理论为指导，以思想上政治上的一致为前提。如果党内指导思想上、政策上、基本路线上、方针政策上等一些根本性的问题上发生不可调和的分歧，党的团结和统一是难以长治久安的。

其五，加强以建设有中国特色的社会主义的理论体系武装全党，是提高党组织素质的基础。特别要重视理论研究、理论宣传。使广大党员干部认识和掌握无产阶级革命与建设的一般规律和特殊规律。为创造性解决在建设有中国特色社会主义事业中的新情况、新矛盾、新问题，使党的建设、党的基层组织沿着马克思主义的轨道不断前进。

第六章
中国要出问题，还是出在共产党
内部，核心是领导班子

第一节　培养、选拔、造就跨世纪的无产阶级革命事业的接班人具有重大的战略意义和深远影响

一、加强党政各级领导班子建设的重大战略意义

党的"十四大"重要意义是多方面的，其中最根本最重要的有三条：第一，是把邓小平同志提出的建设有中国特色社会主义的理论确定为武装我们全党、指导我们改革和建设的一项长期的方针。

党的"十四大"的重大收获和主要特点，就是不仅充分肯定了十一届三中全会以来的改革开放和社会主义现代化建设所取得的巨大成就，而且对14年来党的一系列重大决策和重要成果做出了郑重的马克思主义结论。特别是对邓小平同志建设有中国特色社会主义的理论进行了系统全面的论述，形成了理论体系，确立了对全党各项工作的指导地位，这是党的"十四大"所取得的最重要最根本的成果。对90年代的主要任务做出了部署，同时明确坚持党的基本路线一百年不动摇；明确建立社会主义市场经济体制；明确用邓小平建设有中国特色社会主义的理论武装全党。它必将对我国的社会主义现代化事业产生巨大而深远的影响。

　　党的"十四大"报告指出："建设有中国特色社会主义的理论，是马克思主义同中国实际相结合的最新成果，是当代中国的马克思主义，是指引我们实现新的历史任务的强大思想武器。"建设有中国特色社会主义理论，是我们党总结执政以来的基本经验，吸收和借鉴国际共产主义运动的基本经验，走自己的路进行改革开放和建设实践的必然产物。建设有中国特色社会主义理论的形成和发展，"十四大"报告对这一理论体系作了新的概括，标志着我们党对建设有中国特色社会主义的客观规律的认识达到了一个新的水平。标志着我们党对领导我国社会主义现代化革命事业的进一步成熟。

　　在创立建设有中国特色社会主义理论过程中，邓小平同志作为这一理论体系的奠基人，对这个理论的创立、形成和发展作出了巨大的历史性的重大贡献。在创立建设有中国特色社会主义理论过程中，邓小平同志尊重实践，尊重群众首创精神，既继承前人又突破陈规，表现了开辟社会主义建设新道路的巨大政治勇气和开拓马克思列宁主义、毛泽东思想新境界的巨大理论勇气。说它继承前人，这一理论是毛泽东思想的重要的有机组成部分，是它的继承、坚持和创新。都是在同一轨道上，即马克思列宁主义、毛泽东思想的普遍原理与中国改革开放具体实践相结合的产物。也是在同一个奋斗方向，即为实现共产主义上的同一个理论体系的发展与创新。邓小平同志对建设有中国特色的社会主义的提法，是毛泽东《论十大关系》、《正确处理人民内部矛盾的问题》中继承和发展而来的。是我们党领导社会主义现代化的经验总结，是全党智慧的结晶。在形成和发展过程中，邓小平同志论述最多、观点最正确，贡献最大，所以邓小平同志成为这一理论的奠基人、继承者和创造者是当之无愧的。说它突破陈规，邓小平同志最尊重实践，尊重群众的首创精神，敢于大胆探索，敢于试验，及时总结经验教训，把解放思想、实事求是统一起来、一致起来，成为集体智慧的结晶，把它提到一个新的高度形成新的概括和创造。

　　我们坚持社会主义道路，就是要建设有中国特色的社会主义。我们坚持马克思列宁主义、毛泽东思想，就是要坚持建设有中国特色社会主义的理论、路线。离开了当代中国的马克思主义，社会主义的现代化就不会胜利，社会主义制度也不会巩固和生机勃勃。因此，党的"十四大"确立邓小平建设有中国特色社会主义理论的指导地位，对新的历史时期党的建设，特别是领导班子建设具有重大的意义。第二，选举了以江泽民同志为核心的新的中央领导集体，既保持了中央领导的连续性，又增加了新的力量。这次大会将在我国、我党的历史上发挥承前启后继往开来平稳过渡的重要作用。党的"十四大"实有代表 1 989 人，代表着 5 100 多万党员。代表的平均年龄为 53.88 岁，其中 55 岁以下的占了差不多 6 成，而 66 岁以上的不足 1 成；年龄最小的是中国跳水皇后、22 岁的高敏。"十四大"代表的知识化程度也相当高。据统计，具有大专以上文化程度的代表超过 7 成，其中不乏高级工程师、教授等头衔的人物，仅学部委员（中国最高的学术头衔）就有 11 人，与"十三大"代表相比，这一比例提高了 11.2 个百分点。

选出的以江泽民同志为核心的新的中央领导集体，是我们党最高层次的领导班子——中央委员会、中央政治局、常委会以及书记处。党的十四届中央委员会的基本特点和历史职责是什么呢？

在新的一届中央委员会的组成中，既有经过长期革命斗争考验的老同志，又有一批年富力强，担负主要领导职务的中年同志，还有一批有培养前途的年轻干部，平均年龄 56.3 岁，一大批新人进入中央委员会，新进的占百分之 46.7%，大多数是中青年干部，55 岁以下的占 61%，是一支年轻化的革命队伍；具有中高级技术职称的同志占 44.5%，具有大专以上文化的占 83.7%，这是一支知识化、专业化的革命队伍；绝大多数为各地区、各部门和各单位的领导骨干，也有专家和学者；在中央政治局委员中，8 位老同志退出，新进 13 位，有科学家、将军和地方领导人；

新中国诞生以来，我党至今已召开了七次全国代表大会，以下是各次大会当选的中央政治局常务委员平均年龄：

届　　次	时　　间	常委人数	平均年龄
八　届	1956 年	6 人	58.7 岁
九　届	1969 年	5 人	69　岁
十　届	1973 年	9 人	70.1 岁
十一届	1977 年	5 人	67.6 岁
十二届	1982 年	6 人	73.8 岁
十三届	1987 年	5 人	63.6 岁
十四届	1992 年	7 人	63.5 岁

　　自 1980 年 9 月以来，中央党校共举办培训班 15 期，毕业学员 2551 人。他们大部分现已担任地（市、厅、局）级以上领导职务。其中，经过中央党校培训的一批中青年领导干部现已逐渐进入党和国家各级重要领导岗位，他们在改革开放和社会主义现代化建设事业中，正在日益发挥着重大的作用；党的"十四大"共有 56 名党校培训班毕业学员分别当选为中央委员、候补中央委员和中央纪律检查委员会委员。其中，中央政治局常委 1 人；中央政治局委员 4 人；中央委员 14 人；候补中央委员 23 人；中央纪律检查委员会委员 14 人。

　　新的中央委员会集中了我们党的精华，是一个团结的，坚强的领导集体。一批在改革开放大潮中涌现出的年富力强、德才兼备、有组织领导才能的新人被选入党中央委员会，使我们党的中央领导层更加朝气蓬勃，我们党和国家的事业后继有人。同党的十三届中央领导机构相比，新选出的中央领导机构朝着年轻化的方向迈出了新的一步。一批忠诚于马克思列宁主义、毛泽东思想和邓小平建设有中国特色社会主义理论的德才兼备、年富力强、政绩突出、群众信任、有组织和领导才能的同志进入党的最高领导层，进一步实现新老交替与合作，这是中国共产党兴旺发达、后继有人的生动体现。这是一支能够率领全党、全军、全国各族人民建设有中国特色的社会主义，奔向现代化强国目标的坚如磐石的革命集体。党的"十四大"确定邓小平建设有中国特色社会主义的理论为指引我们胜利前进的旗帜，选出了团结和带领全党和全国各族人民高举伟大旗帜，实现伟大任务的最高指挥部。这是实现90年代改革开放和建设宏伟目标历史职责的可靠保证。

这就充分说明：创新的事业需要创新的人，创新的事业造就创新的人。在改革开放的大潮中，人才辈出，一批又一批坚持党的基本路线、勇于开拓创新又真抓实干的优秀中青年干部不断涌现。从中央到地方，从中央集体领导的最高层到地方最基层，都要积极培养、选拔、造就中青年干部，实现干部队伍的革命化、年轻化、知识化和专业化，已经逐渐走上了制度化、法制化的轨道。

邓小平同志与新当选的中央领导和"十四大"代表亲切会面时说："这次大会开得很好，希望大家继续努力"，江泽民同志握着邓小平同志的手说："您今天同大家见面，使代表们深受鼓舞，大家的情绪达到了高潮。"他代表新当选的中央领导集体表示：现在大政方针已经确定，我们要真抓实干，把大会的精神落到实处。全党同志和全国各族人民，在以江泽民同志为核心的党中央领导下更加紧密地团结起来，同呼吸、共命运、心连心，高举建设有中国特色社会主义的伟大旗帜，朝着宏伟的目标奋勇前进。

第三，学习、宣传和落实"十四大"精神，是全国各族人民政治生活中的一件大事，共产党员、党的干部特别是领导干部应该以身作则带头学好用好。特别是要把学习"十四大"文件，同学习邓小平同志的视察南方的重要谈话结合起来。要求党政各级领导班子要努力向邓小平同志学习，掌握唯物辩证法，把解放思想和实事求是统一起来，结合本地区、本部门的实际情况，创造性地开展工作，把"十四大"精神贯彻好、落实好具有重要的现实意义。

我们要用邓小平建设有中国特色社会主义的理论、路线、方针和政策统一全党。邓小平同志南巡重要谈话具有强烈的针对性、现实性和时代特性。不仅对当前的各项工作有极为重要的指导意义,而且对建设有中国特色的社会主义事业具有深远的历史影响。

邓小平同志南巡重要谈话是总结了我们党自改革开放 14 年以来贯彻执行以邓小平为核心的第二代党中央领导集体的路线、方针和政策基本经验,总结了建设有中国特色的社会主义的理论与实践相结合的经验。也是对当代国际共产主义运动中现实经验与教训而得出的思想和结论。我们既要总结改革开放 14 年来的基本经验,抓紧时机,发展自己,把经济建设搞上去,为建设有中国特色的社会主义奠定物质基础,又要总结当代国际共产主义运动中出现的曲折与倒退的历史教训。中国共产党重要的是走自己的路,创造建设有中国特色的新经验,新结论。

要进一步解放思想、实事求是,坚持从实际出发,加快改革开放的步伐。要在实际工作中排除一切干扰,警惕右,但主要是防止"左"的倾向。只要我们在党的"一个中心、两个基本点"的基本路线指引下,一心一意沿着建设有中国特色的社会主义道路走下去,经过改革开放使社会主义制度不断完善和发展。为此,全党和全国人民必须运用邓小平同志南巡重要谈话精神和"十四大"文件统一全党,以适应形势发展的需要。也只有在统一思想的基础上,把我们自己的事办好。

邓小平同志站在历史和战略高度,对 14 年来改革开放的实践经验进行了科学的总结,为建设有中国特色的社会主义指明了主攻方向和当代中国要解决的主要社会矛盾和战略任务,为我国今后的建设事业奠定了基础,是具有深远影响的。这个谈话的思想、理论和方针政策,是统一全党和全国人民的一个纲领性文献,它是抓住时机把经济建设搞上去的总动员。邓小平同志南巡重要谈话总结了建国以来,特别是改革开放以来的丰富经验,提出了许多新的主张和重大理论原则问题,既有过去一贯思想的重申,又有新的突破,有些重要思想、理论、观点是马克思列宁主义、毛泽东思想在新的历史条件下,在当代实践中的丰富和发展。

　　我们从邓小平同志南巡重要谈话中学习些什么呢？最主要的有五点：（1）学习他如何运用马克思列宁主义、毛泽东思想的立场、观点、方法来分析和解决中国的重大现实问题和理论问题；（2）学会掌握马克思主义基本原理的精神实质去指导我们建设有中国特色的社会主义伟大事业；（3）学会掌握辩证唯物主义和历史唯物主义的思想武器，来分析国际、国内形势，把握社会主义的发展规律，和建设有中国特色社会主义的客观规律。去判断解决中国当代社会的主要矛盾，使人民的生活水平不断提高；（4）学会研究现实的新情况、新问题，提高自己的思维能力和决策能力。从而全面地、正确地、准确地贯彻执行党的"一个中心、两个基本点"的政治路线以及方针和政策；（5）学习邓小平同志的整个讲话，贯穿着一条红线就是解放思想、实事求是的思想路线，这是马克思主义的精髓，是党的一块基石，是我们取得一切胜利的法宝。

　　总之，我们全党和全国人民要把谈话精神落到真抓实干的行动中去，真心实意地、踏踏实实地去干，而且一干几十年，不达目的，誓不罢休，这才是真正掌握它的精神实质。使我们更加勇敢地沿着有中国特色社会主义的道路奋勇前进。

二、按照革命化、年轻化、知识化和专业化培养造就接班人是当务之急

　　培养造就一代新人是我们党一贯重视的战略问题。特别是党的十一届三中全会以后，以邓小平为核心的党中央第二代成熟领导集体更为重视这个根本性的问题。邓小平同志早在 1989 年就指出："现在我们国家面临的一个严重问题，不是四个现代化的路线、方针对不对，而是缺少一大批实现这个路线、方针的人才。道理很简单，任何事情都是人干的，没有大批的人才，我们的事业就不能成功。所以，现在我们搞四个现代化，急需培养、选拔一大批合格的人才。这是一个新课题，也是对老同志和高级干部提出的一个责任，就是要

认真选好接班人。"① 这就是说。要坚持社会主义道路，没有真才实学，没有专业知识，没有组织才能是很难完成党的事业的。我们要按照专业的要求组织调整党政领导班子，充分发挥他们的才干，并能领导人民群众去为党的社会主义事业服务。今后选拔干部特别要重视专业知识。在领导班子中，干部构成不合理，缺乏专业知识和专业能力的干部较多，具有专业知识、专业能力的干部太少。

邓小平指出："只靠坚持社会主义道路，没有真才实学，还是不能实现四个现代化。无论在什么岗位上，都要有一定的专业知识和专业能力，没有的要学，有的要继续学，实在不能学、不愿学的要调整。我们要按照专业的要求组织整个领导班子，充分发挥专业人才的作用，并且领导广大群众，按照专业的要求，去学习和工作。"② 这就要求我们的干部要用人类创造的一切精神财富，去武装干部的头脑。要武装，就必须学习，就是要学习经济、学习科学技术、学习管理。学习好，才有可能领导高速度、高水平的社会主义现代化建设。要从实践中学，从书本上学，从自己和人家的经验教训中学。这就必须克服和纠正本本主义、保守主义、官僚主义。同时也要求我们的中高级领导干部，几千个中央和地方的高级干部，都要带头学习，都要带头钻研现代化科学技术和经济建设所需要的科学技术。

邓小平指出："选拔干部，选拔人才，只要选得好，选得准，我们的事业就大有希望。道理很明显，只是确定了正确的思想路线和政治路线，确定了实现四个现代化的目标还不够，还需要有人干。谁来干？……现在真正干实际工作的还是那些年轻人。既然这样，为什么不可以把他们提到领导岗位上来？有人说他们压不住台，帮他们压嘛。"还特别指出："现在到处都可以看到，我们的官僚主义、官僚机构、官僚制度的害处极大。现在的庙很多，每个庙里的菩萨也很多，老同志盖住了，年轻人上不来。所以，我们要改革现行的干

---

①《邓小平文选》第二卷，第220～221页。

②《邓小平文选》第二卷，第262页。

部工作制度，建立有利于提拔年轻干部的制度。"①　这是 1979 年 11 月邓小平同志要求高级干部要带头发扬党的优良传统时讲的。据有关部门统计，自 1982 年中共中央作出关于建立老干部退休制度决定以来，截至 1991 年底，全国离退休干部人数已到 656 万人。其中离休干部大约 186.3 万人；退休干部 460 多万。预计今后每年以 30 万—40 万人的速度增加；离休干部 75 万，占全国离休干部总数的 40％；退休有 141 万多人，占全国退休总数的 34％；当然退下来还采取多种形式发挥余热作用；在离退休干部中，有专业技术干部 178 万人，其中具有高级技术职称的 24 万多人，中级技术职称的 69 万多人。他们具有良好的政治素质、广博的专业技术知识和丰富的实践经验，是党和国家的宝贵财富，是现代化建设的一支重要力量。

要为他们在经济建设中发挥作用拓宽渠道，充分发挥他们的政治优势、技术优势和经验优势，鼓励他们从事技术开发、讲学授业、著书立说、人才培训以及种植业和养殖业，把他们的积极性引导到发展社会主义生产力，增强国家经济实力上来，变消极养老为积极养老，为搞活生产、发展经济服务。特别是要加快发展为退休人员服务的第三产业，健全老年福利设施，发展老年服务事业。干部的离退休工作要按照国家、集体和个人共同合理负担的原则，结合机构改革、干部人事制度的改革、工资制度改革，建立机关、事业单位工作人员社会养老保险制度，实行国家保障、社会保障与个人自我保障相结合的办法，保障退休人员的生活，减轻国家负担，促进经济发展，积极探索退休干部管理社会化的新路子。

据有关部门估计：中央领导干部到 1995 年退下去的约占 70％左右；到 2000 年退下去 90％左右；省部级干部到 1995 年将退下43％；到 2000 年退下去 70％；司局级和省部级干部情况差不多。从上述可以看出，培养造就和选拔接班人是一个头等的战略任务。邓小平指出："所有老干部都要认识，实现干部的革命化、年轻化、知

---

① 《邓小平文选》第二卷，第 225～226 页。

识化、专业化，是革命和建设的战略需要，也是我们老干部的最光荣最神圣的职责；是我们对党的最后一次历史性贡献，也是对我们每个人党性的一次严重考验。所以，这件事情必须解决，而且，早就应该解决。""我们现在可以把这个问题提到议事日程上来了。"①选贤任能，精简机构也是一场革命。对于这个问题所以要解决好，更重要的是解决好进出。这是自党和国家领导制度的改革以来所发生极为深刻的变化。

现在已经有大批中青年干部被选拔到县级以上党政机关领导岗位上，各级领导班子内部形成了比较合理的梯形年龄结构。省、地、县三级党政领导班子分别由1982年的62岁，56岁和49岁，下降到目前的54.9岁、50.1岁和45.5岁；领导班子内部的知识结构和专业结构也日趋合理。在省、地、县三级党政领导班子中，具有大专以上文化程度的已分别占73.6%、66.5%和64.2%，比1982年提高3—8倍。具有专业技术职务能力的已分别占31%，24.9%和15.6%；在县以上各级人民政府的领导干部中，少数民族干部、妇女干部和非党干部均有一定数量增加，分别占总数的15.9%、5.8%和4.9%；年轻干部所占比例大幅度增加，1990年同1978年相比，25岁以下干部所占比例由6.4%上升到15.07%，年龄在36—55岁占干部总数的50.4%，以中青年干部为主体的干部队伍梯形年龄结构已基本形成。

邓小平指出："我们选拔干部，必须要注意了解他是不是坚持社会主义道路。不符合这个条件的干部，要加强教育，必要时要调动。""现在有一部分青年有忽视政治的倾向，全党必须看到这个问题的严重性，一定要分析原因，找出办法，认真有效地加以解决。"② 这是在建设有中国特色社会主义的进程中应经常注意的一个实际问题，必须把青年一代教育好，谁赢得了青年，谁就把握住了未来。

---

① 《邓小平文选》第二卷，第396页。
② 《邓小平文选》第二卷，第262页。

　　为了保证社会主义现代化事业的巩固发展，为了保持政策的连续性，我们的干部要在坚持社会主义道路的前提下搞四化，即革命化，知识化，专业化和年轻化。邓小平同志还明确指出："要在坚持社会主义道路的前提下，使我们的干部队伍年轻化、知识化、专业化，并且要逐步制定完善的干部制度来加以保证。提出年轻化、知识化、专业化这三个条件，当然首先是要革命化，所以说要以坚持社会主义道路为前提。"① 在建设有中国特色的社会主义事业进程中，经济、政治、文化等方面的问题很多，但是，有个核心的问题，就是选用人才，选拔、培养、造就无产阶级革命事业的接班人。事情总要人做的。一个企业改造得好不好，就看选人选得对不对。

　　自党和国家的领导制度改革以来，新老干部的合作交替，进行得比较顺利。从中央到地方的党政军各级领导岗位，都补充了一批德才兼备年富力强的优秀干部。邓小平同志说，三个委员会成员的进退，工作做得很好，特别是中央委员会的年轻化，前进了一大步。一批老同志以实际行动，带头废除领导职务终身制，推进干部制度的改革，这件事在党的历史上值得大书特书。"要保持活力，就要实行干部年轻化，不搞年轻化就不可能有活力。学术界也是一样，有才干的年轻人要上去，学术界才能活跃，光靠老同志还不行。我们建国时的一些领导人都是四十多岁。当然，我们那时已经历了二三十年的革命斗争。不过搞科学、搞学术就没有这个问题，年轻人只要有本事就应该提拔。希望中国将来有三四十岁的政治家、科学家、经济管理学家担负重任。"据有关部门 1991 年公布统计：干部队伍结构日趋合理：全国干部队伍中党员占 41.3%；团员占 17.26%；文化结构方面：1990 年我国干部队伍中具有大专以上文化的由 1978 年占干部总数的 18.02%，上升到 32%，初中以下文化的干部总数逐年减少，所占比重由 1987 年的 49.47%，下降到 1990 年的 20.4%；专业结构方面：懂技术、会管理，精通业务的内行、专家

---

① 《邓小平文选》第二卷，第 361 页。

体系初步形成，建立了有 30 多个专业技术职务序列，门类比较齐全。1990 年，我国各类专业技术干部达到 2437 多万人，占干部总数的 73.4％，为 1978 年的 3.4 倍，同 1978 年相比，具有工程师以上职务的增长为 12.8 倍。农艺师以上职务的增长 62.4 倍；助理研究员以上职务的增长 16.4 倍；讲师以上职务的增长为 29.3 倍。在各类专业技术干部中，具有高级职务的有 96.9 万多人，具有中级职务的有 549.3 万多人。这说明我们干部革命化、年轻化、知识化和专业化方面前进了一大步。正在建立健全后备干部的选拔、培养、考核、管理、聘任、使用形成一整套具有我党特色的干部人事制度。为造就千百万无产阶级革命事业接班人奠定良好的基础。

三、选拔好跨世纪的接班人具有重大的战略意义和深远影响

邓小平同志在南巡重要谈话时指出："要照'革命化、年轻化、知识化、专业化'的标准，选拔德才兼备的人进班子。"这就是说，选拔好德才兼备的跨世纪的无产阶级革命事业的接班人，主要是选拔那些四十岁左右的中青年干部，恰恰他们是跨世纪的一代。他们正生活和工作在我国发展中的关键时期，肩负着承前启后、继往开来的历史重任，经受着严峻的考验。他们的素质如何？能否胜任党的任务的要求和正确把握国内、国际风云变幻的形势，事关党和国家的大局。

在国际上，我们面临着资本主义敌对势力和平演变的严峻挑战；面临着反马克思主义的民主社会主义的思潮泛滥；在国内，一定的条件和范围内，还存在着阶级和阶级斗争；存在着反党反社会主义的敌对势力；在意识形态领域里资产阶级自由化思潮还会长期存在，有时会兴风作浪；在党内，由于主观和客观的种种原因，在领导工作和自身建设中，会发生某些失误和出现这样、那样的问题，也是完全难以避免的，从而给国内外敌对势力可乘之机。因此，我们党

肩负着繁重的艰巨任务，面临着错综复杂的国际国内形势，党和国家又处在重大历史转折时期，选拔好跨世纪的接班人具有重大的战略意义和深远的影响。

因为这件事关系到确保党和国家政权能否掌握在忠诚于马克思主义的人手里，关系到党和国家的接班人是不是真正的马克思主义者的大问题；关系到能否肩负起承前启后，继往开来的历史重任，能否经受住考验；关系到能否正确判断风云变幻的国际、国内形势，关系到我国能否沿着社会主义道路继续前进的大问题；关系到建设有中国特色的社会主义现代化事业的盛衰兴亡的大问题；关系到党和国家命运和前途的大问题。所以，加强党和国家各级领导班子建设，选拔好、选准接班人是一个非常紧迫的战略任务。

对这个问题，毛泽东同志在1964年6月一次中央工作会议上，就提出了培养、造就和选拔无产阶级革命事业接班人的问题。此后，他系统地深刻地论述了这个问题。他说，为了保证我们的党和国家不改变颜色，我们不仅需要正确的路线方针和政策，而且需要培养、选拔和造就千百万无产阶级革命事业的接班人。这是关系我们党和国家命运的生死存亡的极其重大的问题，是无产阶级事业的百年大计、千年大计、万年大计。我们党要从中央到地方，普遍地、经常地注意培养、造就、选拔无产阶级革命事业的接班人。他强调接班人必须在群众实践中长期实际锻炼。是在群众斗争中产生的，在大风大浪的锻炼中成长的。在群众斗争中考察和识别、挑选干部，培养接班人，是很有战略眼光的，可惜在实践进程中没有解决好这个问题。党的十一届三中全会以后，形成的干部队伍革命化、年轻化、知识化和专业化的方针，这是从理论与实践上对培养、选拔、造就接班人的丰富和发展。

邓小平同志指出："现在世界突飞猛进地发展，科技领域更是如此。中国有句老话叫'日新月异'，真是这种情况。我们要赶上时代，这是改革要达到的目的。要坚决执行干部年轻化的方针，但步子要稳妥，只能逐步进行。选拔干部也不是只讲年龄这一条，还得德才兼备，并且要有经验丰富熟悉情况的同志参加，形成梯级结构。这件事障碍不小，不克服不行，还要做许多工作。"① 我们要在实践的过程中，在整党整风的基础上，去选拔干部。一个大队，一个镇、一个乡，一个县，选好了一、二把手，整个领导班子就带起来了。特别要抓好县委一级，建立一个强有力的县委可是重要啊！"当好县委书记并不容易，要有全面的领导经验，对东西南北中，党政军民学各个方面的工作都能抓起来。这跟当个厂长只管一个工厂情况不同。县委书记当好了，到地委、省委工作就比较容易，比较顺手。"

　　我们挑选领导干部，不管老中青，都要看他是不是肯干，是不是能带头吃大苦耐大劳。这是第一条；还要思想好有头脑肯思考，老中青，要着重注意中，这里所说的中，就是现在四十岁多一点的干部。这些人至少有一二十年的工作经验，有些还有上十年的领导工作经验。发现一个好苗子，要让他一个台阶一个台阶地上来，每个台阶可以快一点，比如搞个年把再上来。这种培养方法好，是对干部真正的爱护。我们培养、选拔人才，要有广阔的源泉，有巨大的潜力，要到实际工作中去发现有才华的优秀中青干部。中国革命事业需要有一大批杰出的革命家，科学事业同样需要有一批杰出的科学家。我们工人阶级的杰出人才，是来自人民的，又是为人民服务的。在广泛的群众基础上，才能不断涌现出杰出人才。也只有有了成批的杰出人才，才能带动我们整个中华民族科学文化水平的不断提高。

　　邓小平强调指出："我们一定要认识到，认真选好接班人，这是一个战略问题，是关系到我们党和国家长远利益的大问题。如果我们在三几年内不解决好这个问题，十年后不晓得会出什么事。要忧国、忧民、忧党啊！要看到这是个带根本性质的问题。我们有正确的思想路线，有正确的政治路线，如果组织问题不解决好，正确的政治路线的实行就无法保证，我们向党和人民就交不了账。"② 这是

---

① 《邓小平文选》第三卷，第242页。
② 《邓小平文选》第二卷，第222页。

邓小平同志1979年11月2日在中央党政军机关副部长以上干部会上的报告指出的。

13年过去了，在培养造就选拔接班人问题上有了很大的发展，有很大的突破。那时他就语重心长地说："我们要破格选拔人才，不要按老规矩办事，要想到这是百年大计。先不说百年大计，十年大计首先要想嘛。1975年我就想到过这个问题，那个时候毛主席要我来主持中央工作，王洪文就跑到上海去跟人说，十年后再看。当时我跟李先念同志谈过这个事情，十年后我们这些人变成什么样子了？从年龄来说，我们斗不过他们呀，在座的同志也斗不过他们。如果坚持'四人帮'思想体系的人将来掌权，你们也斗不过他们，你们能活多久啊？即使生命还在，脑袋也不管用了，这是自然规律。"① 这就是培养、造就、选拔无产阶级革命事业接班人的重要性和紧迫性及其重大的历史意义。邓小平说：老同志现在的责任很多，第一位的责任就是认真选拔好接班人。选得合格、选得好、选得准，我们就交账了，这一辈子的事情就差不多了，其他的日常工作，是第二位、第三位、第四位、第五位、第六位的事情。第一位的事情是要认真选拔好接班人。

邓小平指出："我们要向前看，我们这个事业是千秋万代的事业啊！我们现在提出的、面临的是十年内必然或者可能遇到的一些重大问题。如果再想远一点，二十年后，还可能遇到什么问题，会不会发生什么事情啊？二十年后，在座的同志还能有几个人在？当然，希望大家长寿，但是自然规律不可抗拒。现在我们不想远一点，看远一点，不从我们党和国家的根本利益来考虑这个问题，我们就得不出正确结论，好多问题就下不了决心，处理不下去。"② 在这些思想的指导下，我们的工作是有成效的，我们党的各级领导班子已经基本上形成了比较合理的梯级型的年龄结构，日趋合理化的结构，这

① 《邓小平文选》第二卷，第225页。
② 《邓小平文选》第二卷，第199页。

就给党的事业增添了生机和活力。

四、选拔无产阶级革命事业接班人的
基本标准和必须坚持的原则

邓小平同志在 1992 年初南巡重要谈话中对培养、选拔、造就无产阶级革命事业接班人时又特别强调指出："我在 1989 年 5 月底还说过,现在就是要选人民公认是坚持改革开放路线并有政绩的人,大胆地放进新的领导机构里,使人民感到我们真心诚意搞改革开放。人民是看实践。人民一看,还是社会主义好,还是改革开放好,我们的事业就会万古长青!"① 他根据新的形势、任务、历史条件指出了选拔培养造就接班人要坚持三条标准,这就是 (1) 人民公认;(2) 坚持改革开放;(3) 有政绩。就是要选拔那些实干家,开拓型的干部,党性强,政治上坚定,作风好,真抓实干的人。

这是邓小平同志选拔接班人的一贯思想和基本原则,也是我们党德才兼备任人唯贤的干部标准的具体化,是我们党一贯坚持的原则。他指出:"要善于选用人员,量才授予职责。要发现专家、培养专家,重用专家,提高各种专家的政治地位和物质待遇。用人的政治标准是什么?为人民造福、为发展生产力、为社会主义事业作出积极贡献,这就是主要的政治标准。"就是说我们的接班人,首先是政治标准,要坚决拥护党的路线的,是党性强,严守纪律,大公无私为人民群众所拥护,公认,并有真才实学、做出了政绩。有强烈的革命事业心和政治责任感。又有胜任工作的业务能力。做社会主义现代化的闯将,没有专业知识是不行的,没有干劲是不行的。不管你的见解多么高明,如果没有精力,要做好工作是困难的。我们一定要认识到,认真选好接班人,这是一个战略问题。

邓小平指出:"我们的干部队伍一定要坚持社会主义道路,要有

___
① 《邓小平文选》第三卷,第 380~381 页。

马列主义的基本观点，要遵守党的纪律和国家的纪律。""有必要反复强调，我们的干部队伍，必须坚持社会主义道路。今天重申这一点，有特别重要的意义。绝不允许把我们学习资本主义社会的某些技术和某些管理的经验，变成了崇拜资本主义外国，受资本主义腐蚀，丧失社会主义中国的民族自豪感和民族自信心。"① 我们选拔培养、造就干部，必须要注意了解他们的政治品德，政治素质，符合我们党的干部标准和基本条件的就提拔、就重用。要提倡社会主义道德风尚，热爱社会主义祖国，提高民族自尊心。坚决反对资本主义腐蚀革命品质的教育。

"陈云同志提出，我们选干部，要注意德才兼备。所谓德，最主要的，就是坚持社会主义道路和党的领导。在这个前提下，干部队伍要年轻化、知识化、专业化，并且要把对于这种干部的提拔使用制度化。这些意见讲得好。许多同志除了不注意干部队伍的年轻化外，对干部队伍的知识化、专业化也很不重视。这也是过去在知识分子问题上长期存在的'左'倾思想的一种恶果。"②

这就是说，要在坚持社会主义道路的前提下，使我们的干部队伍年轻化、知识化、专业化，并且要逐步制定完善的干部制度加以保证。我们党为了保证社会主义现代化建设，为了保持政策的连续性，就必须坚持干部的"四化"方针。要大胆地起用中青年干部，选一大批三四十岁的年轻人，他们上来以后，可以干得久一些，现在经验不够，过两三年经验就丰富了；现在不称职，过两三年就称职了，只要思想品德好，政治上坚定就要大胆提拔重用。

邓小平同志 1977 年 12 月 28 日在中央军委全体会议上的讲话就明确指出："我们今后配备领导班子的时候，要选用什么人呢？要选那些认真学习马列主义、毛泽东思想，在斗争中经得起考验的人；要选那些党性强，能团结人，不信邪的人；要选那些艰苦朴素，实

---

① 《邓小平文选》第三卷，第 261～262 页。
② 《邓小平文选》第二卷，第 326 页。

事求是，说老实话，办老实事，做老实人，作风正派的人；要选那
些努力工作，联系群众，关心群众疾苦，有魄力，有实际经验，能
够办事的人。现在我们的领导干部年龄都比较大了，五年以后，五
十岁以下的人，打过仗的就很少了。所以，我们这些老同志，要认
真选好接班人，抓紧搞好传帮带。"① 这个标准，这样的条件，这样
的基本原则，我们中国共产党必须永远坚持的。这是我们党几十年
来历史经验的总结，特别是十一届三中全会以来的科学总结。只有
坚持这些原则、标准和条件，才能使党和国家领导权掌握在忠诚于
马克思主义的人们手里。

　　但是，对于那些丧失共产主义理想和信念的人，坚持资产阶级
自由化思潮不认错的人，在重大是非面前态度暧昧，"左"右摇摆的
人，对那些争权夺利、争名争位、跑官要官、妄图套官的人；对那
些拉帮结派的、独断专行、严重脱离群众的人，等等决不能提拔重
用，决不能让这些品质恶劣的人掌握党和国家的或部门的领导权。我
们党的各级领导干部一定要头脑清醒，要永远把革命化放在首位。要
把德看准，要德才兼备，不能偏废。有才缺德不能重用，如德很好，
才可以在实践进程中不断提高，不断增长才干，这样使用干部的原
则是对的，正确的。只有在这个基础上，使党和国家领导掌握在忠
诚于马克思主义的人手里。

　　江泽民同志提出我们党政领导干部要具备的五个方面的素质，
是无产阶级革命事业接班人的努力发展方向。他强调的是：第一，具
有履行职责所需要的马克思主义理论功底，注意理论联系实际；第
二，坚定地站稳无产阶级立场，正确贯彻执行党的基本路线；第三，
坚定不移地沿着建设有中国特色的社会主义道路前进，有开创新局
面的决心和信心；第四，全心全意为人民服务，密切联系群众，发
扬党的艰苦奋斗的优良传统，做到拒腐蚀，永不沾；第五，贯彻民
主集中制原则，善于团结同志，特别能团结有不同意见的同志一道

---

① 《邓小平文选》第二卷，第75页。

工作，有领导和组织才能。这五条是根据新的历史时期，新的形势下提的五项要求，是标准，是条件，也是我们党政领导干部的奋斗目标。

　　这里应当指出的，毛泽东同志在 50 年代就提出了要培养、选拔、造就无产阶级革命事业的接班人的问题。1964 年 7 月 14 日又提出了五项条件。他指出："为了保证我们的党和国家不改变颜色，我们不仅需要正确的路线和政策，而且需要培养和造就千百万无产阶级革命事业的接班人。"这个指导思想是具有远见的，是马克思主义的。他说："培养无产阶级革命事业接班人的问题，从根本上来说，就是老一辈无产阶级革命家所开创的马克思列宁主义的革命事业是不是后继有人的问题，就是将来我们党和国家的领导能不能继续掌握在无产阶级革命家手中的问题，就是我们的子孙后代能不能沿着马克思列宁主义的正确道路继续前进的问题，也就是我们能不能胜利地防止赫鲁晓夫修正主义在中国重演的问题。总之，这是关系我们党和国家命运的生死存亡的极其重大的问题。这是无产阶级革命事业的百年大计，千年大计，万年大计。"几十年过去了，现在读起来还有现实意义。

　　毛泽东同志还深刻地指出："帝国主义的预言家们根据苏联发生的变化，也把'和平演变'的希望，寄托在中国党的第三代或者第四代身上。我们一定要使帝国主义的这种预言彻底破产。我们一定要从上到下地、普遍地、经常不断地注意培养和造就革命事业的接班人。"这个指导思想也是正确的。已被历史证实是准确的。他还提出了接班人的五项基本条件：（1）他们必须是真正的马克思列宁主义者，而不是挂着马克思列宁主义招牌的修正主义者；（2）他们必须是全心全意为中国和世界的绝大多数人服务的革命者，而不是在国内为一小撮资产阶级特权阶层的利益服务，在国际上为帝国主义和反动派的利益服务；（3）他们必须是能够团结绝大多数人一道工作的无产阶级政治家。不但要团结和自己意见相同的人，而且要善于团结那些和自己意见不同的人，还要善于团结那些反对过自己并且已被实践证明是犯了错误的人。但是，要特别警惕个人野心家和阴谋家，防止这样的坏人篡夺党和国家的各级领导。（4）他们必须是党的民主集中制的模范执行者，必须学会"从群众中来，到群众中去"的领导方法，必须养成善于听取群众意见的民主作风。反对破坏党的民主集中制，专横跋扈，对同志搞突然袭击，不讲道理，实行个人独裁。（5）他们必须谦虚谨慎，戒骄戒躁，富于自我批评精神，勇于改正自己工作中的缺点和错误。绝不能文过饰非，把一切功劳归于自己，把一切错误归于别人。这五条如果从政治上、从反修防修，从反对"和平演变"这样的角度去考虑是对的，并没有什么错误，而且是有远见卓识的。如果从全面性上考虑，只侧重了政治条件，而忽略了业务才能，具有一定的片面性和局限性。但这样提出问题，论述问题，是具有远见的。他主张无产阶级革命事业的接班人，是在群众斗争中产生的，是在革命大风大浪的锻炼中成长的，应当在长期的群众斗争中，考察和识别干部，挑选和培养接班人。

　　总之，我们中国共产党一贯坚持"任人唯贤"的干部路线，坚持德才兼备的使用干部的基本原则。但是，在每个历史时期，每个发展阶段，都有具体的条件，都反映了时代的特征、客观的要求，反映党的政治路线的基本要求，这是一条红线。只不过是表述的方法有所侧重而已，我们应历史的、全面的去理解它，只有这样才是准确的。

第二节　中国要出问题，还是出在共产党内部，关键在人，核心是领导班子

一、各级领导班子是执政党权力的主要物质载体和核心

　　加强党的各级领导班子建设，确保党和国家的领导权掌握在忠

诚于马克思主义的人手里，这是执政党建设的一个根本性的问题。党的组织路线从来是与党的政治路线密切联系在一起的，组织路线是实现政治路线的根本保证。政治路线又决定组织路线的性质、方向和基本内容，并为政治路线服务。组织路线的核心和关键是干部问题，主要是各级党政领导班子成员的素质、组织能力、认识水平和决策能力等问题。

　　我们党是执政党。各级领导班子是执政党权力的主要物质载体和核心，领导班子的实质是领导权问题。因此，党和国家各级领导班子是否由马克思主义者，或由忠诚于马克思主义的人，以及熟知马克思主义的人或由一定功底的马克思主义的人来组成，它直接影响着党的性质和领导权的性质、国家政权的性质。

　　毛泽东同志早在 60 年代就明确指出：领导人、领导集团很重要，许多事情都是这样，领导人变了，整个国家就会改变颜色。这种见解是高明的，具有远见的。在国际共产主义运动的历史上，由于主要领导人或领导集团的变化导致党的性质、领导权的性质以及国家政权的性质变化的历史经验教训是极为沉痛和深刻的。例如，东欧剧变、曲折和失败，苏联的解体、共产党非法，国家搞内战等等又一次说明了这一点。当然，不是几个领导人的问题，也不是一层人的问题，有它错综复杂的多种原因，政治的、经济的和思想的。但领导集团和主要领导人变了起了导火线的作用，是一个重要原因，这不会有什么大的争议。

　　政治路线确定以后，干部就是决定的因素，这一点不仅通用于共产党，而且是通用于全世界。干部问题，特别是党政各级领导班子问题，在无产阶级革命和建设事业中，始终是个中心和关键问题。夺取政权、建设政权、巩固政权和建设有中国特色的社会主义事业都是一样的。因为党政领导骨干，不仅是制定和实施党的路线、方针和政策，而且是我国社会主义物质与精神文明建设的组织者和领导者，特别是党政领导班子是稳定局势、教育群众的主导力量，是政治稳定、社会稳定的基础。只要各级领导班子坚强有力，政治上不动摇，头脑清醒，不转向，即使遇到突发事件，即使有敌对势力和坏人煽动，发生了动乱、暴乱，也可以做好群众教育疏导工作，采取有效措施进行制止，稳定社会、稳定局势。

毛泽东同志早在党的八届二中全会上就指出："我们党有成百万有经验的干部。我们这些干部，大多数是好的，是土生土长，联系群众，经过长期斗争考验的。我们有这么一套干部：有建党时期的，有北伐战争时期的，有土地革命战争时期的，有抗日战争时期的，有解放战争时期的，有全国解放以后的，他们都是我们国家的宝贵财产。东欧一些国家不很稳，一个重要的原因就是他们没有这样一套干部。我们有在不同革命时期经过考验的这样一套干部，就可以'任凭风浪起，稳坐钓鱼船'。"①这个论断37年过去了，我国1989年政治风波和东欧剧变多么值得我们深思啊！

现在我们党的干部队伍和领导班子状况是怎样的呢？全国有5100多万党员，2 500多万在农村；全国有300多万个基层党组织，130多万个在农村；大约15个成年人中就有1名共产党员，如果都是合格党员，我们党有很大的政治优势；全国30个省，327个地区（还有港、澳、台）有2 300多个县；全国已有各级各类干部3 300多万人：其中党政机关县、处以上干部33.5万多人；全国有县、处以上的后备干部9万多人；省部级干部1 000多人；地市级干部1.2万多人；县级7.33万多人；全国县级以上党政领导班子成员共约5万多人，其中担任主要领导职务的1万多人。

党的十一届三中全会以来，党员、干部队伍、领导干部素质有很大的改变和提高。组织也有很大的发展。据有关部门统计：1979年至1990年，全国共有311多万名优秀知识分子加入中国共产党；在各类技术人员中，党员已占三分之一，高中级专业技术人员中，党员已超过一半；选拔进入领导班子到1989年底，全国已有100多万专业技术干部担任各级党政领导职务；我国各类专业技术人员1990

---

① 《毛泽东选集》第五卷，第327页。

年末达到 2 437 万多人，其中自然科学技术人员达到 1 081 万人。有 60％以上县设科技副县长。有 2 063 万人评聘专业技术职务，占专业技术人员总数的 85％，其中高级职务 96.9 万人，中级职务 549.3 万人。不断改善他们的生活待遇。

1985 年工资改革以来，著名专家、学者、教授发放特殊津贴的决定，鼓励、尊重知识分子多出成果，多出好成果，多做贡献，起了积极作用；各省、地、县管理的优秀专家和拔尖人才已达 27 000 多人，其中经国家人事部门批准的有突出贡献的优秀中青年专家有 2 000 多人。对走与工农、与实践相结合的道路，进一步形成尊重知识，尊重人才的社会风气，起了积极作用；1990 年共发展新党员 130 多万，其中一线工人 31 万人，占 24.1％，农民、渔民党员 19.7 万人，占 15％；1990 年底，全国共建立基层组织约有 314 万个。遍布全国城乡各个行业，各个社会基层单位；在民主评议中，116 万党员被上级党委授予优秀共产党员称号；31 万不合格党员进行了组织处理，其中有 7.9 万劝退、除名，取消党员资格，7 万多名党员受处分，2.7 万人组织处理，6 600 人清除出党。

同时，对党的思想不纯、作风不纯和组织不纯进行了严肃的整顿与处理：据有关部门统计公布，从 1982 年至 1988 年的 7 年间，全国共处分党员 879 167 人，平均每年处分 125 595 人，占党员总数的 2.6％，其中受警告处分的 244 224 人，受严重警告处分的 20 087 人，受撤销党内职务处分的 37 573 人，受留党察看处分的 203 136 人，受开除党籍处分的 193 373 人，受刑事处分的 59 339 人，受到行政处分的 110 556 人；在受处分的党员中，省军级干部 342 人，地师级干部 4 296 人，县团级干部 36 494 人。

从上述情况看，我们党的组织状况，从总体上看是好的，比较好的。我们的党员、干部主体是好的、比较好的，是能够赢得广大人民群众的信赖和拥护的。世界没有任何一个政党，敢把党的阴暗面公布于众，让人民公开监督与审查，只有中国共产党敢于自我批评，自觉整顿，自己纠正自己政党所犯的错误，包括自己党的领袖所犯的错误，进行公开的自我批评，从而取信于民。

这里有一个中心和关键的问题，就是关键在人，核心是党政各级领导班子。

二、正确的政治路线，要靠正确的组织路线来保证

党的"十四大"报告，对加强党的建设和改善党的领导，加强党的组织建设，特别是加强党的干部队伍建设提出了坚定明确的指导方针。江泽民同志在报告中指出："我们党强调必须以正确的组织路线来保证正确的思想路线和政治路线的实现。根据历史转折的新要求，加强党的组织建设，逐步调整和充实各级领导班子，提出干部队伍革命化、年轻化、知识化、专业化的方针，废除干部领导职务实际存在的终身制，实行新老干部的合作与交替。"我们必须坚持这个方针，坚持党的组织路线，更好地为政治路线服务。邓小平同志1992年初视察南方的重要谈话中又强调指出："正确的政治路线要靠正确的组织路线来保证。"这就告诉我们：要坚持马克思主义的思想路线、政治路线和组织路线。特别是要正确理解正确的政治路线要靠正确的组织路线来保证，保证党的政治路线的实现。

党的组织路线是我们党进行组织建设和干部工作的行动指南。那么，什么是党的组织路线呢？一般来说，就是以思想路线为基础，以政治路线为依据，按照民主集中制的原则和德才兼备的干部标准，加强党的组织建设，主要是党员、干部队伍和领导班子的建设，确保政治路线的实现。简单的说，就是加强党的组织建设和干部工作，确保政治路线的实现。具体来说，那么现阶段的新的历史时期组织路线是什么呢？中央领导同志曾概括说："怎样概括我们党在新时期的组织路线？能不能这样说：我们的组织路线，就是使党的组织建设和干部工作促进和确保四个现代化的实现，使我们党的建设和干部工作保证党的政治路线的实现。"这个概括既说明了组织路线的内容、实质和同政治路线的关系，也指明了组织工作、干部工作的任

务和方向，是符合马克思列宁主义、毛泽东思想的，是正确的。

组织路线的实质，就在于无产阶级政党，根据党的政治路线的要求，按照党的组织原则，团结全党全国各族人民为实现党的政治任务而奋斗，达到巩固党组织的团结和统一，提高党的吸引力、凝聚力和战斗力，团结起来，去争取更大的胜利！党的组织路线是群众路线在组织建设和干部工作上的具体体现。所以，相信群众、依靠群众、团结群众，尊重群众的首创精神，在群众中善于发现选拔人才，坚持从群众中来，到群众中去，集中起来，坚持下去。全心全意地为人民谋利益，是制定和贯彻组织路线必须遵循的指导思想和根本宗旨。因此，党的思想路线、政治路线和组织路线是相辅相成的，相对而言的，是不可分割的统一有机整体。思想路线是政治路线的理论基础，是决定政治路线的，反过来又为政治路线服务；政治路线决定组织路线的内容和性质，又为政治路线服务；组织路线是党贯彻执行政治路线和思想路线的根本保证。能否在实际斗争中确保和实行一条正确的政治路线，并被广大党员、干部和群众所接受，成为群众的自觉行动，这是关系到革命事业以及政治路线成功或失败的根本保证。在执行党的组织路线的过程中，是立党为公，为人民谋福利，还是利用党的组织手段，拉帮结派？是搞民主集中制，还是搞封建家长制？对使用干部是任人唯贤，还是任人唯亲？是坚持干部的德才兼备的标准，还是违背党的德才兼备的干部标准，是搞团结，还是搞分裂？等等这些根本原则问题，都能反映或表现出组织路线的实质问题。

党的组织路线是实现党的政治路线的根本保证。我们党的政治路线，就是：领导和团结全国各族人民，以经济建设为中心、坚持四项基本原则。坚持改革开放，自力更生，艰苦创业，为把我国建设成为富强、民主、文明的社会主义现代化国家而奋斗。"一个中心、两个基本点"是这条政治路线的简明概括。在新的历史时期，同这条路线相适应，我们党还形成了包括经济、政治、科技、教育、文化、军事、外交等各方面的一整套方针政策等等。这条路线和这些方针政策也都要在实践中继续丰富、完善和发展。

　　党的政治路线，集中反映了党和人民的根本利益。党的政治路线虽然决定组织路线。但是，政治路线确定之后，能不能贯彻执行，组织路线起着决定性的作用。斯大林在《列宁主义问题》一文中有句名言。他说："在正确的路线提出以后，在对问题做出正确的决定以后，事情的成功就取决于组织工作，取决于组织实现党的路线的斗争，取决于正确地挑选人材，取决于检查领导机关的决议执行情况。否则，党的正确路线和正确决议就会有遭到严重破坏的危险。不但如此，在正确的政治路线提出以后，组织工作就决定一切，其中也决定政治路线本身的命运，即决定它的实现或失败。"这一点被国际共产主义运动和我们党的历史证明，这个精辟的论断是正确的。列宁也说过，思想统一是用组织的物质统一来巩固的。

　　党的政治路线确定了党在各个历史阶段的总任务和总方向，指明了前进的道路,党的组织路线则保证这个总任务和总方向的实现。组织路线为什么能起到这种保证作用呢?

　　第一，党的组织路线能够按照党的政治路线的要求，组织各级坚强的领导班子，建立精明强干的干部队伍，并且依靠广大干部、党员在人民群众中进行宣传、教育和组织工作，使全党全军全国各族人民同心同德为实现党的总任务而奋斗。

　　第二，党的组织路线，还要根据政治路线的要求，整顿党的各级组织，调整党的组织机构、政权机构以及相应的其他组织，改革党的领导制度、组织制度、生活制度，健全党的组织生活，使其适应实现党的总任务的实际需要。

　　第三，党的组织路线依据民主集中制的组织原则，能够正确处理个人与组织，少数与多数、上级与下级、中央与地方、领袖与群众，以及党、政、军、民、学、商、兵等各方面之间的关系，把全党上下左右团结成一个有组织的有机整体，形成一股巨大的力量，以保证党的政治路线的顺利实现。

　　第四，党的组织路线是实现党的政治路线的根本保证。列宁指出："任何政治如果没有人员的任命和调动，就无法执行。因此，任何组织问题都有政治意义……。"① 要根据政治路线的要求，把党的各级领导班子调配好，调整好。加强党的组织建设，克服官僚主义、形式主义和命令主义的作风。斯大林说："官僚主义分子和文牍主义分子就善于在口头上表示忠实于党和政府的决议，而在实际上把这些决议束之高阁。要战胜这些困难，必须消除我们的组织工作落后于党的政治路线的要求的现象，必须把国民经济各方面的组织领导的水平提高到政治领导的水平，必须做到使我们的组织工作能够保证党的政治口号和决议的切实执行。"②

这就是说，确立了正确的政治路线，并不能保证无产阶级政党在实际上就自动推行一条正确的组织路线。由于社会的、历史的和思想的等等原因，也会出现一种不协调的现象，甚至出现相反的现象。这是值得重视的一个问题。

第五，通过加强党的组织领导，组织建设，不断排除各种干扰和破坏，特别是"左"的和右的倾向的破坏。有"左"反"左"，有右反右，是什么性质的问题，就反对什么性质的问题，实事求是。为贯彻执行党的政治路线开辟道路，保证党的总任务的实现和社会主义方向。

总之，正确的政治路线要靠正确的组织路线来保证。组织路线是为政治路线服务的。主要为政治路线的实现提供组织上的保证。如果没有这种组织上的保证，政治路线必然会落空，以至破产，这是必然的。

三、关键在人，核心是各级领导班子

党的"十四大"报告，对加强党的建设和改善党的领导，特别

---

① 《列宁选集》第 4 卷，第 166 页。
② 《斯大林选集》下卷，第 344 页。

是对加强干部队伍建设、加强党政各级领导班子建设的指导思想进一步明确，江泽民同志指出："我们一定要结合新的实际，遵循党的基本路线，坚持党要管党和从严治党，加强和改进党的建设，努力提高党的执政水平和领导水平，使我们这个久经考验的马克思主义的党，在建设有中国特色社会主义的伟大事业中更好地发挥领导核心作用。"① 这是建设一个什么样的党？建设一个什么样的党政领导班子的活的灵魂。这里指出了党的建设、领导班子建设与党的基本路线的关系；加强和改进党的建设必须坚持的基本原则；努力提高党的执政水平和领导水平以达到增强执政意识，提高执政本领，巩固执政地位的目的；怎样使党和各级领导班子成为真正领导建设有中国特色的社会主义的坚强核心，等等。我们一定要遵照党的"十四大"确定的党的建设的指导思想把我们的党，把各级领导班子建设得更好。

邓小平同志南巡视察的重要谈话中就深刻地指出："中国的事情能不能办好，社会主义和改革开放能不能坚持，经济能不能快一点发展起来，国家能不能长治久安，从一定意义上说，关键在人。"② 这就告诉我们：中国的事情要靠中国人民，先把自己的事情办好；关键在人，在自己，在自身，要调动全民的积极性、主动性和创造性，特别是要尊重群众的首创精神；关键在人，核心是各级领导班子问题。为什么这样说呢？

（一）关键在人，核心是党政领导班子。

从历史的经验与教训来看，一切帝国主义和反动派包括敌对势力，他们千方百计，必然要在共产党内寻找代理人，通过改变党的基本路线、方针和政策，进而改变党和国家的性质。这是通过正面的和反面的两个方面的经验得出来的基本结论，也是一个比较明显

---

① 《中国共产党第十四次全国代表大会文件汇编》第 46 页。
② 《邓小平文选》第三卷，第 380 页。

的特点。党的干部队伍，特别是领导集团，高级领导班子是不是坚定的马克思主义者，具有决定意义。

要清醒的认识到：领导班子的实质是党和国家领导权问题。党政领导班子，特别是高级领导班子，是否由真正的马克思主义者，或忠诚于马克思主义的人组成，直接影响到党的性质、国家政权的性质和领导权的性质问题。毛泽东同志早在 60 年代就明确指出：领导人、领导集团很重要，许多事情都是这样，领导人变了，整个国家就会改变颜色。因此，在国际共产主义运动历史上，由于领导集团、领导班子的变化，导致党的性质和领导权性质以及国家性质的改变，这个血的教训是极为深刻的，我们不能不深思，万万不可掉以轻心，应当引起全党，特别是中高级干部的高度重视。

要使党和国家领导权掌握在忠诚于马克思主义的人手里，有坚强的党政领导班子，才能克服重重困难，把建设有中国特色的社会主义事业不断推向前进。毛泽东同志在抗日战争初期就指出："如果我们党有一百个至二百个系统地而不是零碎地、实际地而不是空洞地学会了马克思列宁主义的同志，就会大大地提高我们党的战斗力量，并加速我们战胜日本帝国主义的工作。"① 民主革命时期，经过延安整风为标志的学习马克思主义运动，统一了全党的思想，培养造就了大批干部，造就了一代、几代人，为我们党夺取抗日战争、解放战争的胜利和建立新中国奠定了基础。

现在，我们党和国家正处在新的历史时期、新的发展阶段。在建设有中国特色的社会主义的今天，如果不能培养造就和选拔出成千上万真正懂得马克思主义的领导骨干，确保党和国家各级领导权真正掌握在忠诚于马克思主义的人手里，建设有中国特色的社会主义的任务就难以完成，我们党和国家的事业就很难兴旺发达。如果我们党和国家的各级领导干部中，有相当一批系统地而不是零碎地、实际地而不是空洞地学会了马克思列宁主义、毛泽东思想和邓小平

---

① 《毛泽东著作选读》上册，第 287 页。

建设有中国特色社会主义理论，并且努力联系实际加以运用并能以身作则的同志，就会大大提高我们党的凝聚力、吸引力和战斗力。这就使我们党和国家经得起任何惊涛骇浪的考验，就能够团结率领全党全国各族人民始终不渝地沿着马克思主义指引的方向胜利前进。

在执政党的条件下，关键在人，核心是各级党政领导班子。现在我们的国家干部已达到3 386万人，有30个省，1 894个县，培养造就成千上万的忠诚于马克思主义者，应该说是有基础、有条件的。就是说，只要共产党内部是坚强的、坚定的马克思主义者，是好的表率和带头人，自身不腐败、不演变，任何力量也演变不了，这应该是一条定律。每次重大斗争主要是出在党内，出在领导干部，特别是出在高层次的主要领导干部。这是事实，历史上的例证是不少的。从陈独秀、张国焘到王明、博古；从高岗、饶漱石到林彪、"四人帮"都是如此。就是说，党和国家领导权能否真正掌握在马克思主义者、忠诚于马克思主义的人手里？重大决策是否正确？是否有一条马克思主义的基本路线？是否有坚决贯彻执行这条路线的领导核心及各级领导班子，这是关键中的关键，核心中的核心问题。

邓小平同志极为中肯的告诫全党："中国要出问题，还是出在共产党内部。"对这个问题要清醒。就是要求我们党的干部，特别是党政主要领导干部，要做一个清醒的、坚定的、有作为的马克思主义者，这是历史赋予我们的使命。当然，在哪些方面应当清醒、坚定和有所作为应当有个比较明确的认识。因此，要坚定不移的贯彻执行党的基本路线，一百年不动摇。最根本最关键的是坚持以经济建设为中心不动摇，抓住这个主要矛盾和中心任务，坚定不移地去真抓实干；党政主要领导干部要真正把握住"两个基本点"而不是一个基本点，真正做到两手都要硬，而不是一手软、一手硬，回到过去的老路。真正做到有右反右，有"左"反"左"，是什么问题，就解决什么问题。不扣帽子，不打棍子，真正是把解放思想，实事求是有机的统一起来，不要随意说成是政治倾向上的"左"或右，造成一个良好的内部环境；必须巩固和发展团结稳定的政治局面，只要基本路线不变，社会政治稳定，经济发展，就会一步一步地去夺取更大的胜利。

要把建设有中国特色的社会主义推向前进。要想坚持这一系列的不动摇，最根本最关键是把党建设好，把各级领导班子建设好。这样才有条件、有基础，才有凝聚力和战斗力，才能战胜一切困难，完成党的任务。现在，我们党的任务更艰巨、更复杂、责任更重大，掌握马克思主义，提高领导水平更迫切，意义更伟大，如果我们党、我们的国家有几千名、上万名领导干部，特别是中高级领导干部完整、准确地掌握马克思主义的基本原理、原则，善于运用它的立场、观点、方法研究中国和世界风潮，审时度势，高屋建瓴地分析新情况，处理新问题，探讨新思路，总结新经验，概括和创造新的观点，就会经得起任何风浪和严峻的考验。

我们要牢记：中国要出问题，还是出在共产党内部，对这个问题要清醒。在反对"和平演变"的进程中，蜕化变质的关键和要害在共产党内，在高层领导干部特别是决策层。因为我们是执政的党，掌握国家政权、掌握军队和人民民主专政的工具，等等。斗争的实质是政权问题，丧失政权就意味着丧失一切。因此，对反党反社会主义的政治势力决不能手软，更不能承认、纵容。要进行针锋相对的斗争，要消灭在萌芽状态。当然，要正确区别和处理两类不同性质的矛盾。掌握真理，所向披靡。

我们要牢记：国际资本主义和社会主义之间的斗争是长期的、复杂的、有时是十分尖锐的。作为以马克思主义武装起来的党，一定要坚持独立自主的原则，不能受制于人。要特别加强对意识形态领域的工作，加强领导，保证各级领导权掌握在马克思主义者、忠诚于马克思主义的人手里，防止搞资产阶级自由化的人、野心家、阴谋家、两面派爬到各级领导岗位，特别是进入中央领导层；要清醒的看到，经济问题也是导致社会主义国家出现社会动乱、暴乱的原因之一。我们一定要努力发展生产力，科学技术是第一生产力，就是说，要抓紧时机，发展自己，首先发展经济，把经济搞上去，充分显示出社会主义制度的优越性，稳住阵脚，立于不败之地。改革一定要从国情出发，从实际出发，要坚持改革的社会主义方向。

我们要牢记：党政各级领导班子的建设所以重要，它关系到党和国家的领导权能否继续掌握在真正的马克思主义者、忠诚于马克思主义的人手里？关系到能否肩负起承前启后、继往开来的历史责任，能否经受住执政、改革和反对"和平演变"的考验；关系到在我国建设有中国特色的社会主义现代化事业的盛衰兴亡的问题；关系到能否正确判断风云变幻的国际、国内形势，采取马克思主义的决策，掌握正确的航向；关系到党和国家的前途和命运的问题。

（二）党政各级领导班子的重要作用是什么呢？

党政领导班子是一个战斗的领导集体，是一个贯彻执行党的路线、方针和政策的指挥部，具有重要的作用。

第一，我们是执政的党，掌握国家政权的党。是领导的核心力量，是建设有中国特色的社会主义的根本保证。它的作用所以巨大，就是因为党有党的组织系统，政有政的政权组织，有党章、准则、决议、决定和党纪党法的保证；国家有宪法、法律、政纪、法规、条例、条令等等保证，有一系列的强有力的组织措施和物质保证，这是执政党的根本特点。就是说，我们党有强大的人民民主专政的国家机器和保证党的政治路线实现的具体措施。

第二，党的领导是通过正确的思想路线、政治路线和组织路线去实现的。这个领导必须依靠广大干部去组织群众，引导群众，做好群众的思想政治工作，团结率领人民群众去积极完成党的任务，靠党的各级领导班子去指挥、去调动、去具体的实施。就是说，通过党的各级领导班子和干部队伍，把党中央的路线、方针和政策以及本地区、本部门、本单位的具体情况紧密地结合起来，就必须坚持一切从实际出发，实事求是，理论联系实际，制定出具体的办法和措施，达到预期的目的。

第三，党的各级领导班子和党的干部队伍，坚持什么方向，走什么道路，执行什么路线，遵守什么原则，采取什么方法，如何具体掌握政策，都起着决定性的作用。这一切都是要靠党的干部和领导班子去执行。领导班子的状况不同，干部队伍情况不同，素质不同，水平不同，执行的情况就不一样，效果也不一样，这是非常明显的。一支好的干部队伍，一个坚强的领导班子，就能够在党中央的统一领导下，坚决同中央在政治上保持一致，坚决执行党中央的路线、方针和政策。只有好的领导班子，才能得到党和人民的支持信赖和拥护。

　　第四，要特别重视党政各级领导班子的思想建设，这是根本性的起决定作用的建设。思想建设是其他一切建设的基础和前提条件。在党政各级领导班子中，要特别着重注意思想建设为主，对班子的每个成员，要与人为善，相互信任，相互谅解，经得起曲折和风浪。毛泽东同志指出："谅解和友谊比什么都重要。"要讲团结，要坚持原则，坦率诚恳，经常交心，认真开展批评与自我批评。要允许犯错误，允许改正错误，犯了错误也不要紧，改了就好，不是嘴上说，而是确实照这样去做。

　　第五，党政各级领导班子，要有一个好的作风，好的风格，好的素质，真正成为广大干部和人民群众的好榜样，好表率，好带头人，成为广大干部和群众信任的集体领袖。正因为有这一条，才能够团结好广大人民群众共同把我们党的事业做好。就是说，成为一个政治上坚定的班子，团结奋进的班子，紧密联系群众的班子，廉洁奉公真抓实干的班子、党性强、公道正派、艰苦创业，积极奉献的班子。如果我们党骄傲了，不谨慎了，就会犯这样或那样的错误。

　　总之，党政各级领导班子，是实现社会主义现代化建设的决定力量。一个党、一个国家、一个地区、一个市、一个单位、一个乡镇，都是如此。当然，我们在强调领导班子、干部队伍的同时，也不能也不应该忽视人民群众的作用，人民只有人民才是真正创造世界历史的动力，人民是真正的英雄，干部是从人民群众中来的，也是人民群众中的一部分。

（三）选拔更年轻的同志，帮助培养他们，不要迷信，要看着他们成熟起来。

邓小平同志南巡重要谈话强调指出："现在还要继续选人，选更年轻的同志，帮助培养。不要迷信。我二十几岁就做大官了，不比你们现在懂得多，不是也照样干？要选人、人选好了，帮助培养，让更多的年轻人成长起来。他们成长起来，我们就放心了。现在还不放心啊！说到底，关键是我们共产党内部要搞好，不出事，就可以放心睡大觉。"这就要求我们对培养、选拔、造就无产阶级革命事业接班人，要有正确的方法、卓有成效的具体措施和途径。

培养接班人要放开视野，着眼未来，培养造就跨世纪的一代新人，是我们党和国家一支预备队，是未来社会主义建设事业的领导骨干。要培养一代人，一层人，培养造就成千上万的接班人。使他们把社会主义、共产主义事业作为自己的神圣职责，使他们在实践中成长起来，继承我们党和老一辈无产阶级革命家开创的事业后继有人，代代相传，为完成工人阶级的历史使命而不断奋斗。

无产阶级革命事业的接班人，要勇于在建设有中国特色的社会主义事业中，在改革开放的大潮中经受锻炼和考验，善于在社会主义市场经济的海洋里学会游泳，勤于在人民群众的劳动创造中汲取营养。社会主义市场经济是人类的伟大创造，是中国人民共同的文明成果，它能在公平的竞争中实现结构优化、资源合理配置，能够灵活反映供求变化的基本特点，使国民经济增加生机和活力。它能够体现以公有制为主体、多种经济成分并存，真正互相补充，协调发展。这个社会主义市场经济理论是对传统经济学的一场革命，突破了社会主义和市场经济不能兼容的樊篱，特别是由于一些马克思主义经典作家和西方经济学理论的影响，人们长期习惯于把市场经济同社会主义对抗起来，以为计划经济和市场经济都是基本制度，计划经济是社会主义的基本特征，市场经济是资本主义所特有的。

邓小平同志指出：计划经济不等于社会主义，资本主义也有计划；市场经济不等于资本主义，社会主义也有市场。计划和市场都是经济手段。计划多一点还是市场多一点，不是社会主义与资本主义的本质区别。这就彻底结束了计划经济和市场经济是否属于社会基本制度的范畴和解除了抽象争论姓"资"姓"社"的束缚，从而激发人们理直气壮地为建立社会主义市场经济新体制而奋斗。随之而来的就会随着改革开放社会主义市场经济的建立，就会造就一代新人，新的干部队伍以适应社会主义市场经济的发展。

邓小平同志还特别指出："我们这些老人关键是不管事，让新上来的人放手干，看着现在的同志成熟起来。老年人自觉让位，在旁边可以帮助一下，但不要作障碍人的事。对于办得不妥当的事，也要好心好意地帮，要注意下一代接班人的培养。"就是要在实践中去锻炼和考验，要扶上马，送一程，使他们成熟起来，不要给他们出难题，更不能看着他们犯错误。

要解放思想，实事求是，不要迷信，放手大胆的让他们在实际工作岗位上去锻炼，使他们逐步成熟起来。只有通过实践的锻炼和考验，才能有真才实学。现在是关键时期，又起着关键的作用。江泽民同志《在庆祝中国共产党成立七十周年大会上的讲话》中指出："必须努力培养和造就千百万社会主义事业的接班人。""今后十年，是我国经济和社会发展的关键时期，也是新老干部交替的关键时期。社会主义事业在中国的前景，很大程度上取决于青年一代的状况。要以对今后十年乃至下个世纪中国社会主义事业的命运高度负责的精神，着眼于培养广大青少年。""在社会主义现代化建设和改革开放的实践中，在反对资产阶级自由化和抵御和平演变斗争的实践中，考察和培养干部。要在各族工人、农民、知识分子中广泛而扎实地进行培养、教育和发现人才的工作。"① 政治路线确定以后，干部就是决定的因素。因为"政治路线确立了，要由人来具体地贯彻执行。由什么样的人来执行，是由赞成党的政治路线的人，还是由不赞成的

---

① 江泽民：《在庆祝中国共产党成立七十周年大会上的讲话》单行本，第36页。

人，或者是由持中间态度的人来执行，结果不一样。这就提出了一个要什么人来接班的问题。"①

　　这就是说，干部问题，特别是党政领导班子问题，在无产阶级革命事业中，始终是革命和建设事业的中心和关键问题。夺取政权，建立政权是这样，巩固政权，进行社会主义建设也是这样。因为党政干部不仅是制定和实施党的路线、方针、政策，而是我国社会主义物质与精神文明建设的组织者和领导者。特别是党政领导班子是教育群众，稳定局势的主导力量，是政治稳定、社会稳定的基础。只要各级领导班子坚强有力，政治上不动摇，遇到突发事件，即使有坏人煽动，发生了动乱、暴乱，也可以做好群众教育疏导工作，采取有力措施制止动乱，稳定局势。毛泽东同志在党的八届二中全会上就指出："东欧一些国家不很稳，一个重要的原因就是他们没有在不同革命时期经过考验的一整套干部。而我们有这样一套干部，就可以'任凭风浪起，稳坐钓鱼船'。"我国1989年的政治风波再一次证明了这一点。

　　要使党有凝聚力、吸引力和战斗力，成为建设有中国特色的社会主义坚强领导核心，没有一大批忠诚于马克思主义治党、治国、治军的领导骨干和接班人，是不行的。要有一大批忠于马克思主义的理论骨干和坚强的领导班子。有为共产主义的献身精神，本身是"一身正气，两袖清风"，是真正的马克思主义的化身。我们的事业就能坚持下去，发展下去，要有这么一大批骨干。特别是党政主要领导人，是革命和建设事业的成功或失败的决定因素。所以这样重要，是由党政领导干部在社会主义现代化建设事业中的地位和作用决定的。

　　党政领导干部担负着领导和组织建设有中国特色社会主义的重要职责。没有党性强、作风好，有组织领导能力，具有坚强的理想和信念，具有坚强毅力的党政领导干部，党就不可能制定出正确的

---

　　① 《邓小平论党的建设》第66页。

路线、方针和政策，也不可能把党的路线、方针和政策转化为千百万人民群众的自觉行动，党的路线方针政策也不可能在实践中得到不断完善、丰富和发展。

四、要把各级领导班子建设成为忠诚于马克思主义、坚持走有中国特色社会主义道路的坚强领导集体

根据新的形势和任务以适应改革开放和社会主义市场经济的需要，我们党要建设一个什么样的领导班子？党的"十四大"报告指出："按照干部队伍革命化、年轻化、知识化、专业化的方针和德才兼备的原则，把各级领导班子建设成为忠诚于马克思主义、坚持走有中国特色社会主义道路的坚强领导集体，是保证党的路线的连续性和国家长治久安的根本大计。"[①] 要在新的历史条件下，重要是坚持干部的四化方针，坚持干部的德才兼备的原则，坚持党的集体领导原则，这是我们党的根本大计。

我们必须坚定不移地全面贯彻执行党的"一个中心、两个基本点"的基本路线。解放思想，实事求是，放开手脚，大胆试验，排除各种干扰，抓住有利时机，加快改革开放步伐，集中精力把经济建设搞上去，不断地把有中国特色的社会主义事业全面推向前进。党的高中级干部要带头学好，不仅要努力学习和掌握邓小平同志的战略思想和理论观点，而且要学习他运用马克思主义的立场、观点和方法研究新情况，解决新问题，探索新思路。

党政各级领导班子，要树立更好地更快地发展经济的雄心壮志。要从思想上和指挥活动上，要明确当今国际上的竞争，说到底是经济实力和综合国力的竞争。只有这样才能立于不败之地。党政领导

[①] 《中国共产党第十四次全国代表大会文件汇编》第48页。

干部要有责任感和紧迫感做好本职工作，为上新的台阶贡献智慧和力量。一个强有力的集体班子，就能率领广大干部和人民群众去解放生产力，发展生产力，为消灭剥削、消除两极分化，有利于生产力，有利于综合国力，有利于社会主义的经济发展，最终达到共同富裕，就率领人民群众大胆的去干，去拼搏。尊重实践与创造，不搞本本主义，不唯书，不唯上，只唯实。教育我们的党员和群众，要始终坚持四项基本原则，为经济建设和改革开放提供政治上的保证，要自觉维护政治与社会稳定，坚决同资产阶级自由化思潮作长期的斗争，苗头一出现就要注意解决，消灭在萌芽状态，绝不能让它任意泛滥。

要把党政各级领导班子建设成为政治坚定、勇于改革、团结协调、联系群众、廉洁务实、精干高效、能够更好地贯彻执行党的基本路线的领导集体。各级领导班子都要切实加强思想、作风建设，坚持原则，坚持集体领导，增强团结，提高解决自身问题的能力。提高领导水平、领导艺术和决策水平。确保党和国家的领导权，牢牢掌握在坚持"一个中心、两个基本点"的基本路线的人手里，把党和国家各级领导班子建设成为贯彻执行党的路线、方针和政策的坚强核心和战斗堡垒。

坚强核心和战斗堡垒的领导集体，应当具备的条件和主要内容是什么呢？

（一）政治上坚定，勇于改革的领导班子。

党和国家处在一个非常关键的时期。党政领导干部、广大党员都要经受执政、改革开放、"和平演变"的考验。直接关系到我国社会主义的发展前途和党的执政地位。因此，无论遇到什么样的政治风波，多么复杂的环境、困难、曲折，都必须保持社会主义、共产主义方向的坚定性、自觉性，坚持党的理想、信念永远不动摇。坚定不移的为改革开放创造条件，要把改革开放这场革命进行到底。认真贯彻执行邓小平同志指出的革命是解放生产力，改革也是解放生

产力的指导思想。因为社会主义基本制度确立以后，还要从根本上
改变束缚生产力发展的经济体制，建立起充满生机和活力的社会主
义的市场经济体制，不断促进生产力的发展，这个改革必须坚持。因
此，改革也是解放生产力，通过改革去解放生产力和发展生产力。这
是各级领导班子一项长期的战略任务。

（二）团结协调，密切联系群众的班子。

党委领导集体的团结至关重要。领导成员要互通情况、互相支
持、互相谅解。工作中的意见分歧，要通过谈心和民主讨论来解决。
每个成员都要坚持原则，顾大局，自觉维护领导集体的团结、合作
共事，同心同德，相互理解和信任。要协调、扎实成为硬班子、强
班子、勤奋班子。而不是软、散、懒的班子。特别是一把手要当好
班长，要坚持原则，宽容大度，作团结的表率，调动各方面的积极
性，形成合力，提高领导班子的整体效能和威信；要健全党委制，坚
持集体领导的原则，充分发挥全会的作用，提高决策的科学性和执
行决策的有效性。决定重大问题，必须经过集体讨论，形成决定以
后，必须坚决贯彻执行，不准各行其是。

在党委会上讨论问题，要敢于讲话，讲真话，不讲假话，反对
会上不说，会后乱说等自由主义。主要领导同志作风要民主，认真
倾听不同意见，善于集中正确的意见；要紧密联系群众，人民群众
是历史的创造者，是推动历史前进的动力，离开了人民群众的支持
和信任将一事无成。"水可以载舟，亦可覆舟"，如果脱离了人民群
众，就有丧失执政地位的危险，就有亡党亡国的可能。这里要明确，
我们的权力是人民赋予的，只能做公仆不能当主人，更不能当官做
老爷；只能对党负责，对上级负责与对人民负责一致起来，党没有
自己的特殊利益。因此，全心全意为人民服务是我们党的唯一宗旨。

（三）廉洁务实、精干高效的班子。

要把廉政当成一件大事，班子成员以身作则，从自己做起。这
是关系到人心的向背、领导者的威信和形象问题。是关系到社会主

义现代化建设的成败。党的十三届六中全会又告诫全党："如果听任腐败现象蔓延，党就有走向自我毁灭的危险。"为此，首先，要从各级领导班子做起，领导干部要严于律己，做出表率。本身过硬就取信于民。不要成为"铁窗怨"，原铁道部副部长×××，因受贿触犯刑律，受到应有的惩处。他在铁窗之内，恢复了良知，同时对我党的建设和干部管理工作，提出三点"抱怨"：一是领导干部的组织生活不正常，失去来自党的基层组织的监督、帮助；二是缺少谈心机会，大量的思想活动没有一定的方式和机会谈出来，没有说心里话的场合和气氛；三是组织部门对干部的考察流于形式，不能对有问题的干部及时提出忠告，出了事才找，太晚了。从这个实例中，在改革开放、市场经济的条件下，怎样切实有效地做好干部的教育、管理、调配、考核工作？×××的"抱怨"确实是太晚了。这个教训就是提醒我们要抓好组织建设，抓好领导班子建设。其次，要敢抓敢管，敢碰硬，纪律面前铁面无私，六亲不认，不论牵扯到谁，发现一个查处一个，对党内的腐败分子，决不能心慈手软。其三，要切实抓好廉政制度的建设和落实，努力从制度上堵塞漏洞，消除产生各种不正之风的土壤和温床。既讲廉政，又讲勤政为民，为官一任，造福四方。

要务实，精干高效，真抓实干，艰苦创业，积极奉献。每个班子成员各有千秋，各有专长，各有自己的传统优势。但有共同点，就是党性强，作风硬，埋头苦干，艰苦创业，乐于奉献，这是共同的。只要有这种精神，就能把工作搞好。1992年6月9日，江泽民同志在中央党校的讲话时指出：党的各级领导干部像革命战争年代"冲锋在前，退却在后"，五六十年代"吃苦在前，享受在后"那样，在改革开放的新时期切实以身作则，做到思想解放，大胆开拓，无私奉献，反对腐败，为经济建设和改革开放建功立业。只要党的各级领导干部作出了表率，广大共产党员和人民群众就一定会紧紧跟上，党风和社会风气就会好起来。要带好这个头，要以身作则，做真抓实干的模范。

（四）发扬党内民主，模范的坚持民主集中制组织原则的班子。

　　民主集中制是我们党的根本制度。只有坚持在民主基础上的集中和在集中指导下的民主相结合，才能充分发挥党政各级组织和广大党员、干部的积极性、主动性和创造性，保证党的决策和政府的一切法律、法令和指示的正确执行和行动的统一，增强团结提高战斗力。只有充分发扬党内民主才能扩大发挥人民的民主。只有把党内民主和人民民主有机的结合起来，才能使党政团结一致，提高执政的思想水平、领导水平和领导艺术。因此，党的组织、政权组织，特别是党政领导干部都要严格遵守党章、党内生活准则的有关规定，以身作则绝对不以言代法，毁法，不执法，要带头遵守党纪国法。对违反民主集中制的行为，要及时纠正。努力造成一个"知无不言，言无不尽"，"言者无罪、闻者足戒"，"有则改之，无则加勉"生动活泼的局面。

　　每个党组织和党员都要自觉维护党的集体领导，维护党的集中统一，切实做到个人服从组织，少数服从多数，下级服从上级，全党服从党的全国代表大会和中央委员会；要健全党委制，坚持集体领导，充分发挥全会的作用，提高决策的科学性和执行决策的有效性。坚决反对破坏党的团结统一的行动，反对自由主义。领导干部要通过双重组织生活，按期召开民主生活会，提高生活会质量，开展批评与自我批评，坚持民主评议领导干部的制度。加强党与群众对领导干部的监督。江泽民同志在一次会上指出："我国古代即有'淡泊明志''夙夜在公'的警句，今后衡量和检查领导班子，我认为首先应该看一看是不是这样，是不是同心同德地做工作。"这是一面很好的镜子。

（五）要把党政各级领导班子调整配备成为坚持党的基本路线的领导集体。

　　江泽民同志在党的"十四大"报告中指出："十四年伟大实践的

经验，集中到一点，就是要毫不动摇地坚持以建设有中国特色社会主义理论为指导的党的基本路线。"这是党的领导班子的首要任务，是坚定方向，统一思想，做好思想的指导方针。党的各级领导班子要抓住这个切合实际，符合国情，顺乎民心，反映了我国当代社会发展的客观规律。这是一条马克思主义路线。是引导我国走向富强、繁荣、幸福的生命线。要始终不渝地坚持这条基本路线。能否做到这一点，这是对我们党政各级组织和每个领导干部的重大考验。

　　坚持党的基本路线，党政领导班子要处理好坚持四项基本原则和坚持改革开放的关系，处理好物质文明建设和精神文明建设的关系，切实做到两手抓、两手都要硬。这同样是对我们党政各级领导班子和每个领导干部的重大考验。四项基本原则是立国之本，改革开放是强国之路，这两个基本点是我国经济建设持续发展、再上新台阶的强大动力和根本保证。两个基本点是相互依存，相互制约，相互渗透，相互贯通的。民主与法制建设、精神文明建设都要围绕着经济这个中心进行，都要自觉地服从和服务于这个中心。同时，经济建设要靠民主、法制建设和精神文明建设来支持和保证，否则经济建设这个中心地位很难巩固。

　　党政各级领导班子，要自觉推动经济建设和社会全面进步，就要集中精力抓经济，还要理直气壮抓党建。在实际工作中，发现哪个环节薄弱，或者出了问题，就要当机立断，组织力量抓紧解决。要完整、准确地理解和贯彻执行党的基本路线，就必须保持清醒头脑，在党内特别是在领导干部中要警惕右，但主要是防止"左"。要按照实际情况，有什么问题解决什么问题。解决任何问题，都是为了保证经济建设这个中心，都是为集中精力把经济建设搞上去创造更有利的条件，这一点要成为党政领导班子的一条基本原则。

　　总之，要进一步完善领导班子的整体结构，使各级各类领导班子具有与领导职责相适应的领导功能，能够担负起繁重、复杂的任务。配备领导班子时，要从班子整体功能和分工的需要选人，使班子成员齐全、配套、分工合理。要切实把党政"一把手"配强、配好。因为党委和政府班子的"一把手"，在班子中处于核心地位，在政治导向、工作决策、勤政廉洁和发挥班子战斗力等等方面，起着关键的作用。多年来的经验表明，配强、配好"一把手"，是加强领导班子建设的关键环节。"一把手"人选，除了政治上要强，熟悉经济，勇于开拓，能够驾驭全局工作以外，还要特别注意作风民主，胸襟宽阔，善于团结同志，发挥大家的作用，共同做好工作。

第三节　要记取接班人的经验和教训

一、要进一步培养年轻人进入各级领导班子

邓小平同志在南巡重要谈话中指出："现在中央这个班子年龄还是大了点，六十过一点的就算年轻的了。这些人过十年还可以，再过二十年，就八十多岁了，像我今天这样聊聊天还可以，做工作精力就不够了。"这是邓小平同志针对十三大的领导班子讲的，十四大的中央委员会、政治局、常委会以及书记处有了很大的变化，在年轻化的问题上迈了一大步，带了个好头。党政最高领导层、党政各级领导班子成员的新老交替与合作是一个永无完结的历史过程，既不可能一劳永逸，也不应该周期性地大起大落。要注意、要抓紧，选拔大批优秀年轻干部进入党政各级领导班子，继续推进新老干部的交替与合作，既是保证党的路线的连续性、长期性和稳定性，也是我们国家长治久安的根本大计，是我们党的一个长期方针。使党政各级领导班子形成合理的年龄梯次配备，是我们党的一个战略任务。

要大胆选拔一批忠诚于马克思主义、坚持走有中国特色社会主义道路、人民群众公认是坚持改革开放并有政绩的人，放到各级领导班子和重要岗位上。对那些不思进取、不负责任、不胜任现职甚至以权谋私的干部，要坚决调整。同时，要不断用邓小平建设有中国特色的社会主义理论和"十四大"文件的精神统一各级领导班子

成员的思想和行动，努力提高执政的本领和领导水平，进一步解放思想，更新观念，增强改革开放意识，发扬敢闯敢试敢干的革命精神，紧密结合本地区、本部门的实际，创造性地贯彻执行党的基本路线，把经济建设和其他各项工作搞上去。

为了适应改革开放、社会主义市场经济的需要，各级党政主要领导干部，要熟悉经济工作的干部进入各级领导班子。党委和政府班子成员，根据工作需要，也可以适当增加交叉任职。各级党政主要领导干部，要熟悉经济工作，具有驾驭本地区本行业经济建设和改革开放全局的能力，有开拓创新的胆识和魄力。领导班子成员，不论分管什么工作，都要了解、关心经济建设和改革开放的全局，在领导经济建设和改革开放的实践中学习经济、熟悉经济，努力掌握经济建设的规律，取得领导经济工作的主动权。努力培养造就一支德才兼备的优秀企业家队伍。要坚决从各方面，包括党政机关中选拔一批德才兼备、勇于改革、擅长经营管理、工作实绩突出的优秀人才，充实到企业领导班子中去。同时，要强化企业领导人员的培训，努力造就一支政治素质好、熟悉社会主义市场经济、会经营管理的社会主义企业家。

在改革开放的新阶段，要把党建设得更加坚强，这是最根本的，这一点一定不能放松。要加强对马克思主义的学习，特别是对邓小平建设有中国特色的社会主义理论学习，要通过多种形式，加强对领导班子成员的培训，使他们既要认真学习经济理论与现代化管理知识，又要学习马克思主义的基本理论，不断提高他们的政治理论和经济管理水平，用以武装思想，使之成为各级领导班子成员，加强党性修养、做好本职工作的行动指南。我们提倡对党的事业各尽职守，高度负责，决不能辜负党和人民对我们的信赖和重托；要有改革锐意进取精神，决不能在位数年面貌依旧；要有不图虚名，埋头苦干的务实精神，办任何事情，都要坚持实事求是，解放思想，说老实话，办老实事，做老实人，讲求实效，以自己的杰出奉献，取得人民的拥护和支持。

　　我们党之所以强调要进一步找年轻人进领导班子，这是因为：首先，要严格按照干部标准选好人，关键是要选好一把手。按照干部"四化"方针选拔干部、配备班子必须把革命化放在第一位。德才兼备首先是德。知识再多、专业水平再高、年纪再轻，如果政治上靠不住，方向偏了，那就很危险。所以，既要重德，又要重才，德才兼备，既是业务专家，又不失去政治方向。因此，造就人，用人务必要看干部一贯的政治立场、政治倾向，坚持党的领导，坚持党的基本路线，坚持社会主义方向。我们在衡量一个主要领导干部德和才时，主要是看在执行党的基本路线中的表现。领导干部要有与履行职责相称的马克思列宁主义、毛泽东思想的理论水平，能全面执行党的基本路线，坚定地走有中国特色的社会主义道路；有高度的革命事业心和胜任工作的领导能力和组织才干；有强烈的改革开放意识和锐意开拓创新精神；为政清廉，密切联系人民群众，作风民主，工作扎扎实实，任劳任怨、全心全意为人民服务；对于在改革开放和建设中政绩突出，群众公认的干部，要大胆选拔重用；对那些无所作为，不胜任现职的干部，要果断地调整下来。

　　其次，从严治党要由从严治"官"抓起，将好干部、年轻干部选拔到领导班子，把好选用关。对于那些政治上不可靠，思想上投机钻营的人，坚持资产阶级自由化的人；那种风吹两边倒，政治上的"骑墙派"；对那种腐化堕落、思想糜烂的人；严重以权谋私、贪赃枉法的人；对那些跑官、要官、买官、套官的人，发现一个，查处一个；对那些用原则作交易，任人唯亲，给"人情官"的，要严肃处理；选拔、任用领导干部，必须按照党的原则和规定程序办理，必须走群众路线，不搞临时动议，防止不合格的人混入领导班子；要大胆选拔优秀年轻干部是一项战略任务，逐步形成年龄梯次配备。特别是要在党政各级领导班子换届时注意这个问题。

　　省部级党政领导班子成员的平均年龄要保持在 55 岁左右，50岁以下的干部在省部级党委领导班子中，一般要有 3 人，政府领导班子中要有 2 人。其中 45 岁左右的，党委和政府领导班子中至少各有 1 人为好。地、县班子的年龄构成应更年轻些。要重视对妇女、少数民族和非党干部的培养和选拔。

其三，要认真贯彻执行党的民主集中制的组织原则。这是加强团结，提高各级领导班子与战斗力的重要保证。反对个人说了算，反对"家长制"、"一言堂"，反对久拖不决，各行其是，本位主义，个人主义，有令不行，有禁不止，上有政策，下有对策。

二、越老越要谦虚，不要固执，保持党的优良传统，为接班人树立好榜样

邓小平同志在南巡重要谈话时指出："我坚持退下来，就是不要在老年的时候犯错误。老年人有长处，但也有很大的弱点，老年人容易固执，因此老年人也要有点自觉性。越老越不要最后犯错误，越老越要谦虚一点。"邓小平同志以自己现身说法的心情，讲了老同志的优缺点，为新的一代开创了道路，寄托了希望。我们党既然废除了领导职务终身制，坚持离休、退休制度，着眼未来，培养造就一代又一代的无产阶级革命事业的接班人。

所谓老干部是一个历史的范畴，干部队伍是由人组成的，人是有生命的，总是随着年龄的增长要逐渐衰老的。一个干部也由他从参加革命行列到他（她）离休、退休，直到与世长辞，是一种自然规律的现象的交替的反映，是不以人们的意志为转移的客观规律。我们建党 70 多年了，建国也 40 多年了，按照马克思说的 30 年一代人，现在两三代人了。随着时间的推移，老一辈干部不断消失，新老交替又接上了，就这样发展着、变化着。党的革命事业培养造就一代又一代的继承发展下去。我们要尊重他们的历史功绩，尊重爱戴老干部，发扬党的优良传统和作风。

我们的老干部，他们长期在党的领导下，在漫长的革命历程中，久经锻炼，经验丰富，才能卓越，头脑清醒，勤奋好学，革命斗志旺盛，呕心沥血，艰苦奋斗，在高度的政治、思想、业务、作风素

质和强烈的革命事业心的鼓舞下，无论在长期的残酷的革命战争中，在战火纷飞、白色恐怖的年代里，忘我的辛勤劳动，为党、为阶级、为中华民族，为中国人民的解放事业，为人类的幸福作出了自己的贡献。

特别是一大批创党、建军、建国的老一辈无产阶级革命家、思想家、政治家、军事家、社会活动家、理论家，老革命工作者、杰出的卓越领导人，以及对中国革命有重大贡献的同志，他们经历了长期革命工作的锻炼和考验，阶级觉悟高，党性强，作风好，脚踏实地，以身作则，具有全面的组织领导和决策能力以及丰富的实践经验，无论在民主革命时期，还是在社会主义革命和社会主义建设时期，都是身负重任，忘我奋斗，他们保持了党的优良传统和作风。他们过去兢兢业业为中国的民主革命而献身，现在为社会主义现代化事业，为建设有中国特色的社会主义辛勤操劳，想尽一切办法，使尽一切力量为党多做工作，做好工作。

他们无论是在职，还是离休、退休，都是在不同的岗位上，或是较高的领导职位上，或者是离休、退休的普通一兵，都在那里任劳任怨，兢兢业业勤勤恳恳地为党的事业辛勤的忘我劳动着，在那里闪闪发光，终生奋斗着。他们在党和人民群众中有着崇高的威信，这是我们党和人民培养造就的一代精华，一代人民的英豪。他们是我们党和国家的领导骨干，是我们党和国家的中流砥柱，是我们党和国家联系群众，组织群众为社会主义、共产主义事业奋斗的核心力量。是我们党和国家的宝贵财富。如果没有这样一代又一代大量的老一辈无产阶级革命家和老革命工作者，没有中国革命各个历史时期中壮烈牺牲的革命先烈和今天仍然健在的老干部，没有他们艰苦卓绝的、可歌可泣的长期顽强奋斗，中国革命和建设的胜利是不可能的。他们的业绩、功勋、优良传统和作风，给党和人民不仅留下了精神力量和深远影响，而且永远放射着无产阶级先锋队战士的光芒，成为无产阶级革命事业继往开来的动力。

我们党在以毛泽东为核心的党中央第一代成熟领导集体指引

下，培养和造就了一代、二代无产阶级革命家，特别是和毛泽东同志战斗在一起的周恩来、刘少奇、朱德、任弼时、邓小平、陈云等老一辈无产阶级革命家，我们党的老干部，在他们亲自培养、塑造和教育下成长起来的。他们有丰富的实践经验，有坚强的领导和组织才能，决策能力，并且熟悉当时各个历史时期的状况，为党的事业做出了卓越的贡献。

他们是在党中央和毛泽东同志的领导下培养和壮大起来的，受到了马克思列宁主义、毛泽东思想的教育，得到了毛泽东、周恩来、刘少奇、朱德、任弼时、邓小平、陈云等老一辈无产阶级革命家的关怀和直接帮助教育下，给我们中国共产党造就了一代又一代无产阶级革命家和无产阶级革命事业的接班人。老革命工作者的独特优点和具有中国气魄的革命风格，给我们党和国家造就了一整套干部，为中国的社会主义现代化事业奠定了雄厚的物质和精神基础。

想当年他们风华正茂，年富力强，精力充沛，把自己壮丽的青春献给了党和人民的革命事业，他们在党的领导下，充分发挥了他们的聪明智慧和才干，在工作中谦虚谨慎，大胆负责，独立工作，以身作则，努力完成党和人民交给自己的光荣任务，不怕苦、不怕死，为人民而死，虽死犹荣。他们没有辜负党和人民的重托，有的壮烈牺牲了他们的生命，还有健在的幸存者，都做出了他们应有的杰出的贡献。但是，人可以衰老和死亡，他们的独特优点和革命风格的优良传统作风，是永远放射着马克思列宁主义、毛泽东思想的光辉，是我们学习的光辉榜样，也是我们党一代又一代的"传家宝"。

老一辈无产阶级革命家，老革命工作者，他们在党的事业集体的奋斗中，通过实践和自己的亲身经历，他们深刻认识到：党的无产阶级革命事业的发展、成功、失败、再发展，再成功，培养造就了成千上万的干部队伍和领袖人物。而干部队伍和领袖人物又团结了广大人民群众，推动和发展了党的事业，这就是我们党的干部成长的客观规律。我们党是核心，是力量，是伟大旗帜，是培养造就干部的源泉。由于党的培养、造就，使我们的干部队伍不断发展壮大，一批又一批干部逐步成熟起来，代代相传，这是我们党取得一切胜利的根本保证。离开了党的事业，干部就失去了存在的条件和基础，失掉了作用，革命事业就会遭到挫折、就会遭到失败，就会给党给人民造成不幸，甚至灾难，这是一个规律性的反映。

　　他们在政治上比较成熟，善于把理论与实践紧密地结合起来，善于把马克思列宁主义、毛泽东思想的普遍原理与解决中国革命与建设的问题结合起来。他们观察分析问题，办事情，有深厚的理论根基，有自己的见解和办法，有自己思维方式、方法，不是随波逐流。他们具有比较全面的丰富的实践经验，理论指导实践，为人民服务，为无产阶级的革命事业服务，解决实际问题，推动和发展革命事业。毛泽东同志指出："我们看问题不要从抽象的定义出发，而要从客观存在的事实出发，从分析这些事实中找出方针、政策、办法来。"① 老干部有自己的独特优势和传统作风。

　　他们土生土长，是来自人民，忠于人民，为人民谋利益，受到人民的尊重和信赖，拥护和支持。他们具有高尚的品德，素质好，事业心强，一般是了解情况比较全面，工作方法灵活，研究讨论问题深入细致，处理问题谨慎小心，特别是遇到大风大浪的革命转折关头，一般都能立场坚定、旗帜鲜明，不隐瞒自己的政治观点，光明磊落，大局为重，保持了我们党的好传统和好作风；特别可贵的是，有他们自己亲身经历、切身体会，直接的丰富的斗争经验和不能忘却的切身教训，使他们政治上成熟起来，干部的成长壮大，都反映了时代特征和要求，是党培养造就的结果。但是，谁也逃脱不了新陈代谢的普遍规律，要使这些独有的特点和优良传统，一代一代的传下去。因此，老干部要面对现实，要积极主动自觉的培养年轻的中青年干部，让那些素质好，思想好，作风好，有专业特长，有干劲，有能力，有真才实学，有培养前途的大胆提拔到党政领导岗位上来，这是我们老干部的光荣任务。

----

　　① 《毛泽东选集》第三卷，第853页。

　　但是，老干部也有自己的缺点和毛病，不好的传统和作风。人到高龄以后，随着年龄的增长，身体弱了，精力也不那么充沛了，越来越难以承受领导工作的沉重负担。自然规律是不可抗拒的，是不以人们意志为转移的。因为受到年高体弱的限制，深入实际，深入基层做调查研究，接触群众，了解实际情况，东奔西走，上上下下就比较困难，力不从心了。人的头脑这个加工厂所需要的各种各样的原料也就越来越少了。

　　同时，头脑的加工能力也受到身体条件的限制，也会自然的老化，不可能像年富力强时那样反复谨慎而周密的思考问题，反应就不像年轻时那样灵敏了，分析问题也不那么全面和透彻了，做结论就受到限制，有时就会出毛病，出偏差，不恰当。尤其是面对着纷繁复杂的新情况，新问题，就不容易做出正确的恰当的判断，弄不好，缺乏调查研究、分析不全面，不仔细，情况掌握不准，还会造成重大失误，会给党和人民带来不幸，即使是伟大的天才人物，也难以完全避免人到高龄以后的这种弱点。毛泽东同志晚年政治局开会，让毛远新传话做结论，不就是产生悲剧了吗？

　　为了后继有人，保持党的路线、方针、政策的稳定性、连续性和继承性，党的基本路线一百年不变。就必须努力力造就选拔培养和任用成千上万的符合革命化、年轻化、知识化和专业化、德才兼备、又红又专、年富力强的中青年干部，使他们参与各种领导工作，得到更多的实际有效的锻炼，逐步地从老干部手里接好班。因此，要认真负责地妥善安排好对党对人民有贡献的老同志，退居第二线、第三线，使他们既能延年益寿，又能更好地发挥传、帮、带的作用。

三、要记取接班人的经验与教训

　　邓小平同志在南巡重要谈话中指出："'文化大革命'结束，我出来后，就注意这个问题。我们发现靠我们这老一代解决不了长治久安的问题，于是我们推荐别的人，真正要找第三代。但是没有解决问题，两个人都失败了，而且不是在经济上出问题，都是在反对资产阶级自由化的问题上栽跟头。这就不能让了。"这是邓小平同志总结我们党自十一届三中全会以来在最高层次选拔、培养无产阶级革命事业的领袖人物，使我们的事业永远沿着马克思列宁主义、毛泽东思想的轨道前进。我们的无产阶级革命事业就会一代一代的传下去，党的事业就会兴旺发达。要使我们党、国家长治久安，就必然要找第三代、第四代的接班人，才能使我们党和国家长治久安。但是，选拔领袖人物也不是一帆风顺的，反映了一条曲折的道路。

在伟大的历史转折时期，我们党力图在新的历史时期走出一条建设党的新路子。这就必须依靠党的领导，依靠党的领导集体的智慧，依靠全党全军全国各族人民，特别是依靠以江泽民同志为核心的第三代党中央领导集体的智慧和才干，认真研究新情况、新问题，总结新经验，并经得起国际、国内狂风暴雨的严峻考验，以丰富发展马克思主义建设党的理论。在这十多年的进程中，虽然没有以运动的形式出现，但也充满着尖锐复杂的思想、政治斗争。中国共产党在十一届三中全会以后，也经历了复杂曲折的尖锐斗争，先后发生了三次比较大的斗争：

第一次是1979年春到1982年9月党的"十二大"召开以前。我们党召开十一届三中全会，重新确立了马克思主义的政治路线、思想路线和组织路线的时候，出现了"西单墙"思潮，极少数人贴大字报、散传单，怀疑和否定社会主义道路，怀疑和否定人民民主专政，怀疑和否定马克思列宁主义、毛泽东思想，怀疑和否定中国共产党的领导。就是当时参加宣传理论务虚会的少数几个人也宣传和"西单墙"差不多的观点。他们集中的贬低和否定毛泽东同志的伟大历史功绩。特别是借口党的失误直接攻击毛泽东思想，否定毛泽东思想的历史地位。他们鼓吹资产阶级人权，资产阶级的民主、自由与博爱。在理论界、文化界曾出现了《苦恋》（太阳与人）的争论；史学界曾发生有些人利用研究党史丑化党和毛泽东同志的问题，等等。

对此，邓小平同志1979年3月，针对当时社会上和党内出现的怀疑和否定党领导的社会主义制度的错误思潮，发表了具有伟大历史意义的《坚持四项基本原则》的文章。他说："我今天要说的是思想政治方面的问题。中央认为，我们要在中国实现四个现代化，必须在思想政治上坚持四项基本原则。这是实现四个现代化的根本前提。"①这是中国共产党以邓小平为核心的第二代成熟领导集体的英明决策。这就为建设有中国特色的社会主义奠定了思想理论基础。

这次斗争的中心问题，是围绕着要不要坚持党的领导和毛泽东思想。特别是有的人集中攻击毛泽东思想这个核心问题。针对这种情况，以邓小平同志为核心的第二代老一辈无产阶级革命家陈云、黄克诚等先后发表了一系列重要讲话和文章，告知全党全军和全国各族人民强调要坚持党的领导、坚持毛泽东思想，积极维护党和领袖的威信。以邓小平为核心的党中央立场坚定，旗帜鲜明召开了一系列的会议，最后发表了党的《关于建国以来党的若干历史问题的决议》，对党的领导和毛泽东思想作出了正确科学的评价，基本上统一了全党的思想。使党在马克思列宁主义、毛泽东思想的基础上团结起来，为实现社会主义的现代化事业而奋斗。

对这个问题，邓小平同志后来说，从那以后就和有些人分道扬镳了。在坚持四项基本原则的问题上，我们的旗帜一直是十分鲜明的。但是，有的人就是听不进去，妄图破坏这个政治基础，这样发展下去难免是会犯错误的。

第二次是1982年9月到1986年6月党的十二届六中全会。在理论界、文艺界少数人散布形形色色的资产阶级和其他剥削阶级腐朽没落的思想，散布对社会主义、共产主义和对共产党领导的不信任情绪。当时斗争的中心问题，是围绕着在坚持四项基本原则过程中，要不要反对资产阶级的精神污染和要不要反对资产阶级自由化的问题。当时最关键的问题是要不要反对资产阶级的精神污染，如何清除这个问题对党对人民的危害。

---

① 《邓小平文选》第二卷，第164页。

当时社会上出现了危害社会主义精神文明建设的错误思潮。理论界有人散布马克思主义"过时论"、"学派论"、"失败论"、共产党"僵化论"、社会主义"异化论"，等等。为此，邓小平同志在十二届二中全会上的讲话中旗帜鲜明地提出了"反对精神污染"的问题。这是又一个重大决策。邓小平明确指出："精神污染的实质是散布形形色色的资产阶级和其他剥削阶级腐朽没落的思想，散布对社会主义事业和共产党领导的不信任情绪。"① 为此，中共中央还做出了《关于社会主义精神文明建设指导方针的决议》，进一步阐明了党的原则立场和坚决措施。

但是，由于党中央的主要领导人贯彻执行决议态度不积极，措施也不得力。1987年1月20日邓小平同志会见津巴布韦总理时指出："这几年来，一直存在着资产阶级自由化的思潮，但反对不力。尽管我多次强调要注意这个问题，可是在实际工作中我们党的领导不力。这是胡耀邦同志的重大失误。所以党中央接受了他提出辞去总书记职务的请求，推选赵紫阳同志任代理总书记。"还指出："我们对胡耀邦同志问题的处理是合情合理的，可以说是处理得非常温和，问题解决得也很顺利。"② 这是我们党在培养领袖人物上的一次曲折，正如邓小平同志说的"没有解决问题"，"失败了"。对反对资产阶级的精神污染，实际上搞了28天就夭折了。这就使资产阶级自由化思潮进一步泛滥，导致上海、南京、合肥等城市出现了学生游行、闹事的严重局面。为了制止事态的扩展，党中央和老一辈无产阶级革命家及时采取了果断措施，开除了方励之等人的党籍，很快制止了学潮再起和资产阶级自由化思潮的进一步泛滥。

第三次是1987年1月中央政治局扩大会议到1989年6月党的十三届四中全会。这次斗争的中心问题，是对四项基本原则、反对资产阶级自由化思潮泛滥和对动乱、暴乱的态度和原则立场问题。在

---

① 《十二大以来文件汇编》上册，第415页。
② 《建设有中国特色的社会主义》增订本，第158页。

此期间，当时的党中央主要领导人赵紫阳同志在改革开放的新形势下，实际上放弃了四项基本原则，淡化了党的领导，消极对待反对资产阶级自由化错误思潮。以至在发展到关键时刻，还进行退让丧失领导权，犯了支持动乱和分裂党的严重政治错误。正如邓小平说的，"要找第三代"，"但是没有解决问题，两个人都失败了，而且不是在经济上出问题，都是在反对资产阶级自由化的问题上栽跟头。这就不能让了。"我们要永远记取接班人的这个经验和教训。

党中央和以邓小平为核心的第二代党中央领导集体，以及老一辈无产阶级革命家同心协力采取了坚决果断决策，平息了北京的动乱和反革命暴乱，使党和国家转危为安。在这个关键时刻，于1989年6月23日至24日召开了党的十三届四中全会，撤消了赵紫阳同志的职务，并选举了江泽民同志为总书记的新的中央政治局常委会。形成了以江泽民同志为核心的党中央第三代集体领导班子。使我们党为了坚持四项基本原则，加强党的领导，加强党的建设，反对资产阶级自由化思潮而沿着马克思主义的正确轨道前进。

我们应当思考过去和未来，特别是应当总结我国从1989年4月26日《人民日报》社论的发表到5月21日发布戒严令，到6月4日发生的北京反革命暴乱，直到十三届四中全会的召开。在这短短七十天中，北京首都政治风云突变，各种政治势力纷纷登上政治舞台表演。发生了震撼世界的"北京事件"。

第四节　党政领导干部的特点、基本职能、地位、作用和意义

一、党政领导干部的地位和意义

党政领导干部的地位、作用和意义以及活动的范围和基本职能，

是党政组织和行政机构形成和发展的产物。随着革命和建设形势的发展，领导者的范围不断扩大，党的组织、行政领导机构日益健全。特别是建国以后，党掌握了全国政权，党政分开、政企分开，分工越来越细，管理的范围越来越复杂，越来越扩大，党政干部的职责、层次越来越多，越来越严密，等等。就使党政领导者的地位和作用越来越显示出它的极端重要性。因此，认清党政领导者在党组织中和国家政权机构中的地位和作用，具有重大的意义。

（一）党政领导干部是党组织与国家机关、政权机构、领导体制密切联系着的。

党和国家通过党的干部，组成党政机关，组成干部队伍，组成党政各级领导班子，行使人民赋予的职权，从而就产生了它的相称的地位和作用。一切党政领导干部，不管他是选举的，或者是任命的，一旦产生了组织程序的结果，就形成了一级党政组织，或者其他相应的组织机构。这些党政组织，成为其所在部门或地区的领导机关和战斗堡垒。

党政领导干部的素质如何？工作情况如何？组织能力、决策能力如何？战斗力如何？马克思主义理论根基和政策水平如何？业务才能如何？他们对党和国家的事业起着决定性的作用。他们对党的事业是否有政绩和奉献，忘我的工作着、奋斗着，这就决定着一个部门、一个单位为党和国家贡献的大小。要知道，党和人民赋予他们以一定的地位和职责，就因为他们是党和人民的事业的开拓者、奋斗者、继承者，也是为了党和人民事业的牺牲者。在自己所处的地位上，忠心耿耿为党和人民的事业尽职尽责，尽心尽力，我们党无数的革命先烈做到了这一点，他们的精神是永垂不朽的！党组织和人民赋予的地位，不是单纯荣誉的代名词，也不是让别人尊敬自己的名称，而是我们的责任。是为人民服务的标志。

我们党一再教育干部不要称呼官衔。早在1965年12月14日中共中央发出《关于党内同志之间的称呼问题的通知》中指出："关于党内同志之间的称呼问题，毛泽东同志早在 1959 年就有过指示，要大家互称同志，改变以职务相称的旧习惯。几年来，许多地方和部门，一直没有认真执行。""为了切实纠正这种不良风气，现在特再重申毛泽东同志的指示。今后对担任党内职务的所有人员，一律互称同志。"这些规定是正确的。是我们党的优良传统作风，应当永远保持下去。

为什么强调这个问题呢？就是说党的一切领导干部，要以平等的态度待人，养成民主的习惯，要自以为非，不能老是自以为是，不能有任何特权，要保持共产党人的领导者的美德。这不仅是个思想意识问题，而且是个党群关系问题，是个政治问题，是值得我们领导者特别注意的。一个党政领导干部，必须具有坚强的群众观点，能和人民群众打成一片。群众的热情高、干劲大，对领导大力支持和帮助，真正群策群力，加之干部带头，团结一致，就能真正同心同德的完成党交给的任务。

关心爱护群众，尊重群众的首创精神，充分调动人民群众的积极性、主动性，就能战胜任何困难，去夺取胜利，否则凭借职权、官衔去下命令，就会犯官僚主义、形式主义、主观主义的错误，就会脱离人民群众，就会丧失领导者的作用。特别是主要领导干部，他的地位和作用，同党和国家机关相联系，影响大，更要特别谨慎，不能粗心大意，不能马马虎虎。尽管自己讲是"个人意见"，也时常发生很大的影响，也容易造成不必要的失误。

（二）党的干部特别是领导干部，他们代表党和国家的根本利益，体现着党和人民的意志，是为了党和人民的事业去行使自己的职权，履行自己的义务。

在我们的国家一切权力属于人民，人民是国家的主人。党的一切干部都是人民的公仆，一切工作人员，当由组织上任命，或者选举而担任一定的职务，相应地他们被授予一定的职责，从而也就产生了相应的权力。在党和国家的组织机构中，职位越高，权力越大，

　　这也是由于党和国家的体制、组织机构、领导制度和机构的性质形式所决定的。机构不同，起的作用不同。就是同一级别，个人所在的组织权力大、个人权力也大，影响就大。

　　党的领导机关和政府机关的权力也是各不相同的，管理的范围和系统的大小，性质不同，其职责、权利、义务、作用也就不同。尽管它们的职权范围不同，权力大小不一样，但却有着共同的理想，共同的思想基础和共同的奋斗目标。因此，一个党政领导干部在行使自己的职权和履行自己的义务时，要站在马克思列宁主义、毛泽东思想和邓小平建设有中国特色社会主义理论的立场、观点上，也就是站在科学的革命的立场上去处理和解决问题。因为广大的党员、干部、群众在思想上、认识上、行动上和组织上可能会出现种种矛盾和斗争。例如：出现国家、集体、个人的矛盾和斗争，等等。这就要我们的领导干部，根据实际情况，及时发现问题，及时分析研究问题，正确处理和解决问题。使广大的党员干部和群众在认识一致和行动统一的基础上，去为党和人民的事业而奋斗。

　　我们的干部如果离开了党的原则，人民的根本利益，去调整矛盾，解决问题，就不会起到应有的作用。党政领导干部所以有力量，就是因为它正确、公道、正派，就在于它调整矛盾，解决实际问题，代表了党和国家的根本利益，体现了人民的意志。否则就经不起实践的考验，就会被历史、被人民群众所否定。历史是无情的判断者，人民群众是历史的创造者，只有真正代表了人民群众的根本的长远的利益，它才能存在和发展下去，这是一条客观真理。我们中国共产党所以立于不败之地，就在于我们扎根在人民群众之中，是一个全心全意地为人民服务的党，它的根基就在这里。这虽然是个朴素的真理，但有的干部却不明白，脱离人民群众的官僚主义，滥用职权往往就从这里开始。这是特别值得注意的，不能忘掉我们的根本立场和根本原则。

（三）党的干部特别是领导干部处在一定的领导地位，必须具有独立工作、独立负责和独立解决问题的能力。

党政领导干部还要用科学的方法去观察和分析问题，提高解决问题的能力。从而在实践中不断提高自己的思想理论水平、领导水平和领导艺术。这也是一个重要的问题。

独立思考、独立负责和独立工作的关键是能够独立地解决问题。这实质上是党政主要领导人决策能力的具体体现。那么，什么是独立解决问题的能力呢？就是我们的干部会独立思考，会观察问题，综合分析问题，其重要的是在调查研究、解放思想、实事求是的基础上解决实际问题。只有用科学的方法解决问题，才能发展，才能前进，革命的事业才能成功。一个有能力的党政领导干部，就是要善于发现问题，善于处理问题，善于正确解决问题。只有这样才能推动党和国家的事业不断前进。

毛泽东同志在《反对党八股》中就明确指出："什么叫问题？问题就是事物的矛盾，哪里有没有解决的矛盾，哪里就有问题。既有问题，你总得赞成一方面，反对另一方面，你就得把问题提出来。提出问题，首先就要对于问题即矛盾的两个基本方面加以大略的调查和研究，才能懂得矛盾的性质是什么，这就是发现问题的过程。大略的调查和研究可以发现问题，提出问题，但是还不能解决问题。要解决问题，还须作系统的周密的调查工作和研究工作，这就是分析的过程。提出问题也要用分析，不然，对着模糊杂乱的一大堆事物的现象，你就不能知道问题即矛盾的所在。这里所讲的分析过程，是指系统的周密的分析过程。常常问题是提出了，但还不能解决，就是因为还没有暴露事物的内部联系，就是因为还没有经过这种系统的周密的分析过程，因而问题的面貌还不明晰，还不能做综合工作，也就不能很好地解决问题。一篇文章或一篇演说，如果是重要的带指导性质的，总得要提出一个什么问题，接着加以分析，然后综合起来，指明问题的性质，给以解决的办法，这样，就不是形式主义的方法所能济事。"① 这个论述说明了什么呢？这就要求我们党政领导：第一，要求我们每个干部要运用唯物论、辩证法提出问题，系统地观察分析问题和研究问题，正确地处理问题。第二，我们发现问题和提出问题，就必须进行独立思考，调查研究，这也是一种创造性的劳动。一种智力的思维活动，它是创造理论的基础。只不过是初步的思考和分析，抓住要害进一步去探讨和研究。第三，在这个基础上，进一步进行系统的周密的调查研究，在充分地占有材料，掌握真实情况的条件下，对问题的各个方面逐个地加以仔细的周密的分析研究，这又是一种艰苦的理论创造，这种创造性的劳动，往往是前人还没有做过的一种开拓性的工作，对这种开拓性的、创造性的工作要花费大量的时间和精力进行奋力的拼搏，找出规律性的东西来。第四，在艰辛创造劳动的基础上，最后把问题的各个方面综合起来，进行全面准确的分析研究，"指出问题的性质。给以解决的办法"，以正确的科学的方法去解决客观存在的实际问题，推动事业的不断发展前进兴旺发达。这种独立思考、独立负责和独立工作，特别是独立地解决问题，并不是每个干部都能做到的。

由此可见，党的干部特别是党的领导干部，就必须按照毛泽东同志指出的研究、分析、观察问题的科学方法，把这互相衔接的三个过程，即三个阶段，这就是提出问题，研究问题和解决问题来进行卓有成效地工作。

总之，我们党的干部特别是领导干部要学会运用马克思主义的思想路线，提高独立思考、独立工作、独立解决问题的能力。这是我们领导干部必须具备的重要条件。

（四）学会运用思维规律。

学会运用思维规律也就是掌握认识规律，提高认识能力，把问题看得深一些、远一些，一进了门就要抓住它的实质。

---

① 《毛泽东选集》第三卷，第 839 页。

　　毛泽东同志指出："按照实际情况决定工作方针，这是一切共产党员所必须牢牢记住的最基本的工作方法。我们所犯的错误，研究其发生的原因，都是由于我们离开了当时当地的实际情况，主观地决定自己的工作方针。"① 学会运用马克思列宁主义、毛泽东思想的唯物辩证法的思想路线去观察、分析问题和解决问题。毛泽东指出："我们看事情必须要看它的实质，而把它的现象只看作入门的向导，一进了门就要抓住它的实质，这才是可靠的科学的分析方法。"② 党政干部特别是领导干部，学会运用思维规律，也就是掌握认识规律，提高认识能力，把问题看得远深而准确，或比较准确一些，它不是人们头脑中固有的，也不是从天上掉下来的，它是在马克思主义思想路线的基础上，掌握了解放思想、实事求是的这个本质，进行调查研究，深入实际，进行周密的分析探讨，占有大量的材料，进行科学分析的必然结果。

　　通过大量的事实材料，进行观察思考，发表自己的见解，这样观察分析问题、解决问题的能力，就会逐步提高。我们要善于运用对立统一规律思考发现问题；要善于从各个侧面看问题，要看到各个问题的侧面的、反面的、正面的以及它的区别和联系。要把想和看联系起来，既看到事物的局部现象，又要看到事物的整体和本质。既要分析国内形势，也要分析世界动向，既要看到发达的资本主义国家，也要看到不发达或不十分发达的第三世界，等等。只有这样坚持下去，放开视野，就会逐步提高我们观察分析问题和解决问题的能力。毛泽东指出："我们是马克思主义者，马克思主义叫我们看问题不要从抽象的定义出发，而要从客观存在的事实出发，从分析这些事实中找出方针、政策、办法来。"③ 因此，我们独立思考、观察分析问题，都要牢牢记住在进行周密的调查研究的基础上，遵守

---

　　① 《毛泽东选集》第四卷，第 1308 页。
　　② 《毛泽东选集》第一卷，第 99 页。
　　③ 《毛泽东选集》第三卷，第 853 页。

解放思想、实事求是的原则，进行科学的分析，得出科学的结论。这是一个党的干部特别是领导干部必须遵守的基本原则，也是党性和科学性的统一。

（五）党的干部特别是领导干部，处在一个部门和单位的领导地位，应当起着全面规划，综合治理，加强党的领导，开创新局面的作用。

党的、政府的各条战线、各个部门和单位，是个综合的复杂结构整体。要使党的纲领、路线、方针和政策具体化并得到实施和执行，并且成为广大党员和人民群众的实际行动，就要做大量的政治思想工作和组织工作。党的一切规章制度和决议指示，是通过党的干部活动得到贯彻执行，在本部门、本单位发生效能。这就要求党的领导干部，特别是党的主要领导干部，根据党的基本路线的要求，进行深入调查研究，进行全面规划，确立奋斗目标，发展社会主义市场经济，明确岗位责任制，做好切合实际的组织管理工作。

在全面规划、综合治理加强党的领导的基础上，根据工作中的性质，职权范围，不同的层次，进一步加强党的建设。为建设具有中国特色的社会主义，为精神文明建设和物质文明建设做出卓有成效的工作。这些都必须通过广大干部团结和率领广大的人民群众一道进行。这样就要求我们的领导干部，特别是主要领导班子的负责人，要抓住要害，突破关键，做扎扎实实深入细致的工作，一步一个脚印地做下去。也只有这样，其所在的部门和单位才会改变面貌，开拓前进才不是一句空话。没有广大干部的辛勤劳动，没有广大人民群众的艰苦奋斗，要领导好一个部门和单位是困难的。处于领导地位的干部，应当起到领导作用，在其位谋其政。共产党的干部不在其位也要谋其政，对党对人民负责，不过方法不同而已。要能起到领导作用的一个重要条件，就是必须学习，特别是对马克思主义的学习，对邓小平建设有中国特色社会主义的理论、路线、方针和政策的学习，跟上时代的步伐。

　　事实证明：领导干部最需要邓小平同志倡导的建设有中国特色
社会主义的理论和路线，提高思想理论水平和政策水平，以及领导
艺术。领导水平的高低，领导能力的强弱，归根到底决定于马克思
列宁主义、毛泽东思想水平的高低。党的领导成熟不成熟，从根本
上说，就是马克思主义理论水平的高低。大到一个国家，一个党，小
到一个地、市、县，情况都是如此。没有马克思主义理论政策一定
水平的干部，工作就难免不走弯路，也不可能使我们的事业取得更
大的成就。要学习理论就得花时间和精力，要下苦功夫，舍此没有
别的路可走。学习理论虽然要占用一定时间，但是磨刀不误砍柴
工，有了理论的指导，工作就会高屋建瓴，能够做到事半功倍的
成效。

　　总而言之，党政领导干部，是各级党政组织的指挥员、战斗员，
是领导的决定力量。他们的地位、作用和意义以及他们的活动和影
响，对一个部门和单位具有决定性的作用，这是非常明显的道理。因
此，对党组织和政权组织的要求更高更严格。他们要经常处理人与
人的关系，上下级关系，并且引导广大的党员和人民群众，在党的
基本路线指引下，去为人民创造物质和精神的财富，使广大的党员
和群众自觉自愿、心悦诚服地、满怀信心地为实现党的建设有中国
特色社会主义的历史任务而奋斗。

　　同时，要努力为人民创造美好的环境，促进生产力的发展，为
人民谋福利。保持党的干部队伍的团结合作新老交替，创造未来，更
有成效地利用各种人力资源，挖掘人们的潜力，充分发挥人们的积
极性、主动性和创造性。由此可见，党政领导干部既是脑力劳动者，
又是直接或间接地参加社会物质财富的创造者，只不过劳动的形式
不同罢了。

　　我们的干部特别是党政领导干部是依靠自己丰富的革命经验、
知识、智慧，马克思主义的理论水平和领导艺术，以及他们坚定的
理想和信念，他们的职责和使命来创造财富的，而不是主要依靠体
力参加社会物质财富的创造。因此，领导者的活动，主要是属于精

神创造的范畴，是做人的工作的范畴，这种实践要运用科学的艺术和领导方法，是无产阶级革命事业的"灵魂的工程师"。马克思主义者认为：在我们党内，上至伟大的领袖人物，下至一般工作人员，他们之间只是职务不同，才干不同，贡献大小不同。但是，他们的性质和作用都是一样的，都是为了无产阶级的革命事业，都是为了人民的幸福，为人民谋福利，为了人类的彻底解放而工作和战斗，为人类创造精神和物质财富的工作者。

二、党政领导干部的基本特征和主要标志

　　党的性质、执政党的地位和作用，决定了党的领导的性质、地位和作用。领导者的实质，是党性的反映。一个党政领导干部，能不能代表党和广大人民群众，正确行使和掌握国家的领导权，是不是一个忠诚于马克思主义的领导者，这是一个核心问题，也是党和国家的领导权掌握在什么人手里的大问题。

　　党和国家的干部是党和人民群众的代表者、组织者、领导者，绝对不是统治者、特权者和寄生者。这是马克思主义领导观的基本观点。因为在执政的条件下，党掌握国家政权，党政领导者都处于党和国家各级领导机关的岗位上，手中掌握着一定的权力，处在指挥活动之中。因此，如何正确对待和使用人民赋予自己的权力。是为党为阶级为民族为人民为国家实现有中国特色的社会主义，做人民的公仆，还是为私为个人为小集团服务，对人民不负责任，则是做"官"当"老爷"，甚至把自己变成居于人民之上的统治者，这不能说是干部的本质反映。

　　党和国家干部是党的事业的骨干，是人民的公仆，是全心全意为人民服务的战士，是高度的社会主义精神文明与物质文明建设的组织者和领导者，也是精神世界的创造者，这是我们党和国家干部最本质的基本特点。正如马克思所指出的，无产阶级国家的一切公职人员，都必须是"社会的负责的公仆"。或者叫做"社会本身的负

责勤务员。"我们的党政干部是人民利益的忠实代表者,是全心全意为人民服务的工作者。我们的干部一切都是为了人民。这是党性所决定的,党所要求的,违背这个基本特点,就自然丧失了干部的起码条件。

我们党和国家的干部,同一切剥削阶级政党和国家干部有着本质的区别。他们是剥削压迫、奴役人民的工具,我们党的干部是全心全意为人民服务、为人民造福的工具,是广大人民的向导。旧社会剥削阶级的政客、官僚,执政集团都是把自己变成统治者、寄生者。而我们的干部的党性和人民性是一致的,是人民群众的组织者、领导者,也是代表群众根本利益的路线、方针、政策的执行者、实践者和自我牺牲者。反映了公仆和主人的关系,鱼水相依的关系,和一切旧社会的官僚政客有着本质的不同。

当然,我们党在强调干部的重要性及其地位和作用的时候,绝对不能忽视人民群众在历史上的力量和作用,人民群众是历史的创造者。人民,只有人民才是创造世界历史的动力。值得重视的是,我们党掌握全国政权以后,要摆正领导者和人民群众的关系。恩格斯在总结巴黎公社经验时就指出:"无产阶级建立了自己的政权后,还必须采取有效措施,防止自己国家工作人员追求升官发财,由社会公仆变为社会主人。"列宁做了进一步解释,所谓防止由社会公仆变为社会主人,就是要防止使任何人都不能成为"官僚"。按照列宁的观点,就是要"根除官僚制",消除一切"特权",永远做人民的公仆,这是执政党建设的一个重大原则问题。无产阶级国家政权,必须采取一切办法根除官僚制,消除官僚主义的恶劣作风,特别是形式主义的恶劣作风。

由此可以得出结论:是人民的公仆,还是人民的统治者,是人民的特权者,还是人民的领导者,这是无产阶级政党、国家干部和一切剥削阶级政党、国家职员相区别的一个重要标志。

我们必须清醒地认识到,作为党政领导干部,特别是高级领导干部,或者是最高领导集团,或者是党的领袖人物,他们的职权和组织力量是联系在一起的，这里指的不是一般的个人职权，而是指的组织权限，行政命令权限。提醒这一点是非常必要的。当然，它和个人权限有区别又有联系，要慎重地对待这个问题。因为我们是执政党，掌握全国政权，党是国家的领导的核心力量，党的性质、历史使命、党存在发展的意义，就是为了人类的彻底解放指明方向、道路、提出行动纲领和战略任务，为无产阶级的解放事业而奋斗。

三、党政领导干部的工作范围和基本职能

党政领导干部的工作范围和基本职能是什么？这是一个极为广泛、极其复杂的问题。因为工作的性质、层次不同，它的职权范围、职责和职能也就大不相同。既有共同的思想基础，又有严格的区别，上下左右，互相交叉是一个极为复杂的实体工程。但有一个基本特点，就是他们的职能是建立在党和人民群众的信赖和拥护的基础上，并且以集体行动的成效为主要标志、主要特点的。这是因为他们是组织者、领导者，他们在党政的机构中处于一定范围内负责的领导地位，在党的纲领、路线、方针、政策的指导下，在政府法律、法令、决议、条例、命令的基础上，在民主集中制的基础上，有一定的决策权、决议、建议权、指挥和指导权力。按照他们个人在党政组织中所负的职责的性质、范围，可称为党政干部、经济管理干部、司法检察、国家公职人员，等等。按照党政机构中，所处的位置和层次，可分为中央和地方的领导干部，以及党中央、国务院及地方、基层干部。他们都在党和国家的机构中，在党和国家的领导体制中，按照他们的职责性质和在组织机构中的地位和作用来行使他们的职能。那么，干部，特别是领导干部的主要职能是什么呢？

（一）**党政领导干部特别是中高级领导干部，是党制定与执行路线、方针和政策的组织者和执行者。**

就是说，不仅是制定、创造和发展党的纲领路线、方针、政策

的积极倡导者、组织者，而且是贯彻、执行和实践检验党的纲领、路线、方针和政策的积极组织者和领导者。要在革命和建设的实践中，率领广大人民群众，去积极地实现党的纲领、路线、方针和政策，并通过实践的检验不断丰富和发展党的纲领、路线，按照社会主义发展的客观规律，不断改进和加强党的领导，调动广大人民群众的积极性、主动性和创造性，为人类的幸福生活而奋斗。

党政领导干部的基本职能，就是为了人类的解放，民族的幸福，为无产阶级、为人民创造美好的生活，为人民谋福利，而进行创造性的劳动。这是一项经常性、长期性的战略任务和历史使命，是我们党全心全意为人民服务的唯一宗旨在党政干部身上的本质体现。

党政干部特别是领导干部要以马克思列宁主义、毛泽东思想为基础，以社会主义、共产主义的方向，以建设有中国特色的社会主义为中心，依据党的需要、人民的要求，而运用党和人民赋予的职权为党的事业而奋斗，发挥自己的组织和领导才能做出自己的奉献。及时同种种违背党的不良的错误倾向开展两条战线的斗争，永远保持干部的人民公仆的性质。

党政领导干部，特别是主要领导干部，他们是决策者、组织者和指挥者。他们应该能够依据马克思主义的基本原理、原则，通晓社会发展规律，通晓社会生活，精通人民群众是创造世界的动力，善于领导广大人民群众在党的领导下，为建设有中国特色的社会主义做出自己的奉献。

（二）党政领导干部活动的核心。

党政干部特别是主要领导干部，他们活动的中心内容，以党的基本路线为核心，团结依靠广大人民群众，集思广益，群策群力，利用集体智慧和力量，在本地区、本部门、本单位，为落实和实现党的基本路线、方针、政策的具体组织者和引导者。

这就是说，党政领导者，要在调查研究、实事求是的基础上，把党的基本路线、方针和政策转化为实际行动，使亿万人民群众在党的指引下前进，引导人民群众创造历史，创造自己的精神文明和物质文明。要做到这些就必须提高干部的理论政策水平和思想水平，全面提高干部素质。这样就必须不断地学习，深入地调查研究。把党的方针、政策变为推动工作的动力，在实践中贯彻它，实现它，不断丰富和发展它。一个合格的领导者，没有丰富的知识和对实际情况进行本质的了解，也很难把党的纲领、基本路线和政策转化为行动的指南，这样也无法起到领导者、指挥者和组织者的作用。如果非要领导，在实际上是形式的、表面的领导，形式上的领导，实际上是被领导。我们的干部要成为一个真正的合格的领导者。

（三）选人用人的职责和义务。

党政干部特别是领导干部，他们在履行自己职能的过程中，不仅有选拔、使用、培养、造就和教育干部的义务，而且有使用、监察、考察、了解干部是否称职的权力。使广大干部人尽其才，才尽其用，"安其位、乐其道、精其业"，即把他们放在发挥其才干和充分发挥其作用的岗位上。

但是，一个领导者虽有选人、用人的职责和权力，但必须是以党的思想路线为基础，以党的基本路线为依据，按照民主集中制的组织原则和德才兼备的干部标准及革命化、年轻化、知识化、专业化的方针去选拔使用干部，培养、教育干部，调整、交流干部，这是干部特别是领导干部的一个重要职能。我们要在实践中培养选拔干部，要通过实践中的政绩去发现人才，破格提拔干部，要培养造就干部，放在经常性的实际工作中，放在坚实的基础上，要培养真才实学的干部，这是党的领导干部的重要职责。

（四）领导者不是单纯的个人。

党政干部特别是领导干部，他们在一定的条件下，比如受到党和国家的委托，或选举、推荐等产生的职、责、权等等，是党和国家利益的代表者、协调者、平衡者、监督者。一个党政主要领导干部不只是一个工作者，而是党和人民利益的忠实代表。他们有的代表着国家，有的代表着党，有的代表一个省、一个部门或一个单位。
领导者不是单纯的个人。

为什么呢？因为他们不仅是一个部门、地区和单位为党的事业
的负责人，而且是根据党和国家的需要，统筹兼顾，全面安排，按
照其能力和马克思主义理论政策水平和干部德才兼备标准任用的，
并授予他们行使一定职权。当然，这种职能是依据党和国家的法律、
章程、条例、命令和法规。在不同领域中，不同的管理层次发挥他
们的作用。他们的一切活动，只能代表党和人民的根本利益，来行
使自己的职务和履行自己的权利。如果有的党员、干部和群众发生
矛盾，或者党、国家、集体和个人发生矛盾，作为一个干部，特别
是党的领导干部必须站在党、国家和人民的立场上，按照党的基本
路线、方针和政策进行协调、监督和教育帮助。党员干部依据党章，
非党干部依据有关部门的政纲、宪法、条例，履行自己的职权。在
党和政府的一个部门、一个单位的内部发生矛盾和冲突，领导者就
是一个协调者、监督者、平衡者。他们的职责是人民和党赋予的，应
当对党、对人民、对民族负责。

由此可见，领导干部特别是主要领导干部，所处的虽然领域不
同，层次不同，但是他们有共同的事业，共同的责任，共同的思想
基础。这是我们共产党人战胜一切困难，夺取一切胜利的最根本的
条件。因为我们的一切活动都是以全心全意为人民服务的性质所决
定的。为人民造福是共同的。正是人们认识了它，掌握了它，才能
使各种不同领域、不同层次的领导干部的互相调配才有成为可能，也
就成为调配干部的基础。

就是说，做党的工作，也可以做政府工作，做市长的可以做市
委书记，当官也可以改为当兵，兵也可以转为"官"。职务有大小、
高低，没有贵贱之分，都是为人民服务的，都是人民的公仆。正是
因为我们党的干部具有这种性质，才能真正成为人民群众利益的忠
实代表者，而不是统治者。如果一个干部特别是党的领导干部蜕化
变质为统治者、寄生者，党员干部的职能也就自然消失了。形式上

虽然也保留了共产党员、党的干部的美名，实际上成了一个空壳，金蝉已脱壳了。共产党内为什么会出现资产阶级的野心家、阴谋家，无产阶级政党内为什么会出现资产阶级的代理人，就是质变的后果。一个党政干部特别是领导干部，要永远保持着共产党人的优秀品质，保持着人民公仆的性质，使自己永不改变颜色。使自己成为人民拥护和支持的好干部。还要有真才实学，能为人民踏踏实实办事情，按照人民的需求办好事情。

（五）培养、教育、造就并及时大胆地选拔年轻人提到领导岗位上，也是领导者的重要职能。把它列为党的领导者的重要职责之一具有深远意义。

我们党 70 多年来，特别执政 40 多年来，在培养、教育和选拔接班人的问题上，有极其丰富的成功经验，也有痛苦的教训。这是在国际共产主义运动史上没有解决的一个大问题。斯大林对这个问题虽然在理论上讲得比较明白，实践也进行了广泛的探讨。他说："必须建议我们党的领导者，从支部书记到州和共和国的党组织的书记，要在相当时间内为自己挑选两个人，两个党务工作人员，能够充当他们真正的副手。"就是说，要在担负党和国家领导工作的整个班子中，贯彻执行新老合作交替的战略方针。按照斯大林的活动，就是把那些能够忠诚老实地、认真确切地执行党的路线和政策，认为实现党的领导和实现党的战略任务，是对党和革命事业的崇高义务，把党的路线、方针和政策当做自己的事情去积极执行，并且能够捍卫它，把为它而奋斗的干部选拔出来。他们虽然没有老干部那样具有丰富的经验、业务知识和识别方向的能力，但他们年富力强，上进心强，对新事物有足够的敏感，可能跌一两次跤将能大大提高领导革命和建设的本领和才干。当然，发现一些质朴的不知名的新人才是不容易的。因为对党和人民非常有用的人才是要经过艰苦磨炼才能造就出来的，才能逐步成熟起来。这需要我们做大量艰苦细致的工作。

　　总而言之，毛泽东指出："领导者的责任，归结起来，主要地是出主意、用干部两件事。"党的领导干部的重要职责可以列举多个方面，多个条目，但最根本的还是这两大项。一个领导者，对自己的职责认识得越清楚，越准确，运用得越自觉，越有成效，领导水平就越高，就越能受到党和人民的爱戴和尊敬。因为领导干部的职责实际上是实现无产阶级意志的武器，是实现社会主义和共产主义的一种革命斗争的媒介。是一种人民民主专政的实施桥梁。因此，一个领导者要结合自己的实际工作岗位，经常分析情况，总结经验，抓住关键，去为社会主义现代化建设开创新局面，为建设有中国特色的社会主义，来充分发挥自己作为领导干部的作用，施展自己的组织与领导才干。

四、进一步改善和提高党政领导干部的个人素质是个战略任务

　　党和国家干部，特别是领导干部的素质如何？是实现领导职能的基础，是否能起领导作用的关键。列宁说，要研究人，要寻找能干的干部，现在关键就在这里。因为政策是由人执行的。要研究人，特别是要研究干部，首先要研究干部的素质，从而进一步改善和提高领导者的个人素质，从而提高领导水平和领导艺术。

　　一个合格的党政领导干部，在领导工作中，在中国革命和建设事业的实践中，他们卓有成效的基础是什么？他们良好的素质是怎样产生形成和发展起来的？一个合格的党政领导干部，所以能够依据马克思列宁主义、毛泽东思想和邓小平建设有中国特色社会主义理论的基本原理，按照党的基本路线、方针和政策，履行自己的职能，行使党和人民赋予的权力，从而达到领导工作高水平、高效能的原因是什么？我们研究这个问题的目的，就是进一步改善和提高党政领导干部的个人素质，提高领导水平、政策水平和马克思主义的领导艺术，改进工作方法，这是加强党的领导的中心环节，也是

我们党的一项最根本的战略任务。

江泽民同志提出的提高干部五个方面的素质已经成为我们培养造就干部的奋斗目标，这就是：（1）具有履行职责所需要的马克思主义理论功底，注意理论联系实际；（2）坚定地站稳无产阶级立场，正确贯彻执行党的基本路线；（3）坚定不移地沿着建设有中国特色的社会主义道路前进，有开创新局面的决心和信心；（4）全心全意为人民服务，密切联系群众，发扬党的艰苦奋斗的优良传统，做到拒腐蚀，永不沾；（5）贯彻民主集中制原则，善于团结同志，特别能团结有不同意见的同志一道工作，有领导和组织才能。这五条也是对我们党政领导干部的基本要求和必要条件。

一个领导者，如果政治素质好，党性强，思想路线端正，知识广博，经验丰富，有能力和才干，就会有较高的领导水平和决策能力。就能做到，不仅坚持和继承而且能创造性地运用和发展马克思主义去指导工作。就能够正确或比较正确的反映客观真理，就能够依据个人的丰富的实践经验、知识和才干去组织动员、率领广大党员和人民群众去完成党和国家赋予的光荣任务。就能够把个人才能和集体的智慧结合起来去推动历史的前进和发展，巩固党的事业。

一个党政领导干部，一方面，他的个人素质修养和对他职务相称的能力具有重要的影响；另一方面，领导者又不仅仅是个人，他是一种组织结构中的一种"特殊的人"，重任在肩的人。他要向被领导者施加影响，使被领导者的思想和行为符合党的要求，符合一定的发展轨道。他要行使他的领导艺术和组织职能，甚至必要的时候采取组织措施和手段，使其被领导的成员遵守党的规章制度、政策、法律、法规和决议，使他们真正沿着马克思主义的轨道前进。那么，从哪些方面提高素质呢？

（一）提高干部特别是党政领导干部的政治和思想素质，是干部队伍建设的灵魂。

什么是干部的素质呢？所谓素质，按照原来的涵义，是指人们先天的生理上的基本特点,主要是感觉器官和神经系统方面的特点。这种素质是人的心理发展的生理条件。就是说,一个人的素质的发育和成熟是在社会实践中不断发展和完善的,并且某些素质的缺陷,也可以通过实践和学习得到不同程度的补偿,也是不断丰富和发展的。所谓干部素质,主要是指干部应当具备的基本条件和要求,这种基本条件与要求是内涵的,质朴和纯正的天质和实践相结合的内在产物。既是无形又是有形的客观反映,看不见,抓不住,但对人的感觉深刻而具体。

特别是领导干部的素质,尤其是政治、思想素质,对于党的基本路线、方针和政策的贯彻执行具有决定意义。因为领导干部处于掌握全局的地位和作用,是党政各项组织指挥活动的诸因素中最积极、最活跃、最关键的因素。一个党政领导者,他的领导水平的高低、决策能力、认识能力的高低,理论水平的高低,能否成为一个卓有成效的领导者,同领导者本身的素质密切相关。因此,素质是个综合性的,深层次的反映,是本质的反映,但它又具有时代的特征和共同的基础。

根据"十四大"党章对干部的标准和社会主义现代化的要求,以及建设具有中国特色社会主义的实际需要,党政干部的政治、思想素质主要是:具有马克思列宁主义、毛泽东思想理论的基本功底和素养,能够理论联系实际指导自己的行动。有坚定的社会主义、共产主义信念和理想,有高度的政治责任感和强烈的事业心。为建设有中国特色的社会主义奉献自己的一切;坚持党的"一个中心、两个基本点"的基本路线,一百年不动摇。关键是坚持以经济建设为中心不动摇。只要我国不发生大规模外敌入侵,无论在什么情况下都不能动摇这个中心。要把改革开放同四项基本原则有机地统一起来,是两个基本点,不是一个基本点,两点论而不是一点论。要保持清醒的头脑,抓住主要矛盾。在把握"一个中心、两个基本点"的问题上,在党内特别是领导干部中要警惕右,但主要是防止"左"。右的表现主要是否定四项基本原则,搞资产阶级自由化,甚至制造政治动乱。"左"的表现主要是否定改革开放，认为和平演变的主要危险来自经济领域，甚至用"阶级斗争为纲"的思想影响和冲击经济建设这个中心。右可以葬送社会主义，"左"也可以葬送社会主义；新时期衡量干部特别是领导干部的德和才，主要是看他在执行党的"一个中心、两个基本点"的基本路线中的表现。就是说党政领导干部要有与履行职责相称的马克思列宁主义、毛泽东思想的理论政策水平，能全面执行党的基本路线，坚定地走有中国特色的社会主义道路。有高度的革命事业心和胜任工作的能力。有强烈的改革开放意识和开拓创新精神。为政清廉，密切联系人民群众，作风民主，工作扎实。忠诚党和人民的事业，全心全意地为人民服务，百折不挠地执行党的路线、方针和政策。具有坚强的党性，在革命和建设实践中，能忠诚代表党和人民的根本利益，坚决同滥用职权和以权谋私的腐败现象做长期的斗争。带头艰苦奋斗，严守党纪国法，具有高度的思想修养，能严以律己，宽以待人，立党为公，出以公心，荐贤举能，甘为人梯。有自知之明，知人之明，扬长避短，为年轻干部让路，开路；要有民主作风，以平等态度待人，善于处理同各方面的关系，这不仅是一种领导艺术也是领导者的素质修养，坚持团结、坚持原则，善于同不同意见的同志一道工作。具有这种素质的共产党人能够获得人民的信任和拥护。人民群众就会自觉地支持他，服从他，与他同心同德，共同奋斗。这些作用是职权、地位所无法代替的。

　　政治、思想素质的提高，就是要求我们的领导干部的思想无产阶级化、马克思主义化，这是党员、干部素质的首要的一个根本的条件。否则就丧失了共产党人的本质和属性。因为党员和干部的政治、思想素质如何，反映着党的性质和历史使命，反映着一个政党的力量和作用。

　　要使共产党员，党的干部树立共产主义的世界观和人生观，真正从思想上入党，真正用无产阶级的先锋队的思想面貌来建设党，建设干部队伍和领导班子。使每个干部真正成为一个高尚的人，一个纯粹的人，一个有道德的人，一个脱离了低级趣味的人，一个有益于人民的人。为此而奋斗，这是一个共产党人，革命干部应当具备的条件和要求。我们党有光辉的典范，我们敬爱的周恩来总理、邓颖超大姐；焦裕禄、李四光，雷锋等。上至总理，下至普通一兵，他们是无产阶级的化身，马克思主义的化身。他们是名符其实的伟大的共产主义战士，奉献了他们的一生。他们能做到的，我们也应该能够做到，这样的人越多，我们党的事业就越兴旺发达，我们国家就会越加强盛。

（二）提高党政干部的品德和作风素质，使他们具有无产阶级的品德和独特风格。

党政干部的品德和风格，主要是指社会道德规范在领导者活动中反映出来的经常稳定的倾向和特征，是一个党政领导干部在领导工作中处理人际关系所要遵循的行为规范和准则。一个政党和一个国家，用人总是首先考虑他的品德和风格。就一个人，一个干部对社会、对党、对人民作出自己的贡献，不仅是有一定的才能，而且都有高尚的品德和独特的风格和气质。

根据党和国家的性质和历史使命以及党的基本路线的要求。党政领导干部应具备的品德和独特风格，这就是指作为一个领导者，要坚持党性，秉公办事，公道正派，一身正气，两袖清风，刚直不阿。这是一个党政领导干部最基本的条件，也是领导干部最根本的品德，没有党性，就等于没有灵魂。坚持党的原则，坚持以身作则，坚持做表率，不徇私情，不以权谋私；要顾大局，识大体，坚持党和人民的利益高于一切，为了党和人民的根本利益不怕牺牲一切，包括自己的宝贵生命；既要有崇高的思想境界，又要扎扎实实地为人民服务，办实事、办好事当作最高的奖赏，永远做人民的公仆，是人民的忠实代表，当好人民的勤务员，不做任何违背人民利益的事情。要先人后己，公而忘私，只做奉献，不搞索取；要实事求是，解放思想，深入实际，密切联系群众，永远和人民打成一片。要有宽阔的胸怀，具有无产阶级革命家的雄心壮志和伟大气魄，勤政为民，廉洁奉公，不贪赃枉法，忠于职守，做好工作；要坚定灵活，慎重果断，具有革命的胆略和求实的精神，具有共产党人的应有性格和作风；谦虚谨慎，戒骄戒躁，牢记谦虚使人进步，骄傲使人落后，领导干部和群众只是职务分工不同，没有尊卑贵贱之分，在政治上是平等的，是同志和战友；要具有开拓精神和革新锐意进取精神，不因循守旧，敢于突破陈规旧习，冲破老框框老观念，创造新的思路，新的工作方法和领导方法，新的风格，善于应变，敢于创新，不断地开创新局面；要柔中寓刚，绵里藏针，多谋善断，掌握主动权。对自己所领导的工作，要善于思考，能准确地判断形势和大是大非，独立正确的做出决策。并能正确有效地实施决策，减少失误，力争准确科学。

　　共产党人的性格、特征不是先天固有的。没有一个人生下来就是革命者，一个马克思主义者；也决不是一个人生下来就是反动的，落后的。但是，具有什么样的独特性格和作风，则主要是由他所受的教育、生活的条件和接受的马克思列宁主义、毛泽东思想理论的程度和能力所决定的。这也是长期锻炼逐步形成和发展起来的。这里具有决定意义的就是自我思想改造的程度，和自我的思想建设的功效。特别是"灌输"马克思主义的程度是个重要的标志。

　　在我们党的生活中，已经形成的独特性格和作风，经过千锤百炼以后具有相对的稳定性、独立性。我们老一辈无产阶级革命家的杰出代表周恩来总理，他在青年时代就认定共产主义是自己的伟大理想，几十年如一日，日理万机，奋斗终生，一直到生命最后一息，还念念不忘人民；有的共产党人，坚信共产主义，坚信马克思主义自觉地为共产主义事业奋斗一生。因此，在敌人的屠刀下，在金钱美女的引诱下，也改变不了他们的信仰、意志和伟大理想。

　　当然，共产党人的性格和作风也不是一劳永逸的，还要不断学习，注意自己的世界观的改造，使自己的无产阶级性格特征向着完美的方向发展。共产党人的性格和作风，是在革命环境和生活过程

中，在为共产主义事业的奋斗中，不断形成和发展起来的。我们的
党员、干部就是在实践的革命进程中，无论是在战火纷飞的战争年
代，还是在和平环境的日子里，都是在千锤百炼的塑造自己的共产
党人的性格，使自己成为一个坚定的共产主义者。

**（三）提高党政干部的业务素质专业本领，实现知识化和专业化
是履行领导职能的重要因素。**

在我国随着现代科学技术和社会生产力的发展，特别是学科和
专业不断发展和分化产生许多分支，而导致人才的知识化和专业化。
一个党政领导干部不仅有全面的领导能力而且有较深厚的专业知识
和实际本领，具有专长，精通分管的业务能力，成为内行和专家以
便发挥最佳效能。建设有中国特色的社会主义，必须使我们的干部
头脑清醒，必须具有实际本领和真才实学，才能适应社会主义现代
化建设事业的需要。

特别是在改革开放，社会主义市场经济体制的环境之中更是如
此，因为在市场经济的主体是社会主义公有制的代表，其目的是扩
大公有制经济和提高人民的生活水平，努力发展生产力，消灭剥削，
削灭两极分化，最终使人民共同富裕起来。我们的党政领导干部清
醒地认识到商品经济是社会主义不可逾越的历史阶段，就必然要自
觉地引入社会主义市场机制，去培育社会主义市场体系，这是党政
领导干部一个重要职能。只有正确认识社会主义市场经济的客观必
然性，因此，在思想上、观念上，冲破对市场经济的片面理解，才
能对传统的计划经济体制进行彻底的改革，以适应建设有中国特色
的社会主义的需要。

一个领导建设有中国特色社会主义的合格领导干部，要在实际
工作中卓有成效，就必须懂得科学技术，懂业务知识，会管理企业，
成为本行业务的内行和专家。领导者的知识化和专业化是发达国家
经济建设、国家管理，党政干部队伍发展过程的必然趋势。列宁说：
"任何管理都需要有特殊本领"，"要有专长。没有专长，没有充分的

知识，没有管理的科学知识，你们又怎样能管理呢？"①列宁认为：任何别的威望，都不能代替这种场合下主要的东西，这就是业务知识。因此，我们必须爱护每一个有才干和懂技术业务的领导者和专门人才。党组织要培养他们精通科学技术，向知识化、专业化的方向发展，把他们培养和塑造成为忠诚于社会主义现代化事业的开拓者，成为建设有中国特色社会主义的建设者、推动者。

（四）提高党政领导干部的素质，是提高能力和决策水平的关键。

要提高党政领导者决策能力，就必须加强领导者自身的建设，努力提高个人的素质。因为一个领导者本身就是一种正确处理人与人和人与工作，人的活动规律关系的综合体。要领导别人，影响别人，首先要正确认识和处理好这种关系。要正确处理好这种关系，重要的是把自身建设好。自身的政治思想、业务知识、专业才能、组织才能、党性修养的素质越高，领导水平决策能力也就越高。能够深入群众，调查研究，交流思想，听取意见，改进工作，他们的领导水平，政策水平就会越高。相反，主观主义、官僚主义、形式主义、夜郎自大，固步自封，不了解真实情况，也就不会出现好的效果。

一个领导者，特别是合格的党政领导者，要把自身的建设放在首位，要把以身作则的实践活动作为自身的基石。教育者首先受教育，先当学生后当先生。要提高别人，首先要提高自己。要使别人坚定，首先要使自己更坚定，打铁首先本身硬。常说，上梁不正下梁歪，中梁不正塌下来，这是条定理。

一个领导者，凡是要求下级做到的，自己首先要做到；凡是要求下级不能干的，首先自己不要干。不能说是一套，做是另一套。要用自己的学习、实践、榜样去教育别人，率领别人，影响别人。党政领导干部的带头，是一种无声的教育，也是有效的成功的教育。有的人说，党委讲的话下级不听。为什么呢？因为，一是看你讲的对

---

① 《列宁全集》第36卷，第544～545页。

不对，二是看你的作风正不正，自己不正，虽令不行，人家不信你
那一套。让别人遵守，首先自己要模范地遵守。否则，就没有发言
权，就没有说服力，就不会让别人信服，也不能赢得人的同情和支
持。只要我们的干部以身作则，身体力行，一切正直的人，都会照
这样做，跟着我们学，自愿的去这样做，而产生良好的影响。

一个党政领导者，要了解情况，讲究方法，这是领导艺术。在
领导过程中，要坚持党的原则，要坚持职、责、权相结合的原则，说
服教育的原则。当然，教育并不是万能，还要有相适应的纪律做保
证。因此，坚持科学的领导方法和高超的领导艺术，也是我们党政
领导干部自身建设的一个重要因素。我们常说，开锁用钥匙，如果
用斧头砸开，用头撞开那就太笨拙了。有些什么方法呢？

领导干部通常在工作中利用两手来抓工作。有的同志习惯于抓
工作、抓任务，他关心任务的完成，把注意力、兴奋点集中在我们
的专业领域。力求任务进展快，有成效，出成果，使任务明确化、责
任化，使工作任务"自动化"，制度化，利用这一手的领导者，往往
出现在长期做行政工作，管理工作，军队工作和行政性很强的工作
的同志身上，他们认为这样干脆利落，不拖拉，有成效；有的同志
习惯于抓干部，抓人，他从关心人，关心干部入手抓工作，他们强
调体贴关心爱护人，爱护干部，帮助培养教育。互相尊重，互相支
持和信任，同心同德去完成任务。这样的领导者，往往出现在长期
做党的工作，做政治工作的领导同志。他们有丰富的做人的工作经
验，对群众既知音、又知心。一个领导者，要学会既要抓人，抓工
作，又要完成党交给的任务，做深入细致的思想工作，真正在马克
思主义的基础上同心同德，为党的事业忘我劳动。一切工作任务，都
是人来完成的。抓人的思想，做人的工作，抓自身建设是最根本的；
采用"大权独揽、小权分散"的领导方法。就是说一个领导者，在
工作中要有坚强的党性原则，也要有不损害原则的机动灵活的措施。
只提出任务，不规定完成任务的方法，只做决策，把执行权力交给
下属，这样的方法既灵活，又容易调动积极性。不要管得太死、太

细、太具体，实际上管不了，也管不好。要发挥他们的积极性、主动性和创造性。让他们独立负责，独立工作，独立去完成任务；实行支持的工作方法，就是领导者只管监督，检查和确保党和国家的基本路线、方针、政策的贯彻执行。对完成任务的方法、途径，不做决定，把这个权力都交给下属。对下级为实现他们自己所担负的任务所采取的措施和努力给予大力支持。这种方法一般用于特殊的任务，复杂的任务。如果下级干部能力很强，水平比较高，是个适宜的好方法；最根本最卓有成效的方法，就是"群众路线的方法。"就是实行从群众中来，到群众中去，上下结合，干部与群众相结合，领导与专家相结合。采用这种方法，一般决策后失误比较少，上下责任感强，集体观念、全局观念强。这种方法不仅是群众路线的好办法，也是民主集中制的领导方法的具体体现。我们提倡这种方法。反对那种单纯下命令，虽然是效果快，威力大，省事方便，但往往毛病多，不要轻率使用。相反，群众路线的方法，失误少效果快，即使失误，纠正也能及时，效果也好。一个党政领导干部，要善于运用这些方法，努力把工作做好。

　　一个党政领导者，要清醒的懂得，领导方法的运用和领导者自身修养和工作能力、组织才干有着密切的联系。这不仅是个性格、方法问题，也是干部的素质问题。因为一个干部的能力素质是多方面因素的反映。例如：综合分析能力、决策应变能力、组织管理能力、知人善任能力、反馈信息能力、语言文字表达能力以及相适应的专业知识等等。

　　提高领导方法和决策能力的基础，是要求领导者，要坚持一切从实际出发，坚持解放思想、实事求是，坚持群众路线，坚持民主集中制的原则。根据任务的性质、环境、特点进行正确的分析，真正使领导方法科学化。就是说，领导能力的高低，不仅决定于领导者自身要有坚强的党性、科学性，而且要有丰富的经验，渊博的知识，深厚的马克思主义的理论根基和政策水平，还能够掌握现代化的科学领导方法和高超的领导艺术。

　　但是，这种领导艺术的素质，一般情况下，是以个人的实践经验为基础的，由个人经验产生，并带有许多个人的特点和气质。这是领导者素质的反映。有的领导者，具有大体相同的理论知识水平，思想政策水平和个人经历，但在运用他们的知识和经验时，就具有完全不相同的领导效果和领导艺术的力量。因为领导效果对领导者个人才智、素质、性格、作风、意识的依赖性很大。反映着、体现着个人的独具特征和风格。所以，党的领导问题，反映在党政领导者身上，既是科学，又是艺术。一个领导者，要承认领导艺术，善于抓住关键性问题做出决策，并善于调查研究，解放思想、实事求是，善于抓住时机决定问题，知人善任，鼓励团结人，等等，这是一个党政领导干部应有的态度和作风。

　　当然，领导艺术的重要特点，是有它的灵活性和创造性。领导活动是一种高层次的创造性的智力劳动，它的目的和奋斗目标是多种多样的。它所面临的形势极为复杂，而且千变万化。没有灵活性和创造性，不讲究领导艺术和领导方式方法是不行的。只有掌握好领导方法和领导艺术，才能取得最后的胜利。

　　（五）领导者的素质，是实现领导职能的基础，是起到领导作用的基本条件，也是做好领导工作的决定因素。

　　一个合格的党政领导者，要具有良好的素质和风格，必然要具有深厚的马克思列宁主义、毛泽东思想和邓小平建设有中国特色社会主义理论的修养和党性修养，关键问题就是能在履行自己的职责时，依据党的纲领、基本路线、方针和政策，结合本部门、本单位的实际情况，去创造性地完成党和政府交给的任务；具有良好的品格、作风和严格的组织纪律性的修养素质，就会按照党指引的轨道前进，就会得到人民群众的信任、拥护和支持；具有广泛渊博的学识，专业技术，组织领导才能，才会有高超的领导艺术，就能够大大提高领导的效果。所有这些素质，就构成了一个合格的领导者的基本因素。

　　在领导过程中，有的领导者，在素质上比较差，职务上是书记、市长、处长，等等不同的"官衔"，组织上也给了相当的信任和任命，但实际上很可能，有的就出现了与职务、职称不相称的现象。有的领导同志正如列宁说的："领导者自己以为领导，其实是在被领导"。这种不适应的反差情况，可能有多种多样的因素和具体的原因。有的文化水平比较低，知识不广泛；有的实践经验少，基础差；有的理论水平低，马克思主义的功底不深，工作能力差；有的思想保守、落后，因循守旧，不敏感，吃"老本"；还有的是辛辛苦苦的官僚主义，等等，这些一般说来，只要发现了自身的缺点、弱点和毛病，认识到了，就会自觉地加强和提高，就能够有意识有目的地改变这种不相适应的情况。

　　但是，一个领导者的素质是个综合性的知识能力结合体的反映，是深层次的体现。如他们的专业知识能力、综合分析能力、决策应变能力、组织管理能力、知人善任能力、反馈信息能力、语言文字表达能力，等等，有时很难一时一地表现出来，一时也难被人所认识，只有经过比较长时期的实践考验和比较长的历史进程才能被实践所证明。由此可见，我们说提高领导者的素质是干部队伍建设中最根本、最关键的，也是最主要的决定因素。这是一项长期的必须抓紧抓好，不可松懈的重要工作。

　　总而言之，要进一步改善和提高党政领导干部的个人素质是一个战略任务，又是把提高干部的素质放在教育干部的首位。要努力提高干部的知识和认识能力，特别是综合分析和决策的能力。使我们的党政领导者具有丰富的知识、卓越的才能，用人类创造的一切科学知识来丰富自己的头脑，才能成为一个合格的领导者。

　　有的同志把领导误认为是权力的运用和延长。他们认为自己所以能够领导，是因为有权，只要有权就能够领导，权力等于能力、权力大，能力必然强，只要扩大领导者的职权，就能够提高他们的领导能力。这种认识是不正确的，是错误的。一个领导者的职权同个人的能力不是一回事。它是两个不同的概念。职位产生权力，如果有了职位，也就有了职权。而能力包括的范围很广泛，如观察分析问题的能力，认识能力，判断能力，决策能力，明察秋毫，洞察一切（形容而已）的能力。

什么是能力呢？怎样提高能力呢？能力，主要是指完成一定任务的活动，完成一定任务所必须的心理特征、坚定的信念和实践活动所产生的力量，是改造世界的主观能动性，在实践进程中的科学反映。毛泽东同志指出："马克思主义的哲学认为十分重要的问题，不在于懂得了客观世界的规律性，因而能够解释世界，而在于拿了这种对于客观规律性的认识去能动地改造世界。"① 这种"能动性"，实际上就是指的能力。能力就是指它的主动性、积极性和创造性。是指它的开拓性和首创精神，敢为天下先。因此，能力是一种知识的综合性力量的集中反映，是内在的反映。

能力从哪里来呢？从文化知识、科学技术和马克思主义理论水平中来，从阶级斗争、生产斗争和科学实验中来。特别是从实践经验中产生实际本领、产生能力。一个领导者精通马克思主义，会分析探讨问题，通晓社会发展规律，有独到见解，能讲出让人信服的哲理，持之有故，言之有理，有根有据，等等。这就必须具有马克思主义的理论水平和运用的能力。否则，就不会有什么独到见解和创造精神，就会犯教条主义的或经验主义的错误，或者是个书呆子、知识仓库。

这就告诉我们：一个党政领导干部，你要具有哪一方面的能力，就必须具备哪一方面的科学知识和实践经验。如果要有领导能力，就必须具有领导的经验和知识，这也是从不知到知，从没有到有，从有到丰富，是个积累经验的过程。实践、认识，再实践、再认识的深化过程，总结经验的过程，创造性的劳动过程；要有管理能力，就必须具有管理的知识和经验，也要承认有个积累的过程，实践出真知，实践创造理论，理论又指导实践，反复深化与不断提高，从而

---

① 《毛泽东选集》第一卷，第292页。

认识事物的客观规律；要有用人的能力，就必须具有丰富的社会知识和人情世故的生活经验，懂得人与人、干部与干部以及社会人际关系。认识人了解人，不仅要懂心理学，还要懂人与人之间的相互作用的客观规律，懂得调动人的积极性、主动性和创造性，和知人善任的能力，分析观察问题的能力，等等。

一般来说，知识越渊博，文化越高，经验越丰富，能力也就相应的越高，就可以能动地把各种知识转化为行动的能力。培根说，知识就是力量，道理就在这里。但是，知识并不等于能力，有了知识并不等于就有了力量，知识和力量，权力和知识是两个不同的概念，不能搞形而上学，搞片面性。要尊重唯物论，学会辩证法。现实生活中也常有知识多，但能力很差，是个"书呆子"、"知识仓库"。对具体问题的具体分析是马克思主义的灵魂。因此，能力就是一个人知识素质的综合能力的集中科学的生动体现。

一个合格的党政领导干部，不能仅仅依靠权力领导，要靠能力去领导。我们的干部所以能领导，"不是靠权力，而是靠威信、毅力、丰富的经验、多方面的工作以及卓越的才能"。[①] 这就是说依靠权力领导，依靠职务指挥，实际上是一种不正常的现象。有的同志当了领导，头上顶着若干个头衔，似乎无所不包，无所不晓，是个"精英"、"全才"，这是一种极不好、极不正常的现象。我们必须把过去以权力领导为主逐渐地过渡到以能力为主，从外行转到内行领导的轨道上来，这是必然趋势。

党的十一届三中全会以后，采取了一系列的重大措施，努力提高干部特别是领导干部的文化知识水平、科学技术、专业水平以及马克思主义的理论政策水平。但是，最主要，最根本的是提高干部，特别是领导干部的素质和能力，尤其是决策能力，以适应建设有中国特色社会主义事业的需要。

党政领导干部的威信和干部自身的气质、品格、作风有着密切

---

① 《列宁全集》第6卷，第212页。

的关系。因为一个领导干部的威信、效果、信誉、品德、风度，等等都有联系。

所谓威信，是指一个领导者在被领导者和其他群众心目中的威望、信誉和特殊的吸引力、凝聚力。一个领导者的威信是下级和其他群众心目中产生的一种敬仰和爱慕，它是领导者的思想、品德、作风等各种行为方式在下级和群众心理上的一种满意的感受。因此，威信建立以后，它具有一种特殊的凝聚力和感召力的作用，使别人信服、听从，自觉自愿追随他而奋斗。教育者的威信越高，其威力就越大；威信，具有相对的稳定性，起着"定势的作用"，使被领导者心理上自然形成一种自我约束力、平衡力，形成"先入为主"的观念，自然起作用的观念。这是一种无声的力量。威信的形成和发展，是一个具有复杂的结构和过程，它不同于人的仪表的威严，而是一种内在的、柔中寓刚的权威力量。它是以一个人的思想、品德、学识、才能、水平、修养、事业心等多种因素构成的。是以一个人外在的表现为前提的。一个干部不管他的地位如何，任何无能、犯错误以至种种过失，都会使他在群众中的威信降低。

在日常政治生活中我们看到，两个威信截然不同的领导者做群众的思想政治工作，效果往往相差很大。威信高的领导者，很容易就把问题解决了；相反，威信不高的领导者做工作的效果却不好。一些心理学家通过实验证明：同样的教育内容，教育效果与教育者在受教育，心目中的威信成正比，威信低者其效果只占威信高的效果的40—50％。当然，威信是靠自己的模范行为和卓越的奉献去换取的。一个人的威信不能强加，也不能夺取，而只能靠自己模范行动和卓越的贡献去换取。一个干部对人民对党是奉献，不是索取，只有奉献，才能取得人民的敬佩和爱慕；有的人为自己在群众中缺少威信而苦恼，他埋怨领导不支持，群众不体谅，甚至用卑劣手段，抬高自己，打击别人，贪天之功为己有，对别人散布流言蜚语，中伤贬低别人。这种做法，一时可能起到一定效果，一旦被群众识破，这种干部就会威信扫地，而被中伤、贬低者反而威信倍增。有的人，越树越低，群众不认账。由此可见，领导者要做好工作，应以自己的模范行动去获得群众的信赖，对自己的部下要让他们在实际工作中去锻炼，多做贡献，让群众在实践中去认识提高他们，决不能揠苗助长。

第七章
加强和改进党的建设，努力
提高执政能力和领导水平

第一节　加强党的建设，提高执政能力和领导
##　　　　水平是党的战略任务

一、提高"五个能力"是党的自身建设的战略任务

　　提高干部特别是领导干部的执政本领、决策水平，是党的自身建设、干部建设的战略任务。江泽民同志曾经指出：我们党是执政党，党的领导要通过执政来体现。如果党放弃执政地位，就谈不上领导。我们必须强化执政意识，提高执政本领，巩固执政地位。党的十四大报告中更加明确地指出："在新的历史时期，党所处的环境和肩负的任务有了很大变化，党的思想、政治、组织、作风建设都面临许多新情况和新问题。我们一定要结合新的实际，遵循党的基本路线，坚持党要管党和从严治党，加强和改进党的建设，努力提高党的执政水平和领导水平，使我们这个久经考验的马克思主义的党，在建设有中国特色社会主义的伟大事业中更好地发挥领导核心作用。"① 遵循这一指导思想，对于加强和改进党的自身建设具有战略意义。

————————
　　① 《中国共产党第十四次全国代表大会文件汇编》第 46 页。

　　我们党在世纪交替以及今后的年代、党肩负着繁重而艰巨的任务，完成任务的关键是把党建设好。在加强党的自身建设中，尤其是要不断提高执政能力，特别是着重提高"五种能力"，才能适应当代中国建设有中国特色的社会主义建设事业的需要，才能使我们党成为坚强的领导核心。这五种能力主要是：

　　（1）提高党领导国家政权的能力、决策能力、育人用人和培养造就接班人的能力、党的组织行动和社会引导能力、协调能力、政治适应能力、党的检查、监督能力以及党政领导者的综合创造能力；

　　（2）提高用建设有中国特色社会主义理论指导实践的能力，坚持和发展马克思主义的能力、理论创造能力、伟大实践产生伟大的理论，又去指导伟大实践的能力、理论与实践相结合、相统一的能力，以及走出一条具有建设中国特色社会主义的能力；

　　（3）提高总揽全局、驾驭形势，正确处理国内外复杂矛盾的能力，正确处理人民内部矛盾的、国内事端矛盾的能力、国际事务矛盾的能力、以及世界风云变幻突发事件的能力；

　　（4）提高领导经济建设，领导改革开放，特别是建立和完善社会主义市场经济体制的能力、把握经济建设和党的建设内在联系的能力、物质与精神文明建设两手都要硬的能力、从实际出发创造性地工作的能力以及走出一条围绕经济建设做好党建工作的新路子；

　　（5）提高党自身的凝聚力，在群众中的吸引力和在改革开放、建设有中国特色社会主义事业中的战斗力、按照党的基本路线的要求全面建设党的能力、在贯彻基本路线的实践中生动体现的能力、卓有成效的能力，以及要以"三个有利于"判断是非得失标准的能力。

　　总之，党的自身建设的"五个提高"是提高执政能力、决策水平、领导水平的关键。只有这样，才能把我们党建设成为理论上更加成熟，思想上更加统一，政治上更加坚强，内部更加团结，同群众的关系更加亲密，成为领导全党全国各族人民建设有中国特色的社会主义事业的坚强核心。

　　加强和改进党的自身建设，强化执政意识，增强执政能力，提高执政本领，特别是提高干部的决策能力和思想理论水平是我们党的战略任务。提高我们党领导国家政权的能力应放在首位，这是执政党的地位和作用决定的。我们的国家是共产党领导的社会主义国家。所谓提高党的领导国家政权的能力，把党的意志转化为国家意志的能力，主要是指国家将自己的意志、目标转化为实现的能力，它包括：汲取财政能力、调控能力、合法化能力、强制能力等等。其中汲取财政能力是最主要最关键最根本的国家能力，因为它是实现其他国家能力的基础和基本条件。就是说，党的组织，共产党员干部特别是领导干部，如何掌握好、运用好执政党的领导权的思想意识；就是增强无产阶级的党性意识、人民民主专政的意识、人民群众的参政、议政意识；提高人民当家做主的意识；提高坚决贯彻执行党的"一个中心、两个基本点"的基本路线一百年不变的意识、全面贯彻执行基本路线的意识；提高建设政权、巩固政权的意识；提高人民公仆意识，核心是，全心全意为人民服务的意识。还要大力增强和提高执政党自身建设的意识，使从严治党落到实处。

就是说，越是改革开放、发展经济，就越要加强党的自身建设。要把中央提出的各项具体措施落到实处，坚决做到令行禁止。要真抓实干，要有一种知难而进，勇于探索，要有一套行之有效的制度和措施，真正形成一个全党上下聚精会神、齐心协力抓党的建设，成为我们党的风尚。这对建设有中国特色的社会主义具有重大意义。

提高我们党领导政权能力的主要表现和突出特征，最根本最重要最关键的是党掌握国家领导权具有鲜明的阶级性、党性和人民性的统一。这是党的先锋队性质、宗旨、指导思想和历史使命决定了国家政权的属性和国家政权的阶级本质，也是党的阶级性、党性、人民性和科学性的统一。这就是无产阶级政党和资产阶级政党掌握国家权力的本质特征和根本区别。为此，这就要求我们国家干部和一切公务人员要树立坚定正确的国家观：在中国共产党领导的社会主义国家，就是要坚持巩固和发展工人阶级领导的以工农联盟为基础的人民民主专政的社会主义国家。这个根本性质不能动摇。在执政问题上当仁不让，坚定地维护党的执政地位；强化无产阶级的执政意识。我们的国家是人民民主专政的社会主义国家，而国家是阶级统治的工具，是一个阶级压迫另一个阶级的机器。党要领导工人阶级和人民群众夺取政权，掌握政权，巩固政权。

　　但是，掌握国家政权这个工具目的是什么呢？其目的是按照马克思主义指引的方向为实现党的历史使命铺平前进的道路；坚持用唯物史观在实践中分析观察国际、国内政治、经济、文化、思想战线和意识形态领域的斗争；坚持党性与人民性和科学性的统一，既不能对立，也不能割裂，更不能相互否定，而是统一的有机结合，它们是核心和基础的关系，是一个整体。是领导与群众的关系，这是党的工人阶级先锋队所要求的。没有人民性哪有什么党性。只有党性，没有科学性、没有人民的拥护和支持，党性也就丧失了基础。要保持清醒的头脑与高度的警惕性，使干部能够在错综复杂矛盾纷纭的斗争中，清醒的看到"和平演变"和"反和平演变"、颠覆与反颠覆、渗透与反渗透的斗争的长期性、复杂性和艰巨性，使党立于不败之地；要坚定不移地反对一切腐败现象，在发展社会主义市场经济体制进程中，要清醒的看到消极腐败现象严重干扰改革开放，人民群众是很不满意的。如果不采取坚决措施加以克服，任其发展，就会葬送改革开放大业，最终也会危及党的执政地位。坚决反对权钱交易、权力商品化、拜金主义、极端个人主义等等，这种斗争是艰巨复杂的，也是长期的。只有取得反对腐败的胜利，才能保证社会主义市场经济健康发展。

　　提高我们党的执政能力关键是巩固执政地位，充分发挥执政的作用。所以要巩固执政地位，就是因为国际反动势力妄图推翻共产党执掌政权，妄图消灭社会主义势力的发展，并采取政治孤立、经济封锁、军事包围、策反颠覆、武装干涉，甚至出兵进行侵略战争等等手段迫使社会主义国家就范。这当然都是一些外部原因、外部条件；最重要的还是内部原因，在社会主义国家内部还存在着一定条件下，一定范围内的阶级、阶级斗争，存在着反党反社会主义的敌对势力。共产党自身还会产生矛盾，前进中的曲折、失误以及党和国家领导人可能犯这样那样的错误，等等。这样就会给国内外敌对势力有可乘之机，就为它们的阴谋诡计提供了条件。

由此可见，我们的干部特别是领导干部，要保持冷静头脑，既要看到自己的优势和有利条件，增强信心，又要看到不利条件和存在的实际问题，绝不能盲目乐观，也不能屈服于一切反动派和帝国主义的压力，要满怀信心地向着有利于巩固政权地位的方向发展。要总结我们党自己的经验与教训。1989年春夏之交动乱之后，中共中央发布的《关于加强党的建设的通知》明确指出："国内外敌对势力所以能够兴风作浪，以致制造动乱和反革命暴乱，问题主要出在党内。"这个指导思想，值得我们一切共产党人，党的干部特别是领导干部的深思！

我们要清醒的看到：在每次斗争的进程中，问题主要出在党内，出在干部队伍内，出在党的领导决策层，这是一个很值得重视的问题。就是说，国际问题主要看国内，国内问题主要看党内，党内主要看高中级干部，看党和国家的决策层，这是党和国家长治久安的关键所在，是万万不可掉以轻心的。当然，也不能忽视广大的党员、干部和人民群众，这是基础。在我们的干部队伍中，搞资产阶级自由化的人是极少数，绝大多数干部是好的、比较好的，是想搞社会主义的。问题是有的同志想搞社会主义，却不知道什么是社会主义？信仰马克思主义却不知道什么是马克思主义？所以，政治风浪一冲击，他们就发生动摇，迷失方向。因此，要强调党政领导干部，学会马克思主义的立场、观点、方法去观察问题，提高识别能力，增强免疫力。

我们要看到，每次斗争的关键时刻，总是有一批真正的马克思主义者，忠诚于马克思主义者和受党长期教育的无产阶级革命家、先进的代表人物、广大的干部和人民群众。他们有理想、有信念、有经验、有水平、有能力，有成熟的政治斗争经验去战胜一切困难，去夺取胜利。在新的国内国际形势下，斗争的实质与核心问题仍然是围绕着党和国家政权进行斗争。因为在国际范围内，还存在着两种社会制度，即社会主义与资本主义的斗争，国际上的反动势力千方百计对社会主义国家实行颠覆、侵略以及"和平演变"的战略，颠覆我国政权的斗争是长期存在的。在国内还存在着特殊形式的阶级斗争，极少数敌对分子还存在着不断煽动资产阶级自由化思潮，妄图把我国的社会主义方向引向歧途。要高度重视这个问题；无产阶级政党内部也还存在着腐败现象和变质的可能性、危险性，等等，对这些问题不仅要清醒，又要正确认识和科学的估计斗争的形势和主要倾向，避免"左"右摇摆的错误，等等。这一系列的问题，是在执政党建设的进程中，必须极为重视的问题。

重视这些问题的关键和解决问题的途径和方法，就是要大力加强搞好执政党自身的建设。历史和现实、国际和国内的经验反复证明："从根本上说，没有党的领导，就没有现代中国的一切。""可以回顾一下我们走过的道路。中国革命，没有中国共产党，能够成功吗？不可能的。"① 从我国革命的历史来看，党的领导地位是在长期革命斗争过程中形成的。"我们党同广大群众的联系，对中国社会主义事业的领导，是六十年的斗争历史形成的。党离不开人民，人民也离不开党，这不是任何力量所能够改变的。"② 没有共产党就没有中国革命的胜利。没有共产党就没有新中国。没有共产党就没有中国的社会主义事业，也就没有建设有中国特色的社会主义现代化，这就是中国历史的结论。在中国共产党的领导下，在建设有中国特色的社会主义的实践进程中，必须大力加强党的自身建设，坚持和改进党的领导毫不动摇。邓小平说："不好好研究这个问题，不解决这个问题，坚持不了党的领导，提高不了党的威信。"③ 由此可见，按照把党建设成为领导建设有中国特色社会主义的坚强核心的总要

---

① 《邓小平文选》第二卷，第266～267页。
② 《邓小平文选》第二卷，第266页。
③ 《邓小平文选》第二卷，第271页。

求，聚精会神地把党的自身建设好，这是我们各级党组织的一项长期战略任务。

二、要强化党指导国家和社会发展的能力

我们党是工人阶级的先锋队组织，它总是力求成为本阶级的并进而成为全社会和国家的领导和指导力量。中国共产党从成立那天起，就以中国工人阶级的组织者和领导者的姿态，登上了中国政治舞台。一直在越来越大的范围和各个领域直至全社会获得与保持党的领导地位而进行革命与建设的活动。因此，一个工人阶级的执政党实质上是一种对本阶级、对其他阶级、对社会、对国家政治生活的政治影响与控制的能力。

中国共产党的显著特征和它的政治优势是：中国共产党是以马克思列宁主义、毛泽东思想和邓小平建设有中国特色社会主义理论武装起来的工人阶级先锋队组织，是工人阶级政党。从它成立那天起就没有社会民主党传统和影响，走自己的路，具有中国特色的党；是经受过长期国际、国内战争锻炼和各种艰难困苦卓绝斗争的曲折考验，有一大批、几代坚强骨干的马克思主义者和忠诚于马克思主义的党；是牢牢掌握着一支忠于祖国、忠于人民、忠于社会主义事业，有坚持党领导的传统和基础，有强大战斗力的军队的党；是全心全意地为人民服务，同人民群众保持着血肉联系的党；是在一个拥有十一亿人口的大国中执政四十多年成熟的党。四十多年来努力发展国民经济，实现四个现代化。特别是十一届三中全会以后，以经济建设为中心，坚持四项基本原则，坚持改革开放，为国家的发展和人民生活的改善提高，做出了世界瞩目的巨大成就和突出贡献的党；是在同帝国主义和各种修正主义、机会主义斗争中取得了丰富经验和成熟的党，等等。

这些显著特征和优势使党成为国家和社会政治生活的领导核心。它肩负着对国家政权实行思想、政治、组织上的总体领导。为

了卓有成效地履行执政党的职责，通过党的自身建设和实践活动所造成的一种主观条件也就是实际本领。这是客观的，是任何政党、任何政治集团、政治力量所代替不了的历史事实和独有条件，是谁也否认不了的。珍惜爱护这些条件，同一切损害这些条件的不良现象作斗争，维护和巩固执政党的地位和作用，这是我们党的神圣职责。

要巩固党的执政地位，就必须强化党的实际本领，增强党的执政能力。党的实际本领主要是指党的政治领导，指导国家和社会发展的能力，这是最本质的东西。在一定意义上讲，是最高层次的领导。因此，党的领导能力的性质、主体、内容、范围和发展趋势基本方向，等等，都有其自身的特点和客观规律。就是说，党的领导能力主要是一种政治性质的领导和指导能力，即从宏观、战略方向、总体设计、间接方向，以及从最高层次上指导国家和社会发展的能力。具体说，党的政治领导能力是指党的崇高理想、坚定的信念、毅力威望，以及党的凝聚力、吸引力和光辉形象。实际上就是党的领导和控制整个国家和社会政治方向、政治原则、重大政治决策，以及具有政治性的重要的人事安排的本领。由此可见，提高党的特别是执政党的领导能力，是我们加强和改进党的领导的中心环节和基本内容。

执政党的政治领导能力，是一种高层次特殊的能力。它的基本特征是具有政党特性、阶级特性、时代特性，这种政治领导通常都是由政党来承担的。当然，执政党的领导能力，特别是重大决策的能力，内容是多方面、多层次、多方位的，是一个庞大系统工程体系。衡量一个党的领导能力的标准，主要是看党能否正确科学地解决政治方向、政治原则问题，重大政治决策是否正确，能否保证国家的政治、经济、文化、教育、科学、技术、体育、卫生、国防、军事等方面的建设，能够长期、稳定、协调发展。

实际上就是邓小平同志视察南方时提出并为党的十四大所确认的"三个有利于"的标准：即看是否有利于发展社会主义社会的生产力、解放生产力；是否有利于增强社会主义国家的综合国力；是否有利于提高人民的生活水平。这"三条标准"同样也适用于衡量执政党领导能力的一个重要尺度。因为这适用于指导国家和社会发展能力的需要。这"三个有利于"是鼓励全党全国各族人民大胆开拓，锐意进取的标准。它要求我们党组织，共产党员和广大人民只要有利于发展和解放生产力，有利于增强建设有中国特色社会主义事业的综合国力，有利于提高人民生活水平的事，就要大胆地干，大胆地试，大胆地闯，推进社会经济的发展壮大。相反，凡是不符合"三个有利于"的，尽管它可能是长期以来积累的传统经验，尽管它可能是我们相当熟悉的东西，尽管它曾经被我们视之为"真理"，我们都要坚决地加以摒弃。这就是说，"三个有利于"是个客观的标准，决定了人们在认识它的时候决不能从主观需要出发，而必须从客观实际出发。为什么对于同一项实践的结果，人们往往得出不同的甚至截然相反的结论，而且都能找到某些事实根据？关键是我们要从事物的总和、事物的内在联系中去把握某一种具体事实，这才能得出正确的结论，否则就是在玩弄事实。这点，我们许多同志必须十分注意。所以，党的领导能力，是党取得和保持执政党地位的决定性主观条件。

但是，在整个社会政治组织系统中，谁成为主要的社会领导力量，谁获得在国家政治生活中的领导地位，这是由各个社会政治组织之间的相互竞争决定的，是历史发展的必然结果，是历史的自身的选择，是社会发展的必然产物。领导者的地位从来都不是自封的。谁能够坚定不移地站在最广大的人民群众一边，正确地认识社会发展的客观规律，科学判明形势发展趋势和社会各个阶级力量的对比，提出能够获得绝大多数人民群众支持和拥护的政治纲领，制定符合实际情况的路线、方针和政策，率领广大党员、人民群众去实现它，谁就能赢得人心，成为社会的主导力量，指导力量和领导力量，最终取得执政地位，成为党和国家的核心领导力量。领导效益，是领导活动所产生的社会效益，是领导活动的最终成果，它表现为政治、经济、文化、科学技术、体育卫生、军事国防等效益，以及人才辈出，一批人、一代人、几代人的效益。而领导效益是领导效能的本质内容。对指导党和国家的以及社会发展的能力具有重大意义。

除了党的政治领导能力以外，还有行政领导能力和业务领导能力。一般来说，行政领导能力的主体是政府。因为政府是以统治阶级为代表的国家行使行政权力的工具。以国家机器的强制力为后盾，通过民主与专政的方式建立起来的。政府不管其阶级实质如何？表面上都凌驾于社会之上，是全社会的而不是一部分人的政府；选择政府成员的标准与途径，政府的机构的设置与组织方式、活动方式方法都同政府组织截然不同的。政府的行政领导，主要是根据有关法规、法令、条例、决定、决议、宪法进行行政管理。主要靠行政手段、强制力量，而不是主要靠思想、政治手段。这样，政府需要的行政领导能力的结构，就比党的领导能力简单一些，哪些能做的、哪些不能做的，哪些是违法行为都有明显的界限和原则规定。不能允许有任何的随意性、不规范性和越轨行为。

国家的行政领导能力的一个重要方面，就是在社会主义市场经济体制建立的进程中就国家的吸取财政能力问题就具有它特殊意义。国家行政职能中有一个重要职能就是管理国家财政经济的职能。我们不仅要加强中央政府在市场经济转型中的主导作用，而且要大力加强调控能力特别是吸取财政的能力。要强化规范性、法制性、统一性和科学性的管理。大家都知道，领导的实质是决策，而管理的实质是控制。就是说在任何情况下要不断加强中央政府的能力，强调对财政经济调控能力；吸取财政能力，绝对不能失控，否则就会丧失能力，失掉生存与发展的基础。

在执政党的条件下，党的业务领导是个广泛的概念。业务领导主要是党对社会主义经济建设的领导、党对军队的领导、党对统一战线的领导、党对民族工作的领导、党对宗教工作的领导、党对文化教育的领导、党对科学技术的领导、党对文艺事业的领导、党对工会、共青团、妇联的领导，以及在各个领域中的执行工作等等，都属于业务工作的范围。

　　当然，主要是在各条战线、各个系统部门中的业务政策性的宏观领导，而不是具体业务性的领导。具体讲就是指导方向，主要方针、政策、重大决策以及人事干部的调配和使用。因此，选拔业务领导干部的标准自然主要是业务专长。特别是业务领导群体的组成与劳动方式，都要遵循最有利于业务工作高效益进行各项工作。例如党对社会主义经济建设的领导就是个中心环节，这是我国生存和发展的物质基础。执政党的根本任务就是解放和发展社会生产力，建设强大的物质基础，使社会生产力不断提高以满足人民日益增长的物质与文化生活的需要。就是说党要抓住人民日益增长的物质文化生活需要同落后的社会生产力之间这个主要矛盾。建立强大的物质基础，使物质文明与精神文明相互促进，互为条件，相统一相一致。只有建立强大的物质基础，才能实现社会主义现代化，成为维护世界和平、稳定国际局势的可靠力量。才能消灭产生阶级的根源，为实现向共产主义过渡创造条件。因为"社会阶级的消灭是以生产的高度发展阶段为前提的"。要建设有中国特色的社会主义，就必须实现生产手段、产品生产工艺、经营管理的现代化以及劳动者文化科学技术知识的现代化，从而能够运用世界先进技术革命的成果，依靠人类创造的一切先进科学技术和科学的管理，用最少的投资，最少的社会劳动消耗，有计划地生产最多的满足社会需要的产品。使社会主义商品经济得到充分的发展。只有这样才能充分发挥和显示社会主义经济的优越性。

　　总之，上述三种不同的能力主体的比较中我们可以看出：党的领导能力的主体是政党而不是行政组织、经济组织、文化教育组织、科学技术组织以及军事组织。由此可见，政党组织的建立、组合、活动方式方法，进行党的、国家的重大决策，都要遵循一些完全不同于行政组织、业务组织及管理部门的独特的规律和相适应的基本原则，道理就在这里。

　　党中央把提高执政本领，提高领导水平，特别是提高决策水平，强化党指导国家和社会发展的能力，当做加强党的建设的战略任务来抓，具有重大的现实意义和理论意义。因为党的领导能力是贯穿于并且影响着无产阶级政党的全部对内对外活动。我们的任务是要揭示党的领导活动能力形成和发展的内在规律性，以求为在当代中国新形势下，增强党的领导能力，特别是增强国家的领导能力，及时准确地、全面地把党和国家的意志、奋斗目标转化为实现的实际能力，使建设有中国特色社会主义的事业不断推向前进。

三、转变政府职能，提高国家将自己
意志、目标转化为现实的能力

我们党在贯彻邓小平同志南巡重要谈话和"十四大"精神的大好形势下，党中央国务院采取一系列措施推动国有企业尽快进入社会主义市场经济体制的轨道。不断加强宏观调控能力、吸取财政能力、强制能力，使我国的国民经济沿着建设有中国特色社会主义轨道走向合法化、法制化和科学化。

做好这一工作的关键，就是党组织和政府部门要继续解放思想、实事求是，转变政府职能，真正把企业的自主权落实好，把一系列的"条例"贯彻执行好。特别是党政主要领导干部要从思想上深刻认识到，党中央、国务院制定的条例、措施是总结了建国以来，特别是改革开放以来的实践经验，为我国的大中型国有企业进一步深化改革指明了前进的方向。要把深化改革的主要精力放在坚决贯彻执行党的方针政策上来，使"条例"真正得到落实。

这就是说，首先要使政府部门转变职能的步伐进一步加快，精简人员，搞好机构改革，把属于企业的权力坚决放下去，不该管的坚决不管，把该管的真正管起来。因为转变政府职能是为了实现政企职能分开。如果政府职能不转变，政企职能就分不开。党中央、国务院制定的一切"条例"措施就贯彻落实不了，转换经营机制就是一句空话，全民所有制的大中型企业也就活不起来。这是关系到我国经济"主体"能否又快又好地发展起来，关系到建设有中国特色

社会主义事业的命运与前途的大问题。因为转变政府职能是中心一环，就是说转变政府职能，既包括转变政府的"职"，即该管什么事，执政党及其政府的职责，不能含糊，不能分割，又包括转变政府的"能"，即素质应当如何？调控能力如何？强制能力如何？实现能力如何？党和国家的意志、目标转化的能力如何？能不能把长期以来困扰的强调"块块"领导就出现"块块"专政，强调"条条"领导就出现"条条"专政，扯不完的皮解决好，把"块块"与"条条"结合得更好。这样转变政府职能，既包括"转变"的职能，还包括"转出"的职能。这样既不打"内战"自我消耗，也不打"乱仗"进行"越权""越位"。这样就各就各位，各司其职，各负其责，"安其位，乐其道，精其业"，把分管的事业做好。

其次，要引导企业眼睛向内，苦练内功，积极主动地走向市场，以实施《企业会计准则》、《企业财务通则》为契机，规范国家和企业的分配关系，加强和改善企业内部经营管理。坚决反对做表面文章，短期行为，搞"花架子"、练"花"功。随着社会主义市场经济体制的逐步建立和完善，我们的干部与群众越来越认识到转变政府职能的重要性、必要性和紧迫性。也要看到转变政府职能实行政企分开的艰巨性和复杂性，必须保持清醒的头脑。

这就是说，真正属于企业的职能给企业，属于事业的职能使之逐步事业化、产业化，把真正属于政府职能的"保留"下来发展下去。就是说，属于事业、企业化的职能，坚决从政府现行的职能中转出去，由相应的事业化单位、企业化单位去行使。再也不要干那些"不该管，管不了，管不好"的事情。不去"抢种别人田"，"荒了自己地"。当然，在政府职能转变中，管理经济的职能是转变的重点。特别是对经济实行宏观调控的职能；对国有（全民）企业行使所有者的职能；对国有（全民）企业行使经营者的职能，等等极为重要，要抓住不放，一抓到底。

当然，古今中外，不管经济，不干预经济的政府是没有的。问题的关键是政府如何管理经济，执政党如何发展社会生产力，政府干预经济的程度、分寸，要与我国经济的发展阶段相适应；其方式方法，也要随着经济发展的要求而不断变化。我们要走自己的路，要建设有中国特色的政府管理体制的新路子，这是我们党的一个战略任务和光荣职责。

其三，要加强对企业的监督和国有资产的监督。在转变政府职能的过程中，决不是意味着政府职能的削弱、失控和弱化。而是改掉过去政府既有不该管而管，不该严而严，微观管得过多过死过于具体，而该管的没有管好的毛病。应当看到，过去管理企业，管理经济的方法，不是在行使真正意义上的政府职能，因为有很多权力本来就不属于政府，应当属于企业以及其他生产经营主体，现在要适应社会主义市场经济发展的需要转变政府职能。就要不断建立和完善宏观调控手段，提高宏观调控能力。加强对企业的监督和对国有资产的监督。这样就能宏观统筹规划，掌握政策，信息引导，组织协调，提供服务和检查监督的目的。

我们应当认识到，监督制约机制不力，任何一个政权都会腐化蜕变。特别是在社会主义市场经济体制的条件下，要将全体人民的行为规范到法制轨道上，就必须有强硬的监督机制作保证。建立社会主义市场经济体制，企业成为独立的商品生产者和经营者之后，政府对企业还要实行间接的管理，特别要大力强化检查监督的职能。主要的最根本的就是监督企业执行国家法律、法规，照章纳税、交费，决不能允许企业为了自身的利益而损害国家的利益和社会的利益。全民所有制企业还要保证国有资产的保值、增值；监督企业的厂长、经理代表企业依法行使经营权。对经济管理不善造成亏损，完不成上缴任务的，根据责任大小给予处理；监督市场，保护公平竞争，使市场经济有序发展。政府对企业和经济的检查监督，真正把检查监督与给予保护、提供服务有机地结合起来。既要严肃执行法律与法规，又要重视保护企业的合法权益，保护企业的积极性和创造性。

总之，我们在政府职能转变时要抓住这三个方面，就能把政府职能转变落到实处。这是做好这一工作的关键所在。

　　在政府职能转变的进程中，要加强党的建设，发挥党委在企业转换经营机制中的作用。这就要加强思想政治工作，转变思想观念，搞好政府职能的转变。思想是行动的先导，思想观念不转变，思想不解放，任何事情都无从谈起。我们国家在由传统的计划经济向社会主义市场经济转变过程中，必须从换脑筋入手，改变过去长期形成的思维方式、行为方式和管理方式，抓住转变思想观念，解放思想，实事求是，搞好党的建设，这是根本的。例如，要改变产品经济条件下的管理观。这种观念的主要思维方式就是政府管理范围的全面性，管理形式的统一性，管理手段的直接性和人治性。其结果导致全社会经济生活都要由政府来包揽，把企业的微观经营活动、市场的资源配置行为和国家宏观调控职能统统集于政府之一身。这样一来，一条线一个机构，一项事一个主管，这就不能不要求政府设置更多的机构，配备更多的人员来承担许多管不了、管不好的事务。

　　这种状况不转变，就很难适应社会主义市场经济体制的要求。这就必须在指导思想上，要实行由集中控制到分层管理，由微观管理到宏观管理，由直接管理到间接管理，由主要靠行政手段管理到综合运用行政、法律、条例、裁定、决定、以及经济手段的转变。努力提高党和国家将自己意志、目标转化为现实的能力，这是带有根本性的转变，也是一项利党、利国、利民的战略任务。

　　要充分发挥党组织的政治核心领导作用，深化企业改革寻找思想政治工作服务于经济建设的结合点，要全力支持厂长经理依法行使职权，积极主动为厂长、经理排忧解难，创造一个能使经理、厂长充分施展才能的社会环境，党组织要主动协调好企业行政领导与工会、共青团等群众组织及广大职工的关系，形成办好企业的合力；要把生产经营中的疑、难、热点，作为思想政治工作重点，不仅为职工创造一个心情舒畅的工作环境，而且有利于企业发展舆论导向。使企业能够充分发挥科技人员的作用，充分发挥党员的先锋模范作用，进一步增强党组织的凝聚力、吸引力和战斗力。

　　政府转变职能提高党和国家将自己意志、目标转化为现实的能

力是一个长期的战略任务。按照国务院《全民所有制工业企业转换
经营机制条例》的规定，不仅是下放给企业十四项权利，重要的是
坚持"两权分离"政企分开的原则，正确处理政府和企业的关系，使
国有企业尽快具备有生机活力、竞争力的良好状态进入社会主义市
场，逐步形成市场的主体。特别是按照社会主义市场经济的客观要
求，把社会主义市场作为资源配置主体。各级政府要把市场生产要
素的建立、培育、发展、管理作为一项重要任务，党组织协调解决
好国有企业转向市场后面临的问题，使它顺利地进入社会主义市场
的海洋，从而加强宏观调控手段。政府主要应从掌握货币发行、货
币投放、利率汇率调整、控制物价、掌握必要的物资平抑市场，反
对地方、行业保护主义等方面加强调控。党组织只有在这个进程中
加强党的建设，做好思想政治工作，充分发挥党员、党员干部，特
别是领导干部调控能力和政策水平。党的干部掌握政策，贯彻执行
政策是自己的重要职责。

　　政策对经济和社会运行具有确认、导向和调节的功能。一个干
部在实际工作中掌握政策执行得好，就能保障和促进经济的发展。反
之，就会阻碍甚至损害经济的发展。党和政府既是制定政策者又是
执行政策者，要改变过去重微观、轻宏观，重限制、轻发展，重禁
止、轻保护，重制定、轻落实的弊端。随着社会主义市场经济体制
的建立和完善，党和政府要在这些方面实现转变。在实践的过程中，
要特别重视党和国家方针、政策的实施和执行。切实改变有法不依、
有政策不依、执行不力的现象，充分发挥党和国家政策的作用，维
护党和国家方针政策的权威性、严肃性，保持政策的稳定性和连续
性。坚决克服政出多门、朝令夕改，上有政策下有对策的坏现象。要
极为重视将各种成熟了的方针、政策通过立法渠道上升为法律，赋
予国家意志属性，得以强制执行。要强化政府的服务协调功能，加
强立法和各种法规、政策的配套建设，加强执法监督工作，使社会
主义市场经济有法可依、有章可循，有一个好的经济、社会环境，并
走上规范化、法制化的轨道。

第二节 党的领导能力的指导思想和基本内容，努力提高党政领导水平

一、努力提高党领导国家政权的能力

党中央把提高执政本领，巩固执政地位，努力提高党政领导水平，当做加强党的建设的迫切任务来抓。提高执政本领的基本内容就是提高党的领导能力和执政的实际本领。因为党的领导能力是贯穿于并且影响着无产阶级政党的全部对内对外活动，揭示党的领导能力形成和发展的内在规律性，以求为在新形势下增强党政领导能力，从而改善和加强党的领导。

党的领导能力的指导思想和基本内容是什么？所谓党的领导能力的指导思想，就是要把党的领导能力看作是一个极为庞大而复杂的系统工程，内容是多方面、多层次、全方位的。有它特有的性质、内容、主体、发展方向、基本特征以及职能性的内容、方式、方法等等。就其职能性的内容与方式、方法进行必要的阐述和说明。它主要包括有：党领导国家政权的能力、党的政治决策能力、党的育人用人能力、党的社会引导能力、党的组织行动能力、党的协调能力、党的检查和监督能力、党的综合创造能力、胆识与独创能力、党的思维分析能力、政治适应能力和坚持与发展马克思主义的能力，等等。

执政党掌握国家政权，决定国家最重大的问题，特别是决定国家的发展方向和要走的道路，是一个普遍规律，并不是社会主义国家特有的现象。党同国家政权的关系，实质上是工人阶级同全体劳动人民的关系，是人民群众中的先进部分同整个人民群众的关系。这是无产阶级政党同资产阶级国家执政党代表剥削阶级，通过控制政

府来实现政治统治具有本质区别的显著特征。

中国共产党是我国人民民主专政体系中的领导核心和指导力量。在我国的人民民主专政体系中，党、国家政权、法院、检察院、军队、警察、工、青、妇等组织，它们是人民民主专政的体系中极为重要的组成部分。但是，由于它们的性质不同，因而在专政体系中，所处的地位和作用也大不相同。党是工人阶级先锋队组织，是工人阶级优秀分子的集合点，是社会主义事业的核心领导力量，是人民利益的忠实代表。列宁说："党是无产阶级的直接执政的先锋队，是领导者。"① 党是阶级的、觉悟的、先进的阶层，是阶级的先锋队、教育者和组织者，其作用具有特殊的意义。

我们加强和改善党的领导的实质就是提高党的领导能力和执政的领导水平。党对国家政权的领导能力，即党影响、指引、指导和控制整个国家和社会主义的政治方向、政治原则、重大政治决策和政治性的人事安排的本领。这是一种高层次、特殊性的领导和决策艺术。它与党和国家政治活动的特点紧密相联系的。依据社会发展的客观规律，历史发展阶段和革命与建设形势任务的要求，夺取政权、巩固政权和发展政权，只要存在国家政权，就必然是围绕着国家政权进行斗争。我们的目的就是要巩固和发展国家政权、巩固我们党的执政地位，提高执政本领和实际工作能力和政策水平。

党领导国家政权的能力包括：（1）党要体现这种领导、指导、引导、管理和控制的能力。（2）党运用自己的政治主张影响、吸引、凝聚和动员人民群众议政、参政的能力。使党的崇高理想、坚定信念、坚强的毅力被人民群众所接受、支持，变成人民群众的愿望和要求及自觉行动的实践能力。（3）共产党协调全社会、各阶级、各政治集团、群众团体的利益和矛盾，调动一切积极因素的能力。（4）坚持共产党对国家政权机关的领导，保持人民民主专政的国家性质，坚持社会主义方向的能力。（5）党对国家权力机关、政府机关、审判

① 《列宁选集》第 4 卷，第 479 页。

机关、检察机关，等等的监督能力。

　　总之，党必须加强对国家政权机关的领导，因为党是人民群众根本利益的忠实代表，也是实现人民利益的组织者和体现者。我们要一切依靠人民群众，相信群众，团结群众，为广大人民群众的共同利益而奋斗。

　　中国共产党掌握国家政权是手段，不是目的。目的是实现党的政治纲领、路线和大政方针，实现党的政治目标和历史使命。就是掌握国家的政治方向和要走的道路。

　　（一）党要确保国家的社会主义性质。

　　党的领导要通过执政来体现，如果党放弃执政地位，就谈不上领导。要对国家重大问题进行决策，实行总体领导。对国家活动的大政方针，就国家内政、外交、政治、经济、文化科技、教育卫生、军事国防等方面的问题作出重大决策，这是党对国家政权领导的最重要的内容。政治是经济的集中表现，政治反映维护一定阶级的根本利益，表明该阶级处理与社会各阶级、阶层、集团之间的关系的矛盾。执政党就必须掌握政治原则、政治方向，指导国家活动的任务、方式和方法；保证生产力和科学技术发展的成果真正属于全体人民，保证全体人民真正成为国家和社会的主人。一句话，就是确保国家的社会主义性质。

　　党的领导要通过执政来体现，但党本身不是政权，不能取代国家政权机关的职能去包揽一切，包揽国家事务。因此，要加强和改善党的领导，就必须在坚持执政地位的同时，认真改善执政党的领导方式、方法，提高执政本领和执政的领导与决策水平。党执政以后，只有坚持党组织对国家政权机关的领导，才能巩固人民民主专政的社会主义国家的性质；才能坚持建设有中国特色社会主义的方向，走社会主义道路；才能保证我国人民民主专政的国家政权。全面地实现它的国家职能，从而巩固和发展人民民主专政的国家政权。

　　但是，搞资产阶级自由化的人，否定党的领导、否定社会主义方向，妄图走资本主义道路，实际上是抹煞和阉割党和国家的性质，企图用资产阶级的思想和面貌改造党、改造国家，这是绝对不能允许的。邓小平指出："必须坚持党的领导，必须坚持社会主义制度。党的领导和社会主义制度都需要改善，但是不能搞资产阶级自由化，搞无政府状态。"① 对我们的党员、党员干部以及党员中的作家、艺术家、思想理论工作者，首先要求他们必须遵守党和国家的纪律，遵守国家法律，坚持百花齐放、百家争鸣的方针。要坚决纠正和克服一切不良倾向。要防止右，但主要是防"左"，有"左"反"左"，有右反右，是什么问题，就反对什么问题，是什么性质的问题就解决什么性质的问题。要坚持解放思想与实事求是相统一的方针。这丝毫不是说可以不进行批评和自我批评。要从团结的愿望出发，经过批评和自我批评，达到新的团结，正确处理人民内部矛盾。坚持"双百"方针也离不开批评和自我批评。但批评要采取民主的说理的态度，这是必要的，但是决不能把批评看成打棍子，这个问题一定要弄清楚，这关系到培养下一代人的问题。支持什么，反对什么要有明确的态度。绝对不能让资产阶级自由化的错误思潮影响我们的思想和作风。保持无产阶级思想文化的纯洁性，从而巩固社会主义国家的政权。

（二）党是社会主义国家政权的领导者。

党对国家权力机关、政府机关是实行总体式领导，党是社会主义国家政权的组织者和领导者。而不是直接干预具体事务，是实行总的领导。主要表现在三个基本层次上。

首先，执政党要为国家政权机关制定正确的路线、方针和政策，以及各级党委结合本地区、本部门、本单位的具体情况，经常研究、讨论和探讨并创造性地贯彻执行党的路线、方针和政策，这是党对国家机关领导在政治上的表现。无产阶级夺取政权以后，成为国家

---

① 《邓小平文选》第二卷，第391～392页。

的主人，就必然的逐步地把工作重心转移到社会主义经济建设方面来。围绕着这个中心任务，党和国家要相适应地制定出每个历史阶段的方针和政策以及每个阶段的奋斗目标，不断地引导国家机关率领广大人民群众向更高的社会主义建设目标迈进。例如，我们党和国家关于经济建设的战略部署大体分为三步走：第一步，实现国民生产总值比 1980 年翻一番，解决我国人民群众的温饱问题。这个任务基本完成。第二步，到本世纪末，使国民生产总值再增一倍，人民生活达到小康水平。第三步，到下世纪中叶，人均国民生产总值达到中等发达国家水平，人民生活比较富裕，基本实现社会主义现代化。这"三步曲"就是在现阶段党为国家政权组织提出的正确的政治任务和经济发展战略，是全国各族人民努力奋斗的宏伟目标。这也是体现党对国家政权组织领导的主导方面。

党是我国人民民主专政体系中的领导核心和指导力量。在人民民主专政体系中，党和国家政权、军队等组织是极为重要的组成部分。特别是社会主义国家政权是人民民主专政的直接体现，是执政党团结和联系人民群众的引导力量。因为我们党是执政党，党的代表大会所通过的决议，对整个国家、社会都有重大影响和深远意义。邓小平指出："真正建立从国务院到地方各级政府从上到下的强有力的工作系统。今后凡属政府职权范围内的工作，都由国务院和地方各级政府讨论、决定和发布文件，不再由党中央和地方各级党委发指示、作决定。政府工作当然是在党的政治领导下进行的，政府工作加强了，党的领导也加强了。"[①]

为什么这样说呢？一是共产党不和其他政党分掌领导权。斯大林指出："无产阶级专政只有由一个党，由共产党来领导，才能成为完全的专政，共产党不和而且不应当和其他政党分掌领导"，[②] 党是国家政权的领导者，这既是马克思主义党的学说的一条基本原理，也

<hr>

① 《邓小平文选》第二卷，第 339～340 页。
② 《斯大林选集》上卷，第 615 页。

是邓小平建党学说必须坚持的一条基本原则。二是共产党执政以后，只有坚持共产党对国家政权的领导，才能保持人民民主专政的国家性质；才能坚持社会主义的方向；才能保证我国人民民主专政的国家政权，全面地实现它的国家职能。从而巩固和发展人民民主专政的国家政权。三是搞资产阶级自由化，否定党对国家政权的领导，就是妄图走资本主义道路，改变国家的社会主义性质，颠覆我国的人民民主专政的社会主义国家。

其次，执政党通过推荐的方式为国家政权机关选拔、输送重要领导干部。这是党对国家机关领导在组织上的表现。邓小平指出："政治路线确立了，要由人来具体地贯彻执行。由什么样的人来执行，是由赞成党的政治路线的人，还是由不赞成的人，或者是由持中间态度的人来执行，结果不一样。"① 这就是说，执政党必须坚持任人唯贤的干部路线，按照德才兼备的干部标准和在新时期坚持干部队伍革命化、年轻化、知识化和专业化的方针，把那些党性强、作风好、一心一意做人民公仆，具有较高的政治思想水平，具有组织能力和业务知识，善于同党外人士合作的优秀党员推荐到国家政权机关中去。这是党和国家事业的需要，是政权组织自身建设的需要，也是党员干部义不容辞的光荣任务。

同时，党要随时向国家机关建议，调整那些不称职的党员干部，特别是要以坚决的态度严肃处理那些以权谋私、权钱交易、严重官僚主义分子、错误严重而又坚持不改的党员干部，并建议国家机关撤销他们的行政职务，纯洁国家机关的干部队伍，保证各级国家政权组织的领导权真正牢牢地掌握在马克思主义者或忠诚于马克思主义的人手里。

其三，执政党要对国家机关工作进行必要的指导、检查和监督。这是党对国家政权组织领导在实际工作中的具体表现。各级党委能够认真做到这一点，是保证国家机关胜利完成工作任务的一个重要

① 《邓小平文选》第二卷，第191页。

手段，是发挥我们党的政治优势，发扬党的优良传统，增强党的凝聚力、吸引力和战斗力。是对国家机关工作人员的帮助和爱护，也是党的各级组织应尽的职责。马克思主义认为，党组织要指导、引导、检查和监督各级国家机关和工作人员的工作，就要为他们办实事，做切实可行的工作。

党组织对国家机关工作人员应当做到：一是信任他们。让他们放手工作，使他们敢于负责，善于负责。同时，政治上又给以方向性、政策性的指导，使他们在党的基本路线指导下，在建设具有中国特色的社会主义道路上，发挥他们的积极性、主动性和创造精神。二是指导他们的工作。要给他们以学习、研究、探讨和提高的机会，给他们实际锻炼的机会，使他们在理论上、政策水平上、专业知识上、业务能力上，特别是党的基本知识、基础理论，马克思主义理论水平得到不断的提高。把学习和掌握马克思主义的理论当作考核领导干部的重要标志。三是检查他们的工作。帮助他们总结经验，发扬成绩，克服缺点，纠正错误，在新的起点上创造更大的成绩，具有开拓创新的胆识，为党的事业做出优异的成绩。四是正确对待犯错误的干部。特别是对在改革开放勇于探索、创新的干部，允许犯错误，允许改正错误，要耐心说服教育，帮助他们改正错误。帮助他们分析产生错误的原因，总结犯错误的教训，指出今后努力方向。五是照顾他们的实际困难。干部生病、家庭生活中有实际困难，要在可能限度内，用心给以解决。

党组织还要对国家政权组织和工作人员实行必要的严格的监督。列宁认为，监督是"克服官僚主义和拖拉作风的一个极重要手段"。这是完成任务的重要条件。国家机关和工作人员、党员干部、特别是领导干部要自觉地接受党组织和人民的监督。这是人民国家政权机关工作人员和统治阶级国家的官吏之间区别的一个重要标志。要搞好党内监督，就要加强组织部门和纪律检查部门的工作，就要逐步做到党内监督、国家监督制度化、经常化和群众化，使所有的人都来执行监督和监察的职能，使所有的人都不能成为官僚。

总之，党对国家政权机关、权力机关、政府机关实行总的领导，加强监督，即表现在政治上、组织上、思想上和实际工作上，使国家机关的领导权真正掌握在马克思主义者手中。

（三）增强党性，提高国家机关工作人员的素质是一个战略任务。

加强和改进党对国家政权的领导，首要的是增强党性，提高国家机关工作人员的素质，是实现党的路线、方针和政策的根本保证。就是说，干部队伍的素质对于党的路线、方针和政策的贯彻执行，具有决定的意义。要从严治党，除了必须把少数腐败分子开除出党之外，我们还必须着眼于对绝大多数党员、干部经常地进行教育，努力提高他们的素质，特别是担负主要领导工作的党员干部，应该具有更高更严的要求。革命战争年代，共产党员要经受牺牲个人生命的考验；现在必须经受执政和改革开放的考验，要做一个合格的国家机关干部更有特殊重要的意义。

要增强党性，提高干部素质，完成党和人民赋予的光荣职责。列宁指出，党性是高度发展的阶级对立的结果和政治表现。严格的党性是高度发展的阶级斗争的随行者和结果。党性既是政治开展的条件，也是政治开展的标志。党性是党员自身存在的"价值"，就是常说的党员资格、人格、风格、国格、革命精神，等等。党性是具体的，不是一个抽象的概念。最根本的就是共产党员运用马克思主义、毛泽东思想和邓小平建设有中国特色社会主义理论的立场、观点和方法去处理一切问题。既包括政治原则问题，也包括日常生活中的带有原则性的问题，都可以反映出一个共产党员的党性。列宁指出：无党性是资产阶级思想，党性是社会主义思想，其道理就在这里。

在新的历史时期，社会主义的初级阶段，政治斗争具有新的特点。政治斗争的重要战场是在思想政治领域，集中表现为搞资产阶级自由化与反对资产阶级自由化、和平演变与反和平演变、颠覆活动与反颠覆活动的斗争；搞资产阶级自由化的代表人物打着改革开放、思想解放的旗号，通过篡改其实质性的内容，搞资本主义化。他们潜伏着把共产党变成执行资产阶级政策的党，把社会主义国家政权变成资产阶级国家政权的极大危险性。到那时，党和国家政权的名称可能都不变，但其实质则会发生根本性的变化。这是不流血的政治斗争；在实践进程中，敌我矛盾与人民内部矛盾的交叉，党内矛盾与党外矛盾的交叉，国内矛盾与国际矛盾的交叉，这些矛盾交织在一起，呈现出高度的复杂性、界线不很分明，这就增加了我们识别和开展斗争的艰巨性和特殊性。针对这种情况，不仅不能削弱我们共产党人的党性，而且要不断增强党性，提高识别能力，把党性、人民性和科学性统一起来，使自己真正成为一个合格的党政领导干部。

坚持党性原则，是为了保持工人阶级先锋队的性质，坚持党性修养和党性锻炼，提高干部素质，维护党性原则。列宁指出："我们要维护党性原则，从而维护广大群众的利益，使他们摆脱各种资产阶级的影响，使阶级界线非常明确。"① 这就是说，不同阶级的政党，具有不同的党性原则，共产党是工人阶级的先锋队，本阶级的政治代表，作为共产党员必须在实践中，在国家政权机关严格坚持党性原则。就是说，一个政府工作人员，要坚持以马克思主义作为自己的行动指南；坚持党的最高纲领，决心为共产主义奋斗终生；密切联系群众，全心全意地为人民服务；具有严格的组织性、纪律性，坚持党的基本路线一百年不变；共产党员应当成为社会主义现代化的先锋战士，不断提高为人民服务的本领，并能认真开展批评与自我批评，善于同一切错误思想和不良倾向进行坚决的斗争。

这些指导思想和基本原则，从本质上体现了我们党固有的本性和严格区别于其他政党的特性。从党的整体来说，这些党性原则都是不会改变，不可移易的，如果改变移易，甚至泯灭了，党就失去了工人阶级先锋队的本质和特点，就必然会蜕化变质，不成其为共产党了。

---

① 《列宁全集》第16卷，第53页。

但是，在不同的历史阶段，党性有着不同的特点和时代精神，有着特殊的反映和侧重面。党在不同历史时期因路线不同，总任务不同，党性的要求也不相同。党的政治路线所要求达到的奋斗目标，也是党性要求的重要内容。因此，共产党员进行党性修养和锻炼，必须坚持党性原则，以自身体现党性原则，才是一个合格的党政工作人员。

总之，要加强和改进党对国家政权的领导，首要的就是增强党性，努力提高国家机关工作人员的素质，是实现党的路线、方针和政策的根本保证。

一个新型的党政干部的素质如何？对加强和改进党对国家政权的领导具有重要影响。我们强调党政干部素质，不是指一个干部的先天的生理特征，比如天赋、资质、人的本质属性、人的感觉器官、神经系统、心理发展的生理条件等等。而是指党政干部，特别是党政领导干部，在马克思列宁主义、毛泽东思想的培养、教育和造就下形成和发展的理想、信仰、品德、毅力、气质、体魄、知识、技能、独特性格、风格、作风、才能和他的认识能力、识别能力、特别是运用和发展马克思主义的能力，等等，是对党政干部特别是领导干部应具备的各种因素的高度概括。它和党的政治任务、历史条件、生活环境、个性特点，有着密切的联系。也就是说，是通过学习、锻炼综合素质和修养的结合转化为思想作风反映出来。有什么样的素质与修养，就会有什么样的思想和作风。素质与修养是一个党政干部作风的内在基础。

领导者的素质一般包括自然与社会素质两个基本方面的因素。自然——身体、精力、资质等；社会——后天的修养锻炼以及这两个方面的结合体而言的。我们强调的主要是后者。因此，党政干部素质好，反映了党性强，阶级觉悟高，思想作风好，在工作中的影响作用就大，意义就深远。所以，提高党政干部的素质，是实现新型干部职能的基础，也是能否领导好国家政权的关键。我们党在不同的历史时期，对干部的素质有不同的要求，而不同的历史阶段的各种特殊环境和革命斗争形式也造就培育了不同类型的干部。因此，党政干部的素质问题，是个历史范畴的概念。

就是说，党政干部素质是随着历史的发展不断完善和提高的，是为实现党的路线和政治任务服务的。当然，党政干部素质，是一个多方位多层次的综合智能体系。特别是党政职能分开、政企分开以后，职能的转变，领导方式、方法的改变，而对不同类别、不同层次、不同政治、经济、文化艺术、科学技术的领域，就有不同的素质要求。特别是我国实行国家公务员制度以后，对各级各类干部都要有适应本职工作具体素质与职能、职责、任务相称的要求。这对贯彻执行《国家公务员暂行条例》具有重大意义。

（四）我国公务员制度的基本特征和我国人事管理制度改革的重大意义。

我国《国家公务员暂行条例》的公布与施行，是我国人事管理制度改革的重大步骤，对人事管理体系的形成和发展具有重大意义。什么叫公务员呢？"公务员"就是公民的服务员，也就是在我国各级政府中行使国家行政权力，执行国家公务的工作人员。这个称号明确了公务人员的性质、属性以及身分、地位、作用，比"干部"意味着是"群众"的管理者、组织者和领导者更加确切和实际。

我国实行国家公务员制度，是为了实现对国家公务人员的科学管理，保障国家公务员的优化、廉洁，提高行政效能；在建设具有中国特色的社会主义进程中，全面坚持"一个中心、两个基本点"的基本路线，坚持全心全意地为人民服务的根本宗旨和德才兼备的用人标准，正确贯彻执行公开、平等、竞争、择优的基本原则，具有重大的现实意义和深远的历史影响。

在建设有中国特色社会主义事业的进程中，我国实行《国家公务员暂行条例》这是我国人事行政管理的一项开创性的重大举措。这个《条例》的公布，共有十八章八十八条。它的指导思想和基本特征就是从依法治国，依法治党，以制度条例管理国家公务人员，大力增强国家公务人员的政治、业务素质，强化政治指挥系统的管理、控制、协调能力；坚决克服官僚主义、形式主义，提高工作效能，确保党的"一个中心、两个基本点"的基本路线的全面贯彻执行；加强廉政建设，坚决清除腐败现象，提高国家公务人员的决策水平、领导水平和执政的能力。保证国家公务人员廉洁奉公。从而促使政府机关人事管理工作的科学化、法制化；巩固和发展党的十一届三中全会以来，特别是改革开放以来关于政府机关人事管理工作的重大成果。把确保以经济建设为中心的指导思想，干部"四化"方针，取消实际存在的干部职务终身制。实行委任、选任、考任、聘任制等多种形式固定下来。对国家公务人员实行分类管理制，下放管理权限，实行公开、平等、竞争的思想意识，使其制度条例化、法制化。这是我国人事行政管理的重大改革。

《国家公务员暂行条例》的基本特征是什么呢？这个条例的公布与施行，标志着有中国特色的国家行政机关人事管理制度的形成，也标志着我国人事分类管理制度的基本形成。使我国的人事管理的分类制度，有了比较健全的法规体系和条例细则，走向了法制的轨道；具有我国人事管理特色的科学激励竞争机制，使我国的考试制、严格考核制、挑选择优录用、能上能下、能官能民有法可依。调动了国家管理人员的主动性、积极性和创造性；廉政、勤政有了法律保证，也有了约束机制。

这样就能使国家公务人员的权利义务、奖惩、纪律、录用、晋升、考试、考核、交流、职务升降、职务任免、培训、回避、工资保险福利、辞职辞退、退休、申诉控告、管理与监督，等等都有法可依，按法办事。同时还具有正常的新陈代谢的机制，使我国的人事管理工作充满生机和活力。

具有我国特色的公务员管理制度，同西方国家公务员管理制度，既有共同特征，又有本质区别，具有中国特色。在吸收公务员方面，都贯彻执行公开、平等、竞争、择优的基本原则，在确定职能、机构、编制的基础上进行职位设置，确定职位的职责和任职资格条件，作为公务员录用、考核、晋升、培训的依据。都有要求公务人员队伍优化、廉洁，实行正规的培训制度。也都制定和实行统一的公务员管理制度，使公务员制度系统化、法制化。我国吸收了人类文明在官制方面发展的共同成果。

我国公务员制度是建立在廉洁的、优化的、高效能的政府工作系统，政府组成人员与一般行政工作人员可以根据法定条件与程序进行相互交流，健全制度与法规，人事制度，是随着政治制度改革的要求和社会主义制度自我完善而不断发展和巩固的。西方国家的公务员制度把所有的行政人员分成政务官与事务官两大类。两类官员实行封闭式分类发展的方式。政务官随着政党竞争，内阁改选而更换，而事务官实行永业化，任职终身，不受政党竞争与内阁改选的影响。他们把"政治中立"视为公务员制度的一条根本原则。他们要求公务员在某些政治活动中，特别是党派活动方面保持中立，不得加入政党，更不得参加政党的竞选活动，这是不能违反的，否则就得解聘、辞职等等。他们标榜国家与政府的超阶级性。他们对公务员考试录用只限于测试报考人员的文化知识与业务能力等方面。

我国公务员必须坚持党的"一个中心、两个基本点"的基本路线，在公务活动中必须全心全意地为人民服务；坚决贯彻执行党和国家制定的路线、方针和政策；继续发扬党的优良传统作风，坚持党管干部，坚持"德才兼备"、"任人唯贤"的标准；公务员可以参加共产党或其他民主党派。国家鼓励公务员以主人翁态度积极参加包括选举在内的国家政治生活。我国公务员管理制度还有自身的特色。在管理环节上也形成了不同于以往干部管理的特点，如把过去的"干部"笼统称谓，分解出行政系统执行行政职务的人员，界定为公务员，这使公务员管理更加科学化。特别是在公务员管理民主化、密切联系群众、晋升职务采取领导与群众相结合的方法产生预选对象也有我国的特色。这个《条例》的严格执行和全面落实，在政府机关人事管理制度的转换，机构改革、精简人员的进程中具有重大历史意义。

　　我们要特别强调的是在社会主义市场经济大发展的现时，国家公务员具有自身的义务与权利和必须遵循的纪律。国家公务员必须履行下列义务：遵守宪法、法律和法规；依照国家法律、法规和政策执行公务；密切联系群众，倾听群众意见，接受群众监督，努力为人民服务；维护国家的安全、荣誉和利益；忠于职守，勤奋工作，尽职尽责，服从命令；保守国家秘密和工作秘密；公正廉洁，克己奉公；履行宪法和法律规定的其他义务。国家公务员享有的权利：非因法定事由和非经法定程序不被免职、降职、辞退或者行政处分；获得履行职责所应有的权力；获得劳动报酬和享受保险、福利待遇；参加政治理论和业务知识的培训；对国家行政机关及其领导人的工作提出批评和建议；提出申诉和控告；依照本条例的规定辞职；履行宪法和法律规定的其他权利。国家公务人员必须严格遵守纪律，不得有下列行为，例如：散布有损政府声誉的言论，组织或者参加非法组织，组织或者参加旨在反对政府的集会、游行、示威等活动，组织或者参加罢工；不准玩忽职守，贻误工作，对抗上级决议和命令，压制批评，打击报复，弄虚作假，欺骗领导和群众；不准泄露国家秘密和工作秘密；不准参与或者支持色情、吸毒、迷信、赌博等活动；不准经商、办企业以及参与其代营利性的经营活动；不准违反社会公德，造成不良影响；不准挥霍公款浪费国家资财。如有贪污、盗窃、行贿、受贿或者利用职权为自己和他人谋取私利以及违法乱纪行为，必须严加处理。

　　当然，依法给警告、记过、记大过、降级、撤职、开除等处分，必须坚持事实清楚、证据确凿、定性准确、处理恰当、手续完备的原则。

　　对国家公务员的职位分类、录用、考核、奖励、职务升降、职务任免、培训、交流、回避、工资保险福利、辞职辞退、退休、申诉控告、管理与监督，等等在《条例》中都有明确的规定。

（五）党是国家政权的领导、指导力量和坚强的柱石。

在我国党政职能分开、政企分开，党组织和行政部门各有自己特定的职能范围和特定的作用。不管从哪个角度、哪个侧重面讲、要从思想上、实践上、贯彻执行上要明确，中国共产党是执政党，掌握全国政权的党，是国家政权组织的领导、指导力量和坚强柱石。国家一切重大战略决策、战略规划、战略奋斗目标、重大决策以及国家的基本路线、方针和政策，都必须在党的领导和指引下才能获得胜利。但是，国家行政领导体制，有国家政府自身的系统，不能混为一体。

当然，在一般的情况下，可以分为三个不同的层次：一是决策层次，各级政府首脑是本级政府的决策和指挥中心，是国家政府系统的最高层次，对所属各职能部门和下级政府行使指挥权。二是管理层次，包括国家政府的职能部门和办事机构、派出机构，负责对本政府首脑的决策进行贯彻，并指导、协调和监督下属或基层的工作。三是执行层次，下级政府对上级政府来说也属于执行层。包括各基层单位，负责将政府的各项决策落到实处。当然，在实际工作中管理和执行层在自己的职权范围内，都有一个决策问题，但人数不宜过多，范围不宜过广，工作不宜过细，不影响积极性、创造性和独立负责地进行工作。

作为党和国家的领导干部，特别是党员领导干部，必须认真坚决地贯彻执行党的路线、方针和政策，体现党对国家、对政府的坚强领导。国家干部特别是公职人员的一个重要标志，就是要树立全局观念。全局观念就是国家观念，就是整个国家的大局和社会主义现代化，建设有中国特色社会主义的总目标、总任务。坚持以经济建设为中心，坚持四项基本原则，坚持改革开放的基本路线以及坚持全心全意地为人民服务，做人民的公仆。它从本质上集中反映了全国人民的根本利益和愿望。特别是地方政府的各级领导，都应当懂全局，管本行，想大事，干实事。要把真抓实干当做人民公仆的标志。在领导一个地区、一个部门工作中，决不能忘记党的总目标和总任务。

　　要树立全局观念、国家观念，必须把贯彻执行党的基本路线、方针和政策，同当地具体情况紧密结合起来，进行调查研究，没有调查研究，就没有发言权，也就没有决策权，要创造性地进行工作，要独立负责地工作。照抄照转上级的文件，靠老规矩、老办法和老观念办事是不行的。只有在全局、国家观念的基础上，实行公开、平等、竞争、择优的原则，进行优化组合，实行首长负责制、岗位责任制、请示报告制、委任制、聘任制、交流制度、职位轮换制、回避制、辞职辞退、退休制以及管理与监督制度，等等。只有健全这些基本制度才能保证实现政府的领导。

　　建立健全国家政府系统的各种制度，是实现行政领导的重要保证。首长负责制，是指各级政府和部门的首长，负责本级政府和本部门的工作，负责召集和主持有关会议，讨论决定工作中的重大问题。在政府的日常工作中要由首长负责，副职协助正职分管某一方面的工作，并对正职负责。因此，首长负责制和委员会的集体负责制具有不同性质的特点。一般来说，党委系统都是集体领导，实行委员会制，行政系统则是首长负责制。不管实行哪种制度，都要遵守党的基本路线、方针和政策，都要严格遵守本系统的规章、制度、准则和条例；岗位责任制，是指各级政府机关，要确定任务和职责范围，然后根据工作量的大小、性质，确定机构、定编制、定目标；根据工作任务的需要选拔人才，确定相应的领导者和称职的干部及执行者；根据能力大小定职务、定岗位、定责任，使每个工作人员职责明确，职权范围清楚，有职有权，有章可循，有法可依，按法办事，并充分发挥公务人员的积极性、主动性和创造精神去开展工作，创造优异的成绩，为党为国家做出自己应有的贡献。

　　对国家公务人员，要定期考勤、考绩、考核、提出要求。就是说，国家行政机关按照管理权限，对国家公务员的德、能、勤、绩进行全面考核，但是要重点放在考核工作实绩上。对国家公务员的考核，应当坚持客观公正的原则，公道正派的原则。实行领导与群众相结合，平时与定期相结合，要以平时为基础，切忌形式主义，丧失民心。特别是对各级人民政府工作部门领导职务的国家公务员的考核，必要时可以进行民意测验或者民主评议，在这个基础上把考核结果分为优秀、称职或者不称职三个等次。当然，对国家公务员的考核结果应当以书面形式通知本人。本人如果对考核结果有异议，可以按照有关规定申请复核。这样具有明确的奖惩、培训、辞退以及调整职务、级别和工资有了基础和依据。

在《国家公务员暂行条例》中对国家行政机关在工作中表现突出，有显著成绩和贡献的以及有其他突出事迹的国家公务员给予奖励。有嘉奖、记三等功、二等功、一等功、授予荣誉称号等。坚持精神鼓励与物质鼓励相结合的原则。特别是要嘉奖那些忠于职守，积极工作，成绩显著的；遵守纪律、廉洁奉公，作风正派，办事公道，起模范作用的；在工作中有发明、创造或者提出合理化建议，为国家取得显著经济效益和社会效益的；爱护公共财产，节约国家资财有突出成绩的；防止或者挽救事故有功，使国家和人民群众利益免受或者减少损失的；在抢险、救灾等特殊环境中奋不顾身，做出贡献的；同违法违纪行为作斗争有功绩的；在对外交往中，为国家争得荣誉和利益的，等等都应奖励。

当然，对那些违犯纪律行为的应给予相应处分。要加强对国家公务员的管理与监督。国务院人事部门负责国家公务员的综合管理。对不胜任工作的要进行调整，对不负责任的要进行批评、教育，造成损失的要给予处分；对以权谋私和违反政策、法规、条例的要严肃处理；在实践工作中，在处理政务工作中，属于方针、政策、计划、决策等方面的重大问题，应根据性质、重要程度，分别向上级政府和同级党委请示报告。上级政府对下级政府的请示报告，要认真研究处理及答复。

但是，各级政府职权范围内的工作，应勇于负责，善于决策。业务部门定期向政府报告工作，这是一种有效的反馈。业务部门的负责人要用简短的文字定期报告工作进展情况、主要做法存在的问题以及下一步工作打算。

为了完成一定的工作任务，就要采取必要的行政、法律和经济手段。行政手段主要是指依靠国家行政机关或行政组织系统，通过命令、指令、规定、条例和指挥等约束和强制手段，直接干预社会和经济生活。毛泽东指出："人民为了有效地进行生产、进行学习和有秩序地过生活，要求自己的政府、生产的领导者、文化教育机关的领导者发布各种适当的带强制性的行政命令。没有这种行政命令，社会秩序就无法维持，这是人们的常识所了解的。这同用说服教育的方法去解决人民内部的矛盾，是相辅相成的两个方面。为着维持社会秩序的目的而发布的行政命令，也要伴之以说服教育，单靠行政命令，在许多情况下就行不通。"①

行政管理的主要手段就是：制定社会经济发展战略规划、奋斗目标及其组织实施；根据宪法规定对社会生产、流通分配及地区、部门的经济协作，进行组织、协调、监督；通过工商行政机关和审计监督部门对社会经济生活进行管理和监督；法律手段，法律是统治阶级的意志和表现，是强制社会成员必须遵守的行为规范。这里指的法律手段，包括国家所公布的法律、法令和各级政府所颁布的具有法律规范性质的条例、章程和规定；经济手段，主要是指那些与企业和职工经济利益联系密切，能够起到充分调动生产经营积极性作用的经济办法，也就是我们通常所说的经济杠杆。比如，可以用价格、税率、信贷、利率、工资、奖惩等等办法，控制、协调社会经济生活，调节各方面的经济利益，以促进社会经济的发展。

要加强党对国家政权机关的领导，最根本的最重要的最关键的是加强党的建设，提高国家公务员的素质，提高执政的领导水平。现在历史条件变了，社会环境变了，党和国家的任务也发生了根本性的变化，党的执政的领导方式、方法必然相应的变化。党的建设与

① 《毛泽东选集》第五卷，第368～369页。

党的领导要紧密结合新的实际继续坚持和发展，依据党的"一个中心、两个基本点"的基本路线在邓小平建设有中国特色社会主义的理论指导下，使各级党组织和政府机构勇于实践和创造性地工作，努力在思想、作风、组织、制度等建设上寻找新的办法，积累新的经验，并且不断概括、总结、创造新的路子，把党对国家政权的领导提到一个新的更高的水平。

加强党的领导和提高执政的领导水平，涉及问题很多。共产党员，特别是党员国家公务人员，永远是工人阶级的先进分子，以全心全意地为人民服务的精神作为最高唯一宗旨。在革命战争夺取政权的时期，要求共产党员打倒三大敌人，为创立新中国不怕牺牲英勇奋斗，发挥先锋模范作用。现在处于和平与发展的时代，党要求坚决贯彻执行党的基本路线，坚定不移地以经济建设为中心，坚持四项基本原则，坚持改革开放，献身建设有中国特色社会主义的事业，带领人民群众为发展经济，解放和发展社会生产力进行艰苦创业，做出政绩，充分发挥共产党员先锋模范作用，充分体现新的历史条件下的新特征。这就要求国家公务员，特别是共产党员，要在工作中和生活上，要以身作则，率先垂范，发扬党的优良传统。我们大多数国家公务员还是坚持以身作则的，但也确有一些公务人员忘记了我们党的传统作风。

为什么目前党内不正之风比较严重，而且难以消除呢？这同有些公务人员不以身作则，不率先垂范，反而带头搞不正之风或者随波逐流，有很大关系。党风不正，腐败不除，对于党的团结、统一、纪律、声誉和凝聚力、吸引力、战斗力，都是一个严重的致命伤。它从根本上损害了党同人民群众的鱼水关系。经济建设这一手我们搞得相当有成绩，形势喜人，这是我们国家的成功。但风气如果坏下去，经济搞成功又有什么意义？会在另一方面变质，反过来影响整个经济变质，发展下去会形成贪污、盗窃、贿赂横行的世界，人民还能拥护共产党吗？！

要在反腐败斗争中，真抓实干取信于民，关键是从领导干部和领导机关抓起。因为腐败现象已侵入到党政领导机关和司法部门、行政执法部门、经济管理部门、范围大、层次高、影响坏。要一级抓一级、一级带一级，特别是要以党风廉政作为考察干部特别是领导干部的一个重要依据。对查处腐败现象和腐败分子绝不能手软。要先管住党内、先管住领导干部。抓住查处大案要案，通过严肃查处大案来振奋民心，以儆效尤。如果是"见着兔子就放枪，见到老虎就烧香"，"只打老鼠，不打老虎"就会在新旧体制转换时期，由于法规不健全、政策不配套、工作不得力的情况下犯错误，甚至犯大错误。

现在正是要求我们的干部特别是领导干部要保持清醒的头脑，提高领导水平，要在工作上和生活上，以身作则，率先垂范，浩然正气，廉洁奉公，做一个党性强、作风好，合格的领导干部。江泽民同志说，如果我们掉以轻心，任其泛滥，就会葬送我们的党，葬送我们的人民政权，葬送我们的社会主义现代化大业。因为贪赃枉法、行贿受贿、敲诈勒索、权钱交易、挥霍人民财富、腐化堕落等腐败现象，从本质上说是剥削制度、剥削阶级的产物。共产党和社会主义制度，是同任何腐败现象根本不相容的。我国在社会主义条件下，仍然存在腐败现象，有种种复杂原因。在领导改革开放的现代化建设过程中，我们党要始终重视端正党风、加强廉政建设、反对一切腐败现象，党政一齐抓，主要领导同志亲自负责，同心协力，协调一致，在反腐败的斗争中，做出更大的贡献。

二、党的领导的基本职能是决策

党的决策能力，是指党为了实现自己的政治主张、奋斗目标、崇高理想和历史使命，执政党的路线、方针、政策的制定，规划设计蓝图，以及选择优化政治、经济、文化教育等行动方案的能力。执政党领导的基本职能是决策特别是党和国家的重大决策。最重要的是政治、经济决策能力。

所谓党的政治决策能力，最根本的是指按照人类社会历史发展的客观规律，依据实践经验以及对国际、国内情况的分析和对未来发展趋势的预测，对属于党政领导范围内的重大问题，确定奋斗目标、制定路线、方针、政策和具体行动方案并善于决断的能力，政治目标提出的能力、政治方向指引的能力、政治方案、基本国策拟定规划和科学抉择的能力，以及方案实施中的追踪修正、完善的能力；还有经济、文化教育、科学技术，军事国防等等各条战线、部门方针、政策、规划设计的能力，等等。我们只讲一下政治决策能力。实质上是党的领导水平、执政水平的问题，我们的职责就是努力提高执政的决策水平，全心全意地为人民服务。

党的决策能力包括：（1）根据党的各个历史时期的政治、经济、思想、文化、科学、教育、军队、国防的条件和国情、地理环境，制定贯彻执行党和国家在该时期的路线、方针和政策，实现总体规划、奋斗目标和历史使命的能力。（2）预测、决策的实际效果，监控决策实施过程，及时调整、修正、发展、完善，使决策保持最大限度的正确性、科学性和稳定性的能力。（3）党对革命和建设历史发展阶段的错综复杂、瞬息万变的国际、国内形势的分析、判断的能力。（4）对党的领导范围内的一切重大问题的发展趋势的科学预见的能力。（5）对社会各阶级、阶层和社会集团的经济、政治要求的认识、理解能力，以及对复杂多变作出迅速反应和决断的能力，等等。中国共产党作为工人阶级执政党的先锋队组织，应当使自己作出的重大决策真正符合最广大的人民群众的根本长远利益。党应当有足够的政治、经济、文化决策能力去做到这一点。

党的领导职能从根本上说，是党的性质决定的。共产党是工人阶级的先锋队的政治组织，这是党的本质特征。党在代表工人阶级利益的同时，也从总体上代表全体人民的根本利益。要把党性和人民性有机统一地结合起来。只有这样的决策才是正确的。因为"人民"是一个政治概念，从法律意义上来说，党不是由全体公民选举的，不能完全代表全体公民。国家政权机关则是经过全体公民按照一定的法律程序选举产生的权力机构和权力执行机构，因此它在法律上更能代表全体公民行使国家权力。由于党同国家政权性质不同，因而执政党虽然是领导全国政权的党，但这种领导应该是决定政权机关活动的大政方针，把党的主张、意志通过合法途径渗透到政权机关的活动中去，进行总体领导、宏观控制，而不能越俎代庖，直接发号施令，代替国家机关具体行使管理职能。但我们能通过各种形式和渠道实现执政党的领导，我们党完全有能力做到这一点，道理就在这里。

（一）决策能力是党在领导过程中的中心环节，是党的领导者和领导机关的基本功能。

决策是党的领导的基本职能。党的领导过程，就是制定决策和实施决策的过程。而制定正确的目标要靠正确的决策。党的决策能力，主要是指党根据历史经验与教训，根据社会发展的阶段性的分析和对未来发展的总趋势的预测，对属于党的领导范围内重大问题确定奋斗目标，制定战略方针和行动方案以及善于决断的能力。党的领导决策的性质，是客观战略性决策，是全局性、根本性、整体性、方向性、非常性决策。同时，具有长期性、稳定性和继承性。它具有独有的重要性和特殊性。

那么，党的决策能力怎样保持与增强呢？主要标准是决策是否完善？程序是否合理、合法？决策基础与原则是否是马克思主义的？方法、方式是否科学？指导思想是否正确等等因素所决定的。共产党员，尤其是党的领导干部要永远坚持一个重要的原则，就是要坚持真理，修正错误。当然，党的决策能力的发展与提高，同党的领导班子的群体素质、个人素质的决断能力有直接关系。如果他们不仅能够坚持解放思想实事求是、勇于创新，善于决断，尊重实践经验，勇于改正错误，而且又有预见性、战略性，以及可行性，这样既能根据形势任务的要求不断发展，也能在原有的基础上提高到一个新的领导水平。

　　一个党，一个国家，一个社会，或一个党的干部特别是领导干部，决策是否正确？是否合乎实际？它直接关系到大至国家小至单位的兴衰，决定着社会的前途和命运，决定着社会主义事业的成功和失败。因此，决策是党的领导的基本职能。既然党的领导过程，就是制定决策和实行决策的过程，我们要尽一切力量提高党的决策能力，特别是提高领导者的决策能力和执政的领导水平。

　　有的同志提出决策有"四原则"不是没有道理的，因为决策是整个过程中的关键步骤：一是有权原则，即采取决策行动的机关，必须确实拥有合法的权力。在自己的职权范围内，有权对面临的问题作出决策；二是照章、遵循法定的程序采取决策的原则，即不违犯程序规定所作的决策；三是合法原则，即决策过程的结果，必须符合现行国内、国际及有关国家法律，不得在文字上和精神上与其相抵触；四是规范化原则，即决策过程中的结果，要以某种法律要求的形式加以肯定下来，也就是决策文件必须法律规范化。按照这些原则进行决策，就不会造成重大失误，即使有所失误也会很快得到纠正。

　　党的政治决策内容，通常涉及整个国家、整个社会或者某一范围的地区，某一重要部门或领域的一些具有长期性的重大而又广泛影响的问题。政治决策的这些特点，要求党的决策，必须具有强烈的实践性与科学性相统一。由于我们党处在执政地位，党的政治决策是国家和社会最高层次的决策活动。政治决策的性质，通常是一种战略性决策，是对国家和社会发展方向，宏观控制和远景规划的重大决定。

　　我们要坚持决策应有的预见性、战略性、设计性和间接性；坚持判断的原则性、系统性和必须遵循的程序与方法方式；对那些因官僚主义、主观主义、武断草率、弄虚作假、玩忽职守、假公济私、渎职等行为造成的决策失误，当事人必须承担法律责任、经济责任，甚至刑事责任，不能以一般的党纪、政纪处分来代替，更不能以"交学费"推脱责任，等等。当然，党事、国事、及重大事情，都有可能决策失误的情况。但作为一个领导者，要认真想一想，冷静的思考分析一下，要吸取过去经济过热，教育失误，人口失控，物价上涨，能源紧张的根本原因与经验教训，一定要决策民主化与科学化，做一个合格的职称相符的党政领导者。

在革命和建设的实践中，决策的民主化与科学化有内在的统一性。这主要表现在：首先，我们领导决策的目的是为了实现人民群众根本的长远利益。是我们党制定各项方针、政策的出发点和落脚点，都是为了实现人民的利益和愿望。其次，科学决策的过程离不开人民群众，要倾听群众的意见和建议，博采众长，经过民主讨论，从群众中来到群众中去，使决策目标符合客观实际。其三，领导的决策不能停留在口头上，纸面上，规划上，而是要转化为人民群众的行动上，使精神化为物质，只有民主化才能产生社会效应。其四，一个决策是否正确，也要经过人民群众实践的检验。只有通过人民群众的实践才能对领导决策的科学性作出裁决，除此以外没有别的选择。其五，决策的认识过程，也就是坚持群众路线的过程。人民群众在实践中产生各种感性，提出各种问题和要求，经过领导机关、领导班子的分析、研究，使感性认识上升到理性认识，形成决策方案，再回到群众中去贯彻落实。也就是说，党的群众路线，在一定意义上讲，也是党的民主作风的具体化。要充分发扬民主，尊重群众的首创精神，在实践活动中丰富和发展，使党的决策更加科学化。

一个党政领导者，提高能力是多方面的，最重要最关键的就是不断提高解决问题的决策能力，这是领导干部居于首位的能力。特别是在变化万千的错综复杂的政治生活中进行的决策和解决实际问题的能力。这就要求党政领导者不仅要以马克思列宁主义、毛泽东思想为指导，对客观事物进行定性研究，而且要用现代化科学方法对事物作定量的分析，就要求严格遵循事物发展的客观规律，依据一定的决策程序，运用一系列科学方法，高瞻远瞩地从许多可供选择的行动方案中，选择确定达到目的的最好方案，从一定意义上说，领导就是调查研究，领导就是决策，领导就是解决问题，万万不能遇事优柔寡断，左顾右盼；或者推诿拖拉，扯皮。要柔中寓刚，绵里藏针，多谋而善断，推动事物向着马克思主义指引的方向发展。党的决策能力的高低，主要有以下因素决定的：一是决策体系是否完善或比较完善；二是决策程序是否合理、合法；三是决策原则是否科学与正确；四是决策方法是否民主，等等。当然，决策的方法是提高决策质量的技巧和手段。现代科学方法很多，主要有科学预测法、系统分析法、最优化法、专家咨询法，等等。

　　一个党政领导者，要学会科学的思维方法，站在党的全局高度，综合各方面的意见，考虑主观客观条件，权衡利弊，对几种方案进行比较、鉴别，选出最佳方案。党政领导者决策是整个工作程序中最关键的一步，是一件十分复杂的工作，就是要求我们的党政领导干部，不仅要有丰富的知识，而且要有敢于决定重大问题的胆略和决心。有的同志讲，你有拍板的权力，但缺乏拍板的胆略和能力也不能把工作做好，就是这个道理。对问题当断不断，可能错失良机；没有充分的把握贸然武断，将会造成不可挽回的失误。对于一时决断不了的问题，要继续进行可行性的调查研究和充分的论证，然后再作决定。使决定既正确又科学，推动历史向前发展。

　　党的十一届三中全会以后，我们党进行了一系列的科学决策，使我国走上了马克思列宁主义、毛泽东思想和邓小平建设有中国特色社会主义理论正确发展的轨道。例如：关于摒弃"以阶级斗争为纲"，应以经济建设为中心的决策；关于否定"文化大革命"，进行拨乱反正，平反冤、假、错案的决策；关于解放思想，实事求是，一切从实际出发，团结一致向前看的决策；坚持实践是检验真理唯一标准的决策；关于进行党的思想、政治和组织三条路线的教育的决策；关于在进行改革开放的同时，必须坚持四项基本原则的决策；关于两个文明一起抓的决策；关于在社会主义初级阶段的基本路线，即"一个中心、两个基本点"的决策；关于深化经济、政治体制改革的决策；关于平息动乱和反革命暴乱的决策，等等。历史实践证明这一系列的决策是科学的，正确的，是符合马克思列宁主义、毛泽东思想和邓小平建设有中国特色社会主义理论的。是符合党和国家的根本利益的，得到了人民的拥护和支持。

党的十三届四中全会以后，以江泽民为核心的党中央第三代领导集体，聚精会神抓党的建设，采取了一系列坚决措施和重大决策。他们顺乎党心、民心，从政治上、思想上、组织上、制度上和作风上全面加强党的建设，有领导有步骤地做了大量工作，是卓有成效的。主要是：及时召开了宣传部长、组织部长会议，加强宣传和政治思想工作的决策；召开了党建理论研讨班，明确党的建设指导思想的决策；关于坚持和完善中国共产党领导的多党合作和政治协商制度意见的决策；关于加强和改善党对工会、共青团、妇女工作的决策；关于组织党政机关干部下基层的决策；关于加强党同人民群众联系的决策；关于加强党校工作增强党性教育的决策；关于深化经济体制改革的决策；关于为我国政治经济和社会的进一步稳定发展而奋斗的决策；关于县以上党和国家机关党员领导干部民主生活会的若干规定的决策；关于加强党校建设的几个问题的决策；关于加强统一战线工作的决策；关于进一步加强和改进知识分子工作的决策；关于加强廉政建设，纠正行业不正之风的决策；关于制定国民经济和社会发展十年规划和“八五”计划的建议的决策；等等。这一系列的决策，是深入人心的，是卓有成效的，促进了我们党和国家政治经济、文化教育、科学技术、卫生体育、军事国防等各条战线的稳定和发展。

总之，决策能力是党在领导过程中的中心环节，是党的领导者和领导机关的基本功能。党的领导的基本职能是对党和国家重大问题的决策。党的领导和行政管理是不同的，行政管理的核心是控制，特别是宏观调控，而党的领导核心是决策，特别是科学的正确决策。党政领导者应当掌握的核心内容是领导决策的科学化、民主化。我们必须明确民主化是科学化的前提，领导民主化是领导科学化的保证。研究领导民主化的一个重要环节就是要正确解决权力集中与分散的问题。作为一个党政领导者，认真去分解权力使其适当而有效，只有民主化才能科学化，只有这样决策才会少失误到不失误。我们建设有中国特色的社会主义的过程中，应当也必须 建立决策的责任制度，制定有关法则、条例、章程、规则、规定，使决策者的权利与责任相统一，相一致，有功者奖，错误者罚，有罪者惩处。只有这样，才能保证我们的党和国家的决策民主化和科学化。

（二）党的领导决策的指导思想和基本特征。

共产党是在工人阶级争取自身解放的斗争进程中进入独立的政治运动的阶段后产生的。它从产生那天起，就有明确的指导思想和自身的特征。开始为了反对资本压迫剥削，争取自身解放，从自发到自觉，从经济斗争到政治斗争，从分散到联合直至成立工人阶级的政党。马克思和恩格斯在创立科学社会主义理论时，就明确指出，要使无产阶级在决定性关头强大到足以取得胜利，无产阶级必须组成一个不同于其他所有政党并与它们对立的特殊政党，一个自觉的阶级政党。正是基于这种认识创建了世界上第一个工人阶级革命政党——共产主义者同盟。对于共产党的历史使命，他们在《共产党宣言》中就明确宣布："推翻资产阶级的统治，由无产阶级夺取政权"，"无产阶级将利用自己的政治统治，一步一步地夺取资产阶级的全部资本，把一切生产工具集中在国家即组织成为统治阶级的无产阶级手里，并且尽可能快地增加生产力的总量"。[①] 彻底消灭私有制，建立一个没有剥削、没有压迫、没有阶级和阶级对立的崭新的共产主义社会，党的使命、党的职能、党的决策的指导思想，从一开始就是从政治上、思想上、组织上领导工人阶级及其同盟者，通过各种形式的政治的、经济的，流血的和不流血的斗争为实现夺取政权，巩固政权而实现我们的崇高理想而斗争。

按照马克思主义观点，党是无产阶级的直接执政的先锋队，是领导者。"直接执政"的科学涵义实质就是说，一个执政的党，党的

① 《马克思恩格斯选集》第1卷，第264页，第272页。

代表大会所通过的决议，对于整个共和国都是必须遵守的。就是说，在我们国家政权的全部政治经济工作都是由工人阶级的觉悟的先锋队——共产党领导的。由此可见，"直接执政"就是直接管理国家事务和社会事务。但是，必须十分明确地划分党和国家政权的职权，提高国家工作人员的素质和责任心、事业心、调动他们的积极性、主动性和创造精神。党的任务是对所有国家机关的工作进行总的领导，而不是进行过分频繁的，不正常的、往往是对细节的干涉。党的职能、党的决策，从根本上说，这是由党的性质和历史使命决定的，这是指导思想的本质特征。党依据马克思主义世界观和方法论，凭借党对人类社会发展客观规律的科学认识，在历史发展的各个阶段上向工人阶级和广大人民群众指明社会前进的发展方向和他们的利益之所在，引导、导向、领导、教育、组织工人阶级和广大人民群众团结起来，自觉地、主动地为实现自己的利益，为推动历史前进而奋斗。

执政党的领导职能和决策，它的领导活动范围是十分广泛的，但主要是对国家和社会生活的各个领域实行总的全面的领导。除了制定一定历史时期总的路线、方针、政策，为人民指出社会发展的方向和基本道路外，在内政、外交、经济、文化、教育、国防、体育、卫生、社会福利等各个方面，都制定大政方针，以此来体现工人阶级和广大人民群众的利益和要求，指导政府活动，引导社会基层单位和群众的行为。它的职能与决策，应当是全局性、纲领性、进行宏观上的指导，绝对不能党政不分，以党代政。党的决议、决定只在党内具有约束力，不能强制党外群众这样做、那样做，只能依靠自己的经验、智慧和模范带头作用去影响、教育群众，以示范的力量去说服党外群众和非党组织接受自己的主张，变成他们的行动。还可以通过宪法、法律去实现党的意志。

人民群众是构成社会生产力的主要因素，群众从自身利益出发而产生的愿望和要求，就是生产力发展的要求，因而也就是整个社会发展的要求。人民群众为发展社会生产力而进行的各项实践活动，是历史前进的根本动力。因此，任何一个社会的进步程度，取决于它对人的解放程度；任何一项进步的社会变革，都是人的解放运动。以人民群众的彻底解放为目的的事业必定是充分尊重和依靠人民群众的事业，必定是历史上从未有过的空前广泛的群众性的事业。邓小平指出，工人阶级的政党不是把人民群众当作自己的工具，而是自觉地认定自己是人民群众在特定的历史时期为完成特定的历史任务的一种工具。既然党是为工人阶级和人民群众的解放服务的工具，那么，共产党人在人民群众的解放事业中，应该到处是、也只能是人民群众的引导者和向导，而不应该是、也不可能是代替人民群众包打天下的"英雄好汉"。

执政党的领导职能和决策，从本质上说，决策是将要见之于客观实际的主观能力上，它是对未来目标的决定，这种能力和决定是建立在对自然和社会规律的认识基础之上的。简单地说，决策就是决定。从决策的活动形态看，决策既是一种活动方式，又是一种活动过程。因为决策一般来说，是对未来实践的方向、目标、原则以及坚持的方向、道路以及目的与手段所作出的决定。党的领导决策具有它的战略性、方向性、非常规性以及风险性的特点。党的领导不仅表现在政治上，思想上，组织上的决策。最显著的特点，因为是执政党地位，它的各种决策处在最高层次，对党对国家以及对各省市自治区性的重大问题作出的战略决策性决策，直接关系到党和国家的前途和发展，其作用是别的领导决策不能代替的。它具有战略性的特点，具有重大政治影响和历史意义。也有规律性的特点，就是一切从实际出发，根据变化的情况，按照决策程序对党和国家重大问题作出决策。但是，由于条件的复杂，偶然的原因，难以预料的挫折或失败，这种决策具有风险性的特点，决策的成功往往孕育在决策的风险之中，这是决策者必须注意到的。

党政领导者的主要职能和决策是掌握政策，全面执行党的"一个中心、两个基本点"的基本路线。提高科学决策素养和执行党的政策的自觉性是我们党的一项长期战略任务。政治路线确定之后干部就是决定的因素"，主要是指干部在执行党的路线中的重要意义。党的一切政策和指示要靠干部去贯彻落实，没有能干的干部，党的领导就无法实现。党的决策也会变成一纸空文。我们讲以法治国、以法治党、以制度治党，法治还是要人执行，关键在人，核心是干部。要提高干部的科学决策的素养，使他们有坚强的党性，高度的事业心和责任感，既有才干又有能力。主要有正确执行政策的能力。这个指导思想必须牢固地树立起来，坚持下去。

党的路线、方针和政策，都是为着人民群众并靠人民群众实现的，而人民群众的实践活动则要靠大批能干的干部去组织，怎样组织群众，怎样领导群众的实践活动决定着政策的作用和效果，因此，执行政策首先要有一个再决策的过程。国家公务人员是党的政策见之于群众具体实践活动的中间环节，干部的任务就是要完成这种由精神到物质的转换。对党负责和对人民负责的一致性，要求党的干部特别是领导干部，绝对不可充当上传下达的"传声筒"，或主观主义地简单命令，而要把党的政策经过自己的头脑加工，变成人民群众喜闻乐见，易于接受的东西，见之于群众的具体实践活动。因此，从一定意义上讲领导就是决策。

毛泽东指出："领导者的责任，归结起来，主要地是出主意、用干部两件事。一切计划、决议、命令、指示等等，都属于'出主意'一类。使这一切主意见之实行，必须团结干部，推动他们去做，属于'用干部'一类。""出主意"就是决策，"用干部"也首先要决策。领导干部比一般干部、群众的高明之处主要还不在于身先士卒，苦干实干，而是具有更加健全的智力，在执行党的一系列政策方面善于出主意，善于推动干部、群众去工作。领导的决策是群众具体实践的出发点和归宿，决策失误，整个活动就会步入歧途，这就是错误地执行党的政策，其损失是无法估量的。

党政领导干部的主要责任就是掌握政策。"出主意"、"用干部"没有绝对的随意性，不是孤立进行的，而是受着党的方针、政策的制约，以它们为决策的基本依据，是在实际中掌握和运用党的政策。

党章规定，干部要有强烈的革命事业心和政治责任感，"在自己的领导工作中，认真调查研究，坚持从实际出发，正确地执行党的路线、方针和政策。"所谓"正确地执行"，绝不是教条式地不分时间、地点、条件差别的硬套，而是要认真分析实际，入情入理地执行，使之变为生动的、易见成效的东西。把党的政策与实际相结合，使之具体化，就是再消化、再决策的过程。因此，一个好的党政领导者不可把掌握政策理解成执行或不执行、是不是有的问题，而是要提高决策水平，善于在实践中运用党的政策。

党的十一届六中全会强调："政策和策略是党的生命，是革命政党一切实际行动的出发点和归宿，必须根据政治形势、阶级关系和实际情况及其变化制定党的政策，……把原则性和灵活性结合起来。"这既是对中央和各级地方组织说的，也是对各级党政领导干部提出的基本要求。

掌握政策必须把执行政策的坚定性和多样性结合起来。这是因为，党的政策是依据国内外的形势、通过民主集中制的组织原则，集中全党全体人民的智慧而制定的，是宏观的、全局性的决策，对于全国都具有原则意义。坚持执行中央的政策，就可以使我们的具体决策不失大的方向，在执行中不失与全国总体的协调，更可以避免大的失误。不坚决执行中央的政策，"我们就必不可免而且毫无疑义地会陷入机会主义的泥潭。"[1]但是，执行中央政策必须要有多样性。由于我国幅员辽阔，各地都有自己的特点，所以执行中央政策的方式方法就不可能"一刀切"。这种客观性决定了执行政策上的多样性。比如，沿海地区与内地的情况不同，工业发达地区与农业生产地区的情况不同。所以都应根据自己的特点，发挥各自的优势，采取多种灵活方式执行中央政策。"各级领导干部的重要职责，就是要善于把中央或上级的指示和本地区、本部门、本单位的实际结合起来，提出贯彻执行这些指示的具体办法，并组织实施。"把执行中央政策的

①《斯大林全集》第8卷，第248页。

坚定性与多样性统一起来，不但首先要吃透两头，而且也有许多决策方法问题，尤其是决策的思想方法问题。我们应当重视这些问题。

党政领导干部掌握党的政策都离不开决策，决策就是把党的政策与实际相结合，制定出正确的实施办法。贯彻执行党中央的政策首先应当理解中央政策，如果不理解或者一知半解，吃不透它的精神实质就去贯彻，势必会出现简单化的毛病，难以避免陷入照抄、照转、照搬、照套乃至于命令主义的泥潭。相反，只有真正理解了中央政策，吃透了它的精神实质，才可能由被动变主动、产生良好的效果。中央的政策表达了全国人民的根本利益，是一般规律的反映，吃透它的精神实质，就能从基本上认识和掌握客观规律，这对我们具体执行决策有决定性的指导意义。

怎样才能吃透中央政策的精神实质，深入理解中央的政策呢？还是首先要掌握马克思主义的基本理论、基本原则和基本方法。马克思主义是最完整最科学的理论，马克思主义理论原则与方法 不仅是有史以来人类创造的一切优秀精神成果的结晶，但它从来也不认为自己是终极的真理，而是把实践放在第一位，在群众的实践中不断地检查自己的理论、原则、方法是否正确、是否符合实际，并使之不断更为丰富和发展的科学。因此，它最能反映客观规律的要求。我们常说党的政策的威力是巨大的，就是因为党以马克思主义的基本理论、原则、方法为指导，制定一切政策，这些政策反映了客观事物发展的趋向，使人们的活动从盲目变为自觉。所以，我们也只有掌握了马克思主义的理论，才可能求得自己对客观事物的认识与中央的政策保持一致。

同样，当我们真正掌握了马克思主义的理论、以及它的立场、观点和方法，那么对中央的政策就可以进行理论的分析，加深认识，同时也可以把中央的政策理论化，并以此来指导，使中央的政策具体化为本地区、本部门、本单位的具体决策。越是牢固地掌握了马克思主义的理论，越能深刻地了解到国家的全局的实际，和自己所处局部的实际，也就越能发现全局与局部的一致性和差异性，实现两者的统一，使全局与局部协调发展。这样，在执行中央政策中便不失大局，而又使具体的决策更生动、更丰富，更有利于中央政策的实施。

党政领导干部要掌握决策的主动权，共产党人的决策是以全心全意地为人民服务为目的的。提高执行政策的自觉性，还有一个正确认识决策主体的问题。正确认识决策主体是领导干部产生决策主动性、创造性，更好运用决策权，进行科学决策的必要思想条件。当前有几种对决策主体的认识是值得我们认真对待的，如："群众决策"、"政治多元化"、"专家集体决策"，以及"一长制就是个人决策"等等，这些观点对于领导干部形成了一定的思想障碍，以至于在工作中常常陷于被动，必须予以澄清。

毫无疑问，共产党人的决策是以全心全意地为人民服务为目的，要靠人民群众去实现的。各级党政领导的决策都不是为着个人或小集团，而是代表着国家和人民的利益要求。我们讲坚持人民为主体指的就是这个，是指人民是历史活动的主体，一切决策都是围绕着他们进行的。但是，"谁都知道，群众是划分为阶级的，……阶级通常是由政党来领导的，政党通常是由最有威信、最有影响、最有经验、被选出来担任最重要职务而称为领袖的人们所组成的比较稳定的集团来主持的。"①

在社会主义条件下人民群众虽然享有充分的民主权利，但是他们的文化水平还不高，社会经济、政治情况也非常复杂，群众不可能具有洞悉全局及事物内在联系的觉悟和能力，因此关系到社会的决策只能由有高度理论修养、政策水平和丰富领导经验的受到人民信任的少部分人来进行。这种权力是人民赋予的。所谓"群众决策"，不过是列宁批判过的那种"公决制"的变种，是蒙昧的氏族观念在实际中的一种表现，完全不适应社会主义的大生产。"群众决策"与党所提倡的决策民主化根本不是一个意思，决策民主化指的是领导在决策过程中要充分发扬民主，走群众路线，而不是不要集

① 《列宁选集》第4卷，第209页。

中，不要集中的指导的决策。

"政治多元化"换句话说，是指社会不同利益集团的代表共定国是。它实际上是否定了人民民主专政国家的性质，否定了社会主义条件下全体人民利益的根本一致。在我们的国家任何决策都必须是以服从全国和全体人民的整体利益为前提，也只有在这个基础上，才可能实现各个社会集团的特殊利益。只有以工人阶级为基础、以马克思主义为指导的共产党，才有能力表达全体人民的利益，协调各利益集团的关系，作出符合国情的各社会集团都乐于接受的决策。"政治多元化"的决策观念所强调的是不同社会集团利益的绝对性，而把国家和人民的整体利益视为相对立，这在我们的社会主义国家根本就行不通。当然，在决策过程中应当听取不同利益集团的意见、要求，照顾到他们的各自利益，应当使他们的代表参与决策，但并不等于说他们就是决策主体。决策主体只能是党和国家的领导机关及其全国人民。

"专家集体决策"，即认为由于决策的重要，需要有各种专家组成的班子专门从事决策活动。这种观点的问题在于否认决策是领导的特有职能。决策虽然是人的主观活动，但它与一般的理论研究、思想活动不同，而是直接为实践服务的，它必须是从实践中来，所以只能由实践的领导者进行。正如列宁所说："政策是由人执行的。如果制定政策的是这些人，执行政策的是另一些人，那就不会得出什么结果。……把组织问题同政治分开是不可能的。"① 当然，指望少数领导人具备专家集体的知识和智慧是不现实的，所以领导者应当重视专家在决策中的作用。把他们组织起来，充分发挥专家集体的咨询和科学论证作用。

由于工作性质的差别，不同的领导岗位有着不同的领导制度。如在党委实行的是集体领导，而在行政、经济组织中实行的是首长负责制，这就形成了集体决定和首长决定的两种形式。但是，我们应

① 《列宁全集》第33卷，第279～280页。

当看到，党和国家的根本组织制度是民主集中制，即在高度民主基础上的高度集中。在领导班子内部通过充分发表各种意见和讨论，按照少数服从多数的原则，经过表决决定重大问题。这说明，在党和国家事务中决定重大问题实质上是集体决策。集体讨论，集体决策，可以汇集各方面的问题，有更多的知识，信息，有更多的见解和主张，可以扬长避短，集思广益，做出最理想的决策。同时，就具备了自觉执行决策的可能性。在实行首长负责制的机关和部门，虽然行政首长有最后决定权，但也应该是在集体讨论的基础上，集中多数人的正确意见来决定重大问题。"认为一长制无论同民主制、同苏维埃国家型式或者同管理方面的委员制都是势不两立的。这种意见真是错误到了极点"。① 我们不能把行政首长负责制片面地认作个人说了算，无论在什么样的单位都应当遵循民主集中制的总原则，在决策中都应当充分发挥领导集体的作用。

（三）坚持社会主义决策的基本原则。

党的决策作为人们对未来的实践发展方向、奋斗目标作出正确的判断和选择并在实践过程中不断反馈、修正、调整的动态过程，是党、国家、人民的社会实践活动的重要组成部分。它普遍地存在于人类社会的各个方面，大至全球性战略，小至日常生活中的个人行动，都需要人们作出和实施某种决策。人们改造社会、改造自然的实践，就是不断作出决策和实施决策的过程。不是实行正确的决策，就是实行错误的决策；不是自觉地实行某种决策，就是不自觉地实行某种决策。由于人类社会实践活动的性质、内容、层次的不同，形成了各种不同类型的决策；又由于决策活动受到社会经济、政治、文化发展水平和条件的制约，又形成了各种不同的决策目的、原则和方法。

在党的领导过程中，在制定和执行决策的过程中，应当坚持哪

---

① 《列宁全集》第27卷，第194页。

些社会主义决策的基本原则，应当坚持人民为主体的思想原则、一切从实际出发的原则、全面贯彻党的基本路线的原则、独立自主、自力更生、艰苦创业的原则、严格按照决策程序办事原则以及连续性与创造性相结合的原则，等等。

第一，坚持人民为主体的思想原则。

坚持人民为主体的思想原则，首先要求决策的目的是为人民造福。"共产党人的一切言论行动，必须以合乎最广大人民群众的最大利益，为最广大人民群众所拥护为最高标准"，"任何一种东西，必须能使人民群众得到真实的利益，才是好的东西。"① 这就是说，为最广大人民谋利益是共产党人的最高价值观。党的性质和宗旨决定了我们的一切言论和行动都是为着人民的，是以为人民谋利益为最根本目的的。正因为党的一切政策都是表达了广大人民的意志，所以我们的各项具体决策也只有建立在为人民谋利益的基础上，才能执行好党的路线、方针和政策。同时，如果我们的决策确实是以为人民谋利益为出发点和归宿，那么在执行决策过程中就可以保证方向明确，并可能达到灵活性与原则性的统一。

实践证明，许多决策的成果不能令人满意，往往是由于只从对上级负责的角度考虑问题，而忘记了党的根本宗旨是为人民服务。还有一些同志，片面地理解人民群众的概念，以少部分群众的利益取代了最广大人民的最大利益，因小而失大，这也是决策失误一个重要原因。刘少奇说得好，"最广大人民群众的最大利益，即是真理的最高标准，即是我们党员一切行动的最高标准。每个党员对人民负责，即是对党负责，对人民不负责，即是对党不负责。要理解对党负责与对人民负责的一致性，要使二者统一起来，不要使二者割裂开来，对立起来。"② 为最广大人民的最大利益而工作是共产党人的最高标准，也是真理的最高标准。把握住这一点，我们就在战略上

---

① 《毛泽东选集》第三卷，第1096、864～865页。
② 《刘少奇选集》上卷，第350页。

永远处于主动地位，把整体利益与局部利益结合起来，把党的政策与人民群众结合起来，既灵活又不失原则。要实现这一点绝非容易的，"需要经历一个端正立场、改造世界观、锻炼工作方法和工作作风的长过程，要下一番苦功夫，才能做到。"

群众路线是党的最根本的工作路线，当然也是党科学决策的最基本方法。积多年正反两方面的经验，中央指出："要保证决策正确，执行有效，必须坚持从群众中来到群众中去"，"正确的认识只能来源于群众的实践，正确的决策只有变成群众的自觉行动才能实现。"离开了群众就会盲目无知，也就谈不上正确决策的制定与执行。在改革开放的时代，外界形势变化多端，随时都影响着决策的正确制定与执行，而社会生活的各个方面又密切联系在一起，互相牵制，更增大了问题的复杂性。一项决策要考虑到这些方面的问题，所涉及的方方面面很多，需要处处照顾周全，哪怕是有一个问题处理不慎，也有可能给全局造成巨大损失，这就增大了决策的难度，而只有坚持群众路线，才能有把握解决这些难题。坚持群众路线，要深入生产第一线，也要调动知识分子、各方面专家在决策中的积极性，认真对待他们"提出的各种意见、建议和批评，要把尊重各种意见作为尊重知识、尊重人才和尊重人民民主权利来对待。"[1]

既然我们的决策是为着人民的、依靠人民去完成的，那么在决策中就存在着一个认真对待人民群众的实际承受能力的问题。人民群众的实际承受能力受着各种因素的制约，是客观存在的，有限度的。如我国长期历史发展过程中形成的共同习惯、情感、思维方式、传统文化的制约；经济上的持续波动和社会秩序紊乱所造成群众心理恐慌的制约；群众的现实利益得不到满足甚至受到损害从而出现逆反心理的制约，等等，这些都会成为执行决策的不利因素。因此，我们在决策中必须考虑到人民群众的道德观念、风俗习惯、觉悟程度、家庭条件以及经济上的实际承受能力。不管什么决策都要力争

---

① 《十二大以来重要文献选编》第1123页。

给群众带来看得到的切实利益，至少不损害群众的利益。

同时，应尽量扩大决策透明度，群众参与决策的程度越高，就越能形成对决策目标、决策价值、决策实施方式的共识，从而实现决策执行群体的平稳、和睦、向上的心理状态和轻松、活跃的气氛。在决策的实践过程中，要力求目标和方案不超于群众的综合负荷能力，尽量保持政策上的继承性、连贯性、稳定性和配套性，避免出现大的波动或顾此失彼现象。我们的人民是最好的人民，最通情达理，当我们遇到困难的时候，只要是为了人民群众，相信和依靠人民群众，把问题向群众讲清楚，群众也会肯于牺牲一些利益而支持我们的工作。

第二，坚持全面贯彻党的基本路线的原则。

党的"十三大"指出：在社会主义的初级阶段，我们党的建设有中国特色的社会主义的基本路线是：领导和团结全国各族人民，以经济建设为中心，坚持四项基本原则，坚持改革开放，自力更生，艰苦创业，为把我国建设成为富强、民主、文明的社会主义现代化国家而奋斗。这是我们党在现阶段的基本路线，是指导全党全军全国各族人民一切工作的总方针，也是领导决策所必须坚持和遵循的基本原则。党在社会主义初级阶段的"一个中心、两个基本点"的基本路线，是以马克思列宁主义、毛泽东思想科学理论为指导，总结历史经验，特别是改革开放以来的基本经验，根据国内外的实际情况和现代化建设的任务而制定的，它具有坚实可靠的理论和实践基础，是全国人民根本利益和意志的体现，具有最高权威，是我们进行一切决策的根本依据。我们的一切决策都是为了执行和实现这条基本路线，是它在现代化建设各个时期、各个方面的具体体现。

党的"一个中心、两个基本点"的基本路线，不仅给我们的决策规定了总目标、总方向、总任务，也提供了方法论上的基本依据。它的各方面内容都是相互贯通、互相依存的。这种内在关系，反映了我国现阶段社会基本矛盾的性质和特点，是充分发挥社会主义制度巨大优越性的根本保证，它是建立在社会主义初级阶段的理论基础之上的。只有坚定不移地全面地、准确地坚持党的基本路线，才能保证我们各方面的工作协调、稳定地向前发展。在我国人民当中蕴藏着巨大的潜力，这个潜力完全有可能充分调动出来，成为社会主义建设事业日新月异的内在动力，其根源是我国社会基本矛盾的非对抗性。在社会主义条件下，生产力和生产关系、经济基础和上层建筑在本质上是互为条件、互相促进的关系，只要处理得当，就能够有效地解决资本主义国家一系列不可解决的社会矛盾和问题。党的基本路线集中表现了这种关系和提供了解决社会问题的基本方法，它要求我们在现代化建设中同时要完成经济建设、政治建设、思想建设、精神文明建设、文化教育建设，科学技术建设，体育卫生建设，国防军队建设，等等各方面的任务。

总之，我们的决策，只有全面地、准确地、坚定不移地贯彻执行党的"一个中心、两个基本点"的基本路线，不得"左"右摇摆，不得偏废，才能卓有成效地解决现实的和潜在的各种矛盾和问题，使本地区、本部门各项工作健康、持续、稳定、又快又好地发展。

第三，坚持实事求是，一切从实际出发的原则。

决策是为人们改造客观世界服务的，认识世界是为了改造世界。正确认识客观实际是进行正确决策的前提。马克思主义一向认为，客观物质世界的运行规律是独立于人的主观意识之外而存在，人们不能制造它，也不能改变它，只能通过社会实践的摸索不断认识它，从而进行自觉的活动。

共产党领导 的重大责任决定了我们必须严格地坚持实事求是，一切从实际出发的基本原则，按照实际情况确定工作方针，从客观存在的事实出发，从分析这些事实找出办法，这是从事领导工作必须遵循的一条最基本的工作原则。列宁指出："马克思主义要求我们在确定重大政策的时候，必须以经得起精确的客观检验的事实作为政策的基础和依据。"① 这就是说实事求是，一切从实际出发是全党、

---

① 《列宁全集》第25卷，第283页。

党的各级领导干部确定工作方针的永恒的主题。这些年来，我们在执行党的方针、政策方面出现过一些失误，造成了许多不应有的损失。究其根源乃是没有认真执行一切从实际出发，实事求是的原则。党的总方针、总政策是从全国的实际出发制定的，如果我们在具体工作中不进行调查研究、实事求是，从实际出发，那么党的政策再好，也不可能入情入理地得到落实。所以，我们必须把党的政策的"是"与本地区、本部门、本单位的"实"统一起来，认真研究一切具体问题，实事求是，不能笼而统之，在决策中要像邓小平指出的那样，"完全从实际出发"，"充分考虑不同地区的历史和现实情况"。

十一届三中全会以来，为了更好地贯彻党的路线、方针、政策，中央给地方下放了比较充分的统筹权和决策权，以便更好地调动中央和地方的两个积极性。这样就要求各级领导在决策时不仅应当充分了解本地区、本部门的实际，也要更好地了解国内外的实际。不然的话，不但不能很好地理解中央的政策，而且也不能很好地把中央的精神思考贯彻到本地区、本部门的具体决策中去。另外，当我们真正看到国内外的实际情况，又了解到本地区的实际时，那么就会发现它们的共性和差异，就容易在决策中抓住关键的环节和实质性的问题，创造性地执行党的各项方针、政策。

第四，坚持独立自主、自力更生，艰苦创业的原则。

邓小平在党的十二次全国代表大会开幕词中又一次指出："中国的事情要按照中国的情况来办，要依靠中国人自己的力量来办。独立自主，自力更生，无论过去、现在和将来，都是我们的立足点。中国人民珍惜同其他国家和人民的友谊和合作，更加珍惜自己经过长期奋斗而得来的独立自主权利。任何外国不要指望中国做他们 的附庸，不要指望中国会吞下损害我国利益的苦果。我们坚定不移地实行对外开放政策，在平等互利的基础上积极扩大对外交流。同时，我们保持清醒的头脑，坚决抵制外来腐朽思想的侵蚀，决不允许资产阶级生活方式在我国泛滥。中国人民有自己的民族自尊心和自豪感，以热爱祖国、贡献全部力量建设社会主义祖国为最大光荣，以损害社会主义祖国利益、尊严和荣誉为最大耻辱。"①

　　我们所实行的对外开放政策的目的，就是在与世界各国的相互关系中，吸收别人的好东西，壮大自己，增强国力。因此，就必须分清什么是内因、什么是外因，认清事物发展变化的规律。执行党的对外开放政策，更要牢固的树立独立自主，自力更生，艰苦创业的观念。任何幻想靠花钱、靠贷款买来一个现代化的方法，都是靠不住的。吸引外资、学习人家的先进技术，主要是为促进提高我们自己的生产技术水平、生产管理水平，从而增强我国在国际竞争中的能力，使我们的国家在最短的时间内赶上或超过世界先进国家。

　　我们是社会主义国家，提高社会生产力，发展国民经济，一不能搞侵略、二不能搞剥削，只能靠动员人民走自力更生，艰苦创业的道路。如果颠倒了独立自主、自力更生与对外开放，争取外援的主次关系，就会被发达的资本主义国家在经济、技术方面卡住我们的脖子，乃至在政治上要挟我们，强迫我们跟着他们的指挥棒转，最终沦为他们的附庸。

　　关于这个问题，中国一百多年来的历史已经做出了很好的证明。所以在改革开放的形势下，在所谓和平竞争的国际环境中，我们一定要保持冷静的头脑，不可忘乎所以，在对外进行经济技术交流中，要认真分清引进什么才是真正有利于提高我们自己的生产技术和生产能力，不能搞盲目引进。我们还要清醒地看到，当今世界两种社会制度、两种思想体系的斗争并没有结束，世界政治经济形势是瞬息万变的，在对外开放活动的决策中要充分留有余地，注意保持多种交流渠道的畅通。这样，某些国家一旦突然终止了协作，我们也可以拿出相应的对策来。

　　总之，立足于独立自主、自力更生、艰苦创业的基础之上，就可以把握住对外开放中的主动权，根据时局的变化及时调整对策，保持自己内部的良性循环，使我们的事业正常运转。

---

　　① 《邓小平文选》第三卷，第3页。

第五，严格按决策程序办事的原则。

决策程序是决策活动规律的反映，不论决策程序是否制度化，决策活动的普遍规律是客观存在的，所以，努力按照决策程序办事，是确保决策正确的基本条件。这是必须遵循的一条基本原则。

决策程序一般包括发现问题、确定目标、价值分析、拟定方案、分析评估、筛选择优、试验取证、方案出台等阶段。这些阶段依次递进，环环相扣，不可颠倒，也不可省略哪个环节。严格坚持决策按程序办事，既要民主也要科学，程序本身就是民主与科学的统一。党的十三届六中全会所通过的决定指出："制定政策措施，拟定工作计划，决定重大事项，务必以马克思主义为指导，走群众路线，充分调查研究，广泛听取各方面的意见，反复比较、鉴别和论证。有的重大决策在实施前还需要经过试点。"① 我们的各级干部一定要认识决策程序的重要性，把建立和健全民主的、科学的决策程序作为迫切任务提到工作日程上来，严格按照决策程序办事。

决策的制定与出台并不是决策过程的完结，因为决策的目的是为了实践、为了获得最佳的实际效果，所以最好的决策就是获得满意效果的决策，决策存在于拟定目标至目标达到整个过程的始终。决策出台以后，随着它的执行还需要不断地补充和完善。在决策执行过程中会出现许多决策出台时难以预料的问题，这些问题的出现除了主观不可能全部反映客观之外，还因为条件和环境也是不断发展变化的，同时，当决策付诸于实施时主客观的碰撞也难免会发生问题。无论什么问题如不及时解决，等到问题成堆时就会使矛盾复杂化，形成执行决策的时滞现象。所以，我们"在决策执行中，要紧紧依靠群众，并不断接受实践检验，及时总结经验，补充完善，纠正偏差，防止酿成大错误。"②

总之，在决策执行过程中，除了确定证明决策是错误的或者是

---

① ②《中共中央关于加强党同人民群众联系的决定》，《人民日报》1990 年 4 月 21日。

有很大错误成分的，必须终止执行或者进行大的调整外，一般地讲，我们还是要着重决策实施的连贯性，对出台的决策不断进行微调，尽量不走回头路，否则不仅消耗巨大，而且还会延误时机，造成无法弥补的损失。

三、党的育人用人和培养造就人才的能力

党的十三届四中全会以后，我们党在以江泽民为核心的第三代党中央的领导下，党中央反复强调，要确保党和国家的各级领导权要牢牢掌握在忠诚于马克思主义的人手里，把各级领导班子建设成为真正革命化、年轻化、知识化和专业化的领导班子。这既是对我们执政党四十多年历史经验的总结，也是吸取国际共产主义运动的深刻教训而得出的重要结论。"治世之本，惟在得人"。古今中外，任何统治阶级为了维护自己的统治地位和本阶级利益，无不把选人、育人、用人，培养造就人才作为至关重要的战略问题。勿庸讳言，中国共产党亦是如此。

江泽民同志指出："保证党和国家的各级领导权由忠诚于马克思主义的人来掌握，是一个至为重要的战略问题，直接关系到党和国家的盛衰兴亡。在这个问题上，历史和现实的经验教训都不少了。"对于干部只注意使用，只着眼于选人，忽视育人，培养造就人才，是短视的、落后的。我们应当强调党的育人、用人、培养造就人才的能力。党的育人用人培养造就人才的能力，主要是指按照党的干部路线和干部方针政策，培养、教育、团结和使用干部的能力。推荐党员出任国家机关重要职务，是执政党的一个重要职能。在社会主义制度国家里，在政治体制中，执政党的专职干部是国家干部的一个重要组成部分，而且往往掌握着比其他行政干部、业务干部更大的权力。因此，党必须具备相应的培养造就干部和使用干部的能力。

使用干部的能力包括：（1）党根据每个历史时期革命和建设事业的需要与干部队伍状况，制定正确的干部工作路线、方针和政策，

从宏观上指导干部队伍巩固与发展的能力；（2）把全社会的优秀分子吸收进党内来，通过党内教育、培养和训练，大量造就真正忠诚于马克思主义者和真正的马克思主义者，真正的无产阶级职业革命家或者可靠的无产阶级革命事业的接班人。使担任各种领导职务的干部，为党组织、国家机关、社会团体和经济、文化、教育、科学技术、军事国防、卫生体育等组织源源不断地输送领导骨干的能力；（3）知人善任，强化用人之道。选贤任能，兵多将广，常盛不衰。要从党员和非党人士中发现、培养、造就人才，并向国家机关推荐最适合的人选，确保党和国家机关的领导权始终掌握在真正的马克思主义者手中，至少是忠诚于马克思主义的人手里，使各级领导班子实现整体最优组合，保证最佳工作状态的能力；（4）以马克思列宁主义、毛泽东思想和邓小平建设有中国特色社会主义理论为基础，以党性为原则和领导干部的六个基本条件为标准，对干部进行考察、识别、监督、鉴定的能力；（5）在改革开放的新形势下，建立健全干部制度，严格检查考核、监督和激励广大干部勤奋工作、廉洁奉公，恪尽职守的能力。这些育人、用人，造就培养人才的能力，是我们党巩固和发展的组织保证，使执政党能够起领导作用、监督保证作用的基本条件，也是我国生存发展、长期稳定的根本保证。

毛泽东同志早在60年代就明确指出："为了保证我们的党和国家不改变颜色，我们不仅需要正确的路线和政策，而且需要培养和造就千百万无产阶级革命事业的接班人"，"这是关系我们党和国家命运的生死存亡的极其重大的问题。"这些论断的精神是完全正确的，而且是很有远见的。可惜，由于当时整个工作的指导思想发生了偏差，出现了十年动乱的"文化大革命"，影响了这一任务的实现。

（一）要把领导者的才能与广大人民群众的创造性才能紧密结合起来。

在建设有中国特色社会主义事业中，怎样识人、用人和造就人才是一个非常重要的战略问题。党的十一届三中全会以后，邓小平强调指出：中国的稳定，四个现代化的实现，要有正确的组织路线来保证，要有真正坚持马克思列宁主义、毛泽东思想和党的领导的人来接班才能保证。他还明确指出：我们今后配备领导班子，一定要选那些认真学习马克思列宁主义、毛泽东思想，在斗争中经得起考验的人；要选那些党性强，能团结人，不信邪的人；要选那些艰苦朴素，实事求是，说老实话，办老实事，做老实人，作风正派的人；要选那些努力工作，联系群众，关心群众疾苦，有魄力，有实践经验，能够办事的人；今后选干部要严格。对于那些搞打砸抢的、连党的最关紧要的利益都不顾的人，决不能重用。对于看风使舵，找靠山、不讲党的原则的人，也不能轻易信任，要警惕，要教育，要促使他们改造世界观，等等。他讲的这些指导思想很有时代感和针对性，虽然说的是选人、育人、用人、造就人的标准和条件，我看既应当作我们培养造就忠诚于马克思主义的领导骨干的目标，也应当作为干部自己努力锻炼的目标。按照这个目标培养造就的人才愈多，我们的党和国家就愈有希望。

首先，我们的着眼点：要知道凡人皆有所长，皆有所短。领导者要密切注意人民群众的创造性。古人云："百羊而群，使五尺童子荷杖而随之，欲东而东，欲西而西。君且使率羊，舜荷杖而随之，则乱之始也。"尧舜治理国家有办法，一代明君，但放羊却不如五尺童子。童子和尧舜各有自己的长处和短处。"天地无全功，圣人无全能，万物无全用。"① 这是富于哲理的。至贤至圣，完美无缺，无所不能的人，过去没有，现在没有，将来也不会有。

这就告诉我们：一曰：用才不强其所能——"尺有所短，寸有所长"，清人顾嗣协曾有诗云："骏马能历险，力田不如牛；坚车可载重，渡河不如舟。舍长以就短，智者难为谋；生才贵适用，慎勿多苟求"；

二曰：用才不徒有其名——用才，要使其真正发挥作用，不能

---

① 《列子·无端》

放在可有可无的位置上当摆设。我国历史上的贾谊是"见遇未尽其用"的典型。贾谊本是治国安邦的良才，后被诸臣谗毁，贬为长沙王太傅，岁余被文帝征见，问"鬼神之本"，李商隐有诗叹曰："宣室求贤访逐臣，贾生才调更无伦，可怜夜半虚前席，不问苍生问鬼神。"值得思考；

三曰：用才不委之数职——名人、要人身兼数职，这是用人方面的一大弊病，兼职过多，结果是忙于应付，"日无余暇，而身无余力，心无余思；"①

四曰：用人要用其所长——明熹宗朱由校在位七年，把国事、家事搞得乱糟糟，死后还被人称为昏愦之国君。此人不是凶狠残暴之君，也不是荒淫无道之辈，相反，他天资聪明，兴趣广泛，性情文雅。但他不理朝政，将国事要政置于脑后，大权交给奶母娘容氏和太监魏忠贤，此二人打着皇帝的旗号大施淫威，事情都坏在这两个人身上；明熹宗爱好工艺制作和机动装置，还喜欢编戏演戏。他又当皇帝，又当木工，干起活来专心致志，宫室成了木工房，龙袍上挂满了木屑，政务丢在一旁，他心灵手巧，制作的工艺品精美绝伦，巧夺天工，并能把雕刻技艺与剧曲知识结合起来。如果他不是皇帝，而是一名技工、伶人，完全可能成为一个智慧超群的能工巧匠，优伶名角。可是他坐在皇帝的宝座上，是处理国家大事的，精巧的技艺是用不上的，埋头木工恰恰是不务正业。所以，明熹宗是因为精工技艺而误民害国，这是一个悲剧。虽然是历史故事，也是值得我们借鉴的。

其次，我们要辩证的发展的看人，识人是为了育人用人，造就人才。要发展的辩证的看待一个干部的长处与短处，要看得深一点，远一点，准一点，力争不要智者有失。陈云在《论干部政策》一文指出："自高自大当然不好，是坏的，但是这种看法往往包含片面性。我们要进一步地看，每一个坏处同时也常有它的好处。这个人自高

---

① 《劝学篇》

自大，但是做起事来有自信心，这种人多少有点才能"。① 这里说的
"进一步看"就是辩证地、发展地去看人，看干部。

这就告诉我们。一曰：从长处 看短处，从短处看到长处。看到
优势。在《贾谊论》中有一句话："古之人有高世之才，必有遗俗之
累。"意思是说，古代有高才的人，有时也难免犯遗漏疏忽大意的毛
病。如果一个有高才的人不包含有疏忽大意的因素，那么"智者千
虑，必有一失"的事也就不会发生了。然而，智者有失的事情在历
史上却是屡见不鲜的；

二曰：人才学上有一条规律；成功＝才能＋机遇。一个有才能
的领导者，要在实践中能看人的优势，用人的长处，避其短处，扬
长避短，求其所长无疑是正确的。给人家创造条件，使其长处有发
挥的机会，千里马在马厩里，拴着不用，终生骈死于槽枥之间，怎
样以千里称之呢：倘若不给人以发挥长处的机会，用人之长也就成
了一句空话。从古到今都把"选贤任能"、"知人善任"、"任人唯
贤"看做是一种美德；

三曰：干部自身要有自知之明，以身作则，严以律己，常说，上
梁不正下梁歪，中梁不正倒下来是完全正确的。应"顾全大局"，要
有大将风度，宽广的胸怀。古人对人才中有所谓"成大功者不小苛"，
"有大略者不问其短，有厚德者不非小庇"之说。这都是古代贤 者们
的真知灼见，对我们 很有启迪作用；

四曰：要张飞绣花粗中有细。古人云："诸葛一生唯谨慎，吕端
大事不糊涂"。毛泽东给叶剑英元帅的诗就是提倡这种精神。毛泽东
对邓小平同志说，人家说你是钢铁公司，小平同志人才难得，我送
你两句话："你要柔中寓刚，绵里藏针。"这是对邓小平同志的高度
评价；

五曰：要把人的才能、专长优势与岗位、职务、责任统一起来，
一致起来，使他们尽心、尽力、尽职、尽责，做出创造性的贡献。就

① 《陈云文选》(1926—1949 年)，第 45 页。

是说尽量要把相应的能力与专长的人，安排在相适应的岗位上，真正做到人尽其才，才尽其用；应当使人才在其位、谋其政、行其权、司其职、负其责、取其酬、获其荣、惩其误，等原则，这几方面是互相制约的。就是说，如果光在其位，行其权，而做了错事、坏事，不负其责，不惩其误，那就助长了滥用职权甚至以权谋私，违法乱纪；如果身在其位而不司其职，肩负重任而不负其责，犯了错误，调开了事，或者以"交学费"而告终；有卓著成就，不获其荣，不奖其功，那也会影响事业的发展，贻误我们的工作。

其三，培养选拔造就无产阶级事业的接班人，造就一代又一代的人才，是百年大计。按照毛泽东的话，这是关系我们党和国家命运的生死存亡的极其重大的问题，是无产阶级事业的百年大计、千年大计、万年大计。邓小平同志也深刻地指出，中国要出问题，还是出在共产党内部，对这个问题要清醒，要注意培养人，要照"革命化、年轻化、知识化、专业化"的标准，选拔德才兼备的人进班子。要使党的事业承前启后、继往开来，关键是人，核心是党、是领导班子，这是至关重要的大问题。它关系到确保党和国家政权能否掌握在忠诚于马克思主义的人手里，关系到党和国家的接班人的问题；关系到能否肩负承前启后、继往开来的历史责任，能否经受住考验；能否正确判断风云变幻的国际国内形势，关系到我国能否继续沿着社会主义道路前进；关系到我国建设有中国特色的社会主义现代化事业的盛衰兴亡；关系到党和国家命运和前途的大问题。所以，加强党和国家各级领导班子建设，选拔好接班人，培养一代又一代的人才，坚定不移地执行党的路线方针政策，特别是执行党的组织路线具有重大意义。

（二）正确的政治路线要靠正确的组织路线来保证。

邓小平同志南巡重要谈话中深刻地告诉我们全党："正确的政治路线要靠正确的组织路线来保证。中国的事情能不能办好，社会主义和改革开放能不能坚持，经济能不能快一点发展起业，国家能不能长治久安，从一定意义上讲，关键在人。"就是说，要坚持正确的组织路线，确保政治路线的实现。中国的事情要靠中国人民，先把自己的事情办好，关键在人，在自己，核心 是党的领导、党的建设、以及领导班子。各级领导班子是执政党权力的主要物质载体和核心力量。

领导班子的实质是领导权问题，是否由马克思主义者或忠诚于马克思主义的人来组成，它直接影响着领导权的性质，影响着党的性质和国家的性质。能不能坚持以马克思列宁主义、毛 泽东思想为指导的组织路线，具有重大意义。

组织路线的实质，就在于根据党的政治路线的要求，按照党的组织原则，领导和团结全党和全国各族人民，以经济建设为中心，坚持四项基本原则，坚持改革开放，自力更生，艰苦创业，为把我国建设成为富强、民主、文明的社会主义现代化国家而奋斗。以达到巩固党组织团结和统一，提高党的凝聚力、吸引力和战斗力，团结起来，去争取更大的胜利！组织路线也是群众路线在组织建设上的具体体现。在执行党的组织路线的过程中，是立党为公，为人民谋福利，还是利用党的组织手段，拉帮结派？是搞民主集中制，还是搞封建家长制？是搞团结、还是搞分裂？对使用干部是任人唯贤，还是任人唯亲？是否贯彻执行公开、平等、竞争、择优的原则？等等。这些问题，都能反映或者表现出组织路线的实质问题。

我们要清醒地认识到：加强党的领导、重视党的建设，特别是极端重视党和国家领导班子建设是个头等重要的关键问题。要明确领导班子的实质是领导权的问题。党政领导班子，特别是高级领导班子，是否由忠诚于马克思主义的人，或者由真正的马克思主义者来组成，直接影响到党的性质和国家的性质。关键在于我们党坚持用邓小平建设有中国特色社会主义的理论武装全党。培养造就千百万无产阶级革命事业接班 人，造就一代新人。这就使我们党和国家经得起任何惊涛骇浪的历史考验，就能够团结、率领全国各族人民始终不渝地沿着马克思列宁主义、毛泽东思想指引的方向不断前进！

　　把党和国家各级领导班子建设成为贯彻执行党的路线、方针和政策的坚强核心和战斗堡垒。建设成为政治坚定、紧密联系群众、团结奋进、开拓廉政、真抓实干、党性强、作风硬、艰苦创业、积极奉献的班子。这是党的组织路线的要求。加强领导班子建设中要进一步找年轻人进班子。要严格按照干部标准选好、选准，关键是一把手。要把革命化放在首位，选就人才，培养接班人要放开视野，着眼未来，要培养造就一代人，一层人，使他们在实践中成长起来，继承发展我们党和老一辈无产阶级革命家开创的事业后继有人，代代相传，为建设有中国特色的社会主义，为完成工人阶级的历史使命而奋斗。

　　江泽民同志《在庆祝中国共产党成立七十周年大会上的讲话》指出："必须努力培养和造就千百万社会主义事业的接班人。""今后几年，是我国经济和社会发展的关键时期，也是新老干部交替的关键时期。社会主义事业在中国的前景，很大程度上取决于青年一代的状况。要以对今后十年乃至下个世纪中国社会主义事业的命运高度负责的精神，着眼于培养广大青少年。""要在各族工人、农民、知识分子中广泛而扎实地进行培养、教育和发现人才的工作。"因为，政治路线确定了，要由人来具体地贯彻执行。什么样的人来执行，结果是不一样的，实际上是由什么人来接班的问题。因此，在无产阶级革命事业中，在建设有中国特色社会主义的工作中，始终是革命和建设事业的中心和关键。夺取政权是这样，建设政权，巩固政权都是这样。

　　（三）全党要把拒腐防变列为一个长期的战略任务。

　　在执政党的条件下，在建设有中国特色社会主义的实践中，拒腐防变是我们党长期的战略任务。邓小平同志反复强调指出，帝国主义搞和平演变，把希望寄托在我们以后的几代人身上，江泽民同志他们这一代可以算是第三代，还有第四代、第五代，我们这些老一辈的人在，有份量，敌对势力知道变不了。但我们这些老人呜呼哀哉后，谁来保险？所以，要把我们的军队教育好，把我们的专政机构教育好，把共产党员教育好，把人民和青年教育好。这就要求我们老一辈无产阶级革命家，要把接班 人培养好，选拔好，把各级领导班子建设好。要大力进行政治思想教育，特别是要进行马克思主义基本理论教育，提高干部素质，提高他们的思想理论水平和认识能力。要认清帝国主义搞和平演变的攻击目标、攻击重点。因此，要把拒腐防变列为我国一个长期的战略任务。

首先，要认清西方搞和平演变攻势在战略上的突出特点：一是要看到以杜勒斯提出遏制政策到布什的超越遏制政策，是从战略上的防御转向了进攻的趋势。这种变化从东欧的剧变，苏联解体到转轨变型，丧失国家政权向背道而驰的方向发展已展示在人民面前，这在国际共产主义运动史上是史无前例的；西方帝国主义和一切反动势力对社会主义国家，从外部包围，转移到公开的、直接的对国内施加影响，从渗透、收买、寻找他们的代理人，搞特务活动，隐蔽的方法方式转移到公然公开支持反对派，"持不同政见者"、"民主个人主义者"直向国家政权搞颠覆活动。这种明火执仗完全暴露了他们的政治目的。他们不惜一切代价在执政党的领导核心中施加影响搞分裂活动，模糊视线，挑起矛盾，按照他们的政治野心发起"不战而胜"的目的；他们还在可能接班的年轻人一代身上下功夫。他们利用青年人的特点和政治上幼稚灌输西方的"自由、平等、博爱、人道、人权、明智、希望。"把他们引向所希望的政治方向。

二是他们从侧重于政治、经济、军事转移到侧重于意识形态，打一场没有硝烟的战争。他们妄图先把思想搞乱，在"乱"中推行他们的一套和平演变的战略计划。使"没有硝烟的战争"步步紧逼，按照他们轨迹导向；他们从经济上强硬封锁、制裁、分裂围攻，"软硬兼施"转移到关心"改革开放"，把改革开放作为他们"和平演变"的大好形势和"机遇"，要利用这个"机遇"搞加速"和平演变"的步伐。特别是东欧剧变苏联解体以后，他们以经济援助为诱饵，诱逼一些国家实现私有化、自由化、自决化和非军事化，等等。

　　三是他们采用"攻心战"、"思想文化战"、"经济战"、"投资战"等等，在这一系列战场上都没有硝烟。在这个基础上，他们也千方百计搞大规模硝烟滚滚的"动乱"和"暴乱"，这是他们梦寐以求的效果；他们把"进行思想宣传战作为重点"，赤裸裸地宣扬反动观点，造谣惑众，搅乱人民群众的思想。搞"柔性攻势"潜移默化，寓思想政治渗透于艺术、娱乐之中。他们为"在铁幕上打洞"、"培养自由种子"，使反动分子，反共分子为他们效劳。他们千方百计用金钱、美女、物资为诱饵，或搞感情投资，放长线钓大鱼。他们的腐蚀的重点是领导干部和干部子弟。要害部门和领导机关。要认清敌对势力对我们腐蚀和干部队伍内的腐败是一对孪生兄弟，腐蚀是通过腐败起作用，腐败又给腐蚀提供保护伞。腐败现象是社会主义初级阶段在一定条件下，阶级斗争的内部表现，腐蚀则是阶级斗争的外在表现。外因是通过内因起作用的。这是明显的道理。

　　这就告诉我们：必须把反对腐蚀与反对腐败紧密的结合起来。所以，我们要进行拒腐防变的教育。关键还在于自身的抗拒能力。只要自己不腐败，不一天天烂下去，就不会走向自我毁灭的道路。我们党针对上述三方面的特点，要坚定不移的坚持"针锋相对，坚固阵地，刚柔相济，拒腐防变相结合，有利有节，持之以恒"的方针。邓小平同志提出的：站稳脚根，冷静观察，沉着应付的方针也是完全正确的。我们有正确的路线、方针和政策，只要我们头脑清醒，全国思想一致，团结统一，密切和人民相联系，得到人民的拥护和支持，取信于民，我们党就能立于不败之地，就能成为反对和平演变的坚强堡垒。在整个社会形成真正抵御和反对和平演变的钢铁长城。

　　其次，我们党针对帝国主义的战略攻势的新特点，不仅要有正确的方针和政策，而且要认清他们的反动本质。认清拒腐防变的实质，就是使我们的党组织、党员、干部，特别是领导干部不堕落，不败坏、不腐烂变质。就是说，在执政党的条件下，手中掌握着一定的权力的党员、干部特别是党政领导干部在自身活动中不能背离党的宗旨和原则。特别是在运用党和人民赋予的权力时，绝对不允许

背离权力本质 属性的行为，不能把"公仆变为主人"，不能把领导者变成"统治者"、"寄生者"。也不能在社会及党内生活领域中违背社会道德、传统、法律和党内生活准则的行为规范的基本原则。

其三，要认清腐败和演变的辩证关系和它的实质。腐败是封建主义和资本主义腐朽思想的产物。在阶级社会里产生腐败现象是必然的，统治阶级与被统治阶级对待腐败问题的立场，态度截然不同。能不能及时和有力地反对腐败现象，也就反映出统治阶级领导核心的政治性质及其水平和能力，并且将最终决定着自身的命运。党内的腐败现象就其实质而言，是剥削阶级思想在党内的反映，也是和平演变的反映。

江泽民同志在中央工作会议上指出："只要我们党自己不腐败，自己不蜕变，谁也演变不了我们。"深刻而精辟地指出了腐败与演变的辩证关系，要理解它的深刻涵义。由此可见，腐败是由社会主义向资本主义和平演变的一个缺口。因此，我们要高度地重视，这是长期的战略任务。

我们还要认清腐败与演变基本规律的活动过程。要把拒腐防变列为一个长期的战略任务。要抓住思想教育这个中心环节，提高各条战线拒腐防变的能力和认识水平。和平演变的突出特点，是争取人民。变天先变人，变人先变心，通过攻心夺人，进而改变党和国家的性质，是敌对势力对我们党和国家进行和平演变的基本活动规律。因为腐败是由思想上的蜕变、经济上的贪婪和生活上的腐化开始的。这不仅是对党、对国家肌体的一种腐蚀，而且是对党性的一种背叛。邓小平同志讲的"关键在人"，就是我们党的经验总结和基本结论。

帝国主义和一切反动派推行的和平演变战略，集中到一点就是"移其耳目，夺其志"，寻找他们的代理人、接班人，动摇社会主义、共产主义理想和信念。因此，我们反对和平演变的基本思路，应当固国先固人，固人先固心，关键在人，核心是党。在我国和平演变与反和平演变的斗争中，充满着两条战线的斗争。一条是西方资本主义与科学社会主义的斗争；一条是民主社会主义与马克思主义的斗争。因此，我们既要抵御西方资本主义对我们所进行没有硝烟的战争，又要抵御民主社会主义对我们的不良影响和精神污染。要永远保持工人阶级政党的纯洁性和它的阶级本色。

特别是在党的十三届四中全会以来，在以江泽民为核心的党中央的领导下，对育人用人和培养造就人才方面，采取了一系列的重大措施。加强干部队伍建设和领导班子建设做出了卓越的成绩。江泽民同志指出："我们务必要高瞻远瞩，采取有力措施，把各级领导班子建设好，以保证老一辈无产阶级革命家开创的事业代代相传"。还强调指出："全国县级以上党委和政权机关领导班子的成员是干部队伍的骨干，这部分干部责任重大。我们要努力做到确保县以上各级领导集体由真正忠于马克思主义的人组成，并从中逐步造就成千上万名坚强的成熟的马克思主义者。"① 党强调培养、造就更多忠诚于马克思主义的领导骨干，正是从党和国家的全局与未来出发的战略考虑。

我国社会主义现代化建设，是在马克思主义指导下，对建设有中国特色的社会主义探索，如果领导干部不懂马克思主义，或者知识不多，就担当不起领导人民去完成这个伟大事业的历史重任；党所以能够在过去 70 多年间，领导人民历尽艰难险阻，在一个人口众多和贫穷落后的国家推翻了旧制度，建立和巩固了社会主义新制度，不仅完成了最伟大、最深刻的社会变革，而且建立了一个初步繁荣、昌盛、富强的社会主义国家。重要的一点是因为党内有一批又一批，一层又一层成长着坚定而成熟的真正的马克思主义者。这是根本、关键、重要的一条；在东欧国家的急剧演变、曲折和苏联解体、动荡，使我们清楚地看到，这些变化和动荡的背后，除西方敌对势力推行"和平演变以外，更为重要的则是长期形成的内因。在诸多内因中，最关紧要的是党和国家领导权被别有用心的假马克思

---

① 《人民日报》1990 年 7 月 1 日。

主义者、机会主义者所篡夺，纵容支持反共反社会主义势力，迎合帝国主义的和平演变"的政策；或者是领导岗位被政治上不坚定、理论上不成熟的人所占据，在国内、国外反动势力步步紧逼下，束手无策，节节退让，交出了党和国家的领导权。所以，我们一定要保证党和国家的各级领导者，由忠诚于马克思列宁主义、毛泽东思想和邓小平建设有中国特色社会主义理论的坚定分子来组成，才能巩固和发展社会主义，避免重蹈东欧等国的覆辙。为此，要把育人、用人和培养造就人才作为我们党的战略任务，这是我们党的职责。

四、党的组织行动能力

党组织进行政治、思想和组织领导，党政领导干部在工作岗位上尽职、尽责、尽心、尽力地全心全意为人民服务，不但有能力作出决策，而且要有能力贯彻执行和实现决策，这就必须具备相应的组织行动能力。一个党政领导干部只有拍板的权力，缺少拍板实现的能力，不是一个合格的领导干部。

组织行动能力，是指全体共产党员、党的干部，特别是领导干部，按照党的路线、方针、政策和一定章程、规则、法规、条例、指示、政策和程序，排列组合一个有机整体，开展群众性的活动，形成巨大的群众运动而实现党和国家的奋斗目标。党和政府为实现一定的决策目标，迅速、有效地动员和组织广大党员和人民群众步调一致地投入实际斗争的能力。也就是一个党政干部特别是领导干部的组织行动的领导能力，职称相符的实际能力，通常讲一个领导者的组织和领导才干。

组织行动能力的高低，主要看党组织自身建设的状况是否良好？党与群众的关系是否密切？党组织领导群众的方式、方法是否恰当？等等。组织行动能力反映党的政治优势和强大的凝聚力、吸引力和战斗力。还反映在党组织的领导和指引下能否掌握人民群众听党的话，跟共产党走转化为巨大物质力量的能力，也就是精神转变为物质的能力；党的组织行动能力的高低，反映在党政领导者身上，主要是看它的组织领导才干，政绩，自身的素质和人品，以及严以自律、以身作则取得广大人民群众的信任和支持。

党的组织行动能力主要包括（1）通过广泛、深入的党内动员，使党政的领导机关和重大决策、奋斗目标得到全党全军和全国各族人民认同，达到党内的共识，以统一全国人民思想的组织行动能力；（2）根据科学的组织原理、原则、建立健全党政组织系统，成为全国的党政领导核心，扩大广泛的统一战线，调动一切积极因素，达到全国上下团结一致，为实现党的目标而奋斗。并在这个基础上，调整党政组织结构，采取必要的重大组织措施，充分有效地分配、调配和使用人力、物力和财力的组织行动能力；（3）为了实现社会主义现代化，建设好有中国特色的社会主义，按照最有利于当前斗争的组织形式，把广大党员和人民群众组织起来，既能形成一个统一、严整的战斗集体，又能灵活多样，多种形式，多种渠道的组织协调的组织行动能力；（4）凭借执政党的政治影响力和分布在各个领域的党员的模范作用，带头作用，桥梁作用，使其政治影响、控制和引导国家机关、民主党派、社会团体，使他们接受党的领导，发挥各自职能，为实现党、政的决策而共同奋斗的能力；（5）严格党纪、国法的组织纪律，惩处制裁一切破坏党和国家的统一意志和统一行动的行为，以保持全党全国行动上高度一致的能力；（6）政治适应能力，是指一个政党，根据社会已经变化了的情况和未来的发展趋势及时修改、补充自己的战略、策略以及路线、方针和政策。调整政治活动的内容、方式、方法，变革组织机构和运行机制、发挥政治思想的影响作用和组织的协调能力，适应社会发展趋势。

历史在发展，社会在前进，要调整自身，消除不适应的现状，以适应生产力发展的要求。只有这样才能适应人民的愿望和要求，才能适应社会主义现代化的要求，因此，我们急需增强新陈代谢的能力，积极稳妥地开展党内斗争，实现新老交替，理顺党政、党群关系。只有这样，才能充分发挥组织行动能力的巨大威力。

（一）党的组织行动能力的重大意义。

　　一个有很强的组织行动能力的党,能够在革命和建设的实践中,在建设有中国特色社会主义事业中,在实现自己的政治目标过程中,能够最迅速、最有效地动员党内外一切可以动员的力量、调动一切积极因素,为实现党的决策和奋斗目标。一个政党如果政治上不坚定,思想混乱,认识不统一,组织涣散、僵化、死板,步调不一致,指挥不灵,缺乏应有的组织行动能力、吸引力、凝聚力,影响力很弱,党的政治决策就只能是一幅永不能成为现实的蓝图和理想的美好画卷。

　　我们党的性质和历史使命,要求具备强大的组织行动能力和凝聚力,而只有民主集中制的组织结构才能提供这种能力。因此,党和国家政权组织要坚持民主集中制的组织原则,在民主的基础上的集中,在集中指导下的民主,这是我们党和国家的组织基础,是党和国家政权组织的力量所在,这是我们党和国家不能动摇的根本组织原则。

　　一个组织能力比较强,有才干的党政领导者,他们能够迅速地把党的政治路线、方针、政策的基本要求和主要精神,贯彻到人民群众中去,使精神变物质。把广大人民群众的思想觉悟、认识能力与政策水平,提高到党和国家的认识水平,提高到中共中央、国务院文件精神的水平上来,使全党全军全国各族人民同心同德,万众一心,为实现党和国家政治任务而奋斗。

（二）党的组织行动能力的源泉和必须坚持的基本原则和指导思想。

　　在执政党的条件下,党的组织行动能力是执政党为了卓有成效地履行对国家、社会政治、社会生活的领导责任。党组织是实现党历史使命的工具,是领导者与被领导者之间建立联系、发生作用的纽带和桥梁。行动是组织按照领导者所指示的方向,道路和制定的规则、蓝图、方位进行的活动。没有组织行动和领导活动，领导是不存在的。党的组织行动的源泉，是它的先进性，先锋性与人民性、群众性相结合的产物。是工人阶级的先锋队团结整个工人阶级的人民群众，为实现自己的奋斗目标形成一个有机的战斗集体，为人民的幸福与解放形成一种巨大的物质力量，为人民的幸福、党的历史使命而奋斗，这是力量的源泉和社会的基础。

党的组织行动与一般领导、管理的组织行动是不同的。一般的领导和管理的组织行动是一个组织系统中完成的，是直接的、层层命令式的。党是一个政治组织，特别是执政党，有它的特殊性。这个政党以马克思列宁主义、毛泽东思想和邓小平建设有中国特色社会主义理论为指导，有众多的党员，他们大都来自工人阶级和社会各阶层的先进分子；党组织本身是建立在马克思主义基础上的自愿联盟，吸收党员有自己的标准和条件，具有自己高度的统一性、整体性。它的组织行为大体分为两个基本层次。一个层次是党内的组织行动，它是直接的、命令式的；另一层次是党外的组织行动，是间接的、非命令式的。当然，有它显著的时代特征，有不执政、部分执政和全面执政的特殊性。

在革命战争时期或 执政的初期，党的中心工作是军事斗争，权力高度集中，要求不分党内党外，党直接下命令组织行动才能保证效率，赢得战争的胜利。夺取全国政权 以后，大规模阶级斗争已基本结束，社会管理事务日益繁杂，人民群众中各种不同利益要求显现的社会主义革命和社会主义建设时期，党原有的不分党内外的一元化的组织行动方式、方法已不适应新的情况。通过改进党的领导，组织行动方式、方法也有很大的变化，在增强党的组织行动能力的同时，实行党政分开、政企分开，势在必行。

党的组织行动能力，必须坚持的指导思想和基本原则，就是在党的、国家的民主集中制的基础上，加强党的组织纪律、建立健全和完善党政的工作责任制、强有力的组织机构管理体系、良好的效能，特别是理顺党内、党外关系，相互配合，协调一致，只有这样才能实现党政组织行动的奋斗目标。

　　党政组织自身力量的行动要求,既要搞好党组织自身的建设,也要搞好政府系统的工作。因为党组织要组织好党内外力量的行动要求,就必须处理好党与国家政权、党与各民主党派和社会团体的关系.当前党组织行动的中心任务是建设有中国特色的社会主义事业,实现一个富强、民主、文明的社会主义现代化国家。我国的社会主义建设的经历,完成这个伟大的任务,就必须调动一切积极因素,发挥全国人民的积极性、主动性和创造性。

　　但是,过去那种由党组织直接组织力量,直接下命令的方式、方法,既管不了,也管不好,还管一些不应该管的事情,不利于国家政权建设,不利于各民主党派发挥它们的积极性、主动性和创造性。也不利于社会团体在不同的社会生活领域内发挥各自不同的职能。只有通过政治体制改革,理顺党政关系,政企关系,真正相互协调配合,才能实现党组织行动奋斗目标。

　　党对广大群众的影响力是党组织行动能力的重要标志,影响力的大小与党和群众的密切程度成正比。只有联系人民群众,有事和群众商量,深切了解人民群众的 疾苦、愿望和要求,代表人民群众的根本利益和长远利益,与人民群众同甘苦、共命运,党在人民群众中扎根,取得人民群众的信任和支持,党才能在人民群众中有强有力的影响和威望。因此,党必须把为人民谋利益作为自己全部活动的出发点和归宿。

　　历史经验反复证明,什么时候党的群众路线执行得好,党群关系密切,党的组织行动就有显著成效,我们的事业就顺利发展;什么时候党的群众路线执行得不好,党群关系受到损害,党的组织行动就受到损害,我们的事业就受挫折。我们党执政以后,有了更多更好的为人民服务的条件,党的组织行动能力有了更大的发展,产生巨大深远的影响。我们要密切党群关系,保持党密切联系群众的传统作风,使党的影响更加深入人心,更有大的效应。

　　但是,由于地位的变化,现在又实行改革开放,发展社会主义市场经济，如果不能正确地运用权力，如果不能自觉抵制资产阶级和其他剥削阶级腐朽思想的侵蚀，就会滋长脱离群众的危险。甚至以权谋私，权钱交易，就会败坏党风，损害党群关系。因此，全党必须时刻高度警惕这种危险，经受住执政党和改革开放的考验，努力保持和发展党同人民群众的密切联系，使党组织的行动能力得到人民群众的信任和支持，使其发挥巨大的威力。

（三）党的组织行动能力的特征和永远保持它的生机和活力。

党的组织行动能力的生机和活力，是党领导能力保持执政地位的决定性的主观条件和组织因素。党的执政地位是在长期的革命斗争中历史地形成的，是人民的选择，是宪法确认的。这当然都是无可置疑的历史事实。但是，在历史上多党并存的斗争中，为什么是中国共产党而不是别的党获得最后的胜利，赢得了人民的拥护和信任，从而取得了执政党的地位？中国人民为什么选择共产党而不是别的党担当起执政的重任？在中国社会上仍然存在着其他党派的条件下，为什么宪法只确认共产党而不是别的党为国家的领导力量？这一切不仅可以归结为党所有的超出其它一切政党或政治组织的领导能力为基本特征，而且具有坚强组织行动能力作为保证。

在整个社会政治组织系统中，谁成为主要的社会引导和领导力量，获得国家政治生活中的领导地位，是由各个社会政治组织之间的相互竞争决定的，这是最根本的特征。这个特征不仅有政治意义，而且有组织意义。

谁能够坚定地站在最广大的人民群众一边，正确地判明形势的发展趋势和社会各阶级的力量对比，提出能够获得绝大多数人民群众支持和拥护的政治纲领，制定正确的路线、方针和政策，率领人民群众去实现它，谁就能赢得人心，成为社会的引导和指导力量，最终取得执政地位。共产党所以能够战胜所有其他阶级的一切政党，包括战胜本阶级内部的社会民主党、及其形形色色的小资产阶级的政党，以及外部的资产阶级政党，也包括国民党等等。就是凭借它政治上、思想上、组织上、制度上、作风上的先进性和先锋性，获得了超出其它一切党派和组织，引导革命运动胜利前进，驾驭社会发展的领导能力。特别是组织行动能力，具有强大的生机和活力。

在当代国际共产主义运动中，也有不少未能战胜敌对阶级的共产党、对人民群众的影响力不及社会民主党甚至不及工会；有的党在长期执政后为政治反对派所击败，领导地位得而复失，其原因固然十分复杂，但这些党的政治领导能力、组织行为能力基于自身原因相对低下，因而无力使社会政治力量对比形成和保持有利于自己的态势，则是最深刻的原因之一。历史地形成的状况会不会改变，群众会不会做出新的选择，宪法在政治现实发生根本性变化的时候会不会做出新的确认，这决不取决于我们共产党人的主观愿望，而是取决于处在不断变化中的党的实际领导能力及其发挥状况，特别是它的组织行动能力是否有生机和活力。

党的组织行动能力是履行执政党职能的基本条件之一。党处在执政地位，就要发挥执政党的职能，党的组织行动能力，涉及的领域比执政前党的领导范围要广泛得多，组织行动起来困难大、影响也大。执政前，党的任务主要是为夺取政权而斗争，活动范围主要限于政治领域；执政以后，党要对国家和社会生活的一切领域实行总的领导，这就要求拓宽党的领导能力和组织行动能力的内涵。执政前，党的任务主要是革命，组织人民起来为夺取政权而奋斗；执政后，主要任务是建设，建设比革命要复杂得多，困难得多，这就要改变党的领导能力与组织行动能力的构成和侧重点。组织行动能力影响就更大，更要有生机和活力。特别是在我们这样一个有几千年封建历史，由半封建半殖民地社会直接进入社会主义社会的落后大国里领导建设有中国特色社会主义事业，会遇到许多其它国家不可能出现的复杂情况。党没有与之相适应的组织行动能力，是担负不起执政重任的。

当然，党要履行执政职能，除了自身领导能力以外，还需要一定的外部条件，使党的组织行动能力具有生机和活力。要具有高度的政治觉悟的人民群众，日趋完善的国家政治体制、经济体制、意识形态管理体制，等等。这些条件不具备，执政党的组织行动能力也会受到很大的影响。执行执政党的职能也会有很大的困难。但是，这些条件都是具有可变性的客观条件，都是可以通过执政党的努力加以创造或改变的。

党的组织领导能力决定党的领导效能，影响领导效果的实现。党的领导效能、效果和效益是统一的。领导效率是已实现的组织领导目标与时间之比，即在一定时间内完成一定数量和质量的领导目标的速度。领导效果，即领导者的领导活动作用于被领导者和客观环境所取得的最初成果或直接成效，通常表现为领导者的工作成绩。领导效益是领导活动所产生的社会效益，是领导活动的最终成果，它表现为经济效益，政治效益、文化效益、人才效益等等。在这三个基本要素中，领导效益是领导效能的本质内容。党的领导活动取得多大领导效能，受到各种主观客观条件的限制和影响，主要决定于党的领导能力和组织行动能力。如社会主义民主政治建设的进度与质量，在既定的社会经济、文化条件下，取决于执政党能否深刻认识社会主义民主政治的意义。

根据国家的政治体制和政治传统，制定民主建设的总体规划，提出每一阶段的政治发展目标及其实施方案，有效地驾驭和协调各种政治力量，从而在客观条件允许范围内，积极、稳妥、逐步地进行民主政治建设，这就是党的领导能力和组织行动能力问题。又如经济建设，如果党不了解现实国情，对经济规律缺乏深刻的理解，不能制定正确的经济发展战略，也就是说，缺乏经济建设的能力，就会出现经济工作指导上的失误，延缓和迟滞经济的发展，从而降低党的领导的整体效能。

在现实生活中，我们经常看到，党对经济、政治、文化等各个领域的效能往往呈现极不稳定的状态，每隔几年就要出现一次大的波折，其原因十分复杂，从党的领导能力、组织行动能力来说，主要是由两种情况造成的：一是客观条件包括客观环境和被领导者的情况已经发生重大变化，而党的领导能力，组织行动能力仍然停留在原来的水平上，或者虽然有提高，但仍落后于环境和任务的变化，形成领导能力、组织行动能力相对下降；二是客观条件并未发生重大变化，而是由于党自身的原因，如组织涣散、党风败坏、领导集团内部政治上发生重大分歧、组织上发生分裂，等等，导致党的领导能力，组织行动能力的相对下降和绝对下降，都会造成作为领导主体的党组织同被领导者及客观环境之间的矛盾冲突，使领导效能出现波折起伏。

党的领导能力、组织行动能力，是党的性质的重要体现和尺度。党是工人阶级的先锋队。它之所以称得起先锋队，就是因为它在实际斗争中，具有超出工人阶级其它一切组织的理论水平、政治远见和组织行动能力，能够站在本阶级的战斗队伍的前列，组织、指引，率领本阶级和广大人民群众前进，成为群众斗争的领袖和旗手。因此，党的领导能力、组织行动能力同党的思想上、政治上和组织上的先进性是密切联系的。党的领导能力、组织行动能力来自党的先进性，体现和反映党的先进性，是先进性的重要尺度。党的先进程度越高，它的领导能力、组织行动能力就越强，就越有生机和活力。党的领导能力和组织行动能力的稳定与提高，表明党的先进性得到保持和发展；党的领导能力和组织行动能力的停滞和下降，表明党的先进性受到削弱和减损。如果一个党已经失去了领导本阶级和人民群众卓有成效地进行革命和建设的能力，那么，它也就丧失了先进性，也就不再成其为工人阶级的先锋队，它的领导地位或迟或早要丧失，这是我们必须警惕的，我们要集中力量，强化党的组织行动能力，永远保持它的生机和活力。

（四）党的组织行动能力是党的领导能力赖以形成和发展的物质基础。

党组织是由党员、由党组织的党内单位、领导各个单位的机关，按照一定的结构原则组织起来的。并遵循一定的行为规范行动的有机整体。它所包含的各种组织因素，都直接或间接地影响着党的领导能力和组织活动能力的形成、保持和发展。

党员是党的细胞。作为最小、最基本的组织因素。党员队伍状况如何？党的建设和党的领导活动的一切方面，包括对党的领导能力、组织行动能力，历来都有重大影响。

首先，党员状况影响着党制定和贯彻基本路线、方针和政策的能力。影响社会以及人民群众的组织行动能力。如果绝大多数党员、干部都有对党和人民高度负责的精神，都有解放思想，实事求是的科学态度，都有一定的观察、分析、解决问题的能力，就能把社会各领域的情况和问题，把亿万人民群众的意见和要求，及时、迅速地反映上去；把人民群众的实践经验正确地总结出来。为各级领导机关制定正确的路线、方针和政策，提供可靠的事实依据和可供选择的方案。在正确的路线、方针、政策制定以后，又能通过这支强大的党员队伍贯彻下去。这样，党作为一个整体，就能迅速而又正确地制定和实现一定的路线、方针和政策，对客观环境的变化作出灵敏的反应，从而领导广大群众有效地改造社会环境。

其次，党员、干部状况决定着党的社会引导能力、组织行动能力。党员、干部工作和生活在群众之中。尽管单个党员、干部并不能代表党，但在人民群众眼中，党员、干部的形象同党的整体形象无疑是联系在一起的。共产党员、党的干部应当是社会中最先进的分子。他们应当有清醒的头脑、坚定的政治方向、远大的眼光。能够透彻地理解现实生活中重大的政治、经济和社会问题，确实比一般人民群众站得高些，看得远些；他们应当有较高的马克思列宁主义、毛泽东思想理论修养，能够准确地理解和通俗地宣传党的政策，成为出色的宣传家、鼓动家，他们应当富有自我牺牲精神，毫不利己，专门利人，大公无私，廉结奉公，吃苦在前，享受在后，谦虚谨慎，道德高尚，言必信，行必果，真正成为人民的公仆。这样的党员、干部，堪为群众的楷模，人们敬重佩服，党的整体形象也就通过一个一个党员的个体形象树立起来，党说话才有号召力，才能具备组织行动能力。人民群众才能跟着共产党走，才能按照党指引的方向不断发展。

其三，由于党员在国家干部队伍中所占的比重和所处的举足轻重的地位，党员状况还决定着国家干部队伍的状况和国家机关的运行状况、党的组织行动能力的影响状况。正是出于对党员队伍建设重大意义的深刻认识和实践经验，看到了党员是影响和决定党的领导 能力的最基本的物质因素，无产阶级的革命导师马克思、恩格斯、列宁、斯大林、毛泽东，都给予党员队伍建设以特别的重视。

其四，党的领导是全体党员共同参与的集体活动。党员不是作为孤立的个体，而是作为党的某一组织的成员参与党的活动的。党的组织由党员按工作单位和地域划分结合而成。党员对党的领导能力的影响，主要是通过影响党的组织状况和党组织的政治行为实现的。党员在党的组织中反映所在单位的情况，反映群众的愿望和要求，对局部和全局性问题发表意见，在决定问题时直接或间接地行使表决权。党组织则把党员反映的情况和意见集中起来，形成决议让党员去贯彻执行。因此，党组织既是党员参与党内活动的场所，又是党员影响党的组织行动能力的客观条件。

另外，党组织又是本地区、本单位的政治核心，对本地区、本单位的工作发挥领导作用和监督、保证作用，从而具体地运用和发挥着自己的领导能力和组织行动能力。党组织是由党员组成的、党的上级组织由下级组织组成的，因此，党组织的领导能力和组织行动能力，是来自广大党员及下级组织的集合能力，和人民群众信任和支持的能力。它既是党的整体领导能力的组成部分，又是党的整体领导能力、组织行动能力在各地区、各单位的体现。显然，没有千千万万个别组织的领导能力，也就谈不到党的整体领导能力和组织行动能力。

其五，要保持、增强和发挥党的组织行动能力。党员聚合在党的组织之中，党的组织则是由党的机关领导的。党的机关包括党的权力机关，即党员大会或党员代表大会，党的执行机关，即党的各级委员会，党的监察机关，即各级纪律检查委员会。这三个机关的组织情况和工作情况，对保持、增强和发挥党的领导能力影响极大，对党组织行动能力影响更大。

党的权力机关担负着集中党员意志，对重大问题做出决策的最高责任；党的各级委员会负责贯彻执行权力机关的决议，处理党的日常工作，对外代表党，并在代表大会闭会期间领导党的工作；党的各级纪律检查委员会负责维护党的纪律，纠正党员和党组织违反党章和其它党规党法的行为，以保证决定党的领导能力的各组织因素不受损害。这三大机关各负其责，各掌其权，密切配合，都能正常地发挥作用，党才能有效地担负起繁重复杂的领导责任，并在一切活动中，表现出与党所处的地位、环境相符合的领导能力。而这三大机关中的任何一个机关的自身建设和应有地位受到削弱，都会明显地削弱党的领导能力，特别是组织行动能力，使党难以正确、及时地作出决策和有效地实现决策。

其六，在党员、党组织、党的机关中，有一部分人的活动具有特别重要的意义，这就是党的领导干部。党的领导干部是党员直接或间接选举出来担任党的各级领导职务的公务人员，他们是党员共同意志的执行者，是党的领导活动的组织者、指挥者，是党的领导集体的主持者，对外又是各该级党组织的代表者。领导干部在党的领导活动中的重要地位和作用，使得他们对党的领导能力、组织能力的形成、保持、发展和发挥有着比一般党员更为直接和显著的影响。尤其是无产阶级政党高度集中的组织体制实际上赋予了党的各级领导干部特别是重要领导干部以很大的权力，使得这种影响在一定条件下甚至具有决定意义。

一个领导干部有没有坚定的共产主义信念，高深的马克思列宁主义、毛泽东思想和邓小平建设有中国特色社会主义理论的修养、坚强的党性观念、正确的思想路线、组织路线、良好的政治品质、艰苦朴素扎实的工作作风、丰富的业务知识、高超的领导艺术、卓越的领导才干；能不能严格地遵守党的纪律和制度，切实按照民主集中制的原则办事，能不能在思想上、政治上、道德上、作风上、工作上都真正不愧为党员中的佼佼者，不愧为人民群众的典范和楷模，真正成为各级社会政治组织系统中自然形成的、而不是单纯依靠执政党的地位取得的核心人物，是大家公认的人民公仆、领导者和组织者。这不仅决定着他们个人的领导能力、威信，也影响着他们所在的组织和机关的集体领导能力和组织行动能力。

领导干部为使自身的素质与干部担负的责任相适应进行自我修养、自我改造的过程，也就是造就自己的领导能力的过程；他们以党的组织和领导集体为依托，实行行使领导职能时，也就在同时发挥和检验着自己的领导能力。同时影响着党的组织行动能力的发挥。因此，党的领导能力、党的领导干部的领导能力，既是党的组织和党的机关的集体领导能力的重要组成部分，又是党的组织行动能力的重要体现。

党员、党的组织、党的机关、党的干部，特别是党的领导干部，都是构成党的有机体的外在的物质要素。把这些物质形态的组织要素有机地结合在一起，从根本上规定和制约着它们的活动的，是内在的组织行动要素，即党的根本组织原则和组织制度——民主集中制。民主集中制是无产阶级政党的具体的结合形式，它规定了党的组织结构和活动方式，是"反映党员与党、下级对上级、上级对下级的矛盾关系的。"① 党是一个充满矛盾的统一体。党内的种种矛盾，只有通过民主集中制原则才能正确解决 。民主集中制使各物质形态的组织要素的组合达到最佳状态，成为一个统一的有机系统，使党总体上的领导能力、组织行动能力远远超出党员的个人能力和党的各个组织的集体能力简单相加的总和，更远远超出领袖人物的个人能力。从而形成并显示出组织起来的优势。

民主集中制得到很好的贯彻，党内既有充分的民主，又有高度的集中，各组织要素之间的关系和谐、融洽、正常，党内生活有条

---

① 刘少奇：《论党员在组织上和纪律上的修养》。

不紊，各组织要素都能充分发挥各自的作用，党就能制定和实现正确的决策，显示出它作为工人阶级先锋队特有的超出其他一切社会政治组织的领导能力、组织行动能力。相反，如果民主集中制的组织原则遭到破坏、党内正常的生活秩序、工作秩序、各组织要素之间权利与义务等等就会陷入紊乱状态，不同形式的一言堂、个人专断和与此相伴生的各行其是、独立王国等现象就会出现。在这种情况下，党就难以集中全党的智慧和力量，正确地制定决策和实现决策，党的整体领导能力、组织行动能力就会大大降低。

建国后，我们党曾多次犯过"左"的错误，在某些时期，党领导革命和建设的能力显著降低，就党的组织自身来说，主要是因为中央领导内部的民主集中制遭到破坏，领导集体中的多数成员无力改变和纠正个别领导人理论和实践上的错误，以至酿成巨大的灾难。因此，认真坚持民主集中制的原则，从组织上把党建设好，是保证党具备领导伟大的社会主义现代化建设事业相称的领导能力、组织行动能力的中心环节。特别是要加强党的组织行动能力，才能不断推动和发展建设中国特色社会主义事业不断前进。

五、党的社会引导能力

党的社会引导能力，是指党运用宣传、教育、示范、试验等等方式、方法，去导向社会各阶级、各阶层、各民主党派、人民团体，以及广大人民群众的政治思想、政治感情、政治心理、政治态度，并用政治思想和道德的力量支配人们的政治行为，使之服务与服从党的政治目标的能力。

党的社会引导能力包括：（1）运用马克思列宁主义、毛泽东思想和邓小平建设有中国特色社会主义理论教育人民群众，启发人们提高政治思想觉悟和认识水平，确立马克思主义的立场、观点和方法，使社会主义意识形态保持着领导地位和起主导作用的能力。（2）广泛深入进行社会主义精神文明教育，努力提高社会主义的精神文明水平,使社会主义社会成员形成共同的理想、信念、道德、纪律和追求,促进与保证社会团结、友谊,进步以及社会稳定和谐协调的能力。(3)广泛深入宣传党的理论、路线、方针和政策,以邓小平建设有中国特色社会主义的理论武装全国各族人民,使全社会对关系到国家发展和人民群众切身利益的重大政治、经济、社会问题达成共同认识,使党的主张为全民所接受的能力。(4)保持党在思想上、政治上和组织上的先锋性,先进性,建设良好的党风、民风、军风、社会风气,维护党同人民群众的血肉联系,取得和维护广大人民群众对党的高度信任的能力。(5)党的领导社会化、群众化、民主化、人民化和科学化。党的领导主要是政治、思想和组织的宏观领导。但是要十分明确思想领导是政治领导、组织领导的前提和基础,组织领导是政治领导、思想领导的物质保证。要善于把三者很好地有机地结合起来统一起来的能力。

党的社会引导能力,是按照执政党职能的要求,以马克思列宁主义、毛泽东思想为理论基础,以邓小平建设有中国特色社会主义理论为指导,深刻地认识和正确预见我国历史发展趋势。拟定中国社会,在这种发展趋势的整体行动纲领,即明确社会发展的总趋势、总方向和具体道路,制定并执行治党、立国之本的政治纲领、路线、战略、策略和基本国策的职能。党根据社会发展的客观规律,广大人民的愿望和要求,明确社会发展的方向和道路,这是我们党领导职能、领导能力的首要任务。

(一)党要实现对国家和社会政治生活的领导和指引方向。

中国共产党依据社会发展规律和总的趋势,分析掌握和认定历史的发展阶段,按照国情,实事求是地提供了总体目标、近期目标、长远目标和必须完成的政治任务。为了实现目标和任务,党要制定相应的政治路线,即基本路线或总路线和具体的方针、政策,为国家机关的活动确立政治方向和奋斗目标,奠定思想和政治基础,对国家政治生活、社会生活起主导作用,指引社会行动。特别是在每个重大历史转折关头和每个重大事件上，提出自己的正确主张，坚定的决策和明确而有效的措施，指引社会沿着马克思列宁主义、毛泽东思想指引的方向前进。

党要实现对国家和社会生活的领导和引导方向道路，就必须充分发挥思想上、政治上的优势，通过卓有成效的宣传工作、教育工作，并以自己的全心全意地为人民服务的崇高形象，以实实在在的而不是虚夸的政绩取信于民，赢得广大党员和人民群众的爱戴、拥护、信任和支持，使党的路线、方针、政策真正为人民群众所接受，引导广大人民群众自觉自愿地、积极主动地、心甘情愿地听党的话，跟着共产党走。

我们党要通过所掌握的宣传工具以及其它手段，做深入细致的思想政治工作，掌握政治导向，启迪和提高人民当家做主、努力建设新生活的自觉性，发挥他们的主动性、积极性和创造性。帮助他们认清自己的主人翁地位、作用和自己的根本利益与社会主义利益的一致性。

我们党要通过各种直接、间接方法、手段和途径，把党的纲领、路线、方针和政策，转化为人民群众的自觉要求和实际行动，把党的认识转变成人民群众自己的思想和认识。真正把党的主张变为人民群众共同奋斗的目标。启发人民群众，引导人民群众树立当家作主，参政议政的思想意识，发挥人民群众的创造精神，使主人翁思想成为社会主体和主流，充分体现人民是创造历史的动力。

党要实现对国家和社会政治生活的领导和指引正确的方向，就必然要以马克思列宁主义、毛泽东思想为理论基础，以邓小平建设有中国特色社会主义的理论为指针，正确反映现实，科学预见未来，用正确的理论去指导人们的实际行动。真正把邓小平同志一贯坚持的解放思想、实事求是，一切从实际出发，把社会实践作为检验理论正确与否的标准。生活之树是常青的，党的理论的生机活力也在于它持续不断地从社会生活的常青树上吸取营养，跟上时代步伐，反映时代要求，随着时代的前进而不断发展、变化。理论的来源是人们对社会现实生活及发展趋势的系统总结和理论上的概括。要汲取人类社会的一切精华，反映时代精神，有力地引导社会向前发展。

（二）加强党的社会引导能力，激发人们建设有中国特色社会主义的政治热情和参与意识。

要加强党的社会引导能力，使整个社会有正确的导向。就要全力激发人们的政治热情与参与意识，使人们有比较一致的政治认识和勤奋精神。因为一切政治活动都离不开人，都离不开人们的政治思想、政治行为。党的社会引导能力，就是使人们的政治行为服从于、服务于建设有中国特色的社会主义事业的目标。人们的政治行为是受人们的政治思想、感情、心理支配和驱使的，而教育、宣传等形成的社会意识环境对人们的政治思想影响极大。因此，党的社会引导能力，社会的导向对加强党的领导具有重大的意义。

要加强党的社会引导能力，首要问题是使人们有比较一致的政治认识，这是社会引导的前提。这就要求我们的党员、干部特别是领导干部，自己要有坚定的信念和高尚的精神状况。他们高于一般群众的地方，就在于他们接受了马克思主义，树立共产主义信仰并决心为之献身的战士。我们党就是由共同的政治信仰，政治追求结合在一起的。我们的任务不仅自己坚定，要使人民群众更加坚定。因为信仰决定着一个人的政治方向、政治立场和政治态度。革命事业是千百万人民的共同事业。只有依靠人民，团结人民才能取得胜利。

值得重视的是，在党的事业遭到挫折、失败或在社会上发生大的政治风波时，就会游移不定，不知所措，甚至公开站在党的对立面，投入政治反对派的怀抱。所以，坚定的信仰，是党员、党的干部素质的首要问题，这也是团结、教育、提高人们的基础和条件。共产党员只有大公无私，毫不利己，专门利人，勤奋工作，乐于奉献，才能得到人民的信任和支持，这是很自然的。

一个党员、党的干部，只有坚强的党性才能取得人民的信任和支持。党性是党的性质在党员身上的具体体现。是工人阶级的阶级性、先锋性、先进性的高度升华。坚强的党性观念，良好的思想品德，是党员应具备的基本条件。要能起到党的社会引导能力，关键就在于我们的党员能否在实践中坚持辩证唯物主义和历史唯物主义的世界观和人生观。能否坚持党和人民的利益高于一切，同一切损害人民利益的行为作斗争，人家就称赞你，就相信你，就能起到社会引导的效果，否则只能起到相反的效果。

在任何时候，任何情况下，都要牢记自己是一个党员，都要保持坚定正确的政治方向，坚定不移地站在党和人民的立场上，去认识和处理问题，这就叫有党性。党性强，社会引导能力就强。相反，党性观念淡薄，甚至丧失党性，也就失去了党员应有的先进性、先锋性。这样的党员多了，党就会变质，就会失去先锋队的性质，也就丧失了党的社会引导能力。

党风是党性的外在表现，是世界观人生观的具体反映。它是党员素质的重要组成部分，又是党员素质的集中体现。党风通过影响全体党员的素质、言论和行动，进而影响党的组织和党的机关的建设状况和活动，影响党在人民群众中的形象与威望，对党的社会引导能力有重大影响。陈云同志讲的党风问题关系到党的生死存亡的问题，基本道理也就在这里。党风状况影响着党的社会引导能力的高低、成功或失败。影响着党的政治决策的贯彻与执行的职能。决策正确，党风好，措施得力，贯彻执行好，党的社会引导能力都会作出迅速的反响；要大兴调查研究之风。

在执政党的条件下，没有调查研究，就没有决策权。党要全面、客观地掌握各个时期的政治、经济、思想、文化、社会状况，准确地抓住关系到国家和社会发展的关键问题，深刻认识和理解其本质，就必然要进行调查研究，在这个基础上作出科学的决定。只有在调查研究的基础上，才能集中群众的经验和智慧，才能保持党与群众的血肉联系，才会产生实事求是，扎扎实实的工作作风。也才能全面、客观地反映事物和认识事物的本来面目。

党风状况影响着党的社会引导能力。党实施领导，在作出正确的路线、方针和政策之后，只有全党和全国各族人民同心同德，共同奋斗才能实现。重要的是全党上下步调一致，雷厉风行，令行禁止，每个共产党员都要以极大的政治热情和对建设有中国特色社会主义事业的高度负责精神，自觉地履行职责。党风不正，有令不行，有禁不止，自行其是，就会影响党的社会引导能力，甚至会造成不良影响。

党要保持同自己的性质、地位和历史使命相称的社会引导能力，使工人阶级和人民群众坚定地听党的话，跟着共产党走，一要靠党的路线、方针、政策好，二要靠党风好，三要靠人民群众的拥护和支持。好的路线、方针和政策，能给人民群众带来实际利益；党风好，人民群众对党信服。只有这样才能万众一心，艰苦奋斗，廉洁奉公，体现我们党全心全意地为人民服务的宗旨。保持同人民群众的鱼水关系和血肉联系，保持人民公仆的英雄本色，这是我们党战胜一切困难，能取得胜利的源泉。

广大党员和人民群众的参与意识提高了，增强了，党的民主政治就有了良好的基础，党的社会引导能力就会大大加强，也就能比较充分掌握人们的政治热情和思想变化的客观规律。思想、特别是政治思想的产生和变化的根本原因是社会存在，社会存在决定人们的意识，使这种意识在马克思主义的指导下不断丰富和发展。在调整政治经济的辩证关系中，政治思想和文化传统的关系中，以及同社会生产方式的关系中，都必须遵循引导、循循善诱、身教重于言教，激发党员、群众的参政、议政，关心国家大事，形成社会的主导思想。只有这样才能使建设有中国特色社会主义的事业成为全党全国各族人民的自觉行动。

当然，一切政治活动都是不同阶级、阶层和利益集团的人们为自己的经济利益，围绕国家权力、法律和政策进行的社会活动，引导社会向着共同的方向发展，强化民主政治，增强参与意识，创造良好的社会环境，真正把思想引导工作和具体政策有机结合起来，去影响人们的政治思想、感情、心理，以支配人们的政治行为，为建设有中国特色的社会主义事业作出自己的贡献，创造优异的成绩。

（三）党的社会引导能力发展的动力，引导全社会实现社会主义现代化而奋斗。

党的社会引导能力，是在党的领导和影响进程中，适应中国革命和建设事业的需要，不断加强党的自身建设的结果。党组织的力量越强大，领导越有成效，党的社会引导能力就越强，影响就越大，社会效果就越好，全国的政治经济形势就会充满生机与活力。

当然，党的社会引导能力的形成和发展是受到许多内外因素的制约和影响。但是，只要我们聚精会神抓好党的自身建设，认真研究、探索和认识它的规律性，自觉地遵循这些规律，增强党的建设的自觉性，减少盲目性，就能不断地有效地促进党的社会引导能力的巩固与发展。党的社会引导能力发展的动力问题，实质上也就是党的引导能力形成和发展过程的矛盾与矛盾运动问题。由于党的引导能力是一个复杂的结构，它要受到各种主客观条件的影响和制约，这就决定了推动党的引导能力形成和发展的动力，不可能是单一的，而必然是一个复杂的动力系统。只有党的自身建设好了，党的社会引导能力自然就大大地加强了。

党的社会引导能力发展的动力，是党的领导能力动力的延续和发展，是它的直接影响，或者说是社会引导能力的影子。它的影响大小全在于党的领导能力的生存与发展。党的自身建设状况所提供的实际领导能力与党完成由社会环境决定的政治任务所需要的领导能力不相适应的矛盾，是党的引导能力形成和发展的主要外部动力。党是适应无产阶级革命斗争的需要，根据无产阶级的意志有效地控制和改造社会环境而建立的。社会环境提出党在各个时期的政治任务，党必须具备完成这些任务所需要的引导能力，才能取得和保持领导地位，发挥领导作用。

领导能力是党成为领导主体的主观条件，这种能力主要由党在领导实践中不断加强自身建设来提供，党的自身建设状况越好，它的领导能力也就越强，也就能够更好地担负起完成一定时期的政治任务的使命。他的社会引导能力就集聚了生机和活力，全社会就会沿着党指引的社会方向蓬勃发展；党的自身建设状况越差，它的领导能力也就越低，也就越发不能适应完成一定政治任务的需要。它的社会引导能力就低，甚至起反作用，造成不良影响。这是一条颠扑不破的真理。

党在各个历史时期不同的社会条件和政治任务，对领导主体能力的要求是有很大差别的。它既要求引导能力构成上的相应改变，也要求领导水平上的不断提高，从而适应革命与建设事业的发展。党的自身建设由于内在的复杂性，在一定时期内所能达到的良好状况，所能提供的领导能力是有限度的。这样，在党应具备的能力同党的自身建设所能提供的实际领导能力之间便始终存在着或大或小的差距。这种差距，是党的领导活动中产生各种矛盾的根源，也是党的社会引导能力的总根源。因此，我们要不断改善自身状况，使自己的领导能力与客观要求保持平衡或基本平衡，党的社会引导能力能有好的效果，党就能够胜任和愉快地完成社会环境提出的政治任务，牢固地保持自己的领导地位。如果党的自身建设状况长期落后于客观要求，党就缺乏完成自己的政治使命的相应能力，就会失去对社会环境的引导能力和控制能力，环境就会转向或造就新的政治领导组织，党也就会失去继续存在或继续保持领导地位的客观必要性和可能性。这一点共产党人，党的干部，特别是领导干部，万万不可掉以轻心。也正是这种党的自身建设状况同完成一定政治任务应具备的领导能力不相适应的矛盾形成一股强大的、始终存在的外部压力，推动着党持续不断地加强党的自身建设。这一外在动力在历史条件发生重大变化，党面临着全新的政治任务时，在指导思想发生重大失误，党的自身建设受到严重削弱时，在党同敌对的政治组织、政治势力的斗争中失去或可能失去优势时，其作用尤为显著。

影响和决定党的领导能力和社会引导能力的诸要素内部以及诸要素之间的矛盾和斗争，是党的领导能力和党的社会引导能力形成和发展的最深刻的内部根源和内在动力。党的领导能力、社会引导能力主要是党的自身建设的结晶和产物。影响和决定党的领导能力、社会引导能力的诸要素，包括了党的建设的全部内容。党的自身建设要提供完成一定时期的政治任务所需要的领导能力，影响全社会的引导能力，就必须使党的思想建设、政治建设、组织建设、制度建设、作风建设、纪律建设、理论建设，等等都达到与之相适应的水平，并使各个环节互相促进，互为因果，协调发展，努力提高党的建设的总体水平。

但是，党的建设总要受到一定时期的社会政治、经济、文化发展水平和国际大气候的影响，受到党的历史传统、民族文化传统和政治传统的制约。在社会主义条件下，剥削阶级消灭了，但阶级、阶级斗争在一定范围内和一定的条件下还存在，残余形态的阶级斗争还不断出现，有时还可能激化。改革开放，发展社会主义商品经济，促进了生产力的发展，客观上也使资产阶级腐朽思想的传播和渗透有了适宜的土壤。在这种复杂的社会环境中，党员、党的干部包括党的某些领导人，不可避免地要受到各种非无产阶级思想的侵蚀和影响。从而使党的建设诸因素内部经常产生和存在着大量的矛盾，各个对立面的相互斗争和冲突，呈现出不同的发展趋势。

这些趋势，性质不同，作用方向不同，有的是加强党的建设，有的是削弱党的建设。一定时期，究竟哪种趋势占优势，取决于矛盾双方的力量对比。我们抓党的建设，就是要通过主观努力，干预矛盾双方的力量对比，促使各因素朝着加强而不是削弱党的建设的方向发展。另外，各因素之间还存在着相互制约、相互影响的关系。一个因素的状况及其发展趋势，会依其在党的总体建设中所处的地位，对其他因素的状况与变化起着或促进或促退的作用。正是影响和决定党的领导能力和社会引导能力的党的建设各因素内部及其相互之间的复杂的、永不停息的矛盾斗争，决定着党的建设的总体水平，推动着党的领导能力、社会引导能力的形成、变化和发展。

在这里，对一般条件下党内的基本矛盾作一探讨，对于认识党的领导能力、社会组织引导能力形成和发展的问题是有益的。如上所述，党的建设包括许多方面，这些因素都从不同侧面对党的建设的总体状况从而对党的领导能力、社会引导能力发生影响。它们各自的内部矛盾都有其特殊性，例如，一般来说，思想建设方面的主要矛盾是无产阶级思想同非无产阶级思想的矛盾；组织建设方面是民主集中制与个人专断或极端民主化的矛盾；纪律建设方面是高度的组织纪律观念与自由主义的矛盾；作风建设方面是坚持党的三大作风同各种不正之风及腐败现象的矛盾，等等。

诚然，这些矛盾的任何程序的发展和解决，都对党的建设有着重大影响，因而都是推动党的领导能力、社会引导能力形成和发展的内在动力的构成部分。但是，这决不是说它们的作用和影响是均衡的。只要稍加分析就可以发现。在以上这些矛盾中，有一对矛盾贯穿于党的建设的一切方面、一切过程中，它的存在和发展决定着其他矛盾的存在和发展，其它矛盾在相当程度上只是这一矛盾的特殊表现形式。这对矛盾就是无产阶级思想和非无产阶级思想的矛盾。无论是以权谋私还是教条主义、经验主义、自由主义、个人专断，等等，都是同无产阶级思想体系对立的，都是非无产阶级思想的表现形式。当党内无产阶级思想的优势扩大和巩固的时候，它们的市场就会显著缩小，从而使各方面情况得到改善；当非无产阶级思想不断膨胀的时候，它们的市场就随之扩大，从而使各个方面的状况走向恶化。

由此可见，无产阶级思想和非无产阶级思想的矛盾，不仅是党的思想建设的主要矛盾，而且是整个党的建设都要解决的基本矛盾。它的发展变化影响乃至决定着党的建设的总体状况，是党的领导能力、社会引导能力形成和发展的根本动力。

我们在强调制度的时候，有些人主张放弃把思想建设放在首位这一从理论和实践中得出的科学的建党思想，提出要把制度建设放在首位。有的人认为，随着历史条件的变化，特别是国内阶级状况的变化，党内的基本矛盾已不再是无产阶级思想同非无产阶级思想的矛盾，而是围绕社会主义建设问题产生的不同意见之间的矛盾，等等。这几年，我们的党内制度在强调建设的同时不断遭到破坏，腐败现象滋生蔓延，党组织特别是某些基层组织涣散，党群关系遭到严重破坏，妨碍了党的"一个中心、两个基本点"的基本路线的贯彻，重要原因就是放松了无产阶级思想同非无产阶级思想的斗争，不少思想阵地为资产阶级思想所污染、所侵蚀、所占领。

事实证明，不论执政前还是执政后，党必须始终把思想建设放在党的建设的首位，始终抓住无产阶级思想同非无产阶级思想这个基本矛盾。否则，党的建设就失去了基础和保证。党的发展也就失去了根本的动力，党也就不可能获得胜任领导社会主义现代化建设的能力，当然，也就丧失了党的社会引导能力的动力。

在对推动党的领导能力、社会引导能力形成和发展的各种内外矛盾作了初步分析之后，我们可以对这些矛盾的运动过程作一简要概括：社会环境提出党的政治任务，要求党的建设为党提供相应的领导能力、社会引导能力；社会环境处在不断变动之中，有时可能在短期内发生重大变化，而党的建设状况是相对稳定的，由此产生不断提高党的领导能力、社会引导能力的客观要求与后者不能充分满足这一要求的矛盾；在外部条件推动下，党采取种种措施干预影响和决定党的领导能力、社会引导能力诸因素的内部矛盾以及诸因素之间的矛盾，促使其向着在总体上加强党的建设的方向发展；诸因素内部性质不同的对立面之间，在客观环境和党有意识干预的作用下进行斗争和较量，双方力量对比决定该因素的基本性质、发展趋势和变化速度；各种因素在相互联系、相互影响、相互制约中达到相对平衡状态，决定着党的建设的总体状况。同时也就决定着党的领导能力、社会引导能力的水平。

我们要清醒地看到：当社会环境发生重大变化，对党的领导能力、社会引导能力提出新的要求，党同环境的矛盾扩大和加剧，为党加强自身建设提供了新的强大的外部动力时，或者当党的建设诸因素内部矛盾双方经过斗争，使原有的力量对比发生重大变化，各因素之间的相对平衡状态被打破，就会使党的建设、从而使党的领导能力、社会引导能力进入新的变动阶段。党的领导能力、社会引导能力就是在党内外矛盾的交互作用中，在党内基本矛盾运动的推动下形成和发展的，使党的社会引导能力职能提到一个新的水平。

六、党的检查监督能力

党的检查机关、国家检察机关、监督能力，主要是指执政党为了实现自己政治、思想和组织领导所采取的必要手段和措施。就是执政党，通过党组织、国家机关和社会组织中任职的党员干部，强化党政的监督能力，组织党员和人民群众，国家检察、监察机关以及社会监督，保证党的领导的实现。要坚持和维护党的工人阶级先锋队性质，保证党的政治路线、方针和政策顺利贯彻执行，使党的"一个中心、两个基本点"的基本路线得以实现。通过党的检查机关、国家的检察、监察机关、监督防止一切腐败现象和官僚主义、形式主义并及时清除一切违法乱纪分子、腐败分子、官僚主义分子，纯洁党和国家的干部队伍。

党的检查、监督能力，主要包括：（1）检查监督党员、干部和党的各级组织在政治上是否与党中央自觉保持高度一致的能力；检查、监督党员、干部和党组织对党的路线、方针、政策、决议、决定、准则、条例和国家法律、法令、宪法的执行情况的能力；检查、监督党员、干部是否坚持党的全心全意为人民服务宗旨的能力；（2）检查、监督党员、干部和党组织在其活动中是否认真地贯彻了民主集中制原则的能力；检查、监督党员、干部和党的各级组织是否认真履行了党章赋予的职责的能力；检查、监督党员、干部的权利与义务的能力；（3）监督检查党员、干部特别是党政领导干部，是否保持与发扬和共产党员称号相一致的思想作风、工作作风和生活作风的能力；检查、监督党的"三大作风"执行落实的能力；检查、监督党员、干部是否坚持党的艰苦朴素、廉洁奉公、克己奉公、以身作则的能力；（4）检查、监督党员、干部是否坚持党性、坚持原则、坚持制度及法规程序和勇于同各种不良倾向作斗争的能力；保证监督权力运用的相对独立性以及监督者受制于被监督者的能力；独立工作与独立思考的能力；（5）加强对党的高级领导层的检查、监督的能力；对党政领导集体的互相制约、互相检查监督的能力；高级领导层互相检查监督的能力；长期以来，我们党在检查、监督党的领导者，特别是高级领导层方面一直没有切实有效的好办法。是否可以完善党的代表大会制度，实行代表常任制，实行平级领导、双重领导以达到有效的检查监督，还有待进一步研究。

　　当然，党内除了以上检查、监督能力外，还有宪法监督、法律监督、行政监督、人事监督、经济监督、社会监督、舆论监督，群众团体监督、个人监督、权力行使中各个环节的互相监督，以及对政府部门和政府领导干部的质询、考核、弹劾、罢免，等等。

（一）党内检查、监督有特殊的意义。

　　在执政党的条件下，党的一切活动都关系到党和国家的前途和人民的命运，为了保证党正确而有效地履行自己的职能，有必要对其领导活动实行严格的检查、监督。因为工人阶级政党以全心全意地为人民服务为宗旨，为解放全人类才能解放自己，它自身没有私利，它欢迎来自党内外的检查、监督、批评，随时坚持真理，随时修正错误。保证党的思想、政治和组织领导的健康发展，这是我们党的优良传统。

　　对党的检查、监督的目的全是为了提高执政的领导水平和决策水平及其领导效能。为了确保党的领导活动的准确，有实效，正常发挥领导作用，就必须在组织上形成检查、监督制约机制。资产阶级著名学者孟德斯鸠就说过："从事物的性质来说，要防止滥用权力，就必须以权力来约束权力。"滥用权力就必然导致腐败，这是普通常识。检查、监督是制约的一种好形式，对任何权力都必须有严格有效的监督，这是社会主义现代化，建设有中国特色社会主义事业发

展的民主政治的内在要求。是党的性质的要求，也是党性和人民性
的共同要求。因为党所制定的路线、方针和政策，一定要以最广大
人民的最高利益为出发点和归宿。但是，由于主观和客观的原因，党
的个别政策，个别决策会发生失误，指导思想也会发生失误，会违
背工人阶级和人民群众的利益，甚至有的领导者家长制、一言堂，主
观武断，滥用权力，也会给国家和人民造成巨大的不幸。这种现象，
在我们党的历史上时有发生。为了防止这种现象产生，就要建立健
全完备的监督、检查体系，充分发扬民主，使监督体系机制科学化、
制度化、经常化。

在执政党的条件下，要通过经常不断地揭露、检查、处理、控
告、监督等环节，保证党员、干部和党组织的行为与党内行为规范
的统一性、一致性和权威性。以达到控制、引导和约束党员、干部
的行为，使之严格执行党章、党规、党法、准则、条例和其他规章
制度。在党的组织内部，用党员的权力、人民群众的权力制约、检
查、监督领导者的权力。运用选举权、罢免权、质询权、了解权、参
政、议政权、弹劾权以及升降去留的建议权。对不合格的领导者进
行否决。这些不仅是共产党员的民主权力，也是我们党民主政治的
基本要求；在党的机关内部，要用集体的权力去制约领导者个人的
权力。坚持党的集体领导的基本原则，核心是少数服从多数，个人
服从组织。在党的一切领导机关内部，必须从体制上和制度上保证
这一原则的落实。要制定严格的议事程序、表决程序等具体工作制
度，防止少数人或个别人将自己的意志强加于人。

当然，无论领导人功劳多大，威信多高，能力多强，领导集体
也不能向他出让自己的权力。党政领导机关成员要有很强的民主意
识和政治责任感、事业心和不负党员重托的职责。要敢于坚持独立
立场，敢于发表不同意见，从领导集体内部检查、监督党政领导者
忠实地按照多数人的意志办事。

在党的机关之间，要用监察机关的权力制约执行机关的权力。党
必须保证集中统一的领导，要集中统一领导就必须协调好阶级、政

党、领袖之间的关系。要在党的权力机关决定党内重大问题、各平行机关、上下级机关建立相应的制约、监督关系，由于党的主要领导人常常是党的执行机关的主持者、组织者和引导者，就更要加强对主要领导人的监督，必须建立健全对执行机关的制约机制，防止其取代权力机关成为党的实际决策机构。要认真贯彻执行机关向权力机关负责的制度。

但是，各级党的代表大会都是几年召开一次，难以发挥经常性的检查监督作用。因此，在考虑将代表大会改为常任代表制、双轨制的同时，必须加强党的检查、监察机关，在体制上，使之脱离执行机关的领导，共同向代表大会负责特别是在权限上，赋予检查机关了解、检查并通过一定程序干预执行机关及领导人活动的权力。检查机关同执行机关保持实际上的隶属领导关系，只能成为执行机关的附庸，很难发挥对领导机关和领导人的监督制约功能。

在社会政治组织体系中，要用其他政治组织的权力制约执政党的权力。使参政、议政党以及社会团体进行监督。在社会主义制度下，国家机关、民主党派、群众团体都要接受共产党的领导，这是宪法规定的，四项基本原则是我国的政治基础，都必须严格遵守的，在我国这块大地上不能有任何例外。但是，各民主党派，群众团体以及社会各种集团又有独立地发挥各自在国家和社会生活中的地位、功能与作用。在国家机关行政、立法、司法检察权得到充分实现。执政党及其领导人的活动将纳入国家机关权力管辖范围之内；各民主党派、各社会团体也具有自己的独立地位和活动方式、方法，更好地代表和维护它们所联系的那部分群众的利益。总之，国家机关、民主党派、群众团体应通过不同的渠道，运用各种方式、方法，对执政党及其领导人进行检查、监督和制约。当然，无论来自党内、还是党外，都必须依法办事，才卓有成效。

检察与监督既有区别又有联系。所谓检察，就是检验与考察的意思。据《现代汉语辞典》解释：“审查被检举的犯罪事实”；日本《法律学与辞典》解释：“公益代表根据法律规定的权限对刑事案件提起公诉,对判决的执行进行监督的行为就是检察",都把检察解释为行为,即审查犯罪事实或行为监督的行为。我国宪法规定:"中华人民共和国人民检察院是国家的法律监督机关"、"批准逮捕和检察(包括侦查)、提起公诉,由人民检察院负责。"因此,检察在我国是个专用名词,是对人民检察机关法律监督职能的专称。

根据宪法和法律规定,检察就是指各级检察院对国家工作人员渎职犯罪案件和经济犯罪案件立案侦察、起诉;对公安机关的侦查活动、人民法院的审判活动是否合法;对公安机关侦查的案件进行审查,决定是否逮捕、或者起诉;对刑事案件的判决、裁定的执行是否合法;对监狱、看守所、劳改单位的活动是否符合实施法律监督的行为。因此,检察是一门学问,是检察机关工作实践经验的理论总结和科学概括,是研究法律监督工作的性质、任务、理论、制度以及立法问题,揭示国家检察制度及实施法律监督活动一般规律的科学。它主要是属于法律监督行为的专职和专责,主要是对国家机关的监督、对国家工作人员的监督、对全民的监督等问题。

党的纪律检查工作,主要是全权负责检查各级党委对中央的路线、方针、政策的贯彻执行情况以及对本地区、本部门、本系统重大问题的决策问题执行情况;对各级党委重大决策等情况揭露、批评和制止各种违犯党纪、国法的行为;对严重违法违记违章、损害党和国家利益的各级领导人实行纪律制裁,必要时可提出指控乃至弹劾;依据党的章程、准则、条例、宪法、法律独立开展工作等。因此,党内检查、监督具有特殊的意义。

(二)保持执政党的工人阶级性质,需要党内外及广大人民群众的监督。

中国共产党是中国工人阶级的先锋队,是中国各族人民利益的忠实代表,是中国社会主义事业的领导核心。中国共产党的最终奋斗目标,是在中国实现共产主义的社会制度,这要经过几代、十几代人的辛勤劳动、艰苦创业才能实现的。中国共产党要想完成这个历史使命，首要问题就是要永远保持党的性质，党的全部领导活动中都应当体现这个性质。尤其是党所制定和实行的路线、方针和政策，一定要以工人阶级及广大人民的最根本、最长远的利益，为人民谋福利为最高出发点。党自身没有私利，严格执行全心全意为人民服务是唯一宗旨。我们一定要坚持把我们的党建设成为马克思列宁主义、毛泽东思想和邓小平建设有中国特色社会主义理论武装的更加坚强的中国工人阶级的先锋队。

我们党从诞生之日起，不仅明确宣布自己是中国工人阶级的先锋队，而且70多年来，尽管国际、国内风云变幻出现过种种否定和篡改共产党性质的思潮，我们都始终坚持维护党的性质。在这个问题上，我们要永远坚定不移，它是以解放全人类为己任，是先进生产力和生产关系的代表。特别是在当代中国坚持与维护党的性质更有它重要的现实意义。

在执政党的历史条件下，执政党的地位决定了它的职能，党政各级领导人都具有一定的大大小小的职责和权力。党员干部特别是党政主要领导干部，一定要谨慎地使用手中的权力，全心全意地为人民服务，促进社会生产力的发展，使人民的生活水平不断提高。为了有成效地做好工作，为了保持和维护党的性质，就必须在实际工作中接受党内外的直接、间接的种种监督，这是关系到党的性质会不会变质，党的历史使命能不能完成的大问题。一个政党特别是工人阶级政党，能不能接受党内外的制约与监督，是反映党成熟的标志。一个有相当政治经验的成熟的党组织，就能正确处理领导者与被领导者的关系中各种矛盾和问题。

党内外对党的领导活动的监督，对党的路线、方针和政策贯彻落实情况的监督，就决定了监督的主体是被领导者，监督的客体是领导者。这种领导与被领导、监督与被监督的关系，它不仅反映了工人阶级政党与广大党员、人民群众的正确关系，也反映了党的领导层与广大党员的正确关系，体现了党群关系，体现了人民群众在社会主义社会的主人翁地位和共产党员在党内的主体地位，符合社会主义民主政治和党内民主的基本要求和生活准则。在共产党内,广大党员、干部、党的各级组织,党的专门监督机关、党的组织、宣传、统战、电影、电视等舆论部门;在党外,是广大人民群众、各民主党派、统一战线组织、群众团体、国家权力机关、司法机关、检察机关、监察监督部门,等等,他有权对党和国家的领导活动进行监督。

当然,这种监督是相互的、交叉的,又是相互制约的。就党内监督关系来说,党员是监督的主体,但同时党员执行党的路线、方针、政策和决议的情况,又要接受党组织的监督;党的基层干部应该监督领导机关,,同时又受到普通党员监督;党的每一级组织,既要监督上级和下级,又要接受来自上级和下级的监督;党的纪律检查机关,既负有专门监督的使命,同时它的工作也要接受上级纪律检查机关和同级党委领导监督;党的各级组织领导人在接受组织与党员监督的同时,又相互监督;就党同党外的监督关系来说,党要接受来自人民和非党组织的监督,同时党也负有监督国家机关、民主党派、群众团体的责任。因此,这种相互交叉的监督关系,有利于党正确而有效地履行自己的职能责任,是党内民主和社会主义民主的生动体现。

党组织和国家政权组织,不仅要建立健全自身的从中央到地方的监督体系,而且要建立党外的各种监督体系,广泛吸引党内外组织和个人参与监督活动。同时要动员社会各方面的力量开展监督活动,监督的群众性越强,监督的成效也就越强。在监督的进程中要坚持群众性、普遍性、系统性、公开性和有效性,是对党的领导活动实行监督时应该遵循的原则。监督的群众性和普遍性是指对党的各级领导机关、各级领导人、领导活动的各个环节都要进行一定形式的、群众性的监督。这种监督的群众性、普遍性应该是持久的、经常而普遍、不间断的,只有这样才能使一切违背人民利益的行为无藏身之处,就会收到良好的效果。

监督的系统原则,主要是指监督是有组织、有计划、有规则的,党内外各种监督机构、各种监督手段、各种监督渠道，都应是相互配合、相互促进、协调一致，目的是为了维护党的性质，使党的执政地位不受侵蚀。加强监督的系统性，才能使监督更有力，更得人心，取得人民的信任和支持。监督的公开原则，主要是指监督活动本身应是完全公开的。公开的而不是秘密的检查工作，公开的而不是遮掩的宣布结果，公开地而不是仅在狭小范围内批评缺点，才能造成有助于纠正错误，改进工作的社会舆论。要公开登报公布于众。没有公开性或公开性不强，就是姑息错误，就会养痈遗患。

总之，群众性，普遍性、系统性、公开性是相互联系的，其目的都是为了提高监督的有效性，即达到发现问题，修正错误，提高党的领导效能，保持党的先锋队性质的目的。

（三）对党政领导干部的检查与监督，是长期的、艰巨的战略任务。

党中央强调领导干部要带头廉洁自律，这就必须提倡领导干部树立自我监督意识与监察督促的观念。这是我们党政领导干部自我管理、自我教育、自我控制和自我批评的一种较好的方式。也是我们共产党独自行之有效的好方法，唯有共产党人才能做到，是我们党的"三大作风"之一，历史证明它是正确的。党组织所以有力量，就在于它有严格的组织纪律和监督管理制度，只有这样才能为人民掌好权、用好权，更好地为人民办事情，也能从根本上防止党和国家的政权变质。就监督本身来说，对一个干部就有自我监督和外部监督之分。作为党政领导干部来说，自我监督更为重要。

所谓自我监督，就是领导干部要按照党内各种法规、条例、指示、规定进行自我约束、控制和管理。有没有这样、那样的问题，首先反省自查，脸上有没有黑点、毛病，自己照一照，看一下，自己洗个澡。我们倡导和鼓励领导干部自觉接受监督，这是一种重要的监督方法。

党政领导干部实行自我监督，这是我们党的性质所决定的。中国共产党是伟大光荣正确的党。之所以伟大光荣正确，就因为是没有自身私利的党，只有全心全意地为人民服务的党。每一个党员在入党的时候，就自愿为共产主义事业奋斗终生，甚至愿意为了党的事业牺牲自己的一切利益以至生命。因此，每一个党员、党的干部特别是党政领导干部不仅要努力改造客观世界，而且要努力自觉地改造主观世界，自觉地克服自己的缺点错误，以便更好地为人民做工作谋福利。党的领导干部不仅要自觉接受组织的监督，人民群众的监督，而且要实行自我监督。自我监督和外在监督不同。外在监督具有强制性特点。当监督客体不愿意接受监督主体的监督和所采取的正确措施时，监督主体有权按照党内法规处置被监督者。所以，监督表现出强制性特征。

但是，自我监督则主要体现主动性、自觉性特点。自觉性，主要是指党政领导干部对自己行为目的有明确的认识，特别是认识到自己行为对党对社会的意义，并主动地按照党规党法以国法、宪法去选择决定自己的行为规范。作为党政干部特别是领导干部，就要不断强化这种自觉意识，对自己在政治纪律方面、组织纪律方面、思想作风方面以及党内生活、组织观念的其他方面进行自我约束和自我监督。自我监督贵在自觉。自我监督的目的不是要大家自己惩罚自己，也不是提倡领导干部作茧自缚，不敢越雷池一步，作谨小慎微的小人。而是通过对党员的自我意识活动，提高自觉遵守党规党法党纪的能力，在党内形成依法行事的空气，使领导干部具有较强的组织观念、纪律观念，党章观念、法规制度观念，从而少犯错误或不犯错误。

加强自我监督，还能够调动领导干部的内在约束力量，使他们能够自觉地约束自己的言论和行动，使自己强烈地意识到自己是一名共产党员、领导干部，时时刻刻记住"先党员后干部，先党员后专家、教授、学者和什么这'长'那'长'当成自己的左右铭。"总之，有了自我监督，就能够克服党政领导干部认识和行为中的被动性和盲目性，坚持正确的工作目标，努力改造自己的主观世界，使自己更快地提高和进步。

党政领导干部的自我约束、自我控制和自我教育。主要是指通过学习、实践、反省等形式，自己教育自己。这种教育的主要内容是自觉地学习马克思列宁主义、毛泽东思想和邓小平建设有中国特色社会主义理论的基本原理和现代科学知识，提高思想政治觉悟和认识水平；加强自身的思想意识修养，经常反省自己的思想，严格规范自己的言行；通过亲身实践，现身说法，提高认识，转变观念等等；党政干部除学习马克思主义外，还要掌握其他基本知识，为建立新的经济体制做出积极的贡献；要努力学习和掌握现代化科学技术的基本知识；无产阶级导师都是非常关注科学技术的发展，并且非常善于学习和吸取科学技术发展的最新材料和成果，用以丰富马克思主义理论知识，丰富辩证唯物主义和历史唯物主义，丰富科学技术，经济、军事国防等方面的学说，用以推行社会的变革和社会的发展，为我们建立很好的榜样；党政领导干部要坚决遵照"科学技术是第一生产力"的著名论断，这一马克思主义的指导思想，也是发展我国科学技术和进行现代化建设的一个重要指导思想；学习历史，掌握和发扬中华民族的优良传统和党的优良传统作风。重要的是对于传统的东西要做具体分析，对陈旧的过时的要敢于抛弃，正确的、优良的要善于继承和发扬。

对党政领导干部来说，形势越好、越发展，越要头脑清醒，及时发现和解决前进中新的矛盾和问题，把建设有中国特色社会主义事业的积极性引导好、保持好、发挥好，更好地抓住有利时机，坚持以经济建设为中心，进行深化改革，加快发展，力争几年上一个台阶，把国民经济又快又好地搞上去。

七、党的协调能力

党的协调能力，即根据制定和实现党的"一个中心、两个基本点"的政治路线与决策的基本要求，消除在党政领导活动的过程中各个要素之间的不和谐现象，使之协调一致的能力。执政党的协调能力与一般党政领导者或领导集团的协调能力不同，有其自己固有的特点。

首先，党政协调能力，它是政治协调能力与组织协调能力的统一。是以马克思列宁主义、毛泽东思想和邓小平建设有中国特色社会主义理论为指导，以党和国家的根本利益为基础的。政治协调能力是指党和国家科学地分析判断社会各阶级、各阶层、各集团的经济、政治地位和它们相互间的利益关系。了解他们的愿望和要求，善于达成最优化的利益综合，在宪法和法律的基础上坚定地维护工人阶级和广大人民群众的根本利益的前提下，适当而准确调解各个利益集团之间的矛盾和冲突，使它们各自的利益和要求都能在党的政治决策中得到充分、恰当的具体体现。因此，政治协调本质上是对不同主体的利益矛盾、冲突的协调；组织协调分为党内的组织协调和党外的组织协调。党内的组织协调是为了正确地作出决策和实现决策，按照民主集中制的组织原则，处理党的上下级组织之间、党的同级机关之间、党的机关与组织和党员个人之间的关系，消除矛盾，达到成为全党行动上的一致。

党外组织协调，主要是利用党的执政地位，通过分布在不同岗位上的党员、干部，影响社会政治组织系统中的各个组织，例如人大、政协、政府，国家机关、民主党派、群众团体，等等的行为目标和行为方式，消除它们之间的冲突和摩擦，使整个社会政治组织系统在以党的政治目标、党的基本路线为轴心和谐地运行。只有执政党才有这种政治协调能力和组织协调能力相统一、相一致的特点。

其次，执政党的协调，本质上是在中国共产党的领导下，对不同主体的行为规范进行组织协调。执政的工人阶级政党——共产党，如果缺乏政治上的协调能力，党的决策就会因为未能恰当地处理社会中错综复杂的利益关系而遭到某些集团本来可以避免的反对和抵制，这是执政党应当高度重视的一大问题；如果缺乏组织上的协调能力，就不能减少和消除社会政治组织系统运行中的摩擦、冲突和内耗，使党的决策与主张难以得到贯彻落实。我们还要清醒地认识到，这种高层次的政治决策的重大失误，会造成国家和社会的动荡，甚至酿成不同程度的危机、危险。

其三，党的事业是人民群众的事业，革命与建设是千百万人民的事业，在我国建设有中国特色的社会主义事业是全国各族人民的共同愿望和要求。只有团结人民共同奋斗，才能实现党的纲领、路线和方针政策。党政组织要把最大限度的一切社会力量在政治上、思想上和组织上更好地协调起来，使之成为一支步调一致的坚强队伍，为人民群众的解放事业而奋斗。

我们要始终保持着党同人民群众的血肉联系和鱼水关系。我们党就是在与人民群众密切联系、共同战斗中诞生、发展、壮大、成熟起来的。党离不开人民、人民离不开党。这是中国共产党区别于其他任何政党的一个显著标志。要在全党形成坚决相信群众、依靠群众、团结群众，一切以人民群众的利益为重，事事向人民负责，老老实实向人民群众学习的良好风尚，使党永远根植于人民群众之中。

总之，党的协调能力职能，就是在中国共产党的领导下，通过政治的、组织的，对内对外的协调，消除摩擦、冲突、干扰和种种矛盾，使其和谐一致，为党的事业、人民的事业做出各自的应有贡献。

（一）党政领导者的协调活动对加强党的领导具有重大意义。

在执政党的条件下，党政的任何领导活动都是在一定的组织机构内进行的。通过党的政治领导、思想领导和组织领导活动发挥作用。党政的协调职能也是通过一定的组织形式发生领导与被领导的关系。党政领导者也只能通过组织，才能行使协调职能、发挥广大人民群众无穷的智慧和才能，为实现我国建设有中国特色社会主义事业去奋斗。因此，党政领导者具备较高的协调能力和领导水平，善于发挥党政组织的作用，这是党政领导不可缺少的应有素质。党政领导者要创造条件努力提高协调能力。党的正确路线确定以后，要在实践中贯彻执行，就要十分注意党政的协调职能。协调职能的发挥至关重要，它对卓有成效地加强党政领导具有重要意义。

从党政领导工作来看，为了实现共同的奋斗目标，完成共同的任务，把全党、全军、全国各族人民按照一定规律组合起来，并且有一定统属关系而进行活动的有机整体。使全国一盘棋，"步调一致才能得胜利"。执政党是决策的主体，党作出决策以后，通过党政各级组织去贯彻落实，在实践进程中，会出现各种各样的矛盾和问题，就要党组织和国家政权组织去调整、去解决，引向一个共同的奋斗目标，各自做出自己的努力，做出应有的贡献。例如，国家经济发展战略及规划、工业、农业、科学、文化、教育、军事、国防等等重大建设项目，是远非党政领导者个人所能办到的，需要调动各方面的积极性、主动性和创造性，充分发挥各方面的力量相互配合才能够实现。因此，在执政党的条件下，党政领导者必须把各方面的、各部分的人员合理有效地组织起来，使其围着既定的奋斗目标，协调一致地开展工作才能实现。由此可见，党的协调能力职能，是实现和加强党的领导的一个非常重要的问题。

从党政领导的职能来看，党政组织的领导者对被领导者的思想、行动施加影响，对他们的协调能力要不断提高，共同起到客观环境的桥梁和纽带作用。党政领导者只有通过其组织系统，才能将决策、指示、计划，战略任务等等层层下达，责成各级组织具体实施和完成；被领导者也只有通过各级组织在执行过程出现的情况、问题和意见，层层向上反映，便于党政主要领导者及时指导和处理所发生的问题。这种协调功能，对各级行动成员都具有重要作用。使其目标明确，协调一致。这是保证党的领导实现的一个重要条件。

从党和国家共同的奋斗目标来看，党政领导者按照特定的关系和程序不断调整各个方面的关系。使全党、全国上下左右形成一个联合行动的有机整体。这种职能是认识社会、改造社会，推动社会前进的巨大动力。因为它是党政领导机关进行政治领导和组织领导的实践活动，也只有通过合理化的组织结构、组织活动，各个方面、各部门人员按照一定的规律组合起来，明确任务与分工，促进任务部门化、专业化、科学化，各司其职，各负其责，才能发挥巨大的力量，保证党和国家的奋斗目标实现。

总之，我们无论从党政领导工作和它的职能以及它的使命，都充分说明了党政领导者的协调活动对加强党的领导，完成党和人民赋予的政治任务具有重大的意义。

（二）党政领导者协调职能的指导思想和基本内容。

执政党的协调职能，它是以马克思列宁主义、毛泽东思想为指导，以邓小平建设有中国特色社会主义理论为依据，协调好我们党和国家的政治任务及其历史使命。因为马克思主义揭示了人类社会历史发展的普遍规律，分析了资本主义制度自身无法克服的固有矛盾，指出了社会主义社会必然代替资本主义社会、最后必然发展为共产主义社会。这是人类社会发展的大趋势。

这种大趋势，尽管世界上发生了大的曲折和变化，但自从《共产党宣言》发表一百多年来的历史证明，科学社会主义理论是正确的，社会主义具有强大的生命力。邓小平建设有中国特色社会主义理论的形成和发展成为当代的马克思主义就是最好的证明。它是当代最新的科学成果，对我们具有重大的深远影响。

邓小平同志指出，社会主义的本质，是解放生产力、发展生产力，消灭剥削，消除两极分化，最终达到共同富裕。社会主义制度的发展和完善是一个长期的历史过程。社会主义在发展过程中会有曲折和反复，东欧剧变、苏联解体就是一个例证。但是，社会主义必然代替资本主义是社会历史发展不可逆转的总趋势。社会主义必将通过各国人民自愿选择的、适合本国特点的道路，逐步取得胜利。

以邓小平为核心的党中央第二代成熟领导集体，把马克思列宁主义、毛泽东思想与改革开放的具体实践相结合，把中国的社会主义建设事业推向一个新的历史阶段。党的根本任务就是要解放和发展生产力，不解放和发展生产力，就不可能消灭剥削、消除两极分

化、最终才能达到共同富裕的目的。当然，我们不能把解放和发展
生产力仅仅看作是物质生产力的解放和发展，无论生产资料还是生
产工具，都是由劳动者创造和使用的；离开了劳动者，那只不过是
死的物质，不可能为社会增加活的物质财富。因此，解放和发展生
产力，最主要的最根本的就是解放人，关键在人，获得自由的人和
发展的人。使每个人都像马克思说的全面发展的人。这是我们共产
党人最崇高的理想和奋斗目标。

在进行协调职能的过程中，在具体实践中，一定要以邓小平建
设有中国特色社会主义理论为指导。建设有中国特色的社会主义理
论是坚持马克思主义与当代中国实际相结合的产物，是我们党总结
国内外经验和教训的科学结论。特别是总结了东欧剧变和苏联解体
的失败教训，并批判地吸收一切资本主义文明成果，创造了具有中
国特色的社会主义理论。因此，这一理论形态的形成和发展，是扎
根于我国社会的科学社会主义，是当代中国社会历史条件下坚持和
发展了科学社会主义的理论。这是在我国特殊历史条件下形成和发
展起来的，有它的特殊性质、特殊特征、特殊表现形式、风格和色
彩。当然，建设有中国特色社会主义理论并不是固定不变的，它将
随着国内外条件的变化而不断丰富和发展。

这就告诉我们：我国的社会主义道路，具有我国的特殊性质，它
的经济基础的基本特征是以公有制为主体的多种经济成分并存，并
以按劳分配为主的多种分配形式并存为前提的、协调原则为指导思
想的；党的"一个中心、两个基本点"的政治路线，是在改革开放
的历史条件下形成和发展起来的，它的着眼点是以经济建设为中心
为归宿点，是现阶段有中国特色社会主义道路的基本内容，它将贯
穿于整个中国社会主义发展过程中的始终为指导思想；以培育建立
健全社会主义市场经济体制为主要目标，调整经济关系，并以主体
社会主义经济和非主体的社会主义成分交叉并存的特殊表现形式，
即有合作竞争、主次分明的"一国两制"社会形态，而不是主次不
分的混合制社会体制；最关键最根本的指导原则，是邓小平一贯倡

导的解放思想，实事求是，是建设有中国特色社会主义理论的思想理论基础，是它的精髓和灵魂。只有这样才能准确地把握住它的实质。也只有这样才能体现中国共产党的特殊风格和独具特色。党政领导者只有在这样的思想理论指导下，才能充分发挥党的协调职能。

党的 协调职能范围和基本内容，主要是从执政党的高度，依据党如何领导人民进行革命和建设并能取得胜利去进行协调；是依据马克思主义政党的领导原则和客观的领导规律，通过实践去实现党的思想的、政治的和组织的领导的基本职能去协调；党通过对国家政权、经济建设、统一战线、人民军队、科学、文化、教育、国防建设、工会、共青团、妇女组织等一系列的方针和政策进行协调；通过揭示无产阶级政党在社会主义——共产主义实践活动中的地位、作用和 意义的基本原理、原则和指导思想的正确性去引导、协调；通过阐明无产阶级政党同本阶级、社会集团及一切社会力量的相互关系的活动规律的客观要求去进行协调；特别是以无产阶级政党为核心领导和团结一切社会团体，各种政治力量，为了共同的奋斗目标进行协调；要协调阶级、政党、领袖、群众、社会团体等等之间的相互关系；协调经济、政治、文化各条战线之间的矛盾和斗争等等。协调的内容是很广泛具体的整个社会体系。

总之，在协调过程中充分发挥执政党的核心领导作用、统帅作用、组织作用、监督作用、保证作用。使执政地位不断巩固和发展。

党为什么能够起到这种协调职能，这是由党的性质和自身的理论为基础的。党的领导的理论就是研究无产阶级政党这个客观事物在人类社会、特别是在社会主义社会它的地位和作用发展变化的规律，规律就是无产阶级政党这个客观事物内部的必然联系，揭示出它的必然规律性，使共产党人认识和运用它，使它的地位和作用不断向前发展，使协调作用既有理论依据，又有实践意义，率领社会沿着党指引的方向发展；无产阶级政党所以在无产阶级革命事业中起核心领导的统帅作用，这是必然规律的反映，是由它自身的因素所决定的。既要革命，就需要有一个革命党，无产阶级必然要有自己的革命党，革命党率领人民群众为自己的幸福谋福利，当然就能起到它应有的协调作用，使人们心服。这个政党有自己的政治纲领和奋斗目标，协调好关系，调动一切积极因素，为一个共同的目标奋斗是党的职责。协调有自己同内外的统一战线和要打倒的敌人，为了协调各方面的关系，去完成自己的历史使命；党要充分发挥协调作用，就要有好的方法、原则和良好的作风，真正起到高效的协调作用。

党为什么能够起到高效的协调作用呢？这是由党的领导规律的基本特征所决定的。党的领导的理论结构就是依据无产阶级政党领导的规律，去揭示无产阶级政党在社会主义现代化实践活动中的地位、作用和意义的基本原理、原则和指导思想去进行科学的概括和总结。共产党所以起这个协调作用，就是这些经验的总结。我们必须认识揭示党的领导活动的特点，去调整各种关系，使其理论化、系统化，并随着时代的发展，以适应党在领导过程中的协调作用。

这就是说，党在领导中的协调作用的特点，党的领导的历史地位和作用，是客观实践的必然结果，其目的是共产党人自觉地改变人类社会，使全国各族人民在党的领导下，通过种种方法、途径消灭一切剥削，消灭民族压迫、消灭资本主义制度。只有协调好，才能达到目的。党的领导揭示这种实践的客观的发展规律的特点，研究党的领导方法、形式和途径，通过协调的职能，使建设有中国特色的社会主义事业沿着马克思主义的轨道前进。

党的领导是在党的领导领域中的一个认识体系，它以其特有的范畴反映党的领导的客观过程，也是党的领导的理论形式和发展的过程。经过党的协调职能，正确指导无产阶级革命事业的发展，掌握社会主义发展的航向，不断指引社会前进。党的领导发展的过程，党的领导原则、方法和协调能力不断提高的过程，既尊重客观的规律性、又要尊重它的实践性，协调各种矛盾，处理各种实践中出现的新情况、新问题，使党的领导有它的科学性、权威性。在党的领导下把各种关系调整好，遵守党的领导规律和特点，注意总结党的协调经验，通过实践去检验真理、发现真理、发展真理。

总之，党的领导就在于它不仅研究沿着有中国特色社会主义道路的社会政治活动中出现的各种政治力量发展和相互作用与规律性的起决定作用的政治力量，是无产阶级政党，而且最根本的是在建设有中国特色社会主义实践中起领导核心统帅作用。在党的领导和指引下，把各种关系调整好、协调好，特别是按照党和国家的路线、方针和政策去协调社会各方面的力量，形成一个坚强的战斗集体，去夺取建设有中国特色的社会主义事业的胜利。

（三）树立马克思主义的协调观。

为了防止和反对官僚主义、形式主义和主观主义，增强自觉性，就必须树立正确的协调观，把党和国家的协调职能发挥得卓有实效，这对一个党政领导者来说具有重大意义。党的干部，特别是党政领导干部，都在不同领导岗位上执行党的路线、方针和政策，从而发挥着自己的领导作用、协调作用，党政各级领导干部是经过多年培养成长起来的，他们在实际工作中经受住了各种锻炼和考验，经过党的严格挑选、审查，获得党的充分信任，而被党提拔、重用，选送到各级领导岗位上的。他们在具体的工作岗位上实现着党的领导，没有党的信任，他们就不会走上领导岗位；没有党的威信，就没有他个人的威信；没有党的政策和指导，他们也不可能作出成绩。所以，一个领导干部首先应当树立自己的领导权力，协调权力是党和人民赋予的观念，在工作中应时刻想到对党负责、对人民负责，正确地看待自己的领导权力，协调权力，用自己的实际行动维护党的领导地位和威信，实现党的领导作用和协调作用。忘却了这一点，就难免犯官僚主义、形式主义、主观主义的错误，违背党和人民的意愿。

我们的权力包括协调的权力，归根结底是党和人民赋予的。历史唯物主义告诉我们，人民群众是历史的创造者，是社会发展的真正动力。任何一次伟大的社会变革，如果没有人民群众的支持和参加都不会成功。"只有人民群众的自觉性和组织性才能最后决定争取自由的斗争的结局，谁不了解这一点，那他就是徒具民主主义者的虚名。"①共产党之所以成为国家的领导力量，成为执政的共产党，正是认识到了这一最基本的原理，顺应和代表了人民群众的利益和要求。毛泽东说："革命是什么人去干呢？革命的主体是什么呢？就是中国的老百姓"，"什么人是根本的力量，是革命的骨干呢？就是占全国人口百分之九十的工人农民"，"人民要解放，就把权力委托给能够代表他们的、能够忠实为他们办事的人，这就是我们共产党人。"② 在我们人民民主专政的国家里，人民是国家的主人，从原则上讲是人民行使管理国家的职能，人民有权选举和罢免任何国家公职人员，我们的党以全心全意为人民服务为自己的根本宗旨，他赋予一切党员、干部的只是为人民服务的权力，协调各阶级、各政治集团、人民团体、社会组织之间的冲突、矛盾和问题的权力，遵循广大人民的意志和要求。任何对人民利益不负责任的现象都是党和人民所不允许的。

在实现领导的过程中，没有被领导就不成其为领导。我们的每个领导干部在担负领导职务后，有责任领导本地区、本单位、本部门的群众积极开展工作。协调他们的利益冲突，解决出现的矛盾，使人民群众沿着党指引的方向发展。人民群众即是国家和社会的主人，也是具体实践的承担者，从根本的意义上讲是自己执行着自己的意志，领导者的职责就是想方设法地组织好、协调好群众的实践活动。领导的有效性，协调的实效性，最终要取决于群众的拥护、支持和服从。如果取得了群众的拥护，工作、协调就会卓有成效，领导、协调就会是名副其实的领导者、协调者，权力就会是名副其实的权力。反之，则有令不行，协调不灵，有禁不止，任意放行，领导权、协调权就是空有其名。所以说，没有法定的权力还不能算是真正领导

① 《列宁全集》第12卷，第290页。
② 《毛泽东选集》第二卷，第562页；第四卷，第1128页。

者、协调者，只有摆正个人和人民群众的关系，才能真正地实现党的领导。

党政领导者，要正确地掌握和运用党的领导权力和协调权力，充分体现对党负责和对人民负责的一致性。"正确运用自己的职权，遵守和维护党和国家的制度，同任何滥用职权，谋求私利的行为作斗争。"这是党章规定的干部应具备的基本条件之一。邓小平在1980年，总结党和国家生活中广泛存在官僚主义现象和原因时指出，权力过分集中于个人或少数人手里，多数办事的人无权决定，少数有权的人负担过重，必然造成官僚主义。这里虽然指的主要是制度问题，但同时也指出了如何正确地把握权力的问题。我们新一代的领导干部要防止出现官僚主义的现象，当然不能嗜权、擅权，但也不能不敢用权。领导就要干领导的事，掌权而不行使权力，互相推诿，不负责任，也是官僚主义的一大表现。因此，在现实条件下，学会用权，善于用权，把各种关系协调好，领导好，对于领导干部的修养来说是十分必要的。就要正确理解和处理责任与权力的关系；正确处理权力与法律制度的关系；灵活地掌握和运用协调的权力。

首先，对于一个党政领导者来说要实现自己的协调领导职能，有效地进行领导，就必须在自己所管辖的范围内享有充分的权威，权威既包括一定的权力，也包括个人的威信，只有权力没有威信，被领导者不信服他，也就不能成为实际上的领导者；具有一定的威信而不享有充分的权力，没有强制性的一面，也不可能有效地约束被领导者，领导者的协调任务就很难顺利完成。领导者的权威是在履行领导者责任的过程中逐渐实现的。对工作不负责任，不能带领被领导者去实现他们的利益，不可能享有真正的威信，即使握有很大的权力，也不可能达到良好的协调效果。同样，有权而不善于用权，也必然会造成失职、失责、失掉威信，当然也会减弱协调的效应。因此，在这里便存在三个责任与权力的问题。

毛泽东说：我们的责任是向人民负责，每句话，每一个行动都要适合人民的利益。党的干部的责任就是服务，为人民服务首先是领导干部的义务，其次才是权力。领导干部的责任就是要关心其领导职责范围内所涉及的一切事物，而他所被授予的权力则是履行责任的法定手段，责任要比权力包括的范围更广泛。党的干部不应该片面强调责任与权力是对等的，而忘了党员、干部的义务。以全心全意为人民服务的精神认真全面地履行责任，也能保证行使权力的有效性。

总之，权力是履行责任的手段，责任是前提，不等于权力。它们相辅相成，是领导工作不可缺少的两个方面。那种只要领导者对工作负责而不赋予必要的权力，固然是不对的，但那种借口无权而不负责任则更是错误的。我们应当把责任与权力统一起来，使权力服从、服务于责任。

党政领导干部，特别是主要领导干部要对工作负全面的责任，因此，他们的权力也更大一些，协调的范围也大，但与责任相比较，权力总是有限的，要达到责任与权力的统一是一件比较困难的事。解决这一矛盾最有效的办法，就是要规定明确职权范围、合理地划分职权，协调范围，建立岗位责任制。对工作负全面领导责任的主要领导干部应当尽量发挥领导集体作用，调动领导一班人的智慧和责任心，这是实现主要领导干部职责的重要保障。因此，负更大责任的主要领导干部，特别要注意合理的向其他领导成员分权。

我们党的历史反复证明，领导权、协调权主要包括四个方面。(1)法定权。这是由领导的法定地位所决定的，这主要指的是与领导地位相符的决策权和指挥权。进行协调工作，把利益调整好，处理好。(2)奖惩权。领导者由其法定权所决定，可以根据不同系列工作的功过得失，进行协调的好坏、优劣，给以一定的奖励或处罚。(3)专长权。即由领导者所表现出来的领导才干为被领导者所承认，从而享有领导权威、下属愿意接受并服从他的领导。在这种思想指导下进行协调，大家才拥护与支持。(4)影响权。领导者在工作和生活中的表率作用和高尚的品德作风对被领导者的影响力，使下属愿意模仿他，以他为榜样。他的协调意见就会被人接受、服从，这种能力是巨大的。

上述的四项领导权都有一定的限度，即对于一个党政领导干部来说，都是相对存在的。因此，在使用所享有的领导权时包括协调权要慎之又慎。第一，正如列宁所说："不要把自己的工作扩大到超出绝对必要的范围，不要使自己的工作和所担负的任务复杂化，不要官僚主义地过分扩大自己的职权。"①第二，要正确区分法定权、奖惩权与专长权、影响权的不同，要根据工作的不同性质和客观条件适当地运用这些领导权。第三，领导者威信和影响力对于被领导者是一种无声的命令，所以要尽量多的去运用它们开展工作，谨慎地运用直接命令或惩罚的办法。同时也应当注意不要用自己的威望和影响力去干超出自己职责范围的事。

其次，要正确处理权力与法律制度的关系。任何人都不得有超出宪法、法律和条例的特权，任何人都无权要别人干超出法律以外的事。这是我们党和国家一贯强调的。宪法、法律在我们国家里享有最高的权威，是规范每一个公民行为的基本准则，没有宪法、法律的约束，就会天下大乱，什么事情也干不成。宪法、法律最根本地体现了人民的意愿，保护着人民的利益。领导者的权力、协调权力，实际上也是法律所赋予的，没有国家的法律为强大后盾，就没有领导。领导者实行领导就是执行和维护法律。法律与权力的一致性，要求党政领导者必须在法律与宪法范围内活动，严格依法办事，绝不能"以权乱法"、"以权压法"、"以言代法"。

我们国家的宪法、法律是党领导人民制定的，它是人民当家作主、管理国家事务的重要体现和基本保证。如果党政领导者超越宪法、法律之外滥用职权，或者指使被领导者干违背法律的事情，实际上就否定了人民是国家的主人，颠倒了主人和仆人的关系。不按宪法、法律办事、必然会是非颠倒、黑白不分，为被领导者所反对。

党政领导者在实行领导的全过程中，还应当时刻注意严格地按

①《列宁全集》第33卷，第298页。

照行政法规办事。行政法规是为行政机关的活动所设置的基本规范和程序。行政法规明确了各管理机关的职责，使之有科学的分工，彼此之间不能有重复的管理对象和内容、范围与权限。行政法规还规定了工作程序，明确了各管理机关之间的工作关系，公文履行的途径等等，是机关工作秩序化、条理化的基本保证，是提高工作效率的重要措施。行政首长负责制、工作人员的岗位责任也包括在行政法规里。因此，行政法规是保证党政领导者实行有效领导的有力措施。领导者如果不能严格按照行政法规行使自己的领导职权，就会出现自相矛盾的现象，人为地给自己设置许多障碍，也会降低行政法规的作用，造成机关工作的紊乱。邓小平指出："官僚主义的另一病根是，我们的党政机构以及各种企业、事业领导机构中，长期缺少严格的从上而下的行政法规和个人负责制，缺少对于每个机关乃至每个人的职责权限的严格明确的规定，以至事无大小，往往无章可循，绝大多数人往往不能独立负责地处理他所应当处理的问题，只好成天忙于请示报告，批转文件。有些本位主义严重的人，甚至遇到责任相互推诿，遇到权利互相争夺，扯不完的皮。"① 我们新一代的党政领导干部应当时刻吸取这个历史教训。

另外，我们在行使领导权力和协调权力的时候，还要注意不能违背党的政策和上级领导的指示，也就是说，没有权力修改或不执行党的政策和上级领导的指示，只有责任创造性地执行党的政策和上级领导的指示，否则就是超越了自己的权力、滥用职权。因为党中央和上级领导作出的决定、指示是站在更高一层次，从全局的角度而作出的，具有广泛的代表性和指导性，考虑得更深远。当然，中央和上级的决定指示也难免有不适于本处具体实际的地方，即使在这种情况下，我们也应当像党章所规定的那样，在执行的条件下积极向上反映。

其三，灵活地掌握和运用协调权力。对党政领导干部来说，他

---

① 《邓小平文选》第二卷，第328页。

们所掌握的职权是他们处在领导地位的权限，不是个人的权力，职权的运用可以灵活掌握。职权的集中和分散是对立的统一，没有绝对的集中，也没有绝对的分散。如果把所有权力绝对集中于主要领导个人，那么，他所领导的工作也就没有层次性，难以展开。如果把职权绝对分散给下属，也就不需要什么领导。集权与分权要根据一个地区、一个部门、一个单位的实际情况来决定。实际情况包括工作任务特点，客观环境特点，组织结构特点，下级骨干素质状况，一般群众的思想文化水平和积极性的程度，以及本地区、本部门、本单位的生产规模，生产力发展水平和领导者的协调控制能力。

分权和协调能力，必须掌握适度的原则。前提是：（1）中心领导能够及时掌握信息，具有协调控制全部的能力；（2）下层及广大群众确有共同目标、团结一致、积极工作的意志，把利益矛盾调整好，协调好；（3）在有必要时候把权力迅速集中上来的可能。凡对处理全局和对全局影响重大的权力，应当集中和保留，这样协调才能有成效、有权威。凡不影响全局，能够更好地调动下级工作积极性的权力，应该坚决下放。分权也是协调中央与地方的关系，和各种矛盾和问题的冲突，保持良好的关系。

分权必然要授权，对于授权者，首先，应当根据他们才能大小和知识水平的程度给予权力，不可把过大的权力授予才能较低的人，也不可把过小的权力授予才能较高的人。其次，要注意权、责同授，权、责相等，否则，就难以对授权者实行有效的鞭策和激励。奖惩不分，就会贻误工作，达不到授权的目的。其三，对于重大权责的授予，应该循序渐进、逐渐扩大权限范围的过程，这样，不仅可以使受权者有个逐渐适应的机会，也可以有条件向他传授领导经验，帮助他提高领导水平、决策水平和协调水平。其四，还要考虑有什么方法可以制约受权者正确运用权力，在必要的时候，使其受到有效的协调控制。

总之，集权、分权和授权都是为了最大限度地提高工作效率，是防止官僚主义、形式主义和主观主义的必要措施。在国内外客观形势瞬息万变，各种矛盾错综复杂的条件中进行现代化建设，使有中国特色社会主义事业不断前进，就必须有灵活运用协调权力的指导思想，掌握和研究党的领导学的科学知识，防止在运用上的教条主义和形式主义，该集中时就全国一盘棋地集中，该下放时就下放，使我国的社会主义建设有规、有序地前进。

要把党的领导与党的协调职能运用得卓有成效，还必须树立支持人民当家作主的观点，树立集体领导观念以领导就是服务的观念。刘少奇在《论党》中就明确指出：我们共产党人，以及一切任何群众中的先进分子和伟大人物，在一切群众事业中所有的全部作用就只有这些。他们应该是，也只能是人民群众的引导者和向导，而不应该是，也不可能是代替人民群众包打天下的"英雄好汉"。党的领导的实质要求我们的领导干部必须牢固树立公仆的意识，认真对待自己所掌握的职权，要看到，时时刻刻看到，权力是人民赋予的，要为人民掌握好领导权、协调权。要看到，自己工作是在代表人民群众行使权力，自己的一切言行都要对人民负责。绝对不能把社会公职看作是自己的"囊中之物"。甚至有的对上级、对领导负责，对人民不负责。

所谓"有权就有一切"，"有权不用，过期作废"的思想必须彻底清除。我们的干部要坚决同任何滥用职权，谋求私利的行为作斗争，同人情风作斗争，任何权力的使用，都要考虑是否对人民有利。因此，我们必须时刻把自己置身于群众之中，虚心向群众学习，请教，认真体察群众情绪，使自己的工作真正体现人民的意志。

组织和支持人民当家作主，还应体现我们在工作中经常激发人民群众的主人翁精神。启发群众的觉悟，让他们更多地知道党的路线、方针和政策，使他们关心国家大事，关心社会主义两个文明的建设。关心本地区、本部门、本单位的工作，多提合理化建议。同时，我们的干部还要注意发扬社会主义民主，尊重群众，依靠群众，与群众打成一片，使群众真正感受到干部们是能够听得到、听得进群众意见的，是讲信誉的，对群众的合理要求和意见是能够兑现的。

特别在重大决策和人事任免问题上一定要多走群众路线，倾听群众意见，集中群众的智慧，在大多数群众不觉悟或不理解的时候，暂时不办或者缓办。

人民当家作主，还体现在群众自己管理自己的事务上。我们的干部在工作中，要注意坚持社会主义群众自治的原则，要充分发挥群众组织的作用，逐步做到群众的事情由群众自己去依法办理。比如，群众的生活福利问题、群众的文化娱乐问题、群众的住房、互助等问题，以至于本单位的重大问题，一般都交由群众自己去讨论和办理。即使是职工的学习和教育问题，也应注意最大限度地发挥群众组织的作用。做到群众自己教育自己，自己管理自己。同时，我们的党政领导干部还应给以积极的支持和正确的指导，要体现党对群众组织的领导，帮助群众组织搞好自身建设。

树立集体领导的观念。集体领导是党的领导的最高原则，是民主集中制原则和群众路线在领导工作中的运用和体现。我们的领导干部，特别是主要领导干部必须反对"一言堂"和家长制的作风，坚持集体领导原则，集体办公、集体议事，集体决策。只有这样才能防止和避免主观主义、命令主义等不良倾向。发扬社会主义民主，党内民主，坚持党的群众路线的最根本点就是能够集中人民群众和广大党员的智慧，正确地反映出群众的利益与要求，而这最终要集中、交汇到领导体系中来，要靠集体领导来保证。当我们真正实行集体领导，而不是摆形式，走过场，就能够真正表达人民的意志，实现正确的领导。

共产党人是如何理解自身的领导呢？毛泽东说："我们的一切工作干部，不论职位高低，都是人民的勤务员，我们所做的一切，都是为人民服务。"邓小平也说："什么是领导，领导就是服务。""领导人民就是为人民服务。"中国共产党的历史是用光辉的大字写着"为人民服务"的七十多年的历史，党为人民服务而得到了成长壮大，为人民服务而战无不胜。党选拔干部，考察干部，奖惩干部最基本的一条，就是看他是不是全心全意地为人民服务。

当然，领导就是服务的含义非常广泛，就党政领导干部来讲，首先要"鼓真劲"、"做实事"、"收实效"、"真抓"、"实干"，"要勇往直前去创造和利用一切有利条件争取为人民多做贡献，而且也要把这种主观能动性和客观可能性结合起来。办实事就要聚精会神地使人民满意高兴的事情"，"做实事，收实效，才会对人民有利。"① 我们不要官僚主义，就"要拿事实给人民"。其次，要倾听广大群众的呼声，代表群众的利益，带领群众去实现他们的利益。在实现群众利益的过程中尽心尽力尽责，"鞠躬尽瘁，死而后已"。其三，在领导群众实现他们利益过程中，为群众创造良好的工作环境和工作条件，为他们排忧解难，解除工作的后顾之忧，当好群众的"后勤部长"。"假如我们对这些问题注意了，解决了，满足了群众的需要，我们就真正成了群众生活的组织者，群众就会真正围绕在我们的周围，热烈地拥护我们。"②

总之，我们党的领导能力、协调能力，要在马克思列宁主义、毛泽东思想的指导下，以邓小平建设有中国特色的社会主义为依据，把我国的社会主义现代化事业建设好、协调好。

八、党的综合创造能力

党的综合与创造能力，主要是指领导者综合各方面的信息、智慧、才干、本领，为一定的奋斗目标、历史使命，发现和产生前所未有的新成果的指引、组织、创造过程。创造能力则是人们因逻辑思维和非逻辑思维的方法产生新设想、新观念、新道理、新建议和新成果的能力。

创造能力来自信心、决心、耐心和坚强的毅力，具有创造力的领导者必然具有披荆斩棘的胆识，敢于善于提出自己的设想，并有

---

① 《周恩来选集》下卷，第350页。
② 《毛泽东选集》第一卷，第137页。

百折不挠的改革创造精神。还必须有很强的组织能力。因此，创造能力是人们的思维综合组织能力的直接表现，也是其他各种能力的综合反映和集大成者。所以，我们说，综合创造能力是领导者的宝贵的主体能力，是一个党、一个国家、一个集团、一个政治家、革命家、组织家、军事家、战略家建功立业的原动能力。

我们处在新的历史时期，面临着新的任务，遇到许多新情况、新问题、新困难，都要领导者有新思想、新观念和新作风，采取新的措施、创造新的办法来适应，即使才华横溢、成绩卓著的党政领导者，也要在实践中不断探索新的路子，总结新经验，才能适应新情况和新要求。

一个党政领导者的创造力，就是运用已有理论知识和实践经验，从革命和建设事业的实际情况出发，以马克思列宁主义、毛泽东思想为指导，依据邓小平建设有中国特色社会主义的理论，紧密结合当前实际，不断研究解决在社会实践中出现的新情况、新问题。并按照新的思路去解决实际问题的能力。创造性能力的核心是创造性理论思维的能力。那么，创造性理论思维能力表现在哪些方面呢？

（一）胆识与独创能力。

一个具有胆识与独创能力的党政领导者，不仅知识面要广博精深，胸有大志，眼界开阔，看的深远，而且能把几个或更多个的具有不同学科技术专长的人才组织成一个坚强有力的科学攻关队伍。这样就必须具有胆识和独创能力。一个党政领导者，不仅要有一般的创造能力，而且要有胆识和独创精神，在建设有中国特色社会主义事业的实践中不断开拓前进。这样的领导者，工作起来精力充沛，善于总结新鲜经验，善于发现和支持新事物，善于判断、痛快利索，不拖泥带水，具有排山倒海的气魄，坚韧不拔的毅力，有永不衰竭的认识能力和锲而不舍的进取心、事业心。有新思想、新方法，不断进行新探索、新收获、新创造。他们善于把独创能力与组织才能有机地结合起来，充分调动人们的积极性、主动性和创造性；他们善于把实践的试验性与科学的态度紧密地结合起来；他们相信人的认识能力在实践进程中是不断提高开拓前进的。例如：美国的"曼哈顿"计划，杰出的奥本海默领导十八万人，其中有一万多名科学家和工程技术人员，在短短的几年里，成功地创造了世界上第一颗原子弹。奥本海默并非一个优秀的专业科学家，也缺少威望，但他以渊博的知识，高超的认识能力，神奇的组织指挥能力和卓越的才干，使一万多名具有专长的科学技术人员，各尽其能，各施己才，各负其责，各尽其力，并使十八万人组成运转自如的充分发挥实效的巨大整体进行科学攻关而取得了胜利。

赫鲁晓夫在1958年访问北京时，毛泽东主席听了他自己对核冲突现实危险性的形势时，毛主席说："正因为如此，我们自己有核武器才显得极为重要，但是我们手中却没有。"赫鲁晓夫不加思索的说。"你们要它干什么？我们有了就行了，我们会遵照中苏友好同盟互助条约中的条款像保卫我们自己一样保卫中国"。毛主席仍坚持自己的意见说。"非常感谢你。但是中国是一个拥有自主权的大国，为了在一旦爆发战争时保卫自己，我们有必要拥有自己的核手段。如果你们不愿与我们共同享用这种武器，那么就请向我们提供制造原子弹的技术上的援助。"

"您知道吗？制造原子弹的费用可是极其昂贵的哟。另外，它会把你们国家所能提供的全部电力耗费得一干二净。"赫鲁晓夫寸步不让。"那么好吧！你们不给也没有什么关系，我们靠自己的力量也能对付美国这只纸老虎。"毛主席不无自信地说。"但是，这个所谓的纸老虎却长着核牙齿！"赫鲁晓夫带着警告的口气说。

布尔加宁在表示支持赫鲁晓夫的立场时随口说道："上帝保佑，但愿不要发生这样的事情，但是万一真的要打"纸老虎"的话，那就非得用真枪实弹不可，用爆竹是不行的"……。（摘译自苏联《远东问题》杂志1990年第1期）。

有胆识和独创能力，也同样体现着党政领导者的才干和组织能力的不同层次，外国的管理学家认为，高层次领导者，决策管理、分析判断的能力占他全部能力的 47％；而技术知识只占 18％；处理各种关系的能力占 35％。这个数据不一定准确，但它说明高层管理者、决策者的组织才干和独创能力是非常重要的。因此，我们可以这样说，一个出色的科研人员，不一定能当好科学院院长，一个精明强干的院长，不一定是第一流的科学家。只有他的胆识、独创精神和组织能力相统一时，才能达到良好的理想效果。斯大林说："革命胆略是一种振奋人心的力量，它能唤起思想，推动前进，破坏旧事物，开辟前进道路。没有这种革命胆略，就一步也不能前进。"① 革命的胆略和解放思想、实事求是相一致、相统一，就会产生巨大的效果这是一条真理。

共产党人的胆识和独创能力，实际上是由干部的政治思想素质，理论修养，精神状态，处事胆略，工作魄力和认识水平所构成的主观因素。党政领导者的革命胆略与独创能力，对指导实际工作具有十分重要的作用。在领导建设有中国特色的社会主义事业中，特别是处于历史重要的转折关头，对党政领导者来说往往面临着前进还是停滞不前、改革还是固步自封的抉择。领导干部只有具备革命的胆略，解放思想，实事求是的精神，才能坚持社会主义原则和共产主义方向，坚定地维护人民的利益，才能在党和国家的各项工作中破除迷信、解放思想、敢想敢干，排除习惯势力的种种干扰，打破陈规陋习、探索新路，做前人没有做过的事，走前人没有走过的路，积极进取，开拓前进。

当然，胆识与独创能力既不是天生的，也不是从天上掉下来的。它来源于后天的培养和客观实际的锻炼。它的形成和发展必须具备一定的条件：

一是要刻苦学习，勤奋读书，用人类创造的知识来武装自己的头脑。一个孤陋寡闻、学识浅薄、理论水平低下的领导者，不可能

---

① 《斯大林全集》第 6 卷，第 162 页。

具备洞察客观事物的发展规律、驾驭时局形势的能力，也不会具有顽强向上的进取精神和独创能力。党政领导者要培养自己的胆识与独创能力，就必须认真学习马克思列宁主义、毛泽东思想的理论、原则，学习党的路线、方针和政策，学习各种科学文化知识，不断提高自己的理论、学识水平和认识世界、改造世界的能力，只有提高理论素养和开阔视野，才可能具有改革创新的魄力；

二是要加强世界观的改造。紧密联系群众，领导干部只有具备全心全意地为人民服务的思想境界，才能排除各种私心杂念，不怕流血牺牲，困难之中不畏艰难险阻，敢于顶逆流，战恶浪，乘胜前进；

三是注重调查研究、注重实际锻炼。领导干部掌握处理问题的分寸，多谋善断的能力，以及协调各种关系，化解矛盾的艺术，很重要的方面是来源于实践的经验，这种经验的积累，主要是靠实践锻炼。因此，各级干部在自己的实际工作中，应该认真总结经验，吸取教训，注重自身素质的培养，不断提高领导工作的内在能力。

胆识和独创能力要和解放思想、实事求是相结合统一就会产生巨大的能力。解放思想和实事求是的统一，是辩证唯物主义的基本指导思想，是马克思主义活的灵魂，思想路线 的重要组成部分，也是我们党一贯倡导的优良作风。解放思想、实事求是精神，就是要把客观实际领导工作作为基础。领导者无论做什么工作，都要尊重客观事实，其言行的出发点和归宿都应以客观实际为基础。在开展工作时，首先要弄清情况，为了明了情况，就要在求实、求全上下功夫。领导者所面对的客观实际，由于所处的环境和对象不同，情况可能千差万别。为了掌握真实的情况，这就要求领导者放下架子，深入到实际中去，了解事物的本来面目，掌握事物的全面情况。求实是要认识、掌握规律，坚持按规律办事。要在实际工作中坚持按客观规律办事，首先是开动脑筋，勤于分析、辨别真伪、区分主次。从大量的现象中探索事物的内部联系，抓住本质，而不被一时的表面现象所迷惑，在错综复杂的情况下认识和掌握客观规律。其次，是不盲从，不随风倒，不脱离主观条件，按照客观规律有计划、有步骤地开展工作。

求实的目的是不被事物的虚假现象和表面情况所迷惑，情况弄清了，然后再下定决心，拿出主意，动手去办理。要扎扎实实地抓落实。领导者在调查研究的基础上，对于所订出的计划和方案，要脚踏实地、扎扎实实地去办。在处理工作、解决问题的整个过程中，少说空话，多办实事，不回避矛盾、不凭空许诺，而是实实在在地解决问题。抓工作务求落实见效，不图虚名，不摆花架子，不放空炮，不做表面文章。领导抓工作、解决问题，不能把计划、措施和办法当作泼出去的水，放出的去箭，不管实际效果。正如斯大林所说："求实精神是一种不可遏止的力量，它不知道而且不承认有什么阻碍，它以自己的求实的坚韧精神排除所有一切障碍，它一定要把已经开始的事情进行到底，哪怕只是一件不大的事情，没有这种力量，就不可能认真的建设工作。"[1]

但是，胆识反映着领导者的态度和行为，体现在工作上即主观努力精神。领导工作的实践要求领导干部要通过自己的主观努力凭借客观世界的大舞台能够导演出一幕又一幕威武雄壮的活剧来，这样才是一个合格的领导者。讲主观努力，讲胆识，一定要和解放思想、实事求是精神结合起来，敢想敢干，决不是异想天开的胡干蛮干，更不是那种"人有多大胆，地有多大产"，"不怕办不到，就怕想不到"的主观主义妄想，而是把解放思想、实事求是有机地结合起来，扎扎实实地依靠客观实际，充分发挥自觉的能动性、积极主动，创造性地开展工作。解放思想、实事求是相结合相统一，就是伟大的革命理想与踏实的工作作风的统一。如果没有明确的目标和推进工作的计划，就必然陷入庸俗的事务主义中去，使领导工作得不到进展，而如果只是提出了一大堆理想、命令，却不去对客观实际既不扩大也不缩小地给予改造，那么其结合也是可想而知的。党

---

[1] 《斯大林全集》第6卷，第164页。

政领导者只有把解放思想、实事求是，胆识与独创能力结合起来，才能驾驭形势、当断则断，有声有色地把工作不断推向前进。

（二）思维和综合分析能力。

思维和综合分析能力非常重要。人们的智力活动是以思维为核心的。创造性的思维活动，是思维的高层次活动。一个党政主要领导者，要养成思维的习惯，提高自己的思维能力。

一个党政领导者，应当及时根据实践经验，使其条理化、理论化，转化成科学知识，是以其思维为基础的。每个干部通过种种渠道和手段索取一定的知识，具有一定的创造才能，使创造性思维得到发展。通过他们的观察力，想象力，记忆力和综合分析，获得新的创造。比如，一个领导者通过直觉、联想、想象、逻辑分析和综合判断等一系列的思维活动，才能形成概念和思想，从而创造新的内容，即更高层次的精神财富。这就必须进一步促使干部特别是领导干部要善于调查研究，进行独立思考，掌握观察分析的科学方法，养成观察的习惯。人们的想象活动，总是充满着创造性的。想象、调查研究，是人们进行创造的契机。善于想象，往往是创造的前提。这就必须掌握马克思主义的科学方法，运用思维和综合分析的方法，进行理论创造。

同样，要提高理解和语言表达能力，也离不开调查研究和想象。联想越广，调查研究越深入，想象越丰富，产生创造性思维活动的可能性就越大。这就是思维和综合分析能力的具体表现，也是人们智力活动的结果。所以，思维和综合分析能力，对一个干部的重要性，也就在于此。

人的思维是客观世界的规律和联系的反映的高级阶段的产物，是相对于感性认识而言的。主要是指理性认识及其过程，即思考、思索。就是说，思维是人的大脑的机能，是人类意识活动的高级形式。思维是社会活动的产物，离开了社会就不可能有人的思维。人的思维活动，不是杂乱无章地胡思乱想，是有相对稳定的定型化的思维结构、活动模式和活动过程。人的思维活动的这一特征，可统称为思维方式。这里所说的思维活动方式，是指人的理性认识的活动方式，它是在实践基础上形成的思维结构，由思维要素相互作用结合而成的一种相对定型化的思维样式。思维方式就其本质来说，是主体把握客体的理性认识方式；就其功能来说，它具有主体把握客体的认识功能和主体通向客体的实践功能，展现出人们对世界的理解水平、深度和广度，表现出人们对外界信息的处理能力。一种思维方式一旦形成，便具有相对稳定性，在人们的思维活动中，成为习惯性的思维样式，自觉不自觉地支配人们的思维活动，运用它来观察问题，思考问题，处理问题。

思维方式的变化和发展对领导者的思维具有重大影响。党政领导者，掌握现代科学思维方式 具有重大意义。人们的思维活动方式虽然具有一定的稳定性、规律性，但也不是一成不变的，而是随着时间、地点、条件的变化发展而变化发展的。其变化的根本原因，决定于人们社会实践内容的深度、广度如何。随着人们社会实践逐步向深度和广度发展，人们的思维方式也随之逐步由低级达到高级的程度。

恩格斯说："每一时代的理论思维，从而我们时代的理论思维，都是一种历史的产物，在不同的时代具有非常不同的形式，并因而具有非常不同的内容。因此，关于思维的科学，和其他任何科学一样，是一种历史的科学，关于人的思维的历史发展的科学。"[①] 在人类认识史上，理论思维方式有过三次大的变革，即古代的朴素辩证的思维方式、近代的形而上学的思维方式和现代的唯物辩证的思维方式。

当前，新科技革命方兴未艾，推动着生产力更加迅猛地发展。尤其是 20 世纪以来，控制论、信息论、系统论的创立，对人们的思维方式的进一步变革正在发生着主要的影响作用。还有电子计算机的

---

① 《马克思恩格斯选集》第 3 卷，第 465 页。

发明和广泛应用,对人们的思维方式定将产生更为巨大地影响作用。人的思维方式变化的这种新情况已为越来越多的人所关注,很多理论工作者和实际工作者都在积极研究、探索、总结和将出现的具有更为重要作用的思维方式,以增强工作效率。

党政领导者掌握现代科学思维方式具有重大的意义。首先,从我们党承担的历史重任来说,是按照科学理论建设社会主义的,要按照客观规律办事,与空想社会主义是有本质区别的。因此,这一历史重任要求我们各级领导者必须具备科学的思维方式。其次,当前的社会主义建设和社会主义改革正在不断地深入发展。如果说在这之前,解决一些表层的问题,凭一般性的经验可以奏效,那么,对于解决深层次的问题,光凭一般性的经验就不行了。在这种情况下,尤其需要把握科学的思维方式。其三,在世界上,社会主义已经70多年的历史了。在我国,社会主义的历史也有40多年了,社会主义建设有许多成功的经验,也有过许多挫折和教训。尤其是近几年,一些社会主义国家连续发生了异乎寻常的剧变,更要正确地深刻地总结经验教训。要正确地深刻地认识当前这些问题,各级领导者就必须牢牢地把握科学的思维方式。

以上几点是从客观需要上来说,各级领导同志必须要牢牢把握科学的思维方式。就当前一些领导者思维方式现状来看,也有必要进一步强调掌握科学的思维方式。应当说,自从实践是检验真理的唯一标准的大讨论以来,批判了“唯书”、“唯上”的教条主义思维方式,批判了僵化的思维方式,人们的思想获得了较大的解放,各级领导者的思维方式发生了显著变化。不过,许多的思维方式,“左”的和教条主义的思维方式,主观主义、官僚主义、直线性、保守性思维方式在一些人的头脑中仍然存在严重的影响,这些思维方式与科学思维方式是不相容的,与上面所说的客观需要也是不相应的。因此,各级领导者必须要认真清除掉旧的、错误的思维方式,用科学思维方式武装自己的头脑,以适应时代的需要。

在新的科技革命浪潮的推动下,各种新科学纷纷建立,尤其在

80 年代初由我国著名科学家钱学森倡导建立的思维科学，为各级领导者认真研究和把握科学的思维方式，提供了极其有利的条件。领导干部只要在辩证唯物主义和历史唯物主义的指导下，广泛吸收这些学科研究中的积极成果，就可以比较快地把握科学的思维方式，为建设有中国特色社会主义作出较大的贡献。

（三）党政领导干部要掌握科学的思维方式。

党政领导干部在运用具有普遍意义的科学的思维方式时，必须要注意从领导工作的实际情况出发，运用纵向思维、横向思维和立体思维，发散性思维和收敛性思维，系统思维，静态思维和动态思维，分析思维和综合思维，抽象思维和概括思维，归纳思维和演绎思维，抽象思维和具体思维，历史思维和逻辑思维等。

1. 纵向思维、横向思维和立体思维。

纵向思维的一个基本特征着重于事物的时间，即事物的过去、现在和将来的各个阶段上的各有关具体变化发展情况等。因此，纵向思维的基本内容，即是事物的变化发展过程，从事物的变化发展过程中，揭示和把握事物的本质和发展规律。作为领导干部，面对一个具体事物，必须考虑是在什么环境下产生的，是如何产生的，其生命力如何，在其变化发展过程中，其内部是如何变化的，在其周围环境中起着什么样的地位和作用，在当前处于总过程中的一个什么样的发展阶段，在这一发展阶段上存在什么问题，应该如何去认识和解决，该事物的发展趋势如何，最终结果又将会怎样等等。只有这样去看问题，才能把握住事物的基本规律，提高预见性和领导工作能力。

在纵向思维的基础上，可以引申出以下几种具体的领导工作方法：从事物变化发展的过去阶段中所暴露和呈现的各种现象中，认识该事物的本质和发展规律；从事物发展的现阶段中存在的各种问题出发，探索解决有关问题的具体方案和措施，推动事物循着内在的发展规律发展；根据该事物过去的变化发展中所呈现的客观规律和当前存在的问题及解决问题的方案、措施、预测事物未来的变化发展趋势等。

纵向思维是领导者常用的一种思维方式。比如总结经验，就是要从事物过去的变化发展情况认识事物的本质和规律，为做好当前和今后的工作积累经验。又比如，很多老同志写回忆录，并从中总结出今天需要继承和发扬的优良传统，这也是一种纵向思维。再比如，制定工作计划，即根据事物过去变化发展情况和现状，对如何促进该事物今后如何发展变化作出预测和安排，这也是纵向思维。一般来说，善于运用纵向思维的人，阅历都比较深，经验都比较丰富，同时也容易把握住前进的正确方向。

横向思维的一个基本特征着重于事物的平面空间，即着重于事物内部各方面、各个部分之间的相互联系、相互渗透、相互作用等，以及该事物和他事物的相互联系、相互渗透、相互作用等。

横向思维可以在事物不同部分、不同事物中发现共同点和差异之处。从这种共同点出发，可以借鉴他方的经验教训，增长自己的才干。从这种相异之处出发，可启示自己去认识事物的特殊性、个别性。总之，横向思维可以开阔眼界，拓宽思路，促进思想解放，丰富自己的思想。

在自然经济条件下和封闭的年代里，人们较少进行横向思维。在社会大生产经济条件下，在改革开放的历史条件下，在商品经济以及社会主义市场经济条件下，各级领导者尤其要注意运用横向思维，面向全局，面向世界。在全局的各种各样的关系中，在世界的各种各样的关系中，充分利用有利条件，改革不利因素，充实自己，发展自己，获取新的生机和活力。

纵向思维和横向思维各有其局限性。纵向思维由于着重于事物自身的变化发展过程，而容易忽视事物在有关群体中的地位和作用。因此容易产生两种偏向：一种偏向是有些领导同志有了一点进步就容易沾沾自喜，夜郎自大；再一种偏向是有的领导同志如果进步不大，也容易安于现状，得过且过。横向思维由于着重事物的某一个平面空间,而容易忽视各事物或事物各部分自身的内在本质和规律,以及相互间的本质和规律的区别,形成一种简单化的比较法,以致没有选择地简单地照抄照搬,过去这种思维方式在我们党内有些干部中形成了教条主义倾向。当今这种思维方式在一些人中又形成盲目崇外的倾向。要克服纵向思维和横向思维的局限性,则必须把这两种思维方式结合起来,在其结合点上形成为立体思维。立体思维可以吸收纵向思维和横向思维的长处,克服纵向思维和横向思维的局限性,比较完整地、系统地、历史地认识事物,为制定正确的政策提供科学的理论根据。

2. 发散性思维和收敛性思维以及系统性思维。

发散性思维和收敛性思维也是党政领导干部必须注意把握的思维方式。这两种思维方式是从思维活动的方向、角度、层次、方面讲的。发散性思维是多方向、多角度、多层次、多方面思维。收敛性思维相反,思维活动的方向、角度、层次、方面都比较窄。

作为领导者在制定工作计划、工作方案或对未来作某种预测时。往往不满足于一种计划和方案的设想,不满足于一种预测,一般都要作多方向、多角度、多层次、多方面的思维活动,对工作计划或方案作多种设想,对未来作出多种预测,在对这些多种设想或多种预测中,比较研究一番,从而进一步作出最佳选择。这种思维活动方式就是发散性思维。

发散性思维的作用是开拓性和创造性的。作为领导者,在发散性思维活动过程中,可以吸引各方之长,进一步充实自己,可以发现新事物,提出新思想、新观念,打破现状,开创新局面;收敛性思维活动由于其方向、角度、层次、方面都比较窄,因此,精力相对来说比较集中。领导干部运用这种思维方式能深入地思考有关问题,便于从深层次上揭示事物的本质和规律。

发散性思维由于精力相对来说比较分散,因此,对发散性思维活动中产生的各种思想、观点,往往缺乏充分地思考和科学论证。这样就容易产生以下两种情况:一种是得不到充分思考和科学论证的思想和观点只能是一束思想火花，持续不了多久就容易熄灭；二是对于许多没有经过充分思考和科学论证的思想和观点的选择就往往容易出现偏差，这样的选择往往从感觉出发，从现象出发，因此也就容易铸成大错。作为领导干部在运用发散性思维的同时，必须要有收敛性思维的结合和补充，这样就容易得到既新颖，又深刻、又正确的思想观点。

收敛性思维活动由于其方向、角度、层次、方面比较窄，因此，又容易产生思维保守、僵化，不易发现新事物，不易接受新事物。这样，要想深入思考问题也就失去了广泛的思想资料，不易得到新思想、新事物的启示，久而久之，思维活动就容易凝固化。因此，领导干部在运用收敛性思维活动时，不可离开发散性思维活动的结合和补充，只有在运用发散性思维的同时去进行收敛性思维，这样收敛性思维活动才能有活的泉源，不会枯竭。

党政领导干部要掌握系统性思维，更有意义。所谓系统，是由若干部分（要素）相互联系、相互依赖、相互作用而组成的具有一定结构和确定功能的有机整体。系统的功能是接受信息、能量、物质，并进行处理、加工而产生新的信息、能量、物质，即可分为系统的输入过程和系统的输出过程。本世纪以来，科学技术的深入发展，以各种极为复杂的系统为研究对象，出现了许多边缘学科，跨学科领域。为适应科学研究的需要，系统论作为一门学科便应运而生。同时，数学的发展使系统论从定性到定量。电子计算机的产生和发展，为运用系统论解决各种复杂问题，提供了必要的计算工具和技术手段。

系统思维方式主要包括以下几个方面：（1）整体性。就是将认识对象看作为一个由若干部分（要素）相互联系、相互依赖、相互作用而组织的一个有机联系的整体，并从整体出发认识整体与各个部分（要素），各个部分（要素）之间，以及整体 和环境之间的关系，从而认识对象的运动变化规律；（2）结构性。一定系统都是由该系统内部各个部分（要素）之间合乎规律的、相对稳定的相互联系、相互依赖、相互作用的结构方式而形成的。因此，认识任何事物，都要认识其整体是以什么样的具体方式结构的，以及什么样的结构方式最佳，最能发挥整体效能；（3）综合性。根据整体和结合性原理，按特定的目的要求和必须的整体功能，把各有关部门（要素）统摄为一个有机整体；（4）动态性。系统性的整体是相对稳定性和动态性相统一的。系统整体内部的矛盾运动和系统整体与环境的矛盾运动，致使系统整体处于不断的变化发展之中，即系统整体内部各部分（要素）之间的相互联系、相互依赖、相互作用将不断变化，以致引起系统整体功能的相应变化。

从系统思维方式以上四个方面的主要内容，还可以引申出有序性、开放性、层次性、最优化等方面的内容。在科学技术深入发展和社会化大生产日益发展的情况下，系统思维方式具有广泛的适用性。作为各级、各部门的领导者，其工作特点要立足全局，统筹全局，协调整体内部各部分（要素）之间的关系。协调整体与各部分（要素）之间的关系，尤其需要运用系统思维方式，提高整体效能。

3. 静态思维和动态思维及抽象思维和概括思维。

静态思维是以相对固定不变的思维对象为前提的一种思维方式。因此，静态思维的概念、样式、程序、结果都是稳定的、重复的、形式化的。形式逻辑讲的就是静态思维。

静态思维便于准确地认识客观事物，其思维样式可以按照固定不变的样式重复运用，便于掌握。不过，领导干部运用静态思维方式时，要注意防止和克服绝对性的倾向。事物都是运动的，事物的静止是相对的，因此，静态思维不能从绝对静止的意义上来理解和运用。在小生产的条件下，在封闭的环境中，久而久之，人们会形成一种绝对静态的思维方式。马克思指出过，自然经济"使人的头脑局限在极小的范围内，成为迷信的驯服工具，成为传统规则的奴隶，表现不出任何伟大和任何历史的首创精神。"还会"使人屈服于环境，而不是把人提升为环境的主宰；它们把自动发展的社会状况变成了一成不变的、由自然预定的命运。"① 因此，在当今改革开放的年代里，领导干部一定要注意防止和克服从绝对静止的意义上来理解和运用静态思维。

动态思维是以不断运动、变化、发展的思维对象为前提的。动态思维在不同情况下，概念、样式、程序、结果都是不同的。因为，一方面事物运动、变化、发展不可能千篇一律；另一方面，作为领导者本人的能力、素养、经验等也是不同的。因此，动态思维是一种不断变化、调整的一种思维方式。在改革开放的情况下，人们的生活节奏明显越来越快，在这种情况下，领导干部一定要注意在事物运动、变化、发展过程中，不断接受新的信息，综合运用各种思维方式，以达到准确、迅速、深刻、透辟地认识客观事物。

静态思维和动态思维不是绝对对立的，而是互相补充、互相促进的两种思维方式。静态思维以动态思维作补充，这样可以有效地防止和克服把静态思维绝对化。反之，动态思维要以静态思维来补充，这样，动态思维既可以以严格的静态思维为基础，摄取准确可靠的信息，以不断调整其思维方式、思维程序；同时，动态思维也可以从静态思维中找到运动变化、发展的量度，以不断调整认识的目标。正如毛泽东在谈到战争时所说："在绝对流动的整个战争长河中有其各个特定阶段上的相对的固定性——这就是我们对于战争计划或战争方针的根本性质的意见。"②

抽象思维和概括思维对提高干部的认识能力和解决问题的能力有重要作用。抽象是在分析的基础上，认识事物有关属性的一种思维方式。抽象就是根据认识的目的和要求，提炼、抽取事物的有关属性，同时把与该属性无关的部分、因素等，暂时撇开，不作考虑。抽象的过程也就是分析的过程，即根据认识的目的和要求，分清哪些部分、因素是有关的，哪些部分、因素是无关的；哪些部分、因

① 《马克思恩格斯选集》第 2 卷，第 67～68 页。

② 《毛泽东选集》合订本，第 464 页。

素是有关属性的本质，哪些部分、因素是有关属性的非本质。只有在对事物作出准确的、深刻的、透辟地分析的基础上，才能作出准确的深刻的抽象。

抽象的作用在于认识事物的个性、特殊性，透过现象，认识事物的内在属性。正如列宁所说："当思维从具体的东西上升到抽象的东西时，它不是离开真理，而是接近真理。物质的抽象，自然规律的抽象，价值的抽象及其他等等，一句话，那一切科学的（正确的、郑重的、不是荒唐的）抽象，都更深刻、更正确、更完全地反映着自然。"因此，抽象是深刻认识事物的基本思维方式，是理论思维的一个重要思维方式。领导干部长期处于实际工作中，一般擅长经验思维，要克服经验思维的局限性，上升到理论思维，提高我们广大干部的认识能力和解决问题的能力，就必须要重视和学会运用抽象的思维方式，切忌就事论事。

概括就是把抽象出来的事物属性，推广到具有这些相同属性的一切事物上，从而形成关于此类事物的普遍性的概念。概括的过程就是扩大抽象成果的过程，在抽象的基础上，用概念进行判断和推理，从已知进入未知，从而扩大概念的外延。领导干部在把局部经验推广运用时，离不开概括思维方式。

抽象和概括的关系是统一的，抽象思维虽然是直接对事物的个性、特殊性的认识，但由于个性、特殊性之中寓着共性，因此，抽象性思维是概括性思维的基础。概括性思维可以弥补抽象性思维的不足。

4.分析思维、综合思维、归纳思维和演绎思维。

对任何事物的认识，开始只能有一个总体感觉，这种感觉是表面的、肤浅的、笼统的、模糊的。要进一步深刻认识事物，就必须运用分析的思维方式，深入到事物的内部，把事物的整体分析解剖为各个方面、部分、要素，逐个研究其性质及其在整体中的地位、作用，研究事物各个方面、部分、要素与整体的关系，研究事物各个方面、部分、要素相互之间的关系。

　　党政领导干部要善于运用分析的思维方式，这样可以把认识引向深入，深刻认识事物的本质和规律。毛泽东曾经指出："列宁说，对于具体情况作具体的分析，是'马克思主义的最本质的东西、马克思主义的活的灵魂'。我们许多同志缺乏分析的头脑，对于复杂事物，不愿作反复深入的分析研究，而爱作绝对肯定或绝对否定的简单结论。……今后应该改善这种状况。"① 综合的思维方式是把事物的各个方面、部分、要素统摄起来，以达到对事物的整体的认识。综合不是各个部分的简单的相加，而是在认识各个方面、部分、要素相互作用的基础上，把各个方面、部分、要素综合为有机的整体。

　　综合的作用在于发明和创造。当各个部分、要素处于分离状态时，其功能是潜在的，各部分、要素之间的相互联系和相互作用不能具体体现出来。一旦把各部分、要素综合为有机整体，就可以把部分潜在的功能及其相互联系、相互作用变成现实的功能及其现实的相互联系和相互作用。从而这有机整体就具备了各部分处在分离状态所没有的新的质和功能。

　　当今时代，综合的方法将越来越显得重要，作为肩负全局工作重任的各级领导干部，必须加倍重视综合的思维方式。因为：（1）现代科技发展中的一个重要特征是分科越来越细，越来越专业化，当人们的认识达到丰富的深刻的抽象规定时，必然要上升到具体思维。（2）由于现代化科技分科越来越细，越来越专业化，任何一门学科，任何一个部门都无法单独完成社会实践提出的任务。因此，社会实践要求科技研究工作必须实行综合化。任何一个部门都有若干下属机构，如何发挥部门的整体效能，这就要求领导干部要具有较强的综合能力。（3）系统论的创立和发展，为综合方法提供了科学的理论基础。（4）电子计算机的产生和被广泛运用，为科学的综合提供了必要的物质手段。

　　党政领导干部在运用分析和综合这两种思维方式时，必须注意

---

① 《毛泽东选集》第三卷，第939页。

二者之间的互相促进，互相补充。分析本身不是目的，分析要以综合为出发点和归宿点，否则，分析就容易陷入形而上学。综合要以分析为基础，要在深刻认识事物各个方面、部分、要素的性质和功能的基础上进行综合，对事物各个部分、方面、要素认识越深刻、越全面，越具体，综合的创造性就越强。

归纳和演绎思维方式，是在个别和一般的关系上认识事物的思路相反的两种思维方式。归纳是从个别上升到一般的思维方式。任何事物是个性和共性、普遍性的统一体，在个性中寓着共性、普遍性。领导者对客观世界的认识，总是首先认识个别事物，认识其个别属性和特征，然后再经过判断和推理，得出结论，上升到一般，即对事物共性、普遍性的认识。

在科学研究中离不开归纳，科学技术的发展过程，就是不断总结和归纳的过程。科学家从反复的经验事实中抓住一些公式来表示普遍特征，由此探求自然的普遍规律。领导者要对全局有一个正确的认识，也离不开归纳。领导者在对一些个别事物的调查研究过程中，通过对若干个别事物的认识，就可以抓住一些共性的、普遍性的东西，以指导全局性的工作。这样来认识事物，是领导者把握全局的艺术，也是我们党长期以来一直提倡的方法。

演绎是由一般到个别的思维方式，即根据某类事物中的共性、普遍性的原理，认识该类事物中的个别事物也具有相同的属性。演绎思维是一种逻辑推理，这一推理过程由前提、逻辑规则和结论三个部分所构成。前提通常是已知的判断，这是推理的根据。逻辑规则是推理过程中所遵循的推理的形式结构。结论是由前提按一定的逻辑规则推导出来的判断；演绎思维方式是进行科学预见和帮助论证一些科学发现的重要手段。也是领导者运用一般原理认识个别事物，指导具体工作的一个十分重要的思想方法。

我们党是以马克思主义为基础的党，一切工作都要坚持马克思主义基本原理，都离不开马克思主义的指导。从这个意义上看，对于领导者来说，演绎思维方式就显得十分重要了。不过，在运用这种演绎思维方式的时候，必须注意这样两个问题，一是对马克思主义基本原理，要完整准确地把握；二是对实际情况要有正确的全面的认识。否则，就容易陷入教条主义等错误倾向中去。

归纳和演绎两种思维方式所遵循的原则不同，思路相反，功能不一样，但这两种思维方式又是相互联系、相互补充的。恩格斯说："归纳和演绎……是必然相互依赖着的。人们不应当牺牲一个而把另一个捧到天上去，应该设法把每一个用到该用的地方，而人们要能够做到这一点，就只有注意它们的相互联系，它们的相互补充。"

首先，归纳和演绎是同一认识过程中的两种思维方式。人们对客观世界的认识，总是由个别到一般，再由一般到个别。没有对个别的认识就不会有对一般的认识，没有对一般的认识，就不会有对个别的更深刻、更具体的认识，就不会以科学的认识去指导改造个别的实践活动。其次，归纳和演绎两种思维方式各有其局限性。只有把这种思维方式相结合，才能避免和克服其局限性。比如，归纳的内容能否反映事物的本质，从归纳本身是无法确认的，在这里需要演绎来补充。况且归纳也不可能穷尽对事物的认识，在这里也需要演绎来补充。演绎的前提是由归纳提供的，而且在演绎的同时只有辅之以归纳才能有新的发现，以丰富和补充这一前提条件。总之，党政领导者在运用归纳和演绎时，必须注意把两者结合起来。

5. 具体思维、历史思维和逻辑思维。

由具体到抽象，再由抽象到具体，是在认识全过程中，从感性具体出发为"抽象的规定"，再由"抽象的规定"综合为理性具体的思维方式。具体是多样性的统一。具体可分为两种形态：一种是感性具体，即由人的感官直接受到关于客观世界的完整的表象。感性具体是由感觉、知觉、表象直接综合而成的。因此，感性具体具有丰富性、多变性、直观性、表面性等特征。再一种是理性具体，即由抽象规定综合而成的关于客观世界的完整的反映。因此，理性具有深刻性、间接性等特征。

由抽象上升到具体，就是要把握各种抽象规定之间的内在联系，确定每一抽象规定在具体中的地位和作用，发掘具体的新的整体功能。正如马克思所说："具体之所以具体，因为它是许多规定的综合，因而是多样性的统一。"① 由抽象上升到具体是一个创造过程，是发现新观点，发明新事物的一种重要的思维方式。作为领导干部的工作具有全局性，更要注意把握从抽象上升到具体的思维方式。如果仅仅停留在抽象思维，而不注意把抽象上升到具体，那么，即使抽象的结论是正确的，但也容易产生片面性的错误。

由抽象上升到具体，首先要确定好逻辑起点，这一逻辑起点必须是对象的最简单的和最一般的本质规定，必须是构成具体对象的基本单位，必须要以"胚芽"的形式包含着对象整个发展过程中的一切矛盾。总之，这一逻辑起点必须是多样性的基础。其次，要从实际出发，认识世界的目的在于改造世界，因此，从抽象上升到具体应该为改造客观世界、创造新事物，提供方向、目标和具体的理论根据。为此，从抽象上升到具体应该为改造世界观、改造客观世界，创造新事物，提供方向、目标和具体的理论根据。为此，就要根据实际情况，正确地把握住人们的实际需要，分析这种需要实现的可能性，即人们对客观实际的认识程度、各种条件和环境，比如，财力、物力、技术、社会环境、经济环境、政治环境等。尤其作为领导者，把握由抽象上升到具体的思维形式，是直接为指导现实工作服务的，从其工作性质和这种思维方式的特征都要求必须从实际出发。其三，从抽象上升到具体的过程，始终是一个分析和综合的过程。因为在这一思维过程的终点上要形成一个具有系统性和新的功能的整体。为此，在这一思想过程中，就要分析各个部分的性质和作用，要根据系统性原理，按一定的组织结构方式，把各个部分综合为一个整体。

历史思维和逻辑思维方式是各级领导干部必须注意把握的又一重要的思维方式。历史的思维方式是通过考察事物变化发展的自然

① 《马克思恩格斯选集》第2卷，第103页。

进程来认识事物的发展规律的。由于事物变化发展的自然进程是必然性和偶然性的统一，因此，这种思维方式既可以丰富、生动、清晰地描述历史过程的全部多样性和个别特点，同时，这种思维方式也容易受到偶然性的干扰，被一些无关紧要的材料引入迷途。

逻辑思维方式是以理论的形式再现历史过程的本质、必然性的。以抽象思维为特征，反映事物本质和基本发展规律。逻辑的思维方式和历史的思维方式是辩证统一的关系，这种统一是具体的统一。正如恩格斯所说："历史从哪里开始，思想进程也应当从哪里开始，而思想进程的进一步发展不过是历史过程在抽象的、理论上前后一贯的形式上的反映。"① 这就是说，逻辑和历史的统一，既有一个相同的起点，也有一个相同的发展过程。因此，这两种思维方式在运用过程中，可以起到相互补充、相互启迪、相互促进的作用。

逻辑思维和历史思维方式也有其差别性。历史的思维方式由于是按时间顺序的先后展开的，在其思想过程中常常出现跳跃式、曲折性、反复性。而逻辑性一般不去反映历史发展过程的细节，而只反映历史的必然性。在这种情况下，历史思维和逻辑思维只能在其基本发展趋势上是统一的，不能要求二者亦步亦趋，步步相同，以致在每一个细节上都具有统一性。在现实生活中，有些干部常常以逻辑思维来苛求历史思维，因此，面对历史发展的跳跃式、曲折性、反复性，总是百思而不得其解。另外，也有些干部在历史发展的跳跃式、曲折性、反复性面前，看不到历史发展的必然性，以致否定逻辑思维的结论。这两种情况存在一个共同的问题，就是把逻辑思维方式和历史思维方式绝对对立起来了，自觉不自觉地否定了二者之间的统一性。

党政领导者要掌握科学的思维能力，掌握提高科学思维的主要途径与方法。凡正常的人都具有思维能力，但对于领导者来说，科学思维能力、途径与方法应更强些。哲学是时代思维的精华，每一

---

① 《马克思恩格斯选集》第2卷，第122页。

历史时期的哲学都是该历史时期思维的结晶。因此，学习哲学史吸收各个历史时期思想资料和精华，是提高科学思维能力的有效途径。马克思主义哲学吸收和改造了人类文明史以来的丰富的思想资料，是一个科学的完整的思想体系。它站在时代的高度，揭示和阐明了世界运动变化发展的最一般的客观规律，是人们认识世界的锐利的思想武器。

广大干部在马克思主义指导下，科学地认识了资本主义产生、发展和灭亡的客观规律，科学地深刻地认识了社会主义必然代替资本主义的客观规律，从而领导人民群众改造了旧世界，消灭了剥削制度，建立起了社会主义制度。在马克思主义指引下，形成了一系列科学的思想方法和工作方法，为提高广大干部科学思维能力的有效途径和方法，从而不断丰富和发展马克思主义。

第三节　坚持和发展马克思列宁主义、毛泽东思想和邓小平建设有中国特色的社会主义理论的创造力，提高执政的决策水平和领导水平

一、提高党政干部能力素质的意义和方法

一个党政领导者，要特别重视和提高能力素质的修养，使自己不断成熟起来。不论在革命战争年代还是建设有中国特色社会主义的历史时期，都是如此。特别是在世纪交接的新的历史条件下，只有重视智能的丰富和发展，不断用人类创造的科学文化成果和精神财富来武装自己的思想，才能成为新型的领导者。

在革命和建设的实践中，对党政领导者能力的要求是多方面的。主要包括：实际工作能力，观察分析能力，独立思考，独立负责能

力，阅读、思维、判断能力，组织领导能力，应变决策能力，理论创造和写作能力，自学深造能力，语言表达能力，高度民主的政治计划决策能力，改革开放创新能力，综合创造能力，运用马克思主义理论和实际结合的能力，坚持和发展马克思列宁主义、毛泽东思想和邓小平建设有中国特色社会主义理论的创造能力，等等。这些能力素质，都和一个领导者的政治素质有着密切的联系。

　　一个素质好、能力强、马克思主义理论水平高的党政干部特别是领导干部，必须不断拓宽自己的知识领域和提高马克思主义理论水平，努力改变并丰富自己的知识结构，以适应革命工作的需要。学习和吸收知识是一种手段，通过掌握知识来培养和提高为人类造福的能力，才是共产党人、党的干部的真正目的。要去思考、去创造、去进行艰苦卓绝的智力劳动，增长为人民服务的才干。只有这样坚持下去，才能提高自己的素质，增强认识世界和改造世界的能力。增强能力的基础是知识、实践和在此基础上的再创造。在中国革命和建设的实践中，党政领导者全面训练和加强自己思维能力的最佳途径，是构思和创造，是把动脑筋和动手结合起来。在拓宽知识领域的过程中，培养、锻炼和提高自己的智能。智能的发达必须建立在科学的知识结构和渊博知识的基础上，把通才与专才紧密地结合起来。

　　所谓通才，就是指知识广博一些，不但要有马克思主义的理论知识，还要了解资产阶级政治史、政党史，如我国的国民党史、封建朋党史，形形色色的政治集团史。即使是山西的土皇帝阎锡山的帮会头子的统治方法，也要知道一点。所谓专才，就是专业面宽一点，深一点，既是"杂家"又是"专家"。手脑结合，提倡独立思考，采用扩大阅读量的方法培养和提高自己的智能素质。要把学到的知识、原理、原则，运用到实际工作中去，为提高各种能力打下良好的基础。一个党的领导者，不仅应是某些方面的专家、学者、杂家、而且还应是一个社会活动家。作为组织领导者，应具有全面的领导能力，应当是通才和专才相结合的将才、帅才。

（一）提高党政干部能力具有特别重要的现实意义。

加强工作中的原则性、系统性和创造性，特别是提高工作能力，提高执政党的领导水平和决策水平，对一个干部特别是领导干部来说，具有特别重要的意义。一个党政领导者的能力是多方面的，而最重要的是提高认识世界和改造世界的能力。它主要包括：指挥组织能力、决策能力、应变创造开拓能力、协调控制能力、吸收消化和解决问题能力、研究探讨能力、抽象思维和具体思维能力、纵向、横向和立体思维能力、发散与收敛思维能力、静态、动态和系统思维能力、分析综合、归纳概括和逻辑思维能力、观察分析能力、才智表达能力、专业技术能力、培养人才能力、对人理解能力、规劝说服能力、自信实现能力，等等。至于领导者的能力如何分类，目前还没有统一的意见，有待进一步研究探讨。

所谓能力，实际上是指在一个政党、一个集团或一个组织中，领导者个人对其他成员发生的社会性的影响力、导向力。也就是说，它是个人能够率领并引导群众完成某项任务的主观条件。在国外，有的学者把领导者所具备的能力分为两类：一类是作业定向行为；一类是集团维持行为。作业定向行为，是指领导者对某个课题（工程或作业）能够从提出问题、分析问题到解决问题，自始至终处于主动地位；在决策过程中，善于对成员所提出的异议和观点予以解释和评价，并在此基础上进行果断处理或决定的能力。集团维持行为，是指为保证某个决策的实现，领导者在集团内部，随时调整和巩固人与人之间的关系，保持成员之间的同心同德，团结一致，齐心协力，保证工作顺利进展的能力。

也有的学者把领导者所具备的能力分为三类：第一类是"见识"。比如分析判断能力、决策能力等；第二类是"人情人际"。比如处理人与人之间的关系能力等；第三类是"技术与业务"。比如技术水平，业务能力，解决具体问题的能力等。据有的人调查，各级领导者所需这三类才能的百分比大致为：高级领导者的见识占

47％，人际占 35％，技术占 18％；中级领导者依次为 31％、42％、27％；低层领导者依次为 18％、35％、47％。这个百分比对新任的领导者有一定的参考价值。新任党政领导者应根据自己所处的不同层次，在能力锻炼上有所侧重。同时，也要努力争取达到对上一层次领导者的要求，以便将来担负起更重要的党政领导责任。

干部的实际工作能力，是衡量一个领导者能否胜任领导工作的重要标准。一个党政领导者应具备哪些条件才符合领导条件呢？对于这个问题，在我国长期的革命和建设实践中，形成了许多行之有效的经验，这些经验可作为进行改革任免制度的依据。随着政治体制改革的不断深入，在新的时期对干部又提出了新的更高更严的要求。因此，把如何当好党政领导者作为一门学科，全面研究干部的领导能力结构及其培养提高的途径，对任用干部具有现实意义。

（二）努力提高党政干部特别是领导干部的理论思维和概括创新的能力。

理论思维和概括创新的能力，特别是党的理论创新能力，主要是指党对现实和未来的洞察力、预见力、认识力；对历史经验教训和传统理论的反思能力、判断能力；对新思维、新观念、新理论的吸收、消化、运用和发展的能力，特别是对马克思列宁主义、毛泽东思想的丰富和发展的能力，等等。

"理论思维"这个科学概念，首先是恩格斯提出来的。他指出："一个民族想要站在科学的最高峰，就一刻也不能没有理论思维。"① 这说明理论思维是科学的灵魂，是科学发展的指路明灯。只有有了理论思维，才能在研究的实践中产生深邃的科学思想，从而有所发明和创造。"没有理论思维，就会连两件自然的事实也联系不起来，或者连二者之间所存在的联系都无法了解。"② "但理论思维仅仅是

---

① 《马克思恩格斯选集》第 3 卷，第 467 页。
② 《马克思恩格斯选集》第 3 卷，第 482 页。

一种天赋的能力。这种能力必须加以发展和锻炼，而为了进行这种锻炼，除了学习以往的哲学，直到现在还没有别的手段。"① 所谓天赋的能力，是指人脑的一种高级智能，它不是天生的先验观念，也不是普通的日常意识，而是巧妙地运用概念的艺术。它需要通过学习思想史和哲学史来加以发展和提高。当一个领导者管理或大或小的一个系统、一个组织时，总要将其作为一个整体来管理，了解系统中各种职能的关系，懂得一个组织部分的变化将如何影响其他部分，弄清这个组织与其他组织乃至整个社会之间的相互关系。要做到这一点，没有理论思维是不行的。因此，领导者要努力提高自己的理论思维能力，开阔思路，使智慧之花绚丽多彩，为人类的知识宝库增辉，从而提高自己的决策、协调能力。

一个党政领导者，是要领导和管理或大或小的一个系统，一个组织，如果没有理论思维、没有综合分析概括能力那是不行的。具体说，他要把所领导的组织作为一个整体来管理，了解组织中各种职能的关系，懂得一个组织部分的变化将如何影响所有其他部分，能看清这个组织与其他组织乃至整个社会之间的相互关系。没有理论思维就很难有高超的正确决策、协调、监督等能力。

世界上任何一个政党，都是在一定的理论指导下从事政治活动的。政治理论是政党的灵魂，它不仅指出了党的政治活动的依据和方向、目标，规定了党的政治活动的道路、方式、方法，还提供了党的政治路线、战略、策略的依据。我们党的理论基础，是马克思列宁主义、毛泽东思想和邓小平建设有中国特色社会主义理论。《共产党宣言》的发表，资产阶级的丧钟敲响了，马克思、恩格斯听见了，其他人是否听见很难说。真理声音的出现，不一定都能听得见，有的听到了声音坚决支持、传播、维护和发展，有的反对、扼杀和制止。尽管闻道有先后，这种博斗已有一百多年了。马克思有句名言：批判的武器当然不能代替武器的批判，物质力量只能用物质力

① 《马克思恩格斯选集》第3卷，第465页。

量来摧毁；但是，理论一经掌握群众，也会变成物质力量。这种理论的力量已被历史所证实。

党的"十三大"报告指出："马克思主义是在实践中发展的科学。马克思主义需要新的大发展，这是现代化的大趋势。世界在发生巨大的变化，人类文明在突飞猛进，工人阶级和劳动人民的事业发现了新的前景。这一切都要求马克思主义者开拓新视野，发展新观念，进入新境界。"因此，我们要明确理论创新能力的保持与增强因素是什么？理论作为指导人们行动的观念形态，是人们对社会现实生活发展趋势的系统的反映和概括。只有正确的反映现实，预测未来的理论才称得上是科学理论，才能正确地指导人们的行动。我们党坚持一切从实际出发，解放思想，实事求是，把社会实践作为检验理论正确与否的标准是理论创新的前提。是跟上时代步伐，反映时代的呼声的能力。思想不能僵化，因为生活之树是常青的。

理论的来源是现实，人们总是在原有的思想和理论指导下认识现实的。是否敢于怀疑？冲破旧框框，修正被实践证明已经过时的理论、观点，是正确认识现实的一个重要条件。任何科学理论都是在不断地探索、争鸣、讨论之中，在各种现实的交锋中、启发交流中产生形成和发展的。我们要加强思想思维的引导能力，主要是指政治思想引导能力，特别是党运用宣传、教育、舆论、示范、试验等方法去引导、影响人民群众的思想、情绪、感情、心理状态，以及支配人们的政治行为，使其服务于、服从于党的政治目标。这就是政治导向作用。要遵循人们政治思想变化的客观规律性，为发展经济、为社会主义现代化建设服务，适应并逐步满足人们的物质与文化的需求，发扬党的优良传统作风。

创造性能力是党政领导者开拓建设有中国特色社会主义事业的基本条件。党领导的建设有中国特色的社会主义事业，是前无古人的开拓事业，没有高度的创造性，党是决然担负不起领导责任的。我们应当学会运用马克思列宁主义、毛泽东思想和邓小平建设有中国特色社会主义理论的立场、观点、方法，去研究新情况、解决新问题，能够在复杂的情况下，明辨是非，正确处理各种矛盾，用马克思主义的基本理论去指导我们建设有中国特色的社会主义现代化的伟大实践，同时又在这前无古人的实践中不断丰富和发展党的学说。

当然，党的领导能力也不是一成不变的。党在不同的历史发展阶段，在不同的历史条件下，党的执政本领和领导能力的构成有不同的侧重和较大变化，这也是明显的道理。党的领导能力的核心，是根据工人阶级和广大人民群众的根本利益，正确地作出决策和有效地实现决策的能力。其他能力归根到底都是从属并服务于此的。这些能力，是党的工人阶级先锋队性质的本质体现。

党组织和党的领导者具备这些能力，则是保持工人阶级先锋队性质，发挥执政党领导作用，完成自己的历史使命的内在要求和基本条件。同时，一个党政领导者特别是主要领导者不仅应当具有坚持和发展马克思主义的能力，还要有观察、分析和解决问题的能力。掌握马克思主义的世界观和方法论。

（三）培养和提高党政干部观察、分析和解决问题的能力。

党政领导干部要成为懂理论、路线、方针、政策和方法的专家。我国每一个历史时代的领导者、知识分子，都应当而且必须具有丰富的知识。虽然不是通今博古，学识渊博深湛，但也应当具有一定的专业知识，至少要掌握一定的书本知识，特别是名著，经典原著，这是很自然的。都应当有一些必读的主干书目。这是历代统治阶级所要求的。

我国西汉时，东方朔曾上书武帝，说他年13学书，三冬文史足用。15学击剑、16学诗书，诵22万言。19学孙吴兵法，战阵之具，钲鼓之教，亦诵22万言，共诵四十四万言。是西汉时的一个博览群书的知识分子读过的书。后来的各个封建王朝"开科取士"，一个知识分子为了猎取功名，要读的经史子集，当然比西汉时多得多了，但是，这"四十四万言"，后来成为形容知识分子读书数量标准的成语。直到清朝时著名诗人吴雯，还有"读书四十四万言，衣食不能用一身"之句。据统计，作为封建经典的《四书》、《五经》有多少字呢？
《四书》大约 52 000 多字，《五经》大约 16 万字，共约 21 万字。这
些都是旧社会对知识分子阅读能力的种种说法，是否可靠，没有考
证。如果说封建社会的知识分子要读 44 万言，还要精读 21 多万字，
那么现在的知识分子要读多少字呢？读 21 万言算小学水平。我们是
党政干部，特别是党的领导干部，要下决心读它"四千五百万言"才
够水平。为什么这样说，有什么根据呢？

党政干部特别是领导干部，要认真学习马克思列宁主义、毛泽
东思想，学习他们的著作。根据粗略统计：《马克思恩格斯全集》共
50 卷，约 3 200 余万字；《列宁全集》共 39 卷，约 1 370 余万字；
《斯大林全集》加《苏共（布）党史》约 340 万多字；《毛泽东选
集》约 110 余万字；《邓小平文选》三卷 90 余万字，《周恩来选集》、
《刘少奇选集》、《朱德选集》、《陈云文选》等等；如果加点鲁迅、郭
沫若的论著 900 余万字（其中杂文一百多万字）；以上共计将有四五
千万字。这是在政治方面，如果在业务和技术方面，根据自己的专
业情况和所从事的工作性质，也要读上几千万字，还要着重读点现
代科学技术知识，读点中外历史书籍，读点近代史、现代史、国际
共产主义运动史以及读点反面的书，例如《大失败》、《一九九九
年》等等，就有相当的数量。

总之，使我们的干部特别是领导干部，通过一是阅读马克思主
义、毛泽东思想的经典著作；二是读现代科学技术知识；三是读历
史知识，这是学习的基本方面。作为一个党政领导干部，其他方面
的学问也要有所涉猎，不然，怎么能领导呢？通过阅读、学习，使
合格的新型领导者"成为懂得理论、懂得路线、懂得政策、懂得方
法的专家"。[1]

读书要有雄心壮志，要有坚强的毅力和决心，既要有长远规划，
又要有短期安排，决心在若干年内攻读科学这个堡垒。要以极大的

---

[1] 《毛泽东选集》第五卷，第 123 页。

精力吸取人类创造的文化科学精华。当然，读书和运用相比，精通的目的全在于运用。我们的革命导师，老一辈无产阶级革命家，都是把学习、读书当成平生要素，把创造理论、指导革命、改造世界作为学习的唯一目的。他们的攻读精神是值得我们永远学习的。马克思 50 岁攻读俄文，毛泽东 61 岁攻读英文，鲁迅 50 岁攻读德语，董必武 75 岁"趁日翻俄语，开灯读楚辞"。86 岁还"五篇六木相连读，学习当如卒过河"。徐特立 43 岁还到法国留学，他说："我今年 43 岁，一天学一个字，一年可学 350 个字，七年可学 2 450 个字，到 50 岁时，岂不就是一个通法文的人了吗？"达尔文 50 多岁才开始有研究成果，写出《物种起源》一书。清朝的阎若璩少小愚钝，记忆力差，患有口吃之疾。据说他 6 岁入学，读书千遍，仍背不出，到了 15 岁，总算读了些书吧，但仍不解其文，照一般人看来，这个人完了，"朽木不可雕也！"他明知比别人笨，就格外努力，非常用功。终于写出《古文尚书·疏证》一书，成为著名的考经学家。阎若璩成功的事实，是"笨鸟先飞，勤能补拙"的生动证明。高尔基说过："学习——永远不晚。"

但是，阅读还是应当有科学的方法，英国早期的唯物论者培根说过：有些书可供一赏；有些书可以吞下；有不多的几本书则应当咀嚼消化。这就是说，有些书只读它一部分就够了；有些书可以全读，但是不必过于细心地全读；还有不多的几本书则应当全读、勤读，而且用心地精读。我们党自"七大"以后，都是根据党的实际情况和革命任务的需要，几次规定过《干部必读》书目。这对提高干部的思想理论水平和政策水平及科学决策具有重要意义。

书是不会白读的。列宁 1908 年曾说过："在 1905 年到 1907 年这个时期，在俄国流传了大量的重要理论书籍（主要是翻译过来的），这些书籍还有待于开花结果。我们不要丧失信心，不要使得群众也像自己一样没有耐心。在这么短的时期内，向丝毫不知道社会主义书籍，几乎没有接触过这种书籍的群众散播了这样多的理论书籍，一下子是消化不了的。社会民主党的书籍没有白费。它播下了种子，正在成长。它会开花结果，不过可能不是在明天，也不是在后天，而要更晚一些。"① 像刘少奇指出的，对于某一理论，虽然没有入门，但记住了"门牌"号码，回到工作岗位上，遇到某一问题，须读经典著作时，总会有个印象，能够回忆在哪本书上讲过这个问题，那时可以联系实际再读，读书"记门牌号码"是消化的开始。要学习得卓有成效就必须掌握马克思主义的世界观和方法论，这是最根本的。

马克思主义者认为，世界观和方法论是一致的。毛泽东在《辩证唯物论提纲》中就明确指出："世界本来是发展的物质世界，这是世界观，了解这样的世界观转过来去看世界，去研究世界上的问题，去指导改革和建设，去做工作，去从事生产，去指挥作战，去议论人家长短，这就是方法论，此外并没有别的什么单纯的方法论。所以，在马克思主义者手里，世界观同方法论是一个东西。"很明显，马克思主义哲学是世界观，又是我们进行科学研究的方法，是领导方法，工作方法，军事作战方法，等等。

我们的干部，进行独立思考，进行科学的思维和正确的分析方法，是不能离开正确的世界观和方法论的。因为世界观是人们对世界的本质、各种事物之间的关系，以及人和周围世界的关系等等的看法，是对世界上一切事物的总的看法，总的观点，不是个别的看法。

党政领导者进行独立思考，进行科学的逻辑思维，都要掌握马克思主义的世界观和方法论，都要遵循这些基本原则。我们在各个部门，各方面的工作中，各门科学中，都有一些具体情况，都有一些具体方法。但是，要独立思考，科学地解决问题，最根本的方法，就是世界观，就是对世界观的运用和体现。例如，调查研究，走群众路线，这是我们党的工作方法，而这些方法是哪里来的呢？只能来自我们的世界观。因此，独立思考、独立工作、独立负责是不能

<hr>

① 《列宁全集》第15卷，第264页。

离开马克思主义的世界观和方法论的。思维能力和认识问题的能力是分不开的。要独立思考，独立工作，独立负责，就必须刻苦钻研，勤奋研读，掌握事物的本质和发展规律；掌握马克思列宁主义、毛泽东思想的立场、观点和方法。所有这些，都离不开马克思主义的认识论和人的认识能力。

所谓认识论，实际上就是关于人的认识的本质、能力、来源、形式和发展规律等问题的理论。什么是人的认识？就是反映客观事物的能力，就是指世界上的一切事物都是可知的，是可以认识的。认识来源于实践，认识的形式，有感性形式，理性形式。认识是有层次的，由浅入深的。认识的发展是：实践、认识、再实践、再认识。马克思主义的认识论就是运用唯物主义、辩证法和历史唯物主义的理论，来解决认识问题而形成的系统的关于认识问题的理论。所以，一个党政领导者在独立思考问题的时候，必须尊重唯物论，尊重辩证法，即遵循正确思想必须遵守的基本原则。

我们党的领导者，在独立思考问题时，必须以党的思想路线为指导，以党的基本路线为依据，从实际出发。客观实际是认识问题的出发点，是马克思主义认识论的基本前提。实事求是，是思想路线的本质。

实事求是，是毛泽东引自《汉书》上的一句话。他对《汉书》上的这句话作了马克思主义认识论的解释，即从客观实际的事物中找出其固有的规律性。他指出了认识的"真正任务"和实现这一任务的马克思主义方法，即理论联系实际，理论和实践的统一，普遍真理和具体实践相结合，这是马克思主义的根本原则，也是我们党认识世界，改造世界的科学态度和优良作风。可以说，实事求是提出了认识的作用，认识的目的，发展认识的根本途径。这些都是马克思主义认识能力的根本原则。只有遵循这些原则，去独立思考，独立工作、独立负责，进行思维活动，进行科学分析，才能达到主观和客观，认识和实践的具体历史的统一，解决主客观的矛盾。才能提高我们领导者观察、分析和判断问题的能力。

毛泽东指出：分析的方法就是辩证的方法。所谓分析，就是分析事物的矛盾，找出事物质的差异。不熟悉生活，对于所谓的矛盾不真正了解，就不能有中肯科学的分析。列宁说过，对于具体情况作具体的分析，是马克思主义的最本质的东西，是马克思主义的活的灵魂。这就是说，世界上的事物是复杂的，是由各方面的因素决定的，一个党政领导者要学会观察和分析事物的矛盾，求得矛盾的转化和统一。

怎样掌握马克思主义的世界观和方法论？怎样培养我们观察和分析问题的能力呢？就是要善于独立思考，善于把学习马克思主义的辩证唯物主义和历史唯物主义同实际结合起来，要善于做人的工作，善于发现问题，提出问题，及时正确地解决问题。遇事要多看、多想、要看中有想，想了再看。要不断强化自己的思维能力、观察能力、分析问题的能力。善观者，可以常见人所未见；不善于观察思考的人，入宝山也会空手而归。马克思善于在人们熟视无睹的大量重复出现的现象中发现共同的规律，例如从商品发现资本主义的经济规律问题。加倍注意违反常规出现的新奇现象，都可能有所发展，有所创造，有所突破，有所前进。

要培养和提高党政领导干部的独立思考和观察分析问题的能力，就必须掌握马克思主义的世界观和方法论，就必须学会运用思维规律，把问题看得深一些，远一些。观察分析问题的能力不是头脑中固有的，而必须在马克思主义思想路线的基础上，进行调查研究，深入基层，占有大量的资料，进行具体实践和科学研究。这样持之以恒，观察分析问题能力就会逐步提高。就能够运用科学的世界观和方法论去指导工作。毛泽东指出："凡事应该用脑筋好好想一想。俗话说：'眉头一皱，计上心来。'就是说多想出智慧。要去掉我们党内浓厚的盲目性，必须提倡思索，学会分析事物的方法，养成分析的习惯。"①

---

① 《毛泽东选集》第三卷，第948页。

　　马克思主义的世界观和方法论告诉我们，要善于从各个侧面看问题，思考问题，要看到各个问题的侧面的区别和联系，要把想和看联系起来，既要看到事物的局部现象，又要看到事物的整体和本质。只有这样坚持下去，才会逐步掌握马克思主义的世界观和方法论，就会提高我们的认识能力，就会出现智慧的眼睛，就会从客观实际中找出解决矛盾的办法。毛泽东还指出：我们是马克思主义者，马克思主义叫我们看问题不要从抽象的定义出发，而是从客观存在的事实出发，从分析这些事实中找出方针、政策、办法来。因此，我们掌握马克思主义的世界观和方法论，进行独立思考，观察分析任何问题，都要牢牢记住进行周密的调查研究，进行实事求是的科学分析，得出正确的结论，这是一个党政领导者必须遵循的基本原则。

　　培养和提高干部的独立思考、独立工作、独立负责的能力 和观察分析解决问题的能力，是我们提高干部素质的一个重要方面。首先，应当使他们掌握思维的活动规律，提高运用马克思主义去分析判断和解决问题的能力。毛泽东指出："我们看事情必须要看它的实质，而把它的现象只看作入门的向导，一进了门就要抓住它的实质，这才是可靠的科学的分析方法。"① 只有这样，才能学会运用马克思主义的思想路线，掌握思维逻辑规律，提高思维能力。思维能力包括：逻辑思维能力（掌握逻辑思维规律）；社会思维能力（掌握个人思维与集体思维之间的相互关系，相互影响的规律）；形象思维能力（掌握人们在思考问题付诸行动并为实践所证实的规律）。人们的智力活动，是以思维为核心的。人们所以区别于动物的基本标志是人们的自觉能动性。而思维是人类行为的前提，人的无思维的行动如同无思维的人一样不可思议的。所以，马克思主义者从来不否定理论思维的重要性，一贯强调革命理论对革命实践的指导作用。因此，思维方法是共产主义运动的基本理论前提，没有新的思维方式，就不可能有新观念、新的突破。一个合格的新型领导者应具有创造性

---

　　① 《毛泽东选集》第一卷，第99页。

的思维，而创造性思维又是思维的高层次的活动。因此，要把培养干部的思维能力和创造精神、开拓精神放到适当的地位，这是一个非常重要的问题。这就必须进行独立思考。

一个合格的领导者，必须学会独立思考，会利用思维规律去探讨问题，去分析、判断、推理。当然，不是无根据的幻想，而是科学地进行思维活动，反映事物的本来面貌、促进事物的再现与发展。例如：运用形象思维，艺术家一看几个人物就能导演出一台有声有色的戏剧；画家一看天地山水，就能组成一幅美丽的画卷；一个特工人员，侦察人员，一看蛛丝马迹就知道特务的行迹，一看就能看出小偷留下的行窃踪迹，等等。这当然和他们的专业知识、丰富实践经验有直接的关系，也反映了他们的思维能力问题。我们要使领导者学会用科学的方法去观察分析问题，判断解决问题的能力，从而提高他们的理论水平，思想水平，领导组织水平和领导艺术，这是一个极为重要的问题。

党政干部特别是领导干部，要善于独立思考、独立工作、独立负责地去解决问题，推动工作。毛泽东指出：在生产斗争和科学实验范围内，人类总是不断发展的，自然界也总是不断发展的，永远不会停留在一个水平上，因此，人类总得不断地总结经验，有所发现，有所发明、有所前进。

我们综合分析问题，不是目的，目的是要找出科学的办法，以解决面临的实际问题。只有在解决问题的过程中，才能发展和前进，革命和建设的事业才能成功。解决革命和建设实践中出现的新问题，要有科学的方法。革命要过河，必须解决船和桥的问题，这个问题解决得好与不好，和革命与建设任务的成败有直接关系。我们的干部出主意，想办法，订措施，都是相互联系的。一个高明有能力的组织指挥者，就是要善于发现问题，善于正确地解决问题。这样才能推动事业的前进。党政领导者，最基本的工作，就是要善于在调查研究的基础上，出主意、用干部，了解情况，执行政策，解决问题，推动党的事业不断向前发展。

一个合格的新型的党政领导者，所要思考的是应当如何把信息、知识、智力活动提高到一个新的高度，把它变成生产力，为人类造福，为社会主义现代化服务，为建设有中国特色的社会主义事业服务；怎样和总结实践经验，使其条理化、理论化、变成科学知识；怎样使党政的领导理论、原则、方法、制度更正确完善和科学。要通过实践经验，进行综合分析，获得新的创造。要创造，就得独立思考、观察、分析、掌握科学的方法，养成观察分析的习惯，特别是经过调查研究活动。因为调查研究是人们进行创造的契机，深入观察也往往是创造的前提。没有调查研究，既没有发言权，也没有决策权，更谈不到发明创造了。

二、坚持发展马克思列宁主义、毛泽东思想和邓小平建设有中国特色的社会主义理论的能力

马克思主义是一个严密而完整的科学的思想理论体系，始终是中国共产党、工人阶级和劳动人民群众认识世界、改造世界的行动指南。随着社会的发展，时代的不断前进，马克思主义得到不断的丰富和发展。一百多年来没有哪一种理论、学说能像马克思主义一样，保持着它的勃勃生机和活力，对推动社会进步起着巨大的作用，造成那样深远的影响。尽管现在世界上的情况有很大变化，但历史发展的总趋势并没有越出马克思主义经典作家所揭示的基本规律。所以，我们中国共产党人必须坚持马克思主义，忠诚于马克思主义，坚决反对"马克思主义已经过时"，"马克思主义是一个学派"等论调，反对在"发展""创新"的幌子下否定马克思主义基本原理的种种错误言行。坚持用马克思主义的基本原理指导我们建设有中国特色的社会主义的伟大实践。同时，在这个前无古人的社会实践中，不断丰富和发展马克思主义、毛泽东思想的科学理论。

（一）马克思列宁主义、毛泽东思想是发展的科学。

马克思列宁主义、毛泽东思想是发展的科学理论。马克思主义的创始人、继承人都给我们树立了光辉榜样，他们对丰富和发展马克思主义做了不可磨灭的巨大贡献，至今闪耀着马克思主义光辉。

马克思和恩格斯在 1847 年创立的世界上第一个共产主义者同盟，制定了第一个工人阶级政党的纲领性文献——《共产党宣言》，创立了马克思主义。马克思、恩格斯提出了无产阶级要获得彻底解放，就必须建立本阶级的独立政党，成为无产阶级中最坚决最先进的部分，并且要有一个科学的世界观作为自己的理论基础；提出了共产党应当按照民主集中制的思想组织起来和进行活动，坚持无产阶级的革命纲领、战略和策略，实行严格的组织纪律，坚持团结和统一的原则。马克思、恩格斯根据他们创建的科学理论，曾经预言，社会主义将在最发达的资本主义国家同时实现。然而，尽管他们的社会主义理论在许多方面都取得了胜利，但是这一预断却始终没有能够实现。

列宁在帝国主义和无产阶级革命时代，继承和发展了马克思和恩格斯的思想，大胆探索，开创了十月社会主义革命道路的新纪元，使社会主义得以在一个生产力相对落后的俄国单独取得了胜利，丰富和发展了马克思主义。在党的建设上，列宁不仅写了《我们的纲领》、《怎么办？》、《进一步、退两步》、《共产主义运动中的"左"派幼稚病》等重要论著，而且提出了一系列党的建设理论，如党是无产阶级的有组织的先锋队，它是以马克思主义为行动指南；党是无产阶级组织的最高组织形式，是无产阶级专政的领导力量；党必须严格的执行民主集中制、具有自觉的铁的纪律，认真开展批评与自我批评，是无产阶级政党的一个重要标志；党必须同人民群众保持最密切的联系，取得千百万群众的信任；要正确进行反"左"反右两条战线的斗争；必须坚持国际主义，把无产阶级革命同民族解放运动结合起来；执政党要正确处理党同苏维埃政权的关系，以及党必须制定和实行代表无产阶级和广大人民根本利益的战略和策略等等一系列的建党思想和建党原则。

在中国，以毛泽东为核心的党中央第一代成熟领导集体，把马克思列宁主义普遍真理与中国革命的具体实践相结合，形成了毛泽东思想，丰富和发展了马克思列宁主义。

当十月社会主义革命的先进经验传到中国时，城市暴动的方式几经挫折、失败，在革命的实践中，遇到困难和挑战，又预示着马克思主义新的生机和发展。在这一困难面前，毛泽东不仅写了《中国社会各阶级的分析》、《湖南农民运动考察报告》、《中国的红色政权为什么能够存在?》、《关于纠正党内的错误思想》、《〈共产党人〉发刊词》、《中国革命和中国共产党》、《新民主主义论》、《实践论》、《矛盾论》等著作。还提出了农村包围城市和通过新民主主义革命的胜利再实现社会主义的理论与实践，在中国取得了胜利。把马克思列宁主义关于党的建设的理论创造性地运用于党的建设实践之中，形成了一整套建党思想和理论，成为毛泽东思想的重要组成部分，丰富和发展了马克思主义建党学说。

毛泽东论述了关于党必须坚持马克思列宁主义普遍真理与中国革命具体实践相结合的思想、原则；党的建设必须同党的政治路线密切相联系，实现党的领导必须制定和坚持马克思主义的革命路线；要特别重视从思想上建设党，要求共产党员不但要在组织上入党，而且要在思想上入党，要经常注意以无产阶级思想改造和克服各种非无产阶级思想；树立和发扬理论和实践相结合、紧密联系人民群众、自我批评等优良作风等等，针对执政党的实际情况，毛泽东同志多次提出要继续保持谦虚谨慎、戒骄戒躁、艰苦奋斗的作风，警惕资产阶级思想的侵蚀，反对脱离群众的官僚主义，要进一步健全民主集中制和集体领导制度。在党和国家生活中造成一个既有集中又有民主，既有纪律又有自由，既有统一意志，又有个人心情舒畅、生动活泼的政治局面。这些基本原理、原则都是被实践证明了的正确理论，反映了我们中国共产党的特点和发展规律。

　　我们党从 50 年代末开始，特别是"文化大革命"时期，党的建设遭到了严重破坏。十一届三中全会以后，在以邓小平为核心的党中央第二代成熟领导集体的坚强指引下，进行拨乱反正，正本清源，平反冤、假、错案。重新确立了马克思主义思想、组织和政治路线，提出了改革开放以实现具有中国特色的社会主义道路，把我国的社会主义现代化建设推向了一个新的历史时期。其关键就是我们党采取了科学态度，不断总结中国革命和建设的实践经验，特别是执政以来的新鲜经验，提出了建设有中国特色的社会主义理论、路线、方针和政策，特别是坚持和发展了马克思列宁主义、毛泽东思想。

　　首先，以科学的态度对待马克思主义。在坚持基本原理的前提下，同时代和世界形势的新发展、新变化紧密结合起来，在坚持马克思主义的社会实践中丰富和发展马克思主义。根据实践是检验真理的唯一标准，提出新的理论、观点，以指导新的实践的创造能力。

　　其次，要求我们的干部特别是领导干部，要科学的对待社会主义革命与社会主义建设的社会实践，既要总结新鲜经验，创造新理论、新观点，又要实事求是，大胆去探索实现党的奋斗目标的新途径、新方式方法和新路子。

　　其三，党的主要领导干部要以马克思主义的立场、观点、方法，在新的条件下、新情况下去创造性地解决新问题，使马克思主义充满生机与活力。这一方面老一辈无产阶级革命家给我们树立了光辉榜样，他们对丰富和发展马克思主义作了不可磨灭的巨大贡献，至今闪耀着马克思主义的光辉。例如：列宁关于社会主义在一国数国首先胜利的基本理论；毛泽东关于农村包围城市，最后夺取城市的革命道路的基本理论；关于把思想建设放在党的建设首位的基本理论；关于党的"三大法宝"的基本理论；邓小平关于建设有中国特色的社会主义的基本理论；关于改革开放发展社会主义经济的基本理论；关于"一国两制"的基本理论；关于聚精会神抓好党的建设的基本理论，等等。都是创造性思维的结晶。正是这些新的创造性马克思主义理论，开辟了中国革命和社会主义建设事业的崭新道路。

　　总之，从《共产党宣言》发表以后的140多年里，马克思列宁主义、毛泽东思想和邓小平建设有中国特色社会主义理论形成一个完整严密的科学思想理论体系，并且在实践中不断丰富和发展着。对无产阶级为什么要建设党，建设一个什么样的党，怎样去建设党，都有系统、全面、准确的论述。它反映了无产阶级政党自身建设的客观规律，只有在马克思主义指导下，党的建设才能沿着正确的方向顺利地进行。

　　(二)当代马克思主义发展的基本特征和在种种不同概括表述中的思考。

　　党的"十三大"报告指出："马克思主义是在实践中发展的科学。马克思主义需要新的大发展，这是现代化的大趋势。世界在发生巨大的变化，人类文明在突飞猛进，工人阶级和劳动人民的事业出现了新的前景。这一切都要求马克思主义者开拓新视野、发展新观念，进入新境界。"在坚持和发展马克思列宁主义、毛泽东思想的进程中，从我们党过去几十年的历史实践和现实经验来看，我们党在实践与理论相结合的创造上有着明显的基本特征：

　　第一个特征：中国共产党不搞教条主义、经验主义和主观主义；不从"本本"上寻找现成的答案；不照搬照抄外国的经验，而是一切从我国的实际情况出发，从我们的国情、党情出发、解放思想、实事求是，独立地制定党的路线、方针和政策。独立地开辟中国革命和建设的道路；我们党的基本路线、方针和政策，具有时代特征，能准确地反映时代新特点、新趋势，能解决现实提出的新问题，经得起来自时代的各种挑战，经得起历史的考验，经得起检验的科学真理。

　　第二个特征：我们党无论在民主革命、社会主义革命与建设，特别是建设有中国特色的社会主义事业中，我们党的全部活动，都具有党领导之下的千百万人民群众的实践性质。革命是千百万人民群众的事业，建设也是千百万人民群众的事业。我们党是具有广大群

众性的党，是在人民群众中扎下深根的党，同广大人民群众同呼吸
共命运的党。能够体现坚持和发展马克思列宁主义、毛泽东思想的
统一的党。

　　第三个特征：我们党不搞脱离马克思列宁主义、毛泽东思想基
本原理、原则的基本轨道。我们党由于种种原因一旦脱离了这个轨
道，产生指导思想上大的失误，也能依靠党自身的力量，纠正自己
的错误，重新回到马克思主义的轨道上来。因为我们党是根植在工
人阶级和广大人民群众之中，忠实地代表着中国工人阶级和广大人
民的根本利益。党没有自己的私利。我们党坚持马克思列宁主义、毛
泽东思想与中国革命和建设具体实践相结合，具有中华民族的传统
特色，紧密结合中国的国情，中国的实际，同一源流但独具特色。

　　在我们中国共产党的历史上，在中国革命和建设的问题上，从
来不把资产阶级的政治主张，当做自己的主张，历来具有自己的纲
领、路线、方针和政策；特别是在建设问题上，也从来不向资本主
义制度和资本主义意识形态那一套看齐，而是坚持把马克思列宁主
义的普遍真理同中国革命和建设的具体实践相结合的原则，创造自
己的经验，概括自己的观念、观点、原则和理论，以适应中国的实
际情况和新的要求。

　　还有一个特征：就是发展速度快，传播范围广。过去在欧、美、
亚传播，现在已发展到非洲各国。有的资本主义国家也在进行广泛
的研究。我们坚信马克思主义是打不倒的。因为马克思主义的真理
颠扑不破。马克思主义并不玄奥。马克思主义是很朴实的东西，很
朴实的道理。我们也坚信世界上赞成马克思主义的人会越来越多起
来的，因为马克思主义是科学。它运用辩证唯物主义和历史唯物主
义揭示了人类社会发展的必然规律，这个总趋势是不会改变的。无
论有多大曲折变化，社会主义必然代替资本主义，这是不以人们的
意志为转移的。

　　我们怎样正确理解坚持和发展马克思主义呢？党的十一届六中
会全《决议》在论述毛泽东思想在中国革命过程中产生的时代背景

和历史条件时，指出毛泽东思想是马克思列宁主义普遍真理和中国革命具体实践相结合的产物，是马克思列宁主义在中国的运用和发展。论述了毛泽东思想在 6 个方面以独创性的理论丰富和发展了马克思列宁主义之后，它又指出贯串毛泽东思想各个组成部分的基本方面是实事求是、群众路线和独立自主，这是具有中国共产党人特色的立场、观点和方法，把唯物论辩证法运用于党的全部工作，在中国革命的长期艰苦斗争中形成起来的。正是这种具有共产党人特色的立场、观点和方法，是毛泽东思想的活的灵魂。从而丰富和发展了马克思列宁主义。

根据新的历史条件，结合新形势和新的历史任务，把马克思列宁主义、毛泽东思想与中国的改革开放相结合，产生了邓小平建设有中国特色社会主义的理论、观点，形成了思想理论体系，就是坚持和发展了马克思列宁主义、毛泽东思想，真正做到了坚持与发展的统一。坚持马克思列宁主义、毛泽东思想的基本原理，不是离开或者抛弃马克思主义的基本原理。因为马克思主义是一个完整严密的科学思想理论体系，而不是许多个别原理和个别论断的总和；是发展了马克思主义、即用新的原理、原则和新的结论代替某些已经不适用于我们这个时代或者被实践证明为不正确、不完全正确或完全不正确的个别原理、原则和个别结论，而不是用教条主义态度对待马克思列宁主义、毛泽东思想；马克思列宁主义、毛泽东思想从来不是自我封闭的思想理论体系，它是在人类全部进步文化的基础上建立起来的。理所当然的，它也要随着时代的前进而用人类社会崭新的实践经验和崭新的文化成果来丰富自己和发展自己，这是历史时代的要求。

在我们这个新的历史时代，社会主义建设的实践经验和社会主义现代化的积极成果，就是我们把马克思列宁主义；毛泽东思想推向前进的新的基础。而在马克思主义发展的历史进程中，对它的非难和曲解，某些共产党人对它的动摇和怀疑，某些从西方资产阶级思潮中产生的冒牌的马克思主义，从来就有，过去有，现在有，将来还会有，这是一种社会现象。这种情况的存在又证明，马克思列宁主义、毛泽东思想不仅是在实践中发展的，而且是在斗争中发展的。列宁指出："我们决不把马克思的理论看做某种一成不变的和神圣不可侵犯的东西；恰恰相反，我们深信：它只是给一种科学奠定了基础，社会主义者如果不愿落后于实际生活，就应当在各方面把这门科学向前推进。"所以他说："发展俄国式的马克思主义"，这就是列宁主义的结论。

我们在综合众多的关于坚持和发展马克思列宁主义、毛泽东思想的理论的提法概括起来有两种值得我们思考：

第一种提法是我们党的传统提法。就是说各个时代的马克思主义者是在各种复杂的情况下，把马克思列宁主义的普遍真理同本国革命或建设的具体实践相结合的产物。这就是说，既坚持马克思列宁主义、毛泽东思想的基本原理，又根据时代的发展和新的历史条件下，否定或者冲破马克思主义者过去提出的某些已经过时或者被实践证明为不完全正确，或完全不正确的个别论断和个别结论，而代之以马克思列宁主义、毛泽东思想的新的论断和新的原理。这里说的"否定"或者"突破"某些过时的或者被实践证明为不完全正确的个别论断和个别原理，代之以新的论断、新原理，这是对的，是完全符合马克思主义的自身发展规律的。因此，我们这种传统提法是完全符合马克思主义的，具有明确的科学规定性的提法，具有明确本身的内在矛盾来说，这是一个不断克服自身局限性的历史发展过程。这种局限性，根源于特定时代人类认识的有限性。马克思主义个别结论的局限性是基本原理局限性的突出表现。但是，基础理论同个别结论既相区别，又相互联系，个别结论是在基本原理的指导下或基础上提出来的，没有完全脱离基本原理的个别结论。而个别结论的局限性的克服和解决，往往能导致原有基本原理的发展或提出新的基本原理、原则。

有的人认为：人们的认识是发展变化的。作为认识产物的马克思主义经典著作，总是不完全的、局部的和有限的。经典作家大多也是针对特定的历史条件的产物。例如，马克思的《哥达纲领批判》，列宁的《帝国主义是资本主义的最高阶段》有明显的针对性和有效性。都会随时间、地点的推移，就将失去其针对性和有效性。经典作家都是在社会主义革命与建设尚未提到日程的时代进行理论著述活动的。其著述必然要受到当时的时代条件的前提和出发点、着眼点和落脚点的限制。

第二种提法是笼统地提出"突破马克思主义"。这是近期在理论界、学术界较为流行的一种提法，已成为理论界、学术界普遍关注的问题。在这种"坚持与发展"的幌子下就有各种不同的色彩和它的真切涵义。有的说"突破"包括两层涵义：一是对已经过时的或被实践证明不完全正确，或完全不正确的个别原理、原则或个别结论的突破；二是对马克思主义基本原理、原则整个科学思想的理论体系之原有表现形式或发展水平的突破。突破它的个别原理和原有的发展水平以及表现形式，而代之以新的原理、新的表现形式，并且用新的历史条件下的实践升华而成的理论，把马克思主义发展到一个新的水平，这既是发展又是创新。这是具体的突破的一种说法，值得我们思考。

有的认为：马克思主义的理论体系博大精深，包容了许多理论、观点、其中有许多应列入基本原理的范畴。马克思主义的不发展，就是限制。要正视经典著作的局限性，正是为了继承和发展马克思列宁主义、毛泽东思想。

有人认为：马克思主义已经"过时了"，提出要"突破"马克思主义。用暗示的、晦涩的语言说："自我封闭"、"僵化了"、"成了惯性思维方式"的，"最终形成了宗教迷信"是"经典式"的"理论教条"。因而提出要"突破马克思主义"。还有要自称用"科学体系"代替马克思主义，当然是错误的。不能把马克思主义同教条主义等同起来，把马克思主义自身当作某种样式、这种样式，或者那种样式的理论教条，所以要"突破马克思主义"等等。

有的人提出：经过实践和历史的考验，只要具备一定条件，在这种条件下的个别原理和结论就是正确的；由于方法论上的缺陷所引起的结论过于简单化，以致与实际不一致；由于缺乏实践或实践的发展还没有达到成熟的阶段，马克思主义经典作家没有预见或有了某些预见，而实践证明并不是如此，因而论点是不正确的；由于时间、地点、条件变化了，马克思主义经典作家的某些原来的论述已经过时了；马克思主义本人原来的论证是正确的，后来的某些马克思主义者，对之作了错误的注释和发挥，因而有必要拨乱反正；马克思本人原来的论点是可以研究的，而后来的马克思主义者却企图使之僵化，应恢复讨论，以便发展；马克思本人在某些问题上本来是有所论述的，但是这些问题被后来的马克思主义者所忽视；马克思主义提出了一些新的观点，但由于条件的限制而未能充分发挥，有待于后来的学者加以研究和发展；更多的情况是出现了许多新情况、新问题，马克思主义经典作家没有经历过，当然没有研究过。我们不能期待马克思主义经典著作给予我们现成的答案。我们应从实际出发，研究、解决并提出新的结果，从而发展马克思主义。

在改革开放和建设有中国特色社会主义的事业中，出现了种种复杂现象，一次又一次地提醒我们，把坚持改革开放建设有中国特色的社会主义和坚持发展马克思主义有机地结合起来，统一起来是一项战略任务。因为改革开放建设有中国特色社会主义事业，是前无古人也无先例的伟大事业。既无定型章程可循，在马克思主义经典著作中也很难找到现成答案，老路又走不通了。于是有的同志由此而产生了误解，以为马克思主义"不行了"、"过时了"。因此，我们要把坚持改革开放、建设有中国特色社会主义与发展马克思主义紧密结合起来。

我国的改革开放是以理论上的不断创新作为它的先导的，邓小平建设有中国特色社会主义理论的形成发展为科学思想理论体系，成为当代马克思主义的重要组成部分，就是一个突出的例证。改革开放要求突破那些已被实践证明是不完全正确和完全不正确的或不适合变化了的情况的某些结论，突破和发展马克思主义。这种突破和发展，又是以坚持马克思主义的基本原理为基本前提和根本界限的。而不是任意的突破和发展。

　　一百多年来的马克思主义发展史向我们展示，在对待"发展"和"突破"问题上，有两种错误认识和做法：一种是抱着经典作家的个别原理和字眼不放，"使活的马克思主义成为死教条的牺牲品。"另一种是"对理论问题采取模棱两可或毫无原则的态度。"① 借口"发展"、"突破"而丢弃马克思主义的基本原理和基本原则。

　　这两种情况都不利于发展创新的马克思主义的错误倾向。在新的形势下，不能用僵化的观念来认识改革开放，裁判改革开放，认为改革开放是"离经叛道"，对改革开放抱怀疑、冷漠态度，或者无论遇到什么具体事情，都企图到经典著作中去找现成答案，这无疑是一种违背马克思主义的做法。因此，我们不能离开马克思主义的基本原理，随意标新立异，那也不是发展、创新和突破，而是对"发展"、"创新"的歪曲。

　　马克思列宁主义、毛泽东思想是在历史和科学的前进中不断丰富发展和创新的。它并没有结束真理，而是在实践中不断地开辟认识真理的广阔道路。我们党在改革开放，建设有中国特色社会主义事业进程中，进行一系列理论创造，这就是在新的历史条件下对马克思主义的丰富和发展。这种发展，不是对马克思主义基本原理的背弃，而是根据它的立场、观点和方法，去探索新的实践，解决新的问题，从而也就发展了马克思主义理论本身。

（三）马克思主义基本原理的科学涵义、层次及新发展新贡献。

　　马克思主义作为一个严密而完整的科学思想理论体系，它包含的基本原理、原则和方法，按照它各自反映一定领域的广度、深度和无产阶级为实现其历史使命在实践活动中的规律性的认识和客观的结论，可分为多层次多结构的思想理论体系，其根本的有三个主

---

① 《列宁全集》第8卷，第287页。

导层次：

第一个主导层次是对科学社会主义的基本结论。它确认社会主义必然代替资本主义的客观规律。人类社会最终要走向共产主义的思想体系。对一系列客观规律的认识。这是最高层次、主导层次、最基本的原理原则，是放之四海而皆准的真理。这不仅集中反映了马克思主义的阶级性和科学性，而且反映了自然、社会和思维的本质和发展过程中的最普遍的一般规律。这类原理、原则是不受时间和空间限制的。例如：世界是物质的、物质是运动的；自然领域是吸引与排斥的；社会领域的物质生产力是历史运动的基础和出发点；实践是认识的基础和检验认识正确与否的标准，等等。

第二个层次是直接论证结论的基本原则、基本观点和基本方法。在一定范围内，一定条件下对事物运动发展规律的总结和概括。只适用于相应的局部范围和领域，不能任意推广和使用。列宁说的：真理多走一步变为谬误。如革命的方式、方法，是采取和平过渡还是暴力，等等。

第三个层次是由于认识的局限性、时代的限制，对客观规律的认识还不成熟，还没有形成基本原理、原则，只是对个别事物认识的一种观点。有待于在实践中再认识、再提高。

当然，这种层次的划分，具有一定的相对性，有些原理、原则究竟属于哪一个层次，并没有绝对的分明界限。就《资本论》而言，其所包括的马克思主义基本原理，基本内容有三条：一是资本主义是剥削剩余价值而发展起来的"剩余价值论"；二是资本主义在它不断地再生产过程中，产生了一系列矛盾的"再生产论"；三是资本主义由于内部矛盾的发展而走向灭亡，必然为社会主义所代替的"基本结论"。这些基本结论和证明其得以成立的基本点，就属于马克思主义的基本原理。

马克思主义基本原理具有它的整体性、严密性和完整性，缺少一项就不能构成马克思主义的思想理论体系。因此，坚持和发展马克思主义，必然以坚持基本原理为前提，抛弃基本原理也就谈不上发展了。坚持和发展马克思主义是具有特定的独立内容和固有科学的涵义的，不是什么都是"发展"和"创新"，它是指人们对已有的马克思主义理论、观点和方法、思想理论体系的补充、丰富、发展和创新，等等。不断向前发展，是马克思主义的一个本质特点，也是其创造性的具体表现。就是人们根据客观实际和科学技术的进步，通过总结新的实践经验和新的成果，作出新的理论概括，丰富新的内容，回答现实中新的问题，把马克思主义推向前进。

我们学习马克思主义理论的目的，是为了解决建设有中国特色社会主义事业中的"新情况"、"新问题"，把我们的事业和马克思主义理论推向前进，达到坚持和发展马克思主义。要达到这样的目的，必须运用基本原理，对新情况新问题进行新的探索，寻找新的思路，而只有掌握，才能提高运用基本原理。要把原理和建设所需要的新知识、新结论紧密结合起来，而发展马克思主义本身，这也是一种新的知识理论在实践中的发展。通过针对新的实际，掌握基本原理探索新问题，就能使我们的干部有一个坚持和发展马克思主义的方向。依据唯物辩证法，既然世界在发展，时代在前进，人们改造世界的实践也在不断发展变化。所以作为反映客观事物规律的科学，也就不会停止不前了。马克思主义既然是科学，它当然就是一个不断发展的、开放的、动态的理论体系。

对马克思主义的科学态度是一要坚持，二要发展。坚持就是捍卫、保持、遵循和继承的意思。它表明人们对一种思想、理论体系、基本观点的态度。我们对马克思主义的科学世界观，就应当采取坚持与发展的态度。因为它是科学，是人民利益所需要，是无产阶级解放事业的需要。坚持马克思主义是有独立内容，不能任意地取消它的相对独立性。所以，坚持和发展二者既有联系，又有区别的辩证关系。一百多年来马克思主义的发展史，都证明了坚持和发展马克思主义辩证统一关系的正确性。在坚持中发展，在发展中坚持，发展是坚持的过程和结果，没有坚持便没有发展；离开了发展，也不会有真正的坚持。

历史实践证明，只有正确地处理坚持与发展马克思主义的辩证统一关系，才能避免以形而上学态度对待马克思主义。从马克思那里开始的马克思主义本来就是这样不断地丰富和发展着自己的。它不仅善于及时概括、总结当前的和历史的实践成果，而且善于批判地吸收各种理论、学说、思想、文化中一切合理的成分，及人类社会创造出来的一切文明成果，在发展变化中日益巩固和充实自己，成为改革开放的、活生生的，始终能引导人们去正确行动的指南。

当然，坚持和发展在思想上要把握住三个先决条件：一条是坚持马克思列宁主义普遍真理同中国革命具体实践相结合的原则。这个最基本的原则，也是一条重要的指导思想，是引导革命和建设胜利的理论基础。二条是坚持马克思列宁主义、毛泽东思想必须发展马克思主义，具体化本身同时也是发展马克思主义的原则。坚持是发展的基础、前提和出发点，发展是坚持的条件、保证和活的灵魂。三条是坚持马克思列宁主义、毛泽东思想要坚持它的精神实质，即解放思想、实事求是，具体问题作具体分析，主观和客观相统一的原则。

掌握这三个基本条件，就如同我们党掌握了党的建设、统一战线和武装斗争三大法宝一样，也如同掌握了实事求是、群众路线、独立自主一样，也就是掌握了马克思主义的活的灵魂。活的灵魂就是马克思主义的立场、观点和方法。

什么是"灵魂"呢？这是一种形象的比喻，是指主导和决定作用的精神因素。马克思主义灵魂，就是说，一切要从实际出发，依据一定时间、地点、条件，坚持马克思主义的立场、观点、方法，进行具体问题的具体分析。马克思主义不是教条，而是行动的指南，只有这样才能体现它的正确性、准确性和科学性。也可以说，马克思主义活的"灵魂"是指马克思列宁主义、毛泽东思想全部的思想理论体系中起主导作用的"主心骨"和它的理论的基石，有它自己的完整体系和核心部分，即马克思主义的三个来源和三个组成部分，就形成了马克思主义的思想理论体系。它的核心是贯串于马克思主义的基本原理的立场、观点和方法，它对我们现在和将来都具有重要的指导作用。所以，就要求我们共产党员、党的干部特别是领导干部，在我国革命和建设有中国特色社会主义的事业中能否取得更好的卓有成效的关键，还是要提高我们的马克思主义的水平。

建设具有中国特色的社会主义，搞好各项具体工作，都离不开马克思列宁主义、毛泽东思想的指导。斯大林指出："在国家工作和党的任何一个部门中，工作人员的政治水平和马克思列宁主义觉悟程度愈高，工作本身的效率也愈高，工作也愈有成效；反过来说，工作人员的政治水平和马克思列宁主义觉悟程度愈低，就愈可能在工作中遭到挫折和失败，就愈可能使工作人员本身庸俗化和堕落成为鼠目寸光的事务主义者，就愈可能使他们蜕化变质。"

这句名言至今闪耀着马克思主义的光辉，具有现实的指导意义。就是说马克思主义水平越高，结合得越好，革命事业就会取得更大的成效。因此，不管学什么专业，从事什么社会工作，都要把马克思主义这门必修课学好。当然，不是教条式的，要紧密结合实际，研究新情况，解决新问题，开辟新境界，补充和增加新知识。

共产党员、党的干部特别是领导干部的特点，就是要在实践中运用马克思列宁主义、毛泽东思想的立场、观点和方法的进程中来丰富和发展马克思主义，把握住马克思主义的活的灵魂。坚持和发展马克思主义是党的干部特别是高级党政领导干部的一项战略任务。邓小平同志多次强调指出，马克思主义理论从来不是教条，而是行动的指南。它要求人们根据它的基本原则和基本方法，不断结合变化着的实际，探索解决新问题的答案，从而也发展马克思主义理论本身。这就是我们的指导思想和必须遵循的方针。

有的人把坚持和发展马克思主义概括为有三种情况。一种是对马克思主义的某些论断和基本原理，在新的历史条件下，用更加准确的语言加以表述和阐明；二是对马克思主义某些原理、原则作了补充、修改，使之更为明确、充实、完备和具体；三是对马克思主义提出了新的概念、新的结论、新的原理、原则，包括勇敢地冲破马克思主义某些已经过时了的、不完全符合或完全不符合实际情况的原理和结论。

三、做一个坚定的清醒的有作为的马克思主义者

为了适应国际国内风云变幻的客观要求，必须努力提高全党的，特别是党政领导干部的马克思列宁主义、毛泽东思想和邓小平建设有中国特色社会主义理论水平。把执行党的现行政策同坚定不移地坚持党的最高理想统一起来，始终不忘党的历史使命和共产主义的远大目标，做一个坚定的、清醒的、有作为的马克思主义者。使我们的干部特别是党政领导干部在错综复杂的矛盾和斗争中驾驭全局，应对自如；才能不断总结人民群众创造历史的丰富经验，做新的理论概括和新的创造，把建设有中国特色社会主义事业推向一个新的发展阶段。

在国际共产主义运动进程中出现了社会动荡、政治局势逆转、分裂、走向崩溃和垮台的严重局面。世界国际共产主义运动处于低潮。在这严峻的形势下，更要特别要求我们的干部特别是党政领导干部大力提高马克思主义的执政水平，深刻认识社会发展的客观规律，把握世界形势变化的本质，不被某些旋涡和逆流所迷惑，始终不渝地沿着马克思主义的轨道前进。

国际上敌对势力对我们进行"和平演变"，首先就是要演变共产党。演变党的干部，特别是主要领导干部。堡垒最易从内部攻破。敌对势力、反动派是压不垮、打不倒我们。但是，自己打倒自己是比较容易的。重要的是通过"和平演变"的手段，使内部腐败滋生蔓延，进而自我覆灭。这一点应当引起一切共产党人、党的干部高度重视，万万不可掉以轻心。世界社会主义事业遇到严重挫折，一切敌对势力和反动派大肆恶意攻击共产党"已经失败"，妄图动摇和摧毁共产党人的政治信念和共产主义理想；一切机会主义思潮在相当的范围内泛滥，国际敌对势力在海湾战争得手之后调头东上对准我

们，加紧对我国进行渗透、颠覆、和平演变活动，对我们党和国家构成了严重的威胁。

我们党对国际关系、国际事务的方针是什么呢？坚定不移地坚持邓小平同志一贯强调的关于国际战略格局和健全国际经济、政治的新秩序的指导方针；坚定不移地坚持和平共处五项基本原则；坚定不移坚持冷静观察、稳住阵脚、沉着应付的方针。我们党在对待国际关系上一贯是不卑不亢，利用矛盾，灵活斗争，有理、有利、有节。要提高警惕性、防止演变、防止腐败，坚持我们的民族气节和我们的传统作风。

总之，我们是从静观去观察，通过唯物辩证的马克思主义的宇宙观去观察一切事物，我们就回旋自如，掌握主动权，也能把国际、国内事务处理得恰当和正确。最关键、最根本、最重要的就是要加强党的自身建设，加强党政干部的自身建设，提高素质，提高马克思列宁主义、毛泽东思想和邓小平建设有中国特色社会主义理论的水平，提高执政的领导水平。

（一）做一个坚定的、清醒的、有作为的马克思主义者。

在新的历史时期，对执政党的领导者，特别是对高中级党政干部提出了更高更严的根本性要求，就是做一个坚定的、清醒的、有作为的马克思主义者。一个党政领导者，要充分认清当前国际国内形势发展的新特点，特别是要充分认清当前政治斗争的新特点。在新的历史时期党的各级领导干部，不仅要具备良好的素质，而且必须保持清醒的头脑。要在新时期善于学习和掌握新的本领、新的技术，提高识别能力，及时发现新情况，解决新问题，并且能自觉地、积极地防止资产阶级自由化思潮的影响，防止"和平演变"，防止资产阶级的精神"污染"，防止资本主义的渗透和帝国主义的颠覆活动，防止各种腐败现象的蔓延。要真正做到及时发现、认真调查研究，正确处理和解决实际问题。

我们党在邓小平建设有中国特色社会主义理论的指引下，在以江泽民同志为核心的党中央的集体领导下，根据党的基本路线的要求，号召党务工作者，特别是省部以上党政主要领导干部要努力成为有知识、懂业务、胜任本职工作的内行，而且首先要努力成为忠诚于马克思主义、坚持走有中国特色社会主义道路，会治党治国的政治家。党政领导干部要做一个坚定的、清醒的、有作为的马克思主义者。做一个坚定的、清醒的、有作为的忠诚于马克思主义的人。这对建设一支适应社会主义现代化建设事业的新型领导骨干具有重大的战略意义和深远影响。

党的政治家、建设者，应当是一个坚定的、清醒的、有作为的马克思主义者，忠诚于马克思主义的人。这个要求不仅是执政党建设的重大问题，也是党政领导班子、干部队伍、公务员制度，特别是党政主要领导者的重大建设问题，只有造就一批革命家或政治家，培养造就一批坚定的、清醒的、有作为的马克思主义者、忠诚于马克思主义的领导者，才能保证党和国家的各级领导权由忠诚于马克思主义的人来掌握，这不仅是一个至为重要的战略问题，而且直接关系到党和国家的盛衰兴亡和前途命运。在这个问题上，历史和现实的经验教训都极为深刻了。党政要把各级领导班子建设好，以确保老一辈无产阶级革命家开创的无产阶级革命事业代代相传。

一个党政干部，特别是党政主要领导干部怎样才算是一个坚定的、清醒的、有作为的马克思主义者呢？

所谓坚定，就是指一个党政领导者要坚定不移地把马克思列宁主义、毛泽东思想的基本原理同建设有中国特色的社会主义相结合，走自己的道路；坚定不移地坚持社会主义道路、坚持无产阶级专政、坚持共产党的领导、坚持马克思列宁主义、毛泽东思想这四项基本原则。立场坚定、旗帜鲜明地反对精神污染、反对资产阶级自由化思潮、反对"和平演变"、反对腐败现象的蔓延；坚定不移地团结在以江泽民同志为核心的党中央领导集体周围，为领导和团结全国各族人民，以经济建设为中心，坚持四项基本原则，坚持改革开放，自力更生，艰苦创业，为把我国建设成为富强、民主、文明的社会主义现代化国家而奋斗；坚定不移地坚持建设有中国特色社会主义的经济、政治、文化、意识形态、路线、方针和政策。它是集中了全党智慧和经验的创造成果，是在新的历史条件下对马克思列宁主义、毛泽东思想的一个最大贡献，标志着我们党对社会主义建设规律的认识有了一个新的飞跃，标志着我国社会主义事业的发展和社会主义制度的完善进入了一个新的阶段；坚定不移地加强社会主义的物质文明和精神文明建设，两手都要硬；坚持科学技术是第一生产力，是推动经济和社会发展的强大动力；坚定不移地用邓小平建设有中国特色社会主义的理论武装全党，认真学习建设有中国特色社会主义理论，增强贯彻执行党的基本路线一百年不变的自觉性和坚定性；坚定不移地聚精会神加强党的建设，把我们党建设成为马克思列宁主义、毛泽东思想武装的、更加坚强的中国工人阶级的先锋队；坚定不移地要警惕右但主要是防止"左"，改革开放要探索和开辟新的道路，突破束缚生产力发展的体制和观念，阻力主要来自"左"的影响；坚定不移地实现我国经济体制改革的目标，建立社会主义市场经济体制；坚定不移地坚持以社会主义、共产主义为核心的思想教育，巩固和发展社会主义的思想文化阵地，使社会主义的意识形态起主导作用，占统治地位；坚定不移地奉行独立自主的和平外交政策，反对霸权主义和强权政治，努力为我国的改革开放和现代化建设争取有利的国际环境，为世界的和平与发展继续作出贡献。

　　党的十一届三中全会以来，特别是党的十三届四中全会以来，我们党领导全国各族人民实行改革开放，进一步解放和发展生产力，开辟了建设有中国特色社会主义建设的新时期。我们所以能够取得举世瞩目的巨大成就，根本原因是坚持马克思列宁主义、毛泽东思想基本原理同我国具体实际相结合，逐步形成和发展了建设有中国特色社会主义的理论，制定和实行了党在社会主义初级阶段的"一个中心、两个基本点"的政治路线。邓小平同志作为我国改革开放现代化建设的总设计师，对这一理论和基本路线的创立作了历史性的重大贡献。形成了当代中国的马克思主义。在这一理论指引下，把建设有中国特色社会主义的伟大事业继续推向前进，具有重大的现实意义和长远意义。

所谓清醒，就是指一个党政领导干部特别是一个会治党治国的政治家要保持清醒的头脑，就是要对在新的历史时期可能出现的新情况、新问题、新考验、新的困难、挫折等等有一个清醒的估计，对我国经济、政治、文化、意识形态领域和其他领域的政治斗争，对精神污染、资产阶级自由化思潮影响、腐败现象的滋生蔓延、和平演变的危害性、危险性和现实性有一个清醒的认识。

我们每一个党员干部，特别是党政领导干部，要在国际国内形势风云变幻的条件下，对照自己，思考过去和未来；要清醒地意识到，已经出现在政治领域、思想理论领域、文化领域，特别是在一定条件下、在一定范围内的阶级斗争的重要表现。新生的资产阶级分子有时趁机兴风作浪，虽是少数的、个别的，也不能掉以轻心，防止他们同敌对势力勾结起来形成反动力量；要清醒地认识到，一个党政领导干部，特别是无产阶级政治家、党政的主要领导者，必须具有专业知识，真才实学和实际本领，成为公务专家，真正德才兼备，又红又专，能文能武，能官能民，能上能下，能以自己的智慧和才干做出正确的决策,成为全心全意地为人民服务的合格干部;要清醒地认识到，腐蚀与反腐蚀，精神污染与反精神污染，渗透和反渗透，和平演变与反和平演变，颠覆与反颠覆的斗争是长期的、尖锐复杂的斗争。只要我们的干部特别是领导干部头脑清醒，思想坚定，就一定能战胜一切困难，就无往而不胜；要清醒的认识到，我们党的路线是正确的，党的主流是好的，大多数党员和干部是廉洁奉公的。但是在党、在国家机关中实确存在着腐败现象，有些方面还在滋长和蔓延，广大党员、干部和群众深感忧虑，迫切希望采取坚决措施加以解决。我们不能否定党的主流是好的，也不能低估腐败现象的严重性和危害性。腐败现象是侵入党和国家机关健康肌体的病毒。如果我们掉以轻心，任其泛滥，就会葬送我们的党、葬送我们的人民政权、葬送我们的社会主义现代化大业；要清醒地认识到，有的干部，特别是有的领导干部个人主义恶性膨胀，不惜损害国家和人民的全局利益，以权谋私、权钱交易，行贿受贿，贪污腐化。这种现象败坏党的声誉，损害党群关系，同党的宗旨是根本不相容。这些消极腐败现象是资产阶级和其他剥削阶级思想作风在党内的反映。党只有坚决清除消极腐败现象，才能进一步取信于民，密切同人民群众的联系。要清醒地认识到，必须坚持从严治党、从严治军，以法治党、以法治国，建立健全一套和建设有中国特色社会主义相适应的制度，特别是健全拒腐防变的制度，采取切实有效措施，加强党内外监督，同一切违法乱纪行为进行坚决的斗争。要清醒地认识到，党政各级领导机关和领导干部要以身作则，严以律己，转变作风，真抓实干，扎实工作，勤政为民，要功过分明、赏罚分明，伸张正气，打击邪气。努力提高党员、干部的思想政治素质，提高全心全意地为人民服务的自觉性，提高抵制剥削阶级思想侵蚀的自觉性。提高模范遵纪守法的自觉性。要清醒地认识到，我们党处在一个关键时刻，我们党肩负的历史任务，对党的自身建设和党的领导水平、组织引导能力、决策能力以及认识能力，提出了更高更严格的要求。要清醒地认识到，实现伟大的历史使命，关键在于把我们党建设成为一个马克思列宁主义、毛泽东思想武装的更加坚强的工人阶级先锋队，成为领导全国各族人民建设有中国特色的社会主义的坚强核心。也就是说，在中国这样的大国，要把十一亿人民的思想和力量统一起来，建设社会主义现代化，没有一个由高度觉悟、严明纪律和自我牺牲精神，真正代表和团结人民群众的党来领导，是根本不可能的。要清醒地认识到，面对复杂的国际形势和繁重的国内任务，党的干部特别是领导干部必须认真学习和掌握马克思主义基本理论、观点和方法，努力提高全党的马克思主义水平，并在马克思主义指导下研究和探讨当代重大的经济、政治、文化等问题，使我们党在理论上更加成熟起来，为实现党的历史使命而奋斗。

要清醒地认识到，我们要以整风的精神和方法在全党普遍深入持久地进行马克思主义的思想教育。使我们划清马克思主义与反马克思主义、社会民主主义与马克思主义、社会主义与资本主义、无产阶级思想体系与资产阶级思想体系的界限，增强识别各种错误思想的能力，在思想上筑起抵御和平演变的"钢铁长城"。要清醒地认识到，在新的历史时期，我国的社会主义现代化建设，特别是我国农村正从自给、半自给性生产转向专业化、社会化生产，走一条农、林、牧、副、渔全面发展，农工商联合经营的具有中国特色的社会主义建设的道路。要为转换国有企业特别是大中型企业的经营机制，增强活力，提高素质是建立社会主义市场经济体制的中心环节。我们要建立的社会主义市场经济体制，其本质特征就在于把反映现代化社会化生产规律的市场机制同社会主义公有制结合在一起，把市场在资源合理配置上的长处同社会主义制度的优越性结合在一起，形成一种比资本主义条件下的市场经济体制运转得更好更有效的崭新的经济体制。党政领导干部就要使企业真正成为法人实体和市场主体，做深入细致的工作。以巨大的实力、旺盛的活力进入市场发挥主导作用，等等。

总之，只有做一个清醒的马克思主义者，忠诚于马克思主义者才能在错综复杂的矛盾和斗争中驾驭全局，识别正确与错误，真理与谬误，是与非，使我们沿着马克思主义指引的方向前进。

所谓有作为，就是指一个党政干部特别是领导干部，要解放思想，实事求是，要勇于实践、勇于探索、勇于改革、勇于创新，真正是一个开拓型的领导者；一个领导者要根据新情况、新问题和革命与建设的实践经验，勇于概括总结新经验，发现真理、发展真理，以实践去检验真理，使真理不断丰富和完善，要勇于战胜一切困难，不被困难吓倒，要有坚韧性和战斗精神，要善于同"左"的和右的错误倾向作斗争；要具有为全面开创社会主义新局面创造优异成绩和卓越贡献的坚强毅力和决心；要具有革命的胆略和求实的革命精神，要勇于改革一切不合理的党和国家领导体制、干部管理体制以及一切规章和制度；要全心全意地为人民服务，在复杂的环境中真正把握形势，站稳立场、临危不惧、临难不退，具有勇往直前的献身精神，成为真正的会治党治国治军的无产阶级的政治家。

要有所作为，就是要把马克思列宁主义、毛泽东思想的基本原理同建设有中国特色社会主义相结合，走自己的路。特别是要在结合上有所作为。中国共产党的70多年，不仅是革命、建设、创业、胜利的70多年，而且是把马克思主义普遍原理中国革命与建设实践日益结合的70多年。

党的历史证明，党所领导的革命与建设事业的前进与后退、成功与失败，取决于党能否把马克思主义基本原理同中国实际正确地结合起来。我们党正是遵循着"结合"的原则，以解放思想、实事求是的科学态度，采取从群众中来，到群众中去的群众路线的工作方法，独立自主地思考中国革命与建设问题，制订出适合中国国情的关于中国革命和建设的理论、基本路线和方针政策。揭示中国革命和建设的客观规律，推进中国的革命与建设有中国特色的社会主义。一个党政领导干部要运用马克思主义的理论与方法，研究新情况，解决新问题，不断总结新经验，吸取其挫折和失败的教训，使马克思主义在中国的大地上和人民群众中深深地扎下自己的根基，这种中国化的马克思主义，比较容易为中国人民所理解和接受。而它一旦为人民所掌握，就转化成对我国进行革命改造的伟大物质力量，就能在新的认识基础上不断提高，不断前进。

要有所作为，就要有创造精神。毛泽东指出：概念的形成过程，判断推理过程，就是调查研究的过程，就是理论思维的过程。人的头脑是能够反映客观世界的，但是要反映得正确往往不容易，要经过反复的考查，才能反映得比较正确，比较接近客观实际。有了正确的观点和正确的思想，才会有比较恰当的表达方法告诉别人。概念、判断的形成过程、推理的过程，就是"从群众中来"的过程；把自己的观点和思想传达给别人的过程，就是"到群众中去"的过程。在我们的干部中大概还有不少人不明白这样一个简单的真理。任何一个英雄豪杰，他的思想、意见、计划、办法，只能是客观世界的反映。他的头脑只能作为一个加工厂而起制造完成品的作用，否则是一点用处也没有的。人脑制成的这种完成品，究竟会用不会用，正确不正确，还得交给人民群众去考验，这种发现真理的过程，也是一种创造性劳动，没有理论的勇气，是实现不了的。所以，发现与发展真理，要有理论的勇气，特别是要有开拓马克思主义新境界的勇气，是一个党的高级干部的职责和创造性劳动。

要有所作为，就要有自力更生、艰苦创业的革命精神。要有战胜一切困难、坚韧不拔的战斗精神、大公无私和先人后己的精神、严守纪律和自我牺牲的精神、排除万难去争取胜利的精神。要有我们党一贯倡导的无私奉献精神、实事求是精神、艰苦创业开拓进取精神、一不怕苦、二不怕死的精神和爱国主义、国际主义精神。这就是马克思主义的政治观、社会观、世界观、人生观、道德观和价值观。为了继承和发扬我们党的自力更生、艰苦创业精神，江泽民同志号召全党、全军、全国各族人民要弘扬新时期的六十四字的伟大创造精神，即解放思想、实事求是；积极探索、勇于创新；艰苦奋斗，知难而进；学习外国、自强不息；谦虚谨慎、不骄不躁；同心同德，顾全大局；勤俭节约、清正廉洁；励精图治，无私奉献。江泽民同志概括了和提出了新时期的伟大创业精神，并把邓小平同志一贯强调的"解放思想、实事求是"置于我国新时期伟大创业精神的首位，这不仅仅因为它是我国创业实践的基本经验，而且因为它是我国整个改革开放和现代化建设时期的时代精神的精华，按照马克思的说法，时代精神的精华是人民最精致、最珍贵的思想，是文明的活的灵魂。

在我们这个时代，在中国人民的伟大创业实践中，唯有解放思想、实事求是才堪称人民最精致、最珍贵的思想，也唯有解放思想、实事求是才称得上是社会主义文明的活的灵魂。江泽民同志提出六十四字新时期伟大创业精神，解放思想、实事求是，不仅是社会主义文明的活的灵魂，也是创业精神的核心和精髓。这是由它在建设有中国特色社会主义实践，以及这一实践精神当中的地位所决定的。何谓创业？创业就是走前人未曾走过的道路，解决前人未曾解决过的新问题、新矛盾、新课题。这就要求我们具有积极探索、勇于创新的勇气、艰苦奋斗，知难而进的精神。

要有所作为，一个党政领导者要努力提高为人民服务的实际本领，经得起执政、改革开放、拒腐防变的考验，永远保持清醒的头脑和旺盛的实干精神，做出自己应有的贡献。但是，在我国改革开放和社会主义市场经济的社会环境中，资本主义的腐朽思想、价值观念、生活方式不可避免地乘隙而入，侵蚀党的肌体。在这种情况下，确有一些党组织软弱涣散、一部分党员和党的干部经不起考验，头脑不清醒，立场不坚定，甚至有的违法乱纪、腐败变质；有的顽固坚持资产阶级自由化立场，丧失国格、人格，站到了党和人民的对立面。成了人民的罪人。在严峻考验面前，我们一定要紧紧联系党的政治路线和政治任务，全面加强党的建设，始终保持党的工人阶级先锋队性质和全心全意为人民服务的唯一宗旨，这就要求我们的干部。特别是党政领导干部要"带头做坚持原则、严守纪律、维护大局、加强团结的模范"。做具有开阔的眼界，熟悉国情，了解世界、解放思想，实事求是，务实创新、开拓前进的模范；做具有宽阔的胸襟，讲党性，顾大局，坚决执行民主集中制、公道正派，任人唯贤，善于团结同志的模范；做具有较强的领导能力，讲究领导艺术，审时度势，驾驭全局，善于协调各方面力量的模范；令行禁止，坚决维护中央政策的统一性、权威性、有效性，保证把党中央政策措施一一落到实处。以党的根本利益为重，团结一致，齐心协力，风雨同舟，和衷共济，把建设有中国特色社会主义事业推向新的高度。

总之，一个革命家、政治家、共产主义战士，必须是一个坚定的、清醒的、有作为的马克思主义者。就是说，必须具有坚定的无产阶级的党性立场，清醒的头脑和实干苦干的革命精神，具有无产阶级政治家的气魄、风格，才能对无产阶级革命事业作出自己的贡献，才能成为一个真正的马克思主义者。

关键在于党的领导干部。要使我们的党员干部特别是领导干部，清醒地认识到自己的职责，永远保持人民公仆的优秀品德和阶级本色，不蜕化变质，不向相反的方向转化。要清醒地认识到领导干部的职权是人民赋予的，一切权力属于人民，要运用职权为人民为党造福，拒腐防变，不能谋私、谋取个人利益，更不能以权谋私滥用职权。要看到主要危险来自我们党内不坚定分子的腐化变质，特别是腐败现象，关键在于党的领导干部。要使党的干部，特别是领导干部认识到，就从执政党的角度而言，党的干部建设关键在哪里？关键就在于党的干部队伍的素质，特别是党政领导干部的素质和干部的马克思列宁主义、毛泽东思想的理论水平、专业知识水平、政策水平、特别是执政的决策水平。

在执政党的条件下，在社会主义革命和社会主义建设的过程中，对于我们的高中级干部都能成为一个坚定的、清醒的、有作为的马克思主义者；我们每个共产党员干部，都能成为坚定的、清醒的、有作为的忠诚于马克思主义的战士；我们每个共产党员都能成为坚定的、清醒的、有作为的好党员、好干部，我们全党的素质就会大大提高，党的战斗力就会大大加强，我们党的威信、我们党的形象就会发生重大变化，我们党的传统作风就会发扬光大。我们的党风、军风、民风、社会风气就会根本好转。我们高兴的是，党中央明确地指出了执政党建设的要害问题、根本问题，也指出了主要危险和关键所在，不是回避矛盾和掩盖这些矛盾问题，而是以无产阶级革命家、政治家、战略家的气魄勇敢地科学地加以揭露和处理，团结全党全军和全国各族人民去监督、监察、去克服、去纠正、去战胜、去根除这种危险，把"危险"转化为保险，这是我们党、我们国家兴旺发达的标志，是我们党的干部队伍，特别是领导干部朝气蓬勃有生机活力的标志。

总而言之，做一个坚定的、清醒的、有作为的马克思主义者，必须以马克思列宁主义、毛泽东思想为指导，以邓小平建设有中国特色社会主义理论为基础，具有唯物主义的大无畏的革命精神，而且把马克思主义普遍原理同中国改革开放建设有中国特色的社会主义具体实践结合起来，能够在自己的实际活动中做到认识和实践具体的历史的统一。也只有使自己的思想意识不断地无产阶级化、马克思主义化、使自己的思想意识成为无产阶级的思想意识，并用唯物辩证法来指导自己的行动，才有可能把自己改造和锻炼成为一个坚定的、清醒的、有作为的马克思主义者。

（二）党的干部的本质、特征、素质和革命风格。

马克思主义干部观的基本指导思想以及它的本质特征，就是马克思早就指出的我们党的一切干部都是："社会的负责的公仆或者叫做社会本身的负责的勤务员。"这就指出了党的干部的本质和特征。党所以重视、强调干部的重要，不是因为别的，只是，仅仅是因为他们是人民的公仆，是社会本身的负责的勤务员。

党的干部是从群众斗争中产生和成长起来的，又在群众斗争中起着骨干桥梁作用，他们是群众的领袖，又是群众路线的执行者。也是创造马克思主义理论的组织者、传播者。人民群众是历史发展的动力，也是社会主义革命与建设的动力，干部则是人民群众的带头人和表率。因此，干部是人民群众中特别值得重视的一部分。党重视干部，正是从重视人民群众的角度出发的，党重视干部是同重视群众相一致的。因为我们党是代表着最广大人民群众的最根本利益，除了人民利益以外，没有任何别的私利。这就从根本上决定了党和国家干部和历史上一切剥削阶级的官僚政客有着本质的区别。一切旧社会的官吏，都是骑在人民头上作威作福的寄生者、统治者、官老爷。他们与广大人民群众处在尖锐对立的地位。而我们党和国家干部，无论职务高低，都是人民的勤务员。能够最好地为人民群众谋利益的干部，才是最好的干部。要一切从人民的利益出发，为人民的利益而奋斗。

一个党政干部，特别是领导干部，应勤于思考、勇于实践，注重知识、能力、性格的培养和提高，通过革命实践的锻炼和考验成为一个马克思主义者，进而成为一个成熟的马克思主义者。能力产生于知识，获取知识是一种能力，运用知识也是一种能力。但是，只有"知识"加"能力"才能产生创造性的力量。才能坚持和发展马克思主义理论和方法。知识和力量是一种辩证统一的关系，两者相辅相成不可偏废。因此，丰富的知识是产生和提高创造能力的必要条件，而能力的提高会更利于掌握和运用知识，运用马克思主义。要掌握知识与培养能力的辩证关系，使党的干部既有丰富的知识又有卓越的才干。在我国的历史上，杜甫有名句："读书破万卷，下笔如有神"；郑板桥也有警句："读书数万卷，胸中无适主。"一部《四库全书》就收入了 3 461 种，7.9309 万卷，分装成 3.6 万余册，可为知识之大成。

　　一个党政领导干部的创造能力，特别是创造马克思主义理论比知识更可贵。（马克思主义本身也是一种知识）因为创造能力比知识更难获得，它是需要长期的锻炼、造就和培养出来的。知识与能力相结合，才能产生创造性力量。掌握知识与培养创造能力的关系，一般来说，知识是能力发展的基础和前提，能力培养不能离开知识凭空进行。一个干部的能力的发展与知识水平密切相关，没有知识就不可能合乎逻辑地、正确地思考、推理、论证和创造。而能力是掌握运用和进一步发展知识的必要条件。因此，知识和能力培养之间是个辩证统一的关系，要掌握知识才能培养出真正的能力。一个党政领导干部，如果死读书，读死书，"唯书"、"唯心"、墨守成规，是不能成为优秀人才的，不读书、不看报、不学无术，志大才疏，同样也成不了"优秀人才"和"卓越的领导者"。要掌握科学知识，须有扎扎实实的知识基础和理论功底，思想活跃、思维敏捷，富于创造精神、创造能力，这样才能成为高级优秀人才，才能成为好的领导者、合格的领导者、卓越的领导者、忠诚于马克思主义者、伟大的马克思主义者。

　　能力培养中的知识广博丰富，会造成有才干的独具风格。所谓风格，就是在党的培育下，在社会生活中，人的思想行为作风的特点和独具的品格，也是指时代风格、民族风格、阶级风格。这里我们指的是工人阶级的培育造就人才独具风格。当然，在其他方面也有不同的风格，如在文学艺术上是指作家艺术家在文艺作品中所表现出的创作个性。风格和文学上的"品格"、"体性"、"风骨"、"风貌"词语相似，只有近代才用"风格"一词、专指作家、作品的创作个人风格的特色。有人说："文如其人"、"读其书见其人"，"风格就是人"、"文以气为主气之清浊有体，不可力强而致。"以及"气有刚柔，学有浅深"、"柔中寓刚、绵里藏针"，等等。

　　我们讲的是在党的培养教育和造就下形成的共产党人的独有的气质和作风，或者叫独具的性格，忘我的革命精神可以说是我们一贯提倡的风格。公而忘私、无私无畏、舍己为人，全心全意地为人民服务，都是忘我精神的体现。唐代诗人贾岛无时无处不练诗句。他在长安时，练得一佳句："落叶满长安"。为求上句"秋风生渭水"，竟然忘记了自己是骑着毛驴走在大街上，结果撞了别人的仪仗、被抓起来关了一夜。他这种忘我的治学态度是封建文人的精神状态的表现，和共产党人的忘我精神不能相比，但这种忘我精神也是好的。忘我是人的意识中的主观制约的过程，也是人的素质的一种反映。有人指出：陈景润对物质享受丝毫引不起兴趣，表现了享受观的"忘我"素质；拒绝就任以色列第二任总统的爱因斯坦，具有地位上的"忘我"素质；把科学发明的奖章扔给孩子们当玩具的居里夫人，显示了名誉面前的"忘我"素质。居里夫人在赞誉"忘我"的人们时指出：这种人醉心于一种事业的忘我的发展，因而不能注意自身的一切利益。所以，别林斯基说：摒弃自己，克制利己主义，把自私的我踩在脚下。他们虽然不是共产党人，但他们是具备了"忘我"素质的人，是值得后人学习和称道的。

　　干部问题，是组织路线的核心和关键。干部问题的实质说到底，是支持人民当家做主。它的本质反映就是能不能代表党和广大人民群众掌握党和国家的领导权问题，也就是说党和国家的干部是党和

人民群众的代表者、组织者和领导者，是人民群众的表率，绝对不
是统治者、压迫者、寄生者；是人民的公仆，不是人民的老爷；是
人民的忠实代表，而不是欺压人民的官僚政客。在执政党的条件下，
党的干部特别是领导干部都处在党和国家各级领导机关的岗位上，
手中掌握着一定的权力。一个干部特别是领导干部，如何正确对待
和使用人民赋予自己的权力，为公还是为私，做人民的公仆，还是
当官做老爷，甚至把自己变成高居人民之上的统治者，寄生者，这
值得人们深思和警惕。

　　在执政党的条件下，作为一个干部特别是高级干部，或者是最
高领导集体，或者是党政领导人物，他们的职权和组织力量是联系
在一起的。当然，这里指的不是一般的个人的权限，而是指的组织
权限。组织权限和个人权限有区别又有联系。因为党和国家的领导
权，掌握在干部手里，最重要的是党的最高领导机构——中央委员
会、政治局、书记处，是党的神经中枢机关，这是掌握党和国家航
向的总司令部，是核心和关键。在我们社会主义国家里，上至最高
领导机关，领袖人物，下至基层组织一般工作者，都是人民的勤务
员，都要在宪法、法律和章程、条例，规章制度的范围内进行活动。
严格执行党和国家干部条例中规定的总则、权利、义务、纪律、工
作岗位责任制、考核、奖惩、职务升降、任免、培训、调动交流、工
资保险福利、退休退职、离休、录用、选任、申诉、控告，等等有
关规定，使我们党的干部真正成为为人民服务，接受群众监督，当
好人民公仆的模范；履行工作岗位责任，忠于职守，完成任务的模
范；遵纪守法，廉洁奉公的模范；服从命令，听从指挥的模范；努
力学习马克思主义基本原理、业务技术和科学文化知识的模范；维
护国家和人民利益，同一切违法乱纪行为作斗争并模范遵守宪法和
有关法律法规，成为党的好干部；坚决同擅离岗位、玩忽职守、以
权谋私、培植私人势力，任人唯亲、弄虚作假、隐瞒事实真相的恶
劣行为作斗争；坚决同打击报复、诬陷、行贿受贿、贪赃枉法、侵
吞国家和集体财产的行为作斗争；坚决同腐化堕落、道德败坏、丧

失人格国格、损害国家尊严的卑劣行为作斗争；遵守党纪国法，不泄露国家机密和公务秘密，等等。只有这样的干部，才能得到党和人民的拥护和支持，才能体现我们党的干部的本质和特征。

一个领导者的素质、作用、行为、能力、权力、技巧、技能、影响、毅力和认识能力都有特定的科学含义。我们讲的是党政领导干部应当具有的素质。是对一个党政领导干部应具备的各种素质的高度概括和综合性反映。他和党的任务、历史条件，生活环境，个性的特点，有着密切的联系。所以，在党的不同历史时期，对干部的素质有着不同的要求，而不同的历史阶段的各种特殊环境和革命斗争形式造就了各种不同类型的干部。就是说，党政干部的素质是随着历史的发展而不断完善和提高的，是为了实现党的基本路线、方针、政策和为政治服务的。

党政干部素质——是一个多方位多层次的综合智能体系。特别是党政、政企分开以后，职能的转变，领导方式、方法的改变，而对不同类别、不同层次、不同的政治、经济、文化艺术、科学技术、教育、国防、军事等的领域，就有不同的具体的相适应的素质要求。特别是我国实行国家公务员制度以后，对各类干部都要有对口，适应本职工作的具体素质与职能相称的要求。将根据行业的特点和部门特点，分别制订条例、规章，建立各具特色的管理制度、管理法规与条例。用不同的方法管理各类不同人员。这样健全和完善有中国特色的公务员制度，还需要一个相当长的时间。

各类干部和工作人员尽管千差万别，但在党的领导下，有几个方面的素质是基本的，共同的，也是所有党政干部应当具备的。因此，我们可以这样说，党政领导干部素质好，其党性就强、觉悟就高，在工作中的作用就大，影响就深远。所以，提高党政领导干部的素质是实现新型领导者职能的基础，也是能否起领导作用的关键所在。邓小平指出："政治路线确立了，要由人来具体地贯彻执行。""道理很明显，只是确定了正确的思想路线和政治路线，确定了实现四个现代化的目标还不够，还需要有人干。"这就是说，"任何事情都是人干的，没有大批的人才，我们的事业就不能成功。"① 因此，我们研究人才，研究干部，首先要研究党政领导干部应具备哪些素质和能力，特别是坚持和发展马克思主义的能力，从而进一步改善和提高领导水平、执政水平。

一个党政领导者，在领导中国革命和建设的实践中，所以能够经得起艰难曲折的生死考验，能够在民主革命历史时期以"一不怕苦，二不怕死"去战胜一切困难，就是因为我们造就培育了一批又一批、一层又一层良好素质的干部队伍。一个领导者，能够依据马克思主义的基本原理、原则，按照党的基本路线，现行的路线、方针、政策，履行自己的职能、职责，能行使自己的权力，从而达到高水平、高效能的领导，也就是因为他们能自觉地积极地使自己适应党和人民的要求，为党的事业献出自己的聪明才智。所以，我们研究这个问题的目的，就是为了进一步改善和提高党政领导干部的个人素质与修养，提高他们马克思主义的思想水平和领导艺术，这是加强党的领导的重要一环，也是研究提高个人素质重要性之所在。从根本上来说，党政干部特别是领导，干部的素质与修养提高了，增强了，才能改善和加强党的领导，这是非常明显的道理。

我们中国共产党在长期的革命斗争中，形成了党的干部自身的优点、特点、性格和作风。主要表现在五个方面：

第一，我们党和国家干部同广大人民群众有着血肉的联系。这是我们党和国家干部根本的优点和特点。我们党的干部是在中国革命和建设的进程中土生土长的，是来自人民、忠于人民，为人民谋福利，受人民尊重和信赖与支持的，是在人民的事业中，造就锻炼和成长起来的干部队伍。

第二，我们党和国家有一大批干部，特别是老干部有自己亲身经历，有切身的体会和丰富的斗争经验。毛泽东指出："我们有这么一套干部：有建党时期的，有北伐战争时期的，有土地革命战争时

---

① 《邓小平文选》第二卷，第191、225、221页。

期的，有抗日战争时期的，有解放战争时期的，有全国解放以后的，他们都是我们国家的宝贵财产……我们有在不同革命时期经过考验的这样一套干部，就可以'任凭风浪起，稳坐钓鱼船'。"①这是我们党和国家的中流砥柱。建国40多年来我们党又造就培养了一代人、几代人，使党的事业不断前进。

第三，党的干部是在长期革命与建设过程中形成和发展起来的。他们具有高尚的政治思想品德，洞察能力强，久经考验，他们具有丰富的斗争经验，了解情况比较全面，工作方法既坚持原则又比较灵活，研究探讨问题细心，既能看清发展的趋势、倾向，又能透过现象看本质，处理问题慎重，经得起历史考验，特别是遇到大风大浪 的转折时期，立场坚定，爱憎分明，当机立断，保持了我们党的干部的良好品德。

第四，我们党和国家有一支久经考验、经验丰富、才能卓越的忠诚于马克思主义的干部队伍。长期以来，我们党的干部队伍是以马克思列宁主义、毛泽东思想为指导，以解决中国革命和建设的实际问题为中心，学习马克思主义基本理论知识，总结实践经验，记取国际共产主义运动的经验与教训，培养造就了德才兼备，又红又专、一批又一批精通本行专业的人才队伍，成为党和国家的骨干。这些干部的形成和发展，就为加强党和国家的坚强领导打下了良好的基础，形成了各条战线上的骨干力量。

第五，我们党有自己一整套优良的传统作风。毛泽东指出："以马克思列宁主义的理论武装起来的中国共产党，在中国人民中产生了新的工作作风，这主要的是理论和实践相结合的作风，和人民群众紧密联系在一起的作风以及自我批评的作风。"就是我们党独具的三大作风。

我们党从长期的革命斗争中，已经形成和造就了我们党的干部的独特的革命性格和品格。不仅具有性格坦率、直爽、光明磊落，坚

---

① 《毛泽东选集》第五卷，第327页。

韧不拔，毅力不凡，刚直不阿，实事求是，解放思想，坚持真理，修正错误的特点，还有谦虚谨慎，艰苦朴素，刻苦好学，勤奋研读，忠心耿耿为党为民族，为人民任劳任怨的工作，为党的事业而奋斗终身的优秀品质。毛泽东同志在中国革命和建设的历史进程中，根据中国革命的实践，指出了我们党的干部所具备的条件和品德，具有中国共产党的独具性格和特有作风。他指出："这些干部和领袖懂得马克思列宁主义，有政治远见，有工作能力，富于牺牲精神，能独立解决问题，在困难中不动摇，忠心耿耿地为民族、为阶级、为党而工作。党依靠着这些人而联系党员和群众，依靠着这些人对于群众的坚强领导而达到打倒敌人之目的。"，"这些人不要自私自利，不要个人英雄主义和风头主义，不要懒惰和消极性，不要自高自大的宗派主义，他们是大公无私的民族的阶级的英雄，这就是共产党员、党的干部、党的领袖应该有的性格和作风。"① 这是毛泽东对我们党的干部的性格和作风所作的精辟解释和本质的概括，全面而深刻地揭示了我们党和国家干部应有的独特的性格和革命风格。

（三）党和国家各级领导权必须掌握在忠诚于马克思主义的人手里。

党政领导权掌握在忠诚于马克思列宁主义、毛泽东思想的人手里，关系到党和国家的前途和命运。各级领导权掌握在忠诚于马克思主义的人手里，是巩固党的执政地位的需要。革命的根本问题是政权问题。党的执政地位是千百万人流血牺牲、英勇奋斗的结果，是人民在长期实践中做出的正确选择。要巩固党的执政地位，坚持党对社会主义事业的领导，关键是要确保党和国家的各级领导权牢牢掌握在忠诚于马克思主义的干部手里，这是一个非常紧迫的现实问题，也是非常重要的战略任务。它直接关系到党和国家的领导权能否继续掌握在马克思主义者手中；关系到能否肩负着承前启后，继

---

① 《毛泽东选集》第三卷，第 1093～1094 页。

往开来的历史责任，能否经受住执政和改革开放的考验，经受住
"和平演变"的考验；关系到我国能否继续沿着社会主义道路前进；
关系到在我国建设有中国特色的社会主义现代化事业的盛衰兴亡；
关系到党和国家前途和命运的大问题。

　　我们党强调确保党和国家领导权掌握在忠诚于马克思主义的人
手里，是一个非常紧迫的任务。不仅是当前国际国内形势的需要，而
且要从战略的高度来考虑这个问题，党需要大力培养跨世纪的干部
队伍和接班人。我们着眼于 21 世纪。这是当前干部队伍和领导班子
的群体化的宏伟目标，准备足以担当跨世纪历史重任的可靠人才的
需要。我们要总结经验与教训，特别是在干部的革命化、年轻化、知
识化和专业化的标准中，要牢记把革命化放在首位，否则就会走偏
方向。党和国家的接班人，必须是坚定的忠诚于马克思主义的人。我
们要抓紧组织工作、干部工作的建设，以保证党的马克思主义路线
的连续性和国家长治久安，要选拔好一把手和党政主要领导干部，在
组织上打好基础。因此，我们的干部工作，决不能停留在对现有人
员的调动和调配上，而且要有长远的眼光和花大力气去进行人才资
源的开发工作，加强宏观指导，创造性地把马克思列宁主义普遍真
理与中国革命的具体实践相结合，建设好干部队伍，接好班，推动
我国建设有中国特色的社会主义事业不断前进。

　　特别是"和平演变"与反"和平演变"、渗透与反渗透、颠覆与
反颠覆的斗争将长期存在下去。国外反共、反社会主义势力及国内
顽固坚持资产阶级自由化立场的人，正是把希望寄托于 10 年、20 年
以后。再过 10 年，现在 50 多岁的干部大部分退下来了，再过 20 年，
现在 40 多岁的干部也将退下来。到那时，在各级领导岗位上接班的，
正是现在二三十岁和四十来岁的人。能不能把这批人造成坚定的马
克思主义者或忠诚于马克思主义的人，在国际国内形势不断发展变
化的情况下，坚持马克思主义和社会主义道路，关系到我们党和国
家的命运。因此，党必须高瞻远瞩，深谋远虑，采取有力措施，把
各级领导班子建设好。这样，才能使我们党永远立于不败之地。

　　党政各级领导权牢牢掌握在忠诚于马克思主义的人手里，是建设有中国特色的社会主义的需要。十一届三中全会以来，我们党把马克思列宁主义、毛泽东思想与中国的实践相结合，与我国的改革开放相结合，创造性地提出了建设有中国特色的社会主义理论，并制定了社会主义初级阶段党的基本路线和我国经济建设分三步走的战略目标。实现这一战略目标，社会主义制度的优越性，就会比较充分地显示出来。因此，成功地建设有中国特色的社会主义，不仅关系到国家的昌盛，人民的幸福，民族的独立，而且对国际共产主义运动也将产生巨大的影响。

　　邓小平在《目前的形势和任务》一文中就提出了我国四个现代化的四个前提条件：一是要有坚定不移的，贯彻始终的马克思主义的政治路线；二是要有一个安定团结的政治局面；三是要有一股艰苦奋斗的创业精神；四要有一支坚持社会主义道路，具有专业知识和能力的干部队伍。只要坚持和改善党的领导，就能实现我国社会主义现代化的伟大任务。

　　这就必须使领导权掌握在忠诚于马克思主义的人手里，是正确贯彻执行党的基本路线的重要保证。党政干部具有较高的马克思主义理论水平，才能正确理解和把握党的基本路线的"一个中心、两个基本点"及其相互之间的关系，做到既坚定不移地走社会主义道路，又坚定不移地搞改革开放；既抓好物质文明建设，又抓好精神文明建设。这样，我们才能成功地建设有中国特色的社会主义。

　　在社会主义初级阶段，经济建设是党和国家的中心任务，要努力发展社会生产力。这就是说，全党首先在思想上要进一步认识以经济建设为中心，大力发展生产力，集中力量把国民经济搞上去，这是一条根本的指导思想。邓小平指出："我们当前以及今后相当长一个历史时期的主要任务是什么？一句话，就是搞现代化建设。能否实现四个现代化，决定着我们国家的命运、民族的命运。在中国的现实条件下，搞好社会主义的四个现代化，就是坚持马克思主义，就是高举毛泽东思想伟大旗帜。你不抓住四个现代化，不从这个实际出发，就是脱离马克思主义，就是空谈马克思主义。社会主义现代化建设是我们当前最大的政治，因为它代表着人民的最大的利益、最根本的利益。现在，每一个党员、团员，每一个爱国的公民，都必须在党和政府的统一领导下，克服一切困难，千方百计地为实现四个现代化贡献出一切力量。"①

　　社会主义经济建设不是自发的，而是有目的、有计划进行的。它不仅需要党对经济工作实行总体战略领导，制定经济发展规划纲要，而且需要各级政府按照自己的管理职能、权限，对经济建设进行重大决策、规划、指导、协调和监督，离开了这些领导和管理活动，社会主义经济建设就无法进行。而这些活动都必须由党政领导干部依据党的基本路线、方针和政策来承担。党政领导干部的马克思主义水平高低，认识能力的正确与否？实践成效的优劣，直接关系到社会主义的政治、经济、文化、教育、科技、体育、卫生等领域是否能沿着马克思主义指引的方向发展；党政干部，特别是领导干部对社会主义制度起着完善、发展、巩固和保证的作用，尤其是保证党的基本路线、方针、政策的连续性、长期性和稳定性是至关重要的。

　　江泽民同志指出，育人要坚持"两条腿走路"，既要建立并实行一套有计划有步骤地通过各级党校、干校轮训干部制度，又要建立并实行一套结合工作实践培养、提高干部的制度。以江泽民同志为核心的第三代党中央领导集体多次强调，要努力把党校办成培养党的领导骨干的阵地、培养理论骨干和组织理论队伍的阵地，特别是学习与研究、坚持与发展马克思列宁主义、毛泽东思想的重要阵地，成为干部进行党性修养锻炼的熔炉，即"三个阵地、一个熔炉"。培养、造就忠诚于马克思主义的合格的党政干部，这个任务落实和解决好了，我们党就会无往而不胜。要坚持和落实这两种制度，就必须以整风的精神和方法，理论联系实际去培养、教育干部，采取"团结—批评—团结"的方针，坚持批评与自我批评的原则，提高干

---

① 《邓小平文选》第二卷，第162～163页。

部的思想理论水平，加强马克思列宁主义、毛泽东思想教育，这就大大促进我国的社会主义现代化建设的实现。

我们的干部真正具备了较高的马克思主义的理论素养，他们才能够牢牢把握当今世界发展的大趋势，坚定社会主义方向和共产主义理想，才能够放眼未来，立足当前，增强履行历史责任的自觉性、主动性，坚定正确地贯彻执行党的基本路线，才能够全心全意地为人民服务，廉洁奉公，勤政为民，不说空话，多做实事，在建设和改革开放中奋发进取，建功立业；顾全大局，维护党的团结和统一，率领广大人民群众共同前进；才能够在错综复杂的环境中把握局势、驾驭矛盾、应付自如，经受住任何风浪的考验。我们党有了这样的干部队伍和各级领导班子，党更加兴旺发达，实现我们的战略目标就大有希望，把我国建设成为富强、民主、文明的社会主义现代化国家就大有希望。

干部问题，特别是党政领导班子问题，在无产阶级事业中，始终是革命和建设事业的中心和关键问题。夺取政权，建立政权是这样，巩固政权，进行社会主义建设事业也是这样。陈云指出：干部在党组织中占重要地位，党看重干部的作用，认为没有坚强的干部队伍，我们党的事业就不能发展，就不能取得胜利。这就是说，无论在什么阶段，什么时期，都居于重要地位。它是革命和建设事业的中流砥柱，是党的中坚和骨干力量。邓小平指出："中国的稳定，四个现代化的实现，要有正确的组织路线来保证，要有真正坚持马克思列宁主义、毛泽东思想和党性强的人来接班才能保证。"① 如果我们党和国家有成千上万各级领导干部，完整准确地掌握马克思主义的基本原理，并善于运用它的立场、观点、方法研究中国和世界的风云变幻，审时度势，高屋建瓴地分析国际国内形势下的新情况、新问题，就会任凭风浪起，稳坐钓鱼船。

党的干部不仅是制定和实施党的基本路线、方针、政策，而且

———————
① 《邓小平文选》第二卷，第193页。

是我国社会主义物质与精神文明建设的组织者和领导者。要坚持马克思主义指引的方向和道路，要使党有凝聚力、吸引力和战斗力，成为领导核心，需要有一大批忠诚于马克思主义的治党、治国、治军的干部队伍和领导骨干，而且要有一批忠诚于马克思主义的理论骨干和坚强的领导班子。党政领导干部所以在社会主义革命和建设事业中这么重要，这是由他们的地位和作用决定的。党政领导干部担负着领导和组织社会主义现代化建设的重要职责，在制定和执行党的路线、方针和政策的过程中起着决定性作用，没有党性强、素质好、作风过硬，有组织领导能力，有实际本领，有才干，具有坚强的信念和理想，具有坚强的毅力的党政领导干部，党就不可能制定出正确的路线、方针和政策，也不可能把党的路线、方针和政策转化为千百万人民群众的自觉的行动，党的路线、方针和政策也不可能在实践中得到不断完善、丰富和发展。

加强干部队伍建设，特别是加强领导班子建设，使各级领导干部具备较高的马克思主义理论素养和党性修养，才能克服困难，解决各种问题，卓有成效地建设有中国特色的社会主义。我们党和国家正处在新的发展时期，如果不能培养出成千上万真正懂得马克思主义的领导骨干，确保党的各级领导权掌握在忠诚于马克思主义的人手里，建设有中国特色的社会主义的任务就难以完成。

党政各级领导权掌握在忠诚于马克思主义的人手里，是社会主义安定团结的需要。安定团结的政治局面是我们一切事业成功的必备条件。全国安定团结的核心是党的团结。党的团结是指全党在马克思主义的基础上形成的政治上、思想上、组织上、制度上和作风上的一致，以及由此而产生的行动上的一致。因此，党的团结是党的生命，是马克思主义的基本原则，破坏党的团结就是违反马克思主义的基本原则，就是帮助敌人来危害党的生命。每一个共产党员和党的每个组织，都应当像爱护自己的眼睛一样，维护党的团结。马克思指出："工人阶级的团结就是工人胜利的首要前提。"他还指出："让我们回忆一下国际的一个基本原则——团结。如果我们能够在一切国家的一切工人中间牢牢地巩固这个富有生气的原则，我们就一定会达到我们所向往的伟大目标。"① 列宁在俄国布尔什维党的建设中，坚持了党的团结的原则，他强调："战斗的无产阶级最亲密无间的团结，无论是为了尽快地实现最终目标，或是为了在现存的社会基础上坚定不移地进行政治的和经济的斗争，都是绝对必要的。"② 我们党一贯重视和强调党的团结，党的团结是党的生命，是中国革命和建设取得胜利的基本保证。

历史经验证明，当党在马克思主义原则基础上团结一致的时候，党的组织就巩固发展，革命和建设事业就不断取得胜利。相反，当党内发生严重矛盾、出现宗派分裂活动、党的团结遭到损害和破坏的时候，革命和建设事业就会遭到挫折和失误。在新的历史时期，要贯彻执行建设有中国特色的社会主义的基本路线，就必须进一步加强全党的团结，以党的团结，促进全国各族人民的团结，这是实现党的基本路线的根本保证。

当然，党的团结是有原则的团结，有基础的团结，不是无原则无基础的团结，是在马克思主义的原则基础上团结。具体地说就是遵循马克思主义的科学世界观和理论体系，它是全党和全国人民团结的、统一的思想基础；马克思主义的纲领、路线，党的重大决议，我国的宪法，是全党全国人民团结的政治基础；马克思主义的民主集中制，是全党全国人民团结统一的组织基础。我们强调党的团结，全国人民的团结，并不否认党内矛盾，人民内部之间的矛盾。党内所发生的思想上、政治上和组织上的意见分歧，一般说来，党内矛盾主要是思想认识上的分歧，是非对抗性的。党内经常的、大量存在的矛盾是在根本利益和革命目标一致的基础上，由于思想认识不同产生的，是无产阶级思想与非无产阶级思想的分歧和斗争，是正确思想与错误思想的分歧和斗争。党内矛盾又是不断发展变化的。

---

① 《马克思恩格斯选集》第 1 卷，185 页。《马克思恩格斯全集》第 18 卷，第 180 页。
② 《列宁全集》第 6 卷，第 425 页。

在一定条件下，党内这种非对抗性的矛盾也会转化。必须坚持党的原则和立场，因势利导，使其正确解决。在人民内部，也是矛盾的两种基本形式，是两类不同性质的矛盾。它们是依照矛盾双方对立的性质来划分的，凡是矛盾着的双方是根本对立的；需要爆发式的猛烈的方式来解决的矛盾就是对抗性矛盾。相反，凡是矛盾双方不具有根本的对立的性质，矛盾的解决不需要公开对抗的冲突方式的矛盾，就是非对抗的矛盾。因此，在社会领域中，阶级利益根本冲突基础上的矛盾是对抗性的矛盾。在社会生活中，凡是非对抗性矛盾，只能采取民主的，说服的，教育的，批评与自我批评的方法解决。对抗性矛盾同非对抗性矛盾与人民内部矛盾同敌我矛盾既有联系又有区别。敌我矛盾都是对抗性矛盾，但对抗性矛盾并非全都是敌我矛盾。民族资产阶级和工农之间的矛盾本来是对抗性的矛盾，但在我国的具体条件下，成为人民内部矛盾的一种，这种矛盾除了对抗性的一面以外，还有非对抗性的一面。在一定条件下，对抗性矛盾和非对抗性矛盾是相互转化的。必须严格区分对抗性矛盾和非对抗性矛盾，采取不同的形式，解决不同性质的矛盾。我们必须正确处理人民内部矛盾，团结全国人民为建设具有中国特色的社会主义而奋斗。

全党的团结和全国人民的团结，是保证革命和建设事业胜利的最基本的条件。无产阶级政党领导的革命和建设事业是广大人民群众的事业，只有把千百万人民群众动员组织起来，依靠人民群众的团结奋斗，革命和建设事业才能顺利进行，并取得胜利。毛泽东指出："国家的统一，人民的团结，国内各民族的团结，这是我们的事业必定要胜利的基本保证。"全国人民的团结所以要以党的团结为核心，这是因为我们党是人民群众的领导者，是革命和建设事业的组织者和指挥者，是执政党。

保证社会稳定的最重要最根本的条件，是有一个真正的马克思主义的政党，有一支忠诚于马克思主义的干部队伍，有一大批甚至一层坚持马克思主义政治路线的领导骨干。没有一支忠诚于马克思主义的干部队伍，就不能保持党的马克思主义路线的连续性、稳定性，就缺乏实现安定团结的中坚力量。如果偏离了四项基本原则，任其资产阶级自由泛滥；如果偏离了经济建设这个中心，偏离了改革开放的社会主义方向，或在进行社会主义现代化建设的决策上出现重大失误；如果干部队伍本身风气不正，严重地脱离群众，引起群众的强烈不满，就有可能被国内外敌对势力所利用，进行蛊惑煽动，造成社会的动乱。东欧一些国家的社会动荡，就充分说明了这一点。

邓小平同志多次强调指出：不要以为中国乱不起来。中国的稳定，四个现代化的实现，建设有中国特色社会主义事业的蓬勃发展兴旺，要有正确的组织路线来保证，要有真正坚持马克思列宁主义、毛泽东思想和党性强的人来接班才能保证。因此，加党党政各级领导班子建设、干部队伍建设，确保领导权掌握在忠诚于马克思主义的人手里，是非常重要的。它既关系到建设有中国特色的社会主义建设的成败，也关系到国家的长治久安和安定团结，有着深远的历史意义和现实意义。

第八章
加强和改善党的领导，建立
健全社会主义市场经济体制

第一节　社会主义经济制度的实质和基本特征

一、中国的革命和建设要走自己的路

邓小平同志在会见马尔代夫总统加尧姆时的谈话中就指出："我们取得的成就，如果有一点经验的话，那就是这几年来重申了毛泽东同志提倡的实事求是的原则。中国革命的成功，是毛泽东同志把马克思列宁主义同中国的实际相结合，走自己 的路。现在中国搞建设，也要把马克思列宁主义同中国的实际相结合，走自己的路。"还特别指出："中国农村就是根据这样的原则，走自己的路，取得成功的。最近通过的以城市为重点的改革的决定，也是把马克思列宁主义的基本原理同中国实际相结合，走自己的路，这是我们吃了苦头总结出来的经验。今后我们可能还会犯错误。但是，第一不能犯大错误，第二发现不对就赶快改。"①这是我们党执政 40 多年基本经验的历史总结。把我们党的革命和建设都归功于马克思主义的辩证唯物主义和历史唯物主义，用毛泽东一贯强调和倡导的实事求是的基本原则。只有坚持这个基本原则，我国的革命和建设才能取得胜利。

---

① 《邓小平文选》第三卷，第 95 页。

执政 40 多年以来，摆在我们党面前的一个十分严峻的问题，特别是在国际政治局势产生了惊天动地的巨大变化，先有东欧各国的剧变，继有超级大国苏联解体，还有震动世界的海湾战争，也是二次大战后世界历史上罕见的政治剧变的年代。就是在这个世界剧变的关键的年代中，我国怎样推行社会主义的改革，怎样坚持和发展社会主义？我们搞什么样的社会主义？什么是真正的社会主义？这是必须回答的一个最根本的问题。邓小平同志不仅从理论上、实践上回答了这个根本问题，而且还紧紧抓住这个首要的基本理论问题，总结了正反两个方面的经验和教训，排除了一系列的错误思想观点和扭曲了的理论原则，为开辟社会主义事业的未来奠定了基础，指明了前进和发展的方向。

（一）贫穷不是社会主义，发展太慢也不是社会主义。

邓小平指出："从建国到一九七八年，三十年的成绩很大，但做的事情不能说都是成功的。我们建立的社会主义制度是个好制度，必须坚持。我们马克思主义者过去闹革命，就是为社会主义、共产主义崇高理想而奋斗。现在我们搞经济改革，仍然要坚持社会主义道路，坚持共产主义的远大理想，年轻一代尤其要懂得这一点。但问题是什么是社会主义，如何建设社会主义。我们的经验教训有许多条，最重要的一条，就是要搞清楚这个问题。"[①] 积 40 多年的经验，使我们清醒地认识到，要革命、要建设就必须坚持实事求是的思想路线，就要从实际出发，就要认清中国的国情，认清我国所处的历史阶段，认清社会主义的目的就是为了发展生产力。马克思主义的最高目的就是要实现我们共产党人的崇高理想——共产主义，而共产主义是建立在生产力高度发展的基础上的。因此，既然社会主义是共产主义的第一阶段，那么首要任务就是要发展生产力，要把人民吸引到共产党的周围，就要不断满足人们对物质与文化生活的需

---

① 《邓小平文选》第三卷，第 116 页。

要，也只有不断提高人民的物质与文化生活水平，才能推动社会的不断前进。

我们党在以邓小平为核心的党中央第二代成熟领导集体的坚强领导下，从党的十一届三中全会以后，就集中探索了中国怎么搞社会主义，搞什么样的社会主义和社会主义的根本目的等问题。邓小平同志在总结我们党执政以来的基本经验与痛苦的教训时，提出了一系列的重大决策和指导方针。他指出："党的十一届三中全会提出一系列新的政策。就国内政策而言，最重大的有两条，一条是政治上发展民主，一条是经济上进行改革，同时相应地进行社会其他领域的改革。"他还深刻地指出："从一九五八年到一九七八年这二十年的经验告诉我们：贫穷不是社会主义，社会主义要消灭贫穷。不发展生产力，不提高人民的生活水平，不能说是符合社会主义要求的。"①这种认识是对社会主义一个重大突破。贫穷不是社会主义，社会主义要消灭贫穷，要发展生产力，要使人民的生活不断提高，绝对不是越穷越革命，越革命越穷，这才是所谓的社会主义。所以，我们搞社会主义，一定要使生产力发达，贫穷不是社会主义。我们坚持社会主义，要建设比资本主义更具有优越性的社会主义，首先必须摆脱贫穷。

社会主义是在探索中前进的。邓小平指出："我们建设社会主义的方向是完全正确的，但什么叫社会主义，怎样建设社会主义，还在摸索之中。社会主义的第一个任务是要发展社会生产力。一九四九年取得全国政权后，解放了生产力，土地改革把占人口百分之八十的农民的生产力解放出来了。但是解放了生产力以后，如何发展生产力，这件事做得不好。主要是太急．政策偏'左'，结果不但生产力没有顺利发展，反而受到了阻碍。一九五七年开始，我们犯了'左'的错误，政治上的'左'导致一九五八年经济上搞'大跃进'，使生产遭到很大破坏．人民生活很困难。……一九六二年开始好起

---

① 《邓小平文选》第三卷，第116页。

来，逐步恢复到原来的水平。但思想上没有解决问题，结果一九六六年开始搞'文化大革命'，搞了十年，这是一场大灾难。"他还特别强调指出："当时很多老干部受迫害，包括我在内。我是刘少奇之后第二号'走资本主义道路的当权派'，刘少奇是'统帅'，我是'副统帅'。这十年中，许多怪东西都出来了。要人们安于贫困落后，说什么宁要贫困的社会主义和共产主义，不要富裕的资本主义。这就是'四人帮'搞的那一套。哪有什么贫困的社会主义、贫困的共产主义！马克思主义的理想是实现共产主义。马克思讲的共产主义是'各尽所能，按需分配'的社会。什么是按需分配？没有生产力的极大发达，没有物质产品的极大丰富，怎么搞按需分配？马克思主义讲的共产主义是物质产品极大丰富的社会。共产主义的第一阶段是社会主义，社会主义就是要发展生产力，这是一个很长的历史阶段。生产力不断发展，最后才能达到共产主义。'四人帮'荒谬的理论导致中国处于贫困、停滞的状态。"① 这一深刻的总结，我们党和人民是付出了重大的代价和牺牲的。

贫穷是生产力落后的综合反映，消灭贫穷应当紧紧抓住经济建设这个中心，加快生产力的发展。实现现代化是一个综合指标，要求在经济、政治、科技、文化等主要方面都达到国际先进水平。由于代表当代国际先进水平的发达国家仍以一定的速度向前发展，发展中国家只有以高于发达国家的速度发展，才能不断缩小与国际先进水平的差距，并最终达到现代化水平。低速度就等于停步，甚至等于后退。

同时，社会主义要赢得与资本主义相比较的优势，最重要的是创造出比资本主义更高的经济发展速度。社会主义和资本主义谁优谁劣、谁盛谁衰，归根到底取决于生产力发展的快慢、劳动生产率的高低、创造财富的多寡。因此，加快发展，不仅是实现现代化的必然要求，也是巩固和发展社会主义制度的根本保证。新中国成立

---

① 《邓小平文选》第三卷，第227～228页。

40多年来，我们国家的经济建设虽然已经取得了巨大的成就，但由于人口众多，原来的底子很薄；加上这样那样的曲折，耽误了不少时间，致使我国的经济，同一些发达国家和发展中国家与地区之间，仍然存在很大的差距。党的历史使命的要求，就要求我们要加快步伐，加快发展速度。我们现在所干的事业，就是努力把中国变成一个现代化的社会主义国家。要几年上一个台阶，发展太慢也不是社会主义。

邓小平同志始终把发展当作硬道理，反复告诫全党：要抓住时机，加快发展。他指出："抓住时机，发展自己，关键是发展经济。现在，周边一些国家和地区经济发展比我们快，如果我们不发展或发展得太慢，老百姓一比较就有问题了。所以，能发展就不要阻挡，有条件的地方要尽可能搞快点"。他指出："低速度就等于停步，甚至等于后退。要抓住机会，现在就是好机会。我就担心丧失机会。"①这就要求我们必须有强烈的历史责任感和时代紧迫感。抓紧时机，加快速度迈开大步。

当然，不是鼓励不切实际的高速度，还是要扎扎实实，讲求效益，稳步协调发展。就是说，我们应当抓住时机，加速搞几年，发现问题及时加以治理，而后继续前进。经济发展要快一点，步子迈大一点，这是完全可以做到的。不可能总是那么平平静静、稳稳当当。只有发展才是硬道理。

（二）平均主义不是社会主义，两极分化也不是社会主义。

邓小平指出："我们搞的现代化，是中国式的现代化。我们建设的社会主义，是有中国特色的社会主义。我们主要是根据自己的实际情况和自己的条件，以自力更生为主。"②我们搞社会主义绝对不能搞平均主义，就必须打破"大锅饭"。邓小平同志深刻指出："过

---

① 《邓小平文选》第三卷，第375页。

② 《邓小平文选》第三卷，第29页。

去搞平均主义，吃'大锅饭'，实际上是共同落后，共同贫穷，我们就是吃了这个亏。"① 这个"大锅饭"无论在农村、农业，城市工业，都有自己的特点，都普遍的存在和渗透在各个方面。我们党采取了一系列的具体政策，实行了联产承包责任制、多种经营、科学种田，农民有经营管理的自主权，等等卓有成效地解决了这个问题。

党的十一届三中全会以后，我们探索了中国怎么搞社会主义。归根到底，就是要发展生产力，逐步发展中国的经济。第一步，到本世纪末翻两番，达到小康水平。第二步，再花30年到50年时间，接近发达国家的水平。目标确定了，从何处着手呢？邓小平指出："改革首先是从农村做起的，农村改革的内容总的说就是搞责任制，抛弃吃大锅饭的办法，调动农民的积极性。为什么要从农村开始呢？因为中国人口的百分之八十在农村，如果不解决这百分之八十的人的生活问题，社会就不会是安定的。"他还特别指出："工业的发展，商业的和其他的经济活动，不能建立在百分之八十的人口贫困的基础之上。农村改革经过三年的实践证明是成功的。"②

我国经过了15年的改革开放，打破了平均主义的大锅饭，现在农村面貌一新，90%的人生活改善了。城市很多新盖的高楼大厦，我国的变化最大最突出的是在农村。农村改革取得成功以后，我们就转到城市。城市改革比农村改革更复杂，而且有风险。城市改革每走一步，都会影响千家万户。但是有农村改革的成功经验作借鉴，加上我们清醒地认识到有风险，可以避免犯大的错误。当然小错误、中错误总是难免的。我们一定会取得伟大的胜利。邓小平指出："改革是大家的主意，人民的要求。现在尽管出现了一些问题，我们心里是踏实的。如果说农村改革三年成功，城市改革经过三年五载也能判断成败。我们相信会成功的。我们不靠上帝，而靠自己努力，靠不断总结经验，坚定地前进。总之，现在我们干的是中国几千年来

① 《邓小平文选》第三卷，第155页。
② 《邓小平文选》第三卷，第117页。

从未干过的事。这场改革不仅影响中国，而且会影响世界。"①

我们采取的所有改革开放，其目的就是为了发展我国的社会主义经济。邓小平指出："我们允许个体经济发展，还允许中外合资经营和外资独营的企业发展，但是始终以社会主义公有制为主体。社会主义的目的就是要全国人民共同富裕，不是两极分化。如果我们的政策导致两极分化，我们就失败了；如果产生了什么新的资产阶级，那我们就真是走了邪路了。"②

首先，在我国搞社会主义是以公有制占主体的，就是说社会经济主体是公有制。它是社会起主导作用的经济基础。马克思在《〈政治经济学批判〉导言》中指出过："在一切社会形式中都有一种一定的生产支配着其他一切生产的地位和影响，因而它的关系也支配着其他一切关系的地位和影响。这是一种普照的光，一切其他色彩都隐没其中，它使它们的特点变了样。"③ 马克思所说的普照之光，就是社会经济主体。其他一切都要服从于它，受其制约，为它服务。所以，决定社会制度的性质不是别的，就是起着普照之光的社会主义的经济基础。

其次，社会主义经济制度的本质是最高的效率和最大的公平相统一。不能只讲公平不讲效率，其结果就是平均主义，就是"大锅饭"，不是真正的社会主义。真正的公平应当是在劳动者个人所有制的基础上或集体所有制的基础上，按照劳动的多少、财产的多少取得收入。同时，由国家通过税收进行再分配，进行调整，缩小差距，防止两极分化并逐步消灭两极分化。当然，最根本的是劳动者个人所有制能促进生产力发展。生产力发展了，把穷的都变成富的，大家都富裕起来，只是富裕程度不一样，自然不会两极分化了。

其三，树立理想与信念。认清坚决执行现行政策和实现这些社

---

① 《邓小平文选》第三卷，第118页。
② 《邓小平文选》第三卷，第110～111页。
③ 《马克思恩格斯选集》第2卷，第109页。

会主义的基本原则。从长远利益、根本利益，实现共同富裕，最终
是过渡到共产主义。在共产党人的脑子里是有共产主义理想和信念
的，也担心会不会变成资本主义。应该说这个担心不能说没有一点
道理。要特别教育青年一代，下一代、下两代，一定要树立共产主
义的远大理想。一定不能让我们的青少年作资本主义腐朽思想的俘
虏，那绝对不行。要使他们成为有理想，有知识，有道德，守纪律
的一代新人。

　　中国共产党要一靠理想，二靠纪律，把全党全军和全国各族人
民团结起来，为实现建设有中国特色的社会主义事业而献出自己的
聪明和智慧。邓小平指出："有了理想，还要有纪律才能实现。纪律
和自由是对立统一的关系，两者是不可分的，缺一不可。我们这么
大一个国家，怎样才能团结起来、组织起来呢？一靠理想，二靠纪
律。组织起来就有力量。没有理想，没有纪律，就会像旧中国那样
一盘散沙，那我们的革命怎么能够成功？我们的建设怎么能够成功？
现在有一些值得注意的现象，就是没有理想、没有纪律的表现，比
如说，一切向钱看。对这种现象的批评当然要准确，不要不适当，但
是这种现象确实存在。有的党政机关设了许多公司，把国家拨的经
费拿去做生意，以权谋私，化公为私。还有其他的种种不正之风。对
于这些，群众很不满意。我们要提醒人们，尤其是共产党员们，不
能这样做。"①

　　革命和建设都要走自己的道路，我们总的原则是四个坚持不动
摇，已经写进中国的《宪法》成为我国的政治基础。问题是怎样坚
持。是坚持那种不能摆脱贫穷落后状态的政策，还是搞那些平均主
义、绝对平均主义，还是在坚持四项基本原则的基础上选择好政策，
使社会主义生产力得到比较快的发展，既克服和纠正平均主义，又
不能搞两极分化。我们的原则是把马克思列宁主义、毛泽东思想同
中国的实践相结合，走自己的道路，建设有中国特色的社会主义。

----

　　① 《邓小平文选》第三卷，第111～112页。

为什么这样说呢？邓小平指出："在改革中坚持社会主义方向，这是一个很重要的问题。我们要实现工业、农业、国防和科技现代化，但在四个现代化前面有'社会主义'四个字，叫'社会主义四个现代化'"，"社会主义有两个非常重要的方面，一是以公有制为主体，二是不搞两极分化。公有制包括全民所有制和集体所有制，现在占整个经济的百分之九十以上。同时，发展一点个体经济，吸收外国的资金和技术，欢迎中外合资合作，甚至欢迎外国独资到中国办工厂，这些都是对社会主义经济的补充。一个三资企业办起来，工人可以拿到工资，国家可以得到税收，合资合作的企业收入还有一部分归社会主义所有。更重要的是，从这些企业中，我们可以学到一些好的管理经验和先进的技术，用于发展社会主义经济。这样做不会也不可能破坏社会主义经济"。还特别强调指出："至于不搞两极分化，我们在制定和执行政策时注意到了这一点。如果导致两极分化，改革就算失败了。会不会产生新的资产阶级？个别资产阶级分子可能会出现，但不会形成一个资产阶级。总之，我们的改革，坚持公有制为主体，又注意不导致两极分化，过去四年我们就是按照这个方向走的，这就是坚持社会主义。"①

我们共产党人，党的干部特别是党政主要领导干部，要保持清醒的头脑，就知道改革开放的政策是有风险的，会带来一些资本主义的腐朽、没落以及丑恶的东西。但是，我们的社会主义政策，我们的国家机器，我们的专政机关，我们两手都要硬，特别是对那些资产阶级自由化的思潮的影响和冲击，要自觉的抵制，要拒腐蚀，永不沾，要保持共产党人的政治本色，要奉公守法，廉洁自律来主动的积极的去克服去纠正它。因为社会主义财富属于人民，社会主义的致富是全民共同致富。社会主义原则，第一是发展生产，第二是共同致富。邓小平指出："我们允许一部分人先好起来，一部分地区先好起来，目的是更快地实现共同富裕。正因为如此，所以我们的

---

① 《邓小平文选》第三卷，第138～139页。

政策是不使社会导致两极分化，就是说，不会导致富的越富，贫的越贫。坦率地说，我们不会容许产生新的资产阶级。"① 我们要永远坚持这条根本性的原则。

我们要从理论上和实践上坚持社会主义原则不动摇。既不搞平均主义，也不搞两极分化，要走共同富裕的道路。正如邓小平说的。社会主义不是少数人富起来、大多数人穷，不是那个样子。社会主义最大的优越性就是共同富裕，这是体现社会主义本质的一个东西。如果搞两极分化，情况就不同了，民族矛盾、区域间矛盾、阶级矛盾都会发展，相应地中央和地方的矛盾也会发展，就可能出乱子。我们要永远记住这个马克思主义的原则。

（三）僵化封闭不能发展社会主义，照搬外国也不能发展社会主义。

邓小平同志 1978 年 12 月 13 日在中央工作会议闭幕会上的讲话提出的解放思想，实事求是，团结一致向前看的战略思想的一文中就明确指出，思想不解放，思想僵化，很多的怪现象就产生了。思想一僵化，条条、框框就多起来了。比如说，加强党的领导，变成了党去包办一切、干预一切；实行一元化领导，变成了"一切统一口径"，随风倒的现象就多起来了。不讲党性，不讲原则，说话做事看"来头"、看风向，满以为这样不会犯错误；不从实际出发的本本主义也就严重起来了。书上没有的、文件上没有的，领导人没有讲过的，就不敢多说一句话，多做一件事，一切照抄照搬照转。把对上级负责和对人民负责对立起来，等等。

邓小平指出："一个党，一个国家，一个民族，如果一切从本本出发，思想僵化，迷信盛行，那它就不能前进，它的生机就停止了，就要亡党亡国。这是毛泽东同志在整风运动中反复讲过的。只有解放思想，坚持实事求是，一切从实际出发，理论联系实际，我们的

---

① 《邓小平文选》第三卷，第 172 页。

社会主义现代化建设才能顺利进行，我们党的马列主义、毛泽东思想的理论也才能顺利发展。"① 这个关系到我们党和国家的前途和命运的大问题，必须引起全党高度重视。僵化封闭不能发展社会主义，照搬外国也不能发展社会主义。

　　要求我们要研究新情况，解决新问题，否则我们就不可能顺利前进。我们的出路何在，我们到底怎么办？邓小平尖锐的指出："如果现在再不实行改革，我们的现代化事业和社会主义事业就会被葬送。"② 他在会见南斯拉夫共产主义者联盟中央主席团委员科罗舍茨时的谈话就非常明确地指出："我是主张改革的，不改革就没有出路，旧的那一套经过几十年的实践证明是不成功的。过去我们搬用别国的模式，结果阻碍了生产力的发展，在思想上导致僵化，妨碍人民和基层积极性的发挥。我们还有其他错误，例如'大跃进'和'文化大革命'，这不是搬用别国模式的问题。"③ 这是我党执政以后进行社会主义建设事业 40 多年的经验总结，也是总结过去开辟未来的制定新政策的着眼点和出发点。

　　我们党在以邓小平为核心的党中央第二代成熟领导集体，从 1978 年党的十一届三中全会开始，确定了党的"一个中心、两个基本点"的政治路线，把社会主义现代化建设，努力发展社会生产力，作为压倒一切的中心任务。在这个基础上制定了一系列的方针、政策，主要是改革开放的政策。改革政策包括经济体制改革、政治体制改革和相应的其他各个领域的改革政策；开放政策，是对世界所有国家开放，对各种类型的国家开放。我们执行对外开放政策，主要是学习外国的技术，利用外资，是为了搞好社会主义建设，而不能离开社会主义道路。我们要发展社会生产力，发展社会主义公有制，增加全民所得。我们允许一些地区、一些人先富起来，是为了

---

　　① 《邓小平文选》第二卷，第 143 页。
　　② 《邓小平文选》第二卷，第 150 页。
　　③ 《邓小平文选》第三卷，第 237 页。

最终达到共同富裕，所以要防止两极分化。这就叫社会主义。

搞社会主义要弄清楚什么是社会主义。怎样才能发展社会主义？僵化封闭不能发展社会主义，照搬外国经验也不能发展社会主义。要根据自己的国情，在实践中去创造，走自己的道路。邓小平指出："社会主义究竟是个什么样子，苏联搞了很多年，也并没有完全搞清楚。可能列宁的思路比较好，搞了个新经济政策，但是后来苏联的模式僵化了。中国革命取得成功，就是因为把马列主义的普遍原则用到自己的实际中去。在社会主义建设方面，我们的经验有正面的，也有反面的，正反两方面的经验都有用。要特别注意我们'左'的错误。'左'的错误带来的损失，历史已经作出结论。"还着重指出："外国的经验可以借鉴，但是绝对不能照搬。"① 改革是社会主义制度的自我完善，在一定的范围内也发生了某种程度的革命性变革，这是我国社会主义建设发展史上一件大事，它标志着我们已经开始找到了一条建设有中国特色的社会主义的路子。

改革开放既要求我们要有坚定明确的原则，又要有好的政策。邓小平指出："在改革中，我们始终坚持两条根本原则，一是以社会主义公有制经济为主体，一是共同富裕。有计划地利用外资，发展一部分个体经济，都是服从于发展社会主义经济这个总要求的。鼓励一部分地区、一部分人先富裕起来，也正是为了带动越来越多的人富裕起来，达到共同富裕的目的。"② 在根本原则上不能动摇，不能马虎，这是根底。还要有一系列相适应、相配套的好政策，而且这些政策体现在人民群众的切身利益上，使人民感到只有跟着共产党走才能过好日子，只有社会主义才能救中国，还是共产党的好政策，我们才会有今天。

我们的社会主义事业是创造性的事业。基本点是解放思想、实事求是，独立思考，从自己的实际出发来制定党的一系列政策。正

---

① 《邓小平文选》第三卷，第139～140页。
② 《邓小平文选》第三卷，第142页。

如邓小平指出的，因为在中国建设社会主义这样的事，马克思的本本上找不出来，列宁的本本上也找不出来，每个国家都有自己的情况，各自的经历也不同，所以要独立思考。要使我们的政策、方针更加实际，更能推动事业的向前发展。邓小平指出："我们坚持马列主义、毛泽东思想，坚持社会主义道路，不过什么叫社会主义的问题，我们现在才解决。坦率地说，我们过去照搬苏联搞社会主义的模式，带来很多问题。我们很早就发现了，但没有解决好。我们现在要解决好这个问题，我们要建设的是具有中国自己特色的社会主义。"① 要根据我国的国情，根据自己的实际情况和具体条件，创造自己的模式。别人的东西都可以参考，但也只是参考。绝对不能思想僵化，更不能照搬外国的模式，只有突破旧的框框，才能发展社会主义。

进行社会主义建设事业，特别是进行改革，"这就要求我们每走一步，都兢兢业业，大胆细心，及时总结经验，发现问题就做些调整，使之符合实际情况。"②

邓小平改革思想的形成和发展，是基于他对我国社会主义实践经验的科学总结。也是中国发展生产力的客观要求，他实事求是地分析了我国社会主义在发展过程中的不足和缺陷，尖锐地揭露了原有体制的严重弊端，为我国的社会主义改革顺利进行提供了思想、理论基础。特别是我们过去由于照抄、照搬了苏联的一套，经济结构单一，思想僵化，计划统的过死，权力又过分集中，分配上搞"大锅饭"，平均主义。在管理上单一僵化、缺乏效率，经济上缺乏活力，政治上缺乏规范制度，压抑人才，严重束缚了社会主义生产力的发展，妨碍了社会主义优越性的发挥，使社会主义的生存和发展受到了严重挑战。

邓小平同志改革思想的提出与贯彻执行，还基于他对社会主义

---

① 《邓小平文选》第三卷，第261页。
② 《邓小平文选》第三卷，第263页。

本质和根本任务的深刻思考。他深刻地指出："党的十一届三中全会以来，我们逐步进行改革。改革首先从农村开始。农村改革已经见效了，农村面貌发生明显变化。有了农村改革的经验，现在我们转到城市经济改革。城市经济改革就是全面的改革"，"城市经济改革比农村经济改革复杂得多，难免出差错，冒风险。我们意识到了这一点。但是，要发展生产力，经济体制改革是必由之路。"① 我国除了走改革开放的道路，中国别无选择，只有改革开放才能导致中国经济的发达兴旺。中国要得到发展，就必须坚持改革开放，绝对不能重复回到过去那样，把经济搞得死死的，那样的教训太深刻了，太沉痛了。

　　邓小平同志还特别明确的指出，中国社会主义的巩固与发展离不开世界。这是一个极为重要的战略思想。他指出："我们在制定对内经济搞活这个方针的同时，还提出对外经济开放。总结历史经验，中国长期处于停滞和落后状态的一个重要原因是闭关自守。经验证明，关起门来搞建设是不能成功的，中国的发展离不开世界。"② 他从我国的历史上来深刻地说明这个问题。"因为现在任何国家要发达起来，闭关自守都不可能。我们吃过这个苦头，我们的老祖宗吃过这个苦头。恐怕明朝成祖时候，郑和下西洋还算是开放的。明成祖死后，明朝逐渐衰落。以后清朝康乾时代，不能说是开放。如果从明朝中叶算起，到鸦片战争，有三百多年的闭关自守，如果从康熙算起，也有近二百年。长期闭关自守，把中国搞得贫穷落后，愚昧无知。"③

　　历史的经验教训说明，不改革开放不行。开放伤害不了我们。我们的同志就是怕引来坏的东西，最担心的是会不会变成资本主义。不会的，我们有党的领导，有四项基本原则，有社会主义公有制的经

---

① 《邓小平文选》第三卷，第138页。
② 《邓小平文选》第三卷，第78页。
③ 《邓小平文选》第三卷，第90页。

济主体，有强大的国家机器，还有一系列的马克思主义的方针和政策。当然，肯定会带来一些消极因素，甚至一些丑恶现象的出现。只要我们保持着清醒的头脑，"两手都要硬"克服和纠正这些消极的影响并不难。就怕我们思想糊涂，掉以轻心，盲目地自我感觉良好，丧失原则，失掉立场。

（四）没有民主就没有社会主义，没有法制也没有社会主义。

社会主义的优越性，社会主义最重要的特点和优势，就是社会主义的民主政治，这一点是我们共产党的传统作风和必备的基本条件。也是马克思主义党的学说的一个根本性原理和原则。特别是在改革开放的条件下更要认清民主政治的重大理论与实践的意义。

邓小平指出："一般讲政治体制改革都讲民主化，但民主化的含义不十分清楚。资本主义社会讲的民主是资产阶级的民主，实际上是垄断资本的民主，无非是多党竞选、三权鼎立、两院制。我们的制度是人民代表大会制度，共产党领导下的人民民主制度，不能搞西方那一套。社会主义国家有个最大的优越性，就是干一件事情，一下决心，一做出决议，就立即执行，不受牵扯。我们说搞经济体制改革全国就能立即执行，我们决定建立经济特区就可以立即执行，没有那么多互相牵扯，议而不决，决而不行。就这个范围来说，我们的效率是高的，我讲的是总的效率。这方面是我们的优势，我们要保持这个优势，保证社会主义的优越性。"[1]

这就告诉我们，要建立一个什么样的民主制度，要建立具有中国特色的民主制度。我们这个原则必须从自己国家的实际情况出发。我们国家同西方资本主义国家有不同的历史，不同的社会性质，不同的社会制度和不同的价值观，等等。因此，要根据社会主义国家自己的实践、自己的国情建立我们社会主义的民主政治制度。

邓小平同志在 1987 年 4 月 16 日会见香港特别行政区基本法起

---

[1] 《邓小平文选》第三卷，第 240 页。

草委员会委员时的讲话就明确指出:"关于民主,我们大陆讲社会主义民主,和资产阶级民主的概念不同。西方的民主就是三权分立,多党竞选,等等。我们并不反对西方国家这样搞,但是我们中国大陆不搞多党竞选,不搞三权分立、两院制。我们实行的就是全国人民代表大会一院制,这最符合中国实际。如果政策正确,方向正确,这种体制益处很大,很有助于国家的兴旺发达,避免很多牵扯。当然,如果政策搞错了,不管你什么院制也没有用。"①

民主实际上是我们改革的一个重要手段。特别是我们国家正处在特别要集中注意力发展经济的进程中,如果追求形式上的民主,结果是既实现不了民主,经济也发展迟缓,只会出现国家混乱,人心涣散的局面。正如邓小平同志说的中国人口多,如果今天这个示威,明天那个示威,365天,天天会有示威游行,那末就根本谈不上搞经济建设了。我们是要发展社会主义民主,但匆匆忙忙地搞不行,搞西方那一套更不行。如果我们现在12亿人大搞多党竞选,一定会出现"文化大革命"中那样"全面内战"的混乱局面。"内战"不一定都是用枪炮,动拳头、木棒也打得很凶。民主是我们的目标,但国家必须保持稳定。

发展社会主义民主政治,必须健全社会主义法治,这是邓小平同志的一贯主张,也是党的十一届三中全会以来中央坚定不移的路线、方针和政策。社会主义民主政治和社会主义法制是不可分的。没有民主就没有社会主义,没有法制也没有社会主义的指导思想要非常明确。因此,不要社会主义法制的民主,不要党的领导的民主,不要纪律和秩序的民主,决不是社会主义民主。我们的民主与法制还有不完善的地方,要制定一系列的法律、法令、法规、制度、条例,使民主政治制度化、法律化。我们在宣传民主的时候,一定要把社会主义的民主政治同资产阶级民主、个人主义民主严格地区别开来。一定要把对人民的民主和对敌人的专政结合起来,把民主和集中、民

---

① 《邓小平文选》第三卷,第220页。

主和法制、民主和纪律、民主和党的领导紧密地结合起来。

　　江泽民同志1993年8月21日在中央纪委第二次全体会议上的讲话就明确指出：国要有国法，党要有党规党法。党章是最根本的党规党法。没有党规党法，国法就很难保障。各级纪律检查委员会和组织部门的任务不只是处理案件，更重要的是维护党规党法，切实把我们的党风搞好。对于违反党纪的，不管是什么人，都要执行纪律，做到功过分明，赏罚分明，伸张正气，打击邪气。廉政建设，要靠教育，要靠法制。这不仅是我们的指导思想，也是我们必须坚持的基本原则。在社会主义市场体制条件下，必须加强社会主义法制建设。要建立和健全社会主义市场经济法律体系，是培育和发展社会主义市场经济建设的重要组成部分。党的十四大报告指出："加强立法工作，特别是抓紧制订与完善保障改革开放、加强宏观经济管理、规范微观经济运行的法律和法规，这是建立社会主义市场经济体制的迫切要求。"这就是说市场经济也就是法制经济。因为市场经济是一种以交换为基础的经济形式，一切经济行为都要遵循价值规律的原则，一切生产要素都要作为商品进入市场，通过竞争和价格杠杆的作用，实现平等自由的交易和资源的优化配置。这样就在市场经济行为一方面具有自主性、竞争性、契约性的法制规范，又因市场经济以追求利益为驱动，又产生自发性、盲目性及不正当竞争弊端性，就必然要有强有力的法规来抑制和约束，就必须有强大的法制来进行有序活动。

　　我们现在建立和健全社会主义市场经济体制具有中国的特色是在马克思主义和党的基本路线指导下进行的。是健康、文明、现代化市场经济的产物。它是以完备的、强有力的法律法规作保障，这是社会主义市场经济体制的内在要求，也是社会主义市场经济走向成熟的一个重要标志。我们要清醒的看到，面对当前拜金主义恶性膨胀、市场秩序紊乱、权钱交易等等腐败现象丛生的状况，加强社会主义市场经济的立法工作是完全必要的。要以法律为手段进行宏观调控，严格规范我们的社会主义市场经济行为具有深远重大的现实意义。

我们要转变陈旧的立法观念，树立为社会主义市场经济服务的立法观念。各项立法都要以建设有中国特色社会主义理论和党的基本路线为指导方针，围绕建立社会主义市场经济体制的总目标，为促进改革开放，推动经济持续、稳定、发展和社会进步服务。就是说要促进经济的振兴和发展。保护和鼓励平等竞争；坚持以公有制为主体、多种经济成分共同发展的所有制结构。法律既要保障国有财产不受侵犯，又要鼓励多种经济成分共同发展。要有利于宏观调控和微观搞活；立法应促进政府转变职能，强化宏观调控，增强宏观调控能力。有利于社会稳定和分配公平，保护人民群众的基本利益，促进共同富裕；立法要保障和促进人民民主和社会主义精神文明建设。建立社会主义市场经济体制有其人文价值目标，确保人民民主权利，推动精神文明建设；市场经济是开放的经济，一方面要保护民族利益，另一方面也要形成国际通行规则，实行对外开放、立法就同国际惯例和准则衔接，等等。为此，就必须加强党对立法工作的领导，加快社会主义市场经济立法的步伐。

在当代世界，还存在着两种根本不同的社会制度，和相适应的不同的民主观念和民主制度。即资产阶级民主和社会主义民主。我们必须划清这两种民主的界限。

事实证明，民主是具有鲜明的阶级性的政治范畴和历史范畴。任何一种民主，都属于政治上层建筑，是由一定的经济基础产生，并为这种经济基础服务的。只有首先从一定社会的经济基础和阶级关系所决定的国家性质即国体上来认识民主，才能把握民主问题的实质。资产阶级民主、法制都是建立在生产资料私有制和市场经济基础之上的政治制度，不管它采取什么具体形式，是君主立宪还是总统制、内阁制等等，本质上都是资产阶级用以保护和巩固自己的财产所有权和政治统治地位的工具。在那里，有钱就有民主自由，有多少钱就有多少民主自由，没有钱就没有什么民主自由。因此，资产阶级给予劳动人民的民主权利是附加种种限制的，以不致危害资产阶级的统治为限度的。当资产阶级的根本利益及其统治受到威胁时，它就会毫不犹豫地废弃对劳动人民的一切许诺，直到赤裸裸地实行暴力镇压。所以，资产阶级民主的实质就是资产阶级专政，即少数人对多数人的专政。

社会主义民主是建立在生产资料公有制基础上的政治制度，是历史上新型的民主。社会主义社会消灭了人剥削人、人压迫人的制度，实现了工人阶级和劳动人民当家作主。民主是社会主义的本质特征，把社会主义和民主分割开来、对立起来，把民主看作是外在社会主义的东西，都是对社会主义的歪曲。我国社会主义民主的核心是一切权力属于人民。人民是国家和社会的主人，享有管理国家事务，管理经济和文化事业，管理社会事务的民主权利。它是包括占人口绝大多数的劳动者、拥护社会主义和国家统一的爱国者在内的全体人民的民主，因而具有空前的广泛性。我国不仅宣布和确认人民享有各项民主自由的权利，而且随着经济文化和社会主义市场经济的发展，努力提供越来越多的物质的、法律的、组织的条件和设施，以保障人民行使这些权利。

邓小平指出："采取各种措施继续努力扩大党内民主和人民民主。没有民主就没有社会主义，就没有社会主义的现代化。当然，民主化和现代化一样，也要一步一步地前进。社会主义愈发展，民主也愈发展，这是确定无疑的。但是发展社会主义民主，决不是可以不要对敌视社会主义的势力实行无产阶级专政。"① 我们党已经多次提出，建设高度的社会主义民主，是我国社会主义现代化建设的一个重要目标和任务。社会主义现代化事业是全体人民的事业。只有建设高度的社会主义民主，才能使各项事业的发展符合人民的意志、利益和需要，使人民增强主人翁的责任感，充分发挥主动性和积极性，也才能对极少数敌对分子实行有效的专政，保障社会主义建设的顺利进行。

---

① 《邓小平文选》第二卷，第 168 页。

（五）不重视物质文明搞不好社会主义，不重视精神文明也搞不好社会主义。

江泽民同志1993年11月2日在学习《邓小平文选》第三卷报告会上的讲话中指出："我们强调两手抓、两手都要硬，社会主义物质文明和精神文明建设都要搞好，要加强思想政治工作，培养有理想、有道德、有文化、有纪律的新人，在改革开放的整个过程中都要打击各种犯罪活动和反对腐败，所有这些，都是为了充分体现社会主义的本质和优越性，都是为了创造充满活力的社会主义。"这就为我们搞好建设有中国特色的社会主义指明了方向和搞好社会主义的物质与精神文明的标准。指明这一点具有重大的现实意义和深远影响。

建设有中国特色的社会主义，既要抓好物质文明，把经济建设搞上去，又要抓好社会主义精神文明建设，使我国正气上升，民族素质不断提高，使党的优良传统得到充分发扬广大。如果我们经济建设这一手搞得相当有成绩，形势喜人，我们成功了，另一方面，精神文明，社会风气如果败坏下去，经济搞成功又有什么意义？会在另一方面变质，反过来影响整个经济变质，发展下去会形成贪污、盗窃、贿赂横行的世界。就是说要物质文明建设与精神文明建设双丰收，两手都要硬，双飞跃，两个文明都搞好，这才是有中国特色的社会主义。这是个指导思想，也是个战略方针。

我们要清醒的看到，自从实行对外开放和对内搞活经济两个方面的政策以来，时间并不长，就有相当多的干部特别是领导干部被腐蚀了。邓小平指出："现在是什么形势呢？我们自从实行对外开放和对内搞活经济两个方面的政策以来，不过一两年时间，就有相当多的干部被腐蚀了。卷进经济犯罪活动的人不是小量的，而是大量的。犯罪的严重情况，不是过去'三反'、'五反'那个时候能比的。"还着重指出："这股风来得很猛。如果我们党不严重注意，不坚决刹住这股风，那末，我们的党和国家确实要发生会不会'改变面貌'的问题。这不是危言耸听。"① 这是 1982 年 4 月 10 日在中央政治局讨论《中共中央、国务院关于打击经济领域中严重犯罪活动的决定》的会议上的讲话指出的。还指出有一部分同志遇事手软，下不了手。为什么下不了手？思想上没有认识这个问题的严重性，只当作一般性质的问题来对待。要坚决地去做。一定要从快从严从重。刹住这股风，没有一点气势不行啊！如果我们没有点声势，拖拖拉拉，下不了手，还会有大批的人变坏，包括一些老干部。

我们党坚持马克思主义的指导地位，坚持社会主义物质文明和精神文明的促进和发展。牢牢把握有中国特色社会主义文化建设不断向前发展。这是我国社会主义文化建设的根本，决定着我国物质与精神文明建设事业的性质和方向。只有这样我们的物质与精神文明建设才能沿着正确的道路健康发展，抵制和消除落后的、腐朽的思想文化影响，不断创造出先进的、健康的社会主义崭新文化和精神文明，培养出适应社会主义现代化建设需要的有理想、有道德、有文化、有纪律的新人。

我们党坚持进行爱国主义、集体主义、社会主义和共产主义理想教育，进行马克思主义立场、观点、方法的教育。保护和发扬一切有利于社会主义现代化建设的积极思想和精神文明，使精神力量转化为巨大的物质力量，引导亿万人民共同建设我们的物质与精神文明。刹住了一度嚣张的歪风邪气。惩处了一些坏人和犯罪分子，使我们清醒的认识到要牢牢掌握意识形态的领导权，这方面工作做得不好，直接关系着社会主义事业的成败。

江泽民同志在庆祝中国共产党成立 70 周年大会上的讲话又指出了要抓好精神文明建设，他明确指出：我们党取得执政地位以后，获得了更好地为人民服务的条件，也增加了脱离群众甚至腐败变质的危险。在改革开放和发展商品经济的条件下，这种危险会更大，如果放松警惕，带来的后果也会更严重。我们不能因为今天党内发生

① 《邓小平文选》第二卷，第 402～403 页。

的某些消极腐败现象而看不到党的主流是好的，更不能因为党的主流是好的而对存在的问题视而不见，掉以轻心。现在有些党员干部滋长了严重的官僚主义，有些干部为了本地区、本部门、本单位的利益乃至个人利益，而不惜损害国家和人民的全局利益，少数人以权谋私、行贿受贿、贪污腐化。这些现象败坏党的声誉，损害党群关系，同党的宗旨是根本不相容的。党风是关系到党的生死存亡的问题，如果听任腐败现象发展下去，党就会走向自我毁灭。

我们一定要从近几年来国内外惊心动魄的严酷斗争中惊醒，要引起全党的高度重视。要从严治党，建立健全一套拒腐防变的好政策、好制度，采取切实有效的坚决措施，加强党内监督和人民群众的监督，同一切破坏社会主义精神文明和一切消极腐败现象进行毫不留情的斗争。在我们的实际工作中，要坚持人民的利益高于一切，正确处理局部利益和整体利益的关系，调整好国家、集体、个人利益的关系。坚决反对拜金主义，和"一切向钱看"的思想和行为。坚决反对把商品交换原则引入党内政治生活，坚决反对以权谋私的恶劣行为。对那些无视党纪、政纪和法律、胡作非为的人，绝对不能姑息，必须严惩不贷。

不重视物质文明搞不好社会主义，不重视精神文明也搞不好社会主义的指导思想。对这个问题陈云同志早就指出："在进行社会主义物质文明建设的时候，如果不同时进行社会主义精神文明建设，物质文明建设就可能偏离正确的方向。任何单位，任何领导干部，如果忘记或放松抓社会主义精神文明建设，物质文明建设也不可能搞好。严重的，甚至会脱离社会主义和共产主义的理想，这是很危险的。"① 要使我们深刻地认识到，社会主义精神文明的建设，关键是执政党要有好的党风。要加强党性教育，提高党员素质。要刹住歪风，增强党性。使社会主义的经济建设，社会主义的经济体制改革，沿着正确的轨道不断前进。

---

① 《陈云文选》（1956～1985 年），第 301 页。

　　建设有中国特色的社会主义，不但要有高度的物质文明，而且要有高度的社会主义精神文明。建设高度的社会主义精神文明，是社会主义制度的一个必不可少的、极其重要的特征。我们党一贯强调的"五讲四美"活动，以及"全民文明礼貌月"，学雷锋，义务劳动，整顿交通秩序，卫生运动，青年服务队，军队的"四有、三讲、两不怕"，大中小学的《学生守则》，工矿企业的《职工守则》，服务行业的服务公约，农村的乡规民约，科学技术工作者的科学道德规范等，都是我国人民在建设社会主义精神文明中创造的具体活动方法和形式。这些活动已经取得的成绩和经验，要充分肯定，不断充实和提高。这些活动本身，也要逐步做到经常化、制度化，长期坚持下去。我们要坚持社会主义、共产主义的思想阵地，对各种错误的、有害于社会主义事业的思想和行为，理直气壮地、有说服力地进行批评。要结合人民群众的切身经验和切身利益，进行爱国主义、集体主义和共产主义的教育，加强精神文明建设。

　　建设有中国特色社会主义的精神文明，必须抵制资产阶级、资本主义思想的腐蚀和影响。应该清醒地看到，在我国台湾、香港、澳门的资产阶级作为完整的阶级还存在；在实行了三大改造的地区，剥削阶级作为完整的阶级已经消灭，但还有各种敌对势力和敌对分子，阶级斗争还将在一定范围内长期存在；国内外的阶级敌人还时刻伺机进行破坏活动。我们实行对外开放的政策，又要长期地同国际资产阶级打交道。因而资本主义思想腐蚀和社会主义思想反腐蚀的斗争是不可避免的。

　　当前正在进行反腐败的斗争，打击经济领域和其他领域严重犯罪活动的斗争，就是一个突出的表现。对待资产阶级思想的腐蚀，对待经济领域的严重犯罪活动，必须保持高度的警惕和进行长期的有效的斗争。应该清醒的认识到，反腐败斗争是建设社会主义精神文明的重要方面。江泽民同志 1993 年 8 月 21 日在中央纪委第二次全体会议上的讲话就明确指出："在党内、在国家机关确实存在着腐败现象，有些方面还在滋长和蔓延，广大党员、干部和群众深感忧虑，迫切希望采取坚决措施加以解决。我们不能否定党的主流是好的，也不能低估腐败现象的严重性和危害性。腐败现象是侵入党和国家机关健康肌体的病毒。如果我们掉以轻心，任其泛滥，就会葬送我们的党，葬送我们的人民政权，葬送我们的社会主义现代化大业。我们的党、我们的干部、我们的人民，是绝对不允许出现这种后果的。"还指出："我们既要坚持不懈地开展反腐败斗争，又要警惕和防止敌对势力用这个问题来诋毁党和社会主义。中国共产党是久经考验的有战斗力的伟大的党。中国人民是具有光荣革命传统的伟大人民。党能够领导人民建立新中国，确立社会主义制度，开创改革开放和现代化建设的新局面，也一定能够依靠自身的力量、依靠人民的支持克服腐败现象。"

我们要坚持社会主义的精神文明，要巩固社会主义文化阵地，丰富人们的精神生活，要保持着清醒的头脑，要看到精神文明建设的极端重要性。从邓小平同志指出的"会不会改变面貌"，到江泽民同志指出的"党就会走向自我毁灭"一直到"三个葬送"的问题。要引起我们全党的高度重视，万万不能掉以轻心。

总之，"概括地说是两句话：一是希望纪检部门的同志和全党同志，时时刻刻注意，在建设物质文明的同时，认真抓精神文明建设，两个文明一起抓。二是抓社会主义精神文明建设，关键是搞好执政党的党风，提高共产党员的党性觉悟，坚定地保持共产主义的纯洁性。要同一切违反共产主义理想的错误言行，进行坚决斗争。"① 这就是我们的指导思想。

二、社会主义的本质和基本特征

邓小平同志 1985 年 8 月 28 日会见津巴布韦非洲民族联盟主席、政府总理穆加贝时深刻地指出："我们总结了几十年搞社会主义

---

① 《陈云文选》（1956—1985 年），第 302 页。

的经验。社会主义是什么，马克思主义是什么，过去我们并没有完全搞清楚。马克思主义的另一个名词就是共产主义。我们多年奋斗就是为了共产主义，我们的信念理想就是要搞共产主义。在我们最困难的时期，共产主义的理想是我们的精神支柱，多少人牺牲就是为了实现这个理想。共产主义是没有人剥削人的制度，产品极大丰富，各尽所能，按需分配。按需分配，没有极大丰富的物质条件是不可能的。要实现共产主义，一定要完成社会主义阶段的任务。社会主义的任务很多，但是根本一条就是发展生产力，在发展生产力的基础上体现出优于资本主义，为实现共产主义创造物质基础。"①这是邓小平同志对我们党70多年进行革命和建设经验的科学总结，对执政40多年来关于进行社会主义革命和建设的经验的科学总结，特别是对十一届三中全会以来的建设和发展社会主义的科学总结，对我国建设有中国特色社会主义的建设事业具有重大意义。

社会主义的本质和基本特征，就是邓小平同志在武昌、深圳、珠海、上海等地的重要谈话中指出的"社会主义的本质，是解放生产力，发展生产力，消灭剥削，消除两极分化，最终达到共同富裕。"②这不仅是社会主义的根本任务，也是我国社会主义的经济制度向最高效率和最大公平相统一的社会制度。共同富裕就是最大的公平。所谓公平，一是没有剥削，二是消灭两极分化。这二者都消除了，就是共同富裕，就是最大的公平。这就是社会主义的本质。只有解放生产力、发展生产力，才能实现最高的效率，比资本主义还要高的效率；以最高效率为基础，促进解放和发展生产力，使产品经济极大丰富满足社会日益增长的需求，没有最高效率也不会有真正的社会主义最大的公平，也难战胜资本主义。因此，实现共同富裕是我们党和国家的根本任务。

① 《邓小平文选》第三卷，第137页。
② 《邓小平文选》第三卷，第373页。

（一）科学技术是第一生产力，经济建设必须依靠科学技术进步和劳动者素质的提高。

邓小平同志早在 1978 年 3 月 18 日全国科学大会开幕式上的讲话中就明确指出："科学技术是生产力，这是马克思主义历来的观点。早在一百多年以前，马克思就说过：机器生产的发展要求自觉地应用自然科学。并且指出：'生产力中也包括科学'。现代科学技术的发展，使科学与生产的关系越来越密切了。科学技术作为生产力，越来越显示出巨大的作用。"① 这就告诉我们，推动社会的发展靠什么，解决人民群众日益增长的物质文化需求同落后的社会生产之间的主要矛盾靠什么？怎样才能使社会物质生产的各个领域面貌一新。就必须把发展生产力摆在首要位置，以经济建设为中心，推动社会的全面发展和全面进步。大量的历史事实已经说明，理论研究一旦获得重大突破就会给生产和技术带来极其巨大的进步。理论转化为物质力量，就会突飞猛进地飞跃发展。特别是由于电子计算机、控制论和自动化技术的发展，正在迅速提高生产自动化的程度。同样数量的劳动力，在同样的劳动时间里，可以生产出比过去多几十倍几百倍的产品，最根本的就是靠科学的力量，技术的力量。

人是生产力中最积极最活跃的因素。这里讲的人，是指有一定科学知识、生产经验和劳动技能来使用生产工具、实现物质资料生产的人。因此，提高人的素质就成为最根本的问题。劳动者只有具备较高的科学文化水平，丰富的生产经验，先进的劳动技能，才能在建设具有中国特色社会主义的事业中发挥自己的聪明才智，才能发挥更大的作用。在我们的社会里，广大劳动者有高度的政治觉悟，他们自觉地刻苦钻研，提高科学文化水平，从而必将在生产中创造比资本主义更高的劳动生产率。

邓小平同志在全国科技工作会议上的讲话深情的说："七年前，

---

① 《邓小平文选》第二卷，第 87 页。

也是三月份，开过一次科学大会，我讲过一篇话。主要讲了两个意思，两句话。一句叫做科学技术是生产力；一句叫做中国的知识分子已经成为工人阶级的一部分。当时，所以要讲这两条，是因为有争论。七年过去了，争论已经解决了。结论是谁做的？是实践做的，群众做的。"他还说："我很高兴，现在连山沟里的农民都知道科学技术是生产力。他们未必读过我的讲话。他们从亲身的实践中，懂得了科学技术能够使生产发展起来，使生活富裕起来。农民把科技人员看成是帮助自己摆脱贫困的亲兄弟，称他们是'财神爷'。'财神爷'这个词，不是我的用语，是农民的发明。但是，他们的意思，同我在科学大会上讲的话是一样的。"①讲的多么深刻，多么朴实啊！这就是典型的当代马克思主义最朴素的真理。

邓小平同志指出，我们的科学家、教授、工程师，走到工厂，走到地方，到处都受欢迎，到处都请你们谈战略、谈远景、谈规划。科学技术专家这样广泛地参加经济、社会决策活动，是我国几千年历史上从来没有过的。科学专家在我们国家里的政治地位社会地位已经同过去大大不同了。你们的工作做得越好，越有成绩，就会使全国人民越加懂得知识的可贵，推动大家都来尊重知识，学习知识，掌握知识。为什么这样呢？邓小平同志语重心长地指出："如果说我们建国以后有缺点，那就是对发展生产力方面有某种忽视。"他从这种教训中得出一条重要结论："社会主义的第一个任务就是要发展社会生产力。"在社会主义初级阶段，为了摆脱贫穷和落后，尤其要把发展生产力作为全部工作的中心，在我们的各项工作中，是否有利于解放和发展生产力，应该成为我们考虑一切问题的出发点和检验一切工作的重要标准。如果离开了生产力标准，用抽象原则和空想模式来裁判生活，只能败坏马克思主义的声誉。要把经济搞上去，就必须把生产力搞上去，社会主义社会的根本任务就是要发展生产力。

邓小平指出："考虑的第一条就是要坚持社会主义，而坚持社会

① 《邓小平文选》第三卷，第107页。

主义，首先要摆脱贫穷落后状态，大大发展生产力，体现社会主义
优于资本主义的特点。要做到这一点，就必须把我们整个工作的重
点转到建设四个现代化上来，把建设四个现代化作为几十年的奋斗
目标。"① 在中国共产党的领导下，中国人民奋斗了 28 年，打败了帝
国主义的侵略，推翻了蒋家王朝，1949 年，中国人民确实站起来了。
但是从 1949 年建国以后，我们确实又有不少失误，在失败的教训中
使我们深刻认识到，社会主义的第一个任务就是要解放和发展社会
生产力，只有这样才能推动社会前进。社会主义就是要发展生产力，
这是一个很长的历史阶段，只有生产力的不断发展，最后才能达到
共产主义。我们进行经济建设，归根到底，就是为了解决日益增长
的人民物质文化需要同落后的社会生产力之间的矛盾。

　　社会主义就是要发展生产力，社会主义优越性的发挥，取决于
生产力的发展。邓小平在《党和国家领导制度的改革》一文就明确
指出："当前和今后一个时期，主要应当努力实现以下三个方面的要
求：（1）经济上，迅速发展社会生产力，逐步改善人民的物质文化
生活；（2）政治上，充分发扬人民民主，保证全体人民真正享有通
过各种有效形式管理国家、特别是管理基层地方政权和各项企业事
业的权力，享有各项公民权利，健全革命法制，正确处理人民内部
矛盾，打击一切敌对力量和犯罪活动，调动人民群众的积极性，巩
固和发展安定团结、生动活泼的政治局面；（3）为了实现以上两方
面的要求，组织上，迫切需要大量培养、发现、提拔、使用坚持四
项基本原则的、比较年轻的、有专业知识的社会主义现代化建设人
才。"② 我们进行社会主义现代化建设，是要在经济上赶上发达的资
本主义国家，在政治上创造比资本主义国家的民主更高更切实的民
主，并且造就比这些国家更多更优秀的人才。达到上述三个要求，特
别是作为一个社会主义大国，我们必须达到，也能够达到。所以，党

① 《邓小平文选》第三卷，第 224 页。
② 《邓小平文选》第二卷，第 322 页。

和国家的各种制度究竟好不好，完善不完善，必须用是否有利于实现这三条来检验。

我国的改革开放，已被实践证明是有利于解放和发展生产力、可以促进我国社会主义现代化建设的事业。离开生产力的发展，孤立地研究生产关系，不是马克思主义的观点。因此，我们要把是否有利于解放社会生产力，是判断进步还是倒退的主要标志。在改革开放的进程中，我们必须不断地排除习惯势力的影响，打破陈旧的、停滞的、僵化的观点。要进一步解放思想，大胆探索，促进社会生产力的发展。

坚持全面改革是我国发展生产力的必由之路。邓小平同志曾经指出过，改革就包括政治体制改革。经济体制改革每进一步，都深深感到政治体制改革的必要性和必然性。不改革政治体制，不全面进行改革，就会阻碍生产力的发展，就会阻碍建设有中国特色社会主义事业的发展。我们要坚持"四个不变"：坚持四项基本原则不变；一心一意搞四个现代化建设不变；两个开放政策不变；进行经济体制改革和政治体制改革的方针不变。我们的目的就是要有利于巩固和发展社会主义制度，有利于巩固和加强党的领导，有利于在党的领导下和社会主义制度下发展生产力。使我们党和行政机构以及整个国家体制要增强活力，就是说不要僵化，要用新脑筋来对待新事物；要真正提高效率，充分调动人民和各行各业以及基层的积极性、主动性和创造性。邓小平同志会见泰国总理察猜·春哈旺的谈话中指出：中国搞社会主义，是谁也动摇不了的。我们搞的是有中国特色的社会主义，是不断发展社会生产力的社会主义，是主张和平的社会主义。只有不断发展社会生产力，国家才能一步步富强起来，人民生活才能一步步改善。"①

邓小平同志在南巡重要谈话时又明确指出："要坚持党的十一届三中全会以来的路线、方针、政策，关键是坚持'一个中心、两个

---

① 《邓小平文选》第三卷，第328页。

基本点'。不坚持社会主义，不改革开放，不发展经济，不改善人民生活，只能是死路一条。基本路线要管一百年，动摇不得。只有坚持这条路线，人民才会相信你，拥护你。谁要改变三中全会以来的路线、方针、政策，老百姓不答应，谁就会被打倒。"① 给我们指出了奋斗的方向和胜利的根本保证。在这次谈话中，还特别强调指出，革命是解放生产力，改革也是解放生产力。在民主革命时期，我们推翻帝国主义、封建主义、官僚资本主义的反动统治，使中国人民的生产力获得解放，这是革命，所以，革命是解放生产力。社会主义基本制度确立以后，还要从根本上改变束缚生产力发展的经济体制，建立起充满生机和活力的社会主义经济体制，促进生产力的发展，这是改革，所以，改革也是解放生产力。因此，革命是发展生产力，改革也是发展生产力。

总之，我们不仅要明确科学技术是第一生产力，经济建设必须依靠科技进步和劳动者素质的提高。而且要明确革命是解放生产力，改革也是解放生产力。重要的是："要害是姓'资'还是姓'社'的问题。判断的标准，应该主要看是否有利于发展社会主义社会的生产力，是否有利于增强社会主义国家的综合国力，是否有利于提高人民的生活水平。"②

（二）社会主义是要消灭剥削，消除两极分化，为共同富裕奠定基础。

邓小平同志指出，"对办特区，从一开始就有不同意见，担心是不是搞资本主义。深圳的建设成就，明确回答了那些有这样那样担心的人。特区姓'社'不姓'资'。从深圳的情况看，公有制是主体，外商投资只占四分之一，就是外资部分，我们还可以从税收、劳务等方面得到益处嘛！多搞点'三资'企业，不要怕。只要我们头脑

---

① 《邓小平文选》第三卷，第370～371页。
② 《邓小平文选》第三卷，第372页。

清醒，就不怕。"① 重要的条件就是我们的党员、党的干部，特别是领导干部头脑要清醒。就是说，只要我们的路线、方针和政策正确，就能确保社会主义的政治方向。使我们党和国家领导权永远掌握在坚定的、清醒的、有作为的马克思主义者的人手里。还有个重要条件，我们有自己的优势。经济上有国营大中型企业，有乡镇企业两大主体都在我们手里；政治上有国家政权在我们手里，这是我们的基础和后盾。这是前提，这是我们国家的经济基础，要保持和发展这个基础，更不能动摇这个基础。

我们发展一些"三资"企业并不会动摇我们的基础。邓小平指出："有的人认为，多一分外资，就多一分资本主义，'三资'企业多了，就是资本主义的东西多了，就是发展了资本主义。这些人连基本常识都没有。我国现阶段的'三资'企业，按照现行的法规政策，外商总是要赚一些钱。但是，国家还要拿回税收，工人还要拿回工资，我们还可以学习技术和管理，还可以得到信息、打开市场。因此，'三资'企业受到我国整个政治、经济条件的制约，是社会主义经济的有益补充，归根到底是有利于社会主义的。"②这种困惑、担心和疑虑使不少的人不解其意。老是从僵化保守的方面去理解，"一次被蛇咬，十年怕井绳"，使人们的思想不解放，也不敢解放，束缚着我们的头脑。使我们迈不开大步。所以，邓小平同志多次强调要求我们解放思想，要胆子大一些，敢于试验，不能保守，保守就自然落后，要走出一条自己的路。

改革开放、发展一些"三资"、"合资"、"独资"及个体经济是正确的，还是错误的？对这个问题邓小平同志有明确的态度、措施、办法和推行的一整套办法。他指出："证券、股市，这些东西究竟好不好，有没有危险，是不是资本主义独有的东西，社会主义能不能用？允许看，但要坚决地试。看对了，搞一两年，对了，放开；错

---

① 《邓小平文选》第三卷，第 372～373 页。
② 《邓小平文选》第三卷，第 373 页。

了，纠正，关了就是了。关，也可以快关，也可以慢关，也可以留一点尾巴。怕什么，坚持这种态度就不要紧，就不会犯大错误。总之，社会主义要赢得与资本主义相比较的优势，就必须大胆吸收和借鉴人类社会创造的一切文明成果，吸收和借鉴当今世界各国包括资本主义发达国家的一切反映现代社会化生产规律的先进经营方式、管理方法。"① 在邓小平同志的指引下我们走的路是正确的，是符合中国人民的要求和广大人民的利益的，路线也是非常正确的。在开始他就说，"我们的政策就是允许看。允许看，比强制好得多。我们推行三中全会以来的路线、方针、政策，不搞强迫，不搞运动，愿意干就干，干多少是多少，这样慢慢就跟上来了。不搞争论，是我的一个发明。不争论，是为了争取时间干。一争论就复杂了，把时间都争掉了，什么也干不成。不争论，大胆地试，大胆地闯。"② 历史证明这样的做法是正确的。我国的经济要发展，就是要扎扎实实干些事情，讲求效益，要有实效，稳步协调地发展。

实践经验证明："看起来我们的发展，总是要在某一个阶段，抓住时机，加速搞几年，发现问题及时加以治理，而后继续前进。从根本上说，手头东西多了，我们在处理各种矛盾和问题时就立于主动地位。对于我们这样发展中的大国来说，经济要发展得快一点，不可能总是那么平平静静、稳稳当当。要注意经济稳定、协调地发展，但稳定和协调也是相对的，不是绝对的。发展才是硬道理。"③ 我们要抓住时机搞快一点，是不会走偏方向的。从国际经验来看，一些国家在发展过程中，都曾经有过高速发展时期，或若干高度发展阶段。日本、韩国、东南亚一些国家和地区，就是如此。现在，我们国内条件具备，国际环境有利，再加上发挥社会主义制度能够集中力量办大事的优势，在建设有中国特色社会主义事业中，就完全能

① 《邓小平文选》第三卷，第373页。
② 《邓小平文选》第三卷，第374页。
③ 《邓小平文选》第三卷，第377页。

够"持续、快速、健康"发展。这就是说，如果这个问题搞不清楚，分析不当，就会变得谨小慎微，不敢解放思想，不敢放开手脚，结果就会丧失时机，犹如逆水行舟，不进则退。相反，我们解放思想，敢闯敢试，具有雄心壮志，几年上一个台阶，就完全可以搞得快一点，好一点。

搞得快一点，好一点，靠什么？就必须依靠科技和教育。要提倡科学，靠科学才能有希望。学技术越发展，越高越好，越新越好，只有这样我们的国家才能兴旺发达起来。我们整个经济发展的战略，能源，交通等等都是重点，农业也是个重要的重点，要以农业为基础。农业的发展一靠政策，二靠科学。科学技术的发展和作用是无穷无尽的。要尊重知识，尊重人才。人才，只有大胆使用，才能培养出来。对那些真正有本事的人，要放手提拔，在工资级别上破格提高。就是邓小平同志指出的，我们要开一条路出来，让有才能的人很快成长，不要老是把人才卡住。人才不断涌出，我们的事业才有希望。这条路还没有开出来，各行各业，包括企业，都要解决这个问题，20年规划能否实现，关键就在这里。青年是我们的未来，我们的事业要多少代人的艰苦奋斗努力才能实现。

邓小平指出："我们一定要经常教育我们的人民，尤其是我们的青年，要有理想。为什么我们过去能在非常困难的情况下奋斗出来，战胜千难万险使革命胜利呢？就是因为我们有理想，有马克思主义信念，有共产主义信念。我们干的是社会主义事业，最终目的是实现共产主义。这一点，我希望宣传方面任何时候都不要忽略。"① 我们是共产党，就是要在中国这块大地上搞社会主义，最终目的是消灭一切剥削，消除两极分化的经济基础，实现共产主义这是我们党的历史使命和奋斗目标。邓小平同志多次指出，我们马克思主义者过去闹革命，就是为社会主义、共产主义崇高理想而奋斗。现在我们搞经济改革，仍然要坚持社会主义道路，坚持共产主义的远大理

---

① 《邓小平文选》第三卷，第110页。

想，年轻一代尤其要懂得这一点。因为我们是马克思主义者，我们一定要遵循马克思主义的基本原则。马克思主义，另一个词叫共产主义。我们过去干革命，打天下，建立中华人民共和国，就是因为有这个信念，有这个理想。我们有理想，把马克思主义基本原则同中国实际相结合，所以我们才取得胜利。革命胜利以后搞建设，我们也是把马克思主义的基本原则同中国实际相结合。现在我们进行建设有中国特色的社会主义，同样是把马克思主义基本原理与当代中国实际和时代特征相结合，把我党的事业推向前进。

怎样使我们的社会主义国家沿着马克思主义的轨道前进呢？就必须"依靠无产阶级专政保卫社会主义制度，这是马克思主义的一个基本观点。马克思说过，阶级斗争学说不是他的发明，真正的发明是关于无产阶级专政的理论。历史经验证明，刚刚掌握政权的新兴阶级，一般来说，总是弱于敌对阶级的力量，因此要用专政的手段来巩固政权。对人民实行民主，对敌人实行专政，这就是人民民主专政。运用人民民主专政的力量，巩固人民的政权，是正义的事情，没有什么输理的地方。"还特别强调指出："我们搞社会主义才几十年，还处在初级阶段。巩固和发展社会主义制度，还需要一个很长的历史阶段，需要我们几代人、十几代人，甚至几十代人坚持不懈地努力奋斗，决不能掉以轻心。"① 我们要坚持社会主义的发展方向，只有社会主义才能救中国，才能发展中国，这是我们党的历史责任，也是中国人民的共同愿望。

邓小平同志多次指出："我看总的局势是这样，唯一的办法是我们自己不乱。我们的基础好，是几十年打出来的，这个威势一直要传到后代，保持下去，这是本钱。别人的事情我们管不了，只讲一个道理：中国的社会主义是变不了的。中国肯定要沿着自己选择的社会主义道路走到底。谁也压不垮我们。只要中国不垮，世界上就有五分之一的人口在坚持社会主义。我们对社会主义的前途充满信

---

① 《邓小平文选》第三卷，第379～380页。

心。"① 这就是我们党的坚定立场和深信不疑的科学结论。

（三）社会主义的最终目的是要达到共同富裕。

邓小平指出："走社会主义道路，就是要逐步实现共同富裕。共同富裕的构想是这样提出的：一部分地区有条件先发展起来，一部分地区发展慢点，先发展起来的地区带动后发展的地区，最终达到共同富裕。如果富的愈来愈富，穷的愈来愈穷，两极分化就会产生，而社会主义制度就应该而且能够避免两极分化。解决的办法之一，就是先富起来的地区多交点利税，支持贫困地区的发展。"② 这就为我国社会主义建设的根本任务和奋斗目标指明了前进的方向。也为我们党的宗旨、治党治国的目的和奋斗任务、战略目标、战略步骤、战略重点进行了科学的说明。从而科学地揭示了科学社会主义的本质内容。我们党要始终扭住这个根本目标不放。我们就立于不败之地，就会赢得人民的信任和支持。我们的社会主义国家就会屹立在世界的东方。

我们搞社会主义，就是为共产主义打基础。邓小平指出："国家这么大，这么穷，不努力发展生产，日子怎么过？我们人民的生活如此困难，怎么体现出社会主义的优越性？'四人帮'叫嚷要搞'穷社会主义'、'穷共产主义'，胡说共产主义主要是精神方面的，简直是荒谬之极！我们说，社会主义是共产主义的第一阶段。落后国家建设社会主义，在开始的一段很长时间内生产力水平不如发达的资本主义国家，不可能完全消灭贫穷。所以，社会主义必须大力发展生产力，逐步消灭贫穷，不断提高人民的生活水平。否则，社会主义怎么能战胜资本主义？到了第二阶段，即共产主义高级阶段，经济高度发展了，物资极大丰富了，才能做到各尽所能，按需分配。"③ 我们要一心一意地搞好建设。特别是使一部分人先富裕起来，一部

① 《邓小平文选》第三卷，第 320～321 页。
② 《邓小平文选》第三卷，第 373～374 页。
③ 《邓小平文选》第三卷，第 10 页。

分地区先富裕起来，是大家都拥护支持新的办法，新办法比老办法好。要把各项工作都要有助于建设有中国特色的社会主义，都要以是否有助于人民的共同富裕，是否有助于国家的兴旺发达，作为衡量做得对或不对的标准。

我们要消灭贫穷，要发展生产力，要使人民生活富裕起来，以实现富强、民主、文明的现代化国家的目标，是新时期建设有中国特色的社会主义的指导思想。我们党领导和团结全国各族人民为了实现这个目标，就必须以经济建设为中心，大力发展社会生产力，使社会共同富裕起来，充分发挥社会主义制度的优越性，使得建设有中国特色社会主义事业健康地向前发展。

共同富裕是我们党和国家必须坚持的建设有中国特色的社会主义基本原则，这个基本原则是由社会主义的本质所决定的。是建设有中国特色社会主义的基本特征。社会主义国家制度是劳动人民当家作主，共同占有生产资料，共同创造和享有社会财富的制度。这个制度的创立和发展是千百万劳动人民用鲜血换来的人民江山。为实现人民的共同理想和共同富裕创造了必要的前提条件。在社会主义条件下就是为了满足全体人民日益增长的物质文化生活的需要。劳动人民创造的物质财富，一部分通过按劳分配形式归劳动人民享用，另一部分由国家统一调配，主要用于发展教育、科学、国防、卫生、公共福利等事业，办一些局部地区和单位所不能承担的大的建设项目，这部分归根到底也是用在劳动人民身上。"过去搞平均主义，吃'大锅饭'，实际上是共同落后，共同贫穷，我们就是吃了这个亏。改革首先要打破平均主义，打破'大锅饭'，现在看来这个路子是对的。"①

共同富裕的基本原则，是区别以往所有剥削制度的最基本特征。一切资本主义制度有个共同的特点就是贫富悬殊，两极分化，穷人越来越穷，富人越来越富。这是一切剥削阶级的本质反映。这是私

---

① 《邓小平文选》第三卷，第155页。

有制为基础的剥削制度下的必然结果。因为极少数人占有全社会的绝大部分生产资料，而占有人口绝大多数的劳动人民则处于被剥削奴役的贫困境地。因此，离开了共同富裕，就失去了社会主义的根本要求，也就模糊了社会主义与资本主义经济制度的本质区别。邓小平指出："我们大陆坚持社会主义，不走资本主义的邪路。社会主义与资本主义不同的特点就是共同富裕，不搞两极分化。创造的财富，第一归国家，第二归人民，不会产生新的资产阶级。国家拿的这一部分，也是为了人民，搞点国防，更大部分是用来发展经济，发展教育和科学，改善人民生活，提高人民文化水平。"①

部分先富是共同富裕的必由之路，是通向共产主义的宏伟大桥。邓小平同志在党的十一届三中全会前夕召开的中央工作会议上就指出："在经济政策上，我认为要允许一部分地区、一部分企业、一部分工人农民，由于辛勤努力成绩大而收入先多一些，生活先好起来。一部分人生活先好起来，就必然产生极大的示范力量，影响左邻右舍，带动其他地区、其他单位的人们向他们学习。这样，就会使整个国民经济不断地波浪式地向前发展，使全国各族人民都能比较快地富裕起来。"② 这是对我国社会发展经济规律的概括，也是建国以来进行社会主义革命与社会主义建设经验的科学总结。它揭示了我国经济发展的不平衡的客观规律。由于历史、地理、文化等方面的原因，各个地区的经济情况不同，各地区由于资源分布不同，科技教育水平不同，现在发展程度不同，因此，实现同步富裕是不可能的，也是不现实的。我们党有了这样的科学认识，制定了这样的经济政策，我们的事业就会走向兴旺发达。这条路子是正确的，是为我们的共同理想架设了通向共产主义的宏伟大桥。

"我们允许一些地区、一些人先富起来，是为了最终达到共同富裕。"对我国社会主义如何巩固和发展？邓小平指出："中国发展经

---

① 《邓小平文选》第三卷，第 123 页。
② 《邓小平文选》第二卷，第 152 页。

济从何着手？有位日本朋友提了两点建议。第一点，先把交通、通讯搞起来，这是经济发展的起点。第二点，实行高收入高消费的政策。后面这一点，我们国家情况有所不同，现在全国没有条件实行高收入高消费的政策。但如果将来沿海地区搞好了，经济发展了，有了条件，收入就可以高一点，消费就可以增加一点，这是合乎发展规律的。要让一部分地方先富裕起来，搞平均主义不行。这是个大政策，大家要考虑。"① 这一措施具有远见卓识，先把特区搞起来，树立一个开放的窗口，使我国的经济发展成为排头兵。如果将来沿海地区搞好了，经济发展了，有了条件，收入就可以高一点。这也是改革的一条方向。我国的改革是社会主义制度的自我完善，在一定的范围内也发生了某种程度的革命性变革。这是一件大事，表明我们已经开始找到了一条建设有中国特色社会主义的路子。

　　邓小平指出："在改革中，我们始终坚持两条根本原则，一是以社会主义公有制经济为主体，一是共同富裕。有计划地利用外资，发展一部分个体经济，都是服从于发展社会主义经济这个总要求的。鼓励一部分地区、一部分人先富裕起来，也正是为了带动越来越多的人富裕起来，达到共同富裕的目的。"② 我们党在以邓小平为核心的党中央第二代成熟领导集体的指引下，多次肯定和强调"部分先富"政策的重要性和必要性。经过党的"十二大"、"十三大"、"十四大"的不断完善，这一大政策已成为建设有中国特色社会主义的基本理论和基本实践的主要内容之一。我们党这一大政策，实现共同富裕是为了防止两极分化。我们的政策是让一部分人、一部分地区先富起来，以带动和帮助落后的地区，先进地区帮助落后地区是一个义务。我们党走建设有中国特色社会主义道路，根本目标是实现共同富裕，然而平均发展是不可能的。只有实行"部分先富"的政策才能防止两极分化，这就叫具有中国特色的社会主义。

---

　　① 《邓小平文选》第三卷，第 52 页。
　　② 《邓小平文选》第三卷，第 142 页。

　　总之，社会主义的本质和基本特征就是：（1）是解放生产力；（2）是发展生产力；（3）是消灭剥削；（4）消除两极分化；（5）最终达到共同富裕。这就是具有中国特色社会主义的基本特征。

三、巩固执政党领导地位的重大意义

　　在建设有中国特色社会主义的进程中，要不断巩固和加强执政党的领导地位具有重大意义。执政党的领导职能，一方面是党的领导作用和具体表现；另一方面则反映出执政党的特定的职责和基本功能。所谓特定职责，就是执政党在国家政治生活和社会生活中所应担负的责任；而基本功能，就是指党在国家政治体制运行中应该发挥的社会政治作用。因为执政党是国家和社会政治体系中的领导核心。是建设有中国特色社会主义事业的根本保证。

　　对执政党的领导职能也有一个逐步认识和发展的过程，即由"直接执政"到党政分开，政企分开。列宁说："党是无产阶级的直接执政的先锋队，是领导者。"① 直接执政的含义是什么呢？列宁说过："我们党是一个执政党，党的代表大会所通过的决议，对于整个共和国都是必须遵守的。"又说：在我国"国家政权的全部政治经济工作都是由工人阶级的觉悟的先锋队——共产党领导的。"② 由此可见，"直接执政"就是直接管理国家事务和社会事务。其主要特征就是党组织可以直接行使国家权力和行政管理职能，甚至也可以包揽司法、检查、监察大权，特别是夺取政权的初期阶段更为突出明显。列宁曾指出："党的全部工作当然都是通过不分职业而把劳动群众团结在一起的苏维埃来进行的。"又说："我们共和国的任何国家机关未经党中央指示，都不得解决任何重大政治问题或组织问题。"列宁所说的"通过"苏维埃，实际上是把国家机关看作是党的指示的执

---

① 《列宁选集》第4卷，第479页。
② 《列宁全集》第32卷，第207页；《列宁选集》第4卷，第613页。

行机关罢了。苏联进入社会主义建设时期，由于党的职能过分扩大而形成的权力高度集中，党政不分，以党代政的领导体制所潜伏的弊端开始显露出来。列宁及时察觉到这一点，他开始重新考察党的职能问题。

列宁在 1922 年 3 月给莫洛托夫的信中说了一段很有名的话："必须十分明确地划分党（及其中央）和苏维埃政权的职权；提高苏维埃工作人员和苏维埃机关的责任心和主动性；党的任务是对所有国家机关的工作进行总的领导，而不是像目前那样进行过分频繁的，不经常的，往往是对细节的干涉。"① 显然，列宁已经否定了党对国家事务进行直接具体管理的认识。但是，不久以后，列宁由于健康状况恶化而不能工作，因而没有对他的"总的领导"的重要思想作进一步的阐发，更没有能够对苏联业已形成的领导体制作实际改革，这是令人非常遗憾的。

列宁逝世以后，斯大林在论述列宁主义时，曾对党的领导职能问题，发表过一些很好的意见。首先，他说政治局是党的最高机关，但不是国家的最高机关；其次，不能把直接执政理解为党和国家政权机关是一个东西，不能认为党可以越过苏维埃来管理国家；其三，党的领导的基本方法是说服教育，等等。但是，后来的事实证明，上述观点在斯大林的思想中并没有占主导地位。相反，党的职能被无限制地扩大了，党的机构完全行政化、权力化，党的权力无所不在，无所不包，权力领导成为党的领导的最主要的和最经常的方式。总之，党成了万能的管理者，直接领导者。

由此可见，把党的职能扩大化，把权力过分集中于党，不适应于和平建设时期的历史条件，特别不适应于商品经济的需要，不利于社会主义国家政权的建设，不利于民主政治的建设。而且容易使党内滋长脱离群众，脱离实际的官僚主义，容易造成决策失误，容易形成机构臃肿，人浮于事，推诿扯皮，办事效率低下等现象，也

---

① 《列宁全集》第 33 卷，第 221 页。

容易产生"党不管党"的状况。总之，过分扩大党的职能，反而降低了党的领导地位，削弱了党的领导作用。

执政党领导职能的重大意义是什么？邓小平指出："我们说改善党的领导，其中最主要的，就是加强思想政治工作。中央认为，从原则上说，各级党组织应该把大量日常行政工作、业务工作，尽可能交给政府、业务部门承担，党的领导机关除了掌握方针政策和决定重要干部的使用以外，要腾出主要的时间和精力来做思想政治工作，做人的工作，做群众工作。如果一时还不能完全做到这一点，至少也必须把思想政治工作放在重要地位上，否则党的领导既不可能改善，也不可能加强。"①

执政党领导职能的重大作用，主要是充分体现以自己的政治纲领，发展方向、道路、奋斗目标去进行引导。在我国建立以法治党、以法治国、以制度治国的政治领导体制，建立有中国特色的民主与法制的新秩序，有利于执政党对国家实行"总体"领导，巩固执政党的领导地位和作用。用法律运转国家机器，因为国家法律是人民最高意志的体现，法律又是依据执政党的路线、方针和政策制定的。所以，国家一切机关只要执行国家法律，也就是服从了执政党的领导。因此，政治领导体制改革的着眼点，是实现人民当家作主，建立民主政治的新秩序，保证国家长治久安，建立一个高度民主、法制完备、富有效率、充满活力的社会主义政治领导体制。

（一）执政党领导职能形成与发展的过程及其历史特点。

执政党的领导职能，是依据人民赋予执政党的领导权进行活动。其目的是坚持和巩固执政党的领导地位和作用。执政党既然是执掌国家政权，使国家按照党指引的方向发展，就必然掌握国家的发展航向和必须坚持的道路。因为党处在执政的地位，具有执政的功能、基础和条件。党是无产阶级先锋队组织，只能在政治领域中去领导、

———————
① 《邓小平文选》第二卷，第365页。

引导、影响，不能包揽行政事务。只能进行总体领导和宏观控制，使其处在合理的、科学的、正常的状态之中，既不能脱离党的领导轨道，也不能党政不分，更不能代替国家政权。因此，党政职能分开，转变党的领导方式、方法，要把执政党的领导地位、作用和职能区别开。把党的职能和政府职能区别开。执政的地位和执政党的职能是两种不同概念。这种领导方式、方法转变是执政党发展到一定阶段上的必然结果。执政党的职能也是相对变化发展的。

建国以来，我党在执政的过程中，在不同的历史阶段都有自己不同的特点和不同的形式。党的领导职能大体上可分为以下几个历史阶段：

第一阶段：夺取全国政权以后的初期，即1949年至1954年，党代表人民执掌国家政权。在此期间，一般说，党的领导体制实际上代替了国家领导体制，党政不分，党的机构一般都直接、间接行使国家机关的职能，实际上是党组织行政化、国家化。

在老解放区虽有国家政权的雏型，但范围都很小，管辖也比较松散。党执政初期，采取以党代政的领导体制，是有历史原因的。我们打碎了旧的国家机器，废除了六法全书，新的国家机器还不健全，所以，由党组织系统直接实现国家意志，直接管理社会生活，党的政策就是国家政治生活的最高规范。

党的领导职能的依据，是中国人民政治协商会议通过的《共同纲领》。它明确规定：在中国共产党领导下，组织中央人民政府，行使国家权力。在条件成熟的时候，召开全国人民代表大会，选举自己的政府，掌握国家政权。在社会主义建设的初期，执政党一方面以自身的领导体制行使国家管理职能；另一方面着手建设新的国家领导体制。

这个阶段的主要特点是：党政不分，党政两套组织互相交叉，管理社会生活和贯彻执行国家意志成为一体。这个阶段的国家意志既表现为国家宪法、法律、条例、政令，也表现为党的政策。它是我国社会主义政治制度由初步建立到逐步完善的过渡时期。

由于历史原因，人民群众还未直接参与国家管理的活动，只能凭借党的权威和威信，行使它的领导职能。但是，我们国家是人民民主专政的社会主义国家，人民是国家主人。不能长期委托党代表人民掌管国家政权，而应在条件成熟的时候，实现由人民直接管理国家活动的强烈愿望。即由人民代表大会制取代党的直接执政。

第二阶段：从1955年开始，我国建立了人民代表大会制度的领导体制。我国建立了人民代表大会制度，它是国家最高权力机关。由全国人民代表大会通过宪法、选举法，组织中央人民政府，这时党的主要职能已经不是直接行使国家管理权，而是充分发挥国家政权组织的作用。如果说资产阶级政党的出现把社会政治关系与政治制度从血缘关系为特征的君主贵族政治中解脱出来，成为资本主义的社会化议政政治，那么无产阶级政党的出现，就是把社会政治关系和政治制度从建立在剥削制度上，从财产关系为特征的资产阶级政治中解脱出来，成为全体人民群众参与的民主政治。人民代表大会制就是全体人民通过间接选举的方式选出自己的代表，并委托他们直接参加管理国家的活动。无疑，它是我国人民参与民主政治，当家作主的一种好的政治领导体制。

人民当家作主的意识是一个变化与发展的过程。从执政党以自身的领导体制行使国家管理职能到人民代表大会制度的建立，是一个飞跃与发展。这就大大提高了人民的主人翁意识，针对这种情况，党的职能又在新的历史情况下，有新的变化和发展，使人民更加积极参政，参加国家管理的活动。

第三个阶段：党的十一届三中全会以后，进行政治体制改革，实行党政分开、政企分开，建立民主政治，党的领导职能人民化。

国家政权组织逐渐健全和完善，能够相对独立地开展工作，各种社会组织的独立性，自主性加强了。有的地方政权已实行了直接选举，更加充分体现了人民当家作主的主人翁精神。

此时，党的最主要的职能，是通过组织支持人民当家作主，支持人民监督国家政权，监督执政党本身，要通过宏观、中观、间接的方式来实现党对整个政权的领导。党对国家政权的领导只能加强，不能削弱，要巩固执政地位，强化执政意识，提高党的执政能力和执政水平。使执政党对国家的领导法律化、程序化、规范化和科学化。党的政策必须通过国家权力机关的通过和认可，才能成为国家意志。这是执政党领导的成熟和社会主义政治体制的必然发展趋势和方向。

总之，这些情况的发展变化，是在党的领导下，在马克思列宁主义、毛泽东思想和邓小平建设有中国特色社会主义理论的指导下，使执政党的地位，党的领导职能从各种不同角度，采取不同的形式和途径得以改善和加强，实现党对国家政权的领导，真正成为建设有中国特色社会主义事业的根本保证和坚强的柱石。

（二）正确对待和使用党和人民赋予的权力。

共产党员、党的干部特别是党的领导干部，要树立正确的权力观，是各级党政领导干部思想作风建设的一个重要问题。特别是在执政党的条件下，领导干部履行职责的全部过程可以看作是一个如何行使权力的过程。因此，对领导干部的考验集中到一点，就是能不能正确地认识权力、对待权力和使用权力。在共产党执政的国家，一切权力属于人民，权力来自人民，只能服务于人民，这是一条基本原理，也是邓小平建党学说的一个重要的理论原则。

“权”是世界上一个引人注目的字，也是与社会上每一个人都有切身利益的字。在人们的印象中总觉得它是一个很厉害的东西。因为它常跟“力”、“利”、“势”、“威”这四个字结合在一起，即“权力”、“权利”、“权势”、“权威”；于是人们便认为有权便有力、有利、有势、有威，事实也确是如此；“权”在反动统治者手里，就是人民的灾难，而“权”在革命者、马克思主义者手里，则是人民的幸福。

人类进入阶级社会后，为了争夺这个“权”，不知发生了多少次战争，也不知死伤了多少条人命。历代的统治者为了巩固其统治的权力，总是疯狂而又残酷地镇压被统治者的反抗。奴隶社会实行野蛮的"人治"。这个人治之"权"，允许奴隶主任意杀奴隶，更不是用说打骂或贩卖奴隶了；而奴隶只是会说话的"工具"而已；封建社会实行反动的"言治"，叫做"圣旨"。"君要臣死，臣不得不死"，更不用说平民百姓了。他要你死，还堂而皇之地说是"赐死"。这个言治之"权"，要求被统治者老老实实地做顺民，任其压迫，剥削、过着牛马不如的生活。做的牛马活，吃的猪狗食；资本主义社会实行虚伪的"人权"、"法制"，这个"人权"、"法制"之"权"，规定资本家有剥削工人的权力；工人有为资本家积累资本而辛勤劳动的义务。丧失了"生存"权、生活权。这些"人治"、"言治"、"人权"、"法制"，无一不是为了维护其剥削制度，巩固其反动统治。正如马克思和恩格斯在《共产党宣言》中指出的："过去一切阶级在争得统治之后，总是使整个社会服从于它们发财致富的条件，企图以此为巩固它们已经获得的生活地位。"

它们这些权力对劳动人民来说，无疑是极其反动的。这种"权"从政治上说是对人民的压迫之权，从经济上说是对人民的剥削之权。只有我们社会主义的"法治"，才是进步的，使人民有了生存权、生活权、劳动权、富裕权、幸福权，才有可能真正实行法律面前人人平等，才是保护人民生命财产，维护人民根本利益的人民之权。为了保护人民之权，对于敌人的破坏反抗，那是要实行专政的，我们的政权就叫人民民主专政，恩格斯在《论权威》一文中说得好："获得胜利的政党如果不愿意失去自己努力争得的成果，就必须凭借它的武器对反动派造成的恐惧，来维持自己的统治。"当然，更为进步的要充分发扬人民民主，真正体现人民当家做主。

在中国共产党领导下的社会主义制度国家，党政领导者，各个领域、各条战线、各行各业的各种领导者，绝大多数是能够正确地对待党和人民所交给他们的"权力"的。他们虽然大权在握，但并不以权谋私，以势压人；也不因为自己是什么级的干部就盛气凌人，高人一等；更不是有权有利一点不给别人，半点不让别人，专门利己毫不利人，丧失人品和党性。他们始终把自己置于人民公仆的地位，他们深知自己手中的权力是党和人民给的，是受党和人民之托而掌权的。这个"权力"既来之于民，也要用之于民。要为人民办好事，不办坏事。要为党为人民用好权。他们时时处处都忠实地代表着人民的、党的根本利益和长远利益。

他们清醒地懂得：如果不这样，党和人民便可随时随地把自己手中的"权力"收回去，交给真正的马克思主义者或忠诚于马克思主义者手中，即人民可靠的代表者去掌握权力。基于这一基本点，党政领导者始终遵循党的"全心全意为人民服务"的宗旨，领导就是服务，领导人民就是为人民服务，勤勤恳恳、兢兢业业地工作。为人民掌好权、用好权。并且能够运用这种权力，使生产力不断提高，不断创造社会财富，使其共同富裕，不断改善人民群众的物质与精神生活，使建设有中国特色的社会主义事业不断发展。

但是，我们也应该承认，确有少数领导者，不能正确对待手中的"权力"，不能正确对待自己的"职位"。他们"一朝权在手，便把令来行"，唯恐"有权不用，过期作废"。二是滥用其权，为所欲为；并且一朝权在手，就巧立名目，从中取利，毫不利人，专门利己。有的慷国家之慨，请客送礼，大吃大喝。有的不管三七二十一先捞到手再说。有的占用公家资金，谋取私利。有的直接或间接地干出买空卖空，倒买倒卖，行贿受贿，走私贩私，弄虚作假，敲诈勒索，逃避关税，制造假药、假酒、谋财害命，以至贩卖、放映淫秽下流录相等丑事、坏事。有的优先优厚安排妻子儿女，安插亲信；或把"权"当商品，互相交易，互通有无，官官相护，互为方便。有的官僚主义严重，饱食终日，无所用心，为贪图享受而绞尽脑汁。工作要少，工资要多，房子要大，车子要小。正因为官为贵，权有利，于是他们只能上，不能下，只能官，不能民，不肯让位，不愿交权。更有甚者，有令不行，有禁不止；你上有政策，他下有对策。总之，为了中饱私囊，不择手段，不惜破坏社会主义物质文明建设和社会主义精神文明建设。党风不正，社会风气不好，而且迟迟得不到根本好转，主要根源在此。

　　每个共产党员，各级党政干部特别是领导干部要把"领导就是服务"、"权力就是责任"作为自己的座右铭。权力的实际形象看不见、抓不住、摸不到，但每个有理智的人都感到它的存在。一个人、一个干部、一个集团、一个国家组织的行为能带有强烈的影响、支配另一个人或集团、组织的活动，就表明权力的存在。无庸讳言，在实际生活中，权力与责任相脱节的现象仍然存在。例如：掌握权力不想负责，无所用心，推诿、失职、官僚主义，滥用职权，以权谋私，为非作歹，玩忽职守，渎职等都可以干出来。列宁说过，管理的基本原则是：我管、我负责。岗位、权力、责任相联系，不负责任的权力，必然腐蚀人、损害人；建立在责任基础上的权力则是锻炼人、提高人、考验人，并使权力发出熠熠的光采。因此，我们党和国家要把权、责纳入法制轨道。

　　传统理论把行使权力应负的责任分为政治责任、行政责任和一般法律责任。其实，政治责任乃是一种积极的法律责任。宪法规定：民主选举、对人民负责、受人民监督。行政、审判、检察机关由人民代表大会产生、负责、监督。行政责任，是一种行政法律责任，要依法办事，否则就承担行政法律责任。一般法律责任，是体现"法律面前，人人平等"原则，没有法外特权。

　　党政领导者法定的权力意味着法定的责任，权力越大责任越重。在政治运动中，权力与责任是相辅相成的。行政组织如果没有权力就不能推行政务，也说不上履行责任。反之，如果没有责任的规范和约束，权力的行使就会迷失方向，同样难以达到行政目标。

　　实行首长负责制——要依法赋予行政首长在其管辖范围内的决策权、指挥权、处置权、人事权。使行政首长具有完成其工作任务的权力。行政首长对本机关的工作负总的责任，即是否贯彻国家的路线、方针和政策，是否执行人民的意志、按照人民的利益办事负政治责任；是否完成上级下达的任务，是否完成本机关的工作计划负工作责任；是否遵守国家法律、法令、条例负法律责任。行政责任不仅是一种消极的，即不能做什么的规范，更主要的是一种积极的即必须做什么的范围。关键是以身作则、身体力行。因此，行政责任的贯彻，不仅要实行违法必究的原则，而且更重要的要贯彻失职必究的原则。对那些惰落成性、不思进取、担不起责任或者不想负责任的行政领导，要予以撤换，对那些官僚主义严重，给国家和人民的利益带来损失的行政领导要处分和罢免。

健全岗位责任制——我们要择优组合，各尽其职，各负其责。如果说一个机构就是一台机器，那么，各个工作岗位就是机器中的零件。只有各个零件都发挥其特定的功能和作用，机器才能运转。

我们要建立公务员制度，就要落实任务，明确责任。岗位责任制，必须和考核制、奖惩制相结合，通过考核和奖惩对岗位责任制的履行进行监督和控制。按照标准和程序定期考核，实行奖优罚劣，公平升降，把职、责、权统一起来，奖、惩统一起来。

（三）要树立起"受权于人民"的思想，明确党政领导干部的职责及其特点。

执政党的权力，各级干部手中的权力，是人民给的，这是由党的性质、党同人民的关系和国家的性质决定的。我们党正是由于代表了人民的根本长远利益而得到了人民真心实意的拥护。人民是历史的主人，是推动历史前进的动力。党是人民的忠实代表。党的一切路线、方针和政策都是为人民的利益服务的。我们就是靠这一条才成为全国的执政党。

有人认为权力是上级和某个领导人授予的，因而工作只对上级"负责"，不对人民负责，甚至一切言行都以取悦于上级领导人为准则，置人民的利益和疾苦于脑后。有的人把领导权力视为自己的特权，想怎么用就怎么用，一朝权在手，就把令来行。一切不正之风多与滥用权力相联系。邓小平指出："我们党成为执政党，这是一件值得高兴的事情。但是，执政党也不是很容易当的。执了政，党的责任就加重了，共产党员的责任就加重了，我们领导干部的责任就加重了。我们要负担什么责任呢？在过去我们无非是闹革命，革命胜利以后，我们党执了政，掌了权，就要担负起把国家引导到社会主义道路去和进行建设的艰巨任务。"还特别着重指出："我们执了政，拿了权，更要谨慎。第一，我们要权，无产阶级要权，不能让权被资产阶级拿到手上；马克思列宁主义者要权，不能让权被机会主义者拿到手上。第二，我们拿到这个权以后，就要谨慎。不要以为有了权就好办事，有了权就可以为所欲为，那样，就非弄坏事情不可。"①

　　权力和义务是不可分割的，是为履行某种责任而提供的条件。在党和国家的政治生活中，职位越高，权力越大，责任也就越重，党和人民的要求也越高越严。离开了责任，权力也就失去了存在的意义。在实际工作中要防止和克服的，一是麻木不仁的官僚主义；二是不求有功，但求无过的守业主义；三是消极自私的享乐主义、拜金主义，等等。邓小平指出："我们进了城，执了政，是做官呢，还是当人民的勤务员呢？这个问题是毛泽东同志过去多次讲过的。可以有两种态度：一种是做官，一种是当人民的勤务员。如果不是做官，而是当人民的勤务员，那就要以普通劳动者的面貌出现，要平等待人，要全心全意地为人民服务。但是，进了城，执了政，做官的条件是具备的，这就最容易沾染官气。事实上，我们许多同志确实已经沾染了不少官气。所以，我们每天每时都要注意执政党的特点。认识了这个特点，我们就能更加注意坚持党的优良传统。这样，就可以避免沾染官气，就可以避免脱离群众、脱离实际，就可以使我们的国家坚持社会主义制度、并在将来发展到共产主义的道路上去，就可以使我们党坚持马克思列宁主义的原则。"②

　　所谓权力就是职务权、专长权、个人影响权的统一体。应该三权并用，重在后两权。有人认为，领导者的完整权力由三部分有机构成，一是上级授予的职务权；二是才能体现的专长权；三是以品

----

① 《邓小平文选》第一卷，第303页。
② 《邓小平文选》第一卷，第304页。

德为基础的个人影响权。要正确行使职务权——从原则上讲，主要是正确坚持民主集中制。要树立群众观点，民主观点，要坚持四个服从，不能自行其是，各自为政；专长权——要认真学习，潜心研究，学习科学技术，精通业务，掌握管理知识，要靠自己的知识、能力、靠自己的正确来说服人，领导人。发挥个人影响权——以身作则，身体力行，要求下级干的自己带头干，不让下边干的自己坚决不干，使下级和群众心服口服。古人说："其身正，不令而行，其身不正，虽令不行。"

党政领导者手中的一切权力，都必须遵循全心全意为人民服务的正确轨道。党执政以后，党同作为国家主人的人民群众之间是一种什么关系呢？邓小平同志在党的第八次全国代表大会《关于修改党的章程的报告》中，从马克思主义的理论高度和社会主义发展的政治高度阐明了党与人民的关系。他指出："同资产阶级的政党相反，工人阶级的政党不是把人民群众当作自己的工具，而是自觉地认定自己是人民群众在特定历史时期为完成特定历史任务的一种工具。共产党——是工人阶级和劳动人民中先进分子的集合体，它对于人民群众的伟大的领导作用，是不容怀疑的。但是，它之所以成为先进部队，它之所以能够领导人民群众，正因为，而且仅仅因为，它是人民群众的全心全意的服务者，它反映人民群众的利益和意志，并且努力帮助人民群众组织起来，为自己的利益和意志而斗争。确认这个关于党的观念，就是确认党没有超乎人民群众之上的权力，就是确认党没有向人民群众实行恩赐、包办、强迫命令的权力，就是确认党没有在人民群众头上称王称霸的权力。"[1] 既然党是人民的工具，那么党的各级干部就是人民工具的一个组成部分。一方面，这种领导地位，又是定点在社会公仆的位置上，通过为人民服务来体现。因此，领导干部手中的一切权力，都必须遵循为人民服务的正确轨道。另一方面，根据我国宪法规定："任何组织或者个人都不得

① 《邓小平文选》第一卷，第217～218页。

有超越宪法和法律的特权。"党必须在宪法和法律的范围内活动。

什么叫特权呢？所谓特权，就是由在社会环境中，特别是在国家生活中具有一定地位的公民（通常是指掌握国家机关职权的人）做出的违反宪法和法律的行为。干部的"特权"具有三个基本特征：

首先，违法性——这是特权的主要特征。邓小平指出："'文化大革命'中林彪、'四人帮'大搞特权，给群众造成很大灾难。当前，也还有一些干部，不把自己看作是人民的公仆，而把自己看作是人民的主人，搞特权，特殊化，引起群众的强烈不满，损害党的威信，如不坚决改正，势必使我们的干部队伍发生腐化。我们今天所反对的特权，就是政治上经济上在法律和制度之外的权利。搞特权，这是封建主义残余影响尚未肃清的表现。"① 由此可见，特权在任何意义上都不能称之为是一种权力或权利。社会主义法律同国家权力，公民权利是不存在较量问题的。平常人们所说的"权与法的较量"、"权与法之争"等等，实质上是指特权与法律的较量。在旧中国留给我们的，封建专制传统比较多，民主法制传统很少。

邓小平指出："解放以后，我们也没有自觉地、系统地建立保障人民民主权利的各项制度，法制很不完备，也很不受重视，特权现象有时受到限制、批评和打击，有时又重新滋长。克服特权现象，要解决思想问题，也要解决制度问题。公民在法律和制度面前人人平等，党员在党章和党纪面前人人平等。人人有依法规定的平等权利和义务，谁也不能占便宜，谁也不能犯法。不管谁犯了法，都要由公安机关依法侦查，司法机关依法办理，任何人都不许干扰法律的实施，任何犯了法的人都不能逍遥法外。谁也不能违反党章党纪，不管谁违反，都要受到纪律处分，也不许任何人干扰党纪的执行，不许任何违反党纪的人逍遥于纪律制裁之外。只有真正坚决地做到了这些，才能彻底解决搞特权和违法乱纪的问题。"还特别强调指出："要有群众监督制度，让群众和党员监督干部，特别是领导干部。凡

① 《邓小平文选》第二卷，第332页。

是搞特权、特殊化，经过批评教育而又不改的，人民就有权依法进行检举、控告、弹劾、撤换、罢免，要求他们在经济上退赔，并使他们受到法律、纪律处分。"①

其次，欺骗性——掌有特权的主体往往具有一定职权的国家干部。职权是由宪法和法律赋予每一个国家工作人员的，严格按照宪法和法律履行自己的职权是受法律保护的。当一个国家干部滥用职权的时候，他的行为已经违法。但是，因为他是利用职权，所以具有一定的欺骗性。

其三，强迫性——与欺骗性紧密相联的是特权的强迫性。特权行为往往是以势压人，以官欺人，以官骗人，以官套人，以官唬人，以官蒙人，等等。在一定时间和范围内，强迫性有相当的市场。但是，要把特权与某些公民的特殊权力区别开，就是说特权不等于特殊权力。所谓特殊权力是人民赋予的，是国家宪法和法律规定由一定国家机关享有，其他任何机关都不能够拥有的权力。例如：根据我国现行宪法的规定，只有全国人民代表大会才拥有修改宪法、制定国家基本法律的权力，只有人民法院才拥有审判的权力等等。

特权不等于特殊权利。所谓特殊权利，是国家根据公民个人在社会环境、国家生活中的具体情况，给予某些公民的特殊权利。例如根据宪法规定，人民代表大会代表享有人身特别保护和特别言论自由的权利。18岁才有公民选举权和被选举权，45岁才可以被选为国家主席、副主席等等。国家机关所拥有的特殊权力，具有代表人民性、权威强制性，符合社会主义法制性。这些特殊权力所具有的特点与特权的违法性、欺骗性、强迫性形成鲜明对照。怎样抵制、革除特权呢？就是邓小平同志多次强调的，要克服特权现象，要解决思想问题，也要解决制度问题。要进行教育，要依法、法律面前人人平等。同时，还要解决制度、干部、审计、决议、决策、检查、监察、监督等等一系列健全的配套的制度，等等。

---

① 《邓小平文选》第二卷，第332页。

（四）党的领导不是靠权力来实现，立党为公，还是立党为私，这是共产党与一切旧官吏的分水岭。

在党政机关中，有各种各样的职位，名称不同、类别不同、等级层次不同、结构形态不同、功能作用也不同。对这个问题国内外专家、学者、教授见解各有千秋，智者见智，仁者见仁，深者见深，浅者见浅，各有所论。

1. 党政领导干部的职位、职务、职权及其特点。

有人说："职位是指符合一定条件的人用全部或一部分工作时间来处理的经常性的'职务'和'责任'。""职位系指分派给一个官员或职员的职务和责任。""职位是指个别的文官职务或工作，不管是空缺或实授，需要一个人以全部或部分时间去从事特别职务，或肩负的特定责任。"等等，对此有各种各样的表述。

所谓党政领导干部的职位，就是依法据章在各级党政机关中设置的党政领导职位。党政领导在党和国家行政机构中所具有的法律地位、工作岗位和所承担的党政职务。其特点在党政机关所具有的合法地位，办事的工作岗位和所承担的党政职务；党政领导职位是根据国家法律、法令和有关规定、规章、制度，并经过一定程度确定的。得到法规确认和保护，得到党政系统的公认；职务与职位是统一不可分的。领导职位决定领导职务，领导职务体现领导职位；其行政领导干部的职位有合法与非法职位，常设与暂时职位，全任与兼任职位，实授与空缺职位。党的领导干部职位有时也出现这种情况，也有不同程度的存在。

总之，党政领导职位，都有科学性、政治性、特定性。它是党政领导机关安排的为人民服务的岗位，党政领导是人民的公仆，应当克己奉公，廉洁为民，全心全意地为人民服务。

所谓党政领导干部职权，都是来自党政领导职位的权力，它是党政领导职位所同有和特有的一种权力。党政领导干部的这种权力是人民赋予的，是由国家法律、行政法或党代表大会，代表会议确定的一种正式的政治性权力，它在党和国家系统领域内，具有法定的强制性和约束力，是为人民服务和行使权力的一种手段，也是领导干部承担职务和履行职责的一个必要条件。为了使党政领导干部能够承担职务，履行职责，完成任务，党和国家就要授予他们相应的职位权力。党政领导干部得到这种权力，是他们为承担义务而享受的一种合法权利。它体现的是党政工作人员和党政组织的正式关系。

党政领导干部和党政组织的这种政治关系的特点是什么呢？

首先，党政领导干部所具有的权力，仅仅是同其职位相联系的一种职权。党和国家所以授予他们一定权力，也仅仅是为了给他们提供一种承担国家任务、履行职责的必要条件和手段。一切党政领导干部，除了仅有的这种职权外，没有任何特殊权力。因此，专权必须专用，一切党政干部只能把权力用于组织、领导党务、行政工作，而不得为了个人的利益或其他任何目的去使用党和国家授予的职权。坚决反对滥用权力的违法行为，违反党的章程的行为。法国资产阶级的启蒙思想家孟德斯鸠在《论法的精神》一书中指出："根据长期的经验来考察，有权者都要滥用权力的。要防止滥用权力，就必须以权力约束权力。"这个经验对于一切私有制国家来说是一个真理，就是公有制的社会主义国家也不例外，必须清醒地看到这一点。不受制约的权力必然导致腐败。这一点已被历史实践所证实。

其次，党政领导干部具有的职权及行使都有严格的限制。职权的大小，要受到所处的层次、领导职位的高低和所担负的职责轻重的限制。同时，也受到职务范围、职责目标、行政区域的限制。以及党的组织、国家权力机关、上级行政法规的监督、检查和制约。无论是党组织的领导干部和行政领导干部的权力，都具有法定性、政治性和党性，既得到法律、法规，党的章程、准则、条例的保护和监督，也得到一定程序和制度授予并受党和国家的支持和监督。都具有强制性和约束性。

其三，党政领导干部的职权不是个人的私有物，党和国家可以依法授予，也可以依法收回。任何人无权向国家向党组织索取这种权力，也无权拒绝党和国家收回这种权力，也不得私自以任何形式和方法把这种权力转让给任何人。干部职权不是终身制，它随着干部取得职位和担任职务而存在，又随着领导干部离开职位和停止职务而消失。因此，党的干部尤其是领导干部应当为党和国家掌好权，用好权，努力为党和国家谋利益，为人民造福。

总之，党和国家授予的职权，其本源来说，它既不是"神授"的，也不是"天赋"的；既不是个人天生自有的，也不是任何人恩赐的；而是"国赋"、"民予"的，即是国家和人民赋予的。毛泽东多次指出："我们的权力是谁给的？是工人阶级给的，是贫下中农给的，是占人口百分之九十以上的广大劳动人民群众给的。"这些权力的行使，都反映了党政干部、国家工作人员同人民的政治关系，代替人民和支持人民当家做主。

2. 党政领导干部的职、权、责的一致性。

什么是党政领导干部的职责呢？一定职位担任一定职务，为完成一定的工作任务，并对自己所管的工作负有领导责任和法律责任。这种领导职位决定领导职务责任，就是党政领导干部的领导职责。职责有轻重之分，一般来说，职位越高，职务越大，职责就越重。比如我国宪法规定，国务院实行总理负责制；各部委办，实行部长、主任负责制；地方各级人民政府实行省长、市长、县长、区长、乡长、镇长负责制。职责范围从总理到镇长是不一样的。但是，职责轻重，与其职位高低、职权大小是相一致的，即负多重职责，就应有多高职位、多大职权。因此，职、权、责是一致的，我们在运行机制中应当坚持这条原则。

首先，作为行政干部来说，对党负政治责任。党要对政府机构的工作实行总体的路线、方针、政策的领导、指导、引导、向导与监督和保证。有权监督政府机构的工作。党组织按照层次进行组织上的领导与监督保证。共产党员、干部，特别是领导干部必须以身作则贯彻执行，接受党组织的监督，并在政治上、思想上、组织上对党对人民负责。

其次，对国家权力机关负执行责任。根据宪法规定，国家行政机关是国家权力机关的执行机关。因此，在国家行政机关负责的行政首长，要执行国家权力机关制定的法律、法令和决定，要执行国家权力机关批准的国民经济和社会主义发展计划、国家预算及其交办的各项任务，等等。同时，在执行上要对国家权力机关负责，并报告工作。

其三，对国务院和上级行政机关负行政工作责任。各行政机关组成的国家行政管理系统，服从国务院的统一领导，对国家、对国务院负行政工作责任。

地方各级政府对上级国家行政机关负责并报告工作。行政首长，对自己所承担的行政领导和管理工作负责，对上级行政机关负责，当然是责无旁贷。列宁指出："在实行集体讨论和决定的同时，应坚定地实行个人负责制。"履行职责，对所管的工作"完全负责"，这是构成领导干部含义的核心因素和实质内容，也是一切管理的基本原则。列宁还指出："管理的基本原则是——一定的人对所管的一定的工作完全负责。"① 就是我们常说的，我管我负责。在现实生活中，我们看到一些领导干部，"掌权"、"办事"、"管人"的观念较深，指手划脚，发号施令，抽象空谈的官僚主义作风很浓；而对自己所管的工作"完全负责"的真抓实干精神却很差。

其四，对司法机关、检察机关、监察机关负法律责任。社会主义国家行政机关必须依法设置，依法行政，依法施政。作为负责人，领导行政工作，组织工作，进行行政事务活动，都必须在法律规定和允许的范围内进行，都必须对国家司法机关、检察机关、监察机关以及公安机关负法律责任。如果在自己领导和管理的行政机关工作中，违反了国家法律，就要依法受到应有的惩处。而要做到依法负责，依法奖惩，就需要进行立法教育，树立起依法行政和对法律

① 《列宁全集》第 36 卷，第 554 页。

负责的观念。

其五，对人民、对社会负公仆责任。社会主义国家的行政机关是为人民、为社会服务的机关，社会主义国家行政机关的领导干部，是人民的勤务员，是"社会的负责的公仆"。所以，国家行政领导干部所做的一切，归根到底，都应以公仆身份对人民负责，向社会负责。毛泽东指出："我们的责任，是向人民负责。每句话，每个行动，每项政策，都要适合人民的利益，如果有了错误，定要改正，这就叫向人民负责。"① 列宁也指出："对犯有官僚主义，拖拉作风、不尽职、疏忽大意等过错的人给以行政处分，情节严重者，必须撤职、并送交法院审办，由司法人民委员部进行公审。"

总之，行政领导职位是行政领导干部在国家行政机关应有的法律地位和工作岗位；行政领导权是其承担行政职务的必要手段和权利；行政领导职责是其对承担的国家任务应负的责任。三者相互支持、相互制约，紧密联系，共处在一个有机统一体之中。

3. 党的领导不是靠权力来实现。

党的领导不是靠权力实现的，而是靠对人民的忠诚，靠党的正确的路线、方针和政策，靠党和人民群众的正确关系。要时时刻刻不脱离人民群众，要同人民同呼吸，共命运。这是党生存和发展的基础，也是立于不败之地的基础。

党的领导不是特权，而是应尽的一种义务，是以全心全意为人民服务为宗旨的。执政的党是掌握政权的党，当然是有权力的，这是毫无疑义的。但是，领导与权力是两个不同的概念，特别是党的领导不能靠权力。为什么呢？因为权力是以服从为前提的，是有强制性的。而党的领导只能是引导、向导、影响、组织和率领广大党员、干部和人民群众去实现自己的伟大理想、奋斗目标而勤奋地劳动、奋斗。因为党的组织既不是国家权力机关，也不是行政管理组织和生产指挥组织。因此，我们不能把党的领导等同于政府机关、权

---

① 《毛泽东选集》第四卷，第1128页。

力机关和企业的行政管理部门和生产指挥部门。党组织不能也不应该包办代替他们的工作。执政党的权力，主要表现在从宏观上、方向上、道路上控制国家政权，实现党的"总体的"领导。

首先，党的领导机关，只不过是人民群众的服务部，党员和干部只不过是人民的公仆。所以说，党的领导并没有强制、命令的意思，要以自己的正确性、科学性去征服群众。理论上的正确，行动上的兑现，以自己的实际行动来实现自己的理想和信念。

党的领导是个人领导还是集体领导，党的领导本身就是指集体领导。当然，集体领导包含着个人的作用。所以，党的领导与个人负责相结合是党委领导的重要方法，也是个重要的原则，我们党一直坚持这条基本原则。

其次，党的领导不是靠权力，而是要靠党的正确理论，要靠和人民的正确关系，要靠马克思列宁主义、毛泽东思想的指导和引导。因为党是无产阶级的先锋队，是无产阶级和劳动人民中的优秀分子的集合体，本身又是劳动人民的一个组成部分，是先进的有组织的一部分。党是无产阶级革命事业的组织者和领导者，但绝不是也不可能是高踞于群众之上的统治者。它有马克思列宁主义、毛泽东思想作理论基础，它不是把人民群众当作自己的工具，而是自觉地把自己当作人民群众在特定的历史条件下完成特定任务的工具。

其三，党的领导不是靠权力，而是靠党的正确路线、方针和政策。党的路线、方针、政策的科学性、正确性，是引导人民胜利前进的有力武器。党的领导首先是政治领导。就是政治原则、政治方向、重大决策的领导。政治领导主要是制定和执行党的路线、方针、政策。党的路线、方针、政策代表了人民的根本利益。有了正确的路线、方针、政策，党才能动员群众，组织群众，引导群众为实现党在各个时期的任务而斗争。只有这样，党才能获得人民的真心实意的拥护，真正成为工人阶级的先锋队，成为领导社会主义现代化事业的坚强核心。

其四，党的领导不是靠权力，而是靠全党的表率作用、榜样作用、模范作用，引导人民群众实现党的路线、方针、政策，建设有中国特色的社会主义。

列宁指出："保持领导不是靠权力，而是靠威信、毅力、丰富的经验、多方面的工作以及卓越的才能。"① 毛泽东也明确指出："所谓领导权，不是要一天到晚当作口号去高喊，也不是盛气凌人地要人们服从我们，而是以党的正确政策和自己的模范工作，说服和教育党外人士，使他们愿意接受我们的建议。"这就告诉我们，党的领导要靠威信，靠党员的模范行动，才能产生巨大的影响和号召力。

什么叫威信呢？首先，威信——是一个领导者在被领导者和其他群众的心目中的威望和信誉。一个领导者的威信体现为下级和其他群众的心目中所具有的一种敬仰和爱慕的心理。它是领导者思想、品德、作风等各种行为使下级和群众在心理上产生的一种满意、佩服的感受。因此，领导者的威信有一种特殊的凝聚力和感召作用，领导者的威信越高，其威力就越大。

其次，威信——具有相对的稳定性，具有"定势作用"，使被领导者心理上自然形成的一种约束力，形成一种自然起作用的观念和意识。是一种自觉地信任和服从。

其三，威信——是靠自己的模范行为，卓越才能和对人民的贡献而树立的。一个干部的威信既不能强加，也不能夺取。只有做出无私的贡献，才能得到人民群众的敬佩和爱慕。有的干部为自己在群众中缺少威信而苦恼，埋怨领导、群众不支持，有的人甚至采取卑劣的手段，抬高自己，打击别人，贪天之功窃为己有。对别人散布流言蜚语，压制和贬低别人。

有人曾描绘为："术不在高，能吹则名；业不在精，会嘘则灵；抨击同行庸，贬斥别人蠢。自诩是妙笔生花力无穷，无业务之劳苦，无经商之变形，逢人思骗，遭骂装聋。口是心非，一条变色龙。心里云：来钱就行。"这种人一经群众识破曝光，就会威信扫地。因此，

---

① 《列宁全集》第 6 卷，第 212 页。

威信不能人为"树立",越树群众越不买账。

其四,威信——其形成和发展,是一个具有复杂结构的过程,它不同于人外表的威严,而是一种内在的权威力量。它是由一个人的思想、品德、学识、才能、工作水平、强烈的事业心、政治责任感,等等多种因素构成的。是以一个人外在的表现为前提的。在实际工作中,由于威信不同,领导的效果往往相差很大。实践证明:教育内容、教育效果与教育者在受教育者的心目中的威信成正比,威信低者,其教育效果只占威信高的 40%—50%。

总之,威信——它是一个干部社会实践的结果,以身作则的反映。他的威信是通过他自己的实践活动谱写成的。一个干部每天都在自觉、不自觉地为自己书写历史,有无威信,是对自己行为、品德、作风的客观反映。就是说历史虽然是自己写,是人民去评论的。历史是一面镜子,列宁所讲的威信对党、对干部、对个人都有重大、深远的意义。

4. 立党为公,还是立党为私,这是共产党与一切旧官吏的分水岭。

关键是如何正确地对待手中之权,如果正确地对待自己的"官"位,对于有"权"在手,身居"官"位的同志来说,是值得深思再深思的问题,这也是在新的历史条件下党的建设的新课题。

首先,要划清共产党的领导干部和国民党的官吏的界限。一切旧官吏是代表剥削阶级的利益,体现反动统治者的意志,维护剥削制度,巩固反动统治的工具。过去的旧官吏是国内外反动派的走狗、爪牙,是欺压百姓的打手,残害人民的歹徒和恶棍。中国共产党的一切干部,不论职位高低,都是人民的勤务员。共产党人所做的一切,都是为人民服务的。我国的宪法、党章都有明文规定。我们的各级领导者不是什么"官",而是勤务员。如果一定要叫"官",那也是为了语言简便的借用,是另一种特定含义的官。我们应当从思想上、理论上彻底搞清楚这一点,我们一切共产党人,不是为了做官,而是为人民办一切事情。

其次，我们党政领导者，要善于处理局部利益和整体利益、暂时利益和长远利益的关系。党和人民把"权"交给你，是要你运用这个"权力"振兴中华，建设社会主义的四个现代化，为共产主义而创造条件。比如经济领域的领导者，就要更好地贯彻执行党中央制定的经济体制改革的方针、政策，搞活经济，发展生产力，为此，你可以也应该行使自己的职权，推动这个领域的工作。但是，不能妨碍整体利益，不能为了本单位、本系统的利益而冲击整个国家的利益，不能为了暂时利益而冲击长远根本利益，更不能因为手中有权，便可不顾一切地自行其是。自己支配什么，决定什么，都要想一想对党和国家全局的影响，对革命和建设事业长远根本利益的影响。总之，不能利用职权去谋私利，去搞歪门邪道；不能滥用手中之权，去破坏党风和社会风气。要通过你手中之权，去扶正压邪，端正党风，端正社会风气。因此，我们要牢记，立党为公，还是立党为私，这是共产党与一切旧官吏的分水岭。

其三，必须正确对待手中的权力。党和人民之所以把"权力"交给我们共产党人，主要是因为你能给人民谋利益，是他们利益的代表者，这是党和人民的信赖和拥护，是人民的信任和无尚的光荣。因此，我们每一个干部在实践中就不能辜负党和人民的期望，要立党为公，为人民的事业而献身。

其四，要认清职权和权力的区别和联系。职权和权力是两个既有区别又有联系的概念。根据外国一些政治学者的考证："权力"——这一术语最早出自拉丁文，它的本质含义是"能够"或具备做某种事的"能力"，通常把它解释为"行动的能力"、"产生一种结果的能力"。因此，外国一些管理学家给权力下的定义是"改变个人或团体行为的能力"或"一个人所具有并施加于别人的控制能力。"由此可见，权力这个大概念大于职权，包含着职权。职权仅仅是有职位的人的一种权力，是权力的一部分。有些没有职位的人，因为有某种特别能力或长处（德高望重、智慧超人、技术高明、知识渊博等）也可以拥有某种权力，甚至很大的权力。这种权力被称为"个人权力"，是一种非法定、非正式的权力，因而不具有政治性、强制性和约束力。

但是，由于追随者的信任、尊重、仰慕和自觉服从，这种权力也能起到组织、管理、协调、控制、监督等领导作用。因此，我们说，优秀、杰出、卓越的领导人，久经考验的伟大的马克思主义者、无产阶级革命家、政治家、思想家、战略家、军事家、党政领导者，绝不是权力的代表，而是智慧、能力的象征。

第二节　在社会主义市场经济体制的建设和完善进程中加强党的建设

一、转变政府职能适应建立社会主义市场经济的需要

我国处在社会主义的初级阶段，政府的管理内容和方式、方法都必须适应社会主义市场经济体制的建立健全和完善以及社会主义民主政治的基本要求。这就必须从原来的统管一切的产品管理体制转变为社会主义市场经济管理体制，从直接管理转变为间接管理，宏观控制，把企业的生产经营权还给企业，使企业能独立自主地在市场竞争中不断增强生机和活力，加快整个经济社会主义现代化的发展。

实现社会主义市场经济体制和社会事务管理民主化的需要，必须扩大企业、地方自主权，并把政府管理的部分事务转给社会组织管理，充分发挥人民群众和各种社会力量的作用，使人民群众越来越多地参与国家事务的管理和监督。这是社会主义国家管理的总趋势和根本方向。

政府的行政管理必须符合行政管理的理论原则。原有的政府统

管一切的领导体制，在许多方面违反了管理科学的基本原理、原则。应当遵循行政管理科学的职、责、权相一致、相统一的基本原则，以便适应社会主义市场经济的需要。在政府体制内实行分层次管理负责，逐级授权，中央政府只管控制和监督。

我国政府在职能转变中应贯彻分别调整的原则。首先，要精简不合理的机构，以适应微观搞活，宏观控制与监督。其次，要加强立法、司法、仲裁、经济监督机构。其三，需要新设信息、咨询、监察、行业协会机构。要坚持精干的原则。机构精干、层次简化、精兵简政，充分发挥各自的功能与作用。要逐步做到成龙配套，严密协调，这样就使行政管理科学化、民主化、法制化，现代化。

坚持党政分开是政府职能转变的重要条件。过去党政不分、政企不分，这是导致政府职能不明确的重要原因。如果各级党委仍然包揽或随意干涉各级政府权限范围内的事，就会阻碍政府职能的转变。所以，应当按照宪法、法律、条例、党章、准则上明确规定的党政各自的职责进行工作，从而改善和加强党的领导。

政府职能转变有内部和外部两个方面的条件。就内部条件来说，主要有：权力下放给企业，企业只要向政府登记、纳税、遵纪守法，特别是企业法规、就能成为真正独立的法人；对物价、税收、财政进行改革，使之成为有效的经济杠杆；建立宏观调节控制的机构，健全行政法规，经济法规和单项法规；最重要的是提高工作人员的素质，等等。

政府职能转变的外部条件主要是充分的理论准备。包括结合我国的实际进行研究，发展马克思主义国家学说、党的学说、党的领导学，以及对政治学、社会学、行政学的研究；进行党政分开，政企分开，使干部制度，人事制度逐步科学化、法制化。当然还有相应的经济、文化条件等等。特别是安定团结的大局。这些条件具备了，就能水到渠成，使政府职能的转变健康有序地发展。

为了使社会主义初级阶段的政府职能尽快转变，应采取必要的改革措施。过去政府只注意管别人，却忽视自身建设，忽视一般管理原则。为了改变这种状况，需要采取必要的措施，制定一套符合政府管理内在规律的特点的管理渠道和程序，使政府成为以效益为活动中心的实体。

在社会主义市场经济体制的条件下，各个企业集团的发展方向，就必然实现三个大的转轨，即要使企业组织转向以经济建设为中心的轨道上来，以便适应社会主义现代化的要求；要使企业组织转向以效益为中心的轨道上来，以便适应社会的竞争的要求；要依靠科技进步提高职工素质的轨道上来，才具有强大的生机活力，才能沿着有中国特色社会主义企业的方向发展。

（一）政府职能分类、原则标志、办法和基本途径。

政府职能的分类是一个有争议的问题。由于依据不同，认识上也不一致，在政府的职能分类上，一般说有三种观点：

第一种观点认为：应当把政府职能分为基本职能和主要职能两个基本层次。政府具有两个基本职能，一是阶级职能；二是社会公共职能。除基本职能外，贯穿在政府管辖的各种专业行政中还有若干种职能，比如，指导职能，管理职能，职务职能，协调职能，控制职能，监督职能，保卫职能等七种。

第二种观点认为：政府有四种类型的基本职能：一是政治职能，主要是统治与镇压；二是经营职能，主要是管理和手段；三是社会职能，主要是公共事务的职务职能；四是特殊社会职能，主要是环境保护，生态平衡，资源保护等等。

第三种观点认为：政府最基本的职能，就是经济与社会职能，社会职能中包括了政治职能。政府的经济职能可分为五种：一是指导职能，主要是在方针、政策方面的指导；二是管理职能，主要是通过经济杠杆、法律手段以及必要的行政手段来管理；三是服务职能，主要是为发展生产服务，为基层服务，为企业服务；四是协调职能，主要是协调政府部门之间，政府与企业之间，中央与地方之间，城市与城市之间，城乡之间的矛盾，达到综合平衡，协调发展；五是监督职能，主要是监督政府各部门执行国家法律和政策，监督企业执行政策，遵守法规，完成国家计划和照章纳税等。

还有的人认为，经济职能主要包括两个方面：一方面，一般的行政领导，规划协调和指导监督的职能；另一方面，为企业和基层服务的职能，包括提供信息，咨询，组织技术开发，人才培训，搞活经济等等。

总之，政府职能是多种多样的，怎样对这种庞杂的体系进行科学的分类，应当进行不断的研究探讨。

（二）转变政府职能，改革政府机构，是建立社会主义市场经济体制的迫切要求。

我国自改革开放以来，以公有制为主体的多种经济成分共同发展的全国格局已经形成。农村经济体制改革不断向纵深方向发展，国有企业经营机制正在向深入方向转换，社会主义市场经济体制在资源配置中的作用迅速扩大，国内外经济技术交流与合作广泛展开，计划经济体制逐步向市场经济体制过渡。改革解放和发展了社会生产力，推动我国的经济建设、人民生活和综合国力上了一个大台阶。在国际风云急剧变幻的情况下，我国的社会主义制度显示了强大的生命力。改革开放是党和人民在认真总结历史经验的基础上，作出的符合社会经济发展规律的战略决策，是我国实现有中国特色社会主义的必由之路。

在历史的转折关头，《中共中央关于建立社会主义市场经济体制若干问题的决定》就明确指出："政府管理经济的职能，主要是制订和执行宏观调控政策，搞好基础设施建设，创造良好的经济发展环境。同时，要培育市场体系、监督市场运行和维护平等竞争，调节社会分配和组织社会保障，控制人口增长，保护自然资源和生态环境，管理国有资产和监督国有资产经营，实现国家的经济和社会发展目标。政府运用经济手段、法律手段和必要的行政手段管理国民经济，不直接干预企业的生产经营活动。"这就为政府管理经济职能的主要内容、职责、方法和手段等等都做了清晰、明确的决定。我们的任务就是积极主动，认真的坚决贯彻执行，建立健全宏观经济调控体系，使社会主义市场经济体制健康的发展起来。

随着社会主义市场经济体制的逐步建立和完善，人们越来越认识到转变政府职能的重要性、必要性、紧迫性和进行宏观调控的战略意义。同时也要看到转变政府职能的艰巨性和复杂性，我们党的干部特别是决策者，要保持清醒的头脑，既要严防"放手不管"又要严防"权力经商"。在传统经济体制下，政府部门对于经济工作管得过宽，过细，干了管不好、管不了的事。"不该管的"要管，"该管的"却无人管，造成多余的"婆婆"、成效低下的局面。现在转变政府职能，我们必须克服从一个极端走向另一个极端，即"放手不管"。简政放权不是无原则、盲目地放，也不等于放权之后撒手不管。而是要在实际工作中做到既能放得开，又能管得住，不能有失控现象。

在社会主义市场经济条件下，一方面要坚持政企分开，属于企业的权限，政府部门就不要再去干预，由企业自主决定；另一方面必须加强和改善宏观调控。市场有其自身的弱点和消极方面。特别是像我们这样一个发展中的大国，要特别加强和改善国家的宏观调控，真正是微观放开，宏观管好；要严防"权力经商"，建立社会主义市场经济体制，一个最主要的特征，就是公平竞争。这种公平竞争包括：能够机会均等地占有旧社会所有的生产经营条件，能够机会均等地按照统一市场价格取得生产要素，能够机会均等地进入市场并按照由市场决定的价格出售自己的商品，能够机会均等地参与劳动者之间的所有竞争性活动，能够平等地承担应该承担的税务，等等。没有超经济的行政特权，完全靠自己的劳动能力和经营才干，依照市场经济规律，等价交换的原则，来取得市场竞争中的胜利。坚决杜绝权力经商者、官商、官倒，败坏社会主义市场经济的丑恶行为。

要按照政企分开的原则，按照精简、统一、效能的原则，搞好政治体制改革，特别是政府机构改革，以适应社会主义市场经济的顺利发展。政府经济管理部门要转变职能，专门经济部门要逐步减少，综合经济部门要做好综合协调工作，同时加强政府的社会管理职能，保证国民经济正常运行和良好的社会秩序。这是党中央的根本要求。只有这样宏观调控，才能保持经济总量的基本平衡，促进经济结构的优化，引导国民经济持续、快速、健康发展，推动社会全面进步。

（三）按照社会主义市场经济体制的要求，规范和转变政府职能。

实行社会主义市场经济体制，一方面要强化国家能力，主要指国家将自己意志、目标转化为实现的能力，它包括：吸取财政能力、调控能力、合法化能力以及强制能力。其中吸取财政能力是主要的国家能力，它也是实现其他国家能力的基础。加强政府能力刻不容缓。另一方面要加强宏观调控、审计、税收、财政等部门的经济监督和执法执纪的职能。当然，我们在加强中应该有所改善，要在改善中再加强，达到既能管得住、管得好，又能搞得活，而不能是管死或管乱。在《全民所有制工业企业转换经营机制条例》中规定的要加强宏观调控、培育和完善市场体系、建立社会保障系统，为企业提供必要的服务并减轻其负担等，就是为帮助企业走向市场而新增加的政府职能。劳动、工资、社会保障等三项制度的改革，给政府劳动部门增加了新的职责。

在转变政府职能，建立健全宏观经济调控体系中，"宏观调控主要采取经济办法，近期要在财税、金融、投资和计划体制的改革方面迈出重大步伐，建立计划、金融、财政之间相互配合和制约的机制，加强对经济运行的综合协调。计划提出国民经济和社会发展的目标、任务，以及需要配套实施的经济政策"。这一系列的经济政策，对政府职能的转变具有重大的战略意义。例如在建立土地市场，也给政府土地管理部门增加了不少新职能。如对各单位土地的有偿转让、出租、抵押的管理，对违法用地的查处，对隐形土地市场的清理，对土地一级市场、二级市场的监督管理，对土地的开发使用过程在一定范围内实行"五统一"，即统一规划、统一征地、统一开发、统一管理、统一出让或拍卖，等等。因此，在"五统一"中，既有培育、组织市场的功能，又有服务的功能。在发展大农业的方针政策上，对农业生产进行宏观引导和控制，保护农民利益，正确处理国家、集体和农民三者的利益关系，促进产供销的大体平衡，促进农村产业结构、产品结构的调整。

按照社会主义市场体制发展的需要，政府职能的转变实现具有重大意义的变化。主要是：在管理范围上，由过去主要管微观转为主要管宏观，政府应当成为宏观经济管理中心；在管理方式上，由过去以行政手段直接管理为主转为主要运用经济手段和法律手段，以间接调控为主；在管理方向上，由过去领导、指挥企业转为积极为企业服务，为全体公民服务。使政府职能成为宏观经济管理控制的中心。具有目标导向功能，总量平衡功能，利益协调功能，社会保障功能，促进结构转换功能，以及秩序维护功能等等。还应按照江泽民同志在党的十四大报告中指出的"统筹规划，掌握政策，信息引导，组织协调，提供服务和检查监督"的职能。

在转变政府职能的进程中，要加强党的建设，改进党的领导。在《中共中央关于建立社会主义市场经济体制若干问题的决定》中明确指出："改革和完善企业领导体制和组织管理制度。坚持和完善厂长（经理）负责制，保证厂长（经理）依法行使职权。实行公司制的企业，要按照有关法规建立内部组织机构。企业中的党组织要发挥政治核心作用，保证监督党和国家方针政策的贯彻执行。全心全意依靠工人阶级。工会与职工代表大会要组织职工参加企业的民主管理，维护职工的合法权益。要加强职工队伍建设，造就企业家队伍。形成企业内部权责分明、团结合作、相互制约的机制，调动各方面的积极性。"这就把党组织在企业中的地位、作用和重大意义都讲清楚了。因此，企业中的党组织要全力支持厂长经理依法行使职权，主动为厂长经理排忧解难，倡导一个能使厂长经理充分施展才能的社会环境和良好的工作条件；要充分发挥党员的先锋模范作用，为职工奋发创新倡导辐射环境，增强党的凝聚力、吸引力和战斗力；要充分发挥科技人员的作用，倡导"尊重知识，尊重人才"的文化环境。同时，要把生产经营中的疑、难、热点，作为思想政治工作重点，为职工倡导一个心情舒畅的工作环境，为企业的"团结、拼搏、奉献、创新"做出自己的奉献。

江泽民同志对搞好国有大中型企业是深化改革的重要任务。他指出，重点抓好三个环节，一是坚定不移地贯彻落实《条例》，转换企业经营机制；二是加快配套改革，为企业创造良好的外部环境；三是加强国有资产管理，逐步建立现代企业制度，为建立和完善社会主义市场经济体制打下坚实的基础。因为大中型企业是国民经济的支柱，是社会主义现代化建设的骨干力量，是国家财政收入的主要来源，在经济和社会发展中占有重要地位。搞好国有大中型企业，对增强国家的经济实力，提高人民生活水平，发挥社会主义优越性，具有十分重要意义。

二、建立健全社会主义市场经济体制，加快现代化建设步伐，必须加强和改善党的领导

我们党以邓小平同志 1992 年初重要谈话和"十四大"为标志，我国的改革开放和社会主义现代化建设事业进入了一个崭新的历史发展阶段。我们的改革开放迈出了新的步伐，党和国家对经济建设的宏观调控、政府职能转变、经济效益，等等，取得了积极成效，经济蓬勃发展，社会政治稳定。我们党紧紧抓住国内国际有利时机，加快建立健全社会主义市场经济体制的进程，使国民经济步入持续、快速、健康发展的马克思主义的正确轨道。

社会主义市场经济体制的建立健全不仅同社会主义基本制度结合在一起，而且必须加强和改善党的领导，进一步加强党的建设，促进建立健全社会主义市场经济体制的培育、发展和形成。使市场在

国家宏观调控下对资源配置起基础性作用，为了实现这个目标，就必须在党的领导下，坚持以公有制为主体、多种经济成分共同发展的方针，进一步转换国有企业经营机制，建立适应社会主义市场经济要求，这就必然要加强党的领导，加强党的建设，要有一整套好的政策使其健康发展。

要使社会主义市场经济持续健康发展，就必须坚持一系列的基本原则和适应社会主义市场经济的指导思想以及正确的政策。要建立健全一套产权清晰、权责明确、政企分开、管理科学的现代化企业制度；建立健全全国统一开放的社会主义市场体系，实现城乡市场紧密结合，国内市场与国际市场相互衔接，促进资源的优化配置的一系列措施和方法以及相适应的条款和规定；转变政府管理经济的职能，建立健全以间接手段为主的完善的宏观调控体系，建立一系列的法规、条例、制度、措施等等，保证国民经济的健康运行；建立健全以按劳分配为主体，效率优先、兼顾公平的收入分配制度，鼓励一部分地区一部分人先富起来，走共同富裕的道路。这不仅要有一系列正确政策的保证，尤要建立健全多层次的社会保障制度，为城乡居民提供同我国国情相适应的社会保障，促进经济发展和社会稳定。使建设有中国特色社会主义事业兴旺发达蓬勃发展。

建立健全社会主义市场经济体制，要毫不动摇地坚持邓小平建设有中国特色社会主义的理论和党在社会主义初级阶段的"一个中心、两个基本点"的基本路线。坚定不移毫不动摇地坚持和改善党的领导，加强党的建设。把握我国改革开放的发展趋势，掌握各项改革措施，取舍和检验其得失正确与否的根本标准。要明确机构改革，重点是转变职能，要求三年内政府由直接管理经济转变为间接管理经济。这是个战略任务，也是搞活大中型企业的重大举措，也是巩固与发展社会主义经济基础，充分发挥社会主义制度优越性的物质力量的中心一环，否则一切都谈不上；建立健全符合现代化社会主义市场经济新型的有中国特色的企业机制，使企业联合化、集团化、国际化。这"三化"是我国大中型企业的发展方向，也是我国走向发达国家的物质基础和经济保证。

要靠技术、要靠人才、要靠真本事。否则就站不住脚，也站不起来，还会被吃掉。公平竞争是无情的；进一步完善社会主义市场体系。要精心培育它、发展它，使它方向明确，稳步健康发展。特别是发展金融市场、劳动力市场、房地产市场、技术市场和信息市场等。要改革现有商品流通体系，改善和加强对市场管理与监督。推进价格改革以适应市场形成价格的机制；要完善社会保障制度，由地区、部门、企业统筹变为国家、全社会的统筹，完善养老、医疗、工商保险。就是社会保障政策要统一，管理要法制化。当然，社会保障水平要与我国社会生产力发展水平以及各方面的承受能力相适应。提倡社会互助，发展商业性保险业，作为社会保险的补充。同时要建立统一的社会保障管理机构；进一步建立适应社会主义市场经济的农村体制。要把农业、农村和农民问题，作为我国经济发展和现代化建设的根本问题。农村经济要发展，就必然要调整结构、提高效益，朝着高产、优质、高效的方向发展。以家庭联产承包为主的责任制和统分结合的双层经营体制，是农村的一项基本政策、基本经济制度，必须长期稳定，并不断完善；按照国际惯例，完善对外开放体系。实行全方位开放，就必须坚持统一政策、开放经营、平等竞争、自负盈亏、工贸结合、推行代理制的改革方向。积极引进外来资金、技术、人才和管理经验。要不断扩大引进规模，拓宽投资领域，进一步开放国内市场。要不断总结经验，不断提高对外开放程度，引导对外开放向高层次、宽领域、纵深化方向发展；要进一步完善宏观调控体系。宏观调控的主要任务是：保持经济总量的基本平衡，促进经济结构的优化，引导国民经济持续、快速、健康发展，推动社会全面进步。要按照政企分开、精简、统一、效能的原则，进行机构改革以适应市场经济的发展；要进一步完善法律、法规、制度。社会主义市场经济体制的建立和完善，必须有完备的法制来规范和保障。要高度重视法制建设，做到改革开放与法制建设的统一，学会运用法律手段管理经济。

总之，要认识和掌握这些原则和指导思想，把握发展趋势，坚持一个标准，就是以是否有利于发展社会主义社会的生产力，是否有利于增强社会主义国家的综合能力，是否有利于提高人民的生活水平。这是邓小平同志多次强调改革措施取舍和检验其得失的根本标准。

建立健全社会主义市场经济体制，是一项开创性的伟大事业。而要取得这一事业的伟大胜利，必须加强和改善党的领导，切实加强自身建设。

（一）提高贯彻执行党的基本路线和发展社会主义市场经济方针政策的坚定性和自觉性，保持思想上、政治上的高度一致。

我国是一个统一的社会主义国家，在政治上保持高度一致是个原则问题，要坚持党的领导，加强党的自身建设，促进经济基础的发展。经济是一个整体，根本利益是完全一致的。在行动上要做到眼前利益服从长远利益，局部利益服从整体利益，加强纪律，令行禁止。在工作上，既要抓住机遇，加快发展，又要稳妥，避免损失，要把注意力集中到深化改革，转换机制，优化结构，提高效益上来。为建立和健全社会主义市场经济体制的健康发展，为了巩固和继续发展经济建设的好形势，就必须加强党的领导，加强和改善宏观调控、运用经济手段、法律手段、辅之以必要的行政手段的一系列重要政策措施，确保经济又快又好地向前发展。只要我们全党统一认识，步调一致，坚持党的基本路线一百年不动摇，积极探索，勇于实践，不断总结新鲜经验，就一定能提高我们驾驭社会主义市场经济的能力，沿着具有中国特色的社会主义道路持续前进。

要发展社会主义市场经济方针、政策的坚定性和自觉性，就必须把握市场经济通行的共同的客观规律，还要紧紧抓住中国特色和时代特色。这是加强党的领导的关键所在，也是党的自身建设的一个重要问题。因为我国建立的社会主义市场经济体制，既不同于过去高度集中的计划经济体制，也不同于资本主义国家的市场经济体制。我们党的任务，就是要在社会主义基本制度的基础上建立市场经济体制，这是前无古人的新事物。既具有中国特色，也具有时代精神。这就要求我们的干部特别是党政领导干部，要头脑清醒，要研究新情况，解决新问题，处理新矛盾，在社会主义市场经济这个崭新课题中要有主动权，不要打败仗，也不要被市场经济本身出现的某些负面而成为落伍者。

要在实践中学会运用市场经济规律，为建设事业服务，关键就是要以邓小平建设有中国特色的理论武装自己的头脑。不仅要认识建立健全社会主义市场经济体制的战略意义，而且要弄清社会主义市场经济的基本特征、主要内容以及建立市场经济的具体任务和政策。因此，我们的干部尤其是党员领导干部，还必须认识和掌握社会主义市场经济与资本主义国家市场经济的同和异，同就同在都是采用市场经济体制和运行机制。这就要学习资本主义国家反映市场经济规律的成功做法，借鉴适应社会化大生产的经营管理经验和国际通用的做法，学习和借鉴资本主义国家市场经济中一切有用的东西，为发展社会主义市场经济服务，以便卓有成效地领导社会主义的经济建设。

为了提高全党在加快建立和健全社会主义市场经济体制中驾驭全局的领导能力，要努力学习经济知识，掌握社会主义市场经济的客观经济规律。要认真进行调查研究，准确把握社会经济形势的趋向。更要坚持党的宗旨，继承和发扬党的传统作风，把我国的经济建设搞得更好。

（二）坚持全心全意为人民服务的宗旨，继承和发扬党的优良传统和作风，进一步密切党同人民群众的联系。

全心全意地为人民服务是我们党的唯一宗旨，是党的一切活动的出发点和归宿。也是马克思列宁主义、毛泽东思想和邓小平建设有中国特色社会主义理论的一条基本原则。在《共产党宣言》中就指出：无产阶级的运动是绝大多数人的、为绝大多数人谋利益的独立的运动。共产党不但代表本阶级的利益，而且代表全体人民的利益，只有解放全人类，才能解放自己。列宁指出："党的任务就是维护工人的利益，代表整个工人运动的利益。"①毛泽东一贯教导全党，要全心全意地为人民服务，做人民群众的勤务员。他指出：我们的党员和干部，不论职位高低，都是人民的勤务员，我们所做的一切，都是为人民服务。邓小平在党的"八大"《关于修改党的章程的报告》中就明确指出：党的全部任务就是全心全意地为人民群众服务。我们党在长期的革命斗争中，树立了全心全意为人民服务的优良传统和作风，同人民群众形成了鱼水相依的关系，大地与种籽的关系，血和肉的关系，赢得了人民群众的信任和拥护。

　　我们党所以有力量，就是因为代表着最广大人民的最根本的利益，就因为共产党员、党的干部都只有勤勤恳恳为人民服务的义务，就是因为人民群众对党的信任和支持，这是我们的事业能够不断取得胜利的关键所在。因此，共产党员，党的干部特别是领导干部的党性，就表现在能不能坚定的为了党和人民的事业，不惜牺牲个人的一切，真正做到全心全意地为人民服务。共产党员特别是党的领导干部的党性所以表现在全心全意地为人民服务的思想，就是共产党人，党的干部的一切言论行动，必须以合乎最广大人民群众的最大利益，为最大多数群众所拥护为最高标准。我们党坚持实践这一条原则，是我们党之所以能够成为全中国人民领导核心的一个根本原因。党群关系的状况，从根本上说也是取决于党联系群众，服务于人民的状况。如果背离了或抛弃了全心全意地为人民服务的宗旨，就不是也不可能是真正的共产党。

　　在执政党的条件下，党在国家生活中的领导地位，决定了党的活动同广大人民的利害得失关系极大。执政党能不能永远保持着全心全意地为人民服务的优良传统和根本宗旨，是摆在党面前的一个严峻考验，特别是在社会主义市场经济体制的培育发展进程中，无

①《列宁全集》第2卷，第85页。

产阶级政党一旦背离了为人民服务的宗旨，那就会蜕化变质，就会站到人民的对立面上去。党章要求每个共产党员和党的干部都必须全心全意为人民服务，自觉地做人民的公仆，坚持党和人民的利益高于一切，个人的利益服从党和人民的利益，吃苦在前，享受在后，克己奉公，绝对不得假公济私，损公利私，以权谋私。权钱交易损害党的形象。这种规定，对于保持党的工人阶级先锋队的性质，有着特别重要的意义。

党要坚持全心全意为人民服务，首先要有一个能够代表和符合人民利益的纲领、路线和政策。"党的纲领和政策，正是工人阶级和最广大人民群众的根本利益的科学表现。这就是说，党根据马克思列宁主义、毛泽东思想和邓小平建设有中国特色社会主义理论的基本原理和客观实际情况制定的纲领、路线和政策，是人民群众的意志和根本利益的最集中的表现，并为人民群众的革命斗争指明了正确的方向和目标。为实现党的纲领和路线而斗争，也就是为争取人民的根本利益而奋斗。

要实现党的纲领和路线，就必须有党性强的干部，特别是领导干部。邓小平指出："发扬党的密切联系群众的传统作风，要靠我们老干部起模范带头作用。要培养、选拔一批年轻干部到各级领导岗位上来，老干部对他们要传帮带，要给他们树立一个好的作风，要使他们能够继承和发扬党的艰苦朴素、密切联系群众等优良作风。要使他们懂得，不只是年轻就能解决问题，不只是有了业务知识就能解决问题，还要有好的作风。密切联系群众，这是最根本的一条。不要'做官当老爷'，要反对'衙门作风'，这是毛泽东同志的一些根本的思想观点，现在我们还是应该按照这些思想观点去办事。"① 我们有五千多万党员，三千多万干部，如果我们的每个党员都能党性强、作风好、全心全意地为人民服务，为实现我们党的基本路线、方针和政策具有多么大的力量！

---

① 《邓小平文选》第二卷，第230页。

　　问题是一部分党员、干部党性不强，表现不好，要在大力加强教育的基础上进行整顿，突出党性教育，做一个合格的党员干部。我们所干的事业，就是把我国变成一个中等发达的社会主义国家，而要实现这一目标，还需要50年、60年的时间，我们的路是漫长的。所以，我们要在社会主义市场经济发展的条件下，坚持我们的好传统，就是要艰苦创业，谨慎办事，兢兢业业把我们的经济建设搞好，一定要把我们党的好传统、好作风坚持下去。

　　党要坚持全心全意地为人民服务，必须在领导人民群众为实现共产主义理想而奋斗的全过程中，始终同人民群众同甘共苦，保持最密切的联系，不允许任何党员、干部脱离人民群众，凌驾于人民群众之上。无产阶级革命事业是人民群众自己的事业，只有千百万人民群众的共同努力，革命与建设任务才能完成，人民群众才能解放。党领导人民群众，同时又必须同人民群众保持最密切的联系，才是不可战胜的。列宁曾说："我们党的力量在于保持党和千百万非党群众之间的活的联系，这种联系愈实际，我们的成就就愈可靠。"毛泽东经常告诫全党同志，要密切联系人民群众，全心全意为人民服务，要认真实行党的群众路线。

　　全国革命胜利以后，毛泽东又多次提出，要保持和发扬党的密切联系人民群众的光荣传统和作风，他尖锐地指出："我们一定要警惕，不要滋长官僚主义作风，不要形成一个脱离人民的贵族阶层。谁犯了官僚主义，不去解决群众的问题，骂群众，压群众，总是不改，群众就有理由把他革掉。我说革掉很好，应当革掉。"① 我们要永远保持同人民群众密切的联系，全心全意地为人民服务。

　　首先，我们一切党员、党员干部都必须在一切工作中坚持群众观点，相信人民群众，依靠人民群众，倾听人民群众的意见，吸取人民群众的智慧，尊重人民群众的创造力，坚决反对官僚主义和命令主义的工作方法和工作作风。其次，在任何时候，在任何情况下，

———————

　　① 《毛泽东选集》第五卷，第326页。

都要关心人民群众的切身利益，教育人民群众在实际生活中认识到党的任务和路线的实现同自己的切身利益是密切地联系着的，党领导的革命斗争就是人民群众自己的事情。这样党就会得到广大人民群众的高度的信任和衷心的拥护，党和人民群众就会建立起紧密的联系。其三，党在政治上要尊重和支持人民群众当家作主的权利。党领导人民群众经过长期的艰苦奋斗，终于推翻帝国主义、封建主义和官僚资本主义，建立了人民民主专政的中华人民共和国，人民群众由过去被压迫被统治的地位，变成了国家的主人。人民的民主权利，最根本的就是人民参加国家管理的权利。这种权利不是任何人恩赐的，也不是任何人能够任意剥夺的。

党章规定在建设高度的社会主义物质文明和社会主义精神文明的同时，要健全社会主义民主和法制，切实保障人民管理国家事务，管理经济和文化事业等各项事务的权利。党和国家的一切干部都是人民的公仆，在他们的一切活动中，都要倾听群众的意见，执行人民的意志，接受人民的监督，尊重人民当家作主的权利，兢兢业业，真心实意地把人民的事情办好，绝没有凌驾于人民群众之上，欺压人民群众的权利。只有这样，才能永远和人民群众在一起。党风问题，实质上是党和人民群众的关系问题，党风的好坏将决定人心的向背，而人心的向背是决定党的前途和命运的根本问题。

应该指出，人民群众不会自发地产生社会主义思想、观点和意识。党必须坚持"灌输"的原则，用共产主义的思想教育人民群众，使人民群众认识自己的利益，并团结起来为之奋斗。党在自己的一切活动中必须实行群众路线，一切为群众，一切依靠群众，把党的正确主张变为人民群众的自觉行动。群众路线是贯穿于党的全部活动和全部工作的根本路线。党的思想路线、政治路线和组织路线，都是在群众路线的基础上形成、巩固和发展起来的，它体现着人民群众的根本利益和意志，包含着人民群众的实践经验。党的一切活动和一切工作，都离不开群众路线，如果离开了群众路线，党就不能实现正确的领导，革命和建设事业就不能成功。一个共产党员、党的干部，都要经常深入到人民群众中去，进行调查研究，向群众学习，倾听人民群众的意见，集中人民群众的智慧，总结广大群众的经验，用来指导自己的工作，这样才能成为具有坚定的党性的共产党员和党的领导干部。

（三）严格执行党的民主集中制，健全党内政治生活，维护党的团结，严肃党的纪律，增强全局观念，使全党在行动上做到步调一致，令行禁止。

民主集中制是我们党和国家的根本组织原则，它科学正确地反映了党内的各种关系以及党的生活、国家政治生活和领导活动所应遵循的基本规律。是党的群众路线在党和国家生活中的运用和发展。我们党所领导的长期革命和建设的实践充分证明，民主集中制适合我们党情、国情和民情，是完全正确的，必须长期坚持。江泽民同志在党的"十四大"报告中指出，在加快改革开放和社会主义现代化建设的新时期，要坚持和健全民主集中制，进一步发扬党内民主和人民民主，加强法制建设，自觉维护党的团结和中央的权威。特别是健全党内政治生活，维护党的团结，严肃党的纪律，增强全局观念，使全党在行动上做到步调一致，令行禁止具有重大意义。

坚持党的民主集中制，是关系到加强党的建设和改善党的领导，关系到改革开放和建设有中国特色社会主义事业能否成功的重大问题。坚持民主集中制是我们党成为改革开放和社会主义现代化建设事业坚强领导核心的重要保证。通过实行民主集中制，在党内充分发挥各级党组织和广大党员的积极性和创造性，集中全党的智慧，保证党的决策的正确，从而更好地完成我们党所肩负的伟大历史使命。

首先，民主集中制原则，是组织工作的灵魂，是实现党的政治路线的手段和工具。从党的民主集中制的形成与发展上来看，民主集中制是实现党的政治路线的重要手段、工具和要达到的政治目的。没有实现党的政治路线的紧迫性、艰巨性和复杂性，就没有民主集中制。而党的政治路线又是特定国情的必然产物，民主集中制的形成发展和运用既受到特定国情、党性、人情的制约，也有时代的特征。民主集中制的原则，生动的体现了我们党组织无产阶级革命力量和社会主义建设力量的活动规律，是党组织、领导革命和建设的社会政治力量的科学原则、科学方法和根本经验，我们党只能坚持和发展，不能削弱和放弃。

我们党提出的实现我国经济体制由过去的计划经济体制到现在社会主义市场经济体制的革命性变革，实现这个伟大目标，对我们党进一步加强集中统一领导提出了更加迫切的要求。从计划经济转变为市场经济体制，这是我国有史以来最为深刻、复杂的变革，这是物质生产方式的根本性变革，必然引起各种利益关系的矛盾、冲突，调整必然要求强有力的集中统一领导，强调宏观调控，万万不能失控，否则社会秩序就会失去控制，社会将陷入混乱无序的状态。因此，就必须按照民主集中制的要求，赋予党的政治领导以广泛权力，是我们党、我们国家、我们民族生死存亡的大问题，也是社会运动规律的客观要求和生动体现。党要按照民主集中制的原则，随着社会经济、政治、文化的不断发展变化，掌握宏观控制，为基本路线服务，从而不断发展、完善民主集中制的基本原则。

民主集中制不仅在形式上是民主的，更重要的是它在实质上是民主的。党的民主集中制原则，是民主制与集中制的辩证统一整体。这里所讲的民主，是集中指导下的民主；这里所讲的集中，是在充分发扬党内民主基础上的集中。这种既民主又集中的原则，是共产党组织活动的基本原则，是组织工作的灵魂。我们坚持民主基础上的集中和集中指导下的民主相结合的基本原则。党的民主集中制是一个统一的有机整体，其中民主和集中都具有两重性。民主一方面是集中的生气勃勃的基础，另一方面又要受集中的指导。这就要在发扬民主时，不能只强调民主的基础作用，不强调民主须以集中为指导。集中，一方面是对民主的强有力的指导，另一方面又必须以民主为基础。加强集中时，也不能只强调集中的指导职能，而忽视必须以民主为基础。在执行的进程中，既要坚决反对和纠正发扬民主不够，个人说了算、家长制作风，过分强调集中的倾向；又要坚决反对和纠正分散主义、极端民主化、无政府主义乃至资产阶级自由化倾向。

离开民主集中制原则，党的组织建设就会偏离方向。从党组织自身建设任务来看，党的组织领导所要求承担的基本任务，就是指明党组织是按照什么原则组织起来的，依据什么原则来巩固和发展的。民主集中制原则，就是这样一个基本原则。这个基本原则，贯穿于党组织建设的各个方面，体现在党的组织工作的各个环节。在整个党的组织建设和组织工作中，时时处处都不能离开它。如果离开了它，组织工作就要发生错误，组织建设就会出现弊病，严重时，甚至会导致党组织细胞和肌体的破坏，党的组织机构和组织系统的涣散，瓦解。党在这方面有过非常深刻的经验与教训，特别是在"文化大革命"中，由于搞"家长制"、"一言堂"，违背了民主集中制的组织原则，使党的组织细胞和领导骨干、组织机构和组织系统都遭到了严重损伤。这种状况被林彪、"四人帮"所利用，踢开了党的各级组织，打击党的领导骨干，更使党的组织遭到严重破坏，出现了一场骇人听闻的浩劫和灾难。

党的十一届三中全会以来，在以邓小平为核心的党中央第二代成熟领导集体的坚强领导下，党内的民主生活得到了恢复和发展，民主集中制原则得到全面的贯彻执行和不断丰富和发展。但是，党内的权力过分集中于个人的现象，还没有得到彻底解决。应该说自十一届五中全会以后，党中央恢复了书记处，加强了集体领导，为全党作出了榜样。省委、地委、县委的领导班子也都有重大的变化，集体领导得到了加强。勿庸讳言，仍有一些领导班子，在实行集体领导方面还存在着这样或那样的问题，把重大问题的决定权不是交给党委集体讨论决定，而是交给个人甚至个人说了算。个别地方，甚至发生个人擅自推翻党的决议和集体决定的现象。有的领导干部，仍在"一元化领导"的口号下，搞个人一元化，实际上是把个人凌驾于党组织之上。这是贯彻党组织路线必须注意解决的一个重要问题。

总之，我们党组织要按照民主集中制原则加强党的统一领导。为了加强党的集中统一领导，按照民主集中制原则，党的"十二大"、"十三大"以及"十四大"都做了明确规定，都有新的发展。

其次，健全党内政治生活，维护党的团结严肃党的纪律，增强全局观念，使党在行动上做到步调一致，令行禁止。这是共产党员和干部的义务。当今世界已进入高科技的现代化大生产的时代，我们所进行的建设有中国特色的社会主义事业，是前无古人的伟大事业。在这种新的情况下，新问题层出不穷，党的领导越来越显示它的极端重要性和迫切性。党的决策活动越来越频繁，难度越来越大，这就必然要实现决策的民主化和科学化。特别是在建立健全社会主义市场经济体制的情况下，如果凭主观判断，依靠个人进行决策，那是十分有害的。一旦决策失误，不仅影响党的威信，而且直接影响党的事业的兴衰成败。对党政领导班子来说，实现决策的民主化和科学化具有重大的意义。

维护党的团结，严肃党的纪律，增强全局观念，使党政领导班子团结、协调。归根到底，主要是民主集中制贯彻得好不好。因此，解决领导班子不团结、不协调的问题。要从贯彻执行民主集中制、健全党内生活入手，使领导班子不断增强解决自身矛盾的能力，从治本上下功夫。就是要在基本路线的基础上加强团结，增强全局观念，协调一致，抛弃一切私心杂念，齐心协力把党的事业做得更好。要不断增强各级领导班子解决自身矛盾的能力，认真开展批评与自我批评，加强组织监督，及时化解不团结、不协调的因素。有问题不要捂着，不要相互猜忌，不要相互指责，更不要压制批评，打击报复。要运用批评与自我批评的武器，加强党内团结，消除矛盾。关键是主要领导同志要带头率先垂范，以身作则，善于解剖自己，允许大家发表不同意见，鼓励大家畅所欲言，形成互相信任、支持、谅解，胸怀坦荡，视名利淡如水的良好风气。

严肃党的政治纪律，巩固党的集中统一。坚决反对"上有政策，下有对策"，或采取实用主义的错误态度。纪律是执行路线的保证，搞改革开放，发展经济，进行建设有中国特色的社会主义，同样要严格党的纪律。党章规定，党员个人服从党的组织，少数服从多数，下级组织服从上级组织，全党各个组织和全体党员服从党的全国代表大会和中央委员会，这既是民主集中制的基本原则，也是党的政治纪律，每个共产党员和领导干部都必须无条件地执行。绝对不能有令不行，有禁不止，各自为政，各行其是的倾向，这是和民主集中制原则背道而驰的，也是违反党的纪律的。

其三，正确执行党的路线、方针和政策，是党的干部特别是领导干部的神圣职责。作为党的领导干部，不仅应具有高度的政治觉悟，而且应具有从实际出发，贯彻执行党的路线、方针和政策的能力，这也是党的干部的重要职责。党的路线、方针和政策，是马克思主义的基本原理同中国革命和建设的实际相结合的产物。党的领导干部必须认真地学习党的路线、方针和政策，并从本地区、本部门、本单位的实际出发，创造性地贯彻执行。毫无疑问，这种创造性是以正确性、科学性为前提的。

党的十一届三中全会以来，进一步端正了党的思想路线、政治路线和组织路线，为我国的社会主义现代化建设奠定了可靠的基础。为建设有中国特色社会主义事业开创了条件。特别是党的"一个中心、两个基本点"的基本路线，为开创我国社会主义现代化建设的新局面指明了方向。

当前，党的各级干部的一项重要任务，就是：全面贯彻执行党的"十四大"和十四届三中全会精神，加快建立和健全社会主义市场经济体制的改革步伐，进一步扩大对外开放，加强和改善宏观调控，大力调整经济结构，提高经济效益，保持国民经济持续、快速、稳定发展。为了完成这个任务，就必须认真改进工作作风，努力提高党政干部的执政水平和领导水平。不仅要顾全大局，严肃纪律，保证中央各项方针和政策的贯彻落实。党政领导干部能否正确的、创造性地贯彻执行党的基本路线、方针和政策，最根本的一条就是要坚持党的解放思想、实事求是的思想路线。具体地说，就是要在自己的工作实践中，坚持调查研究，解放思想，实事求是，理论联系实际，一切从实际出发，坚持实践是检验真理的标准。把建设有中国特色的社会主义事业推向前进。

（四）加强党政各级领导班子的建设，深入实际，调查研究，坚决克服官僚主义和形式主义，认真学习社会主义市场经济基本知识和现代科技知识，努力提高领导现代化建设的水平。

1. 党政领导班子的地位和作用。

党政各级领导班子是由主要领导人组成的有机整体，是党政活动的领导者、组织者，是党政组织的核心。党政领导班子的地位和作用是多层次、多渠道、多种表现形式的，但主要表现在三个方面：

首先，党政领导本身是一个庞大的系统，它主要是通过领导班子，把党政组织系统内的党员和干部的意志变成党政组织的意志，并有领导、有目的、有组织、有秩序地贯彻执行。党政系统、党员、干部和人民群众是党的政治、思想和组织领导的主体。党政领导工作是体现党员、干部和人民群众的意志和要求的领导活动，是主体的反映者、体现者和组织执行者，但是，领导主体和主体意识、意志的执行关系都是通过各自的党代表大会、代表会议、人民代表大会制度实现的。

但是，在党政领导班子中，有的领导者不深入基层、调查研究，没有很好地坚持党的密切联系群众的优良传统和作风，他们高高在上，目无群众，不了解群众情绪，不关心群众疾苦，想问题办事情多凭主观意志，同群众没有多少共同语言；养尊处优，官气十足；滥用职权，习惯于发号施令，方法简单生硬，作风虚浮粗暴。群众说他们是"门难进、面难见、脸难看、事难办"的"鬼门官"、"衙门关"。这就极大地损害了党、政在人民群众中的声誉和威望，妨碍了党的基本路线、方针、政策的贯彻执行，也丧失了主人翁的主体思想。如果不痛下功夫改变党群关系，改变政群关系，党群关系，必将影响党和国家的稳定和发展，其后果是非常严重的。

我们党的历史经验证明，只有依靠千百万真心实意拥护革命的人民群众，共产党才能夺取政权，巩固政权。特别是执政以后，如果不能发扬人民主体意识，如果脱离人民群众，其政权就有可能得而复失，走向毁灭。

其次，强化党政领导班子的能力。领导班子能力包括政策决策能力——预见性、战略性、设计性、独立性、全面性、方向性等问题，还包括组织能力、思想引导能力、政治适应能力和理论创新能力。主要是决策能力和执行能力等等。决定组织领导能力的强弱、高低，主要有三个基本因素：一是构成组织的个体因素；二是组织的结构情况因素；三是组织领导运转的机制因素。这三个因素是一个有机形成的过程和整体发展过程。

党政干部的个体因素极为重要。毛泽东指出，人是要有点精神的，特别是党政主要领导干部更是如此。在新时期，一个开拓型干部应当有什么精神呢？应该有真抓实干、进取、开拓、牺牲等精神，以适应时代形势的要求。

一是要有原则性和实干精神。我们所讲的原则，主要是坚持四项基本原则、坚持党的基本路线、方针和政策，从思想上、行动上与党中央保持一致。对大是大非，对基本路线、方针、政策性的问题，立场要坚定，态度要鲜明，方法要灵活。做到情况明、决心大、方法对；对党的、国家的指示、决议、决定、命令等要坚决贯彻执行，做到"令行禁止"。对待实际中存在的错综复杂的问题，力争做到"实事求是""是非分明"，不能以感情代替政策，更不能以个人偏见非议党的方针和政策，甚至采取抵制的态度，这是绝对不允许的。在实际工作中绝不能采取"对上捧着点、对下哄着点，互相照顾点"的不正之风；对坏人坏事和各种错误思想不揭发、不批评、不规劝、不斗争，任其下去，保持一团和气，那就丧失了一个领导者的职责。要实现党风和社会风气的长期稳定，党政领导干部必须具有原则性。当然，最重要最关键的还是领导者的真抓实干的精神，这是无声的命令。不说空话，大话，多干实事、好事，就能卓有成效地推动工作。以身作则的模范行动是最有效的思想政治工作。有的干部饱食终日，无所用心，讲废话，不干实事，站在局外高谈阔论，品头论足，"叫唤的猫多了，捉耗子的猫就少了"，要真正为党的事业，为人民的事业排忧解难，就应该重实干，力戒空谈。

二是要有开拓的革命精神。我们处在新的改革时代，科学技术日新月异的伟大变革时代。国家适应时代的要求，制定了对外开放，对内搞活经济的基本国策。因为时代变化了，一些老观念、老方法、传统意识已不再适应，必须探索新路子、新方法，不断充实具有时代气息的内容，给人们以新鲜感，以适应新形势，改善与加强党的领导，开创新局面，这就必须具有顽强的开拓精神。

根据时代的要求，我们极需要培养跨世纪的合格人才。要培养开拓型、创业型人才，必须了解和掌握开拓型、创业型干部的主要特征和成长一般规律。开拓型、创业型干部，要具有极强的事业心和拼搏进取精神，有强烈的竞争意识，有敢于向本学科领域、本工作系统第一流水平进取的雄心壮志。这和那种"遇事不要强出头"的谦谦君子的性格截然不同；在思想方法上，思维活动上，求异的欲望强烈，总想另创天地，独辟蹊径，爱寻根问底，善于接受各种最新信息，不盲从名人权威。这同那种力求师承古训，极力效仿先贤的求同思维者，迥然有别；在能力上，他们不仅能做学问，搞科研、钻书本，而且有较强的组织领导、管理能力，社会交往能力、演讲表达能力。这同那种讲究"内省"、"慎独"功夫，闭门沉思，不问世事的人，有很大的不同。

培养开拓型、创业型人才，需要多方面的条件和全社会的共同努力，尤其是领导干部和党校、高校的教授、学者、专家应当特别重视。担负领导责任的同志，胸襟要宽广，不要以个人的好恶去考察干部，要从时代和事业的需要出发选拔人才；对经常提出不同意见的人，要能够兼容并纳，不要动辄排斥，不要一看到一种新观点、新方法，不做深入细致的了解，就视为怪异邪说。要干部经风雨，见世面，博采百家之长，众人之说，开拓思路，活跃思维能力。领导干部应当具有甘为"人梯"的吃亏精神。要欢迎那些开拓型、创业型干部冒尖,为他们冒尖创造条件,使他们脱颖而出。

三是要有自我牺牲精神。共产党人要奋斗,就会有牺牲。战争年代,我们革命先辈已做出了光辉榜样。现在建设有中国特色的社会主义,实现社会主义的现代化,必须树立共产主义理想和信念,克服一切艰难困苦,要识大局,顾大体,正确处理国家、集体和个人三者的关系。

敢于牺牲自己利益,必要时献出生命。做一个合格的领导者,要先群众之苦而苦,后群众之乐而乐,否则难以真正赢得群众的信任和拥护。为此,我们在各项工作中,要克己奉公,任劳任怨,甘当配角、二传手、当"人梯",不争权夺利,不计较个人得失。工作不能只限于八小时,要牺牲点休息时间,有时甚至不能照顾家庭、孩子、老婆、父母等,吃不好,睡不好,忘我的工作。一个无产阶级的革命者,必须具有这种牺牲精神。

总之,是要有原则性和实干精神、开拓的革命精神和自我牺牲精神。党政领导干部的精神、思维、修养还可以列出更多的方面。以上几点,是争取做一个合格的优秀领导者所必须具有的革命精神。只有具有坚强的党性、崇高的理想,良好的素质修养,才能树立和培养原则和实干精神、开拓和牺牲精神。只有掌握一定的马克思主义理论和科学文化知识,才能具有多方面的思维能力,激发探索的革命精神。也只有原则、实干和牺牲精神,才能提高政治思想素质修养,才能不断把知识转化为觉悟,由觉悟转化为能力,成为一个合格的领导者,为党和国家的事业贡献自己的力量。如果每个干部的个体素质很好,就能组成一个和谐的战斗领导集体。

其三,党政领导班子的基本职能和各个领导者在思想建设中的基本特点,为领导班子发挥作用奠定了基础。所谓职能,即职权和责任。有职才能有权,有权就有责,职责相一致是现代科学领导的一项根本原则。党政领导者要对代表大会负责,对党、对国家、对人民负责。

　　党政领导班子对重大问题的决策、调查研究、推荐政府的重要领导干部，对社会团体的政治领导，贯彻上级指示，保证政令统一，重大决策，协调组织活动，等等，都是领导班子的重要职责。

　　2. 党政领导班子在思想建设上的基本特点。

　　开拓、创业型的党政领导干部在思想建设中的基本特点是什么呢？新型党政领导班子在思想建设中，应当具有思维的独立性、灵敏性、逻辑性和条理性的特点。还必须熟悉马克思列宁主义、毛泽东思想和邓小平建设有中国特色社会主义理论的基本原理，从而加强工作中的原则性、系统性、预见性和创造性。

　　一是思维的独立性和思维的灵敏性。俗话说，凡事三思而行。由于人是生活在纷繁复杂的环境中，人们的思想觉悟，认识水平和思想方法不同，总会随着形势的变化，产生各种不同的思想，所以领导者要在工作中，根据实际情况善于提出问题，多问几个为什么，不盲从，不偏听偏信，独立思考，独立解决问题，创造性地开展工作。这就必须具有思维的独立性。

　　思维的灵敏性也是非常重要的。我们在日常生活中，人的思想变化多端，内心活动更为复杂。有时在谈话和工作中会遇到一些预想不到的古怪事件。如果不及时、恰当答复和解决，就会失去争取成效的机会，甚至有的时间一拖延，就有可能成为其他问题或矛盾激化的直接诱因。所以，要抓住稍纵即逝的良机，以变应变，随机解决。要观其表、察其实，触一点、及全面，及时发现，及时分析、正确解决。要提高分析和解决问题的速度，增强思维的灵敏性。这也是党政领导者思想建设的重要一环。

　　二是思维的逻辑性和条理性。一个领导者正确的决策，来源于周密的思考，思想的表达取决于思维的逻辑。只有加强思维的逻辑性，才能准确地把握事物的本质，使我们的宣传、演说、谈话做到内容紧凑，严密，观点明确，材料充分，使我们的思想教育工作富有说服力，增强吸引力，提高效果。同时，思维的条理性也非常重要，特别是在做群众的思想政治工作方面，它涉及学科多、知识面广，工作领域系统各有不同，既有理论又有实践。人们的思想问题、实际问题多种多样，各种信息千变万化。如果千篇一律生搬硬套，眉毛胡子一把抓，遇到问题就会束手无策。这就需要我们将知识"分门别类"，将思想信息理顺，分别不同情况，对症下药，提高针对性，减少盲目性。真正有条理地把各种关系理顺，做到层次分明、清晰、明确，这样就会达到良好的效果。领导干部做群众的思想工作要以理服人，不是单纯的说教，更不是下命令、做指示。群众的科学文化水平提高了，就必然要求领导者以理服人，共同为党和人民的事业而工作。

三是思维的科学性和预见性。一个党政领导干部的才干表现在有洞察力。不是直观感，而是透过现象看本质，既看到无声的影响，也叫"德"的影响，也要看到有声的影响，也叫"才"的影响。要特别注意这两种影响的种种因素：

首先，钱、权、色、家的因素——这就是不能追求不义之财，不能见利忘义，不能被金钱所引诱；不能滥用职权，搞"权力欲"，搞个人说了算，搞"一言堂"，搞特权；不能见色心动，腐化堕落；要当"家务清官"，不要让家属插手干预领导工作，不要搞裙带关系，"亲加亲，派加派，宗族关系加裙带，挖也挖不动，撬也撬不开"的不正之风；其次，就是人际、感情、才能、知识的因素，这就是要看到任何一个团体、单位、结构中的人才都不是万能的。要实现德、识、才、学互相补充，而不能互相排斥，不能搞成内耗、摩擦不团结的机构，要搞好左邻右舍，上下各种关系。因人与人相处在一起，会产生一定的感情关系，或者亲密，或者疏远。感情是人的一种心理现象，它是对客观事物（包括人）好恶倾向的内在反映；才能有大小高低，才能的因素也是多方面的。主要表现在：领导者善于判断决策、科学管理，调查研究、总结经验、开好会议、运筹时间、调整关系，有帅才本领，有丰富的知识。其三，为了领导，就必须预见，没有预见，就谈不上领导。因为党的领导是自觉地有目的的政治活动，而不是盲目的行动，要自觉的行动，就要有远见，有战略眼光，能正确预见未来的发展趋势和达到的目的。

　　当然，未来的发展是由多种因素决定的，这些因素又是经常处于不断发展和变化之中，所以，只有通过掌握丰富的资料，进行科学的分析，才能变不可知为可知，才能有正确的预见性。正确的领导，就是建立在对现在的情况和未来的趋势的正确估量的基础上的。我们党和国家是面向未来的，是能够预见近期和远期及未来的发展趋势的。对预见未来，党历来是重视的。1981 年 3 月中央领导同志就提出研究 2000 年的中国是一个什么国家？党的"十二大"确定了我国本世纪末的战略目标，战略重点和战略步骤；国务院领导同志把"2000 年的中国"研究称作一项"大工程"，这就指出了要明确认识领导和预见之间的关系。

　　一个卓越的党政领导者，要有高层次的预见能力，提出战略总体规划、要研究、预见、预测各行各业、各学科，甚至世界的政治、经济状况和发展的趋势及我们的任务、对策。这就是说，国家、区域、部门、行业每一个层次都要有科学的预见性，探索正确的对策。只有这样才能面向现代化、面向世界、面向未来，实现正确的领导。这就是说，有预见、有远见、有创见才是一个好的领导者。因此，我们从客观到微观都是这样：要领导好一个国家、一个机关、一个学校、一个医院、一个文化团体，一个工厂、矿山，就要有预见，就要懂得科学预见的重要性，审时度势，趋利避害，使自己的工作经常处于主动的地位，不断地开创新局面。

　　四是要做有胆有识的开拓者。为了适应社会主义现代化的需要，就必须造就一大批有胆有识的新型干部。有胆就是有为共同理想、为社会主义、为共产主义和人民的根本利益而奋斗，奋不顾身，一往无前的革命精神。有了这种大无畏的精神，就勇于投身改革的洪流之中，为开拓新的事业，为建设有中国特色社会主义，而迎着困难前进。

　　在这种精神状态下，对的敢支持；不对的敢批评；违法乱纪的敢揭发，两手都硬，不管遇到多大的阻力也不怕。无畏来自无私，如果是一个老想到个人私利的人，今天怕挨批，明天怕挨整，怕撤职，就不可能实现无畏，做到有胆。当然，有胆也要具体分析，也有两种情况：一种是为党为民族，为人民的事业而冲锋陷阵的胆量，这是人民、共产主义事业所需要的，另一种是特殊的"胆"。现在有少数人大胆妄为，为了个人私利什么违法乱纪的勾当都干，这种胆是要坚决制止和反对的。

什么叫识？所谓识，是指知识，认识，是一种理性思维能力。一个有识的党政干部，不论在任何时候都是胜利者，或者遇到挫折，都不会迷失或模糊自己的社会主义方向。二是有科学的知识，我们正处在各门科学的发展一日千里的年代，只有真正学习和掌握社会主义现代化的科学知识，管理知识，才能跟上时代步伐，完成现代化建设的大业。三是对实际具有透彻的了解，实际包括工作实际、群众的思想实际，这是一切工作的出发点和落脚点，只有到基层去，到群众中去，深入调查研究，掌握实际情况，才能有真知卓识，说话说到点子上，落地有声，办事情办得有实效。

总之，一个党政领导班子的成员，开拓、创业型的干部，特别是领导干部应当具备思维的独立性、灵敏性、逻辑性、条理性、科学性、预见性，以及有胆有识。只有这样才能适应建设有中国特色社会主义事业的要求。才能搞社会主义现代化事业。我们党和国家，就是要造就培养一批又一批，一层又一层有胆有识的人才，这样新型创业的开拓型的干部，各行各业都应该有，他们是我们党的事业兴旺发达的标志，也是我们事业不断前进的希望所在。

（五）要切实加强党的基层组织建设，努力改变一部分党组织软弱涣散的状况，充分发挥基层党组织战斗堡垒作用和广大党员的先锋模范作用。

党的基层组织的地位和作用，党中央在新的历史条件下又极为明确概括为"政治核心"，这是十一届三中全会以来对基层组织地位和作用的科学总结和准确的结论。是在建设有中国特色的社会主义和党政分开、政企分开的情况下，特别是在发展社会主义市场经济的新任务、新形势，给基层党组织建设带来了新的挑战，也给基层党组织建设带来了新的机遇。在新的挑战和机遇面前，搞好基层党组织建设的一个中心环节，就是要按照发展社会主义市场经济的要求，进行一系列自身改革，包括转变基层党组织建设的指导思想，完善基层领导体制，改进和调整基层党组织的设置，转变基层党组织的工作方法和活动方式等等，坚决克服和纠正一部分党组织软弱涣散的状况。并在党员发展、管理、教育、监督方面创造新经验，充分发挥基层党组织战斗堡垒的科学依据。

首先，根据党的性质和历史经验，选用党的基层组织是"政治核心"这个概念是准确科学的。

党的基层组织的地位和作用，党中央概括为"政治核心"，这是对基层组织地位和作用的科学总结。马克思主义经典作家的著作中，对党的基层组织的地位和作用，已早有精辟的阐述。马克思在《中央委员会告共产主义者同盟书》中指出，应当使独立工人政党的"每一个支部变成工人联合会的中心和核心"。① 列宁在 1905 年的一篇文章中说："工厂小组对我们特别重要……每个工厂都应当成为我们的堡垒。"② 使支部成为"在群众中进行鼓动工作、宣传工作和实际工作的据点。"③ 成为不可动摇的坚强核心。我们中国共产党执政40 多年，根据党的性质和历史经验，选用"政治核心"这个概念，是准确科学的。为什么呢？

一是它突出地明确了基层党组织在基层单位的政治地位和作用。党组织是工人阶级的先锋队组织，是各族人民利益的忠实代表，是社会主义建设事业的坚强核心，党的性质决定了它的政治地位和核心作用。同时，党是按照民主集中制的原则组织起来的统一有机

---

① 《马克思恩格斯选集》第 1 卷，第 386 页。
② 《列宁全集》第 6 卷，第 213 页。
③ 《列宁全集》第 15 卷，第 327 页。

整体，否认共产党组织的作用，必然会削弱党的领导。党的十四大
报告指出："党的基层组织是党的全部工作和战斗力的基础。"还特
别指出："各级党委要采取有力措施，努力把基层党组织建设成为团
结和带领群众进行改革和建设的战斗堡垒。"这是对基层党组织地位
和作用进行的高度概括总结。在建立和健全社会主义市场经济体制
的条件下，对基层党组织地位和作用的认识，必须统一到党的十四
大的认识上来，坚决反对和克服基层党组织作用要逐渐淡化，甚至
主张在生产单位不设党组织的观点。充分发挥基层党组织的作用，是
马克思主义政党的一个基本特点和优势。

　　二是它明确了共产党组织的政治性质和政治任务。早在 1928
年，周恩来同志就明确指出，党支部是"群众的核心"。还特别指出，
党的支部生活，"最要紧的是讨论当地的政治问题，工作问题。"陈
云同志在 1939 年发表的关于群众工作的文章中指出，支部对党的自
身而言，是党的"最下层组织"，"最基本组织"；对所在 基层单位和
群众而言，是"群众的核心"，是"群众中的堡垒"。刘少奇同志在
修改"七大"党章中，明确地把共产党组织规定为："战斗的堡垒"。
因此，党的"八大"党章规定为"在企业、农村、学校和部队中的
党的基层组织，应当领导和监督本单位的行政机构和群众组织积极
地实现上级党组织和上级国家机关的决议，不断地改进本单位的工
作。"但是，党的"九大"、"十大"没有提"战斗堡垒"，到了"十
一大"、"十二大"又强调了"战斗堡垒作用"，"十三大"提的是
"保证监督作用"。现在应进一步明确它的政治性质和政治任务，只
有这样才能使党的基层组织真正成为党在人民群众中的政治核心。

　　三是关于政治核心的科学含义。主要是指基层党组织本身是坚
强的有战斗力的，能够起到政治核心作用。基层党组织能够坚持用
马克思列宁主义、毛泽东思想和邓小平建设有中国特色社会主义理
论教育党员、干部和群众，使基层党组织具有政治吸引力、凝聚力
和战斗力。基层党组织要建成为坚强的领导核心，这就必须要有一
个好的班子，这个班子应当是：要学习马克思主义哲学，掌握科学

的世界观和方法论；要用邓小平建设有中国特色社会主义的理论武装自己的头脑；要深入群众，为人民群众办实事、办好事、真抓实干，取信于民；要为政清廉，一身正气、两袖清风，坚决同以权谋私，权钱交易的坏作风进行殊死斗争；要坚持民主集中制，认真开展批评与自我批评，真正成为群众的表率和党组织的模范。只有这样的班子才能起到政治核心的作用。

四是我们党把基层组织的地位和作用看作是"政治核心"，是对曾一度忽视和削弱党的基层组织地位和作用倾向的一种矫正。曾有一段时期党的建设、党的领导、执政党的地位和作用在一片"加强"声中被削弱了，成了空洞口号，党的领导核心作用落实不到基层。它的一个突出表现，就是党的基层组织战斗堡垒的地位、作用不明确、不落实，"党的基层组织是党在社会基层组织中的战斗堡垒"也不提了，只是"保证监督"的地位和作用。从而"淡化"了党的政治领导核心作用。实质上取消了党的领导地位和作用，给党组织造成了极大的危害。

其次，怎样充分发挥基层党组织的政治核心作用呢？怎样克服和纠正一部分党组织软弱涣散的状况，充分发挥基层党组织战斗堡垒和广大党员的先锋模范作用呢？

一是要正视党组织面临的严重考验。我们党作为执政党能防止由领导者变为统治者，党的干部由公仆变为主人，这是直接关系到党的先锋队性质的根本问题。要教育我们的党员，特别是干部要永远做人民的公仆，当人民的勤务员，坚决反对当官做老爷的官僚主义者、形式主义者、极端个人主义者。要深刻认识到党的地位和环境发生了深刻变化。地位变了、思想变了，感情也会发生变化。

这就必须强化党组织的政治核心地位和作用。要进一步加强党组织的自身建设，不断增强党组织的凝聚力、吸引力和战斗力，充分发挥党组织的政治优势。企业党组织必须领导思想政治工作，加强精神文明建设，坚持思想教育、宗旨教育、党的基础知识教育、基本路线的教育，保证共产党员的先锋性和先进性。发扬党的三大作风，艰苦奋斗，廉洁奉公，认真开展批评与自我批评，真正和人民群众打成一片。使党组织的政治核心地位在人民群众中生根开花。

二是要加强党组织的保证监督作用。要使社会主义企业坚持正确的政治方向，保证贯彻执行党的基本路线、方针和政策，巩固和发展社会主义公有制的经济基础，坚决纠正和防止经济私有化倾向的发展和蔓延。要坚持以经济建设为中心，大力发展社会主义市场经济，党的基层组织要发挥战斗堡垒作用就要把着重点转到动员和率领群众发展社会主义市场经济上来，使基层组织增加生机和活力。使每个党员从理论上搞懂，思想上弄通，实践上自觉去奋斗。

这样就必须建立和完善有利于市场经济发展的基层领导体制。使全民所有制企业实行厂长、经理负责制，使基层党组织在本单位处于政治核心地位，担负着参与企业重大问题的决策；支持厂长经理依法行使职权，坚持和完善厂长负责制；保证监督党和国家的路线、方针、政策在企业的贯彻执行，全心全意依靠职工群众，支持职工代表大会开展工作；领导思想政治工作和工会、共青团等群众组织，等等。

三是要把邓小平同志一贯强调的企业领导体制改革的指导思想落到实处。就是充分发挥党组织的政治核心作用，坚持和完善厂长负责制，全心全意地依靠工人阶级，这三句话如何把它有机结合起来，真正相辅相承保证企业指挥统一、灵便、管理高效的新型企业。其中，党组织的政治核心地位和作用，使党组织处于一个既能参与企业重大问题的决策，是企业领导体系的有机组成部分，又不陷于生产经营的具体事务的恰当地位。只有这样才是改革企业领导体制，改进党的领导，加强党的建设，同时又能发挥党组织的政治核心作用，使社会主义企业沿着正确的方向不断前进。

同时，要重视街道、乡、镇和村企业的发展。这些单位的基层党组织处于领导核心地位，担负着领导本地区工作，研究和决定本地区经济和社会发展中的重大问题，带领群众大力发展经济；负责选拔、培养、考核、监督、管理干部；领导精神文明建设和思想政治工作；领导行政、经济组织和工会、共青团、妇联等组织的工作，等等。总之，要正视党组织面临的严重考验，加强党组织的保证监督作用。改革企业领导体制，以适应社会主义市场经济的要求，调整基层党组织的设置，改进党的工作方法和活动方式，使基层党组织成为政治核心和战斗堡垒。

其三，把党组织的基层建设和社会主义的市场经济密切结合起来，不断加强和改进党员的发展、教育、管理和监督，以适应新形势下的新要求。

一是为了适应发展经济的要求，有利于发挥基层党组织在经济、业务工作中的作用，也为了便于开展党内活动，有针对性地教育管理党员，一些企业、机关、学校、城市街道，也应及时地调整基层组织的设置。要从实际出发，建立健全以经济建设为中心任务和市场经济运行机制相适应的改进和调整党的基层组织机构，党的机构、人员配置，都要本着精干、高效、协调，有利于党的工作，有利于生产经营的原则，要从各类企业、乡镇情况出发，不刮风、不随风，也不搞一刀切，按照加强和改善党的领导的指导思想和一系列要求，加强党的领导与党的建设，使党组织的基层工作不断加强。

要把党的基层建设和经济发展业务工作密切结合起来。在发展社会主义市场经济的新形势下，要把本单位本部门的改革及经济、业务工作为党的工作的基本出发点和落脚点，促进经济、业务工作的成效，作为最终检验党的工作成效和党组织战斗力的主要标准，根据改革和经济、业务工作发展的目标和需要制定的计划、措施，落到实处，把党的事业推向前进。

二是要组织协调各方面的力量，都要围绕着改革、经济业务开展活动，形成坚强的合力，推动基层组织建设。就是要加强对工会、共青团、妇联等基层组织的领导，要把这些组织和人员的力量引导到服从和服务于改革和经济业务工作上来。在这方面要本着创新求实，不拘一格的创业精神，从实际出发，大胆探索，不断积累和创造新鲜经验，把基层党组织建设提高到一个新的水平。

　　要切实加强和改进党员的发展、教育、管理和监督。抓紧在发展党员中要培养第一线的青年工人、农民、知识分子入党的工作，要造就大批活跃在经济建设主战场的先进分子，保证党的事业后继有人。按照党章把那些有理想、有本领、有贡献、有威信的先进分子和优秀人才吸收到党内来。同时，要加强党员的教育和管理工作。要研究改革开放和经济发展对党员思想政治素质、科学文化素质提出什么新的要求，党员在新的形势下思想动向有什么新特点，新的活动规律，要从实际出发，真抓实干，不搞花架子，更不搞形式主义。也要坚持和完善党的基层组织的生活制度，坚持"三会一课"制度、民主生活制度、领导干部双重组织生活制度和党的活动日制度。在新的形势下，许多基层党组织创造了一些新的形式，特别是为了加强党员的管理和监督，要防止党员教育、管理、监督出现空档。

　　三是要充分发挥基层党组织每个党员的先锋模范作用，特别是要提倡和发扬五种精神，把建设有中国特色的社会主义事业推上一个新的台阶。

　　这主要是解放思想、改革创新的精神，尊重科学、真抓实干的精神，顾全大局、团结协作的精神，谦虚谨慎、崇尚先进的精神，艰苦奋斗、无私奉献的精神。总之，这五种精神，贯穿着一个主导思想，就是共产党员必须振奋精神，把共产党人的先进性在社会主义物质文明和精神文明建设中充分发挥出来，为建设有中国特色社会主义事业而努力奋斗。

　　总之，为了适应发展经济的要求，有利于发挥基层党组织在经济、业务工作中的作用。要组织协调好各方面的力量，都要围绕着改革、经济业务开展活动，形成坚强的合力，推动基层组织建设。要使每个党员起到先锋模范作用。

三、提高党政干部的素质，是建立健全
社会主义市场经济体制的关键

党的十四届三中全会通过的《关于建立社会主义市场经济体制若干问题的决定》指出，要加强和改善党的领导，为本世纪末初步建立社会主义市场经济体制而奋斗。提高党政干部特别是领导干部的政治思想素质，是建立健全社会主义市场经济体制的关键。也是提高党的执政水平和领导水平的重要一环。领导者的素质，是一个复杂而庞大的思想体系，其中包括干部的政治意向、思想修养、文化程度、业务能力、工作能力、认识能力、理论水平、工作经验以及个性特征、心理气质等等。

我们党实行马克思主义理论教育正规化、经常化的目的，强化培训教育干部，重视党的政治思想教育，从根本上说就是提高广大干部，特别是党政领导干部的素质。因为这些素质直接关系到一个领导者的认识能力、组织能力、理论水平和创造性的运用马克思列宁主义、毛泽东思想和邓小平建设有中国特色社会主义理论基本原理的能力，集中到一点就是运用邓小平建设有中国特色社会主义的理论和原则的能力；直接关系到能否正确贯彻执行党的纲领、路线、方针和政策的实际能力。因此，必须努力提高党政干部的组织领导能力和领导艺术，首先要努力提高干部的素质。这是我们党的一项重大的战略任务。

（一）提高党政领导干部的政治思想素质，是干部队伍建设的关键。

有人把领导者的才能归纳为综合分析的才能，人事组织的才能和专业技术的才能，不是没有道理的。因为这三个方面体现着一个领导干部素质的"智能"作用。它反映着一个干部的研究能力、思维能力、组织能力、自觉能力、表达能力，特别是认识能力和运用

邓小平建设有中国特色社会主义理论原则的能力。所以，努力提高干部的"智能"素质，是我们提高党政领导干部的组织能力、领导能力和领导艺术的关键。那么，提高党政干部素质的基础内容是什么呢？最首要、最根本的就是要提高党政领导干部的政治思想素质问题。

　　什么是干部的政治思想素质呢？这里主要是指党政领导干部的"德"和干部的马克思主义理论素质修养，也是党政干部必须具备的政治思想条件。"德"的基本要求是其他各项素质中的前提和统帅，它在党政干部的整体素质中居于首要地位。特别是在社会主义市场经济体制的培育和发展的新形势下更为重要。邓小平指出："用人的政治标准是什么？为人民造福，为发展生产力、为社会主义事业作出积极贡献，这就是主要的政治标准。""选拔人，第一个是政治条件。"① 他在南巡重要谈话中又强调指出："中国要出问题，还是出在共产党内部。对这个问题要清醒，要注意培养人，要按照'革命化、年轻化、知识化、专业化'的标准，选拔德才兼备的人进班子。我们说党的基本路线要管一百年，要长治久安，就要靠这一条。真正关系到大局的是这个事。"② 陈云说得更明确：选干部，首先要看德，有才缺德的人不能用，德好，才差一些不要紧，放到领导岗位上锻炼几年，才干是可以锻炼出来的。这就是说，要选拔政治思想素质好的，党性强的人进班子，做后备梯队的接班人。

　　邓小平指出："我在一九八九年五月底还说过，现在就是要选人民公认是坚持改革开放路线并有政绩的人，大胆地放进新的领导机构里，使人民感到我们真心诚意搞改革开放。人民，是看实践。人民一看，还是社会主义好，还是改革开放好，我们的事业就会万古长青！"③ 古今中外，任何统治阶级，在选拔和任用自己的官吏和干部时，都把"德"的要求置于首位。在我国，封建统治阶级的政治家曾提出："才者，德之资也；德者，才之帅也"的德才观点。在当代西方资本主义国家则以职业道德作为其文官必须遵守的政治标准和行为规范。世界上各国共产党对党政干部特别是领导干部都提出了相应的政治标准。他们对党政领导干部提出的政治标准，一是有高度的政治觉悟，坚决拥护党、拥护社会主义制度，自觉、忠诚地为社会主义事业服务；二是具有坚定的无产阶级立场，政治思想水平较高，能坚定地执行党和政府的方针和政策；三是能够发扬社会主义民主，密切联系人民群众，不滥用职权，不谋取私利；四是品行端正，言行一致，符合社会主义道德标准，维护公共生活的纯洁性。党的干部特别是党政领导干部，必须在政治方向和重大政治原则问题上坚定正确。因此，在新的历史时期，培养提高干部的政治思想素质，仍然是必须着力解决的方向性的问题。我们党一贯强调干部政治思想素质，正是为了明确前进的方向，成为德才兼备，全面发展的合格人才。

我们在选拔造就接班人的时候，特别是培养梯队接班人，总结以往的经验教训时，要警惕"文化大革命"中的"三种人"钻进干部队伍、领导班子和混进第三梯队，因为"三种人"是一股有野心的政治势力的代表人物，是党内最不安定、最危险的因素，他们数量不多，但能量很大，他们比较年轻，能言善辩，表面老实顺从，又和我们要选拔造就的梯队干部处在同一年龄段上，并且善于伪装，一旦有适宜时机，他们就会兴风作浪，再次给党和人民的事业带来无穷的祸害。因此，邓小平指出："今后选拔干部要严格。对于那些搞打砸抢的、帮派思想严重的、出卖灵魂陷害同志的、连党的最关紧要的利益都不顾的人，决不能重用。对于看风使舵、找靠山、不讲党的原则的人，也不能轻易信任，要警惕，要教育，要促使他们改造世界观。"① 这是我们党在"文化大革命"运动中培养造就接班人

① 《邓小平文选》第二卷，第148页。

的血的教训，是我们党的深刻经验的总结，一切共产党员，党的干部，特别是领导干部都要牢记。

　　一个政治思想素质好的党政领导干部，有坚定的共产主义信念，有高度的政治思想理论修养，站得高，看得远，能够以科学的理论去指导自己的思想和行动。邓小平说："提出年轻化、知识化、专业化这三个条件，当然首先是要革命化，所以说要以坚持社会主义道路为前提。"① 我们党提出的干部"四化"中的"革命化"，就是对干部政治思想素质的总的要求。

　　我们党历来十分重视培养、造就、选拔干部的工作，在社会主义现代化时期，同党的基本路线相适应又提出了干部"革命化、年轻化、知识化、专业化"的标准。干部的"四化"是一个有科学涵义的、相互联系的完整有机的方针。这个方针既继承发扬了德才兼备和识别、选拔干部的原则，又符合体现了今天所处的时代要求。我们的党章规定了领导干部的基本条件，体现了干部"四化"方针和德才兼备原则的革命精神，是选拔各级各类领导干部的重要标准。在老一辈无产阶级革命家的带领和倡导下，全党执行了这一方针取得了很大成绩。过去工作中发生的某些缺点和问题，不是方针本身带来的，而且已经引起注意，有些已经改正了，今后要在总结经验的基础上，更好地执行这个方针。

　　在实际工作中也有一些教训，主要是对革命化注意不够，理解不全面。不要把干部"四化"方针和党历来坚持的任用干部的德才兼备，又红又专原则以及识别干部、选拔干部的具体标准对立起来或者混同起来，但无论选什么干部，选拔各级各类干部，都要注意革命化。我们必须把革命化放在第一位，按照德才兼备，又红又专的标准塑造人、用人、育人。我们讲干部队伍的革命化，讲干部的德，内容是多方面的，包括道德、品质、思想作风、政治立场，这些都是很重要的。

　　　　① 《邓小平文选》第二卷，第361页。

但是，最主要的、最根本的、首要的是要有坚定的政治立场和正确的政治方向。就是要看是不是坚持党的基本路线，坚持四项基本原则，坚持改革开放，坚决反对资产阶级自由化，是否廉政、勤政、坚持全心全意地为人民服务的宗旨。这就是忠诚于马克思主义的具体体现。我们今后配备领导班子，一定要选那些认真学习马克思列宁主义、毛泽东思想，特别是学习邓小平建设有中国特色社会主义理论，在实践斗争中经得起考验的人；要选那些党性强，能团结人，不信邪的人。对那些政治品质不好，看风使舵的人，不能提拔任用；对于坚持资产阶级自由化观点和立场的人、坚持不改的人不能用，仍然在岗位上的，要坚决撤换下来；对那些在重大是非面前，抱"骑墙"态度的更不能重用；那些弄权渎职、贪污受贿的人，以权谋私的人都不能在领导班子内；共产党员反对共产党的，必须开除党籍，等等。

这一切都反映我们党对干部革命化的基本要求。一个政治思想素质好的党政干部，他们不仅要有坚定的共产主义信念，有高尚的政治思想理论素质修养，而且要站得高，看得远，能够以科学的理论去指导自己的思想和行动。就是说，一个领导者，要站在科学的高峰，没有理论思维、没有理论指导、没有高度的政治觉悟是绝对不行的。一句话，没有一定的马克思主义的政治思想水平是不行的。这是建设有中国特色社会主义事业的需要。

一个合格的党政领导干部，他的政治思想素质应当是：必须具有坚定科学的党性原则，能够运用马克思主义立场、观点和方法去观察处理问题；具有崇高的理想，自觉掌握社会发展规律，坚持共产主义方向；全心全意地为人民服务，懂得党政分开、政企分开的道理，懂得党对国家生活的领导。最本质的内容，就是组织和支持人民当家作主，建设社会主义的新生活；坚持四项基本原则，核心是坚持共产党的领导，这是治党、治国、治军的基础，是我们立国兴邦的基础，是我们党和国家的政治纪律；坚持十一届三中全会以来党的基本路线，坚持改革开放是强国之路，同党中央在政治思想上保持高度一致，百折不挠地执行党的基本路线、方针、政策、决议、决定和条例；保持坚定的清醒的头脑，具有高度的政治责任感和强烈的革命事业心，独立思考、敢于负责、勇于实事求是，坚持真理，随时纠正错误；具有宽广的胸怀和革命气魄，开诚布公，讲真话，忠诚老实，赤诚相见，说老实话，办老实事，做老实人，真心帮助同志，甘心吃亏让人，勇于承担责任；严守党纪国法，带头艰苦奋斗，坚决和那种以权谋私，以势压人，专横跋扈的官僚主义进行斗争；要坚持原则，廉洁奉公。以解放全人类为己任，大公无私，舍己为公，绝对不能以权谋私，不能以车子、票子、房子、孩子等徇私利，损害国家、集体和他人利益，玷污党的声誉，败坏党的威信。要谦虚谨慎，密切联系群众，有事和群众商量，虚心听取群众的意见和吸取别人的实践经验，以丰富自己的知识，善于把党的正确主张变为人民群众的自觉行动；具有开拓与改革精神，在马克思主义指导下，针对社会主义初级阶段的基本路线这个实际情况，要研究新情况，解决新问题，探索具有中国特色的社会主义道路；为政清廉，严格要求自己，真正成为人民群众的政治表率；具有严格的组织性、纪律性，有令则行，无令则止，遇事同群众商量，提高工作效率；在新的历史时期，坚持"一个中心、两个基本点"，为经济、文化教育、科学技术、卫生体育、军事国防等方面的建设做出政绩；真正运用马克思主义的立场、观点、方法去分析和解决中国革命和建设中的实际问题，并不断创造民主、团结、和谐、融洽的环境，起模范带头作用，等等。具有这种政治思想素质的党政领导干部，就能够获得人民的信任和拥护，广大人民群众就会自觉地支持他们，帮助他们，服从他们，与他们同心同德，团结、协调一致地去完成党和国家的政治任务。

　　总之，政治思想素质的提高，就是要求党政领导干部的政治思想无产阶级化、马克思主义化。当代的马克思主义化，也就是通常讲的革命化，这是新型党政领导干部素质头一个带根本性的问题。无产阶级革命领袖非常重视党政干部的政治思想素质的锻炼与修养。

斯大林指出："是列宁主义实践中能够造就特种类型的列宁主义工作者的那种特殊和独特的要素。列宁主义是理论的和实践的学校，它能培养特种类型的党的工作者和国家工作者，……"① 我们党培养、造就、提高党政干部，特别是领导干部的思想政治素质，是干部队伍，特别是党政领导干部建设的关键问题。只有把这个问题抓好了，我们建设有中国特色的社会主义才有可靠的保证。

（二）提高党政领导干部的品德和作风素质，是干部队伍建设的重要战略任务。

道德品质和作风素质的修养与锻炼是多方面的。党政干部，特别是领导干部的政治品德和作风是坚定的无产阶级党性和社会主义道德品质在党政干部身上的体现和发挥。特别是各种类型的职业道德、行业作风，是党政干部政治品德的主要内容。在新的历史时期，党政干部的职业道德所反映的主要是个人与组织、个人与国家，干部与群众，以及领导与被领导者等方面的关系，是党政干部正确处理党内关系，公私关系，干群关系，干部之间相互关系的所应遵循的社会主义道德规范和行为准则。

在社会主义条件下的党政领导干部，应具有无产阶级的道德品质和作风素质。一个新型的党政领导者，在革命和建设的事业中，特别是在社会主义市场经济的条件下，在实际工作中，不论在任何时候，任何环境下都要坚持党性、坚持原则，依法秉公办事，公道正派，真正"两袖清风，一身正气"，刚直不阿；要具有高风亮节，大公无私的高尚情操，能鞠躬尽瘁，以身作则，身体力行，在革命和建设的实践中，识大体，顾大局，把党和人民群众的利益看得高于一切，为了党和人民的根本利益，不惜牺牲自己的生命；要具有高尚的道德思想境界，坦率耿直，不随波逐流，更不能虚伪，两面三刀，见人说人话，见鬼说鬼话。绝对不能做不给好处不办事，给了

----

① 《斯大林选集》上卷，第 272～1273 页。

好处乱办事，搞唯利是图的实用主义者；要行为端正庄严，不吹不拍，不欺不压，不拉拉扯扯低级庸俗；要平易近人，亲切和蔼，富于幽默，心地善良美好；要坚持调查研究，实事求是，深入实际，密切联系群众，永远和人民群众打成一片；要严于律己，宽于待人，善于解剖自己，具有无产阶级革命家的胸怀和气魄，谦让容人的宽广胸襟，虚怀若谷，委曲求全，识大局；反对四面讨好，八面玲珑不讲原则的"老好人"；要坚定灵活，慎重果断，具有革命的胆略和求实的革命精神；要理论联系实际，要发扬党的优良传统和作风，能运用这一条原则导演出威武雄壮的活剧来；要不断深入人民群众，倾听他们的呼声；要敢讲真话，不说假话，不图虚名，多做实事，做好事不做坏事；要公私分明，不能用原则去换人情；要任人唯贤，反对任人唯亲；要有勤奋好学，顽强拼搏的革命性格，等等。这就是新型党政领导干部应当具备的品德和作风。

共产党人的品德和作风、素质以及独有性格，不是先天固有的，没有一个人生来就是革命者、马克思主义者；也决不是一生来就是反动的、落后的。当然，先天的素质只是为素质性格、作风形成和发展提供了自然前提。但是，具有什么样的品德、作风和性格，主要的、根本的是由他们所受的教育、生活的环境条件，接受马克思列宁主义、毛泽东思想和邓小平建设有中国特色社会主义理论的程度和能力决定的。也就是在党的领导和指引下，在人民群众的长期锻炼和考验中，长期塑造、培育而逐渐发展形成的。而具有决定意义的又是自我思想改造、自我党性修养和锻炼以及自身的思想建设的功效，特别是每个干部自身的"灌输"、"吸收"和"消化"马克思列宁主义、毛泽东思想和邓小平建设有中国特色社会主义理论的程度。

中国共产党进行的多次整党整风，都是为了促进和加强、形成和发展党员、干部的优秀品德和良好作风的重大措施。在我们党的生活中，已经形成的品德、性格和作风经过千锤百炼以后，它具有相对的稳定性、独立性。通常情况下，一个英模团体，战斗连队牺牲了大部分人员，剩下少数人，一旦再成长起来还是具有独特的气质和风格，就是这个原因。一个英雄模范人物，一个高级领导干部也是如此。我们老一辈无产阶级革命家的优秀代表周恩来总理，他在青年时代就认定共产主义是自己的伟大理想，几十年如一日，日理万机，奋斗终身，一直到生命垂危还要看《国际歌》音乐片，用极微弱的声音低声吟唱起国际歌。并对守在身边的邓颖超说：我坚信全世界共产主义一定能实现，团结起来到明天，英特纳雄耐尔就一定能实现。

　　有的共产党人，坚信马克思主义、共产主义，自觉地为共产主义事业奋斗一生。因此，在敌人的屠刀下、在金钱、美女的引诱下也改变不了他们的信念、意志、决心和远大理想。他们在敌人面前，坚贞不屈，视死如归。他们是处处以共产党人的品德、性格和作风严格要求自己。这是共产党人独有的特征，构成了一个共产党员、党的干部应有性格和作风。这是一个共产党员对共产主义事业的忠诚态度和集中化的崇高思想和行为，是坚定的信念在实际生活中的生动反映。

　　当然，共产党员、党的干部的品德、性格和作风也不是一劳永逸的，关键问题还要不断学习马克思列宁主义、毛泽东思想和邓小平建设有中国特色社会主义理论，注意自己的世界观改造，使自己的党性、品德、作风向着更完善的方向发展。党政领导干部的性格和作风，是在革命、建设的环境和生活中，在为共产主义事业的奋斗中，不断形成和发展起来的。然而，共产党人的性格和作风，不像生理学家们讲的所谓这个人是内倾型的内向人，集中于内心活动，沉静、孤僻、腼腆不好动；人的外倾型，即外向人，开朗、活泼，善于交往、好说爱动，思想行为都比较活泼，有着本质的区别。

　　我们讲的是以马克思主义的修养为基础，以党性原则为前提的共产党人、党的干部的独有品德、性格和作风，是无产阶级的本质反映，只有共产党员才具有这样的品德、性格和作风，是党组织长期培养教育的结果。加强马克思主义基本理论教育，是提高各级干部品德、性格和作风素质的根本保证。这一条在任何时候，任何情况下都不能动摇。特别是在新的历史时期建设有中国特色的社会主义和社会主义市场经济的条件下，比以往任何时候都更加需要马克思列宁主义、毛泽东思想和邓小平建设有中国特色社会主义理论的指导。只有学好这些基本理论，才能深刻理解党的"一个中心、两个基本点"及其相互关系，才能对改革开放和建立健全社会主义市场经济体制的进程中出现的新情况、新问题作出科学、正确、全面的解释，并提出解决的办法。如果没有坚定的比较深厚的马克思主义的理论基础，没有良好的政治品德和正确的思想作风，就无法深刻理解党的基本路线和现行的方针和政策，在执行中就会"左"右摇摆，东倒西歪。

马克思主义理论水平的高低，是衡量一个党政干部成熟程度的重要标志。一个好的领导者，政治上成熟是一个重要特点。它主要是工作能力、组织能力强，对新鲜事物有敏锐的感觉，有远见卓识，能团结人，并能正确而有效地执行无产阶级和广大人民的意志，老练而稳妥地处理各种矛盾，协调各种关系，能在自己的周围创造出一种办事认真和富有创造性、开拓性的环境。他的理论水平、政策水平、执政能力、组织能力、组织才华，领导方法、领导艺术和道德情操的综合体现，是工作经验和智慧的结晶的反映。这样的领导者，就能够坚定不移地贯彻执行党中央的路线、方针和政策。也就是说，能不能创造性、卓有成效地开展工作，应该说这是衡量一个领导者政治上是否成熟的根本标志。

在革命和建设的实践中，一个合格的领导者还有一个重要特点：就是敢于解放思想、实事求是，锐意进取，勇于独创，善于协作，善于应变与自我更新；富有主动性、积极性、创造性和责任感，尖锐泼辣，具有科学的预见性。这种政治上的成熟，是在接受马克思主义的教育和党的路线、方针、政策的教育中，通过社会的实践锻炼逐渐形成的。一般来说，领导干部的品德、性格和作风在实践中形成以后，具有相对的稳定性和独立性。坚强的性格，高尚的品德，这是一个成熟的干部对共产主义事业的忠诚性在实际生活中的体现。

当然，有的领导者政治上成熟了，也会犯这样、那样的错误。重要的是学习，调查研究，解放思想，实事求是，要经得起实践的检验，要"活到老、学到老、改造到老"。不能故意吹毛求疵，稍有不如意就说得一无是处，这是嫉贤妒能的恶习，是一切善良正直的人所不齿的。人的才干通过实践得到锻炼，积累经验，增强党性，增长才干，提高威信，这是远见卓识之举，是领导者良好品德的表现。

我们常说，理论上的无知，不仅会导致实际工作中的失误，而且会导致政治上的动摇。这已被实践所证明，应当引起领导者的高度重视。列宁曾经反复强调过，没有革命的理论，就不会有革命的运动。只有以先进的理论为指导的党，才能体现先进战士的作用。一个新型的党政干部特别是领导干部，只有坚持学习，接受马克思主义基本理论教育，在实践中改造自己，改变工作作风，用经过实践检验的成果丰富自己的头脑，才能不断提高品德和作风素质。这是干部队伍建设的一个重要战略任务。

（三）提高党政领导干部的业务素质，对实现社会主义市场经济体制具有重大战略意义。

党政领导干部的文化知识和专业素质也是多方面的、多层次的、多系统的一个"智能"体系。它是提高领导者的领导效能的基础。是为党、为阶级、为民族、为人民群众服务做贡献的基础。我们讲的文化知识和业务素质，主要是指党政干部应该具备的文化科学知识、专业知识和业务工作能力，是真才实学的硬功夫。特别是在建立健全社会主义市场经济体制的条件下更为重要更为突出。邓小平指出："只靠坚持社会主义道路，没有真才实学，还是不能实现四个现代化。无论在什么岗位上，都要有一定的专业知识和专业能力，没有的要学，有的要继续学，实在不能学、不愿学的要调整。我们要按照专业的要求组织整个领导班子，充分发挥专业人才的作用，并且领导广大群众，按照专业的要求，去学习和工作。"① 这就要求党政领导

---

① 《邓小平文选》第二卷，第262页。

干部,在建设具有中国特色的社会主义中,必须保持清醒的头脑,具有真才实学的实际本领,才能适应社会主义现代化经济建设和社会主义市场经济体制的客观需要,才能为党和人民做贡献。

党的"十二大"对干部的知识和专业素质提出了"知识化、专业化"的要求。实现这个要求,党政干部就必须立足于本职工作,努力提高自己的知识水平和专业水平,成为本职工作的内行和专家。一个新型的党政领导干部要有"四化、八门"的文化知识结构,就是要革命化、年轻化、知识化、专业化,要有工、农、经、贸、理(论)、科、文、教等专门知识。这就是说,党政领导干部不仅要坚持干部"四化"方针,而且知识面要宽、广、深,才能适应现代化的领导要求。一个领导者只有建立了合理的知识结构,才能在工作上发挥更大创造性,做出更大的贡献。也可以说,我们要求领导者要有"四化"、"八门"的宽广知识,就是要使干部的知识文化形成一个比较完整的知识体系。在这个基础上,党的"十三大"、"十四大"都有明确的要求。

所谓知识体系,是由许多彼此相互独立又相互联系的基本原理、原则、定理、定律等文化科学知识构成的,而这些系统的科学文化知识是由一定数量的知识单元组合而成的,知识的单元达不到一定的数量,就难以形成知识体系。所以,一个党政领导干部,如果自然科学的基础知识缺乏,就会造成领导工作、经济工作的失误,就会犯内行不应该犯的错误;如果头脑缺少必要的数据,不善于定量、定性分析,也就难以实现领导的科学化。我们一定要尽可能努力使党的领导干部特别是主要领导干部形成一定的知识结构体系,以便适应党政工作的需要,做一个合格的领导者。

一个合格的领导者,要卓有成效地为党工作,就必须懂得科学技术,懂得业务知识,懂得企业的组织和管理,懂得中共中央关于建立社会主义市场经济体制若干问题的决定以及各种法规、条例等等,成为本行业务的内行和专家。列宁指出:"任何管理都需要有特殊本领。"要有专长。没有专长,没有丰富的知识,没有管理的科学知识，又怎样进行管理呢？按照列宁的观点，任何别的威望，都不能代替这种场合下主要的东西，这就是业务知识。我们所需要的是通晓一切知识基础上的专长，而博与专是辩证统一的业务知识。因此，我们必须爱护每一个有才干和懂业务、懂技术的干部，培养他们精通技术，向知识化、专业化方向发展，把他们培养和造就成为忠于社会主义事业的、领导社会主义建设的新型党政领导者，以适应社会主义市场经济体制的健康发展。

要实现社会主义经济建设现代化，把社会主义市场经济搞得更好，党政领导者必须具有的比较系统的文化科学知识，能够掌握现代化科学技术的实际本领。要在全党建设一支革命化、年轻化、知识化和专业化的党政领导干部，使他们能在社会主义革命和建设的实践中，既能掌握马克思列宁主义、毛泽东思想和邓小平建设有中国特色社会主义理论的基本原理、原则和党的基本路线、方针和政策，又能掌握现代化科学文化和必要的专业知识，具有较高的领导水平和实际工作能力。这就要求领导者真正成为"文武双全"的新型的领导干部。要带头刻苦学习，学习业务，学习科学技术，学习现代化的科学管理本领，把自己变成本行业的专门人才。我们的党政领导干部要努力成为本职工作的内行，成为一定工作岗位上的专门家。这就是说使广大干部提高工作能力，增长业务才干，有一定的科学修养，具备与职务相称的文化科学知识和理论水平，不仅仅有一般的知识，而且要有专门的知识，才能起到应有的领导作用。

党政领导骨干，必须掌握复合型的专业知识体系，就是说专业知识是基础知识的深化和纵向发展，是党政干部知识结构的核心和主干。因为党政职能分开以后，各个门类，无论是组织工作、宣传工作、统战工作，还是计划、财务、科技、文化、公安、司法、纪律、检查、内政、外交、军事、国防等等，都有其特定的研究对象和内容，都要具备相应的专业知识，成为各行各业的专家。党政干部的专业知识不仅仅是指的某一方面的专门知识，而是指由几方面知识融合而成的复合型专业知识体系，是综合性的尖端科学。

　　就其基本内容：主要的根本的是马克思列宁主义、毛泽东思想和邓小平建设有中国特色社会主义理论的基本理论知识，它是党政干部知识和专业素质的核心，也是党政干部素质的灵魂。斯大林说过："我们年轻干部的培养和形成，通常都是按各个科学技术部门，按各个专业进行的。……有一门科学知识却是一切科学部门中的布尔什维克都必须具备的，这就是马克思列宁主义关于社会、社会发展规律、无产阶级革命发展规律、社会主义建设发展规律以及共产主义胜利的科学。"① 这是党政干部必备的基础，应力求完整、准确、系统、全面的熟悉它，掌握它；党政干部要从本职工作出发，全面地、历史地掌握有关的方针、政策，成为精通和运用方针、政策和执行方针、政策的专家；要熟悉本职业务，这是反映各级各类党政干部所从事本职工作特殊性的专门知识。掌握业务知识是做好本职工作的前提条件；还要有比较丰富的社会实践知识和实践经验，这是掌握领导工作的规律，实现科学领导和管理必须具备的条件。对于和自己有关的国情、省情、县情、市情要熟悉和了解，以免空话、废话和纸上谈兵。总之，具有这种知识结构的党政领导干部既是"通才"，又是"专家"，其知识结构具有很强的适应性，又具有广泛的开拓性，因而能在工作上发挥较强的整体功能。

　　我们还要清楚地看到，在不同层次，不同类别、不同职务的党政干部，对他们的知识专业素质的要求是有所不同的。党政领导干部所处的工作层次越高，担任的职务越高，他的专业知识水平也就要求越高，基础知识的覆盖面也要求越大，他的知识和专业素质总的也就要求越多。一个党政领导干部如果职务得到升迁，他的知识和专业素质也要求发生相应的改变和更新，不但要扩大基础知识，而且要补充和提高专业知识，要加深加宽，形成新知识结构。同样的道理，一个党政干部如果进行横向交流，到其他部门去工作，他也必须在原来知识结构基础上，补充新的知识和基础知识，才能适应

————————

① 《斯大林选集》下卷，第 462 页。

新部门的工作。我们必须强调的是，党政干部专业的实质是要求党政领导干部成为本职工作的内行，使各级领导班子实现内行领导。

但是，党政领导干部的调整，一批专业技术干部选拔进党政干部队伍或各级党政领导班子，这是对提高党政干部队伍的文化知识水平，对于改善领导班子的专业结构起了积极作用。但是，也要防止技术、业务官僚主义的出现，这在某种意义上比政治官僚主义危害还大，比经济、政治损失还大，特别是在社会主义市场经济的条件下，这是我们必须警惕的。

同时，要特别注意和处理好党政干部的个体素质和整体素质的关系。任何一个党政干部都是处在一定党政业务部门，为完成一定的工作目标而工作的，也就是说，他们是处在一定的系统中发挥自己的作用的。而任何一个部门的工作目标都是要靠一定数量的党政干部特别是领导干部共同承担才能完成的。根据系统论的观点，要使系统形成新质，充分发挥最佳的整体功能，就不能要求组成它的各个系统都是有同一功能。因而，我们也不能要求组成一个部门的党政干部都具有同一种模式的知识和素质。组成同一部门的各个党政干部在知识和专业素质方面，既要从整体上相近，又要各具特色，各有千秋。只有这样，才能实现知识互补，起到最佳的作用，这个部门的工作才有更强的自我调节和相适应能力，发挥较理想的整体效益，充分发挥各自的效能。因此，不断提高党政领导干部的业务素质、业务本领，充分发挥他们的业务技术职能，个人专长，对实现干部知识化和专业化具有重大战略意义。

（四）组织管理才能和领导方法、领导艺术也是提高党政领导干部素质的一个重要方面。

党的十四届三中全会把我国经济体制改革的目标确定为建立和完善社会主义市场经济体制，是邓小平同志经济理论的核心内容，是对马克思主义的重大发展。特别是把党的十四大提出的建立社会主义市场经济体制的目标和原则具体化、系统化，勾画了新经济体制的基本框架，对有关的重大问题，都做了明确的原则性规定，既有比较完整的总体设想，又紧紧抓住当前改革和发展中的突出矛盾和突出重点。这就要求我们的党政干部，特别是领导干部就必须把企业集团一系列的企业组织管理好、领导好，以适应社会主义市场经济的需要。

一个党政领导干部的组织管理素质，主要是指适应社会主义现代化组织管理的才能和科学的领导方法与领导艺术，完成社会主义初级阶段党的基本路线赋予的政治任务所具有的决策、指挥、计划、规划、部署、调整、充实、发展、提高、监督和组织管理的才能。能对战略性、全局性、方向性、整体性的问题进行独立思考和决策，统筹全局，驾驭全局的才是一个革命家、战略家。

他们善于掌握和应用全局的指挥规律：从空间上，能照顾各方面各部门，有整体全局观念；从时间上，能照顾整个过程和各个发展阶段，具有战略眼光，能够全面地、系统地、发展地观察和思考问题；有能够接受反馈，具有适时反映的应变决策能力；能根据风云变幻，在实践过程中审时度势，不失时机地调整决策，调度组织力量，趋利避害，争取最佳效益；还能把自己领导下的人民群众，吸引到自己的周围，形成一个和谐的工作集体，使一个组织和团体或部门能够发挥最好的效能。这才是一个有才干的组织者、管理者和领导者。

一个党政领导干部效能的高低，工作是否卓有成效，不仅取决于领导者自身要有坚定的党性，丰富的经验，广博的知识，一定的马克思主义理论政策水平，而且还必须掌握科学的领导方法，讲究领导艺术。因为领导方法的运用和一个党政领导干部的自身修养有着密切的联系。这不仅是个性格、方式、方法问题，而且是干部的素质问题。我们要求党政领导干部应当掌握马克思主义的领导艺术，发挥干部的集体智慧和才能。

所谓领导艺术，是指领导者运用自己的知识和经验在领导活动领域中表现出来的领导技巧和技能，又常引申为创造性的领导方式、方法，或者说是领导者在率领有组织的人民群众向预定目标前进过程中，主观能动地按照实际情况随机发挥。它是党政领导干部正确处理各种矛盾，充分调动广大人民群众的社会主义积极性、主动性和创造性、获得较高的工作效率和最佳的工作目标，是做好党政工作的必备素质。

周恩来总理把掌握领导艺术作为一个好的、合格的领导干部的必备条件。周恩来说："列宁、斯大林论领导艺术，不可跑得太前，也不可落在运动后面，而应抓住中心一环，推向前进。毛泽东同志论领导艺术，要照顾全局，照顾多数，以及和同盟者一道干。"① 还要特别注意工作方法，他指出了工作方法的五条基本原则，这就是："（1）在斗争中审查理论原理和原则。（2）从实际工作中规定和审查政策。（3）要用革命的精神改造工作。（4）发扬民主，开展批评和自我批评。（五）主要用说服的方法，不用行政的方法，只有在情况紧急时，才用命令的方式。"② 陈云指出："有了正确的决议案还不够，要把正确的决议运用到群众中去，成为对实际工作的指导，还必须经过一种灵巧的工作方法和艺术的领导方式。"③ 我国著名科学家钱学森也说：领导艺术是一种离开数学领域的才能，它能从大量的事物的复杂关系中判断出最重要、最有决定意义的东西。

领导艺术既然是一种领导技巧和技能，它在实践的进程中必然带有很强的随机性、不规范性、灵活性、复杂性、多样性和创造性的特点，带有许多个人的风格和特色。这就是说，领导艺术本身凝聚着领导者生机勃勃的创造性的智慧和才华。这种活动能够体现领导者的功能与效益。它能够根据实际情况，作出科学、正确的反映，能够生动活泼、丰富多彩地行使领导艺术和领导技能。我们党在长期革命和建设的事业中创造和积累了丰富的领导艺术。

---

① 《周恩来选集》上卷，第132页。
② 《周恩来选集》上卷，第132页。
③ 《陈云文选》（1926—1949年），第24页。

从领导艺术上分有政治斗争、军事斗争、军事指挥、思想政治工作、人民群众宣传教育工作、领导工作、外交事务活动等等多方面的内容；从层次上分，既有宏观的战略思考艺术，中观的组织指挥艺术，又有微观的随机决断的领导艺术，等等。每个党政干部，特别是领导干部，都应当认真学习和掌握党的领导艺术传统，使之在新的历史时期的新形势下，特别是在社会主义市场经济体制的形成和发展完善的条件下发扬光大，不断在领导活动的实践中，绽出鲜艳的领导艺术之花。

提高领导方法、领导艺术的基础，是要求党政领导干部要坚持党的唯物论辩证法的基本原理，坚持党的思想路线，即解放思想、实事求是，理论联系实际，实践是检验真理的标准，在实践中检验真理并发展真理。根据任务的性质、环境、特点以及条件，进行正确的分析，真正使领导方法、领导艺术科学化。

但是，领导方式、方法，领导艺术的素质，在一般情况下，是以个人的实践经验为基础的，并带有许多浓厚的个人的特点和风格。就像有的同志指出的，在通常的情况下，有的干部具有大体相同的理论知识水平、个人经历，参加革命时间也差不多，但是在运用他们的知识和经验时，就具有完全不同的领导效果。这就是说，它对干部的个人才智、风格、作风、意识、修养和素质的依赖性是很大的。因为领导艺术是科学知识、实践经验、创造才能、思想品德、党性修养等等多方面因素综合形成的一种领导技能和技巧，从这个意义上讲，干部的领导方法，既是科学又是艺术。因此，一个合格的党政领导干部，既要承认领导艺术，又要讲究领导方法，只有这样正确的结合起来，才能掌握科学的领导方法，运用好领导艺术，才能达到良好的领导效果。

我们党一贯重视领导方法和领导艺术，毛泽东经常强调要"多谋善断"、"学会弹钢琴"、善于抓住中心环节和关键性问题，统筹兼顾做出决策的方法；要及时准确地解决问题，当机立断，机不可失，时不再来，掌握时机的方法；放手发动群众，一切经过试验，然后全面推广的方法；开会的方法，也就是材料和观点相统一的方法。把材料和观点割断，讲材料的时候没有观点，讲观点的时候没有材料，材料和观点互不联系，这是很坏的方法。只是提出一大堆材料，不提出自己的观点，不说明赞成什么？反对什么？这种方法更坏。要学会用材料说明自己的观点，必须要有材料，但是，一定要有明确的观点去统帅材料，才是个好方法；坚定的原则性和灵活性的适应性、时效性相结合的方法；明责授权的方法；创造良好的环境的方法。反对"攻其一点或几点，尽量夸大，不及其余"，这是一种脱离实际情况的形而上学的方法。过去犯严重错误的领导同志，都是用这种方法，我们党在历史上吃过这种方法的大亏。我们应当总结过去的经验和教训，从认识论和方法上加以批判，使广大党政干部觉醒起来，以免再吃大亏。在实际生活中，有时好人犯错误的时候，也会不自觉地采用这种方法。所以，好人也要研究方法论。研究人的认识能力，以免犯错误，吃大亏。

　　我们做任何事情，做任何工作，都离不开思想方法、工作方法。工作方法是否得当？是否正确？关系到"事半功倍"还是"事倍功半"，甚至事情的彻底失败。毛泽东在《关心群众生活，注意工作方法》一文中指出：我们不但要提出任务，而且要解决完成任务的方法问题。我们的任务是过河，但是没有桥或没有船就不能过。不解决桥或船的问题，过河就是一句空话。不解决方法问题，任务也只是瞎说一顿。这里指的"桥"或"船"，就是"工具"、"手段"，方法论中没有现成的"桥"与"船"，要在实际工作中去创造。怎样去创造呢？

　　就是我们要增强理论思维能力，提高我们的思想方法水平，用以研究和探索建设有中国特色的社会主义发展规律，特别是研究和探索改革开放出现的新情况、新问题、新事物的客观规律性，社会主义市场经济的规律性，从而克服我们在革命和建设的实践中的主观片面性、盲目性和表面性，增强我们工作中的原则性、系统性、预见性和创造性，加快我们各项事业的进程，把我国的革命和建设事业搞得更好。毛泽东指出：我们的眼力不够，应该借助于望远镜和显微镜。马克思主义的方法，就是政治上、军事上的望远镜和显微镜。要掌握和认识马克思主义的领导方法，就必须认清这种方法的基本特点和它的规律性。

领导方法和领导艺术的基本特点，是马克思列宁主义、毛泽东思想和邓小平建设有中国特色社会主义理论的领导方法、领导艺术的理论基石和活的灵魂，科学决策是领导方法和领导艺术的核心，科学的预见性是领导方法、领导艺术的生命所在。特别是应当着重注意坚定的原则性、灵活性和创造性的特点。领导艺术和领导方法是在领导活动的实践中产生的，同时，它也只有在实践中才能被掌握、运用和发展。党政领导干部必须在发扬党的领导艺术传统的基础上，不断掌握现代化科学知识，在实践中创造性地适应相当水平的领导方法与领导艺术。

需要强调的是，党政干部的活动，特别是党政领导干部的活动，是一种开拓性、创造性和艰苦的智力劳动，因为他们所面临的形势和任务是极为复杂的，而且是千变万化的，没有原则的坚定性、灵活性和创造性，不讲科学的方法和卓越的领导艺术是很难完成党交给的任务的。因此，要研究科学的领导方法，提高领导艺术，增强领导能力，提高执政水平，要充分发挥个人的特点，扬长避短。就是说，要特别注意个人素质修养与锻炼，讲究科学的工作方法、领导方法和领导艺术。把建设有中国特色社会主义事业推向一个崭新的发展阶段。

（五）提高党政干部素质和修养，是提高干部能力的根本途径。

在建设有中国特色社会主义的事业进程中，在社会主义市场经济的条件下，要把社会主义市场经济体制同社会主义基本制度结合在一起，这是一项前无古人的开创性事业，也是我国社会主义发展史上一次具有深远意义的战略转移。这就必然要求我们党的干部，特别是领导干部要提高素质修养，增强领导能力，尽快地认识规律、掌握规律，以便适应新的形势要求。

提高党政领导干部素质的途径是多方面的，其主要的根本的就是认真学习马克思列宁主义、毛泽东思想的基本原理、原则，特别是重点学习邓小平建设有中国特色的社会主义理论、原则和在社会实践中体会、运用、创新与发展这两条。比较有成效的是勤奋研读，学马列要精、要管用，用人类创造出来的科学文化知识武装自己的头脑，在革命和建设的实践中增长自己的才干，提高能力素质，为人类、为共产主义事业作贡献。

所谓能力素质，主要是指党政领导干部胜任完成各项领导工作，管理活动所必要的并且直接影响活动效率的个性和心理特征。就是我们常讲的办事的实际能力与政治思想、理论、政策水平和领导水平。我们党历来把干部的能力素质作为选拔和任用干部的一个重要标准。毛泽东强调党政干部要有"独立的工作能力"。陈云同志指出："用干部的标准，概括起来有二：政治，能力。"① 所以，新时期我国各级各类党政干部所应具备的能力是广泛的，多层次的。一般来说，党政干部的能力包括：学习认识能力、理解创造能力、谋略规划能力、控制应变能力、用人育人能力、指挥协调能力、交际能力、表达能力、服务办事能力、预测预见、判断能力、观察分析能力等等。

不断加强干部的自身建设，是提高能力的根本途径和有效的方法。党政领导者有自我的工作能力和特点，它本身是一种正确处理人与人和人与工作、人与干部的活动规律关系的综合体，要领导别人，特别是领导好别人，首先要正确认识和处理这种关系。但最根本的一条，就是要把自身建设好。领导干部的政治思想、业务知识、党性修养以及立场、观点、方法等方面的素质越高，领导水平就越高，就越能深入群众，调查研究，交流思想，听取意见，改进工作。相反，教条主义、经验主义、主观主义和官僚主义，骄傲自满，夜郎自大，固步自封，不了解真实情况，也就不会有好的领导效果。因此，一个合格的领导干部，要把自身建设放在首位，教育者首先受

① 《陈云文选》（1926—1949 年），第 146 页。

教育，先当学生，后当先生。要提高别人，首先提高自己，要使别人坚定，首先使自己更坚定，"打铁首先本身硬"。凡是要求下面做到的，首先自己要做到，凡是要求下面不能干的，首先自己不要干，不能说的是一套，做的是另一套。台上是干部，台下应当是表率。

领导者自身建设的重要一条，就是要以身作则去影响教育别人，带动指引别人，这是一种无声的命令。邓小平指出："领导干部，特别是高级干部以身作则非常重要。群众对干部总是要听其言、观其行的。连长指导员不以身作则，就带不出好兵来；领导干部不做出好样子，就带不出部队的好风尚，就出不了战斗力。……能不能深入下去，工作能不能落实，关键在于领导干部是不是以身作则，深入部队，调查研究，从实际出发，分析问题，解决问题。"因此，"我们说治军要严，首先对领导班子要严，对高级干部要严。高级干部要以身作则，做执行'三要三不要'（要搞马克思主义，不要搞修正主义；要团结，不要分裂；要光明正大，不要搞阴谋诡计）原则的榜样，做艰苦奋斗的榜样，做实事求是的榜样。总之，做马列主义、毛泽东思想和革命实践相结合的榜样。"还特别指出："政治干部更要强调以身作则，我们过去在战争年代就是这样。那时，你打仗不勇敢，怕死，你不同战士心连心，不联系实际，不联系群众，做政治工作就没有人听。政治干部不能说的是一套，做的又是一套。红军时代的政治工作条例就规定：'政治指导员进行政治工作全凭本身直接接近群众和熟识红军战士，''政治指导员不论在执行自己的职务上和个人行动上，均须做全体军人的模范，并且要在言论和事实上来表现'。我们要恢复和发扬政治工作的优良传统，也要靠政治干部以身作则。"① 这是一条马克思主义的基本原则，是我们中国共产党70多年来的经验总结，经过多少艰苦曲折的道路，我们党没有分裂，这是一个成熟的马克思主义政党的标志。

要发扬我们党的优良传统作风，邓小平指出："这里要特别说一

① 《邓小平文选》，第二卷，第124～125页。

下，高级干部能不能以身作则，影响是很大的。现在，不正之风很突出，要先从领导干部纠正起。群众的眼睛都在盯着他们，他们改了，下面就好办。"他还指出："我们的毛泽东同志、周恩来同志以身作则严于律己，艰苦奋斗，几十年如一日，成为我党我军优良传统和作风的化身。他们的感人事迹在全党、全军、全国人民中，发生了多么巨大和深远的影响！不仅影响到我们这一代，而且影响到子孙后代。我们的干部，特别是老干部，要以毛泽东同志、周恩来同志为榜样，用实际行动搞好传帮带。"① 所以，以身作则，不仅是我们党的一条重要原则，而且是一切党政干部自身建设提高素质的根本方法。一个干部的能力有高低、贡献有大小，只要踏踏实实加强自身建设，理论联系实际，以马克思列宁主义、毛泽东思想和邓小平建设有中国特色社会主义理论作为自己的行动指南，就会在革命和建设的实践中提高工作能力。因此，加强党政干部的自身建设是提高干部素质、增强干部能力的根本方法和根本途径。

　　总之，增强党性，提高党政领导者的素质与修养，增强党政干部的个人素质，增强党政干部的领导组织能力和领导者的诸因素，是能实现领导者职能的基础，能够起到领导作用的基本条件，也是做好领导工作的决定因素。在革命和建设的实践中，我们清楚地看到，一个合格的领导者，具有良好的政治思想素质，高尚的道德品质，坚强的党性，无产阶级的性格和作风，具有真才实学的专业知识和业务能力，又有组织管理才能，还有科学的领导方法和高超卓越的领导艺术，等等，只要具备了这些因素，具有一定的马克思主义的理论修养和党性修养，就能够在履行自己的职责时，依据党的基本路线、方针、政策去创造性地完成党交给的任务。就能够按照党指引的方向不断前进，就会得到人民群众的信赖和拥护。因此，我们所有的这些上述诸因素就构成了一个合格的党政领导干部的基本职能，能够起到对领导作用的科学反映。

---

　　① 《邓小平文选》第二卷，第125页。

党政领导干部，有良好的素质与作风修养，有利于保证领导的无产阶级的思想与作风保持无产阶级先锋队性质，使领导者不仅自己能成为一个高尚的人，而且通过自己的领导活动，成为人民群众自觉的、有效的活动，从而创造更多更好的精神与物质财富，为无产阶级的解放事业做出贡献。

一个党政领导者的素质，是一个综合性的知识、才干和组织能力、领导水平相结合的反映，是一种革命气质、革命气魄、革命毅力、革命风格和丰富经验的反映，有它的潜在力量。有时也比较难以被人们在较短的时间和直观所认识的，只有经过长期的革命实践的考验和在比较长的历史进程中才能被历史实践所证明，或者在生死的关键时刻，才能反映出来。因此，有一个实践、认识、再实践、再认识的过程。实践是检验真理的唯一标准，这是客观实践的结果。所以我们说，提高党政领导干部的素质是最根本的，最关键的，也是最主要的，它不仅是决定因素，而且是长期起作用的因素。

总之，我们要把提高党政干部特别是领导干部的素质放在培养、教育、造就干部的首位，努力提高党政干部的综合性素质，使党政领导干部有丰富的知识，卓越的才能，用人类创造的一切科学知识来丰富自己的头脑，这样才能成为一个合格的党政领导干部。

第三节　要紧密结合经济建设、精神文明建设和党的建设，为建立健全社会主义市场经济新体制而奋斗

一、经济体制改革是一场涉及经济基础和上层建筑许多领域的深刻革命

无产阶级革命是人类历史上最伟大最深刻最广泛的革命。马克

思和恩格斯科学地揭示和阐明了生产关系一定要适合生产力的状况这一人类社会发展的基本规律，指出生产力和生产关系构成了生产方式的矛盾运动，当生产力和生产关系的矛盾发展到一定程度、现存的生产关系成为阻碍生产力继续发展的桎梏，就要进行社会变革，以改变旧的生产关系和维护这种生产关系的旧的上层建筑，使被束缚的生产力得到解放。所以我们常说"革命是解放生产力"，主要是指人们改造社会的重大革命变革。

邓小平同志多次倡导改革是一场解放生产力的新的革命。在我们党的历史上，革命是解放生产力，在以毛泽东为核心的第一代党中央成熟领导集体的英明指导下，率领全党全军和全国各族人民，经过长期艰苦奋斗和卓绝的斗争，夺取了新民主主义革命的胜利，创建了新中国，建立了社会主义制度。这是中国有史以来最伟大的革命，它解放和发展了生产力，开辟了中国历史的新纪元。

在社会主义社会中，社会的基本矛盾仍然是生产关系和生产力之间、上层建筑和经济基础之间的矛盾。这种矛盾是在社会主义制度本质上是适应生产力发展需要的基础上展现的。当然，这种矛盾的解决不是通过阶级斗争和一种社会制度替代另一种社会制度的途径，而是社会主义制度的自我完善和发展。同时也要看到我国的社会主义经济、政治、文化等方面的体制，存在着严重的弊端，严重束缚着生产力的进一步发展，社会主义仍有一个在新的社会主义制度下进一步解放生产力的任务。

党的"十四大"报告指出："十四年来，我们从事的事业，就是坚持党的基本路线，通过改革开放，解放和发展生产力，建设有中国特色的社会主义。就其引起社会变革的广度和深度来说，是开始了一场新的革命。"这种革命就其实质来说，从社会变革的广度和深度来说，不是要改变社会主义基本制度。因此，我们一定要明确这种革命是社会主义制度的自我完善，是在党的领导下有秩序、有步骤进行的，完全是一种自觉的行动。我们的改革要始终坚持社会主义方向，正如邓小平同志指出的，总的目的就是要有利于巩固社会主义制度、有利于巩固党的领导,有利于在党的领导下和社会主义制度下发展生产力。它的实质和目标,就是要从根本上改革束缚生产力发展的经济体制,建立充满生机和活力的社会主义经济体制以适应建设有中国特色社会主义事业。

我国的改革不仅是经济体制的根本性变革,也是巩固和发展社会主义的强大动力。消除传统经济体制那套僵化的、束缚生产力发展的旧体制,建立健全充满生机和活力的社会主义市场经济体制。因此,我们必须遵循邓小平同志所强调的思想更解放一点,改革开放的胆子更大一点,建设的步子更快一点,千万不可丧失时机。要把建立健全社会主义市场经济体制作为经济体制改革的目标,这是我们党认识和实践不断深化、思想不断解放的必然成果。也是我国改革开放实践不断深化的必然成果。这对我国的社会主义现代化建设具有重大的历史意义。

（一）结合我国的经济建设,把握社会主义市场经济体制的基本特征。

党的"十四大"明确提出建立社会主义市场经济体制。十四届三中全会又做出了《关于建立社会主义市场经济体制若干问题的决定》,使我国的经济建设事业进入了一个新的发展阶段。这是建设有中国特色社会主义理论的重要组成部分,对于我国现代化建设事业具有重大意义和深远影响。因为社会主义市场经济体制的形成和发展,是同社会主义基本制度结合在一起的。是经济基础与上层建筑相一致的产物。也就是说,只有建立健全社会主义市场经济体制,才能使市场在国家宏观调控下,对资源配置起基础性作用。

《关于建立社会主义市场经济体制若干问题的决定》明确指出:"为实现这个目标,必须坚持以公有制为主体、多种经济成分共同发展的方针,进一步转换国有企业经营机制,建立适应市场经济要求,产权清晰、权责明确、政企分开、管理科学的现代企业制度"。这是我们党改革开放以来艰难而成功地认识我国社会主义现代化建设规律的重要成果，是指引我们不失时机地加快改革开放、加快发展的行动纲领和奋斗目标。是实现从旧经济体制向新经济体制过渡这一历史性转变的宏伟蓝图。我们要把握住这个奋斗目标和建立健全社会主义市场经济体制的基本特征，锐意进取、艰苦奋斗，扎扎实实的工作，这是全党和全国各族人民 90 年代的艰巨任务和光荣使命。

建立社会主义市场经济体制是崭新的伟大事业，我们的前人没有做过，其他国家也没有干过。在建立健全社会主义市场经济体制的进程中，必须以邓小平建设有中国特色社会主义理论为指导，遵循解放思想、实事求是的思想路线，一切从实际出发，从本地区、本部门、本行业的实际出发，在实践中学习，在实践中探索、在实践中提高。实践是检验真理的唯一标准。这是搞好社会主义市场经济体制的基础和保证。这就要求我们，一方面，要学习邓小平同志的战略思想、基本理论观点，掌握这个强大的思想武器；另一方面，要学习邓小平同志尊重实践、尊重群众，既继承前人又立足发展创新，既借鉴世界经验，又不照搬别国模式的科学态度。要不断总结新鲜经验，开拓前进。

在建立健全社会主义市场经济体制的进程中，我们创造了比较丰富的经验，走出了一条卓有成效的改革之路，使我们国家的经济建设每隔几年上一个台阶，使我们党的事业兴旺发达起来。我们要掌握社会化生产和市场经济一般规律，既要警惕右，主要是防止"左"，沿着邓小平建设有中国特色社会主义理论的航向不断前进；要坚定不移地坚持以经济建设为中心，要把改革开放，发展经济和社会稳定相互促进，协调统一。发展才是硬道理，这是核心，这是关键所在；要坚定不移坚持四项基本原则，坚持两手抓，两手都要硬，关键是两手都要硬，这是邓小平建设有中国特色社会主义理论的重要内容和主要特征。要清醒的看到随着商品经济的发展、金钱作用在生活中增强，享乐主义、极端个人主义、拜金主义和腐朽生活方式，会不断侵蚀我们党的肌体，要加强精神文明建设是个长期战略任务；要尊重群众首创精神，重视群众切身利益，把群众的积极性引导到正确的方向，为调动全党和全国各族人民的积极性，正确处理国家、集体、个人三者的关系奠定好的基础，取信于民，使我们党立于不败之地；遵守整体推进和重点突破相结合的方法，实现城乡改革相结合协调发展，微观改革与宏观改革相结合、相配套，使改革开放更加深入更加有利推进社会主义市场经济的发展。

总之，我们要结合经济建设，把握住社会主义市场经济的基本特征，在现有经验的基础上，不断创新，不断发展。

（二）建立社会主义市场经济体制，是一项复杂的系统工程，也是本世纪内我国人民在党的领导下所进行的具有划时代意义的伟大工程。

在邓小平建设有中国特色社会主义理论的指引下，使我国社会主义制度在新的历史条件下走向一个全面发展的崭新阶段。初步走出了一条具有中国特色的卓有成效的巩固与发展社会主义道路。我们国家在以公有制为主体的现代企业制度是社会主义市场经济体制的基础。是充分发挥社会主义的优越性，进一步解放和发展生产力的重要条件。我们必须积累经验，创造条件，逐步推进，真正把企业的各项权利和责任落到实处。同时，要加强国有企业的监督、管理，实现企业国有资产保值和增值。推动国有大中型企业的发展，提高经营和管理水平和竞争能力，更好地发挥主导作用，成为国民经济的支柱，具有重要意义。

在建立和健全社会主义市场经济体制的进程中，改革和完善企业领导体制和组织管理制度是个关键问题。首先要"坚持和完善厂长（经理）负责制，保证厂长（经理）依法行使职权。实行公司制的企业，要按照有关法规建立内部组织机构。企业中的党组织要发挥政治核心作用，保证监督党和国家方针政策的贯彻执行。全心全意依靠工人阶级。工会与职工代表大会要组织职工参加企业的民主管理，维护职工的合法权益。要加强职工队伍建设，造就企业家队伍。形成企业内部权责分明、团结合作、相互制约的机制、调动各方面的积极性。"① 明确规定了企业的领导体制和组织制度。这是我们党自改革开放以来，对企业党组织的基本总结和指导思想，必须坚决贯彻执行和落到实处，以适应社会主义市场经济的形成和发展。

其次，转换国有企业经营机制，建立现代企业的管理制度。企业的国有资产所有权属于国家，但享有民事权利、承担民事责任的法人实体。他们依法自主经营，自负盈亏，照章纳税，对出资者承担资产保值增值的责任。他们一方面，是出资者按投入企业的资本额享有所有者的权益，即资产受益、重大决策和选择管理者等权利。另一方面，企业破产时，出资者只以投入企业的资本额对企业债务负有限责任。企业按照市场需求组织生产经营，以提高劳动生产率和经济效益为目的，政府不直接干预企业的生产经营活动。企业在市场竞争中优胜劣汰，长期亏损、资不低债的应依法破产。

其三，加强企业中的国有资产的管理，建立健全科学的企业领导体制和组织管理制度。对国有资产实行国家统一所有、政府分级监管、企业自主经营的体制。就是说要按照政府的社会经济管理职能和国有资产所有者职能分开的基本原则，不断总结经验，积极探索国有资产管理和经营的合理形式和途径。要采取一切必要的措施，堵塞一切漏洞，确保国有资产及其权益不受侵犯。要把社会主义市场经济和法制建设密切结合起来，成为人人都必须遵守的行为准则。不仅要严惩那些偷税漏税、违章乱集资、乱摊派、乱拆借、违法乱纪，以及以权谋私，权钱交易等等破坏行为，还要加快立法步伐，建立健全适应社会主义市场经济发展需要的立法律体系。必须强调，没有法律法规来规范、约束和引导各种经济行为主体，社会主义市场经济就会缺乏坚实的基础，只有建立起良好的法制基础，市场经济才会有序有效地运行，政府的宏观调控才能有序有效地实行。

当然，建立科学的领导体制、管理制度和一系列法规、条例还要有个过程。规范市场经济活动主体行为的立法要加快进行。例如

① 《中共中央关于建立社会主义市场经济体制若干问题的决定》，单行本第8页。

公司法、个体合伙企业法、合作社法等等；在规范市场运行秩序的法律，例如反垄断法、证券法、房地产法、票据法、经济仲裁法、消费者权益保护法等等；还有规范政府宏观经济管理的法律，例如预算法、银行法、税法、计划法、外贸法以及劳动法、保险法、社会保障法等等。还要特别针对我国公务员制的推行，使政府依法行施政务的法律，比如公务员法、政府机构组织法、国家赔偿法等等。只有这样一套严格、科学、完整的法律制度，才能把社会主义市场经济建设成为法律严明、政令通畅、行为规范、运行有序的法制经济。

其四，按照市场经济的基本特征，为社会主义现代化服务。真正使经济活动市场化、市场竞争公平化、宏观调控间接化、市场行为规范化的有序、高效运转。巩固和发展以公有制经济为主体的经济基础，保证实现以按劳分配为主体，使我国走向共同富裕的康庄大道。就是说，在所有制结构上，以公有制为主体，个体经济、私营经济、外资经济以及其他经济为补充，多种经济成分同时并存，长期共同发展。国有企业、非国有企业都进入市场，通过平等竞争发挥国有企业的主导作用；在分配制度上，以按劳分配为主体，其他分配方式为补充，兼顾效率与公平。运用各种调节手段，既鼓励先进，刺激效率，合理拉开收入差距，又要缓解社会分配不公，防止两极分化，逐步实现共同富裕；在宏观调控上，把人民的当前与长远利益、局部利益与整体利益结合好，使我国的经济建设发展得又快又好。

其五，培育和发展社会主义市场经济体制，转变政府职能，建立健全宏观经济调控体系，进一步改革科技体制和教育体制，深化对外经济体制改革，进一步扩大对外开放。同时深化农村经济体制改革等等这一系列的新体制，是人类历史上前所未有的伟大事业，是建设有中国特色社会主义的创造性基础工程。我们必须锲而不舍地胜利完成这项光荣而又艰巨的历史任务，做出我们应做的贡献。

总之，建立和健全社会主义市场经济体制，是一项复杂的创造性的系统工程，也是本世纪内我国人民在党的领导下所进行的具有划时代意义的伟大工程。

（三）我们改革开放的成功，不是靠本本，而是靠实践，靠实事求是。

建设有中国特色社会主义事业，搞社会主义市场经济体制，是一项前无古人的全新的系统工程。要努力做到正确地进行调查研究，发扬我们党历来倡导的理论联系实际，自觉深入实际开展调查研究，而且要讲究调查研究方法的科学性，正确性。毛泽东早在 1931 年就深刻地指出："不做调查没有发言权"、"不做正确的调查同样没有发言权。"在当前建立健全社会主义市场经济体制，更要重视调查研究的理论意义和实践意义。没有调查研究，就没有决策权，就不能把社会主义市场经济建设搞得更好。在实际工作中，总是会遇到这样那样的新情况，新问题。要把社会主义市场经济推向前进，就要对症下药，有的放矢。什么是"症"？哪里是"的"？不可能坐在屋里凭空想出来，也不可能全靠上面一一指点。只有老老实实迈动双脚，到实际中去调查研究、具体分析，去研究、才会摸准"症"，找到"的"，才能拿到解决问题的钥匙。

要在调查研究上狠下功夫。毛泽东指出过，调查研究是"十月怀胎"，解决问题是"一朝分娩"。万万不能搞形式主义，更不能走马观花不花力气的调查研究。要根植于实践之中，根植于群众之中，从而确信自己所做的一切既符合客观规律的要求，又符合人民群众利益和愿望，这样才是真正有力量，有魄力，有水平，有决策能力。邓小平指出："我们要在建设有中国特色的社会主义道路上继续前进。资本主义发展几百年了，我们干社会主义才多长时间！何况我们自己还耽误了 20 年。如果从建国起，用一百年时间把我国建设成中等水平的发达国家，那就很了不起！从现在起到下世纪中叶，将是很要紧的时期，我们要埋头苦干。我们肩膀上的担子重，责任大啊！"① 我们不仅充分认识搞社会主义市场经济的历史必然性，方向

---

① 《邓小平文选》第三卷，第 383 页。

坚定性，毫不动摇；而且要不断深入实际，调查研究，认真探索。把我国的社会主义市场经济的发展推向一个新的发展阶段。

二、加强社会主义民主政治建设，坚持两手抓、 两手都要硬的方针，促进市场经济的发展

《中共中央关于建立社会主义市场经济体制若干问题的决定》明确指出："同建立社会主义市场经济体制和经济发展相适应，积极推进政治体制改革，加强社会主义民主政治建设。坚持和完善人民代表大会制度和共产党领导的多党合作与政治协商制度。发挥工会，共青团、妇联等群众组织作为党联系群众的桥梁和纽带的作用。加快建立健全民主的科学的决策制度，提高决策水平。"同时，还特别强调指出："全面贯彻党的民族政策，完善民族区域自治制度，促进民族地区经济文化发展，巩固和发展平等、互助、团结、合作的社会主义民族关系，实现各民族的共同繁荣和团结进步。认真贯彻党的宗教政策、侨务政策，为社会主义现代化建设服务。加强基层民主建设，完善各种监督制度，切实保障人民群众依法管理国家事务、经济事务和社会事务的民主权利。"我们必须坚持这个指导思想和基本方针，使民主政治成为我们国家政治生活的重要问题之一。使每个党政干部都成为社会主义精神文明建设的推动者和建设者。

在我们党的政治生活中，加强民主政治建设，发挥社会主义的精神始终是我们的重要战略任务。党的十一届四中全会通过的叶剑英同志《在庆祝中华人民共和国成立三十周年大会上的讲话》就明确提出：要把建设社会主义精神文明作为我国社会主义现代化的一个重要目标。邓小平在 1980 年就深刻指出："要教育全党同志发扬大公无私、服从大局、艰苦奋斗、廉洁奉公的精神，坚持共产主义思想和共产主义道德。我们要建设的社会主义国家，不但要有高度的物质文明，而且要有高度的精神文明。所谓精神文明，不但是指

教育、科学、文化（这是完全必要的），而且是指共产主义的思想、理想、信念、道德、纪律，革命的立场和原则，人与人的同志式关系，等等。学习和培养这些革命精神，并不需要多么好的物质条件，也不需要多么高的教育程度。我们不是靠马克思主义的科学理论和上述的革命精神参加革命到现在吗？从延安到新中国，除了靠正确的政治方向以外，不是靠这些宝贵的革命精神吸引了全国人民和国外友好人士吗？没有这种精神文明，没有共产主义思想，没有共产主义道德，怎么能建设社会主义？"还特别指出，"党和政府愈是实行各项经济改革和对外开放的政策，党员尤其是党的高级负责干部，就愈要高度重视、愈要身体力行共产主义思想和共产主义道德。否则，我们自己在精神上解除了武装，还怎么能教育青年，还怎么能领导国家和人民建设社会主义！"①

邓小平同志对精神文明精辟的论述和深刻的说明，在我们中国共产党的历史上还是第一次。他不仅明确了社会主义精神文明建设的本质涵义和奋斗目标，而且着重说明了要培养什么人，造就什么样的后代。怎样培养造就接班人，怎样塑造人。邓小平指出："搞社会主义精神文明，主要是使我们的各族人民都成为有理想、讲道德、有文化、守纪律的人民。当然还有'五讲四美'（即：讲文明、讲礼貌、讲卫生、讲秩序、讲道德和心灵美、语言美、行为美、环境美。）军队叫'四有、三讲、两不怕'（即有理想、有道德、有知识、有体力，讲军容、讲礼貌、讲纪律，不怕艰难困苦、不怕流血牺牲）。"②这就把社会主义的物质文明和精神文明关系上的统一性和必然性论述得清清楚楚。使它成为我国建设有中国特色社会主义的重要特征和战略任务。

---

① 《邓小平文选》第二卷，第367页。
② 《邓小平文选》第二卷，第408页。

　　（一）精神文明建设必须紧紧围绕着经济建设这个中心，始终坚持两手抓、两手都要硬的方针。

　　经济建设是全党全军和全国各族人民各项工作的中心，精神文明建设要为经济建设服务。也就是说，精神文明建设必须为"一个中心、两个基本点"的基本路线服务。经济建设是党的中心工作，当然也是精神文明建设的中心。精神文明建设只有在为经济建设和改革开放提供强大的精神动力和智力支持中发挥作用、有所作为，才能获得自身的发展和进步。否则就失去了生机和活力。

　　在当前我国由计划经济向市场经济转轨过渡的进程中，一些市场经济的消极落后和丑恶现象冲击着社会主义市场经济发展和成熟。市场经济中看不见的一只手，即市场机制不健全，监督不得力，各种法规的滞后等等，一些极端个人主义、享乐主义、拜金主义及吃、喝、嫖、赌、抽、骗、拐、偷，还有假、冒、伪、劣商品等等冲击市场经济。在这样的反差方面，更加看出社会主义市场经济条件下，更要讲求道德观念，讲求职业道德，更不能离开道德标准。

　　精神文明建设为经济服务，是通过提高人的素质与修养来体现的。也是精神文明重在建设所在。要建设就要真抓实干，想实招、出实策、办实事，就要根据新形势探索新路子，采用新方式，不断总结新经验，持之以恒、坚持不懈地为提高人的素质、培养人、塑造人。为适应社会主义现代化建设的需要，培育有理论、有道德、有文化、有纪律的社会主义公民，提高整个中华民族的思想道德素质和科学文化素质。党的"十四大"以"有理想、有道德、有文化、有纪律"为奋斗目标，建设具有中国特色社会主义的精神文明。建设有中国特色的社会主义事业是千百万人民群众的事业，只有依靠千百万人民群众的创造，才能使社会主义现代化事业生机勃勃。因此，提高中华民族的整体素质，是精神文明建设的重要任务。

　　《关于建立社会主义市场经济体制若干问题的决定》指出："坚持两手抓、两手都要硬的方针，加强以培养有理想、有道德、有文化、有纪律的新人为目标的社会主义精神文明建设。各级党委和政府要发挥思想政治工作优势，加强对宣传思想和文化工作的领导。"这就要求我们在贯彻这一方针中，充分发挥思想政治工作的优势，激发广大群众投身建设有中国特色社会主义事业的积极性、主动性和创造性，加强爱国主义、集体主义、社会主义教育，开展中国历史特别是近代史现代史和中华民族优良传统的教育，努力提高民族自尊心、自信心和自豪感，发扬艰苦奋斗精神，把亿万群众的巨大创造力汇集到建设有中国特色社会主义的伟大事业上来。增强民族自尊心、自信心和自强精神，坚决抵制资本主义和封建主义腐朽思想的侵蚀，树立了正确的理想、信念和价值观。

在文化建设和道德建设以及群众性精神文明建设方面，要加强新闻、广播、电视、出版、文学艺术等各方面的工作。坚持"百花齐放、百家争鸣"的方针，坚持文学艺术为人民服务、为社会主义服务的方向，积极进行文化体制改革、繁荣社会主义文化。鼓励创作内容健康向上，特别是要讴歌改革开放和现代化建设的具有艺术魅力的精神产品。加强道德建设，群众性精神文明建设活动。使各行各业都要逐步形成适合自身特点的职业道德规范，坚决纠正以权谋私的歪风。扫除各种社会主义丑恶现象。

积极倡导在社会主义市场经济条件下坚持正确的人生观和文明健康的生活方式，加强社会公德和职业道德建设，加强社会治安综合治理，不断深化文化教育体制的改革，完善文化经济政策，依法加强文化市场的管理工作。正确处理精神产品社会效益与经济效益的关系，适应建立健全社会主义市场经济体制和经济发展的要求。

（二）把社会主义市场经济、社会主义民主政治和社会主义精神文明不断地推向前进。

我们党要始终不渝地遵循邓小平建设有中国特色社会主义的理论和党的基本路线，牢牢把握住经济建设这个中心环节，把社会主义市场经济、社会主义民主政治和社会主义精神文明不断地推向前进。在政治建设方面，要加强政权建设、加强法制、反腐倡廉和社会治安工作。政治稳定，是我们顺利进行改革开放和现代化建设，集中力量把经济建设搞上去的政治保证，也是建设有中国特色社会主义的一个重要内容。没有稳定的社会政治环境，改革和建设都搞不成。改革和发展是社会政治稳定的基础。在稳定中推进改革和建设，以改革和建设来实现社会的长期稳定，是党必须遵循的基本原则。

要树立全局观念。建立社会主义市场经济体制，是一项艰巨而复杂的社会系统工程，必然涉及经济基础与上层建筑的许多领域，需要有一系列的经济、政治、文化、教育的改革和政策的调整。这就要求我们必须从总体上协调好各方面的关系，调动一切积极因素，充分发挥各方面的积极性、主动性和创造性。在处理中央与地方、条条和块块的关系时，我们党一向强调发挥中央和地方的两个积极性。中央要充分考虑地方的利益，在制定政策时，也要充分考虑各地的不同特点和情况。使全国一盘棋，把各自的位置摆正确，不能顾此失彼、要有全局观念。必须从国家整体利益和长远利益出发，自觉地主动的服从大局，确保党中央国务院的政令畅通，维护政令的统一性和严肃性、维护和服从党和国家的整体利益。

要切实改进工作作风和工作方法，采取有力措施，纠正领导工作中存在的官僚主义、形式主义，按照党中央、国务院的部署，创造性地开展本地区、本部门的工作。要深入开展反腐败斗争，加强廉政建设，取得明显成效。特别是要深入实际、调查研究，注意研究新情况，解决新问题，妥善处理可能出现的各种复杂的社会矛盾，避免出现大的失误和损失。没有调查研究就不会有正确的决策。不注重调查研究，心中无数，是做不好工作的。江泽民同志指出，希望大家都能多挤点时间学习，少搞点应酬，多做些调查研究，少一些主观主义；多干些实事，少说些空话。这样我们的领导水平就会提高一大步。

要把握住一个根本的立足点，就是集中力量把自己的事情办好，把经济发展起来，使人民生活不断提高。我们党领导建设有中国特色社会主义事业，充满着艰辛的创造性的劳动。中国进入新的历史时期，面临千头万绪、百废待举的任务，而首当其冲的历史性任务就是必须把自己主管的工作做好，无论是经济工作、政治工作、文化教育工作，都要尽心尽力、尽责尽职地把工作搞上去。为经济建设服务，为党的基本路线服务，不断满足人民群众的物质与文化生活的需要，这是我们共产党员的职责。

要把解放思想与实事求是统一起来。这是思想路线的精髓和灵魂。邓小平指出："不解放思想，不实事求是，不从实际出发，理论与实践不相结合，不可能有现在的一套方针、政策，不可能把人民的积极性统统调动起来，也就不可能搞好现代化建设，显示出社会主义制度的优越性。"① 对马克思主义思想路线用"实事求是"来概括，这是毛泽东的一大功绩，而把"解放思想与实事求是"相结合、相统一，成为马克思列宁主义、毛泽东思想的精髓和灵魂，是邓小平同志的突出贡献。解放思想就是使思想和实际相符合，使主观和客观相一致，这就是实事求是。解放思想与实事求是构成了马克思主义的思想路线成为不可分割的整体。解放思想是实事求是的题中应有之义，而实事求是也离不开对思维定势的解放。实事求是，是解放思想的基础和归宿。而解放思想又是探索、求实和认识的立足点、出发点和根本点。我们党的干部特别是党政领导干部要把握这个相统一、相一致的思想路线，把我们党的精神文明建设推向新的发展阶段。

要推进社会主义民主政治和精神文明建设，就必须掌握建设有中国特色社会主义理论，把邓小平的马克思主义中国化、当代化的基本理论与指导思想坚持发展下去。邓小平继承和坚持了毛泽东提出的具有中国共产党人特色的立场、观点和方法，即实事求是、独立自主和群众路线的基本特征，发展为开创探索建设有中国特色社会主义建设的道路和方法，从而实现了从革命理论到建设理论的伟

① 《邓小平文选》第二卷，第191页。

大转变和新的飞跃。从理论内容来说实现了从革命理论到建设理论的转变。邓小平在把马克思主义中国化过程中创造了建设有中国特色的理论。指导我国改革开放和社会主义现代化。给当代马克思主义增添了崭新的内容，这是邓小平对毛泽东思想的重大贡献，也是对毛泽东建党学说的一个重要组成部分。

同时，邓小平在把克思主义中国化过程中，实现了从计划经济体制到社会主义市场经济体制的转变，这是一个根本性的转变。它不但是马克思主义中国化的巨大成就，而且是从社会主义制度诞生以来的一个新的丰富和发展，为创立社会主义市场经济理论与实践奠定了理论基础，把科学社会主义理论大大向前推进了一步。

坚持学以致用，有的放矢的基本原则，推进精神文明建设。理论的基础是实践，理论只有在与实践的结合中，才转化为改造主观世界和客观世界的强大动力。要学以致用，有的放矢，就要把学习理论的过程与总结经验结合起来，联系自己的思想实际、工作实际、部门实际，深刻总结，认真反思，才能把握邓小平建设有中国特色理论的实质。如果不联系实际，学归学、做归做，讲得天花乱坠，做起来还是老一套，就总结不了新经验，创造不了新办法，寻找不到新路子。江泽民同志深刻地指出，谁运用邓小平同志建设有中国特色社会主义的理论解决现实问题越多，越有成效，就说明谁学习得越好。如果我们党、我们国家有一大批同志、系统地而不是零碎地，实际地而不是空洞地掌握了当代的马克思主义——邓小平同志建设有中国特色社会主义的理论，并且能够运用这一理论去研究和解决重大问题，那么我们的事业就一定会兴旺，建立和健全社会主义市场经济体制，把社会主义精神文明推向一个新的发展阶段。

（三）坚持"两手抓"治党治国方针的伟大意义。

建立健全社会主义市场经济体制，加快改革开放和经济建设发展的步伐，要进一步加强党的领导，促进物质与精神文明建设。发展社会主义市场经济，就要求党和政府不直接干预企业的具体生产经营活动，由政府调节市场、市场引导企业，宏观管住、微观放活，努力提高驾驭社会主义市场经济的领导水平。要在决策上、手段上、方式方法上及用人上都要进行改革和调整。重点是培养、造就一批政治、业务素质与新形势相适应的干部队伍。现在我们进行的改革开放和建设有中国特色社会主义事业是一项前无古人的开创性事业，要求更多更好的德才兼备的干部开拓创新，带领人民群众而奋斗。要在实践中坚持德才兼备的用人原则，全面地、辩证地看待干部的优点与缺点，成绩与过失。要重主流、重大节、重实绩，对于那些敢闯敢冒、敢为天下先、确实作出政绩的干部，要给予重用，不要求全责备；对那些因循守旧、不思进取、或者只有唱功而无做功的干部，不能重用和提拔。

邓小平同志早在 1983 年就指出，一个真正的马克思主义政党在执政以后，一定要致力于发展生产力，并在这个基础上逐步提高人民的生活水平。这就是物质文明建设。与此同时，还要建设社会主义的精神文明，最根本的是要使广大人民有共产主义的理想、信念，有道德、有文化，守纪律。这是邓小平同志关于一手抓物质文明建设，一手抓精神文明建设的"两手抓"的指导思想。这一"两手抓"的指导思想邓小平同志进行了多次论述和反复强调，而且告诉我们要贯穿在整个社会主义现代化建设的整个历程之中，这就要求各级领导干部和领导机关，都要根据现代化建设不同发展阶段和政治、经济、文化的变化，要始终不渝地坚持"一手抓物质文明建设、一手抓精神文明建设"、"一手抓建设，一手抓法制"、"一手抓改革开放、一手抓惩治腐败"等等。而且要做到两手一起抓，两手都要硬。随着社会主义市场经济的发展和各项改革事业的深入，要坚持"两手抓""两手都要硬"这个治党治国的战略方针。

在建设有中国特色社会主义事业的伟大实践中，邓小平同志为我们党和国家确立的"两手都要硬"的治党治国的方针，这是一个伟大的创造。这种创造不仅表现在它充满着马克思主义唯物辩证法的革命精神，体现着社会主义的质的规定性，而且也反映着邓小平同志运用事物发展的矛盾学说，解决国家治理中一系列重大问题的高超领导艺术。在"两手都要硬"中最重要的就是卓有成效地排除来自"左"和右两个方面的干扰和破坏，保持着清醒的头脑。有效地克服和纠正市场经济条件下出现的各种消极现象。

在建设社会主义市场经济体制进程中，党政干部特别是领导干部要结合实际，坚决地、创造性地执行党的基本路线、方针和政策。真正成为社会主义市场经济的领导者和组织者；弥补体制转换中制度不完善，保障社会主义市场经济体制协调发展。因为社会主义市场经济需要科学、严谨、配套的法律、制度、规章和规范方能健康运行，而法律、制度、规章则必须在实践的基础上产生、发展和完善起来。党政干部必须具有坚定的党性原则，科学的思维方式，崭新的观念和高超的领导艺术，才能作出科学有效的决策，组织引导人们促进市场经济的发展和完善，抵制和堵塞一些人借体制转换中制度不完善之机，不能正确处理国家、集体、个人三者关系、整体与局部关系、长远利益和眼前利益关系的错误做法，以保证社会主义市场经济朝着健康的方向发展。

干部队伍和领导班子，是加快市场体系的培育，建立和完善社会主义市场体系的中心一环，是转换企业机制的重要条件，也是政府实行间接宏观调控的重要前提。如果按商品经济运动的主要流体，成为商品市场、金融市场、人才、劳务市场、技术市场、房地产市场以及信息市场等等。其中人才、劳务与商品、金融这三大市场，就构成社会主义市场体系的三大支柱。干部队伍是人才市场的核心和关键部分，干部队伍的素质决定人才市场的质量。而在人才市场的带动下，金融、技术、信息、劳务等市场的建立和发育之后，才能使社会生产力不断增加交换的深度与广度，为社会主义市场经济机制的建立创造必要条件。确保社会主义市场经济体制的健康发展。才能贯彻执行好坚持"两手抓"、"两手都要硬"的治党治国的战略方针。

（四）提高干部队伍素质，增强驾驭社会主义市场经济的能力。

我国在全力发展社会主义市场经济的新形势新任务的条件下，对党政各级干部特别是领导干部提出了更高更严的要求和新的考验。一方面给党政干部队伍建设注入了新的活力，提出了新的课题，新的要求，新的思维方式，新的观念，增强新意识，树立新的形态，从思想观念上有一个新的飞跃，用发展市场经济的竞争观念、效益观念、法制观念、开放观念、创新观念、风险观念、德才观念、信息观念、以及权利义务观念等等，取代传统的旧观念，以便适应社会主义市场经济的发展需要；另一方面要紧紧抓住时代的要求，充分体现时代精神，进行科学正确的决策，增强市场意识，拓宽视野，从当今时代的高度思考经济建设的战略观，以适应世界市场经济的发展。

在这新形势、新任务的条件下，要求我们的干部特别是党政领导干部，从多方面提高自身的执政本领、执政的领导水平和政策水平，其中最重要、最根本的是要提高领导水平和驾驭市场经济的能力。在建立健全社会主义市场经济体制的进程中，具有积极性、主动性和创造精神，施展自己的才干，充分发挥自己的作用。这就要求我们的干部特别是党政领导干部，要具有坚强的党性，清醒的头脑，高度的责任感和强烈的事业心，把党的事业推向一个新的发展时期，争取自身领导的工作，几年上一个台阶。要善于抓住机遇，发展、培育社会主义市场经济的运行机制；总揽经济全局，进行宏观控制，具有宏观的战略决策和奋斗方向；运用市场规律和经济、法律、行政等手段进行间接宏观管理，以便尽快实现政府的职能转变；充分发挥市场经济的特点，在识人、用人、选人等等方面，创造一套相适应的制度、条例和规定形成制度化、法制化；要统领全局，组织协调好各种关系，加强监督的职能作用；要坚持"两手抓、两手都要硬"等等这些能力的提高，对一切干部都具有重大的意义。

党政干部特别是领导干部要把握社会主义市场经济规律，就必须改变干部自身的知识结构，才能不断提高工作能力和干部的素质。不但要学好政治理论，马克思主义的基本理论，还要学好管理现代科学文化和各种专业知识，主要学好掌握发展商品经济、社会主义市场经济的知识、理论、技能和本领，从整体上把握市场经济的规律。要求我们的广大干部，要从只熟悉政治工作到同时熟悉经济工作，由偏重熟悉农业、工业到兼懂商业、财政、金融等经济工作；由只懂生产到兼懂市场；由只熟悉国内经济到兼懂外经外贸，成为本职工作的内行和多面手。从而能够按照发展市场经济的需要，自觉遵循价值规律，促进资源的合理配置和保护公开、公平竞争，在提高素质，增强驾驭社会主义市场经济的能力的同时，树立起领导经济活动中的内行、精明、高效的良好形象。

要在建立健全社会主义市场经济体制进程中，探索一条使干部队伍建设与发展市场经济协调一致的新路。在机构设置、工作内容和管理方式、方法上，要从为计划经济服务转移到为建立健全和完善社会主义市场经济经济体制服务上来。要从以经济为中心和社会主义市场经济的需要出发，确定干部队伍建设的内容，使干部队伍的政治思想建设、组织建设、作风建设与发展社会主义市场经济协调一致，逐步建立一套具有竞争激励机制的科学化、民主化、法制化的干部队伍管理体制和管理制度，更好地发挥干部在发展社会主义市场经济中的主观能动作用。同时，要注意总结干部队伍建设为发展社会主义市场经济服务的新经验，力求从理论上做出新概括，进而推动社会主义市场经济发展与干部队伍建设。

（五）加快干部人事制度改革，完善社会主义人才市场。

按照"四化"方针，大胆启用人民公认是坚持党的基本路线并有政绩的干部。干部队伍"四化"方针，是以邓小平为核心的第二代党中央成熟领导集体，为适应现代化建设需要而提出的干部队伍建设的指导方针。邓小平指出："要在坚持社会主义道路的前提下，使我们的干部队伍年轻化、知识化、专业化，并且要逐步制定完善的干部制度来加以保证。提出年轻化、知识化、专业化这三个条件，当然首先是要革命化，所以说要以坚持社会主义道路为前提。"① 这个四化方针的内容丰富而深刻，是一个相互联系、不可分割的有机整体。它把建设有中国特色社会主义的政治路线的客观要求与党的传统干部理论有机地结合在一起，是对干部的品德、才能、知识、体质、风格等各方面的要求的统一。革命化，主要是指坚定坚持党的基本路线和全心全意为人民服务的宗旨。年轻化，是对干部工作年龄和身体素质的要求，指领导班子年龄结构要年轻化。知识化和专业化，是指掌握现代科学文化知识和现代化建设的本领。革命化是其他三化的基础和前提。在革命化和其他三化的关系上，既不能轻视或放弃革命化的统帅地位，也不可以革命化取代其他"三化"。因为社会主义现代化建设不需要有德无才的"革命化"的"空头政治家"，也摒弃具有超群本事却只能贻误党和人民事业的有才缺德或有才无德者。在这方面，是有着无数深刻的历史教训的。

　　当然，德才兼备，还须有充沛的精力和健康的体魄，否则，也承担不起现代化建设和改革开放的重任。所以，我们必须全面坚持、辩证理解"革命化、年轻化、知识化、专业化"的丰富内涵，正确、科学地处理"四化"之间的关系具有重要的现实意义和深远影响。

　　邓小平提出的："现在就是要选人民公认是坚持改革开放路线并有政绩的人，大胆地放进新的领导机构里"的要求，是针对国内外形势，把握住历史机遇，为紧紧抓住经济建设这个中心不放，集中精力把国民经济搞上去，结合干部队伍建设的现状提出的重要思想。就是说要重视政绩，它是干部德才素质在工作中的具体体现，是实践的结果。党的形象通过每个干部体现出来，我们起用人民公认是坚持党的基本路线并有政绩的干部，使人民群众从我们这个执政党的自身形象上既看到希望，又看到未来。我们所从事的有中国特色的社会主义现代化建设，是开创性的事业，本身带有艰苦的探索性，

----

① 《邓小平文选》第二卷，第361页。

需要从实际出发，敢于冒风险，大胆创造，闯出一条新路。只有经过这条艰难的创业道路，才能不断将人民引向更新更美的生活。这条道路，那些脱离群众、饱食终日、安于现状的官僚主义者不会问津，但却是干部出政绩的必由之路。大胆起用这样的干部表明了我们党的代表人民群众利益而永无休止、充满生机的不断进取精神。

在发展社会主义市场经济的进程中，不仅冲破了原有的高度集中的单一计划经济模式，而且对统包统分的干部人事管理模式形成冲击。商品经济的竞争性、公开性、流动性和市场经济的自动性、开放性、有效性的特点，要求加快探索，适应其发展的新的干部人事管理模式。不仅要以推行国家公务员制度为契机，有计划地实行干部分类管理，把竞争激励机制引入各类干部人事管理制度，还要按照发展商品经济、市场经济出现的人才社会流动的大趋势，建立人才社会调节机制，建立、健全社会主义人才市场。

党的十一届三中全会以后，在伟大的历史变革中，特别是为了适应社会主义市场经济体制的要求，进一步加快干部人事制度改革的步伐。特别是党的十四大把建立社会主义市场经济体制作为我国经济体制改革的战略目标。这是我国改革开放和经济建设进入了一个重要发展阶段的标志。实现这一战略目标，需要全党同志努力探索、大胆实践。上层建筑部门更应自觉地、积极主动地为这一伟大战略目标服务。干部人事制度是上层建筑的重要组成部分，必须符合经济基础的要求，服从于和服务于经济发展和经济体制改革。深入进行干部人事制度的改革，必须适应建立和完善社会主义市场经济体制这个总目标，这是干部人事制度改革的基本指导思想。与集中计划经济相对应，市场经济是强调在商品经济条件下，通过市场机制最有效地配置社会资源。适应社会主义市场经济的需要、进行干部人事制度改革，就是使干部、各类人才这个属于社会资源的人力资源中的精华部分得到最科学最有效的配置。人力资源是社会资源中最具有决定意义的因素。国际正在展开的人才争夺战表明：今后最宝贵的资源将不是土地、石油、钢铁，而是人才。谁拥有众多的人才，并发挥出其才能，谁就会在经济、军事、科技等领域创造奇迹，谁就能称雄于世界。

干部人事制度如何为社会主义的市场经济服务？是被社会主义市场经济的发展潮流推着走，还是站在推动社会主义市场经济发展的潮头？干部人事制度无疑要为发展社会主义市场经济排除障碍，扫清道路，做促进派，这就要加快进行自身的改革。干部人事制度自我改革的过程，就是为建立社会主义市场经济体制服务的过程。从这个意义上说，改革就是服务，就是促进，而且是最有效的促进。这种促进，又使社会主义市场经济对干部人事制度提出更高的要求，需要更深入的改革。如此互促、互动，推动着社会主义现代化事业健康发展。

深化干部人事制度改革，应当遵循的指导思想是：以邓小平建设有中国特色的社会主义理论为思想武器，以党的基本路线为指针，与经济体制和整个政治体制改革相适应，有计划地改革干部管理体制和各项管理制度，为优秀人才脱颖而出与合理使用提供制度保证。要从我国实际情况出发，认真总结和吸取历史经验，正确借鉴和吸收国外人事管理的科学方法，继承我们党在长期的革命斗争和建设中形成的好传统，革除旧弊端，探索新方法。要按照党的十四大报告的要求，伴随着社会主义市场经济的发展、通盘规划，综合设计，分步实施，大胆探索，勇于实践，加快干部人事制度的改革。积小改为大改，从试验到定型，逐步建立、健全与社会主义市场经济和社会主义民主政治相适应的，符合机关、事业、企业不同特点的科学的分类管理体制和有效的竞争激励机制，以调动各类干部的积极性，为使各行各业优秀人才脱颖而出，健康成长和充分施展才干提供有效的制度保证。最终要建立起一套管理形式多样的，民主、法制健全的，具有生机与活力的干部人事制度。

建立健全社会主义人才市场，是改革现行干部人事制度的根本环节。发展社会主义商品经济、市场经济，不可避免地出现了人才社会流动，而且成为不可逆转的大趋势。人才合理流动，是发展经济的客观需要。人才流动是指人才跨地区、跨部门或跨专业的职位变换与转移。人才流动的动力是社会经济发展的需要。改革开放和社会生产力的不断发展，使人才的全面流动具备客观必然性。要建立充满生机与活力的社会主义市场经济体制，促进人才合理的流动有极重要的现实意义。

人才的合理流动，合乎人才可变性的客观发展规律的要求。首先，人才合理流动是迎接新技术挑战、经济起飞的因素决定的。近百年来，科学技术迅猛发展，科学技术更新的速度越来越快，各门学科之间互相渗透、分化、融合、接近、共鸣的程度越来越高，不断出现边缘学科和新兴学科。这就决定了知识必须广泛交流，人才必须合理流动。二次大战以后，美国等发达国家科学技术所以突飞猛进，处于世界榜首，就是通过吸收、重用世界各国的大批人才。据美国统计资料，从1949年到1979年，移居到美国的外国科学家和工程师有16万多人。这些人对美国科技发展所起的作用，难以用金钱估量。我国已进入社会化大生产，生产的社会化程度越高，对人才流动的要求就越迫切。80年代，以科技合作为主要形式的人才流动，成为我国追求技术进步、经济发展的一大趋势。此举重塑了我国科技发展的新格局，大批技术开发型科研机构和科技人员走上了科研、生产、经营一体化之路。在人才流动和科技竞争中求得新的发展，把社会各项技术推上了新台阶。

其次，人才合理流动是优化人才结构的有效途径。10年浩劫使原本就不尽合理的人才分布严重失衡：沿海比内地强，内地比边远地区强，工业比农业强，重工业比轻工业强；有些部门人才稠密、闲置，有些部门人才奇缺，捉襟见肘。要适应改革开放和现代化建设的需要，就要进行合理的人才流动，调整不合理的人才结构。

其三，人才合理流动是提高人的素质的重要渠道。人才合理的流动，合乎人才可变性规律的开发过程，能够使人才在流动中得到锻炼，增长才能，实现从潜才到显才，从低水平到高水平的成长和发展，同时使人才团体目标（任务、效益）得到提前实观。

总之，人才合理流动有利于打破"铁饭碗"，有利于鼓励竞争和进取精神，有利于发挥出人才的才干，提高综合素质。实践证明，人才合理流动是科学、经济和社会发展的迫切需要。实现人才合理流动已成为必然的趋势。哪个国家、哪个地区实现了人才合理流动，哪里人们的才能得到充分发挥，哪里的经济发展速度就更快更好。

建立健全和完善社会主义人才市场，这是改革现行干部人事管理体制的根本环节。合理的人才流动，必须遵循稳定与发展协调的原则。要在保持宏观人才结构稳定的前提下，根据经济发展的需要进行流动；必须始终体现竞争，促进经济竞争的流动；必须用人部门和人才，加强经济合作的流动。只有这样才是合理的流动，才是服从于经济建设需要的流动，也才有可能不断促进社会生产力不断地提高和向前发展。

我国现今人才流动的主要形式，有招聘、兼职、借调、干部交流，等等。这些对发挥和提高科技人员、各类干部的才能起着积极作用。随着改革开放的进一步深入和社会主义市场经济的推开，现行人才流动体制已经越来越不适应经济形势发展的需要。主要不足有以下三种表现：

其一，流动机制缺乏活力。用人单位，特别是企业没有用人的自主权，缺乏人才的调节能力，人员流动缓慢；人才流动与经济发展相脱节，埋没人才的现象普遍存在；政府主管部门独揽人事决策和人员调配等权力，工作效率低；调配形式单调，大量的仅局限于隶属关系的流动，成功率也受到限制。其二，流动渠道缺乏变化。人才管理上大部分仍然是"统包统分"，往往与实际要求大相径庭；"人才部门所有制"的观念和管理模式束缚了人才的合理流动。其三，流动方向缺乏调节。流向调节缺乏力度，人才流量控制缺乏力度，出现人才逆向流动、部门人才流失与人才"盲流"现象，造成人才结构失衡。

导致人才流动的上述不良状况，有其复杂深刻的社会根源，有传统思想文化观念的影响，但主要是传统单一的计划经济体制和高度集权的政治体制制约下的人事干部管理体制上的诸多弊端。改变人才流动的现状和满足社会主义市场经济对人才资源合理配置的要求，需要对现行干部人事制度实行根本的改革。要实现用人单位和被用人的双向选择，使各类人才充分发挥出积极性与创造性，在竞争中选择发挥自己才能最佳岗位，改善人才分布不合理，结构不合理的状况。这些对人才流动适应社会化大生产的要求，一般的人才流动调节机构已经满足不了，只能由开放社会主义人才市场来解决。

人才市场是市场经济的重要构成部分。发展社会主义市场经济，必然要求建立社会主义人才市场。只有开放社会主义人才市场，才能适应改革开放和社会主义市场经济发展的要求。要在国家宏观控制和指导下，遵循市场规律，按照公开、平等、竞争、择优的原则，对各类人才实行社会化调节和综合管理，合理调整人才分布和人才结构，充分发掘人才的智力潜力，创造人员能合理流动，有选择职业余地的社会条件。实现国家有调控权、单位有用人自主权、人才有择业权的新型人事管理体制。

我国现在仍然存在的人才浪费和积压的根本原因，是没有引入市场机制，没有建立和健全的社会主义人才市场。十四年来，我们进行了一系列干部人事制度改革，也取得了可喜的成效，进行了必要的量的积累，但还没有达到第二次革命所要求的质的根本性变革。只有建立和健全社会主义人才市场，才能从根本上改革干部人事管理体制的弊端。

实践证明：市场经济是激励和优化资源配置的有效方式。建立市场经济，必须有人才、物资、资金三大市场相配合。离开了这三大市场的建立，社会主义市场经济就难以建立起来。而现在，原有的高度集中的干部人事计划管理体制，已经对市场经济的建立和发展表现出了很大的阻滞性。随着商品经济的发展，人才资源与社会生产的配置，将愈来愈多地由行政统配变为市场调节。实行根本的变革——建立和健全社会主义人才市场已经迫在眉睫。这个问题不解决，就会阻碍和影响其他改革的进程。

　　为什么这样说呢？首先，建立健全社会主义人才市场，可以改变由于"统包统配"导致"部门所有，单位所有"所产生的"冗员"和"缺员"并存的人才供需脱节的状况，通过人才市场使之达到平衡，实现人才资源的优化配置，做到人尽其才，才尽其用。其次，建立健全社会主义人才市场才能实现人才竞争。没有人才市场，就没有人才的竞争。通过人才市场竞争，实现优胜劣汰，促进人才合理流动，人才脱颖而出，同时促进科技进步和劳动生产率的提高。其三，建立健全社会主义人才市场，可以改变"一次分配定终身"弊端。人才有了择业权，比起由国家直接分配更能体现人才的权利和主人翁地位。

　　总之，建立健全社会主义人才市场，有利于形成尊重知识、尊重人才的良好社会风气。使科技更快转化为生产力，更充分发挥每一个人才价值的同时，使尊重知识、尊重人才成为人们共识与具体行动。

　　怎样建立健全一个社会主义人才市场呢？社会主义人才市场的目标模式与所遵循的原则和先决条件、运转方式以及配套机制是什么呢？

　　随着商品经济的发展和市场经济的推开，全国已有近两千个人才市场和近两千个不同类型的人才交流服务场所，初步形成了纵横交错的人才流动网络，促进了人才社会流动。但无论在数量、质量上都与社会主义市场经济发展的要求存在差距。为了建立健全人才市场，还要进一步转变观念。要明确人才的学识、才能、技术具有商品的属性，使人才、智力资源理直气壮地进入市场，并按其价值取向进行市场交易、调剂和流动；进一步加强人才市场的硬件建设，要在目前常设性、集市型人才智力市场的基础上扩大规模，完善管理；逐步完善人才市场的调节机制。为了保证人才市场运作健全配套，有序进行，促进国内人才市场的联网，提高运作效率，尽快与国际人才市场接轨，更好地发挥积极作用，有必要在下述问题上统一思想，规范职能和运行。

　　社会主义人才市场的目标模式与所遵循的原则和先决条件：社会主义人才市场的目标模式，是按照立足本地、面向全国、走向世界的要求，最大限度地开发、引进、调整、合理使用各级各类人才，省、市、县各级人才市场联网运行，积极开展国际人才交流，形成多功能、多层次、广辐射、高效率的人才市场。提供各种形式的科技服务。如组织科技转让；引进智力、技能；组织人员在国内外进行智力培训、专业技术进修等等。社会主义人才市场遵循在国家计划宏观调配的基础上，中观、微观搞活的原则；遵循国家的法律、法规，运用法律手段和经济手段，按照公平、平等、竞争，择优和双向选择的原则和对人才实行社会共有、共管、共用的原则。

　　开放社会主义人才市场的先决条件必须做到：第一，"两权"到位。确保用人单位有聘任权和解聘权，个人有应聘权和辞聘权。第二、建立"两辞"制度。在党政机关、群众团体和企业事业单位建立辞职、辞退制度，单位有权根据有关规定辞退不符合条件的工作人员，工作人员有权根据有关规定向单位辞职。

　　社会主义人才市场的运转方式与行使的职能。人才市场主要采取大型的人才交流会和小型的招聘固定市场和定期的人才集市相结合的多种方法，由供求双方直接见面洽谈，双向选择。人才市场主要行使如下职能：

　　信息功能——通过建立人才、科技信息网络，开展经常性的人才预测、分析，进行信息发布、交流、咨询服务，系统准确地提供人才科技信息；管理职能——根据人才供求状况，运用经济、法律、政策指导等综合管理手段，按照国民经济和社会发展的要求，引导人才的流向，合理调节和控制人才的分布、结构，人才流动的流速、流量以及人才的供求；服务职能——利用人才市场网络，为个人与单位之间的双向选择提供帮助和指导，组织人才交流，负责办理人才交流手续，根据人才供求关系的变化和人才结构的调整，举办各类提高专业素质的人才培训；保障职能——参与人才流动中各种争议和公正的协调处理，执行人才流动争议仲裁机构的决策，保障争议双方的合法权益。

完善社会主义人才市场的配套机制。开放社会主义人才市场是全社会共同注目的大事，也是一项牵涉诸多方面的社会系统工程，需建立健全以下配套法律和机制：重新恢复公民有选择职业权利的法律规定，为人才流动和双向选择提供法律保障；改革现行人事分配制度，运用工资杠杆，调节人才的供求，使工资改革与人才市场、人才管理体制改革相协调；建立健全和完善社会保险、社会保险制度、扩大待业保险的纳入范围，通过待业保险机制吸纳机构精减下的富余人员，实现待业社会化，保障人员流动；建立国际通用的专业资格制度。在专业技术职务聘任制的基础上，建立标准统一的社会化评估体系，实现专业资格的社会化、通用化、目标化，推进人才流动；建立勋位授予制度，以这种与物质激励机制并行的，社会荣誉制度核心部分的精神激励机制，表彰在科学、技术等方面作出突出贡献的功勋人才，更好地鼓励与吸引人才；改革教育制度，使教育真正做到面向社会、面向世界、面向未来，培养社会需求，符合社会发展趋势的应用型、实践型、创造型、复合型人才；改革现行户籍制度及管理程序，使其科学、简化，有益于促进人才合理流动；建立高层次的国际人才交流机构，顺应世界人才竞争的发展趋势，调整留学政策和吸引人才政策，增加国际间的人才交流，参加国际人才竞争，以引进一流水平的外国专家和吸引留学生回国；成立由经济、法律、教育、计划、人事、组织、劳动等部门负责人组成的专门机构，进行开放社会主义人才市场的综合配套改革。

三、改进党的领导方式方法，努力提高执政党的领导水平和决策水平

党的"十四大"报告指出：我们一定要结合新的实际，遵循党的基本路线，坚持党要管党和从严治党，加强和改进党的建设，努力提高党的执政水平和领导水平，使我们这个久经考验的马克思主

义的党，在建设有中国特色社会主义的伟大事业中更好地发挥领导核心作用。党的《关于建立社会主义市场经济体制若干问题的决定》又明确指出，要学习马克思列宁主义、毛泽东思想，中心内容是学习建设有中国特色社会主义的理论，提高贯彻执行党的基本路线和发展社会主义市场经济方针、政策的坚定性和自觉性，保持思想上政策上的高度一致。

民主革命时期，党的领导职能主要是组织和率领人民群众进行夺取政权的革命战争，这一职能要求党的领导方式和方法具有直接、具体的特点，以适应战争的需要。现在，党的领导任务，已经由指挥战争转为领导社会主义现代化建设。建设有中国特色的社会主义的伟大事业，建立健全社会主义市场经济体制，在这种情况下，继续采取军事化的旧的传统的领导方式、方法，就不能适应新形势需要，如不进行改革，将会损害和削弱党的领导。

当然，党的领导方式方法是多种多样的。例如：决策方式、建议方式、推荐方式、协商方式、保证监督方式、宏观控制方式、协调方式、党内管理方式、模范带头方式，等等。根据党的"十四大"要求和党的十四届三中全会精神，按照建立健全社会主义市场经济体制的基本原则和要求，党对国家事务实行政治领导的主要方式、方法是什么？党的"十三大"报告就指出："党对国家事务实行政治领导的主要方式是：使党的主张经过法定程序变成国家意志，通过党组织的活动和党员的模范作用带动广大人民群众，实现党的路线、方针、政策。"党的"十四大"政治报告指出："我们要建立的社会主义市场经济体制，就是要使市场在社会主义国家宏观调控下对资源配置起基础性作用，使经济活动遵循价值规律的要求，适应供求关系的变化；通过价格杠杆和竞争机制的功能，把资源配置到效益较好的环节中去，并给企业以压力和动力，实现优胜劣汰；运用市场对各种经济信号反应比较灵敏的优点，促进生产和需求的及时协调。同时也要看到市场有其自身的弱点和消极方面，必须加强和改善国家对经济的宏观调控。我们要大力发展全国的统一市场，进一步扩大市场的作用，并依据客观规律的要求，运用好经济政策、经济法规、计划指导和必要的行政管理，引导市场健康发展。"这就明确指出党的执政方式、方法，应该由过去对国家生活直接干预、具体管理转向原则的、间接的、宏观的政治领导。就是由微观领导向宏观领导的转变。这种转变是必然的，党政领导干部要保持清醒的头脑适应这个转变，为这个转变做出自己的贡献。

党内领导方式、方法有个发展变化的过程。党内领导方式主体是民主集中制。民主集中制既是一个组织制度，也是一种组织形式和领导方式。党的领导方式的主要内容：（1）党的领导机关由党员选举产生，并向全体党员汇报工作，向全体党员负责；（2）党员对党的领导人有选举权、监督权、评议权、质询权和弹劾、罢免权；（3）党内一律平等，权利与义务平等，对党的重大政策都享有评议权、发言权、讨论权、表决权，共同管理党内事务；（4）健全党的代表大会制、代表会议制；（5）党的各级组织中实行集体领导，反对"一言堂"，反对家长作风，坚持"四个服从"。

党的"八大"以后，在领导原则上，中央领导同志多次强调党的领导要在思想上、政治上、方针政策上起领导作用，而不是直接指挥国家机关工作，更不是包办一切。1958年10月，中央规定"大政方针在政治局。具体部署在书记处"。"大政方针和具体部署，都是一元化，党政不分。具体执行和细节决策属政府机构及其党组。"原来向人代会及常委会负责的司法机关和行政机关，改向党的各级机关负责；党中央不仅制定大政方针，而且决定具体部署，各个层次的决策权开始集中于党的系统。党的机关实际上已成为国家的权力机关，在党的组织开始国家化的同时，党组织也开始转向行政化。

在党中央的上层设立与政府部门相对应的机构。党中央决定在中央政治局和书记处之下设立财经、政法、外事、科学、文教等五个小组，将政府工作划分为五大块实行分口领导。同时，地方党委也相应设立统管同级政府的业务工作。党组织的功能发生了变化，使党的组织国家化、行政化，使党对国家各方面工作的领导变成党对各项业务的直接管理。

　　和平建设时期，特别是社会主义现代化建设时期，党的领导本应是政治性领导，其主要表现：党制定大政方针、战略规划，立法机关将这些大政方针、基本国策化为各项法律、法规和社会经济、政治文化发展的宏观、中观计划，政府具体部署和组织实施这些法律、法规、条例和计划。但是，却把适用于战争年代党的"一元化"领导原则沿用下来了，并从中演绎出"党领导一切"的原则。形成"大权独揽，党委决定，各方去办"。这样大政方针的制定和具体组织实施均由党的机关直接掌握。

　　党中央和地方各级党委通过政府各职能部门的党组织向这些部门发出政令和指示，政府各职能部门则通过本部门的党组织向中央和地方各级党委报告和请示工作。党直接管理政务活动，实行统一领导，实质上是党政不分。这种党政不分得到了毛泽东同志的肯定。1958 年 8 月 4 日刘澜涛在全国总工会党组第三次会上的发言，引用了毛泽东的话，我们"只有一个'政治设计院'，没有两个政治设计院。大政方针和具体部署，都是一元化，党政不分。"这样就开始把国家权力机关和国家行政机关的权力集中到了党的机关。1957 年以后，毛泽东多次提出了："书记挂帅"的观点，强调"第一把手"的作用。

　　从 50 年代后期开始，毛泽东个人开始超越于中央政治局集体之上。特别是 1959 年庐山会议以后，党的最高层的民主集中制受到了严重损害。毛泽东个人决策代替了党中央集体领导。在地方和基层。这种个人决定重大问题，也成为决策的主要手段。这样，政治体制运行中的决策程序越来越多地带上"人治"的色彩。

　　1961 年党中央觉察了这个问题，又重申：党领导一切是说党委要管大政方针、政策、计划，不是说一切事情都要去管。批评那种党委包揽行政、干预业务的做法。党中央作出《关于调整管理体制的若干暂行规定》，强调："大权独揽，小权分散，党委决定，各方去办，办也有决，不离原则，党委检查，人人有责"的三十二字诀。

把下放的权力又收回来。把"一切重大问题"变成"一切问题"包揽起来。把决策权与行政实施责任分离，行政首长只剩下执行权。形成管事的不管人，管人的不管事，有了问题，无人负责，无权负责的后果。1962年中央批转华东局意见，在省、地、县以至公社党委取消分管书记的名义。例如工业、农业、财贸、文教书记等等，改变了党委"分兵把口"的做法，把应由政府各部门办的业务交由政府部门办理。实际上应该而必须改变党的领导方式、方法的要求已经提升到各级党委的议事日程。可惜没有得到应有的重视。

党外领导方式、方法也有很大的变化与发展。要发扬人民民主，建立社会主义民主政治的新秩序。体现人民当家做主的主要精神。党外领导方式、方法的主要内容包括：（1）政治协商方式、方法，对话、质询、批评、参与决策、对失误者提出不信任、弹劾等等；（2）多党合作协商制度，是完善政治协商制度及其领导方式、方法的重要内容，民主党派直接参加政权管理，对重大政策的政治协商，民主监督、舆论监督、社会监督，等等；（3）共产党应当尊重民主党派在宪法与法律范围内的政治自由，组织上的独立、自治，和法律上的平等地位等等；（4）用党的政策代替国家法律的领导方式，明确党对国家权力机关领导的实质就是支持人民群众当家作主，使人民成为国家的主人；5.党是政府的引导者、指导者和总体的领导者，而不是直接管理者和指挥者。

总之，党用自己的正确路线、方针、政策、党员的模范作用、表率作用，以身作则的实际行动，去吸引、宣传、鼓动的领导方式、方法去影响广大人民群众。率领广大人民群众共同前进。

（一）党的领导方式、方法转变的基本特点及其意义。

在我们党的历史发展进程中，党的领导方式、方法是随着中国革命的任务发展而发展，变化而变化有它自身的特点和时代的特征。

民主革命时期，革命的任务是以夺取国家政权为中心，这就是要求党的领导方式、方法具有直接、具体、强制的基本特点。党成为执政党以后，必须具有执政的方式、方法与特点。所谓党的执政方式，就是党对国家政权实行领导的形式和方法，也是党的各种领导职能发挥作用的形式、程序和手段的总和。党采取什么方式来领导国家政权，不是主观随意的构想，而是由执政党固有的领导特点和基本职能所决定的。对执政党更有它的重要意义。

共产党执掌政权以后，执政党对国家的领导职能，是依据对国家权力中的领导权而产生发展的。党执掌政权以后，处于领导地位，这种领导地位是被置于无产阶级专政政治体系中的核心领导力量。党的任务是对所有国家机关的工作实行政治领导。但不是频繁的干涉和琐细的监督，更不是硬行代替。这种总体的政治领导是必然的，是执政党的领导职能的体现，否则就不成为执政党了。因为职能是权力的组织表现，没有权力也就没有职能，执政党对国家的领导职能，是依据对国家权力中的领导权而产生的。执政党不是一般政党，而是掌握着国家政权的党，但党不是国家政权组织，也不是权力组织。因此，不能把执政党与国家政权相混同，造成以党治国，党政不分，以党代政，更不能把执政党凌驾于国家之上。

执政党和国家政权有着紧密的联系。党是政权的核心，党对国家实行"总体"的领导。就是说，从宏观上对国家实行法律控制，用法律的形式运转国家机器。因为国家法律是人民最高意志的体现，法律又是依据执政党的路线、方针、政策制定的。所以，国家一切机关只要服从了国家法律，也就服从了党的领导。列宁说："党是无产阶级的直接执政的先锋队。"① 但它又不是国家政权。我们绝对不能把执政党等同于国家，也不能说党和国家政权无关，而是看到它们各有自己的职能范围和作用。

所谓执政党的领导职能，就其内容来说，主要包括政治职能，思想职能和组织职能三个主要方面。政治职能是指党在一定历史时期

① 《列宁选集》第4卷，第479页。

内所肩负的政治职权与职责，它反映了党的领导的实质和方向。党的政治职能主要是指政治方向、政治原则、重大决策，即党的路线、方针、政策的领导；思想职能是指党在一定历史时期内，在思想意识形态领域中所应有的职权和必须承担的职责，它是党的领导的灵魂；组织职能是指一定历史时期内党在组织领域所具有的职权与之相适应的职责，它是党的领导的支柱和物质保证。党的领导的政治职能、思想职能、组织职能，是一个相互联系、互为依存，彼此作用的有机整体。政治职能是解决党和国家在社会主义初级阶段前进方向和前进道路的大是大非问题，是党的领导的根本职能。政治职能同思想职能相比，它处在主导和统帅的位置上。这是一条不可动摇的基本原则，也是邓小平建党学说的一条重要原理。

在我国建立以法治党，以法治国的政治领导体制中，建立健全民主政治的新秩序，有利于执政党对国家实行"总体"领导。便于从宏观上对国家实行宪法与法律控制，用法律运转国家机器。因为国家法律是人民最高意志的体现，法律又是依据执政党的基本路线、方针、政策制定的。所以，国家一切机关只要执行国家法律，也就是服从了执政党的领导。

总之，政治领导体制改革的着眼点，出发点是实现人民群众当家作主，保证国家长治久安，坚决克服官僚主义、形式主义现象和封建主义的影响，建立一个高度民主、法制完备、富有效率、充满活力的社会主义政治领导体制。

（二）党的领导方式、方法的基本途径及其指导思想。

党的领导方式、方法的基本指导思想，就是执政党的主张经过法定程序变成国家意志，实行法制国家，这是根本的执政方式与方法。全国各个领域、各个部门，全体人民都在党的指引下进行建设有中国特色的社会主义事业，而通过国家权力机关制定正确的路线、方针、政策实现党的领导。党按照自己的路线、方针、政策，就国家和社会的组织管理，发展战略规划等重大问题向国家机关提出建议，经过法定程序，变为人大和政府的具体政策、法律、法令、条例、条令、规定、决议等，从而在国家重大决策和社会发展方向上保证党的基本路线和政治纲领的实现。

党的地方组织，同样要把党的路线、方针、政策与本地区的具体实际结合起来，向各级政府机关提出建议。就是说通过国家机关，用间接作用的方式，实现党组织对广大群众的领导。党对国家生活的领导，必须借助于选举产生的国家政权机关来实现，这是一条不能违背的原则。因为党不是国家机关，不是政府，不能代替法律，要通过立法、司法、检察、经济、文化组织和人民团体的作用，实现党的领导。

党的组织通过法定程序变成国家意志的执行方式，就是说必须在宪法和法律范围内实行领导。在社会主义国家里只能实行法制而不能是"党治"或者"人治"，只能实行政治领导，民主政治。"十三大"《党章》规定："党必须在宪法和法律范围内活动"，还特别指出："党领导人民制定了宪法和法律，党应当在宪法和法律的范围内活动。党领导人民建立了国家政权、群众团体和各种经济文化组织，党应当保证政权组织充分发挥职能。"党的"十四大"通过的党章规定得更加明确："党必须在宪法和法律的范围内活动。党必须保证国家的立法、司法、行政机关，经济、文化组织和人民团体积极主动地、独立负责地、协调一致地工作。党必须加强对工会、共产主义青年团、妇女联合会等群众组织的领导，充分发挥它们的作用。党必须适应形势的发展和情况的变化，不断改进领导方式和方法，提高领导水平。共产党员必须同党外群众亲密合作，共同为建设有中国特色的社会主义而奋斗。"这就清楚地表明：党应当在宪法和法律的范围内实行政治领导。

首先，党通过培养、造就、选拔和推荐大批优秀干部担任国家机关重要领导职务，实现党的领导。邓小平指出："政治路线确立了，要由人来具体地贯彻执行。由什么样的人来执行，是由赞成党的政治路线的人，还是由不赞成的人，或者是由持中间态度的人来执行，结果不一样。这就提出了一个要什么人来接班的问题。"① 我们党一贯认为，干部问题是党的中心和核心问题，如果没有一大批忠诚于党的事业的德才兼备的干部，党的路线方针政策就无法落实。党要借助于国家政权的形式，贯彻党的路线、方针和政策，沟通党和国家政权的联系，搞好干部的培养、选择、提拔和调配。党向国家政权机关推荐领导干部，特别是重要领导干部，是实现党的领导的主要手段和方式。

党推荐的党员干部，必须受党的组织纪律检查部门和全体党员的党内监督，使之成为事业骨干与人民的公仆。还必须接受人民群众的监督。人民群众对自己的"公仆"的选择、管理和监督，是人民群众基本的政治权力。

其次，选举制与监督制是两个互不可缺，又互为补充的机制。选举是保证人民群众按照自己的意愿选出管理国家事务，不致使投机钻营者通过某种手段而窃取领导职位。监督是保证人民群众把自己的权力委托给自己的代表之后，能有效地行使职权，不得滥用职权，更不能以权谋私。民主选举是为了把好干部"进"的关口；民主监督是为了加强"管"的作用。努力提高管理水平。

我们选举产生的负责人，按其本质来说，他们是担任"特殊职能的公民"，是全体劳动人民的"公仆"，他们的权力只能是人民意志的集中体现。但是，在同等权力之间，他们的作用就不一样。因为干部具有政治职能，而政治职能本身就是一种社会力量，作为国家机关的负责人，如果实权在握又自恃特殊，就会滥用职权，违背人民群众的利益，就会由担任"特殊职能的公仆"变为利用"特殊职能的官僚"。因此，监督干部必须是普遍的、经常的、群众性的，其形式有信访、面访、座谈、对话、批评、建议、检举、揭发、申诉、控告、新闻、社团等监督。邓小平指出："要有群众监督制度，让群众和党员监督干部，特别是领导干部。凡是搞特权、特殊化，经

---

① 《邓小平文选》，第二卷，第191页。

过批评教育而又不改的、人民就有权依法进行检举、控告、弹劾、撤换、罢免，要求他们在经济上退赔，并使他们受到法律、纪律处分。对各级干部的职权范围和政治、生活待遇，要制定各种条例，最重要的是要有专门的机构进行铁面无私的监督检查。"① 因此，监督要有严肃性和权威性。

其三，党组织的政治活动和党员的模范作用，是实现党的政治领导的重要方式和方法，也是实现党的政治领导、思想领导和组织领导的基本条件和可靠保证。要靠党员的示范号召、吸引、影响的方式，实现党对人民群众的领导。这样要比运用国家政权的强制手段更有效、更为广大人民群众所接受。重要的就是党的唯一宗旨为人民服务的奉献精神，是一种健康的人格，具有这种人格和精神，就能走在时代的前列。因为马克思说过，人是社会关系的总和。人类生存于各种社会关系之中，正是通过为他人的服务，才真正体现自身的价值。建设有中国特色社会主义事业的发展，对人的这种要求就越强烈。

其四，根据党的政治任务和实际需要，要不断调整党的组织形式和工作机构。"十三大"报告指出："为了适应党的领导方式和活动方式的转变，必须调整党的组织形式和工作机构。"党的组织形式和工作机构，是实现党的基本路线、方针、政策的组织保证，而组织形式和工作机构的改革则是正确发挥党的领导职能的基本条件。要适应党的领导职能和执政方式、方法的转变，真正做到党政分开、政企分开，就必须根据党的政治任务和实际需要调整与党的领导职能和执政方式、方法不相适应的组织形式、工作机构，使党的组织体系和它的领导职能统一起来。这就必须要采取一系列的措施。

党的"十四大"报告指出："建立社会主义市场经济体制"，"一是转换国有企业特别是大中型企业的经营机制，把企业推向市场，增强它们的活力，提高它们的素质。""二是加快市场体系的培育。"

① 《邓小平文选》第二卷，第332页。

"三是深化分配制度和社会保障制度的改革。""四是加快政府职能的转变。"还特别指出："下决心进行行政管理体制和机构改革，切实做到转变职能、理顺关系、精兵简政、提高效率。"这是为了适应建设有中国特色社会主义事业的需要，就必须调整党的组织形式和工作机构，使我国的社会主义市场经济体制健康发展。

其五，针对旧方式、方法的弊端采取坚决措施理顺各种关系。"十三大"报告指出："今后，各级党委不再设立不在政府任职但又分管政府工作的专职书记、常委。党委办事机构要少而精，与政府机构重叠对口的部门应当撤销，它们现在管理的行政事务应转由政府有关部门管理。"这种减少兼职、取消对口部门的措施是正确的。过去，党管的过宽过细，管了不应管，管不了，管不好的事，做了许多行政事务工作。这种情况必须改变。"十三大"报告还着重指出："现在由上级行政部门党组织垂直领导的企事业单位的党组织，要逐步改由所在地方党委领导。"明确企事业单位党组织的隶属关系，有利于解决当前基层组织专职机构过大，脱产人员过多的问题。这就必须转变职能，真正推行厂长负责制。因此，搞好企业单位党组织的领导工作，是改善党的执政方式的一个重要措施，必须进行试点，加强领导逐步实现。

党的"十四大"报告指出："机构改革，精兵简政，是政治体制改革的紧迫任务，也是深化经济改革、建立市场经济体制和加快现代化建设的重要条件。目前，党政机构臃肿，层次重叠，许多单位人浮于事，效率低下，脱离群众，障碍企业经营机制的转换，已经到了非改不可的地步。各级党委和政府必须统一认识，按照政企分开和精简、统一、效能的原则，下决心对现行行政管理体制和党政机构进行改革。"这是党的"十四大"提出的转变政府职能，改革党政的活动方式、领导方式与方法，把工作重点转移到加强宏观调控上来。撤并某些专业经济部门和职能交叉重复或业务相近的机构，以适应改革的需要。

总之，改善党的领导方式、方法的指导思想要明确，措施要具体，有领导有步骤地实现党的领导方式、方法的转变，以适应建设有中国特色社会主义事业发展的需要。

（三）党的政治领导艺术的基本特点和创造性的领导方法与领导艺术。

党的政治领导艺术，是指一个党政领导者从事领导活动的特殊才干和技能，是领导方式、方法的一种创造性的运用和发展。我们党处在国家的最高层次的领导地位，能否始终把握住党和国家的正确方向和道路，善不善于自始至终地驾驭错综复杂的政治局面，都要看是不是具备了高超、卓越的领导艺术和特别技能。

我们党有了正确的基本路线、方针和政策，有了好的领导体制，还得有高超卓越的领导方法、领导艺术，丰富的智慧和才干，才能担负起领导国家的历史重任。因此，提高党政领导干部的领导方法、领导艺术，是实现党的政治领导的基本条件，也是时代发展的客观要求。

什么是领导方法、领导艺术？有什么特点呢？所谓领导方法，是指关于解决思想、言行的基本渠道、程序、方法、方法、艺术，是指富有创造性的活动方式、方法。因此，领导方法是从事领导活动的基本的、一般的程序与方法方式。例如：从群众中来，到群众中去，集中起来，坚持下去，走群众路线等等。

所谓领导艺术，是高层次的领导方式、方法的运用和发展，也是领导方法的特殊运用。作为党政领导者，不但能够掌握基本的马克思主义的领导方法，而且要具有一定的马克思列宁主义、毛泽东思想和邓小平建设有中国特色社会主义理论的领导方法、领导艺术，这样才能驾驭复杂的局势，才能在重大转折关头，力挽狂澜，转危为安，继续前进。

党的领导方法，领导艺术具有明显的时代特征。在民主革命时期，两次国共合作局面的形成和发展；农村包围城市最后夺取城市从而夺取全国政权的革命道路的开辟；西安事变的和平解决和重庆谈判……一系列重大决策，都显示了我们党高超的领导方法和卓越的领导艺术。

　　社会主义革命与社会主义建设时期，我们党形成的一整套的领导方法、领导艺术至今还是行之有效的。例如：实事求是，调查研究，一切从实际出发的领导方法；集体领导与个人分工负责相结合的方法；按照实际情况决定工作方针的领导方法；一般号召与个别指导相结合的方法；领导骨干和广大群众相结合的领导方法；正确处理全局与局部关系，坚持两点论，没有重点就没有政策的领导方法；"多谋善断"、"学会弹钢琴"、善于抓住中心环节和关键性问题，做出决策的领导方法；当机立断，掌握时机，及时准确地解决问题的领导方法；放手发动群众，一切经过试验的领导方法；开会的方法，用材料说明、统帅政治观点的方法，反对"攻其一点或几点，尽量夸大，不及其余"脱离实际，形而上学的、官僚主义的领导方法，等等。

　　党的十一届三中全会以来，我们党采取了一系列的正确决策和科学的领导方法；摒弃了"以阶级斗争为纲"，改为以经济建设为中心的决策的领导方法；采取了解放思想，实事求是，坚持实践是检验真理的唯一标准的决策和科学的指导方法；进行拨乱反正、平反冤、假、错案的决策，采取正本清源的领导方法，调动亿万人民群众积极性的方法；进行改革、开放，同时坚持四项基本原则的决策与两个文明一起抓的领导方法；提出社会主义初级阶段的基本路线，深化经济体制和政治体制改革的决策，充分发扬社会主义民主政治的领导方法；坚持发展党领导的爱国统一战线和多党合作的决策与调动一切积极因素，团结一切可以团结的力量的领导方法；和平解决香港、澳门问题，一国两制方式，实现台湾和平解决的决策和建立经济特区，开放沿海城市与地区去领导国民经济进行战略转移的方法；关于中国的事情要按照中国的情况来办，要依靠中国人民自己的力量来办。独立自主，自力更生，群众路线，无论过去、现在和将来，都是我们的立足点的决策和方法；从我国国情出发，把马克思列宁主义、毛泽东思想的基本原理同中国实际结合起来，在实践中开辟有中国特色的社会主义方法与道路；围绕社会主义市场经济体制的建立，加快经济改革步伐的决策与方法；进一步扩大对外开放，更多更好地利用国外资金、资源、技术和管理经验的决策与方法；调整和优化产业结构，高度重视农业，加快发展基础工业、基础设施和第三产业的决策与方法；加速科技进步，大力发展教育，充分发挥知识分子作用，充分发挥各地优势，加快地区经济发展，促进全国经济布局合理化的决策与方法；积极推进政治体制改革，使社会主义民主和法制建设有一个较大的发展，下决心进行行政管理体制和机构改革，切实做到转变职能、理顺关系，精兵简政，提高效率的决策与方法；坚持两手抓，两手都要硬的领导方法、领导艺术，把社会主义精神文明建设提高到一个新水平的决策与方法，等等。这些都是我们党高超、卓越的领导艺术的具体运用与发展。

党的领导方法是领导艺术的基础，领导艺术是领导方法的创造性的运用和发展。领导艺术的提高，将大大丰富和发展领导方法的内容，促进领导方法的系统化和科学化。

党的领导艺术，是一种创造性的领导方法，是领导者能力、知识、魄力、经验的结合体的能动反映，也是一个领导者的专门才干。例如：行政管理领导艺术；经济业务领导艺术；学校教育工作领导艺术；群众工作、党团工作领导艺术；科学技术、文化体育、卫生环境保护，等等领导艺术；军事科学领导艺术；国际外交领导艺术，等等。每一种具体领导活动，都体现了一种特殊的领导艺术。

党的领导方法和领导艺术的基本特点：首要的是马克思列宁主义、毛泽东思想和邓小平建设有中国特色社会主义理论是领导方法、领导艺术的基石和灵魂，科学决策是领导方法和领导艺术的核心，科学预见是领导艺术的生命。特别应具有坚定性、灵活性和创造性的特点。干部的活动，特别是党政领导干部的活动，是一种开拓性、创造性劳动。因为他们所面临的形势与任务是极为复杂的，而且是千变万化的。没有坚定性、灵活性和创造性，不讲科学的方法是很难完成党交给的任务的。因此，我们要研究科学的领导方法，提高领导艺术，要充分发挥个人的特长，避免自己的弱点和短处。就是说，要特别注意个人的性格、习惯、思维方式及其素质，讲究科学的工作方法，领导方法和领导艺术。

（四）党的政治领导艺术的基本内容和提高党政领导者的领导方法与领导艺术的根本途径。

党的政治领导艺术，最主要最根本的体现是领导活动，领导的各个领域，而不是管理活动。因为党的政治领导活动与行政管理活动在性质上，职能上，组织形式上，工作方式、方法上有严格的区别，党的政治领导的核心是党的决策，而管理活动的核心是控制。领导活动是管理的灵魂，管理是领导的体现。

党的政治领导艺术，主要体现在领导活动而不是管理活动上，但领导活动与管理活动往往交织在一起，领导活动常常也包含着管理活动。例如：企业厂长、经理，军队指挥员，各地区、各部门领导者，他们的活动，对于下级来说是一种领导活动，但对上级来说，则是一种管理活动。因此，对于一般领导来说，管理活动与领导活动很难区分。领导艺术就是两种活动的统一。领导活动一般指引导、向导、带领、指挥、协调、教育、组织等活动；管理活动一般指经营、处理、办理、运用、安排、执行等活动。因此，我们说，党的政治领导艺术，是党的政治领导的客观条件和主观作用的高度统一，是集体领导能力与个人领导水平协调一致的有机结合。领导活动的客观规律，是通过领导者丰富多采的指挥艺术表现出来的。

在一般情况下，领导艺术的运用与发展发挥，取决于一个领导者的个性、特点，包括职业、年龄、气质、作风、生活经验、心理特点等等种种因素以及这些因素对领导艺术产生的影响。凡是领导活动，都是通过领导人的具体活动来实现的，离开了领导人也就无所谓领导活动了。因此，我们可以说，领导人是领导体系中最积极、最活跃、最基本的要素，始终处在领导活动的枢纽地位，直接影响着领导活动的进程及其成败。

党政领导干部一般来说主要有三个方面的作用：（1）指导、引导作用，对政治原则、政治方向、重大决策的指导作用、预测作用，远见卓识；（2）决策作用，对党政重大问题，政治性、全局性的原则问题，进行重大决策的关键性作用，核心领导作用；（3）服务作用，领导者的本质就是服务、领导人民为人民服务，就是我们常说的公仆作用。就是领路的作用。

党的政治领导艺术的主要内容：党的政治领导艺术虽然是一种创造性的领导方法，没有什么固定的程序，但是，作为一种实践活动包含着具体的、实际的和丰富的内容，仍然有规律可循。

首先，高瞻远瞩，统筹全局。领导者在他负责的范围内，都要具有统筹全局，善于预见，把握发展趋势的能力，否则他就难以胜任领导工作。党组织处在执政的地位，对国家负有重大责任，要求党的领导者首先具有战略观念；高瞻远瞩，具有丰富的知识和广阔深远的政治视野，掌握工作的主动权。

其次，坚持原则，灵活机动。在实际工作中要有坚定明确的原则性和灵活性的高度统一，没有原则的坚定性，就没有统一的方向和行动；没有灵活性，原则性也成了抽象的教条，要把原则的坚定性和策略的灵活性结合起来。坚持原则是十分可贵的，但要在原则性的基础上具有一定的灵活性。

其三，抓关键，一举突破。善于抓住事物发展的关键环节，从解决主要矛盾入手，选择最佳时机，一举突破，打破僵局，开创新局面，推动事业的发展，是党的领导艺术的重要内容之一。

总之，作为一个党政领导者，抓住这三条规律性的东西，就能驾驭矛盾，运用自如，导演出威武雄壮的活剧来。

提高党政领导者的领导方法与领导艺术的途径是多方面的。比较有成效的是勤奋研读，用人类创造出来的科学知识武装自己的头脑，在革命与建设的实践中，增长自己的才干。这就是说，要不断加强干部的自身建设，在实践中去锻炼与考验，这是最根本的途径和方法。要领导好别人，最根本的一条，就是要把自身建设好。

领导干部的政治思想，业务知识、党性修养方面的素质越高，领导水平就越高，就越能深入人民群众，调查研究，交流思想，听取意见，改进工作。相反，教条主义、经验主义、主观主义和官僚主义、夜郎自大、固步自封，不了解真实情况，也就不会有好的领导效果，不会有高超的领导艺术。因此，一个合格的领导干部，要用高标准要求自己，不断提高自己的领导水平。

领导者要以身作则去教育别人，带动影响别人，这是一种无声的命令。一个干部能力有高低、贡献有大小、只要踏踏实实地提高自己的马克思主义水平，提高自己的领导能力、执政能力，就会在革命和建设的实践中提高工作能力，提高领导艺术。因此，加强党政干部的自身建设是提高党政领导者领导方法与领导艺术的根本途径。

提高党政领导者的素质与修养，增强党政干部的个人素质，增强党政干部的组织能力和领导艺术，是实现领导者职能的基础，也是做好领导工作的决定因素。因此，一个合格的领导者，应当具有良好的政治思想素质，高尚的道德品质，坚强的性格，真才实学的专业知识和业务能力，组织管理的才能；还要具有科学的领导方法，工作方法和高超的领导艺术。

一个领导者如果素质比较差，那么职务上虽有书记、市长、厂长、处长等不同的"官衔"，但实际上很可能出现与职务不相符的现象。正如列宁说的："不是他们在领导，而是他们被领导。"① 这种不适应的情况有多种多样的原因。有的文化和知识水平比较低，学识不广泛；有的实践经验少，基础知识差；有的理论政策水平低，工作能力、组织能力差，等等。这些一般说来，只要发现了、认识了自己存在的弱点、缺点和不足，自觉地加强和提高，就能有意识有目的地去改变这种不相适的状况。

---

① 《列宁选集》第 4 卷，第 663 页。

　　一个党政领导干部的素质，是一个综合性的知识、才干和组织领导能力结合体的反映，是一种革命气质、革命气魄、革命毅力、革命风格和丰富经验的反映，有它的潜在力量。有时也比较困难的被人在较短的时间所认识，直观所认识，只有经过长期的革命实践的考验和在比较长的历史进程中才能被历史实践所证明，或者在生死存亡的关键时刻，在革命的转折关头，才能反映起来。所以我们说，提高党政领导干部的素质是最根本的，最关键的，也是最主要的，它不仅是决定因素，而且是长期起作用的因素。要把提高党政干部的素质放在培养、教育、造就干部的首位，努力提高党政干部的综合性素质，使党政领导干部都成为合格的党政领导干部。

　　（五）提高党政领导干部的素质与修养，掌握领导方法与领导艺术。

　　一个党政领导者，如果素质好，党性强，知识广泛，经验丰富，又具有组织领导能力和才干，他的领导水平就高，运用马克思主义的能力就强，观察分析问题时就比较科学、正确。他们不仅能够创造性地运用马克思主义去指导工作，还能够依据个人丰富的实践经验、知识和才干，组织动员广大的党员和人民群众较好地完成党和国家赋予的职责和任务。

　　党政领导干部的个人素质与修养，对他的能力具有重大的直接影响；另一方面，领导者又不仅仅是个人，他是具有双重身份的人，他有向被领导者施加影响的职责，使被领导者的思想和行为符合党的要求，在必要的时候，也可以采取组织措施，使被领导者严格遵守一定的规章、制度、条例和决议，使他们沿着马克思主义的轨道前进。因此，党的领导干部素质如何，对改善和加强党的领导具有重大作用。我们每个被任命担任领导工作的同志，都应当以"一个宗旨、两重身份"的要求来规范自己的行为。"一个宗旨"，就是全心全意为人民服务，以无私奉献的精神，把党和人民的利益放在第一位。"两重身份"，一方面是领导者的身份，一方面同被领导者之间又是同志，并首先要向他们学习。党性是具体的，表现在政治观点和言论行动上，表现在对党，对人民事业的态度上，特别是表现在他们的职责和权限上，表现在全心全意为人民服务的宗旨上。这些都反映了党政领导干部的素质。

当然，领导者的素质是一个复杂而庞大的体系，其中包括干部的政治意向、思想修养、文化程度、业务能力、工作能力以及个性特征、心理气质等等。概括起来就是我们常说的政治思想素质，品德作风素质，业务知识素质，组织管理才能和领导方法、领导艺术等方面。我们党进行干部教育、培训的目的，从根本上说是提高广大干部的素质。因为这些素质直接关系到一个领导者的认识能力和创造性的运用马克思主义基本原理的能力。关系到能否正确贯彻执行党的纲领、路线、方针和政策的能力。因此，提高党政干部的组织领导能力和领导艺术，首先要努力提高干部的素质，加强干部的才能锻炼和素质修养是我们党的一项重大战略任务。

第九章
反对腐败是贯彻执行党的
基本路线的必然要求

第一节　反对腐败，搞好廉洁政治，加强党的建设是长期的战略任务

一、反对腐败，搞好廉洁政治，加强党的建设是我们党的一贯指导方针

在建设有中国特色社会主义的伟大事业中，在建立健全和发展我国社会主义市场经济体制的进程中，反对腐败斗争是我们党长期而艰巨的战略任务。我们党的开展反腐败斗争，既是实现建设有中国特色社会主义宏伟目标的必要保障，又关系到改革开放的成败。反腐败，拒腐防变又证明了中国共产党面对新形势的挑战充满了决心和信心，而且体现了和顺应了广大人民群众的迫切愿望和要求；也是中国共产党全心全意地为人民服务唯一宗旨必然趋势。必须坚持党的工人阶级先锋队性质，使党成为领导全国各族人民建设有中国特色社会主义的坚强核心。使党立于不败之地，一个重大关键问题就是要把反对腐败问题、反对"和平演变"问题进行到底。真正卓有成效，安国兴邦，取信于民，使党的事业兴旺发达，使人民充满信心和希望。为建设有中国特色的社会主义伟大事业而努力奋斗。

（一）我们党历来重视反对腐败。

我们党民主革命时期，特别是在土地革命时期，领导中国人民与国民党反动派进行了殊死的搏斗，终于找到了一条适合中国特点的农村包围城市的道路。在这条革命道路的探索中，绝大多数共产党人和红军战士经受了血与火、生与死的严峻考验。

但是，也有一些干部和共产党员出现了程度不同的腐化堕落贪污犯罪的行为。为了保持党的自身纯洁性，加强党的建设，搞好廉洁政治。1926年8月4日，中共中央向全党发出《关于坚决清洗贪污腐化分子的通告》就明确指出："在这革命潮流仍在高涨的时候，许多投机腐败的坏分子，均会跑到革命队伍中来，这是革命的党若是容留这些分子在内，必定会使他的党陷于腐化，不仅不能执行革命的工作，且将为群众所厌弃。"还特别强调指出："如有此类行为者，务须不容情的洗刷出党。"我们中国共产党对反对腐败的斗争从来都是坚定不移的，从来也没有含糊过，这是我们党一贯的指导思想。

我们党一贯要求共产党员、党的干部必须是廉洁奉公的模范。1931年8月30日，中共中央在给苏区中央局并红军总前委的指示信中指出："为着进行阶级战争，必须加紧的进行改造运动与建立全国苏维埃临时中央政府。"并强调，改选后成立的苏维埃临时中央政府，要将"一切腐化分子清洗 出去，使真正的工农劳苦群众当选为苏维埃代表。"1931年11月，苏区党第一次代表大会作出的《关于党的建设问题决议案》中第七条指出："严紧党的纪律，反对官僚腐化现象"问题，并强调要使共产党人真正成为群众的模范，防止一切腐化官僚贪污现象的产生。"党必须严格的执行纪律"、"应当加紧反对官僚腐化贪污等现象。"我们党对那些腐化堕落的腐败分子从来不能心慈手软，对他们慈悲，就是对人民的犯罪。

1932年12月1日，中央工农检查人民委员部又发布第2号训令《关于检查苏维埃机关和地方武装中的阶级异己分子及贪污腐化动摇消极分子问题》。1933 年 12 月 15 日，中央执行委员会下发了由毛泽东主席、项英副主席签发的《关于惩治贪污浪费行为》的第 26 号训令，规定了一系列严厉的政策。1934 年 1 月，毛泽东主席在中华苏维埃共和国中央执行委员会与人民委员会对第二次全国苏维埃代表大会的报告中强调指出："为了巩固工农专政，苏维埃必须吸引广大民众对于自己工作的监督与批评，每个革命的民众都有揭发苏维挨工作人员的错误和缺点之权。当国民党贪官污吏布满全国，人民敢怒不敢言的时候，苏维埃制度之下则绝对不容许此种现象。苏维埃工作人员，如果发现了贪污腐化消极怠工以及官僚主义分子，民众可以立即揭发这种人员的错误，而苏维埃则立即惩办他们，决不姑息。"

中央苏区在反对腐败，反对贪污浪费的斗争取得了巨大的成绩，深受人民的拥护，对红军和根据地的扩大、巩固及有成效地进行土地革命战争，起了非常重要的保证作用。中央苏区和各根据地廉政建设的开展，深受广大人民群众的热烈拥护，对红军和革命根据地的扩大，有效地进行土地革命战争，起到了非常重要的保证作用。

我们党在抗日战争时期，面临民族危亡之秋，中国共产党始终是中华民族的中流砥柱。她前门要驱虎，后门要打狼，在这样艰苦的环境中，中国共产党为了挫败蒋介石国民党限共、溶共、反共的阴谋，为了赢得民族解放战争的最后胜利，同样十分重视反对腐败的斗争。

毛泽东在 1942 年陕甘宁边区高干会议上讲话时谈到，只要我们坚决反对腐败，"我们的困难就一定能克服，那些笑话我们会要'塌'的人们的嘴巴也就可以被我们封住了"。为了将边区的廉政建设抓好，把党建设好，和边区人民共渡难关，党中央领导人坚持从自我做起，艰苦奋斗。于是，毛泽东同志粗衣淡食，朱总司令安步当车，周恩来、任弼时纺纱织布等成为千古美谈。正是我们党坚定地反对一切腐败行为，用实践和鲜血凝结了党为人民服务的宗旨，所以，中国共产党在人民心目中的形象日益升华。

我们党在解放战争时期，中国共产党领导中国人民经过了两种命运，两种前途的大决战之后，新民主主义革命即将在全国获取胜利。党中央和毛泽东同志预见到执政后面临着更加复杂的环境，党内有出现腐败的危险性。因此，党中央采取了一系列的坚决措施，防止"糖衣炮弹"的袭击。

1944 年 4 月 12 日，毛泽东同志在延安高级干部会议上就明确指出："近日我们印了郭沫若论李自成的文章，也是叫同志们引为鉴戒，不要重犯胜利时骄傲的错误。"[①] 因此，郭沫若的《甲申三百年祭》成了我们中国共产党整风的重要文献之一。要在全党敲响警钟，坚决反对李自成的思想和错误。李自成的思想和错误表现在哪里呢？

首先，1644 年李自成的农民起义军进入北京以后，因为若干首领们生活腐化，发生宗派斗争，相互残杀，精神崩溃，互不信任，产生内讧，导致在 1645 年陷于失败；其次，他们"在过短的时期之内获得了过大的成功，这却使李自成以下如牛金星、刘宗敏之流似乎都沉沦到过分的陶醉去了。进了北京以后，李自成便进入皇宫，丞相牛金星，所忙的是筹备登基大典，招揽门生，开科选举；将军刘宗敏所忙的是桚拶降官，搜括赃款，严刑杀人，纷纷然，昏昏然，大家都像以为天下就已经太平了一样"；其三，"近在肘胁的关外大敌，他们似乎全不在意。山海关仅仅派了几千兵去镇守，而几十万的士兵，却屯积在京城里面享乐。尽管平时的军令是怎样严，在大家都陶醉了的时候，竟弄得刘将军'杀人无虚日，大抵兵丁抢掠民财者也'（《甲申传信录》）。而且把吴三桂的父亲吴襄绑了来，追求三桂的爱姬陈圆圆，不得，拷掠酷甚'（《北略》卷 20，《吴三桂请兵始略》）。"其四，"到吴三桂已经降清，并诱引异族入关之后，四月十九日才由自成亲自出征，仓惶而去，仓惶而败，仓惶而返。在这期间留守京都的丞相牛金星是怎样的生活呢？'大轿门棍，洒金扁上贴内

[①] 《毛泽东选集》第三卷，948 页。

阁宇，玉带蓝袍圆领，往来拜客，犒请同乡'（《甲申传信录》），太平宰相的风度俨然矣。"其五，"自成从四月十九日亲征，二十六日败归，二十九日离开北京，首途向西安进发。后面却被吴三桂紧紧的追着，一败于定州，再败于真定，损兵折将，连自成自己也带了箭伤。""这无论怎么说都是一场大悲剧，李自成自然是一位悲剧的主人。"① 这些历史的经验与教训，我们中国共产党应当牢记，这是毛泽东以史为戒的心愿。

　　古今中外正反两个方面的经验教训告诉我们，任何统治阶级夺取政权之后，都面临着防治腐败，巩固政权的问题。古人云，"物必先自腐而后虫生"。应该说毛泽东同志提出反对李自成思想和错误主张是有远见卓识的，他不仅有高度的警惕，而且有明确的防范措施。

　　古人曰："天下兴亡多少事，自身腐败遭厄运"；晚唐诗人李商隐在《咏史》篇中说："历览前贤国与家，成由勤俭破由奢"；要以史为镜，反对腐败。从中华五千年历史中，上自夏商周，下迄元明清，上起夏桀，下至清王朝慈禧，有因暴虐无道，或因怠政纵欲，或因沉溺酒色，或因重用奸佞，或因妒贤嫉能，或因闭关锁国，或因因循苟且，或因骄奢淫逸，一个个落得王朝倾灭，有的甚至身首异地的命运。

　　我们应当特别指出，中国历史经历了由奴隶制社会到封建社会，又由封建社会到半封建半殖民地社会几个阶段，如今已进入了社会主义社会。中国共产党不是代表剥削阶级的封建贵族，而是中国工人阶级和全体劳动人民的根本长远利益的代表者。当然，导致封建王朝覆灭的根本原因不仅仅是国君、朝廷的腐败，更重要的还是阶级斗争和农民起义，是因为所有没落的封建王朝代表着阻碍社会生产力发展的生产关系。但历史是一面镜子，历史的经验值得重视。

　　老一辈无产阶级革命家陈毅元帅也曾借用古人铭言写道："历览古今多少事，成由谦慎败由奢。"历史和现实都充分说明，任何一个

---

① 引自 1991 年 6 月 20 日《理论动态》第 966 期。

政权巩固与否，都与当政官员的奢侈风气有关。官吏贪暴，为政腐败，往往是政权瓦解垮台的直接原因。中国历代封建王朝明君贤相为了维护其统治，也不得不讲整饬吏治，扬廉惩恶，但由于他们的阶级局限性，始终没有摆脱夺权——兴盛——衰败——灭亡的客观规律。有人把这些规律比作历史上的"怪圈"或周期律。

在党的"七大"闭幕之后，1945 年 7 月，毛泽东等中央领导人在延安接待了黄炎培等六位中国著名民主人士。黄炎培在《延安归来》一书中回忆了同毛泽东主席的一番对话。

黄炎培说："我生 60 多年，耳闻的不说，所亲眼看到的，真所谓'其兴也浡焉，其亡也忽焉'，一人、一家、一团体、一地方、乃至一国，不少单位都没有跳出这个周期率的支配力。大凡初时聚精会神，没有一事不用心，没有一人不卖力，也许那时艰难困苦，只有从万死中觅取一生。既而环境渐渐好转了，精神也渐渐放下了。有的因为历时长久，自然地惰性发作，由少数演为多数，到风气养成，虽有大力，无法扭转，并且无法补救。也有因为区域一步步扩大了，它的扩大，有的出于自然发展，有的为功业欲所驱使，强求发展，到干部人才渐渐见竭蹶，艰于应付的时候，环境倒越加复杂起来了，控制力不免趋于薄弱了。一部历史，'政怠宦成'的也有，'人亡政息'的也有，'求荣取辱'的也有。总之没有能跳出这周期率。中共诸君从过去到现在，我略略了解的了，就是希望找出一条新路，来跳出这条周期率的支配。"

听了黄炎培的这番话，毛泽东回答："我们已经找到了新路，我们能跳出这周期率。这条新路，就是民主。只有让人民起来监督政府，政府才不敢松懈。只有人人起来负责，才不会人亡政息。"这对我们建国事业具有极为重要的启迪。

毛泽东在 1949 年 3 月召开的党的七届二中全会上深刻地指出："我们很快就要在全国胜利了。这个胜利将冲破帝国主义的东方战线，具有伟大的国际意义。夺取这个胜利，已经是不要很久的时间和不要花费很大的气力了；巩固这个胜利，则是需要很久的时间和要花费很大的气力的事情。资产阶级怀疑我们的建设能力。帝国主义者估计我们终究会要向他们讨乞才能活下去。因为胜利，党内的骄傲情绪，以功臣自居的情绪，停顿起来不求进步的情绪，贪图享乐不愿再过艰苦生活的情绪，可能生长。因为胜利，人民感谢我们，资产阶级也会出来捧场。敌人的武力是不能征服我们的，这点已经得到证明了。资产阶级的捧场则可能征服我们队伍中的意志薄弱者。可能有这样一些共产党人，他们是不曾被拿枪的敌人征服过的，他们在这些敌人面前不愧英雄的称号；但是经不起人们用糖衣裹着的炮弹的攻击，他们在糖弹面前要打败仗。我们必须预防这种情况。"①这是对无产阶级执政党掌握了国家政权以后而面临的严峻考验的重大原则问题指明了方向，对建设和巩固人民民主专政和党的领导具有伟大的历史意义。

在民主革命的 28 年中，我们党在战火纷飞的年代里，始终极为重视反对腐败、反对贪污受贿，反对腐化堕落，向种种丑恶现象进行了不调和的斗争。这种反腐败的斗争，从本质上说是新兴阶级及其政党对腐朽势力侵袭的斗争。腐败与反腐败的斗争，在人类历史的社会生活中，是经常发生的事情，它是腐朽的政治、经济、文化对意识形态的影响，使人们的思想变质，行为堕落的一种客观反映。腐败现象，是腐朽没落阶级的基本特征，它便成为腐败的源头。它的典型表现是在先进的阶级及其政党的发展进程中，因为只有具有纯洁性和先进性的阶级和政党才存在被"污染"被侵蚀、自腐而虫生的问题。

我们中国共产党是执政党，不仅凝聚了工人阶级的特点和优点，还凝聚了劳动人民勤劳朴素，富于牺牲、无私奉献的本质和特性，是先进阶级的核心和代表。共产党为了人民群众的根本长远利益，要在不同的历史阶段，积极开展政治的、经济的、文化教育的斗争，从夺取政权发展到掌握政权成为执政的共产党，当然一切剥削阶级的

---

① 《毛泽东选集》第四卷，第 1438 页。

生存与发展，都是个极大的威胁，不仅受到社会上腐朽思想、恶劣行径的影响，使共产党员、党的组织发生逐渐变质和堕落的危险，甚至走向反面，而且还会受到一切敌对势力的攻击。他们妄图以武力讨伐，围剿、杀害、消灭之。武的不行，就企图进行腐蚀、利诱、拉拢去瓦解共产党。共产党的生存、发展、壮大，一方面要同拿枪的敌人进行斗争，还要同不拿枪的敌人进行斗争，以维护党的生活纯洁性，保持党的先锋队性质。当然，这种斗争，在党的发展的每个历史时期都有显著的特征和时代精神。

（二）坚决惩治腐败，搞好党风廉政建设，卓有成效地建设有中国特色的社会主义，具有现实的和长远的意义。

我们党在以邓小平为核心的第二代党中央成熟领导集体的指引下，继承和发扬了我们党的优良传统作风。坚决惩治腐败，搞好党风廉政建设，确保建设有中国特色的社会主义具有现实和长远的意义。

邓小平同志早在 1982 年就在《坚决打击经济犯罪活动》和《在军委座谈会上的讲话》两个纲领性文件中，敲响了反对和防止腐败的警钟。他指出："现在是什么形势呢？我们自从实行对外开放和对内搞活经济两个方面的政策以来，不过一两年时间，就有相当多的干部被腐蚀了。卷进经济犯罪活动的人不是小量的，而是大量的。犯罪的严重情况，不是过去'三反'、'五反'那个时候能比的。""要足够估计到这样的形势。这股风来得很猛。如果我们党不严重注意，不坚决刹住这股风，那末，我们的党和国家确实要发生会不会'改变面貌'的问题。这不是危言耸听。"[1] 讲的多么及时多么深刻啊！

邓小平同志还语重心长地告诫全党："经济建设这一手我们搞得相当有成绩，形势喜人，这是我们国家的成功。但风气如果坏下去，经济搞成功又有什么意义？会在另一方面变质，反过来影响整个经

---

① 《邓小平文选》第二卷，402～403 页。

济变质，发展下去会形成贪污、盗窃、贿赂横行的世界"。① 这个具有远见卓识的老一辈无产阶级革命家的肺腑之言，代表了党心、民心。

在我国一场反对腐败倡导廉政，纠正不正之风在祖国大地上迅速开展起来了。邓小平同志还明确指出："真正抓紧大有希望，不抓紧就没有希望。""不管牵涉到谁，都要按照党纪、国法查处。要真正抓紧实干，不能手软。""死刑不能废除，有些罪犯就是要判死刑。""现在总的表现是手软。判死刑也是一种必不可少的教育手段。（陈云同志：杀一儆百。杀一些可以挽救一大批干部。）现在一般只是杀那些犯杀人罪的人，其他的严重犯罪活动呢？广东卖淫罪犯那么猖獗，为什么不严惩几个最恶劣的？老鸨，抓了几次不改，一律依法从重判处。经济犯罪特别严重的，使国家损失几百万、上千万的国家工作人员，为什么不可以按刑法规定判死刑？一九五二年杀了两个人，一个刘青山，一个张子善，起了很大的作用。现在只杀两个起不了那么大作用了，要多杀几个，这才能真正表现我们的决心。"②这就告诉我们，惩处贪污腐败，势在必行。

为什么要提打击经济犯罪活动？因为进行社会主义现代化建设必须实行对外开放，对内搞活经济的政策。对外开放，资本主义那一套腐朽的东西就会钻进来，我们党现在的状况还远不是都令人满意。党内还存在着不少没有来得及清理和解决的严重遗留问题，有在十年内乱遗留的消极东西；有在新的历史条件下产生和发展起来的消极东西；有的以权谋私、严重损害党和群众的关系的人，长期在政治上不同中央保持一致、或者表面上保持一致实际上另搞一套的人，等等。所有这些，都是党内的危险因素，腐败因素，是党内思想不纯、作风不纯、组织不纯的严重表现。这就需要引起各级领导的高度重视，切实采取措施，下定决心解决这方面的问题。

---

① 《邓小平文选》第三卷，第154页。
② 《邓小平文选》第三卷，第153页。

　　邓小平指出："抓精神文明建设，抓党风、社会风气好转，必须狠狠地抓，一天不放松地抓，从具体事件抓起。经济犯罪的案件，在国外严重丧失国格人格的事件，还有搞特务的案件，都要抓紧处理。高级干部及其子女绝大多数是好的。但是现在确有个别干部的儿女泄露经济情报、卷入了情报网，出卖消息，出卖文件。越是高级干部子弟，越是高级干部，越是名人，他们的违法事件越要抓紧查处，因为这些人影响大，犯罪危害大。抓住典型，处理了，效果也大，表明我们下决心克服一切阻力抓法制建设和精神文明建设。"① 我们现在搞两个文明建设一齐抓，一个是物质文明，就是要发展经济，把经济搞上去；一个是精神文明，就是要把党风搞好，把社会风气搞好，把民风、军风搞好。我们要提醒人们，特别是共产党员们，党的干部特别是领导干部，应该首先把这些不正之风整一整。

　　邓小平指出："这里要特别说一下，高级干部能不能以身作则，影响是很大的。现在，不正之风很突出，要先从领导干部纠正起。群众的眼睛都在盯着他们，他们改了，下面就好办。"② 为了整顿好党风、民风、军风、社会风气，先要从我们党的高级干部整起，这是我们党的传统作风。要严格执行《关于党内政治生活的若干准则》，坚持不懈地纠正各种不正之风，特别要坚决反对对党中央的路线、方针、政策采取阳奉阴违、两面三刀的错误态度。

　　邓小平同志多次强调反对官僚主义、反对形式主义、反对家长制作风，反对在社会关系中残存的宗法观念、等级观念，坚决反对"官工"、"官商"、"官农"式的体制和作风。更加反对对外关系中的闭关锁国、夜郎自大和一人当官，鸡犬升天，一人倒霉，株连九族，甚至任人唯亲、任人唯派的恶劣作风。

　　邓小平在《党和国家领导制度的改革》一文中对官僚主义主要表现和危害做了精辟深刻地论述。他指出："官僚主义现象是我们党

---

① 《邓小平文选》第三卷，第152页。
② 《邓小平文选》第二卷，第125页。

和国家政治生活中广泛存在的一个大问题。它的主要表现和危害是：高高在上，滥用权力，脱离实际，脱离群众，好摆门面，好说空话，思想僵化，墨守陈规，机构臃肿，人浮于事，办事拖拉，不讲效率，不负责任，不守信用，公文旅行，互相推诿，以至官气十足，动辄训人，打击报复，压制民主，欺上瞒下，专横跋扈，徇私行贿，贪赃枉法，等等。这无论在我们的内部事务中，或是在国际交往中，都已达到令人无法容忍的地步。"① 形式主义也是一种官僚主义，要腾出时间来多办些实事，少说些空话，这是我们党的传统作风，千万不能搞花架子，那是一种自欺欺人的不良作风，任何时候都要坚决反对。

反对特殊化是我们党一直极为重视的问题。邓小平指出："大家知道，最近一个时期，人民群众当中主要议论之一，就是反对干部特殊化。要讲特殊化，恐怕首先表现在高级干部身上。当然，我不是说所有的高级干部都是这样，我们的许多高级干部是很艰苦朴素的，但确实有些人特殊化比较厉害。这种情况，在中下层干部中也有。如某些公社党委书记，某些县委书记，某些厂矿企业的同志，他们那个特殊化也比较厉害。应该看到，这不单是一个党风问题，而且形成了一种社会风气，成了一个社会问题。"② 我们党在邓小平同志领导下制定了一系列的措施和条例，对各级干部的生活待遇问题做了一系列的规定，对纠正和克服干部特殊化问题创造了条件。他特别指出，我们必须恢复和发扬党的艰苦朴素、密切联系群众的优良传统作风。

邓小平同志指出，高级干部要带头发扬党的优良传统。他说："现在有少数人就是做官当老爷，有些事情实在不像话！脱离群众，脱离干部，上行下效，把社会风气也带坏了。过去我们一个党委书记，比如一个县委书记、一个公社党委书记，有现在有这么大的权

① 《邓小平文选》第二卷，第327页。
② 《邓小平文选》第二卷，第216页。

力吗？没有啊！现在有极少数人拿着这个权力侵占群众利益，搞生活特殊化，甚至横行霸道，为非作歹，还好像是理所当然。"① 我们有少数同志对于这些应该而又能够解决的问题，却采取官僚主义态度，漠不关心，久拖不决，个别人甚至违法乱纪，搞打击报复。这就是非常错误和不能允许的。

　　家长制作风是我们党一贯反对的，也是邓小平多次指出的不良作风。他说："革命队伍内的家长制作风，除了使个人高度集权以外，还使个人凌驾于组织之上，组织成为个人的工具。家长制是历史非常悠久的一种陈旧社会现象，它的影响在党的历史上产生过很大危害。陈独秀、王明、张国焘等人都是搞家长制的。从遵义会议到社会主义改造时期，党中央和毛泽东同志一直比较注意实行集体领导，实行民主集中制，党内民主生活比较正常。可惜，这些好的传统没有坚持下来，也没有形成严格的完善的制度。"② 我们在党的政治生活中要发扬民主作风，党内讨论重大问题要充分酝酿，坚持民主集中制的组织原则，使党的政治生活正常化、制度化、法制化。

　　总之，上面讲到的种种弊端，多少都带有封建主义色彩。封建主义的残余影响当然不止这些，如社会关系中残存的宗法观念、等级观念；上下级关系和干群关系中在身份上的某些不平等现象；公民权利与义务观念薄弱；经济领域中的某些'官工'、'官商'、'官农'式的体制和作风；片面强调经济工作中的地区、部门的行政划分和管辖，以至画地为牢，以邻为壑，有时两个社会主义企业、社会主义地区办起交涉来会发生完全不应有的困难；文化领域中的专制主义作风；不承认科学和教育对于社会主义的极大重要性，不承认没有科学和教育就不可能建设社会主义；对外关系中的闭关锁国、夜郎自大；等等。这就要求我们一定要重视思想教育、重视党风建设、廉政建设，增强党性，只有这样才能卓有成效地建设有中国特

---

① 《邓小平文选》第二卷，第 218 页。
② 《邓小平文选》第二卷，第 329～330 页。

色的社会主义，具有现实和长远的意义。

（三）反腐倡廉具有重要的现实意义和深远的历史影响。

党的十三届四中全会以来，以江泽民为核心的第三代党中央领导集体极为重视反腐倡廉的斗争，加强廉政建设，并采取一系列重大坚决措施，坚决惩治腐败，进一步恢复和发扬党的优良传统作风。

江泽民同志《在纪念中国共产党成立七十二周年座谈会上的讲话》中就严肃地指出："我们党同群众的关系，总的说是好的，但是对存在的问题不能低估。消极腐败现象严重干扰改革开放，群众是很不满意的。如果不采取坚决措施加以克服，任其发展，就会葬送改革开放大业，最终也会危及党的执政地位。"这就清清楚楚地告诉我们：反对腐败绝不是一项无足轻重的工作，而是直接关系到社会主义事业的成败、党的存亡、民族兴衰的大问题，万万不可掉以轻心。党"十四大"报告中就指出："坚持反腐败斗争，是密切党同人民群众联系的重大问题。要充分认识这个斗争的紧迫性、长期性和艰巨性。"我们的党，我们的广大党员都是坚决反对腐败的。绝大多数干部是清正廉洁的。我们的人民历来也是崇尚艰苦奋斗、艰苦创业、无私奉献。

在新的历史条件下，共产党员要做解放思想、实事求是的模范，做全心全意为人民服务的模范，做遵守纪律、坚持民主集中制的模范，做脚踏实地、勤奋工作、忠于职守的模范，做反对各种消极腐败现象、发扬社会主义新风尚的模范。

我们党在 1993 年 8 月召开了中央纪律检查委员会第二次全体会议。这是一次具有重大历史意义的会议。这次会议全面分析了反腐败斗争的形势和任务，提出了反对腐败斗争的新思路、措施和步骤。江泽民同志做了重要讲话。我们党以邓小平建设有中国特色社会主义的理论为指针，依据党的基本路线，按照党的"十四大"确定的方针，精辟地阐明了反腐倡廉斗争的现实重大意义和深远历史意义和应当遵循的方针、政策和基本原则。这次会议指出，反腐败斗争是长期的、艰巨的、又是紧迫的。会议向全体共产党员、党的干部特别是党政机关领导干部要带头廉洁自律，要查办一批大案要案，要狠刹几股群众反映强烈的不正之风。

对党政机关县（处）级以上领导干部重申和提出以下要求：（1）不准经商办企业；不准从事有偿的中介活动，不准利用职权为配偶、子女和亲友经商办企业提供任何优惠条件。（2）不准在各类经济实体中兼职（包括名誉职务），个别经批准兼职的，不得领取任何报酬；不准到下属单位和其他企业事业单位报销应由个人支付的各种费用。（3）不准买卖股票。（4）不准在公务活动中接受礼金和各种有价证券；不准接受下属单位和其他企业事业单位赠送的信用卡，也不准把本单位用公款办理的信用卡归个人使用。（5）不准用公款获取各种形式的俱乐部会员资格，也不准用公款参与高消费的娱乐活动。中国共产党中央纪律检查委员会第二次会议规定这"五不准"，是针对当前我国在建立健全社会主义市场经济体制中的政治纪律。这是一项重大政治任务，要全党动手，党政一起抓，党政主要领导负起全面责任。是坚持"两手抓、两手都要硬"战略方针的具体体现。我们要牢牢把握经济建设这个中心，认真抓好反腐败和党风廉政建设，端正党风，弘扬勤政爱民，艰苦奋斗，乐于奉献的良好风气。

江泽民同志在这次会议上做了重要讲话，对巩固和发展当前大好形势，要实事求是地估计反腐败斗争的现状，指出反对腐败是贯彻执行党的基本路线的必然要求，是集中力量把经济建设搞上去的重要保证。还指出要正确认识腐败现象产生的社会历史原因，我们必须坚持和把握的基本原则，要把反腐败斗争长期坚持下去，要在近期内反对腐败要着重做好的几件工作做到取信于民。要求全党重新学习邓小平同志关于端正党风、加强廉政建设、反对腐败的论述，加强党的领导，把反对腐败斗争进行到底。

为什么说，加强反腐败斗争也是加强党的建设和政权建设的一件大事，是坚持四项基本原则，坚持改革开放，全面贯彻党的基本

路线、巩固和发展当前的大好形势的必然要求？我国人民正在沿着
建设有中国特色的社会主义道路胜利前进的时候，我们要清醒地看
到：在我们党政机关和国家公务人员中，确实存在着消极腐败现象，
有些方面还在滋长发展蔓延，有的已侵蚀到我们的肌体造成了严重
危害。如果任其泛滥就会造成更大的危害。

　　对这个问题，江泽民同志讲了两句话。一句是，我们党的路线
是正确的，党的主流是好的，大多数党员和干部是廉洁奉公的。十
多年来，我国经济的巨大发展和社会的全面进步是广大党员、干部
同群众团结奋斗的结果，反腐败斗争也是有成效的，这些都是基本
的事实。另一句是，在党内、在国家机关中确实存在着腐败现象，有
些方面还在滋长和蔓延，广大党员、干部和群众深感忧虑，迫切希
望采取坚决措施加以解决。我们不能否定党的主流是好的，也不能
低估腐败现象的严重性和危害性。腐败现象是侵入党和国家机关健
康肌体的病毒。如果我们掉以轻心，任其泛滥，就会葬送我们的党、
葬送我们的人民政权，葬送我们的社会主义现代化大业。我们的党、
我们的干部、我们的人民，是绝不允许出现这种后果的。这"三个
葬送"把我们党领导反腐败斗争的伟大意义讲得清清楚楚。这就告
诉我们：各级党政领导同志务必充分认识腐败问题的严重性、危害
性和直接的危险性。

二、建立健全一整套监督机制体系，使
反腐败纳入制度化、法制化的轨道

　　加强党内外一整套监督机制体系，是在新的历史条件下，在建
立健全社会主义市场经济体制的进程中，搞好党的自身建设的迫切
需要，是民主政治建设的一个重要组成部分，是推进党内外民主政
治建设的重要方面，也是保证党经受执政、改革开放、拒腐防变考
验，保持党政机关廉洁奉公的极为重要的重大措施。这就要求我们
的共产党员、党员干部，一切公职人员要树立马克思主义的监督观

具有重大的意义。

（一）执政党党内外监督的重大意义。

在建立健全社会主义市场经济体制的进程中，加快经济发展步伐的新形势下，党内外监督机制要不断加强和提高。所谓监督，从完整的意义上讲，应该是监察、督促和指挥的意思。就是为了实现某种目的而进行的监察、督促和指挥活动。前两项包含有调查权、建议权，而后一项的指挥，则含有决定权、否定权。如果只有调查权、建议权的监督，势必是"弹性"监督，只要有了决定权、否定权的监督机制，才会有制约、制衡的措施和功能。所谓机制，是指事物内部相互关系，以及其间发生的各种变化过程中的相互制约。因此，监督机制，也就是指党内外监督活动的方式、方法、程序、组织机构以及权利与义务等内部结构的相互关系和制约体系。简单地说，党内外监督机制，就是党政组织和党员、政务工作者活动的相互制约，或者相互限制等等。

加强党内外监督机制势在必行。过去监督机制的主要弊端，表现在监督的内容、方式、方法规定不明确，不具体，特别是领导干部缺乏权力制约措施，出现以言代法，以言毁法，以势压法的霸道作风；监督机构缺少必要的监督手段、措施和执行纪律的独立性，缺乏监督程序，个人定夺重大问题，甚至越是重大问题越是独断专行，监督权限不明确，不具体，落实不到党政的生活中去，形不成组织制约个人；民主监督流于形式。把民主当作一种手段，你民主、我集中，你说你的，还是我说了算，权大真理多；党政纪律处分不规范，缺乏系统的执行标准。执行纪律畸轻畸重，以言代纪，影响监督的严肃性、权威性，造成党员、干部、公务人员在纪律面前不能人人平等。

党内监督的依据，主要是党章、《准则》、条例、决议、决定，等等；对政务人员的监督有宪法、法律、条例、决定、命令、指令和决议等等。在党内，党章是党的最高法规，大多数规定都是比较原则和抽象的，缺乏具体细则，这样结果就使党内监督成为空文。有的成为冲击、变通、废止的"空白区"。在党内监督的进程中"自上而下"的监督比较顺利而有成效；而"自下而上"进行监督，就比较困难，难以实行，甚至遭受打击报复；不同级和同级组织实行监督就是一纸空文。党外监督那就更不具体，更为复杂和困难了。总的说监督任务、措施都比较难以落实。

党内外监督的主要任务，就是检查党政组织、党员、国家公务人员，特别是领导者遵守党章、宪法、国家法律，党和国家其他制度、章程、条例、准则、决议以及贯彻执行党的基本路线、方针、政策的情况和存在的问题；监督党员、国家公务人员，特别是领导者的工作情况；监督他们的工作作风和工作方法；监督检查、检举和纠正损害党的优良传统，违反党纪、国法的行为。

对党员、国家公务人员，特别是领导者进行监督是内外监督的关键所在。党员、国家公务人员，特别是领导者是各级党政组织的直接执行者，是骨干分子，是党的路线、方针、政策的监督者，又是一个地区、一个部门、一个单位的领导者、组织者和决策者。通过他们领导人民建设有中国特色的社会主义；人民群众则从他们的言行来观察我们的党、我们的政府。各级党组织中的干部，国家公务人员，能否正确行使手中的权力，直接关系党和国家的形象、声誉和威望；直接影响党的事业的兴衰和成败；直接影响着建设有中国特色社会主义事业的前进与后退，影响社会主义市场经济体制的形成与发展。因此，一切共产党人和广大人民群众，要敢于善于监督，敢于善于纠正我们党和国家机关的错误行为，敢于善于制止一切腐败现象的滋生和蔓延。要秉公办事、公道正派、刚直不阿，认真严肃，坚持原则、坚持党性，一丝不苟。

当然，共产党员、国家公务人员，领导者以及广大人民群众要掌握监督方法、方式，做到既敢于监督，又善于监督，卓有成效。这对我们执政党的组织、共产党员、广大人民群众具有重大意义。

我们党一贯重视党内外监督制度的建立与健全，特别是党内监

督是核心和关键。早在 1927 年 4 月召开的党的第五次全国代表大会
上，我们中国共产党就选举产生了中央监察委员会。同年 6 月 1 日，
中央政治局在《中国共产党第三次修正章程决议》案中，增加了
"监察委员会"的一章。1934 年 1 月在党的六届五中全会上，又选举
产生了中央常务委员会，它实际上代行的是党的监察委员会的职能。
1945 年党的"七大"党章在"党的监察机关"一章中，对党的监察
机关产生的办法、任务、职权、领导体制都作了明确细致的规定，促
进了我们党内监督制度的形成和发展。

　　建国以后，我们党重视监督制度的建设。1949 年 11 月，党中央
成立中央纪律检查委员会，同时决定成立各级党的纪律检查委员会。
建国初期，具有监督职能和任务的组织形式，在政府系统有人民监
察委员会；在党内系统有中央及各级纪律检查委员会。人民检察署
在主要执行法律监督职能的前提下，也负有一般监督的职责。

　　人民监察委员会隶属于政务院，主要职能是监察全国各级国家
机关和各种公务人员是否违反国家法律、法令、方针、政策或损害
人民利益及国家利益；检举、纠正国家工作人员的失职、渎职现象。

　　首先，中央及各级党的纪律检查委员会的主要职能，是检查中
央直属部门及各级党组织、党的干部及党员违反党纪、党规、党法
的行为。其次，当国家的机关及公务人员、党的组织及其干部，党
员的行为超出党纪、政纪到处理的范围时，由人民检察机关担负法
律起诉的责任。其三，监督职权只是相应一级党组织和政府领导下
的间接监督，其职能作用的发挥，取决于同级党委的重视程度，属
一般监督的作用。

　　1955 年 3 月在党的全国代表会议上，通过了《关于成立中央和
地方监察委员会的决议》，朱德在中央监察委员会第一次会议上指
出："加强对各级党组织和党员干部在执行党的路线政策中的监督工
作，特别是要注意加强对中央各部门（各党组）和各省（市）的高
级干部的监督工作。"同时，强调了监委工作的相对独立性和工作权
限。1956 年 9 月在党的"八大"党章中，对党的监察机关的有关规

定，比"七大"党章中的有关规定有新的发展，有利于党内监督的法律化、制度化。刘少奇指出："要加强人民群众对领导机关的监督，订出一种群众监督的制度，使我们的领导机关和领导人员接近人民群众。因此，人民代表大会的工作怎么做，如何监督政府，监督我们的领导人员，报纸如何监督，都要认真研究。当然，党委和党代表大会的监督，这是最主要的。"刘少奇同志对高级领导干部更有明确的指示。他指出："国家领导人员的权力应该有一定的限制，什么事情他有多大的权力，什么事情不准他做，应该有一种限制。""一些特殊的待遇，也可以叫特权，应该取消。例如：我们坐的汽车上面有一种喇叭，可以不听交通指挥，这也算作特权嘛，最近把这个喇叭取消了。"他还强调指出："从我们起，从中央的人员起，到各级领导干部，配售的东西基本上应该跟人民一样，不要特殊。对民主人士，对外国的来宾，可以特殊一点。"①

1962年9月召开的八届十中全会上，党中央作出了《关于加强党的监督机关的决定》，重申对党员首先是党员干部的监督，并扩大监察部门的职能和权限。邓小平指出："对于我们党的各级领导人（包括党委会的所有成员），应该有监督。这种监督是来自几方面的，来自上面，来自下面（下级），来自群众，也来自党小组生活。""我觉得，对领导人最重要的监督是来自党委会本身，或者书记处本身，或者常委会本身。这是一个小集体。""我想，我们是不是可以这样，就是把领导人的主要的小组生活，放到党委会去，或者放到书记处去，或者放到常委会去。在党委会里面，应该有那么一段时间交交心，真正造成一个好的批评和自我批评的空气。同等水平、共同工作的同志在一起交心，这个监督作用可能更好一些。"②通过交心、谈心、自我批评和互相批评，要极为重视党委内部的互相监督的作用

---

① 刘少奇：《要防止领导人员特殊化》，1956年11月10日在中共八届二中全会上的报告。

② 《邓小平文选》第二卷，第309～310页。

具有重要意义。

1962年11月29日，邓小平同志在接见参加组织工作会议和全国监察工作会议时又强调指出："党要管党，一管党员，二管干部。对执政党来说，党要管党，最关键的是干部问题，因为许多党员都在当大大小小的干部。""对干部的管理和监督要加强。"特别是"民主集中制的贯彻执行，这也是一种监督。还有党员和群众的监督，党的监察制度的监督，组织部门对干部实行鉴定制度的监督。监察工作主要是监察干部，包括比较负责的干部，即使不是同级的主要干部，至少也是一些负责干部。要把管理和监督干部的经常工作好好地建立起来，把监察工作好好地加强起来，把干部的鉴定制度恢复起来，这样做极有好处。"①但是，在十年动乱的"文化大革命"中，否定了党的监督工作，1969年1月党的监督机关被撤销。

1978年12月党的十一届三中全会上，根据党的历史上的经验教训，决定健全民主集中制的组织原则，加强集体领导，健全法制，加强党规党法；全会选举产生了中共中央纪律检查委员会，加强纪律检查工作。党的"十二大"党章明确把党的纪律检查委员会的工作作为一项重要内容，规定了各级党的纪律检查机构的双重领导体制。党的"十三大"报告强调指出："健全党的集体领导制度和民主集中制，要从中央做起。……使集体领导制度化，加强对党的领导人的监督和制约。"党的"十四大"报告指出："进一步完善人民代表大会制度，加强人民代表大会及其常委会的立法和监督等职能，更好地发挥人民代表的作用。完善共产党领导的多党合作与政治协商制度，巩固和发展新时期的爱国统一战线，充分发挥人民政协在政治协商和民主监督中的作用。""强化法律监督机关和行政监察机关的职能，重视传播媒介的舆论监督，逐步完善监督机制，使各级国家机关及其工作人员置于有效的监督之下。"我们党是一贯高度重视监督机制的健全与发展，高度重视法制建设。加强立法工作，特别是

---

① 《邓小平文选》第一卷，第328、330、331页。

抓紧制订与完善保障改革开放、大力加强宏观经济管理、规范微观经济行为的法律和法规，这是建立社会主义市场经济体制的迫切要求。建立健全一整套监督机制体系，使反腐败斗争纳入制度化、法制化的轨道。

（二）树立马克思主义的监督观。

加强党内外监督体系机制，是邓小平建党学说中一个重要的原理，我们要树立马克思主义的监督观。马克思主义经典作家都有精辟论述。马克思和恩格斯对党的组织原则、党内斗争、党的纪律以及共产党执政以后，要坚决防止公职人员由"社会公仆变为社会主人"，"反对和平演变"，"要拒腐防变"，"反对腐败"等等问题进行过精辟阐明，但对党内监督思想的论述还不具体、不完善。列宁较为系统地提出了社会主义国家关于党内监督的理论观点。他在1923年第十次党的代表大会上提议通过了《关于监察委员会的决议》，指出成立监察委员会的目的是："为了巩固党的统一和威信"，其任务是"反对侵入党内的官僚主义，升官发财思想，党员滥用其在党和苏维埃中的职权的行为，反对破坏党内的同志关系，反对散布毫无根据的未经检查的侮辱或个别党员的谣言和诽谤以及散布其他破坏党的统一和威信的类似消息等"。① 这就明确指出了党的监察委员会的性质、任务、目的和要求。对党的监察委员会的地位和作用以及意义作了明确的规定。

党的监察委员会的性质、地位和作用能够卓有成效，具有权威性，就必须按照列宁的意见，坚持监察委员会的领导体制。各级监察委员会必须在党代表大会上民主选举产生。"中央监察委员会，它只对党的代表大会负责。"② 这种领导体制既能保证监督权的行使，具有权威信；又能保证干部的政治职责的畅通。它只对代表大会负责。

① 《苏联共产党决议汇编》第2册，第10页。
② 《列宁全集》第33卷，第328页。

　　列宁在 20 年代就明确指出，要使党内监督产生权威性和卓有成效，重要的要使三个方面的问题得到解决：一是要由政治觉悟高、工作能力强、人格高尚、党性坚强，素质好的同志来担任党内监督工作；二是党内专职监督机构要有相对的独立性，具有独立行使对党内违反纪律问题的检查处理权限。当然，这种相对独立性要有层次，要有一定的权限划分，不能笼笼统统，含含糊糊，要有详细的条例和规定等等；三是党内监督队伍有相对的稳定性，领导人员的产生与调动只接受党的各级代表大会的决定。列宁特别注意党的最高层领导机构之间的制约关系。他认为，执政的共产党的一个最大危险就在于由"社会公仆变为社会主人"，"共产党员成了官僚主义者"、"形式主义者"，"变成统治者、寄生者"，它能把党"毁掉"。

　　列宁对斯大林和托洛茨基的评论——斯大林同志当了总书记，掌握了无限的权力，他能不能永远十分谨慎地使用这一权力，我没有把握。另一方面，托洛茨基同志，正像他在交通人民委员部问题上对中央进行的斗争所证明的那样，不仅是有卓越的才能，也许他还是现在中央中最能干的人，但是他过分自负，过分热衷于事情的纯粹行政方面。现在中央两位卓越领袖的这两种品质会无意中造成分裂，如果我们党不采取措施防止，那分裂是会突然来临的。斯大林太粗暴，这个缺点在我们中间，在我们共产党人的来往中是完全可以容忍的，但是在总书记的职位上便是不可容忍的了。因此，我建议同志们想个办法把斯大林从这个位置上调开，另外指定一个人提任总书记，这个人在各方面同斯大林一样，只是有一点强过他，就是更耐心，更忠顺，更和蔼，更关心同志，少任性等等。从我前面所说的斯大林和托洛茨基的相互关系来看，这不是小事，或者说，这是一种可能具有决定意义的小事。

　　列宁对党的最高领导人要求是很严格的，无论从政治素质、品德、人格、作风都进行了分析。主要措施与方法是要扩大党内民主，加强党内外监督机制，特别是对最高领导人的监督。这个问题自从列宁提出以后，半个多世纪以来，在国际共产主义运动的进程中，各国共产党、工人党、劳动党都没有解决好这个问题。一般都是对最高领导人失去控制和制约。在社会主义国家，特别是在一个民主与法制比较健全的国家里，对党和国家领导人的要求是很严格的，不允许有"人治"现象存在。法律面前人人平等。就是说，国家机关，包括国务院，也包括全国人大常委会；各政党，包括共产党，也包括各民主党派；个人，包括普通老百姓，也包括党和国家领导人，谁都必须在宪法和法律的范围内活动，谁都没有超越宪法和法律的特权。特别是在建立健全社会主义市场经济体制的进程中，反对以权谋私，反对特殊化，反对腐败等等，都要纳入法治的轨道，使其法制化、制度化、经常化。

　　共产党执政以后，为什么要加强纪律和党内监督呢？列宁指出了两个根本原因：一是党执政后，其社会地位和工作环境变了，一些党员、干部特别是领导干部会在荣誉、权力、地位面前骄傲自满以至腐化堕落、腐败变质，经受不起执政的考验；二是有些抱有私利、只想享受执政党地位的荣誉、好处的人加入党的队伍，甚至使"野心家和其他危害分子乘机混到执政党里来。"① 使党组织在政治上、组织上、思想上严重不纯，败坏了党风。

　　列宁非常强调舆论监督。他指出，社会主义报刊最重要的任务之一，就是公开监督。他在1919年3月俄共（布）第八次代表大会上明确地指出："党和苏维埃报刊最主要的任务之一，是揭露各种负责人员和机关的罪行，指出苏维埃组织和党组织的错误和缺点。"他再三指出不要怕揭露缺点和错误，他在给《经济生活报》编辑部的信中，开辟"黑榜"专栏，收集系统而准确的调查材料，揭露企业和机关及其工作人员的官僚主义行为，要把舆论监督与司法监督紧密结合起来，把报刊监督舆论作媒介，为司法机关提供充分而可靠的材料，一旦被报刊揭露的问题，就通过司法手段去解决问题。

　　1980年8月18日，邓小平同志在《党和国家领导制度的改革》

---

① 《列宁选集》第4卷，第21页。

一文中对党和国家要有群众监督制度、反对搞特权、特殊化、人民有权依法进行检举、控告、弹劾、撤换、罢免等一系列问题进行了全面论述。邓小平多次指出，要继续发展社会主义民主，健全社会主义法制。这是党的十一届三中全会以来中央坚定不移的基本方针，今后也决不允许有任何动摇。我们的民主制度还有不完善的地方，要制定一系列的法律、法令和条例，使民主制度化、法律化。社会主义民主和社会主义法制是不可分的。不要社会主义法制的民主，不要党领导的民主，不要纪律和秩序的民主，决不是社会主义民主。发扬社会主义民主政治，继承我们党的民主作风是我们党的战略任务。

党的十一届三中全会以后，我们党就开始抓法制，没有法制不行。国要有国法，党要有党规党法，没有党规党法，国法也就很难保障。要抓好党和国家的制度建设、法制建设、维护党规和国家法律的严肃性。对于违反党纪、国法的，不管是什么人，都要执行纪律，做到功过分明，赏罚分明，伸张正气，打击歪风邪气。廉政建设，要靠教育，要靠法制，我们要善于总结经验，反对腐败，搞廉洁政治、民主政治，这是我们党的政治任务。我们过去对民主宣传得不够，实行得不够，制度上有许多不完善，因此，继续努力发扬民主，是我们全党今后一个长时期的坚定不移的目标。

邓小平指出："全党同志和全体干部都要按照宪法、法律、法令办事，学会使用法律武器（包括罚款、重税一类经济武器）同反党反社会主义的势力和各种刑事犯罪分子进行斗争。这是现在和今后发展社会主义民主、健全社会主义法制的过程中要求我们必须尽快学会处理的新课题。"① 我们过去从党和国家的领导制度、干部制度方面来说，主要的弊端就是官僚主义、形式主义现象，特别是权力过分集中的现象，家长制现象，干部领导职务终身制现象和形形色色的特权现象等等，危害国家、危害党，丧失了人民公仆的美德。现在我们要认真建立社会主义的民主制度和社会主义法制。只有这样，

---

① 《邓小平文选》第二卷，第 371 页。

才能解决问题。当然，改革党和国家的领导制度，不是要削弱党的领导，涣散党的纪律，而正是为了坚持和加强党的领导，坚持和加强党的纪律。

"要通过整党，使党内的批评和自我批评能经常开展。党内不论什么人，不论职务高低，都要能接受批评和进行自我批评。要通过整党，加强党的建设，实现党风的根本好转。每个党员、每个党员干部、每个党组织，都要对照党章进行检查，根据各自的具体情况，作出达到和坚持党章规定的合格标准的努力计划，并保证其实现。各级领导干部，特别是高级干部，更应该严格遵守党章、遵守《关于党内政治生活的若干准则》，起模范作用。这是整党不走过场的又一个重要标志。"① 为了实现社会主义现代化，建设有中国特色的社会主义事业，要把党风整顿好，最重要的办法，就是必须发扬社会主义民主政治，加强社会主义法制。因此，人民政协是发扬人民民主、联系各方面人民群众的一个重要组织。我国的社会主义现代化事业，继续需要政协就有关国家的大政方针、政治生活和建设有中国特色社会主义的各项经济、政治与文化等问题，进行协商、讨论，实行互相监督，发挥对宪法和法律实施的监督作用。

总之，"在国家政治生活和各项事业中，由于中国共产党居于领导的地位，党的路线、方针、政策正确与否，工作做得好坏，关系着国家的前途和社会主义事业的成败；同时，由于我们党的执政党的地位，我们的一些同志很容易沾染上主观主义、官僚主义和宗派主义的习气。因此，对我们党来说，更加需要听取来自各个方面，包括各民主党派的不同意见；需要接受各个方面的批评和监督，以利于集思广益，取长补短，克服缺点，减少错误。我们热诚地希望各民主党派和工商联都以主人翁的态度，关心国家大事，热心社会主义事业，就国家的大政方针和各方面的工作，勇敢地、负责地发表意见，提出建议和批评，作我们党的诤友，共同把国家事情办好。这

① 《邓小平文选》第三卷，第38～39页。

就是我们马克思主义的监督观。

（三）监督的主要对象、目的、要求和主要内容。

加强党内监督是建立健全整个社会监督体系的关键。在共产党执政的国家里，不允许有反对党合法存在，也不允许国家内部的其他政党组织与共产党分权，这样，共产党就成了唯一的长期执政的政党。党在长期艰苦卓绝的斗争中具有崇高的威信和权威，形成高度集中的党政不分、政企不分的一元化领导，强化了集权的地位。

我国是一个有两千多年封建专制传统的国家，缺乏彻底的资产阶级民主革命的洗礼，缺乏社会监督体系，更没有控制、制约的权力体系。加之农民占80％，社会经济、文化水平低，科学技术落后，这些都制约了人民民主素质的提高。

在过去的一段时间里，我国社会监督体系很不完善，国家权力、行政、司法机关、国家监察机关、人民检察院机关的横向监督制衡更不健全；人民群众自下而上的对国家公务员的监督，新闻舆论的社会监督功能还没有形成体系，社会政治活动缺乏透明度等等，使监督机制不仅没有成效，而且往往流于形式。

执政党搞好了党内监督，就为社会监督体系的形成发展和完善奠定了基础，创造了良好的环境和条件。因此，执政党的党内监督确实是社会监督的核心和重点，也是社会监督体系的关键所在。我们说，加强党内监督是整个社会监督体系建设的关键所在，就是因为党内监督如果没有党外监督的配合和推动，党内监督也不能持久地开展下去。

根据党政、政企分开的原则，要建立健全和完善党政之间的互相监督制约机制，划清党和国家机构职能的范围。党要管党，不能以党代政、政企合一，让国家机关依法独立运转和活动；党也必须在宪法与法律范围内活动，使社会民主与法制健全起来，使社会监督公开化、民主化、制度化、法制化。

党内监督的对象、目的、要求和主要内容是什么呢？党内监督是一个复杂的有机的系统，从党内监督机制上讲有全党的全体组织的监督；党的纪律检查机构的监督；党员个人的民主监督三种主要形式。就是我们常讲的自上而下，自下而上，平行纵横交错进行的监督。监督的性质，有事前预防性监督；有事中审视性监督；有事后查评性监督。要形成一个纵横交错相互制约的有机整体。

党内监督的重点对象应是党内外主要领导干部和国家公务人员。有人会问，党政领导干部的素质比普通党员的素质要高，思想觉悟比普通党员要高，怎么能把他们作为党政监督的重点呢？实际上，党政领导干部总体素质高，不是说每一个领导干部都高，素质高就不要监督了。党政监督机制主要体现权力制衡机制，党的领导干部在党内是党的权力的实际掌握者，他们自然就成了被监督的重点对象。就是说，权力也有双重性，有积极的好的一面，也有腐蚀人的一面。党的领导干部手中掌握着一定权力，如果党性不强，就有可能将党和人民赋予的权力变成谋私的工具，给党造成更大的危害。

我国政治权力结构应当形成制约和均衡的机制，使任何人都不能不受监督。这将使错误能够通过既定的体制和准则自动得到纠正，而不是靠某些组织和个人的英明来纠正。党政领导体制的改革，是政治改革的核心，对党的地位、党的领导作用和党的工作方法需要形成一种新的理解，这样才能在党、政、民主党派和群众团体之间建立互相制约和监督体系。

民主政治的一个重要原则，就是权力制约与监督，权力必须用权力来制约。因此，重要的是将国家权力分成几个部分，执行党政分开、政企分开，使每一部分的权力都有明显的限制与制约。对领导干部权力行使中各个环节的互相监督与制约以及行政上的监督是一个原则问题，也是邓小平建党学说中一条重要原理。

要加强对高级领导干部和最高领导人的监督，把他们的职权范围，待遇、财产、家庭情况等等，公布于众，使群众有章可查，防止有法不依，执法不严，以言代法，以权压法，甚至徇私枉法。我们的原则是有法可依，有法必依，执法必严，违法必究，是我国社会主义法制建设的基本方针。这四个环节，缺少哪一个都不可能有健全的法制。但是，要把监督、批评领导人（包括领袖人物）与维护领导人威信的关系搞清楚。在我们党内从领袖到一般干部在政治上是平等的。党章规定在党的会议上可以批评每一个党员，包括领袖在内。在我们党内应当充分发挥党员的监督作用，让党员监督干部，特别是监督领导干部。当然，要实事求是，遵守党纪、政纪和国法。

对党政领导干部违犯政纪的，由政府专门机构管，政府已经建立了监察部门，就是来管这些事情的。因此，我们必须加强行政监督。对"行政监督"这个概念的理解有各种不同的意见。

有人认为：行政监督就是行政机关内部的监督，包括上级行政机关对下级机关的监督，行政领导人对下级人员的监督，也包括下级行政机关及工作人员对上级行政机关及领导人的监督，是指行政手段上由上而下的监督和调整。有人认为：行政监督就是对国家行政机关执行党和国家的法律、政策情况的监督。其对象是指行政机关，可以包括来自国家权力机关的监督、国家司法机关的监督、行政机关之间的监督、财政监督，等等。有人认为：应把行政监督作为一个系统，在我国人人受监督，人人参加监督，国家行政机关内部有自上而下，自下而上的监督。它在管理活动上有监督职能；又受到各种渠道的监督。既是主体又是对象，都应纳入行政监督范畴。在系统中属于重要地位。要建立监督行政机构，进行行政诉讼法制监督。特别是在社会主义市场经济体制的情况下，更要加快步伐，实现法制化。

党政监督的主要目的与要求，使每个共产党员和干部包括领袖人物在内，都要坚持全心全意地为人民服务，这是我们党的唯一宗旨，发扬党的优良传统和作风，防止和克服官僚主义，反对各种不良倾向，揭露、批判、纠正损害党的利益、违反党的纪律的行为，发挥共产党的先锋模范作用，充分发挥党的优势，增强党组织的凝聚力、战斗力，保证党的基本路线的贯彻执行。特别是在建立健全社会主义市场经济体制的进程中，实行首长负责制以后，党组织必须依据党章、党规、国家法规，党和国家的路线、方针、政策，对全体党员，特别是领导干部实行严格有效的监督。

党组织要加强对党员、党员领导干部和广大人民群众的教育，积极创造良好的监督机制，使党员领导干部提高接受党内外监督的自觉性、主动性和积极性，使广大党员正确行使自己的权利，履行监督职责，共同搞好对党员领导干部的监督。党内监督的目的，就在于维护党章，端正党风，严肃党纪、国法，保证党的思想统一，行动一致，促使每个党员加强党性锻炼，自觉地经受执政和改革开放的考验，拒腐防变的考验，更好地发挥党员的先锋模范和表率作用。

对党员领导干部监督的主要内容是：首先，掌握情况，执行政策的监督。监督检查贯彻执行党的基本路线、方针、政策的真实执行情况。在贯彻党的基本路线、方针、政策中，检查党员领导干部是否真正以身作则，起模范和表率作用，在政治上是否同中央保持一致；是否能够以开拓创新的精神，努力做好本职工作，积极带领人民群众投身于改革开放，为"实现四化，振兴中华"建设有中国特色社会主义事业而献身。

其次，遵守法律，行使权力的情况。监督党员领导干部是否执行党的决议、决定、准则，遵守党的纪律和国家法令，做到令行禁止，顾全大局，维护党的团结和统一；是否廉洁奉公、严于律己，不以权谋私，不搞特殊化；是否正确执行干部政策，不任人唯亲；是否严格执行经济法规、经济条例、不谋取非法收入。

其三，发扬党内民主和执行民主集中制的情况。监督党员领导干部是否深入实际，注意倾听各方面的意见，重大问题是否经民主讨论决定，不独断专行；是否密切联系群众，关心群众疾苦，切实保障群众的民主权利，接受党政组织和群众组织监督，自觉纠正和防止官僚主义、形式主义。

其四，参加党的组织生活，履行党员义务的情况。监督党员领导干部是否在党内以普通党员的身份处理个人与组织的关系；是否关心党的建设，完成党组织分配的工作；是否能正确处理个人、集体和国家三者之间的关系，做到个人利益服从集体利益，局部利益服从国家利益；是否在工作和社会生活中发挥先锋模范作用；教育好自己的子女、亲属和身边的工作人员。

其五，坚持党内各种制衡的情况。是否坚持党支部的生活制度，领导班子民主生活制度；部、局领导班子与所在单位党委会联系工作制度；向党员通报情况、进行民主协商对话制度；坚持对党员领导干部的评议制度；民主评议党员制度，等等。

总之，党内监督的内容是比较广泛的，这里主要是侧重于对党员、党员干部的监督。当然，在改革、开放建立健全社会主义市场经济体制的新形势下，加强对党员、干部特别是领导干部的监督，反对腐败是一项非常重要而比较复杂的工作。需要我们共同提高对这个问题的认识，在实践中不断总结新经验，逐步完善党政监督机制体系。就是说，党有党法党规、党的纪律，国有国法，有宪法、法律、条例，违反了谁管？由党组织管，国家机关管。要党内外监督，党政之间的监督，从上而下，从下而上的监督，使政治的、经济的、行政的、法律的、专门的、人民的监督组成一个有机体系。

（四）党政监督机制的特征、原则和途径。

党政监督机制具有的主要特征，主要是它的严肃性、强制性、普遍性、制衡性和公开性。建立健全监督制度的各项基本原则和必须遵循的指导思想。同时，要加强党对国家机关的监督是个战略任务。

第一，党政监督机制具有的主要特征。

一是严肃性、强制性。根据党章、准则、条例和党代会决议、决定的精神。按照宪法、法律、条例、命令、决议，等等。对党政监督的对象、内容、原则、方式、方法和程序进行监督。监督作出决定，必须立即执行，具有法规、章程、条例的强制性。依法照章办事，具有它的严肃性。

二是普遍性、制衡性。党政监督的重点，是党政领导干部，特别是高级干部，但党政监督是对全体党员、全体干部而言的，对任何党员、干部、公务人员都具有法规效力的监督活动，而不是对其中一部分人、个别人。党政公务人员，不论资历深浅、党龄、工龄长短，职务高低，也不论党员在党内或政府、或群众团体担任什么职务，都在党内监督之中，只要违反了党规、党纪、党法，就要处理和制止，决不允许有凌驾于党纪国法之上的任何特权存在。法律面前人人平等。因此，它具有普遍的制衡和约束能力。

监督机构和党员群众，必须有权审议党组织的决定、决议，有权弹劾失职和违纪的党员。不能把制衡视为"向党闹独立性"，"与党委平起平坐"。对渎职、犯罪的国家公务人员有罢免、控告的权力，等等。

三是公开性。党政监督的公开性，表现为公开申明党政监督的严肃性。监督党员、干部、国家公务人员的言行要受到党组织、国家机关和人民群众的监督和党纪、政纪限制，不能自由行动，不能违反党规、党法、政纪。列宁指出："从原则上看，这类案件不必留在官僚机关内处理，而需要交给群众审判，这不仅仅是为了严厉惩罚（也许只要申诉就够了），而主要是为了公开这些事，消除那种广泛流行的认为失职人员不受处罚的成见。"① 这就是说，我们党反对内部悄悄处理，这样对党组织，对国家机关、对本人都是不利的。

总之，这些基本特征，体现了我们党的性质，我们社会主义国家性质，对共产党员、党的干部和国家机关公务人员的本质属性的基本要求，是人民的公仆、勤务员，不是骑在人民头上的官老爷，不是寄生者和统治者。

第二，建立健全监督制度的指导思想和基本原则。

党和国家机关的监督要以纪律保证做基础，以治病救人为前提，使我们党和国家永远保持工人阶级的先锋队性质，永远保持以工人

---

① 《列宁全集》第 36 卷，第 581 页。

阶级领导的、以工农联盟为基础的人民民主专政的社会主义国家的性质。永远保持我们党和国家的生机和战斗力，这就必须建立健全监督制衡的各项基本原则。

一要建立健全系统分权，坚持党政、政企分开与制衡的原则。在实践活动中，在各个环节，在中央与地方，都必须坚持有法可依、有法必依、执法必严、违法必究的原则；必须坚持真理、修正错误和在法律面前一律平等的原则；坚持纪律面前人人平等的原则。

二要坚持加强和改进党的领导原则，加强党的思想、政治、组织、作风和制度建设，努力提高党员、干部特别是领导干部的素质，增强党的生机和活力。

三要坚持党的集体领导的原则，民主集中制原则，防止个人集权专断，防止官僚主义、形式主义的工作作风，防止腐败现象的滋生和蔓延，增强人民群众的监督意识。

四要坚持社会主义初级阶段为特征的监督体系的原则。这些原则主要包括坚持以权力制约权力的原则；坚持民主政治的原则；坚持平等、竞争、公开的原则；机会均等的原则；坚持对党对人民与对上级负责的一致原则；坚持党内监督的有效性、权威性原则；坚持实事求是，解放思想相一致相统一的原则；坚持一人一票的表决原则，等等。只有坚持这一系列原则，才能使我们党和国家的监督机制卓有成效，取信于民，立于不败之地。

第三，党对国家机关的监督途径。

党对国家机关的监督途径主要有三个基本方面：首先，党可通过党组织活动和党的纪律对国家机关的党员、干部、公务人员实行监督；推荐重要干部，通过党的决议、指示，组织生活，民主生活，批评与自我批评，纪律处分，实现党对国家机关党员干部的监督，从而保证党的基本路线、方针、政策在国家机关中监督。其次，党可以通过各级党委直接对国家行政机关、司法机关实行监督。通过参加会议进行政策、法律的检查监督。通过质询、评议、参政、议政进行监督。其三，通过人大和其他代表机关的监督，对国家工作人员的监督。通过法定程序变为国家意志，保证了政治领导。要高度重视人大的工作，充分发挥人大的作用。改善与加强党的领导，协调好党政关系，等等。

总之，要强化党内监督的作用，要明确民主集中制和发挥监督作用的目的是一致的，都是为了发扬党内民主，维护党的集中统一，发挥党组织的战斗堡垒作用。

（五）建立健全一整套监督机制体系。

要在党的领导下，建立与健全一整套党政监督体系，充分发扬民主，使监督机制科学化、制度化、法制化。要使监督机制体系逐步地建立健全起来，一方面，从监督的主体可分为：党的监督；国家权力机关的监督；国家司法机关的监督；检察机关监督；社会监督和群众监督；社会组织的监督；人民群众的监督；社会舆论的监督，这些都是对行政机关及其工作人员的外部监督。另一方面，从监督主体的内部监督来看，根据不同的职责，按层次分为三种类型的监督：一是领导监督。根据行政隶属关系，上下级机关政府所属工作部门进行的监督。二是职能监督。是指行政职能部门，依据国家法定的权限范围，享有某些特定专业管理的监督权，如审计监督、交通、治安监督、工商行政监督、海关监督、财政、银行监督、环境保护监督、食品卫生监督、劳动技术安全监督，等等。三是专门监督。是指设立在行政机关机构内部的行政监察机关，对行政机关的工作进行专门的监督检查。我们要在改革开放中加强党健全与监督内容相适应的监督机构，注意它们之间的相互协调相互制约，以逐步形成一个相互联系和相互补充的完善的监督体系。

第一，实行民主政治，扩大党内民主和人民民主。

党政监督的一个重要问题，就是要充分发扬民主，坚持实行民主政治，扩大党内民主和人民民主。党的十三大报告就指出："以党内民主来逐步推动人民民主，是发展社会主义民主政治的一条切实可行、易于见效的途径。"这就是说，党内民主与党内监督的关系，很相似于社会民主与社会法制的关系，没有广泛的党内政治民主化，党内监督就是一句空话，或者失去了存在基础。党内民主如果没有以党内监督为中心的一系列制度保障，党内民主也就很难长期稳定发展，没有制度保障和体现党内民主也成了空话。党内监督体系和具体制度比其他党内民主制度更具有权威性，是党内的执法体系。对保障党内民主具有核心和重要作用。归根到底，党内监督也是党内民主的重要体现。只有党内民主，才能促进和发展人民民主，才能真正充分发扬人民群众的监督作用。

　　要遵循明确的监督指导思想原则、方针和加强的重点。监督的原则应当是：严格区分、正确处理两类不同性质的矛盾；坚持实事求是，调查研究，秉公执法，依法办事；有错必纠，知错必改，不冤枉一个好人，也不放过一个坏人；对监督对象的处理要慎重。监督的指导思想和基本方针，主要是教育与处罚相结合，以教育为主，预防为主；监督纠正与改进工作相结合，以改进工作为主；建立健全行政法制监督为主；以预防监督和纠正监督为主的方针。并要特别加强党的监督与国家权力机关的监督，以及司法、社会舆论、群众监督。要有多种渠道、多种途径、多种手段的监督。总之，只有在民主政治的基础上才能加强群众性监督。

　　第二，要加强宪法、法律、人大、舆论、群众团体的监督。

　　（1）宪法监督。

　　要加强宪法监督的作用。宪法是国家的根本大法。人人都必须严格遵守，党员、干部更要模范地遵守，要用宪法规范自己的行为。对一切政党、国家机关的行政行为是否违反宪法，要进行审查和裁决。

　　（2）法律监督。

　　法律监督从广义上讲，是指国家与社会对法律的实施情况所进行的监督、监察、督导。在社会主义国家，各国的宪法、法律一般都规定国家权力机关、行政机关、司法机关、政党、团体和人民群众都有权实施或者参与法律监督的活动。这同样具有法律监督的性

质。我国宪法和地方组织法明确规定：人民代表大会及其常委会是
国家最高权力机关、监督机关，其主要职责应是维护宪法、法律的
尊严，保证各项法律的贯彻执行和具体实施；各级人大及其常委会
要认真履行法律赋予的神圣职权，切实加强对法律实施的检查监督；
对严重违法事件，要坚持法制，大胆监督，维护法律的尊严。

　　搞好法律监督，重要的是在党的领导下，建立健全各种行政法
规，明确各部门、各系统、各机构的职能范围，废止长期任职制，严
格执行职务任期制。建立行政监督和行政诉讼系统，加强对行政违
法的监督。对政府工作人员的违法，越权、犯法行为提出检查、监
督。我们的任务是改进与加强各级人代会对行政、司法的监督与制
衡作用。要有制度和法律程序，切实保障监督权，质询、审议权，选
举、考核、弹劾、奖惩、罢免权等等。

　　（3）人大监督。

　　人大监督包括对法律监督和对行政机关、审判机关、检察机关
工作的监督。人大受谁监督？受人大代表监督。人大代表受选举他
的选举单位或者选民监督。通过人大的工作来实现对政府、司法、检
察机关的监督。首先，党应从思想上高度重视，行动上积极支持人
大行使监督权。其次，党可以直接向人大提出对政府、司法机关及
其领导人监督案的建议；把推荐干部与加强监督结合起来。其三，通
过人大内的党组活动，来体现党的监督作用与主张。

　　我国人大监督与检察机关的监督有什么区别与联系？

　　首先，监督的性质、对象不同。人大是国家权力机关，人大的
监督是国家权力机关的监督，是国家机关体系中最高国家机关的监
督。它监督的对象是政权机关、审判机关、检察机关及其工作人员。
这些国家机关都对它负责，向它报告工作，受它监督。其次，人大
的监督包括法律监督、工作监督。所谓法律监督就全国人大及其常
委会而言，主要是指监督宪法的实施；就地方各级人大及县级以上
地方各级人大常委会来说，是指保证宪法、法律、行政法规、地方
法规及人大和人大常委会的决议、决定的贯彻实施。工作监督，主

要是指监督行政、审判、检察机关工作。包括听取审议"一府两院"的工作报告，审查批准国民经济和社会发展计划的报告。审批财政预算的报告。是从全局上、整体上进行监督。

检察机关的监督是司法机关的监督。它依据国家权力机关制定的宪法、法律所赋予的职权，对其他司法机关及其工作人员进行法律监督，也监督其他公民遵守和执行法律。检察机关的监督内容，仅限于法律监督，其具体内容包括：对叛国、分裂国家案以及严重破坏国家法律统一实施的重大犯罪案件行使检察权，对构成犯罪的刑事案件，提起公诉、支持公诉；对公安机关的侦查活动是否合法实行侦查监督。对其他侦查的案件进行审查，决定是否批准逮捕、起诉或不起诉；对人民法院的审判活动是否合法实行监督即审判监督；对监所和劳改机关的活动是否合法实行监督，即劳改监督；监督刑事案件判决、裁定的执行。

人大监督的方式、方法和程序主要包括：听取报告、质询、视察、检查。受理人民群众对"一府两院"及其工作人员的申诉和意见，进行必要的调查。通过各种方式、方法联系人大代表。听取代表对"一府两院"工作的意见和建议；审查本级政府和下级人大及其常委会作出的决定、命令、决议是否符合宪法和法律，等等。

检察机关的监督方式、方法和程序，主要包括：受理单位或公民对国家机关工作人员或其他公民犯罪行为的控告和检举，并依照法定程序进行侦查或交公安机关侦查，发现公安机关的侦查活动违法时，通知其纠正；对公安机关移送起诉而主要犯罪事实不清、证据不足的案件，可以退回公安机关补充侦查；对需要依法追究被告人刑事责任的案件，决定批准逮捕或向人民法院提起公诉，对刑事案件出庭支持公诉，发现法庭审判活动违法时，提出纠正；对同级人民法院一审案件的判决、裁定认为有错误，或上级检察院对下级法院已发生法律效力的判决、裁定发现有错误，分别按照上诉程序或审判监督程序提出抗诉，发现刑事判决、裁定的执行违法或监督劳改机关的活动违法，通过其予以纠正。所以，检查机关的监督方式和程序贯穿于公安、司法、监所、劳改机关执法工作过程的始终，而且主要是紧紧围绕刑事案件的侦破、审判、执行进行的。

人大的监督有最高的法律效力，它对被监督事项所作出的决议、决定，被监督机关必须执行，它可以直接撤销本级政府和下级人大及其常委会不适当的行政法规划、决定、命令和决议及地方法规；可以依法罢免或撤换由它选举产生或任命的不称职的国家机关工作人员；可以就"一府两院"在执行宪法、法律、行政法规、地方法规以及人大决议、决定中的违法违宪问题，作出相应的决议或决定加以纠正；可以把监督经验通过立法的形式固定下来，其他国家机关都必须执行。所以，人大的监督权，往往是与其决定权、任免权、立法权结合使用的。

检察机关监督的法律效力是有限度的，它受到公安和司法机关的制约；公安机关对检察院不批准的逮捕的决定，认为有错误，可要求复议，人民法院对检察院提起公诉的案件认为主要事实不清，证据不足的，可退回检察院补充侦察，不需要判刑的，可要求检察院撤回起诉；第二审人民法院对检察院提起的抗诉认为不当时，可裁定驳回抗诉，维持原判。所以，检察机关的法律监督是在与公安、司法机关分工负责，互相配合、互相制约的原则下实施的，其监督职能受到一定的制约。

总之，人大与检察院机关监督的目的是统一的，行使监督职权的途径是有联系的。人大与检察机关监督的目的是一致的。因此，它们在履行各自的监督职能时，工作是协调的。一方面，检察机关将自己行使法律监督权的情况定期、不定期地向人大或人大常委会报告；对依法需要逮捕（或对省级人大代表取保候审、监视居住）的人大代表，报请人大常委会批准；对县级人大代表采取取保候审、监视居住的，事后要向人大常委会报告；检察长在重大问题上如不同意检察委员会多数人的决定，可报上级决定；独立行使检察权，并受人大监督。

（4）舆论监督。

　　我国的监督体系还不完善,舆论监督与新闻报导有密切的关系。我国的监督体制虽然主要有政纪、法纪、党纪、权力机关、民主党派以及社会集团的监督。但最重要的是人民的监督,这是监督的源泉和发挥监督的基础。

　　对于司法审判工作,由于它的严肃性、特殊性和独立性,在新闻报导中偏重于考虑社会治安效果,只有完善新闻管理制度,搞好新闻法制建设。当然,新闻法规首先要合乎社会主义新闻规律,按照"快、短、新、活"的要求及时准确客观报导。要维护司法审判工作的权威。社会主义法制的精髓就是民主政治,民主政治原则是新闻立法的基本原则。因此,必须要依法报导,及时准确,客观进行。报导不能干预司法审判工作。舆论监督的结果是促使司法人员更加自觉地依法办案,本身并没有任何强制力,其目的是要提高新闻的司法办案的素质,提高新闻工作质量。实行新闻监督,揭露某些侵权违法行为,纠正不正之风。

　　(5)群众团体和人民群众的监督。

　　要加强和完善民主监督机制之间的相互制约和补充。国家权力机关、司法机关法律上的监督,也就是我们说的人民代表大会"一府两院"的监督;独立行使职权的国家监察对政府和各级公安人员的行政监督、以及同一部门内部上级对下级的行政监督;国家检察机关、审判机关对各部门和各级公务人员的司法监督。

　　政党、群众团体和人民群众组织对国家民主生活的社会政治监督。它是群众性的全方位的社会舆论监督。在监督体系中,都是纵横交织,构成严密的监督网络,使群众团体,人民群众发挥其监督作用。这就必须实行政务公开,调动参政、议政的积极性,广开言路,畅通议政渠道,使群众有充分的发言权,批评权,提高人民的政治责任感与自觉性。

　　总而言之,要注意总结,推广国内有关监督的经验,借鉴国外有关经验,充分发挥监督的作用。

　　第三,依靠深化改革和在建立健全社会主义市场经济体制进程中，探索监督机制和建设各种制度的新路子。

在新的历史条件下,在建设有中国特色社会主义事业的进程中,监督机制、各种制度建设都是随着社会的发展,政治、经济、文化建设的需要而不断健全起来。我们的监督机制也好,制度也好,无论是从出发点还是归宿来说,都是为了更好地保护和促进经济的发展,为人民造福。特别是如何避免黄炎培先生谈论的封建政权"其兴也浡焉,其亡也忽焉"的历史兴亡周期率时,就曾经指出:我们已经找到了一个好的办法,这就是实行人民民主,让人民来监督党和政府。而人民的民主和监督靠什么来实现呢?基本的途径就是建立一整套切实可行的制度,以保证人民群众真正享有和行使民主权利,有效地对党政机关和干部进行监督。靠什么?靠民主政治、靠制度。

我们依靠民主政治,依靠制度建设这是搞好党风廉政建设,反对腐败的一条科学有效的根本途径。在社会主义市场经济的发展进程中,增强了人民群众的民主精神,提高了参政、议政的能力,这就自然形成了公开性的政务活动的监督,把办事程序、办事结果向社会公开,以便更加有效地进行监督。这样就会逐步形成政务公开制度、内部外部制约制度、群众举报制度、干部回避制度、重大私务报告制度、廉政检查制度、党风廉政建设目标责任制度、民主评议制度、述职制度,等等。因为我们的政权是人民的政权,我们的党是为人民服务的执政党,我们的干部是人民群众的公仆。这是社会主义制度及一切制度的本质属性。在社会实践中,要为人民掌好权,用好权,权力本身是一种工具。它既可以用来行善为人民谋福利,也可以用来作恶危害人民。

特别值得警惕的是,权力还容易导致腐败,绝对的权力往往导致绝对的腐败。能否得到充分地运用好人民赋予的权力,为人民谋幸福,这取决于是否建立起一整套卓有成效的制度和机制,以保证权力的合理运行具有重大的现实意义和历史意义。

总之,我们要坚定不移地深入开展反腐败斗争,保证和发扬党的先进性、先锋性和纯洁性,在社会主义市场经济的条件下,在建设有中国特色社会主义的事业中，要建立健全一整套的监督机制体系及其各种制度并把反腐败斗争纳入法制轨道，使监督机制科学化、制度化和法制化。

第二节　在社会主义市场经济条件下反腐败斗争的新特点和党的基本方针政策

一、在新的形势下腐败现象的基本特征及其表现形式和我们的方针政策

反对腐败是贯彻执行党的基本路线的必然要求，也是集中力量把国民经济建设搞上去的重要保证。我们要坚持"一个中心、两个基本点"的政治路线，坚定不移地发展社会主义市场经济，坚定不移地发展社会主义民主政治，坚定不移地发展社会主义精神文明，把我国建设成为富强、民主、文明的社会主义现代化国家具有重大意义。

（一）必须从取信于民的高度来认识反腐败斗争的伟大意义。

新时期反腐败斗争，是在改革开放、社会主义市场经济的历史条件下进行的。是在一定范围内存在的一场严峻的具有阶级斗争性质的政治斗争。这场斗争由于腐败现象表现出许多新的特征而完全不同于我们党过去所开展的清除腐蚀、腐化、精神污染的斗争。

党内腐败分子的一个突出特征，就是以权谋私、权钱交易、权色交易。他们利用党和人民赋予的权力、职务，采用非法手段大量攫取国家、集体和人民的财富，化为己有。他们的所作所为，不仅严重违犯党纪国法，而且触犯刑律，是社会主义事业的蛀虫，是人民民主专政所要打击的对象。因此，坚决清除一切腐败分子，挖掉社会主义事业的蛀虫，是我们党和国家的一贯方针。

在反腐倡廉问题上，我们的干部特别是领导干部要永远保持清醒的头脑，牢记江泽民同志 1993 年 8 月 21 日在中央纪委第二次全体会议上的讲话指出的："在这个问题上，要讲两句话。一句是，我们党的路线是正确的，党的主流是好的，大多数党员和干部是廉洁奉公的。十多年来，我国经济的巨大发展和社会的全面进步是广大党员、干部同群众团结奋斗的结果，反腐败斗争也是有成效的。这些都是基本的事实。另一句是，在党内、在国家机关中确实存在着腐败现象，有些方面还在滋长和蔓延，广大党员、干部和群众深感忧虑，迫切希望采取坚决措施加以解决。我们不能否定党的主流是好的，也不能低估腐败现象的严重性和危害性。腐败现象是侵入党和国家机关健康肌体的病毒。如果我们掉以轻心，任其泛滥，就会葬送我们的党，葬送我们的人民政权，葬送我们的社会主义现代化大业。我们的党、我们的干部、我们的人民、是绝不允许出现这种后果的。我们既要坚持不懈地开展反腐败斗争，又要警惕和防止敌对势力利用这个问题来诋毁党和社会主义。"这是我们的指导思想和基本方针。

反腐败风暴席卷大地，惩处贪污腐败势在必行。据有关资料载，这几年全国检察机关受理案件 100 多万起，其中贪污贿赂案件就占三分之二，有人贪污受贿高达六七百万元，处分党员几十万人，光是受党纪处分的县团级以上干部一年就有 4 700 多人；据《法制日报》1993 年 12 月 28 日报导，1993 年 1 至 11 月，全国法院共审结各类一审案件 280.7 万件，比去年同期上升 10.09%。其中，刑事案件 333 725 件，民事案 1 748 495 件，经济纠纷案 700 901 件，行政案 22 662 件，海事、商事案 1 244 件。这反映了一个侧面。党和政府决心惩治腐败分子，维护党的形象，人民群众拍手称快。也说明贪污贿赂犯罪严重，反腐败斗争形势严峻。

最高人民检察院宣布的 1993 年 1 至 7 月，检察机关共受理贪污、贿赂罪案 27923 件，立案侦察 13441 件。其中万元以上大案 5971 件，有 177 名县处级以上干部因贪污贿赂被立案侦察（包括厅局级干部 5 人、副部级干部 1 人）；二季度立案侦察贪污贿赂罪案 7131 件，比第一季度增长 79％。从查办案件情况看，贪污贿赂等腐败现象仍相当严重。

突出的特点，犯罪数额越来越大，层次越来越高，行业性特征突出明显，重大恶性案件成倍增加，一些犯罪分子或强行索要，或公开占有，为获取巨额金钱铤而走险，表现出很大的贪婪性。卷进贪污贿赂等经济犯罪的党政机关干部增多。把权力商品化、搞权钱交易，大肆索取或收受礼金、实物或有价证券。还有司法部门、行政执法部门、经济管理部门的少数人利用职权，执法犯法，敲诈勒索，索贿受贿，贪赃枉法，1993 年检察机关半年时间就查办已构成犯罪的司法人员就有 141 人。有的金融部门、土地和建设项目审批部门、物资管理部门等贪污受贿案明显增多，其中很多是重大案件。团伙犯罪增多，内外勾结作案和跨地区、跨省甚至跨国犯罪的情况突出，携款潜逃时有发生。据 16 省、市的不完全统计，1993 年上半年共有 247 名犯罪分子携款潜逃，已证明实逃往境外的有 6 人。还有贪污、贿赂犯罪与走私、假冒商标、偷税、骗取国家出口退税等多种犯罪交织在一起。检察机关破获 19 起特大骗税犯罪团伙案，挽回经济损失 1 亿多元，这些案件全都是犯罪分子通过贿赂买通税务、海关部门的工作人员，开出假征税证明，假报关单，骗取国家巨额退税款。

严峻的现实表明，当前的贪污，贿赂等腐败现象比建国以来的任何时候都要严重，它败坏党风和社会风气，破坏经济建设，危害严重，因此，我们要充分认识腐败现象的严重性、危害性和危险性。

在反对腐败斗争中，要标本兼治，要坚决惩治腐败分子，纯洁党政干部队伍，坚决克服和纠正以权谋私、权钱交易、权色交易等消极腐败现象。还要着重从解决体制、政策、制度等方面存在的深层次的弊端和问题。要把打击重点放在领导机关、领导干部的违法违纪案件上。这一点不能心慈手软，两手都要硬，否则就是对人民的犯罪，就是失职，就是不合格的领导者。

（二）以史为镜，反对腐败的殷鉴。

我国从中华五千年历史中，上自夏商周，下迄元明清，都以倡廉勤政适民意，为人民所称颂。上起夏桀，下至清王朝慈禧，因暴虐无道，怠政纵欲，沉溺酒色，重用奸佞，妒贤嫉能，闭关锁国，因循苟且，骄奢淫逸，一个一个落得王朝的覆灭。封建王朝由盛而衰，由衰而亡。应当指出，我国历史已经经历了由奴隶制社会到封建社会、又由封建社会到半封建半殖民地社会，又由新民主主义社会到社会主义社会，如今进入了建设有中国特色的社会主义阶段。中国的当政者也不再是代表剥削阶级的封建贵族，而是中国工人阶级先锋队的政党——中国共产党执政。开创了中国历史的新纪元。

历史是一面镜子，历史的经验值得注意。前车之覆，后车之鉴。如果我们不深入开展反腐败斗争，而听任各种腐败现象发展蔓延，就会葬送我们的建设大业。

在漫长的封建社会里，自然不乏贪官污吏。所谓"三年清知府，十万雪白银"。然而也有许多洁身自重、清廉自守、出污泥而不染的清官良吏。他们中有些人，还自撰廉政联语以明志或赋诗拒贿，被传为美谈。

包拯（公元999——1062年），北宋庐州合肥人，字希仁。仁宗时任监察御史。后任龙图阁直学士。曾任开封知府，他以廉洁著称，不畏权贵，执法严峻，深得民心。当时称"关节不到，有阎罗包老"。时人称颂他为"包青天"、"包阎罗"。在六十岁寿辰时，他吩咐家人一概不收寿礼，但不料第一个送来寿礼的竟是皇帝。家人无奈，只好拿来红纸一张，皇宫送礼的太监在上面写道："德高望重一品卿，日夜操劳似魏征。今日皇上把礼送，拒礼门外礼不通。"包拯看后，挥毫题诗，巧妙地辞去了皇礼。诗曰：

铁面无私丹心忠，作官最忌念叨功。

操劳本是份内事，拒礼为开廉洁风。

包拯留下来的一首五律《书端州郡斋壁》。诗云：

　　　清心为治本，直道是身谋。

　　　秀干终成栋，精钢不作钩。

　　　仓充鼠雀喜，草尽兔狐愁。

　　　史册有遗训，毋贻来者羞。

　　况钟（公元1383——1443年），明代江西靖安人，字伯律。出身小吏，于明宣德年间为苏州知府，在位十三年，刚直不阿，执法如山，清廉自守，被苏州人民誉为"况青天"。他离任赴京时写了一首七绝。诗云：

　　　检点行囊一担轻，长安望去几多程。

　　　停鞭静忆为官日，事事堪称天日盟。

　　明代宣德年间，兵部侍郎于谦巡抚河南，他回京时两袖清风，不带一物，并写了一首《入京诗》：

　　　绢帕蘑菇与线香，本资民用反为殃。

　　　清风两袖朝天去，免得闾阎话短长。

　　明人李汰两袖清风，一身正气。一次到福建主持科举考试，有人暗中送他黄金以求考取。李汰愤然拒纳，并当场写诗一首：

　　　义利源头识颇真，黄金难换腐儒贫。

　　　莫言暮夜无知音，怕寒乾坤有鬼神。

　　清道光四年，湖南善化人蔡信芳在陕西蒲城县作知县，清正廉洁，重士爱民，颇有善政，离任之日，民众拦道挽留，蔡信芳十分激动，写诗相赠：

　　　罢郡轻舟回江南，不带秦川一寸绵。

　　　回看群黎终有愧，长亭一别心黯然。

　　明代户部右侍郎张津任南安知府时，曾为所属浙江海宁县谯楼写过一副对联：

　　　宽一分则民多受一分赐；

　　　取一文则官不值一文钱。

　　郑板桥（公元1693——1765年），江苏兴化人。清康熙秀才，雍正举人，乾隆进士。他是我国清代著名的文学家和艺术家。乾隆十一年（1746 年）板桥五十四岁时被调到山东潍县任知县。当时潍县连年灾荒，民不聊生。板桥为民请命，与民同甘共苦，为官七载，无留牍，无冤民。他为官清廉，不贪赃枉法，深受百姓爱戴。潍县百姓称之为"郑青天"。后得罪了土豪劣绅和大官吏，这些官吏们上下串通，捏造罪名诬陷板桥。结果被罢官。板桥走的那天，潍县百姓上万人为之送行。板桥临行之前画了一幅墨竹为百姓留念，上面题了一首诗，诗云：

乌纱掷去不为官，囊囊萧萧两袖寒；

写取一枝清瘦竹，秋风江上作渔竿。

转引这些（马川：《清官诗》；尤翔云、苏登兰：《廉政与诗联》，《光明日报》）说明历代明主贤君"勤政爱民"首要重求贤治吏，五千多年文明古国历史上也确涌现出一些能吏清官。也可以说，自有公共权力和衙门、政府官员，就有了倡廉勤政的问题。中国古老文明中也就不乏历代王朝反腐倡廉的艰辛与业绩。如朱元璋立纲振纪，抓紧廉政法规制度的健全和落实。他诏令重申强调《入官之法》、《为官之道》的贯彻落实。他"亲自撰定《授职到任须知》，亲制《责任条例》颁行各司府州县，令刻而悬之，求为遵守"等等。

这就告诉我们：反腐倡廉要真抓实干，一抓到底，抓出成效来。要从领导干部做起，"明君、明主治吏不治民"，要制度化、法制化。要提高干部的素质，要有组织保障，要在社会主义市场经济建设的条件下的反腐倡廉，还要努力探索新思路、新办法。同时要记取外国的经验与办法，标本兼治，使社会主义文明建设健康发展。

（三）我党进行反腐败斗争具有世界影响。

自江泽民同志《在中央纪委第二次全体会议上的讲话》发表以后，在世界上引起了强烈的反响，有人说，1993 年之于世界，恐怕将要以反对贪污腐败而载入史册。称之为《九三年世界大反贪》。外报称，这次反腐败斗争是中国自改革开放以来规模最大的一次。委内瑞拉《宇宙报》称："今天，腐败变成了各种政治制度国家所面临的共同问题。"也有的舆论认为,腐败已成为冷战结束后的最大的政治问题。1993年,一批曾为政坛炙手可热人物的政客如日本的金丸信、巴西的科洛尔、委内瑞拉的佩雷斯……已身败名裂,折戟沉沙。

1993年出现了世界性的反腐败斗争运动高潮,全世界至少有96个国家相继掀起了一场程度不同的反腐败运动,这是一个从未有过的现象,它表明反腐败已成为不同意识形态的人们所共同关注的重要的问题之一。国际上反贪污、反腐败运动的特点是什么呢?

首先,法律之剑直指高层人物。意大利反腐败运动,已使5位执政党的总书记、近三分之一的国会议员遭捕和拘押,1900多名企业家和1000多名政府高级官员受到司法审讯。曾担任过七届政府总理的安德烈奥蒂也受到了司法调查并被取消了议员的刑事豁免权,前总理福拉尼和德米塔也因涉嫌"米兰丑闻"而受到司法调查;日本检查机关于1993年3月6日以偷漏巨额税款罪逮捕了日本政界实力人物、执政的自民党副总裁金丸信;韩国总统金泳三被国际社会视为1993年第1号"打虎英雄"。他认为,反腐败必须从高层开始,因而一上台,就首先对政界、军界、财界、工商界的高层人士采取了一系列举措;1993年5月21日,委内瑞拉参议院通过投票,一致同意最高法院审判涉嫌贪污的佩雷斯总统的起诉书,并宣布取消佩雷斯的总统豁免权和其他一切权力,这是委内瑞拉历史上第一次对在职总统进行审判;秘鲁将前总统贾西亚引渡回国,对其所犯贪污罪进行审判。

其次,国际社会联手反腐。国际社会开始注意建立国际性的廉政组织,注重反腐败的经验、教训的交流和借鉴。1993年5月由德国政府捐资成立了"廉政与反腐败国际",欧洲共同体酝酿成立了"统一咨询委员会",全面协调共同体各国之间的反贪渎事务。联合国的反贪污组织不仅加强了对分支机构贪污、受贿等腐败现象的惩处,也加强了对世界各国的反腐败斗争的指导和支持。随着各国间经济关系的密切,特别是国际贸易和跨国公司的活跃,跨国间的"吃回扣"、行贿受贿等腐败现象也日益盛行,对于此类腐败现象的惩治必须得到他国和国际社会的理解与支持，才能收到成效。不久前，印度政府对采购瑞典大炮中所出现的受贿和接受回扣案的查处，韩国政府对空军采购美国军用飞机过程中高级官员的贪污、受贿行为的查处，都得到了国际社会的支持和帮助。意大利政府官员在该国向贫穷国家提供援助的过程中接受大量回扣的腐败事实，也是通过受援国的合作才查清的。

其三，"阳光法案"纷纷出台，许多国家都十分注意通过制定"阳光法案"，健全法律和制度来预防贪污、受贿等犯罪行为的发生。韩国1993年6月颁布了《公务员道德法》，规定政府4级以上的公务员需要登记其财产，一级以上要公开其财产。隐瞒不报或弄虚作假者将受到严厉惩处；日本于1993年6月1日起开始实施《国会议员资产公开法》；法国政府通过法律手段要求高级官员（上至总统）、议员、国营企业高级管理人员在任职之初和任期届满后向民众或有关单位申报自己的财产状况，接受舆论和有关单位的审查和监督；智利议会也于1993年6月1日通过《国家官员廉洁法》，等等。

邓小平指出："新加坡的社会秩序算是好的，他们管得严，我们应当借鉴他们的经验，而且比他们管得更好。[1]新加坡的政府，在东亚、甚至在全世界，可能是最廉洁的政府。据说在那里的政府公务人员不敢贪污、不能贪污、不想贪污、不用贪污、等等，这是他们采取了一系列坚决明确卓有成效的措施，使人们走向了制度化、法制化和廉洁自律的轨道。他们确实找到了比较有效的办法，怎样在国家公务人员中倡廉反腐求实效。李光耀对政府官员说，你们可以看得见，在新加坡有别的人利用不正当手段成为百万富翁，但你们不能眼红，作政府官员就得有献身精神，你就不能干这种事，就只能为别人发财服务。要想发财，你就辞职去经商。但当政府官员，就不能这样发财。新加坡的执政党人民行动党也告诉党员，如果你做了这种事，党决不保护你。有一个部长，是新加坡的元老，被人揭

[1] 《邓小平文选》第三卷，第378～379页。

发有贪污嫌疑。他希望李光耀保护。李光耀说，保护了你，我这个党就站不住了。这个部长最后在上法庭之前自杀了；在新加坡李光耀有很多政敌，但没有一个政敌敢说李光耀有贪污的，没有一个政敌敢说李光耀是乱搞女人的。这两件事李光耀都没有。他们主张要训练一批有献身精神的国家公务人员，这就能立于不败之地。

反腐败斗争在印度有关防止和惩治腐败的法典、法规也很多。除了《印度刑法》中有关条款外，还有专门的《防止腐败法》和《中央文官行为准则》等等。他们规定"公务员的违法行为包括贪污、受贿、经商和购置某种财产"。"公务员在执行公务时的犯罪行为，包括占用或允许别人占用他所掌管的财物。拥有同他的已知收入来源不相称的钱财和资产，而又不能作出令人满意的说明"。他们的中央调查局就是中央政府的主要调查机构，负责调查中央政府及其企、事业中公务员的违法案件及其他重大案件。它的情报来源包括公民检举、新闻报道、议员发言和街头巷尾的议论等。

根据情报材料，进行"初步调查"后，中央调查局认为被调查者的行为已构成犯罪，再进行"立案调查"。调查结果，对违法者决定起诉，或建议给予行政处分。印度议会、舆论对政府官员和政界人物的腐败起监督作用。印度执行政党可以利用自己在议会的多数地位通过或阻止某项立法，可以影响对案件的调查。因此，印度反腐败斗争、常常带有党派之间政治斗争的色彩。

总之，反腐败斗争是当代世界各国政治生活中的一件大事。传播媒介不断报导世界各国反腐败动了真格的，它们抛出的杀手锏是公布高级官员财产，仅此一招便赢得世界舆论的瞩目。

当然，我国是共产党领导的中华人民共和国、有自己的特殊的国情，大可不必凡事模仿别人。我国反腐败当务之急是反对特权。因为我国两千多年封建社会遗留下来的毒瘤，在我国有着根深蒂固的影响；特权是旧计划经济体制下的产物，特权与社会主义市场经济体制格格不入，是权力的垄断，特权既是最大的腐败现象，也是许多腐败产生的根源。特权已为人民群众深恶痛绝，不反特权不足以平民愤，不反特权不足以振民心。特权不反，腐败难除，这个道理是清楚的。

二、坚持反腐败斗争，加强党和政权建设工作

（一）在整个改革开放过程中都要反对腐败。

反腐倡廉，拒腐防变，惩治腐败，加强廉政教育要作为一项系统工程来抓，标本兼治，综合治理，持之以恒，要长期不懈地一直抓下去。要贯穿改革开放的全过程。邓小平指出："开放以后，一些腐朽的东西也跟着进来了，中国的一些地方也出现了丑恶的现象，如吸毒、嫖娼、经济犯罪等。要注意很好地抓，坚决取缔和打击，决不能任其发展。新中国成立以后，只花了三年时间，这些东西就一扫而光。吸鸦片烟、吃白面，世界上谁能消灭得了？国民党办不到，资本主义办不到。事实证明，共产党能够消灭丑恶的东西。在整个改革开放过程中都要反对腐败。对干部和共产党员来说，廉政建设要作为大事来抓。还是要靠法制，搞法制靠得住些。总之，只要我们的生产力发展，保持一定的经济增长速度，坚持两手抓，社会主义精神文明建设就可以搞上去。"① 这不仅是 15 年来对改革开放贯彻党的基本路线以及方针、政策的科学总结，也是我们今后的长期战略的指导思想。要保持清醒头脑，坚定不移的战略措施，使"两手都要硬"，要动真格的，要真抓实干取信于民。对反腐败斗争绝不可有丝毫松懈，必须警钟长鸣！

实行对外开放，资本主义那一套腐朽的东西就会乘机钻进来。我们要注意很好地抓，坚决取缔和打击各种违法犯罪活动，决不能任其蔓延和发展。社会主义市场经济是法制经济，整个经济运行和各种经济关系的处理都要纳入法制的轨道。因此，我们要树立宪法和

---

① 《邓小平文选》第三卷，第 379 页。

法律观念，在我国"公民在法律面前一律平等"。我国是坚持人民民主专政的社会主义国家，在公民的概念中，没有名气、地位、财富、功绩的划分。不论你名气和功绩多大，都没有超越宪法和法律的权力。

　　相反，名气和功绩越大，越要学法、懂法、守法，越应该成为行为的楷模，执法的榜样；要树立先共产党员后专家、名人、学者与教授的观念。一个人无论取得多大成绩，都要摆正个人与组织、个人与群众、个人与国家集体的关系。我们绝不否认个人的作用，我们希望任何一个领导者都有充分施展自己才能的舞台，并且努力为他们提供良好的社会环境。但是任何成功没有人民群众的积极支持和广泛参与，没有良好的社会环境和大气候，只凭个人才能是难以有所作为的。要把个人与组织、与集体、与社会紧密结合起来，切不要把组织、群众的伟大作用，一古脑儿记在个人账上，否则迟早是要垮台的；要牢固树立物质文明和精神文明两手抓、两手都要硬的观念。两个文明都搞好才是有中国特色的社会主义。我们坚持以经济建设为中心，物质文明建设上去了，可以为精神文明建设提供物质基础。但物质文明建设上去了，并不等于精神文明建设可以自发上去。而如果精神文明建设上不去，社会上贪污、贿赂、盗窃横行，个别人可以私设公堂，侵犯公民权利，煽动蛊惑群众，阻挠执行公务，那就不可能有一个安定的社会环境和公平的竞争条件，一定会转而损害物质文明建设，要树立在整个改革开放过程中都要反对腐败、倡导廉洁政治的观念。提倡艰苦创业精神，坚决纠正和克服腐败现象，端正党风、民风、军风和社会风气。

　　要把反腐败斗争同发展经济、改革开放、进行廉政建设紧密结合起来，一靠教育，二靠法制，使反腐败斗争紧紧围绕着经济建设这个中心，为推进改革、建设和发展服务；要树立廉洁自律自觉防腐的观念。在反腐败斗争中，各级领导干部既要以身作则，带头廉洁自律，又要无私无畏，敢抓敢管。领导干部要认识到个人是否廉洁，并不只是个人的事，而是同党和政府的威信紧密相连的，从而大大提高廉洁自律的自觉性。只有这样，才能在反腐败斗争中取得发言权，掌握主动权。

（二）要把反对腐败斗争的重点，放在党政领导机关和司法、行政执法、经济管理等部门，把制度法规建设好。

江泽民同志《在中央纪委第二次全体会议上的讲话》就明确指出："各级党政领导干部要带头廉洁自律。针对当前出现的新情况、新问题，这次会议对党政机关县级以上的领导干部提出了廉洁自律的新要求，要严格遵照执行。特别是省、部级以上领导干部要起表率作用。各级党委和纪检监察机关要加强督促检查。""集中力量查办一批大案要案。重点查办发生在党政领导机关和司法部门、行政执法部门、经济管理部门工作人员中的案件。""紧紧抓住本地区、本部门、本单位的突出问题，刹住群众最不满意的几股不正之风……"，"特别需要强调的是：公检法机关、海关、边检部门，担负着保卫国家利益和人民安全的重大责任，模范遵纪守法，严格依法办事，极为重要，必须认真搞好自身建设。"这是我们党反腐败斗争加强党的建设和政权建设的重大政治任务，必须在党的统一领导下，党政一齐抓，持续不断地抓，主要领导同志亲自负责。我们要党政同心同德，上下级同心同德，党和人民群众同心同德，万众一心，为建设有中国特色社会主义的事业而奋斗。

以江泽民为核心的党中央第三代领导集体，坚持邓小平提出的坚持"两手抓、两手都要硬"的战略方针，采取了一系列重要果断措施，狠抓党风廉政建设，取得了明显效果，事实证明，我们党的干部队伍的主流是好的，也要清醒的看到反腐败斗争的形势是严峻的。因此，反对腐败斗争的思路和对策，必须以邓小平建设有中国特色社会主义的理论为基础，以党的"一个中心、两个基本点"的基本路线为依据，按照"十四大"确定的方针和政策及江泽民同志在中纪委二次会议上讲话的基本精神，深刻认识反腐败斗争的长期性、艰巨性和紧迫性，要坚决持久地开展下去。一要把反腐斗争紧密结合我国重大改革措施和行政、经济决策的实施来进行；二要采取坚决措施惩处腐败分子，克服各种消极腐败现象、包括纠正不正之风；三要加强法制、法规和政策研究，及时规范行为，把惩治腐败纳入法制轨道。越是领导机关、领导干部、越要带头学法、懂法、守法，学会依法管理经济和社会事务。还要不断改进、完善司法制度和行政执法机制，提高司法和行政执法水平；四要把反对腐败同综合治理，齐抓共管紧密配合起来，既治标又治本。重在教育，重在挽救，弘扬勤政爱民，艰苦奋斗，乐于奉献的良好风尚。我们党一定能够依靠自身的力量，依靠人民的支持，有效地遏制和消除腐败现象，把建设有中国特色的社会主义事业推向一个新的阶段。

突出的重点，主要是领导机关、领导部门。在反腐败斗争中，作组织处理的，在全党只是很少数。对大多数党员来说，是通过思想教育，增强党性。

要使全党在思想上、政治上、组织上、作风上、制度上和精神状态上有个显著的进步，共产党员、干部是全心全意为人民服务的公仆，而不能谋私利，使他们的觉悟有个显著的提高，使党和群众的关系有个显著的改善。党中央国务院对反腐败斗争作出了决定，明确指出，反腐败斗争是加强党的建设和政权建设，密切党和政府与人民群众的联系，保持社会稳定，保证改革开放和经济建设顺利进行的一项重要工作。

特别指出：党政机关领导干部要带头廉洁自律。领导干部要严于律己，以身作则，自觉执行中央在加强党风廉政建设方面已经作出的各项规定，带头同腐败现象作斗争。为此，对党政机关县（处）级以上领导干部重申和提出了"五不准"的要求。还指出，要认真把握好以下原则：坚持党的基本路线，紧紧围绕经济建设这个中心，为推进改革、建设和发展服务；把当前反腐败的重点放在党政领导机关，以及司法部门、行政执法部门和经济管理部门；从领导干部做起，首先从高级干部做起，包括领导干部身边的工作人员；严格依法办案，对违法违纪案件要一查到底，坚持以事实为根据，以法律为准绳，严肃处理；紧紧依靠人民群众开展反腐败斗争，但不搞群众运动；惩治腐败和扶持正气相结合，大力宣传和表彰廉洁奉公、勇于同腐败现象作斗争的先进典型，弘扬勤政爱民、艰苦奋斗、乐于奉献的良好风尚。

党政领导机关和党政领导干部，特别是司法、行政执法、经济管理部门的领导干部，要对照廉洁自律五条规定进行自查自纠，抓大案要案的查处工作。制定相应措施，建立严格的责任制，接受人民群众和党组织的监督。这是各级领导干部能否取得成果，取信于民的重要标志。

在我们党内确实有少数领导干部和共产党员存在严重问题，致使消极腐败现象变换形式在某些方面蔓延，具有很大的破坏性和腐蚀性。有的地方拜金主义、享乐主义、极端个人主义在一些党员干部中，特别是领导干部中有所滋长，有些人甚至不择手段地以权谋私，甚至贪污受贿、敲诈勒索。广大群众对此反应强烈，深恶痛绝。因此，消极腐败现象的滋长和蔓延，不仅会直接影响改革开放和现代化建设事业 的顺利进行，而且严重影响损害党的形象和威信。这就必须加强各级党组织和纪律检查机关对党员干部的监督，加强人民群众、各民主党派和无党派人士对我们党和政府的监督，建立健全党内、党外、自上而下和自下而上相结合的监督制度，是开展反腐败斗争的重要保证。

要切实加强党的领导，建立健全制度，深入调查研究，以改革促进反腐败斗争。要在党的领导下、主要领导干部亲自动手，具体负责，层层建立责任制，一级抓一级，一级带一级，切实加强各个部门，特别是司法、行政执法，经济管理等部门的反腐败斗争的领导，检查和监督。一定按照邓小平同志坚持两手都要硬的要求，把加快经济建设与反腐败斗争结合起来，把深化改革与反腐败斗争结合起来。

国务院的第三次全体会议上宣读了《国务院关于近期开展反腐败斗争的实施意见》、《关于治理乱收费的规定》、《关于对行政性收费、罚没收入实行预算管理（收支两条线）的规定》、《关于党政机关与所办经济实体脱钩的规定》、《关于严禁用公款变相出国（境）旅游的规定》等等法规条例等通过公布，对健全制度、反对腐败具有重大意义。

（三）从领导干部做起，首先从高级干部做起，包括领导干部身边的工作人员。

党的干部特别是党政领导干部，要树立好的风气，最主要的是走群众路线和实事求是这两条，特别是科学，它本身就是实事求是，老老实实的学问，是不允许弄虚作假的。搞好我们的党风、军风、民风，关键是要搞好党风。

邓小平指出："我们只要充分信任群众，实事求是，发扬民主，把毛泽东同志的建党学说和党的一整套作风恢复起来，发扬起来，那末，毛泽东同志所说的那样一种政治局面，就一定会达到。有了那样一种政治局面，我们什么风险也能够经受得住。"[1] 实事求是，群众路线，是我们力量的源泉，群众路线、群众观点是我们的传家宝。党和政府机关，党员和党的干部、党的组织，都必须同人民群众打成一片，绝对不能脱离群众，坚决反对腐败现象的滋长蔓延。"如果哪个党组织严重脱离群众而不能坚决改正，那就丧失了力量的源泉，就一定要失败，就会被人民抛弃。全党同志，各级干部，特别是领导干部，必须经常记住这一点，经常用这个标准检查自己的一切言行。"[2]

为了促进社会风气的进步，首先必须搞好党风建设，特别是要求党的各级领导同志以身作则。党是整个社会的表率，党的各级领导干部又是全党、全国人民的表率。如果党的组织把人民群众的意见和利益放在一边，不闻不问，是一种腐败的表现，怎样会使人民

---

① 《邓小平文选》第二卷，第46页。
② 《邓小平文选》第二卷，第368页。

群众信任和爱戴呢？如果我们党的干部不严格要求自己，不遵守党纪国法，违反党的原则，搞特殊化，走后门，铺张浪费、大吃大喝，损公利私，不与群众同甘共苦，不实行吃苦在先、享受在后，不服从组织决定，不接受群众监督，甚至对批评自己的人进行打击报复，怎么能指望他们改造社会呢？

邓小平指出："现在需要全国的干部，首先是高级干部起模范带头作用，把我们党的艰苦朴素、密切联系群众的传统作风很好地恢复起来，坚持下去。我们搞四个现代化，因为经验不足，会面临多方面的困难。例如管理人员缺乏，技术人员缺乏，就是困难。又如改造一个企业就要减人，减下的人怎么安置，这也是困难。又如我们要建立退休制度，这是很正确的，但是也会有很多人思想抵触，这也是很大的困难。这些问题，归根到底，只有相信群众，依靠群众，充分走群众路线，才能够得到解决。发扬党的密切联系群众的传统作风，要靠我们老干部起模范带头作用。要培养、选拔一批年轻干部到各级领导岗位上来，老干部对他们要传帮带，要给他们树立一个好的作风，要使他们能够继承和发扬党的艰苦朴素、密切联系群众等优良作风。要使他们懂得，不只是年轻就能解决问题，不只是有了业务知识就能解决问题，还要有好的作风。密切联系群众，这是最根本的一条。不要'做官当老爷'，要反对'衙门作风'，这是毛泽东同志的一些根本的思想观点，现在我们还是应该按照这些思想观点去办事。"①

我们党的十一届三中全会以来的 15 年，是我们中国共产党在新的历史条件下，把马克思列宁主义、毛泽东思想的基本原理同当代中国实际和时代特征相结合，开辟建设有中国特色社会主义道路并坚定地沿着这条道路大步前进的时期，也是邓小平同志坚持继承、创新和发展了马克思主义。是在改革开放的伟大实践中，不断丰富、完善、发展建设有中国特色社会主义理论时期。在这十五年的进程中，

---

① 《邓小平文选》第二卷，229～230 页。

我国的改革开放经历了从农村改革到城市改革，从经济体制改革到各方面体制的改革，从沿海开放到全方位的对外开放波澜壮阔的历史进程中，在建设有中国特色社会主义的事业中，经历在世界风云变幻的情况下经受住了严峻考验，取得了举世瞩目的伟大成就，具有世界意义。

在建设有中国特色社会主义理论指导下，适应社会主义的现代化要求，15年来，我们建设了一支坚强的干部队伍。特别是中央提出用建设有中国特色社会主义理论武装全党，首先就要武装党的各级领导干部特别是高级领导干部。我们的干部，特别是高级领导干部带头认真学习和运用这一理论，不仅大大提高了执政的领导水平和工作水平，而且大大加强了党政工作的原则性、系统性、预见性和创造性，避免或减少大的失误。同时大大促进了全党的马克思主义理论水平的不断提高，使伟大的精神力量变为团结凝聚全党全国人民推动改革开放和社会主义现代化建设的巨大物质力量。使我国的经济建设不断飞跃前进。

15年来实践充分证明，这条路子我们走对了，必须坚定不移地走下去。我们的干部一定要坚持理论联系实际的原则，把学习理论同思考问题紧密结合起来，解放思想，实事求是，畅所欲言，互相切磋，集思广益，共同提高，推动建设有中国特色社会主义的事业不断前进。

（四）加强干部队伍的廉政建设，特别是领导班子的廉政建设。

领导干部要做反腐倡廉的模范，主要有两方面的科学涵义：一是自己以身作则，自己清正廉洁，坚决不搞不正之风，不搞腐败，首先自身不腐败，搞了的就要公开地、迅速彻底地加以纠正；二是坚持原则、坚持党性。对别人的不正之风和腐败问题敢抓敢管，敢于做坚决的斗争。党政领导干部率先垂范，带头拒腐防变，首先自己不变，这是取得领导资格的基本前提，这是我们党的性质，党员的先锋模范作用，党的负责干部的职责所要求的。当然，党政领导干部要做反腐倡廉的模范，最根本的，是要坚定自己的理想信念，这是共产党人的精神支柱，应当成为富贵不能淫，威武不能屈，贫贱不能移的中国工人阶级的先锋战士。党的干部，特别是领导干部，应该树立大公无私，廉政勤政的信念。只有这样，才能保持清醒的头脑，经得住物质利益和各种关系网的考验，经得起改革开放的考验，从而保持共产党人的本色。

党政领导干部要有高尚的情操，艰苦奋斗的传统作风，才能抗住腐败现象的侵蚀，才能使自己成为一个高尚的人，纯粹的人，有道德的人，脱离了低级趣味的人，有益于人民的人。革命情操是人的思想道德风貌、精神气质、理想信念水准、生活情趣的综合素质的生动反映和深层次的体现。它的基本特征是与每个人紧紧相联、形影相随。对于每个人来说，只有情操的高尚与低俗之分，并没有有无之别。有的领导干部不读书、不看报，不钻研邓小平建设有中国特色社会主义的理论，不了解党的方针政策，不学习市场经济知识，饱食终日，无所用心。相反，追时髦、穷摆阔、图享受、抽洋烟、喝洋酒、玩舞厅、观"脱衣舞"、"卡拉OK"；拉关系、跑路子、走门子、以权谋私时间充裕，精力充沛。难怪一些群众这样说：反对腐败，腐败分子要揭露、要惩处，更为重要的是要解决一部分领导干部的精神状态，理想信念、事业心和高尚情操问题。有了高尚的情操，不仅是从根本上清除了腐败的基础，而且保证了社会主义事业兴旺发达的关键。

要求党政干部特别是领导干部，要具有忠于马克思主义、忠于实际，忠于人民的高尚情操，它是马克思主义基本原理与中国具体实际相结合相统一的结晶，是毛泽东思想的新发展，是党的学说重要组成部分，学习邓小平同志坚定信念，旗帜鲜明，疾恶如仇，严于律己的高尚情操，这样不仅可以提高领导水平，提高自身的素质，而且可以增强生活情趣，提高生活品位。

邓小平说："我们过去几十年艰苦奋斗，就是靠用坚定的信念把人民团结起来，为人民自己的利益而奋斗。没有这样的信念，就没有凝聚力。没有这样的信念，就没有一切。"就是这个道理。理想、信念、高尚的革命情操是人的精神支柱，前进的路标。有了这样的理想、信念，他们就会自觉追求高尚、纯洁的东西，摒弃低级、庸俗、腐败的东西。就有了全心全意为人民服务的依托，以时刻向人民群众学习，一切为了人民群众、一切向人民群众负责为归宿，最广大人民群众的最大利益，即是真理的最高标准，即是我们各级领导干部一切行动的最高标准，也是是否具有高尚情操的客观尺度。邓小平同志之所以成为全党的楷模，之所以得到全国人民的衷心拥护和爱戴，"他尊重实际，尊重群众，时刻关注最广大人民的利益和愿望，善于概括群众的经验和创造"是根本原因之一。我们各级领导干部都应当向邓小平同志学习，像他那样关心群众、依靠群众、一刻也不脱离群众。

　　领导干部要做反腐倡廉的模范，最终要落实到行动上，为人民服务，对人民负责，与人民同甘共苦，急人民所急，想人民所想，倾听群众意见，自觉接受群众的批评和监督，这是党的宗旨。要旗帜鲜明地坚持原则、坚持党性、开展斗争。在领导班子内部，绝对不能掩盖和回避矛盾，要通过组织生活和其他方式，经常检查领导成员的思想和作风，防微杜渐。有了问题，就要及时摆在桌面上，开展严肃的批评与自我批评；对于违犯法纪的，要严肃查处，决不能息事宁人，畏邪护短，姑息迁就，害党害人。我们要加强党的各级领导班子建设和党性修养与锻炼，在实践的进程中，敢于碰硬，敢于触动和冲破错综复杂的关系网，坚定不移地同党内的不正之风、特别是腐败现象作坚决的斗争。

　　领导干部要做好反腐倡廉必须顾全大局，严守纪律，培养好接班人。在认真贯彻执行建立健全社会主义市场经济体制进程中，加强和改善国家宏观调控的政策措施，加快深化改革步伐，促进经济持续、快速、健康发展，就要顾全大局，严守组织纪律。我国是一个社会主义国家，经济发展是一个有机的整体，各族人民的根本利益是完全一致的。这种根本利益的一致性，决定了在不同时期、不同方面、局部与全局、当前与长远利益关系的可协调性。采取和运用经济手段、法律手段并辅以必要的行政手段等等一系列政策措施，其目的就是为了确保根本利益不受损害，虽然可能影响到一些局部的和眼前的利益，但换来的将是整个经济的持续、快速、健康发展。因此，我们党政领导干部必须从政治上、思想上和行动上同党中央的精神保持高度一致，更加自觉地认识大局，维护大局，顾全大局。这就是我们所要强调的顾全大局，严守纪律。居高才能识全局，党的干部特别是党政领导干部，要善于站在全国改革和发展的整体高度，善于把本地区、本部门、本单位摆到全国的大局之中来思考问题，安排工作，增强贯彻执行党的路线、方针、政策的自觉性，不仅自己干好，还要培养造就好接班人。

改革开放和社会主义现代化建设的发展目标能否顺利实现，党的基本路线能否坚持一百年不动摇，建设有中国特色社会主义事业能否保持下去，关键是取决于党的干部队伍，特别是领导班子是不是坚强有力，取决于党政军各个层次是不是有一代又一代的可靠的接班人。

江泽民同志指出，我们选用接班人的标准还是德才兼备。具体说来，主要是看这么几条：一条是政治上的要求，就是要听党的话，是真正的共产党人，坚持党的基本路线，有坚定的社会主义、共产主义信念。一条是业务上的要求，就是要有能力，包括有知识、有实际经验、有组织领导才能。还有一条是思想作风上的要求，就是要有博大的胸怀，有容人之气量，民主作风好，能团结有不同意见的同志一道工作，能坚持清正廉明。只有坚持这样的干部标准和条件，才能把惩治腐败与扶持正气结合起来，才能树立和发扬我党艰苦奋斗的新风尚。

总之，在反腐败斗争中必须坚持和把握的基本原则中，要把坚持实事求是的原则，正确区分和处理两类不同性质的矛盾，严格掌握政策像一条红线贯彻始终。要把准，把好，态度要坚决，工作要扎实，按照党中央的要求认真地解决问题，保证反腐败斗争健康有序地进行。

要严格依法办案，真正做到：有法可依，有法必依，执法必严，违法必究。坚决改变一些地方和部门、一些干部和群众存在的"有法不知道，知道不执行，执行不严格"的状况。凡是宪法和法律、条例、决定规定的，都要不折不扣地执行。越是领导机关、领导干部，越要带头学法、懂法、守法，学习依法管理经济、社会事务和国家事务。对违法违纪案件，要一查到底，水落石出，查出结果来。以事实为根据，以法纪为准绳，该撤职的要撤职，该判刑的要判刑，该重判的要重判。照此去做，也有利于挽救一批人，有利于教育广大干部。对于严重干扰、阻碍查案工作的，要坚决处理。

当然，不搞群众运动，不搞人人过关。要鼓励和支持群众举报。群众举报的问题，要由专门机关负责，依法查处。在坚决克服腐败现象、惩处腐败分子的同时，要大力宣传和表彰廉洁奉公、勇于同腐败现象作斗争的先进典型，弘扬勤政爱民、艰苦创业、无私奉献的好干部好作风。只有坚持这一系列的反腐败斗争的基本原则，才能加强党的建设、政权建设，为建设有中国特色的社会主义事业创造一个良好的环境。

三、正确认识腐败现象产生的社会历史原因，提高党的战斗力，为巩固党的执政地位和作用而斗争

江泽民同志《在中央纪委第二次全体会议上的讲话》指出："腐败是一种历史现象。它的主要表现是贪赃枉法、行贿受贿、敲诈勒索、权钱交易、挥霍人民财富、腐化堕落等现象。这种现象，从本质上说是剥削制度、剥削阶级的产物。在中国历史上虽然也有励精图治的皇帝、清正廉洁的官吏，但历代统治阶级根本不可能解决腐败问题。剥削阶级从本质上是同人民根本对立的，历代王朝的覆灭都是同政权腐败分不开的。"这是对我国历代王朝历史经验的科学总结，从本质上讲都是一个剥削阶级代替另一个剥削阶级的统治。因

此，不会也不可能消除腐败。兴亡之事，"其兴也浡焉"、"其亡也忽焉"。"一部历史，'政息宦成'的也有，'人亡政息'的也有，'求荣取辱'的也有。都是剥削者统治者的取而代之，这是毋庸讳言的。"

历史上的腐败现象是伴随着剥削阶级而来的产物，也是葬送剥削阶级统治政权的鸩酒。我国历代王朝的昏君庸主，无不由于腐败而导致王朝覆灭、家破人亡、改朝换代。当然，也有名君贤王，由于深知腐败对其统治地位的严重危害，也提出了一些防范措施。

唐代李世民即位初，就对贪污受贿进行坚决的斗争。他为了反对以李渊为首，宰相裴寂为核心人物的腐朽集团当政。其时"货赂公行，纪纲紊乱"（《资治通鉴》）。他对群臣说明贪污受贿对于李唐王朝统治政权及个人的严重危害，要求各级官员奉公守法。唐太宗谓侍臣曰："人有明珠，莫不贵重，若以弹雀，岂非可惜？况人之性命甚于明珠，见金钱财帛不惧刑纲，经即受纳，乃是不惜性命。明珠是身外之物，尚不可弹雀，何况性命之重，乃以博财物耶？群臣若能备尽忠直，益国利民，则官爵立至。皆不能以此道求荣，遂妄受财物，赃贿即露，其身亦殒，实为可笑。"（《贞观政要》）

他对那些胡作非为，贪污受贿者，不管是皇亲国戚，或是元勋重臣，皆绳之以刑律，严加惩处。江夏王李道宗，因为贪赃受贿，即被捕入狱，并免官，削封邑。唐俭，是跟随唐太宗打天下的元勋，官至礼部尚书，也因贪污受贿被贬官。由于唐太宗能如此严惩贪污受贿官员，致使贞观年间，政风比较清廉，涌现出了房玄龄、杜如晦、魏征等清正廉明的名相，也出现了李大亮、冯立等一大批廉洁奉公的重臣；其他中下级官员以至小吏，也都自律较严（庄昭：《戒奢尚俭，居安思危》）。唐太宗也懂得，民可以载舟、亦可以覆舟。唐太宗为李唐此后两百多年的大业打下了基础，也为唐王朝成为当时世界上文明、富强、先进的国家奠定了基础。也有他的历史局限性，后因"功高"、"德厚"逐渐滋长了"骄"、"奢"之风而亡息。

江泽民同志指出："中国共产党是中国工人阶级的先锋队，全心全意为人民服务是我们党的根本宗旨。社会主义的本质是解放生产力和发展生产力，消灭剥削，消除两极分化，逐步达到共同富裕。共产党和社会主义制度，是同任何腐败现象根本不相容的。我们成立党以来，在领导中国革命和建设的过程中，始终注意加强自身建设，不断地同剥削阶级影响和消极腐败现象作斗争，努力保持党的纯洁性，重视加强廉政建设。"这是我们党一贯的指导思想和坚定明确的方针。

特别是党的十一届三中全会以后，邓小平同志对反对腐败、加强廉政建设作了一系列的论述和明确的指示，他说："我们为社会主义奋斗，不但是因为社会主义有条件比资本主义更快地发展生产力，而且因为只有社会主义才能消除资本主义和其他剥削制度所必然产生的种种贪婪、腐败和不公正现象。这几年生产是上去了，但是资本主义和封建主义的流毒还没有减少到可能的最低限度，甚至解放后绝迹已久的一些坏事也在复活。我们再不下大的决心迅速改变这种情况，社会主义的优越性怎么能全面地发挥出来？我们又怎么能充分有效地教育我们的人民和后代？"① 他在 1989 年 9 月会见美国哥伦比亚大学教授李政道时的谈话指出："在动乱后，我们要善于总结经验，反对腐败现象，搞廉洁政治。这样，中国的前进步伐更稳妥、更扎实、更快"。"我们一手抓改革开放，一手抓惩治腐败，这两件事结合起来，对照起来，就可以使我们的政策更加明朗，更能获得人心。"② "经济建设这一手我们搞得相当有成绩，形势喜人，这是我们国家的成功。但风气如果坏下去，经济搞成功又有什么意义？会在另一方面变质，反过来影响整个经济变质，发展下去会形成贪污、盗窃、贿赂横行的世界。所以，不能不讲四个坚持，不能不讲专政，这个专政可以保证我们的社会主义现代化建设顺利进行，有力地对付那些破坏建设的人和事。"③

---

① 《邓小平文选》第三卷，第 143～144 页。
② 《邓小平文选》第三卷，第 314 页。
③ 《邓小平文选》第三卷，第 154 页。

总而言之，"事实证明，共产党能够消灭丑恶的东西。在整个改革开放过程中都要反对腐败。对干部和共产党员来说，廉政建设要作为大事来抓。"还特别指出："特区搞建设，花了十几年时间才有这个样子，垮起来可是一夜之间啊。垮起来容易，建设就很难。在苗头出现时不注意，就会出事。"①

邓小平同志上述关于反对腐败，加强廉政建设，纠正不正之风的一系列指示，是建设有中国特色社会主义理论的重要组成部分，也是邓小平建党学说的基本观点，我们学习这些指示，深刻领会精神实质，用以武装我们的头脑，指导反腐败斗争具有重大的现实意义。

（一）正确认识腐败现象产生的社会历史根源及整治的办法。

江泽民同志《在中央纪委第二次全体会议上的讲话》中指出："我国在社会主义条件下，仍然存在腐败现象，有种种复杂的原因。我国是一个封建社会历史很长的国家，封建主义和其他剥削阶级影响长期存在，总要通过各种形式表现出来。我们实行对外开放，借鉴和利用世界各国包括发达资本主义国家的一切现代文明成果，资本主义腐朽的东西也会趁机钻进来。我们建立社会主义市场经济体制，要经历一个艰难的新旧体制转换过程。在这个过程中，由于制度和机制的不健全、不完善，工作中存在一些漏洞和薄弱环节，也会给腐败现象滋生以可乘之机。这些年来，我们有些地方、有些单位对党员和干部的思想政治教育抓得不紧，拜金主义、享乐主义和极端个人主义在一部分党员和干部中滋长，也是腐败现象得以蔓延的一个重要原因。"这个分析和结论是正确的。在执政党的条件下，在改革开放的新时期，为什么党内产生了腐败现象，有迅速蔓延的趋势。其原因是什么？找到根源、采取坚决有效的整治办法，根治腐败，这是我们党的一项长期的艰巨的战略任务。

首先，要认清国情，有它的历史原因和社会的深刻影响。我国

①《邓小平文选》第三卷，第379页。

是一个半封建半殖民地的国家，封建主义残余尚未肃清，是党内存在着产生腐败现象的土壤和温床。我国是一个封建社会历史悠久的国家，自给自足的自然经济曾占相当大的比重，农业人口占绝大多数，封建主义意识和小生产者的传统观念习惯势力根深蒂固。在这种情况下创立了马克思主义的无产阶级政党，并领导中国人民战胜了强大的敌人，取得了国家政权成为执政党。但是，各种封建意识、小资产阶级意识、非无产阶级意识的影响并未完全肃清。反映在我们党内的家长制、一言堂、特权思想、帝王思想、裙带关系，等级制度、官僚主义、形式主义以及拉关系、走后门等歪风邪气，都带有浓厚的封建主义色彩。

邓小平指出："我们进行了二十八年的新民主主义革命，推翻封建主义的反动统治和封建土地所有制，是成功的，彻底的。但是，肃清思想政治方面的封建主义残余影响这个任务，因为我们对它的重要性估计不足，以后很快转入社会主义革命，所以没有能够完成。现在应该明确提出继续肃清思想政治方面的封建主义残余影响的任务，并在制度上做一系列切实的改革，否则国家和人民还要遭受损失。"① 正如邓小平同志分析的对待这一任务，要有实事求是的科学态度。要运用马克思列宁主义、毛泽东思想和邓小平建设有中国特色的社会主义理论，对于封建主义遗毒的表现，进行具体的、准确的、如实的分析。要划清社会主义同封建主义的界限，决不允许借反封建主义之名来反对社会主义，也决不允许用"四人帮"所宣扬的那套假社会主义来搞封建主义。还要划清文化遗产中民主性精华同封建性糟粕的界限。也不能把什么都说成是封建主义。因此，要肃清封建主义残余影响，对广大干部和群众说来，是一种自我教育和自我改造，是为了从封建主义遗毒中摆脱出来，解放思想，提高觉悟，适应建设有中国特色社会主义事业的需要，努力为人民作出自己的贡献。

---

① 《邓小平文选》第2卷，第335页。

在思想上政治上肃清封建主义残余的影响，决不能丝毫放松和忽视对资产阶级思想和小资产阶级思想的批判，对拜金主义、极端个人主义、无政府主义的斗争和批判。是封建主义残余比较严重，还是资产阶级自由化影响比较严重，在不同地区和部门，在不同问题上，在不同年龄、经历和教养的人身上，情况也有很大不同，千万不要一概而论。我国经历百多年的半封建、半殖民地社会，封建主义思想、帝王思想、家长制作风，有时也同资本主义思想，殖民地奴化思想互相渗透结合在一起。由于改革开放以来，国际交往较多，受到外国资产阶级腐朽的思想作风、生活方式影响而产生的崇洋媚外的现象。外国的月亮比中国的圆，认为社会主义不如资本主义，宣扬资本主义的思想这都是错误的。我们一定要批判这些错误思想，绝对不能让它们流行和泛滥。

其次，在改革开放的新形势下，由于党和国家政策不配套、不完善，制度不健全，监督措施跟不上，为腐败现象在党内萌发蔓延滋生提供了条件。党的十一届三中全会以来，党的中心任务发生了根本性的变化。改革开放以后，我国的经济建设突飞猛进地发展，取得了巨大成就。但是，由于我国的社会生产力水平低，商品经济不发达，许多物资商品不能满足社会需要。随着经济权力的下放和企业竞争机制的建立，不妥当的高消费宣传，以及"攀比"心理的滋长，诱发了少数党员干部和意志薄弱者、党性不纯的人，运用不正当的手段变公为私，贪污受贿，行贿，以权谋私，铤而走险，追求名利地位，追求享受的人提供了搞不正之风的条件，使腐败分子钻了空子。此外，在改革开放中，引进西方先进的科学技术、管理知识、文化艺术的同时，资产阶级的腐朽作风、生活方式、自由化思潮也乘隙而入，助长了国内腐败现象的滋长蔓延。

我们在民主革命时期，走了一条由农村包围城市，最后夺取城市，建立全国政权的道路，思想，理论，制度都有一套。实现了由政治革命为中心建立起来的一整套体系，都步入正轨。使我们党的革命与建设事业都突飞猛进，按照我们党指引的方向发展，而且目标明确，措施得力，党政工作都比较顺利。现在我们党以经济建设为中心而建立起来的思想、理论、制度、作风的体系，由于是初步建立还有不健全的地方，还有漏洞，还有可能被利用的地方。因此，有的人就钻了改革开放中制度、措施不健全的空子，出现一系列的行业蛀虫，这也是难免的，可以理解的。

其三，忽略党的全心全意地为人民服务宗旨的教育，是党内产生腐败现象的一个重要原因。我们党在执政以后，环境、地位、条件等发生了根本性的变化，特别是在改革开放以后，有的共产党员，党的干部，特别是领导干部忘记了为人民服务的宗旨，在权力、利益的诱惑下，思想作风发生了变化，不愿"吃苦在前，享受在后"，不愿为大多数人民群众的利益牺牲个人的一些具体利益，有的甚至蜕化变质，走上了犯罪的道路。在这种情况下，我们有的党组织也忽视了党的宗旨，形成了一些迁就党员个人利益，发展到斤斤计较的个人主义、小集团主义，小单位，忘掉了全国一盘棋，损害了党的形象，影响了党群关系。

还有制度不健全，不严密，党员、干部素质不高，制止腐败现象的措施不得力，监督和检查还存在着不少漏洞，使党内出现了害人虫。因此，我们必须大力加强对党员、干部进行无私奉献的教育；进行全心全意为人民服务的教育，建立健全各级领导干部做表率的制度，建立健全从优秀职工中选拔干部的制度，建立健全党的监督制度，等等，这都是惩治腐败的措施和办法。

要根治腐败，减少党内失误，必须大力加强党的各级组织的监督机制，特别要加强对党员干部使用权力的有效监督。我们应当清醒地看到：任何一种权力，如果没有有效的监督和制约，都会带来危害。即使是马克思主义者也是如此。斯大林、毛泽东一代伟人的失误就是沉痛的教训。

为了根治党内的腐败现象，必须建立健全和不断完善党内的监督体系和制度。要提高党的监督机构地位，实行党代会领导下的纪律检查委员会，或者实行党代会的常任制，从而加强监督体系的监督机制；要制定实施监督的具体措施、制度和办法，真正做到有职、有权、有实效；要在党内完善民主制度，实行党内政治生活在党内公开的原则，增强透明度，使党员大会、党代表大会、党代表会议成为党内重要问题的决策主体，从而提高决策的民主化、科学化；要在党内建立保护批评、检举、揭发等制度，使检举、罢免、弹劾等等能有成效的实施；要搞好多渠道、多体制的监督，如人民代表大会的监督，人民群众的监督、群众团体的监督、民主党派的监督、社会舆论的监督等等。这样，我们党内根治腐败就有了可靠的保证。

反对腐败不仅要依靠制度、依靠法治，还要采取综合治理的坚决有效措施和整治办法。也就是说，在从严治党的基础上，既要"治"，又要"防"；"治"重在控制趋势，"防"重在找到"源流"，使反腐败成为今后深化改革的一个重要指导思想，把反腐败的斗争进行到底，并卓有成效。

党内的腐败问题，如同人体发生病患一样。患了病不能讳疾忌医，先要讲治，治就是依法、依纪和依据条例进行处理。对这个问题，既不能手软，也不能乱来。要扎实可靠，经得起历史的考验。特别是那些大案、要案的查处结果要予以公布，以实际行动公开向社会、向人民群众表明"恶有恶报、善有善报，如要不报，时间不到，时间一到，一切都报"，绝对不能官官相护，大事化小，小事化了。对那些坑国害民的狐狸尾巴要揪住不放，顺藤摸瓜，顺瓜割藤，不获全胜决不收兵，既不伤害一个好人，不冤枉一个好人，也不放走一个坏人，不漏掉一个坏人。只有认真调查研究，掌握一手材料，严肃认真一丝不苟，会取得奇效。要相信：在中国共产党执政的国家里，正义的责任制，最终会战胜非正义的"责任制"，这是毫无疑义的。

在反腐败问题上，只治不防是不行的，还会旧病复发，重复再治起来难度更大，不能割韭菜，要拔萝卜。对于腐败问题，一开始侧重于治是完全必要的，但随着时间的推移和工作的逐步深化，防的问题就显得越来越重要。防犹胜于治，要找到致病的要害，防腐败要找到产生腐败的源流。否则，就防不到点子上，就会防不胜防。

　　腐败的源流在哪里？有的人指出：在一般情况下有三个导向：一是拥有重权（指标、资金、原材料、紧俏商品、人事调配的部门或单位的少数人），不送礼不办事，送了礼乱办事，这是请客送礼，大吃大喝的导向；二是一些政府部门或具有行政职能的企事业单位都成了利益的所有者，抛弃服务职能，利用权力组织自身收入，这是"三乱"的导向；三是财政体制上的"块块上收"，"条条上放"，这是"跑部钱进"的导向。为此，应通过继续深化经济体制改革和严明纪律来逐步堵塞住漏洞。对于防、不仅要从体制上堵塞源流，而且还要从思想上加固防线。要加强干部教育，对提高素质具有重大意义。

（二）巩固执政党的地位具有重大历史和现实意义。

　　全面加强党的建设，努力提高党员、干部、特别是领导干部的素质和各级党组织的战斗力，是当今党的建设的重大课题，也是在建立健全社会主义市场经济体制进程中加强党的建设所面临的迫切任务。把这一工作抓好了，对于在新形势下始终保持党的工人阶级先锋队的性质和全心全意为人民服务的宗旨，坚定党员、干部特别是领导干部的社会主义信念和共产主义理想，筑起抵御国内外敌对势力和平演变、反对腐败的钢铁长城，巩固和加强党的执政地位和作用，把党建设成为领导建设有中国特色社会主义的坚强核心力量，实现党所肩负的历史使命，具有重大历史和现实的意义。

　　在新的历史条件下，中国共产党之所以强调要聚精会神地抓党的建设，努力提高党的战斗力，这是因为：首先，这是由执政党的地位和作用决定的。邓小平同志早在1965年就指出："一个国家的革命，核心问题是党。有了一个好党才能引导革命走向胜利。革命胜利后，搞社会主义也要靠一个好党，否则胜利就靠不住。"这是针对执政党的地位作用而言的。

　　中国共产党是唯一有能力、有条件的执政党，党有较好的条件，使得共产党的执政地位成为无可替代。这样一方面给贯彻执行党的基本路线、方针和政策提供了便利。因为五千多万共产党员有坚强的领导核心，依靠他们的先锋模范作用，这个基础和实力是我国任何政治组织和其他组织代替不了的；另一方面，也使我们党容易受到权力的考验，改革开放的考验，拒腐防变的考验，反革命动乱、暴乱的考验，腐败与反腐败、污染与反污染的斗争，和平演变的考验，等等。千条万条，最关键、最核心的就是党的建设、就必要以比夺取政权时大得多的精力去抓党的建设，否则，就无法实行正确的领导，就起不到政治领导核心的作用，最终将从执政地位跌落下去。邓小平同志在抗日战争时期就说过，人民不是注定要跟共产党走，共产党也不是天然的领导者，而是共产党本身代表了人民的根本利益，是人民利益的忠实代表。才能起到领导作用，人民群众才真诚的拥护。

　　其次，是党完成新的历史使命的需要。江泽民同志在庆祝中国共产党成立七十周年大会上的讲话中说："在严峻考验面前，我们一定要紧紧联系党的政治路线和政治任务，全面加强党的建设。"邓小平同志明确指出："我们的政治路线就是搞社会主义现代化建设。"①加强党的建设，必须同党的基本路线紧密联系在一起。按照社会主义现代化建设这条基本路线的要求，建设有中国特色的社会主义，是历史赋予当代中国共产党人的庄严使命。

　　为了贯彻执行党的基本路线，党中央作出了我国现代化建设分三步走的战略部署。第一步战略目标，即国民生产总值到1990年比1980年翻一番，解决人民群众的温饱问题。第二步战略目标，即1991年到2000年，国民生产总值按不变价格计算，比1980年翻两番，人民群众生活水平从温饱到小康。第三步战略目标，即到下个世纪中叶，使我国的经济发展达到一个中等发达国家的水平。现在，第一步战略目标早已提前实现。我们党当前的任务就是，江泽民同志在"七·一"讲话中明确提出的："努力实现党的十三届七中全会提出

---

① 《邓小平文选》第二卷，第191页。

的制定十年规划和'八五'计划的建议和七届全国人大四次会议确定的十年规划和'八五'计划纲要，实现社会主义现代化建设第二步战略目标，为在下个世纪中叶实现第三步战略目标奠定坚实的基础。"

党的"十四大"江泽民同志做了《加快改革开放和现代化建设步伐，夺取有中国特色社会主义事业的更大胜利》的报告，总结了我们党十四年来的伟大实践的基本经验和取得的伟大胜利，提出了九十年代改革开放和社会主义建设的主要任务，他说："我们党所以能够取得这样的胜利，根本原因是在十四年的伟大实践中，坚持把马克思主义基本原理同中国具体实际相结合，逐步形成和发展了建设有中国特色社会主义的理论。""十四年伟大实践的经验，集中到一点，就是要毫不动摇地坚持以建设有中国特色社会主义理论为指导的党的基本路线。这是我们事业能够经受风险考验，顺利达到目标的最可靠的保证。""我们要在九十年代把有中国特色社会主义的伟大事业推向前进，最根本的是坚持党的基本路线，加快改革开放，集中精力把经济建设搞上去。同时，要围绕经济建设这个中心，加强社会主义民主法制和精神文明建设，促进社会全面进步。"特别指出了"我们要建立社会主义市场经济体制"的任务。指出了前进的方向。邓小平同志在南巡重要谈话中着重指出："从现在起到下世纪中叶，将是很要紧的时期，我们要埋头苦干。我们肩膀上的担子重，责任大啊！"[1] 这是我们中国共产党肩负的新的历史使命，为实现邓小平同志设计建设有中国特色社会主义的蓝图而努力奋斗。

其三，社会主义现代化建设和改革是艰难、复杂、长期的事业，要将这场伟大事业进行下去，不仅是要提出正确的路线、目标、任务和方法、不仅要破除人们头脑中各种旧意识、旧观念，扫除横亘在改革面前的思想障碍，在精神面貌、办事作风上树立起与改革开放相适应的大胆开拓，勇于进取的风格，而且还要有组织人事上的

---

① 《邓小平文选》第三卷，第 383 页。

保证,要有一大批热心改革并善于领导和组织实施改革的干部和人才。

我们国家人口多、底子薄、基础差、生产力低,实现社会主义现代化现阶段的这一宏伟目标,是十分艰巨的。还要摸索新鲜经验、探讨新的路子。因为社会主义现代化建设和改革,是一项崭新的事业,既没有前人的经验可借鉴,又没有别国的模式可以照搬,全靠在建设和改革实践中摸索和总结;社会主义现代化建设和改革,是伟大而艰巨的社会系统工程。改革是权力结构、利益结构的变动和调整,涉及到生产关系及上层建筑的全面调整,是生产管理方式、生活方式的重大革新,是文化观念、价值观念的全面革新,必然会遇到巨大的阻力和众多的困难。没有德才兼备能干的干部是寸步难行的。

其四,随着新旧体制的转换,各方面的利益关系必然要作相应的调整,发生新的变化。利益的调整就会引出新矛盾、新问题,深层次的问题就会暴露出来。这些矛盾的发现、处理是否恰当,是否准确,认识是否抓住了要害和关键?直接影响着社会的安定团结。这就需要我们做深入实际的调查研究,掌握第一手材料,抓住本质问题,及时发现,及时解决。还需要采取妥善的措施和方法,及时地、恰当地调整各方面的关系,处理好各种矛盾。所有这些,都需要加强党的领导,加强党的建设才能得到解决。如果离开了党的领导和党的建设,终将一事无成。所以,党的领导、党的建设是实现党的现阶段目标的根本保证。

其五,党面临的新形势和党的状况,给党的建设带来更为迫切的任务。江泽民同志在党的七十周年大会上的讲话中,科学地分析了党所面临的形势、任务以及党的状况,明确指出:"为了把党建设得更好,我们必须对党的建设所面临的形势和党的现状有清醒的全面的认识。并指出:"毫无疑问,我们党的主流是好的,但是在我国改革开放和发展商品经济的环境中,资本主义腐朽的思想、价值观念、生活方式不可避免地乘隙而入,侵蚀党的肌体。和平演变和资产阶级自由化思潮、对我国的独立和主权，对我们的建设和改革开放，构成现实的威胁。在这种情况下，确有一些党组织软弱涣散，一部分党员和党的干部经不起考验，头脑不清醒，立场不坚定，甚至有的违法乱纪、腐败变质，有的顽固坚持资产阶级自由化立场，丧失国格人格，站到了党和人民的对立面。党的思想、政治、组织、作风方面都存在不少亟待解决的问题。这种情况说明，在新的历史条件下，我们党不仅要继续经受执政的考验，而且面临着改革开放和发展商品经济的考验。"面临着经受执政的考验、改革开放的考验、商品经济的考验、反和平演变的考验以及拒腐防变的考验等等。

　　江泽民同志这段话，是对我们党面临的形势、任务和党内状况的高度概括和科学的分析。实际上，在新的历史条件下，我们党面临着执政、改革开放和反和平演变的"三大考验"，面临着同国际敌对势力渗透与反渗透、颠覆与反颠覆、和平演变与反和平演变的长期斗争；面临着同国内反党反社会主义势力的长期斗争；面临着坚持四项基本原则同资产阶级自由化的长期对立和斗争；要同党内各种腐败现象和腐败分子做坚决的斗争。要经受住这些严峻的一系列的考验，取得斗争的胜利，从根本上说是要全面加强党的建设，提高党的战斗力。

　　具体说，就是一定要联系党的政治路线和政治任务，全面加强党的建设、始终保持党的工人阶级先锋队的性质和全心全意为人民服务的宗旨，坚持社会主义信念、共产主义信念和共产主义理想，筑起抵御国内外敌对势力和平演变的钢铁长城，把我们党建设成为领导全国各族人民实现社会主义现代化的更加坚强的核心力量，更好地担负起历史赋予我们中国共产党的伟大使命。

　　(三)提高全党的理论水平是建设成熟的有战斗力的执政党的治本之道。

　　我们党是工人阶级的先锋队，是中国各族人民利益的忠实代表，是中国社会主义事业的领导核心。党的性质决定了必须不断提高全党的理论水平，真正用马克思列宁主义、毛泽东思想和邓小平建设有中国特色社会主义的理论武装全党。这样的党才能坚持其先进性，先锋性和纯洁性，率领人民为顺利实现党的最终目标而奋斗。

要保持和发展党的先进性、先锋性和纯洁性，靠单纯的热情和良好愿望是不够的。要靠掌握理论知识，靠科学、靠人才技术，用人类最科学最进步的马克思主义理论武装每个党员干部的头脑。只有这样才能摆脱狭隘意识，抵制各种政治微生物和政治灰尘的侵蚀，保持旺盛的生机和活力，才能高瞻远瞩，把握客观规律，才能始终站在历史发展的前列。

半个多世纪以来，我们党正是不断地用马克思主义教育全党，不断提高他们的思想理论水平，增强执政党的基本路线的自觉性，才使我们党由小到大，由弱到强，成为我国改革开放、社会主义事业的坚强领导核心，成为全国十二亿人口的中流砥柱。

邓小平同志曾经指出，中国共产党人坚持马克思主义，并且按照毛泽东思想，把马克思列宁主义同中国的实际结合起来，走自己的路，采取农村包围城市的道路，把中国革命搞成功了。如果我们不是马克思主义者，或者不是把马克思列宁主义同中国自己的实际相结合，走自己的道路，中国现在还是四分五裂，不但没有独立，也没有统一。坦率地说，中国不但要坚持马克思主义，而且如果没有对马克思主义充分信仰，中国革命也搞不成功。邓小平同志的这段话，高度概括了马克思主义的指导地位。

在新的历史条件下，提高全党马克思主义理论水平，用邓小平建设有中国特色的社会主义理论武装全党更为迫切。这是因为，首先，提高干部马克思主义水平，是保持工人阶级先锋队性质的需要，决定一个政党的性质，不仅要看它是由什么人所组成，更要看它坚持什么样的指导思想。党的历史经验表明，马克思列宁主义、毛泽东思想和邓小平建设有中国特色社会主义的理论，是决定党的性质的根本条件，离开了党的这一指导思想，就不可能保持工人阶级的先锋队性质。正如江泽民同志所指出："我们党所以坚强有力，重要原因之一，就是坚持以马克思主义的理论体系作为自己的世界观和行动指南。没有先进理论武装的共产党员，不可能发挥先进战士的作用，拒绝用先进理论武装头脑的人，就不会有真正的党性，就没有资格存身于工人阶级先锋队的行列。"这是党的理论基础和指导思想。

其次，提高党员干部的马克思主义理论水平，是反腐败，反和平演变斗争的需要，用和平演变战略来推翻共产党的领导，颠覆社会主义制度，这是国际垄断资产阶级的既定方针，是绝对不会改变的。要挫败国际敌对势力和平演变的图谋，主要取决于我们共产党自身的状况。只要我们党的思想是坚定的，内部是团结的，行动是统一的，自身是巩固的，就能立于不败之地。国际共产主义运动中的教训，我们要引以为戒。

其三，提高党政干部的马克思主义理论水平，执政的政策水平，是顺利推进改革开放和社会主义现代化建设的需要。在建设有中国特色社会主义的崭新事业中，有许多丰富的实践经验需要总结，有许多重大的问题需要解决，有许多未曾认识的领域需要探索。这就需要我们在现代化建设和改革开放的实践中，坚持和发展马克思主义。只有大力提高全党的马克思主义理论水平，才能在错综复杂的矛盾和斗争中驾驭全局，掌握主动权；才能更好地坚持实事求是的思想路线，避免犯"左"的或右的错误；才能不断总结群众创造的新经验，做出新的理论概括，把现代化建设和改革开放胜利地推向前进。

努力提高党政干部特别是领导干部的马克思主义理论水平，关键是苦读深钻学原著，在能结合、会应用上下功夫。对于重要的代表著作，要精读，逐段钻研，弄通弄懂，每段讲的是什么意思，几段联起来又讲了什么主要问题，原著中阐述了哪些基本原理、原则，其精神实质是什么？如何把握贯穿其中的立场、观点、方法，以及领会认识它们对现实的重要指导意义。这样的学习，特别是《邓小平文选》第三卷的出版，已成为干部学习的教科书，可以说从理论上找到了根，串成了线，联成了片，是从马克思列宁主义、毛泽东思想和邓小平建设有中国特色社会主义理论整个理论体系上的认识和理解。

其次，要在能结合，会应用，要精要管用上狠下功夫。学习马克思主义理论，要系统地而不是零碎地，实际地而不是空洞地学，不是为增长点知识而学，也不是为了武装嘴巴而学，更不是为应付考试、拿张学历文凭而学；不是为了学习而学习，为时髦而学习。学了不用，言行不一，等于不学；学了不会运用，同实际结合不起来，就是没有学好。通过学习和教育，划清马克思主义与反马克思主义、社会主义与资本主义、无产阶级思想体系与资产阶级思想体系的界限，增强抵制各种错误思潮侵蚀的能力，提高解决建设和改革中各种实际问题的本领。

其三，必须加强调查研究，面向实际，不断分析研究社会主义建设和改革开放中的新情况、新问题，从现实材料的研究中引出规律性的东西来。

现在国际国内许多问题需要我们回答，经典著作并没有提供现成的答案，照抄照搬外国人的主张也行不通，只有以马克思主义理论为行动指南，面向群众，面向实际，研究问题，总结经验，才能找到解决问题的正确答案，才能推动各方面的工作，使理论之树常青，使马克思主义富有生机和活力。邓小平同志在南巡时的重要谈话，高瞻远瞩，对建设有中国特色社会主义进程中一系列重大理论问题作了极其深刻、精辟的论述，丰富和发展了马克思主义，它是统一全党、全国人民思想的强大思想武器，是推动我国经济建设和改革开放的巨大动力，是马克思主义纲领性文件，这是党的建设中的大事。因此，共产党员、尤其是党的领导干部必须加强对马克思列宁主义、毛泽东思想和邓小平建设有中国特色社会主义理论的学习，并用于武装我们的思想，使之成为我们加强党性修养，做好本职工作的指南。

当前要重点学好《邓小平文选》第三卷，并有机的结合一、二卷，和建设有中国特色社会主义理论以及有关著作，因为这是最新的发展了的马克思列宁主义、毛泽东思想，是当代的马克思主义。

（四）努力提高党的各级组织的战斗力，提高全体党员为人民服务的自觉性、主动性和创造性。

建设一个成熟的有战斗力的执政党，是党的建设的根本性问题。执政党的战斗力如何，不仅关系到党能否实现自己所肩负的历史重任，挫败国内外敌对势力搞和平演变的图谋，而且关系到党和国家的兴衰存亡。提高党的各级组织的战斗力，是新时期党的建设的中心任务，是党的建设各项工作的出发点和落脚点，也是检验党的建设工作的根本标准。

邓小平同志指出，我们的党是一个战斗的队伍，是无产阶级的先锋队，应该是统一的、有高度觉悟的、有纪律的队伍，只有恢复到这种状态，党才有战斗力。这是对党组织战斗力内涵的高度概括。所谓党的战斗力，主要是指实现党的纲领、宗旨、路线和任务所必备的能力。党的战斗力问题是一个历史范畴。社会主义现代化建设和改革开放，对党的战斗力提出了新的更高的要求。因此，在新的历史条件下，各级党组织要努力提高以下六个方面的能力：

1. 努力提高辨别是非与政治方向和抵御国内外敌对势力搞和平演变图谋的能力，拒腐防变的能力，反对腐败的能力。一个坚强的党组织和共产党员，当某种错误思潮"起于青萍之末"的时候，要能保持高度警觉，辨别方向；当出现各种干扰、情况非常复杂的时候，要能透过现象洞察本质，认准方向，不随波逐流、左右摇摆；当一种错误的浪潮汹涌袭来的时候，特别是在政治斗争的紧要关头，要能够坚定不移，坚韧不拔，始终坚持和把握正确的政治方向。

2. 努力提高独立作战的能力。在新的历史时期，面对着复杂艰巨的任务，党组织要充分发挥自己的积极性、创造性，从实际出发，创造性地贯彻党的路线、方针、政策和上级指示，独立地处理和解决本地区、本单位的问题。在处理突发事件的过程中，能够沉着果断，指挥若定，并善于抓住时机，化险为夷。特别是在没有上级具体指示的情况下，敢于独立负责，遇事有主见，善决断，镇定自若，坚持斗争，夺取胜利。

3. 努力提高驾驭全局的能力，无论是地方党委，还是基层组织，都是一个地方和单位的政治核心，这就要求各级党委要按照各自的职责，经常议大事、抓大事、干大事，善于在纷繁的矛盾中抓牵动全局的主要矛盾，提纲挈领，掌握总揽全局的主动权。

4. 努力提高正确执行和运用民主集中制的能力。每个党组织和共产党员，对民主集中制不仅要正确执行，而且要能正确运用和贯彻。要正确处理民主与集中的关系，少数与多数的关系、个人和组织的关系、上下级之间的关系、坚持民主与高度集中的辩证统一，努力"造成一个又有集中又有民主、又有纪律又有自由，又有统一意志，又有个人心情舒畅、生动活泼那样一种政治局面"。这是一种组织原则、政治纪律，又是一种领导艺术。

5. 努力提高做群众工作的能力。要学会在新的历史条件下宣传群众、发动群众、组织群众、团结群众、引导 群众，把党的意志变为群众的自觉行动，充分调动和激发群众的积极性、创造性和主动精神。要具备为群众谋利益办实事的本领，在群众中有很强的吸引力、号召力和凝聚力，体现出具有高度的战斗力。

6. 努力提高解决自身问题的能力，才能形成执政党的整体作战能力。党组织要能解决自身的问题，不回避、不掩盖、不上交、不拖延，能自觉运用批评与自我批评、交心谈心等多种形式，开展积极的思想斗争，依靠自己的力量加以解决，化消极因素为积极因素，达到弄清思想，化解矛盾，取得共识，增强团结的目的。

总之，这六个方面的能力，是相互联系、相互补充的有机整体，只有全面提高和综合运用这些能力，才能形成执政党的整体作战能力，才能增强执政意识，提高执政能力，巩固执政地位，确保建设有中国特色社会主义事业沿着马克思主义的轨道胜利前进。

如何提高执政党的组织战斗能力呢？特别是在社会主义市场经

济的体制下，如何驾驭以经济建设为中心的经济、政治体系，把建设有中国特色社会主义的事业推向一个崭新的阶段，这是执政党建设的重大问题。

要搞好这个系统工程，当前主要从四个方面努力：一是必须坚持和完善党的民主集中制，使全党在政治上、思想上、组织上、制度上、作风上保持统一，行动上步调一致。二是必须维护和加强党的团结。党的团结，特别是各级领导班子的团结，是社会稳定、事业发展的决定性环节。要维护和加强党的团结，就要在政治上同党中央保持一致，要不断增强团结意识，要同破坏党的团结的行为作坚决的斗争。三是切实加强党的基层组织建设，把基层党组织建设成为认真贯彻党的基本路线、方针、政策、联系群众、纪律严明，富有战斗力的坚强堡垒。真正成为政治核心，成为党的基础基石。四是大力提高党员素质，干部素质充分发挥党员、干部的先锋模范作用，表率作用。在新的历史条件下和在社会主义市场经济的大潮之中，提高党员、干部的素质。首先要加强对党员的教育管理工作，树立良好的行为规范，光辉可亲的好形象，消除一些消极腐败现象甚至丑恶现象。其次是加强党员、干部党性修养，不断增强党性和原则性，有良好的素质，高尚情操。其三是要坚决把腐败分子从党组织中清除出去，纯洁党的组织。其四是要认真做好发展党员的工作，保证质量，把好入口关。只有这样，党员素质才能不断提高，党组织的战斗力才能不断增强和提高，以适应建设有中国特色社会主义事业的需要。

要努力提高全党同志为人民服务的自觉性。全心全意为人民服务，是党的唯一宗旨，是党的一切活动的出发点和归宿。作为中国各族人民利益的忠实代表——中国共党产，除了为人民、为民族谋利益以外，没有自己的私利。党的性质和党肩负的历史使命，决定了党必须从人民的利益出发,把为人民谋利益作为党的最高准则。中国共产党诞生以来，一直忠实地履行全心全意为人民服务的宗旨，以高度的自我牺牲精神，为中华民族和中国人民的利益努力奋斗，赢得了人民的信赖和衷心的拥护，取得了革命和建设的伟大胜利。

在新的历史条件下，党面临建设有中国特色社会主义的繁重任务和复杂的国际形势，以及我们党的队伍的实际状况，坚持为人民服务的宗旨更为迫切。为把社会主义事业不断推向前进，江泽民同志在纪念党的七十周年的重要讲话中，号召全党必须努力提高全党同志为人民服务的自觉性，做到这一点，对于巩固党的执政地位，提高执政领导水平、政策水平，实现党的基本路线和最终目标，坚持党的先锋队性质，具有重大的意义。

（五）如何做到提高党员、干部为人民服务的自觉性？联系我们的实际，需要抓好五个方面的问题。

1. 努力改造世界观，认真解决思想入党的问题。以邓小平建设有中国特色社会主义理论为指导，从理论上明辨是非，不断提高共产主义觉悟，这是我们解决党内问题，从思想上建党的一条最重要的经验。能不能坚持党的为人民服务的宗旨，实质上是以什么样的世界观、人生观、价值观来指导行动的问题。改造世界观是一项长期的艰巨任务。有的同志在入党时并没有完全解决思想入党的问题，有的入党时解决了，但由于客观环境的影响又发生了变化，这需要继续解决。所以，正如周恩来总理所指出的：活到老、学到老、改造到老。实践告诉我们：一个共产党员、党员干部什么时候忘记了党的根本宗旨，什么时候忽视马克思主义理论学习和世界观的改造，什么时候的私心杂念就多，个人主义、拜金主义就会膨胀；一个人为人民做点好事是容易的，一辈子对人民做好事，完全彻底地为人民服务是不容易的。事实说明，在改革开放的条件下，更需要自觉地加强世界观的改造。只有这样，才能做到自觉地坚持党的根本宗旨，一心为人民，才能有自我牺牲和无私奉献精神，才能在错综复杂的情况下保持清醒的头脑，抵制剥削阶级思想的侵蚀，保持共产党员的本色。

2. 提高为人民服务的自觉性，就要自觉地无条件地做到个人利益服从党的利益。党员个人利益无条件地服从党的利益，是党的宗旨的核心问题。提高为人民服务的自觉性、主动性和创造性，在实践中要正确对待和处理四个方面的问题：一是人生观、价值观。一个共产党员最有意义的事是什么？是无私奉献，为别人带来福利，带来幸福，以此为乐，以此为荣，还是自私自利，"人不为己，天诛地灭"，毫不利人专门利己，这是无产阶级人生观、价值观和资产阶级人生观、价值观的试金石和分水岭。二是利益观。就是如何对待和处理个人的名利、地位、工资、职称和住房等问题，有的人官越做越大，官大脾气大，盛气凌人。房子越住越大，车子越坐越小（高级轿车），共产党员、党员干部应该具有"先天下之忧而忧、后天下之乐而乐"的利益观。三是苦乐观。是以苦为乐，到艰苦的地方为荣，还是找块乐土、回避困难，哪里能捞，就到哪里去，目的是什么？四是权力观。也就是如何正确对待和使用人民赋予自己的权力问题，是掌权一身正气，用权两袖清风；还是以权谋私，有权不用过期作废？等等。

3. 正确处理好四个方面的关系。一是正确处理国家、集体、个人三者利益的关系；二是长远利益和暂时利益的关系；三是整体利益与局部利益的关系；四是一部分人和一部分地区先富起来和共同富裕的关系。

4. 努力贯彻执行党的基本路线、方针、政策。党章总纲指出："党的纲领和政策，是工人阶级和最广大人民群众的根本利益的科学表现。"因此，共产党员、党的干部坚持为人民服务，从根本上讲，就是要自觉地坚持四项基本原则，站在改革开放的前列，搞好社会主义市场经济体制的建立与健全，用自己的模范行动，保证党的基本路线的贯彻执行。

5. 努力提高为人民服务的本领，以适应建设有中国特色社会主义事业的需要。在现代化建设和改革开放的条件下，特别是在社会主义市场经济的风涛云涌千变万化的形势下，如何驾驭社会主义经济发展规律，搞好党的建设，加强党的领导，把握住社会主义发展方向，这是个首要问题。因此，共产党员、党的干部特别是领导干部，不仅要具有丰富的科学知识，成为本职工作的内行，还必须有过硬的实际本领和才干，才能充分体现党的宗旨，发挥先锋模范作用和表率作用。

（六）努力继承和发扬党的优良传统和作风，坚决清除消极腐败现象，密切党与群众的联系。

一个工人阶级的执政党，能否保持同人民群众的密切联系，关系到党和国家的盛衰兴亡。列宁在十月革命胜利以后，曾经多次指出，对于共产党来说，对于领导一个大国的工人阶级先锋队来说，最大最严重的危险之一，就是脱离群众。毛泽东早就明确指出，我们共产党人区别于其他任何政党的又一个显著的标志，就是和最广大的人民群众取得最密切的联系，并要求全体党员一刻也不能脱离群众。有事同群众商量，永远与群众打成一片。党的十三届六中全会通过的《中共中央关于加强党同人民群众联系的决定》，提出了能否始终保持和发扬同人民群众的血肉联系，直接关系到党和国家的盛衰兴亡的论断。

党的建设实践经验表明，密切党同人民群众的联系，是党的力量源泉和胜利之本，是党生存的基本条件和存在的基础。只有保持同人民群众的血肉联系，才能使党发展壮大，保持和巩固党的执政地位，也才能实现社会主义现代化的历史任务。

坚决清除消极腐败现象，是密切党同人民群众的联系的关键。党的十三届六中全会《中共中央关于加强党同人民群众联系的决定》中指出："坚定不移地加强廉政建设，继续发扬艰苦奋斗精神，克服党内存在的消极腐败现象。这是改善党群关系，保证我们事业立于不败之地的战略措施。"我们党取得了执政地位以后，获得了更好地为人民服务的条件，也增加了脱离群众甚至腐败变质的危险。在改革开放和发展市场经济的条件下，这种危险会更大，如果放松警惕，带来的后果也会更严重。

　　现在有些党员干部特别是领导干部滋长了严重的官僚主义、形式主义，有些干部为了本地区、本部门、本单位的利益乃至个人利益，而不惜损害国家和人民的全局利益，少数人以权谋私，权钱交易，权色交易，胡作非为，行贿受贿，贪污腐化，这些现象败坏了党的声誉，损害了党群关系，同党的宗旨是不相容的。如果听任腐败现象发展蔓延下去，党就会走向自我毁灭。因此，江泽民同志明确指出，党只有坚决清除腐败现象，才能在新的历史条件下，进一步密切党同人民群众的联系。这就要求我们各级党组织和党员干部，应当从执政党地位的高度，从保持工人阶级先锋队性质的高度，从防止和平演变的高度，从拒腐防变的高度来深刻认识加强党风和廉政建设，清除消极腐败现象的重大意义。

　　我们应该看到党的十三届四中全会以来，在以江泽民同志为核心的党中央第三代领导集体的领导下，把执政党的领导、执政党的建设摆在极为重要的位置上，聚精会神抓党的建设做了一系列工作，在整顿党风、反对腐败，加强廉政建设等方面，采取了一系列措施，取得了显著的成效，得到了党内外人民群众的充分肯定。特别是党的“十四大”以后，1993 年 8 月，党中央召开了中纪委二次会议，江泽民同志做了重要讲话。提出了巩固和发展当前大好形势，对反腐败斗争的现状、产生的社会历史原因、我们党必须坚持的基本原则和一系列方针政策，作了系统的论述。号召全党要重新学习邓小平同志关于端正党风、加强廉政建设、反对腐败的论述，要把反腐败斗争长期坚持下去。要求各级党委加强领导，党政一齐抓，持续不断地抓，主要领导同志亲自负责，党政同心同德，各方面协调一致，形成整体的合力把反腐败斗争进行到底，使我们党的廉政建设出现一个新局面。

　　（七）密切党与群众的联系，必须正确处理好几个关系问题。

　　全面贯彻党的基本路线，加强执政党的建设，提高执政的领导水平和政策水平，消除腐败现象，密切党与群众的联系，就必须正确处理好几个关系问题。加强执政党的建设，必须明确执政党建设的指导思想，因为指导思想决定着执政党建设的方向，制约着执政党建设的方方面面的工作。能否认真全面贯彻执行执政党建设的指导思想，对于搞好执政党的建设，加强党的领导至关重要。因此，对执政党建设的指导思想必须有一个深刻、全面的理解和认识。

那么什么是党的建设的指导思想呢？早在1989年12月29日江泽民同志在党建理论研究班上的讲话中就深刻地指出："我们怎样把握住加强党的建设的指导思想，明确什么样的要求呢？最根本、最重要的，就是一定要坚持把我们党建设成为马克思列宁主义、毛泽东思想武装的更加坚强的中国工人阶级的先锋队。这样的先锋队，必须在理论上更加成熟，思想上更加统一，政治上更加坚强，内部更加团结，同群众的关系更加亲密，是领导全国各族人民建设有中国特色的社会主义的坚强核心。这个要求，体现了马克思主义的建党学说，适应新形势、新任务的要求，符合党的基本路线的需要。因而应当作为我们现阶段加强党的建设必须遵循的根本指导思想和前进目标。"为了全面理解这一指导思想，就必须处理好以下几个关系问题：

1. 必须正确处理好党的基本路线与党的建设的关系问题。党的建设必须和基本路线相联系，这是党的建设的一条基本规律，也是毛泽东、邓小平建党学说的一条重要原理。这就是说，党的建设首先必须服从服务于党的基本路线。因为党的基本路线是实现建设有中国特色社会主义的指导方针，是全党一切工作的着眼点和出发点。党的自身建设历来是为实施党的政治路线、实现党的奋斗目标而进行的。因此，党的建设服从服务于党的基本路线，是完成党的根本任务的需要，党的基本路线只有在党的建设的保证下才能贯彻实施。如果说前一种是明确了两者的主从关系——党的建设必须保证党的基本路线的贯彻执行，那么后一种是明确了两者的依赖关系——党的基本路线只有在党的建设得到加强的条件下才能正确地贯彻执行。为什么两者之间是这种关系呢？主要是由三种因素决定的。

一是社会基本矛盾是生产力和生产关系的矛盾，决定社会发展最根本的动力是生产力。党的建设只有为党的基本路线服务，在理论上、实践上都是正确的，经得起考验的；二是党的工作重心转移到经济建设上来，党的建设工作服从服务于党的政治路线，是完成党的根本任务的客观要求；三是我们的国家是在共产党领导下的人民民主专政的社会主义国家，党是国家的领导核心和决定力量。东欧剧变，苏联解体，国际形势发生了重大变化，党中央一方面抓紧进行反和平演变斗争的教育，总结历史经验与教训，是及时的，必要的，但决不意味着可以放松改革开放、放松经济建设，坚定不移地坚持以经济建设为中心，把经济搞上去。另一方面，聚精会神加强党的建设，反对腐败，把我们党自身建设好，只有把党建设好了，才能立于不败之地。

就是说，加快改革，扩大开放，解放和发展生产力，加快经济建设的步伐，经济建设搞好了，综合国力增强了，人民生活富裕了，我们才有反和平演变的物质基础。因此，在基本路线与党的建设的关系上，既要防止脱离经济建设这个中心和改革开放单纯地抓党的建设工作和只抓经济建设和改革开放而放松党的建设工作，也要防止两者结合得不够好，没有统一起来的问题。总之，两手抓，两手都要硬。

2. 要正确处理好以经济建设为中心与聚精会神抓党的建设的关系问题。真正解决在实际工作中一手硬一手软的问题。在实际工作中，抓经济工作，抓效益成绩与希望明显，而抓党的建设、抓思想工作就不那么容易。特别是在社会主义市场经济的条件下，职能转轨的过程中更增加了一些难度。

要抓好党的建设，就要从上到下，从中央到地方，一级抓一级，一级带一级，特别是地方党委要发挥好承上启下继往开来的作用. 一定要实实在在地把党的建设抓出实效来。我们党建工作难度大，实际问题多，思想问题多，还有一时说不清的问题纠缠在一起，只讲空话、空道理不行。要旗帜鲜明，立场坚定，真抓实干，才能坚定基层党组织抓好党的建设的信心与决心。我们要出题目，给任务，提要求，拿办法，指方向，使基层党组织根据改革开放、市场经济的新形势，加强对党的建设工作的探索和实践，推动党建工作逐步深入与提高，把党的建设工作提到一个新的水平。

3. 正确处理党的基础性建设和解决党的建设工作中的热点、难点问题的关系。就是说要解决党内腐败问题作为当务之急，切实抓好，抓住不放，一抓到底，抓出成效来，以实际行动振党威、国威、民威，取信于民。同时，还要抓好基础性建设。因为如果不同时抓好党的基础性建设，党内滋生腐败的因素、条件就不能彻底消除，治理腐败的效果也不能巩固。只有把这两种关系结合好，才能从根本上恢复党的形象，提高党员，特别是党员领导干部的素质，加强和改善党的领导。

要正确处理好既治本又治标的关系，致力于解决贯彻党的建设中指导思想的根本性问题，认识永远是行动的先导。要加强基础建设，狠抓思想认识，增强党性，提高自觉性，增强党的生机和活力。

4. 理顺党务工作与其他方面工作的关系。要加强思想教育，法制教育，廉洁政治教育，纪律教育。要把惩治腐败作为一个系统工程来抓。要加强党务工作，加强监督系统的建设。特别是要振奋广大党务工作干部的工作精神，为加强党的建设创造条件。

5. 正确处理继承与创新的关系问题。积极进行党的自身建设的改革，是党的建设的指导思想的重要组成部分，要坚持辩证唯物主义观点来对待党的建设，要不断否定自身旧的东西，用新的标准来衡量党的建设，才能更新与发展。

但是，带根本性的东西，全局性的规律性的东西，就是要坚持和发扬为共产主义奋斗终身的目标，为人民服务的宗旨，党性原则，思想政治工作和民主集中制、集体领导制度，廉洁奉公，解放思想，实事求是，理论联系实际以及艰苦创业的作风，在改革中继承党的好传统，好作风，好制度，好经验，在继承中不断丰富和发展。

总之，只有全面加强党的自身建设，有继承、有创新、有发展，

有突破和提高，才能提高党的吸引力、凝聚力和战斗力，以便适应
新的形势和任务的需要，从而进一步巩固和加强党的执政地位，提
高党的执政能力和领导水平，充分发挥党的核心领导作用，更好地
带领各族人民建设有中国特色的社会主义，实现党的伟大目标。

第三节　光辉的旗帜，伟大的理论，用邓小平建党学说把我们的党建设好

一、光辉的旗帜，伟大的理论，历史性的飞跃，开创了中国历史新篇章

　　1993 年 11 月 2 日江泽民同志在学习《邓小平文选》第三卷报告
会上的讲话，向全世界宣布："从十一届三中全会开始，经过十二大、
十三大到十四大，我们党又郑重地把邓小平建设有中国特色社会主
义的理论写到了自己的旗帜上。这是我们党付出了巨大代价获得的
极为珍贵的精神财富，是我们党和人民进行新的历史创造的科学总
结，是我们发展社会主义事业的伟大旗帜，是我们民族振兴和发展
的强大精神支柱。在当代中国，有了这面旗帜，有了这个精神支柱，
一个有五千万党员的大党才会有更加坚强的战斗力，一个有十一亿
人口的大国才会有更加强大的凝聚力……。一个富强、民主、文明
的社会主义现代化中国就一定能够巍然屹立于世界的东方。"[①] 这是
我们中华民族在中国共产党领导下的当代的《共产党宣言》。在这面
旗帜的光辉指引下，在邓小平建设有中国特色社会主义的理论指引
下，一定能够创造历史的新篇章。特别是以邓小平同志 1992 年年初
南巡重要谈话和党的"十四大"为标志。我国社会主义现代化经济建

――――――――――

　　① 江泽民：《在学习〈邓小平文选〉第三卷报告会上的讲话》单行本，第 4～5 页。

立进入了一个崭新的发展阶段。"十四大"明确提出的建设社会主义市场经济体制,这是建设有中国特色社会主义理论的重要组成部分,对于我国现代化建设事业具有重大而深远的意义。

(一)邓小平同志论党成熟的重要标志及建设一个好的党的重大意义。

理论思维的成熟是党成熟的一个重要标志。"要使一个党逐步成为成熟的党,同群众有联系的党,是不容易的。从我们党的历史来看,我们全党成熟的标志是第七次全国代表大会,那是在 1945 年。我们从 1921 年建党,经过了二十四年,才成为一个成熟的党。当然,这是从全党来说。作为中央领导,可以说在 1935 年 1 月遵义会议确立了以毛泽东同志为核心的中央领导时,就成熟了,这也用了十三年半的时间。""我们整个党用毛泽东思想统一起来是在第七次全国代表大会。我们党的第六次全国代表大会是 1928 年开的,到 1945 年才召开第七次全国代表大会,隔了十七年。这次代表大会是正面讲问题,是一次团结的大会。大会结束不久,日本就投降了。这时,全党已经用毛泽东思想武装起来了。用毛泽东思想武装起来的这样大的一个党,面临美国支持的蒋介石发动的内战,就有办法了。"① 这是我们党成熟的过程,那么怎样才叫全党的成熟呢?邓小平同志有科学的明确的解释。

邓小平同志指出:"所谓全党成熟,首先是在思想上,我们党有了把马克思列宁主义同中国革命的具体实践相结合的毛泽东思想,广大干部和党员掌握了这个思想。在政治上,从遵义会议以后,党内虽然有过错误的路线,但是毛泽东同志总是用正确的路线去克服错误的路线,因此,从那以后党的方针和政策都是正确的。体现了正确路线的方针和政策,变成了群众的行动,得到了群众的拥护,经过抗日战争时期,党员从三万人发展到一百二十多万人,军队也从

———————
① 《邓小平文选》第一卷,344 页,345～346 页。

三万人发展到一百万人，解放区人口达一亿多。如果不是党的路线正确，方针政策正确，这是不可能的。在组织上，形成了一个健全的马克思列宁主义的党，树立了一个正确的党风。""在党的组织方面，毛泽东同志还提出了一系列的方针原则。我们党的组织原则是高度的民主和高度的集中相结合，把列宁提出的民主集中制原则精神发挥了。一个党不集中不行，如果没有中央的和各级党委的集中领导，这个党就没有战斗力。这种集中，如果没有高度的民主作基础，集中也是假的。全党提倡民主、提倡批评与自我批评，就能真正把全党的意志集中起来，真正做到万众一心。"① 建立一个什么样的党的问题，这不仅是我们这代的问题，也是下一代、再下一代的问题。一个国家的革命，核心问题是党。有了一个好党才能引导革命走向胜利。革命胜利后，搞社会主义也要有一个好党，否则胜利就靠不住。

　　江泽民同志《在庆祝中华人民共和国成立四十周年大会上的讲话》中就指出："用马克思列宁主义、毛泽东思想武装起来的中国共产党，是中国工人阶级的先锋队，是中国各族人民利益的忠实代表，在国家独立和发展的过程中担负着极其重要的使命。中国共产党成为中国革命和建设的领导核心，是人民在长期实践中做出的正确选择。党是在战胜困难、克服失误、总结历史经验的过程中逐步成熟起来的。四十年来的成就，是在我们党的正确领导下，依靠全国人民的努力取得的。错误和挫折的发生，问题也往往主要出在党内。党的状况如何，对于国家和民族的命运具有决定性的意义。我们必须严肃地毫不留情地剖析和坚决纠正工作中的失误，解决党内存在的问题。我们必须科学地历史地总结经验，客观地全面地认识现实。只要坚持这样做，我们党一定能够不辜负人民的期望，在实现新的历史任务中写下灿烂的篇章。"② 我们党在以邓小平为核心的党中央成

---

① 《邓小平文选》第二卷，346~347 页。
② 江泽民：《在庆祝中华人民共和国成立四十周年大会上的讲话》单行本，第 9 页。

熟领导集体和以江泽民为核心的党中央第三代领导集体的指引下，把马克思列宁主义普遍真理和我国的具体实际结合起来，走自己的路，建设有中国特色的社会主义。邓小平同志关于建设有中国特色社会主义的理论，是经过 15 年改革开放实践经验所证明、而为亿万人民所认识和接受的伟大理论，是指引我们继续前进的光辉旗帜。

江泽民同志在学习《邓小平文选》第三卷报告会上的讲话中指出："改革开放十五年来，我们党在理论上取得的最大收获，就是在马克思主义基本原理与中国实际相结合的第二次历史性飞跃中，创立了建设有中国特色社会主义的理论。这一理论，第一次比较系统地初步回答了中国这样的经济文化比较落后的国家如何建设社会主义、如何巩固和发展社会主义的一系列基本问题，用新的思想、观点，继承、丰富和发展了毛泽东思想，是马克思主义同中国实际相结合的最新成果，是当代中国的马克思主义。毛泽东同志曾经指出：'主义譬如一面旗子'。中国共产党成立之初，就郑重地把马克思列宁主义写在自己的旗帜上。经过延安整风和党的七大，又郑重地把马克思列宁主义与中国革命的实践之统一的思想——毛泽东思想写到自己的旗帜上。"① 我们党 70 多年来历史实践证明是正确的，这已经是历史的结论。

（二）在我们党的旗帜上，写上邓小平的名字，这是历史发展的必然，社会前进的方向。

党的"十四大"提出了用邓小平建设有中国特色社会主义理论武装全党的战略任务。这不仅是推进改革开放和社会主义现代化建设伟大实践的迫切需要，新的形势下加强和改进党的建设的重大措施，也是坚持党的"一个中心、两个基本点"的基本路线一百年不动摇的根本保证。特别是在社会主义现代化的进程中，新情况、新

---

① 江泽民：《在学习〈邓小平文选〉第三卷报告会上的讲话》单行本，第 3～4 页。

问题、新矛盾也不断涌现出来，全党和全国各族人民比以往任何时候都更加深切地感受到了学习和掌握建设有中国特色社会主义理论的极端重要性和紧迫性。"《邓小平文选》第三卷的出版，为我们进一步用建设有中国特色社会主义理论武装全党，教育干部和人民，统一思想，坚定信念，积极、全面、正确地执行党的基本路线，提供了最好的教材和最有力的武器。"①邓小平同志不仅继承、坚持了毛泽东思想，毛泽东建党学说，而且还丰富、发展了毛泽东思想，毛泽东建党学说，使马克思主义在当代中国进入了新的境界、达到了新的高度，推向到新的发展阶段。

邓小平同志一贯强调，只有深入研究中国实现社会主义现代化的进程中，遇到的新情况、新问题、新矛盾、深层次关键性的问题，并对一系列基本问题作出有重大指导意义的答案和对中国建设事业的规律性的认识，才是对毛泽东思想旗帜的真正高举。邓小平建设有中国特色社会主义的理论体系和基本内容，它实现了由中国的以政治革命为中心建立起来的一整套理论体系转变到以经济建设为中心而创立起来的理论体系的转变，这种转变具有划时代的历史意义和深远影响；邓小平建设有中国特色社会主义的理论体系和基本内容实现了由高度集中的计划经济理论、经济建设一整套的措施和方法转变到社会主义市场经济体制理论、措施和方法的转变。这种转变对整个上层建筑的改革具有重大影响；改变了马克思列宁主义、毛泽东思想关于社会主义的一些传统观点、观念和指导思想，对社会主义建设道路的探索更符合马克思列宁主义、毛泽东思想与改革开放相结合和具有时代特征的邓小平建设具有中国特色的理论体系指导的新境界、新思想、新观点、新观念、新结论、新成果，构成了以经济建设为中心的一整套思想理论体系以及重大举措；在党的领导党的建设上，邓小平把以阶级斗争政治斗争为主的党转变为领导以经济建设为中心的社会主义现代化的党；由封闭性、保守性、墨

---

①　江泽民：《在学习〈邓小平文选〉第三卷报告会上的讲话》，单行本，第2页。

守成规苏联模式的党转变为改革开放性的党；由轻视法制、重视人治的党转变为重视法制以法治党、以法治国、以制度治党治国的党；由于长期革命战争理论建设比较薄弱的党转变为理论素质较强的党，等等。

这些，都标志着邓小平同志在继承、丰富、创新和发展毛泽东思想、毛泽东建党学说上实现了飞跃式的突破，是马克思列宁主义、毛泽东思想同中国革命和建设实践结合的最新成果，充分体现了时代特征。在我们党的旗帜上写上邓小平建设有中国特色社会主义理论是我们党的指导思想，这是历史发展的必然，社会前进的方向，新的历史篇章。

理论思维的成熟不仅是党成熟的一个重要标志，而是结合新的实际、新的历史实践开创新篇章的指导思想和理论基础。

开创新篇章的指导思想和理论基础表现在哪些新的创造呢？在我们党的历史上以毛泽东为核心的第一代党中央成熟领导集体的坚强领导下，领导全国各族人民经过长期艰苦卓绝的斗争创造了把马克思列宁主义普遍真理与中国革命的具体实践相结合理论公式，在这个思想理论的指导下，走了一条具有中国特色的农村包围城市、武装夺取政权的道路，把一百多年来受尽外国侵略欺凌的半殖民地半封建的旧中国，取得了新民主主义革命的彻底胜利，进而创立了社会主义的基本制度，解放和发展了社会生产力，变成了独立的人民民主专政的社会主义国家，开创了中国历史的新纪元。

在民主革命历史时期为我们党创造了"三大法宝"和"三大优良传统作风"，使我国革命与建设从胜利走向胜利；在社会主义革命与建设进程中，毛泽东同志以《中国人民站起来了》、《永远保持艰苦奋斗的作风》、《为建设一个伟大的社会主义国家而奋斗》、《在中国共产党全国代表会议上的讲话》、《论十大关系》、《关于正确处理人民内部矛盾的问题》和《中国共产党是全中国人民的领导核心》等等理论巨著，提出了一系列创造性指导思想和理论观点，对社会主义建设事业进行了全方位富有成效的探索和发展，创立了社会主义革命和社会主义改造的路线、方法和步骤，奠定了社会主义制度的基础，创立了正确处理人民内部矛盾作为国家政治生活主题的学说，创立了作为社会主义社会发展动力的基本矛盾论，即社会主义社会矛盾论，阐述了社会主义社会矛盾的运行机制、创立并提出了关于社会主义民主政治的制度、措施和方法，如民主集中制的奋斗目标、共产党领导下的多党合作制和政治协商制度，共产党与民主党派"长期共存、互相监督"的战略方针；正确处理农、轻、重的关系，保护和发展生产力；中央向地方分权，扩大企业自主权的经济体制改革的设想发展社会主义商品经济；四个现代化的奋斗目标和"两步走"的发展战略；"百花齐放、百家争鸣"、"古为今用，洋为中用"的方针；在全社会内广泛进行爱国主义、集体主义和社会主义思想教育，树立正确的理想、信念、人生观、价值观以及独立自主的外交政策，强调在和平共处五项原则基础上发展同世界各国的友好关系和经济文化往来，维护世界和平等等。这些都是以毛泽东为核心的第一代党中央成熟领导集体创造的光辉范例，是我们党的宝贵精神财富，永远放射着马克思主义的光辉。

党的十一届三中全会以后，在以邓小平为核心的党中央第二代成熟领导集体的指引下，针对执政党的基本特点和历史教训，开创了新的历史发展阶段，写出了新的篇章，这是历史发展的必然结果。

在执政党的建设中，以邓小平为核心的党中央第二代成熟领导集体进行了艰辛的探索。在社会主义经济建设的实践中立下了举世瞩目的卓越功勋和伟大成就。邓小平同志尊重历史实践是检验真理的唯一标准，研究新情况，解决新问题，并总结党、人民和人民群众智慧，通过总结70多年来国际社会主义运动兴衰成败的历史经验和执政四十多年来我国社会主义事业胜利和挫折的历史经验，"他尊重实践，尊重群众，时刻关注最广大人民的利益和愿望，善于概括群众的经验和创造，敏锐地把握时代发展的脉搏和契机，既继承前人又突破陈规，表现出了开辟社会主义建设新道路的巨大政治勇气和开拓马克思主义新境界的巨大理论勇气，对建设有中国特色社会主义理论的创立做出了历史性的重大贡献。"① 创立了建设具有中国特色社会主义的理论体系，把马克思列宁主义、毛泽东思想推向了一个新的发展历史阶段，形成了当代的马克思主义，形成了一面光辉的旗帜。

建设有中国特色社会主义理论体系的提出，在马克思列宁主义、毛泽东思想发展史上是划时代的。邓小平是这个被喻为"当代中国的马克思主义"的伟大创立者将载入我党史册。

党的"十二大"，邓小平指出，"我们党对于社会主义现代化建设的指导思想就会更加明确，党的建设就能够更加适合新的历史时期的需要，党的最高领导层就能够实现新老合作和交替，成为更加朝气蓬勃的战斗指挥部。"② 指出了把马克思主义的普遍真理同我国的具体实际结合起来，走自己的道路，建设有中国特色的社会主义，这就是我们总结了我国长期历史经验得出的基本结论。还告诫全党，"我们保持清醒的头脑，坚决抵制外来腐朽思想的侵蚀，决不允许资产阶级生活方式在我国泛滥。中国人民有自己的民族自尊心和自豪感，以热爱祖国、贡献全部力量建设社会主义祖国为最大光荣，以损害社会主义祖国利益、尊严和荣誉为最大耻辱。"③ 就是说，"十二大"确认了"建设具有中国特色社会主义理论"的科学概念；党的"十三大"指出："九年来的实践，证明了我们的党不愧为伟大的、光荣的、正确的党，证明了十一届三中全会以来的路线是一条马克思主义的正确路线。这条路线是党和人民智慧的结晶，是党中央集体智慧的结晶。在这条路线的形成和发展中，在一系列关键问题的决策中，在建设、改革、开放新局面的开拓中，邓小平同志以马克思主义的理论勇气、求实精神、丰富经验和远见卓识，作出了重大的贡献。"

---

① 《中国共产党第十四次全国代表大会文件汇编》第16页。
② 《邓小平文选》第三卷，第1页。
③ 《邓小平文选》第三卷，第3页。

　　党的"十三大"提出了"正确认识我国社会现在所处的历史阶段，是建设有中国特色的社会主义的首要问题，是我们制定和执行正确的路线和政策的根本依据。"在改革开放的历史条件下，在实践中开辟了建设有中国特色的社会主义道路。因此，"有中国特色的社会主义，是马克思主义基本原理同中国现代化建设相结合的产物，是扎根于当代中国的科学社会主义。它是全党同志和全国人民统一认识、增强团结的思想基础，是指引我们事业前进的伟大旗帜。"马克思主义是在实践中不断发展的科学理论，马克思列宁主义、毛泽东思想需要有新的大发展，这是时代的大趋势。当代世界在发生巨大震荡变化，人类文明在突飞猛进，工人阶级和劳动人民的事业展现了新时代的前景。这一切都要求马克思主义者开拓新视野、新发展，创造新理论、新观念，进入新境界就落在了邓小平同志肩上了。

　　党的"十四大"中国共产党冠以"坚持用邓小平同志建设有中国特色社会主义的理论武装全党。"和"马克思主义是深深植根于实践并在实践中不断发展的科学。建设有中国特色社会主义的理论，是马克思主义同中国实际相结合的最新成果，是当代中国的马克思主义，是指引我们实现新的历史任务的强大思想武器。学习马克思列宁主义、毛泽东思想，中心内容是学习建设有中国特色社会主义的理论。"①

　　这就是说，在我党的历史上第一次提出冠以"邓小平同志建设有中国特色社会主义理论"和"是当代中国的马克思主义"的科学论断，这对党的建设具有重大现实意义和深远的历史影响。

　　马克思和恩格斯所以能创立马克思主义理论，最根本的就在于它有两大发现创立了剩余价值理论和历史唯物主义。列宁所以成为列宁主义，最根本的就在于它创立了社会主义革命可以在一国取得胜利的理论，开辟了俄国十月社会主义革命的道路。毛泽东所以成为毛泽东思想，最根本的就在于它创立了新民主主义革命的理论，开

---

　　① 《中国共产党第十四次全国代表大会文件汇编》第45、46页。

辟了以农村包围城市，武装夺取全国政权，走了一条从新民主主义革命转变到社会主义革命的道路。这些都是历史的结论。

邓小平建设有中国特色的社会主义理论，创立了我国还处在社会主义的初级阶段和社会主义市场经济的理论体制，开辟了在当代历史条件下，通过建立健全和完善社会主义市场经济体制与机制，解放和发展社会生产力，消灭剥削、消除两极分化，最后达到共同富裕的奋斗目标，走一条具有中国特色的社会主义道路，这是以邓小平为核心的党中央第二代成熟领导集体的伟大创造，这在中国共产党历史上又一次大飞跃，为党的建设创立了不朽的历史功勋，创造了一个崭新的时代。就是说，马克思和恩格斯由空想发展到科学，列宁、斯大林使社会主义、共产主义理论发展变为现实，毛泽东由一个国家变为多个国家的社会主义，邓小平由传统模式走向改革开放发展成为崭新的姿态，以新的生机和活力，使当代社会主义社会，在国际共产主义运动低潮、东欧剧变、苏联解体的新形势下"山重水复疑无路"之时出现了"柳暗花明又一村"的中国社会主义在蓬勃发展阔步前进的伟大奇观瞩目于世界的东方。其根本原因，就是我们党创立了邓小平建设有中国特色社会主义的理论体系和战略思想的基本观点和指导方针，使我国的社会主义经济高速度稳步健康发展，显示出社会主义事业的优越性和不可战胜性。

自我们党的"十三大"政治报告从哲学、政治经济和科学社会主义马克思主义三个来源和三个组成部分的理论角度第一次概括了建设有中国特色社会主义理论的十二个基本观点，自南巡重要谈话以后，特别是《邓小平文选》第三卷出版，这不仅是我国政治生活中的一件大事，而且《邓小平文选》第三卷集中体现了建设有中国特色社会主义的理论在形成和发展过程中最重要、最富有独创的思想、理论、观点和战略思想，为我们提供了最可贵的教材和最重要的思想理论武器。形成了一整套建设有中国特色社会主义的思想理论体系，突破了马克思列宁主义、毛泽东思想关于社会主义的许多传统观念、传统模式、传统理论，对社会主义建设道路的探索更加符合中国实际，实现了对社会主义理论整体认识的飞跃，形成了当代中国的马克思主义的最新概括和最新成果。

这些新成果的战略指导思想；使马克思主义达到了新境界、新内容、新论断、新观点和新的战略指导思想，"海纳百川"增强了马克思主义理论力度。仅以"挂一漏万"，突出的观点例如："改革也是解放生产力"论、"社会主义本质"论、"一切从社会主义初级阶段的实际出发"论、"基本路线要管一百年，动摇不得"，"中国就大有希望"论、"社会主义市场经济"论、"三个有利标准"论、"中国要出问题，出在共产党内，关键是我们共产党内部要搞好"论、"学马列要精，要管用"论、"要坚持两手抓、两手都要硬"论、"右可以葬送社会主义，'左'也可以葬送社会主义"论、"抓住时机、发展自己、关键是发展经济"论等等。理论是行动的指南，建设有中国特色社会主义的理论可以为社会发展生产力，为经济发展指引方向。

历史事实证明：只有学好建设有中国特色社会主义理论，才有可能始终一贯地做好我们党和国家的各项工作。忽视理论学习，就会"左"右摇摆，或痛失良机，或出现失误等等。

这一系列"论"的关键就是邓小平同志说过的："要在理论上阐述什么是社会主义，讲清楚我们的改革是不是社会主义。要申明四个坚持的必要、反对资产阶级自由化的必要、改革开放的必要，在理论上讲得更加明白。"还特别强调指出：我们必须从理论上搞懂"社会主义市场经济与资本主义经济的关系"；理论上讲清"人民民主专政的道理；对新形势、新任务、新问题要从理论上进行深刻、实际的阐述"等等。用新的思想、理论、观点，继承和发展了马克思列宁主义、毛泽东思想，为思想宝库增添了光辉。

我们党在以江泽民同志为核心的党中央第三代领导集体，对以邓小平为核心的第二代党中央成熟领导集体的理论创造进行了科学的阐述和说明，并进行了高度的概括，揭示了它的规律，成为我们中国共产党具有重大影响的第二个理论公式。这就是党的十二大形成的"把马克思主义的普遍真理同我国的具体实际结合起来，走自己的道路，建设有中国特色的社会主义"的指导思想。邓小平同志多次指出："马克思主义必须是同中国实际相结合的马克思主义，社会主义必须是切合中国实际的有中国特色的社会主义。""我们建设社会主义，准确地说是建设有中国特色的社会主义，这样才能是真正地坚持了马克思主义。"还特别强调指出："中国伟大的马克思列宁主义者毛泽东，并不是在马克思列宁的书本里寻求在落后的中国夺取新民主主义革命胜利的途径。"而是从中国的实际出发，开辟了一条前人没有走过的用农村包围城市夺取政权的道路"革命是这样，建设也是这样"。"固定的模式是没有的，也不可能有"，"不以新的思想、观点去继承、发展马克思主义，不是真正的马克思主义者。"毛泽东同志在五十年代末曾经说过，任何国家的共产党人都要写出新的著作，创造新的理论，才能解决自己面临的新的问题。中国革命就是这样做了才取得成功的。现在我国已经进入社会主义的新阶段，出现了新的一系列问题，就要适应新的需要，写出新的著作，形成新的理论，创造新的理论公式去指导社会实践。

从党的十三届四中全会到十三届五中全会，邓小平同志准备并且进行向党的第三代党中央领导集体交班，当然，这个交班不仅是职务的交班，更重要更根本的是政治路线的交班。把以邓小平为核心的党中央第二代成熟领导集体在开创建设具有中国特色社会主义事业中形成的基本路线、方针、政策，积累的基本经验，创造的基本理论，作了系统、全面、精辟的科学总结。只有把"马克思列宁主义基本原理与当代中国实际和时代特征相结合"①才能创造出一系列的新思想、新理论、新观点指导我国的社会主义经济建设。如同毛泽东同志创造的把马克思列宁主义的普遍真理与中国革命的实践相结合的理论公式一样具有重大历史意义和深远影响。

为了开创中国历史上的新篇章，把党的事业推向一个新的发展

---

① 《中国共产党第十四次全国代表大会文件汇编》第16页。

历史阶段，在 1989 年 5 月 30 日，邓小平同志以"组成一个实行改革的有希望的领导集体"为题，自称是"我的政治交代。"这在我们党的历史上为培养无产阶级革命事业的接班人，进行集体接班的嘱托也是创举。作为中国共产党第一代党中央领导核心的主要成员、第二代党中央的领导核心、伟大的马克思主义者，我国改革开放和社会主义现代化建设的总设计师、建设有中国特色社会主义理论的创立者、中国人民的伟大儿子，世界公认的中国人民的伟大领袖邓小平同志对总结过去，开拓未来的战略思想进行科学的总结和马克思主义的分析。对第三代党中央领导集体充满着信心和希望。

二、用邓小平建党学说把党建设成为有中国特色社会主义的坚强核心而奋斗

　　马克思列宁主义、毛泽东思想和邓小平建设有中国特色社会主义理论的基本原理原则必须坚持，它是我们的行动指南。我们要运用它的立场、观点和方法建设我们的党和解决现实问题。邓小平同志是坚定的伟大马克思主义者。"我坚信，世界上赞成马克思主义的人会多起来的，因为马克思主义是科学。它运用历史唯物主义揭示了人类社会发展的规律。封建社会代替奴隶社会，资本主义代替封建主义，社会主义经历一个长过程发展后必然代替资本主义。这是社会历史发展不可逆转的总趋势，但道路是曲折的"，"一些国家出现严重曲折，社会主义好像被削弱了，但人民经受锻炼，从中吸取教训，将促使社会主义向着更加健康的方向发展。因此，不要惊慌失措，不要认为马克思主义就消失了，没用了，失败了。哪有这回事！"① 这是以邓小平为核心的党中央第二代成熟领导核心受人尊敬的一代伟人对马克思主义的坚定信念。

　　但是，最重要的就是怎样对待马克思列宁主义、毛泽东思想的

---

① 《邓小平文选》第三卷，第 382～383 页。

问题。要建设一个什么党，怎样建设党的重大问题。邓小平同志在《结束过去，开辟未来》一文中就明确指出："多年来，存在一个对马克思主义、社会主义的理解问题。从1957年第一次莫斯科会谈，到60年代前半期，中苏两党展开了激烈的争论。我算是那场争论的当事人之一，扮演了不是无足轻重的角色。经过二十多年的实践，回过头来看，双方都讲了许多空话。"他特别指出："马克思去世以后一百多年，究竟发生了什么变化，在变化的条件下，如何认识和发展马克思主义，没有搞清楚。绝不能要求马克思为解决他去世之后上百年、几百年所产生的问题提供现成答案。列宁同样也不能承担为他去世以后五十年、一百年所产生的问题提供现成答案的任务。真正的马克思列宁主义者必须根据现在的情况，认识、继承和发展马克思列宁主义。"① 这就是马克思主义的发展观，也是我们当代的指导思想。

　　邓小平指出："世界形势日新月异，特别是现代科学技术发展很快。现在的一年抵得上过去古老社会几十年、上百年甚至更长的时间。不以新的思想、观点去继承、发展马克思主义，不是真正的马克思主义者。"因此，在革命成功后，各国必须根据自己的条件建设社会主义。固定的模式是没有的，也不可能有。墨守成规的观点只能导致落后，甚至失败。这就是说，马克思列宁主义、毛泽东思想必须同中国的实际相结合、与时代特征相结合，离开中国的实际和时代特征谈马克思主义，就没有任何意义。不仅如此，马克思主义还必须随着时代的发展而发展，如果停留在原地不动，就会变成僵化的东西，脱离实际的东西。这就不是马克思主义。以邓小平为核心的党中央第二代成熟领导集体在总结我国社会主义建设正反两个方面的经验和新的实践经验的基础上，逐步达到了对中国建设社会主义的规律性认识。这也是经过反复的实践，在实践里面得到成绩，有胜利，又翻过筋斗，碰了钉子，正是有了成功与失败的经验，然

---

① 《邓小平文选》第三卷，第291页。

后才有可能逐步地发展成为完全的认识，规律性的认识，这个规律性认识的集中反映，就是邓小平建设有中国特色社会主义的理论，其代表作就是《邓小平文选》第一卷。因此，邓小平建设有中国特色社会主义理论来之不易，应当万分珍惜。在这个理论指导下，我们党领导人民进行了翻天覆地的伟大事业，在实践过程中又进一步丰富和发展了建设有中国特色社会主义理论。

邓小平说："我看总的局势是这样，唯一的办法是我们自己不乱。我们的基础好，是几十年打出来的，这个威势一直要传到后代，保持下去，这是本钱。别人的事情我们管不了，只讲一个道理：中国的社会主义是变不了的。中国肯定要沿着自己选择的社会主义道路走到底。谁也压不垮我们。只要中国不垮，世界上就有五分之一的人口在坚持社会主义。我们对社会主义的前途充满信心。"① 只要我们坚持建设有中国特色社会主义理论毫不动摇，坚持党的"一个中心、两个基本点"的政治路线不动摇，要使我们的事业取得辉煌的胜利，首要的、根本的、最重要的是用邓小平建党学说把党建设好。

用邓小平建党学说把党建设成为有中国特色社会主义坚强核心具有重大意义。江泽民同志1989年12月29日在党建理论研究班上的讲话就明确指出："马克思主义的建党学说，是无产阶级政党建设的理论武器，是马克思主义的重要组成部分。它研究和阐述工人阶级政党产生、发展和自身建设的客观规律，党领导人民夺取政权、巩固政权、运用政权和建设社会主义的客观规律。有了马克思主义同中国工人运动的结合，有了马克思主义建党理论的指导，才有中国共产党的诞生、发展、巩固和壮大。马克思主义建党学说同整个马克思主义理论一样，不是教条，而是行动指南。"他特别指出，"毛泽东同志、邓小平同志等党的老一代革命家，都在不同的历史时期，结合党的建设的实践，对丰富和发展马克思主义的建党学说做出了

① 《邓小平文选》第三卷，第320～321页。

很大贡献。"用邓小平建党学说教育、武装全体党员和党的干部，对于党在当前的建设和未来的发展具有特殊的重要性，只要把党建设好了，才能把执政提高到一个新水平，党就会出现一个新面貌，党在领导建设有中国特色的社会主义的伟大事业中，就一定能更好地履行自己的职责，为我们的国家，为中华民族，为世界工人阶级和人民群众，作出新的更大的贡献，把我们的党建设好。

为了把党建设成为领导建设有中国特色社会主义的坚强核心，就必须全面、准确、完整、系统地理解毛泽东建党与邓小平建党学说的相互关系及其理论上的渊源。毛泽东建党学说，是以毛泽东为核心的党中央第一代成熟领导集体和老一代无产阶级革命家把马克思列宁主义党的学说同党的建设实践相结合的产物，它是关于中国共产党产生、发展和自身建设规律的科学思想理论体系，是关于党在中国革命和建设事业中的领导地位、作用和如何实现党的正确领导及建设一个什么党，怎样建设这个党的科学理论体系。毛泽东建党学说是马克思列宁主义、毛泽东思想科学理论体系的重要组成部分，是马克思列宁主义、毛泽东思想党的学说在中国共产党自身建设中的运用和发展。

邓小平建党学说，是毛泽东思想的重要组成部分，是中国共产党人集体智慧的结晶。是马克思列宁主义、毛泽东思想关于党的学说基本原理和中国共产党建设的具体实践相结合的产物，是马克思列宁主义、毛泽东思想关于党的学说在改革开放和当代特征相结合的运用和发展。邓小平同志在推动马克思列宁主义、毛泽东思想关于党的学说与中国共产党在新的历史时期和改革开放具体实践相结合以及为什么要建设党、建设一个什么样的党，如何实现党的正确领导，怎样增强执政意识，提高执政本领，巩固执政地位，如何把党建设成为领导有中国特色社会主义的坚强核心等等一系列独创性的理论形成了一个完整的科学理论体系。所以，用邓小平建党学说来命名，既反映了邓小平同志的建党思想，也代表了中国共产党老一辈无产阶级革命家的集体智慧的继承和发展。

邓小平建党学说的理论渊源是以马克思列宁主义、毛泽东思想关于党的学说为基础的，是它的深化和发展。是在改革开放新的历史条件下和当代特征相结合的科学成果。

无产阶级党的学说是由马克思、恩格斯在19世纪中叶创立发展起来的。在无产阶级作为一支独立的政治力量登上历史舞台后，马克思、恩格斯结合欧洲无产阶级建党的实践，对党的建设的一系列基本问题进行了精辟的论述，开创了无产阶级革命的新纪元。在20世纪初，世界进入了帝国主义和无产阶级革命的历史时代，列宁在创建布尔什维克党，探讨了社会主义国家可以在一国取得胜利的理论，在巩固无产阶级专政和进行社会主义革命与建设的进程中，坚持和发展了马克思主义关于建设党的学说，形成了一套新型无产阶级政党学说。如果说马克思、恩格斯奠定了无产阶级政党学说的理论基础，指导思想，基本原则，那么，列宁、斯大林创立了新型无产阶级政党学说的思想理论体系。

毛泽东建党学说的思想理论体系，就是在马克思主义关于党的学说特别是列宁新型无产阶级政党学说，思想理论的基础上产生、形成和发展起来的。邓小平建党学说的思想理论体系，是在完整地、准确地理解毛泽东思想的基础上，"对于建立一个什么样的党，党的指导思想是什么，党的作风是什么，都有完整的一套。"正是因为邓小平同志在改革开放和社会主义现代化进程中，建设有中国特色社会主义事业的基础上建立了完整的建党学说，并且用这个学说来教育我们全党、全军和全国人民，使我们改善和加强了党的领导，使党充满了生机和活力，党内也生气勃勃，生动活泼的政治局面。

只有全面深刻的了解这个理论渊源和思想理论基础，才能完整地、全面地、准确地了解邓小平建党学说对马克思列宁主义、毛泽东思想关于党的学说的继承、丰富和发展。用邓小平建党学说武装全党，把党建设成为有中国特色社会主义坚强核心具有理论意义。

邓小平建党学说，是在马克思列宁主义、毛泽东思想关于党的学说与中国共产党建设实践相结合、相统一，特别是在改革开放和建设有中国特色社会主义理论指导下逐步产生、形成和发展起来的。邓小平建党学说既来源于马克思列宁主义党的学说，又来源于毛泽东思想党的学说，以中国共产党的建设实践为基础，是邓小平同志将两者结合的光辉典范。邓小平建党学说一旦在实践中产生、形成丰富和发展，又反过来指导党的建设实践，并在改善和加强党的建设实践中不断丰富和发展，就表现出强大的生命力。这就是邓小平建党学说产生、形成和发展的基本规律。为了深刻地认识这一基本规律以及邓小平建党学说在无产阶级建党史上的重要地位及在建设有中国特色社会主义核心领导作用，必须进一步研究、探讨邓小平建党学说形成和发展的历史特点和重大的历史影响。

三、邓小平建党学说基本特点和独创性经验

邓小平建党学说基本特点和独创经验，概括起来主要有以下五个方面：

（一）邓小平建党学说是我党在改革开放和建设有中国特色社会主义理论体系形成和发展的进程中产生形成和发展起来的。

邓小平建党学说是我党在改革开放和建设有中国特色社会主义理论体系形成和发展的进程中产生的。因此，这学说的思想理论体系必然来源于我们党领导全国人民进行建设有中国特色社会主义的伟大实践。伟大的实践，产生伟大的理论和建设党的学说。正是在这一斗争实践中形成了党的建设有中国特色的基本路线，党的建设也必然是在围绕贯彻执行这条政治路线的过程中进行的，从而形成了党的政治建设的基本原理、原则和指导思想。从而保证建设有中国特色的基本路线的实现，并以邓小平建设有中国特色社会主义理论写在我们党的旗帜上，形成了一面光辉的旗帜，引导我国经济建设的迅速发展。

（二）邓小平建党学说是我们党执政 40 多年的经验与总结。

邓小平建党学说是我们党执政 40 多年来经过社会主义革命与社会主义建设，对资本主义进行社会主义改造，经过曲折的"文化大革命"、拨乱反正、正本清源、平反冤、假错案，经过动乱、反革命暴乱之后，总结国际共产主义运动中的经验与教训，我们党 70 多年来的基本经验，特别是在改革开放进程中，形成了以邓小平为核心的党中央第二代成熟领导集体过程中形成和发展起来的，因此，党的学说的理论原理、基本观点、指导思想必然是对在改革开放、坚持四项基本原则、在建立社会主义市场经济体制进程中加强党的建设经验的科学总结，并随着加强和改善党的领导，提高执政领导水平，巩固执政地位的深化而不断丰富和发展。

（三）邓小平建党学说是党在创建有中国特色社会主义理论体系的过程中形成和发展起来的。

邓小平建党学说是我们党在创建有中国特色社会主义理论体系的过程中形成和发展起来的。因此，党的学说的许多基本原理原则、指导思想，必然来源于改革开放建党实践经验，必然要回答如何坚持工人阶级政党的先锋队性质，党的指导思想，坚持民主集中制的组织原则及全心全意为人民服务的宗旨。如何防止以权谋私，权钱交易，权力进入市场等等。必然要回答如何围绕着党的基本路线加强党的建设，更好地为政治路线服务。

（四）邓小平建党学说是党在反对资产阶级自由化、教条化、僵化和东欧剧变、苏联解体、国际共运进入低潮过程中形成、发展起来的。

邓小平建党学说是我党在反对资产阶级自由化，教条化、僵化和东欧剧变、苏联解体，国际共产主义运动进入低潮的过程中逐步形成和成发展起来的。因此，以邓小平为代表的党中央成熟领导集体和以江泽民同志为核心的党中央第三代领导集体坚持解放思想，实事求是，团结一致向前看，提出具有中国特色的建党基本原理、原则和指导思想。对毛泽东建党学说进行了继承、坚持、扬弃、丰富发展和创新，形成了具有独创性的邓小平建党学说的科学思想理论体系。把我们党建设成为马克思列宁主义、毛泽东思想和邓小平建设有中国特色社会主义理论武装的、更加坚强的中国工人阶级的先锋队。使党成为在理论上更加成熟、思想上更加统一、政治上更加坚强、内部更加团结，同广大群众的关系更加亲密，成为领导全国各族人民建设有中国特色的社会主义的坚强核心。

（五）邓小平建党学说是在加强执政党建设的过程中丰富发展起来的。

邓小平建党学说是我们党领导全国人民在经济落后的东方大国如何巩固和发展社会主义，巩固和加强执政党的领导地位，如何在加强执政党的建设过程中丰富和发展起来的。因此，邓小平建党学说中强调增强执政意识，提高执政本领，巩固执政地位，加强执政党的政治建设、思想建设、组织建设、制度建设、作风建设和法制建设、精神文明建设。必须把反对腐败和廉政建设当作一件大事来抓。必须把为人民掌好权、用好权，"掌权一身正气，用权两袖清风"、拒腐防变，防止脱离群众的官僚主义、形式主义，把提高党员、干部特别是领导干部的素质等问题作为党的学说的重要内容，从而形成了邓小平建党学说的基本原理、原则和指导思想，使邓小平建党学说在执政党改革开放的条件下有了新的丰富和发展。

总之，邓小平建党学说是马克思列宁主义、毛泽东思想和邓小平建设有中国特色社会主义理论关于党的学说科学思想理论体系的重要组成部分，是毛泽东建党学说的直接继承和发展。无论过去、现在和将来，它都是中国共产党加强党的自身建设和实现党的领导的强大思想武器。正因为这样，所以我们必须用邓小平建党学说的科学理论体系把我们党建设成为有中国特色社会主义坚强核心，具有重大历史意义。

四、建设有中国特色社会主义理论体系的形成，使马克思主义在当代中国达到了新高度

　　伟大的实践必然造就和发展科学理论体系的形成，社会实践总是期盼着科学理论指导和发展。重视理论对实践的指导作用，善于在生气勃勃的社会主义革命与建设实践中丰富和发展科学的革命理论，是中国共产党的一大优良传统。而科学理论、党的学说得以不断升华和系统化、科学化，为全党所掌握，则标志着我们党更加成熟、更有生机和活力。在党的长期革命和建设的斗争中，每当重大历史转折关头的时期，或需要作出重大决策之时，科学理论、党的学说都必然获得丰富和发展，都必然伴随着理论学习热潮的兴起，使科学理论对决策和实践发挥重大的指导作用。

　　党的"十四大"确定，要以邓小平建设有中国特色社会主义的理论武装全党，要健全社会主义市场经济体制。使我国的改革开放进入了一个新的历史发展阶段，各项事业都处于一个关键发展时期。邓小平同志以非凡的马克思主义的求实态度、探索勇气、创新精神和革命胆略，敏锐地把握时代发展的脉搏和契机，把握代表生产力发展方向的新生事物，及时概括群众的经验与创造，并把它升华到理论高度，从而使建设有中国特色社会主义的理论不断得到丰富、完善和发展，显示出巨大的生机和活力。

　　以邓小平为核心的党中央第二代成熟领导集体，在改革开放的实践中，继承和发展了毛泽东思想，实现了马克思主义基本原理与中国建设实际相结合的第二次历史性的飞跃，创立了建设有中国特色社会主义理论体系。邓小平是这一理论当之无愧的总设计师和创立者。从毛泽东思想到邓小平建设有中国特色社会主义的理论，构成了我们党在马克思主义的继承和发展一脉相承的认识规律的有机统一体，是毛泽东思想发展的必然结果。邓小平同志不仅继承、坚

持了毛泽东思想，而且还丰富、发展了毛泽东思想，使马克思主义在当代中国进入了新境界，达到了新高度。邓小平建党学说的科学理论就是在这样的新形势下产生形成、发展和成熟起来的。

党的十一届三中全会以来，在以邓小平为核心的党中央第二代成熟领导集体的坚强领导下，把马克思列宁主义、毛泽东思想的基本原理与当代中国社会主义建设的实践相结合，逐步形成了建设有中国特色社会主义的理论体系，继承、坚持、丰富和发展了马克思列宁主义、毛泽东思想。特别是对毛泽东建党学说有重大发展和突出贡献，形成为具有独创性的邓小平建党学说成为独立的思想体系，成为建设我们党的理论基础和指导思想。使党的学说进入了新境界，达到了新的高度。

15年来，党的建设实践形成了独具特色的邓小平建党学说的战略思想和理论观点，有了新的突破和新的发展。我们党认真总结了历史上和国内外的经验与教训，经过拨乱反正、正本清源、平反冤、假、错案，在解放思想、实事求是，团结一致向前看方针指导下，把党的工作重点转移到经济建设上来，逐步实现了由政治革命为中心建立起来的理论体系转变到以经济建设为中心而建立起来的理论体系的轨道上来。确立了以经济建设为中心、坚持四项基本原则、坚持改革开放为主要内容的基本路线，即"一个中心、两个基本点"的政治路线。从这条基本路线出发，明确了我国正处于社会主义初级阶段党的工作中心是经济建设，以党的领导为核心内容的四项基本原则是立国之本，改革开放是解放和发展生产力的必由之路。

社会主义的本质是解放生产力，发展生产力，消灭剥削，削除两极分化，最终达到共同富裕；党应成为领导全国各族人民建设有中国特色社会主义事业的坚强核心，要适应形势的发展，加强党的建设，改善党的领导；要按照党的基本路线的要求来建设党，在执行基本路线的实践中加强党的自身建设，越是改革开放、发展社会主义市场经济，越要加强党的建设，越要用马克思主义教育全党，保持党的先进性和纯洁性；中国要出问题，出在共产党内，关键是我们共产党内部要搞好；加强领导班子和干部队伍建设，各级领导权要掌握在忠诚于马克思主义的人手里，把人民公认是坚持改革开放路线并有政绩的人选进领导班子；领导干部要熟悉马克思主义的基本理论，从而加强工作中的原则性、系统性、预见性和创造性；中央要有权威，中央行使权力是在大的问题上，在方向、道路和全局性的问题上；坚持解放思想、实事求是相一致、相统一的思想路线，提高决策的民主性和科学性；全党在政治上、思想上、组织上和行动上同党中央保持高度的一致，巩固党的团结和统一；党领导人民制定宪法和法律，又要在宪法和法律规定的范围内活动；党内问题关系到党的生死存亡，要从严治党，坚持不懈地反对腐败，不惩治腐败，确实有失败的危险，因此廉政建设要作为大事来抓；要健全和完善以民主集中制为基础的党内各项制度；保持艰苦奋斗传统，所有党员、干部都要增强党性，提高素质，遵守党章、党纪、国法；要坚持共产党的领导，当然，要有监督，有制约；党要善于领导，不能干预太多、太细，要党政分开、政企分开；防止错误倾向，要警惕右，但主要是防止"左"，"左"和右都会葬送社会主义事业，等等。这一系列的战略思想和基本理论观点，是邓小平建党学说在改革开放的新形势下，加强党的自身建设经验的科学总结，也是毛泽东建党学说在新时期的体现和新发展。

用邓小平建设有中国特色社会主义理论武装全党，特别是用邓小平建党学说把党建设好，这是最重要、最根本、最关键的长期战略任务。当前如何运用邓小平建党学说把党建设成为有中国特色社会主义的坚强核心，应做好以下九个方面的工作：

（一）认真学习邓小平著作，主要是以《邓小平文选》第三卷为基本教材。

认真学习邓小平同志著作，主要是《邓小平文选》一、二、三卷。重点是学习邓小平建设有中国特色社会主义的理论，特别是《邓小平文选》第三卷，因为第三卷全面、集中地反映了十多年来建设有中国特色社会主义理论随着实践不断丰富和发展的轨迹。这部马克思主义的重要文献，博大精深，篇篇都是大手笔，提出了很多十分重要、充满创造精神的理论观点和战略思想。正是邓小平同志的一系列战略思想和科学观点，构成了建设有中国特色社会主义理论的基本组成部分，科学地回答了在中国这样一个经济文化比较落后的东方大国如何建设、巩固和发展社会主义的一系列基本问题，用新的思想和观点，继承和发展了马克思列宁主义、毛泽东思想。精辟地回答了在改革开放的新的历史条件下如何加强党的政治、思想、组织、制度和作风建设，如何改善和加强党的领导、增强执政意识、提高执政本领、巩固执政地位的一系列重大问题，构成了邓小平建党学说的基本指导思想和理论观点，是毛泽东建党学说的新发展。我们要组织广大党员和干部认真学习，掌握其精神实质具有重要的指导意义。

通过学习，深刻领会邓小平同志在党的学说中的指导思想，必须坚持和改善党的领导，加强党的建设。我们建设有中国特色社会主义事业成功的关键在于把我们的党建设好，任何放松或者削弱党的建设会犯历史性的错误。我们必须牢牢把握以经济建设为中心，为把我国建设成为富强、民主、文明的社会主义现代化国家而奋斗。

学习《邓小平文选》第三卷，对于全面、准确地理解和掌握建设有中国特色社会主义理论的科学体系，坚持党的基本路线一百年不动摇，把建设有中国特色的社会主义事业推向前进，必定会起到很重要的作用。"十四大"报告指出，党的基本路线要毫不动摇地长期坚持下去，社会主义的改革开放和现代化建设要搞得更好、更扎实、更巩固，国家要长治久安和繁荣富强，关键在于我们党，在于坚持用邓小平建设有中国特色社会主义理论武装全党。这是新时期加强党的建设改善党的领导一项根本性的工作，关系到我们党、我们国家和整个中华民族的前途和命运的大问题。

我们是共产党执政的社会主义大国，有三百多万个党组织，五千多万党员，是一个有十二亿人口的大国。现在正领导全国各族人民坚定地走自己的路、在复杂的国际环境中建设有中国特色的社会主义，责任重大，任务艰巨。在新的形势和任务面前，我们靠什么增 强党的凝聚力、吸引力和战斗力，靠什么提高党的执政水平和领导水平，靠什么充分发挥党对社会主义的现代化事业的领导核心作用？最根本是靠马克思列宁主义、毛泽东思想的指导，靠学习和运用邓小平建设有中国特色社会主义理论。靠邓小平建党学说把我们的党建设好。因此，在整个社会主义现代化建设的全过程中，我们都要把组织全党学习、掌握建设有中国特色社会主义理论作为一项根本任务，坚持不懈地切实抓好。只有这样才能提高工作中的原则性、系统性、预见性和创造性。

（二）努力提高党的执政的领导水平和政策水平，进一步增强党的凝聚力、吸引力和战斗力，把党的建设提高到一个新水平。

加强和改进党的建设，努力提高党的执政水平和领导水平，使我们这个久经考验的马克思主义的党，在建设有中国特色社会主义的伟大事业中更好地发挥领导核心作用。因为执政党是掌握国家政权的党。增强自身素质，提高执政本领是党的建设的最根本的任务，这关系到巩固党的执政地位的根本性问题。它是党的性质决定了它的领导地位。因此，执政党要时时刻刻以强烈的使命感和责任感，强化领导、服务意识，敢于执政，善于执政，卓有成效地抓好经济建设是执政党领导的中心任务。努力提高驾驭市场经济的领导水平和政策水平。

党的执政本领主要体现在党组织的集体领导能力、党的领导干部的组织指挥能力和共产党员的先锋模范作用所显示出来的示范能力；这就要求我们要正确处理好个人与整体、个人与组织的关系，增强民主集中制观念，加强民主与法制建设。这就要求我们的领导干部必须具备驾驭政治形势、把握政治方向的能力；参与世界经济竞争，组织领导社会主义理代化建设，解放和发展生产力的能力；进行科学系统有效管理的能力；运用法律的手段和利用自身的战斗力、凝聚力、组织领导能力和发动组织人民群众,支持人民当家作主,调动人民群众的积极性的能力。

特别是在建立社会主义市场经济体制,加快改革开放和经济建设的步伐,更要进一步加强和改善党的领导,努力提高对经济建设的领导水平。这就要把学习有中国特色社会主义理论,要与提高对经济建设的领导水平结合起来。

总之,执政本领是多种素质的综合反映。特别是政治理论修养具有长效的指导作用,它是提高执政本领,增强自身修养的基础,因此,要认真学好邓小平同志的一、二、三卷著作,不断提高理论水平、政策水平、业务水平和科学文化水平,从而提高我们的执政本领。

(三)旗帜鲜明地坚持党的工人阶级先锋队性质,坚决反对"全民党"等模糊党的性质、降低党员标准的错误观点。

我们党一贯明确坚持党的工人阶级先锋队性质,只有坚持工人阶级先锋队性质,才能更好地理解党所处的历史地位和所肩负的崇高历史使命,这是我们把握马克思列宁主义、毛泽东思想和邓小平建设有中国特色社会主义理论关于建党学说的精髓和实质,保证我们党的建设工作沿着正确的轨道前进。坚决反对借口阶级状况、阶级关系有了新变化、世界上发生了新的技术革命,企图否定工人阶级是先进生产力的代表和国家的领导阶级,从而否定党的阶级基础,否定党的性质,实质上是从根本上否定党的领导地位和执政地位。

坚持党的工人阶级先锋队性质,在政治上要坚决维护工人阶级的领导阶级地位,支持和领导人民当家作主。在组织上要重视从工人、特别是生产第一线产业工人中发展优秀分子入党,在其他阶级和阶层中发展党员同样要坚持工人阶级先锋队战士的标准。在思想上要按照党的基本路线制定和执行具体方针政策时,要始终不渝地体现工人阶级和人民群众的意志与利益。要不断增强工人阶级的主人翁责任感和建设有中国特色社会主义的使命感,引导他们不断提高觉悟，克服自身弱点，把工人阶级锻炼成为真正具有先进阶级理想，社会主义道德、现代文化科学知识和严格纪律的强大工人阶级队伍。

总之，党的性质说到底，是建设一个什么样的党的问题。工人级阶的历史使命同社会主义命运紧密联系在一起的。坚持党的工人阶级先锋队性质，就必然以建设有中国特色的社会主义作为党在现阶段的崇高使命，以共产主义作为党奋斗的最终目标。改变党的工人阶级先锋队性质，就必然放弃党的奋斗目标，丧失党的领导作用。

（四）健全民主集中制，维护党的团结和统一。

坚持和健全民主集中制是一个带关键性的重要环节。它反映了党的领导和党的建设的内在规律，是加强党的领导和党的建设须臾不可离开的法宝。坚决反对自由主义和无组织无纪律、有令不行、有禁不止、各行其是等错误行为，全党要在"一个中心、两个基本点"的政治路线的基础上加强团结，在政治上、思想上、组织上和行动上与党中央保持高度一致和统一。因此，坚持和健全民主集中制关系到我们党的事业的兴衰成败。在建立社会主义市场经济，我们党面临许多新情况，新问题、新的考验的情况下，强调坚持和健全民主集中制，具有特别重要的意义。

坚持和健全民主集中制，是实现党的基本路线和提高党在新形势下执政水平和领导水平的需要。也是培养造就干部的需要，只有这样才能维护党的团结和统一。坚持党的基本路线要靠民主集中制来保证全党不断适应新情况，解决前进中的矛盾和问题，靠民主集中制来保证党在组织上、行动上的一致，使党成为领导社会主义现代化的更加坚强的领导核心，提高全党贯彻民主集中制的水平，既是提高在新形势下执政水平和领导水平所必需的，也是衡量党在新形势下执政水平和领导水平的一个重要标志。同时，依靠健全民主集中制，采取民主的方法，走群众路线，就能选准选好和用好干部，使民主集中制传统代代相传，保证党的事业兴旺发达。

　　坚持民主集中制也是各级党组织对经济工作正确决策的必然要求。是我们党集聚力量、克敌制胜的重要法宝。社会主义市场经济的本质特征是市场在国家宏观调控下对资源配置起基础性作用，市场经济条件下的各种经济决策，必须遵循经济规律，充分地掌握市场信息，灵敏地反映各种市场信号，主动地适应各种经济调节参数。这就增加了决策的复杂性和困难程度，增加了经济决策的自主程度和风险程度，各种成败安危系于决策。因此，就必须通过健全民主集中制，通过决策过程中的群众广泛参与和科学的决策程序，实现科学决策。加强民主集中制建设也是保证决策顺利实施的要求，同样也是保证决策实施的重要手段。在充分发扬民主、广泛听取各方面的意见的基础上能否进行正确实行民主集中制，是衡量各级党委对社会主义市场经济领导能力的重要标准。

　　（五）密切党和群众的血肉联系，从严治党，加强党风和廉政建设。

　　密切党同群众的血肉联系，从严治党，加强党风和廉政建设。要上下一致，同心同德反腐败，切实提高党组织在反腐败斗争中的战斗力。

　　江泽民同志在党的"十四大"报告中指出："我们要胜利实现九十年代的繁重任务，必须全心全意依靠工人阶级和广大劳动群众，充分发挥全体人民的积极性和创造性。""每个党员都要牢记，在任何时候、任何情况下，都必须全心全意为人民服务，坚持理论联系实际，密切联系群众和自我批评的优良作风。"我们要永远保持我们党的这一传统作风。特别是在执政党的条件下和改革开放、市场经济的新形势下更要保持党同人民群众的密切联系具有重大意义。

　　在新的历史条件下进一步密切党同群众的联系，最根本的就是要坚定不移地贯彻执行党的"一个中心、两个基本点"的政治路线、努力把经济搞上去，坚决执行党的群众路线，紧紧依靠工人阶级和广大劳动群众集中精力建设有中国特色的社会主义。人民群众是我们的力量源泉和胜利之本，是推动社会历史前进的动力。群众路线是我们党的根本工作路线，是我们党的优良传统和政治优势。人民群众是社会历史的创造者，是实践的主体，人民群众的伟大实践，创造了社会的物质文明和精神文明。任何个人都是群众中的一分子，只有把自己融于人民群众之中，才能充分发挥应有的作用，离开了人民群众将一事无成。

从严治党，坚持不懈地反对腐败，加强党风和廉政建设是我们党的长期战略任务。腐败现象是当前党内外群众议论最多、意见最大的问题，也是我们党一贯着力解决的一个问题。在整个改革开放过程中，我们都要坚持一手抓改革开放，一手抓惩治腐败。只有这样才能保持我们党的工人阶级先锋队的性质，才能取信于民。我们党始终把反腐败斗争当作关系党的生死存亡、关系社会主义前途命运的大事来抓。

腐败现象是剥削阶级腐朽思想的产物，在整个改革开放和社会主义现代化建设中，腐败与反腐败、和平演变与反和平演变的斗争将长期存在，因此，我们要坚定不移地贯彻执行"一要坚决、二要持久"的方针，坚持不懈同心同德反对腐败，切实提高党组织在反腐败斗争中的战斗力。正如江泽民同志在党的十四大报告中明确指出的："在改革开放的整个过程中都要反腐败，把端正党风和廉政建设作为一件大事，下决心抓出成效，取信于民。"对于败坏党和人民事业的腐败分子，我们必须采取坚决清除的方针，决不能姑息养奸。

据中纪委监察部公布：1994年，全国各级纪检监察机关把查处违法违纪案件放在突出位置，着重查办党政领导机关、行政执法机关、司法机关、经济管理部门中的违法违纪案件和县（处）级以上领导干部的案件，加大办案力度，立案、结案的数量明显增加。据统计，1994年全国各级纪检监察机关共立案 142 016 件，查结 135 112 件，为国家挽回经济损失 27.12 亿元。

全国各级纪检监察机关 1994 年共结案 135 112 件，结案率为 87.89%，给予 131 703 人党政纪处分，其中县处级干部 2 528 人，地

厅级以上干部 326 人。在结案处分的人员中,受党纪处分的 89 160
人,其中被开除党籍的 23 266 人;受政纪处分的 54 024 人,其中被
开除公职的 5 959 人,受党纪政纪双重处分的 11 481 人,受刑事处
分的 9 691 人。

1994 年群众举报工作保持了良好势头,来信来访总量上升,据
统计,全国各级纪检监察机关共收到群众来信来访、举报电话
1 496 273 件次,初查核实线索 371 413 件。纪律松弛,姑息迁就,只
会助长不正之风,破坏党群关系,损害党的形象和威信。因此,我
们一定要落实"十四大"精神,坚持两手抓,做到两手硬,坚决克
服消极腐败现象,为加快改革开放,加速建设有中国特色社会主义
的发展作出应有的贡献。

(六)加强党政领导班子建设,确保各级领导核心由忠诚于马克思主义的人组成。

江泽民同志在"党建理论研究班"上的讲话就着重指出:"保证
党和国家的各级领导权由忠诚于马克思主义的人来掌握,是一个至
为重要的战略问题,直接关系到党和国家的盛衰兴亡。在这个问题
上,历史和现在的经验教训都不少了。""国际敌对势力妄图从我们
党的第三代、第四代人身上打开缺口,实现他们所希望的'和平演
变'。在这种复杂的情况下,我们务必要高瞻远瞩,采取有力措施,
把各级领导班子建设好,以保证老一辈无产阶级革命家开创的事业
代代相传。"他还强调指出:"我们要努力做到确保县以上各级领导
集体由真正忠于马克思主义的人组成,并从中逐步造就成千上万名
坚强的成熟的马克思主义者。为此,党的各级组织要下大力气做好
领导骨干的培养工作。只着眼于选人,忽视育人,是短视的、落后
的。"这就为我们党加强党政领导班子建设,培养无产阶级事业的接
班人指明了方向,对建设有中国特色社会主义事业具有重大意义和
深远影响。

我国以邓小平同志视察南方重要谈话和"十四大"为标志,我

国的改革开放和经济发展进入了一个新的阶段。从现在起到 2000 年是一个关键时期。在这个关键时期要实现提前翻番和奔小康的伟大奋斗目标，要建立社会主义市场经济体制，走有中国特色的社会主义道路，是我们全党和全国各族人民艰巨而光荣的历史任务。能否完成这个历史任务，关键在于党的领导，核心是党政各级领导班子。在新的时期，要完成复杂艰巨的伟大建设任务，关键是把我们党建设好，把各级领导班子建设好。

　　首先要加强领导班子的思想建设。要进一步解决解放思想、实事求是的问题，反对主观主义，官僚主义、形式主义。要按照辩证唯物主义世界观和方法论来观察、分析、处理问题，使自己的认识与客观实际相统一，理论与实践相统一。认识与实际脱离，理论与实践脱离，就会犯主观主义的错误。领导班子建设很重要的一条就是解决思想路线问题，进一步做到解放思想与实事求是相统一，相结合，使我们的认识与客观实际统一起来，理论与实践统一起来。

　　其次，要解决好民主集中制和党委制的问题，民主集中制是党内政治生活的准则，党委制是实现民主集中制的保证。一个班子的马克思列宁主义、毛泽东思想和邓小平建设有中国特色社会主义理论水平高低，战斗力强弱、执政能力大小的根本标志是民主集中制执行的情况如何，这也是检验领导班子能否适应新形势的试金石。在党内，只有实行充分的民主，才能实现高度的集中；只有实现高度的集中统一，才能产生坚强的战斗力。

　　其三，要加强领导班子的作风建设。特别是深入实际、调查研究。要把党的这个优良传统作风继续加以发扬。总之，只有增强每个领导班子成员的党性，讲党性、讲纪律，团结一致，做好工作。

　　在改革开放和建设有中国特色社会主义的实践中培养造就无产阶级革命事业的接班人，使党的事业代代相传。对这个问题胡锦涛同志指出青年干部应当朝着什么方向努力，从哪些方面提高自己的素质呢？（1）要坚持正确的政治方向，能够坚定地走有中国特色社会主义的道路，全面正确地贯彻执行党的基本路线，善于识别和抵制各种错误倾向；（2）要有必要的理论素质，能够运用马克思主义的立场、观点和方法、正确认识和处理问题，还要懂经济、会管理，具有做好工作所必需的现代化科学文化知识；（3）要解放思想，实事求是，在工作中脚踏实地，不断开拓创新，把革命热情与科学态度结合起来；（4）要继承和发扬党的优良传统，全心全意为人民服务，密切联系群众，艰苦奋斗，勇于奉献，正确对待名誉、地位和权力，坚决同以权谋私等消极腐败现象作斗争；（5）要谦虚谨慎，严于律己，宽以待人，团结同志，识大体，顾大局，严格按民主集中制原则办事，自觉接受组织和群众的监督。这不仅是接班人的标准和条件，而且是党性的具体体现。马克思主义揭示了社会发展的基本规律，是我们认识世界，改造世界的强大思想武器，也是指引青年干部通过学习、勇于实践，锻炼成长的强大的思想武器，要在建设有中国特色社会主义的伟大实践中，不断成熟起来，做出自己应有的贡献。

（七）增强党性，加强精神文明理论建设是我们党的长期战略任务。

邓小平同志关于建设有中国特色社会主义精神文明建设的理论是马克思主义党的学说的丰富和发展。认真学习和掌握邓小平同志关于精神文明建设的一系列重要论述，对于我们科学认识建设有中国特色社会主义精神文明建设的客观规律，在实践中更好地坚持"两手抓""两手都要硬"的方针具有重大意义。

邓小平同志早在1983年4月29日会见印度共产党（马克思主义）中央代表团的谈话就明确指出："在社会主义国家，一个真正的马克思主义政党在执政以后，一定要致力于发展生产力，并在这个基础上逐步提高人民的生活水平。这就是建设物质文明。过去很长一段时间，我们忽视了发展生产力，所以现在在我们要特别注意建设物质文明。与此同时，还要建设社会主义的精神文明，最根本的是要使广大人民有共产主义的理想，有道德，有文化，守纪律。国际主义，爱国主义都属于精神文明的范畴。"① 这就为我们党的精神文明建设指明了方向。为我们夺取建设具有中国特色社会主义斗争的胜利和社会主义现代化建设事业的发展，提供了强大的精神支柱。这是邓小平同志把全心全意地为人民服务作为共产主义道德的核心和最高标准，这是邓小平同志对马克思主义党的学说的一个重大贡献。

邓小平同志认为，要加强精神文明建设，一靠理想、二靠纪律坚持和发展下去。邓小平指出："现在我们国内形势很好。有一点要提醒大家，就是我们在建设具有中国特色的社会主义社会时，一定要坚持发展物质文明和精神文明，坚持五讲四美三热爱，教育全国人民做到有理想、有道德、有文化、有纪律。这四条里面，理想和纪律特别重要。我们一定要经常教育我们的人民，尤其是我们的青年，要有理想。"还特别指出："为什么我们过去能在非常困难的情况下奋斗出来，战胜千难万险使革命胜利呢？就是因为我们有理想，有马克思主义信念，有共产主义信念。我们干的是社会主义事业，最终目的是实现共产主义。这一点，我希望宣传方面任何时候都不要忽略。"② 要有理想，要守纪律，要让我国人民，包括我们的子孙后代懂得，我们是坚持社会主义，为了将来实现共产主义。这一点必须向我们党员，特别是我们的青年党员，这种教育是一个重要的战略任务。

社会主义的精神文明，主要从两个方面来加强建设，一方面是文化建设，主要是教育、科学、文学艺术、新闻出版、广播影视、卫生、体育、文物、图书、博物馆等各项文化事业的发展和人民群众的知识水平，以及健康、愉快、生动活泼、丰富多彩的群众性娱乐活动，使人民安居乐业，颐养天年。在思想建设方面，主要是指工人阶级的马克思列宁主义、毛泽东思想和邓小平建设有中国特色社会主义理论，社会主义和共产主义的理想、信念和道德，同社会主义公有制相适应的主人翁思想和集体主义思想，同社会主义政治制

①．《邓小平文选》第三卷，第28页。
②《邓小平文选》第三卷，第110页。

度相适应的权利和义务观念和组织纪律观念，全心全意地为人民服务的献身精神和社会主义的劳动态度，社会主义的爱国主义和国际主义，等等。

概括起来说，最重要最根本的是革命理想、道德和纪律。精神文明的文化建设和思想建设互相渗透、互相促进。文化建设既是建设物质文明的重要条件，也是传统马克思主义理论、提高人民思想觉悟和道德水平的重要条件；思想建设指导文化建设的发展和提高，并且决定着整个社会主义精神文明的发展方向。社会主义精神文明建设的根本任务，是适应社会主义现代化事业的需要，培养有理想、有道德、有文化、有纪律的社会主义公民，提高整个中华民族的思想道德素质和科学文化素质。

在以邓小平为核心的党中央第二代成熟领导集体的坚强领导下，在党的十二届三中全会上通过了《中共中央关于经济体制改革的决定》就明确指出："社会主义物质文明和精神文明的建设要一起抓，这是我们党坚定不移的方针。"它关系到建设有中国特色社会主义事业的兴衰和成败。在社会主义时期，物质文明为精神文明的发展提供物质条件和实践经验，精神文明又为物质文明的发展提供精神动力和智力支持，为它的正确发展方向提供有力的思想保证。

邓小平同志在党的第十二次全国代表大会开幕词中就明确指出："我们保持清醒的头脑，坚决抵制外来腐朽思想的侵蚀，决不允许资产阶级生活方式在我国泛滥。中国人民有自己的民族自尊心和自豪感，以热爱祖国、贡献全部力量建设社会主义祖国为最大光荣，以损害社会主义祖国利益、尊严和荣誉为最大耻辱。"还特别指出："建设社会主义精神文明；打击经济领域和其他领域内破坏社会主义的犯罪活动"。"为把我国建设成为现代化的，高度文明、高度民主的社会主义国家，为反对霸权主义，维护世界和平，推进人类进步事业，而努力奋斗。"①邓小平同志科学地概括了社会主义的本质，就

---

① 《邓小平文选》第三卷，第3～4页。

是解放生产力，发展生产力，消灭剥削，消除两极分化，最终达到共同富裕。这是我们的精神文明建设的基础和发展方向，是我们党的最根本的精神支柱。为了我国生产力的发展，保持一定的经济增长速度，要坚定不移地坚持两手抓，一手抓精神文明建设，一手抓物质文明建设，一手抓改革开放，一手抓打击各种犯罪活动。这两只手都要硬才能使我国的精神文明不断明显的发展。

（八）学习邓小平同志的开拓与创新精神，把党建设好。

邓小平同志是我们党的第二代成熟领导集体的核心。他都在坚韧不拔地探索、开拓、进取和追求真理、创造真理。他以马克思列宁主义、毛泽东思想为指导，创立建设有中国特色社会主义理论体系和邓小平建党学说理论科学体系，使我们深深感受到一种强烈的开拓与创新精神，追求真理，认识真理，发现真理，概括创造真理，这种开拓与创造精神给我们党留下了极为宝贵的精神财富，将永远名留青史，垂范后人。

我们党在以邓小平为核心的党中央第二代成熟领导集体的坚强领导下，邓小平同志以惊人的才能、非凡的勇气和智慧、深邃的洞察力和独特的创造力，不仅对毛泽东思想、毛泽东建党学说的形成和发展作出了重大贡献，而且在新的历史时期和改革开放的条件下始终贯穿着"研究新情况，解决新问题"，"人类总得不断总结经验，有所发现，有所发明，有所创造，有所前进。"的基本思想和开拓精神。邓小平的开拓与创新精神集中体现在领导中国革命与建设的实践中，以继承坚持、扬弃、发展和创新的理论，丰富和发展了马克思列宁主义、毛泽东思想和党的学说。

《邓小平文选》三卷文集，是以邓小平为核心的第二代党中央领导集体智慧之大成，创造了一整套具有中国特色社会主义理论思想体系确定党的基本路线，提出和制定了一系列党的基本方针和政策。不仅富有强烈的开拓与创新精神，而且具有独辟蹊径的真知灼见，在这个基础上，才使我们党形成了具有中国特色社会主义理论的科学思想体系。为我们党的建设奠定了理论基础。邓小平的开拓与创新精神是一定社会历史条件的产物，这种开拓与创新精神并不只是他个人所有的，它集中体现和代表了老一辈无产阶级革命家所具有的共同特征，但邓小平无疑是最杰出的代表，是第二代党中央成熟领导集体的核心。

毋庸置疑，邓小平的丰富的经历，渊博的学识，深湛的思想，强烈的追求真理的求知愿望，深邃的思维能力和独特的钻研方式、方法，是他开拓与创新不可缺少的条件。特别是"解放思想、实事求是"，给这些条件注入了强大的生机和活力，并且将其贯穿为一个有机的整体。邓小平说："实事求是是马克思主义的精髓。要提倡这个，不要提倡本本。我们改革开放的成功，不是靠本本，而是靠实践，靠实事求是。""实践是检验真理的唯一标准。我读的书并不多，就是一条，相信毛主席讲的实事求是。"① 这就是以邓小平为核心的党中央第二代成熟领导集体开拓与创新的精髓所在。正是这种立足于中国实际，力求用马克思主义普遍原理，把建设有中国特色社会主义的内在规律的解放思想、实事求是，才使邓小平形成了独特的创造力。邓小平这种解放思想、实事求是、团结一致向前看，为改革开放创造条件，有它自身的显著特点：

"尊重实践，尊重群众，时时刻刻关注最广大人民的利益和愿望。"革命和建设事业，是千百万人民的事业，社会主义建设事业的实践是邓小平开拓与创新取之不尽、用之不竭的智慧源泉。在实践中坚持和发展社会主义建设的理论。马克思主义一定要发展的，是随着实践的发展而发展，不能停滞不前。停止了，老是那么一套，它就没有生命了。坚持与发展要尊重实践，尊重群众，时时刻刻关注最广大人民的利益和愿望，马克思主义的基本原理又是不能违背的，违背了就要犯错误。坚持和发展的前提和基础是实践，只有在实践是检验真理的基础上才能更实际，更具体，更符合广大人民群众的

---

① 《邓小平文选》第三卷，第382页。

利益和愿望。才能通过实践认识真理和发展真理。我们党面临的新形势和新任务，要求我们在坚持马克思主义的基础上，进一步结合新的实践发展马克思主义。以邓小平为核心的党中央第二代成熟领导集体，坚定地"把毛泽东同志已经提出、但是没有做的事情做起来，把他反对错了的改正过来，把他没有做好的事情做好。今后相当长的时期，还是做这件事。当然，我们也有发展，而且还要继续发展。"①

"不照搬外国经验、别国模式"，"破除迷信"，"不搞盲目崇拜"，"走自己的路"。这是邓小平同志开拓和创新的一条基本原则。也是革命与建设取得胜利的一条经验。邓小平同志一贯倡导解放思想，独立思考，按照实际情况办事情，反对迷信权威、名人和盲目崇拜。正如毛泽东指出的"共产党员对任何事情都要问一个为什么，都要经过自己头脑的周密思考，想一想它是否合乎实际，是否真有道理，绝对不应盲从，绝对不应提倡奴隶主义。"② 当然，反对迷信权威，并不是不要权威；反对迷信名人，并不是不要名人；反对迷信外国，并不是反对向外国学习。我们的方针是，一切民族和国家的长处都要学，政治、经济、科学、技术、文学、艺术的一切好的东西都要学。"搞科技，越高越好，越新越好。越高越新，我们也就越高兴。不只我们高兴，人民高兴、国家高兴。对我们的国家要爱，要让我们的国家发达起来。

"注重调查研究"，"尊重群众的首创精神"，毛泽东十分注意群众的社会实践和调查研究。他说："使党员注意社会经济的调查和研究，由此来决定斗争的策略和工作的方法，使同志们知道离开了实际情况的调查，就要堕入空想和盲动的深坑。"③ 他多次强调"没有调查就没有发言权"，"调查就像'十月怀胎'，解决问题就像'一朝

---

① 《邓小平文选》第二卷，第300页。
② 《毛泽东选集》第三卷，第827页。
③ 《毛泽东选集》第一卷，第92页。

分娩'。调查就是解决问题。"这是毛泽东历来倡导历史唯物主义的群众史观和正确的领导方法。邓小平同志多次强调要多调查研究,没有调查研究不仅没有发言权,也就丧失了领导者的决策权。领导机关、领导干部不能作决策,也就自然地丧失了领导权。所以,没有调查研究,就没有发言权,就没有决策权,就没有领导权。调查研究对领导机关和领导干部具有重要意义。

中央的大政方针和奋斗目标都已经明确了,我们的任务就是要坚决地贯彻落实。要把调查研究与解决问题紧密地结合起来,促进实际问题的解决。调查研究的目的是解决问题。江泽民同志指出:"重视调查研究,是我们党的优良传统。坚持理论与实际相结合,由此制定和执行正确的路线方针政策,是我们党领导革命、建设和改革的基本经验。我们党过去领导全国人民走出了一条有中国特色的民主革命道路,现在又走出了一条有中国特色的社会主义现代化建设道路,最根本的是把马克思主义的基本原理同中国的具体实际结合起来,运用马克思主义的立场、观点、方法,正确地认识中国的国情,创造性地解决革命和建设中的问题。这个结合的过程,始终是以调查研究为前提为依据的,也就是说,是在调查研究的基础上,实现并不断深化马克思主义基本原理同中国具体实际的结合和统一的。"①邓小平同志自十一届三中全会以后,进行了大量的调查研究,卓有成效的总结历史经验,形成了建设具有中国特色社会主义的理论,制定了党的基本路线,和一系列适应社会主义建设的方针和政策。调查研究不仅是一个工作方法问题,而且是一个关系党和人民事业得失成败的大问题。

江泽民同志指出:"县以上的各级领导同志,尤其是一二把手,一定要带头大兴调查研究之风。""深入基层调查研究","进行系统的调查研究,提出解决问题的正确对策。""每个领导干部都应亲自动手写调查报告"等等,"供中央决策参考",只有这样才能防止和

① 江泽民:《在同省、区、市党委政研室主任会议上的讲话》,1993年7月5日。

减少工作中的官僚主义、形式主义、主观主义。谋事在人，成事也在人，坚持调查研究，尊重群众的首创精神，是我们党的谋事之基，成事之道。

在领导中国革命和建设的实践中，邓小平同志以坚定的政治毅力和巨大的理论勇气，突破了把马克思主义僵化、教条化，创立和倡导了解放思想、实事求是的思想路线，排除来自"左"和右的干扰。我们必须保持清醒的头脑，这样就不会犯大错误。

总之，这些主要特征集中体现了马克思主义的科学世界观和方法论。这是认识世界，改造世界，开拓和创新精神，是我们党的重要法宝。建设有中国特色的社会主义必须勇于开拓、创新丰富和发展马克思主义。

（九）中国要出问题，还是出在共产党内部，关键是我们共产党内部要搞好，不出事！

要全面落实坚持用邓小平建设有中国特色社会主义的理论武装全党。要以邓小平著作，特别是第三卷为基本教材和江泽民同志在学习《邓小平文选》第三卷报告会上的讲话精神，加强党的政治、思想、组织、制度、法制和作风建设。是坚持党的基本路线一百年不动摇的基础和根本保证。理论思维的成熟是党成熟的一个重要标志。我们党又郑重的把邓小平建设有中国特色社会主义的理论写到了自己的旗帜上。是我们党和人民进行新的历史创造的科学总结，是我们发展社会主义事业的伟大旗帜，是我们民族振兴和发展的强大精神支柱。我们要高举这面旗帜把我们的党建得更好。

在建设有中国特色社会主义事业中，党所处的环境和肩负的任务发生了根本性的变化，党的思想、政治、组织、制度、法制和作风建设都面临着许多新情况和新问题。我们一定要结合新的实际，遵循党的"一个中心、两个基本点"的政治路线，坚持党要管党和从严治党，坚持反腐倡廉、拒腐防变，坚持解放思想、实事求是，是建设有中国特色社会主义理论的精髓，是保证我们党永葆蓬勃生机的法宝，坚持做一个坚定清醒有作为的马克思主义者，加强和改进党的建设，努力提高党的执政水平和领导水平，使我们这个久经考验的马克思列宁主义、毛泽东思想的党，在建设有中国特色社会主义的伟大事业中更好地发挥领导核心作用。

在新的历史时期，夺取建设有中国特色社会主义事业的更大胜利，关键在于建设好我们的党。邓小平同志 1989 年 6 月 16 日在《第三代领导集体的当务之急》一文中指出："常委会的同志要聚精会神地抓党的建设，这个党该抓了，不抓不行了。"[1] 我们党在以江泽民同志为核心的党中央第三代领导集体的指引下，采取了一系列坚决措施，特别是"十四大"以后，《邓小平文选》第三卷的出版以后，加强党的建设越来越显示出了它的蓬勃生机，党的建设特别是自身建设，取得了举世瞩目的成就，人们充满了信心和希望。没有一个坚强的马克思主义的党的正确领导，建设有中国特色的社会主义事业就不能成功，社会主义现代化建设就不会发展。

建设有中国特色社会主义是具有深远历史意义的伟大壮举，也是我国历史时代赋予中国共产党的光荣使命。只有中国共产党才能制定和实行正确的路线、方针和政策，才能把全国各族人民团结起来，组织起来，为着实现建设有中国特色社会主义的目标而奋斗。任何其他的党，都不可能完成这个任务，这已是历史的结论。

江泽民同志在"十四大"报告中也指出，发展有中国特色的社会主义"关键在于我们党"。只有"加强和改进党的建设"才能实现这个要求。这是根本的出发点和落脚点。我们党不仅能够领导革命取得胜利，而且能够领导改革开放和建设取得胜利。我们的改革开放和现代化建设，是以坚持党的领导为核心的四项基本原则为前提和政治保证的。我们党不仅进行经济体制改革、建立健全社会主义市场经济体制、理顺各种关系、化解消除各种矛盾，通过加强党的领导作用来保证其健康顺利的发展，更重要的是进行政治体制改革，

---

① 《邓小平文选》第三卷，第 314 页。

其目标是建设有中国特色的社会主义民主政治，这是建设党的中心环节，也是加强党的监督的重要方面。其主要内容是要进一步完善人民代表大会制，完善共产党领导的多党合作与政治协商制度，保证广大人民群众充分行使当家做主的权利，坚决反对什么"政治多元化"，搞西方的多党制和议会制。要正确认识和处理坚持党的领导和改善党的领导的关系。这两个方面不是相互对立、而是辩证统一的。我们要努力提高执政本领和领导水平，关键是把党自身建设好，只有把党内民主搞好，由党内民主推动人民民主，实行民主政治，掌握客观规律，明确方向，驾驭全局，既能坚持奋斗目标，又能脚踏实地工作，既坚持党性原则，又体现灵活性，既贯彻党的统一要求，又创造性地开展工作，使建设有中国特色社会主义不断前进。

　　建设有中国特色社会主义理论告诉我们，改革是我国社会发展的动力。为了搞好新形势下党的建设，我们在进一步开展党的建设工作中，一定要正确地认识和处理坚持优良传统与进行改革创新发展的关系，把坚持继承与发展创新结合起来，我们必须从新的实际情况出发，努力抓好党自身建设的改革创新，以跟上时代发展步伐，使党的建设工作完全转入到深化改革，扩大开放，建立社会主义市场经济体制的轨道上来。用邓小平建设有中国特色社会主义的理论，坚定无产阶级党性立场和建设有中国特色社会主义的信念，而且要掌握市场经济的客观规律，提高驾驭市场经济体制的本领，使党的建设适应这一新形势，分析和回答在发展有中国特色社会主义事业的实践中所面临的各种新情况、新问题，力求从理论上做出新的概括，坚持和发展邓小平建党学说，使我们党在正确理论的指导下，不断推进和搞好党的建设。

　　要结合新情况，研究新问题，创造新经验，不断加强和改进党的建设。党的十一届三中全会以来，党先后面临两个根本性的转变，一个是从"以阶级斗争为纲"转变到以经济建设为中心；一个是从高度集中的计划经济体制转变到建立社会主义市场经济体制。这两大转变，使党所处的环境和肩负的历史任务有了很大的变化，也使党的思想建设、政治建设、组织建设、制度建设和作风建设遇到许多新情况、新问题和新的挑战。这既对党的一系列建设工作提出了新的更高的要求，也为进一步搞好党的建设提供了新的机遇，开辟了广阔的前景。只有在邓小平建设有中国特色社会主义理论的指引下，我们党才实现了由以毛泽东为核心的党中央第一代成熟领导集体创立的以政治革命为中心建立起来的毛泽东思想理论体系、建党学说到由以邓小平为核心的党中央第二代成熟领导集体和以江泽民同志为核心的第三代党中央领导集体创立的以经济建设为中心建立起来的理论体系的转变；改变了马克思列宁主义、毛泽东思想关于社会主义的一些传统观念，对社会主义建设道路的探索更符合中国建设的实际和具有当代特征，形成了邓小平具有中国特色的社会主义理论体系，标志着以邓小平为核心的党中央第二代成熟领导集体在丰富和发展毛泽东思想、毛泽东建党学说上实现了飞跃式的突破，是马克思列宁主义、毛泽东思想同中国的建设实际和时代特征相结合的最新成果，形成了当代的马克思主义。成为党的建设的指导思想和理论基础。

用邓小平建设有中国特色社会主义理论和邓小平建党学说全面地、科学地回答了在新的历史时期执政党为什么要建设一个好的党，建设一个什么样的党，如何建设这样一个党，等等一系列无产阶级政党建设中的基本问题，从而构成了一个严密的思想科学理论体系，形成了邓小平建党学说，进一步坚持继承、丰富发展和创新了马克思列宁主义、毛泽东思想关于党的学说。邓小平等同志提出和阐述的一系列基本原理、基本观点和战略思想对加强党的建设的改善党的领导具有重大意义和深远影响。

总而言之，中国的事情能不能办好，社会主义的改革开放能不能坚持，经济能不能快一点发展起来，国家能不能长治久安，基本路线能不能管一百年，从根本意义上说，关键在党，核心是领导班子。邓小平指出："要把我们的军队教育好，把我们的专政机构教育好，把共产党员教育好，把人民和青年教育好。中国要出问题，还是出在共产党内部。对这个问题要清醒，要注意培养人，要按照'革命化、年轻化、知识化、专业化'的标准，选拔德才兼备的人进班子。我们说党的基本路线要管一百年，要长治久安，就要靠这一条。真正关系到大局的是这个事。"① 他还深刻地指出："说到底，关键是我们共产党内部要搞好，不出事，就可以放心睡大觉。"② 也就是最根本、最关键、最重要的就是邓小平同志指出的"只要有一个好的政治局，特别是有一个好的常委会，只要它是团结的，努力工作的，能够成为榜样的，就是在艰苦创业反对腐败方面成为榜样的，什么乱子出来都挡得住。"还从总结过去经验教训中深有体会的说："从这次事件看出，工人队级靠得住，农民靠得住，解放军靠得住，知识分子是工人阶级一部分，也是靠得住的，但是如果中央自己乱了阵脚，那就难说了。这是最关键的问题。国家的命运、党的命运、人民的命运需要有这样一个领导集体。"③ 邓小平同志这些话，语重心长，催人深思，催人团结奋进，凝结了我们党老一辈无产阶级革命家对以江泽民同志为核心的党中央第三代领导集体的殷切期望和谆谆嘱托。我们一定要努力学习邓小平同志著作，用邓小平建党学说把党建设得更好，努力提高各级领导干部的思想理论素养，提高我们党的执政本领、建设本领和治国本领。不辜负党和人民及老一辈无产阶级革命家的重托与希望。

上述九条就是运用邓小平建党学说把党建设好，使党真正成为有中国特色社会主义的坚强领导核心。我们要从建设有中国特色社会主义这一新的实际出发，要在用邓小平建党学说把党建设好这方面下功夫，使邓小平建党学说的基本原理，原则同日新月异的建设有中国特色社会主义新的实践相结合，使我们中国共产党充满生机和活力，胜利地肩负起建设社会主义现代化事业的历史任务。

---

① 《邓小平文选》第三卷，第380页。
② 《邓小平文选》第三卷，第381页。
③ 《邓小平文选》第三卷，第310页。

五、在以江泽民同志为核心的第三代党中央领导
集体的指引下，把党的建设提到一个新水平

邓小平在 1989 年 5 月 31 日《组成一个实行改革的有希望的领导集体》一文中指出："新的领导班子一经建立了威信，我坚决退出，不干扰你们的事。希望大家能够很好地以江泽民同志为核心，很好地团结。只要这个领导集体是团结的，坚持改革开放的，即使是平平稳稳地发展几十年，中国也会发生根本的变化。关键在领导核心。我请你们把我的话带给将要在新的领导机构里面工作的每一个同志。这就算是我的政治交代。"① 还特别强调指出："最关紧要的是有一个团结的领导核心。这样保持五十年，六十年，社会主义中国将是不可战胜的。""中国问题的关键在于共产党要有一个好的政治局，特别是好的政治局常委会。只要这个环节不发生问题，中国就稳如泰山。"② 这是我们中国共产党的最关键的首要问题，它直接关系到国家的命运、党的命运、人民的命运和中华民族的命运。总之，是"一个十分重要的问题。不是九分九，而是十分重要的问题。我们要看到这个大局。"③

任何一个领导集体都要有一个核心，没有核心的领导是靠不住的。对这个问题邓小平同志有精辟科学的论述。我们党的第 代党中央成熟领导集体是以毛泽东同志为核心的。邓小平指出："从毛刘周朱开始，中国共产党才真正形成了一个稳定的成熟的领导集体。以前的领导都是很不稳定，也很不成熟的。从陈独秀起，一直到遵义会议，没有一届是真正成熟的。这在中间有一段时间，说是要强调工人阶级领导，就勉强拉工人来当领导。我们党的历史上，真正形

---

① 《邓小平文选》第三卷，第 301 页。
② 《邓小平文选》第三卷，第 365 页。
③ 《邓小平文选》第三卷，第 297 页。

成成熟的领导，是从毛刘周朱这一代开始。"① 正因为我们党有了以毛泽东为核心的党中央成熟领导集体，我们走了一条有中国特色的民主革命的道路，经过第一次国内革命战争时期，第二次国内革命战争时期、抗日战争时期和解放战争时期夺取了全国政权，进行了社会主义革命与社会主义建设事业。在漫长的革命和建设历程中，不管革命多么复杂曲折，建设多么艰辛困难，也不管我们的党犯过这样那样大大小小的错误，还有路线错误，特别是像"文化大革命"那样全局性的长时间错误，不管其成员有这样那样的变化，我们党始终保持了以毛泽东同志为核心的领导集体，中国共产党没有被打倒，没有被消灭，相反，发展成坚强有力的执政党。

邓小平指出："我们这个第二代，我算是个领班人，但我们还是一个集体。对我们这个集体，人民基本上是满意的，主要是因为我们搞了改革开放，提出了四个现代化的路线，而且真正干出了实绩。"还特别指出："我们组成的这个新的领导机构，眼界要非常宽阔，胸襟要非常宽阔，这是对我们第三代领导人最根本的要求。我们的第一代领导人前期是胸襟宽阔的，我们第二代基本上也是胸襟宽阔的，对第三代领导以及以后的领导都应该有这样的要求。""这样人民就可以放心了。"② 正因为我们党有了以邓小平为核心的党中央第二代成熟领导集体的坚强领导，国内发生了动乱和反革命暴乱，即使我们党发生了两个领导人的变动，都没有影响我们党的领导，党的领导始终是稳定的。邓小平指出："'文化大革命'结束，我出来后，就注意这个问题。我们发现靠我们这老一代解决不了长治久安的问题，于是我们推荐别的人，真正要找第三代。但是没有解决问题，两个人都失败了，而且不是在经济上出问题，都是在反对资产阶级自由化的问题上栽跟头。这就不能让了。"③

---

① 《邓小平文选》第三卷，第 298 页。
② 《邓小平文选》第三卷，第 299 页。
③ 《邓小平文选》第三卷，第 380 页。

　　我们党在以邓小平同志为核心的党中央成熟领导集体指引下，不仅创造了举世瞩目的伟大成就，而且发展了马克思主义，创立了建设有中国特色的社会主义理论，使我国的经济建设走向了一个新的阶段。邓小平指出："我有一个观点，如果一个党、一个国家把希望寄托在一两个人的威望上，并不很健康。那样，只要这个人一有变动、就会出现不稳定。十一届三中全会以后，大家希望我当总书记、国家主席，我都拒绝了。在党的'十三大'上，我和一些老同志退出了领导核心。这表明，中国的未来要靠新的领导集体。""人总是要死的。哪一天我不在了，好像中国就丢了灵魂，这种看法不好。我在有生之年还可以做一些事，但希望自己从政治舞台上慢慢地消失。"①

　　"现在换第三代。要真正建立一个新的第三代领导。这个领导要取信于民，使党内信得过，人民信得过。不是说对班子里的每个人都满意，而是对这个集体满意。人们对班子里的每个人都可能会有这样那样的意见，但对整个集体表示满意就行了。""第三代的领导也一样要取信于民，要干出实绩。关门可不行啊，中国不可能再回到过去那种封闭时代。那种封闭的方式也造成了灾难啊，例如'文化大革命'。"② 这是对以江泽民同志为核心的第三代党中央领导集体的"政治交代"。也就是说中国问题的关键是组成一个实行改革开放的有希望的中央领导班子。

　　（一）组成一个实行改革的有希望的领导集体，努力提高治党治国的执政本领。

　　邓小平指出："新的领导机构要坚持做几件改革开放的事情，证明你们起码是坚持改革开放，是真正执行十一届三中全会以来的改革开放政策的。这样人民就可以放心了。"③ "这表明，中国的未来要

---

① 《邓小平文选》第三卷，第272～273页。
② 《邓小平文选》第三卷，第298～299页。
③ 《邓小平文选》第三卷，第299页。

靠新的领导集体。近十年来的成功也是集体搞成的。我个人做了一点事，但不能说都是我发明的。其实很多事是别人发明的，群众发明的，我只不过把它们概括起来，提出了方针政策。我们这个领导集体是坚持三中全会制定的路线、方针、政策的，我们相信，现行方针政策一定会继续下去。就我个人来说，对这一点有信心，也感到愉快。"① 以江泽民同志为核心的党中央第三代领导集体，从新的政治局常委会工作的第一天起，就"有一个新的改革的面貌"向全党树立了光辉的榜样。如果放弃了改革开放，就等于放弃了我们的根本的发展战略。没有改革开放中国就没有希望，因为"坚持改革开放是决定中国命运的一招。"② 这就是说："新的中央领导机构要使人民感到面貌一新，感到是一个实行改革的有希望的领导班子。这是最重要的一条。这是向人民亮相啊！人民是看实际的。如果我们摆一个阵容，使人民感到是一个僵化的班子，保守的班子，或者人民认为是个平平庸庸体现不出中国前途的班子，将来闹事的情形就会很多很多，那就真正要永无宁日。"③ 改革是十一届三中全会以来我国社会主义一场新的革命，也是解放和发展生产力的重大措施。全方位的开放，是十一届三中全会以来确立的新路子、新政策的主要内容，中国的发展离不开世界，更不能封闭关起门来搞发展。"不坚持社会主义、不改革开放、不发展经济、不改善人民生活，只能是死路一条。"④ 革命是解放生产力，改革也是解放生产力，只有促进生产力的发展，中国才大有希望。这是关系中国第二次革命的成败的大问题。也是治党、治国、提高执政本领的一个根本性的问题。

---

① 《邓小平文选》第三卷，第272～273页。
② 《邓小平文选》第三卷，第368页。
③ 《邓小平文选》第三卷，第296页。
④ 《邓小平文选》第三卷，第370页。

（二）建设一个眼界非常宽阔、胸襟非常宽大的党中央领导集体，着眼大局、管大事。

邓小平指出："我们组成的这个新的领导机构，眼界要非常宽阔，胸襟要非常宽阔，这是对我们第三代领导人最根本的要求。我们的第一代领导人前期是胸襟宽阔的，我们第二代基本上也是胸襟宽阔的，对第三代领导以及以后的领导都应该有这样的要求。"还特别指出："我们政治局、政治局常委会、书记处的同志，都是管大事的人，考虑任何问题都要着眼于长远，着眼于大局。许多小局必须服从大局，关键是这个问题。"① 这是毛泽东建党学说在新的历史时期的新要求、新发展。毛泽东一贯坚持要看形势、指方向、提任务、情况明、决心大、方法对，"小事天天送，必然出修正"（修正主义）。古人云："宰相肚里能撑船"，就是这个道理。就是要求我们的领导干部要有马克思主义者的政治素质和思想理论修养。具有政治家的风度和气质。着眼大局，着眼世界，面向未来。

平凡而伟大的马克思主义者如马克思、列宁、毛泽东给人类社会留下了不可磨灭的珍贵精神财富和深深的巨大影响，使代代传颂。"选拔任用干部要看政绩"这是邓小平同志一贯强调的，平凡与伟大是个辩证的历史结论，是对党、对人民、对民族、对世界的政绩的真实写照。邓小平同志一贯强调"选拔任用干部要看政绩"。这不仅是继承了党德才兼备，任人唯贤的干部路线和干部革命化、年轻化、知识化和专业化相结合的"凭政绩选人"，而且杜绝选拔干部时某些长官意志的主观随意性、任人唯亲、裙带关系、结党营私等不正之风，甚至腐败现象。在我国历史上，古往今来的统治阶级都重视选拔自己的领导骨干，接班人。

《书经·舜典》记载："三载考绩，三考，黜陟幽明"，这可能是我国关于考察"干部"政绩最早、最明确的记载。我们清醒的看到，

---

① 《邓小平文选》第三卷，第299页，第298页。

无论是"举孝廉"、还是"考科举",无论是圣明君主的礼贤下士、封疆大吏的微服私访,还是锦衣卫式的特务监视,都无法避免旧中国官场的日益腐败,无法保住任何一个朝代的"万世江山"。我们党是工人阶级先锋队,又处在执政地位,执掌着全国政权。这不仅要超越历代剥削阶级的局限性和时代的局限性,而且重要的是在马克思主义指导下不断完善自身建设,特别是建设好自己的干部队伍和领导核心,治理好各级领导骨干。我们党作为有着英勇奋斗历程和光荣传统的世界大党,别人打不垮、压不垮,而我们自己却可能打垮自己。因此,要永远保持在马克思主义指引下,在民主政治的基础上,保持自身的先锋性、先进性与纯结性,保持党与人民的血肉联系,以保证建设有中国特色社会主义事业胜利前进,始终是党的干部工作的根本任务。根据干部的政绩来升降任免干部,对于完成党的干部工作的根本任务,也是无产阶级革命事业的一个重要的组成部分,是取得革命和建设事业的一个重要保证,确实具有极为重要的意义。

(三)坚持党性、坚持原则、坚持团结是同心同德治党治国的根本之道。

邓小平指出:"改革开放政策不变,几十年不变,一直要讲到底。国际国内都很关心这个问题。要继续贯彻执行十一届三中全会以来的路线、方针、政策,连语言都不变。'十三大'政治报告是经过党的代表大会通过的,一个字都不能动。这个我征求了李先念、陈云同志的意见,他们赞成。"① 什么是党性、这就是当今最鲜明的党性、最高的党性,也是最根本性的政治原则、政治纪律,也是当代形势的迫切需要。只有这样我们的党才能生存,我们的国家才能发展。这是历史转折时期一个重大的关键问题。

邓小平在《高举毛泽东思想旗帜,坚持实事求是的原则》的谈话中讲到:"我们是社会主义国家,社会主义制度优越性的根本表现,

---

① 《邓小平文选》第三卷,第296页。

就是能够允许社会生产力以旧社会所没有的速度迅速发展，使人民不断增长的物质文化生活需要能够逐步得到满足。按照历史唯物主义的观点来讲，正确的政治领导的成果，归根结底要表现在社会生产力的发展上，人民物质文化生活的改善上。"在《解放思想，实事求是，团结一致向前看》的重要讲话中指出："今后，政治路线已经解决了，看一个经济部门的党委善不善于领导，领导得好不好，应该主要看这个经济部门实行了先进的管理方法没有，技术革新进行得怎么样，劳动生产率提高了多少，利润增长了多少，劳动者的个人收入和集体福利增加了多少。各条战线的各级党委的领导，也都要用类似这样的标准来衡量。"① 1979 年 10 月，他还指出："对实现四个现代化是有利还是有害，应当成为衡量一切工作的最根本的是非标准。"② 这就明确指出了在新的历史时期，考察一切工作的标准，同样是考察干部的标准。也是党性的表现。

邓小平同志《在武昌、深圳、珠海、上海等地的谈话要点》中指出：是否有利于发展社会主义的生产力，是否有利于增加社会主义国家的综合国力，是否有利于提高人民的生活水平，是判断姓"社"还是姓"资"的标准，这是邓小平同志突出强调的重要思想。这"三个有利于"的判断标准，不仅充满着建设有中国特色社会主义理论科学体系的创新的马克思主义观点，也是检验我们"各项工作都要有助于建设有中国特色的社会主义，都要以是否有助于人民的富裕幸福，是否有助于国家的兴旺发达，作为衡量做得对或不对的标准。"③ 也是"全党同志在进行改革的过程中，应该紧紧把握住马克思主义的这个基本观点，把是否有利于发展社会生产力作为检验一切改革得失成败的最主要标准。"④ 这"三个有利于"不仅是检

---

① 《邓小平文选》第二卷，第 128 页，150 页。
② 《邓小平文选》第二卷，第 209 页。
③ 《邓小平文选》第三卷，第 23 页。
④ 《中共中央关于经济体制改革的决定》单行本，第 11 页。

验改革开放成败、得失、是非的根本标准，也是我们考虑一切问题的出发点和检验一切工作的根本标准，是我们改革开放、解放思想、解放和发展生产力的强大思想武器。

团结就是胜利，团结就是力量。邓小平同志说："新的领导班子一经建立了威信，我坚决退出，不干扰你们的事。希望大家能够很好地以江泽民同志为核心，很好地团结。"① 只有党的团结才能促进人民的团结，国家的团结，民族的大团结。"第三代的领导要取信于民，要得到人民对这个集体的信任，使人民团结在一个他们所相信的党中央领导集体周围。反对资产阶级自由化，坚持四项基本原则，这不能动摇。这一点我任何时候都没有让过步。中国不搞四个坚持能行吗？人民民主专政能不用吗？坚持不坚持人民民主专政，坚持不坚持马克思主义，坚持不坚持社会主义，坚持不坚持共产党的领导，这是个根本问题。"② 这不仅是团结的基础，也是政治团结的标准、团结的原则。团结出新的生产力。

建设有中国特色社会主义事业 能不能胜利发展，能不能立于不败之地，执行党的基本路线能不能始终如一的坚定不动摇，关键在于全党能不能同心同德、团结一致地做好工作。因此，我们每一个党员、党的干部特别是领导干部，必须像爱护自己的眼睛一样维护党的团结和统一。

在工作中，在实践进程中，有利于团结的事就做，不利于团结的事不做，不利于团结的话不说。永远坚持党的民主集中制，面对复杂情况，要解决各种复杂的问题，单凭个人的智慧和才能是很不够的，要靠集体智慧、集体领导。因此，团结就是力量，团结出凝聚力，出战斗力，出新的生产力。团结就是胜利。讲团结，讲统一，讲顾大局、顾全局，是对各级领导干部的基本要求。每个共产党员，每个干部都必须具备这样的政治品格和遵守这样的政治纪律。团结

① 《邓小平文选》第三卷，第301页。
② 《邓小平文选》第三卷，第299页。

统一的基础，就是马克思列宁主义、毛泽东思想，就是邓小平建设有中国特色社会主义的理论，就是四项基本原则，就是党的基本路线。全党团结在以江泽民同志为核心的第三代党中央领导集体的周围，努力奋斗，艰苦创业，我们的社会主义现代化事业夺取更大的胜利就有了可靠保证。

江泽民同志在党的"十四大"报告中指出："党的团结是党的生命。在加快改革开放和现代化建设的关键时期，尤其需要全党同志在基本路线的基础上加强团结。""全党朝气蓬勃，团结奋斗，我们的事业就有了胜利的保证。"党的十四届二中全会再次强调了党内团结的重要性。我们全体党员，尤其是党员领导干部，都应深刻领会党中央这一号召的重大意义。毛泽东指出："只有经过共产党的团结，才能达到全阶级和全民族的团结，只有经过全阶级全民族的团结，才能战胜敌人，完成民族和民主革命的任务。"①

在民主革命时期是这样，在建设有中国特色社会主义时期，党同样需要坚强的内部团结和统一。只有这样党才能保持和不断增强自身的战斗力，才能保证党的基本路线、方针、政策和国家法律，法令有效地贯彻执行，才能把全国各族人民紧密团结在自己的周围，才能保证改革开放和社会主义现代化建设事业在稳定的政治环境中进行。

历史和现实的实践证明，维护党内团结的关键是维护各级领导班子的团结。特别是主要负责人之间的团结。无论什么地方、部门和单位，只要那里的领导班子团结，那里的干部队伍、党员队伍就团结，那里的政治生活气氛就健康活泼，各项工作就开展得比较顺利。反之，领导班子闹不团结的地方、部门和单位，就出现党员、干部人心涣散，政治生活不正常，各项工作困难重重。因为党的各级领导班子，特别是县以上领导班子，是我们整个党员队伍和干部队伍的核心和骨干，在建设有中国特色的社会主义事业中担负着重要

---

① 《毛泽东选集》第一卷，第278页。

的责任。只有各级领导班子能够团结和统一，党组织才能有战斗力、吸引力和凝聚力，才能团结带领广大党员、干部和群众为建设有中国特色社会主义而奋斗。

总之，我们讲的团结是坚持高起点的团结，是有基础有原则的团结。是维护党和人民利益原则上的团结，是坚持真理，修正错误前提下的团结，是在改革、发展、开拓前进基础上的团结。这种团结只有通过健全党内生活和积极的思想斗争才能达到。党内思想斗争之所以能起到增强党的团结的作用，就在于它是马克思主义基本原则指导的坚持党性、坚持原则、坚持团结，是同心同德、治党、治国的根本之道，是我们中国共产党永远坚持的一条基本原则，也是邓小平建党学说的一条重要原理。

（四）反对腐败，拒腐防变，搞好廉洁政治建设，确保改革开放和经济建设的顺利进行。

邓小平同志在《组成一个实行改革的有希望的领导集体》一文中指出："要扎扎实实做几件事情，体现出我们是真正反对腐败，不是假的。本来我们就是要反对腐败的。对腐败的现象我也很不满意啊！反对腐败，几年来我一直在讲，你们也多次听到我讲过，我还经常查我家里有没有违法乱纪的事。腐败的事情，一抓就能抓到重要的案件，就是我们往往下不了手。这就会丧失人心，使人们以为我们在包庇腐败。这个关我们必须过，要兑现。是一就是一，是二就是二，该怎么处理就怎么处理，一定要取信于民。腐败、贪污、受贿、抓个一二十件，有的是省里的，有的是全国范围的。要雷厉风行地抓，要公布于众，要按照法律办事。该受惩罚的，不管是谁，一律受惩罚。"① 对反对腐败，拒腐防变，搞好廉政建设的态度、立场、方法、措施及其政治意义讲得清清楚楚，明明白白。这说明在新的历史时期，反对腐败，加强廉洁政治建设，是建设有中国特色的社

---

① 《邓小平文选》第三卷，第297页。

会主义理论的一个重要组成部分。我们不仅要认真学习和贯彻执行邓小平同志这一根本的战略思想,而且对于深入开展反腐败斗争,搞好党风廉政建设,保证我国的改革开放和经济建设的顺利进行,更加卓有成效地建设有中国特色的社会主义,具有现实和长远的战略意义。

邓小平指出:"今天请你们来,让大家来考虑一下这个论点对不对。一个是组成具有改革开放形象的中央领导班子,使人民放心,这是取信于民的第一条。第二条是真正干出几个实绩,来取信于民。要惩治腐败,并体现我们不但不会改变改革开放的政策,而且要继续深化改革、扩大开放。要拿事实给人民看,这样人民的心里才会平静下来。"① 惩治腐败,取信于民,把反对腐败,廉政建设当作大事来抓。不仅认清反对腐败的重大意义,而且认清党内腐败现象的表现形式、特点、原因及其对策。要从根本上认清腐败现象的性质,产生的根源,腐败现象的危害性和危险性。扫除惩治腐败的障碍,以及我们党应当采取的方针和政策。

邓小平指出:"国要有国法,党要有党规党法,党章是最根本的党规党法。没有党规党法,国法就很难保障……更重要的是维护党规党法,切实把我们的党风搞好。对于违反党纪的,不管是什么人,都要执行纪律。做到功过分明,赏罚分明,伸张正气,打击邪气。"② 腐败不仅是腐烂、败坏、堕落,而且对执政党来说,就是权力的变质。这违背了一个共产党员、党员干部在公共领域和私人领域的社会道德、法律和传统规范的行为。政治上丧失了共产主义的理想、信念,出卖原则执法犯法,卖权渎职、拿原则作交易,利用职权索取贿赂,贪赃枉法,官官相护,包庇坏人;经济上搞权钱交易,以权谋私、搞变相的"官商"、"官倒",吃拿卡要,敲诈勒索,大发横财;组织人事上,任人唯亲,安排亲信,选拔接班人,专找听自己的话,

① 《邓小平文选》第三卷,第298页。
② 《邓小平文选》第二卷,第147页。

顺自己的，给自己办事的人接班，企图继续为自己服务；在作风上，弄虚作假，养尊处优，当官做老爷，以势压人，骑在人民头上作威作福，搞特权，要淫威，丧失了人民公仆的品德和作风。我们党的干部队伍尽管从主流上，整体上是好的，但也应看到存在的腐败现象是严重的，应当引起高度重视。

（五）共产党员、党的干部特别是领导干部要以身作则，加强自身建设立于不败之地。

邓小平同志指出："我诚恳地希望，在选人的问题上，要注意社会公论，不能感情用事。要用政治家的风度来处理这个问题。我们现在就是要选人民公认是坚持改革开放路线并有政绩的人，大胆地将他们放进新的领导机构里，要使人民感到我们真心诚意要搞改革开放。人都是有缺点的，进了班子后还可以继续改进。"① 这是我们党一贯坚持的德才兼备、任人唯贤、又红又专和干部"四化"方针在新的情况下的继承发展和创新。邓小平同志提出的"社会公论""政治家的风度""人民公认是坚持改革开放路线并有政绩的人。"对这个问题要清醒，要注意培养人，要按照"革命化、年轻化、知识化、专业化"的标准，选拔德才兼备的人进班子。我们说党的基本路线要管一百年，要长治久安，就要靠这一条。真正关系到大局的是这个事。具有重大的意义。

我们选拔培养干部的着眼点和出发点是什么呢？邓小平同志指出："要从改革开放这个角度来选。新的领导机构要坚持做几件改革开放的事情，证明你们起码是坚持改革开放，是真正执行十一届三中全会以来的改革开放政策的。"② 他还深刻地指出："现在我们起用人，要抛弃一切成见，寻找人民相信是坚持改革路线的人。要抛弃个人恩怨来选择人，反对过自己的人也要用。过去毛主席就曾经长

① 《邓小平文选》第三卷，第300页。
② 《邓小平文选》第三卷，第299页。

期敢于用反对过他的人。考虑人的角度，也要深化，这也是一种改革，是思想上的改革，思想上的解放。"①改革进一步深化和发展，就要求人们的思想方法，思维方式不断提高，以便适应建设有中国特色的社会主义。邓小平同志特别强调党员和党员干部特别是领导干部自身建设，以身作则的作表率，只要自己不腐败，就能立于不败之地，自己不演变，谁也演变不了自己，都是在自己写自己的历史让人民去评说，实践是检验自身的标准。

邓小平同志指出："这次出这样的乱子，其中一个原因，是由于腐败现象的滋生，使一部分群众对党和政府丧失了信心。因此，我们首先要清理自己的错误，对群众的一些行动要谅解一些，处理时要适度，涉及面不要太广。"② 碰到问题调换个位子想一想，对己严对人宽，要胸襟宽阔，要推功揽过。既要正确估计自己，又要客观的估计别人，要真干，要给大家树立一个好的形象。重要的是要正确对待自己。他说："进入中央最高层的每个成员，都要不再是过去的自己，不再停留在过去的水平上，因为责任不同了。每个人从自身的角度，包括自己的作风等方面，都要有变化，要自觉地变化。领导这么一个国家不容易呀！责任不同啊！最重要的问题是要胸襟开阔。要从大局看问题，放眼世界，放眼未来，也放眼当前，放眼一切方面。"③ 要提高别人首先提高自己，要当群众的先生，首先当群众的学生。只有具备马克思主义理论素养，才能保证决策的正确性和科学性。

江泽民说，"党在理论上的提高，是党的领导的正确性、科学性的根本保证。"作为领导者，在贯彻执行党的基本路线、方针、政策的过程中，不仅应当从本地区、本单位的实际出发，还要不断地研究新情况、新问题，深入实际进行调查研究，只有这样才能科学地

---

① 《邓小平文选》第三卷，第299～300页。
② 《邓小平文选》第三卷，第300页。
③ 《邓小平文选》第三卷，第300页。

进行决策，创造性地开展工作。要正确地进行决策，靠"拍脑袋"、靠感性经验是不行的，需要有多方面的科学知识和对实际情况的深切了解。各种专业知识、管理知识对领导者的决策当然也是重要的，但是，马克思主义科学理论对于正确决策的决定性作用，是任何其他知识都不能替代的。我们一切领导者，都必须以马克思主义的世界观和方法论去掌握这个"伟大的认识工具"，推动事业的发展。

邓小平同志还提醒党的领导者："党内无论如何不能形成小派、小圈子。我们这个党，严格地说来没有形成过这一派或那一派。三十年代在江西的时候，人家说我是毛派，本来没有那回事，没有什么毛派。能容忍各方面、团结各方面是一个关键性的问题。自我评论，我不是完人，也犯过很多错误，不是不犯错误的人，但是我问心无愧，其中一点就是从来不搞小圈子。过去我调任这样那样的工作，就是一个人，连勤务员都不带。小圈子那个东西害死人呐！很多失误就从这里出来，错误就从这里犯起。你们是要在第一线顶着干工作的，所以我今天要讲这一点。"① 邓小平同志给我们树立了光辉的榜样。

关键是党，核心是领导班子，邓小平同志"政治交代"是党政领导班子建设的极为重要的指导思想、指导原则和应当注意的问题。"总之，有一个新的改革的面貌，是确定新班子成员的一个十分重要的问题。"② 只有我们按照邓小平建党学说建设党、建设干部队伍，建设党政领导班子，才能把党的建设提到一个新水平，努力提高党的执政本领、建设本领，治党、治国本领，推进建设有中国特色社会主义事业。

---

① 《邓小平文选》第三卷，第300～301页。
② 《邓小平文选》第三卷，第297页。

六、高举邓小平建设有中国特色社会
主义理论的伟大旗帜胜利前进

党的"十四大"报告深刻指出:"我们党是以马克思列宁主义、毛泽东思想作为指导思想的工人阶级先锋队。马克思主义是深深植根于实践并在实践中不断发展的科学。建设有中国特色社会主义的理论,是马克思主义同中国实际相结合的最新成果,是当代中国的马克思主义,是指引我们实现新的历史任务的强大思想武器。学习马克思列宁主义、毛泽东思想,中心内容是学习建设有中国特色社会主义的理论。党员领导干部首先是高级干部要带头学好用好。要认真学习邓小平同志的战略思想和理论观点,认真学习他运用马克思主义立场、观点和方法,研究新情况、解决新问题的科学态度和创造精神。学习要联系实际,要精、要管用。"① 学习马克思主义应当以邓小平著作为中心,熟读《邓小平文选》一、二、三卷,特别是要精读《邓小平文选》第三卷。因为它更贴近实际,更结合现实。是推进改革开放和社会主义现代化建设伟大实践的迫切需要,是新时期加强和改进党的建设、党的领导的重大措施,也是坚持党的"一个中心、两个基本点"的基本路线一百年不动摇的根本保证。《邓小平文选》第三卷的出版,为我们进一步用建设有中国特色社会主义理论武装全党,教育干部和人民,统一思想,坚定信念,积极、全面、正确地执行党的路线、方针和政策具有重大的现实意义和深远的历史意义。

《邓小平文选》第一卷是邓小平同志在以毛泽东为核心的党中央第一代成熟领导集体时期的主要著作,为毛泽东思想的形成和发展,为毛泽东建党学说的基本原理、原则的阐述,为建设一个成熟的有战斗力的党,等等杰出贡献的历史记录;《邓小平文选》第二卷是以

① 《中国共产党第十四次全国代表大会文件汇编》第46页。

邓小平为核心的党中央第二代成熟领导集体在十一届三中全会前后到"十二大"以前的主要著作，它不仅是我们党第二代党中央在党的指导思想上完成拨乱反正和改革开放起步阶段的主要著作，而且是以邓小平为核心的第二代党中央成熟领导集体形成和发展的历史记录；《邓小平文选》第三卷，是我们党从1982年以来这十多年间，党领导全国各族人民全面开创改革开放和社会主义现代化建设新局面的十多年，是在建设有中国特色社会主义道路不断探索前进、不断积累经验的十多年，也是经历了国内风波和国际局势巨大变动的十多年。《邓小平文选》第三卷就是这伟大的十多年的科学理论的总结，也是引导我们继续胜利前进的行动指南。

邓小平同志的理论著作有个突出的特点，就是最重要最富有独创性的著作。它立足的基础是党和人民的崭新实践，是根植在火热的改革和经济建设的实际生活之中，它的理论价值、实践作用，已经并将继续在建设有中国特色社会主义事业的实践中得到证实。它内容丰富，博大精深，洋溢着鲜明的时代精神与民族精神，闪耀着马克思列宁主义、毛泽东思想真理的灿烂光辉。

江泽民同志在学习《邓小平文选》第三卷报告会上的讲话指出："从十一届三中全会开始，经过"十二大"、"十三大"到"十四大"，我们党又郑重地把邓小平建设有中国特色社会主义的理论写到了自己的旗帜上。这是我们党付出了巨大代价获得的极为珍贵的精神财富，是我们党和人民进行新的历史创造的科学总结，是我们发展社会主义事业的伟大旗帜，是我们民族振兴和发展的强大精神支柱。在当代中国，有了这面旗帜，有了这个精神支柱，一个有五千万党员的大党才会有更加坚强的战斗力，一个有十一亿人口的大国才会有更加强大的凝聚力，十五年来，正是由于我们举起这面旗帜，依靠这个精神支柱，我们的党、我们的国家才得以克服困难、排除干扰，稳步走上了社会主义现代化建设的正确轨道，取得了举世瞩目的伟大成就。历史和现实的经验一再表明，坚持邓小平同志建设有中国特色社会主义的理论，就是真正坚持和发展马克思列宁主义、毛泽东思想。只要我们按照这个理论指引的方向、道路和"三步走"的发展战略干下去，一直干到下世纪中叶，达到世界中等发达国家水平，一个富强、民主、文明的社会主义现代化中国就一定能够巍然屹立于世界的东方。"①

（一）马克思列宁主义、毛泽东思想和邓小平建设有中国特色社会主义理论是认识世界和改造世界的强大武器。

中国共产党是以马克思列宁主义、毛泽东思想和邓小平建设有中国特色社会主义理论作为自己的世界观、方法论和理论基础。它帮助我们了解社会发展的客观规律，判明自己的发展方向，认识自己的斗争目的，可靠地取得胜利和巩固胜利。因为"我们党有个很大的优点，就是有一个新的科学的世界观作为理论的基础，……"②列宁讲得更清楚明确："马克思的学说所以万能，就是因为它正确。它十分完备而严整，它给予人们一个决不同任何迷信、任何反动势力、任何为资产阶级压迫所作的辩护相妥协的完整世界观。"③"现代历史的全部经验，特别是《共产党宣言》发表后 50 多年来世界各国无产阶级的革命斗争，都无可争辩地证明，只有马克思主义的世界观才正确地反映了革命无产阶级 的利益、观点和文化。"④ 我们共产党从它成立那天起整个世界观是以科学社会主义即马克思列宁主义为基础的。唯物辩证法是马克思列宁主义党的世界观。它所以叫做辩证唯物主义和历史唯物主义，是因为它对自然界现象的看法、它研究自然界现象的方法、它认识这些现象的方法是唯物的、辩证的，而它对自然界现象的解释、它对自然界现象的了解，它的理论是唯物主义的。只有马克思列宁主义的哲学唯物主义，才给无产阶级指明了摆脱精神枷锁的出路。

---

① 江泽民：《在学习〈邓小平文选〉第三卷报告会上的讲话》，单行本，第4~5页。
② 《马克思恩格斯选集》第2卷，第118页。
③ 《列宁选集》第2卷，第441页。
④ 《列宁选集》第4卷，第380页。

正因为我们完全站在马克思主义理论基础上，才第一次把社会主义的空想变成科学，给这个科学奠定了巩固的基础，划清了继续发展和详细研究这个科学所应遵循的道路。它揭示了现代资本主义经济的实质，指明了社会发展方向和总的趋势。在全世界无产阶级革命政党不断丰富和发展马克思列宁主义，使它更加切合实际，这一理论帮助了我们认识世界，了解世界、改造世界，了解当前事变的全部规律性。它帮助我们为铲除剥削、压迫而斗争的全世界无产者更清楚地认识自己的斗争目的，党的历史使命，更坚定地顺着既定的方向前进，更可靠地取得胜利和巩固胜利。

"没有革命理论，就不会有坚强的社会主义政党，因为革命理论能使一切社会主义者团结起来。他们从革命理论中能取得一切信念，他们能运用革命理论来确定斗争方法和活动方式；维护这个具有起码理解力的人都认为是正确的理论，反对毫无根据的攻击，反对败坏这个理论的企图，这决不等于敌视任何批评。""没有革命的理论，就不会有革命的运动。""只有以先进理论为指南的党、才能实现先进战士的作用。"只有马克思列宁主义理论，才能成为工人阶级运动的旗帜。列宁还明确指出："恩格斯在谈到他自己和那位赫赫有名的朋友时说过：我们的学说不是教条，而是行动的指南。这个经典式的定义异常鲜明有力地强调了马克思主义的往往被人忽视的那一方面。而忽视那一方面，就会把马克思主义变成一种片面的、畸形的、僵死的东西，就会阉割马克思主义的活的灵魂，破坏它的根本的理论基础——辩证法，即关于包罗万象和充满矛盾的历史发展的学说；就会破坏马克思主义同时代的一定的实际任务，即随着每一次新的历史转变而改变着的任务之间的联系。"① 从马克思主义诞生那天起，一百多年来社会发展的历史，特别是社会主义运动史都充分的证明了这一点嘛！一切民族都将走到社会主义，这是不可避免的，但是一切民族的走法却不完全一样，在民主的这种或那种型式上，在

① 《列宁选集》第 2 卷，第 398 页。

无产阶级专政的这种或那种类型上，在社会生活各方面的社会主义改造的速度上，每个民族都会有自己的特点。

毛泽东在《实践论》中就明确指出：马克思主义的哲学辩证唯物论有两个最显著的特点：一个是它的阶级性，公然申明辩证唯物论是为无产阶级服务的；再一个是它的实践性，强调理论对于实践的依赖关系，理论的基础是实践，又转过来为实践服务。指导一个伟大的革命运动的政党，如果没有革命的理论，没有历史知识，没有对于实际运动深刻的了解，要取得胜利是不可能的。怎样才能取得胜利呢？毛泽东同志在党的"八大"开幕词中指出："我们的革命和建设的胜利，都是马克思列宁主义的胜利。把马克思列宁主义的理论和中国革命的实践密切地联系起来，这是我们党的一贯的思想原则。"在《增强党的团结，继承党的传统》一文中指出："马克思主义的普遍真理一定要同中国革命的具体实践相结合，如果不结合，那就不行。这就是说，理论与实践要统一。理论与实践的统一，是马克思主义的一个最基本的原则。"① 毛泽东同志在《为建设一个伟大的社会主义国家而奋斗》的文章指出："指导我们思想的理论基础是马克思列宁主义。"②

革命和建设的理论是实践经验的科学总结。"理论是概括起来的各国工人运动的经验。当然，离开革命实践的理论是空洞的理论，而不以革命理论为指南的实践是盲目的实践。可是，理论如果是在和革命实践密切联系中形成的，那么它就能成为工人运动的极伟大的力量；因为理论，而且只有理论，才能使运动具有信心，使它有确定方针的能力，使它能了解周围事变的内部联系；因为理论，而且只有理论，才能使实践不仅了解各阶级在目前如何行进和向哪里行进，而且了解这些阶级在最近的将来会如何行进和向哪里行进。"③

---

① 《毛泽东选集》第五卷，第297页。
② 《毛泽东选集》第五卷，第133页。
③ 《斯大林选集》上卷，第199～200页。

就是像斯大林说的，只有我们的党才知道把事业引向何处，而且胜利地把它引向前进。我们党为什么有这种优越性呢？因为它是马克思主义的是党，列宁主义的党。因为它在自己的工作中遵循着马克思、恩格斯、列宁的学说。毫无疑问，只要我们始终忠实于这个学说，只要我们掌握住这个指南针，我们的工作就会获得成就。

为什么我们会获得成就呢？恩格斯指出："我们的理论不是教条，而是对包含着一连串互相衔接的阶段的那种发展过程的阐明。……如果德国人像我们在1845—1848年那样懂得理论的话，那末他们就应当根据自己的理论去行动，他们应当参加工人阶级的一切真正的普遍性的运动，实事求是地考虑运动的实际出发点，……"① 这就是说："我们决不把马克思的理论看做某种一成不变的和神圣不可侵犯的东西；恰恰相反，我们深信：它只是给一种科学奠定了基础，社会主义者如果不愿落后于实际生活，就应当在各方面把这门科学向前推进。我们认为，对于俄国社会主义者来说，尤其需要独立地探讨马克思的理论，因为它所提供的只是一般的指导原理，而这些原理的应用具体地说，在英国不同于法国，在法国不同于德国，在德国又不同于俄国。"

就是说，要善于把共产主义共同的和基本的原则应用到各阶级和各政党相互关系的特点上去，应用到向共产主义客观发展的特点上去，这种特点每个国家各不相同，我们应该善于研究、探求和揣测这种特点。现在必须弄清一个不容置辩的真理，就是马克思主义者必须考虑生动的实际生活，必须考虑现实的确切事实，而不应当抱住昨天的理论不放，因为这种理论和任何理论一样，至多只能指出基本的和一般的东西，只能大体上概括实际生活中的复杂情况。"我的朋友，理论是灰色的，而生活之树是常青的。"

当前，我们的改革正全面深化，建立社会主义市场经济体制的各项工作正在迅速展开，这是深入学习邓小平建设有中国特色社会

---

① 《马克思恩格斯选集》第4卷，第459页。

主义理论，提高运用理论武器正确把握大局、妥善解决实际问题的能力的好时机。这就要求我们的党员、尤其是党员领导干部加强学习，领导干部工作越忙，越要带头坚持学习，要带着现实问题学理论，用理论指导解决现实问题，努力在全党造成浓厚的学习理论的空气，造成浓厚的研究解决实际问题的能力。

江泽民同志从党在新时期所处的地位和肩负的历史任务出发，要求各级干部尤其是领导干部比过去任何时候都要更加重视理论学习，加强理论修养。他深刻指出："有了理论上的清醒和坚定，才能保持政治上的清醒和坚定，贯彻执行党的基本路线才能更加全面和自觉，才会有社会主义现代化事业的成功。领导干部马克思主义理论水平的高低，在很大程度上决定着党的执政水平和领导水平的高低，决定着建设有中国特色社会主义事业的成败。无论是老干部还是中青年干部，都应当立足全局，面向二十一世纪，以高度的历史责任感，继续刻苦学习邓小平同志的这个理论，并且带动全党同志长期地、深入地、更有成效地学习，决不能有任何懈怠。"①

（二）学习马克思主义要联系实际，要精，要管用，要落到实处，要落到基层。

邓小平同志在南巡谈话要点中指出："学马列要精，要管用的。……马克思主义是打不倒的。打不倒，并不是因为大本子多，而是因为马克思主义的真理颠扑不破。……我们讲了一辈子马克思主义，其实马克思主义并不玄奥。马克思主义是很朴实的东西，很朴实的道理。"② 这就是说，真理经常简明易懂，听起来很平凡的，那些听起来很玄妙的，其中所言的真理可能很少。当然，学习马克思主义理论要同革命、建设的实践结合起来，要理论联系实际，要解决实际问题，这是我们党的一贯指导思想和根本方针。我们党从她创建

---

① 《人民日报》1994 年 6 月 1 日。
② 《邓小平文选》第三卷，第 382 页。

那天起，就一直坚持这条基本原理原则，这是马克思主义党的学说的一块基石。

列宁强调马克思主义同俄国革命实践结合起来，才能充分发挥无产阶级的领导作用。他指出："马克思和恩格斯的主要功绩，就是引导社会主义同工人运动结合起来：他们创立的革命理论，阐明了这种结合的必要性，指出了社会主义者的任务就是组织无产阶级的阶级斗争。"① 社会主义同工人运动相结合，马克思主义的普遍真理与俄国革命实践相结合的思想，是列宁主义的一条基本原理。列宁说："我们应当仔细研究国民经济各部门中工人阶级的状况，研究他们觉醒和开始进行斗争的形式和条件，从而使已经在俄国的土壤中生根的马克思主义社会主义和俄国的工人运动结合起来成为一个不可分割的整体，使俄国的革命运动同人民群众的自发行动结合起来。只有这样结合起来，在俄国才能够建立社会民主党，……社会民主党是社会主义同工人运动的结合。"② 所以，"在俄国的土壤中生根的马克思主义社会主义和俄国的工人运动结合起来成为一个不可分割的整体"，是一个重要的理论原则。马克思列宁主义之所以能成为党的指导思想，成为指导无产阶级革命的理论基础，成为党的领导学说，能够在不同的国度里立于不败之地，并取得最后的胜利，原因就在于它是在各国的"土壤中生根的马克思主义社会主义"，这是带有普遍规律性的概括和总结。它揭示了马克思主义关于党的学说的一条根本性规律，也是党成熟的根本标志。列宁还深刻地指出："每个国家社会主义和工人运动的结合，都是历史上形成的，都经过了独特的道路，都是以地点和时间为转移。""这个形成的过程。是一个非常艰难的过程，因此，在这个过程中出现各种动摇和怀疑，不是什么特别奇怪的事情。"各国的国情不同，革命、建设的具体条件差异很大，革命的道路又曲折复杂，都有自己的发展过程，显然，这

① 《列宁全集》第 4 卷，第 225 页。
② 《列宁全集》第 4 卷，第 288 页。

些都"以地点和时间为转移"。

列宁论述了共产党是工人阶级的先进部队,是阶级的领导者、组织者,是无产阶级解放运动的指导力量,是无产阶级利益和广大人民群众利益的忠实代表。共产党在领导无产阶级的政治斗争时,应当时刻不忘党的最终目的,随时宣传,捍卫无产阶级的思想体系和指导思想,坚决地同一切资产阶级思想、自由化作斗争。党只有立场坚定,路线正确,才能肩负其历史使命,成为"无产者的阶级联合的最高形式,即无产阶级的革命政党。"

列宁认为,在民主革命的整个历史时期,无产阶级政党必须牢牢掌握党的领导权,同时把小资产阶级引向正确的轨道,从而领导无产阶级和人民群众去夺取民主革命的彻底胜利。列宁指出:"马克思主义教导无产者不要避开资产阶级革命,不要不关心资产阶级革命,不要把革命中的领导权让给资产阶级,相反地,要尽最大的努力参加革命,最坚决地为彻底的无产阶级民主主义,为把革命进行到底而奋斗。"这个基本思想是党领导民主革命的理论指导原则。

在民主革命的实践中,根据革命实践和党的需要,坚持无产阶级的革命领导权,把民主革命引向胜利,这是党的一个战略方针。党的任务及其领导作用就是通过社会实践来实现的。列宁认为:"无产阶级所担负的任务就是积极将资产阶级民主革命进行到底和充当这一革命的领袖。"① 实践证明,要把民主革命进行到底,就必须牢牢掌握党的领导权,起到领袖的作用。这是一条党的学说的基本原理。

以毛泽东为核心的党中央第一代成熟领导集体,把马克思列宁主义的普遍真理与中国革命的具体实践相结合,使中国革命的面目为之一新。毛泽东同志从中国的国情出发,建立和建设一个无产阶级政党,并在党的领导方面积累了丰富的历史经验。鸦片战争以后,由于帝国主义和中国封建势力相勾结,把中国变成为一个半殖民地半封建的社会。在帝国主义、封建主义和官僚资本主义的统治下,中

----

① 《列宁全集》第12卷,第477页。

国的政治、经济、文化是极端落后的。

但是，由于历史的发展，社会的前进，中国的工业、特别是民族工业也缓慢地发展起来。中国工人阶级也随之成长壮大，从而奠定了中国共产党产生的阶级基础。毛泽东指出："中国因经济落后，故现代工业无产阶级人数不多。二百万左右的产业工人中，主要为铁路、矿山、海运、纺织、造船五种产业的工人，而其中很大一个数量是在外资产业的奴役下。工业无产阶级人数虽不多，却是中国新的生产力的代表者，是近代中国最进步的阶级，做了革命运动的领导力量。"

十月革命一声炮响，给中国送来了马克思列宁主义，开辟了中国革命的新纪元。"五四"运动后，马克思列宁主义在中国广泛传播，使具有初步共产主义思想的革命知识分子逐步成长起来。早期的马克思列宁主义者同资产阶级改良主义者胡适，基尔特社会主义者张东荪、梁启超，无政府主义者区声白、黄凌霜进行了激烈论战。中国出现了以马克思列宁主义和中国工人运动相结合的代表人物李大钊、陈独秀、毛泽东、蔡和森、周恩来等马克思列宁主义者，为中国共产党的成立和发展作了思想上和组织上、干部上的准备。马克思列宁主义在中国广泛传播，奠定了中国共产党产生的思想理论基础。特别是马克思列宁主义和中国工人运动相结合产生了巨大的物质力量和精神力量。

自从中国工人阶级以独立的姿态登上中国的政治舞台，就充分地显示出它在中国革命运动中的先锋作用和领导作用。中国革命运动的不断发展，进一步促进了马克思列宁主义同中国工人运动的结合。特别是党的成立和发展。使中国革命运动发生了根本性的变化。因此，中国共产党是中国工人运动和马克思列宁主义相结合的产物。中国共产党的产生形成和发展是中国社会政治、经济发展的必然结果。马克思列宁主义成为指导中国革命的最好武器。毛泽东指出："中国共产党则是拿起这个武器的倡导者、宣传者和组织者。马克思列宁主义的普遍真理一经和中国革命的具体实践相结合，就使中国革命的面目为之一新。"①

新就新在中国无产阶级一经登上革命历史舞台，新在自己的政党——中国共产党领导之下进行革命斗争，显示了它的威力和前途，新就新在中国革命是在十月社会主义革命影响下发展起来的、已成为世界无产阶级革命的一个组成部分；新就新在无产阶级通过自己的政党，掌握了中国革命的领导权，通过新民主主义革命去夺取全国政权，建立社会主义；新就新在从新民主主义社会向社会主义社会过渡中起决定作用的是党的领导；新就新在走出一条具有中国特色的革命发展道路等等。

毛泽东在《论联合政府》一文中回忆了中国共产党成立后，中国革命为之一新的历史进程，指出："中国工人阶级，自第一次世界大战以来，就开始以自觉的姿态，为中国的独立、解放而斗争。一九二一年，产生了它的先锋队——中国共产党，从此以后，使中国的解放斗争进入了新阶段。在北伐战争、土地革命战争和抗日战争三个时期中，中国工人阶级和中国共产党，对于中国人民的解放事业，作了极大的努力和极有价值的贡献。""中国工人阶级的任务，不但是为着建立新民主主义的国家而斗争，而且是为着中国的工业化和农业近代化而斗争。"② 现在，中国共产党已经发展成为一个拥有五千多万党员的执政党。中国共产党的产生，有其自身形成的特色，也有其理论特色，丰富和发展了马克思主义的建党学说。

党的路线、方针、政策是理论与实践相结合的产物。毛泽东指出："真正的理论在世界上只有一种，就是从客观实际抽出来又在客观实际中得到了证明的理论。"③ 众所周知，党中央的许多重要文献，不但规定了党的路线、方针和政策，而且对现实社会中的许多重大问题作了理论上的阐述。党中央的方针、政策和重要文献，是根据

---

① 《毛泽东选集》第三卷，第 754 页。
② 《毛泽东选集》第三卷，第 982 页。
③ 《毛泽东选集》第三卷，第 775 页。

马克思列宁主义、毛泽东思想和邓小平建设有中国特色的理论的基本原理、原则和方法，结合不断变化的实际，根据新情况，为解决新问题而制定出来的。它提出了一系列新概念，作了许多新的论断，新的结论，形成了新的原理、原则和方法，并在实践中进行检验，不断进行修正、补充和完善。实际上是行动中的马克思主义。也有的文献本身就是一部光辉的马克思主义理论巨著。比如，党的一些重大决议及邓小平、陈云等同志的重要文章和讲话，都是新的历史时期的马克思主义理论著作。

　　一篇文章、一次谈话、一部巨著的理论价值，主要是看它在无产阶级解放事业中所起的作用，能否指引革命和建设取得胜利，使革命和建设事业取得成功，推动生产力的发展，使国家强盛，人民富裕。马克思主义的基本著作之一《共产党宣言》，并不是大部头的著作，列宁却给予它极高的评价。列宁说"这本书篇幅不多，价值却相当于多部巨著。"列宁提出的"社会主义可能首先在少数或者甚至在单独一个资本主义国家内获得胜利"的重要结论，是对马克思、恩格斯认为共产主义革命不可能在某一国家单独发生，必须在几个文明国家里同时发生的论断的一个重大突破的发展，而这个重要结论就是在《论欧洲联邦口号》这篇短文中首先提出的。列宁关于"文化革命"的重要思想和概念，是在《论合作制》这篇短文中提出的。

　　马克思列宁主义、毛泽东思想和邓小平建设有中国特色社会主义的理论是指导无产阶级进行战斗的学说。它是在革命和建设的实践中，在总结经验、探索解决新情况、新问题的过程中创造和发展的，其具体形式之一就是党的文献、党的决议、决定、党的领导人的讲话、谈话、文章和书信。马克思主义的一些重要概念、结论和原理、原则，就是在这些著作中提出和阐述的。一个党员、党的干部特别是领导干部不仅要重视学习这些理论问题，而且要以马克思主义的理论为指导，把党的路线、方针、政策落到实际行动中去。

　　每个共产党员和党的干部都要坚守岗位，认真贯彻执行岗位责任制，脚踏实地，勤奋工作，研究新情况，解决新问题。许多优秀党员、干部为贯彻执行党的路线、方针和政策奋斗不息，甚至献出了自己的宝贵生命，表现出了坚强的党性和伟大的人生。为了党的事业，他们积极宣传群众，组织群众，依靠群众，使党的路线、方针、政策变成广大群众的自觉行动。他们时时处处不忘记自己是个共产党员，严格按党员标准要求自己，尽职、尽责、尽心、尽力，全心全意地为人民服务，守纪律，认真学习党的路线、方针和政策，做到有令则行，有禁则止。对工作中的缺点或不足之处，善意地提出批评和建议，对于一切背离和违反党的路线、方针、政策和错误的言行和不良倾向，毫不含糊地坚决斗争，始终站在捍卫党的路线、方针、政策的前列。真正落实到实处，落实到基层。

(三)党政领导干部必须掌握马克思主义的世界观和方法论去指导自己的实际行动。

马克思主义认为，世界观和方法论是一致的，有什么样的世界观，就有什么样的方法论。马克思主义不是教条，而是行动的指南。毛泽东在《辩证法唯物论提纲》中明确指出："世界本来是发展的物质世界，这是世界观；拿了这样的世界观转过来去看世界，去研究世界上的问题，去指导革命，去做工作，去从事生产，去指挥作战，去议论人家长短，这就是方法论，此外并没有别的什么单独的方法论。所以，在马克思主义者手里，世界观同方法论是一个东西。"很明显，马克思主义哲学既是世界观，又是进行科学研究的方法，科学的领导方法、工作方法、军事作战方法等等。世界观是人们对世界上的本质、各种事物之间的关系以及人和周围世界关系等等的看法，是对世界上一切事物的总的看法，总的观点。因此，人们要进行独立思考，进行科学的思维和正确的分析，就离不开正确的世界观和方法论。

党政领导者在领导本单位、本部门、本行业的工作时，都会遇到一些具体情况，针对这些情况来采取一些解决问题的具体办法。但是，在进行独立思考和科学地解决问题时，都离不开马克思主义的世界观和方法论，都必须遵循这些基本原则。思维能力和认识问题的能力是分不开的。要进行独立思考和独立工作，就必须刻苦钻研，掌握事物的本质和发展规律，掌握马克思主义及其立场、观点和方法。而所有这些，又都离不开人的认识能力，即马克思主义的认识论。所谓认识论，实际上就是关于人的认识的本质、能力、来源、形式和发展规律等问题的理论。认识来源于实践。人的认识就是反映客观事物的能力，就是指世界上的一切事物都是可知的，是可以认识的。认识的形式多种多样，有感性形式也有理性形式。认识是有层次的，认识的发展是：实践、认识、再实践、再认识。马克思主义的认识论，就是运用唯物辩证法和历史唯物主义的理论来解决认识问题，从而形成为系统的关于认识问题的理论。所以，一个党政领导者在进行独立思考问题的时候，必须尊重唯物论，尊重辩证法，即遵循正确思维必须遵守的基本原则。

　　党政领导者在独立思考问题时，必须以马克思列宁主义、毛泽东思想和邓小平建设有中国特色理论为指导，以党的思想路线的基本原则为依据。党的思想路线的根本点是实事求是，一切从实际出发。实事求是，是思想路线的本质。"实事求是"是毛泽东引自《汉书》上的一句话。他对这句话作了马克思主义认识论的解释，即从客观事物中找出固有的规律性。他指明了认识的"真正任务"和实现这一任务的马克思主义方法，即理论联系实际，理论和实践的统一，普遍真理和具体实践相结合，这是马克思主义的根本原理、原则。实事求是，也是共产党认识世界、改造世界的科学态度和优良作风。只有遵循这些原则去独立思考、独立工作、独立负责地进行思维活动和科学分析，才能解决主客观的矛盾，达到主观和客观、认识和实践的具体统一。

　　党政领导者要培养和提高自己独立思考和观察分析问题的能力，掌握马克思主义的世界观和方法论，就必须学会运用思维规律，把问题看得比较深透一些，远一些，就必须深入实际，调查研究，进行周密的探讨，占有大量的材料，作具体的分析和科学研究，然后提出自己的见解。这样，观察分析问题的能力就会逐步提高，就会运用科学的世界观和方法论去指导工作。毛泽东指出："凡事应该用脑筋好好想一想。俗话说：'眉头一皱，计上心来'，就是说多想出智慧。要去掉我们党内浓厚的盲目性，必须提倡思索，学会分析事物的方法、养成分析的习惯。"①

马克思主义的世界观和方法论告诉我们，要善于从各个侧面看问题、思考问题，要看到各个问题的侧面的区别和联系，要把想和看联系起来，既要看到事物的局部现象，又要看到事物的整体和本质。只有这样坚持下去，才能逐步掌握马克思主义的世界观和方法论，提高我们的认识能力，出现智慧的眼睛，从客观实际中找出解决矛盾的办法来。毛泽东指出："我们是马克思主义者，马克思主义叫我们看问题不要从抽象的定义出发，而要从客观存在的事实出发，从分析这些事实中找出方针、政策、办法来。"② 因此，当我们运用马克思主义的世界观和方法论，进行独立思考，观察分析问题时，要牢牢记住进行周密的调查研究，进行实事求是的科学分析，从而得出科学的正确的结论。这是一个党政领导者必须遵守的基本原则，也是党性和科学性的统一。

党政领导者要勤奋读书，勇于实践，善于总结经验。"成为懂得理论、懂得路线、懂得政策、懂得方法的专家"。③ 提高党政领导干部素质修养的重要方法和有效途径，除了干部加强自身建设并以身作则做表率外，还有一个比较有成效的方法，就是勤奋研读，用人类创造出来的全部知识武装自己的头脑，增长自己的才干，以适应党和人民的需要。

要勤奋读书，包括学习马克思主义的经典著作，特别是邓小平著作第一、二、三卷，文史、自然科学、世界经济、世界政治以及

---

① 《毛泽东选集》第三卷，第 902 页。
② 《毛泽东选集》第三卷，第 810 页。
③ 《毛泽东选集》第五卷，第 123 页。

文艺等等。要做一个比较成熟的、理论与实践相统一的马克思主义者，不博览群书是不行的。至于先学哪些，后学哪些，要从自身水平出发，好高骛远只能是事倍功半，甚至劳而无功。读书要有科学的方法，要理论联系实际，读书的内容要有主次，应当是专博的纵向知识结构。要下功夫钻研马克思列宁主义、毛泽东思想和邓小平建设有中国特色理论和党的建设、党的领导的理论，要使本行业务达到一定的广度与深度。在这个基础上，还要勇于新的探索。

要勇于实践，开拓前进。领导者的活动能力要在社会实践中加以检验和提高。领导者要在实践中改造自己，开拓前进，不断提高自己的素质与修养。领导者的思想、主张、计划、决策、方法等等是否合乎实际，是否正确，都要受实践的检验，实践证明是正确的，才有实际意义。要向群众学习，向一切有实践经验的人学习，在实践中获得知识。一个领导者提高自己的德、才最有效的途径，就是要投身到实践的变革中去，在新的实践中，走别人没有走过的路，解决前人没有解决的问题。要在实践中探索、开拓，不断总结新的经验，认识事物的客观规律，按照客观规律办事。要善于总结新鲜经验。总结经验的目的，是为了更好地指导实践，找出成功与失败的原因，巩固成绩，修正错误，创造新的未来。总结新鲜经验的过程，就是调查研究的过程，也是更深刻、更正确、更完善地认识我国革命和建设规律的过程。通过实践、认识、再实践、再认识，不断深化，用从实践中得来的经验，去能动地指导实践，再从新的实践中总结新的经验，再去指导新的实践。只有不断地总结新经验，不断地再认识，才能探索出正确的革命发展道路。正如毛泽东指出的："从建设社会主义这个未被认识的必然王国，到逐步地克服盲目性、认识客观规律，从而获得自由，在认识上出现一个飞跃，到达自由王国。"① 总之，通过不断地总结经验，使我们的党在思想上、政治上更加成熟，使党政的领导者更加适应革命和建设社会主义现代化

① 《毛泽东著作选读》下册，第826页。

的需要。

党政领导干部应具有的革命精神，毛泽东指出，人总是要有点精神的。在新时期，一个党政领导干部应当有什么精神呢？主要是敢于坚持原则、实干、进取、开拓、牺牲等精神，只有具备这些精神，才能适应时代形势的要求。

一是要有敢于坚持原则和真抓实干的精神。我们所讲的坚持原则，主要是坚持四项基本原则，坚持党的基本路线、方针和政策，从政治上、行动上与党中央保持一致。对大是大非问题，对路线、方针、政策性的问题，立场要坚定，态度要鲜明。对党中央的指示、决议、决定要坚决贯彻，做到"令行禁止"。对待实际生活中存在的错综复杂的问题，力求做到实事求是，是非分明，不能以感情代替政策，更不能以个人偏见去非议党的方针和政策，甚至抱抵制的态度。

在实际工作中，领导干部绝不能丧失自己的职责，采取"对上捧着点，对下哄着点，互相照顾点"的不负责任态度；对坏人坏事和各种错误思想采取不揭发、不批评、不规劝、不斗争，任其自流，保持一团和气的错误做法。要实现党风和社会风气的根本好转，党政领导者必须敢于和善于坚持原则。领导者的真抓实干精神，就是不说空话、假话、大话，要多干实事。这是无声的命令。以身作则的模范行动亦是最有效的思想政治工作。那种整天饱食终日，无所用心，讲空话，不干实事，站在局外高谈阔论，评头品足的干部，对党的事业，只会有害而无益。

二是开拓精神。我们处在改革的时代，科学技术的发展日新月异，为了适应时代的潮流，党和国家制定了改革开放的基本方针，对内搞活经济的基本国策。因为时代的变化，一些老观点、老方法、传统观念等等已不再适应，必须探索新路子、新方法，不断充实具有时代气息的内容，改革和建设事业的发展，要求党政干部能够适应新形势，开创新局面，具有顽强的开拓精神。

根据时代的要求，我们需要培养开拓型的合格人才。要培养开拓型人才，必须了解和掌握开拓型干部的主要特征和它成长的一般规律。

首先在性格上，开拓型干部具有顽强的事业心和拼搏进取精神，有强烈的竞争意识，有敢于使自己的工作领域达到第一流水平的雄心壮志。这和那种"遇事不要强出头"的谦谦君子性格截然不同。其次，在思维方法上，他们思想活跃，求异欲望强烈，总想另创天地，独辟蹊径，爱寻根问底，善于接受各种最新信息，不盲从名人权威。这同那种力求"师承古训"，极力效仿先贤者，迥然有别。其三，在能力上，他们不仅能做学问，搞科研，钻书本，而且具有较强的组织管理能力，社会交往能力，演讲表达能力。这同那种终日闭门沉思，不问世事的人，有很大不同。

培养开拓型人才，需要多方面的条件和全社会的共同努力，尤其要引起领导干部的高度重视。领导干部的人才标准观，对人才成长关系甚大，亲贤人，则贤人必至。物以类聚，人以群分，观其友看其人，不是一点道理没有的。

担负领导责任的同志，胸襟要宽阔，不要以个人的好恶去考察干部，要从时代和事业的需要出发选拔干部；对经常提出不同意见的人，要能够兼容并纳，不要动辄排斥，不要一看到一种新观点、新方法，不做深入细致的了解，就视为怪异邪说。要使干部经风雨，见世面，博采百家之长，众人之说，开拓思想，活跃思维能力。领导干部应当具有甘当"人梯"的精神，让比自己强的干部站在自己的肩膀上，超过自己。要欢迎那些开拓型干部冒尖，一切从事培养人才的同志，要为人才的脱颖而出创造条件。要掌权一身正气，用权两袖清风。这才是党的好干部。

三是要有牺牲精神。共产党人要奋斗，就会有牺牲。战争年代，我们革命先辈已做出了榜样。现在进行社会主义现代化，建设有中国特色的社会主义，必须树立共产主义思想，勇于克服一切艰难困苦，要识大局，顾大体，正确处理国家、集体和个人三者的关系。为了党和人民的利益要不惜牺牲自己利益，必要时献出生命。作为一个领导干部，首先是受教育者的榜样，只有先天下之忧而忧，后天下之乐而乐，才能真正赢得群众的信任和拥护。为此，他们在各项工作中要克己奉公，任劳任怨，甘当配角、"二传手"、"人梯"，不争权夺利，不计较个人得失。工作起来不只限于八小时，往往要牺牲休息时间，有时甚至不能照顾家庭、孩子、老婆，吃不好饭，睡不好觉。只要革命工作需要，可以献出自己的一切。

党政领导干部的精神、思维、修养还可以列出很多方面，以上几点是做一个合格的领导者必须具有的革命精神。只有具有坚强的党性、崇高的理想，良好的素质修养，才能树立和培养敢于坚持原则和真抓实干精神、开拓和牺牲精神；只有掌握马克思主义理论和科学文化知识，才能培养科学的思维能力，勇于探索的革命精神。也只有具有这些革命精神，才能提高干部的政治思想素质修养，才能不断地把知识转化为觉悟，由觉悟转化为能力，成为一个合格的党政领导干部，更好地为党的事业贡献自己的力量。

（四）学习和研究马克思列宁主义、毛泽东思想应以《邓小平文选》第一、二、三卷为中心教材。

江泽民同志在学习《邓小平文选》第三卷报告会上的讲话指出："党的十四大提出了用邓小平同志建设有中国特色社会主义理论武装全党的战略任务"，"是坚持党的基本路线一百年不动摇的根本保证。""《邓小平文选》第三卷的出版，为我们进一步用建设有中国特色社会主义理论武装全党，教育干部和人民，统一思想，坚定信念，积极、全面、正确地执行党的基本路线，提供了最好的教材和最有力的武器。"还特别提出："三卷《邓小平文选》是一个整体。""汇集了邓小平同志在形成和发展建设有中国特色社会主义理论过程中的最重要最富有独创性的著作。它立足的基础是党和人民的崭新实践，它的光辉价值已经并将继续在我们的实践中得到证实。它内容丰富，博大精深，洋溢着鲜明的时代精神与民族精神，闪耀着马克思主义真理的灿烂光辉。""用新的思想、观点，继承、丰富和发展了毛泽东思想，是马克思主义同中国实际相结合的最新成果，是当代中国的马克思主义。"①

　　邓小平同志是我国社会主义改革开放和现代化建设的总设计师，是建设有中国特色社会主义理论这一当代中国马克思主义的创立者。伟大的革命实践需要伟大的革命理论，伟大的革命理论指导伟大的革命实践。邓小平的三卷文选，特别是第二、三卷展现了建设有中国特色社会主义理论体系逐步形成的历史全貌和科学总结，集中体现了当代中国马克思主义的精华。这一伟大理论，是中国共产党领导人民开创社会主义事业新局面的光辉旗帜，是指引我们胜利前进的科学指南。

　　学习革命理论，重在学以致用，指导行动，这是我们党一贯的指导方针。毛泽东指出："我们学的是马克思主义，但是我们中的许多人，他们学马克思主义的方法是直接违反马克思主义的。这就是说，他们违背了马克思、恩格斯、列宁、斯大林所谆谆告诫人们的一条基本原则：理论和实际统一。他们既然违背了这条原则，于是就自己造出了一条相反的原则：理论和实际分离。在学校的教育中，在在职干部的教育中，教哲学的不引导学生研究中国革命的逻辑，教经济学的不引导学生研究中国经济的特点，教政治学的不引导学生研究中国革命的策略，教军事学的不引导学生研究适合中国特点的战略和战术，诸如此类。其结果，谬种流传，误人不浅。在延安学了，到富县就不能应用。经济学教授不能解释边币和法币，当然学生也不能解释。这样一来，就在许多学生中造成了一种反常的心理，对中国问题反而无兴趣，对党的指示反而不重视，他们一心向往的，就是从先生那里学来的据说是万古不变的教条。"② 这段话虽然是1941 年讲的，至今仍有重要现实意义。

　　毛泽东指出："我们看列宁、斯大林他们是如何把马克思主义的普遍真理和苏联革命的具体实践互相结合又从而发展马克思主义

---

① 江泽民：《在学习〈邓小平文选〉第三卷报告会上的讲话》，第1～3 页。
② 《毛泽东选集》第三卷，第798～799 页。

的，就可以知道我们在中国是应该如何地工作了。"① 他提倡和坚持"对于在职干部的教育和干部学校的教育，应确立以研究中国革命实际问题为中心，以马克思列宁主义基本原则为指导的方针，废除静止地孤立地研究马克思列宁主义的方法。"② 学习马克思主义是为了解决中国革命和建设的理论问题、战略策略问题而到马克思、恩格斯、列宁、斯大林那里找立场，找观点，找方法，而不是为了单纯地学习理论而去学习理论。不是无的放矢，而是有的放矢。应当从客观存在的实际出发，从其中引出规律性的东西，作为我们行动的向导。

要有目的地去研究马克思列宁主义的理论，要使马克思列宁主义的理论和中国革命的实际运动结合起来，是为着解决中国革命的理论问题和策略问题而去从它找立场，找观点，找方法的。这种态度，就是有的放矢的态度。这种态度，就是党性的表现，就是理论和实际统一的马克思主义的学风，我们党正是在这样好学风的指引下才取得了民主革命和社会主义革命与社会主义建设的伟大胜利。

马克思主义是"放之四海而皆准"的理论。不应当把他们的理论当作教条看待，而应当看作行动的指南。不应当只是学习马克思主义的词句，而应当把它当成革命的科学来学习。情况是在不断地变化，社会在前进，要使自己的思想适应新的情况，就得学习。即使对马克思主义已经了解得比较多的人，无产阶级立场比较坚定的人，也还是要学习、学习再学习，要接受新事物，要研究新情况，要解决新问题，推动社会生产力不断发展前进。如果停留在原来的水平上，就如"逆水行舟，不进则退"，很难适应形势发展的需要。

毛泽东同志在《整顿党的作风》一文中明确指出："我们党校的同志不应当把马克思主义的理论当成死的教条。对于马克思主义的理论，要能够精通它、应用它，精通的目的全在于应用。如果你能

① 《毛泽东选集》第三卷，第803页。
② 《毛泽东选集》第三卷，第802页。

应用马克思列宁主义的观点，说明一个两个实际问题，那就要受到称赞，就算有了几分成绩。被你说明的东西越多，越普遍，越深刻，你的成绩就越大。现在我们的党校也要定这个规矩，看一个学生学了马克思列宁主义以后怎样看中国问题，有看得清楚的，有看不清楚的，有会看的，有不会看的，这样来分优劣、分好坏。"① 我们学习邓小平同志的著作，同样要大力发扬马克思主义的好学风。要在认真研读原著上多下功夫，力求三卷融会贯通，掌握精神实质；要依据"要精，要管用"五字方针为标准，要在理论联系实际上多下功夫，下大功夫，紧密结合经济建设、精神文明建设、党的建设和国内外形势任务，提高分析问题、解决问题的能力；要在统一思想上多下功夫，联系改革开放以来的经历，联系思想实际与工作实际，总结经验教训，澄清模糊认识，从而增强在党的基本理论和基本路线基础上的团结和统一，增强我们党的吸引力、凝聚力和战斗力。

历史证明，我们的党是富于理论创造的党，是善于用正确的理论指导实践的党，是推动历史前进的党。我们坚信，通过学习邓小平的著作，更加紧密地团结在以江泽民同志为核心的党中央领导下为完成时代赋予我们的历史重任，不断开创新局面，登上新台阶，夺取新的胜利。

（五）高举邓小平建设有中国特色社会主义理论的伟大旗帜胜利前进。

邓小平建设有中国特色的社会主义理论，是我们党珍贵的精神财富，是我们党和人民进行新的历史创造的科学总结，是我们民族振兴和发展的强大精神支柱，是我们巩固和发展社会主义事业的一面伟大旗帜，是当代中国的马克思主义。我们要坚定不移地高举邓小平建设有中国特色社会主义理论的光辉旗帜不断胜利前进。

特别是《邓小平文选》第三卷公开出版发行，这不仅是我们党

---

① 《毛泽东选集》第三卷，第815页。

的国家政治生活中一件大事，是对落实"十四大"确定的用邓小平建设有中国特色社会主义理论武装全党的一个重大举措。也是对于我们认清大局，坚定信念，坚持党的基本理论和基本路线一百年不动摇，团结全党和全国各族人民做好各项工作，具有重大指导意义。

《邓小平文选》第三卷的主要著作，讲的都是当代中国社会主义建设事业中的重大理论问题和实际问题，也是当代国际共产主义运动中的重大问题。为我们进一步用建设有中国特色社会主义理论武装全党，教育干部和人民，统一思想，坚定信念、积极、全面、正确地贯彻执行党的基本路线，加快改革开放和现代化建设的步伐，提供了最好的教材和最有力的武器。《邓小平文选》第三卷不仅是一部最重要最富有独创性的光辉著作，也是内容丰富，博大精深，巩固和发展社会主义的最高的综合和总结，是理论和实践相结合的典型，洋溢着鲜明的时代精神和民族精神，闪耀着马克思主义真理的灿烂光辉。

通过《邓小平文选》第三卷的学习，使我们深刻理解邓小平建设有中国特色社会主义理论的产生、形成和发展的过程，加深对整个理论思想体系的认识，特别是对新的理论、新的观点、新的概念、新的思路，有了深刻的体会和进一步认识。邓小平继承和发展了马克思列宁主义、毛泽东思想，创立了建设有中国特色社会主义的理论，是当代中国的马克思主义。用建设有中国特色社会主义理论武装全党具有重大的现实意义和深远的历史影响。

回顾邓小平同志5年打基础、10年全面创新发展的艰难历程，给我们全党树立了光辉榜样，使我们催人奋进，永远难忘。邓小平同志从1977年出来主持工作，到1982年党的"十二大"召开，恰恰五年时间。经过拨乱反正，平反冤、假、错案，反对"两个凡是"，开展真理标准的讨论，倡导完整地、准确地理解毛泽东思想，确立党的思想、政治和组织路线，号召全党解放思想、实事求是、团结一致向前看，起草并通过《关于建国以来党的若干历史问题的决议》，进行党和国家领导制度的改革，老干部第一位的任务是选拔、培养中青年干部，选好选准接班人，废除领导职务终身制，精简机构是一场革命，以及坚决打击经济犯罪活动，等等一系列重大决策，并及时召开了党的十一届三中全会，实现全党工作重点的转移。

在这个基础上召开了党的"十二大"，形成了以邓小平为核心的党中央第二代成熟领导集体。推动我国社会主义现代化事业不断向前发展。《邓小平文选》第三卷是以"十二大"开幕词为开篇，可以说是以邓小平为核心的党中央第二代成熟领导集体在开创新事业中积累的基本经验、创造的基本理论，形成的基本路线的经验总结。是15年来我们党集体智慧的结晶。也可以说，前5年奠定了思想理论基础，后10年为发展与创新做出了巨大贡献的历史记录。

（1）邓小平同志是马克思列宁主义、毛泽东思想的忠实继承人和捍卫者，是一贯坚持和发展毛泽东思想、毛泽东建党学说的光辉典范。他不仅从毛泽东思想的科学理论体系上完整地、准确地、全面地理解毛泽东思想，发展毛泽东思想、而且能够以大无畏的革命精神在新的历史条件下继承和发展毛泽东思想、毛泽东建党学说，为中国的社会主义革命与社会主义建设事业开创了一条新路。

《邓小平文选》第三卷给我们树立了一面光辉的旗帜，行动的指南，建设的纲领。改革开放15年来，我们党在理论上取得的最大收获，就是在马克思列宁主义基本原理与中国实际相结合的第二次历史性飞跃中创立了一面引导我国走向胜利的光辉旗帜和行动指南——邓小平建设有中国特色的社会主义理论。

这一理论用新的思想、观点、继承、丰富和发展了毛泽东思想，是马克思列宁主义同中国实际相结合的最新成果，是当代中国的马克思主义。只有坚持邓小平建设有中国特色社会主义的理论，就是真正坚持和发展马克思列宁主义、毛泽东思想。只要我们坚持这个理论指引的方向、道路前进，就能实现我们的伟大目标。邓小平指出："我们要在建设有中国特色的社会主义道路上继续前进。资本主义发展几百年了，我们干社会主义才多长时间！何况我们自己还耽误了20年。如果从建国起，用一百年时间把我国建设成为中等水平的发达国家，那就很了不起！从现在起到下世纪中叶，将是很要紧的时期，我们要埋头苦干。我们肩膀上的担子重，责任大啊！"① 这就是我们党和国家的奋斗纲领和光辉的旗帜。

《邓小平文选》第三卷的文章中有一块基石，一条红线，或者说邓小平建设有中国特色社会主义理论的精髓——就是解放思想、实事求是相结合、相统一的马克思主义的思想路线。我们每一个党员和干部在任何时候都要坚持这条思想路线。这是保证我们党永葆蓬勃生机的重要法宝。邓小平同志的著作，为坚持这条思想路线提供了光辉典范。

我们学习《邓小平文选》第三卷，就要牢牢把握这个精髓，要紧紧抓住这个实质。就是要以马克思列宁主义、毛泽东思想和邓小平建设有中国特色社会主义理论的基本原理、原则为指导，一切从实际出发，要在实践中探索和提高。遵照实践是检验真理的唯一标准。正如江泽民同志指出的："我们要在实践中检验真理和发展真理，抛弃那些对马克思主义的某些原则、某些本本的教条式理解，抛弃那些对社会主义不科学的甚至歪曲的认识，抛弃那些超越社会主义初级阶段的不正确思想，坚决反对那些根本否定马克思主义的错误观点，坚持用辩证唯物主义和历史唯物主义的世界观、方法论去分析和解决问题。"②

《邓小平文选》第三卷的文章中反复强调的一个主题，就是只有坚持有中国特色的社会主义才能发展中国。要牢牢把握住当代社会主义的本质。邓小平同志总结历史经验和国际共产主义运动的教训，从我们党的宗旨和治国的目标，从我国面临的国际挑战和机遇，全面系统深刻地分析了我国社会主义初级阶段的根本任务，揭示出"社会主义的本质，是解放生产力，发展生产力，消灭剥削，消除两极分化，最终达到共同富裕。"就是有中国特色的社会主义基本特征。

① 《邓小平文选》第三卷，第383页。
② 江泽民：《在学习〈邓小平文选〉第三卷报告会上的讲话》，第5页。

这就从根本上"排除了一系列错误观点，指出贫穷不是社会主义，发展太慢也不是社会主义；平均主义不是社会主义，两极分化也不是社会主义；僵化封闭不能发展社会主义，照搬外国也不能发展社会主义，没有法制也没有社会主义；不重视物质文明，搞不好社会主义，不重视精神文明，也搞不好社会主义。"

从《邓小平文选》第三卷中，我们更加深切地体会到，邓小平同志在长期革命实践中锤炼出的鲜明的革命风格，从我国的现实和当代世界发展的特点出发，去总结新经验、创造新办法，寻找新路子。邓小平同志"尊重实践，思想敏锐，善于把握时代发展的脉搏和契机，既继承前人又突破陈规，既借鉴世界经验又不照搬别国模式"，而是从实际出发走自己的路，创造自己的经验；他总是尊重群众，热爱人民，总是时刻关注最广大人民的利益和愿望，"把人民拥护不拥护"、"人民赞成不赞成"、"人民高兴不高兴"、"人民答应不答应"作为制定各项方针政策的出发点和归宿。"他在关键时刻作出重大决策，更是表现出非凡的胆略和勇气。他文风朴实，不讲空话，在简明扼要的论述中，总是蕴含着深刻的思想内容。他目光远大，胸襟开阔，善于从全局着眼来观察和处理问题，并且总是要求党的高级干部都要着眼大局，顾全大局，一切从大局出发。"这是邓小平同志在新的历史条件下革命风格的生动体现，给我们全党树立了光辉榜样。

《邓小平文选》第三卷中，给我们树立了学以致用，融会贯通，学马列要精，要管用的典范。为我们培养、造就一代人，几代人，提高我们的知识结构，思想理论政治水平，提供最好的教材。江泽民同志指出："我们要通过学习，进一步统一思想，大大增强坚持党的基本理论和基本路线的自觉性、坚定性和创造性。如果我们党有一大批同志，系统地而不是零碎地、实际地而不是空洞地掌握了建设有中国特色社会主义理论，并且能够运用这一理论去研究和解决重大问题，我们党领导改革开放和社会主义现代化建设的能力和水平就会大大提高。"这就必须用自己的实际行动来回答，用实践去检验，去兑现。

（2）用邓小平建设有中国特色社会主义理论武装全党，进一步加强党的建设，党的领导，充分发挥党对社会主义现代化建设事业的核心领导作用。

《邓小平文选》第三卷立足全面改革开放和社会主义现代化建设的崭新实践，提出了一系列充满时代精神和民族精神的新思想、新理论、新观点、新概念、新思路，闪耀着马克思主义真理的光辉。在学习中要紧密联系形势与任务，着重把握全书的精髓，即解放思想、实事求是的思想路线；着重把握全书的主题，即在搞清什么是社会主义、怎样建设社会主义的基础上，坚持走有中国特色的社会主义道路，坚持"一个中心、两个基本点"的基本路线；着重把握全局强调的战略目标，即"分三步走"基本实现现代化，建设富强、民主、文明的社会主义现代化国家；着重把握全书反复阐明的基本方针，即社会主义物质文明与精神文明要"两手抓，两手都要硬"；着重把握全书处处洋溢着的爱国主义精神，即维护国家的独立和主权，发扬民族自尊心、自信心，把我们伟大的中华民族振兴起来，发展起来。这就是《邓小平文选》第三卷战略思想的重点和五条基本线索。也是新思想、新理论、新成果的反映和指导思想上的生动体现。

《邓小平文选》第三卷集中反映了建设有中国特色社会主义思想理论体系的形成与发展，以及它的新思想、新观点和新概念。例如：关于社会主义的本质和根本任务；关于社会主义初级阶段；关于"三个有利于"的判断标准；关于"分三步走"的经济发展战略；关于抓住时机，加快发展，争取国民经济隔几年上一个新台阶；关于科学技术是第一生产力；关于改革是中国的第二次革命；关于对国际局势要冷静观察，稳住阵脚，沉着应付；关于中国的发展离不开世界，反对自我封闭和孤立；关于社会主义和市场经济不存在根本矛盾；关于政治体制改革必须与经济体制改革相适应；关于两手抓、两手都要硬，关于"一国两制"的构想与实现；关于坚持社会主义、制止动乱，防止和平演变；关于警惕右，主要是防止"左"；关于坚持党的'一个中心、两个基本点"的基本路线一百年不动摇；关于和平与发展是当代世界两大主题；关于以和平共处五项原则为准则，建立国际新秩序；关于对国际局势要冷静观察，稳住阵脚，沉着应付，韬晦守拙，不当头；关于中国的问题关键是把共产党内部搞好，不出事就可以放心了；关于加强廉政建设，反对腐败等等。这一系列建设有中国特色的指导思想、基本问题的论述和阐明，是马克思列宁主义、毛泽东思想的继承和发展，是中国共产党和中华民族宝贵的精神财富，是当代中国的马克思主义的奠基之作。

（3）以邓小平为核心的党中央第二代成熟领导集体最伟大的功绩和重大贡献，就在于把马克思列宁主义、毛泽东思想与改革开放的具体实践结合起来，解决了当代中国一系列基本问题，实现了马克思主义普遍原理同中国具体实际相结合的第二次飞跃。第一次系统地回答了无产阶级夺取政权之后，在中国这样一个经济、文化比较落后的大国，如何巩固和发展社会主义这一系列的根本原则和指导思想，使我国沿着马克思主义的轨道不断前进。

江泽民同志指出："要担负起这样的历史重任，就要提高各级领导干部的理论素养，提高我们党的执政本领、建设本领和治国本领。"就是说，从执政党的领导水平、决策水平的高度，我们学习《邓小平文选》第三卷还应该学习些什么呢？主要学习他如何运用马克思列宁主义、毛泽东思想和改革开放的具体实际相结合。有的同志说："邓小平同志在'结合'二字上达到了炉火纯青，运用自如的高度。使我们党实现了马克思列宁主义普遍真理同中国具体实际相结合的第二次飞跃。"就是学习他如何运用马克思主义的立场、观点、方法与分析和解决中国的重大现实问题和理论问题。要具体研究新情况、解决新问题的科学态度、创造精神和革命风格，运用辩证唯物主义和历史唯物主义的世界观和方法论分析问题、解决问题，要掌握这一把金钥匙。

要学习他把握马克思列宁主义、毛泽东思想基本原理、原则和方法的精神实质，去指导建设有中国特色的社会主义的路线、方针和政策；学习他掌握唯物辩证法和思想武器，分析国际国内风云变幻着的新形势、新任务、新要求，把握社会主义的发展规律，建设有中国特色的社会主义发展规律，明确社会发展方向，解决当代中国社会的主要矛盾，使人民的生活水平不断提高；学习他研究现实的新情况，新问题、新思路、新观点，提高自己的思维能力、政策和执政水平，丰富自己的领导艺术和决策水平，把自身工作做得更好；学习他全面、准确贯彻执行党的"一个中心、两个基本点"的基本路线，要两手都要硬，都要卓有成效，都要做出政绩，真抓实干，取信于民；学习他，学马列要精，要管用，其核心是要以身作则，要理论联系实际，指导行动，一干就是几十年如一日，不达目的誓不罢休，真正掌握它的实质；对马克思主义的理论，要精通的目的，全在于应用，把学习马克思主义推向一个新的高度；学习他站在历史和战略的高度，对我们党 15 年来改革开放的实践经验，进行了马克思主义的科学总结，为建设有中国特色的社会主义指明了主攻方向和当代中国要解决的主要社会矛盾。为我国今后的建设事业奠定了基础，指明了方向；学习他尊重实践，尊重群众，胸襟开阔，通观全局，思想敏锐，胆略非凡，勇于创新，开拓前进；学习他的立场、观点、方法和革命风格，将大大提高我们党的执政水平、领导水平，大大推进改革开放和社会主义现代化建设的进程；学习他学习理论的方法，重在学以致用，指导行动，学习马克思主义要发扬理论联系实际的好学风。要在认真研读原著上多下功夫，力求融会贯通，掌握精神实质。要在理论联系实际上多下功夫，紧密结合经济建设、精神文明建设和党的建设，结合当前的形势和任务，提高我们的分析、解决问题的能力；要学习他用建设有中国特色社会主义理论武装全党，统一思想和中央保持一致上多下功夫，联系改革开放以来的经历，联系思想实际与工作实际，总结经验与教训，澄清模糊认识，从而在党的基本理论和基本路线基础上团结和统一，增强党的吸引力、凝聚力和战斗力。

总之，要求党的各级干部尤其是领导干部，以高度的历史责任感和使命感，继续刻苦学习《邓小平文选》雄文三卷，并带动全体党员同志长期地深入地、更有成效的学习；决不能有任何松懈。这是党的思想建设的根本任务。

江泽民同志在 1994 年 5 月 31 日省部级主要领导干部第四期研讨班结业会上的讲话中强调："党在新时期所处的地位和肩负的历史任务，要求各级干部尤其是领导干部比过去任何时候都要更加重视理论学习，加强理论修养。有了理论上的清醒和坚定，才能保证政治上的清醒和坚定，贯彻执行党的基本路线才能更加全面自觉，才会有社会主义现代化事业的成功。领导干部的马克思主义理论水平的高低，在很大程度上决定着党的执政水平和领导水平的高低，决定着建设有中国特色社会主义事业的成败。"①

江泽民同志还指出："一定要细心研读《邓小平文选》原著，紧紧抓住建设有中国特色社会主义这个主题，围绕党的基本路线这条主线，深刻领会解放思想、实事求是这个精髓，全面把握这个理论的科学体系，以党的基本理论和基本路线为指导，运用科学的世界观和方法论，认真进行调查研究，针对改革和建设、特别是发展社会主义市场经济中遇到的现实问题，努力寻求正确的答案。"② 这就为学习理论指出了明确的方向。

江泽民同志着重指出："中央提出抓住机遇、深化改革、扩大开放、促进发展是全党全国工作的大局，这是在认真分析国际国内形势、深刻研究现实生活中的各种矛盾、广泛听取各方面意见的基础上形成的。它体现了党的"一个中心、两个基本点"的基本路线的要求，反映了我们党十几年来领导社会主义现代化建设中对客观规律认识上的深化"。③ 这就要求党的干部尤其是党的领导干部认真领会中央的精神，时刻胸怀大局，牢牢把握大局。善于从大局出发思考问题，分析问题和解决问题，不断提高总揽全局的能力，促进经

---

① 《人民日报》1994 年 6 月 1 日一版。
② ③《人民日报》1994 年 6 月 1 日一版。

济的持续、快速、健康发展。

如何正确把握全党工作的大局？首先要用中央提出的"抓住机遇，深化改革，扩大开放，促进发展，保持稳定"去教育广大党员、干部和群众，统一大家的思想。教育和引导党内外干部和群众自觉维护大局，坚持以发展为目标，以改革开放为动力，以维护社会政治稳定为前提和条件。使三者有机结合、相互促进。其次，要实事求是地认识和判断当前总的形势。这是把握大局、做好工作的前提。领导者保持头脑清醒，立场坚定，对形势的判断要清醒。其三，要积极妥善地解决影响改革、发展、稳定中的迫切问题。其四，要坚持党的群众路线，调动各方面的积极性。

总之，现在我们的改革正在全面深化，建立社会主义市场经济体制的各项工作正在迅速展开，这是深入学习邓小平同志建设有中国特色社会主义理论，提高运用理论武器正确把握大局、妥善解决实际问题的能力的好时机。我们全体党员和干部尤其是领导干部要带头学好用好《邓小平文选》雄文三卷，力求融会贯通，增强我们工作中的原则性、系统性、预见性和创造性。

结　束　篇

（一）

　　中国共产党是以马克思列宁主义、毛泽东思想和邓小平建设有中国特色社会主义理论武装起来的中国工人阶级的执政党。马克思列宁主义、毛泽东思想和邓小平建设有中国特色社会主义理论是我们党的政治基础、指导思想和行动指南。那末，什么是马克思列宁主义、毛泽东思想和邓小平建设有中国特色社会主义理论呢？它的精髓、实质和活的灵魂又是什么呢？

　　列宁在 1913 年《卡尔·马克思》一文的"马克思的学说"中就明确指出："马克思主义是马克思的观点和学说的体系。马克思是 19 世纪人类三个最先进国家中三种主要思潮的继承人和天才的完成者。这三种主要思潮就是：德国古典哲学、英国古典政治经济学、同法国一般革命学说相连的法国社会主义。马克思的观点极其彻底而严整，这是马克思的敌人也承认的，这些观点总起来就构成现代唯物主义和现代科学社会主义——世界各文明国家工人运动的理论和纲领。"① 这是列宁为《格拉纳特辞典》第一次对马克思主义的精辟阐明和概括。以后他在《马克思主义和修正主义》、《唯物主义和经验批判主义》、《论马克思主义历史发展中的几个特点》、《马克思学说的历史命运》、《马克思主义的三个来源和三个组成部分》、《论自由主义和马克思主义的阶级斗争概念》、《卡尔·马克思》、《马克思主义和起义》、《在马克思恩格斯纪念碑揭幕典礼上的讲话》等一系

---

① 《列宁选集》第 2 卷，第 580 页。

列著作对马克思主义进行了多次的阐述和科学的概括。

马克思和恩格斯创立的科学观点和学说思想理论体系，是无产阶级解放运动的理论，是无产阶级及其政党的严整而科学的世界观和方法论，是无产阶级根本利益的科学体现。马克思主义产生于19世纪40年代。

当时，资本主义生产方式已在欧洲几个主要国家占统治地位，无产阶级已经独立地登上历史舞台，无产阶级同资产阶级的阶级斗争日益尖锐。马克思和恩格斯亲自参加了当时的革命实践，总结了欧洲工人运动的经验，研究了当时自然科学的新成果，批判地吸收了人类文化的结晶，创立了马克思主义。1848年，《共产党宣言》的公开发表，标志着马克思主义理论体系的正式形成。

马克思主义以科学的理论，阐明了自然界、人类社会和思维发展的普遍规律；揭示了人类社会特别是资本主义生产方式的基本矛盾和它的特殊运动规律，指出了资本主义必然灭亡和共产主义必然胜利这个不依人们意志为转移的客观规律；论述了无产阶级是资本主义制度的掘墓人和共产主义制度的创造者的历史地位；指明了无产阶级要实现自己历史使命，必须组织自己的独立的革命政党——共产党；指明了无产阶级革命推翻资产阶级的统治，建立无产阶级专政；目的是消灭一切剥削阶级和剥削制度，大力发展生产力，最终目的是实现共产主义；马克思主义的哲学是马克思主义全部学说的理论基础，为无产阶级解放提供了认识世界、改造世界的精神武器；政治经济学是研究人类社会各个发展阶段上支配物质资料的生产、交换以及与之相应的分配的规律，是马克思主义学说的主要内容。它在阐明资本主义生产方式的发展规律中，揭示了共产主义代替资本主义的历史必然性，为无产阶级解放提供了科学依据；科学社会主义是马克思主义实践的核心。它阐明无产阶级作为资本主义制度掘墓人和共产主义社会创造者的历史地位，是指导无产阶级解放运动的直接行动的科学，在社会主义国家，要侧重研究社会主义社会发展的基本规律，为走向共产主义创造条件；马克思主义中产生形成和发展是社会思想史上第一次伟大的革命变革，其内容极为丰富，包涵着关于自然和社会的发展规律的科学，关于被压迫和被剥削群众的革命的科学，关于社会主义在一切国家中夺取胜利的科学，关于建设共产主义社会制度的科学，等等。

马克思主义并没有结束真理，马克思主义创始人历来强调他们的学说不是僵化的教条而是行动的指南，是在社会实践中不断开辟认识真理的道路。马克思主义是随着实践的发展而发展，坚持和发展马克思主义应当统一在革命和建设的整个社会实践之中。中国共产党的"十三大"政治报告指出："马克思主义是在实践中不断发展的科学。马克思主义需要有新的大发展，这是现时代的大趋势。"①马克思主义是在无产阶级的解放事业中产生发展，必然随着无产阶级的解放事业中产生发展，必须随着无产阶级解放事业的发展而不断得到丰富和发展。

斯大林在 1924 年《论列宁主义基础》一文中指出："列宁主义是帝国主义和无产阶级革命时代的马克思主义。确切些说，列宁主义是无产阶级革命的理论和策略，特别是无产阶级专政的理论和策略。马克思和恩格斯是处在革命（我们指的是无产阶级革命）以前的时期，那时还没有发达的帝国主义，是训练无产者去进行革命的时期，那时无产阶级革命还不是必不可免的直接实践问题。而马克思和恩格斯的学生列宁却处在发达的帝国主义时期，无产阶级革命开展起来的时期，无产阶级革命已经在一个国家内获得了胜利、打破了资产阶级民主制、开辟了无产阶级民主制纪元……"，"列宁主义是马克思主义的进一步的发展。""人们通常都指出列宁主义具有非常战斗、非常革命的性质。这是完全正确的。可是，列宁主义所以具有这个特性，是由于以下两个原因：第一，列宁主义是从无产阶级革命中产生出来的，它不能不具有无产阶级革命的特色；第二，列宁主义是在和第二国际机会主义搏斗中成长和巩固起来的，而和

_____

① 《中国共产党第十三次全国代表大会文件汇编》第 68 页。

这个机会主义作斗争，向来就是对资本主义进行胜利斗争所必需的先决条件。不要忘记，在马克思、恩格斯两人和列宁之间隔着第二国际机会主义独占统治的整个时代，和这个机会主义作无情的斗争不能不是列宁主义的极重要的任务之一。""列宁主义就是马克思主义在俄国环境的特殊条件下的应用。""列宁确实把马克思主义应用到俄国实际情况中，而且应用得十分巧妙。"①

列宁主义产生于 19 世纪末 20 世纪初，资本主义发展到了帝国主义阶段。列宁科学地分析了帝国主义的本质和特征，揭示了帝国主义时代政治经济发展不平衡的规律，得出了社会主义可以在少数甚至一个资本主义国家取得胜利的结论；阐明了帝国主义时代无产阶级革命的理论和策略，特别是无产阶级专政的理论和策略；提出了建设社会主义的理论和政策；阐明了殖民地半殖民地国家民族民主革命的理论和策略；阐明了建设新型的无产阶级革命政党的理论，等等，把马克思主义推进到了一个新的发展阶段——列宁主义阶段；加米涅夫 1923 年 3 月 24 日在《真理报》上发表了题为《列宁主义的修正》一文，第一次从正面意义上使用"列宁主义"来概括列宁的观点和思想理论体系。特别是 1924 年列宁逝世以后，俄国共产党（布）中央发表的《告全党和全体劳动人民书》正式使用"列宁主义"一词。从此以后，列宁主义作为马克思主义发展的新阶段，被各国马克思主义者和国际无产阶级所确认，成为世界上无产阶级、被压迫人民、被压迫民族争取解放的行动指南。

1943 年 7 月 5 日，王稼祥在《中国共产党与中国民族解放的道路》一文中写道："毛泽东思想，就是中国的马克思列宁主义"。这是我们中国共产党第一次提出了"毛泽东思想"这个科学思想概念。1943 年刘少奇写的《清算党内的孟什维克主义思想》一文，使用了"毛泽东同志的思想"和"毛泽东同志的思想体系"的概念。同年 12 月，邓小平同志在北方局党校整风运动会的讲话中提出：中国共产

---

① 《斯大林选集》上卷，第 184～186 页。

党及其中央是以毛泽东思想为指导的。毛泽东思想已被实践证明了是关于中国革命的正确的理论原则和经验总结，是中国共产党集体智慧的结晶。

1945年中国共产党第七次全国代表大会正式确认毛泽东思想是中国共产党的指导思想，并写入党章。从此以后，毛泽东思想就成为中国共产党的指导思想，成为中国人民的行动指南，把马克思列宁主义推向一个新的发展阶段。

毛泽东思想产生于20世纪20年代后期和30年代前。以毛泽东为主要代表的中国共产党人，根据马克思列宁主义的普遍真理，把中国长期革命实践中的一系列独创性经验作了理论概括而形成的适合中国情况的科学的指导思想。它是马克思列宁主义普遍真理和中国革命与建设的具体实践相结合的产物。毛泽东思想是在同形形色色错误思想倾向作斗争中、深刻地总结历史经验的进程中逐步形成、发展和成熟起来的。

毛泽东同志在1938年党的六届六中全会上就提出了"使马克思主义在中国具体化"的指导方针。1939年，在《〈共产党人〉发刊词》中又进一步提出了"马克思列宁主义的理论和中国革命的实践相结合"的指导思想。中国共产党许多卓越领导人对毛泽东思想的形成发展和成熟都作出了重要贡献和精辟的阐述。毛泽东的科学著作是它的集中概括。毛泽东思想具有多方面的内容：关于新民主主义革命的理论；关于社会主义革命和社会主义建设的理论；关于革命军队的建设和军事路线的理论；关于思想政治工作和文化教育工作的理论；关于政策与策略的理论；关于党的建设、党的领导的理论；关于国际共产主义运动与第三世界的理论，等等，都以独创性的理论丰富和发展了马克思列宁主义。

毛泽东思想的活的灵魂，是贯串于上述各个方面的立场、观点和方法，它有三个基本点，即实事求是、群众路线和独立自主。《中共中央关于建国以来党的若干历史问题的决议》重申："毛泽东思想是马克思列宁主义在中国的运用和发展，是被实践证明了关于中国革命的正确的理论原则和经验总结,是中国共产党集体智慧的结晶,我们党许多卓越领导人对它的形成和发展作出了重大贡献,毛泽东同志的科学著作是它的集中概括。毛泽东思想是一个伟大的理论宝库,是一个完整的科学思想理论体系。我们要完整地、准确地理解和运用毛泽东思想,把握毛泽东思想的活的灵魂,坚持辩证唯物主义和历史唯物主义的思想路线,反对各种形式的唯心主义和形而上学。要在实践中学习、丰富和发展马克思列宁主义、毛泽东思想。

邓小平 1982 年 9 月 1 日在中国共产党第十二次全国代表大会上的开幕词中指出:"把马克思主义的普遍真理同我国的具体实际结合起来,走自己的道路,建设有中国特色的社会主义,这就是我们总结长期历史经验得出的基本结论。"邓小平建设有中国特色社会主义理论是马克思列宁主义、毛泽东思想的基本原理与中国社会主义现代化建设和时代特征相结合的产物,是扎根于当代中国的科学社会主义。从中国的具体实际出发,建设适合中国特点的社会主义制度,走适合中国特点的社会主义道路。它的立论根据是我国社会主义现阶段仍然处于社会主义初级阶段。这是我国的基本国情,从这个国情出发,在经济、政治、文化、意识形态等各个方面逐步确立和完善有中国特色的社会主义制度和社会主义道路。

党的"十三大"提出了在社会主义初级阶段,建设有中国特色社会主义的基本路线是:领导和团结全国各族人民,以经济建设为中心,坚持四项基本原则,坚持改革开放,自力更生,艰苦创业,为把我国建设成为富强、民主、文明的社会主义现代化国家而奋斗。党的"十三大"报告指出,建设有中国特色的社会主义是全党同志和全国人民统一认识,增强团结的思想基础,是指引我们事业前进的伟大旗帜。党的"十四大"报告指出,"我们党是以马克思列宁主义、毛泽东思想作为指导思想的工人阶级先锋队。马克思主义是深深植根于实践并在实践中不断发展的科学。建设有中国特色社会主义的理论,是马克思主义同中国实际相结合的最新成果,是当代中国的马克思主义,是指引我们实现新的历史任务的强大思想武器。""坚持用邓小平同志建设有中国特色社会主义的理论武装全党"。还对邓小平建设有中国特色社会主义理论的主要内容、思想理论体系进行了全面精辟的阐述，并指出还要在研究新情况、解决新问题过程中，在实践检验中继续丰富、完善和发展。邓小平的建设有中国特色社会主义理论的形成和发展，是我们党的历史经验，特别是建国以来执政党的历史经验的科学总结，是马克思主义在当代中国的丰富和发展。

总之，马克思列宁主义、毛泽东思想和邓小平建设有中国特色社会主义理论是中国共产党的理论基础，指导思想和行动指南。邓小平指出："我坚信，世界上赞成马克思主义的人会多起来的，因为马克思主义是科学。它运用历史唯物主义揭示了人类社会发展的规律。封建社会代替奴隶社会，资本主义代替封建主义，社会主义经历一个长过程发展后必然代替资本主义。这是社会历史发展不可逆转的总趋势，但道路是曲折的。"① 大家知道，马克思主义早已揭示出，人类社会必然要从阶级社会走向没有阶级、没有剥削和压迫的社会，这是一个不以人们的意志为转移的总趋势。

学习马克思主义要精，要管用，要把握它的精神实质成为我们的思想武器。邓小平指出："马克思主义是打不倒的。""因为马克思主义的真理颠扑不破。实事求是是马克思主义的精髓。""实践是检验真理的唯一标准。我读的书并不多，就是一条，相信毛主席讲的实事求是。过去我们打仗靠这个，现在搞建设、搞改革也是靠这个。我们讲了一辈子马克思主义，其实马克思主义并不玄奥。马克思主义是很朴实的东西，很朴实的道理。"② 党的"十四大"反复强调"解放思想，实事实是，是建设有中国特色社会主义理论的精髓，是保证我们党永葆蓬勃生机的法宝。"马克思主义活的灵魂，就是一切从时间、地点、条件出发，具体问题进行具体分析。坚持党性原则，

---

① 《邓小平文选》第三卷，第382～383页。
② 《邓小平文选》第三卷，第382页。

坚持解放思想、实事求是相统一、相一致，全心全意地为人民服务。

（二）

　　为了把党建设成为领导建设有中国特色社会主义的坚强核心，就必须全面、准确、完整、系统地理解邓小平建党学说与毛泽东建党学说、马克思列宁主义、毛泽东思想关于党的学说的相互关系及其理论上的渊源和它的继承丰富和发展创新的关系。中国共产党在以毛泽东为核心的党中央第一代成熟领导集体的坚强领导下，在中国这样一个无产阶级人数很少而战斗力很强，农民和其他小资产阶级占人口绝大多数的国家，成功地把党建设成为一个具有广大群众性的马克思列宁主义的无产阶级政党。关于党在中国革命和建设事业中的领导地位、作用和如何实现党的正确领导及建设一个什么样的党，怎样建设这个党创立了一系列的基本观点和指导原则。

　　毛泽东建党学说的指导思想和理论渊源是马克思、恩格斯关于建立和建设无产阶级政党的基本观点和思想理论体系的继承、发展和创新。它不仅继承和发展了无产阶级政党的性质、特点、地位、作用、历史使命以及为实现共产主义而奋斗的无产阶级政党。而且继承和发展了共产党的理论基础和思想建设的根本任务。在思想建设上有自己的独创经验和科学的指导原则和理论观点，坚持党的纲领、战略和策略原则，为建设无产阶级政党奠定了政治基础。揭示了无产阶级政党组织建设的内在规律，开展积极的思想斗争，重要的是把"全世界无产者，联合起来"成为处理国际无产阶级及其政党相互关系的基本原则，等等，为无产阶级政党的建设指明了方向，奠定了建设党的理论基础。

　　毛泽东建党学说的理论渊源也是列宁主义关于建设一个新型的无产阶级政党的基本观点和思想理论的继承和发展。列宁创造性地把马克思主义的建党学说同俄国工人阶级政党建设的实践结合起来，发表了一系列重要建党著作，阐明了新型无产阶级政党的思想、政治、组织、作风、党的生活准则和党的领导等等原则，形成了一整套关于新型无产阶级政党的学说。坚持党是工人阶级的先锋队、有组织的部队；党是工人阶级和社会主义建设事业的领导力量；党必须同人民群众保持密切的联系。党是群众的领导者，只有同群众保持密切联系，才能成为不可战胜的力量；党是在正确开展党内两条战线斗争而成长、壮大和巩固起来，发展了马克思主义关于党内斗争的思想，提出了开展党内两条战线斗争的理论等等，丰富和发展了马克思主义的建党学说。毛泽东建党学说就是在这个基础上继承和丰富发展起来的。

毛泽东建党学说，是以毛泽东为核心的第一代党中央成熟领导集体和老一代无产阶级革命家把马克思列宁主义关于党的学说与中国共产党的建设实践相结合的产物。它揭示了党领导人民夺取政权、巩固政权、运用政权和建设社会主义的客观规律的内在联系。把马克思主义关于党的学说、执政党建设的理论体系推向一个新的历史发展阶段，为执政党的建设指明了方向。毛泽东建党学说就是关于党的建设的客观规律科学思想理论体系的反映。是关于中国共产党产生、形成发展和自身建设规律的基本观点和科学思想理论体系。是关于中国共产党在中国革命和建设事业中的领导地位、作用和历史使命以及如何实现正确领导的基本原则和科学的思想理论体系。是马克思列宁主义、毛泽东思想科学理论体系的重要组成部分，是马克思列宁主义、毛泽东思想关于党的学说在中国共产党自身建设中的运用和发展。是中国共产党人和以毛泽东为核心的老一代无产阶级革命家集体智慧的结晶。

在以毛泽东为核心的党中央第一代成熟领导集体的坚强领导下，在推动马克思列宁主义党的学说与中国共产党建设实践相结合以及对于建立一个什么样的党，党的指导思想是什么，党的作风是什么？如何建设党、如何实现正确领导等等一系列独创性经验作理论概括方面，贡献最突出、最卓越、功绩最大，并且形成了毛泽东建党学说一个完整的科学思想理论体系。因此，毛泽东建党学说既反映了马克思列宁主义、毛泽东思想的建党原理、原则和基本观点，也代表了以毛泽东为核心的党中央第一代成熟领导集体和老一代无产阶级革命家的集体智慧。例如我们党的老一代无产阶级革命家李大钊、蔡和森、周恩来、刘少奇、朱德、邓小平、陈云等同志都对毛泽东思想、毛泽东建党学说的产生、形成和发展作出了重大贡献。

邓小平指出："简单地谈一谈毛泽东思想里面的党的学说问题。在这一方面，马克思、恩格斯讲得不多，列宁有个完整的建党的学说。正是因为列宁建立了那么一个好的党，才能取得十月革命的胜利，建立了第一个社会主义国家。把列宁的建党学说发展得最完备的是毛泽东同志。在井冈山时期，即红军创建时期，毛泽东同志的建党思想很明确。大家看看红军第四军第九次党代表大会的决议就可以了解。他的完整的建党学说，是经过实践在延安整风时期建立起来的。毛泽东同志对于建立一个什么样的党，党的指导思想是什么，党的作风是什么，都有完整的一套。正是因为毛泽东同志在延安整风中建立了完整的建党学说，并且用这个学说来教育我们全党、全军和人民、使我们建立了这么一个好的党，所以才取得抗日战争、解放战争的彻底胜利。建国以后，党内生气勃勃，生动活泼。毛泽东同志的建党学说以后又有新的发展。"①

（三）

邓小平建党学说，是以邓小平为核心的第二代党中央成熟领导集体和老一辈无产阶级革命家，把马克思列宁主义毛泽东思想关于党的学说同中国共产党执政的建设实践经验相结合的产物。是马克思列宁主义、毛泽东思想关于党的学说在新的历史时期改革开放和当代时代特征相结合的运用和发展及自身建设规律的基本观点和科学思想理论体系。是邓小平在推动马克思列宁主义、毛泽东思想在

① 《邓小平文选》第二卷，第44页。

邓小平建设有中国特色社会主义理论关于党的学说与中国共产党在新的历史时期和改革开放具体实践相结合，以及在当代要建设一个什么样的党，如何建设党，如何实现党的正确领导，怎样增强执政意识，提高执政本领，巩固执政地位，如何把党建设成为领导具有中国特色社会主义的坚强核心等等一系列独创性的理论，形成了一个完整的科学理论体系。邓小平建党学说是马克思列宁主义、毛泽东思想关于党的学说的重要组成部分，是中国共产党人和老一辈无产阶级革命家集体智慧的结晶。是马克思列宁主义、毛泽东思想理论关于党的学说在改革开放和当代时代特征相结合的运用和发展。

邓小平建党学说的理论渊源是以马克思列宁主义、毛泽东思想关于党的学说为基础的，是它的深化和新的发展。是在改革开放新的历史条件下和当代时代特征相结合的科学成果。是在马克思列宁主义、毛泽东思想关于党的学说与执政党的建设实践相结合、相统一，特别是在改革开放和建设有中国特色社会主义理论指导下逐步产生、形成和发展起来的。邓小平建党学说一个突出特点，就是它既来源于马克思列宁主义党的学说，又来源于毛泽东思想党的学说，以执政党的建设实践为基础。邓小平同志是将两者结合的光辉典范。邓小平建党学说一旦在实践中产生、形成、丰富和发展，又反过来指导执政党建设的实践，并在改善和加强党的领导中不断丰富和发展，就表现出强大的生命力。这就是邓小平建党学说产生、形成和发展的基本规律。

邓小平建党学说成为独立的科学思想体系，成为建设我们执政党的理论基础。使当代马克思主义党的学说进入了新境界，达到了新的高度。我们党认真总结了历史经验和国内国际正反两方面的教训，把党的工作重点转移到经济建设上来，逐步实现了由政治革命为中心建立起来的一整套科学理论体系到以经济建设为中心在社会主义市场经济体系条件下而建立起来的科学理论体系的转变，确定了党的基本路线，把党的建设推向一个新的伟大工程。

邓小平建党学说的基本特征和独创经验，概括起来主要有五个面：第一，邓小平建党学说是中国共产党在新的历史时期改革开放和建设有中国特色社会主义理论体系形成和发展的进程中成熟丰富和发展起来的。是实现由政治革命的中心建立起来的理论体系向以经济建设为中心而建立起来的理论体系的转变，如何加强执政党建设的一系列基本问题形成了邓小平建党学说，成为加强执政党建设的一面光辉旗帜，引导我国经济建设的迅速发展。

第二，邓小平建党学说是我们党执政40多年来经过社会主义革命与社会主义建设，对资本主义进行社会主义改造，经过曲折的"文化大革命"拨乱反正，正本清源、平反冤、假、错案，经过动乱、反革命暴乱之后，总结国际共产主义运动中的经验与教训，党70多年来的基本经验，特别是在改革开放进程中，形成了以邓小平为核心的党中央第二代成熟领导集体过程中形成和发展起来的。因此，建设一个进一步成熟的马克思主义政党，应当遵循哪些基本原理、原则、指导思想，怎样在社会主义市场经济体制活动进程中加强执政党的建设，从而提高执政水平，领导水平，巩固执政党的地位。

第三，邓小平建党学说是我们党在创建有中国特色社会主义理论体系的过程中形成和发展起来的。因此，党的学说的许多基本原理、原则、指导思想必须来源于改革开放建设执政党实践经验，必然要回答如何坚持工人阶级政党的先锋队性质、党的指导思想，坚持党的民主集中制的组织原则及全心全意地为人民服务的唯一宗旨。如何防止以权谋私，权钱交易，权力进入市场，削除腐败现象等等。必须回答如何围绕着党的基本路线加强党的建设，更好地为基本路线服务。

第四，邓小平建党学说是我们党在反对资产阶级自由化、教条化、僵化和东欧剧变，苏联解体，国际共运进入低潮的过程中逐步形成和发展起来的。因此，以邓小平为核心的党中央第二代成熟领导集体以江泽民为核心的党中央第三代领导集体坚持解放思想、实事求是，团结一致向前看，创立具有中国特色的建设执政党的基本原理、原则和指导思想。对毛泽东建党学说进行了继承、坚持、扬

結束篇   1333

弃、丰富、发展和创新，形成具有创造性的邓小平建党学说的科学
思想理论体系。把党建设成具有中国特色的社会主义的坚强核心。

第五，邓小平建党学说是我们党领导全国人民在经济落后的东
方大国如何巩固和发展社会主义，巩固和加强执政党的领导地位，如
何加强执政党的建设过程中丰富和发展起来的。因此，特别强调增
强执政意识，提高执政本领，巩固执政地位，加强执政党的政治建
设、思想建设、组织建设、制度建设、作风建设和法制建设、精神
文明建设。必须把反对腐败和廉政建设当作一件大事来抓。必须为
人民掌好权、用好权，"掌权一身正气，用权两袖清风。"拒腐防变，
防止脱离群众的官僚主义、形式主义，提高党员、干部特别是领导
干部的素质等等问题作为党的学说的重要内容，以形成邓小平建党
学说的基本原理、原则和指导思想，使邓小平建党学说在执政、改
革开放的条件下有了新的丰富的发展和创新。

党的十四届四中全会通过的《关于加强党的建设几个重大问题
的决定》指出："在新的历史时期，以邓小平同志为核心的第二代中
央领导集体，坚持和发展了这条基本历史经验，集中全党智慧，创
立了在中国这样经济文化比较落后的大国建设、巩固和发展社会主
义的科学理论，确定了正确的政治路线，同时紧密联系这条政治路
线开展党的建设。邓小平同志建设有中国特色社会主义理论，包含
着内容丰富的党的建设理论。"把邓小平建党学说科学思想理论体系
的基本内容概括为七个方面，这在党的《决定》中尚属首次。(1)关
于坚持和改善党的领导，使党成为领导社会主义现代化建设的坚强
核心；(2)关于解放思想，实事求是，坚持正确的思想路线；(3)关
于纠正长期"左"的错误，反对资产阶级自由化，要警惕右，但主
要是防止"左"，提高坚持党的基本路线的坚定性；(4)关于进行党
的领导制度改革，完善党规党法，实现党内生活民主化制度化；
(5)关于坚持和健全民主集中制，增强党的团结统一；(6)关于实
行干部队伍"四化"方针，造就朝气蓬勃的领导干部队伍；(7)关
于从严治党，反对腐败，加强党的纪律性等方面的思想，都是党的

建设理论的重要发展，为加强党的建设指明了方向。

邓小平建党学说这一系列的基本原理、原则和方法是当代马克思主义关于党的学说的重要组成部分，是中国共产党人和老一辈无产阶级革命家集体智慧的结晶。是以邓小平为核心的第二代中央成熟领导集体，坚持继承和发展创新为基本特征的建党学说，就把党的建设理论推向了一个新的发展阶段。这就把既要纠正、继承，又要创新发展有机的结合起来，形成了以执政党建设理论为基本特征的一整套完备、系统，具有中国共产党特色的邓小平建党学说的科学思想理论体系。

邓小平同志是我国社会主义改革开放和现代化建设的总设计师，是建设有中国特色社会主义理论的创立者。他以科学的态度，求实创新的革命精神，在尊重实践、尊重群众的基础上创立了建设有中国特色社会主义的理论，为我国开拓了一条繁荣致富的新路。特别是他把马克思列宁主义、毛泽东思想的建党学说与新时期执政党的建设结合起来，使马克思主义的建党学说达到了新的境界、新的高度、新的发展阶段。邓小平建党学说科学体系揭示了新时期在改革开放和社会主义现代化条件下执政党的历史地位、根本任务、基本路线、指导思想、战略、策略、方针、政治、措施、方法等。通览邓小平建党学说的全部内容，十分鲜明地表现出它的科学性、党性、综合性、实践性和时代性的基本特色，以及他独具风格。为我们党加强自身建设作出了杰出贡献。

总之，邓小平建党学说是马克思列宁主义、毛泽东思想关于党的学说的科学理论体系的重要组成部分，是毛泽东建党学说的直接继承和发展。无论过去、现在和将来，它都是中国共产党加强党的自身建设和实现党的领导的强大思想武器。正因为这样，我们必须用邓小平建党学说的科学理论体系把我们党建设成为有中国特色社会主义坚强核心，具有重大历史意义和深远影响。

（四）

以江泽民同志为核心的党中央第三代领导集体，认真总结了我们党的关于党的学说的历史经验和老一辈无产阶级革命家关于抓好党的建设的历史经验和教训。他深刻地指出："我们党历来重视党的建设理论工作。毛泽东同志、邓小平同志等党的老一代革命家，都在不同的历史时期，结合党的建设的实践，对丰富和发展马克思主义的建党学说做出了很大贡献。近几年来，我们对于马克思主义建党理论的学习、研究和宣传明显地落后于客观形势的需要，落后于尖锐复杂的斗争实践。在党内忽视了系统地组织学习、宣传马克思主义的建党理论，对党内和社会上出现的贬低、歪曲、篡改马克思主义建党原理的错误观点更缺少研究和批判。这方面的思想理论混乱，直到现在还严重存在"。他向全党全军和全国各族人民发出号召："用马克思主义的建党学说教育、武装全体党员和党的干部，对于党在当前的建设和未来的发展具有特殊的重要性，各级党组织都应作出规划，把这项工作切实的、持久的抓下去，这项工作抓好了，党的建设工作就会提高到一个新水平，党就会出现一个新面貌，党在领导建设有中国特色的社会主义的伟大事业中，就一定能够更好地履行自己的职责，为我们国家，为中华民族，为世界工人阶级和人民群众，作出新的更大的贡献。"

以党的历史为基础，论证、阐明毛泽东思想、毛泽东建党学说，邓小平建党学说的产生，形成和发展的历史条件，社会环境以及它根植的基础。这是我们党的指导思想、党的学说理论体系依赖和生存发展的社会基础，也是毛泽东思想、毛泽东建党学说，邓小平建党学说生存和发展的土壤。在这块土壤之中生长和发展着具有中国共产党特色的党的建设的科学理论体系。

后　记

　　《邓小平建党学说》是《毛泽东建党学说》的续篇。是在《毛泽东建党学说》的部分章节的基础上充实、加宽、加深和提高而形成的。是对毛泽东、邓小平一代伟人关于建党学说的学习、研究和探讨的初步成果。也是我作为中共中央党校党建教研部党的建设学科学术带头人的职责之作。多年来在党校从事党的学说与党的建设、党的领导、党的基本原理的教学与科研工作，潜心此学，埋头冷坐，安之孤独，乐在其中。在这个学科领域中有了一些体会、经验和认识，特别是结合学习《邓小平文选》第三卷的理解和启迪之下写了此书。在这方面做了一些研究、探讨和尝试，供党的建设战线上的同志们参考。并希望能够引起更多同志的探讨研究的兴趣，使这门学科思想理论体系进一步深化和提高。

　　书稿多是在讲课专题、发表过的文章的基础上修改增补而成的。在写作的过程中，力求以研究中国革命和建设的实际问题为中心，以马克思列宁主义、毛泽东思想和邓小平建设有中国特色社会主义理论的基本原理原则为指导方针，防止静止地孤立地研究马克思列宁主义、毛泽东思想和邓小平建设有中国特色社会主义理论的方法。研究当代马克思主义应以《邓小平文选》第一、二、三卷为中心教材。特别是《邓小平文选》第三卷是我们党十五年来改革开放的新形势下，对社会主义现代化建设丰富经验的科学总结，是理论和实际结合的典范，是当代国际共产主义运动的一个新型的创造。我们党在以邓小平为核心的党中央第二代成熟领导集体的指引下，形成和发展为既具有时代特征的邓小平建党学说的基本原理、原则和方法。这就把我们党的建设理论推向了一个新的历史发展阶段。这样就把既要坚持继承，又要发展创新有机的结合起来了，形成了《邓小平建党学说》并以执政党建设为基本特征的一整套完备、系统、具有中国共产党特色的邓小平建党学说的科学思想理论体系。

从邓小平建党学说的科学体系我们能清晰的看到，邓小平同志是如何把马克思列宁主义、毛泽东思想的基本原理和社会主义现代化具体实践互相结合又从而发展马克思主义的，就可以知道我们在当代中国应该如何巩固和发展社会主义事业，应该怎样推进建设有中国特色社会主义事业的不断前进。我们着重阐述邓小平建设有中国特色社会主义理论中关于党的学说的基本原理、原则、基本观点、指导思想及基础理论和邓小平同志一贯倡导的基本原理和战略思想。在阐述邓小平建党学说过程中，力求做到准确性、科学性、学科性，特别注意体现它的独创性、时代性、针对性和实用性，要精、要管用。但是，由于我们水平有限和时间仓促，还存在着不少疏漏和不当之处，期望广大读者提出宝贵的批评与指正意见。

在编写过程中，曾参考和引用了国内有关专著、教材、论文以及有关党的建设理论、经验方面的研究成果和引用了一些现成的资料。鉴于所参考引用的书目、资料、论文、专著较多，未能一一标明出处。谨向以上作者致以深切的谢意；还有张小樱、李兴智、李民、冯秋婷、刘利群、童阳秀、孙天庆、刘炳香、刘坤如、张宏岭、王知宇、李玉贵等写了部分章节；书稿成后，特请李兴智、段金禄、张小樱同志出任副主编，协助统编、统审和修改。借本书出版之机，在此一并表示谢意。

潜心研究毛泽东建党学说、邓小平建党学说，特别是在"三代"党中央领导集体对党的学说的形成和发展以及独创具有历史性的贡献，成为马克思列宁主义、毛泽东思想和邓小平建设有中国特色社会主义理论宝库的重要组成部分。治学之通律，前赴后继，承前启后，继往开来，除老一代无产阶级革命家诏示以外，同志们提携，友谊之手的大力支持和帮助。不少专家、教授、学者，审阅了有关稿件和送审提纲。特别是中共中央党校副校长刘海藩、副教育长兼科研部主任王瑞璞、中共云南省委常委、宣传部长王天玺，云南省委宣传部副部级巡视员、部长助理李兴智，中央党校党建教研部主任陈登才、副主任张文正以及教研室的许多同志们。古语云："饮水不忘掘井人"，不免感激万分，特此谢忱。学海深广，拙作浅陋，还望诸公指正。

中共中央党建领导小组成员、中共中央党校常务副校长汪家镠同志热情为本书写了序言，还有许多领导同志对这部书的出版给予了大力支持，谨向他们表示衷心的感谢和敬意。

作　者
1995 年 4 月 26 日最后完稿
于北京，中共中央党校，
党建教研部，党的领导教研室；
写于北京，颐和园北，樱花书屋。

责任编辑：李安泰

装帧设计：彭　放

责任校对：晋存真

邓小平建党学说

张　中　著

云南民族出版社出版发行

（昆明市大观路 39 号）

云南新华印刷厂印刷

开本：875×1270　1/32　印张：43.25　字数：1150千字

1997 年 2 月第 1 版　1997 年 2 月第 1 次印刷

印数：1—3000

书号：ISBN7—5367—1338—X
　　　　D·105　　　　　　定价：85 元